T0349686

Herausgegeben
von Lars Koch

Angst

Ein interdisziplinäres
Handbuch

Mit 5 Abbildungen

Verlag J. B. Metzler
Stuttgart · Weimar

Der Herausgeber

Dr. Lars Koch ist Literatur- und Medienwissenschaftler; 2009–2012 Leiter
des DFG-Nachwuchswissenschaftler-Netzwerks »Spielformen der Angst«;
Lehrstuhlvertretungen in Konstanz und Hagen; Principal Investigator
der ERC-Starting-Grant-Forschergruppe »The Principle of Disruption.
A Figure Reflecting Complex Societies« an der Universität Siegen.

Gedruckt auf chlorfrei gebleichtem, säurefreiem und alterungsbeständigem Papier

Bibliografische Information der Deutschen Nationalbibliothek
Die Deutsche Nationalbibliothek verzeichnet diese Publikation in der Deutschen
Nationalbibliografie; detaillierte bibliografische Daten sind im Internet
über http://dnb.d-nb.de abrufbar.

ISBN 978-3-476-02415-2

© 2013 J. B. Metzler'sche Verlagsbuchhandlung
und Carl Ernst Poeschel Verlag GmbH in Stuttgart

www.metzlerverlag.de
info@metzlerverlag.de

Einbandgestaltung: Willy Löffelhardt/Melanie Frasch
Satz: typopoint GbR, Ostfildern
Druck und Bindung: Kösel Krugzell · www.koeselbuch.de

Printed in Germany
Juni 2013

Verlag J. B. Metzler Stuttgart · Weimar

Inhaltsverzeichnis

I. Einleitung: Angst als Gegenstand kulturwissenschaftlicher Forschung

›Angst‹ ist eine Grundemotion des Menschen, die als ein ebenso körper- wie kognitionsbezogener Kompass wesentlich das Verhältnis des Individuums zur Welt, zu anderen Menschen und zu sich selbst beeinflusst. Im Sinne eines evolutionsbiologisch wirksamen Schutzmechanismus fungiert Angst als Signal, das auf äußere Gefahren aufmerksam macht und zur lebenserhaltenden Handlung – etwa Angriff, Flucht oder Unterlassung – motiviert. Sie kann aber auch – etwa in der Schreckstarre – eine lähmende Wirkung entfalten oder, wenn sie als Angststörung auftritt, dazu beitragen, dass eine Situation oder Option von dem/der Betroffenen falsch, d. h. in Registern der Eskalation oder der Überdramatisierung, interpretiert wird.

So perspektiviert, scheint das Nachdenken über Angst zunächst zwei primäre wissenschaftliche Schauplätze zu haben: Zum einen die (neurowissenschaftlich unterfütterte) Kognitionsforschung, die untersucht, wie genau Prozesse der Gefahrenortung ablaufen, welche Umwelteinflüsse dabei zu berücksichtigen sind und welche angstbearbeitenden Erfahrungs- und Verhaltensmuster wie zustande kommen. Zum anderen die Biologie, die Angst als ein körperliches Phänomen untersucht und dabei die biochemischen Abläufe und körperlichen Reaktionsweisen im Blick hat. Ein dritter Forschungszugang ist die psychologische Angstforschung, die neurobiologische und kognitionswissenschaftliche Aspekte und Erkenntnisse aufgreift und für den (therapeutischen) Umgang mit dysfunktionaler Angst und angstinduzierten Krankheitsbildern fruchtbar zu machen versucht (vgl. u. a. Hüther 2011; Krohne 2010; Damásio 2011).

Jenseits dieser im weitesten Sinne humanwissenschaftlichen Forschungsgebiete, die sich für die körperliche, chemisch-neuronale und geistige Prozessierung von Angst interessieren, hat sich Angst in den letzten Jahren – wissenschaftsextern insbesondere befördert durch Angst-Anlässe wie 9/11, die Finanzkrise und die sozialen und politischen Verwerfungen im Zuge der ›Globalisierung‹ – aber immer stärker auch zu einem kulturwissenschaftlichen Thema entwickelt. Die kulturwissenschaftliche Angst-Forschung betont – manchmal in (kritischer) Distanz, manchmal im (produktiven) Dialog mit der humanwissenschaftlichen Forschungslinie die Einbettung von Gefühlen in soziale und kulturelle Umwelten. Sie verweist auf die kulturelle Prägung und Verortungen von Angst-Erlebnissen, weitet zudem die Perspektive von dem im Individuum situierten Angst-Geschehen hin zu kollektiven Ereignisformen von Angst und trägt so zu deren reflexiver Aufarbeitung bei.

Zwar geht auch die kulturwissenschaftliche Angst-Forschung, insbesondere dort, wo sie sich für die Wortgeschichte oder Semantik von ›Angst‹ interessiert, zunächst von deren Situierung im Individuum aus. So ist etwa für den deutschen Sprachkontext nachvollzogen worden, dass sich der Begriff ›Angst‹ über das indogermanische *anghu* und das althochdeutsche *angust* entwickelt hat, was mit ›Beengung, Bedrängnis‹ übersetzt werden kann. Diese Betonung der Körperlichkeit und Räumlichkeit der Angst geht parallel zum lateinischen *angustiae*, was »Enge, Beengung, Bedrängnis« meint, und zum lateinischen Begriff *angor*, der dem deutschen »Beklemmung, Würgen« entspricht (vgl. Bergenholtz 1980; Kluge 1999, 40). Der eigentliche kulturwissenschaftliche Einsatz erfolgt jedoch erst dann, wenn diese Dominanz einer sprachlichen Konvention nicht vorschnell als Hinweis auf eine überhistorische, kulturinvariante ›Substanz‹ der Angst fehlgedeutet wird. Ganz im Gegenteil hat etwa die ethnologisch interessierte Linguistik nachgewiesen, wie sehr die sprachliche Benennung einer Emotion kulturell und historisch variiert (vgl. u. a. Harkins/Wierzbicka 2001).

Diese allgemeine Einschätzung lässt sich an der Migrationsbewegung des deutschen Worts ›Angst‹ ins Englische gut nachvollziehen. So hat sich dort in den letzten 30 Jahren neben den beiden tradierten Begriffen *fear* und *anxiety* als dritter Terminus *angst* eingebürgert. *German angst* verweist in der englischen Redeweise auf die für internationale Beobachter rational wenig nachvollziehbare Art, in der Politik und Medien in den 1980er Jahren in Deutschland auf die sich verstärkt stellende Umweltproblematik im Kontext des Waldsterbens und des Atom-GAUs in Tschernobyl reagierten. Der in der apokalyptischen Rede sich scheinbar artikulierende Hang der Deutschen zur dramatischen Bildlichkeit und finalem Untergangsdenken verweist demnach auf eine kulturell geprägte, durch geschichtliche Erfahrungen des 19. und 20. Jahrhunderts vermittelte, kollektive Disposition zum technik- und zivilisationskritischen Denken, welches auf der Basis von katastrophischen *Worst-Case*-Szenarien zu einer Überbetonung des »Vorsorgeprinzips« tendiert (vgl. Sunstein 2007). Einmal in den Modus der *german angst* versetzt, trete an die Stelle einer kühlen Abwägung der technischen Risiken eine Politik der Affekte, die in unterschiedlichen Situationen – ein aktuelles Beispiel fände sich in der Reaktion der deutschen Bundesregierung auf die Atom-Katastrophe von Fukushima – das gleiche Deutungsmuster aktiviere und so eine typisch deutsche Angst in den gesellschaftlichen Aushandlungsprozess einspeise (vgl. hierzu Vondung 1988).

Jenseits der Frage, inwieweit die These einer spezifischen *german angst* zutrifft oder nicht, ist ihre semantische Aktivierung im Englischen aufschlussreich: ›Angst‹ als einen Gegenstand der Kulturwissenschaften zu konzeptualisieren heißt demnach, sie innerhalb ihrer jeweiligen historischen und kulturellen Kontexte zu verorten und danach zu fragen, welche sozialen, politischen und kulturellen Diskurse und Praktiken in das individuelle Angst-Erleben einfließen, wie dieses innerhalb überindividuell geteilter Erfahrungsräume und Erwartungshorizonte jeweils konkret nach spezifischen kulturellen Spielregeln und Mustern verkörpert wird und welche unterschiedlichen, historisch wechselnden Angst-Anlässe und Angst-Repräsentationen dabei eine Rolle spielen.

Kulturwissenschaftliche Angst-Forschung

Wie Bettina Hitzer in ihrem instruktiven Forschungsbericht zur Emotionsgeschichte (2011) herausgearbeitet hat, differenziert sich das Methoden- und Begriffssetting der kulturwissenschaftlichen Gefühlsforschung in den letzten Jahren immer weiter aus. Obwohl unterschiedliche Begriffsprägungen zirkulieren – so ist in der theoretischen Konzeptualisierung der Emotionsgeschichte derzeit von »emotional regimes« (Reddy 2001), »emotional communities« (Rosenwein 2002) und »emotional skripts« (Kaster 2005) die Rede – treffen sich alle diese Ansätze in der Annahme einer kulturellen Vermittlung der individuellen und kollektiven Ebene von Gefühlen, die in beide Richtungen zielt und auf der Grundlage kultureller Blaupausen – mehr oder weniger

umfassend – eine gemeinsame, sozial geteilte Kohärenz des emotionalen Haushalts organisiert. Diese Blaupausen – Annette Gerok-Reiter und Sabine Obermaier sprechen im Hinblick auf ihr Forschungsprogramm für die Untersuchung von Angst im Mittelalter von einer »kulturellen Matrix« (2007) – können als Kondensate kommunikativer Praktiken aufgefasst werden, die sich aus ganz unterschiedlichen kommunikativen Zusammenhängen – von wissenschaftlichen Spezialdiskursen über politische Regierungstechniken bis hin zu sozialen und ökonomischen Alltagspraktiken – speisen und immer wieder aufs Neue ausgehandelt und konfiguriert werden. Perspektivisch auf Angst gewendet, muss es der kulturwissenschaftlichen Emotionsforschung also darum gehen, diese in ihren unterschiedlichen sozialen Realisierungsformen zu beobachten und zu sondieren, aus welchen wissenschaftlichen Konzeptualisierungen, gouvernementalen Politisierungsformen und soziokulturellen Repräsentationsweisen ihr jeweiliger Aggregatzustand resultiert.

Eine zentrale Funktion innerhalb der kommunikativen Prozessierung von Angst kommt dabei (insbesondere in den westlichen Gegenwartsgesellschaften) den Massemedien zu, die auf dem Weg einer Fiktionalisierung der Wirklichkeit zu Narrationen und Figurationen verdichtete, emotionale Schablonen anbieten, die Orientierung darüber geben, wie und wovor man Angst haben sollte, welche Verhaltensweisen zur Verminderung von Angst beitragen oder was als Angst-Anlass ignoriert werden kann. Frank Furedi stellt in diesem Sinne fest:»Um Angst in der Gegenwart zu verstehen, muss man den Einfluss der Kultur in den Blick nehmen und die Bedeutung untersuchen, die sie der Angst beimisst, sowie die Regeln und Gewohnheiten, die die Art prägen, in der Angst erlebt und ausgedrückt wird« (Furedi 2007, o.S.). Um diese sehr grundsätzliche These für die kulturwissenschaftliche Analyse der Angst fruchtbar zu machen, gilt es, sie auf konkrete Angst-Dispositive, Angst-Erzählungen und Handlungsfelder herunterzubrechen, innerhalb derer Angst als Phänomen in Erscheinung tritt bzw. ihre Wirkung entfaltet und als Ressource von politischer Steuerung oder gegendiskursiver Kritik verwendet wird. Dabei ist mit einer Vielzahl von Schwierigkeiten umzugehen, die u.a. von dem Umstand herrühren, dass Angst als Begriff zwar einerseits ein hohes Maß an Selbstevidenz besitzt, sich zugleich aber jeder eindeutigen Definition entzieht und als sprachlicher Signifikant auf historisch wandelbare Signifikate referiert: Wie beispielsweise der Anthropologe David

Parkin in seinem Essay »Towards an Apprehension of Fear« (1986) anmerkt, war die angstvolle Beziehung der Gläubigen zu Gott noch im 19. Jahrhundert mit positiven Attributen wie Ehrfurcht, Verehrung und Respekt assoziiert. Heute hingegen ist eine Relation von Glaube und Angst weitgehend negativ konnotiert. Da die Analyse des kulturellen Umgangs mit Angst nicht nur, aber an zentraler Stelle immer auch auf deren Versprachlichung rekurriert, ist es umso wichtiger, die von Parkin implizierte Aufforderung zur konsequenten Historisierung ernst zu nehmen.

Die Wichtigkeit einer solchen diachronen Differenzierung von Angst-Semantiken findet in der Bedeutung einer synchronen Ausdifferenzierung von Angst-Diskursen eine Entsprechung. So ist die kommunikative Funktion von Angst in ökonomischen Zusammenhängen eine andere als in ökologischen, ist sie in der Rezeption eines Horrorfilms (möglicherweise) mit Lust verknüpft, während sie in anderen Konstellationen ästhetischer Erfahrung Momente verstörender Unlust und Abschreckung realisiert. Aus dieser Beobachtung resultiert die Notwendigkeit einer interdisziplinären Ausrichtung der Angst-Forschung, die verschiedene Spezialdiskurse der Angst unterscheidet und deren interdiskursive Diffusion in Form kollektiv geteilter Angst-Szenarien rekonstruiert. Vorschläge hierzu macht das vorliegende Handbuch.

Aufbau des Handbuchs

Dieses Handbuch will einen Überblick über die kulturwissenschaftlichen Zugangsweisen zum Phänomen der Angst geben. Dabei stehen disziplinäre Besonderheiten und methodische Chancen und Risiken im weiten Spektrum der Geistes- und Sozialwissenschaften genauso im Fokus wie Aspekte von Medienkulturen der Angst und Annäherungen an historische und gegenwärtige Angst-Konjunkturen. Gemeinsam ist allen Beiträgen des Handbuchs, dass sie Angst als ein »symbolisches Magma« (vgl. Castoriadis 1984) der Gegenwart zu fassen versuchen und danach fragen, auf Grundlage welcher kulturellen, diskursiven und medialen Codierungen dieses starke Gefühl Wirkungen als Impulsgeber für wissenschaftliche, politische und ästhetische Diskurse und Praktiken entfaltet. Der historische Schwerpunkt der Beiträge liegt auf der Moderne, die hier – völlig unprogrammatisch – als Begriff für den Zeitraum ab etwa 1700 in Anschlag gebracht wird. Dazu

liegt der Fokus auf dem, was man die Gesellschaften des Westens nennt. Der Grund für diese doppelte Beschränkung ist dem Anspruch geschuldet, einerseits der Angst in möglichst vielen Aspekten auf die Spur zu kommen und andererseits der im Gegenstand angelegten Gefahr zu begegnen, dass die zusammengetragenen Beobachtungen und Überlegungen zu einer Aneinanderreihung von singulären Einzelstudien dissoziieren. Dieses Bemühen um ein gemeinsames und strukturiert vorgetragenes Erkenntnisinteresse bedeutet aber nicht, dass die einzelnen Beiträger/innen mit orts- und zeitspezifischen Scheuklappen an ihre jeweiligen Themen herangegangen sind. Ganz im Gegenteil wurde immer dort, wo dies zur Schärfung von Gesichtspunkten und Argumenten sinnvoll erschien, die historische und topografische Dimension der Betrachtung erweitert.

Von diesen Leitgedanken ausgehend, stellt Kapitel II des Handbuchs – »Epistemologien der Angst« – verschiedene disziplinäre Zugänge einer kulturwissenschaftlichen Angstforschung vor. Hier geht es ebenso um theologische, philosophische und psychologische Angstkonzepte wie auch um die politischen, ökonomischen und ökologischen Aspekte der Angst.

Kapitel III des Handbuchs mit der Überschrift »Medienkulturen der Angst« rekonstruiert die medialen Besonderheiten, Erscheinungsweisen und Repräsentationsformen der Angst. Hierbei geht es etwa um die Zeitlichkeit und Räumlichkeit von Angst, aber auch um weitere mediale Codierungen und Praktiken, die sich allesamt im Spektrum jener kulturellen Blaupausen der Angst bewegen, von denen schon zuvor die Rede war. Gesonderte Überblicksdarstellungen zur Angst in Literatur, Film und Kunst ergänzen das Kapitel.

Das abschließende Kapitel IV – »Kulturgeschichte der Angst« – greift viele der zuvor theorienah entwickelten Aspekte der kulturwissenschaftlichen Angst-Forschung auf und macht sie für die Analyse historischer und aktueller Angst-Konjunkturen fruchtbar. Dieses Kapitel bemüht sich darum, die Eigenart der präsentierten Angst-Szenarien zu würdigen, ohne ihren Beispielcharakter aus dem Blick zu verlieren.

Es ist klar, dass dieses Handbuch die kulturwissenschaftliche Angst-Forschung weder inhaltlich noch methodisch erschöpfend behandelt. Es möchte aber einen wesentlichen Beitrag zu ihrer nachhaltigen Etablierung als Element von Kultur- und Gegenwartsanalyse leisten und den interessierten Leser/innen einen systematischen Einstieg in die Beschäftigung mit Angst eröffnen.

Dank

Dieses Handbuch resultiert aus der Arbeit des von der Deutschen Forschungsgemeinschaft geförderten Nachwuchswissenschaftler-Netzwerks »Spielformen der Angst«, welches im Zeitraum von 2009 bis 2012 zunächst an der Humboldt-Universität zu Berlin und später dann an der Universität Siegen institutionell verankert war. Der DFG wie den beiden institutionellen Verantwortungsträgern vor Ort, Joseph Vogl und Niels Werber, sei im Namen aller Mitglieder des Netzwerks ebenso herzlich gedankt wie allen weiteren universitären Gastgebern, die uns bei unseren Forschungstreffen beheimatet haben, namentlich Sabiene Autsch (Paderborn), Irmela Schneider (Köln), Isabell Otto (Konstanz) und Martina van de Sand (Freie Universität Berlin). Darüber hinaus gehört den Mitgliedern des Netzwerks mein Dank, deren engagierte Arbeit es möglich gemacht hat, unseren Forschungszusammenhang gemeinsam zu bearbeiten, wie auch allen weiteren Autoren des Handbuchs, die erst später in das Publikationsprojekt eingestiegen sind und die Bereitschaft mitgebracht haben, sich auf die besonderen Anforderungen des Formats ›Handbuch‹ einzulassen.

Zudem möchte ich Ute Hechtfischer vom Metzler Verlag meinen Dank aussprechen, die die Publikation des Handbuchs mit großem Engagement und viel Sachverstand begleitet hat.

Zu guter Letzt gilt mein herzlicher Dank PTK, die mir nicht nur im Kontext meiner Angst-Forschungen, sondern auch bei allen anderen Anstrengungen mit Rat und Tat zur Seite stand.

Literatur

Bergenholtz, Henning: *Das Wortfeld Angst. Eine lexikographische Untersuchung.* Stuttgart 1980.

Castoriadis, Cornelius: *Gesellschaft als imaginäre Institution. Entwurf einer politischen Philosophie.* Frankfurt a. M. 1984.

Damásio, Ántonio R.: *Selbst ist der Mensch: Körper, Geist und die Entstehung des menschlichen Bewusstseins.* München 2011 (amerik. 2010).

Furedi, Frank: Das Einzige, vor dem wir uns fürchten sollten, ist die Kultur der Angst selbst. In: *novo-magazin.de* (07/08 2007), http://www.novo-magazin.de/89/novo8942.htm (02.12.2012).

Gerok-Reiter, Annette/Obermaier, Sabine: Angst und Schrecken als kulturelle Matrix. In: *Das Mittelalter. Perspektiven mediävistischer Forschung* 12/1 (2007), 3–6.

Harkins, Jean/Wierzbicka, Anna (Hg.): *Emotions in Crosslinguistic Perspective.* Berlin 2001.

Hitzer, Bettina: Emotionsgeschichte – ein Anfang mit Folgen. In: *H-Soz-u-Kult*, 23.11.2011, http://hsozkult.geschichte.hu-berlin.de/forum/2011–11-001 (24.12.2012).

Hüther, Gerald: *Biologie der Angst. Wie aus Streß Gefühle werden.* Göttingen [11]2012.

Kaster, Robert A.: *Emotion, Restraint, and Community in Ancient Rome.* Oxford 2005.

Kluge, Friedrich: *Etymologisches Wörterbuch der deutschen Sprache.* Bearbeitet von Elmar Seebold. Berlin/New York [23]1999.

Krohne, Heinz W.: *Psychologie der Angst.* Stuttgart 2010.

Parkin, David: Towards an apprehension of fear. In: David Scrution (Hg.): *Sociophobics: The Anthropology of Fear.* Boulder/London 1986, 93–109.

Reddy, William M.: *The Navigation of Feeling: A Framework for the History of Emotions.* New York 2001.

Rosenwein, Barbara H.: Review of »The Navigation of Feeling: A Framework for the History of Emotions« by William M. Reddy. In: *The American Historical Review* 107/4 (2002), 1181–1182.

Sunstein, Cass R.: *Gesetze der Angst. Jenseits des Vorsorgeprinzips.* Frankfurt a. M. 2007 (amerik. 2005).

Vondung, Klaus: *Die Apokalypse in Deutschland.* München 1988.

Lars Koch

II. Epistemologie der Angst

Einleitung: Angst und Moderne

Angst ist einerseits eine »Elementar-Emotion des menschlichen Organismus« (Böhme 2003, 30), die in ihrer affektiven und physiologischen Mechanik als eine anthropologische Konstante begriffen werden kann (s. Kap. II.11); andererseits ist sie ein kulturelles Phänomen. Wie Angst erlebt wird, wovon sie motiviert ist und wie sie sich ausdrückt, ist historisch wandelbar. »Kulturelle Techniken und Habitus haben sich um den Körper gelegt oder sind gar in ihn eingedrungen […]. Damit haben sich kulturelle Semantiken und Techniken ›verkörpert‹, so daß […] jede Angst, die sich zu spüren gibt, immer zugleich die Engramme kultureller Umwelten aufweist […]« (Böhme 2003, 31). In kulturhistorischer Hinsicht unterscheidet sich die Angst der desintegrativen Moderne von jener der ordnungsstabileren Antike (vgl. Schulz 1965, 2 f.) genauso wie von jener ambivalenten Angst des Mittelalters (vgl. Schlesier 1988; Gerok-Reiter/Obermeier 2007). Das Mittelalter etwa besaß in Schuld und ewiger Verdammnis mächtige Energieressourcen der Verängstigung, die jedoch durch das Stabilisierungsnarrativ des christlichen Heilsplans und die symbolische Ordnung klassischer Souveränität kompensiert und kanalisiert werden konnten (s. kritisch hierzu Kap. II.6). In der Moderne ist dies anders. Eine dreifache Ohnmachtserfahrung – der Entzug der Geschichte, des Körpers und des Jenseits – wird zur Angstquelle eines spezifischen, oftmals in kulturkritischen Denkfiguren artikulierten *horror vacui*. Mit dem Abdanken der Religion als Begründungsinstanz für die »kontingente Selektivität gesellschaftlicher Strukturen und Weltentwürfe« (Luhmann 1977, 250) ist der Boden für den modernen Menschen westlicher Prägung schwankend geworden, hat dieser, wie Nietzsche es in *Zur Genealogie der Moral* (1887) beschreibt, das normative Zentrum als Agentur der Angstbearbeitung verloren: »Seit Kopernikus scheint der Mensch auf eine schiefe Ebene gerathen, – er rollt immer schneller nunmehr aus dem Mittelpunkt weg – wohin? In's Nichts? In's durchbohrende Gefühl seines Nichts?« (Nietzsche 1980, 404).

Wenn nachfolgend über die Angst in der Moderne nachgedacht werden soll, steht also die kulturelle Grundierung der Angst im Fokus. Dabei geht es nicht darum, einzelne soziale, politische oder kulturelle Entwicklungen der Moderne en detail auf ihr spezifisches Angstpotenzial hin zu untersuchen oder eine umfassende Chronologie der Transformation der Angst von der Sattelzeit um 1800 über die beiden Weltkriege bis zur Gegenwart zu schreiben. Im Hinblick auf eine solche, umfassende soziale, kulturelle und politische Ausdifferenzierung der Angst stellen die nachfolgenden Kapitel des Handbuchs in Form von disziplinär und historisch gegliederten Beiträgen eine ganze Fülle an Überlegungen an. Demgegenüber soll hier der Versuch unternommen werden, auf einer abstrakteren Ebene den psycho- und kulturgenetischen Wurzeln moderner Angst nachzuspüren. Als kulturelles Produkt ist Angst eine emotive Markierung menschlicher Selbst- und Weltverhältnisse. Im Medium der Angst werden die Grenzen des Fremden und des Eigenen ebenso bestimmt, wie das Verhältnis von Erfahrungsraum und Erwartungshorizont oder von politischer Handlungsmacht, ökonomischer Determiniertheit und sozialer Interdependenz. Grundlegend ist dabei die These, dass durch den im Tod Gottes gipfelnden Säkularisationsprozess in Kombination mit der Entfesselung technologischer Potenziale seit der Frühen Neuzeit zwar eine massive Reduktion konkreter Furchtanlässe erreicht wurde, zugleich aber in Reaktion auf die »zerbrochene mittelalterlich-christliche Verklammerung von Bewusstsein und Welt« (Zima 2000, 96) neue Angst-Konstellationen entstanden sind, die das politische, philosophische und ästhetische Denken bis heute umtreiben.

Die Moderne ist bestimmt durch Beschleunigung, Kontingenz und Komplexität. Die hieraus resultierende Entwertung von tradierten Selbstverständlichkeiten bedeutet für den modernen Menschen einen immensen Zugewinn an Freiheitsspielräumen, zugleich aber auch die Notwendigkeit der Verarbeitung neuer Verunsicherungserfahrungen, die in eine spezifische Form »reflexive[r] Angst« (Krämer 2011, 28) gemündet sind. Diese Verunsicherungserfahrungen stehen hinter Begriffen wie »Wirklichkeitsverlust«, enttäuschte »Totalitätser-

wartung« und »Möglichkeitsoffenheit« (Makropoulos 1997, 101–145). »Dem Rückgang der Furcht vor
den vermeintlichen Mächten der Außenwelt entspricht so das Wachstum der inneren Angst« (Begemann 1987, 271). Der »Schwindel«, von dem Søren
Kierkegaard in seinem epochemachenden Buch *Der
Begriff Angst* (1844) als dem Korrelat menschlicher
Freiheit sprach (Kierkegaard 1981, 57), ist nicht nur
eine Reaktion auf eine sich im 19. Jahrhundert ver-
komplizierende Beziehung des Gläubigen zu Gott (s.
Kap. II.1). Er ist zugleich auch ein »vertigo of interpretation« (Baudrillard 1994, 16), eine Metapher für
die sich seit der Sattelzeit mit zunehmender Geschwindigkeit vollziehende soziokulturelle »Revolution in Permanenz«: In den letzten drei Jahrhunderten ist mehr

> aus den Fugen geraten als die Zeit – auch Raum, Materie,
> Energie, Groß, Klein, Oben, Unten und alles weitere. – So
> liegt es auf der Hand, dass Modernisierung zugleich mehr
> war und weniger, als die ersten Legitimatoren dachten; sie
> war sehr viel weniger als eine direkte Linie zur Weltbefrie-
> digung und zur Aufhebung materieller Übel auf dem Pla-
> neten; aber sehr viel mehr als ein konsekutives Weiter-
> bauen auf den Grundlagen des 16. und 17. Jahrhunderts
> (Sloterdijk 1987, 62, 17).

Moderne Angst entsteht aufgrund zweier parallel-
laufender Bewusstwerdungsprozesse: Dass die moderne Welt zu komplex geworden ist, um sie noch als
sinnvolles Ganzes denken zu können. Und dass alle
szientistisch, politisch-moralisch oder ästhetisch
imprägnierten Narrative, die sich gegen den Verän-
derungstaumel der Moderne kontinuitäts- und ko-
härenzstiftend stemmen, einen immer nur vorläufigen und immer prekären Status inne haben (vgl.
ebd., 30 ff.). Mit dieser Einsicht geht eine schleichende Erosion von Evidenz und Selbstverständlichkeit einher: Dort, wo die Philosophie der Aufklärung das selbstbewusste, selbstdurchsichtige und ra-
tional-schaffende Subjekt als Antwort auf das
wegbrechende christliche Weltmodell formulierte,
setzt sich im 19. und verstärkt im 20. Jahrhundert
die Einsicht durch, dass es sich bei genauerem Hinsehen weder bei der kollektiv adressierten Geschichte noch beim individuellen Körper um Ver-
trautheitszonen der menschlichen Vernunft handelt.
Mit dem Tod in seiner nicht mehr religiös aufgeho-
benen Finalität ist zudem eine neu codierte Unver-
trautheitszone entstanden, von der eine immense
Verunsicherung ausgehen kann (s. auch Einleitung
Kap. IV).

Wenn vor diesem Hintergrund also heute von
Normalität die Rede ist, ist diese nicht mehr – wie
noch vor 500 Jahren – in einem stabilen metaphysischen und/oder moralischen Rahmen verankert,
sondern sie ist das letztlich kontingente Resultat eines permanenten Normalisierungsgeschehens, in
dem über fortgesetzte statistische Evaluationen das
Verhältnis von (politischer, sozialer, biologischer)
Norm und Abweichung immer wieder neu ausgehandelt wird (vgl. Link 2006). Die damit einhergehende Liberalisierung von politischen und die Dynamisierung von ökonomischen und sozialen Strukturen machen die Janusköpfigkeit der Moderne aus, in
der Freiheit und Produktivität auf der einen Seite einer angstinduzierten Sehnsucht nach Selbstverständlichkeit, Überschaubarkeit und kohärenter Sinnhaf-
tigkeit auf der anderen Seite gegenüberstehen.

Formprobleme der Moderne: Geschichtsphilosophie und transzendentale Obdachlosigkeit

> Zwei, drei Dinge sind es, die die Kunst unserer Tage bis ins
> Tiefste erschüttern, ihr ein neues Gesicht verliehen und sie
> vor einen gewaltigen neuen Aufschwung stellten: Die von
> der kritischen Philosophie vollzogene Entgötterung der
> Welt [1], die Auflösung des Atoms in der Wissenschaft [2],
> und die Massenschichtung der Bevölkerung im heutigen
> Europa [3] (Ball 1986, 124).

Diese Zeitdiagnose, entnommen einem Vortrag
Hugo Balls über Wassily Kandinsky aus dem Jahr
1917, ist nicht nur ein wichtiges kunstprogramma-
tisches Argument der expressionistisch-dadaistischen
Selbstverortung während der Zeit des Ersten Weltkriegs, sondern ist zugleich für die hier zu Debatte
stehende, übergeordnete Frage nach dem Zusammenhang von Angst und Moderne von Relevanz.
Hugo Ball beschreibt seine Zeit als die Zeit eines
umfassenden Formverlusts, der die materielle
ebenso wie die metaphysische und auch soziale Ordnung der Dinge fundamental in Mitleidenschaft gezogen hat, mit dem Ergebnis: »Angst wurde ein Wesen mit Millionen Köpfen« (ebd., 125).

Hugo Ball markiert damit – in einem zugegebe-
nermaßen eskalatorischen Gestus – eine aufbre-
chende Sinnlücke der Moderne, die schon im 19.
Jahrhundert insbesondere die Geschichtsphilosophie beschäftigt hatte und nun – etwa bei Oswald
Spengler – als »Weltangst« zum zentralen Anlass der
Philosophie avancierte (Spengler 1918, 107). Alle
Formationen des geschichtsphilosophischen Denkens vom deutschen Idealismus bis zum Neukanti-
anismus können in diesem Sinne, so Hans Blumenberg, als Versuche gewertet werden, die Faktizität

der physikalisch-kausallogisch erklärbaren und damit entzauberten Kosmologie und deren Kontingenzprobleme zu kompensieren. Die Säkularisation eröffnet im Verbund mit den Erfolgen der positivistischen Naturwissenschaften ein »Formproblem der Moderne«, das aus der sukzessiven Abschaffung des vormodernen Ordnungsdenkens resultiert (Kittsteiner 2006a, 12 f.). Die Geschichtsphilosophien des 19. Jahrhunderts und auch die totalitären politischen Programme des 20. Jahrhunderts antworten auf die sich auftuende »transzendentale Obdachlosigkeit« (Lukács 1984, 35) mit elaborierten geschichtsmetaphysischen Programmen, die zwar ohne Gott als oberster Organisationsinstanz auskommen, aber dennoch – zu denken wäre hier an Autoren wie Kant, Schiller und Hegel oder später dann auch an Ernst Jünger – eine innerweltliche Gerichtet- und Zielhaltigkeit des geschichtlichen Prozesses darlegen. Gleichwohl verlieren die Kohärenzbehauptungen dieser »Versöhnungssystem[e]« (Zima 2000, 134) angesichts der stetig steigenden Komplexität der Gesellschaft und der damit einhergehenden sozialen Spannungsintensitäten zusehends an Plausibilität: »Der Fortschritt, zunächst nur theoretisch antizipiert, seit den 1830er und 1840er Jahren dann als ›industrielle Revolution‹ handgreiflich erfahrbar, ist selbst nicht steuerbar« (Kittsteiner 2006a, 13), auch wenn theoretische Figuren wie die ›unsichtbare Hand‹, der ›Weltgeist‹ oder die ›Gestalt des Arbeiters‹ dies zu suggerieren versuchen.

Literarischen Ausdruck findet die Resignation gegenüber der Un-Logik der von Menschen gemachten und zu verantwortenden Geschichte schon früh etwa in Georg Büchners »Fatalismus-Brief« vom 10. März 1834, der vor dem Hintergrund der Gewaltexzesse der Französischen Revolution den fundamentalen Zweifel an der Freiheit und Handlungsmacht des vernünftigen Subjekts poetisch fasste:

Schon seit einigen Tagen nehme ich jeden Augenblick die Feder in die Hand, aber es war mir unmöglich, nur ein Wort zu schreiben. Ich studierte die Geschichte der Revolution. Ich fühlte mich wie zernichtet unter dem gräßlichen Fatalismus der Geschichte. Ich finde in der Menschennatur eine entsetzliche Gleichheit, in den menschlichen Verhältnissen eine unabwendbare Gewalt, Allen und Keinem verliehen. Der Einzelne nur Schaum auf der Welle, die Größe ein bloßer Zufall, die Herrschaft des Genies ein Puppenspiel, ein lächerliches Ringen gegen ein ehernes Gesetz, es zu erkennen das Höchste, es zu beherrschen unmöglich. Es fällt mir nicht mehr ein, vor den Paradegäulen und Ecksteehern der Geschichte mich zu bücken. Ich gewöhnte mein Auge ans Blut. Aber ich bin kein Guillotinenmesser. Das muß ist eins von den Verdammungsworten, womit der Mensch getauft worden. Der Ausspruch: es muß ja Ärger-

nis kommen, aber wehe dem, durch den es kommt, – ist schauderhaft. Was ist das, was in uns lügt, mordet, stiehlt? Ich mag dem Gedanken nicht weiter nachgehen (Büchner 2009, 288).

Aus der Fallhöhe der geschichtsphilosophischen Zukunftsgewissheit in Kombination mit den faktischen Erfahrungen einer durch den Einzelnen weder begreifbaren noch steuerbaren Geschichte resultiert eine der Grundformen moderner Angst: »Eine nicht-machbare Geschichte, ein Prozeß, der nicht unter unserer Verfügung steht, erzeugt Angst« (Kittsteiner 2006a, 18).

Diese multifaktorielle Dynamik einer kapitalinduzierten Beschleunigung und Komplexitätssteigerung gewinnt im 20. Jahrhundert an Fahrt und hält – Stichwort ›Globalisierung‹ – bis heute an. Wenn der Soziologe Zygmunt Bauman mit Blick auf die Gegenwart nach dem Ende der großen Erzählungen und der parallel verlaufenden Desavouierung aller heroischen Ermächtigungsgesten eine »liquid fear« (vgl. Bauman 2006) als emotionale Signatur der westlichen Gegenwartsgesellschaften ausmacht, dann rekurriert er auf das von Kittsteiner angesprochene Verunsicherungspotenzial der formvergessenen Moderne. Dieses sei zu begreifen als eine Aneinanderreihung von »Herausforderungen […], die in der Geschichte ohne Beispiel sind« (Bauman 2008, 7). Konkret im Auge hat Bauman dabei die neue Kurzfristigkeit sozialer Formen, die Trennung von Macht und Politik, die Erosion gesellschaftlicher Solidarität, das Provisorische des Denkens und Handelns und die Individualisierung von Lebensrisiken (vgl. ebd., 7–11). Sein Fazit: »Der Begriff ›Fortschritt‹, einst die extremste Ausdrucksform eines radikalen Optimismus und das Versprechen universell geteilten, dauerhaften Glücks, ist mittlerweile am dystopischen, fatalistischen Gegenpol unseres Erwartungshorizonts angekommen« (ebd., 19 f.).

Insbesondere der Umstand, dass es in der Moderne zunehmend schwieriger geworden ist, Interdependenzen zu durchschauen und nachhaltige Interventionsadressen zu orten, führt zu einer objektlosen, diffusen Angst, die trotz aller Einwände, die gegen diese Differenz vorgebracht worden sind, vom Moment der objektbezogenen, konkreten Furcht unterschieden werden kann. Während man sich gegenüber Furchtobjekten bzw. Furchtszenarien aktiv verhalten kann, zwingt die objektlose, diffuse Angst zur Passivität. Wie Jean Delumeau gezeigt hat, war in Mittelalter und Früher Neuzeit – trotz vielfältiger Bedrohungs- und Gefahrenkonstellationen (Kriege, die Pest, die allgemeinen Naturgewalten) – grundsätzlich die Ordnung der Dinge noch intakt. Der Grund hierfür war, dass auf der Basis des umfassenden Narrativs der christlichen Heilsgeschichte und vor dem Hintergrund tradierter Repräsentationsmuster klassischer Souveränität der Übersetzungsmodus von Angst in Furcht noch weitgehend funktionierte: »Eine globale Todesangst wurde auf diese Weise in verschiedene Ängste zerlegt, die zwar jede für sich furchtbar, aber doch ›benannt‹ und erklärbar waren, denn schließlich hatten sich die Kirchenmänner Gedanken darüber gemacht und sie in allen Einzelheiten erläutert« (Delumeau 1985, 39). Mit den Figuren des Teufels, der Dämonen und Hexen standen Agenten der Devianz zu Verfügung, die man für mannigfaltige Gefahren und Widrigkeiten verantwortlich machen konnte.

Die im Aufklärungsprozess des 17. Jahrhunderts durch die Erosion der Religion produzierten Leerstellen konnten nur provisorisch durch geschichtsphilosophische Teleologieversprechen gefüllt werden. So ist eine paradoxe Lage zu konstatieren: Einerseits nimmt in der Phase der europäischen Konsolidierung nach dem Dreißigjährigen Krieg (Mitte des 17. bis Mitte des 18. Jahrhunderts) die Zahl äußerer Furchtanlässe – Kriege und Naturgewalten – ab. Gleichzeitig legt der von Kittsteiner als »Stabilisierungsmoderne« (vgl. Kittsteiner 2010) titulierte Abschied vom religionsimprägnierten Ordnungsdenken alten Typs den Grundstein einer spezifisch modernen Angst, verstanden als (kollektive) emotionale Reaktion auf einen problematisch werdenden, offenen Zukunftshorizont. Immer drängender wurde dann im 19. Jahrhundert als dunkle Kehrseite der Fortschrittsemphase die Sehnsucht nach Ordnung und Stabilität.

Aus dieser Grunderfahrung der Moderne resultiert die Attraktivität aller Bemühungen um eine politische, soziale oder kulturelle Neuverortung: Die »äußerste Komplexität der Welt« erzeugt eine »unbestimmte Angst« (Luhmann 2000, 1), die die Koordinaten der Orientierung ins Rutschen geraten lässt und so die Suche nach vermeintlich Verantwortlichen motiviert. Ein kollektivpsychologischer Weg der Bearbeitung von Angst und Verunsicherung ist daher die Refiguration von Bedrohung und Feindschaft: Ein gemeinsamer Feind, den man als Kollektiv fürchten kann – sei es nun der Türke, der Jude, der Engländer oder der Franzose, später dann der Kommunist oder der Kapitalist, der islamische Fanatiker oder der Spekulant –, ist der beste Garant für die Befriedigung von Gemeinschafts- und Ordnungssehnsüchten. Dieser Mechanismus der Ohn-

machtsbearbeitung spielt für das Verständnis des Sozialdarwinismus des 19. Jahrhunderts ebenso eine wichtige Rolle wie für die Analyse der emotionalen Grundierung des historischen und gegenwärtigen Antisemitismus (vgl. Kittsteiner 2006b). Jeweils geht es darum, in der Ortung und Ordnung des phantasierten Feindes Handlungsmacht zurückzugewinnen und im Medium des Anderen die Stabilität der eigenen sozio-kulturellen und politischen Identität zu perpetuieren (s. Kap. II.7).

Dass diese Ordnungs- und Erwartbarkeitsproduktion, die eine der zentralen Mechanismen politischer Herrschaft in der Moderne darstellt (vgl. Schmitt 2006), aufgrund ihrer Verwurzelung im politischen Imaginären immer prekär bleibt, macht sie umso gefährlicher, weil sie die Notwendigkeit der Produktion von Feindschaft auf Dauer stellt. Diese katastrophische Möglichkeit der Verflechtung von Angst und politischer Macht ist einer der Hauptgründe der Entgrenzung der Gewalt im Nationalsozialismus, spielt aber auch in allen anderen genozidalen Prozessen des 20. Jahrhunderts – vom sowjetischen Stalinismus über das kambodschanische Pol Pot-Regime bis hin zum Tutsi-Mord in Ruanda – eine wichtige Rolle (s. Kap. IV.A.5). Emotionspolitisch betrachtet, geht es bei all diesen Verbrechen um die Verlockungen des Glaubens daran, den Geschichtsverlauf – und seien es nur die nächsten tausend Jahre – durch die Liquidation der Anderen gewaltsam lenken zu können.

Eine der gründlichsten Untersuchungen zu der Verquickung von Formsehnsucht, Todesangstbearbeitung und politischer Macht hat – neben Freuds Überlegungen zu »Massenpsychologie und Ich-Analyse« (1921) und der von Theodor W. Adorno, Else Frenkel-Brunswik u. a. durchgeführten Studien über *The Authoritarian Personality* (1950) – Hermann Broch mit seiner *Massenwahntheorie* vorgenommen, in der er zeigt, dass der Aufstieg des Nationalsozialismus sich aus der traumatischen Erfahrung kollektiver Hilflosigkeit während der ökonomischen Krisen der 1920er Jahre speiste (s. Kap. IV.A.4), und zwar in der schon bekannten Form, dass die diffuse Angst der Zwischenkriegszeit in der antisemitischen Rassen-Ideologie in ein konkretes Furchtszenario übersetzt wurde.

Brochs *Massenwahntheorie* entstand zwischen 1939 und 1948 im amerikanischen Exil als Versuch der theoretischen Grundlegung eines Forschungsinstituts, das sich der Analyse und der Abschaffung des Massenwahns widmen sollte. Angesichts des fatalen Zuwachses von Masse und Macht im 20. Jahrhundert sucht Broch nach einer Methode, die die verhängnisvolle Neigung des modernen Menschen, sich im »Dämmerzustand« (Broch 1979, 70) der Masse zu formieren, kompensieren bzw. therapieren sollte. Dabei richtet Broch sein Augenmerk auf die Relation von individuellen Entstehungsbedingungen und soziokulturellen Kontexten der Moderne, aus denen er das emotionale Angebot der Masse als Agentur der Angstvermeidung herzuleiten versucht. Indem er nach der existenziellen Tiefendimension des kollektiven Aufruhrs fragt, in dem sich die aufgestaute individuelle Panik der vielen Einzelnen Bahn bricht, kombiniert Broch Einsichten der Psychoanalyse mit dem philosophischen Diskurs der Todesangst, an dem Autoren wie Søren Kierkegaard, Martin Heidegger und Ernst Jünger beteiligt waren. Broch stimmt mit diesen darin überein, dass nach dem Tod Gottes und dem mit dem Verlust der Zentralperspektive einhergehenden »Zerfall der Werte« die Erkenntnis der eigenen Sterblichkeit und die Unverfügbarkeit der Geschichte zu zentralen Problemen der Selbstauslegung werden: »Der Einzelmensch gerät in den Bann einer Vielzahl verselbstständigter Untersysteme, von denen ein jedes Absolutgeltung beansprucht. Die Folge davon sind eine Hypertrophie der deduktiven Werte und entsprechend ein größerer Massenwahn« (ebd., 24). Für Broch lässt sich der Aufstieg der Massen als Geschichte der Reaktion auf eine aus dem Formverlust der Geschichte resultierende Desorientierung und die damit einhergehende Angstvermehrung erzählen. »Vorrangig sind die ›Massen‹ Inseln des Machtgefühls in einem Meer der Angst auslösenden Unverfügbarkeit« (Kittsteiner 2006b, 116).

Für Broch, wie später dann für Heinz Dieter Kittsteiner, ist das In-der-Welt-Sein des Menschen von einer untergründigen Angst vor der eigenen Ohnmacht und Sterblichkeit bestimmt. Um mit dieser fertig zu werden, entwickelt der *homo symbolicus* über seine Entwicklungsgeschichte hinweg symbolische Einrichtungen in der Welt, die ihm das Gefühl der Vertrautheit und der Behausung geben sollen: »Mit einigen Einschränkungen darf von hieraus die Gesamtheit der Werte, die menschliche Kultur, in ihrem seelischen Sicherungscharakter als ein großes System der Angstbesänftigung aufgefasst werden« (Broch 1979, 17). Dort jedoch, wo der Mensch daran erinnert wird, dass seine Verortung in der Welt immer nur eine imaginäre ist, wo also die Widerständigkeit der Welt die symbolischen Abdichtungsvorrichtungen überwindet, kommt es zu einer Aktualisierung der Angst. Vermittelt über intensive

Simmel-Lektüren entdeckt Broch insbesondere in der modernen Kultur ein angstmachendes Moment. Und zwar dort, wo diese sich in Form technischer, ökonomischer und bürokratischer Systeme verselbstständigt und zur entfremdeten Unbehausung wird. Wenn sich die Kultur zum stahlharten Gehäuse der Hörigkeit verfestigt, das den Menschen in seinen Handlungsmöglichkeiten stark beschneidet und ihn zugleich mit seinen Komplexitätsroutinen überfordert, steigt der Angst-Level, weil es nicht mehr möglich ist, die ich-fremden Weltbestandteile dem Ich reflexiv einzuverleiben.

Mit dieser Einsicht in eine moderne Krise der intellektuellen Repräsentation steht Broch in unmittelbarer Nähe zum eingangs zitierten Hugo Ball. Für beide ist klar: Die wahnhaften Massenbewegungen des 20. Jahrhunderts sind das Ergebnis einer emotionalen, sozioökonomischen und symbolischen Desintegration, die den Einzelnen an seine Verletzbarkeit erinnert:

[…] überall dort, wo das Ich in solchem Bestreben gehindert wird, überall, wo es an die Grenzen der Fremd-Welt stößt und sie nicht zu überschreiten vermag, überall dort entsteht des Wertes Gegen-Zustand, dort entsteht Angst: das Ich wird sich dann plötzlich seiner Verlassenheit und seiner a priori gegebenen Einsamkeit bewußt, es weiß um die metaphysische Einsamkeit des Sterbens (ebd., 16 f.).

Generell kann es immer dann, wenn sich Angst als Resultat einer nicht vermittelbaren Erfahrung von Alterität einstellt, zur Bildung von Massen kommen. Ihr Aufstieg im 20. Jahrhundert, so Broch, resultiert aus einem Verblassen tradierter Agenturen der Angst-Bewältigung in Kombination mit einer Steigerung von ›Aktualängsten‹ besonderen Ausmaßes, etwa im Kontext der Weltwirtschaftskrise der späten 1920er Jahre, deren Komplexität die Einsichtsfähigkeit der Menschen überforderte: »[S]tammt die […] auslösende Aktualangst […] aus dem Unsichtbaren, ist auch sie unerfaßlich, so daß sie innerseelische Urangst nicht nur erweckt, sondern auch noch überdies ihr äußeres Symbol wird, dann ist das Gespenst der Panik in unmittelbarste Nähe gerückt« (ebd., 20).

Weil der anthropologisch fundierte Angst-Pegel damit einen unerträglichen Höchststand erreicht, flüchten die Menschen in die Wärme der Masse. Denn sie ermöglicht, angeleitet durch politische Freund-Feind-Bestimmungen, eine Refiguration der Verunsicherung in der Stigmatisierung, gewaltsamen Ausgrenzung und Vernichtung der zu »Angst-Symbol[en]« (ebd., 18) gewordenen Anderen (vgl. ebd., 24 f.). Der demagogische Führer, für Broch namentlich Adolf Hitler, vermag es, die sukzessive entstandene Leere des normativen Zentrums zu füllen, indem er eine Adresse zu Verfügung stellt, an die sich die in Aggression transformierte Angst richten kann. Was Karl Kraus, ein weiterer Analyst des Massenwahns, in seiner Tragödie *Die letzten Tage der Menschheit* (1919) insbesondere der Massenpresse ankreidet, leistet bei Broch der autoritäre Führer. Beide sind Profiteure der Angst in der Moderne, die die Stabilisierung der Masse nach innen erreichen, indem sie die Stimulation und Lenkung niederer Gefühlslagen nach außen bewerkstelligen.

In den letzten 50 Jahren und vor allem seit dem Ende der großen Systemkonfrontation in den Jahren 1989/91 hat sich der Mechanismus der Übersetzung von Angst in Furcht weiter ausdifferenziert, insbesondere in Form der Etablierung von massenmedialen Alarmsystemen und Grenzregimes des Normalen. Dort wird Angst nicht mehr an quasitranszendente Instanzen adressiert, die von außen in die Harmonie der sozialen Gemeinschaft einbrechen, sondern zirkuliert immanent und kontinuierlich rückgekoppelt innerhalb der gesellschaftlichen Kommunikationskanäle. In Form von seriell auf Dauer gestellten *Breaking News* wird die zur Furcht depotenzierte Angst einerseits zu einem permanenten Begleiter im Alltag, zugleich aber wird der jeweilige Furchtanlass im Vergleich mit anderen Furchtanlässen relativiert. Aus dieser medialen Hypertrophie der Furcht resultiert eine paradoxe Konstellation, in der die Botschaft ›Wir leben in einer gefährlichen Welt‹ auf eine zunehmend entpolitisierte Zustimmung stößt, während zugleich eine ›Kausalitätskrise‹ zu beobachten ist, die das Denken in *Worst-Case*-Szenarien zur leitenden Aneignung von Zukunft gemacht hat:

Die Frage nach der Kausalität ist unentwirrbar mit der Art verknüpft, wie Gesellschaften versuchen, mit Unglücksfällen umzugehen. ›War es Gott?‹, ›War es die Natur?‹, ›War es menschliches Fehlverhalten?‹ – Fragen wie diese prägen unsere Wahrnehmung und sind bezeichnend dafür, wie wir solche Ereignisse interpretieren. Unklarheit über Kausalzusammenhänge fördert Spekulation, Gerüchte, Misstrauen und kann dazu führen, dass Ereignisse zu Unrecht als unbegreiflich und unkontrollierbar gelten (Furedi 2007).

Mit der Kausalität ist auch das Risiko, verstanden als eine Form wissenschaftlichen Kalküls, das im 19. und 20. Jahrhundert die seinsverbürgende Autorität Gottes beerbte und so menschliches Handeln gegen Unfälle und ungewollte Nebenfolgen abzusichern versprach (vgl. Luhmann 2008), in die Krise geraten. Die in ihren Effekten nicht mehr überschaubare

Globalisierung von systemischen Gefahren der Großtechnologie und des Klimawandels hat die Menschen in den westlichen Gesellschaften in das Gefühl versetzt, Teil einer »Weltgefahrengemeinschaft« (Beck 2007, 27) zu sein.

Dieses Gefühl wird bestärkt durch die permanente mediale Antizipation künftiger und die Repetition eingetretener Risken, sei es in Form großtechnischer Havarien wie in Fukushima oder in Form von Terroranschlägen wie in New York, London oder Madrid. Nicht länger mehr geht es um die mathematische Berechnung der Eintrittswahrscheinlichkeit konkreter Furchtszenarien, vielmehr ist die mediale Gefahrenfantasie selbst zu einem Akteur im politischen und sozioökonomischen Aushandlungsprozess geworden. Damit hat sich die angstbearbeitende Funktion, die Hans Blumenberg in Mythos und Kultur in der »Verschränkung von Bedeutsamkeit und Vertrautheit« (Blumenberg 1979, 125) ausgemacht zu haben glaubte, quasi umgekehrt. Nicht mehr ist es alleine das Moment der Entlastung, das im Mechanismus der kulturellen Übersetzung von Angst in Furcht auszumachen ist, zugleich tendiert die medial gesteigerte Furcht-Konjunktur selbst wiederum dazu, in eine entpolitisierte, protopanische Angst umzuschlagen, umso mehr, wenn Großrisiken und deren Bearbeitung immer weniger im Einflussbereich demokratischer Entscheidungsprozesse liegen.

Parallel zur viralen Perpetuierung dieser »großen Furchtszenarien« (s. Kap. IV. A.2) hat sich als Kompensationsstrategie für den Anstieg ökonomischer und ethischer Verunsicherung ein Ensemble »kleiner Furchtszenarien« etabliert, das – wiederum im Modus des *Fear Marketing* medial und zugleich ökonomisch befeuert (s. Kap. II.8) – die Hyperindividualisierung der Gesellschaft im Feld potenzieller Gefahren abbildet. Gemeint ist ein umfassendes Präventionsregime, das alle noch bestehenden Residuen der Sicherheit aufbricht und den Einzelnen einer gouvernementalen Sicherheitsdoktrin der Körper- und Umfeldvorsorge unterwirft: Als Kondensat kommunikativer Praktiken dokumentiert sich in der Praktik der Sorge eine Botschaft der Latenz: Jede private Vertrautheitssphäre kann potenziell immer von sogenannten Gefährdern attackiert werden; Gesundheit bedeutet heute nur noch, das bestimmte Krankheitsrisiken noch nicht von Potenzialität in Aktualität umgeschlagen sind. Sich gut zu fühlen, ist das Präludium der Depression, Sonne ist ein Krebsrisiko, natürlich gibt es keine schwerwiegenderen Probleme als Cholesterin und Nikotin. Da die medial kommunizierte Dauerfurcht nur eine ungefähre

Realitätsanbindung erfährt, also trotz der Dauerbe-richterstattung über die Gefahren des Alltags die meisten Menschen ihren eigenen Alltag als viel weniger gefährlich erleben, verselbständigt sich die Furcht als ›Furcht an sich‹ und wird isoliert internalisiert, mit dem Effekt, dass wir »wachsam jeden trivialen Aspekt unseres Lebens beobachten«, da selbst »alltägliche Handlungen heute als inhärent riskant und gefährlich« wahrgenommen werden (Hubbard 2003, 72).

Der gouvernementale Vorteil dieser kleinen Furchtszenarien liegt auf der Hand: Anders als in den Feindschaftsexzessen des 20. Jahrhunderts tendieren diese in der Regel nicht zum Völkermord. Zugleich appelliert diese Politik des *Personal Safety State* passend zur allgemeinen Deregulierung des Sozialen an die Selbstverantwortung des Einzelnen, der zur ständigen Evaluation seiner Performances angeleitet wird. Der normalistische Projektcharakter dem individuelle Biografien heute unterworfen sind, bietet eine ganze Fülle an Optionen und Konsumchancen, er erzwingt aber auch eine fortwährende Risikokalkulation, aus der eine permanente Angst vor dem eigenen Scheitern oder dem Verpassen der besten Option entspringt (vgl. Rosa 2005). Ökonomisch interessant ist die Angst des »unternehmerischen Selbst« (vgl. Bröckling 2007), weil sie durch Appelle an das Konsumverhalten und die Leistungsbereitschaft wiederum gewinnbringend funktionalisiert werden kann (s. Kap. 3.A.11). Der affektive Grundmodus der Gegenwartsgesellschaft erzeugt »Formen des Begehrens und der Lust, die eng mit der Furcht verbunden sind« (Hardt/Negri 2002, 333). Den großen machtkritischen Lektüren der Moderne, Foucaults vielfältige Kritik an der ›Disziplinargesellschaft‹ und Deleuzes Überlegungen zur ›Kontrollgesellschaft‹ müsste ein Postskriptum der Angst hinzugefügt werden, das reflektiert, inwiefern die Regierung von Bevölkerungen und Individuen heute immer stärker über »Technologien der Angst« (vgl. Massumi 1993) funktioniert, »welche die Gesellschaft als ›Gefährdungsgemeinschaft‹ entwerfen und die Einzelnen zum Rückzug ins Private anhalten« (Lemke 2004, 93).

Die mittelfristige Brisanz dieser neuartigen Funktionalisierung der Affekte sollte nicht unterschätzt werden: Dort, wo Furcht immer mehr aus Potenzialität resultiert, setzt sich ein protoparanoider Rückkopplungseffekt in Gang, der weitere Furcht induziert. Nach der Vorsorgeuntersuchung ist vor der Vorsorgeuntersuchung, Prävention tendiert zur Entgrenzung (vgl. Bröckling 2008), was wiederum die Gefahr erhöht, »in ein Regime zu geraten, in dem Sicherheit und Angst miteinander konkurrieren und sich gegenseitig aufschaukeln« (Foucault 2003, 504). Welche politischen und sozialen Konsequenzen ein solches Präventionsprimat haben kann, lässt sich – besonders anschaulich unter den Bedingungen des politischen Kommunitarismus in den USA – in Feldern wie der Gesundheits- oder Sicherheitspolitik schon jetzt deutlich erkennen.

Das Andere der Vernunft:
Trieb- und Naturbedingtheit des Menschen

Das kritische Nachdenken über eine andere, dunkle Seite der modernen Körperpolitik beginnt lange bevor Adorno und Horkheimer ihren programmatischen Text über *Die Dialektik der Aufklärung* (1947) veröffentlichen. Dieser Essay, der einen direkten Zeitbezug zur Barbarei der Nazi-Herrschaft aufweist, versucht sich an einer Deutung der Gegenwart in ihrer genealogischen Herkunft aus der »Urgeschichte der Subjektivität« (Adorno/Horkheimer 1981, 71). Die Aufklärung habe im Medium von Technik und Wissenschaft einen Totalitarismus der Ratio initiiert, der nicht nur zur Beherrschung der äußeren Natur geführt habe, sondern ebenso kein Residuum der menschlichen Existenzweise unberührt lasse und in dieser Herrschaft des *Logos* den Menschen von sich selbst und seinem selbst-beherrschten Körper entfremde. Im Ergebnis führe die seit dem Idealismus von Descartes bis Hegel zu konstatierende Verdrängung all dessen, was sich nicht steuern und mit der Vernunft verrechnen lasse, zu einer Wiederkehr jener Angstpotenziale, die dem Menschen seit seiner grauen Vorzeit innewohnen:

Aufklärung ist die radikal gewordene, mythische Angst. Die reine Immanenz des Positivismus, ihr letztes Produkt, ist nichts anderes als ein gleichsam universales Tabu. Es darf überhaupt nichts mehr draußen sein, weil die bloße Vorstellung des Draußen die eigentliche Quelle der Angst ist (ebd., 22).

Horkheimer und Adorno – zu ähnlichen Einschätzungen kommen unter anderen politischen und philosophischen Vorzeichen, aber in der gleichen historischen Periode, auch Friedrich Georg Jünger und Martin Heidegger (vgl. Jünger 2010; Heidegger 1978) – sehen die technische Zivilisation als einen Weltbemächtigungsprozess, der nicht nur die Vernunft in ihr Recht setzt, sondern zugleich den Menschen von sich selbst und der Welt entfremdet und ihn damit heimatlos macht. Diese kulturkritische

Diagnose, deren diskursive Wurzeln im europäischen Kontext bis zu Rousseau zurückreichen, wird in der ersten Hälfte des 20. Jahrhunderts vor dem Hintergrund einer voranschreitenden Technisierung und Bürokratisierung zu einem der wesentlichen Reflexions- und Selbstbeschreibungsangebote der essayistischen Philosophie (vgl. Bollenbeck 2007). Die Welt, so etwa Max Scheler, ist »nicht mehr die warme, organische ›Heimat‹, sondern sie wird ein kalter Gegenstand der Berechnung und des Angriffs der Arbeit – nicht geliebt und kontempliert, sondern das, was zu berechnen und zu bearbeiten ist« (Scheler 1957, 29). Zwar gelingt es im Zuge der Aufklärung, die Gefahren der Natur technologisch zu reduzieren und alte Furchtszenarien als Aberglauben zu dekonstruieren. Paradoxerweise verliert die Moderne aber in der gänzlichen Orientierung an Rationalitäts- und Machbarkeitvorstellungen einerseits die Sensibilität für die Notwendigkeit von Bindungsnarrativen, mit denen es möglich gewesen wäre, angstimprägnierte Komplexitäts- und Kontingenzerfahrungen zu bearbeiten. Andererseits schafft sie neue Angst-Cluster überall dort, wo sich Phänomene der äußeren und inneren Wirklichkeit der Beherrschbarkeit entziehen. Adornos und Horkheimers Feststellung, dass die »vollends aufgeklärte Erde […] im Zeichen triumphalen Unheils« (Adorno/Horkheimer 1981, 13) erstrahle, meint nicht nur konkret die nationalsozialistische Herrschaft nach 1933 und den Holocaust, sondern auch eine Normierungs- und Ausgrenzungsgeschichte, die der moderne Mensch an sich selbst und seiner körperlichen Konstitution vollzogen hat: »Furchtbares hat die Menschheit sich antun müssen, bis das Selbst, der identische, zweckgerichtete, männliche Charakter des Menschen geschaffen war und etwas davon wird noch in jeder Kindheit wiederholt« (ebd., 40).

Die historische Konstruktion des selbstidentischen Subjekts, zunächst als philosophisches Projekt, dann auch als bürgerliches Rollenmodell und soziales Faktum, ist somit ein Ergebnis der theoretischen und praktischen Durchsetzung der Disziplinargesellschaft im Sinne Michel Foucaults. Wie dieser in seinen frühen Arbeiten nicht müde wird zu betonen, ist die Hervorbringung des Wissens über den Menschen in den modernen Humanwissenschaften und dessen Normierung in den Institutionen der bürgerlichen Gesellschaft – Familie, Schule, Militär und Klinik (vgl. Foucault 1969; 1976) – ein Akt der Machtausübung, der all das als pathologisches Anderes ausgrenzt oder Prozeduren der Nor-

malisierung unterwirft, was nicht dem Anspruch einer vernünftigen Wahrheit genügen will: den Wahnsinn, den nicht-reglementierten Sex und den transgressiven Rausch.

Dass die Ermächtigung des vernünftigen Subjekts, seine Emanzipation von äußeren Mächten und inneren Zwängen zugleich aber auch eine fundamentale Entfremdung bedeutet, die neue Angst entstehen lässt, ist im philosophischen Denken der Moderne zunächst nur als latentes Wissen vorhanden, bevor es dann im 20. Jahrhundert in Freuds Text über das *Unbehagen in der Kultur* (1930) und in seiner Neurosenlehre zum Gegenstand umfassender kulturtheoretischer und therapeutischer Bemühungen wird (s. Kap. II.3). Einer der ersten philosophischen Akteure des 19. Jahrhunderts, der Zweifel an der Vernünftigkeit der Geschichte mit dem Zweifel an der Vernunftbestimmtheit des Menschen kombinierte, war Friedrich Wilhelm Joseph Schelling. Während Kant und Hegel zuvor noch mehr oder weniger erfolgreich versucht hatten, die Dominanz von Vernunft und Sittlichkeit über die kontingente Geschichte einerseits und die körperliche Sinnlichkeit des Menschen andererseits zu bestätigen, gerät das autonome, sich selbst durchsichtige bürgerliche Subjekt der Aufklärungsphilosophie in Schellings Spätphilosophie sukzessive in eine fundamentale Krise.

Schon in allen großen Systemphilosophien der Moderne als lauernde Gefahr enthalten, tritt nun die Unterworfenheit des als frei gedachten Subjekts »unter eine äußere Macht oder einen inneren Zwang« (Zima 2000, 91) mit brachialer Gewalt hervor. Der Mensch entdeckt innerhalb seiner eigenen Wesensstruktur ein Moment des unkontrollierbaren Chaos, das unzweifelhaft auf Freuds spätere Bestimmung des ›Es‹ vorausweist. Diese Aufklärung über die blinden Flecken der aufgeklärten Subjektphilosophie kann als eine »Verwundung bestimmt werden. Denn die Leidenschaft als eine unbekannte, kategorial nicht beherrschbare Größe wird dem Einzelnen zu einem Teil seiner selbst, dessen er nicht mächtig ist – das aber heißt: zu einer offenen Wunde« (Wennerscheid 2008, 62). Der Prozess der Zivilisation, den Norbert Elias als einen Prozess der gesteigerten Affektkontrolle beschreibt (vgl. Elias 1969), hat also eine angstbesetzte Kehrseite. Diese Parallelgeschichte zum historischen Narrativ einer fortgesetzten Rationalisierung der Gefühle kreist um das »Andere der Vernunft« (vgl. Böhme/Böhme 1983) und thematisiert den Kontrollverlust bzw. die affektiven Effekte einer forcierten Affektkontrolle. In Gegenüberstellung zu Geist und Vernunft artikuliert sich hier – zunächst implizit, später dann explizit – ein Wissen um die »Partikularität und Kontingenz aller subjektiven Entwürfe«, damit einher geht die schleichende Aufwertung von »Zufall und Traum« und die Anerkennung von »Körper und [...] Natur als unversöhnte[n], aber untilgbaren Schatten des Geistes« (Zima 2000, 91). Eine solche Problematisierung des vernunftgeleiteten Subjekts artikuliert sich bei Schelling in der Erkenntnis, dass »der wahre Grundstoff alles Lebens und Daseins eben das Schreckliche ist« (Schelling 1927, 715). Schelling ist der erste Denker des 19. Jahrhunderts, der den Universalanspruch der Vernunft problematisiert und in Reaktion hierauf Angst und Freiheit zusammendenkt: »Beim späten Schelling geht der generelle Zweifel an der Vernünftigkeit der Welt einher mit der Entdeckung der Irrationalität, der Trieb- und Boshaftigkeit des Menschen, auskristallisiert in der Urangst vor Kontrollverlust« (Krämer 2011, 29).

Von nun an wird die Frage nach dem Verhältnis von »Vernunft und Trieb« zu einem »zentrale[n] Element der philosophischen Entwicklung des 19. Jahrhunderts« (Schulz 1972, 336, 369). Für lange Zeit diskursbestimmend wird Kierkegaards epochemachendes Buch *Der Begriff Angst* (1844), in dem der dänische Philosoph den alten Leib-Seele-Dualismus zu einer selbstreflexiven Trias erweitert (s. Kap. II.2). In dieser Trias kommt dem Geist die Rolle des Vermittlers der seelischen und leibhaften Elemente des Menschen zu. Der Geist versetzt den Menschen quasi in einen reflexiven Modus zu seinen zwischen Freiheit und Notwendigkeit oszillierenden Bedingungen und produziert damit Angst, weil er schaudernd erkennt, dass er sich weder auf die Welt noch auf sich selbst verlassen kann und gerade darin seine Aufgabe zur Lebensführung findet:

Die menschliche Struktur ist grundsätzlich widersinnig. Ich bin als Leib Teil der Welt, genauer der Naturwelt, und zwar in sehr konkretem Sinn, denn als geschlechtlicher Leib sorge ich für die Existenz und das Fortbestehen dieser Welt; und ich bin als Geist zugleich welttranszendent. Ich kann diesen Widerspruch nicht aufheben, und dies besagt: ich muß an ihm leiden. Der Mensch ist zur Angst nicht nur verdammt, sondern auch verpflichtet, denn nur in der Angst erfährt er und bestätigt er seine widersinnige Seinsstruktur. Die Wunde der Negativität ist daher offenzuhalten (Schulz 1979, 363 f.).

Kierkegaards berühmte Formulierung, wonach Angst als die »Wirklichkeit der Freiheit als Möglichkeit für die Möglichkeit« (Kierkegaard 1981, 40) zu verstehen sei, verweist auf die paradoxe Grundstruktur der menschlichen Existenz: einerseits sein Leben selbst in Freiheit führen zu müssen und andererseits

hierbei immer wieder an die Grenzen einer Unverfügbarkeit – der Geschichte, des begehrenden Körpers, seines eigenen Abgrunds – zu stoßen. Angst entsteht somit als Korrelat eines Triebgeschehens, das sich nicht der bürgerlichen Ordnung beugen will: »Was macht eigentlich Angst? In einer ersten Annäherung können wir sagen, sie ist verknüpft mit einem Nicht-Wissen dessen, was in einem vorgeht; Angst drückt eine Ignoranz aus hinsichtlich dessen, was man das psychisch Reale nennen kann« (Widmer 2011, 14). Beim späten Schelling, theoretisch weiter ausdifferenziert durch Kierkegaard und Nietzsche – parallel dazu literarisch gestaltet in der Schwarzen Romantik und im Vormärz – entwickelt sich also ein Wissen um die konstitutive Gespaltenheit des Subjekts. Nach 1900 wird diese konstitutive Dezentriertheit in der Psychoanalyse in der Struktur von Ich, Es und Über-Ich beschrieben; im Existenzialismus in seinen unterschiedlichen Spielarten als Spannung von Freiheit und Geworfenheit reflektiert.

Modi des der Kontrolle der Vernunft entzogenen Außer-sich-Seins des Subjekts sind Traum, Rausch, sexuelle Ekstase; inhaltliche Bezugsgrößen sind »die Natur, der menschliche Leib, die Phantasie, das Begehren, die Gefühle – oder besser: all dieses, insoweit es sich die Vernunft nicht hat aneignen können« (Böhme/Böhme 1983, 13). Im Sinne einer Veräußerlichung der Angst vor der inneren Natur treten im 19. und 20. Jahrhundert in unterschiedlichen Mischungen und Recodierungen als diskursive Figuren und Konstellationen der Furcht auf: Die Frau (s. Kap. II.10), die Masse, der Wilde, die Jugend; als Krankheitsgeschehen einer inneren Entfremdung, in denen sich die Psyche gegen ihre Normierung und Vereinnahmung wehrt, werden verhandelt: Die Hypochondrie um 1800, Hysterie und Neurasthenie um 1900, Depression, ADHS und Burn-out heute.

Tod und Endlichkeit als Existenziale des Menschen

Der die Moderne kennzeichnende, sukzessive Abschied von den großen Sinnentwürfen lässt eine Leere entstehen, die schleichend die große Angst hervorbringt, »inmitten der Endlichkeit einsam und verlassen zu sein« (Spranger 1925, 356). Als paradigmatische künstlerische Umsetzung dieser krisenstürzenden Wahrnehmung eines *horror vacui* kann Caspar David Friedrichs Bild *Der Mönch am Meer* (1808–1810) verstanden werden. Das Bild lässt in der Verlassenheit des vom Betrachter ab- und der

Weite des Meeres zugewandten Mönches eine Raum- und Zeit-Angst aufscheinen, die den Menschen in Momenten des Nachlassens seiner glaubens- und/oder vernunftbestimmten Seins- und Weltgewissheit ergreift:

> Wie alles Werden sich auf ein Gewordensein richtet, mit dem es endet, so rührt das Urgefühl des Werdens, die Sehnsucht schon an das andere des Gewordenseins, die Angst. In der Gegenwart fühlt man das Verrinnen; in der Vergangenheit liegt die Vergänglichkeit. Hier ist die Wurzel der ewigen Angst vor dem Unwiderruflichen, Erreichten, Endgültigen, vor der Vergänglichkeit, vor der Welt selbst als dem Verwirklichten, in dem mit der Grenze der Geburt zugleich die des Todes gesetzt ist, der Angst vor dem Augenblick, wo das Mögliche verwirklicht, das Leben innerlich erfüllt und vollendet ist, wo das Bewußtsein am Ziele steht. Es ist jene tiefe Weltangst der Kinderseele, welche den höheren Menschen […] in seiner grenzenlosen Vereinsamung niemals verläßt, die Angst vor fremden Mächten, die groß sind und drohend […] (Spengler 1918, 108).

Wenn Carl Schmitt schreibt, der Mensch sei »ein Landwesen, ein Landtreter, […] der sich auf der festgegründeten Erde bewegt« (Schmitt 1942, 3), dann sind die sich in Friedrichs Bild verwischenden Konturen zwischen Meer und Küste ein symbolischer Ausdruck dafür, dass sich im 19. Jahrhundert das Bewusstsein entwickelt, in einer entsicherten Welt zu leben, in der trotz der Erfolge des Positivismus Eindeutigkeiten verlorengehen und Grenzen unbestimmt werden. Gewissermaßen sieht der romantische Künstler den Menschen immer schon auf dem Weg ins Meer, aber nicht als triumphierender Entdecker fremder Küsten, sondern als Spielball der Gezeiten, der ohne Kurs herumtreibt wie der Fliegende Holländer oder der Jäger Gracchus in Kafkas gleichnamiger Erzählung (1917), dessen Totenbarke den Weg in die himmlische Ruhestatt verfehlt und nunmehr ziellos auf den irdischen Gewässern dahin treibt (vgl. Kafka 2002, 310–313). Kafkas kleine Geschichte verweist auf die in der Moderne als Angstgrund lauernde Erkenntnis, dass

> der Entzug eines transzendenten Zieles der menschlichen Existenz keineswegs gestattet, sich im Diesseits heimatlich einzurichten: unter dunklen Himmeln, die keine Hoffnung mehr gewähren, schwelt trotzdem eine nicht zu befriedigende Sehnsucht, die über alles Erreichte hinaus drängt und den Lebenskahn nicht zur Ruhe kommen läßt (Frank 1989, 57).

So verstanden, ist das Meer »als Sphäre der Unberechenbarkeit, Gesetzlosigkeit, Orientierungswidrigkeit […] Ausdruck für die Willkür der Gewalten« (Blumenberg 1979, 9 ff.). Es ist Medium der menschlichen Selbsttätigkeit, zugleich aber als gefährlicher

Raum (s. Kap. III. A.1) auch Allegorie auf einen nachmetaphysischen Bewusstseinsstand, der um die konstitutive Verfehlung des paradiesischen Zieles weiß.

Hier setzt Arnold Gehlen aus einem anthropologischen Blickwinkel an, wenn er dem Menschen aufgrund seiner mangelhaften Instinktausstattung eine prekäre »Weltoffenheit« (Gehlen 1978, 35) attestiert. Einerseits ist diese die Voraussetzung dafür, sich zur Welt zu verhalten und sich technisch, symbolisch und institutionell in ihr einrichten zu können, andererseits bleibt jede Geborgenheit immer prekär und damit Anlass einer Angst, die in ihren genealogischen Wurzeln eigentlich Todesangst ist: »Auf das Dasein gesehen entspringt alle Angst aus der dahinterstehenden Todesangst. Lösung der Todesangst würde alle andere Angst auflösen« (Jaspers 1932, 265).

Kultur, verstanden als zweite Natur, ist insbesondere in der Moderne, wo symbolische Zentren erodieren, somit immer der Gefahr ausgesetzt, entweder zu einer kalten, entfremdeten Struktur zu kristallisieren oder aber, in Momenten des Einbruchs des Realen, in ihrem Palliativ- und Naturalisierungscharakter durchschaubar zu werden. In dieser Verflüssigung insbesondere von symbolischen Sicherheitsversprechen liegt der Grund dafür, dass dem Tod in der Moderne eine eigene, zuvor nicht in Erscheinung getretene Problemqualität zukommt.

Kulturentstehung und Todesbewusstsein hängen seit jeher eng zusammen (vgl. hierzu umfassend Wittwer/Schäfer/Frewer 2010). Kultur ist immer auch technische, soziale und symbolische Sicherungsarbeit »gegen Tod und Not, die großen Eltern der Angst« (Böhme 2003, 34). Insbesondere Mythos und Religion sind partiell Agenturen der Angst-Erzeugung, immer aber auch Katalysatoren der Angstbewältigung, indem sie eine auf die Totalität des Lebens und der Gesellschaft abzielende, verbindliche »symbolische Sinnwelt« (Berger/Luckmann 1970, 103) anbieten. Magische oder religiöse Praktiken – die Fürbitte ebenso wie das Opfer oder die apotropäische Verehrung eines Fetischs – regulieren, auf der Basis einer umfassenden Sinnstiftung, flottierende Angstintensitäten (s. Kap. II.1).

Im säkularen Zeitalter ist der Mensch mehr und mehr vor die Notwendigkeit gestellt, seine Orientierungs- und Sinnbedürfnisse ohne Rückgriff auf die tradierten Angebote der christlichen Religion und die Traditionsbestände der Metaphysik zu befriedigen. Dies soll nicht heißen, dass sich nicht Schwundstufen der magisch-religiösen Angstverminderung erhalten hätten. Allerdings stellt sich mit der Säkularisierung im 18. und 19. Jahrhundert und der Abwirtschaftung immanenter Kollektivphantasien im 20. Jahrhundert das Problem des Todes neu, da die Religion und ihre säkularen Erbfolger nicht mehr der unhintergehbare Schlüssel zu Gewissheit und Heil sind.

Zunächst noch stellt eine weltimmanente Sinnstiftung des Todes für Philosophen und Literaten der Romantik kein Problem dar. Im Gegenteil: Für Novalis ist ganz klar, dass der Weg des Sterbenden »immer nach Hause« (Novalis, 1977, 229) führt, und auch Arthur Schopenhauer zeigt sich gewiss, dass es – zumindest für den Reflexionsarbeit leistenden Philosophen, so wird man hinzufügen müssen – unmöglich sei, »aus dem Dasein, wie aus dem Raum hinauszufallen« (Schopenhauer 1966, 352). Diese innerweltliche Seins- und Ordnungsgewissheit verliert im Verlauf des 19. Jahrhunderts immer mehr an Überzeugungskraft, ganz zu schweigen von den großen geschichtlichen Katastrophen des 20. Jahrhunderts, die – seit »Auschwitz heißt den Tod fürchten, Schlimmeres fürchten als den Tod« (Adorno 1998, 362) – eine Sinnstiftung des individuellen Todes in Rückbeziehung auf kollektiv geteilte kulturelle oder ethische Modelle *ad absurdum* führen.

Schon um 1800, in den Texten und Theaterstücken Heinrich von Kleists, ist der unkalkulierbare Einbruch von Kontingenz, der oftmals einen sinnlosen Tod bedeutet, ein wichtiges Thema. Eine dramatische Zuspitzung erfährt der Todeskonflikt dann im lebensphilosophischen Denken Schopenhauers und Nietzsches. Beiden ist klar, dass alle Metaphysik bloß ein »aus der mächtige[n] Anhänglichkeit an das Leben« (Schopenhauer 1998, 535) geborener Selbstbetrug ist. Von einem solchen Leben und Sterben in gottlosen Zeiten handelt nahezu die gesamte Literatur in der ersten Hälfte des 20. Jahrhunderts, deren Signatur der Angst ebenso im expressionistischen Schreiben Georg Heyms wie insbesondere in der Absurdität der Texte Franz Kafkas exemplarischen Ausdruck gefunden hat (s. Kap. III.B.1). Für Kafka »schließt das Dasein als fortgesetzter Sterbelauf […] die Möglichkeit eines freien Lebens aus« (Jurgensen 2010, 591).

In gewisser Weise ist insbesondere der Existenzialismus – in der deutschen Variante bei Jaspers und Heidegger ebenso wie in der französischen des frühen Sartre und Camus – eine aus Verzweiflung geborene Antwort auf die metaphysische Enthausung und Verlassenheit der Moderne. *Sein und Zeit* (1927)

ebenso wie *Das Sein und das Nichts* (1943) sind philosophische Gegenprojekte zu Edvard Munchs Gemälde *Der Schrei* (1893 ff.), das in seiner reduzierten Darstellungsweise den Fokus ganz auf den »lebenden Menschen in seiner elementaren Angst« (Anglet 2003, 556) vor dem sinnentleert drohenden Tod in einer dezentrierten, instabilen und orientierungslosen Welt legt (s. Kap. III.B.3). Bei Munch findet die Angst keine Einhegung mehr in Form einer gelingenden Kommunikation mit einem Trost spendenden Anderen. Simone Weils Kommentar »das ist ein Schrei ins Leere, ein Ruf, der ewig ohne Antwort bleibt« (Weil 1990, 205) trifft sich mit Slavoj Žižeks Deutung »[d]ie Angst ist zu groß als daß der Schrei losbrechen könnte« (Žižek 1993, 146) in der Einsicht, dass der Tod in der Moderne zu einem Problem geworden ist, das sich immer weniger sinnhaft symbolisch integrieren lässt. Einer der letzten systematischen Versuche einer Todesphilosophie stammt von Martin Heidegger, der in seinem Hauptwerk aus dem Jahr 1927 versucht, der Leere des Todes in einem Register-Wechsel von der Metaphysik zur Ontologie zu entkommen. Einerseits schließt er an die Diagnose der Enthausung des modernen Menschen an: »Wovor die Angst sich ängstigt, ist das In-der-Welt-sein selbst« (Heidegger 1993, 187). Andererseits aber versucht er, dem *horror vacui* den Stachel zu nehmen, indem er die im Modus des Vorlaufens zum eigenen Tod erlebte Angst zum Medium einer eigentlichen, der Verfallenheit an die Welt enthobenen Existenz erklärt:

Die Charakteristik des existenzial entworfenen eigentlichen Seins zum Tode läßt sich dergestalt zusammenfassen: Das Vorlaufen enthüllt dem Dasein die Verlorenheit in das Man-selbst und bringt es vor die Möglichkeit, auf die besondere Fürsorge primär ungestützt es selbst zu sein, selbst aber in der leidenschaftlichen, von den Illusionen des Man gelösten, faktischen, ihrer selbst gewissen und sich ängstigenden Freiheit zum Tode (ebd., 266).

Dass eine solche fundamentalontologische Angstkanalisierung nicht davor bewahrt, von Geborgenheitsversprechen der Masse affiziert zu werden, zeigt die Geschichte des nationalsozialistischen Fanatismus nach 1933, dem sich Heidegger vielleicht nicht nur aus karrieristischen, sondern auch aus philosophischen Gründen zumindest zeitweise angeschlossen hat.

Einen anderen Weg geht in den 1940er Jahren Jean-Paul Sartre, der – nicht zuletzt grundiert von der Erfahrung der Besetzung Frankreichs durch die Nazis –, versucht, dem Tod im Begriff der ›Freiheit‹ zu begegnen:

Die Freiheit, die meine Freiheit ist, bleibt total und unendlich, nicht weil der Tod sie nicht begrenzt, sondern weil die Freiheit dieser Grenze nie begegnet, ist der Tod durchaus kein Hindernis für meine Entwürfe; er ist nur ein anderweitiges Schicksal für diese Entwürfe. Ich bin nicht »frei zum Sterben«, aber ich bin ein freier Sterblicher (Sartre 1993, 941).

Der Tod ist das Ende aller Freiheit, er berührt diese zwar nicht, beendet aber jeden Lebenssinn und ist damit das Ende aller Möglichkeiten. Auch wenn Sartre und Camus viel argumentative Arbeit darauf verwenden, den Schatten der Absurdität, der somit durch den Tod auf das Leben geworfen wird, in einem emphatischen Bekenntnis zur Entscheidungsmacht des Einzelnen zu begegnen, wird doch deutlich, wie sehr die ultimative Finalität des Lebensendes, verstanden als Ende aller Anstrengungen, das Leben in einen untergründig prekären Modus versetzt. Ganz deutlich spricht seine Entrüstung und Wut hingegen Vladimir Jankélévitch aus, für den der Tod der Skandal schlechthin ist, der keine Beschönigungen zulässt: »Der Tod vernichtet mit einem Schlag ein voll ausgebildetes und bewusstes Lebewesen, das imstande ist, zu leiden, zu denken, glücklich oder unglücklich zu sein. [...] Dies ist ein Mord« (Jankélévitch 2005, 492)!

Der Mensch im nachmetaphysischen Zeitalter ist gerade aufgrund seiner Bedingtheit und Ohnmacht ein Subjekt der (scheiternden) Selbstsorge. Er muss fertig werden mit der durch das moderne Wissen geschaffenen »Weltentzauberung« und der »Daseinskränkung« (Blumenberg 1981, 710). Da er auf »Nichts gestellt ist« (Stirner 1985, 412), ist es ihm »aufgegeben, für sich selbst zu sorgen« (Foucault 1986, 66). Diese Einsicht lässt sich in einem ganz konkreten Sinne mit der die Gegenwart kennzeichnenden Privatisierung aller gesundheitlichen und sozialen Risiken in Beziehung setzen und verweist in einem abstrakteren Sinne auf die reflexive Grundlegung von Freiheitsspielräumen einer »Ästhetik der Existenz« (ebd.), die nicht nur die Lebensführung, sondern, gewendet als Freiheitszumutung, auch den Umgang mit dem Skandalon des Todes betrifft. Vom posthumanistischen *Enhancement* über popkulturelle Träume biotechnologischer Unsterblichkeit bis hin zu den Erinnerungstableaus Verstorbener in sozialen Netzwerken finden sich im digitalen Zeitalter zahlreiche Spielarten des Versuchs, die Logik der menschlichen Endlichkeit auch jenseits der medizinischen Möglichkeiten im Umgang mit dem kranken Körper technisch oder medial neu zu konfigurieren. Diese technischen Praktiken und kulturellen Phantasien der Lebensverlängerung bzw. Aufhebung

des Todes verweisen darauf, dass mit dem Verblassen der christlichen Jenseitslehre eine radikale Aufwertung des diesseitigen Lebens einhergeht, in der der Tod vor allem als Leerstelle oder als (medialisierter) Tod der Anderen präsent ist.

Auch wenn angesichts der unzähligen Toten in Massemedien und Populärkultur von einer »neuen Sichtbarkeit des Todes« (vgl. Macho/Marek 2007) gesprochen wurde, erscheint dieser dort – von wenigen Ausnahmen abgesehen (z. B. Andreas Dresens Film *Halt auf halber Strecke*, BRD 2011) – in Form narrativer Rahmungen, die als kulturelle Sedative wirken, indem sie den Tod als alltägliches Bildangebot, das konsumiert werden kann, normalisieren (vgl. Belting 2005).

Das konfrontative Nachdenken über das eigene Sterben-müssen, heideggerianisch gesprochen das Bewusstmachen der »Jemeinigkeit« des Todes also (Heidegger 1993, 240), scheint lange Zeit ein säkulares Tabu gewesen zu sein, dessen Vermeidungsgebot unbewusst befolgt wurde, um nicht die Gefahr einer *self-fulfilling prophecy* heraufzubeschwören. Stadtarchitektonisch hat Michel Foucault diese »soziale Verdrängung des Todes« (Nassehi/Weber 1989, 274) in der Moderne beschrieben:

Der Friedhof, »der im geheiligten Raum der Kirche untergebracht war, hat in der modernen Zivilisation eine ganz andere Richtung eingeschlagen; ausgerechnet in der Epoche, in der die Zivilisation [...] ›atheistisch‹ geworden ist, hat die abendländische Kultur den Kult der Toten installiert. [...] Sobald man [...] nicht mehr ganz sicher ist, daß man eine Seele hat, daß der Leib auferstehen wird, muß man vielleicht dem sterblichen Rest viel mehr Aufmerksamkeit schenken. [...] Zusammen mit der Individualisierung des Todes und mit der bürgerlichen Aneignung des Friedhofs ist die Angst vor dem Tod als ›Krankheit‹ entstanden« (Foucault 1990, 41 f.).

Unterstützt wurde diese kollektive Ausblendung des Todes durch die seit dem Beginn des 20. Jahrhunderts sich ausweitende gesellschaftliche Praktik, das Sterben in dafür vorgesehene, professionelle Institutionen – allen voran das Krankenhaus und das Altenheim – auszulagern. Wie Philippe Ariès mit Blick auf die Zeit um 1900 schreibt, wirkte das Leben in der Großstadt damals so, »als ob niemand mehr stürbe« (Ariès 1982, 716).

Mag die These, dass die eigene Endlichkeit für die meisten Menschen mit großen Ängsten besetzt ist und nach besten Kräften in einem weit vorausliegenden ›irgendwann‹ lokalisiert wird, auch für die Gegenwart noch zutreffen, so ist zugleich aber ein diskursiver Umbruch zu konstatieren, der sowohl die gesellschaftliche Prozessierung des Sterbens betrifft, wie auch den individuellen Umgang mit der eigenen Endlichkeit. Seit den 1980er Jahren hat sich, angestoßen vom Furchtszenario »de[s] Tod[s] auf der Intensivstation« (Illich 2007, 127), eine lebhafte und facettenreiche Diskussion um ein ›gutes Sterben‹ entwickelt, die im kulturhistorischen Vergleich mit der Todesangst im 19. Jahrhundert einmal mehr die Historizität von Gefühlen belegt: Während damals im Kontext der Scheintod-Debatte eine große Furcht davor existierte, zu früh beerdigt zu werden und man hierfür allerlei technische Hilfskonstruktionen – etwa eine Klingelvorrichtung im Sarg – konstruierte (vgl. Bourke 2005, 25–50), herrscht heute die Furcht vor einem technisch zerdehnten Sterbeprozess, dessen Verlauf von einer Ressourcenlogik (Alter, Organe, Krankenhausbetten) bestimmt wird. Petra Gehring spricht diesbezüglich zurecht von einer Ökonomisierung und Deregulierung des Todes (vgl. Gehring 2011, 166–188). Im Blick hat sie dabei zum einen dessen biopolitische Nutzbarmachung, konkret also die Auseinandersetzungen um Hirntod, Organspende und Sterbehilfe. Zum anderen verweist sie darauf, dass sich die gegenwartskonstitutive gouvernementale Konstruktion eines ›unternehmerischen Selbst‹ auch im Umgang mit dem Sterben-müssen beobachten lässt: »Verschiedene Dienstleistungssparten und ›Angebote‹ konkurrieren auf dem Markt, auf dem jeder seinen privaten Tod nachfragt und das Sterben individuell ausgestalten soll« (ebd., 168).

In gewisser Weise wird der angstmachenden Enteignung durch den Tod so das Sterben als selbstbestimmtes therapeutisches Projekt gegenübergestellt, das – u. a. angestoßen durch den Bestseller *On Death and Dying* (1969) aus der Feder der Ärztin Elisabeth Kübler-Ross – in der angstreduzierenden Adressierung von Eigenverantwortung, Akzeptanz und Gestaltungswillen eine (fiktive) Ermächtigung verspricht, mit der sich zugleich viel Geld verdienen lässt. Zentral ist dabei die normative Vorstellung, dass der Tod etwas ist, »das Druck aufbaut und von dem man unbedingt und möglichst ehrlich sprechen muss, um gut sterben zu können. ›Gut‹ sterben wiederum heißt: Sterben ohne Angst, wie überhaupt ohne starke Gefühle, dafür aber bewusst« (Gehring 2011, 183).

In diesem Modell einer schrittweisen Akzeptanz des Sterbens, das den Tod gewissermaßen depersonalisiert und ihn im Verweis auf überindividuelle Zusammenhänge – als Heimkehr zur ›Mutter Natur‹, als Integration in den ›Strom des Lebens‹ – entdramatisiert, wird einmal mehr das Paradigma der Moderne deutlich, das auf Affektkontrolle setzt und

die Vernünftigkeit des Subjekts in allen Lebenslagen, und sei es auch in der Einsicht für den richtigen Zeitpunkt des eigenen Endes, einfordert. Es liegt auf der Hand, dass der so ins Spiel gebrachte Natur-Begriff anders codiert ist als im Falle der zuvor dargestellten Relationierung von Angst und vernunftferner Triebnatur. Während dort gerade die Momente von Kontrollverlust und Unfreiheit als Charakteristik der Natur betont wurden, geht es im Kontext des säkularen Sterbens eher darum, eine harmonische und den Einzelnen bergende ›Natur‹ als »Kontingenzabwehrbegriff« (Luhmann 1984, 424) in Stellung zu bringen.

Fazit

Dass die modernen, um eine Rationalisierung bemühten Umgangsweisen mit dem Skandalon des Todes, dem Angstanlass per se, immer labil bleiben, bildet den Hintergrund für die große Faszination, die Damien Hirst auf den Kunstmarkt der westlichen Gesellschaften ausübt. Seine Arbeiten – allen voran sein mit Diamanten besetzter Totenkopf (*For the Love of God*, 2007), sein (ironischerweise nur unzureichend) in Formaldehyd konservierter Hai (*The Physical Impossibility of Death in the Mind of Someone Living*, 1991) und der in einem Fliegengewirr verwesende Kuhkopf (*A Thousand Years*, 1990) – bringen in ihrer zur Schau gestellten Materialität genau die Präsenz jener angstbesetzten Leerstelle zur Erscheinung (s. Kap. III. A.6), die die »Jemeinigkeit« des Todes in der Moderne offenhält. Der Hai, in dessen zum Angriff bereites Maul die Besucher schauen, spielt nicht nur auf Steven Spielbergs Angst-Film *Jaws* (USA 1975; s. Kap. III.B.2) an, sondern betont in der ›Verobjektivierung‹ des Betrachters ein Moment der in Angstlust verwandelten Berührungsfurcht, des Beute-Werdens, das für Elias Canetti zu den Urängsten des Menschen gehört:

Nichts fürchtet der Mensch mehr als die Berührung durch Unbekanntes. Man will sehen, was nach einem greift, man will es erkennen oder zumindest einreihen können. [...] Alle Abstände, die die Menschen um sich geschaffen haben, sind von dieser Berührungsfurcht diktiert. Man sperrt sich in Häuser ein, in die niemand eintreten darf, nur in ihnen fühlt man sich halbwegs sicher. Die Angst vor dem Einbrecher gilt nicht seinen räuberischen Absichten allein, sie ist auch eine Furcht vor seinem plötzlichen, unterwarteten Griff aus dem Dunkeln (Canetti 2006, 13).

Hirsts Hai versinnbildlicht die Rückkehr in einen Zustand, den zu ändern die Moderne ausgezogen war: Als potenzielle Beute den äußeren Mächten untätig ausgeliefert zu sein, mögen diese nun als reale Gefahren oder immaterielle Bedrohungen auftreten. Zugleich schwingt in der Anspielung auf *Jaws* eine Problematisierung des Umgangs mit innerer und äußerer Natur mit: Schließlich war Spielbergs Film nicht zuletzt ein cineastischer Reflex auf ein neues Ökologiebewusstsein der 1970er Jahre (s. Kap. II.9), das im Kino als Kritik an der instrumentellen Vernunft im Genre der *Nature-Revenge*-Filme verhandelt wurde.

Und noch in einer anderen Weise ist die Inszenierung des Hais als Ausstellungsstück (s. Kap. III. A.4) im hier diskutierten Kontext interessant: Über den bloß vordergründigen Schock-Effekt hinaus bringt Hirst, indem er den Hai als ein technisch dem Verfall entzogenes, in Kultur verwandeltes Stück Natur präsentiert, den Geist der Moderne im Umgang mit Angst und Tod auf den Punkt. Die Moderne versucht – vor allem in ihrer konservativen Spielart –, um jeden Preis eine umfassende Sicherheit zu organisieren, die sich auf die Antizipierbarkeit der Zukunft genauso bezieht, wie auf die Beherrschung von innerer und äußerer Natur. Das Streben nach Sicherheit ist – wie Emil Angehrn es einmal nannte – ein Ensemble von sozialen, politischen, symbolischen und technischen Praktiken, mit dem Ziel,

sich auf das Kommende, Unvorhergesehene ein[zu]stellen, es soweit wie möglich vorweg[zu]nehmen, ein[zu]schränken, [zu] beherrschen […]. In den rigiden Formen des Sicherheitsdenkens […] verknüpft sich das Interesse an Dauer mit […] der Reduzierung des Möglichen: nicht als Öffnung einer Zukunft, die alles vermag, sondern als deren Bindung. Erstrebt ist eine bestimmte Zukunft, in der kein wirklich Neues sich ereignet (Angehrn 1993, 238).

Genau auf eine solche, Sicherheit herstellende Distanzierung im Medium der Konservierung spielt Hirst an. Für solche Praktiken eines fehllaufenden Aufschubs sind seine Plastiken paradigmatisch: Dass gerade sie es sind, die am Kunstmarkt die absoluten Höchstpreise erzielen, zeigt, wie sehr sich die Moderne darum bemüht, den Tod im symbolisch generalisierten Kommunikationsmedium des Geldes zu besiegen. Die Faszination und Unheimlichkeit von Hirsts Kunst lässt die verdrängte Einsicht wiederkehren (vgl. III. A.3), dass der Tod in der säkularen Moderne das einzige Gut ist, das nicht symbolisch getauscht werden kann (vgl. Baudrillard 1982).

Literatur

Adorno, Theodor W./Horkheimer, Max: *Dialektik der Aufklärung: Philosophische Fragmente* [1947]. Frankfurt a. M. 1981.

Adorno, Theodor W.: Negative Dialektik [1966]. In: Ders.: *Gesammelte Schriften.* Bd. 10. Hg. von Rolf Tiedemann. Darmstadt 1998, 7–412.

Angehrn, Emil: Das Streben nach Sicherheit. Ein politisch-metaphysisches Problem. In: Hinrich Fink-Eitel/Georg Lohmann (Hg.): *Zur Philosophie der Gefühle.* Frankfurt a. M. 1993, 218–243.

Anglet, Andreas: *Der Schrei. Affektdarstellung, ästhetisches Experiment und Zeichenbewegung in der deutschsprachigen und in der französischsprachigen Literatur und Musik von 1740 bis 1900 – unter Berücksichtigung der bildenden Künste.* Heidelberg 2003.

Ariès, Philippe: *Geschichte des Todes.* Übers. von Hans Horst Henschen und Una Pfau. München 1982 (franz. 1978).

Ball, Hugo: Kandinsky. Vortrag gehalten in der Galerie Dada. Zürich, 07. April 1917. In: Otto F. Best: *Theorie des Expressionismus.* Stuttgart 1986, 124–127.

Baudrillard, Jean: *Der symbolische Tausch und der Tod.* Berlin 1982 (franz. 1976).

Baudrillard, Jean: *Simulacra and Simulation.* Michigan 1994.

Bauman, Zygmunt: *Liquid Fear.* London 2006.

Bauman, Zygmunt: *Flüchtige Zeiten. Leben in der Ungewissheit.* Hamburg 2008.

Beck, Ulrich: *Weltrisikogesellschaft. Auf der Suche nach der verlorenen Sicherheit.* Frankfurt a. M. 2007.

Begemann, Christian: *Furcht und Angst im Prozess der Aufklärung. Zur Literatur- und Bewusstseinsgeschichte des 18. Jahrhunderts.* Frankfurt a. M. 1987.

Belting, Hans: *Bild-Anthropologie. Entwürfe für eine Bildwissenschaft.* München ²2005.

Berger, Peter L./Luckmann, Thomas: *Die gesellschaftliche Konstruktion der Wirklichkeit.* Frankfurt a. M. 1970.

Blumenberg, Hans: *Arbeit am Mythos.* Frankfurt a. M. 1979.

Blumenberg, Hans: *Schiffbruch mit Zuschauer.* Frankfurt a. M. 1979.

Blumenberg, Hans: *Die Genesis der kopernikanischen Welt.* Bd. 2. Frankfurt a. M. 1981.

Böhme, Gernot/Böhme, Hartmut: *Das Andere der Vernunft. Zur Entwicklung von Rationalitätsstrukturen am Beispiel Kants.* Frankfurt a. M. 1983.

Böhme, Hartmut: Zur Kulturgeschichte der Angst und der Katastrophe. In: Anne Fuchs/Sabine Strümper-Krobb (Hg.): *Sedimente, Gefühle, Empfindungen. Zur Geschichte der Literatur des Affektiven von 1770 bis heute.* Würzburg 2003, 27–44.

Bollenbeck, Georg: *Eine Geschichte der Kulturkritik. Von Rousseau bis Günther Anders.* München 2007.

Bourke, Joan: *Fear. A Cultural History.* London 2006.

Broch, Hermann: *Massenwahntheorie. Beiträge zu einer Psychologie der Politik* [1959]. Frankfurt a. M. 1979.

Bröckling, Ulrich: *Das unternehmerische Selbst. Soziologie einer Subjektivierungsform.* Frankfurt a. M. 2007.

Bröckling, Ulrich: Vorbeugen ist besser … Zur Soziologie der Prävention. In: *Behemoth. A Journal on Civilisation* 1 (2008), 38–48.

Büchner, Georg: *Brief vom 9.–12. März 1834*. In: Ders.: *Werke und Briefe*. Münchener Ausgabe. Hg. von Karl Pörnbacher u. a. München [13]2009, 288 f.

Canetti, Elias: *Masse und Macht* [1960]. Frankfurt a. M. [30]2006.

Delumeau, Jean: *Angst im Abendland. Die Geschichte kollektiver Ängste in Europa des 14. bis 18. Jahrhunderts.* 2 Bde. Reinbek bei Hamburg 1985 (franz. 1978).

Elias, Norbert: *Über den Prozess der Zivilisation. Soziogenetische und psychogenetische Untersuchungen* [1939]. 2 Bde. Frankfurt a. M. 1969.

Foucault, Michel: *Wahnsinn und Gesellschaft. Eine Geschichte des Wahns im Zeitalter der Vernunft.* Frankfurt a. M. 1969 (franz. 1961).

Foucault, Michel: *Die Geburt der Klinik. Eine Archäologie des ärztlichen Blickes.* Frankfurt a. M./Berlin/Wien 1976 (franz. 1963).

Foucault, Michel: *Sexualität und Wahrheit 3: Die Sorge um sich.* Frankfurt a. M. 1986 (franz. 1984).

Foucault, Michel: *Andere Räume.* In: *Aisthesis. Wahrnehmung heute oder Perspektiven einer anderen Ästhetik.* Hg. von Karlheinz Barck u. a. Leipzig 1990, 34–46.

Foucault, Michel: *Brief an Führer der Linken.* In: Ders.: *Schriften in vier Bänden.* Bd. 3: 1976–1979. Frankfurt a. M. 2003, 502–504 (franz. 1977).

Frank, Manfred: *Kaltes Herz – Unendliche Fahrt – Neue Mythologie. Motiv-Untersuchungen zur Pathogenese der Moderne.* Frankfurt a. M. 1989.

Furedi, Frank: *Das Einzige, vor dem wir uns fürchten sollten, ist die Kultur der Angst selbst.* In: *novo-magazin.de* (07/08 2007), http://www.novo-magazin.de/89/novo8942.htm (02.12.2012).

Gehlen, Arnold: *Der Mensch.* Wiesbaden 1978.

Gehring, Petra: *Theorien des Todes zur Einführung.* Berlin [2]2011.

Gerok-Reiter, Annette/Obermeier, Sabine (Hg.): *Angst und Schrecken im Mittelalter. Ursachen, Funktionen, Bewältigungsstrategien in interdisziplinärer Sicht.* Berlin 2007.

Hardt, Michael/Negri, Antonio: *Empire. Die neue Weltordnung.* Frankfurt a. M. 2002 (amerik. 2000).

Heidegger, Martin: *Sein und Zeit.* Tübingen [17]1993.

Heidegger, Martin: *Vorträge und Aufsätze.* Pfullingen 1978.

Hubbard, Phil: *Fear and loathing at the multiplex: everyday anxiety in the post-industrial city.* In: *Capital & Class* 80 (2003), 51–76.

Illich, Ivan: *Die Nemesis der Medizin. Die Kritik der Medikalisierung des Lebens* [1975]. München [7]2007.

Jankélévitch, Vladimir: *Der Tod.* Übers. von Brigitta Restorff. Frankfurt a. M. 2005.

Jaspers, Karl: *Philosophie.* Bd. 2: Existenzerhellung. Berlin 1932.

Jünger, Friedrich Georg: *Perfektion der Technik* [1946]. Frankfurt a. M. 2010.

Jurgensen, Manfred: ›*Die fabelhafteste Sache der Welt.‹ Der Tod in der deutschen Literatur.* Tübingen 2010.

Kafka, Franz: *Jäger Gracchus* [1917]. In: Ders.: *Kritische Ausgabe. Nachgelassene Schriften und Fragmente I.* Hg. von Malcom Pasley. Frankfurt a. M. 2002, 310–313.

Kierkegaard, Søren: *Der Begriff Angst.* Gütersloh 1981 (dän. 1844).

Kittsteiner, Heinz Dieter: Einleitung. Formprobleme der Moderne. In: Ders.: *Wir werden gelebt. Formprobleme der Moderne.* Hamburg 2006a, 7–24.

Kittsteiner, Heinz Dieter: Die Angst in der Gesichte und die Re-Personalisierung der Feindschaft. In: Ders.: *Wir werden gelebt. Formprobleme der Moderne,* Hamburg 2006b, 103–128.

Kittsteiner, Heinz Dieter: *Die Stabilisierungsmoderne. Deutschland und Europa 1618–1715.* Einleitung von Jürgen Kaube. München 2010.

Krämer, Sybille: Einige Überlegungen zur ›verkörperten‹ und ›reflexiven‹ Angst. In: Thomas Kisser/Daniela Rippl/Marion Tiedtke (Hg.): *Angst. Dimensionen eines Gefühls.* München 2011, 25–34.

Lemke, Thomas: »Eine Kultur der Gefahr« – Dispositive der Unsicherheit im Neoliberalismus. In: *Widerspruch* 24/46 (2004), 89–98.

Link, Jürgen: *Versuch über den Normalismus. Wie Normalität produziert wird.* Göttingen [3]2006.

Luhmann, Niklas: *Funktion der Religion.* Frankfurt a. M. 1977.

Luhmann, Niklas: *Soziale Systeme. Grundriss einer allgemeinen Theorie.* Frankfurt a. M. 1984.

Luhmann, Niklas: *Vertrauen. Ein Mechanismus der Reduktion sozialer Komplexität* [1973]. Stuttgart [4]2000.

Luhmann, Niklas: Verständigung über Risiko und Gefahren. In: Ders.: *Die Moral der Gesellschaft.* Hg. von Detlef Horster. Frankfurt a. M. 2008, 348–361.

Lukács, Georg: *Die Theorie des Romans. Ein geschichtsphilosophischer Versuch über die Formen der großen Epik* [1916]. Darmstadt/Neuwied [9]1984.

Macho, Thomas/Marek, Kristin: *Die neue Sichtbarkeit des Todes.* München 2007.

Makropoulos, Michael: *Modernität und Kontingenz.* München 1997.

Massumi, Brian: *Everywhere you want to be. Introduction to fear.* In: Clemens-Carl Härle (Hg.): *Karten zu Tausend Plateaus.* Berlin 1993, 66–103.

Nassehi, Armin/Weber, Georg: *Tod, Modernität und Gesellschaft.* Opladen 1989.

Nietzsche, Friedrich: *Zur Genealogie der Moral* [1887]. In: Ders.: *Sämtliche Werke.* Kritische Studienausgabe, Bd. 5. Hg. von Giorgio Colli und Mazzino Montinari. München/Berlin/New York 1980.

Novalis: *Schriften. Band 1: Das dichterische Werk.* Hg. von Paul Kluckhorn und Richard Samuel. Stuttgart 1977.

Rosa, Hartmut: *Beschleunigung. Die Veränderung der Zeitstrukturen in der Moderne.* Frankfurt a. M. 2005.

Sartre, Jean-Paul: *Das Sein und das Nichts. Versuch einer phänomenologischen Ontologie.* Übers. von Hans Schöneberg und Traugott König. Reinbek bei Hamburg 1993 (franz. 1943).

Scheler, Max: *Tod und Fortleben* [1919]. In: Ders.: *Schriften aus dem Nachlaß.* Bd. I. Hg. von Maria Scheler, Bern [2]1957, 9–64.

Schelling, F.W.J.: Die Weltalter. Bruchstücke. In: Ders: *Sämtliche Werke.* Bd. 4. Hg. von Manfred Schröter. München 1927, 571–745.

Schlesier, Renate: Angst. In: Hubert Cancik/Burkhard Gladigow (Hg.): *Handbuch religionswissenschaftlicher Grundbegriffe.* Bd. 1. Stuttgart/Berlin/Köln 1988, 455–471.

Schmitt, Carl: *Land und Meer.* Leipzig 1942.

Schmitt, Carl: Das Recht als Einheit von Ordnung und Ortung [1950]. In: Jörg Dünne/Stephan Günzel (Hg.):
*Raumtheorie. Grundlagentexte aus Philosophie und Kul-
turwissenschaften*. Frankfurt a. M. 2006, 409–419.

Schopenhauer, Arthur: *Urwille und Welterlösung*. Ausgewählte Schriften. Wiesbaden 1966.

Schopenhauer, Arthur: *Die Welt als Wille und Vorstellung*
[1819/1844]. München 1998.

Schulz, Walter: Das Problem der Angst in der neueren Philosophie. In: Hoimar von Ditfurth (Hg.): *Aspekte der
Angst*. Starnberger Gespräche 1964. Stuttgart 1965.
1–23.

Schulz, Walter: *Philosophie in der veränderten Welt*. Pfullingen 1972, 336, 369.

Schulz, Walter: Die Dialektik von Leib und Seele bei Kierkegaard. Bemerkungen zum ›Begriff Angst‹. In: Martin
Theunissen/Walter Greve (Hg.): *Materialien zur Philosophie S. Kierkegaards*. Frankfurt a. M. 1979, 347–366.

Sloterdijk, Peter: *Kopernikanische Mobilmachung und ptole-
mäische Abrüstung*. Frankfurt a. M. 1987.

Spengler, Oswald: *Der Untergang des Abendlandes. Umrisse
einer Morphologie der Weltgeschichte*. Bd. I: Gestalt und
Wirklichkeit. München 1918.

Spranger, Eduard: *Psychologie des Jugendalters*. Leipzig
³1925.

Stirner, Max: *Der Einzige und sein Eigentum*. Stuttgart 1985.

Weil, Simone: *Zeugnis für das Gute*. München 1990.

Wennerscheid, Sophie: *Das Begehren nach der Wunde. Religion und Erotik im Schreiben Kierkegaards*. Berlin 2008.

Widmer, Peter: Angst und Furcht. In: Thomas Kisser/Da-
niela Rippl/Marion Tiedtke (Hg.): *Angst. Dimensionen
eines Gefühls*. München 2011, 13–24.

Wittwer, Héctor/Schäfer, Daniel/Frewer, Andreas (Hg.):
Sterben und Tod. Ein interdisziplinäres Handbuch. Stutt-
gart/Weimar 2010.

Zima, Peter V.: *Theorie des Subjekts. Subjektivität und Identität zwischen Moderne und Postmoderne*. Tübingen/Ba-
sel 2000.

Žižek, Slavoj: *Grimassen des Realen. Jacques Lacan oder die
Monstrosität des Aktes*. Köln 1993.

Lars Koch

1. Theologie der Angst

Theologische Reflexionen

Angst ist ein vielfältiges und vieldeutiges Phänomen.
Ganz unterschiedliche Formen des Erlebens und
Fühlens werden mit dem Begriff ›Angst‹ beschrieben. Die Konzepte, mit denen Angst zu verstehen
gesucht wird, sind ebenso zahlreich wie die Antworten auf die Frage, ob und wie Angst zu überwinden
sei.

Religiöse Vorstellungen und Praktiken sowie ihre
selbstreflexive Vergewisserung in Form der Theologie haben sich seit jeher an diesem Umgang mit der
Angst beteiligt. Religion erscheint dabei ebenso als
Mittel gegen die Angst wie als Quelle von Angst, die
es zu bändigen galt (s. Einleitung Kap. II). In ihren
auch intern sehr unterschiedlichen Konzeptionali-
sierungen der Angst waren Religion und Theologie
nie unabhängig von anderen Perspektiven, sondern
haben diese ebenso beeinflusst wie sie von diesen
beeinflusst wurden. Um trotz dieser notwendigen
Wechselbeziehungen ein spezifisches Gebiet des
theologischen Nachdenkens abzugrenzen, empfiehlt
sich eine thematische Fokussierung. Die besondere
Aufgabe des theologischen Nachdenkens liegt darin,
das Verhältnis von Angst und Religiosität, von Angst
und Glaube zu bestimmen.

Die folgenden Darstellungen und Thesen sind in
mehrfacher Hinsicht beschränkt: Nicht nur konzentrieren sie sich weitestgehend auf die sogenannte
Neuzeit und können deren religionsgeschichtlichen
Hintergrund allenfalls andeuten. Dazu kommt die
regionale Beschränkung auf den westeuropäisch-
nordamerikanischen Raum und die in ihm nach wie
vor dominante christliche Religion. Mag im hier gesetzten Rahmen eine solche Beschränkung auch verlangt und verschmerzbar sein, muss doch betont
werden, wie begrenzt die Aussagekraft des hier Vorgestellten für das gesamte Feld des Verhältnisses von
Religion und Angst bleibt.

Vorklärung I: Angst und Zukunft

Um den Raum zu erschließen, in dem die ange-
strebte christlich-theologische Verhältnisbestimmung von Angst und Glaube überhaupt erst möglich
wird, sind drei Vorüberlegungen notwendig.

In einer ersten *philosophischen Annäherung* an
das Phänomen der Angst wird rasch deutlich, dass

Angst immer einen Zeitbezug hat. Angst ist ein je gegenwärtiges Gefühl, das sich auf eine noch nicht eingetretene Zukunft richtet und seinen Grund meist in vergangenen Erfahrungen hat. Sobald die Zukunft eingetreten ist, wie schrecklich oder erleichternd auch immer, ist die Angst vorbei. Auch bei Tieren ist dieser Zeitbezug gegeben, wenn auch vermutlich vollkommen unbewusst. Auf eine Situation, die zu Hunger, Verletzung oder Tötung führen kann, reagieren Tiere instinktiv oder durch angelernte Schemata mit dem Ziel, dieser drohenden Zukunft zu entgehen. Solche instinktiven Reaktionen finden sich auch beim Menschen. Doch das Spezifische der menschlichen Angst dürfte es sein, dass Menschen das Drohende in ihrer Vorstellung bewusst antizipieren können – und in weiterer Reflexion auch zu erkennen vermögen, aufgrund welcher Vorerfahrungen ihnen das Kommende als Drohung erscheint. Wegen dieser Fähigkeit, den Zeitbezug der Angst zu erkennen, kann das ebenso merkwürdige wie häufige Phänomen der ›Angst vor der Angst‹ entstehen. Dieser Zusammenhang von Angst und Zeit wird in den theologischen Reflexionen eine bedeutende Rolle spielen, weil auch der Glaube eine grundlegende Zeitdimension in sich trägt.

Vorklärung II: Die Funktion der Religion

Hilfreich für eine theologische Untersuchung der Angst ist sodann eine *religionssoziologische Funktionsanalyse*. Nach Niklas Luhmann kommt der Religion im Zusammenspiel der unterschiedlichen sozialen Systeme, die die Gesellschaft bilden, die Funktion zu, »die unbestimmbare [...] Welt in eine bestimmbare zu transformieren« (Luhmann 1982, 26). Soziale Systeme konstituieren und erhalten sich durch die Beobachtung ihrer jeweiligen Umwelt. Diese Umwelt besteht aus anderen sozialen Systemen, menschlichen Individuen, aber auch der gesamten natürlichen Welt. Die Beobachtung vollzieht sich als Kommunikation über diese Umwelt und ist strikt selektiv. Aus der unüberschaubaren Komplexität des Umgebenden erfasst ein System jeweils nur das, was es selbst verarbeiten und für seine Erhaltung nutzbar machen kann. Das System der Ökonomie etwa nimmt nur wahr, ›repräsentiert‹ nur, was wirtschaftlich von Interesse ist, was mit seinem ›Code‹, d. h. der Unterscheidung von ›Haben‹ und ›Nicht-Haben‹ beschreibbar ist. Diese Selektion reduziert, so Luhmann, die Überkomplexität der Umwelt auf ein handhabbares und beherrschbares Maß.

Doch diese Beherrschbarkeit wird durch die »Appräsentation« (ebd., 24), die Ausblendung dessen erkauft, was jenseits der Grenze des im jeweiligen System Repräsentierten liegt. Nun sichert die Vielzahl sozialer Systeme, aus denen eine Gesellschaft besteht, eine gewisse Beschränkung dieses nicht mehr Erkenn- und Steuerbaren. Denn was vom einen System nicht beobachtbar ist, wird häufig von einem anderen erfasst. Und doch leben alle Systeme von Begrenzung, jenseits derer eine prinzipiell nicht einholbare, weil nicht bestimmbare, Transzendenz liegt.

Die Religion, so Luhmann, übernimmt nun die Aufgabe, dieses Transzendente nicht neu zu begrenzen – damit würde die Transzendenz nur verschoben –, sondern eine Form der Bestimmung vorzunehmen, die der Transzendenz gerecht wird und sie zugleich in der Immanenz so abbildet (ebd., 40), dass ein Umgang mit ihr möglich wird.

Diese Beobachtungen sind für die Erforschung der Angst und ihrer Beziehung zur Religion von hoher Relevanz: Ist das »Appräsentierte« gerade wegen seiner Unbestimmtheit doch eine potentielle und deshalb ängstigende Dauerbedrohung für jedes von und durch Bestimmung lebende System. Es kann als Überkomplexität die Handhabbarkeit der je bestimmten Umwelt zerstören. Religionen nun erheben den Anspruch, das alles transzendierende Ganze zu kennen. Sie eröffnen Wege, mit ihm umzugehen, ihm entsprechend zu handeln und zu leben. Religionen ermöglichen nicht nur den Kontakt zur Transzendenz, sondern auch das Angst überwindende Vertrauen auf deren Lebensdienlichkeit.

Eine letzte Ambivalenz freilich bleibt auch in der Religion bestehen. Die systemtheoretische Analyse macht ein Phänomen deutlich, das der Religionswissenschaftler Rudolf Otto in seiner viele Religionen einbeziehenden Erforschung des »Heiligen« beschrieben hat. Das Heilige, so Otto, sei ein »Mysterium tremendum et fascinans« (Otto 1979, 42). Dieses bleibend Geheimnisvolle fasziniert, weil es Sicherheit und Leben in Fülle verspricht – und es erschreckt, weil es die Vergänglichkeit alles Irdischen aufdeckt, ohne selbst für den Menschen beherrschbar zu sein. Die ängstigende Kontingenz aller Wirklichkeit wird also um einen hohen Preis in Sicherheit transformiert: Die Ambivalenz zwischen Vertrauenswürdigkeit und Ängstigung wird in das Heilige, das Göttliche selbst verschoben.

Vorklärung III: Ein spannungsreiches Weltbild

Ein dritter, *religions- und theologiegeschichtlicher Vorspann* ist notwendig, um die spezifischen Formen, in denen das neuzeitliche Christentum sich zur Angst verhält, verstehen zu können. Entscheidend für das Verständnis und eine mögliche religiöse Bewältigung der Angst ist die jeweilige Bestimmung des Verhältnisses zwischen Gott, Welt und den Menschen. Das Christentum hat in den ersten Jahrhunderten seiner Entstehung zwei unterschiedliche, wenn nicht gar gegensätzliche Weltverständnisse in konfliktträchtiger Weise miteinander verbunden. Zum einen greifen bereits die biblischen Schöpfungsberichte ältere Vorstellungen auf, nach denen Gott die Ordnung der Welt gegründet hat und erhält. Diese in der biblischen Tradition aufzufindende Linie ließ sich verbinden mit dem in der griechischen Philosophie entwickelten Verständnis der Welt als eines Kosmos, der durch Vernunft geordnet ist. So dachte die frühkirchliche Theologie Gott als die Vernunft, der sich der Bestand der Welt verdankt. Der Mensch kann, kraft seiner ihm von Gott geschenkten Vernunft, diese Ordnung einsehen. Aus ihr lassen sich nicht zuletzt ethische und gesellschaftliche Normen ableiten. Eine Angst um die vernünftige, von Gott geordnete Welt als ganze ist diesem Verständnis fremd.

Ganz anders die zweite Linie, die in der frühkirchlichen Theologie aufgenommen wird: Sie hat ihren Ursprung in der katastrophischen Erfahrung, dass in der Welt keineswegs alles wohl geordnet ist. Vor allem die Abwendung der Menschen von Gott in der Sünde, die daraus resultierenden Ungerechtigkeiten und Leiden bestimmen den Lauf der Welt – wie es schon die sogenannte ›Sündenfallerzählung‹, die in der Bibel den Schöpfungsberichten unmittelbar folgt, vorhersieht. Das Leben in einer solchen Welt ist angstgeprägt, besonders für die Gerechten und Frommen, die stets fürchten müssen, Opfer von Gewalt und Ungerechtigkeit zu werden. Von solchen Erfahrungen ausgehend, entwickelt die Bibel den Glauben an einen Gott, der Gerechtigkeit nicht nur will und fordert, sondern auch durchsetzt. Noch Kant bewegt sich in diesem Vorstellungsraum, wenn er es in seiner *Kritik der praktischen Vernunft* (1788) als eine Forderung der Vernunft bezeichnet, einen Gott zu postulieren, der allein die Glückseligkeit der Gerechten zu gewährleisten vermag (vgl. Kant 1968a, A220–A238). Doch selbst die Hoffnung, dass Gott auf dieser Erde Gerechtigkeit sichert, wird von der Geschichte immer wieder Lügen gestraft. Aus dieser Erfahrung entsteht um die Zeitenwende die Apokalyptik: Ein Geschichtsbild, das diese Welt für unrettbar verloren hält und deshalb darauf baut, dass Gott diese Geschichte in nächster Zukunft beenden wird – um in einer jenseitigen Welt ein neues Leben zu ermöglichen. Zutritt zu diesem Leben werden die haben, die im Jüngsten Gericht bestehen, weil sie den Geboten Gottes entsprechend lebten. Das Neue Testament schreibt in dieses Hoffnungsbild die Geschichte Jesu von Nazareth ein. Es passt nur schwer zu dem Vertrauen auf die von Gott gesicherte Welt, in der Angst keinen Grund hat (vgl. Körtner 1988).

Die frühe Kirche versuchte, diese beiden Linien zu verbinden. Dabei gab sie die Vorstellung einer von Gott gut geschaffenen und geordneten Welt nicht auf. Doch sie verband sie mit einer linearen, auf ein Ziel ausgerichteten Geschichtsauffassung: Mensch und Welt sind von Gott geschaffen worden und sollen in die ewige Gemeinschaft mit ihm zurückkehren. Das ewige Heil steht nur den Gerechten offen. Gott wird dabei geglaubt als mächtiger Herr auch der Geschichte. Er wird die Welt zu ihrem Ziel führen. Aufgrund der apokalyptischen Aussagen des Neuen Testamentes ging man allerdings in der Regel davon aus, dass nur eine sehr begrenzte Zahl von Menschen dieses Ziel erreicht – die große Masse dagegen wegen ihrer Sünde mit der Verdammnis bestraft wird. Gerade dadurch aber wird der zunächst hoffnungsvolle und Angst überwindende Glaube an einen gerechten Gott selbst zu einer Quelle von Angst: Die bange Frage, wer denn im Gericht wird bestehen können, begleitet die Hoffnung auf Rettung nicht nur, sondern überdeckt sie nicht selten.

Diese im christlichen Glauben angelegten Spannungen führen zu einer Vielzahl christlicher Lebensentwürfe, die hier nur hinsichtlich ihrer Bedeutung für das Aufkommen von und den Umgang mit Ängsten angedeutet werden können: Auf der einen Seite steht das Vertrauen in Gottes Ordnung der Welt; im kirchlichen wie im weltlichen Bereich richtet sich das Streben darauf, diese Ordnung in sozialen Zusammenhängen sichtbar zu machen. Wo dies gelingt, gewinnen Ängste nicht die Oberhand. Auf der anderen Seite bleibt, ebenso vom Glauben motiviert, der Blick auf die Abgründigkeit der Welt. Apokalyptisch geprägte kirchliche Buß- und Reformbewegungen kennen die Angst um die Welt, die sich mit der Angst vor dem Jüngsten Gericht verbindet (s. Kap. IV.A.III). Doch all diese Unterschiedlichkeit bleibt weitestgehend im Rahmen des Glaubens an einen mächtigen Gott, der die Welt erhält und zu ihrem Ziel führen wird. Bis ins Spätmittelalter bleibt dieser Glaube das Fundament der christlich geprägten Welt und der – zumindest in Westeuropa – einen Kirche. Letztere sucht in ihren Riten, die den Alltag der Menschen durchziehen, die Angst um das eigene Heil, die Angst vor der Zukunft in der Ewigkeit zu beruhigen.

Massive Veränderungen der politischen, gesellschaftlichen, technischen und nicht zuletzt ökonomischen Bedingungen menschlichen Lebens und Zusammenlebens tragen wesentlich dazu bei, dass sich auch die dargestellten Grundlagen des christlichen Glaubens und Lebens dramatisch verwandeln. Die soziologisch als Modernisierung beschriebene Entwicklung führt, trotz vieler und mitunter langlebiger Gegenbewegungen, zu einer folgenreichen Veränderung der Religion: Sie verliert ihre Autorität, an deren Weltbeschreibung alle anderen Systeme sich orientieren. Die »funktionale Differenzierung des Gesellschaftssystems« (Luhmann 1982, 7) lässt die Religion zu einem System neben, nicht mehr über anderen werden. Die damit verbundene Notwendigkeit einer inneren Umstellung der Religion führt historisch zudem zu einer Pluralisierung innerhalb dieses Systems: Zunächst stehen sich mehrere christliche Konfessionen innerhalb einer Gesellschaft gegenüber, im 20. Jahrhundert dann auch mehrere Religionen – einschließlich explizit atheistischer ›Bekenntnisse‹. Die ›Bestimmung des Unbestimmten‹ gibt es plötzlich nur noch in einem für ihre Funktionalität problematischen Plural. Unter diesen Bedingungen verliert die Vorstellung einer umfassenden und dauerhaften Ordnung, die der Welt von Gott, also von außen, gesetzt wurde, an Plausibilität; eine Kirche oder auch eine Staatsform, die beansprucht, die je einzig wahre zu sein, kann nicht mehr auf Akzeptanz hoffen. Die Frage nach Angst und Glaube stellt sich ganz neu.

Martin Luther: Angst und Rechtfertigung

Martin Luther hat wie viele seiner Zeitgenossen die sich abzeichnenden Veränderungen im Ringen um den eigenen Glauben erlebt und erlitten. Indem er sie wie kein anderer theologisch reflektierte, wurde er zum Protagonisten eines grundlegend veränderten Glaubensverständnisses.

Nach der Bedeutung der Angst für Luther muss man nicht lange suchen. Die ihn bedrängende Frage: ›Wie finde ich einen gnädigen Gott?‹, gewinnt ihre drängende Kraft aus der Angst, diesen Gott gerade

nicht zu finden. Luther sucht die Antwort zunächst, indem er sich den von der Kirche bereitgestellten Möglichkeiten der Gottsuche zuwendet – in der anspruchsvollen Weise eines Klosterlebens. Doch im Scheitern aller Bemühungen, dessen Normen gemäß zu leben, erlebt er nicht die ersehnte Ruhe, sondern nur die noch größer werdende Angst des Ungenügens vor Gott. Die als Bekehrungserlebnis geschilderte Einsicht, die ihn aus seiner Not befreit, hat ihren Kern in einer Neudefinition des Begriffs der Gerechtigkeit Gottes. Diese zeigt sich, indem Gott den Menschen, der nach dem Maßstab des Gesetzes allein Strafe verdiente, aus reiner Gnade rechtfertigt – ins rechte Verhältnis zu Gott setzt. Im Kreuz Jesu wurde nach Luther die Sünde als Sünde offenbar, ihre Macht gebrochen und dem Sünder durch Gott Vergebung geschenkt. An dieser Vergebung gewinnt der Mensch Anteil, indem er glaubt. In der Gewissheit des Glaubens, von Gott gerechtfertigt zu sein, ist alle Angst überwunden (vgl. Luther 1962, 111 f.). – Die für den Umgang mit der Angst entscheidenden Konsequenzen dieses Glaubensverständnisses verdienen eigene Erwähnung.

Der Glaube und das Gottesverhältnis werden bei Luther konsequent individualisiert: Der einzelne, vor Gott stehende Mensch erfährt die Rechtfertigung im Glauben in Form der ihm geschenkten Gewissheit. Der Kirche kommt in diesem Prozess keinerlei vermittelnde, »heilsbedeutsame« Rolle zu. Auch der überkommenen rationalen Theologie steht Luther in offener Ablehnung gegenüber (vgl. Luther 1964, 161 f.). Das Kreuz, Zentrum des christlichen Glaubens, ist »Ärgernis und Torheit« (Bibel, 1 Kor 1,23) und der Vernunft des Menschen in keiner Weise zugänglich. Die Angst lässt sich weder durch die Kirche noch durch die Vernunft überwinden – sondern, so Luther, allein im Glauben.

In den und für die gesellschaftlichen Entwicklungen der Frühen Neuzeit von erheblicher Bedeutung ist Luthers Neubestimmung des Verhältnisses der Glaubenden zu ihrem Leben in der Welt: Die an die geschenkte Rechtfertigung Glaubenden sind frei von der ohnehin unerfüllbaren Aufgabe, sich durch ihr Leben in der Welt das ewige Leben zu verdienen. Gerade deshalb aber sind sie frei, in der Welt ohne Angst um sich selbst die Aufgaben zu erfüllen, die die Gebote Gottes weisen. Sie können, gemäß dem Liebesgebot, in der Welt ihre je standesgemäßen Aufgaben übernehmen und dabei »jedermann untertan« (Luther 1962, 251) sein. Dieses Verständnis von der »Freiheit eines Christenmenschen« (ebd.) stellt eine theologische Weiche für die Säkularisierungsprozesse, die zu der schon erwähnten Eigenständigkeit gesellschaftlicher Systeme neben und gegenüber der Religion führen.

Der Blick auf diese Neuformierungen des christlichen Glaubens darf nicht übersehen lassen, dass und wie Luther an wesentlichen Gehalten der Tradition festhält. Nicht nur haben für ihn die Gebote Gottes Bestand – bis in die Gestaltung der Gesellschaft hinein. Gott ist zudem souverän in seiner Macht, die Geschichte zu lenken. Diese Souveränität besteht auch und gerade im Blick auf das individuelle Gottesverhältnis: Ob ein Mensch glaubt und in der Glaubensgewissheit seine Angst überwindet, liegt nicht in der Entscheidung des Menschen. »(Der wahre) Glaube aber ist ein göttlich Werk in uns« (Luther 1963, 50).

Das aber hindert Luther nicht, den Menschen zur Gottesfurcht zu mahnen (vgl. Luther 1967, 308–328). Dieser Begriff aus der biblischen und kirchlichen Tradition, auf den nicht zuletzt Rudolf Otto in seiner oben erwähnten Definition des Heiligen zurückgreift, ist äußerst facettenreich: Er beinhaltet sicher auch das Erschrecken vor der Unfassbarkeit Gottes, die Angst vor dessen Gericht und Zorn; stärker aber wiegt in ihm die Ehrfurcht, die Anerkennung Gottes als Gott – und damit auch das Vertrauen in seine Güte, die er in seiner Macht wirksam werden lässt. Deshalb ist auch in dem von Luther geprägten Glaubensverständnis die paradoxe Aussage möglich: »Fürchte Gott […] und du brauchst dich in dieser Welt nicht zu fürchten« (Bähr 2010, 44). Die Angst um die Welt kann ihre Beruhigung finden im Glauben an die Weltlenkung Gottes, die Angst vor dem Gericht im Glauben an seine Gnade.

Nur kurz sei auf eine weitere Ausprägung der in der Reformationszeit entstehenden Konfessionen verwiesen, die der Verhältnisbestimmung von Angst und Glaube – so zumindest nach Max Webers Analysen (vgl. Weber 1905) – eine gesellschaftlich hoch wirksame spezifische Form gegeben hat. Der Schweizer Reformator Johannes Calvin betont die Souveränität Gottes noch deutlicher als Luther: Er spricht davon, dass es in Gottes ewiger Vorherbestimmung liegt, welcher Mensch zum Glauben kommt – und welcher nicht. Das Handeln des Menschen hat darauf keinerlei Einfluss. Die Angst um das eigene Heil wird durch ein solches Verständnis zwangsläufig massiv verstärkt, doch sie führt nicht zu einem Fatalismus. Ein Mensch, der sich vor Gott nichts verdienen kann und muss, kann sich vielmehr ganz seinen weltlichen Aufgaben widmen. Angeleitet durch die Gebote Gottes wird er dabei nicht auf den eigenen Vorteil, sondern auf den Erfolg seiner Arbeit bedacht und um dieses Erfolges willen zur Askese in persönlichen Dingen bereit sein. Eine solche Haltung führt mit hoher Wahrscheinlichkeit unter den Bedingungen des entstehenden Kapitalismus zu ökonomischen Erfolgen. Im Calvinismus wurde solch ökonomischer Erfolg durchaus als Erweis einer rechten Frömmigkeit gewertet, die ein die Angst beruhigendes Indiz dafür sein kann, zu den Erwählten Gottes zu zählen. Leicht auszumalen ist aber das immense Gewicht, das in einem solchen Verständnis auf einem Misserfolg lastet, der die Angst um das Heil potenzieren muss.

Säkularisierte Geschichte

Luthers Theologie hat zur Entwicklung des neuzeitlichen Individualitäts- und Subjektivitätsverständnisses zweifellos Entscheidendes beigetragen. Das politische, philosophische, aber auch theologische Nachdenken über den Menschen führt in der Folgezeit zur Herausbildung eines Freiheitsbewusstseins, in dem der einzelne Mensch sich der Welt und den Menschen gegenüber sieht – fähig und deshalb verpflichtet, sein individuelles wie soziales Leben zu gestalten und nach verbindlichen Maßstäben seiner Freiheit zu suchen. Das wesentlich von Kant geprägte Verständnis einer Autonomiefreiheit, in der die Freiheit sich selbst Gesetz ist, fordert den »Ausgang des Menschen aus seiner selbst verschuldeten Unmündigkeit« (Kant 1968b, A481-A482). Mit diesen selbstreflexiven Vergewisserungen des Menschseins, die sich durchaus auch auf Wurzeln in der christlichen Tradition berufen können, gehen Umwälzungen des politischen und gesellschaftlichen Lebens einher: Das neue Freiheitsverständnis steht zumindest auf den ersten Blick in einem Gegensatz zum Glauben an die Souveränität Gottes, der alles Geschehen lenkt. Dieser Gegensatz führt – neben anderen Motiven – zur Wandlung der nicht erst bei Luther zu findenden Kirchenkritik in eine prinzipielle Religionskritik. Der Anspruch, selbst zum Herrn der (eigenen) Geschichte zu werden, der in der Perspektive des traditionellen christlichen Glaubens als Sünde schlechthin erscheinen muss, wird nun selbstbewusst erhoben. Eine Welt, in der Gott, oder besser gesagt: der Glaube an Gott keine Rolle mehr spielt, wird denkbar und in vielen Bereichen zunehmend säkularisierter Gesellschaften zur Realität. Menschen, die an ihrem christlichen Gottesglauben festhalten wollen, können vor der Welt, die vom ›Tode

Gottes‹ ausgeht, nicht die Augen verschließen. Sie müssen in ihr nach einer Möglichkeit des Glaubens suchen. Diese neuen Möglichkeiten wecken neue Formen der Angst – und fordern eine Neubestimmung des Verhältnisses von Angst und Glaube.

Søren Kierkegaard: Angst und Freiheit

Ähnlich wie Martin Luther für das 16. Jahrhundert kann Søren Kierkegaard für das 19. Jahrhundert als der Protagonist gelten, der die in einer veränderten Welt veränderte Angst erlebte und analytisch wie theologisch zu durchdringen vermochte. Kierkegaard wählt eine interessante Perspektive für seine Analysen: Auf der Grenze zwischen Glaube und Unglaube, die er als den Ort des Menschen seiner Zeit sieht, sucht er nicht nur philosophisch auf die Situation des Menschen zu schauen, sondern sie auch theologisch zu deuten. Bestimmend für die Existenz des Menschen ist nach seiner Beobachtung die Angst. Im Folgenden liegt der Fokus auf den Spezifika von Kierkegaards *theologischen* Aussagen zur Angst – so wenig sie sich von den philosophischen trennen lassen.

Die Not des Menschen gründet nach Kierkegaard in der eigentümlichen Natur des Menschen, in der er sich vorfindet. Er ist eine »Synthesis« (Kierkegaard 1954b, 8). Zum Menschsein gehören gleichermaßen die vielfach begrenzte Endlichkeit seines Lebens und Könnens wie die Fähigkeit, über alle Grenzen hinaus denken zu können; die Eingebundenheit in eine Fülle von Bedingungen wie die Freiheit, sich zu diesen Bedingungen zu verhalten; die Gebundenheit an die jeweilige Gegenwart wie die Möglichkeit, im Bewusstsein die Zeitdimensionen zu verbinden. Mit diesen Bestimmungen konkretisiert Kierkegaard die klassische Aussage, der Mensch sei Leib und Seele. Doch damit ist noch nicht die Wirklichkeit angemessenen Menschseins, sondern lediglich dessen Möglichkeit in Blick genommen. Der Mensch, so Kierkegaard, hat ein »Selbst« zu werden. Kraft seines Geistes und seiner Freiheit kann er sich als diese Synthesis, die er ist, zu sich selbst verhalten. Die Erkenntnis dieser Möglichkeit ist gleichbedeutend mit der Forderung, sie zu nutzen – Kierkegaard spricht von einer »Wahl« (Kierkegaard 1957, 227). Erst im ursprünglichen Entschluss zu der ihm gegebenen Freiheit gewinnt der Mensch die Freiheit, in der er die Verantwortung für die Gestaltung seines Lebens übernimmt.

In dem Schritt von der Erkenntnis der Möglichkeit – die der »träumend[e]« Geist (Kierkegaard 1952,

39) erahnt – zu deren Realisierung siedelt Kierkegaard die Angst an. Den Geist ängstigt das Nichts: das Noch-Nicht der Wirklichkeit entschiedener Selbstübernahme.

Solchermaßen ist die Angst der Schwindel der Freiheit, der aufsteigt, wenn der Geist die Synthesis setzen will, und die Freiheit nun niederschaut in ihre eigne Möglichkeit, und sodann die Endlichkeit packt sich daran zu halten. In diesem Schwindel sinkt die Freiheit zusammen. […] Den gleichen Augenblick ist alles verändert, und indem die Freiheit sich wieder aufrichtet, sieht sie, daß sie schuldig ist (ebd., 60 f.).

Die durch das Noch-Nicht der gewählten Freiheit ausgelöste Angst beherrscht den Menschen im Augenblick der Wahl und bewegt ihn dazu, nicht länger die Elemente der Synthesis, die der Mensch ist, in gestaltender Spannung zu halten, sondern diese Spannung in eine Richtung aufzulösen. Im zitierten Text *Der Begriff der Angst* (1844) rechnet Kierkegaard nur mit der Möglichkeit »die Endlichkeit zu packen«, d. h. sich der reinen Leiblichkeit, den Zwängen der vielfach bedingten Freiheit zu verschreiben. In anderen Schriften lässt er erkennen, dass auch die Auflösung zum anderen Pol hin möglich ist: Das Leben als Phantast, der sich stets im Raum der Möglichkeiten bewegt und jede Konkretion scheut (vgl. Kierkegaard 1954b, 25–35). Gleichviel: Das dem Menschen aufgegebene Leben in der je neuen Setzung der Synthesis ist in beiden Formen verfehlt, deshalb spricht Kierkegaard davon, dass der Mensch nach der durch die Angst bestimmten Selbstsetzung sich als schuldig erkennt.

Dadurch »ist alles verändert«: Nicht nur ist der träumende Geist erwacht, nicht nur erkennt er, sich verfehlt zu haben. Auch Freiheit und Angst stehen nach Kierkegaardnun unter dem Vorzeichen des Geschehenen. Die Freiheit des Menschen ist nun eine »Freiheit in der Unfreiheit Dienst« (Kierkegaard 1952, 15), stets getrieben von der Angst, dass seine Schuld aufgedeckt wird. Facettenreich beschreibt Kierkegaard nicht nur die individuellen sondern auch gesellschaftlichen Formen der »Dämonie«, der Verschlossenheit schuldig gewordener Freiheit in sich selbst (vgl. Kierkegaard 1952, 121–161).

Philosophisch entscheidend ist die von Kierkegaard geknüpfte Verbindung von Angst und Freiheit (s. Kap. II.2). Der eingangs benannte Zukunftsbezug der Angst ist damit in spezifischer Weise aufgenommen. Er erscheint gerade in der unbestimmbaren Offenheit jeder Situation, in der Freiheit gefragt ist, der Offenheit, die erst durch die getroffene und umgesetzte Entscheidung geschlossen wird. Es ängstigt also nicht ein in der Zukunft liegendes Ereignis, sondern die reine Möglichkeit des Künftigen. Darin hat Kierkegaards viel diskutierte und kritisierte Unterscheidung von ›Angst‹ und ›Furcht‹ ihren Sinn (vgl. ebd., 40). Das aus Erfahrung stammende Wissen um das Ängstigende jeder Gelegenheit, die den Menschen in seiner Freiheit fordert, kann dann auch zu jener Angst vor der Angst führen – zum Versuch, solche Situationen zu meiden.

Theologisch ist diese Verhältnisbestimmung von Angst und Freiheit in dreifacher Hinsicht bedeutsam: Zunächst löst Kierkegaard durch seine Angstanalyse die Aporie, die in der christlichen Vorstellung der sogenannten ›Erbsünde‹ liegt: Die Rede von einer notwendigen, durch die Zeugung übertragenen Sünde jedes Menschen steht im Widerspruch zu der ethischen Aussage, dass Sünde den Willen des Sünders zur Sünde voraussetzt. Kierkegaard überwindet diesen Widerspruch, indem er in Form einer psychologisch-anthropologischen Untersuchung verständlich macht, dass unter der Macht der Angst faktisch jeder Mensch Sünder ist – aber aus eigener Schuld zum Sünder wurde.

Von zentraler Bedeutung ist für Kierkegaard zweitens die Frage, ob und wie der Mensch aus seiner »Freiheit in der Unfreiheit Dienst«, seiner Schuld, befreit werden kann. Dies gelingt, so Kierkegaard, nur im Akt der Vergebung, die der durch die Schuld Geschädigte dem Schuldigen schenkt. Die Möglichkeiten zwischenmenschlicher Vergebung werden von Kierkegaard in geradezu selbstquälerischer Ausführlichkeit behandelt. Da aber jede Schuld als Selbstverfehlung der von Gott geschenkten Freiheit auch Sünde vor Gott ist, legt Kierkegaard besonderen Wert auf die von Gott geschenkte Versöhnung: Indem Gott Mensch wird, überwindet er den Graben, den die Sünde zwischen Mensch und Gott entstehen ließ. Der ewige Gott erscheint in der Zeit, um dem Menschen die zerstörte Beziehung zu Gott neu zu ermöglichen (vgl. Kierkegaard 1952, 10–20). Das Angebot der Vergebung verlangt vom sündigen Menschen Erhebliches. Gerade weil er in der Sünde gefangen ist, wird er das Angebot der Vergebung ängstlich abzuweisen versuchen: Indem er intellektuell Anstoß nimmt an der Undenkbarkeit eines Mensch gewordenen Gottes, indem er existentiell Ärgernis nimmt an der Zumutung, in der Annahme der Vergebung zuzugeben, dass er ihrer bedarf (vgl. ebd., 33–51). Und doch, so Kierkegaard, ist es die Begegnung mit Jesus Christus, die dem Menschen die Freiheit schenkt, diese Ärgernisse zu überwinden und so in

den Zustand ursprünglicher Freiheit zurückzukehren.

Die Angst ist damit nicht aus der Welt, denn sie gehört zur Freiheit, auch zur neu geschenkten Freiheit. Deshalb liegt drittens viel daran, dass Kierkegaard dem Menschen eine Möglichkeit aufzeigt, nicht erneut unter die Herrschaft der Angst zu geraten, in der er schuldig wird. Diese Möglichkeit ist für ihn der Glaube: »Indem es sich zu sich selbst verhält und indem es es selbst sein will, gründet sich das Selbst durchsichtig in der Macht, welche es gesetzt hat« (Kierkegaard 1954b, 47). Das Vertrauen, in der Wahl und mit dem je konkreten Selbst, das der Mensch durch sie wird, von Gott getragen zu sein, kann die Herrschaft der Angst brechen.

Dabei betont Kierkegaard, dass der Glaube die Angst nicht aufhebt. Vielmehr bezeichnet er die Angst als das »kraft des Glaubens« Erlösende (Kierkegaard 1952, 161). Weil der Glaube ein Akt menschlicher Freiheit ist, wird jede Situation, in der Glaube gefragt ist, offen und damit ängstigend sein. Der Mensch kann dieser Angst die Macht nehmen – der Angst vor dem Schicksal, indem er auf die Vorsehung Gottes baut, die dem Menschen eine Zukunft eröffnet; der Angst vor der Schuld, indem er auf Gottes Vergebungsbereitschaft hofft.

Die letztgenannten Formulierungen erinnern nicht zufällig an Luthers Theologie, weiß Kierkegaard sich doch an diese rückgebunden. Wieder aber gilt es, Akzentverschiebungen wahrzunehmen: Wenn Kierkegaard von der Vorsehung Gottes spricht, sind damit nicht Prädestination und absolute Geschichtsmächtigkeit Gottes gemeint. Kierkegaard bestimmt die Allmacht Gottes als Macht, die fähig ist, eine von ihr unabhängige Freiheit zu schaffen (vgl. Kierkegaard 1954a, 124). Deshalb greift Gott nur in einer Weise in die Geschichte ein, die die Freiheit des Menschen achtet. Gleiches gilt bezüglich der Vergebungshoffnung: Der Glaube an Gottes vergebende Liebe ist für Kierkegaard nicht ein »göttlich Werk in uns«, sondern ein Angebot Gottes, das im Menschen nur wirksam wird, wenn dieser es in der ihm geschenkten Freiheit annimmt. So nimmt Kierkegaard die oben beschriebene veränderte Situation des christlichen Glaubens in einem von Autonomiebewusstsein geprägten Kontext auf und ernst. Der gegen ihn immer wieder erhobene Vorwurf, er lasse außer Acht, dass diese Angst in theologischer Perspektive schon Folge der Sünde ist, trifft ihn nicht (vgl. Balthasar 1951, 82 f.). Denn dieser Vorwurf übersieht, dass der Mensch der Gegenwart in einer Situation steht, in der schon der Schritt in die Weltsicht des christlichen Glaubens eine höchst prekäre und von Angst geprägte Forderung an die menschliche Freiheit stellt.

Paul Tillich: Der Mut zum Sein

In einer strikten Fokussierung auf den je Einzelnen (vgl. Kierkegaard 1951, 96–119) entfaltet Kierkegaard sein Verständnis von Glaube und Angst. Deshalb bietet sich im Folgenden noch ein kurzer Blick auf Paul Tillich an, der sich gut hundert Jahre nach Kierkegaard um eine theologische Deutung der Angst bemüht hat. Seine Schrift *Der Mut zum Sein* (1953) erscheint kurz nach dem Zweiten Weltkrieg, geprägt von Tillichs Erfahrung des Nationalsozialismus, des russischen Kommunismus und nicht zuletzt durch sein Leben in den USA, in die er 1933 als Mitglied der Religiösen Sozialisten emigrierte.

Wie für Kierkegaard gehört die Angst für Tillich »zur Existenz selbst« (Tillich 1953, 33). Sie ist der »Zustand, in dem ein Sein seines möglichen Nicht-Seins gewahr wird« (ebd., 31). Dieses mögliche Nicht-Sein bezieht sich auf alle Qualitäten des menschlichen Seins. Wie schon seine Vorgänger benennt Tillich die Angst des Schicksals und des Todes (angesichts der Bedrohung der ontischen Selbstbejahung) und die Angst der Schuld (angesichts der Bedrohung der ethischen Selbstbejahung). Er führt außerdem eine dritte Form der Angst ein: Die Angst der Leere und Sinnlosigkeit, die er als Bedrohung der geistigen Selbstbejahung versteht. Tillichs Schrift zeichnet sich nun dadurch aus, dass er schon in ihrem Titel nicht nach der Angst, sondern nach dem Mut fragt: Nach jener Kraft zur Selbstbejahung, ohne die das Sein gar nicht wäre.

Über die bisherigen theologischen Analysen der Angst geht Tillich hinaus, indem er zwei polare Formen des »Mutes zum Sein« bestimmt: »Den Mut als ein Teil zu sein« (ebd., 65) und den »Mut, man selbst zu sein« (ebd., 84). Der Mensch ist immer zugleich Teil eines Ganzen wie Individuum, das allem anderen gegenüber steht.

Im Mut, ein Teil zu sein, bejaht sich der Mensch in seiner Partizipation an der Natur insgesamt, vor allem aber in seiner Teilhabe an einer Gesellschaft. Tillich beschreibt in diesem Zusammenhang ausführlich den Kollektivismus von totalitär regierten Gesellschaften, aber auch den Konformismus einer kapitalistischen Gesellschaft. Die Bereitschaft, in ihnen aufzugehen, belohnen die kollektivistischen Systeme mit der ihnen möglichen Beruhigung der

Ängste: Die Angst des Schicksals wird überwunden durch das Weiterleben des Kollektivs, das durch den Tod jedes Einzelnen überdauert; die Angst der Sinnlosigkeit wird beruhigt unter Verweis auf das Ziel, dem das Kollektiv dient; die Angst der Schuld gegenüber dem Kollektiv wird überwunden, wenn dieses als strenger Richter den Einzelnen ausschließt oder gnädig vergibt. Der Preis für diese Form der Beruhigung von Ängsten ist hoch, besteht er doch in der Aufgabe von Individualität und Selbststand.

Als Gegenbewegung zu diesem Verlust des Selbststandes versteht Tillich den ›Mut, man selbst zu sein‹. Er beschreibt ihn vor allem in Form des radikalen Existenzialismus, der bewusst auf jede Überwindung von Angst verzichtet (vgl. ebd., 102). Unter Rekurs unter anderem auf Sartre schildert Tillich die Existenz eines Menschen, der um seinen sicheren Tod weiß, mit seiner Schuld leben muss und der explizit jeden Sinn der Existenz leugnet. In dieser Form, man selbst zu sein, die jede Einbindung in eine größere Einheit verweigert, sieht Tillich die zum Protest gesteigerte Verzweiflung und greift damit auf eine bereits von Kierkegaard beschriebene Lebenshaltung hin.

Aus der Gegenüberstellung beider Formen des Mutes wird deutlich, dass sie in ihrer jeweiligen Einseitigkeit zum Verlust der polaren Struktur des Menschseins führen – es gilt also, beide miteinander zu verbinden. Indem Tillich nach der Quelle der Kraft, derer ein solcher Mut bedarf, sucht, wechselt er aus seiner bisher philosophischen Perspektive in eine theologische. Denn, so Tillich, die Macht, die stärker ist als die drei Bedrohungen des Nicht-Seins, kann nur die Macht des Seins selbst sein. Sie ermöglicht es dem Menschen, sich »als bejaht zu bejahen« (ebd., 119). Auf der Suche nach Zugängen zu dieser Macht beschreibt er die Mystik als eine Erfahrung, aus der der Mut erwachsen kann, ein Teil der Welt und der umfassenden Einheit Gottes zu sein; das Glaubensverständnis des Paulus und vor allem Luthers als eine Gottesbegegnung, die den Mut hervorbringt, man selbst zu sein. Diese beiden Glaubensgestalten müssen verbunden werden, Glaube ist das »Ergriffensein durch das, was uns unbedingt angeht, den Grund unseres Seins und Sinns« (ebd., 124). Ein solcher Glaube wird von Tillich als »absoluter Glaube« (ebd.) bezeichnet. Dieser überwindet den Theismus, ohne ihn aufgeben, ebenso wie ein monistisches Glaubensverständnis, ohne es zu verleugnen. Der ›absolute Glaube‹ ist der Glaube an den »Gott über Gott« (ebd. 134), an die letzte Quelle des Mutes zum Sein. Der Schlusssatz von Tillichs Schrift erinnert an Kierkegaards Resümee seiner Angstanalysen: »Der Mut zum Sein wurzelt in dem Gott, der erscheint, wenn Gott in der Angst des Zweifels verschwunden ist« (ebd., 137).

Mit dieser Beschreibung des ›absoluten Glaubens‹ kommt Tillich dem Religionsverständnis Luhmanns denkbar nahe: Die ›Bestimmung des Unbestimmten‹ ist ein prinzipiell paradoxes Unterfangen – weil jede Bestimmung erneut Grenzen setzt und damit das ängstigende Unbestimmte nur verschiebt, nicht beruhigt. Tillichs Entwurf eines Glaubens, der absolut ist, insofern er sich von jeder begrenzenden Vorstellung löst, und gleichwohl Glaube bleibt, weckt dagegen den Mut, in der bleibenden Kontingenz aller Immanenz zu leben.

Deutungshoheit: Theologie, Psychologie und die Angst

Weitere, nicht sonderlich zahlreiche Versuche einer theologischen Deutung der Angst fügen dem hier Dargestellten nichts wesentlich Neues hinzu. Sie nehmen, in je eigener Gewichtung und Verbindung, Elemente aus der christlichen Tradition auf.

Um das Dargestellte in einer neuen Perspektive noch weiter zu akzentuieren, sei abschließend auf eine Diskussion verwiesen, die in der zweiten Hälfte des vergangenen Jahrhunderts ausführlich und hoch kontrovers geführt wurde. Die Psychologie hatte sich im Lauf des 20. Jahrhunderts zu einem vielgestaltigen und einflussreichen Wissensgebiet entwickelt. Ihr gelang es nicht nur, die Angst in Aufdeckung ihrer evolutionären, biographischen und physiologischen Ursachen zu erklären; sie entwickelte daraus auch eine Vielzahl von Therapien (s. Kap. II.3). Für Kirche und Theologie erwuchs daraus eine doppelte Herausforderung: Zum einen stellte die schnell wachsende Psychotherapie eine Alternative zu seelsorgerischen Angeboten dar, weil beide die Lebensnot von Menschen zu lindern versprechen; zum anderen galt es auf der theoretischen Ebene die Erkenntnisse der Psychologie mit dem christlichen Menschenbild in ein Verhältnis zu setzen.

Weit verbreitet ist in der entsprechenden Literatur die wechselseitige Ablehnung. Schon Freud hatte, bei aller Differenziertheit seines Verständnisses von Religion, diese deutlich kritisiert. Sie ist für ihn nicht nur strukturell der Zwangsneurose ähnlich (vgl. Freud 1966, 129–139), sondern in ihrer Funktion bei der Gewissensbildung wie bei der Stabilisierung gesellschaftlicher Verhältnisse eine Quelle vielfältiger

Ängste (vgl. Freud 1963a; Freud 1963b). Oskar Pfister hat im Anschluss an Freud eine grundlegende Christentumskritik vorgelegt (vgl. Pfister 1944). Noch tiefer reichen psychologische Theorien, die nicht nur den kirchlichen Umgang mit der Angst, sondern ein christliches Menschenbild insgesamt ablehnen. Besonders einflussreich war hier der Begründer des Behaviorismus, Burrhus F. Skinner, der die Idee einer Freiheit und Würde des Menschen radikal ablehnte – und damit selbstverständlich auch eine Religion, die genau dafür eintritt (vgl. Skinner 1971).

Theologische Verurteilungen der Psychologie fallen nicht weniger hart aus: So wird der Psychologie grundsätzlich vorgeworfen, sie sei unfähig, ein angemessenes Bild vom Menschen zu entwickeln, wenn und insoweit sie den Menschen nicht wesentlich als Menschen vor Gott verstehe. Ein solch defizientes Menschenbild könne deshalb auch nur zu einem falschen Verständnis der Angst gelangen (vgl. Brunner 1981). Denn erst wenn als Quelle der Angst die Sünde, die falsche Stellung des Menschen vor Gott, aufgedeckt werde, sei eine wirkliche Hilfe für den geängstigten Menschen möglich. Dieser Vorwurf wurde, wie erwähnt, bereits gegen Kierkegaard erhoben, der seinerseits für einige Richtungen der Psychotherapie zum wichtigen Gewährsmann wurde (vgl. May 1986, 71–94).

Ob und inwieweit für die Psychologie die Ausblendung oder unbesehene Ablehnung eines religiösen Verständnisses des Menschen eine problematische Einschränkung bedeutet, muss hier nicht näher untersucht werden. Im Rahmen dieses Beitrags unverzichtbar aber ist eine Kritik der erwähnten theologischen Positionen. Problematisch ist die apologetische Inanspruchnahme psychologischer Angstanalysen bereits in methodischer Hinsicht: Wenn sie von der unbefragbaren Wahrheit des eigenen Menschenverständnisses ausgeht, ist die behauptete Defizienz eines anderen Verständnisses kein Argument für die eigene Auffassung, sondern verdankt sich schlicht einem Zirkelschluss – es sei denn, man beruft sich auf die göttliche »Offenbarung« (Balthasar 1951, 10 f.), die der Gegenseite allerdings nicht zugänglich ist. Auf existentieller Ebene kann sich dieser Zirkelschluss verhängnisvoll auswirken: Für einen glaubenden Menschen wird die Erklärung, seine Angst, gar seine pathologisch übersteigerten Ängste, seien die Frucht mangelnden Glaubens, diese Angst bis zur ausweglosen Verzweiflung steigern. Denn sein Glaube wird nun selbst zur Quelle der Angst, nicht genug zu glauben.

Die Kritik einer theologischen Verurteilung psychologischer Erkenntnisse kann und muss schließlich aber noch tiefer ansetzen. Denn deren grundlegender Fehler liegt darin, den trennenden Unterschied zwischen psychologischen Forschungen und theologischen Reflexionen zu übersehen. Die von der Psychologie aufgedeckten physiologischen und biographischen Ursachen und Hintergründe aktuell erlebter Ängste, gerade wenn sie von einer Forschung, die sich naturwissenschaftlicher Methoden bedient, erbracht wurden, können aus theologischer Perspektive nicht bestritten werden. Denn Religion und Theologie können nicht den Anspruch erheben, empirische Aussagen zu machen, sondern entwickeln spezifische Deutungen des empirisch Erhobenen. Von hohem Interesse aber ist die Frage, ob und wie bestimmte Lebensdeutungen und Daseinsverständnisse die Form und Intensität von Ängsten beeinflussen können. Allein auf dieser Ebene ist die Auseinandersetzung zwischen verschiedenen Menschenbildern, Gottesvorstellungen und Weltanschauungen sinnvoll. Sie ist aber nur fruchtbar zu führen, wenn die jeweilige Reichweite und Begrenztheit religiöser, theologischer und psychologischer Aussagen erkannt und anerkannt wird.

Das nicht von gegenseitiger Ausschließung bestimmte Gespräch zwischen Theologie und Psychologie, Seelsorge und Psychotherapie hat sich in den letzten Jahrzehnten gegenüber den ursprünglichen Frontstellungen durchgesetzt und zu einer Fülle von theoretischen wie praktischen Vermittlungsversuchen von beiden Seiten geführt (vgl. Schwarzwäller 1970; Drewermann 1977; Görres 1978). Statt sie im Einzelnen vorzustellen, seien lediglich einige Grundlinien genannt, die sich in vielen Entwürfen finden.

Unbestritten ist das Phänomen pathologischer Ängste, die Menschen bis zur Handlungsunfähigkeit lähmen können und die einer medizinischen Behandlung bedürfen, ohne die eine Ansprechbarkeit für therapeutische oder seelsorgerische Angebote gar nicht erreichbar wäre.

Ungeachtet einer grundsätzlichen Bestreitung menschlicher Freiheit, wie sie aktuell von vielen Seiten vorgebracht wird, verstehen sich die meisten Menschen in der Tradition der europäischen Aufklärung heute als entscheidungs- und verantwortungsfähige Subjekte. Dieses Freiheitsbewusstsein ist mit spezifischen Formen der Angst verbunden, die sich auf die Offenheit der durch die jeweilige Entscheidung festzulegenden Zukunft richtet. Mit einem solchen Freiheitsverständnis verbunden aber ist auch das Wissen um die vielfache Bedingtheit

und Begrenztheit konkreter Freiheit. Viele Bedrohungen, die sich nicht selten gegen die Grundlage jeder Freiheit, das Leben, richten, sind vom Menschen nicht beeinflussbar. Außerdem stößt die eigene Freiheit an Grenzen: An die Freiheit Anderer, die es zu achten gilt; und an die Grenzen eigener Unentschlossenheit, Fehlerhaftigkeit und auch Bosheit. Das Ziel eines von umfassender Freiheit und wechselseitiger Anerkennung geprägten Lebens bleibt denkbar, kann gar als oberste ethische Norm der Freiheit erkannt werden – ist dem Menschen aus eigener Kraft aber unerreichbar. Das macht Angst.

Angesichts dieser Existenzbedingungen des Menschen spricht die christliche Tradition von der Hoffnung auf die mögliche Vollendung menschlichen Lebens, auf die Überwindung jeder, auch der schuldhaften Begrenztheit; von einer Hoffnung, die nur Gott erfüllen kann und die er nach christlicher Überzeugung erfüllen wird (vgl. Pröpper 2001, 40–56).

Der Glaube an Gott, der Grund zu dieser Hoffnung gibt, ist mit dem Wunsch und der Verpflichtung verbunden, das eigene Leben an ihr auszurichten. Dieses Leben bleibt ein menschliches Leben, zu dem die Angst in vielen Formen gehört. Mit Kierkegaard und gegen jede Überschätzung der ›Glaubenskraft‹ bleibt festzuhalten, dass auch die Glaubenden, weil sie freie Menschen sind, Angst erleben, für die es viele gute Gründe gibt. Doch ein Glaube, der darauf baut, auch in Situationen der Angst nicht von Gott verlassen zu sein, wird helfen können, sich von der Angst nicht lähmen und beherrschen zu lassen (vgl. Körtner 2001, 83–86).

Um die Kontingenz des eigenen Daseins zu wissen, zeichnet die Menschen aus; das Bewusstsein ihrer Freiheit steigert das Kontingenzbewusstsein noch und macht Angst. Die Geschichte theologischer Deutungen der Angst kann gelesen werden und sollte hier gezeigt werden als eine Geschichte der Versuche, mit der Angst zu leben.

Literatur

Bähr, Andreas: *Furcht und Furchtlosigkeit. Göttliche Gewalt und Selbstkonstitution im 17. Jahrhundert*. Epfendorf a.N. 2013.

Balthasar, Hans Urs von: *Der Christ und die Angst*. Einsiedeln 1951.

Brunner, Emil: Von der Angst [1953], In: Ders.: *Ein offenes Wort. Vorträge und Aufsätze 1917–1962*, Bd. 2. Zürich 1981, 287–301.

Drewermann, Eugen: *Strukturen des Bösen. Die jahwistische Urgeschichte in exegetischer, psychoanalytischer und philosophischer Sicht*. 3 Bde. München u. a. 1977 ff.

Freud, Sigmund: Zwangshandlungen und Religionsübung [1907]. In: Ders.: *Gesammelte Werke*. Bd. VII. Hg. von Anna Freud u. a., Frankfurt 1966, 129–139.

Freud, Sigmund: Die Zukunft einer Illusion [1927]. In: Ders.: *Gesammelte Werke*. Bd. XIV. Hg. von Anna Freud u. a. Frankfurt a. M. 1963a, 325–380.

Freud, Sigmund: Das Unbehagen in der Kultur [1930]. In: Ders.: *Gesammelte Werke*. Bd. XIV. Hg. von Anna Freud u. a., Frankfurt a. M. 1963b, 423–506.

Görres, Albert: *Kennt die Psychologie den Menschen? Fragen zwischen Psychotherapie, Anthropologie und Christentum*. München 1978.

Kant, Immanuel: Schriften zur Ethik und Religionsphilosophie. In: Ders.: *Werke in zehn Bänden*. Bd. 6. Hg. von Wilhelm Weischedel. Darmstadt 1968a, A220-A238.

Kant, Immanuel: Schriften zur Anthropologie Geschichtsphilosophie Politik und Pädagogik. In: Ders.: *Werke in zehn Bänden*. Bd. 9. Hg. von Wilhelm Weischedel. Darmstadt 1968b, A481-A482.

Kierkegaard, Søren: *Eine literarische Anzeige*. In: Ders.: *Gesammelte Werke in 36 Abteilungen*, Abt. XVII. Übers. und hg. von Emanuel Hirsch. Düsseldorf 1954a (dän. 1846).

Kierkegaard, Søren: *Die Krankheit zum Tode*. In: Ders.: *Gesammelte Werke in 36 Abteilungen*, Abt. XXIV. Übers. und hg. von Emanuel Hirsch. Düsseldorf 1954b (dän. 1849).

Kierkegaard, Søren: *Entweder/Oder*. In: Ders.: *Gesammelte Werke in 36 Abteilungen*, Abt. II. Übers. und hg. von Emanuel Hirsch. Düsseldorf 1957 (dän. 1843).

Kierkegaard, Søren: *Die Schriften über sich selbst*. In: Ders.: *Gesammelte Werke in 36 Abteilungen*, Abt. XXXIII. Übers. und hg. von Emanuel Hirsch. Düsseldorf 1951 (dän. 1851).

Kierkegaard, Søren: *Der Begriff Angst*. In: Ders.: *Gesammelte Werke in 36 Abteilungen*, Abt. XI. Übers. und hg. von Emanuel Hirsch. Düsseldorf 1952 (dän. 1844).

Kierkegaard, Søren: *Philosophische Brocken*. In: Ders.: *Gesammelte Werke in 36 Abteilungen*, Abt. X. Übers. und hg. von Emanuel Hirsch. Düsseldorf 1952 (dän. 1844).

Körtner, Ulrich: *Weltangst und Weltende. Eine theologische Interpretation der Apokalyptik*. Göttingen 1988.

Körtner, Ulrich: ›Um Trost war mir sehr bange‹. Angst und Glaube, Krankheit und Tod. In: Ders. (Hg.): *Angst. Theologische Zugänge zu einem ambivalenten Thema*. Neukirchen-Vluyn 2001, 69–86.

Luhmann, Niklas: *Funktion der Religion*. Frankfurt a. M. 1982.

Luther, Martin: Der Reformator. In: Ders.: *Luther Deutsch. Die Werke Luthers in neuer Auswahl für Gegenwart*. Studienausgabe in zehn Bänden. Bd. II. Hg. von Kurt Aland. Göttingen 1962.

Luther, Martin: Der Kampf um die reine Lehre. In: Ders.: *Luther Deutsch. Die Werke Luthers in neuer Auswahl für Gegenwart*. Studienausgabe in zehn Bänden. Bd. IV. Hg. von Kurt Aland. Göttingen 1964, 161 f.

Luther, Martin: Die Schriftauslegung. In: Ders.: *Luther Deutsch. Die Werke Luthers in neuer Auswahl für Gegenwart*. Studienausgabe in zehn Bänden. Bd. V. Hg. von Kurt Aland. Göttingen 1963, 50.

Luther, Martin: Der Christ in der Welt. In: Ders.: *Luther Deutsch. Die Werke Luthers in neuer Auswahl für Gegen-*

wart. Studienausgabe in zehn Bänden. Bd. VII. Hg. von Kurt Aland. Göttingen 1967, 308–328.

May, Rollo: *Die Erfahrung ›Ich bin‹. Sich selbst entdecken in den Grenzen der Welt*. Paderborn 1986 (amerik. 1983).

Otto, Rudolf: *Das Heilige. Über das Irrationale in der Idee des Göttlichen uns sein Verhältnis zum Rationalen* [1917]. München 1979.

Pfister, Oskar: *Das Christentum und die Angst. Eine religionspsychologische, historische und religionshygienische Untersuchung*. Zürich 1944.

Pröpper, Thomas: *Evangelium und freie Vernunft. Konturen einer theologischen Hermeneutik*. Freiburg u. a. 2001.

Schwarzwäller, Klaus: *Die Angst – Gegebenheit und Aufgabe*. Zürich 1970.

Skinner, Bhurrus F.: *Beyond Freedom and Dignity*. New York 1971.

Tillich, Paul: *Der Mut zum Sein*. Stuttgart 1953.

Weber, Max: *Die protestantische Ethik und der Geist des Kapitalismus*. Tübingen 1905.

Michael Bongardt

2. Philosophie der Angst*

Angst ist in allen menschlichen Kulturen verbreitet. In den mythischen und religiösen Traditionen – dies gilt vor allem für das Christentum (s. Kap. II.1) – wurde sie immer wieder zur Sprache gebracht und auch in der Geschichte der Philosophie finden sich eine Reihe von Abhandlungen, die – man denke an Augustinus oder Schelling – ihren Gehalt und ihre Funktion vergegenwärtigen und auf den Begriff zu bringen versuchen. So gehört die Angst zu den Gefühlen, denen die Philosophie seit jeher größere Aufmerksamkeit geschenkt hat. In der Moderne wird die Angst zu einem philosophisch besonders prominenten Gefühl, indem sich in der an Kierkegaard anschließenden Existenzphilosophie der Gedanke Ausdruck verschafft, die Angst bringe den Menschen auf eine ausgezeichnete Weise vor sich und zu sich selbst (s. Einleitung Kap. II). In der philosophischen Literatur, aber auch in anderen wissenschaftlichen Disziplinen wie zum Beispiel der Psychologie, findet sich häufig eine terminologische Differenzierung zwischen Angst und Furcht. So ist insbesondere die Unterscheidung zwischen der Angst als einem ungerichteten, frei flutenden Gefühl und der Furcht als einer Emotion, die auf bestimmte konkrete Gegenstände oder Sachverhalte bezogen ist, verbreitet. Als Furcht gilt zum Beispiel die Aufregung vor einer Operation oder einer wichtigen Prüfung, die Angst hingegen wird als Gefühl angesehen, das keinen konkreten Sachverhalts- oder Gegenstandsbezug voraussetzt. Allerdings ist zu konstatieren, dass die Ausdrücke ›Angst‹ und ›Furcht‹ in der Alltagssprache häufig synonym verwendet werden und auch die wissenschaftliche Literatur keine einheitliche Unterscheidungspraxis kennt (vgl. Fink-Eitel 1993).

Obwohl die verschiedenen Umgangsweisen mit der Angst, ihre unterschiedlichen Arten, die Bege-

benheiten und Situationen, die jeweils einen Anlass zur Angst geben, sie auslösen und zu ihrem Gegenstand werden können, von Kultur zu Kultur und von Zeit zu Zeit innerhalb eines gewissen Spielraums variieren, lässt sich der Kern von Gefühlen wie Angst oder Furcht als anthropologisch konstant auffassen. Angst ist zudem ein Grundgefühl, das der Mensch mit höher entwickelten Tieren teilt. Der Angst kommt biologisch eine wichtige Funktion zu. Sie warnt vor möglichen Gefahren und setzt Kräfte zur Verteidigung oder Flucht frei (s. Kap. II.11). Die Angst lässt sich als ein Warnsystem verstehen, das dem Überleben dienlich ist. Sie weist einen deutlichen Bezug zu Gefahrensituationen oder doch zumindest zu Situationen auf, die in irgendeiner Weise bedrohlich sind (vgl. Tembrock 2000). In der philosophischen – und das gilt insbesondere für die existenzphilosophische Literatur, die im Zentrum dieses Beitrags steht – Auseinandersetzung mit der Angst spielt die biologische Dimension dieses Gefühls freilich lediglich eine untergeordnete Rolle. Angst wird vielmehr primär als eine Sinngestalt des menschlichen Lebens aufgefasst, die das Selbstverhältnis des Menschen auf eine maßgebliche Weise prägt und für das Verhältnis des Menschen zu Welt und Leben auf eine besondere Weise von Belang ist, und als Grundgefühl menschlichen Lebens und menschlicher Existenz angesehen werden kann. Der vorliegende Beitrag vergegenwärtigt verschiedene Angstanalysen an ausgewählten Beispielen aus der modernen Philosophie. Nach einer ausführlichen Diskussion der Überlegungen von Friedrich Wilhelm Joseph Schelling und Søren Kierkegaard kommen die Angstanalysen von Martin Heidegger, Karl Jaspers und Jean-Paul Sartre zur Sprache.

Moderne Autoren knüpfen vielfach an die christliche Denktradition an, in der es – anders als in der antiken Philosophie – immer wieder zur Auseinandersetzung mit einer Art von Angst kam, die weniger auf konkrete, vorstellbare Übel gerichtet war, sondern eine allgemeine Reichweite zu besitzen schien. Weltangst, und in diesem Zusammenhang die Furcht vor Gott, vor der Sünde, und schließlich die Befreiung von der Angst durch den Glauben, das sind einige der zentralen Themen und Motive, die innerhalb der neueren Philosophie eine säkulare Transformation durchlaufen haben. Dualistische Weltbilder im Kontext des frühen Christentums und der Gnosis, die das irdische Leben als Reich der Finsternis betrachten und den Weg des Heils in einer Abkehr von der diesseitigen Welt erblicken, gehören zu den kulturellen Voraussetzungen dafür, dass ein

* Der vorliegende Text geht zurück auf das Kapitel »Angst« aus dem Buch Christoph Demmerling/Hilge Landweer: *Philosophie der Gefühle. Von Achtung bis Zorn*, Stuttgart/Weimar: J.B. Metzler 2007, 63–91. Der Text wurde überarbeitet, an einigen Stellen stark gekürzt und an anderen Stellen ergänzt. Hilge Landweer schulde ich Dank für eine Reihe von Anregungen, die in den vorliegenden Text eingeflossen sind. Wer nach einer historisch breiteren Einbettung der Thematik sucht und stärker an systematischen Fragen zur Charakterisierung der Angst im Rahmen einer Philosophie der Gefühle interessiert ist, konsultiere den Text aus dem Jahr 2007.

Gefühl wie eine allgemeine Angst überhaupt erfahrbar werden kann.

In der im weitesten Sinne christlichen Tradition finden sich ebenfalls die ersten Versuche, die Angst – wie später in der Existenzphilosophie – mit der Freiheit des Menschen in einen Zusammenhang zu stellen. Schon Jakob Böhme hatte die Angst als Ausdruck des Begehrens der menschlichen Freiheit begreifen wollen (Böhme 1957, 131 ff.). Eine wirkungsgeschichtlich außerordentlich weitreichende Explikation dieses Gedankens sollte jedoch erst Kierkegaard gelingen, der in diesem Zusammenhang einige Gedanken Schellings aufgegriffen und weitergeführt hat; Gedanken, die sich offenbar Schellings Auseinandersetzung mit Böhme verdanken. Einschlägig ist Schellings Schrift *Philosophische Untersuchungen über das Wesen der menschlichen Freiheit* (1809).

Die Angst und das Böse (Schelling)

Einer der Grundgedanken, von denen sich Schelling in seiner Schrift leiten lässt, lautet, dass es – anders als es dem Weltbild der klassischen Aufklärer entsprach – in der Welt nicht nur Fortschritt und Vernunft gibt, sondern dass das Schreckliche und das Chaos als Grundstoffe des Lebens anzusehen sind. Walter Schulz hat mit Blick auf Schellings Spätwerk auf »das tiefe Erschrecken« aufmerksam gemacht,

das sich seiner [Schellings, C. D.] bemächtigt hat, als er begriff, daß die Vernunft nicht allmächtig ist. Schelling spricht in diesem Zusammenhang von der Angst des Lebens. Er meint mit diesem Ausdruck die Angst davor, daß das Dunkel-Chaotische hervorbrechen könne (Schulz 1984, 21).

In der Freiheitsschrift ist es jedoch nicht allein die Angst vor dem Hervorbrechen eines dem Menschen fremden Dunkel-Chaotischen, die zur Diskussion steht, sondern die Angst wird in einem unmittelbaren Zusammenhang mit der menschlichen Freiheit thematisiert, die ihrerseits in einer Auseinandersetzung mit und einer Abkehr von der idealistischen Freiheitsdiskussion als Freiheit zum Bösen begriffen wird. Man könnte, wenn man Schellings Begrifflichkeit aufgreifen möchte, von einer Angst sprechen, die aus dem Dunkel-Chaotischen im Menschen resultiert.

Eine Voraussetzung dafür, dass Schelling die Angst in eine Verbindung mit der Freiheit des Menschen zum Bösen bringen kann, liegt in seiner Auffassung vom menschlichen Selbst begründet. Das Selbst oder der menschliche Geist wird von Schelling

als zerrissen, entzweit und zerrüttet charakterisiert, als eine Form des Daseins, in der – wie es in seiner Terminologie heißt – *Grund* und *Existenz* auseinander getreten sind. Hinter solchen Unterscheidungen verbirgt sich bei Schelling die Vorstellung von einem aus unterschiedlichen Momenten bestehenden Kraftfeld, welches auch als ›Urwille‹ bezeichnet wird, als dessen Bestandteile ein Eigenwille, ein Universalwille und als drittes Moment schließlich der als Geist bezeichnete voluntative Impuls gelten, mit Hilfe dessen ein Verhältnis zwischen den beiden zuvor genannten Momenten hergestellt werden soll. Schelling ist der Auffassung, die Kräfte des Willens seien zunächst undifferenziert ineinander gewoben, und er versucht, den Prozess zu analysieren, in dem die Verhältnisstruktur des Willens zu ihrem Begriff findet und der Mensch ein Selbst ausbildet. Anders als im Fall Gottes geht er auf den Menschen bezogen von einer zunächst gegebenen Gleichgewichtsstörung zwischen den unterschiedlichen Willensimpulsen aus. Die Selbstwerdung des Menschen wird als ein Kampf der verschiedenen Willensimpulse rekonstruiert, als ständiger Versuch einer Erhebung des Eigenwillens über den Universalwillen. In Gott hingegen fallen Eigenwille und Universalwille zusammen. Beim Menschen vermag der Eigenwille zu dominieren und sich alle anderen Impulse unterzuordnen. Und eben dieser Umstand, anders zu sein und auch anders wollen zu können als Gott, wird von Schelling als Freiheit zum Bösen bezeichnet.

Wäre nun im Geist des Menschen die Identität beider Prinzipien ebenso unauflöslich als in Gott, so wäre kein Unterschied, […]. Diejenige Einheit, die in Gott unzertrennlich ist, muß also im Menschen zertrennlich sein, – und dieses ist die Möglichkeit des Guten und des Bösen (Schelling 1984, 58).

Der Wille des Grundes, der alles partikularisieren und natürlich machen möchte, weckt in der Freiheit des Menschen – so lautet eine der zentralen Stellen in Schellings Schrift –

die Lust zum Kreatürlichen, wie den, welchen auf einem hohen und jähen Gipfel Schwindel erfaßt, gleichsam eine geheime Stimme zu rufen scheint, daß er hinabstürze, oder wie nach der alten Fabel unwiderstehlicher Sirenengesang aus der Tiefe erschallt, um den Hindurchschiffenden in den Strudel hinabzuziehen. Schon an sich scheint die Verbindung des allgemeinen Willens mit einem besonderen Willen im Menschen ein Widerspruch, dessen Vereinigung schwer, wenn nicht unmöglich ist. Die Angst des Lebens selbst treibt den Menschen aus dem Zentrum, in das er erschaffen worden ist (ebd., 74).

Eigenwille, bloße Sucht oder Begierde, Lust zum Kreatürlichen – dies sind Wendungen, die Schelling immer wieder benutzt, um die ›dunkle‹ Seite der Natur des Menschen zu charakterisieren, zu der auf der anderen Seite aber ebenfalls Elemente gehören, die mit Ausdrücken wie ›Licht‹, ›Verstand‹ und ›allgemeiner Wille‹ evoziert werden. Die ›Angst des Lebens‹ scheint nun geradewegs mit einer Selbstverfehlung zusammenzuhängen: Einer Verfehlung, die darin besteht, zwischen den Elementen des Willens kein Verhältnis herstellen zu können, sondern die ›dunkle Seite‹ der menschlichen Natur auf Kosten von der ›Lichtseite‹ des Menschen zu verabsolutieren und sich so in seiner menschlichen Bestimmung zu verfehlen.

Indem Schelling sich der Metaphern des Dunklen und des Hellen bedient, um die verschiedenen Zweige der menschlichen Natur zu bezeichnen, ruft er Wertungen auf, die in der platonischen und auch christlichen Anthropologie eine Rolle spielen. Schelling hingegen möchte die dualistische Vorstellung vom Menschen überwinden und verlegt die Lösung der Widersprüche in eine Tat des Menschen, in seine Freiheit. Und gleichursprünglich mit dem Verständnis der Freiheit als einer zu vollbringenden Tat ist die Angst als ›Angst des Lebens‹ gegeben. Es ist von besonderem Interesse, dass Schelling neben dem Bild von dem aus der Tiefe erschallenden Sirenengesang dasjenige der Höhenangst verwendet, um die Angst des Lebens paradigmatisch zu exemplifizieren und damit ein Bild vorgibt, dessen sich auch Kierkegaard bedienen sollte und das seither immer wieder zur Charakterisierung der Angst herangezogen wird. Kierkegaard behält ebenfalls die Bezüge zur Konstitution des Selbst und zur Thematik der Selbstverfehlung bei und führt sie fort. Man kann seine Überlegungen zum Begriff der Angst als Antwort auf die von Schelling diskutierten Probleme verstehen (vgl. Pocai 1999; Fink-Eitel 1993).

Die Angst als Schwindel der Freiheit (Kierkegaard)

Kierkegaard behandelt die Angstthematik in seinem Text *Der Begriff der Angst* (1844) in ihrem Verhältnis zur Sünde bzw. zum Sündenbewusstsein des Menschen und damit zunächst vor dem Hintergrund theologischer Fragestellungen. Die von Schelling akzentuierte Beziehung zwischen der Angst und dem Bösen wird von Kierkegaard im Rahmen einer großflächigen Auseinandersetzung mit der Problematik der Erbsünde entfaltet. Kierkegaards Schrift bietet vielfältige Anknüpfungsmöglichkeiten für Theologie, Psychologie und Philosophie und weist ein großes Maß an Deutungsoffenheit auf. Dies ist wohl in erster Linie auf Kierkegaards erklärtes Selbstverständnis als ›subjektiver Denker‹ zurückzuführen, der sich zwar einer philosophischen, an Hegel geschulten Begrifflichkeit bedient, sich aber gleichzeitig dagegen wehrt, seine Ausführungen mit allgemeinen Geltungsansprüchen zu versehen. So kann es nicht überraschen, dass die Auseinandersetzung mit Kierkegaard häufig Zuflucht zu den Vorgaben durch die einschlägigen und wirkungsmächtigen Rezeptionslinien sucht; zu erinnern ist in erster Linie an spätere Entwicklungen innerhalb der Existenzphilosophie. Kierkegaard gilt gemeinhin als Urheber der Unterscheidung zwischen der Angst als einem ungerichteten, gegenstandslosen Gefühl und der Furcht, die sich stets auf bestimmte Gegenstände oder Sachverhalte beziehen soll. Nun finden sich zwar Formulierungen, die eine solche Sicht der Dinge nahelegen, wenn es etwa heißt, dass der Begriff der Angst »ganz und gar verschieden ist von Furcht und ähnlichen Begriffen, die sich auf etwas Bestimmtes beziehen«, wohingegen der »Gegenstand der Angst […] Nichts« sei (Kierkegaard 1981, 40, 99). Die Frage ist jedoch, ob sich die Deutung solcher und anderer, gleich und ähnlich lautender Stellen im Sinne des angeführten Verständnisses der Unterscheidung zwischen Angst und Furcht zwangsläufig ergibt. Dies ist nicht unbedingt der Fall, und es kann gerade als ein zentrales Motiv der Schrift Kierkegaards angesehen werden, das zunächst nicht weiter bestimmte Nichts, von dem im Zusammenhang mit der Angst die Rede ist, näher zu qualifizieren. Die folgende Rekonstruktion bedenkt die Bezüge zur Thematik der Sünde und des Sündenfalls nur insoweit mit, als sie anthropologische Relevanz beanspruchen können und blendet die im engeren Sinne theologischen Implikationen aus.

In seinen einleitenden Überlegungen thematisiert Kierkegaard die Angst zunächst als Angst, »welche in der Unschuld gesetzt ist« (ebd., 40). Mit dem Begriff der Unschuld wird der Zustand des Menschen vor dem Sündenfall bezeichnet, gleichzeitig jedoch begreift Kierkegaard das Stadium der Unschuld als Chiffre für ein Entwicklungsstadium, in dem der Mensch noch nicht zur vollen Ausbildung seiner Kräfte und insbesondere seiner geistigen Vermögen gelangt ist. Das Stadium der Unschuld wird als ein Zustand gekennzeichnet, in dem der Mensch sich in »Friede und Ruhe« sowie »unmittelbarer Einheit mit seiner Natürlichkeit« findet (ebd., 39). Es ist ein Zustand, der besteht, bevor der Mensch seine Subjektivität in vollem Umfang ausgebildet hat. Zur ausgebildeten Subjektivität gehören Kierkegaard zufolge drei Momente: das Seelische und das Leibliche, die in einem Dritten oder durch ein Drittes – Kierkegaard nennt es Geist – miteinander vereinigt werden müssen. Im Unterschied zu den in der Tradition der abendländischen Philosophie vielfach leitenden Vorstellungen von einem anthropologischen Geist-Körper-Dualismus macht sich Kierkegaard für eine trialistische Konzeption stark. Zum Menschen, im Sinne einer voll ausgebildeten Subjektivität, gehört der Geist, der als Grund der Unterscheidung, aber auch der Beziehung zwischen dem Leiblichen und dem Seelischen gedacht wird. Ein Verhältnis zwischen Leiblichem und Seelischem kann, so meint Kierkegaard, nur durch ein Drittes zustande kommen, welches sich zu diesem Verhältnis verhält. Der Begriff des Geistes bezeichnet nun genau dasjenige Verhältnis zu sich, durch das Leibliches und Seelisches überhaupt erst in ein Verhältnis zueinander gesetzt werden.

Neben der anthropologisch intendierten Rede von einer Synthese des Leiblichen und Seelischen, die im Rahmen des Lebensvollzuges angestrebt werden soll, bringt Kierkegaard weitere Begriffspaare zur Sprache, welche die anthropologische Dimension seiner Überlegungen auch existenzphilosophisch, zeittheoretisch und theologisch verankern: Leib und Seele, Notwendigkeit und Freiheit, Zeit und Ewigkeit, Endlichkeit und Unendlichkeit – so lauten weitere Begriffe zur Markierung unterschiedlicher Pole, deren Synthese dem Menschen im Rahmen seines Lebensvollzugs aufgegeben sein soll (vgl. Pieper 2000, 56 ff.).

Obwohl Kierkegaard seine Überlegungen vorrangig auf den Sündenfall bezieht, den er als theologische Erzählung vom Beginn der ›eigentlichen‹ Menschwerdung begreift, lassen sich seine Bemerkungen auch in einer phylogenetischen und ontogenetischen Perspektive lesen. Thematisiert wird die Rolle der Angst in denjenigen Prozessen, die dazu führen, dass der Mensch sowohl als Gattungswesen, aber auch in seiner individuellen Genese, aus einem unmittelbaren Verhältnis zu sich heraustritt, sich zu sich verhält und so ein Selbstverhältnis ausbildet.

Im Stadium der Unschuld allerdings, so formuliert Kierkegaard, sei nicht nur Ruhe, sondern »noch etwas Anderes«, da der Geist bereits als ein ›träumender Geist‹ anwesend sei, dessen »Wirklichkeit sich fort und fort als eine Gestalt [zeigt], die seine Möglichkeit lockt, […] jedoch entschwebt [ist], sobald diese danach greift und […] ein Nichts [ist],

das nichts als ängsten kann« (Kierkegaard 1981, 40). Bereits in diesem Kontext erfolgt eine der wirkungsmächtigen Definitionen der Angst, wonach sie »die Wirklichkeit der Freiheit als Möglichkeit für die Möglichkeit ist« (ebd.). Und Angst in diesem Sinne vermag allein der Mensch zu verspüren, eben weil er – im Unterschied zum Tier – Geist, ganz gleich, ob träumend oder bewusst, ist. Man muss Kierkegaard wohl so verstehen, dass der Mensch als ein Wesen aufgefasst wird, in dem schon vor der Ausbildung eines expliziten Selbstverhältnisses ›vorbewusst‹ und ›ahnend‹ die weiteren Bestimmungen eingezeichnet sind. Schon im Zustand der Unschuld, der ja per definitionem als ein vormoralischer Zustand gilt, in welchem Unterscheidungen wie die von Gut und Böse unbekannt sind, ahnt der Geist seine Möglichkeiten, und diese sind es, die ihn ängstigen. Dass die eigenen Möglichkeiten bereits im Modus der Ahnung erfahren werden können, sich ein Bewusstsein der Unschuld ausbilden kann, bestätigt sich auch, wenn man Kierkegaards ebenfalls in diesem Kontext getroffene Unterscheidung zwischen schlafendem und träumendem Geist ernst nimmt. Der Zustand des Schlafs ist ein Zustand gänzlicher Bewusstlosigkeit, der Geist ist suspendiert, träumend hingegen erfährt sich der Geist bereits in Andeutungen.

Es ist nun interessant, dass Kierkegaard die Angst der Unschuld – besser wäre es vielleicht, von der Angst zu sprechen, die Unschuld zu verlieren – nicht ausschließlich als eine negative und belastende Stimmung thematisiert. Von vornherein, und dies gilt auch für alle weiteren Ausführungen, stellt sie sich als ein ambivalentes Gefühl dar, dem durchaus eine ihm eigene Art von Anziehungskraft innewohnt. So kann er die Angst als eine »sympathetische Antipathie und eine antipathetische Sympathie« (ebd.) bestimmen, um ihren ›Doppelcharakter‹ zu markieren. Die gerade zitierte Formulierung weist die Angst als ein gehemmtes Streben aus, man wird von etwas angezogen, wovor man gleichzeitig zurückschreckt. Exemplifiziert wird der phänomenale Gehalt der Angst des träumenden Geistes, des Menschen im Stadium von Unschuld und Unwissenheit, am Beispiel der Kinderangst, die Kierkegaard als ein »Trachten nach dem Abenteuerlichen, dem Ungeheuerlichen, dem Rätselhaften« bestimmt, und er bemerkt: »Diese Angst ist dem Kinde so wesentlich eigen, daß es sie nicht entbehren mag; ob sie gleich es ängstigt, sie verstrickt es doch in ihre süße Beängstigung« (ebd.). Der Bewegungsimpuls der Angst im Zusammenhang mit der Selbstwerdung ist also nicht allein als ein ›Weg-von‹, sondern zumindest in manchen Fällen gleichfalls als ein ›Hin-zu‹ anzusehen. Dies gilt auch für die weiteren Explikationen des Gehalts der Angst, die Kierkegaard im Kontext späterer Entwicklungsstadien des Geistes und des Menschen mit voll ausgebildeter Subjektivität unternimmt. Etwa, wenn er Schellings Bild von der Höhenangst aufgreift und die Angst als den Schwindel der Freiheit bezeichnet oder wenn er Grimms Märchen vom Burschen, der auszog, um das Gruseln zu lernen, in Erinnerung ruft. Wer das Gruseln gelernt hat, hat gelernt, »sich zu ängstigen nach Gebühr, er hat das Höchste gelernt« (ebd., 161).

Der von Kierkegaard beschriebenen Angst wohnt – nimmt man seine Erläuterungen ernst – immer auch eine Faszination inne, was sie auslöst, ist stets auch attraktiv. Angst ist nicht ausschließlich eine Last, die beschwert, sondern eine, die ebenfalls als Befreiung erfahren werden kann. In der Angst können Menschen sich als frei gegenüber ihren natürlichen und vitalen Impulsen sowie emotionalen Bestimmungen begreifen. Gleichwohl ist diese Befreiungserfahrung belastend, weil ein trotz aller Störungen harmonischer Zustand unwiederbringlich verlassen wurde und da die Möglichkeiten, sich selbst bzw. sein Leben zu gestalten, als lebenslange Aufgabe immer in der Gefahr stehen, zu scheitern (vgl. Pocai 1999, 98).

Dadurch, dass der Mensch in eine Angst versank, »welche er dennoch liebte, indem er sie fürchtete«, gerät er durch einen »qualitativen Sprung« in einen Zustand der Schuld (Kierkegaard 1981, 41). Man muss Kierkegaard wohl so verstehen, dass er mit dem Schuldbegriff zunächst die Verantwortung des Menschen für die Selbstwahl thematisiert. Verantwortlich ist er, sofern er den Verlockungen der Angst erliegt und »Geist« wird. Das mit der Selbstwahl verbundene Freiheitsbewusstsein lastet in der Folge auf allen weiteren Vollzügen des Menschen und manifestiert sich als durchgängiges Schuldbewusstsein bzw. als Schuldangst. Dass sich das Freiheitsbewusstsein als Schuldbewusstsein bzw. Schuldangst manifestiert, bedeutet jedoch nicht, eine durchgängige Selbstbestimmtheit des Menschen in jenem Übergang anzunehmen, durch den der Mensch in einen Zustand der Schuld gerät; ein »Sprung«, den im Übrigen »keine Wissenschaft erklärt hat oder erklären kann«. Im Gegenteil: Kierkegaard verschafft sich Klarheit darüber, dass dieser Sprung »stets in Ohnmacht« und nicht in vollem Umfang selbstbestimmt vollzogen wird, und er bemerkt: »Wer in der

Angst schuldig wird, der wird so zweideutig schuldig wie nur möglich« (ebd., 61). Das Drama der Selbstwerdung besteht aufgrund der maßgeblichen Rolle der Angst gerade darin, Momente der Ohnmacht und Passivität in der Freiheit aufzuspüren, und eben deshalb kann Kierkegaard von »zweideutiger Schuld« sprechen. Zur Freiheit eines endlichen Wesens gehört Unverfügbarkeit. Die Zustandsveränderungen, welche die Subjektivität im Rahmen ihrer Genese durchläuft, sind mitnichten solche, die zur Disposition stünden. Mit solchen Überlegungen richtet sich Kierkegaard gegen Vorstellungen von der absoluten Freiheit menschlicher Subjekte, die zum Teil innerhalb der idealistischen Philosophie kultiviert wurden. Wir sind zwar in einer bestimmten Hinsicht frei, aber in unserer Freiheit immer auch durch etwas anderes bedingt. Es ist die Idee einer bedingten Freiheit, der Kierkegaard nachgeht.

Der Gegenstand der Angst sei das Nichts, so bemerkt Kierkegaard an verschiedenen Stellen seiner Angstabhandlung. Folgen wir den Überlegungen zur Angst in ihrem Verhältnis zu Unschuld und Schuld, so lässt sich dieser Wendung in erster Linie ein temporaler Sinn abgewinnen: Gegenstand der Angst ist jeweils etwas, was *noch* nicht ist. Kierkegaard selbst macht darauf aufmerksam, wenn er bemerkt: »[D]as Nichts, welches der Gegenstand der Angst ist, [wird] gleichsam mehr und mehr zu einem Etwas« (ebd.). Dementsprechend unterscheidet sich der Gegenstand der Angst im Stadium der Unschuld von demjenigen im Stadium der Schuld. In der Unschuld ängstigt sich der Mensch vor dem Geist, der die heitere Ruhe der unmittelbaren Einheit des leiblich-seelischen Befindens stört, im Stadium der Schuld ist es hingegen umgekehrt der Geist, der sich vor seiner eigenen Gebundenheit an das Natürliche ängstigt. Nur so wird verständlich, warum Kierkegaard im Rahmen seiner Explikation des phänomenalen Gehalts der Angst im Stadium der Schuld immer wieder auf die Thematik der Sinnlichkeit, auf Sexual- und Schamangst zu sprechen kommt. Sexualität wird zur Metapher, in der sich die Naturgebundenheit des Geistes verdichtet. Im Kontext der Sinnlichkeit äußert sich die Angst als Scham, die als Ergebnis einer Fremdheitserfahrung gedeutet wird, welche der Geist im Geschlechtlichen macht. »[D]er Geist [kann] auf dem Gipfelpunkt des Erotischen nicht mit dabei sein«, er fühlt sich fremd (ebd., 72, 69).

Bei Kierkegaard ist die Angst also mitnichten ein gegenstandsloses Gefühl, auch wenn es aus der Perspektive der von Angst Betroffenen gelegentlich so erscheinen mag, sondern die Sachverhalte, mit denen die Angst jeweils zu tun hat, lassen sich vergleichsweise genau spezifizieren. Man kann es geradezu als Ziel der Angstabhandlung Kierkegaards ansehen, eine Bestimmung dieser, den betroffenen Individuen zunächst verborgenen, Sachverhalte leisten zu wollen. Die einzelnen Bestimmungen vom Geist als Gegenstand der Angst im Zustand von Unschuld und Unwissenheit, aber auch von der Sinnlichkeit als Gegenstand der Angst, die im Stadium der Schuld zu Scham geworden ist, bleiben auf die allgemeine Bestimmung der Möglichkeit der Freiheit bezogen, auf die »ängstigende Möglichkeit zu *können*« (ebd., 43).

Angst ist bei Kierkegaard im Kern Freiheitsangst, wie es sich auch in deren phänomenalen Charakterisierungen im Rückgriff auf Kinderangst, Höhenangst und Gruseln ausspricht. Sie ist ein ambivalentes Gefühl, in dem sich Lust und Last der Selbstwerdung und die korrespondierenden Erfahrungen von Macht bzw. Können und Ohnmacht bzw. Müssen verdichten. Nimmt man die zur Charakterisierung der Angst im Kontext der Selbstwerdung herangezogenen Angsterfahrungen ernst, dann muss man sagen, dass Kierkegaard in erster Linie die existentielle Dimension einer Gefühlslage thematisiert, deren schwacher Abglanz auf dem Jahrmarkt, im Kino (s. Kap. III.B.2) oder intensiver bei der Ausübung einer Extremsportart als Nervenkitzel oder *Thrill* erfahren werden kann (s. Kap. III. A.8). Sie wird von ihm als eine genuine Sinngestalt des menschlichen Lebens begriffen, sofern sie dem Menschen entscheidende Impulse auf dem Weg zu sich selber gibt und zur Ausbildung eines Selbstverhältnisses führt.

Von einer Unterscheidung zwischen Angst und Furcht im Sinne eines ungerichteten Gefühls und eines emotionalen Zustands, der in klarer Form auf Gegenstände oder Sachverhalte gerichtet ist, kann bei Kierkegaard allenfalls insofern die Rede sein, als dass die Angst in den Prozess der Selbstwerdung verlagert ist und in diesem Sinne keines externen Impulses bedarf, um ausgelöst zu werden. Außerdem bleiben für das Subjekt der Angst, anders als bei der Furcht, die involvierten Sachverhalte bzw. Gegenstände zunächst nebulös, sie werden nicht durchschaut. Gerichtetheit oder Ungerichtetheit als Kriterien anzuführen, um Kierkegaards Unterscheidung zu erläutern, geht jedoch an den Indizien vorbei, die sein Text liefert. Wirkungsgeschichtlich dürfte der Blick auf Kierkegaard im Wesentlichen durch Martin Heidegger geprägt worden sein, auf den die strikte Unterscheidung zwischen Furcht und Angst

auf der Grundlage des Kriteriums der Gerichtetheit zurückzuführen ist.

Angst und Sein-können (Heidegger)

Heidegger hat der Analyse von Furcht und Angst in *Sein und Zeit* (1927) jeweils einen eigenen Paragraphen gewidmet. Die Furcht wird in Paragraph 30 des ersten Abschnitts von *Sein und Zeit* als ein »Modus der Befindlichkeit« behandelt, die Angst in Paragraph 40 als »ausgezeichnete Erschlossenheit des Daseins«. Gefühle bzw. Stimmungen nehmen in der Daseinsanalyse Heideggers einen ganz besonderen Stellenwert ein (s. Kap. II.4). Er lässt sich von der Auffassung leiten, dass der Mensch, sofern er überhaupt nur »da« ist, gar nicht umhin kommt, immer schon gestimmt zu sein. Stimmungen begleiten uns in unserem Verhältnis zur Welt und zu uns selbst, ob wir dies nun wollen oder nicht. In den Stimmungen offenbart sich die Faktizität und Geworfenheit unseres Lebens, ein Umstand, den Heidegger gelegentlich mit den Worten »dass wir sind und zu sein haben« zum Ausdruck bringt (vgl. Heidegger 1979, 134 ff.). Auch wenn man in seinem Leben vieles verändern kann – Berufe, Partner, Freunde, Wohnorte, Lebensstile können ausgetauscht werden – lässt sich an der Tatsache, dass man leben muss und diesem Leben eine bestimmte Gestalt verleihen muss, nichts ändern. Darauf bezieht sich Heidegger, wenn er von der Geworfenheit spricht, die sich in den Stimmungen auf besondere Weise offenbart.

Ein weiterer Aspekt seiner Befindlichkeits- und Stimmungsanalyse ist darin zu sehen, dass man in den bzw. durch die Stimmungen von etwas betroffen wird und diese sich somit als tragender Grund eines primär praktischen Selbst- und Weltverhältnisses begreifen lassen, indem sie eine Möglichkeitsbedingung dessen darstellen, was einen angeht und worauf das eigene Streben als »Sorge« gerichtet ist. Heideggers Überlegungen zur Furcht haben Beispielcharakter; mit den Mitteln einer konkreten Befindlichkeitsanalyse soll verdeutlicht werden, worauf die Rede von der Gestimmtheit des Daseins abzielt.

Im Unterschied zur Angst, die erst in Paragraph 40 eingehender betrachtet wird und auch in den Todes- und Gewissensanalysen des zweiten Abschnitts von *Sein und Zeit* einen zentralen Stellenwert einnimmt, bestimmt Heidegger die Furcht als einen auf Gegenstände oder Sachverhalte gerichteten Modus der Befindlichkeit, wenn er als eine zentrale Hinsicht, unter der die Furcht betrachtet werden kann, das »Wovor der Furcht« neben dem »Fürchten selbst« und dem »Worum der Furcht« betrachtet (vgl. ebd., 140). Als dasjenige, wovor man sich fürchtet, werden Gegenstände oder Sachverhalte natürlicher oder auch sozialer Art angesehen, die einem als bedrohlich erscheinen, und die von Heidegger als ›abträglich‹ charakterisiert werden. Das Furchtbare kommt jeweils aus einer bestimmten Gegend in der Welt, und es wird in dem Augenblick gefürchtet, wo es sich nähert. So kann man sich vor einem Unwetter, einer Aufgabe, die man zu erledigen hat, oder einem Tier, das im Umkreis erscheint, fürchten.

Das Fürchten selbst unterscheidet Heidegger von der Konstatierung eines irgendwie bedrohlichen Sachverhalts, in Bezug auf den es sich dann möglicherweise einstellt. Fürchten ist von vornherein das Betroffen-werden durch etwas Bedrohliches oder Abträgliches. Die jeweils relevanten Sachverhalte stellen sich bereits als durch die Stimmung ›gefilterte‹ dar. Er stellt fest: »Nicht etwa wird zunächst ein zukünftiges Übel (*malum futurum*) festgestellt und dann gefürchtet […]. Die Umsicht sieht das Furchtbare, weil sie in der Befindlichkeit der Furcht ist« (ebd., 141). Als »Worum der Furcht« schließlich benennt Heidegger das menschliche Dasein selbst, denjenigen also, der sich fürchtet. Indem man sich vor einem bedrohlichen Sachverhalt fürchtet, fürchtet man sich um sich selbst. Überlegungen zur Furcht für andere und zu verschiedenen Varianten der Furcht wie Erschrecken, Grauen und Entsetzen beschließen seine kurzen Ausführungen. Wenn sich das Bedrohliche plötzlich nähert, spricht Heidegger von *Erschrecken*, wo es unvertraut ist, spricht er vom *Grauen*, nähert es sich plötzlich und ist unvertraut, gebraucht er den Begriff des *Entsetzens*. In ähnlicher Weise begreift er Schüchternheit und Scheu, Bangigkeit und Stutzig-werden als weitere Modifikationen der Furcht (vgl. ebd., 142).

Angst wird von Heidegger als eine ausgezeichnete Erschlossenheit des Daseins angesehen, weil es in ihr, anders als bei der Furcht, um das Ganze des Daseins geht. »Das Wovor der Angst« – so notiert Heidegger – »ist das In-der-Welt-sein als solches«, »ist die Welt als solche« (vgl. ebd., 186). In der Angst oder durch die Angst werden die Dinge in der Welt, aber auch die anderen Menschen, dasjenige, was Heidegger das innerweltlich Zuhandene und das Mitdasein nennt, wertlos. Der Mensch wird auf sich zurückgeworfen und vereinzelt sich, was aber auch heißt, dass er in ein besonderes Verhältnis zu sich tritt, womit ein Motiv der Analysen Kierkegaards aufgegriffen wird. Paragraph 40 enthält denn auch

eine, wiewohl kurze Anmerkung zu den Angstanalysen Kierkegaards. Und ebenfalls wie Kierkegaard bringt Heidegger die Angst mit der Freiheit des Daseins in eine Verbindung:

Die Angst offenbart im Dasein das Sein zum eigensten Seinkönnen, das heißt das Freisein für die Freiheit des Sich-selbst-wählens und -ergreifens. Die Angst bringt das Dasein vor sein Freisein für […] die Eigentlichkeit seines Seins als Möglichkeit, die es immer schon ist. Dieses Sein aber ist es zugleich, dem das Dasein als In-der-Welt-sein überantwortet ist (ebd., 188).

Gerade weil das Wovor der Angst im Gegensatz zur Furcht unbestimmt ist und bleibt, führt die Angst – folgt man Heidegger – dazu, dass man sich nicht mehr bei den Selbstverständlichkeiten des gewöhnlichen Dahinlebens beruhigt, sondern sich auf eigene Möglichkeiten besinnt. Die Angst erschließt »das Dasein als Möglichsein« (ebd.). In der Analyse Heideggers wird so erneut unterstrichen, dass die Angst in erster Linie als eine Sinngestalt des menschlichen Lebens zu begreifen ist, die den Menschen auf eine besondere Weise mit sich selbst konfrontiert.

Auf eine bestimmte Weise haben Heideggers Analysen zur Angst jedoch nur einen vorbereitenden Charakter. Sie dienen dazu, die Sorgestruktur und damit das Ganze des menschlichen Daseins in seiner Einheit in den Blick zu bekommen. Im Anschluss an die These, dass die Angst das Dasein vor sein Freisein für etwas bringt, fragt Heidegger nach der Möglichkeit dieses Freiseins für etwas. In der Lage zu sein, Angst zu haben und für etwas frei sein zu können, heißt, dass der Mensch jeweils nicht nur in einem Augenblick lebt, sondern sich jeweils schon vorweg ist. Heidegger spricht vom »Sich-vorweg-sein« des Daseins. Sich-vorweg-sein, dies impliziert aber auch, dass das Dasein jeweils schon irgendwo ist. Mit dieser Differenz zwischen dem Zukunftsbezug in der Angst und dem, wovon das Dasein ausgeht, ist bereits ein Bezug auf Vergangenheit gegeben. Da das Dasein mit seinen Verrichtungen aber auch immer schon in der Gegenwart ist, kann Heidegger von der Angst als Grundbefindlichkeit ausgehend die gesamte Sorgestruktur entwickeln und sich davon direkt zur Zeitlichkeit des menschlichen Daseins führen lassen. Alle Lebensvollzüge sind mit unterschiedlicher Gewichtung auf Zukunft, Vergangenheit und Gegenwart ausgerichtet. Es ist vor allem die auf das Leben als Ganzes bezogene Angst, welche die Zeitlichkeit als existentiale Bedingung des Daseins erschließt. Heideggers Analyse von Angst und Furcht ist damit deutlich mehr als bloß ein Beispiel für seine Befindlichkeitsanalyse; sie markiert einen systematisch zentralen Kern seiner Daseinsanalyse.

Sieht man einmal von der systematischen Einbettung der Überlegungen zur Angstthematik innerhalb von Heideggers hermeneutischer Phänomenologie des Daseins ab, lassen sich die Typen von Angst, die er zur Sprache bringt, auf drei Begriffe bringen: Weltangst, Daseinsangst, Freiheitsangst (vgl. Fink-Eitel 1993, 81 f.). Von einer Unbestimmtheit des Wovors der Angst kann im eigentlichen Sinne nicht die Rede sein, auch wenn Heidegger dies durch den Versuch einer Abgrenzung zwischen Angst und Furcht immer wieder suggeriert. Richtig ist, dass die ›Gegenstände‹ der Angst ungleich weniger spezifisch sind als jene der Furcht, so dass es angemessen wäre davon zu sprechen, dass die Furcht auf konkrete Gegenstände bzw. Sachverhalte gerichtet ist, während die Angst auf Welt und Leben im Ganzen gerichtet ist und sich hier keine konkreten Umstände benennen lassen, die jeweils Anlass zur Angst geben. Man kann die Begriffe so verwenden, wie Heidegger dies tut. Der Sache nach bringen solche Differenzierungen einen Gewinn, auch wenn es nicht unbedingt einleuchten muss, die einmal gewonnen Differenzierungen auf eine strikte Weise auch terminologisch zu belegen, zumal dann, wenn sich im alltäglichen und auch wissenschaftlichen Sprachgebrauch keine eindeutigen Vorgaben finden.

Erneut setzt sich Heidegger mit der Angst in seiner Freiburger Antrittsvorlesung »Was ist Metaphysik?« aus dem Jahr 1929 auseinander. Stärker als in *Sein und Zeit* wird die Angst auf die Erfahrung des Nichts und der Nichtigkeit bezogen. Zwar war die Thematik des Nichts auch schon in *Sein und Zeit* angeklungen (»Im Wovor der Angst wird das ›Nichts und Nirgends‹ offenbar«; Heidegger 1979, 186), ohne jedoch im Vordergrund zu stehen. ›Versinken der Dinge in Gleichgültigkeit‹, ›Wegrücken‹, ›Haltlosigkeit‹, ›Entgleiten‹, so lauten die Wendungen und Begriffe, mit denen Heidegger die Erfahrung des Nichts zu charakterisieren versucht und die primäre Funktion der Angst wird nunmehr dahingehend bestimmt, das Nichts ›zu offenbaren‹ (vgl. Heidegger 1976, 111 ff.):

Das Nichts enthüllt sich in der Angst [...]. Die Angst ist kein Erfassen des Nichts. Gleichwohl wird das Nichts durch sie und ihr offenbar, wenngleich wiederum nicht so, als zeigte sich das Nichts abgelöst ›neben‹ dem Seienden im Ganzen, das in der Unheimlichkeit steht. Wir sagten vielmehr: das Nichts begegnet in der Angst in eins mit dem Seienden im Ganzen (ebd., 113).

Die Beziehung zwischen Angst und Nichts, die ja auch bereits von Kierkegaard thematisiert worden war, erhält nun eine besondere philosophische Note, indem Heidegger zufolge zu einer dem Anspruch der Metaphysik gemäßen Auseinandersetzung mit dem Seienden im Ganzen auch die Thematisierung von Erfahrungen der Negativität und des Entzugs gehört.

Daseinsangst und existentielle Angst (Jaspers)

Neben Heidegger dürfte in der deutschsprachigen Existenzphilosophie die größte Wirkung von Karl Jaspers ausgegangen sein. Auch er hat sich mit dem Phänomen der Angst beschäftigt und ihm vor allem im zweiten Band seines Hauptwerks *Philosophie* (1932), der den Titel *Existenzerhellung* trägt, eine Reihe von Überlegungen gewidmet. Jaspers entfaltet in seinem Werk breit angelegte Überlegungen zur Aufgabe und zum Gegenstandsbereich der Philosophie in enger Anlehnung an Kierkegaard. Besonders deutlich wird die Übernahme des Erbes von Kierkegaard in den Analysen zur Angst, die ähnlich wie die des Dänen die Beziehung der Angst zur Freiheit und ihre Rolle für das Selbstverhältnis des Menschen thematisieren.

Jaspers unterscheidet verschiedene Formen von Angst, die er als »Daseinsangst« und als »existentielle Angst« bezeichnet (Jaspers 1994, 266). Die Daseinsangst bezieht sich auf Bedrohungen für das eigene Leben und kann als Angst vor Krankheit, Unsicherheit oder sozialer Marginalisierung ganz unterschiedliche konkrete Gestalten annehmen. Als ein Wesen, das sein Leben vorausschauend plant und um das Gelingen des eigenen Lebens bekümmert ist, ist dem Menschen daran gelegen, für sich Sorge zu tragen und Bedingungen dafür zu schaffen, sich ungehindert entfalten und sich erhalten zu können. Daseinsangst ist die Angst davor, derartige Bedingungen nicht sichern zu können. Jaspers führt diese Form der Angst letztlich auf die Todesangst zurück. Schließlich ziehen alle Formen von Einschränkung oder Verlust eine Hemmung vitaler Antriebe nach sich. Daseinsangst kann zwar gemindert, sie kann aber nicht überwunden werden. Außerdem kommt ihr eine wichtige Funktion zu: Sie kann als Bedingung dafür angesehen werden, sich aktiv um die Gestaltung seines Lebens zu bemühen. Die Daseinsangst warnt vor möglichen Gefahren und Bedrohungen, rechnet mit Hindernissen, die sich der eigenen Lebensgestaltung in den Weg stellen können, und setzt so Kräfte für die Bewältigung von Gefahren und die Beseitigung von Hürden frei. Mit dem Hinweis auf die Funktion der Angst könnte Jaspers direkt an biologische Erklärungen anschließen, was er zwar nicht explizit und ausführlich tut, aber er macht geltend, dass zur Daseinsangst »die blinde Angst des Tieres und die sehende Angst des denkenden Menschen« gehören (ebd., 265).

Die existentielle Angst hingegen ist nicht auf den Tod oder die Einschränkung vitaler Impulse bezogen, sondern es handelt sich um eine Angst »vor der Möglichkeit des Nichts«, die sich »um das eigentliche Sein als Existenz« bekümmert (ebd., 266). Jaspers spricht von einer »existentiellen Verzweiflung«, die sich auf den Verlust von Möglichkeiten unseres Selbstseins bezieht. Er charakterisiert diesen Zustand wie folgt: »Ich weiß nicht, was ich wollen soll, weil ich alle Möglichkeiten ergreifen, auf keine verzichten möchte und doch von keiner weiß, ob es auf sie ankommt. Ich kann nicht mehr wählen, sondern gebe mich passiv dem bloßen Werden der Ereignisse hin« (ebd.). Es ist unschwer zu sehen, wie sehr sich diese Überlegungen der Angstanalyse Kierkegaards verdanken. Die existentielle Angst wird in Verbindung gebracht mit der Entscheidung oder dem Entschluss für oder gegen sich selbst, und die existentielle Angst muss immer auch als eine Angst vor der Freiheit angesehen werden. Dies wird von Jaspers explizit formuliert: »Weiß ich nicht, was ich will, so stehe ich ratlos vor endlosen Möglichkeiten, fühle mich als Nichts, habe statt Angst in der Freiheit Angst vor der Freiheit« (ebd., 184).

Die existentielle Angst kann ebenso wenig überwunden werden, wie die Daseinsangst. Sie kann nicht einmal dauerhaft abgemildert werden. Während die Daseinsangst durch Berechnung und vorausschauende Planung vermindert werden kann, ist dies im Fall der existentiellen Angst nicht möglich. Eigene Wahlmöglichkeiten können nicht an andere delegiert werden, auch wenn der Rückgriff auf Autoritäten objektive Gewissheiten hinsichtlich eigener Wahlmöglichkeiten verspricht. Jaspers macht allerdings geltend, dass die Überwindung der Angst als Kriterium eines philosophischen Lebens angesehen werden kann, denn die Philosophie zielt in seinen Augen darauf, ohne objektive Garantien gegen die Angst zu leben (vgl. ebd., 268).

Die Nähe zu Kierkegaard (und zu Schelling) zeigt sich einmal mehr darin, dass Jaspers im Zusammenhang mit seiner Angstanalyse das Bild des Schwindels heraufbeschwört, indem er die Angst als ver-

nichtenden Schwindel charakterisiert (vgl. ebd., 267), der erneut am Beispiel der Höhenangst (»Schwindel *über einem steilen Abgrund*, wenn es drängt, mich hinabzustürzen, und ich schaudernd zurückweiche«) exemplifiziert wird (vgl. ebd., 265). Wie bei Kierkegaard und bei Heidegger ist die existentielle Angst, von der Jaspers spricht, als eine Sinngestalt des menschlichen Lebens anzusehen, die den Menschen auf eine besondere Weise mit sich konfrontiert. Die Konfrontation mit der existentiellen Angst und der dadurch bedingte Schwindel sind für Jaspers zudem als ein maßgeblicher Ursprung des Philosophierens anzusehen.

Angst als Freiheitsbewusstsein (Sartre)

Wie bei Kierkegaard und bei Jaspers wird auch in Sartres Hauptwerk *Das Sein und das Nichts* (1943) in erster Linie die Beziehung zwischen Angst und menschlicher Freiheit thematisiert. Angst ist für Sartre Freiheitsbewusstsein (vgl. Caws 2003, 57). Sartre verwendet bei seiner Charakterisierung der Angst zunächst ebenfalls die bereits vertrauten Bilder des Schwindels, des Schauderns und des Abgrunds. Das Spiel mit eigenen Möglichkeiten wird von ihm als Blick in die Tiefe und Herantreten an einen Abgrund beschrieben. Leitend im Rahmen seiner Analyse sind bewusstseinstheoretische Überlegungen, die insbesondere die zeitliche Dimension menschlicher Existenz betreffen. Er schreibt:

> Da ich jedoch schon das bin, was ich sein werde [...], *bin ich derjenige, der ich sein werde, nach dem Modus es nicht zu sein.* Über mein Schaudern werde ich auf die Zukunft hin getragen, und es nichtet sich, insofern es die Zukunft als möglich konstituiert. Das Bewußtsein, seine gesamte Zukunft nach dem Modus des Nicht-seins zu sein, ist genau das, was wir *Angst* nennen (Sartre 1993, 96).

Wie sind diese Überlegungen zu verstehen? Angst bezieht sich Sartre zufolge im Kern auf das Verhältnis zwischen dem, was jemand in einem gegebenen Moment ist (beispielsweise ein gewissenhafter Angestellter in der Ministerialbürokratie), zu demjenigen, was er gewesen ist (ein strebsamer, aber nicht unbedingt begabter Schüler) und demjenigen, was er sein wird (ein erfolgreicher Verwaltungsbeamter oder ein gebrochener alter Mann, der verbittert die Erinnerung an sein erfolg- und freudloses Leben verdrängt). Angst hat also insofern mit der Freiheit zu tun, als dass man sich immer und überall seinen faktischen Lebensverlauf, aber auch die verschiedenen Möglichkeiten seines Lebensverlaufs oder auch nur die möglichen Entwicklungen verschiedener Situationen, in die man geraten könnte oder geraten hätte können, vergegenwärtigen kann. Dabei erfährt man sich als Quelle des Lebensverlaufs und der Entwicklung von Situationen, man erfährt sich – dies ist wohl der entscheidende Gesichtspunkt – als verantwortlicher Urheber. Die Erfahrung seiner selbst als Ursprung, nicht nur der eigenen Lebensgestaltung, sondern der gesamten eigenen Wertorientierung, ja letztlich des gesamten Sinnzusammenhangs, als der die Welt, die Dinge und Begebenheiten in ihr, in Erscheinung treten, ist es, die zu Bewusstsein gebracht den Kern der von Sartre thematisierten Angst ausmacht. Stellvertretend für viele Stellen in Sartres Werk seien lediglich die folgenden Passagen zitiert:

In der *Freiheit* ist das menschliche Sein seine eigene Vergangenheit (wie auch seine eigene Zukunft) in Form von Nichtung. Wenn unsere Analysen uns nicht fehlgeleitet haben, muß für das menschliche Sein, insofern es sich bewußt ist, zu sein, eine bestimmte Art existieren, sich seiner Vergangenheit und seiner Zukunft gegenüber als etwas zu halten als diese Vergangenheit und diese Zukunft seiend und zugleich nicht seiend. Wir können auf diese Frage eine unmittelbare Antwort liefern: in der Angst gewinnt der Mensch Bewußtsein von seiner Freiheit, oder, wenn man lieber will, die Angst ist der Seinsmodus der Freiheit als Seinsbewußtsein, in der Angst steht die Freiheit für sich selbst in ihrem Sein in Frage (ebd., 91).

Angst wird definiert als reflexives Erfassen der Freiheit durch sich selbst. »In der Angst erfasse ich mich als total frei und gleichzeitig als gar nicht verhindern können, daß der Sinn der Welt ihr durch mich geschieht« (ebd., 109). Anders als die Furcht, die sich auf konkrete Gegenstände und Ereignisse richtet, den eigenen Tod, die Einberufung im Fall eines Kriegs, oder den Vermögensverlust im Fall eines Börsenkrachs, ist die Angst ein Modus des Bewusstseins, ein reflexives Erfassen dessen, was man ist.

Eine dramatische Note erhalten die Überlegungen zur Angst als Freiheitsbewusstsein dadurch, dass Sartre zufolge der Mensch ein Wesen ist, das keine Natur hat, sondern immer nur dasjenige ist, was er aus sich macht. Der oben zitierte Passus hat überdies deutlich gemacht, dass nicht nur die Begriffe der Angst und der Freiheit in eine Beziehung zueinander gesetzt werden, sondern (wie bei Kierkegaard und Heidegger) ebenfalls der Begriff des Nichts eine entscheidende Rolle spielt. Dieser Begriff stellt im Grund das entscheidende Scharnier dar, mit Hilfe dessen die Angst als Freiheitsbewusstsein charakterisiert werden kann. Denn letztlich ist es die Freiheit des Menschen, durch die – wie Sartre sich ausdrückt – das Nichts in die Welt kommt. Wie immer

man sich zu der Substantivierung des Negationsausdrucks verhalten mag, die suggeriert, hier werde über eine Entität geredet, entscheidend im Rahmen der Überlegungen Sartres ist, dass Abwesenheit, Entzug und Negativität von Menschen erfahren werden und in diesem Sinne einen Platz in der Welt haben. Deshalb kann er sagen, die Erscheinung des Nichts sei durch den Menschen bedingt (vgl. ebd., 84). Angst vor dem Nichts und Angst vor der Freiheit gehören für Sartre insofern zusammen, als sich beide Formen der Angst auf die Konfrontation der Gegenwart eines Menschen mit seiner Zukunft beziehen lassen (vgl. Caws 1993, 56).

Sartres Analysen widmen sich jedoch nicht nur der Rolle der Angst in ihrer Beziehung zur Erfahrung von Freiheit und Negativität, breiteren Raum nehmen in diesem Zusammenhang auch Überlegungen zu verschiedenen Strategien einer Flucht vor der Angst (und damit auch vor der Freiheit) ein. Meisterhaft ist in diesem Zusammenhang seine eingehende Analyse der Unaufrichtigkeit, ein Modus des Bewusstseins, der darauf zielt, der Freiheit auszuweichen und Angst zu vermeiden (vgl. Santoni 2003). Während die Unaufrichtigkeit als eine Form der Flucht vor der Angst und vor der Freiheit rekonstruiert werden kann, zielen die Analysen im dritten Teil von *Das Sein und das Nichts* (1943), die den verschiedenen Formen des Für-Andere-seins gewidmet sind, darauf, intersubjektive Beziehungen als Formen der Entfremdung von der Freiheit aufzuweisen.

Als Fazit der Überlegungen zu Angst und Furcht lässt sich festhalten, dass ein Gefühl wie dasjenige der Angst eine Vielzahl an Perspektiven erfordert, um in seiner Komplexität erschlossen werden zu können. Welche der Perspektiven man auch immer bevorzugt: Die Angst bleibt ein Phänomen, welches in der ihm eigentümlichen Spannung begriffen werden muss. Reichen ihre Wurzeln auch weit in unsere Naturgeschichte hinein, konnte sie unter den Voraussetzungen der abendländischen Geistesgeschichte – das gilt vor allem für die Existenzphilosophie – gleichwohl immer wieder auch als eine Sinngestalt des menschlichen Lebens erfahren werden.

Literatur

Böhme, Jakob: Von der Menschwerdung Jesu Christi [1730]. In: Ders.: *Sämtliche Schriften*. Bd. IV. Hg. von Will-Erich Peuckert. Stuttgart 1957, II, 4, 131 ff.

Caws, Peter: Der Ursprung der Negation. In: Bernard N. Schumacher (Hg.): *Jean-Paul Sartre. Das Sein und das Nichts*. Berlin 2003, 45–62.

Fink-Eitel, Hinrich: Angst und Freiheit. Überlegungen zur philosophischen Anthropologie. In: Ders./Georg Lohmann (Hg.): *Philosophie der Gefühle*. Frankfurt a. M. 1993, 57–88.

Heidegger, Martin: *Sein und Zeit* [1927]. Tübingen [15]1979.

Heidegger, Martin: Was ist Metaphysik? [1929]. In: Ders.: *Wegmarken* (= *Gesamtausgabe* Bd. 9. Hg. von Friedrich-Wilhelm von Herrmann). Frankfurt a. M. 1976, 103–122.

Jaspers, Karl: *Philosophie*. Bd. II: Existenzerhellung [1932]. München 1994.

Kierkegaard, Søren: *Der Begriff Angst*. Gesammelte Werke, 11./12. Abteilung. Hg. von Emanuel Hirsch. Gütersloh 1981 (dän. 1844).

Pieper, Annemarie: *Sören Kierkegaard*. München 2000.

Pocai, Romano: Der Schwindel der Freiheit. Zum Verhältnis von Kierkegaards Angsttheorie zu Schellings Freiheitsbegriff. In: Istvan M. Feher/Wilhelm G. Jacobs (Hg.): *Zeit und Freiheit. Schelling – Schopenhauer – Kierkegaard – Heidegger*. Budapest 1999, 95–106.

Santoni, Ronald E.: ›Unaufrichtigkeit‹ – Klärung eines Begriffs in ›Das Sein und das Nichts‹. In: Bernard N. Schumacher (Hg.): *Jean-Paul Sartre. Das Sein und das Nichts*. Berlin 2003, 63–84.

Sartre, Jean-Paul: *Das Sein und das Nichts. Versuch einer phänomenologischen Ontologie*. Reinbek bei Hamburg 1993 (franz. 1943).

Schelling, Friedrich Wilhelm Joseph: *Über das Wesen der menschlichen Freiheit und die damit zusammenhängenden Gegenstände* [1809]. Mit einem Essay von Walter Schulz. Frankfurt a. M. [2]1984.

Schulz, Walter: Freiheit und Geschichte in Schellings Philosophie. In: Friedrich Wilhelm Joseph Schelling: *Über das Wesen der menschlichen Freiheit und die damit zusammenhängenden Gegenstände. Mit einem Essay von Walter Schulz*. Frankfurt a. M. [2]1984, 7–26.

Tembrock, Günter: *Angst. Naturgeschichte eines psychobiologischen Phänomens*. Darmstadt 2000.

Christoph Demmerling

3. Psychologie der Angst

›Angst‹ ist ein unentbehrlicher Begriff der Psychologie und wichtiger Gegenstand der psychologischen Forschung seit ihren Anfängen im 19. Jahrhundert. Kaum ein anderer seelischer Zustand wurde ähnlich häufig untersucht. Bedenkt man die Bestimmung der Psychologie als Wissenschaft vom Erleben und Verhalten des Menschen, erscheint es folgerichtig, dass der Begriff in psychologischen Theorien aller Schulen bis heute Neubearbeitungen erfährt. Angst bildet einen zentralen und fixen Bestandteil menschlichen Erlebens, das in der Psychologie empirisch erforscht werden soll. Während die allgemeine Psychologie Angst als Teil genereller Emotionstheorien begrifflich entwickelt, untersucht und therapiert die klinische Psychologie sie als phobische und paranoische Erkrankung sowie als Trauma.

Muster der psychologischen Angstforschung

Der Untersuchungsgegenstand ›Angst‹ und die passenden Therapie- und Coping-Konzepte sind in der Psychologie zwar fest verankert, bleiben aber weit über verschiedene Fachgebiete und deren Ansätze hinweg verstreut. Angst spielt u. a. bei der negativen Konditionierung im Behaviorismus, als eine der evolutionär bedingten Basisemotionen, als Persönlichkeitsmerkmal oder als Ausdruck der Schizophrenie eine Rolle. Diese mangelnde Einheitlichkeit erschwert es zunächst, von der Psychologie der Angst als solcher zu sprechen. Geteilte Grundannahmen und analoge Argumentationsweisen ergeben jedoch ein disziplinäres Muster psychologischer Angstforschung, dessen kulturwissenschaftliche Erforschung aussteht. In Form dieses Musters deutet sich eine Psychologie der Angst an, die wesentlich durch Wiederholung folgender vier Grundannahmen geprägt ist:

1. Die Angst ist objektlos und unbestimmt.
2. Die Furcht hat ein real gefährliches Objekt.
3. Die Furcht entspricht normaler Angst.
4. Die pathologische Angst äußert sich unabhängig von realer Gefahr.

Den Kulturwissenschaften bietet das Muster eine Perspektive auf die Psychologie der Angst und Orientierung im disziplinären Feld. Von der exakten Wiederholung in der genannten Form ist jedoch nicht in allen Fällen auszugehen. Die psychologischen Erklärungen variieren, aber der überwiegende Anteil bisheriger Studien und Theorien folgt den dargestellten Grundlinien bis heute. So ist das Muster auch im expandierenden Übergangsbereich zwischen Psychologie und Hirnforschung ausgeprägt und erhält dort weitere fachliche Bedeutung. In den letzten Jahren hat die neurowissenschaftliche Affektforschung psychologische und biologische Theorien des 19. und 20. Jahrhunderts geprüft, kritisiert und erweitert (s. Kap. II.11). Im Vordergrund des Interesses stehen die Grundlagentheorien von William James, Carl Lange, Charles Darwin, Cal Izard, Paul Ekman, Wallace Friesen u. a. (Dalgleish/Barnaby/Mobbs 2009). Laufend aktualisiert sich dabei das Muster psychologischer Angstforschung: Furcht ist z. B. für den Affektforscher Jaak Panksepp bei Tier und Mensch der Lokalisierung und Abwehr von Gefahren gewidmet: »Unsere Welt ist überreich an Gefahren, von denen wir viele zu erlernen haben, während wir andere instinktiv fürchten« (Panksepp/Watt 2011, 392; übersetzt von A.T.). Neurowissenschaftler gehen davon aus, die Bahnen zum großen Teile entwirrt zu haben, auf denen das Gehirn Furchtreaktionen überträgt, aber »angst-bezogene Affektsysteme im Gehirn« soll man erst perspektivisch davon unterscheiden können (ebd.). Panksepps aktuelle Furcht- und Angstdefinition entspricht dem Muster psychologischer Angstforschung und perpetuiert es, da Furcht an eine objektiv gefährliche Situation gebunden wird (Grundannahme 2), von der weitere Formen der zum Teil pathologischen Angst abzugrenzen sind (Grundannahmen 3 und 4).

Das Muster zeichnet sich auf den ersten Blick durch Eingängigkeit und Klarheit aus. Es setzt auf das Alltagswissen über Angst und ihre Mechanismen, die wissenschaftlich bestätigt werden sollen. Gleichzeitig trägt es zu den interdisziplinär ausgeprägten Problemen der Angstforschung bei. Das Verhältnis von Furcht und Angst, von Bestimmtheit und Unbestimmtheit, von Normalität und Pathologie der Angst werden in der Psychologie einerseits ständig thematisiert, bleiben aber letztlich in weiten Teilen ungeklärt. Es könnte Aufgabe der kulturwissenschaftlichen Forschung sein, die gesetzten Trennungen zu befragen und durch Prüfung der folgenden Punkte das Muster umzustrukturieren, um ein interdisziplinäres Verständnis der Angst fundieren zu helfen:

a) Die Angst ist nicht *per se* objektlos und unbestimmt.
b) Die normale Angst (Furcht) und die pathologische Angst lassen sich nicht dadurch unterscheiden, dass einmal objektive Gefahr herrscht (Furcht), das andere Mal nicht (Angst).

Die Funktion der Gefahr

Zentraler Bestandteil des Musters psychologischer Angstforschung ist die jeweils durch Furcht und Angst signalisierte Gefahr. Konzeptionen der Gefahr, auf denen die starke Trennung in sinnvolle Furcht und irrationale Angst fußt, reichen weit in die Geschichte der Psychologie zurück. Aus evolutionstheoretischer Sicht spielt die Furcht als Gefahrensignal für das Überleben des ›instinktarmen‹ Menschen eine herausragende Rolle. Psychologische Emotionstheorien stellen Furcht und Angst spätestens mit William James seit Ende des 19. Jahrhunderts meist anhand gefährlicher Szenarien vor. James wählt als berühmtes Beispiel die Flucht bei Begegnung mit einem gefährlichen Bären, die durch den körperlich induzierten Zustand der Furcht vorbereitet werden soll: Wir würden nicht, wie der gesunde Menschenverstand es als scheinbar evident vorgibt, auf einen Bären treffen, einfach verängstigt sein und rennen. Die Formel lautet bei James stattdessen, dass wir umgekehrt ängstlich sind, weil wir zunächst zittern. Erst anschließend an den körperlichen Vorgang und die Emotion erfolgt die kognitive Entscheidung, flüchten zu wollen (James 2005, 22–23).

Für James' Definition gilt entsprechend des Musters psychologischer Angstforschung, dass bei äußerlich lokalisierbarer Gefahr ein innerer Zustand der Furcht dafür zuständig ist, Meldung zu machen und eine adäquate Handlung herbeizuführen. Im dargestellten Fluchtszenario scheint die Gefahr objektiv vorhanden und an klar definierbare Situationen und eindeutige Auslöser gebunden zu sein, auf welche die Furcht gerichtet ist (Grundannahme 2). Die bildhafte und paradigmatische Beschreibung der Furchtreaktion, die James unternimmt, bietet der kulturwissenschaftlichen Perspektive weitere Vertiefungsmöglichkeiten. Sie gestattet die Unterscheidung in Ansätze, die das Muster wiederholen, und solche, die der kulturwissenschaftlichen Forschung Mittel zum weiteren Verständnis der Angststrukturen und Gefahrenkonzeptionen an die Hand geben. Zur kulturwissenschaftlichen Vertiefung sind die frühe Neuropsychologie, die Metapsychologie und die strukturale Psychoanalyse besonders geeignet.

Angst, Umwelt und Organismus in der frühen Neuropsychologie

Als einer der Ersten stellt der Neuropsychologe Kurt Goldstein 1927 die Bedeutung der Gefahr für das

Begreifen der Angst in den Mittelpunkt. Sehr unterschiedliche Zustände würden als Angst bezeichnet, denen jedoch allen das »Erlebnis einer Gefahr« und der »Gefährdung der eigenen Person« gemeinsam sein soll (Goldstein 1971, 231). Zu diesem Gefahrenerleben gehört eine bestimmte »Ausdrucksgestalt« sowohl des Gesichts wie des Körpers und entsprechende physiologische Prozesse (ebd.). Einerseits erweitert Goldstein das Muster der Angstforschung durch seine Gefahrenkonzeption, andererseits wiederholt er es, weil er noch an einer starken Unterscheidung in Furcht und Angst festhält, bei der die Furcht einer Gefährlichkeit der Situation entsprechen soll. Angst und Furcht werden jedoch beide mit Objektbezug gedacht, d. h. Angst ist bei Goldstein nicht mehr objektlos und unbestimmt.

Es erscheint nämlich nur so, dass die Angst immer gegenstandsloser und inhaltsloser wird (ebd., 233), wohingegen wir bei der Furcht ein klar identifizierbares Objekt vor uns haben, »dem wir entgegentreten, das wir zu beseitigen trachten, oder vor dem wir fliehen können« (ebd., 235). Der unterschiedliche Objektbezug von Furcht und Angst folgt daraus, dass man sich im Falle der Furcht zum Objekt bzw. zu der eigenen Relation zum Objekt verhalten kann, weil die Ursache für das eigene Erleben bewusst ist, im Falle der Angst dagegen nicht. Angst darf deshalb, anders als die Furcht, nach Goldstein »niemals allein vom Erlebten« her begriffen werden (ebd., 239). Indem er zeigen kann, dass Angst nur auf der Erlebensebene als objektlos erscheint und sie deshalb kein Erfahrungs*inhalt* im üblichen Sinne ist, geht Goldstein über andere Ansätze hinaus. Er geht soweit, die Furcht als Vorstufe der möglichen Angst zu bezeichnen und nähert beide entgegen seiner Intention einander an. Nur in Relation zur Angst erschließt sich für Goldstein die Furcht, denn der Fürchtende phantasiert stets die Angst. Die Angst wird umgekehrt keinesfalls durch die Furcht verständlich, weil der sich Ängstigende »im Zustand der Angst überhaupt nur Angst ist« (ebd., 242 f.).

Die Flucht- und Angriffsszenarien von James bis Panksepp sollen verdeutlichen, dass die Ursachen der Furcht räumlich und sichtbar vorliegen. Bei der Angst tun sie das offenbar nicht, weswegen Goldstein auch Sigmund Freud nicht beipflichtet, die Angst sei buchstäblich Angst *vor* etwas (ebd., 235). Vielmehr sitzt die Angst »uns gewissermaßen im Rücken« (ebd.). Man kann vor der Angst nicht fliehen, weil man nicht weiß, wohin, »weil wir sie von keinem Orte herkommend erleben« (ebd.). Goldstein schließt: »Die Angst bleibt immer mit uns ver-

haftet« (ebd.). Bei seinen Beobachtungen u.a. an hirngeschädigten Patienten kommt Goldstein zu einer eigenen Definition der Angst, mit der sowohl körperlich, als auch psychisch bedingte Ängste erklärt werden sollen. Er definiert entsprechend seiner später ausgearbeiteten Organismustheorie (Goldstein 1934) die Angst als Anzeichen für eine Gefährdung der gesamten Existenz des Organismus:

Angst tritt dann auf, wenn die Verwirklichung von der ›Wesenheit‹ eines Organismus entsprechenden Aufgaben unmöglich geworden ist. Dann ist der Organismus in seiner Existenz – wenigstens in der seiner Wesenheit entsprechenden Vollexistenz – bedroht. Das ist die Gefährdung, der die Angst entspricht (Goldstein 1971, 239).

Angst geht bei Goldstein letztlich auf eine körperlich oder psychisch verursachte Störung des Zusammenspiels von Organismus und Umwelt zurück. Er spricht von einer »ungeordneten Reizverwertung« (ebd.) und »nicht zu verarbeitenden Umweltreizen« (ebd., 240). Wenn die adäquate Reizverwertung gestört oder gar unmöglich wird, dann entsteht Angst. Wird, anders gesagt, die vorhandene Umwelt als solche gefährlich und gerät der Organismus dadurch in Gefahr, dann ängstigt sich das betroffene Wesen. Ängste signalisieren somit ein »Mißverhältnis« zwischen dem, was die Umweltreize dem Organismus an Aufgaben abverlangen und seinen ihm durch seine Beschaffenheit und sein Vermögen gegebenen Möglichkeiten (ebd., 246). Solche Missverhältnisse sind nicht in jeder Form vermeidbar und müssen sogar immer dann entstehen, wenn Entwicklung erfolgt. Neue Aufgaben für die Reizverarbeitung und veränderte Anforderungen der Umwelt an den Organismus produzieren Angst. Neue Situationen ängstigen kurzum auch den Gesunden, wie Goldstein aus seiner eigenen Argumentation folgert (ebd.). Besonders deutlich wird das beim Kind, dessen Staunen über die vielen Entdeckungen und neuen Erfahrungen dem Schrecken verwandt ist (ebd.). Betont Goldstein auch die Bedeutung der kindlichen Angst für das allgemeine Verständnis derselben, so widerspricht er doch den Thesen von einer angeborenen »Erbfurcht« und im Besonderen den Thesen der Geburtsangst als Urangst (ebd., 251). Goldstein lehnt etwa Siegfried Bernfelds' Ansicht ab, wonach die Angst des Säuglings immer eine Erinnerung an die Geburt sein soll (ebd., 253). Zwar erlebt der Säugling nach Goldsteins Vermutung bei der Geburt Angst, aber nicht jede durch Angst signalisierte Gefahr kann als Erinnerung an die Geburt gewertet werden (ebd., 257). Dies bildet auch einen Kritikpunkt an Freud, den Goldstein so versteht, dass die Geburt eine Matrix für alles spätere Angsterleben darstellt. Goldstein wendet Freuds Kritik an Theodor Rank auf diesen selbst zurück: Zu recht lehnt Freud nämlich die Annahmen Ranks zu Trauma und Geburt mit dem Hinweis ab, dass der Säugling die angenommenen Angsterlebnisse noch gar nicht gehabt haben – und das heißt vor allem aufgrund seiner psychischen Unreife bei der Geburt noch gar nicht repräsentieren – kann (ebd.).

Implizit entkoppelt Goldstein in seiner Kritik der Geburtsangst die Angst und das Gedächtnis: Angst ist nicht die memorierte Folge einer Situation und auch nicht ursächlich mit besonderen Objekten gedanklich verknüpft, sondern bestimmten Situationen notwendig zugehörig, wenngleich hier die genauen Details offenbleiben (ebd., 259). Diese Situationen zeichnen sich eben durch eine spezifische Erschütterung des Organismus aus (ebd.). Indem Goldstein seinen Angstbegriff an einen Begriff der Situation und der Umwelt knüpft, rückt dieser in die Nähe von Traumakonzepten, die ebenfalls unkontrollierbare und schädigende Wirkungen auf die Psyche behandeln.

Klinische Psychoanalyse und Metapsychologie

Sigmund Freuds Interesse an der Angst ist zunächst klinischer Natur. Da die Angst als Symptom bestimmter Formen der um 1900 populären Diagnose ›Neurasthenie‹ so deutlich heraussticht, schreibt er bereits 1894 »Über die Berechtigung von der Neurasthenie einen bestimmten Symptomenkomplex als ›Angst-Neurose‹ abzutrennen« und markiert damit seinen eigenen Forschungsschwerpunkt der neurotischen Seelenleiden (Freud 1999a). Man ist deshalb berechtigt, Freuds frühe Psychologie der Angst als die Geburtsstunde der Psychoanalyse anzusehen, sind die Schriften zur Angst (ebd.; Freud 1999b) doch noch vor den gemeinsam mit Breuer verfassten *Studien über Hysterie* (Freud 1999c) und dem *Entwurf einer Psychologie* (Freud 1999d) entstanden. Es ist üblich, die Arbeiten Freuds in eine erste und eine zweite Theorie der Angst zu unterscheiden. Die erste Theorie umfasst die Arbeiten der frühen Schaffensphase zur Angstneurose. Mit der zweiten Angsttheorie formuliert Freud einen eigenen Signalbegriff der Angst. In der hierfür zentralen Schrift *Hemmung, Symptom und Angst* (Freud 1999e) greift Freud dem weiteren Diskurs über Gefahr und Angst vor. Er macht auf die Existenz und Bedeutung nicht nur einer äußeren, sondern auch einer inneren, psychischen Gefahr aufmerksam, die in psychiatrischen Klassifikationen der Angststörungen nicht berücksichtigt wird.

Freud beschreibt den Furchtmechanismus an sich ganz ähnlich wie James: Bei äußerer Gefahr unternimmt das organische Wesen einen Fluchtversuch und zieht dafür zunächst die Besetzung von der Wahrnehmung des Gefährlichen ab; später erkennt es als wirksameres Mittel, solche Muskelaktionen vorzunehmen, die es dem Wirkungsbereich der Gefahr entziehen (ebd., 119–120). Genauso wie das Lebewesen lernt, mit äußeren Gefahren umzugehen, entwickelt es Strategien zum Verfahren mit innerer Gefährdung, weshalb der psychische Mechanismus der Verdrängung einem »Fluchtversuch« des Ichs gleichgesetzt werden kann (ebd., 120). Im Falle der Angst ist, entgegen den Grundannahmen psychologischer Angstforschung, die klare Unterscheidung zwischen Innen (Erleben/Innenperspektive) und Außen (gefährliche Situation) nicht zu halten, sondern die Angst als Signal und als Realangst erhält ihre Funktion gerade erst in der Verteidigung einer wahrnehmbaren Differenz der beiden (s. Kap. III. A.1). Panische Angst legt selbst Zeugnis davon ab, dass die Situation für das Individuum auch beim Fehlen einer äußerlich erkennbaren Ursache gefährlich ist. Gleichwohl muss in Betracht gezogen werden, dass die durch Freud geltend gemachte innere Gefahr, auf die das Ich mit Angst antworten soll, bei ihm intrinsisch an seine Gesamtkonzeption der Psyche als ein durch das Spiel der Triebe bedingtes Konfliktgeschehen gebunden ist.

Die Psychoanalyse kennt zwar eigene Affektkonzepte und elaborierte Angstbegriffe, sie untersucht in der Regel aber keine Gefühlsqualitäten wie die allgemeine Psychologie, weil sie mit den Bewegungsgesetzen der Psyche – in ihren eigenen Worten den Dynamiken – befasst ist und nicht mit der Erörterung distinkter überindividuell ähnlicher Gefühlsqualitäten (Trauer, Ekel, Freude etc.), welche die Affektwissenschaften, die Emotionspsychologie und die allgemeine Psychologie interessieren.

Die Angstneurose

Die Angstneurose trägt ihren Namen, weil die Angst nicht nur das Hauptsymptom bildet, sondern sich auch alle anderen Bestandteile der Symptomatik darauf beziehen lassen (Freud 1999a, 316). Zur klinischen Symptomatologie zählen u. a. so verschiedene Erscheinungen wie die allgemeine Reizbarkeit, die ängstliche Erwartung, der Angstanfall, das nächtliche Aufschrecken, die Agoraphobie, die Diarrhöe, Zittern, Schütteln und vor allem der Schwindel, welcher nach Samuel Weber die Angst in besonderer Weise charakterisiert (ebd., 317–324; Weber 1987). Mit der ›Erschütterung‹ nennt auch Goldstein ein dem Schwindel verwandtes Phänomen als typisch für die Angst (Goldstein 1971, 253). Die Angstneurose ist der gesonderten Erwähnung wert, weil sie erstens einen wichtigen Schritt in der Geschichte der Psychoanalyse verkörpert, und zweitens bereits bestimmte Spezifika aufweist. Diese bestehen darin, dass Angst und Sexualität bei Freud erstmals gekoppelt werden, die genetischen Faktoren dabei aber nicht wie später primär in der psychischen Verarbeitung, sondern in konkreten sexuellen Praktiken und vor allem den psychischen Folgen des *Coitus interruptus* gesehen werden (Freud 1999b, 357 f.). Freud nimmt zu diesem Zeitpunkt noch stark hereditäre Formen der Neurose an. Im Falle erworbener Neurosen findet man seiner Einschätzung nach aber »bei sorgfältigem, dahin zielendem Examen als ätiologisch wirksame Momente eine Reihe von Schädlichkeiten und Einflüssen aus dem *Sexualleben*« (Freud 1999a, 325).

Unter den Ursachen der Angstneurose dominiert nach Freuds Eindruck neben der Abstinenz und der sogenannten virginalen Angst der *Coitus interruptus*, und er unterzieht dessen psychische Folgen deshalb einer genaueren Betrachtung: Es ist gerade nicht die Angst vor der Empfängnis durch falsch angewendete Technik, die für das Entstehen der Neurose wesentlich sein soll. Vielmehr führt der Vermutung nach die nicht abgeführte somatische Sexualerregung dazu, dass die verdrängte Regung sich automatisch als Angst durchsetzt und die beobachtbaren Symptome zeitigt. Ähnlich wie nach ihm Jacques Lacan hält Freud bereits in der ersten Angsttheorie nicht die funktionellen körperlichen Folgen einer Handlung – in diesem Falle die Angst vor möglicher Schwangerschaft, bei Lacan später dann die körperliche Schädigung und Todesangst – für die wesentlichen bezogen auf die Angst, sondern Angst bestimmt sich durch die Gesetze der psychischen Realität. Entscheidend für das Entstehen der Angstneurose ist also nicht der Grad, mit dem eine Empfängnis gefürchtet wird, sondern »welcher Teil bei dieser sexuellen Technik seine Befriedigung einbüßte« (ebd., 333). Die Thesen beziehen sich auf Angstneurosen, die Frauen und Männer gleichermaßen entwickeln. Für seine Überlegungen, Angst

mit sinkender psychischer Lust und d. h. fallender Libido zu erklären (ebd., 334), parallelisiert Freud die physiologischen Symptome des Angstanfalles und den Koitus: Herzklopfen, Schweißbildung und die übrigen Symptome der Angstneurose stellen hiernach nichts weniger als »Surrogate der unterlassenen spezifischen Aktion« und des Aktes dar (ebd., 338). Im Grunde handelt es sich dem Modell nach um eine »Entfremdung zwischen dem Somatischen (der somatischen Sexualerregung) und dem Psychischen (der Libido)« (ebd., 337), denn die nicht abgeführte somatische Erregung verwandelt sich – psychisch nicht gebunden und verarbeitet – in Angst oder anders: Die Erregung äußert sich »subkortikal« als Angst (ebd., 336). Zusammenfassend folgert die Psychoanalyse in ihrer ersten Theorie der Angst, »der Mechanismus der Angstneurose sei in der Ablenkung der somatischen Sexualerregung vom Psychischen und einer dadurch verursachten abnormen Verwendung dieser Erregung zu suchen« (ebd., 334).

Angst als Signal und Realangst

Der Unterschied zwischen Freuds erster und zweiter Angsttheorie wird häufig an einer Umkehr der Argumentation festgemacht. Folgte in den frühen Thesen die Angst quasi automatisch auf die Verdrängung sexueller Strebungen, so ist nun die Angst das vorausgehende Signal, auf das hin das Ich mit Verdrängung antwortet. Für beide seiner Theorien hält Freud fest, dass das »Ich die eigentliche Angststätte« sein soll (Freud 1999e, 120). Die Gültigkeit der ersten Theorie schränkt er in der späteren Arbeit zur Angst aber selbst als eine »phänomenologische Beschreibung« ein und weist die eigene Annahme nun zurück, »die Besetzungsenergie der verdrängten Regung werde automatisch in Angst verwandelt« (ebd.).

Zu dem Zeitpunkt, als Freud die früheren Thesen zur Angst revidiert, hat er seine Topologie der Psyche bereits ausgearbeitet und schreibt dem Ich eine prekäre Stellung zwischen den anderen beiden Instanzen ›Es‹ und ›Über-Ich‹ zu, die eine »Angstbereitschaft« bedingt (ebd., 122). An der zweiten Theorie der Angst, die in die Metapsychologie eingebettet ist, sind zwei Punkte hervorzuheben: Freud anerkennt die Angst als Signal und er verbindet sie mit einem eigenen Begriff des Realen. Angst wird in einem definierten Sinne zur »Realangst« (ebd., 137). Das Reale und die Realität, die hier gemeint sind, kennzeichnen keinen Bereich empirisch beobachtbarer Objektivität und Realität, sondern die der Analyse einzig zugängliche Dimension, nämlich die *psychische Realität* in ihrer symbolischen Verfasstheit. Entsprechend erhält auch die Gefahr einen speziellen als real beurteilten Status. Gefahr und Reales beziehen sich nämlich beide auf ein und dieselbe Sache: Die drohende Kastration. Diese darf nicht vulgär als Verlust des faktischen Genitals missverstanden werden. Kastrationsangst kennzeichnet vielmehr die Erfahrung der unausweichlichen Erkenntnis der Möglichkeit, jeglichen sexuellen Lusterlebens und damit auch im Sinne der Metapsychologie jeden Weltzuganges beraubt zu werden. Da Menschen in Freuds Konzeption unermüdliche Lustsucher verkörpern und diese Lustsuche nichts weniger als den Motor des psychischen Geschehens abgibt, bedeutet ihre Verunmöglichung eine Todesdrohung (vgl. Ernest Jones' daran anschließenden Begriff der »Aphanisis«). Tierphobien und Agoraphobien reformuliert Freud in diesem Begriffsrahmen als Abwehr einer inneren »Triebgefahr«, die durch eine äußere »Wahrnehmungsgefahr« symptomatisch überblendet wird (ebd., 156 f.). Allerdings handelt es sich nicht einfach um eine innere Gefahr, die vom Trieb ausgeht, sondern im Grunde wird eine richtig eingeschätzte äußere Gefahr, die Kastration, durch eine andere äußere Gefahr ersetzt, welche z. B. von wilden Tieren ausgehen mag (ebd., 157).

Innen und Außen sind in Freuds Angsttheorie somit keine einfach gesetzten und einander entgegengesetzten Bereiche. Die Angst der Tierphobie, die paradigmatisch für Phobien und deren klinisches Verständnis steht, soll jedenfalls die »unverwandelte Kastrationsangst, also Realangst, Angst vor einer wirklich drohenden oder als real beurteilten Gefahr« sein (ebd., 137). Für das Verhältnis von Angst und Abwehr ergibt sich daraus: »Hier macht die Angst die Verdrängung, nicht, wie ich früher gemeint habe, die Verdrängung die Angst« (ebd.). Freud prüft weiterhin, ob der Geburtsakt beim Menschen und anderen Säugetieren als »das erste individuelle Angsterlebnis dem Angstaffekt charakteristische Züge« gibt und somit einem Urbild der Angst gleichkommt (ebd., 121). Er gemahnt jedoch hier wie an anderer Stelle daran, die direkten psychischen Folgen der Geburt nicht zu überschätzen. Gegen die Annahme, jede Angst sei im Grunde die Aktualisierung des Geburtstraumas, spricht aus seiner Sicht zum einen die Unabdingbarkeit der Angst an sich und zum anderen die mangelnde psychische Entwicklung des Säuglings zum Zeitpunkt der Geburt. Wenn überhaupt, dann rückt die Geburt nachträglich in der weiteren psychischen Entwicklung zu einer Urszene der Angst auf.

Wissenschaft und Angst

Kritische Theorien, die Psychoanalyse, die Ethnopsychoanalyse und die Sozialwissenschaften haben verschiedentlich auf die behelfsmäßige Funktion von Wissen und Wissenschaft für die allgemeine wie individuelle Angstabwehr verwiesen (Devereux 1998). Neben der Religion versucht hiernach die aufgeklärte moderne Wissenschaft Positionen zu beziehen, die weltordnenden Funktionen der Mythen analog zu nennen sind (s. Einleitung Kap. II). Freud nimmt in Randbemerkungen besonders die Philosophie in Bezug auf ihre Angstabwehrfunktion in Augenschein und psychologisiert sie. Er unterstellt den Philosophen und vielleicht insbesondere Eduard von Hartmann (Hartmann 1869) dabei, ohne Weltanschauungen nicht auszukommen, von denen er eben den Psychoanalytikern dringend abrät (Freud 1999e, 123). Alles »Poltern der Philosophen« könne nicht davon ablenken, dass die Wissenschaft wenig Licht über die Rätsel dieser Welt habe verbreiten können (ebd.). Abhilfe schafft hier die geduldige Fortsetzung der Arbeit, die alles der Forderung nach Gewissheit unterordnet und die einen langsamen Wandel ermöglicht: »Wenn der Wanderer in der Dunkelheit singt, verleugnet er seine Ängstlichkeit, aber er sieht darum um nichts heller« (ebd.). Eine solche Analyse verlässt jedoch fast zwangsläufig die Ebene des inhaltlichen argumentativen Austausches, um die Gedanken der kritisierten Partei allein oder primär auf ihre psychischen Funktionen für die angenommene Angstabwehr hin zu bewerten.

Strukturale Psychoanalyse

Die strukturale Psychoanalyse unterscheidet sich maßgeblich von anderen Theorien der Angst, weil sie betont, dass die Angst nicht objektlos ist. Angst hat hiernach ein spezifisches Objekt und kann aus Perspektive der strukturalen Psychoanalyse deshalb nicht durch ihre Unbestimmtheit von der Furcht getrennt werden, wie es in der Psychologie regelmäßig geschieht. In der Terminologie Jacques Lacans stellt das ›Objekt klein a‹ – das erste, nicht wiederholbare und darum nach Lacan ursprünglich verlorene psychische Objekt – das Objekt der Angst dar. Das Objekt der Angst entspricht also dem Objekt des Begehrens. Noch genauer entspringt die Angst einer spezifischen Lokalisation dieses Objektes außerhalb seiner Stellung im Prozess des Begehrens, weil das begehrte Objekt nun nicht mehr innerhalb der symbolischen Ordnung negativ bestimmt als Verlorenes, als Auslassung, Leerstelle oder Mangel wirkt, sondern real vorhanden zu sein scheint. In den Jahren 1962 bis 1963 hält Lacan als zehntes in der Reihe seiner berühmten Lesungen ein Seminar über die Angst ab, das auf eine kritische Lektüre früherer Theorien konzentriert ist (Lacan 2010). Schon das vierte Seminar über die Objektbeziehung behandelt wichtiges Material zur Angst, da es eine Neuinterpretation der psychoanalytischen Phobienlehre formuliert (Lacan 2003).

Die Metapher der Angst

Zur Verdeutlichung seiner Thesen stellt Lacan dem Seminar X einen Apolog voran. Angst gehört selbst der »Ordnung der Annäherung« an (Lacan 2010, 197), und um dies zu verdeutlichen, bittet er seine Hörer, sich ihn maskiert im Angesicht eines überdimensionalen Insekts zu wähnen. Lacan imaginiert für seine Theorie der Angst eine Situation totaler Ungewissheit. Der Redner Lacan trägt eine Maske und tritt damit vor eine riesige Gottesanbeterin. Er selbst weiß nicht, was für eine Maske er trägt und er weiß also nicht, was das Tier erblickt. So ist ihm eben unbekannt, ob die Mantis ihn als Insektenmännchen sieht und verzehren wird. Der Maskenträger bleibt stets darüber im Dunkeln, wie er für die Andere erscheint – hier auch weil er sich in den seitlich stehenden Facettenaugen des Insekts nicht spiegeln kann. Derart metaphorisiert die Szene im Angesicht der Mantis die grundlegende Beziehung zum anderen überhaupt, weil man den Willen und Wunsch des anderen nie genau kennt (Widmer 2004, 53–65).

Die Szene versinnbildlicht gleichsam den Gegenentwurf zu den Fluchtszenarien der allgemeinen Emotionstheorien, und bedient dabei mehrere Traditionen vor allem der französischen Kulturgeschichte. Direkt ist die Mantis-Metapher einem Roman Maurice Blanchots entlehnt. In *Thomas der Dunkle* (1941) beschreibt Blanchot die Begegnung des Lesenden mit dem Text als Begegnung mit einer überdimensionalen Mantis Religiosa (Gondek 1990, 21). Indirekt fügt sich die Mantis-Metapher in die Tradition des Surrealismus, dem auch Blanchot in seiner Bilderwahl verpflichtet bleibt (Siegert 2009, 69 f.).

Furcht und Angst bei Lacan

Bei Lacan wird die Angst im Grunde nicht allein thematisch, sondern die Analyse fokussiert in weiten Teilen das Begriffspaar ›Furcht und Angst‹. So legt Lacan eine eigene Definition der Furcht vor, die er zwar nicht absolut von der Angst sondert, aber auch nicht mit ihr zusammenfallen lässt. Er wählt dafür mit einer kleinen Novelle von Anton Tschechow über Angst und Schrecken einen literarischen Hintergrund. Ob eine Flamme in einem unzugänglichen Glockenturm, ein selbstbewegter Waggon oder ein ausgerissener, aus dem Nichts erscheinender Hund gefürchtet wird: Das, wovor man Furcht hat, bezieht sich auf das Unbekannte des »sich Manifestierenden« und es ist gerade nicht das einen konkret Bedrohende (Lacan 2010, 199 f.). Sein entscheidender Kritikpunkt an herkömmlichen Definitionen der Furcht besteht jedoch darin, dass er die Idee einer objektiven Gefährdung in Frage stellt. Bei der Sonderung in Furcht und Angst ist man es gewohnt, deren unterschiedliche Stellung gegenüber dem Objekt zu akzentuieren. Aus diesem Grund sieht man sich veranlasst, der Furcht ein Objekt zuzuschreiben, dem sie »adäquat, entsprechend« sein soll. Für die Furcht vermutet man:

> Es bestünde da eine objektive *Gefahr, Gefährdung,* ein In-Gefahr-Geraten des Subjekts. Dies verdient, dass man innehält. Was ist das für eine Gefahr? Man bringt es fertig und behauptet, die Furcht sei von ihrer Natur her dem Objekt adäquat, *entsprechend,* von dem die Gefahr ausgeht (ebd., 198).

Mit seiner Analyse erhellt Lacan das Muster psychologischer Angstforschung, denn der Nexus aus Gefahr, Objekt und Angsttheorie stellt sich hier selbst als ein Ringen um Darstellbarkeit heraus. Die Furcht bildet regelmäßig den Versuch, an der Vorstellung gelungener Repräsentierbarkeit festzuhalten, während die Angst deren Scheitern verkörpern soll. Auch darum kommt Lacan zu dem Schluss, dass die Angst das einzige ist, was nicht täuscht (ebd., 201). Furcht jedenfalls wird vergeblich ein »Charakter der Angemessenheit« bescheinigt, welcher der Angst abgeht (ebd., 200).

Das Objekt der Angst und das Reale

Wenn die strukturale Psychoanalyse behauptet, die Angst habe ein Objekt, dann hat man dieses Axiom um eine weitere Annahme zu ergänzen: Schlüssel für das Verständnis der Angst ist hier nämlich, dass sie mit Freud und über Freud hinaus ein Signal des Realen sein solle. Das heißt aber auch, es geht Lacan nicht allein um das ›Objekt klein a‹ als Objekt der Angst, sondern um die Stellung dieses Objektes, dem Erscheinen des ›Objektes klein a‹ im Realen. Mit dem Realen ist wie schon bei Freud offensichtlich etwas anderes gemeint als das, was im Muster psychologischer Angstforschung als reale oder reale objektive Gefahrensituation bezeichnet wurde (ebd., 197 f., 201).

Im Rahmen der strukturalen Auslegung der Angst werden auch der Ödipusmythos und die Kastrationsangst neu gelesen. Lacan konzentriert sich dabei auf die Blendung, die Ödipus an sich selbst vollzieht. Aus dieser Perspektive ist der Akt, sich selbst das Augenlicht zu nehmen, im Grunde ein nachträglicher Akt. Die Blendung ist nicht so sehr die Strafe für den vollzogenen Inzest, sondern eine verspätete Umsetzung des Geschehens: Ödipus hat das Unmögliche und Verbotene gesehen und den Körper der Mutter genossen. Dabei handelt es sich um Nichts im Vergleich zu dem, wofür es steht, und deshalb bedeutet die Blendung den Blick ›hinter‹ die Dinge und eine bestimmte Form des Wissens. Außerdem betont die strukturale Analyse, dass nicht die Schmerzen und das Leiden der Selbstverstümmelung das Moment der Angst ausmachen – dies auch nicht in symbolischer Deutung als Stellvertretung der Selbstkastration. Ebenso wenig bezeichnet die Möglichkeit zur Selbstverletzung Angst. Vielmehr stellt der unmögliche Anblick der herausgerissenen eigenen Augen im Moment nach der Blendung die Angst dar (ebd., 203). Diese episodische Interpretation des Ödipuskomplexes verdeutlicht Lacans eigene Formel, wonach es sich beim Objekt der Angst um das Objekt des Begehrens und ein Signal des Realen handelt. Es sind nicht das Versehrtsein, die Zerstörung und somit die leibhaftige Kastration gemeint, sondern das Erscheinen von etwas, das nicht da sein sollte. Angst signalisiert nicht so sehr, wie allgemein und von Lacan selbst formuliert, den Mangel des Mangels, sondern konkret den drohenden Verlust der Möglichkeit symbolisch operieren zu können. Die strukturale Analyse erfordert damit die kulturwissenschaftliche und medienwissenschaftliche Relektüre, denn was hier als Gefahr auftritt, deren Signal die Angst verkörpert, kennzeichnet nichts anderes als ein Verschwinden der Medialität. Mit Goldsteins Diktum, dass die Angst uns immer verhaftet bleibt, ließe sich die Angst als letzter Versuch der Distanznahme beim drohenden Einbruch der Unmittelbarkeit und dem Verschwinden von Medialität aufschlüsseln.

Masochismus und Sadismus als Formen der Angst

Lacan bietet in seiner Analyse der Angst unter Rückgriff auf de Sade eine spezifische Auslegung des Masochismus und Sadismus, die sich deutlich von Michael Balints Angstlust unterscheidet (s. Kap. III. A.8). Ähnlich wie es im Apolog über die Angst ausgemalt wird, besteht das Phantasma des Masochisten darin, sich zum Objekt des Genießens des anderen zu machen. Die masochistische Objektposition täuscht ebenso wie andere Positionen, denn sie verbirgt nach Lacan, dass der Masochist sich selbst vergeblich zum »menschlichen Fetzen« und zu »armseligem Abfall an abgetrennten Körpern« zu machen wünscht (ebd., 204–205). Im Masochismus wird versucht, die Angst auf eine paradoxe Weise zu bannen, indem sich nämlich die Person selbst in jene Position versetzt, auf die sich die größtmögliche Angst zu richten scheint. Sie schmiegt sich gleichsam an das Angstgeschehen an und bietet sich dem Anderen auf schlimmstmögliche Weise dar. Macht sich der Masochist vollständig zum Lustobjekt des Anderen, so versucht der Sadist die Angst im Objekt der Lust zu fixieren. Die Angst des Sadisten ist nicht nur weniger kaschiert, sondern im sadistischen »Phantasma, das aus der Angst des Opfers eine geforderte Bedingung macht«, zeigt sie sich zu sehr und wird überexponiert (ebd., 206). In den sadistischen Folterszenen bei de Sade nun erkennt Lacan »den Übergang dessen ins Äußere, was das Verborgendste ist« (eines aus dem Körper entfernten weiblichen Genitals, wie es nach Angabe Lacan bei de Sade beschrieben wird): Entscheidend ist, dass dieser Moment des Übergangs »undurchdrungen ist vom Subjekt und für es das Merkmal seiner eigenen Angst verborgen sein lässt« (ebd., 206–207).

Psychologie der Angst und Traumaforschung: Hans Keilson und Édouard Claparède

Angstkonzepte wie z. B. dasjenige von Goldstein ähneln Traumakonzepten (s. Kap. III. A.2), weil sie das

Verhältnis von gefährlicher Umwelt und Organismus bzw. Psyche in den Mittelpunkt stellen. Auch die Traumaforschung fragt nach temporär oder dauerhaft schädigenden Einflüssen auf die Psyche. Ob Trauma und Angst zusammenfallen, ist jedoch zweifelhaft. Schließlich werden im Falle einer Traumatisierung die psychischen Schutzmechanismen vollständig durchbrochen, so dass es zu einer vorübergehenden oder dauerhaften Schädigung der gesamten Psyche kommt, die deshalb auch anders als bei der temporären Angst nicht mehr mit den ihr eigenen Abwehrmechanismen arbeiten kann. Aus kulturwissenschaftlicher Perspektive interessiert jedoch gerade der Schnittbereich zwischen Angst- und Traumaforschung, weil die letztere bereits eine kulturhistorische Öffnung erfahren hat, wie sie für die Angstforschung ansteht (Bronfen/Erdle/Weigel 1999).

Die Traumatheorie und -forschung kann sich der Frage des Politischen nicht verschließen. Besonders der wiederentdeckte Hans Keilson macht in seinen Studien über sequentielle Traumatisierung jüdischer Kriegswaisen auf die Notwendigkeit aufmerksam, den Begriff des Traumas zu erweitern und stattdessen von traumatischer Situation zu sprechen (Keilson 2005, 51). Psychopathologische Folgeerscheinungen der Verfolgungssituation während der *Shoa* lassen sich nicht mehr ohne Weiteres in psychologisch-psychiatrische Termini übersetzen und gleichzeitig noch in ihrem Bezug zum traumatischen Ereignis und dem Traumaerlebnis behandeln (ebd., 39, 51 f.). Vor allem jedoch ist eine Begriffserweiterung angezeigt, weil das ›Trauma‹ ein einmaliges, plötzlich auftretendes, die Psyche erschütterndes Ereignis suggeriert, was im Falle langwährender, extrem belastender Bedingungen wie bei der Verfolgung nicht zutreffend ist. Schon seit Hermann Oppenheims Werk über die ›traumatische Neurose‹ war diese Problematik bekannt, die darin liegt in Form einer diagnostischen und damit psychologisch-psychiatrischen Einheit etwas zu erfassen, bei dem individuelles Erleben, subjektive Strukturen und sozial-gesellschaftliche Bedingungen aufeinander bezogen sind (ebd., 51).

Neben der psychischen Traumatisierung wäre mit Édouard Claparède noch beispielhaft eine weitere Studie zu Angst und Hirntraumatisierung zu nennen, denn das Hirntrauma hat nicht nur durch Goldstein zur Angstforschung beigetragen (Claparède 1911). Claparède findet bereits Anfang 1900 Indizien für ein bewusstseinsunabhängiges Angstgedächtnis. Eine seiner Patientinnen, die er in seiner Funktion als leitender experimenteller Psychologe

an der Universität Genf im Asyl Bel-Air betreut, kann nur noch Erinnerungen aus dem Langzeitgedächtnis hervorholen wie etwa die korrekten Namen der Hauptstädte Europas. Alle neuen Eindrücke gehen aufgrund ihrer anterograden Amnesie sofort verloren. Sie erinnert weder die Ärzte, bei denen sie täglich in Behandlung ist, noch ihre Mitpatientinnen. Auf die Frage, ob sie ihre Mitpatientin erkenne, antwortet sie: »Nein Madame, mit wem habe ich die Ehre?« (ebd., 84, Übers. A.T.). Von einer Minute auf die andere vergisst sie den Gesprächsinhalt, und ihr Alter (47 Jahre) kann sie nur benennen, wenn man ihr die aktuelle Jahresangabe nennt. Claparède führt mit ihr ein berühmt gewordenes Experiment durch: Er will sehen, ob sie intensive Eindrücke von affektiver Wertigkeit besser behalten kann, und sticht sie deshalb bei der Begrüßung mit einer in seiner Handfläche verborgenen Nadel. Das kleine Schmerzerlebnis scheint zunächst genauso schnell vergessen wie die übrigen neutralen Erfahrungen im Asyl und kurz darauf kann sie sich an nichts mehr erinnern. Als Claparède sich ihr das nächste Mal nähert, zieht sie jedoch ihre Hand wie aus einem Reflex heraus zurück, ohne selbst zu wissen warum. Als er die Patientin nach dem Grund ihres Rückzuges fragt, antwortet sie verblüfft: »Hat man nicht das Recht, seine Hand zurückzunehmen?« (Claparède 1911, 84, Übers. A.T.). Als Claparède nachhakt, sagt sie ihm: »Es könnte ja eine Stecknadel in Ihrer Hand verborgen sein« (ebd., 85). Auf die Frage hin, was bei ihr den Verdacht weckt, er könne sie stechen wollen, wiederholt sie: »Das ist eine Idee, die mir durch den Kopf gegangen ist« (ebd.). Mitunter versucht sie sich gar zu rechtfertigen, dass eben manchmal eine Nadel in der zur Begrüßung dargebotenen Hand versteckt gehalten werde (ebd.). Bei keiner Gelegenheit erkennt sie diese Idee als ihre eigene Erinnerung wieder. Claparèdes Versuch wurde mehrfach reproduziert und als früher Hinweis auf die Komplexität der neurologischen Gefahren- und Angstverarbeitung verstanden.

Perspektiven einer interdisziplinär fundierten Psychologie der Angst

»Der Begriff Angst wird fast nie in der Psychologie behandelt«, urteilt Søren Kierkegaard 1844 und meint damit eigentlich eine Kritik philosophischer Systeme und insbesondere desjenigen Georg Wilhelm Friedrich Hegels (Kierkegaard 1984, 36). Würde man die Psychopathologie außer Acht lassen, könnte man noch heute geneigt sein, dem Urteil allgemein zuzustimmen und die psychologische Emotionsforschung als Wissenschaft der Furcht gelten lassen. Entsprechend der disziplinären Binnendifferenzierung besteht die Tendenz, in den allgemeinen Emotionstheorien Angst und Furcht zusammenfallen zu lassen, dabei aber allein die Furcht zu meinen. Die klinische Psychologie nimmt sich parallel dazu der Behandlung und des Verständnisses pathologischer Ängste, der sogenannten Angststörungen und Phobien an.

Angst und Furcht sind aber weder disziplinär noch begrifflich so streng zu trennen gewesen, wie das kontinuierlich vorgeschlagen und versucht wird, fallen jedoch auch nicht – als Furcht – zusammen. Über alle Paradigmen hinweg lässt sich die jeweilige Angstdefinition durch die zugrundegelegte Gefahrenkonzeption charakterisieren: Ist die Gefahr als eine objektiv zu beschreibende äußere Situation gedacht oder wird dieses äußerliche Szenario als Teil eines Prozesses verstanden, bei dem die Unterscheidung in psychisches Inneres und objektives Äußeres prekär bleibt?

In nahezu allen Ansätzen wird die Angst als Antwort auf eine Gefahr bzw. eine gefährliche Begegnung beschreibbar, scheint jedoch nicht auf besondere empirische Urformen wie die Geburtsangst und Todesangst rückführbar. Die Todesgefahr und die primäre Gefahr bei der Geburt sind nicht oder wenigstens nicht der einzige Schlüssel für jene durch Angst signalisierte Gefahr. Was nun ergibt sich daraus für die vier Grundannahmen des Musters psychologischer Angstforschung?

1. Die Angst ist objektlos und unbestimmt.
2. Die Furcht hat ein real gefährliches Objekt.

Wird die Angst fälschlicherweise allein von ihrem Erlebensinhalt her begriffen, kann sie als objektlos und ungerichtet bzw. unbestimmt erscheinen. Mit Goldstein und Freud lässt sich trotz der verbleibenden Widersprüche in ihren Annahmen und Argumentationen verstehen, dass dies von der eingenommenen Forschungsperspektive abhängig ist, bei der die Ausrichtung an einer äußeren (in diesem Sinne objektivier- und bestimmbaren) Gefahrensituation das ausschlaggebende Moment für die Definition sein muss. Auf der Vorstellung einer gelungenen Repräsentation der Außenwelt fußen weiterhin die Definitionen der Furcht als bestimmt und auf ein real gefährliches Objekt gerichtet.

3. Die Furcht entspricht normaler Angst.
4. Die pathologische Angst äußert sich unabhängig von realer Gefahr.

Die Unterscheidung in normale Furchtreaktion und pathologische Angst erfolgt gewöhnlich aufgrund einer Einschätzung der Gefahrensituation, die affektiv verarbeitet wird: Ist die Situation nachweislich gefährlich, wird die Furchtreaktion als normal eingeschätzt. Erscheint die Situation allgemein als ungefährlich, wie zum Beispiel bei der Benutzung eines Personenaufzuges, dann handelt es sich um eine nicht normale und tendenziell pathologische Reaktion (vgl. die internationale Klassifikation der Erkrankungen ICD-10). Wenn jedoch die Angst nicht mehr als objektlos und damit als grundsätzlich irreal oder realitätsfern gedacht werden kann, dann entfällt auch dieses Kriterium für eine strenge Sonderung in normale Furcht und pathologische Angst.

Eine kulturwissenschaftliche Sichtung der Psychologie der Angst kommt zu herausfordernden Ergebnissen: Sie hilft nicht nur bei der Umstrukturierung des Musters psychologischer Angstforschung, sondern kann Wichtiges zum Verständnis der Medialität beitragen. Sie arbeitet auf eine Auflösung des existentialistischen Selbstmissverständnisses der Angst hin, denn Teil einer Kulturwissenschaft der Angst sollte die Einsicht bilden, dass man strenggenommen keine Todes- und Geburtsangst haben kann. Es ist einsichtig, warum der Anfang und das Ende des Lebens so hervorragende Ersatzobjekte der inneren Angsterzählungen werden, aber auf sie selbst als im traditionellen Sinne reale Ereignisse kann man nicht zugreifen, weil sie uns unmittelbar betreffen. Angst aber wird verstehbar als das unverzichtbare Signal für das Drohen dieser Unmittelbarkeit.

Literatur

Bronfen, Elisabeth/Erdle, Birgit R./Weigel, Siegrid (Hg.): *Trauma. Zwischen Psychoanalyse und kulturellem Deutungsmuster*. Köln/Wien 1999.

Claparède, Édouard: Récognition et moïté. In: *Archives de Psychologie* 11 (1911), 79–90.

Dalgleish, Tim/Barnaby, Dunn D./Mobbs, Dean: Affective neuroscience: Past, present, and future. In: *Emotion Review* 1/4 (2009), 355–368.

Devereux, Georges: *Angst und Methode in den Verhaltenswissenschaften*. Frankfurt a. M. 1998.

Freud, Sigmund: Über die Berechtigung von der Neurasthenie einen bestimmten Symptomkomplex als ›Angst-Neurose‹ abzutrennen. In: Ders.: *Gesammelte Werke*. Bd. I. Hg. von Anna Freud u. a. Frankfurt a. M. 1999a, 313–342.

Freud, Sigmund: Zur Kritik der ›Angstneurose‹ [1895]. In: Ders.: *Gesammelte Werke*. Bd. I. Hg. von Anna Freud u. a. Frankfurt a. M. 1999b, 355–376.

Freud, Sigmund: Studien über Hysterie [1895]. In: Ders.: *Gesammelte Werke.* Bd. I. Hg. von Anna Freud u. a. Frankfurt a. M. 1999c, 75–312.

Freud, Sigmund: Entwurf einer Psychologie [1895]. In: Ders.: *Gesammelte Werke.* Nachtragsband. Hg. von Anna Freud u. a. Frankfurt a. M. 1999d, 373–486.

Freud, Sigmund: Hemmung, Symptom und Angst [1926]. In: Ders.: *Gesammelte Werke.* Bd. XIV. Hg. von Anna Freud u. a. Frankfurt a. M. 1999e, 111–205.

Goldstein, Kurt: *Der Aufbau des Organismus.* Den Haag 1934.

Goldstein, Kurt: Zum Problem der Angst. In: Ders.: *Selected Papers/Ausgewählte Schriften.* Hg. von Aron Gurwitsch/Else M. Goldstein-Haudek/William E. Haudek. Den Haag 1971, 231–262.

Gondek, Hans-Dieter: *Angst, Einbildungskraft, Sprache. Ein verbindender Aufriss zwischen Freud – Kant – Lacan.* München 1990.

Hartmann, Carl Robert Eduard von: *Philosophie des Unbewussten. Versuch einer Weltanschauung.* Berlin 1869.

James, William: Was ist eine Emotion? In: Oliver Grau/Andreas Keil (Hg.): *Mediale Emotionen: Zur Lenkung von Gefühlen durch Bild und Sound.* Frankfurt a. M. 2005, 20–46.

Keilson, Hans: *Sequentielle Traumatisierung bei Kindern: Untersuchung zum Schicksal jüdischer Kriegswaisen.* Gießen 2005.

Kierkegaard, Søren: *Der Begriff Angst.* Hamburg 1984 (dän. 1844).

Lacan, Jacques: *Die Objektbeziehung. Das Seminar / Buch IV (1956-1957).* Hg. von Jacques-Alain Miller. Wien 2003.

Lacan, Jacques: *Die Angst. Das Seminar / Buch X.* Hg. von Jacques A. Miller. Wien ²2010.

Panksepp, Jaak/Watt, Douglas: What is basic about basic emotions? Lasting lessons from affective neuroscience. In: *Emotion Review* 3/4 (2011), 387–396.

Siegert, Bernhard: Kommentar zu Jacques Lacan: Das Seminar / Buch X. Die Angst. In: *Zeitschrift für Medien- und Kulturforschung* 0 (2009), 67–72.

Weber, Samuel: Der Schwindel: Zur Frage der Angst bei Freud. In: *RISS* 6 (1987), 3–32.

Widmer, Peter: *Angst. Erläuterungen zu Lacans Seminar X.* Bielefeld 2004.

Anna Tuschling

4. Phänomenologie der Angst

Angst stellt ein komplexes, vielschichtiges und zugleich ubiquitäres Phänomen des menschlichen Gefühlslebens dar, das in verschiedenen Formen erscheint. Sie reichen von der vitalen, leibnahen Angst über die objektgerichtete Furcht bis zur diffusen Ängstlichkeit und Bangnis. Zwischen der Angst als elementarem Leibzustand der Beklemmung, als intentional gerichteter Emotion und als Stimmung der Unheimlichkeit lassen sich keine scharfen Grenzen ziehen; die verschiedenen Formen gehen häufig ineinander über. Zugleich tritt Angst in allen Graden auf, von unterschwelliger Unruhe bis zu unerträglicher Panik oder Todesangst. Sie kann sich auf die elementare Gegenwart einengen oder Gefahren weit in der Zukunft antizipieren, ja noch über den eigenen Tod hinaus. Ihre Gegenstände schließen die unmittelbare Todesgefahr ebenso ein wie das mögliche Scheitern des eigenen Lebensentwurfs.

Die folgende Darstellung der Phänomenologie der Angst berücksichtigt diese variable Struktur und unternimmt nicht den Versuch, das Phänomen etwa durch Abgrenzung von Angst und Furcht oder von Gefühl und Stimmung definitorisch einzuschränken (s. Kap. I.). Sie geht vielmehr davon aus, dass die Grundstruktur der Angst, nämlich *die Hemmung eines Fluchtimpulses angesichts einer Bedrohung*, in den verschiedenen Formen und auf den verschiedenen Stufen in ähnlicher Weise wiederkehrt. Die basale leibliche Einengung und Abschnürung vom umgebenden Raum charakterisiert die Angst als ein *leibliches Existenzial*, das heißt als eine Grunderfahrung des leiblich verfassten und situierten Subjekts, die sich gleichermaßen im primären Leib- und Bewegungsraum, im sozialen Raum und schließlich im symbolischen Raum der Existenzbewegung manifestiert (Fuchs 2000, 202 f.). Ob die Gefährdung nun die vitale Selbsterhaltung, die persönlichen Beziehungen oder das Gelingen des eigenen Lebens betrifft, die Person reagiert auf diese Bedrohungen immer einheitlich als leibliches, das heißt zwischen die Pole von Enge und Weite, Nähe und Ferne, Verbindung und Trennung eingespanntes Wesen. Die Phänomenologie der Angst beginnt daher im Folgenden bei ihrer leiblichen Struktur und Grundsituation, untersucht dann ihre biologischen und anthropologischen Voraussetzungen, um sich schließlich einzelnen prägnanten Formen des Angsterlebens zuzuwenden.

Grundstruktur der Angst

Die phänomenale Grundstruktur der Angst lässt sich als ein Konflikt zwischen einer leiblichen Einengung und einem gegen sie gerichteten Fluchtimpuls beschreiben, oder in der Formel von Schmitz als »gehindertes ›Weg!‹« (1981a, 169 ff.). Auf der einen Seite steht also eine in Hals, Brust oder Bauch gespürte Einschnürung und Beklemmung (vgl. die Etymologie von ›Angst‹: griech. *anchein*: drosseln, würgen; lat. *angor*: Beklemmung), auf der anderen Seite der Versuch, dieser bedrohlichen Enge zu entkommen. Die Ausweglosigkeit der angstauslösenden Situation lässt jedoch zumindest die sofortige Flucht nicht zu, und es bleibt beim ziellosen Bewegungsdrang und diffuser Unruhe. Der vergeblich gegen die Restriktion sich aufbäumende Fluchtimpuls steigert die Beengung und damit die Angst nur immer weiter bis ins Unerträgliche. Der nicht aufhebbare Antagonismus der beiden Tendenzen erzeugt die lähmende Wirkung der Angst: Der Geängstigte ist förmlich an die Stelle gebannt, in die Enge seines eigenen Leibes getrieben. Damit entsteht eine weitere für die Angst charakteristische Spirale: Ohnmächtig sieht sich der Betroffene einer drohenden Gefahr ausgeliefert; zugleich lässt die empfundene Lähmung und Ohnmacht seine Angst noch weiter anwachsen.

Der leiblichen Konstriktion entspricht ein charakteristisches Verhältnis zum umgebenden Raum: Angst trennt den Geängstigten von den vertrauten Umweltbeziehungen und wirft ihn auf sich selbst zurück. Es fehlen die vermittelnden, vor allem zentrifugalen Richtungen, die aus der leiblichen Enge in die Weite führen und über die sich der Leib sonst an den Umraum mit seinen Blick- und Bewegungszielen anzuschließen vermag. Darauf beruhen insbesondere die raumbezogenen Ängste wie die *Akrophobie* (Höhenangst), *Agoraphobie* und *Klaustrophobie*, in denen der umgebende Raum gleichsam selbst zur Bedrohung wird (s. u.). Eine Unterbrechung der leiblichen Einrichtung und Orientierung im Umraum erklärt auch die häufige Verknüpfung von *Angst und Schwindel*: In beiden Fällen kommt es zu einer Labilisierung und Verwirrung der vom Leib ausstrahlenden Richtungen von Blick, Motorik und Gleichgewichtssinn, und damit schwindet zugleich »das stützende Gerüst, das die Dinge der anschaulichen Umgebung an ihren Plätzen hält« (Schmitz 1988, 222). So können sich Angst und Schwindel namentlich bei der Höhenangst wechselseitig emportreiben.

Die zentripetal gerichtete Bedrohung, die der leiblichen Einengung entspricht, verändert auch die Physiognomie des umgebenden Raums. Zumal wenn sich der Angst kein definierter Gegenstand als ›Wovor‹ der Flucht anbietet, generalisiert sie die Bedrohlichkeit auf die gesamte Umwelt. Die Relevanzstruktur des psychischen Feldes ist nivelliert: Einzig das Drohende oder Schreckliche bietet sich der Wahrnehmung an und beansprucht alle Aufmerksamkeit. Daher tendiert der Ängstliche zur Eigenbeziehung oder zum »Subjektzentrismus« (Bilz 1965): Er deutet alle Vorkommnisse der Situation als feindlich gegen sich selbst gerichtet und wittert gerade im Verborgenen die Gefahr. Es entsteht eine Atmosphäre des Unheimlichen und Unheilvollen (s. Kap. III. A.3), die sich zu keiner umschriebenen, gegenständlichen Gefahr konkretisieren will (Fuchs 2010). Zu ihrer Beschreibung hat Schmitz den Begriff der *Bangnis* eingeführt: In ihr nimmt die Umgebung – wie etwa der nächtliche Wald für das Kind – einen feindseligen, verfremdeten und hintergründigen Charakter an. Der Ängstliche sieht sich im Mittelpunkt einer ebenso unbestimmten wie ubiquitären Bedrohung: »Tua res agitur« (Schmitz 1981b, 283). Bangnis wird ihrerseits zum *Grauen*, wenn sich die unheimliche Atmosphäre um bestimmte Gegenstände verdichtet und zugleich dem Subjekt gefährlich zu Leibe rückt, sich also mit Angst verbindet. »Das Grauen ist demnach eine […] zwiespältige Erregung, bei der atmosphärisch zerfließende […] Bangnis mit isolierender, fixierender, ins Enge treibender Angst gleichrangig zusammenwirkt« (ebd., 288).

Im Subjektzentrismus der Angst ist nun auch ein individuierendes Moment enthalten: Die zentripetale Gefährdung, die Trennung von Leib und Umraum ebenso wie die Aussichtslosigkeit der Flucht konfrontieren den Sich-Ängstigenden auf radikale Weise mit sich selbst – eine Erfahrung, an die auch die existenzphilosophischen Deutungen der Angst anknüpfen. Das Subjekt sieht sich von allen rettenden Auswegen oder Personen isoliert und zugleich in eine Situation geworfen, in der es um das eigene vitale oder psychische Überleben geht, um ›Sein oder Nichtsein‹. Der leibliche Konflikt des ›gehemmten Weg!‹ erweist sich so im Kern als Konflikt zwischen der drohenden Negation und der Affirmation des Selbst. Dadurch drängt die Angst das Subjekt in ein elementares ›ich-jetzt-hier‹. Sie lässt sich insofern nach Schmitz – ähnlich wie jäher Schreck, heftiger Schmerz oder peinlichste Scham – als eine Urerfahrung von *Gegenwart* charakterisieren (vgl. Schmitz 1981a).

So sehr die Konfrontation mit dem möglichen Nichtsein den Sich-Ängstigenden auf sich selbst zurückwirft, so wenig lässt sie ihm andererseits eine Distanz zur Situation, die er zur Selbstbesinnung nützen könnte. Das gilt vor allem für die panische, ›blinde‹ Angst, die den Betroffenen geradezu in eine »primitive Gegenwart« einschließt (ebd.), und in der kein Spielraum für Überlegung und Reflexion mehr bleibt (s. Kap. III. A.5). Abgesehen von diesen Extremformen enthält die Angst zwar meist noch einen – wenn auch eingeengten – Zukunftsbezug, nämlich die Antizipation eines Unheils; insofern lassen sich Angst und mehr noch Furcht auch als *negative Erwartungsaffekte* bezeichnen. Gleichwohl erschweren oder verunmöglichen sie die Objektivierung der Situation, die Einnahme einer Außenperspektive ebenso wie das besonnene Handeln. Angst ist ein ›schlechter Ratgeber‹, insofern sie die Zeitperspektive auf die nächste Zukunft einengt und zugleich die wahrgenommenen Möglichkeiten aufs Äußerste reduziert (›Flucht oder Untergang‹). Auch die schon erwähnte Physiognomisierung der wahrgenommenen Umwelt im Sinne des Unheimlichen ist mit dem Verlust des Objektivierungsvermögens verknüpft, als dessen Folge die sachlichen Bedeutungen der Dinge von den vitalen Ausdrucksvalenzen verdrängt werden (Fuchs 2000, 200, 204 f.).

Gegenstände der Angst – Angst und Furcht

Betrachten wir nun die Situationen näher, auf die sich die Angst richtet. Elementare Angst besteht in einer Affektion, die uns plötzlich zustößt und sich unserer Kontrolle entzieht. Waldenfels hat daher die Grunderfahrungen von Angst und Staunen als paradigmatisch für die zeitliche Vorgängigkeit des *Widerfahrnisses* beschrieben. Staunen und Angst sind initiale Ereignisse, die die Kontinuität der Zeit unterbrechen; das heißt aber, dass das ›Wovor‹ der Angst als etwas erlebt wird, das uns überwältigt, ohne sich schon deutlich bestimmen zu lassen. Damit erhält die Angst den Charakter eines Einbruchs des Fremden, das unvorstellbar bleibt und von der Gegenwart des Subjekts durch eine Schwelle getrennt ist. »In der Angst entzieht sich das Fremde der bestimmenden Einordnung« (Waldenfels 1997, 44), das Subjekt verliert für den Augenblick die Orientierung. »Wüßte ich, worüber ich staune oder wovor ich mich ängstige, so würden Staunen und Angst verschwinden wie ein Phantom« (ebd.). Am extremen Pol des Orientierungsverlusts steht die buch-

stäblich ›kopflose‹ Panik, in der der Geängstigte nicht mehr zu geordneten Reaktionen in der Lage ist.

Für die primäre Angst gilt daher, dass ihr Anlass sich zwar unter Umständen aus der Außenperspektive feststellen lässt, dem Subjekt selbst aber gar nicht gegeben ist. Die auf Kierkegaard zurückgehende und von Heidegger noch einmal betonte Unterscheidung der Angst von der Furcht schreibt nur dieser den intentionalen Bezug auf einen bestimmten, »innerweltlichen« Gegenstand zu, während die Angst es letztlich mit dem »Nichts« zu tun habe, nämlich mit dem »nackten Daß« des Daseins (Heidegger 1986, 134) oder mit dem In-der-Welt-Sein als solchem: »Daß das Bedrohende *nirgends* ist, charakterisiert das Wovor der Angst« (ebd., 186). In der neueren philosophischen Diskussion wird diese Unterscheidung wieder kritischer gesehen: Sowohl Angst als auch Furcht antizipieren eine mehr oder minder bestimmte Bedrohung (*wovor*), sie enthalten gleichermaßen den Antrieb zur Flucht oder Vermeidung (*wozu*), und sie gelten reflexiv dem eigenen Selbst, dem es um sein Wohl, sein Leben oder sein Sein geht (*worum*). Daher erscheint es angemessener, die Angst als graduiertes Phänomen zwischen den Polen von reiner Angst bzw. diffuser Bangnis einerseits und konkretisierter, objektgerichteter Furcht andererseits einzuordnen (vgl. Fink-Eitel 1993; Demmerling/Landweer 2007, 80 ff.).

Dafür spricht zudem, dass auch die Angst die intentionale und produktive Funktion der *Phantasie* in Anspruch nimmt. Der Verängstigte neigt dazu, sich die zunächst nur unbestimmt antizipierte Katastrophe auszumalen und die Umgebung mit den bedrohlichen Agenzien zu bevölkern, die gerade seiner größten Angst entsprechen. Nicht zu Unrecht wies Kierkegaard (1981, 161) auf die Kreativität der Selbstqual hin, zu der die Angst – ähnlich wie die Eifersucht – neigt. Dabei kommt es zu einer bedeutsamen Änderung der Neutralitätsmodifikation, die nach Husserl sonst einen wesentlichen Aspekt der Phantasie ausmacht. Ihre Erscheinungen haben gewöhnlich eine so vage und schattenhafte Form, »daß uns nicht einfallen könnte, dergleichen in die Sphäre aktueller Wahrnehmung und Bildlichkeit hineinzusetzen« (Husserl 1980, 59). Diese strenge Unterscheidung zwischen Wahrnehmung und Phantasie ist in der Angst suspendiert; die Grenzen zwischen Möglichkeit und impressionaler Gegebenheit beginnen zu verschwimmen. Die Angst neigt zur Illusionsbildung; sie lässt uns, wie das Kind angesichts von Schatten im dunklen Wald, an die Wirklichkeit unserer Phantasien glauben. Damit erweist sie sich als eine zur Konkretisierung und damit zur Furcht tendierende Modifikation des Bewusstseins.

Auch die psychologische Analyse bestätigt einen engen Zusammenhang von Angst und Furcht (s. Kap. II.3). So zeigt sich die objektlose neurotische Angst, wie sie etwa in der Panikstörung scheinbar ohne Anlass auftritt, bei näherer Analyse doch als Reaktion auf eine verdrängte Bedrohung zentraler seelischer Bedürfnisse oder auf einen unbewussten Triebkonflikt (Freud 2000b). Zudem belegt die klinische Erfahrung, dass die Symptomatik von Angststörungen häufig zwischen den objektbezogenen Phobien und frei flottierenden Ängsten hin- und herwechselt (Lang 1996). Wie beschrieben, versucht die Angst zur Furcht zu werden, also ihren Gegenstand namhaft oder sichtbar zu machen. So lassen sich Phobien als rückverwandelte und dadurch abgeschwächte Formen der Angst auffassen; sie vermeiden den eigentlichen Konflikt, indem sie ihn durch das umschriebene Symptom etwa einer Agoraphobie ersetzen. Hinter der Störung des Verhältnisses von Leib und Umraum, dem »verhinderten ›Weg!‹« verbirgt sich dann ein tieferer, existenzieller Konflikt zwischen verschiedenen Lebens- und Beziehungsmöglichkeiten (s. u.).

In jedem Fall sind Angst und Furcht, wie alle Affekte, Weisen des menschlichen Selbstverhältnisses. Sie lassen sich als Reaktionen auf die Bedrohung des Selbst in einem als essenziell erlebten Wert auffassen, sei dieser nun vitaler, sozialer oder existenzieller Natur. Mit anderen Worten: Sie gelten dem Einbruch eines Ereignisses, das uns vom Wertvollsten und damit zugleich von uns selbst trennen könnte. Insofern geht es in der Angst immer um das Subjekt in seiner Totalität, in seiner leiblichen oder psychischen Integrität. Zur Bedrohungsangst vor dem gefährlichen Objekt, dem Feind oder der Natur tritt beim Menschen insbesondere die Angst vor dem Verlust sozialer Zugehörigkeit, aber auch die Angst um das Gelingen des Lebens und schließlich die Angst, die aus dem Bewusstsein der eigenen Sterblichkeit erwächst. Daher gibt es für den Menschen nicht nur die Tendenz der Angst zur Furcht, sondern auch umgekehrt die Tendenz der Furcht, durch innerweltliche Objekte hindurch auf eine immer schon gegenwärtige und ausweglose Bedrohung des Selbst in seiner Totalität zu verweisen und so zur Angst zu werden.

Biologische und anthropologische Grundlagen

Gehen wir nun von der Struktur des Phänomens über zu seinen biologischen und anthropologischen Grundlagen, d. h. von der Perspektive der 1. Person zur Perspektive der 3. Person. Dem leiblichen Grundkonflikt der Angst entspricht physiologisch eine sympathikotone vegetative Erregung (Herzklopfen, Schweißausbruch, Hyperventilation), verbunden mit allgemeiner muskulärer Anspannung und gesteigerter sensorischer Aufmerksamkeit. Darin manifestiert sich die biologische Funktion der Angst im Sinne eines der Selbsterhaltung dienlichen Warnsystems, dass zur Feind- und Gefahrenvermeidung die Flucht- oder Abwehrbereitschaft des gesamten Organismus mobilisiert (s. Kap. II.11). Allerdings tritt diese primäre, überlebenssichernde Funktion der Angst im Laufe der Kulturentwicklung eher in den Hintergrund. Stattdessen übernimmt die Angst zunehmend die Rolle einer Reaktion des Individuums auf soziale und existenzielle Gefährdungen, für die jene ursprüngliche sensomotorische Alarmierung nur noch von begrenztem Nutzen ist. Dass die Angst gleichwohl den Menschen nicht verlässt, sondern ihn in vielfältigen Formen und Verwandlungen eher noch gesteigert heimsucht, wirft die Frage nach den anthropologischen Ursachen der besonderen Angstbereitschaft des Menschen auf. Folgende Aspekte sind dabei von Bedeutung:

1. Zunächst bringt die biologisch bedingte *Ungesichertheit der menschlichen Existenz* bereits in der frühen Kindheit eine erhöhte Disposition zur Angst mit sich. Als »physiologische Frühgeburt« (Portmann 1944) ist der Mensch von Anfang an einer besonderen Gefährdung ausgesetzt; entsprechend sah Freud die primäre Wurzel der Angst in der »lang hingezogenen Hilflosigkcit und Abhängigkcit dcs kleinen Menschenkindes« (Freud 2000b, 293). Die Angst erfüllt eine wichtige Funktion im biologisch angelegten Bindungssystem (Bowlby 1975), indem sie den Verlust der Nähe und Zuwendung der Bezugspersonen und damit der für das Kleinkind vital notwendigen Geborgenheit anzeigt.

2. Hinzu kommt die Funktion von Ängsten zur internen *Regulation des Verhaltens im sozialen Verband*: Sie reagieren auf Bedrohungen des Selbstwerts, des eigenen Status in der Rangordnung der Gruppe ebenso wie auf mögliche Bestrafung (Schuld-, Gewissensangst) bis hin zum drohenden Verlust des Schutzes der Gruppe durch die Ausstoßung (»Dis-

gregationsangst«; Bilz 1971). Insoweit die Kulturentwicklung auf einem System von Triebkontrollen und -versagungen beruht, die vom Individuum internalisiert werden, geschieht auch dies, wie Freud in *Das Unbehagen in der Kultur* (1930) ausführt (Freud 2000c), um den Preis der Angst, die gleichsam als innerer Wächter der Selbstkontrolle installiert wird. Da man sich inneren Triebkonflikten nicht durch Flucht entziehen kann, entsteht Angst, die ihrerseits eine Verdrängung des Bedrohlichen ins Unbewusste zur Folge hat. Insofern stellen Konflikte zwischen Individuum und Sozietät, seien sie nun äußerlich ausgetragen oder in das Subjekt verlagert, für den zivilisierten Menschen die häufigsten Anlässe für Ängste dar und liegen auch der Mehrzahl von klinischen Angststörungen zugrunde.

3. Die Angstbereitschaft des Menschen wird weiter gesteigert durch seine *Fähigkeit zur Imagination* und zur Antizipation der Zukunft, die ihn mögliche Gefahren – Krankheiten, Verluste, Trennungen, Not oder Krieg – in der Vorstellung vorwegnehmen lässt. Damit wird die *Sorge* um das eigene Leben zur grundlegenden Daseinsstruktur. Die Zeitperspektive der Angst erweitert sich über die Gegenwart und nächste Zukunft hinaus bis hin zur letzten Ausweglosigkeit des eigenen Todes, ja nicht selten noch darüber hinaus. Da die Möglichkeiten des Entkommens oder der Vorkehrungen begrenzt bzw. angesichts des Todes ganz aussichtslos sind, bleibt auch in der sichersten Gegenwart immer Anlass für Angst – und sei es die keineswegs seltene Angst vor der Angst selbst, also vor der Wiederkehr einmal erlebter Angstzustände. Hier zeigt sich die proleptische Struktur der Angst als zusätzlich verflochten mit den traumatischen Erfahrungen des Individuums in der Vergangenheit (s. Kap. III. A.2).

4. Angst ist schließlich der Preis für die Offenheit des »nicht festgestellten Tiers« (Nietzsche 1965, 623), also für den *Spielraum der Freiheit*, der den natürlichen Notwendigkeiten des tierischen Lebens gegenübersteht. Dass das eigene Leben dem Menschen nicht einfach vorgegeben, sondern aufgegeben ist (Blankenburg 1996), bedeutet zugleich eine höhere, nämlich existenzielle Gefährdung. Über die elementare Daseinsvorsorge hinaus wird dem Menschen das Leben zu einem Wagnis: Er kann durch eigene Entscheidungen seine Ziele oder Werte verfehlen, ein zu hohes oder auch zu geringes Risiko eingehen; nur ihm kann das Leben selbst misslingen. Damit eröffnet sich das weite Feld existenzieller Ängste.

Begünstigen somit die Verletzlichkeit, die Instinkt- und Gegenwartsentbundenheit des Menschen die Entstehung von Angst auf unterschiedlichen Stufen, so eröffnen sich ihm doch andererseits Möglichkeiten der Angstbewältigung, die dem Tier nicht gegeben sind. Die Kulturentwicklung lässt sich nicht zuletzt als eine kollektive Anstrengung verstehen, die natürlichen Bedrohungen durch Feinde, Krankheit, Hunger und Tod immer weiter zurückzudrängen und damit Angst abzuwehren (s. Einleitung Kap. IV). Das Gleiche gilt für das Individuum und seine präventiven Möglichkeiten der Angstreduktion. Nicht zuletzt bleibt ihm aber auch in auswegloser Lage die rettende Fähigkeit, sich zu sich selbst und seiner Situation zu verhalten: Die Angst kann zwar in Verzweiflung übergehen, wenn die Konstriktion keine Hoffnung auf Befreiung mehr lässt; sie verschwindet jedoch gerade dann, wenn es dem Subjekt gelingt, sich ins Unvermeidliche zu schicken, den Fluchtimpuls aufzugeben und so auch den leiblichen Konflikt als Kern der Angst aufzulösen. Eine solche Möglichkeit stellt nicht die Vorgängigkeit der Spirale der Angst in Frage, weist aber auf das menschliche Vermögen hin, selbst auf unentrinnbare Widerfahrnisse noch Antworten zu geben.

Einzelne Formen des Angsterlebens

Wie bereits mehrfach deutlich wurde, treten auf den verschiedenen Stufen des seelischen Lebens, entsprechend den jeweils dominierenden Motivationen und Wertorientierungen, auch unterschiedliche Formen von Angst auf, die im Folgenden exemplarisch beschrieben werden sollen. Sie reichen von der elementaren vitalen Angst vor tödlicher Bedrohung bis zur existenziellen Angst um das Gelingen des Lebens. Im konkreten Fall sind die verschiedenen Formen allerdings vielfach miteinander verflochten, obwohl meist ein bestimmtes Moment vorherrschend ist.

1. *Vitale Angst*: Die akute Lebensbedrohung führt in der Regel zur *vitalen* oder *Todesangst*, etwa in Form der Erstickungsangst beim schweren Asthmaanfall, der stenokardischen Angst beim Herzinfarkt oder der ansteckenden Todesangst in der Massenpanik. Diese Formen elementarer, instinktiver Angst entsprechen am ehesten dem reinen leiblichen Konflikt des »gehinderten ›Weg!‹« und gehen meist einher mit dem vollständigen Verlust der Selbstdistanzierung und Situationsübersicht (»blinde Angst«). Eine leibnahe, vitale und primär gegenstandslose Angst kennzeichnet auch die schwere, phasisch wiederkeh-

rende Depression (Schneider 1920): Sie manifestiert sich in einer anhaltenden, massiven Einengung des gespürten Leibes (Oppressions- oder Panzergefühl vor allem auf der Brust), der damit allen expansiven Richtungen Widerstand entgegensetzt und im äußersten Fall die Patienten in angstvollem Stupor regelrecht erstarren lässt.

2. *Raumängste*: Die für die Angst charakteristische Trennung zwischen Leib und Umraum wird besonders an den raumbezogenen Phobien deutlich (s. Kap. III. A.1). So rückt in der *Agoraphobie* die Umgebung in eine abgründige Ferne, die eine bedrohliche Leere zurücklässt. Die Weite des Raumes gibt dem Blick keinen Halt mehr, der Bewegung kein Ziel in erreichbarer Nähe. Mit der Abspaltung des Raums wird der Leib auf sich zurückgeworfen und fällt in elementare Angst. Umgekehrt dringt in der *Klaustrophobie* der Umraum förmlich auf den Leib ein und treibt ihn in die Enge. Menschenansammlungen, Theatersäle, Aufzüge usw. lösen einen Fluchtimpuls aus, der aber durch räumliche Barrieren unterbunden wird. In der *Höhenangst* schließlich erzeugt die ungewohnte Ferne der Objekte beim Blick nach unten die ›gähnende Leere‹ des Abgrunds: Die Richtung des Blicks in die Tiefe zieht den Leib sogartig nach sich, wogegen sich wiederum ein massiver Fluchtimpuls richtet. Beide Tendenzen halten sich in Schach und erzeugen den leiblichen Konflikt der Angst (vgl. Schmitz 1988, 136 ff.).

In den Raumängsten dynamisiert sich somit der umgebende Raum, er rückt in die Weite oder schrumpft zusammen. Das Übermaß des Affekts destabilisiert die vertraute geometrische Struktur des Raumgefüges, in der sich der Leib sonst einrichtet; die Angst schnürt ihn vom Umraum ab. Freilich lässt sich die Genese der Raumängste nicht mehr rein leibräumlich beschreiben. Dass die symbolischen Qualitäten des Raums dabei eine wesentliche Rolle spielen, zeigt sich zum einen am Charakter der *Öffentlichkeit*, den die von Agoraphobikern gefürchteten Räume haben: Die Patienten antizipieren auch die Exposition vor anderen, den eigenen Kontroll- und Gesichtsverlust. Zum anderen ist die Tiefe des Raumes als Möglichkeit von Bewegung zugleich eine Dimension der gelebten *Zukunft*, die verlockend oder aber bedrohlich erscheint. Die lähmende Angst des Agoraphobikers vor dem Offenen und Freien entspricht insofern einem existenziellen »Nicht-von-der-Stelle-Kommen«, einem Zurückweichen vor der Zukunft in die vertraute Nahwelt (von Gebsattel 1954, 66 f.). Im Hintergrund steht oft die

Angst vor insgeheim gehegten Wünschen nach Selbstrealisierung, die aber eigenen Hemmungen oder Moralgeboten widersprechen und daher als gefährdend erlebt werden. Im Gefühl der Verlassenheit in leerer Weite spiegelt sich zudem die häufige Auslösung von Panikanfällen durch Trennungssituationen, Todesfälle oder Orientierungskrisen. Der Klaustrophobie schließlich liegt oft eine latente Angst vor einem Verlust von Wahl- und Entfaltungsmöglichkeiten in einer einengenden Lebens- oder Beziehungssituation zugrunde (Fuchs 2000, 181 ff.).

3. *Soziale Ängste*: Bleiben die psychosozialen Ursachen von Raumängsten zumeist noch verdeckt, so zeigt sich die Angewiesenheit des Menschen auf den Schutz und die Geborgenheit der Gruppe in einer Vielzahl manifester sozialer Ängste. In der für die Angst charakteristischen Abspaltung von Leib und Umraum kommt hier nicht mehr eine vitale Bedrohung, sondern eine Gefährdung des Beziehungsraums der Person zum Ausdruck, in erster Linie eine drohende Trennung oder Verlassenheit. Dies beginnt mit der Angst des Kleinkindes vor dem Alleinsein oder der Dunkelheit, lässt sich aber auch phylogenetisch zurückverfolgen: Die bereits erwähnte Disgregationsangst des Frühmenschen galt dem Verlust des Kontakts zur Gruppe, der zum Überleben in einer feindlichen Umwelt erforderlich war. Verlassen, ausgesetzt, verstoßen zu werden, kam einem Todesurteil gleich und löste massive Alarmreaktionen aus (Bilz 1971).

Diese elementaren Ängste transformieren sich allerdings in der weiteren Entwicklung, nämlich zur Angst vor Zurückweisung, Liebesentzug, Entwertung oder Bestrafung, also vor subtileren Bedrohungen der sozialen Zugehörigkeit und Anerkennung. Zu solchen Ängsten gehören insbesondere Scham und Schuldgefühl, die bereits die Einnahme einer Außenperspektive auf das eigene Selbst voraussetzen: In ihnen reagiert das Kleinkind auf Erfahrungen von Bloßstellung, Missbilligung oder Strafe. Solche Erfahrungen sedimentieren sich zu Angstbereitschaften, die auch unabhängig von der konkreten sozialen Situation aktualisiert werden. So entwickelt sich das Schuldgefühl aus der Angst vor der antizipierten Bestrafung durch eine nunmehr internalisierte Autorität: »Gewissen ist […] in seinem Ursprung ›soziale Angst‹ und nichts anderes« (Freud 2000a, 39). Zu den Ängsten, die die Stellung des Individuums im sozialen Verband regulieren, gehören weiter die Angst vor Versagen, Herabsetzung, Statusverlust, aber auch vor Hingabe, Selbstverlust und

Unfreiheit in persönlichen Beziehungen. Sie können sich in dauerhaften Fehl- oder Vermeidungshaltungen wie übermäßiger Schüchternheit, Angepasstheit, Geltungsbedürftigkeit oder Bindungsscheu niederschlagen.

4. *Existenzielle Ängste*: Aus dem reflexiven Selbstverhältnis des Menschen resultiert die Freiheit bzw. Notwendigkeit von Entscheidungen über das eigene Leben ebenso wie das Bewusstsein seiner Begrenztheit durch den Tod. Die damit verbundene Sorge um das eigene Sein ist die Quelle verschiedener Ängste, die sich gleichermaßen als existenziell bezeichnen lassen: In Frage gestellt ist das Woraufhin und Worumwillen des Daseins als solchen. Folgende Formen lassen sich unterscheiden:

a) Eine existenzielle Beunruhigung liegt in der Offenheit und Ungewissheit von Lebensentscheidungen, in der Konfrontation mit einem prinzipiell grenzenlosen Möglichkeitsspielraum, der analog zur Höhenangst einen »Schwindel der Freiheit« (Kierkegaard) hervorrufen kann. Es geht um die grundlegende Angst vor dem Wagen oder Verfehlen des eigenen Lebens, die vor allem von hohen Selbstansprüchen und -idealen genährt wird – sie steigern gleichsam die Fallhöhe des Lebensentwurfs.

b) Damit eng verknüpft ist die Angst vor der Selbstwerdung (Riemann 1961), also vor dem Ergreifen von eigenen Lebensmöglichkeiten, da die Individuation als Vereinzelung, ja als Vereinsamung wahrgenommen und gefürchtet wird. Die Freiheit der Selbstwahl ist darüber hinaus verknüpft mit der Erfahrung der Grundlosigkeit und damit ›Ungerechtfertigtheit‹ der eigenen Existenz, die nicht mehr in einer vorgegebenen, sichernden Bahn verläuft und, in Analogie zur Weiteangst des Agoraphobikers, zu einem existenziellen *horror vacui* führen kann. Hier zeigt sich erneut, wie auf den unterschiedlichen Ebenen der Angst analoge Schematismen wirksam sind.

c) Umgekehrt entspricht der Klaustrophobie auf existenzieller Ebene die wahrgenommene Abschnürung, Unerreichbarkeit oder Verfehlung von Möglichkeiten der Selbstentfaltung. Dies kann sich zunächst in der Angst vor Festlegung und Bindung manifestieren, die den Lebensentwurf so lange wie möglich in der Schwebe zu lassen versucht, denn jede Begrenzung wird bereits als Einschränkung oder gar als Gefängnis erfahren. Zum gleichen Typus gehört die Angst angesichts des ungelebten Lebens und der versäumten Möglichkeiten, die vom Bewusstsein einer zu Ende gehenden Lebensphase

oder des sich nähernden Todes hervorgerufen wird (›Torschlusspanik‹).

d) Als *Daseins-* oder *Weltangst* lässt sich die Angst davor bezeichnen, einer unheimlichen, ihrer vertrauten Bezüge beraubten, in ihrer letztlichen Bedeutungslosigkeit sich offenbarenden Welt ausgesetzt zu sein. Es entsteht ein beklemmendes Gefühl der Leere und Entfremdung, das die Welt in abgründige Ferne rücken und zugleich den Sinn des Daseins fragwürdig werden lässt. Eine erste Formulierung für diese metaphysische Verlorenheit findet Pascal im »Schaudern vor dem ewigen Schweigen der unendlichen Räume« (Pascal 1978, 115):

> Wenn […] ich bedenke, daß das ganze Weltall stumm und der Mensch ohne Einsicht sich selbst überlassen und der Verirrter in diesem Winkel des Weltalls, […] dann überkommt mich ein Grauen, wie es einen Menschen überkommen müßte, den man im Schlaf auf einer wüsten und schreckvollen Insel ausgesetzt und der erwachend weder weiß wo er ist, noch wie er entkommen kann (ebd., 318).

Für Heidegger tritt in der Angst die fundamentale Ungeborgenheit des Daseins zutage: »Das Wovor der Angst ist das In-der-Welt-Sein als solches«, insofern diese Welt den »Charakter völliger Unbedeutsamkeit« aufweist (Heidegger 1986, 186). Andererseits wirft gerade diese existenziale Angst den Menschen in der Weise auf sich selbst zurück, dass er sich nicht mehr mit den alltäglichen Selbstverständlichkeiten des gewohnten Lebens beruhigt, sondern in der Vereinzelung auch auf seine eigentlichen Möglichkeiten besinnt. Ähnlich gerät das Dasein nach Jaspers in *Grenzsituationen*, die alle bisherigen Entwürfe und Sinngehäuse fragwürdig erscheinen lassen und den Menschen mit den unauflösbaren Antinomien der *conditio humana* konfrontieren. Das Zerbrechen der Gehäuse von Gewohnheit, Vermeidung, Verleugnung und Ideologie löst unweigerlich Angst aus, gibt aber zugleich die Möglichkeit zum »Aufschwung« oder »Sprung zur Existenz« (Jaspers 1973, 207).

e) Die *Todesangst* tritt nicht nur als vitale Angst vor unmittelbarer Todesgefahr auf, sondern aufgrund des menschlichen Selbstverhältnisses auch in existenzieller Form (s. Einleitung Kap. II). Hier zeigt sie sich als Angst vor der Auflösung oder dem Verlöschen des Selbst, vor dem Verlust aller Beziehungen und Gestalten des Lebens, vor dem im Tod antizipierten »Ende aller Möglichkeit« (Levinas 1987, 73). Für Heidegger erschließt sie als vorauslaufende Angst die grundlegende Struktur des Daseins als »Sein zum Tode« und damit gerade die Möglichkeit des eigenen Selbstseins. Da die Angst vor der letzten

Ausweglosigkeit jedoch in besonderer Weise verdrängt wird und sich hinter dem zwar offensichtlichen, aber eben nur allgemeinen Wissen: »man stirbt am Ende auch einmal« (Heidegger 1986, 253) verbirgt, taucht sie in vielfältigen Verkleidungen auf, nicht zuletzt in den bereits erwähnten umschriebenen Phobien, in hypochondrischen Befürchtungen oder in gegenstandslosen Panikgefühlen.

f) Als spezifisch aus dem menschlichen Selbstverhältnis resultierende Angst ist schließlich auch die *psychotische Angst* vor der Auflösung und dem Untergang des Selbst anzusehen, die in der Überflutung des Bewusstseins mit entfremdeten Fragmenten von Gedanken, Bildern und Impulsen und in der Auflösung der Grenzen zwischen Ich und Welt erlebt wird. Sie tritt im Drogenrausch (etwa bei LSD), in deliranten Zuständen oder akuten schizophrenen Psychosen auf. Kann man sie aufgrund des drohenden Selbstverlusts zu den existenziellen Ängsten rechnen, so gleicht sie doch der vitalen Angst im vollständigen Verlust der Selbstbesinnung und Distanzierungsfähigkeit.

In den existenziellen Ängsten zeigt sich, dass das menschliche Dasein nicht nur im biologischen und sozialen Sinn gefährdet ist, sondern auch durch sein Selbstverhältnis, das heißt durch seine Freiheit, Offenheit und Ungesichertheit. Damit eröffnet sich ein schwindelnder Abgrund von Möglichkeiten, deren Wahl letztlich in grund- und kriterienloser Selbstbestimmung erfolgt – in Kierkegaards berühmter Formulierung:

Angst kann man vergleichen mit Schwindel. Wessen Auge in eine gähnende Tiefe hinunterschaut, der wird schwindlig. Der Grund seines Schwindels aber ist ebensosehr sein Auge wie der Abgrund; denn gesetzt, er hätte nicht hinuntergestarrt! So ist die Angst der Schwindel der Freiheit, die aufsteigt, wenn [...] die Freiheit nun hinunterschaut in ihre eigene Möglichkeit und dabei die Endlichkeit ergreift, um sich daran zu halten (Kierkegaard 1981, 60).

Wie sich der von Höhenschwindel Erfasste am Fels über dem Abgrund festklammert, so ist, wer der Freiheit ausgesetzt ist, ebenso von ihr angezogen wie er vor ihr zurückschreckt. Der leibliche Konflikt der Angst, das »gehinderte ›Weg!‹« kehrt auf der existenziellen Ebene wieder. Im Augenblick vor der Wahl wird alles möglich, und nichts könnte den Wählenden zwingen, das eine und damit nicht das andere zu wählen. Diese Situation der Freiheit ist ebenso faszinierend wie beängstigend; damit wird Angst zur Grundbefindlichkeit der Existenz.

Die existenzielle Angst bei Sartre

Die Dialektik und Ambiguität der Angst hat auch Jean-Paul Sartre in seinem 1943 veröffentlichten Werk *Das Sein und das Nichts* analysiert (s. Kap. II.2). In der Angst bezeugt sich, so Sartre, dass das Subjekt durch das Nichts seiner Freiheit von seinem Wesen im Sinne des Gewesenen und Gewordenen geschieden ist, also von den sedimentierten Gewohnheiten, Haltungen und Entschlüssen seiner Vergangenheit. In der Angst bin ich mir dessen bewusst, dass nichts mich hindert, mich wieder auf andere Wege zu begeben und die Entscheidungen zu ignorieren, die mein vergangenes Ich getroffen hat. Der Spieler, der ernstlich beschlossen hat, nicht mehr zu spielen, sieht, in die Nähe des Spieltisches gekommen, plötzlich alle seine Vorsätze wankend werden. Er will nicht spielen; »aber was er dann in der Angst erfaßt, das ist gerade die Unwirksamkeit des vergangenen Entschlusses. Er ist da, zweifellos, aber erstarrt, unwirksam, *überschritten* gerade durch die Tatsache, daß ich Bewußtsein von ihm habe« (Sartre 1962, 75). Angst ist der Preis dafür, sich nicht als von der Vergangenheit determiniertes, sondern als zu jedem Zeitpunkt freies Wesen zu erfahren.

Die gleiche Infragestellung richtet sich daher auch auf die Zukunft: In jedem Augenblick wird das Subjekt die Möglichkeit haben, seine eigenen Entscheidungen und Entwürfe wieder zu revidieren. Sartre verdeutlicht dies an der Höhenangst: Alle die Furcht vor dem Absturz bannenden Vorsätze (auf die Steine am Weg achten, sich vom Rand des Pfades entfernt halten usw.) sind doch nicht zwingend, sie bestimmen also nicht unumstößlich sicher mein künftiges Verhalten. »Wenn *nichts* mich zwingt, mein Leben zu bewahren, hindert mich *nichts*, mich in den Abgrund zu stürzen. Die endgültige Verhaltensweise wird aus einem Ich hervorgehen, das ich noch nicht bin« (ebd., 74). Aus diesem Bewusstsein des Könnens nährt sich der Schauder vor dem Abgrund: Schwindel ist die Angst vor einer Freiheit, die im wörtlichen Sinne ab-solut und grund-los ist.

An der Wurzel der Angst liegt also gleichsam ein ›Satz vom unzureichenden Grund‹, nämlich dafür, eine Möglichkeit statt einer anderen zu ergreifen. Meine Vergangenheit zwingt mich nicht dazu, etwas zu tun; in jedem Augenblick könnte ich mich von allen Bindungen, Verpflichtungen und Versprechen lösen, ja angesichts der Absolutheit der Freiheit scheinen alle Möglichkeiten gleich berechtigt oder gleich-gültig zu sein. Das wird besonders deutlich in Sartres Analyse der Wertkonstitution: Danach gibt es weder objektive Erkenntnis noch objektives Sein der Werte. Sie konstituieren sich als solche ausschließlich durch meine Freiheit, »und nichts, absolut nichts rechtfertigt mich, diesen und nicht jenen Wert, diesen und nicht jenen Wertmaßstab mir zu eigen zu machen. Insoweit ich das Sein bin, durch das jene Werte bestehen, bin ich ohne Rechtfertigung« (ebd., 82). Die Freiheit ängstigt sich, die absolute, aber rechtfertigungslose Grundlage der Werte zu sein, die sie zugleich mit ihrer Wahl wählt. In letzter Instanz ängstigt sie sich vor sich selbst (ebd., 78).

Die Angst vor meinem Sein-Können impliziert offensichtlich ein komplexes Verhältnis zwischen dem aktuellen und dem zukünftigen Ich. Einerseits besteht eine Identität zwischen beiden: Ich entwerfe mich in die Zukunft und bin in gewissem Sinn bereits dort; es geht um mich und mein eigenes Leben. Zugleich ist das zukünftige Ich aber von mir absolut getrennt: »In das Innere dieser Beziehung hat sich ein Nichts geschlichen: ich *bin* nicht der, der ich sein werde« (ebd., 74). Auf keine Weise kann ich mein zukünftiges Ich bestimmen oder determinieren; seine Entschlüsse werden aus ihm hervorgehen. Es ist ein freies, autarkes Ich, das von mir unabhängig sein wird. Dieser Widerspruch im Selbstverhältnis zwischen Identität und Nicht-Identität ist wesentlicher Bestandteil des Phänomens der Angst: »Das Bewußtsein, seine eigene Zukunft zu sein in der Weise, sie nicht zu sein, das ist genau das, was wir *Angst* nennen« (ebd.). Mein Leben hängt von einem künftigen Ich ab, das ich noch nicht bin: Der Schwindel der Angst »erscheint als das Erfassen dieser Abhängigkeit« (ebd.).

Sartres Analyse der Angst steht im Kontext seiner Ontologie des menschlichen Bewusstseins oder Für-Sich-Seins als Einheit von Identität und Nicht-Identität: Die Angst ist der Affekt, der aus der Freiheit aufsteigt, insofern sie einen Spalt, ein »Nichts« im Selbst erzeugt. Freilich wird damit nur *eine* Form existenzieller Angst erfasst, nämlich die, welche aus der Indeterminiertheit des Subjekts resultiert. Die fundamentale Ausgesetztheit der Existenz liegt aber nicht nur in ihrer Möglichkeit zur Freiheit begründet, sondern auch in ihrer Verletzlichkeit, ihrer Endlichkeit ebenso wie in der Fragwürdigkeit aller sie tragenden Sinnzusammenhänge. Hier resultiert die Angst des Subjekts nicht aus der Macht des willkürlichen eigenen Könnens, sondern eher aus der Ohnmacht gegenüber einer von außen her einbrechenden Möglichkeit, der Ausgeliefertheit an eine unausweichliche Zukunft oder dem Erleiden eines absoluten Sinnverlusts. Mit anderen Worten: Die

Analyse der existenziellen Angst muss auch die Passivität des Subjekts mit einbeziehen.

Die Angst um den Anderen bei Levinas

Abschließend sei eine Position kurz dargestellt, die bislang in der Angstforschung nicht die verdiente Aufmerksamkeit gefunden hat, nämlich die Analyse aus der ethischen Perspektive von Levinas. Sie stellt den Ansatz Heideggers in Frage, der von einer Koinzidenz zwischen dem Wovor und dem Worum der Angst ausgeht: »Das, *worum* die Angst sich ängstet, enthüllt sich als das, *wovor* sie sich ängstet: das In-der-Welt-Sein« (Heidegger 1986, 189). Auch bei Sartre bezieht sich das ›Worum‹ der Angst ausschließlich auf das Subjekt und auf sein eigenes Sein-Können. Diese reine Selbstbezüglichkeit der Angst lässt sich mit Levinas in Frage stellen. So beschreibt er in *La trace de l'autre* (1963) das »Werk der Güte« im Sinne einer Bewegung des Selben zum Anderen, die niemals zum Selben zurückkehrt. In der Güte zeigt sich eine Form der Selbstvergessenheit, nämlich ein Sein für eine Zeit des Anderen, die ohne mich sein wird. Ein solcher Aufbruch ohne Wiederkehr bedeutet, darauf zu verzichten, »die Ankunft am Ziel zu erleben« (Levinas 1983, 215). Mit dieser Formulierung hebt Levinas ein radikales Sein-für-den-Anderen hervor, das meine Verantwortung für ihn jenseits der Angst vor dem eigenen Tod impliziert: »Sein für eine Zeit, die ohne mich wäre, Sein für eine Zeit nach meiner Zeit, für eine Zukunft jenseits des berühmten ›Sein-zum-Tode‹, ein Sein-für-nach-dem-Tode« (ebd., 217). Dem folgend erscheint im späteren Text *Dieu, la mort et le temps* (1993) die Angst vor dem Nicht-Sein des Geliebten oder des Anderen als fundamentaler als die Angst vor dem eigenen In-der-Welt-Sein (Levinas 1996; Micali 2004).

Levinas' Ansatz ergänzt somit eine lange Tradition der Angstforschung, die auf dem Moment der Vereinzelung des Subjekts insistiert hat: Meine Angst kann sich auch auf das Sein (und Nicht-Sein) des Anderen jenseits meines Todes richten. »›Daß die Zukunft und die entferntesten Dinge die Regel seien für alle gegenwärtigen Tage!‹ – dies ist kein banaler Gedanke, der die eigene Dauer erschließt, sondern der Übergang zur Zeit des Anderen« (Levinas 1983, 217). In diesem ethischen Kontext modifizieren sich die Gefühle der Ohnmacht im Kern der Angst: Sie entstehen hier durch das Bewusstsein, dass ich nicht beim Anderen sein kann, als Angst vor den Widerfahrnissen, die ihm getrennt von mir zustoßen könnten. Eine solche Perspektive der Angst um den Anderen transzendiert meine eigene Zeitlichkeit und verwandelt das strukturelle Worumwillen der Angst.

Zusammenfassung

Aus phänomenologischer Sicht zeigt sich die Angst als komplexes Phänomen, das zunächst durch eine leibliche Antwort auf eine bedrohliche Situation charakterisiert ist. Diese Antwort besteht in einem Widerstreit zwischen einer leiblichen Einengung (Konstriktion) und einem gleichzeitigen Fluchtimpuls, der sich nicht realisieren lässt. Daraus lassen sich weitere Merkmale des Angsterlebens ableiten wie die Erfahrung von Ohnmacht, der Verlust der Situationsübersicht und Selbstbesinnung, der Subjektzentrismus und die invasive Atmosphäre der Unheimlichkeit. Immer geht es in der Angst um eine Erschütterung und Bedrohung des Selbst in seiner Totalität. Aus einer anthropologischen Perspektive liegen die Voraussetzungen der besonderen Angstbereitschaft des Menschen in seiner biologischen Gefährdung, seiner Angewiesenheit auf Sozialität, seiner Imaginationsfähigkeit, aber auch in der grundlegenden Offenheit und dem Möglichkeitsspielraum seiner Existenz.

In der Topologie einzelner Formen des Angsterlebens zeigte sich, dass die Grundstruktur der Angst, die Hemmung eines Fluchtimpulses angesichts einer Bedrohung, auf den verschiedenen Stufen in ähnlicher Weise wiederkehrt. Angst ist eine Grunderfahrung des leiblich verfassten und situierten Subjekts, die sich gleichermaßen im primären Leib- und Bewegungsraum, im sozialen Raum der Beziehungen und schließlich im symbolischen Raum der Existenz manifestiert. In ihr erweist sich das Subjekt als essenziell bedürftig, angewiesen auf die Verbindung zu seinen zentralen Beziehungen und Lebensmöglichkeiten, deren Gefährdung oder Trennung es als elementare Bedrohung erfährt. In der Angst wird sichtbar, dass die Autonomie des Individuums keine Autarkie impliziert, sondern immer nur als Autonomie in Bezogenheit zu denken ist.

Literatur

Bilz, Rudolf: Der Subjektzentrismus im Erleben der Angst. In: Hoimar von Ditfurth (Hg.): *Aspekte der Angst*. Stuttgart 1965, 109–123.

Bilz, Rudolf: *Paläoanthropologie*. Bd. 1. Frankfurt a. M. 1971.

Blankenburg, Wolfgang: Vitale und existenzielle Angst. In: Hermann Lang/Hermann Faller (Hg.): *Das Phänomen Angst. Pathologie, Genese und Therapie*. Frankfurt a. M. 1996, 43–73.

Bowlby, John: *Bindung. Eine Analyse der Mutter-Kind-Beziehung*. München 1975 (amerik. 1969).

Demmerling, Christoph/Landweer, Hilge: *Philosophie der Gefühle. Von Achtung bis Zorn*. Stuttgart/Weimar 2007.

Fink-Eitel, Hinrich: Angst und Freiheit. Überlegungen zur philosophischen Anthropologie. In: Ders./Georg Lohmann (Hg.): *Affekte. Zur Philosophie der Gefühle*. Frankfurt a. M. 1993, 57–88.

Freud, Sigmund: Zeitgemäßes über Krieg und Tod [1916]. In: Ders.: *Studienausgabe* Bd. IX. Hg. von Alexander Mitscherlich u. a. Frankfurt a. M. 2000a, 33–60.

Freud, Sigmund: Hemmung, Symptom und Angst [1926]. In: Ders.: *Studienausgabe* Bd. VI. Hg. von Alexander Mitscherlich u. a. Frankfurt a. M. 2000b, 227–308.

Freud, Sigmund: Das Unbehagen in der Kultur [1930]. In: Ders.: *Studienausgabe* Bd. IX. Hg. von Alexander Mitscherlich u. a. Frankfurt a. M. 2000c, 191–270.

Fuchs, Thomas: Das Unheimliche als Atmosphäre. In: Kerstin Andermann/Undine Eberlein (Hg.): *Gefühle als Atmosphären. Neue Phänomenologie und philosophische Emotionstheorie*. Berlin 2010, 167–182.

Fuchs, Thomas: *Leib, Raum, Person. Entwurf einer phänomenologischen Anthropologie*. Stuttgart 2000.

Gebsattel, Emil von: *Prolegomena einer medizinischen Anthropologie*. Berlin/Göttingen/Heidelberg 1954.

Heidegger, Martin: *Sein und Zeit* [1927]. Tübingen [16]1986.

Husserl, Edmund: Phantasie und Bildbewusstsein (Vorlesung 1904/05). In: Ders.: *Phantasie, Bildbewusstsein, Erinnerung. Zur Phänomenologie der anschaulichen Vergegenwärtigung*. Texte aus dem Nachlass (1898–1925). Hg. von Eduard Marbach. Dordrecht/Boston/London 1980, 15–50.

Jaspers, Karl: *Philosophie*. Bd. II: Existenzerhellung [1932]. Berlin/Heidelberg/New York 1973.

Kierkegaard, Søren: *Der Begriff Angst*. Gesammelte Werke, 11./12. Abteilung. Hg. von Emanuel Hirsch, Gütersloh 1981 (dän. 1844).

Lang, Hermann: Zur Pathologie der Angst und Angstverarbeitung. In: Ders./Hermann Faller (Hg.): *Das Phänomen Angst. Pathologie, Genese und Therapie*. Frankfurt a. M. 1996, 122–145.

Levinas, Emmanuel: *Die Spur des Anderen. Untersuchungen zur Phänomenologie und Sozialphilosophie*. Übers. von Wolfgang Nikolaus Krewani. Freiburg/München 1983 (franz. 1963).

Levinas, Emmanuel: *Totalität und Unendlichkeit. Versuch über die Exteriorität*. Übers. von Wolfgang Nikolaus Krewani. Freiburg/München 1987 (franz. 1961).

Levinas, Emmanuel: *Gott, der Tod und die Zeit*. Hg. von Peter Engelmann. Wien 1996 (franz. 1993).

Micali, Stefano: Zeiterfahrungen. Eine phänomenologische Analyse der Zeitlichkeit als brüchige Erfahrung. In: *Phänomenologische Forschungen* (2004), 11–36.

Nietzsche, Friedrich: *Jenseits von gut und böse* [1886]. In: Ders.: *Werke in drei Bänden*. Hg. von Karl Schlechta. Band II. Darmstadt 1965, 563–759.

Pascal, Blaise: *Pensées. Über die Religion und über einige andere Gegenstände*. Heidelberg 1978 (franz. 1670).

Portmann, Adolf: *Biologische Fragmente zu einer Lehre vom Menschen*. Basel 1944.

Riemann, Fritz: *Grundformen der Angst. Eine tiefenpsychologische Studie*. München 1961.

Sartre, Jean-Paul: *Das Sein und das Nichts. Versuch einer phänomenologischen Ontologie*. Hamburg 1962 (franz. 1943).

Schmitz, Hermann: *System der Philosophie, 1. Band: Die Gegenwart*. Bonn ²1981a.

Schmitz, Hermann: *System der Philosophie, 3. Band, 2. Teil: Der Gefühlsraum*. Bonn ²1981b.

Schmitz, Hermann: *System der Philosophie, 3. Band, 1. Teil: Der leibliche Raum*. Bonn ²1988.

Waldenfels, Bernhard: *Topographie des Fremden – Studien zur Phänomenologie des Fremden 1*. Frankfurt a. M. 1997.

Thomas Fuchs/Stefano Micali

5. Soziologie der Angst

Eine Soziologie der Angst existiert nicht. Das mag verwundern, tritt Angst als individueller wie auch als gesellschaftlicher Zustand doch in ebenso unterschiedlichen wie vielfältigen sozialen Situationen auf. Und dennoch liegt eine Soziologie der Angst nirgends vor. Zwar wird der Topos der ›Angst‹ immer wieder bemüht, aber in der Regel eher als scheinbar selbstverständlicher Terminus, der ebenso selbstevident wie assoziationsoffen in Argumentationen verwendet und jedenfalls nirgends mit der nötigen Sorgfalt geklärt wird. Daneben existieren zahlreiche Forschungsfelder, in denen soziale Angstlagen sehr wohl eine Rolle spielen – von der Bedrohung durch Großtechnologien über die Gefahr des Terrorismus bis hin zu aktuellen Ernährungspraktiken. Doch auch hier wird die Kategorie der Angst, wenn überhaupt, so zumindest nicht systematisch genutzt. Der folgende Beitrag zu einer Soziologie der Angst wird deshalb weit stärker herausgefordert sein, Mutmaßungen über die Gründe für die weitestgehende Abwesenheit einer Soziologie der Angst aufzustellen, als diese selbst im Detail zu rekonstruieren. Ein jüngst zu beobachtender Perspektivenwechsel vollzieht sich allerdings unter dem Eindruck des sogenannten *emotional turn*, der die soziologische Auseinandersetzung mit einer Vergesellschaftung von Emotionen und deren grundsätzlicher sozialer Stellung forciert. Auch hier liegt bislang allerdings keine explizite Auseinandersetzung mit dem Phänomen der Angst in der Gesellschaft vor; die Angst bleibt in der Regel nur eines von vielen in diesem Kontext verhandelten Gefühlen.

Obgleich daher der Begriff der ›Angst‹ im Rahmen der Soziologie vor allem selbstevident und als symbolische Chiffre Verwendung findet, lassen sich zugleich bestimmte Meta-Themen identifizieren, die, obschon in der Regel indirekt, dem Begriff respektive dem Phänomen der Angst einen zentralen konzeptionellen Stellenwert beimessen. Dies gilt zunächst für den seit etwa 1985 geführten Diskurs zum gesellschaftlichen Umgang mit Risiken. Als jüngeres Themenfeld, das auf Motivlagen der Angst verweist, erweist sich die gegenwärtige Diskussion um Konzepte des Selbst.

Schließlich ist es der Berücksichtigung wert, dass der moderne Gesellschaftsbegriff aus einem Angstszenario hervorgeht. Denn der Fiktion zufolge, die Thomas Hobbes 1651 seinem *Leviathan* zugrunde legt, kommt es zum ebenso funktionalen wie abstrakten Gebilde der Gesellschaft nur, weil die Individuen ohne die Implementierung eines normativ regulierenden sozialen Bandes zwischen ihnen, in permanenter Angst um ihre Existenz und ihre sonstige Sicherheit leben müssten. Gesellschaft selbst ist, modern verstanden, also schon eine Institution der Einhegung von Angst. Völlig zutreffend bemerkt Hartmut Böhme, Kultur insgesamt diene der Angstabwehr (Böhme 2000, 223) und unterscheidet »zwei Kreise der Angst«: Die Ängste des »Menschen vor dem Menschen und vor dem Nicht-Menschlichen« (ebd., 224). In letzteren Kontext würde demnach, zumindest in heuristischer Perspektive, auch die Institutionalisierung von Gesellschaft als eines Humanisierungs- und Befriedungszusammenhangs gehören. Für diese, bekanntlich nicht unumstrittene Lesart von Gesellschaft markiert Hobbes den Anfangspunkt (s. Kap. II.7).

Eine Soziologie der Angst im engeren Sinne hat bislang nur Dieter Claessens in einem fünfundvierzig Jahre alten Artikel vorgelegt. Auf wenigen Seiten Text kommt er zu dem Schluss, dass in einer sozialevolutionären Perspektive soziale Angst und Furcht lange Zeit über sozial aktivierend auf die Individuen gewirkt haben können. Jedoch sei in einer modernen, demokratisch organisierten Gesellschaft, die bereits immanent aktivierend sei,

der größte Teil der in einer Gesellschaft erregten Angst und Furcht [...] disfunktional. Angst und Furcht mögen als Anthropologika den trägen Menschen zur Aktivität bringen, den bereits aktivierten und zur Aktivität anderweitig motivierten Menschen müssen sie aber in seinem Selbstverständnis schwächen, tief irritieren (Claessens 1967, 147).

Aktuell sucht Zygmunt Bauman den Begriff der ›Angst‹ für die Soziologie zu operationalisieren, indem er sie vor dem Hintergrund eines vollkommen entfesselten Transformationsprozesses der westlichen Gesellschaften erneut als primäre Ressource von Vergesellschaftung in Anschlag bringt: »Die Angst hat sich eingenistet; sie durchdringt den Alltag der Menschen im gleichen Maße wie die Deregulierung die Grundlagen der menschlichen Existenz erfasst und die Bastionen der Zivilgesellschaft fallen« (Bauman 2008, 29). Energisch plädiert Bauman dafür, sich vom Regime der Angst zu befreien, um angesichts der globalen Herausforderungen überhaupt wieder handlungsfähig zu werden (s. Einleitung Kap. II).

Exemplarische Thematisierungen: Émile Durkheim

Soweit mittlerweile eine Rekonstruktion des Stellenwerts von Emotionen als basalen Elementen von Vergesellschaftungsprozessen vorliegt, lässt sich häufig zumindest indirekt auf das Motiv der ›Angst‹ zugreifen. Auffällig dabei ist, dass die Angst offenbar vor allem einen Modus der Störung gelingender Vergesellschaftung darstellt. Jedoch muss dies weitestgehend im Bereich der Hypothesenbildung bleiben, da eine unmittelbare Thematisierung des Gefühls der Angst ausbleibt. Vielmehr werden andere Gefühlslagen stark gemacht, die unter anderem von Zuständen der Angst durchkreuzt werden können. Vor diesem Hintergrund ist eine Historisierung des soziologischen Umgangs mit der Kategorie der ›Angst‹ kaum möglich, weshalb hier stattdessen nur einige exemplarisch erscheinende Ansätze vorgestellt werden.

Im Falle von Émile Durkheim gilt dies für die Herstellung von Solidarität unter den Individuen. Als hochgradig moralisch etikettierter sozialer Affekt stellt sie eine der Grundlagen für die erfolgreiche Knüpfung eines sozialen Bandes dar, also für eine Verbindung der Individuen entsprechend der Rahmenbedingungen von Gesellschaft, die zugleich eine Verpflichtung dieser Individuen einander gegenüber wäre. Soziale Solidarität, führt Durkheim aus, ist ein dezidiert »moralisches Phänomen«, das aus dem Prinzip der Arbeitsteilung moderner Gesellschaften resultiert. Unterm Strich aber seien die ökonomischen Dienste der Arbeitsteilung vergleichsweise gering zu veranschlagen, »verglichen mit der moralischen Wirkung, die sie hervorruft, und ihre wahre Funktion besteht darin, zwischen zwei oder mehreren Personen ein Gefühl der Solidarität herzustellen« (Durkheim 1977, 96). Gesellschaft hat also eine affektive, emotionale Grundlage. Solidarität bildet das gesellschaftliche Bindemittel, das die Individuen in den rationalisierten und enttranszendentialisierten Gesellschaften miteinander verbindet. Und das heißt natürlich umgekehrt: Gesellschaft ist gar nicht denkbar ohne die Kultivierung einer stark empfundenen Emphase den Mitmenschen gegenüber. Damit versucht Durkheim, auf zwei gleichzeitige Entwicklungen zu reagieren, denen er Gesellschaft gegen Ende des 19. Jahrhunderts ausgesetzt sieht – einerseits die rasante Tendenz zur Individualisierung als sozialer Atomisierung, andererseits die immer stärkere Einbindung des Individuums in gesellschaftliche Strukturen und Zwänge.

Seine zentrale Frage lautet dementsprechend: »Wie geht es zu, daß das Individuum, während es immer autonomer wird, immer mehr von der Gesellschaft abhängt« (Durkheim 1977, 78)? Gesellschaftliche Solidarität als moralische Anstalt ist hierauf eine Antwort, denn diese Solidarität ist nicht bloß moralische Abstraktion und dem Einlenken ins Belieben gestellt, sondern sie ist deutlich verbunden mit dem materiellen Recht und »bezeugt ihre Gegenwart durch fühlbare Wirkungen« (ebd., 104). Entsprechend erzeugt der »Bruch der Solidaritätsbande« auch handfeste Strafreaktionen über das Instrument des Rechts (Durkheim 1977, 169).

Soziale Solidarität ist daher zwar emotional grundiert, aber nur begrenzt freiwillig. In Zeiten der Krise etwa droht sie zu erodieren. Die sich an ihrer statt öffnende Leerstelle sozialer Verbindlichkeiten wird gefüllt durch anomische Verhaltensweisen der Individuen, also mit Praktiken, die insbesondere auf soziale Regelverletzungen setzen und damit demonstrieren, wie brüchig jenes funktional doch so effektive Instrument der sozialen Solidarität sein kann. Beispielhaft erläutert Durkheim diese Zusammenhänge am Selbstmord, dessen zeitgenössische Häufung als Indikator für schwindende normative Integrationskräfte zu verstehen sei. Verlorengegangen sei das Wissen darum, »wo die Grenze unserer berechtigten Bedürfnisse liegt« (Durkheim 1990, 459) und damit ein Zerfall der geltenden Moral. »Die außerordentlich hohe Zahl derjenigen, die freiwillig aus dem Leben scheiden, zeugt von der tiefen Verwirrung, an der die zivilisierten Gesellschaften leiden, und die bestätigen den Ernst der Situation« (Durkheim 1990, 466). Die soziale Therapie bestünde in einer Reetablierung des sozialen Bandes, vor allem aber in Anstrengungen, derlei gesellschaftliche Zerfallsprozesse gar nicht erst eintreten zu lassen.

Exemplarische Thematisierungen: Max Weber

Ähnlich wie Durkheim spielt auch Max Weber die Kategorie der Angst in seinen Arbeiten eher indirekt an. Dennoch macht Helena Flam (2002) auf zwei Adressierungen von Angst im Werk Webers aufmerksam – die protestantische Angst vor Verdammnis und die Artikulation von Herrschaft. So macht Max Weber deutlich, die Implementierung einer rationalen Lebensführung im Rahmen protestantischer Lebensweisen am Vorabend der Moderne verweise eben auch auf ein Angstverhältnis. Denn die von ihm diagnostizierte »innerweltliche Askese«, die angeschlossen ist an das neue Prinzip des Berufs, dient im Wesentlichen zu nichts anderem, als über die in diesem Zusammenhang geleisteten guten Werke »Zeichen der Erwählung« ihres Urhebers ebenso sehr zu demonstrieren wie zu dokumentieren (Weber 1988, 110). Das bedeutet im Umkehrschluss aber immer auch, dass diese protestantische Berufsarbeit ganz genauso den Zweck hat, eine mögliche Verdammnis ihres Protagonisten abzuwenden oder zu negieren. Letztlich ist es die Angst, nicht zu den göttlich Erwählten zu gehören, die zu den guten Werken der Berufsarbeit antreibt. Die rationale protestantische Lebensführung erweist sich als Disziplinierungsmaschinerie ihrer Subjekte und das »stahlharte Gehäuse der Vernunft« (ebd., 203) erscheint von Anfang an weniger selbstgewählt, als durch ein Angstregime möglicher transzendenter Verdammnis oktroyiert.

Soziologisch ist diese Kontextualisierung deshalb interessant, weil hier das Motiv einer transzendentalen Angst über die »Alternative: erwählt oder verworfen« unmittelbar in immanente Strategien der Vergesellschaftung und einer nachhaltigen Rationalisierung der gesamten sozialen Organisation und Lebensführung integriert wird und damit Praktiken sozialer Herrschaft als »systematische[…] Selbstkontrolle« betont (ebd., 111). Weber formuliert, die weltliche Berufsarbeit erweise sich als »das geeignete Mittel zum Abreagieren der religiösen Angstaffekte« vor einem möglichen Verlust des Seelenheils (ebd., 106). Daneben verweist Weber auf die Rolle der Furcht bei der Etablierung sozialer Herrschaft (s. Kap. IV. A.5), stellt diese doch die primäre Motivation der Individuen zur Fügsamkeit dar, noch vor jeder möglichen Vorstellung von Legalität und der Legitimität von Herrschaftsgewalt. Bevor diese überhaupt aufgerichtet werden können, wird der Boden für eine Unterwerfung der Individuen unter das Prinzip sozialer Herrschaft entweder über Furcht oder über zweckrationale Motive bereitet (Weber 1980, 20). Darüber noch hinausgehend, argumentiert Weber, für die Legitimität einer bestimmten Form von Herrschaft spiele deren grundsätzliche Anerkennung durch die Beherrschten nicht einmal notwendig eine Rolle. Die Fügsamkeit der Beherrschten könne sich hinreichend aus deren »Schwäche und Hilflosigkeit« ergeben, während wirklich relevant die adäquate Kommunikation des »Legitimitätsanspruchs« der Herrschaft sei (ebd., 123). Auch hier erwiese sich demnach Angst als eine

ebenso mögliche wie zentrale Ressource von Vergesellschaftungsprozessen und der Aufrichtung sozialer Ordnungen der Herrschaft.

Exemplarische Thematisierungen: Norbert Elias

Erstaunlicherweise räumt Georg Simmel dem Gefühl der Angst in seinen *Untersuchungen über die
Formen der Vergesellschaftung* (1908) keinen Auftritt
ein. Obwohl nämlich die Untersuchung der Rolle diverser Gefühle bedeutenden Raum bei Simmel einnimmt, kommt das Wort ›Angst‹ schlicht und er-
greifend nicht vor. Und nicht nur das, auch implizite
Thematisierungen der Angst zu identifizieren,
scheint fast unmöglich. Rudimentär scheint eine Art
Angstmotivation höchstens auf, wenn Simmel, indem er die Facetten des Streits diskutiert, betont, sogar der Rechtsstreit weise noch Elemente eines individuellen Bemühens um die »Selbsterhaltung der
Persönlichkeit« auf (Simmel 1992, 305). Im Hintergrund stünde dann die Angst des Individuums, existentiell Opfer eines Streits zu werden, weshalb Simmel die Haltung im Streit auch als tendenziell defen-
siv angelegt sieht, nämlich als bedacht auf die eigene
Selbsterhaltung. Ansonsten aber bleibt das Phänomen ausgerechnet in Simmels umfangreicher Soziologie des Konflikts irritierend abwesend.

Prominenten Stellenwert erhält die ›Angst‹ als
theoretische Kategorie schließlich bei Norbert Elias.
Elias, der untersucht, inwieweit der Prozess der Zivilisation sich insbesondere auszeichnet durch eine
Zurückdrängung der Affekte und unmittelbaren Gewalthandlungen aus dem öffentlichen Raum zugunsten von Praktiken individueller Affektkontrolle
und Norminternalisierung, kommt immer wieder
auf das Problem der Angst zurück. Mit der Evolution des gesellschaftlich Geforderten und Verbote
nen verlagere sich zugleich die »Schwelle der gesellschaftlich gezüchteten Unlust und Angst«; womit
sich die Frage der soziogenen menschlichen Ängste
»als eines der Kernprobleme des Zivilisationsprozesses« erweise (Elias 1980, LXXIII f.). Denn wo die
Angst regiert, dürften sich sowohl Affektkontrolle
als auch Gewaltdomestikation als problematisch erweisen. Interessant ist nun aber, dass Elias die Angst
nicht nur als Krisenphänomen des Zivilisationsprozesses ausmacht, sondern auch als eine seiner strategischen Ressourcen. Ersetze doch Gesellschaft die
Lustkomponente bestimmter Praktiken durch die
Erzeugung von Angst. Das führe zur fortlaufenden

Unterdrückung damit verbundener affektiver Funktionen; diese werden abgedrängt ins »Innere« des Individuums und in die Heimlichkeit. Angstbesetzung
hilft also, die »gesellschaftliche Verfemung vieler
Triebäußerungen« durchzusetzen (ebd., 194). Als
gesellschaftliches Dispositiv eingesetzt, wirkt Angst
daher viel mehr ordnungsstabilisierend als -gefähr-
dend. Vor allem aber zeichnet sich der Prozess der
Zivilisation durch Angstabbau im lebensweltlichen
Außenraum aus, speziell da die Einführung des
staatlichen Gewaltmonopols (ganz hobbesianisch)
sowohl »die Angst und den Schrecken verringert,
die der Mensch vor dem Menschen haben muß« als
auch die individuellen Spielräume hierfür schwinden (Elias 1992, 328). Komplementär zu dieser Bewegung wird dann die individuelle Internalisierung
von Angst ermöglicht. Die soziale Rationalisierung
ebenso wie das »Vorrücken der Scham- und Pein-
lichkeitsgrenze« (ebd., 399) verwiesen daher speziell
auf jene Abnahme direkter existentieller Ängste der
Bedrohung durch andere. Damit wird es möglich,
den Luxus subtiler gesellschaftlicher Normierungs-
strategien, die sich über die Individuen selbst verwirklichen, als primären Mechanismus von Vergesellschaftung zu realisieren. Deren Beachtung wird
nun notwendig für die Erhaltung einer gesellschaftlichen Existenz der Individuen, was bedeutet, dass
die Angst als zentrales Vergesellschaftungsinstru-
ment keineswegs verschwunden, sondern lediglich
in subtilere Bereiche verlagert ist – Soziogenese und
Psychogenese werden tendenziell identisch.

Disziplinäre Schwerpunktsetzungen: Risiko

Der Blick auf einige ausgewählte soziologische Ansätze des Umgangs mit der Kategorie der Angst hat
ein etwas disparates Bild ergeben. Wiewohl Angst
sozialtheoretisch ein Begriff über Bande bleibt, da er,
wenn überhaupt, begrifflich nur indirekt angespielt
wird, kommt ihm gerade in dieser subtil bleibenden
Position wiederholt eine einigermaßen zentrale Bedeutung zu. Das bedeutet, dass der Begriff einerseits
theoretisch massiv unterbestimmt ist, da er als Kategorie für die Soziologie bislang weder systematisch
noch über eine hinreichend breite Rezeption erschlossen wurde. Andererseits wirkt der Begriff
›Angst‹ in soziologischer Hinsicht stark überdeterminiert, denn das theoretisch/konzeptionelle Gewicht, das ihm etwa bei Durkheim, Weber oder Elias
zugemutet wird, kann er aufgrund seiner konzeptionellen Unterbestimmtheit nicht annähernd tragen.

Bezeichnenderweise setzt sich dieser Eindruck fort, betrachtet man soziologische Untersuchungsthemen im Umfeld des Stichworts ›Angst‹ genauer. Denn, wie gesagt, eine Soziologie der Angst gibt es nicht und dies gilt nicht nur für deren fehlende begriffliche Bestimmung, sondern ebenso für den thematischen Umgang mit dem Begriff. In der Soziologie bleibt Angst in erster Linie ein *catchword* für Buch- und Aufsatztitel, ohne dass dies Konsequenzen für deren inhaltliche Konzeption hätte; eine reflexive Integration des Begriffes in das analytische Vokabular und Instrumentarium des Faches unterbleibt fast ausnahmslos. Eine ausführliche Darstellung der Operationalisierung und Untersuchung einer Kategorie wie auch eines gesellschaftlichen Phänomens wie der Angst muss an dieser Stelle daher wiederum mangels Präsenz entfallen. Geradezu prototypisch ließe sich hier auf David Riesmans Umgang mit dem Begriff ›Angst‹ in seiner klassischen Studie *Die einsame Masse* verweisen. Riesman führt dort immer wieder den Begriff einer »diffusen Angst« an, mit der insbesondere der außengeleitete Mensch ausgestattet sei (Riesman 1965). Derlei Formulierungen kommt in Riesmans Argumentation ein durchaus tragender Charakter zu; ganz offenbar dient Angst hier als eine Ressource sozialen Handelns und sozialer Integration. Weder macht er jedoch klar, worin genau diese Angst besteht, worauf sie abzielt und wie sie entsteht, noch klärt er darüber auf, was es mit der Verschärfung der Angst als »diffus« auf sich hat. Riesmans Verhältnis zum Terminus ›Angst‹ ist also selbst diffus und seine Wortwahl bezeichnend; sie verweist auf jene Gleichzeitigkeit von Unterbestimmtheit und Überdeterminiertheit des Begriffes. Wiederum wird es daher instruktiv sein, sich Beispiele einer subtiler angelegten Bezogenheit der Disziplin Soziologie auf das Phänomen und die Kategorie ›Angst‹ anzusehen. Dies soll an zwei Beispielen erfolgen: Der seit Mitte der 1980er Jahre geführten Debatte um Risiko und Katastrophe und der aktuellen Diskussion um das moderne Selbst (s. Kap. II.9).

Der zeitgenössische Risikodiskurs kann in weiten Teilen als Angstdiskurs bezeichnet werden (s. Einleitung Kap. IV). Verhandelt werden Bedrohungslagen, die die modernen Gesellschaften entweder selbst hervorgebracht oder die erst sie als gefahrenbewehrt identifiziert haben. Dieser Diskurs um Risiken verteilt sich auf verschiedenste Thematiken, die insbesondere die sogenannten Hochtechnologien (Kernkraft, Gentechnologie), ökologische Fragen und den Terrorismus umfassen. Jenseits dieser thematischen Variabilität zeichnen sich alle diese Diskurse, soweit sie sich als Risikodiskurse begreifen, aber durch eine erstaunliche Kongruenz darin aus, wie die Aspekte von Risiko, Gefahr und (potentieller) Katastrophe behandelt werden. Auffällig ist nämlich die weitgehende Abwesenheit des Begriffes ›Angst‹ aus diesen Diskussionen, zumindest soweit sie im Rahmen der Wissenschaften geführt werden. Innerhalb der öffentlichen und der sogenannten Laiendiskussion mag es Unterschiede und Verschiebungen geben. Der gezielte Angstdiskurs, wie er in den 1970er und 1980er Jahren politisch um Atomkraft und Hochrüstung kultiviert wurde (s. Kap. IV. A.6; IV. A.7), ist aber auch hier weitestgehend verschwunden. Im Gegenteil lässt sich eine signifikante Abtrennung des Risikos von der Angst beobachten, wenn es darum geht, gesellschaftliche Prozesse und individuelle Haltungen und Handlungspraktiken in den Blick zu nehmen. Geradezu paradigmatisch lässt sich hierfür die Debatte um die moderne Gentechnologie anführen. Ohne Zweifel ließe sich rasch nachweisen, dass der mit großer Verve geführte ethische Diskurs gegen biotechnische Manipulationen und Modifizierungen des Menschen zugleich hochgradig angstbesetzt ist, wo er auf dem Erhalt des aktuellen Menschenbildes insistiert. Von Angst wird aber nicht gesprochen, sondern lediglich von den technologischen, gesellschaftlichen und ethischen Risiken, die sich aus den betroffenen Technologien ergeben können und natürlich von den aus diesen Risikolagen sich ableitenden gesellschaftlichen und politischen Handlungsimperativen.

Risiko und Angst: Charles Perrow

Dabei setzt der Risikodiskurs Mitte der 1980er Jahre durchaus ein, indem er den Begriff der Angst teilweise prominent in seine Studien integriert. So findet sich in Charles Perrows Klassiker *Normale Katastrophen* (1984) ein Kapitel, das mit »Die Entdeckung der Angst« überschrieben ist. Perrow geht es darin um emotional basierte soziale Strukturkosten, die speziell Großtechnologien verursachen. Wichtig ist ihm zunächst festzustellen, dass solche Technologien faktisch Ängste bei betroffenen Individuen wecken können und dass die Existenz dieser Ängste, unabhängig davon, ob sie als rational oder irrational zu veranschlagen seien, als soziale Realität ernst genommen werden müsse. »Diese Technologie wirkt sich auf die sozialen Bindungen und Interaktionen ebenso aus wie auf die Gemütsverfassung der einzelnen Individuen« (Perrow 1992, 377). Entsprechend folgt für Perrow aus der »Entdeckung der Angst« als Faktor gesellschaftlicher Risikolagen vor allem die Frage danach, wie Angst als soziales Phänomen entsteht, auf welche Gegenstände sie sich bezieht, welcher rationalen oder emotionalen Logik sie folgt, da auch breit artikulierte gesellschaftliche Ängste häufig einer rationalen, empirischen Grundlage entbehren.

Risiko und Angst: Ulrich Beck

Auch Ulrich Beck weist in seiner Schrift zur *Risikogesellschaft* (1986) den Ängsten einen zwar nur schmalen, inhaltlich aber bedeutsamen Abschnitt zu, in dem er Angst als neuen gesellschaftlichen Kitt beschreibt. Das soziale Problem der Unsicherheit löse das der Ungleichheit ab, das bis dahin gesellschaftliche Auseinandersetzungen dominiert habe.

> Hier geht es im Grunde genommen nicht mehr darum, etwas ›Gutes‹ zu erreichen, sondern nur noch darum, das Schlimmste zu verhindern. […] Der Typus der Risikogesellschaft markiert in diesem Sinne eine gesellschaftliche Epoche, in der die Solidarität aus Angst entsteht und zu einer politischen Kraft wird (Beck 1986, 65 f.).

Man könnte sagen, Beck nehme damit den von Durkheim gesponnenen Faden auf, nach der Entstehung und Tradierung der sozialen »Solidaritätsbande« zu fragen. Das macht seine Thesenbildung um so interessanter, würde er so doch nicht nur ein inhaltliches Desiderat der Soziologie angehen, nämlich die Reflexion auf Phänomene der Angst, als er dies auch mit dem Versuch einer zeitgemäßen Aktualisierung von Durkheims Ausführungen zum »sozialen Band« verbinden würde. Eben dies bleibt allerdings aus, denn Beck verfolgt seine These aus dem ohnehin nur wenige Seiten umfassenden Kapitel anschließend nicht weiter – obwohl sie für den Rest seines Buches mehr oder weniger diskret die Argumentationsgrundlage zu bilden scheint. Wiederum fällt eine Verwendung der Kategorie auf, die ebenso unterbestimmt wie überdeterminiert ist. Während Angst mit der Bestimmung als neue primäre Gemeinsamkeit im Vergesellschaftungsgeschehen im Zentrum sozialer Figurationen und Ordnungsbemühungen verankert wird, bleiben Phänomen wie Begriff zugleich undefiniert und vage. Der Begriff und auch seine intellektuelle Wirkung leben auch bei Beck von affektiven Assoziationen, die daran angeschlossen werden können und die sie beim Leser offenbar ganz unmittelbar auslösen. Grob gesprochen lässt sich sagen, die soziologische Auseinandersetzung mit dem Zusammenhang zwischen Risikolagen und Angst habe hier ihren Zenit zugleich erreicht und überschritten. Nachfolgend wird es kaum mehr nennenswerte Thematisierungen der Angst im Kontextfeld geben.

Risiko und Angst: Ortwin Renn

Erwähnenswert, weil symptomatisch, wäre im hier reflektierten Zusammenhang hingegen Ortwin Renns jüngst erfolgte Verwendung des Angst-Topos. Um sein Thema der »Risk Governance« zu strukturieren, unterscheidet Renn vier Diskurstypen zum Risiko in der Gegenwartsgesellschaft. Deren erster sei die »Strategie der Angst«, die eine unheimliche Vision von Technologie beschwöre (Renn 2008, 65). Eine solche Angstkommunikation habe aber einen weithin paralysierenden Effekt auf Gesellschaft und unterbinde alle Bemühungen um Information wie auch ethische Debatten. Im Angesicht der Apokalypse lässt sich nicht angemessen Reflexion betreiben. Wo der Risikodiskurs zum Katastrophendiskurs wird, die Hoffnung auf Lösungen und Handhabbarkeit der Probleme also schwindet und stattdessen Zerstörungsszenarios Platz macht, ist scheinbar eine Angst wirksam, die sozial unter keinen Umständen zu operationalisieren ist, sondern destruktiv wirkt. Damit lässt Renn den von Perrow vorgeschlagene Ansatz, über Risikolagen ausgelöste gesellschaftliche Ängste grundsätzlich ernstzunehmen, völlig außen vor. Während Perrow Angst als einen realen und daher in gesellschaftlichen Verhandlungen auch zu berücksichtigenden Faktor adressiert, kann Renn am Phänomen der Angst nichts weiter erkennen, als eine durch Affektreaktionen ausgelöste, ungebührliche Verkennung der Komplexität einer Politik des Risikos (Renn 2008, 66). Damit praktiziert Renn freilich nicht weniger eine Komplexitätsreduktion als die mutmaßlichen Angsthysteriker, denn er ignoriert konsequent, dass sich solche Diskurslagen nur unter spezifischen gesellschaftlichen Bedingungen und Konstellationen herausbilden, die Angst also mithin nicht bloß ein störender Affekt ist, der einer rationalen und differenzierten Problembearbeitung im Wege steht, sondern selbst bereits gesättigt ist durch gesellschaftliche Erfahrungen, Konfliktlagen und Epistemologien. Mutmaßen ließe sich, dass das Ausweichen der Disziplin Soziologie vor einer breiteren Thematisierung des Phänomens der Angst als gesellschaftlicher Erschei nung genau darin begründet ist, dass Angst vor allem als diskursresistent und -hindernd wahrgenommen wird, wo es darum geht, sich komplexen Problemlagen zu nähern. Als scheinbar bloßer Affekt gilt die Empfindung von Angst, sei es individuell, sei es in gesellschaftlicher Perspektive, nicht als adäquat für die sozialwissenschaftliche Reflexion und Analyse.

Risiko und Angst: Niklas Luhmann

Ganz ohne Rückgriff auf die Kategorie der ›Angst‹ kommt denn auch Niklas Luhmann in seinem Buch zur *Soziologie des Risikos* (1991) aus. Nicht ausgeschlossen ist, dass er damit Maßstäbe für die weitere thematische Rezeption gesetzt hat. Dabei ist es keineswegs so, dass nicht auch bei Luhmann das Motiv der Angst auf subtile Weise präsent wäre. Schließlich setzt Luhmann nur scheinbar nüchtern ein, faktisch aber bemüht er emotional starke Assoziationen. So entwickelt er sein Thema von der Fragestellung aus, was denn aktuell »zum Schutze der immer prekären Normalität unternommen wird«, die »Abweichungen vom Normalen, Unglücksfälle, Überraschungen, etc.« primär als störend empfindet (Luhmann 2003, 1). Die Paradoxie des Risikodiskurses liege nun darin, dass im Risiko eine Störung der normalen gesellschaftlichen Abläufe phantasiert wird, obwohl das Risiko als Bestandteil lebensweltlicher Realität doch längst zum Normalfall des Sozialen geworden sei. Schließlich sei die Antizipation des Risikos immer gerichtet auf eine noch nicht eingetretene Zukunft, was aber gerade eine bestimmte moralische Rigidität produziere: »Die Ethik der Sorge für das Nichteintreten von Katastrophen ist so generalisiert, dass man sie jedem aufdrängen und moralisch zumuten kann« (Luhmann 2003, 5). Hier ist das Motiv der Angst unterschwellig durchaus präsent, polemisiert Luhmann doch ähnlich wie Renn, ohne dies groß explizit zu machen, gegen eine Angstkommunikation von Risikolagen, der selbst jede soziale Reflexivität fehlt. Die Moderne aber, macht er unmissverständlich klar, zeichne sich dadurch aus, dass es kein risikofreies Verhalten mehr gebe, weshalb es auch »keine absolute Sicherheit« geben könne, sofern man der Notwendigkeit von Entscheidungen Folge leiste. »Man kann Risiken, wenn man überhaupt entscheidet, nicht vermeiden. [...] Und selbstverständlich ist in der modernen Welt auch das Nichtentscheiden eine Entscheidung« (ebd., 37). Indem mit Luhmann die »moderne Gesellschaft Zukunft als Risiko vergegenwärtigt«, erscheint diese riskante Zukunft, da störungsanfällig, aber immer schon auch unterlegt durch Angstkommunikationen, weshalb es auch Luhmann nicht gelingt, das Desiderat des Begriffes ›Angst‹ erfolgreich zu vermeiden.

Disziplinäre Schwerpunktsetzungen: Das Selbst

Ein weiteres Thema innerhalb der Soziologie, das seit einigen Jahren Furore macht und grundiert zu sein scheint durch das Motiv der Angst, ist die Genese des Selbst in der Gegenwartsgesellschaft. Hier hat sich zunächst ein bemerkenswerter Verlustdiskurs etabliert, der sich dem modernen Selbst vor allem über Annahmen nähert, die dieses massiv aus einem Stand der Verunsicherung heraus zu begreifen suchen. Damit knüpft die aktuelle Auseinandersetzung um das Selbst, die zunächst ein komplett anderes Feld aufzumachen scheint als der zuvor behandelte Risikodiskurs, an diesen letztlich an. Die Genese des Selbst kann nicht länger als linearer, durch kulturelle Tradierungen getragener Prozess gelten, in dem Sozialisation und Individuation synchron verlaufen. Vielmehr sind Biographien heute bekanntlich, auch darauf hat bereits Beck in seiner *Risikogesellschaft* aufmerksam gemacht, grundlegend risikobewehrt, was ihre Perspektivierung angeht. Vor allem aber sind sie zunehmend zu weniger hedonistischen als vielmehr strikt normbewehrten Projekten der Selbstverwirklichung als Agenten gesellschaftlicher Selbstverantwortung transformiert. Das Thema einer Neubestimmung des Selbst in der Gesellschaft ist in Gang gesetzt, seit Kenneth Gergen seinen Befund über ein »übersättigtes Selbst« lancierte (Gergen 1996). Die Auflösung von Ordnungsmustern und Bindungsstrukturen in der Postmoderne überfordere das Selbst und mache es orientierungslos im Gemenge der auf es einprasselnden Identitätsangebote. Ähnlich diagnostiziert Beck einen Trend zur Individualisierung als Atomisierung in Form der Herauslösung der Einzelnen aus sozialen Bindungen und Gemeinschaftsidentitäten. Die Konnotation der Angst ist hier überdeutlich; es ist die Angst vor der Auflösung sozialer Bindekräfte, vor einer Dekomposition und einem Zerfall von Gesellschaft überhaupt durch die Zerstreuung der Individuen.

Selbst und Angst: Eva Illouz

Hingegen lässt sich seit einiger Zeit ein dieser Prognose entgegengesetzter Trend beobachten, über die soziale Integration des Selbst und dessen Hervorbringung aus der Gesellschaft zu sprechen. Dabei rückt statt des Hedonismus gerade das Leiden des Selbst an sich selbst als zentrales Moment seiner Genese in den Vordergrund des Interesses und damit auch die kulturepistemologische Geschichte der Therapie als moderner Form der Beichte. So macht Eva Illouz für das 20. Jahrhundert die Entstehung eines »therapeutisch emotionalen Stils« aus, der eine neue Vorstellung artikuliere, »über die Beziehung des Selbst zu anderen nachzudenken« (Illouz 2009, 32). Zwar, so Illouz, gelte nach wie vor der Imperativ der Selbstverwirklichung, nur hedonistisch sei daran nichts mehr, denn Selbstverwirklichung sei von einem radikal individualistischen, tendenziell devianten Projekt zum Makroprojekt von Vergesellschaftung geworden. Die gesellschaftliche Norm dieser Tage besteht genau darin, hier Gelingen demonstrieren zu müssen und auch dokumentieren zu können. Das bedeutet aber, dass Selbstverwirklichung nunmehr keineswegs ein Akt individueller Emanzipation, sondern Bestandteil sozialer Hegemonie ist. In dem Moment, da sie allgemein gefordert wird, wird aus ihr eine Drohung, die über den Individuen schwebt. Denn: »Selbstverwirklichung in den Mittelpunkt von Modellen des Selbst zu stellen, hatte zur Folge, daß die meisten Leben auf einmal ›nicht-selbstverwirklicht‹ waren« (ebd., 270 f.).

Sie stellt darüber hinaus eine soziale Symmetrie zwischen gelingender Selbstverwirklichung und psychischer Gesundheit fest. Das nichtselbstverwirklichte Leben gilt daher als beschädigt, therapiebedürftig und krank. In der therapeutischen Erzählung ist »das Selbst durch sein Leid und seine Opferrolle definiert« (ebd., 291); sie prägt das derzeit gültige Konzept des modernen Selbst. Das Leiden – vor allem an sich selbst – wird damit zum prägenden Element der Selbstgenese: »Die elementare Vision der Gesundheit […] lebt von einer Erzählung der Krankheit« (ebd., 298). Hinter all dem steht freilich immer die Angst des Individuums, zu versagen, krank zu sein und als pathologisiertes Selbst den gesellschaftlichen Normen nicht zu genügen. Der allgemeine Selbstverwirklichungsdiskurs ist demnach zu einem angstbewehrten Projekt gesellschaftlicher Integration geworden. Vor der Selbstverwirklichung steht das Purgatorium einer riskanten und leidbesetzten Biographiekonstruktion.

Selbst und Angst: Alain Ehrenberg

Ganz ähnlich arbeitet Alain Ehrenberg einen »Übergang von einer Verhinderung der Selbstwerdung zu ihrer Pflicht« heraus, womit die individuelle Verantwortung überproportional anwachse und traditionelle Zwänge zur Disziplinierung gelockert würden (Ehrenberg 2011, 26). Dass dieser Eindruck jedoch täuscht, hat Ehrenberg selbst am Beispiel der sozialen Aufwertung psychischen Leidens gezeigt. Ganz offenbar nämlich gehöre die seelische Gesundheit »zu einer allgemeinen gesellschaftlichen Haltung, sie kennzeichnet eine bestimmte Atmosphäre unserer Gesellschaften, sie ist ein Geisteszustand« (ebd., 22). Mit dieser Entwicklung erfolge auch eine deutliche Hinwendung zum »Anteil des Leidens am Gesellschaftsleben« (ebd., 493). Gesellschaftliches Unglück und individuelles Leiden sind enorm verbunden und nahezu ununterscheidbar geworden. Gesellschaftliche Lagen lassen sich auf diese Weise insbesondere als seelische Indisponiertheiten erfassen und in der therapeutischen Sprache des Leidens einer Narration unterziehen. Hinter all dem scheint nun immer eine Angst des Individuums durch, an seinem Leiden zu scheitern bzw. das in einer solchen Perspektive unerfreulicher biographischer Erfahrungen angelegte Scheitern nicht doch eines Tages in einen individuellen und damit auch sozialen Erfolg zu verwandeln. Die Angst und das Leiden sind ständige Begleiter des Individuums in der therapeutischen Gesellschaft. Diese scheint daher im Wesentlichen eine Weiterentwicklung der von Elias beschriebenen Internalisierung der Affektkontrolle und gesellschaftlicher Normativität zu sein. Die schon bei Elias präsente Angst muss sich natürlich noch einmal steigern, wenn das Individuum dezidiert unter den Druck gerät, gesellschaftlichen Erfolg in seiner Produktion seelischer Gesundheit herzustellen.

Perspektiven einer Soziologie der Angst

Wenn nun, wie hier grob skizziert, das Phänomen der Angst weitestgehend ein Desiderat soziologischer Forschung darstellt, stellt sich zunächst die Frage, ob es einer Soziologie der Angst denn überhaupt bedarf und, sofern dies der Fall wäre, worin ihre spezifische Leistung liegen sollte. Der kurze Blick auf verschiedene unmittelbare oder indirekte Beschäftigungen mit dem Thema ›Angst‹ in der soziologischen Theoriebildung sowie auf zwei beispielhafte soziologische Themenfelder hat zumindest gezeigt, dass die Abwesenheit der Angst innerhalb der Soziologie zuallerletzt aus einer Irrelevanz des Gegenstandes resultiert. Im Gegenteil, eine Auseinandersetzung mit den gesellschaftlichen Formen der Angst, ihrer Kontextualisierung, Genealogie und Funktion im Rahmen von Vergesellschaftung und Selbstgenese wird wertvolle Beiträge zum Verständnis der Gegenwart und der modernen Gesellschaften insgesamt beitragen können. Gerade im Rahmen der derzeit innerhalb der Soziologie noch in vollem Gange befindlichen Hinwendung zur sozialen Bedeutung der Emotionalität generell und einzelner Emotionen im Speziellen wäre es ohne Zweifel gewinnbringend, den Stellenwert der Angst in der Gesellschaft endlich eingehender zu untersuchen. Anknüpfen ließe sich dabei insbesondere an die von Durkheim nahegelegte Tradition einer indirekten Thematisierung von Angst mit Blick auf Vergesellschaftungsprozesse. Dabei wäre davon auszugehen, dass Angst als Störfaktor einer gelungenen Vergesellschaftung verstanden werden müsse, die als funktionaler, normativ wirkender Ordnungszusammenhang zugleich eine emotionale Bindung zwischen den Gesellschaftsmitgliedern herstellt. Diese Perspektive auf das Phänomen der Angst findet sich schließlich im zeitgenössischen Risikodiskurs wieder. Angst ließe sich insofern als Antithese zu Gesellschaft auffassen. Die Frage wäre gerade vor diesem Hintergrund, weshalb dieser Emotion dann nicht schon längst mehr Aufmerksamkeit geschenkt wurde, erhält sie doch gerade auf diese Weise einen zentralen Stellenwert für das Selbstverständnis von Gesellschaft.

Aber auch als deutlich funktionaler Aspekt der Gesellschaftsformation müsste der Angstaspekt eine ungleich stärkere Berücksichtigung erfahren. Etwa in der Weberschen Perspektive, soziale Herrschaft auf Angst zu gründen. Freilich schränkt Weber diesen Ansatz auf bestimmte Typen von Herrschaft ein, bemerkenswert ist aber doch, inwieweit sich darin die hobbesianische Fiktion der Gesellschaftsgründung widerspiegelt. Dennoch wäre zu fragen, inwieweit sich Residuen einer Angstbasiertheit sozialer Institutionalisierungen auch noch in modernen, pluralistischen, subjektzentrierten Gesellschaften beobachten lassen. Hinweise darauf finden sich zunächst bei Elias, dessen affektkontrolliertes Individuum als Träger des Zivilisationsprozesses massiv über Angststrategien zu funktionieren scheint. Der Anteil der Gewalt im Individuum selbst ist also weiterhin enorm und muss entsprechend reflektiert

werden – einschließlich der Frage danach, weshalb hier eine nahezu flächendeckende sozialwissenschaftliche Verdrängung erfolgt ist. Schließlich erhält der Angstaspekt in neueren Perspektiven auf Formen der Subjektgenese in der Gesellschaft der Gegenwart erneut ganz erhebliche Relevanz, selbst wenn auch hier Angst vor allem indirekt über den gesellschaftlichen Druck thematisiert wird, der auf dem Individuum lastet und sich als Leiden und drohendes biographisches Scheitern artikuliert.

Zu erfassen wäre die Angst daher zunächst als basales gesellschaftliches Phänomen. Darüber hinaus aber stellt sie als Emotion von gesamtgesellschaftlicher Wirkung insbesondere einen Katalysator gesellschaftlicher Prozesse dar. Entsprechend verweist Bauman, der eine Vielzahl an in der modernen Gesellschaft wirkenden Ängsten aufzählt, darauf, das eigentliche Problem sei nicht etwa die engere »Angst vor Gefahren, sondern das, was sich aus der Angst entwickeln kann« (Bauman 2008, 17). Mit Blick auf die laufende Produktion und Wahrnehmung von Risiken in der Gesellschaft, verweist Bauman auch auf deren fortschreitenden Abstraktionsgrad. Moderne Gesellschaften sind immer weniger gegenwärtige, als vielmehr zukünftige Gesellschaften, solche die ihre Zukunft permanent als riskant, gefährdet und gerade deshalb als immer schon gegenwärtig antizipieren müssen. Dieser Aspekt ist auch bei Luhmann von zentraler Relevanz. Dieser Einbruch der Zukunft in die Gegenwart sorgt aber für eine wachsende Präsenz von Angstbeständen im sozialen Raum, eben weil diese Zukunft, jenseits aller Prognostik, immer unberechenbar und kontingent bleibt. »Von allen Dämonen, die sich in den offenen Gesellschaften unserer Zeit eingenistet haben, ist die Angst wohl der hinterhältigste. Es sind jedoch die Unsicherheit der Gegenwart und die Ungewissheit der Zukunft, die die überwältigendsten und unerträglichsten unserer Ängste hervorrufen« (ebd., 43).

Insofern scheint es mehr als angebracht, Claessens Aufforderung zu folgen und sich endlich »mit Angst und Furcht als durch gesellschaftliche Erscheinungen erregten Gefühlen zu befassen« (Claessens 1967, 135). Beide entstünden letztlich durch »gesellschaftlichen Druck«, also durch die Wirkung sozial hegemonialer Ordnungsstrukturen, über die jede Gesellschaftsordnung einen »repressiven Charakter« erhalte (ebd., 136). Claessens zufolge wird gesellschaftliche Angst beinahe zwangsläufig produziert, da Vergesellschaftung immer normbasiert und damit auch sanktionsorientiert ist. Integration erfolgt daher nicht zuletzt über die erfolgreiche Einsenkung einer Angstsensibilität in die Individuen gegenüber solchen Institutionen. Zugleich betont Claessens aber gerade die Dysfunktionalität dieses Prinzips sozialer Integration über Angst für die modernen, pluralen Gesellschaften, die dezidiert auf die Aktionsorientiertheit ihrer Individuen setzen. Hier wirke die Angst vielmehr als antagonistisches Residuum und habe einen sozial lähmenden Effekt (ebd., 147). Dieser Befund ist nun gerade interessant, stellt man ihn neben die Befunde speziell in der Moderne anwachsender Angstbestände, wie sie mit Beck, Bauman, Illouz und Ehrenberg auszumachen sind. In Frage steht hier, inwieweit sich ein antagonistisches Verhältnis in der Vergesellschaftung der Emotion ›Angst‹ in der Gegenwart identifizieren ließe. Dirk Baecker stellt daher die richtige Forschungsfrage, nämlich:»Worüber die Furcht in den verschiedenen Formen von Gesellschaft, die wir historisch beobachten können, jeweils informiert« (Baecker 2011, 50). Noch wissen wir hier nichts bis viel zu wenig. Bislang existiert zwar keine Soziologie der Angst, an der Zeit wäre es aber, dass eine erarbeitet würde.

bleme im heutigen Leben. Heidelberg 1996 (amerik. 1991).

Illouz, Eva: *Die Errettung der modernen Seele. Therapien, Gefühle und die Kultur der Selbsthilfe.* Frankfurt a. M. 2009 (amerik. 2008).

Luhmann, Niklas: *Soziologie des Risikos* [1991], Berlin 2003.

Perrow, Charles: *Normale Katastrophen. Die unvermeidbaren Risiken der Großtechnik.* Frankfurt a. M./New York 1992 (amerik. 1984).

Renn, Ortwin: *Risk Governance. Coping with Uncertainty in a Complex World.* London/Sterling 2008.

Riesman, David: *Die einsame Masse. Eine Untersuchung der Wandlungen des amerikanischen Charakters.* Reinbek bei Hamburg 1965 (amerik. 1950).

Simmel, Georg: *Soziologie. Untersuchungen über die Formen der Vergesellschaftung* [1908] (= *Gesamtausgabe,* Bd. 11. Hg. von Otthein Rammstedt). Frankfurt a. M. 1992.

Weber, Max: *Wirtschaft und Gesellschaft. Grundriss der verstehenden Soziologie* [1921]. Tübingen 1980.

Weber, Max: Die protestantische Ethik und der Geist des Kapitalismus [1920]. In Ders.: *Gesammelte Aufsätze zur Religionssoziologie.* Tübingen 1988, 17–206.

Jörn Ahrens

Literatur

Baecker, Dirk: Kulturen der Furcht. In: Thomas Kisser/Daniela Rippl/Marion Tiedtke (Hg.): *Angst. Dimensionen eines Gefühls.* München 2011, 47–58.

Bauman, Zygmunt: *Flüchtige Zeiten. Leben in der Ungewißheit.* Hamburg 2008.

Beck, Ulrich: *Risikogesellschaft. Auf dem Weg in eine andere Moderne.* Frankfurt a. M. 1986.

Böhme, Hartmut: Leibliche und kulturelle Codierungen der Angst. In: ZDF-nachtstudio (Hg.): *Große Gefühle. Bausteine menschlichen Verhaltens.* Frankfurt a. M. 2000, 214–239.

Claessens, Dieter: Über gesellschaftlichen Druck, Angst und Furcht. In: Heinz Wiesbrock (Hg.): *Die politische und gesellschaftliche Rolle der Angst.* Frankfurt a. M. 1967, 135–149.

Durkheim, Émile: *Über die Teilung der sozialen Arbeit.* Frankfurt a. M. 1977 (franz. 1893).

Durkheim, Émile: *Der Selbstmord.* Frankfurt a. M. 1990 (franz. 1897).

Ehrenberg, Alain: *Das Unbehagen in der Gesellschaft.* Berlin 2011 (franz. 2010).

Elias, Norbert: *Über den Prozeß der Zivilisation. Soziogenetische und psychogenetische Untersuchungen,* 1. Band [1939]. Frankfurt a. M. 1980.

Elias, Norbert: *Über den Prozeß der Zivilisation. Soziogenetische und psychogenetische Untersuchungen,* 2. Band [1939]. Frankfurt a. M. 1992.

Flam, Helena: *Soziologie der Emotionen. Eine Einführung.* Konstanz 2002.

Gergen, Kenneth: *Das übersättigte Selbst. Identitätspro-*

6. Ethnologie der Angst

Gibt es denn überhaupt eine Ethnologie der Angst, also ethnologische Theorien und Methoden, mit deren Hilfe eigene Sichtweisen auf diesen Gefühlszustand gefunden wurden? Um dies zu beantworten, müssen wir zunächst fragen, ob ›Angst‹ auch ein ethnologischer Begriff ist. Zumindest wollen wir wissen, wie und als was Angst von Ethnologen gesehen wird. Kann die Ethnologie etwas über die Spannbreite der kulturellen Codierung von Angst sagen, was Auslöser, Ausdruck und Erlebnis von Angst angeht? Können Ethnologen Aussagen über soziokulturelle Konstellationen machen, in denen Angst für Gemeinschaften eine kulturprägende Bedeutung erhält? Welche Angstszenarien haben sich wiederum in den verschiedenen Kulturen entwickelt, und welche Mechanismen der Angstvermeidung beziehungsweise -bekämpfung werden ihnen entgegengesetzt? Welche allgemeinmenschlichen Merkmale von ›Angst‹ lassen sich daraus eventuell ableiten?

Antworten auf diese Fragen finden wir in den Diskussionen über Gefühle, die seit den 1980er Jahren auch innerhalb der Ethnologie geführt wurden. Sie haben theoretische und methodische Einsichten hervorgebracht, die es uns erlauben, unsere scheinbar selbstverständlichen Vorstellungen von und Assoziationen mit ›Angst‹ zu hinterfragen und neue kognitive und vielleicht auch emotionale Zugänge zu diesem schwierigen Gefühl zu gewinnen.

Zur Sensibilisierung für die in den ethnologischen Konversationen über Gefühle gewonnenen Einsichten möchte ich zunächst eine These von Anna Wierzbicka, einer international anerkannten Spezialistin auf dem Gebiet der ethnologischen Linguistik, ins Spiel bringen. Wierzbicka kritisiert universalistische Erklärungsansätze in der Erforschung von Emotionen, wie sie vor allem in der allgemeinen Psychologie vertreten werden (Wierzbicka 1999, 123–167). Gerade in der allgemeinen Psychologie bezöge man analytische Kategorien wie ›Angst‹ einseitig und unreflektiert aus kulturell vorgefärbten westlichen Nationalsprachen. Anhand einer ebenso synchron wie diachron ausgerichteten Untersuchung des semantischen Feldes des deutschen Wortes ›Angst‹ macht Wierzbicka die kulturspezifische Verortung unserer emotionalen Kategorien sichtbar.

Sie unterscheidet dabei zunächst zwischen ›Angst‹ und ›Furcht‹. Während ›Furcht‹ immer auf eine konkrete Bedrohung verweise, handele es sich bei ›Angst‹ eher um einen existentiellen Gefühlszustand von – und hier zitierte sie Martin Heidegger (Heidegger 1986; 189) – »Un-zuhause-sein« in der Welt (s. Kap. II.2). ›Angst‹ könne aber nicht als ein menschliches Urgefühl gelten, denn in anderen europäischen Sprachen fänden sich nur Ausdrücke, die mit dem deutschen Wort ›Furcht‹ korrespondierten. Der deutsche Begriff von ›Angst‹ geht, so Wierzbicka in Anlehnung an den französischen Mentalitätenhistoriker Jean Delumeau (Delumeau 1978, 237, 239), auf Martin Luther zurück. Der von ständigen Gedanken an das Jüngste Gericht und die ewige Verdammnis geplagte Luther habe in seinen populären Schriften hunderttausenden von Lesern ›Angst‹ gemacht und das Gefühl in der deutschen Kultur verankert (s. Kap. II.1). Ihre Behauptung der kulturspezifischen Genese des Gefühls ›Angst‹ untermauert Wierzbicka mit kulturvergleichenden Untersuchungen. Sie beschreibt, wie zum Beispiel im Gidjingali, einer der zahlreichen Sprachen der australischen Ureinwohner, die Gefühlsregister von ›Furcht‹, ›Scham‹ und ›Verlegenheit‹ in einem Wort zusammengefasst sind und identische Verhaltensmuster nach sich ziehen (Wierzbicka 1986, 591).

Laut Wierzbicka bedingt die kulturelle Besonderheit aller bisher bekannten emotionalen Kategorien jedoch nicht, dass Gefühle, für die es in einer Kultur keine Worte gibt, nicht trotzdem von ihren Mitgliedern erlebt werden könnten. Die unbenannten Gefühlszustände hätten nur keine spezielle Bedeutung für die Menschen dieser Kultur und würden daher nicht als erwähnenswert gelten (ebd., 587). Wierzbicka stellt also nicht die Möglichkeit in Frage, dass in den verschiedenen Gefühlskulturen universelle Momente ausfindig gemacht werden könnten. Die Forschung müsse aber zunächst einmal die richtigen analytischen Kategorien finden. Dies erfordere eine enge Zusammenarbeit zwischen Psychologie, Ethnologie und Linguistik (ebd., 584–585). Wir begeben uns also auf die Suche nach einem allgemeinmenschlichen Gefühl, auf welches das deutsche Wort ›Angst‹ verweist, dessen Bezeichnung wir aber noch nicht kennen.

›Angst‹ im Licht der modernen ethnologischen Emotionsforschung

In der modernen ethnologischen Emotionsforschung wurden ältere Ansätze, die etwa aus der kurzen aber intensiven Begegnung zwischen Psychoanalyse und Ethnologie in der ersten Hälfte des 20.

Jahrhunderts hervorgegangen waren, kritisch aufgearbeitet. Birgitt Röttger-Rössler zufolge kristallisierten sich mit der sich seit den 1980er Jahren vor
allem in der englischsprachigen Ethnologie vollziehenden ›emotionalen Wende‹ zwei konträre Positionen heraus. Die eine gründet auf der Annahme,
dass Emotionen in erster Linie durch biologische
Faktoren bedingt seien. Ihre Vertreter behaupten im
Rekurs auf Darwin, es gäbe eine Anzahl von im
»Affektprogramm des Menschen« verankerten Basisemotionen, nämlich Furcht, Wut, Abscheu, Traurigkeit, Freude, Scham und Schuld (Röttger-Rössler
2002, 147–148; 2004, 7; Wulff 2007, 5). Die Anhänger der anderen Position halten dagegen, dass es
sich bei dem, was Menschen in einer bestimmten
Situation fühlen, vor allem um Einschätzungen und
Bewertungen von Situationen handele. Diese Gefühlsurteile seien wiederum von erlernten kulturellen Kategorien und Mustern bestimmt. Keine der
beiden Positionen werde aber, so Röttger-Rössler, *in
extremo* verfochten. Vielmehr seien sich ihre jeweiligen Vertreter einig, dass sich unser Gefühlsleben
sowohl aus biologischen als auch aus kognitiven
Prozessen zusammensetzt, wobei eben letztere
durch kulturelle Vorstellungen und Praktiken mitbestimmt werden. Beide Parteien würden sich lediglich darüber streiten, ob universelle, psycho-
physische Faktoren oder aber relative, kulturspezifische Einflüsse überwiegen (Röttger-Rössler 2002,
148; 2004, 8; Wulff 2007, 2).

Einer der bedeutendsten Verfechter des universa-
listischen Ansatzes ist Karl G. Heider. Seiner Meinung nach lassen sich universelle Basisemotionen
mit Hilfe einer linguistischen Analyse der Emotionslexika von Sprachgemeinschaften bestimmen. In seiner eigenen Forschung konzentrierte sich Heider auf
die Erstellung von Emotionslexika des Minangkabau
(einer Sprachgemeinschaft in Westsumatra, Indonesien), des Javanischen (der größten Sprachgemeinschaft Indonesiens) und der indonesischen Natio-
nalsprache. Innerhalb der einzelnen Sprachen identifizierte er zunächst unterschiedliche Wortcluster,
die sich um signifikante emotionale Ausgangsbe-
griffe anordneten. Die einzelnen Cluster standen
nicht für sich, sondern waren über sogenannte Ver-
bindungswörter miteinander zu größeren Feldern
verknüpft. Im großangelegten Vergleich der Cluster-
bzw. Felderkongruenzen und -differenzen zwischen
den Emotionslexika verschiedener Sprachgemeinschaften würden sich schließlich, so Heider, Überlappungen abzeichnen, auf Basis derer man weitere
Hypothesen zur Bestimmung von Basisemotionen

bilden könne. In Bezug auf ›Furcht‹ ergaben sich dabei im Hinblick auf die von ihm untersuchten Sprachen Überlappungen mit ›Schuld‹. Im Minangkabau
fand er zusätzlich noch Überlappungen mit dem
Cluster ›Unentschlossenheit‹, während sich im Javanischen Überlappungen mit dem Cluster ›Verwirrung‹ abzeichneten (Heider 1991, xiii, 4–5, 11–16,
24–40, 64–86, 119, 203–214; vgl. auch Röttger-Rössler 2004, 32–40).

Gegner von Heider wie Judith T. Irvine kritisierten zurecht am bloßen Erstellen von Emotionslexika, dass die geclusterten Gefühlsbezeichnungen
völlig losgelöst von ihrer Aktualisierung in konkreten sozialen Dramen untersucht worden seien (Irvine 1990, 127–128). In ihrer eigenen Forschung bei
den Makassar in Südsulawesi (Indonesien) erstellte
Röttger-Rössler deshalb nicht nur ein Emotionslexi-
kon, sondern analysierte zudem die Performanz der
einzelnen Gefühlsbezeichnungen im konkreten, interpersonellen Austausch. Obgleich bei ihrer Untersuchung die lokale Gefühlskultur von Ehre und
Scham im Vordergrund ihres Interesses stand,
konnte sie auch Einsichten in die Gefühlskonventionen gewinnen, die sich hinter den einheimischen
Entsprechungen zu ›Angst/Furcht‹ verbergen. Die
betreffenden Bezeichnungen beobachtete Röttger-
Rössler in Situationen, die rund um das Thema ›Ge-
schlechterbeziehungen‹ formuliert wurden. So differenzieren die Makassar in diesem Zusammenhang
zwischen Zuständen von »Angst vor Unbekanntem,
Furcht vor bestimmten Menschen, übernatürlichen
Wesen und Ereignissen«, »kindlicher Angst vor Wesen und Ereignissen, Feigheit«, »ängstlichem Zögern«, »Zweifel am Erfolg einer Unternehmung«,
»Angst, eine falsche Entscheidung zu treffen«,
»Sorge um jemanden oder etwas«, »leichter Besorgnis, Unsicherheit«, »Erschrecken« und »Beben vor
Schreck« (Röttger-Rössler 2004, 143–145). Leider
kann hier nicht näher auf die konkreten Situationen,
in denen die Bezeichnungen aktualisiert wurden,
eingegangen werden.

Des weiteren behaupten die Vertreter des kultur-
relativistischen Ansatzes im Gegensatz zu den Uni-
versalisten, dass auch das innere Erleben selbst mittels zu Gefühlskonventionen geronnenen kulturellen
Vermittlungsprozessen eingeübt werde und deshalb
zu einem signifikanten Teil durch Sozialisation in
eine bestimmte Gemeinschaft erworben sei (Röttger-Rössler 2004, 41). Michelle Rosaldo empfiehlt
deshalb, nicht mit der Frage nach Universalien zu
beginnen, sondern mit der Analyse gefühlsgelade-
ner Situationen, in denen die Relevanz von Kultur

offensichtlich sei (Rosaldo 1983, 136). In ihren zahlreichen Aufenthalten bei den Ilongot, einem philippinischen Stamm von Kopfjägern, entdeckte Rosaldo, dass bei den männlichen Mitgliedern dieser Gruppe die mit ›Schande/Scham‹ korrespondierenden Gefühlsausdrücke Momente von Furchtsamkeit, Peinlichkeit, Ehrfurcht, Gehorsam und Respekt beinhalteten. So fühlten sich beispielsweise jüngere Ilongot aufgrund von Furcht vor eigenem Respektverlust zu Respektbezeugungen gegenüber älteren Mitgliedern ihrer Gruppe motiviert. Bei feindlichen Angriffen auf ihre Gemeinschaft sahen sich Ilongot-Männer aus Furcht vor Schande zu gewalttätiger Gegenwehr getrieben. Aus einem ähnlichen Schamgefühl heraus befanden sie sich im ständigen Wetteifern mit den männlichen Mitgliedern ihrer Altersgruppe. Daraus schloss Rosaldo, dass für männliche Ilongot das Miteinander mit anderen männlichen Gruppenmitgliedern immer auch Gefühle von Wut und Einschüchterung und daher Hemmung, Scheu, Furcht und Angst beinhalte (ebd., 141–145).

Michelle Rosaldos Ehemann, Renato Rosaldo, berichtete außerdem, dass bei den Ilongot noch bis zum Beginn der 1970er Jahre Trauer und Wut über den Verlust eines Angehörigen stets ein beinahe körperliches Bedürfnis nach einer Kopfjagd ausgelöst hätten. Nach Aussage von Rosaldos Gesprächspartnern hätte sich mit dem Wegschleudern des abgeschlagenen Kopfes des Opfers immer auch ihre Verzweiflung verflüchtigt (Rosaldo 2007, 219–222). Dieser physische Drang zur Kopfjagd legte sich interessanterweise mit der Bekehrung der Ilongot zu einer der auf den Philippinen besonders aktiven Pfingstgemeinden (ebd., 221). Bei den Pfingstlern lernten sie offenbar andere Techniken des Gefühlsmanagements kennen, wie etwa das gemeinsame Gebet, das »Reden in Zungen« oder »Glossolalie«, welches das bei charismatischen Kirchen äußere Erkennungszeichen des Erfüllt-Seins durch den Heiligen Geist ist, und ekstatisches Singen. Mit ihrer Hilfe konnte sich ihr inneres Erleben von Trauer und Wut einen anderen Ausdruck suchen. Dies beweist, dass nicht nur Denkinhalte und Verhaltensmuster, sondern auch das Fühlen und sich beinahe zwangsläufig einstellende, körperliche Gefühlsausdrücke zu einem beachtlichen Teil sozial konstruiert sind (Rosaldo 1984, 138, 143, 148, 150; 2007, 42, 49, 64, 88–96, 98).

Laut Arlie Russel Hochschild verlange nämlich jede funktionierende Gesellschaft von ihren Mitgliedern, durch »emotionale Arbeit« zu der alle Mitglieder verbindenden »Gefühlsökonomie« beizutragen (Hochschild 2007, 88–89). Dies bedeute eben auch, dass alle Gesellschaften unterschiedliche kulturelle Techniken bereitstellen, mit deren Hilfe sich Empfindungen ›managen‹, das heißt unterdrücken, überwinden, verschieben, erzeugen oder sogar an ›passender Stelle‹ spielen lassen.

Einverleibung des Schreckens

Auch viele moderne Unternehmen machen sich die Tatsache zunutze, dass kulturelle Techniken uns zur Entwicklung eines in gesellschaftlicher Hinsicht effizienten Gefühlshaushalts subjektiv nicht intendierte Gefühlskonventionen auf den Leib schreiben können. Hochschild erwähnt in diesem Zusammenhang beispielsweise die Flugbegleiter-Trainings der amerikanischen Luftfahrtgesellschaft *Delta Airlines*, in denen die Stewardessen und Stewards »authentisch« lächeln lernen müssen, um eine größtmögliche Kundenbindung auf Basis »echter« Zuneigung zu erzielen (ebd., 83–86). Solche modernen Verkaufsstrategien muten harmlos an im Vergleich zu den gefühlsmanipulatorischen Mechanismen kolonialzeitlicher Unternehmen, mit Hilfe derer einheimische Zwangsarbeiter auf ihre Funktion ›eingestimmt‹ wurden. Man trieb ihnen nämlich durch fortwährende Androhung von Strafe und Anwendung verschiedenster Foltermethoden einen ständigen Schrecken in ihre Leiber, um sie gefügig und leicht kontrollierbar zu machen. Michael Taussigs Bericht über die Verschränkung von wirtschaftlichen Interessen und grausamen Disziplinierungsmaßnahmen auf Kautschukplantagen am Putumayo Fluss im Südwesten Kolumbiens um 1900 gewährt uns einen bedrückenden Einblick in eine dieser kolonialzeitlichen Schreckensökonomien.

Die Gewinnung von Putumayo-Kautschuk wäre unprofitabel gewesen, hätten die vornehmlich britische Handelsinteressen vertretenden Kautschukbarone nicht die lokale indianische Bevölkerung zur Zwangsarbeit verpflichten können. Zunächst wurden den Indianern, die größtenteils dem Stamm der Huitoto angehörten, von einem Scouttrupp Geschenke angeboten, die sie schließlich mit dem Sammeln von Kautschuk erwidern mussten. Im Laufe der Zeit häuften sie immer mehr Schulden bei den Händlern an, mit dem Ergebnis, dass sie schlussendlich zu Leibeigenen ihrer Kolonialherren wurden. Neben dem Kautschuk mussten sie auch medizinische Kräuter, nützliche Gifte, Bienenwachs, Felle und Naturharze für ihre neuen Herren sammeln.

Innerhalb von zwölf Jahren dezimierten sich die Indianer um 30.000 Menschen. Sie starben entweder durch Folter und Krankheit oder entzogen sich den unmenschlichen Bedingungen auf den Plantagen durch die Flucht. 1909 ging endlich eine Welle der Entrüstung durch London, als eine Serie von Zeitungsartikeln den brutalen Umgang einer Kautschukkompanie mit ihren indianischen Arbeitern in allen ihren gräulichen Einzelheiten schilderte. Auf der Anklagebank des Artikelschreibers saß Julio Cesar Arana, der 1907 mit Hilfe englischen Kapitals ein Konsortium peruanischer und britischer Handelsinteressen gegründet hatte. Arana, ein peruanischer Desperado, hatte sich im Kautschukboom am Putumayo mit brutalsten Mitteln durchgesetzt. Er hatte das Vertrauen englischer Geschäftsleute gewonnen, gerade weil er sich in diesem Rivalitätskampf als überaus geschickt erwiesen hatte.

Die kritischen Artikel stammten aus der Feder des amerikanischen Ingenieurs und Abenteurers Walter Hardenburg, der ein paar Jahre zuvor von Arana gefangengenommen worden war. Hardenburgs dramatische Darstellung der Ereignisse auf der Plantage basierte teils auf eigenem Erleben und teils auf einem Artikel der Lokalzeitung *La Sancion*, der kurz vor seiner Veröffentlichung auf Aranas Betreiben der peruanischen Zensur zum Opfer gefallen war. Die Entrüstung der Londoner Bevölkerung erwirkte Gehör bei der britischen Regierung, die daraufhin ihren in Rio de Janeiro stationierten Konsul Roger Casement zum Putumayo entsandte, um die Geschehnisse vor Ort genauer unter die Lupe zu nehmen. Die bewegte Lebensgeschichte Casements einschließlich seiner Erlebnisse am Putumayo wird übrigens in der 2011 erschienenen deutschen Übersetzung von Mario Vargas Llosas Buch *El sueño del celta* anschaulich geschildert. Casements peniblerer Bericht der Verhältnisse auf der Plantage beruhte auf eigener Anschauung und seinen Gesprächen mit Bewohnern vor Ort, Kompanieangehörigen und schwarzen, ursprünglich aus Barbados stammenden Plantagenaufsehern (Taussig 1987, 74–75; 2004a, 42). Taussigs Ethnologie des Schreckens bezieht sich nun sowohl auf die Darstellungen Hardenburgs und Casements, als auch auf den ursprünglichen Artikel in *La Sancion*. Zudem führte er selbst Interviews am Putumayo durch, um die Geschichte der Kautschukplantagen zu rekonstruieren.

Der Artikel in *La Sancion* begann mit der Feststellung, dass sich die Kautschukproduktion wegen der Überausbeute der Kautschukpalmen binnen weniger Jahre erschöpfen würde. Die friedlichen Indianer wären Tag und Nacht damit beschäftigt, die Bäume zu melken, ohne dafür auch nur im Geringsten entschädigt zu werden. Man würde ihnen weder Nahrung noch Kleidung geben und ihnen noch dazu Frauen und Kinder wegnehmen. Unter dem geringsten Vorwand, manchmal aber auch völlig grundlos, würden sie brutal ausgepeitscht, kastriert und anderweitig verstümmelt, um dann den Hunden der Kompanie zum Fraß vorgeworfen zu werden. Der Terror mache nicht einmal vor Frauen und Kindern halt.

Auch Hardenburg prangerte das an den Indianern verübte Unrecht an und lobte die Gastfreundschaft der Huitotos, deren Sitten sich unter dem Einfluss der Kirche noch verbessert hätten. Es sei vielsagend, dass die von Arana geführte Kompanie keine Priester in ihrem Einflussgebiet dulde. Auf diese Weise würde jedwede positive Berichterstattung über die Indianer unterbunden werden. Stattdessen ließ Arana einen Film drehen, der die zivilisatorische Wirkung der Kompanie auf die ›Wilden‹ pries. Der Film, der dem seit der Zeit der Konquistadoren in Lateinamerika kursierenden Mythos des Kannibalismus neues Leben einblies, wurde dann in den Filmtheatern von Lima gezeigt.

Casements Abfassung für das Unterhaus des britischen Parlaments betonte ebenfalls die Sanftheit der Huitotos und maß der Tatsache, dass bei nichtchristianisierten Stämmen des oberen Amazonas durchaus Fälle von rituellem Kannibalismus vorgekommen waren, wenig Bedeutung bei. Durch seine distanzierte Sachlichkeit erhöhte Casement die Plausibilität von Hardenburgs dramatischen Schilderungen, die in London ein so hohes Maß an öffentlichem Entsetzen ausgelöst hatten. So schrieb er, dass in einigen Kautschukstationen die Köche zugleich die Hauptfolterer der Arbeiter gewesen seien. Die Körper der 1600 indianischen Zwangsarbeiter seien alle voller Narben gewesen. Hatte eine Mutter nicht genügend Kautschuk gesammelt, wurde sie vor den Augen ihrer Kinder ausgepeitscht. Casement berichtete darüber hinaus, dass Arana auch erbarmungslos gegen unabhängige kolumbianische Kautschukhändler vorging. Diejenigen, die nicht flüchten und dadurch all ihre Besitzungen Aranas Männern überlassen wollten, würden einfach aus dem Wege geräumt werden.

Es ging dabei nicht um die Kautschukausbeute, sondern um die billige Arbeitskraft der Indianer. Diese, aufgrund der rapiden Dezimierung der indigenen Bevölkerung knappe Ressource wollte Arana nicht an Konkurrenten verlieren. Auch die von ihm befohlenen Gewalttakte gegen rivalisierende Händler trugen dazu bei, dass am Putumayo eine Todeszone entstand. Hier, so Taussig, waren alle Menschen – egal ob Indianer oder Kompanienagehörige – aufgrund des allgegenwärtigen Terrors und des Grauens, das Arana verbreitete, vollkommen voneinander isoliert. Die innere Einsamkeit und das quälende Schweigen, in dem sie alle lebten, ließen den absoluten Schrecken zur Realität werden (s. Kap. III. A.5). Das irrationale Foltern und die Ermordung der indianischen Zwangsarbeiter drohten schließlich die wirtschaftlichen Interessen der Kautschukbarone zu unterminieren. Aber der Schrecken hatte selbst die weißen Kautschukstationsmanager ergriffen, die aus blanker Todesangst – die sie auf Wilde, Schlangen, Kannibalen, Geister oder Aufständische projizierten – eine Gräueltat nach der anderen begingen und die wertvolle Ressource ›Indianer‹ einfach weiter eliminierten. Die wild kursierenden Schreckensfantasien wurden in zahllosen nächtlichen Erzählungen am Lagerfeuer auf allen Seiten nur noch weiter angeheizt. So bildete sich eben zwischen den Huitotos und den Kompanienagehörigen eine Ökonomie des Schreckens heraus, in die beide Seiten durch ständige Furcht voreinander verwickelt blieben. Dabei erlagen die ›Weißen‹, so Taussig, den Spiegelungen ihrer eigenen Propaganda und mordeten massenweise die ›Wilden‹, deren Wildheit sie selbst erst heraufbeschworen hatten, um so ihre eigene Angst zu kontrollieren (Taussig 1987; 2004a, 39–51).

Ein ähnlicher Spiegel-Mechanismus tritt auch heute noch auf. Halten wir uns nur einmal die Auswirkungen von George W. Bushs *War against Terror* vor Augen. Der bekannte amerikanische Soziolinguist George Lakoff analysiert die flammende Rhetorik des Ex-Präsidenten und seiner Parteifreunde und kommt zu ähnlichen Schlüssen wie Taussig bei seiner Analyse von Aranas Schreckensherrschaft am Putumayo. In einem Interview fasst Lakoff seine Ergebnisse wie folgt zusammen: ›Terror‹ sei ein innerer Zustand und keine Person, ein ›Terrorist‹ etwa, den man bekämpfen könnte. Das Wort ›Terror‹ aktiviere aber unsere Furcht, die wiederum Rufe nach dem starken Mann, dem strengen Vater, provoziere, was ja genau das Ziel der Regierungshardliner sei. Die ganze *War against Terror*-Rhetorik sei also gar nicht dazu da, uns unsere Angst zu nehmen, sondern sie vielmehr zu schüren. Wieso spräche man überhaupt von ›Krieg‹? Um wie viele Terroristen handele es denn? Um Hunderte? Ja. Um Tausende? Vielleicht. Um Zehntausende? Eher nicht. Der Punkt sei, dass es sich bei den Terroristen im Vergleich zur Größe der Vereinigten Staaten um eine sehr kleine Anzahl von Menschen handele. Kriege würden jedoch gegen feindliche Staaten geführt werden. Dieser Fall sei hier ja überhaupt nicht gegeben. Indem man aber ständig von ›Krieg‹ spreche, würde man in der Tat mit der zunehmenden Angst der Menschen den gefürchteten Ausnahmezustand herbeireden, der alltägliche Politik außer Kraft setzt und dem Präsidenten außergewöhnliche Autorität einräumt. Da mit ›Terror‹ kein Frieden zu schließen sei, würde der rhetorisch heraufbeschworene Ausnahmezustand unendlich andauern können und deshalb zum beklemmenden Alltag werden und zu einer immer weiteren Verrohung der politischen Mittel führen (vgl. Lakoff 2004; s. Kap. IV. A.8).

Hierbei lehnt sich Lakoff an eine Argumentation an, die Walter Benjamin in der achten seiner geschichtsphilosophischen Thesen entwickelt hatte, nämlich dass faschistische Regimes den von ihnen selbst verhängten Ausnahmezustand zur schrecklichen Regel erklärten (Benjamin 1965, 84). Taussig greift ebenfalls auf diese These Benjamins zurück, wenn er auf die Gewaltregimes in Nordirland, der Bronx, Kingston, Beirut, der West Bank oder Afghanistan usw. verweist, die den Alltag der Menschen bis ins Kleinste beherrschen (Taussig 2004b). Sara Ahmed (2004) wiederum nimmt die rechtspopulistische Hetze gegen illegale Migranten in der britischen Zivilgesellschaft unter die Lupe, die ihrer Meinung nach auf die Beschwörung eines solchen Ausnahmezustands hinauszulaufen drohe.

Sie seziert die rechtspopulistischen Aufrufe, um zu zeigen, wie die von rechter Hetze angestachelten Emotionen in die Außenhaut der individuellen und kollektiven Identität der Migranten eintätowiert werden. Sie betont dabei, wie Lakoff, dass Emotionen wie Furcht oder Freude nicht in den Menschen, Dingen oder Situationen selbst liegen würden. Sie entstünden vielmehr erst im Kontakt mit diesen. Gute oder schlechte Gefühle kämen aber nicht nur im direkten Erleben oder Berühren auf. Sie speisten sich auch aus unserer Erinnerung. Denn unsere in der Vergangenheit gefällten emotionalen Urteile und sogar die erzählten Erinnerungen und Gefühlsurteile anderer würden noch immer unser jetziges Erleben mitbestimmen. Deshalb würden Emotionen sich sozusagen von außen nach innen entwickeln, und nicht von innen nach außen, wie dies landläufig immer noch angenommen wird. Gefühle seien deshalb auch keine psychologischen Zustände, sondern soziokulturelle Praktiken, in denen auf individueller wie kollektiver Ebene Bedeutung entsteht. Gefühls-

bezeichnungen und ihre Verwendung in bestimmten Situationen helfen, ihr Objekt mit zu konstituieren. Es sei daher unumgänglich, so Ahmed, die
Erzeugung von Gefühlen in ihrem Entstehenszu-
sammenhang analytisch aufzuspüren, damit sich
weder sie noch ihre Objekte zu Fetischen entwickelten, in denen ihre interessengeleitete Entstehungs-
geschichte vollkommen ausgeblendet sei (ebd., 1–14).
Bei Ahmeds Gebrauch des Begriffs ›Fetisch‹ handelt
es sich also um eine Übertragung des Marxschen
Konzepts von dem Fetischcharakter der Ware (Marx
1988, 85–98) auf das Gebiet der sozialen Gefühlsökonomie.

In ihrer Untersuchung der agitatorisch erzeugten
Geographie der Furcht macht Ahmed deutlich, wie
Furcht in die Leiber von Menschen projiziert wird
und so die Mobilität der Migranten und solcher, die
es werden wollen, einschränkt. Legale wie illegale
Migranten dienen der rechten Hetze auf vielfältige
Weise als Projektionsflächen von Furcht und Hass.
Sie würden angeblich Frauen und Mädchen vergewaltigen, ›weißen‹ Arbeitern den Job wegnehmen
und mit ihrer kriminellen Energie ganz allgemein
die Straßen unsicher machen. Aus diesem Grunde
müsse man ihr Kommen verhindern oder zumindest begrenzen, ebenso wie ihre Bewegungsfreiheit
in ›unserem‹ Land. Es sei nur konsequent, wenn das
pejorativ aufgeladene Erscheinungsbild der ›Fremden‹ da, wo es gesichtet wird, Wut erzeugt. Diese
beschädige nicht nur die ganz wörtlich gemeinte
›Außenhaut‹ der ›Fremden‹, sondern oftmals ihre
gesamte Existenz. Auch bei weniger dramatischen
Migrantenschicksalen sei zu berücksichtigen, so
Ahmed, dass die Opfer von Hasstiraden auf die
ihnen entgegengebrachten Emotionen mit körperlichen und psychischen Beschwerden, wie Puls-
rasen, Atemnot, Albträumen, post-traumatischem
Stresssyndrom, Psychosen und Suizidgedanken reagieren. Dies wiederum kreiere einen fatalen, »von
außen«, also gesellschaftlich induzierten Kreislauf
von Angst, Hass und Schmerz (Ahmed 2004, 42–49,
58).

Anhand einer Schilderung von Frantz Fanon erfahren wir, wie das gesellschaftliche Eintätowieren
der Furcht in die Haut ihres Objekts geschieht. Wir
werden Zeuge, wie an einem schönen Wintertag ein
kleiner Junge an der Hand seiner Mutter auf der
Straße einem schwarzen Passanten begegnet und
mehrmals »Schau mal, ein Neger!« ruft. Der Kleine
steigert sich so in seine Aufregung hinein, dass er
schließlich lauthals schreit »Mama, sieh, der Neger!
Ich habe Angst, Angst, Angst!« Dann gewährt uns

Fanon einen Einblick in das, was parallel dazu im
Kopf und dem Körper des Schwarzen vor sich geht.
Erst will er lächeln, doch sein Lächeln fühlt sich von
Anfang an recht verkrampft an. Auf die Hysterie des
Kleinen will er eigentlich mit tosendem Gelächter
antworten, doch es bleibt ihm im Halse stecken. Die
Kälte lässt ihn zittern, dem Jungen scheint es so, als
ob er vor Wut zittere. Für den Schwarzen wiederum,
der den Jungen vor Angst zittern sieht, wird Kälte
zur Metapher von Angst (Fanon 1995, 90–91; Ahmed 2004, 62–63).

Navigation des Grauens

Angst ist an die Erwartung von Schmerz gekoppelt.
Wenn eine Gefahr oder vielmehr das Objekt unserer
Furcht an uns vorbeizieht, so Ahmed, wird jedoch
nicht automatisch unsere Furcht vor ihm geringer,
im Gegenteil. Unsere Furcht ist ja nicht wesentlich
im Objekt enthalten. Sie sitzt nur in unserer Vorstellung von ihm. Deshalb lässt das bloße Vorübergehen
der gefühlten Bedrohung uns nicht unsere Angst
überwinden. Sie existiert nämlich weiter in unserer
Vorstellung und wird durch stereotype Erzählungen
und das sich ständige Erinnern an entsprechende
Begebenheiten lebendig gehalten und mit der Zeit
sogar noch verstärkt (Ahmed 2004, 65, 69). Vor diesem Hintergrund ist es eigentlich unbegreiflich, dass
Menschen, die mit fortwährendem Terror in ihrer
Umgebung konfrontiert werden, nicht vollkommen
paralysiert sind vor Angst.

Karen D. Lysaght geht dieser Frage am Beispiel
des Verhaltens von irisch-nationalen, katholischen
und schottisch-stämmigen, protestantischen Arbeitern und Angestellten in der von unablässiger Gewalt regierten nordirischen Stadt Belfast nach. Sie
konzentriert sich in ihrer Fragestellung konkret
darauf, wie die Menschen ihre Angst vor der unberechenbaren Gewalt managten, wenn sie auf dem Weg
zur Arbeit und für notwendige Besorgungen und
Gänge immer wieder ›Grauzonen‹, oder sogar Terri-
torien der Gegenpartei, durchqueren mussten. Denn
hier waren sie unvorhersehbaren Bedrohungen ausgesetzt. Zur Veranschaulichung erzählt Lysaght, wie
im Dezember 2000 ein dreißigjähriger katholischer
Maurer in einer mehrheitlich von Protestanten be-
wohnten Sozialbausiedlung an der nördlichen Stadt-
grenze von Belfast einem urplötzlich über ihn her-
einbrechenden Vergeltungsschlag für einen nicht
von ihm verübten Mord eines protestantischen Taxi-
fahrers erlag (Lysaght 2007, 94).

Die Unberechenbarkeit solcher Exekutionen, die oft ohne Ansehen der Person erfolgten, legt die Frage nahe, wie es ganz normale Bürger schafften, ihren Alltag zu bewerkstelligen. Von Lysaght lernen wir, wie sie das unerträgliche Ausmaß des Grauens einzudämmen suchten, indem sie in die willkürlich auftretende Gewalt gewisse räumliche Muster hineinlasen. So hielt man es allgemein für unklug, lange an Bushaltestellen zu stehen. Wenn man irgendwo warten musste, dann tat man dies in einer geschützten Ecke. Man vermied es außerdem, Gebiete zu betreten, die mehrheitlich von Einwohnern der Gegenpartei bewohnt waren. Wenn dies unumgänglich war, versuchte man, die eigene Identität zu verbergen, indem man beispielsweise keine auffällige Kleidung und schon gar nicht Schuluniformen, Namensschilder, Fußballclubabzeichen und Ähnliches trug, die einen eindeutig als Katholik oder Protestanten identifizierten. Auch nahm man, wenn möglich, niemals denselben Weg durch das betreffende Gebiet hindurch, noch passierte man es regelmäßig zur selben Zeit. Auf diese Weise vermied man es, dass einem ein Attentäter der Gegenseite auflauern konnte (ebd., 95–99).

Diese gesellschaftlich konstituierte Geographie der Angst, die teils realen Gegebenheiten folgte, teils auf rationalen, der Angstbewältigung dienenden Annahmen beruhte, bestimmte demnach das körperliche Verhalten der Bewohner von Belfast bis in die kleinsten Details des alltäglichen Lebens. Dies beweist, dass nicht nur menschliche Terrorakte, sondern auch bestimmte räumliche Konstellationen eine Schreckensmacht ausüben können, die sich in die Körper aller vom Terror berührten Menschen eingräbt (ebd., 94, 99; s. auch Kap. III. A.2).

Die kulturelle Verortung von Angst im ›Weiblichen‹

Feministischen Wissenschaftlerinnen wie Sara Ahmed zufolge sind Frauen in den verschiedenen Geographien des Schreckens auf ganz eigene Weise impliziert. In vielen Kulturen, auch der ›unseren‹, heißt es, dass besonders Frauen und Mädchen gut auf sich aufpassen müssten, wenn sie aus dem Haus gingen. Draußen, im öffentlichen Raum, lauerte gerade für sie eine Reihe von Gefahren. Zuhause, also ›drinnen‹, seien sie dagegen sicher. Diese auch ›bei uns‹ gesellschaftlich fest verankerte Argumentation wird natürlich durch die zahlreichen Berichte von Kindesmissbrauch und Vergewaltigung in der Ehe *ad*

absurdum geführt. Trotzdem werden auch bei uns noch immer die Körper von Frauen durch den Diskurs der allgegenwärtigen Gefahr der Vergewaltigung auf der Straße und ihrer angeblichen Sicherheit in der häuslichen Sphäre als ›weiblich‹ konstruiert, konditioniert und konstituiert (Ahmed 2004, 69–70).

Ihrer angeblich größeren Verletzlichkeit dürfen Frauen auch Ausdruck geben, zumal sie ihren Emotionen viel mehr ausgeliefert seien als Männer, die ihre Gefühle, so heißt es, doch viel eher mit Hilfe ihres Verstands und ihrer Willenskraft bändigen könnten (vgl. ebd., 3; Lutz 1990; 2007, 20–23; s. auch Kap. II.10). Es erstaunt daher nicht, dass das Erleben und Zeigen von hysterischer Angst vor allem Frauen zugeschrieben und in der Tat auch nur als weibliche Ausdrucksweise akzeptiert wird. Männer, die ihre Angst nicht beherrschen lernen, werden schnell als feige oder sogar als ›weibisch‹ abgestempelt.

Dass auch diese Verortung von Angst in der Domäne des ›Weiblichen‹ kulturspezifisch ist, beweisen Vergleichsbeispiele aus anderen Kulturen. Balinesen beispielsweise unterscheiden konzeptuell nicht zwischen der Gefühlsarbeit (Balinesisch: »seinen Fühl-Geist formen«; Wikan 1989; 249) von Männern und Frauen. Vielleicht liegt das daran, dass es in der balinesischen Sprache keine kategoriale Geschlechterunterscheidung gibt. In jedem Fall liegen für die meisten Balinesen auch heute noch die eigentlichen Ursachen von Unglück im Bereich des Unsichtbaren, aus dem Gottheiten, Ahnen- und Naturgeister sowie gute und böse Magier ins Geschick der Lebenden eingreifen. Das Ausmaß der persönlichen Körperkraft steht daher in keinerlei Zusammenhang mit Furcht. Sicherheit können nur von Priestern und Heilern angefertigte magische Objekte bzw. die Durchführung bestimmter Schutzrituale verleihen oder aber eben die beiden Geschlechtern gleichermaßen offenstehende eigene Emotionsarbeit. Unni Wikan zufolge erleben sich Balinesen tatsächlich in jedem Augenblick als unsichtbaren Kräften ausgesetzt, zumal es ihrer Vorstellung nach auch passieren kann, dass man aus Versehen etwas von einem magischen Angriff abbekommt, obwohl man nicht das direkte Ziel war. Nur wenn die eigene vitale Energie (*bayu*) aufgrund der genannten Schutzmaßnahmen stark genug sei, habe man eine Chance, unbeschadet von negativen Einwirkungen zorniger Ahnen, Göttern, Dämonen und Hexen (*leak*) zu bleiben. Da man nie genau weiß, ob die eigene Energie unsichtbaren Angriffen standhält, überrascht es nicht, so Wikan, dass Balinesen in alltäglichen Gesprächen ständig sagen würden, sie hätten Angst. Jede kleine Übertretung, jeder Bruch der Etikette kann den Zorn von jemandem heraufbeschwören, der sich dann möglicherweise entweder selbst oder mit Hilfe eines der Magie Mächtigen rächt. Hätte man beispielsweise bei einem Hausbau vergessen, dafür die Erlaubnis der göttlichen Erdmutter zu erbitten, so würde man sich sicheres Unheil zuziehen. Auch würde es Unglück bringen, wenn man gegen eine Tempelmauer urinierte oder das Ehrgefühl eines Nachbarn verletzte. Etwa fünfzig Prozent aller Todesfälle seien, so Wikans balinesische Gesprächspartner, auf schwarze Magie zurückzuführen. Dies sei jedenfalls die Botschaft der Verstorbenen selbst, die sie mit Hilfe von Trance-Medien an ihre Hinterbliebenen gesendet hätten. Sozusagen schon aus Vorsicht sei daher jeder Balinese darauf bedacht, bei all seinen Handlungen genau hinzufühlen, welche Auswirkungen sich daraus ergeben könnten. Takt und Einfühlungsvermögen wären folglich unabdingbarer Bestandteil des gesellschaftlichen Miteinanders in Bali (Wikan 1989, 295; 1990, 81–93).

Außerdem fühle sich jeder Balinese verpflichtet, der Außenwelt ständig ein strahlendes Gesicht zu zeigen, denn dies würde nicht nur die eigene Lebenskraft, sondern zugleich die der Umwelt verstärken. Eine strahlende, freundliche Miene aufzusetzen sei deshalb auch ein Akt des Mitgefühls. Man wird also weder bei balinesischen Frauen noch Männern feststellen, dass sie schnell von ihren Gefühlen übermannt werden. Im Gegenteil, Gefühlsbeherrschung wird kulturell so hoch bewertet, das jeder unbeherrschte Gefühlsausbruch immer schon als Zeichen von dämonischer Besessenheit und magisch verursachtem Wahnsinn angesehen wird, der auch dem Wortsinne nach als ansteckend und daher krank machend gilt (Wikan 1989, 295–305).

Magie und die Schrecken des Irrationalen

Vollkommen andere Schlussfolgerungen über den Zusammenhang von Magie und Angst finden wir dagegen bei Aby Warburg. Der aus einer jüdischen Familie aus Hamburg stammende Begründer der Ikonologie war sehr von der zeitgenössischen ethnologischen Forschung beeinflusst. Im Jahr 1895 machte er eine Reise nach Amerika. Unmittelbarer Anlass dazu war die Hochzeit seines Bruders. Doch die eigentliche Triebfeder seiner Reise war die Gelegenheit, einen Einblick in die Kulturen der nordamerikanischen Indianer zu gewinnen. So besuchte

Warburg unter anderem Oraibi, ein Dorf der Hopi-Indianer im Nordosten Arizonas. Dort wohnte er einem dreitägigen Fest bei, in dessen Verlauf einige Tänze und Zeremonien stattfanden. Dieses Erlebnis bildete einen indirekten empirischen Bezugspunkt zu seiner Interpretation des Schlangenrituals der Hopi, das er nie persönlich miterlebt hatte, das aber dennoch einen zentralen Platz in seinem Denken einnehmen sollte. Erst siebenundzwanzig Jahre nach seiner Reise, im Jahr 1923, als er sich zur Genesung von einer langen, angstintensiven Geisteskrankheit in der Kreuzlinger Nervenheilanstalt von Ludwig Binswanger aufhielt, widmete er sich der Ausarbeitung seiner Interpretation dieses Rituals (Gombrich 1984, 117–119, 295; Warburg 2011, 11).

Den Höhepunkt des Schlangenrituals bildete ein Tanz mit lebenden Klapperschlangen. Er wurde immer im August aufgeführt und zwar immer dann, wenn die gesamte Ernte von einem Gewitterregen abhing. Warburg deutete ihn zunächst im Sinne des britischen Ethnologen James G. Frazer als symbolische, homöopathische Magie (Frazer 1983, 14–16, 49, 64–67), bei welcher die Schlangen die Gewitterentladung in Form von Blitzen repräsentierten. Wie Frazer hielt auch Warburg Magie für eine ›primitive‹ Wissenschaft, mit Hilfe derer ›primitive‹ Kulturen imaginären Einfluss auf die willkürlichen Naturgewalten zu gewinnen glaubten. In der Magie würde die Natur bezwingbar werden und so ihren Schrecken verlieren. Der Schlangentanz und die mit ihm verbundenen Vorbereitungen und Handlungen sollten also die gefürchtete Dürre beenden und den ersehnten Regen heraufbeschwören (Gombrich 1984, 296, 300–302; Warburg 2011, 51–54; s. auch Einleitung Kap. III).

Daneben hatte das Schlangenritual auch eine Symbolkraft für Warburg selbst. Die erfolgreiche intellektuelle Vorbereitung und die Präsentation des Vortrages in Kreuzlingen sollten Zeichen seiner Genesung sein und ihm damit seine Freiheit zurückgeben, was auch geschah. Warburgs Themenwahl ging auf Erinnerungen an seine Studienzeit zurück, als er sich mit der Befreiung des Menschen aus magischer Furcht beschäftigte. An mehreren Stellen seines Kreuzlinger Vortrags stellte Warburg die Schlange als »das unheimlichste Tier« (Warburg 2011, 103) dar, dessen hohe phobische Potenz eine symbolische Überwindung der Angst unumgänglich machen würde. Dies erkläre die Häufigkeit, mit der Schlangenkulte in der Menschheitsgeschichte vertreten seien. Die Schlangen im Schlangenritual der Hopi bekommen so noch eine weitere Bedeutung als

Platzhalter für Warburgs eigene schreckliche Angst. In seinem Vortrag gelang es ihm offensichtlich, die Schlangen der Hopi-Tänzer zu bändigen und dadurch seine Angst zu überwinden. In Warburgs Genesung nach seinem Kreuzlinger Vortrag verdoppelte sich sozusagen der magische Akt des Schlangentanzes, in dem nicht nur die Urangst des Menschen vor Schlangen bezwungen, sondern auch die Ernte der Hopi sichergestellt wurde (Gombrich 1984, 295; Warburg 2011, 103–112).

Fazit

Die anfangs gestellte Frage, ob es eine Ethnologie der Angst im eigentlichen Sinne gäbe, ist nach diesen Ausführungen zu verneinen. Ethnographische Methoden und ethnologische Modelle haben allerdings dazu beigetragen, dass wir begonnen haben, unser scheinbar selbstverständliches ›Wissen‹ über ›Angst‹ zu hinterfragen. Dies wiederum hat, so ist zu vermuten, weitreichende Folgen für unsere Vorstellungen über Sicherheit und Schutz. Das Bewusstsein für die Unterschiedlichkeiten von Gefühls- und daher auch ›Angst‹-Konventionen ermöglicht es uns vielleicht, uns wirklich zu öffnen für das, was ›Fremde‹ wie und unter welchen Umständen fürchten. Dies wiederum wäre ein wesentlicher Schritt, uns vor Fremdem nicht zu schnell zu fürchten und so dem möglichen Entstehen einer Kultur des Schreckens entgegenzuwirken.

Literatur

Abu-Lughod, Lila: Shifting politics in bedouin love poetry. In: Dies./Catherine A. Lutz (Hg.): *Language and the Politics of Emotion.* Cambridge u. a. 1990, 24–45.

Abu-Lughod, Lila/Lutz, Catherine A.: Introduction: Emotion, discourse and the politics of everyday Life. In: Dies. (Hg.): *Language and the Politics of Emotion.* Cambridge u. a. 1990, 1–23.

Ahmed, Sara: *The Cultural Politics of Emotion.* Edinburgh 2004.

Benjamin, Walter: Geschichtsphilosophische Thesen [1940]. In: Ders.: *Zur Kritik der Gewalt und andere Aufsätze.* Mit einem Nachwort versehen von Herbert Marcuse. Frankfurt a. M. 1965, 78–94.

Delumeau, Jean: *La peur au occident (XIVe-XVIIIe siècles).* Paris 1978.

Fanon, Frantz: *Peau noire – masques blancs* [1952]. Paris 1995.

Frazer, James George: *The Golden Bough: A Study in Magic and Religion* [1922]. London 1983.

Gombrich, Ernst H.: *Aby Warburg: Eine intellektuelle Biographie.* Frankfurt a. M. 1984.

Heidegger, Martin: *Sein und Zeit* [1927]. Tübingen [16]1986.

Heider, Karl G.: *Landscapes of Emotion: Mapping Three Cultures of Emotion in Indonesia.* Cambridge u. a. 1991.

Hochschild, Arlie Russel: Exploring the managed heart. In: Helga Wulff (Hg.): *The Emotions: A Cultural Reader.* Oxford/New York 2007, 83–91.

Irvine, Judith T.: Registering Affect: Heteroglossia in the linguistic expression of emotion. In: Catherine A. Lutz/ Lila Abu-Lughod (Hg.): *Language and the Politics of Emotion.* Cambridge u. a. 1990, 126–161.

Lakoff, George: Interview with Bonnie Azab Powell (2004), http://berkeley.edu/news/media/releases/2004/08/25_lakoff.shtml (05.08.2012).

Lutz, Catherine A: Engendered emotion: Gender, power, and the rhetoric of emotional control in american discourse. In: Catherine A. Lutz/Lila Abu-Lughod (Hg.): *Language and the Politics of Emotion.* Cambridge u. a. 1990, 69–91.

Lutz, Catherine A.: Emotion, thought, and estrangement: emotion as a cultural category. In: Helena Wulff (Hg.): *The Emotions: A Cultural Reader.* Oxford/New York 2007, 19–29.

Lysaght, Karen D.: Catholics, protestants and office workers from the town: The experience and negotiation of fear in northern ireland. In: Helena Wulff (Hg.): *The Emotions: A Cultural Reader.* Oxford/New York 2007, 93–100.

Marx, Karl: *Das Kapital: Kritik der politischen Ökonomie – Erster Band* [1867] (= Karl Marx/Friedrich Engels: *Werke,* Bd. 23). Berlin 1988.

Rosaldo, Michelle Z.: The shame of headhunters and the autonomy of self. In: *Ethos* 11/3 (1983), 135–151.

Rosaldo, Michelle Z.: Toward an anthropology of self and feeling. In: Richard A. Shweder/Robert A. LeVine (Hg.): *Culture Theory: Essays on Mind, Self, and Emotion.* Cambridge u. a. 1984, 137–157.

Rosaldo, Renato: Grief and a headhunter's rage: On the cultural force of emotion. In: Helena Wulff (Hg.): *The Emotions: A Cultural Reader.* Oxford/New York 2007, 219–227.

Röttger-Rössler, Birgitt: Emotion und Kultur: Einige Grundfragen. In: *Zeitschrift für Ethnologie* 127 (2002), 147–162.

Röttger-Rössler, Birgitt: *Die kulturelle Modellierung des Gefühls: Ein Beitrag zur Theorie und Methodik ethnologischer Emotionsforschung anhand indonesischer Fallstudien.* Münster 2004.

Taussig, Michael: Culture of terror – space of death: Roger Casement's putumayo report and the explanation of torture. In: Nancy Scheper-Hughes/Philippe Bourgois (Hg.): *Violence in War and Peace.* Malden u. a. 2004a, 39–53.

Taussig, Michael: Terror as usual: Walter Benjamin's theory of history as state of siege. In: Nancy Scheper-Hughes/Philippe Bourgois (Hg.): *Violence in War and Peace.* Malden u. a. 2004b, 269–271.

Taussig, Michael: *Shamanism, Colonialism, and the Wild Man: A Study in Terror and Healing.* Chicago/London 1987.

Warburg, Aby: *Schlangenritual: Ein Reisebericht – Mit einem Nachwort von Ulrich Raulff.* Berlin 2011.

Wierzbicka, Anna: Human emotions: Universal or culturespecific? In: *American Anthropologist* 88/3 (1986), 584–594.

Wierzbicka, Anna: *Emotions across Languages and Cultures.* Cambridge u. a. 1999.

Wikan, Unni: Managing the heart to brighten face and soul: Emotions in balinese morality and health care. In: *American Ethnologist* 16/2 (1989), 294–312.

Wikan, Unni, *Managing Turbulent Hearts: A Balinese Formula for Living.* Chicago/London 1990.

Wulff, Helena: Introduction. The cultural study of mood and meaning. In: Dies. (Hg.): *The Emotions: A Cultural Reader.* Oxford/New York 2007, 1–16.

Martin Ramstedt

7. Politik der Angst

Angst als präpolitischer Affekt

Bevor historisch von einer ›Politik der Angst‹ gesprochen werden kann, bevor die Angst also zu einem regulären Element und Instrument der Politik im Sinne staatlicher Selbstbehauptung wird, wurde Politik bei den Griechen philosophisch als eine Praxis des Zusammenhandelns konzipiert, die darauf abzielte, »die Vergänglichkeit des sterblichen Lebens und die flüchtige Vergeblichkeit menschlichen Handelns zu überwinden« (Arendt 1994, 89). Die Angst bezeichnet einen präpolitischen Affekt, der wesentlich mit der Erfahrung von Vergänglichkeit, Sterblichkeit und Schutzlosigkeit menschlicher Existenz zusammenhängt, die ›von Natur aus‹ auf ein Leben in der Polis angewiesen ist, weil sie andernfalls der Bedeutungs- und Sinnlosigkeit, genauer: der ›Spurlosigkeit‹ verfiele. Das Privatleben erschien den Griechen, so Hannah Arendt, »›idiotisch‹, weil nämlich in ihm es um nichts anderes geht als um das schiere Leben, das Am-Leben-Bleiben und Weiterleben, das im Haushalt garantiert ist« (ebd.).

Erst mit der Erfindung eines politischen Raums wird die Möglichkeit geschaffen, »etwas zu tun, was nicht der Vergänglichkeit und Vergeblichkeit anheimfällt«, so dass ein römischer Rhetoriker wie Cicero sich zu der Bemerkung aufschwingen konnte, »daß im Gründen und Erhalten politischer Körper das menschliche Handeln sogar dem Walten der Götter nahekommt« (ebd., 90), die bekanntlich von den Menschen dadurch unterschieden sind, dass sie ihr Leben in Sorg- und Angstlosigkeit verbringen.

Bevor also von den Bedingungen zu sprechen ist, unter denen eine Politik der Angst und schließlich sogar eine Politik der zum Terror gesteigerten Angst möglich wird (s. Kap. IV.A.5), gilt es daran zu erinnern, dass Politik, wie sie in Griechenland erfunden wurde, nicht dem Imperativ der Selbsterhaltung und des Überlebens verstand, sondern auf eine Tätigkeit abzielte, die uns schon deshalb so fremd geworden und ferne gerückt ist, weil wir das griechische Verb, das Aristoteles für sie verwendete, nicht mehr verstehen: *athanatizein*, wörtlich »unsterblich machen« (ebd.). Dieses Wort hört mit der Entstehung des Christentums auf, ein sinnvolles ›menschliches‹ Streben zu bezeichnen, da es fortan allein Gott ist, der uns ein unsterbliches Leben gewähren kann, das nicht mehr Sache des öffentlichen Handelns oder einer *res publica* ist.

Wenn uns also auch »vermutlich nichts unwahrscheinlicher [klingt], als daß der Drang nach Unsterblichkeit gerade das eigentlich Politische entscheidend bestimmen sollte« (ebd.), ist es doch wenig hilfreich, die Frage nach dem Verhältnis von Politik und Angst mit großformatigen kulturtypologischen Gegenüberstellungen zu beantworten. Es verhält sich nämlich keineswegs so, als stünde eine politische Antike, die die Angst als einen präpolitischen Affekt denunziert und im Mut bzw. in der Tapferkeit die entscheidende politische Tugend sieht, einer Neuzeit gegenüber, die aus Sorge um die Selbsterhaltung des Menschen in der Angst die einzig vernünftige Leidenschaft identifiziert. Allein die Furcht vor dem Tod, agrumentierte Thomas Hobbes, ist in der Lage, die Menschen dazu zu bewegen, ihr Recht auf alles, das sie im Naturzustand haben, aufzugeben und sich der absoluten Gewalt eines Souveräns zu unterwerfen, der seine Legitimität aus seiner Fähigkeit bezieht, einen staatlichen Schutzraum zu etablieren, in dem der stets drohende Krieg aller gegen alle wirksam ausgeschlossen ist (s. Kap. II.5). Diese lehrbuchartige Gegenüberstellung von Antike und Neuzeit, die noch Hans Blumenbergs Konzept der »humanen Selbstbehauptung« (Blumenberg 1996, 135) zugrunde liegt, das den Kern einer sogenannten »Legitimität der Neuzeit« im Unterschied zu den antiken Selbstentwürfen definieren soll, die mit einem »teleologischen Rückhalt« (ebd., 175) arbeiten konnten und sich am Vorbild der göttlichen Lebensformen orientieren, hält bei näherer Betrachtung einer Überprüfung schon deshalb nicht stand, weil ausgerechnet der antiken Philosophie, wie schon Arendt erkannt hat, die »Apolitia«, also das selbstgenügsam-kontemplative Leben in der Muße (schole) abseits der politischen Verwicklungen als das höchste Ideal galt. Die »Sorge um sich« und die sie bestimmenden »Selbsttechnologien«, die Michel Foucault in seinem Spätwerk einer intensiven Untersuchung unterzogen hat (Foucault 1986; 1989), sind keineswegs an die neuzeitliche Entdeckung des Subjekts gebunden, das sich vor der Übermacht einer undurchschaubaren Welt auf sich selbst zurückzieht. Aber auch die neuzeitlich-cartesianische Grundstellung, die die Selbstgewissheit des cogito als ein ultimatives Rückzugsgebiet des Denkenden auffasste, das den Zweifel als Ausdruck einer epistemischen Angst bzw. Unsicherheit ein für allemal überwindet, bleibt nicht unwidersprochen, wie man an der Intervention Spinozas erkennt, der sowohl der Epistemologie als auch der Politik des great divide hartnäckig widerspricht und sich mit dem Rückzug ewiger Dauer aus

dem Raum der öffentlichen Angelegenheiten ebenso wie aus der Natur nicht abfinden mag.

Furcht und politische Ohnmacht: Der Fall der Tyrannis

Entgegen den philosophischen Idealisierungen, die Arendt im 20. Jahrhundert zu reaktualisieren bemüht ist, gilt es daran zu erinnern, dass auch der Antike die Angst als Einsatz und ›Strategie‹ der Politik keineswegs fremd ist, wie die Auseinandersetzung mit der Regierungsform der Tyrannis und der Figur des Tyrannen belegt. Der Tyrann herrscht durch Furcht, aber die ›Dialektik‹ seiner Herrschaft besteht darin, dass er selbst, der das Misstrauen und die Angst zwischen seinen Untertanen erzeugt, von diesen Affekten beherrscht wird, da die Tyrannis die Bürger niemals mit sich befreundet, sondern ein Verhältnis der latenten Feindschaft zwischen Herrschern und Beherrschten etabliert und damit die Verschwörung als den Grundvorgang ›politischen Handelns‹ unterstellen muss. Der Tyrann lebt in der Angst, Opfer einer Verschwörung seiner Untertanen zu werden, die sich aus Gründen des politischen Ehrgeizes oder des Hasses niemals mit ihrer Subordination abfinden werden; die Untertanen müssen sich zudem auf präventive Gewaltmaßnahmen einstellen, durch die der Tyrann eine vermutete Unbotmäßigkeit im Keim zu ersticken versucht, bevor sie sich in hochverräterischen Handlungen Einzelner oder gar offener Rebellion manifestiert.

Arendt hat den grundlegenden politischen Organisationsformen Republik, Monarchie und Tyrannis politisch ausschlaggebende »Grunderfahrungen« zugeordnet: die Gleichheit, genauer, »das Zusammensein mit gleich starken Mitbürgern« und die »Freude, nicht allein zu sein« als Grunderfahrung der Republik; den Kampf um Auszeichnung und die öffentliche Anerkennung der eigenen Überlegenheit als Grunderfahrung der Monarchie; die Furcht als Prinzip bzw. »Grundtatsache« der Tyrannis (Arendt 1973, 725). Für Arendt ist nun allerdings theoretisch entscheidend, die spezifische Signatur dieser Furcht zu begreifen: Nicht, dass die Bürger in der Tyrannis einem erhöhten Risiko ausgesetzt sind, eines gewaltsamen Todes zu sterben, ist die Ursache dieser Furcht, sondern die zerstörerische Wirkung dieser politischen Formation auf die Bedingungen der Möglichkeit des Handelns und der Ausübung von Macht. Wenn Macht nur dort entspringt, »wo Menschen zusammen handeln«, dann ist Furcht, poli-

tisch betrachtet, »die Verzweiflung in der Ohnmacht«. Aus dieser allgemeinen Ohnmacht »entspringt die Furcht vor der Stärke eines jeden anderen
und aus ihr einerseits der Wille, alle anderen zu beherrschen, der dem Tyrannen eignet, andererseits
die Bereitschaft, sich beherrschen zu lassen, welche
die Tyrannis für die Unterworfenen erträglich
macht« (ebd., 726).

Wenn Arendt davon spricht, das die Furcht eigentlich »gar kein Prinzip des Handelns« sei und
dass sie »innerhalb des politischen Bereichs [...]
eine Art antipolitisches Prinzip« darstelle (ebd.),
dann wird von der neueren Forschung zur antiken
Tyrannis dieses Paradox der Furcht insofern bestätigt, als die in Griechenland seit der archaischen Zeit
verbreiteten Regeln und Beschreibungen, wie ein
Tyrann zu Tode zu bringen ist, durch eine Maßlosigkeit gekennzeichnet sind, auf die ziemlich genau
jene Merkmale zutreffen, die Giorgio Agamben für
die Haltung der Gemeinschaft gegenüber dem sogenannten *homo sacer* identifiziert hat (Agamben
2002). Der Tyrann ist der exemplarische Vertreter
des *homo sacer*, da er von jedem Beliebigen auf jede
mögliche Weise getötet werden darf, ohne dass dadurch ein Sakrileg oder auch nur ein Gesetzesver-
stoß begangen worden wäre. So droht ein archaisches Gesetz »dem Tyrannen«, und was noch ge-
wichtiger ist, um das Ausmaß der gegen ihn
entfesselten Gewalt richtig einschätzen zu können,
»allen seinen Nachkommen mit *atimia*, und zwar
nicht im Sinne eines Entzugs der politischen Rechte,
sondern in dem Sinne, daß sie von jedermann getötet werden konnten, ohne daß der Täter gesetzlich
schuldig oder rituell verunreinigt wurde« (Luraghi
2000, 93). Die Unbegrenztheit der Rache am Tyrannen manifestiert sich zudem im spezifischen Modus
seiner kollektiven Tötung, die darin besteht, dass der
Tyrann nicht in einem gerichtsförmigen Verfahren
verurteilt und gegebenenfalls hingerichtet wird, sondern seine Bestrafung (etwa durch Steinigung oder
systematische Folter) am besten durch alle Mitglieder der politischen Gemeinschaft, auf die die Straf-
gewalt übergegangen ist, erfolgt. Hier von einem un-
kontrollierten Ausbruch des Volkszorns, einer (ver-
ständlichen) Rache an dem Peiniger oder schlicht
der Lynchjustiz eines zum Mob mutierten Volkes zu
sprechen, greift im Hinblick auf die ›Politik der
Angst‹, von der das Ereignis des Tyrannenmordes
Zeugnis ablegt, zu kurz.

Totalitäre Schwächung der Selbsterhaltung

Während für Arendt die Furcht als Ausdruck der Erfahrung von Handlungsohnmacht das Grundelement der Tyrannis bezeichnet, reserviert sie den Begriff der Verlassenheit für die spezifische Erfahrung
totalitärer Gesellschaften, denen es gelingt, die Menschen nicht nur von dem zu trennen, was sie vermögen, also sie zu isolieren und sie in Furcht vor der
Macht des anderen leben zu lassen, sondern sie ›aus
der Welt‹ hinauszustoßen, oder anders gesagt: eine
Welt zu schaffen, die nicht länger gemeinsam be-
wohnbar ist (Arendt 1973, 727). Der Tyrann zerstört
die politische Sphäre der Menschen (aber nicht zugleich schon ihre soziale und private). Seine Tötung
und der in ihr zum Ausdruck kommende Exzess gehen noch darüber hinaus, da sie für einen Moment
»sogar die Existenz der Gemeinschaft in Frage [stel-
len], ihre Gesetze und Rituale des gemeinsamen Lebens« (Luraghi 2000, 106). Eben dieser Aspekt, die
kollektive Mobilisierung zum Zwecke seiner ›grenzenlosen‹, jede geregelte Form abstreifenden Bestrafung verbindet die Tyrannis mit der totalitären Herrschaft, insofern der letzte Augenblick der Tyrannei
die Menschen mit einem Schlag aus der Verzweiflung, nicht gemeinsam handeln zu können, die den
tyrannischen ›Normalzustand‹ definiert, erlöst und
sie in ein Kollektiv verwandelt, das sich die Wieder-
gewinnung der äußersten Handlungsmacht in einem Akt der Tötung beweist, der jede Bindung an
das Element des Gesetzes aufgekündigt hat.

Der totalitären Politik der Angst, wie sie Arendt
meisterhaft analysiert hat, liegt das Paradox einer
»Schwächung des Instinkts der Selbsterhaltung« zugrunde (Arendt 1973, 510), die doch den klassischen
Einsatz der Angst in den neuzeitlichen Begründungen des Staates markiert. Es muss den Staat geben, so
argumentiert Thomas Hobbes, weil er allein die
Menschen von der berechtigten Furcht, dass sie ansonsten Gefahr laufen, eines gewaltsamen Todes zu
sterben, befreit. Die totalitäre Erfahrung beruht
demgegenüber auf einem neuen Typ von »Selbstlosigkeit«, den Hobbes noch nicht kannte. Hobbes po-
lemisierte gegen den antiken Kult der *magnanimitas*,
des ›hohen Mutes‹, dem er bereits mit dem Titel seines Hauptwerks den Kampf ansagte; denn den Titel
wählte er, weil im Buch Hiob Gott selbst, »nachdem
er die große Gewalt des Leviathan beschrieben hatte,
ihn den König der Stolzen nennt« (Hobbes 1984,
244). Die Stolzen bedürfen eines solchen Königs,
weil die Menschen durch die Hochschätzung dessen,
was sie aus eigenen Kräften vermögen, in das Elend

des Naturzustandes getrieben werden, in dem jeder ein Recht auf alles zu haben glaubt. »Das Selbstvertrauen, das in der *megalopsychia* herrscht, ist völlig unreflektiert« (Krüger 1932, 263), bei Cicero wird sie als »*ein hoffnungsvolles, sicheres Vertrauen auf die eigene Kraft angesichts großer Schwierigkeiten*« definiert (ebd., 265).

Die totalitäre ›Selbstlosigkeit‹ des 20. Jahrhunderts ist mitnichten ein Widergänger der antiken *magnanimitas*. Sie entspringt nicht der beglückenden Erfahrung einer »Überlegenheit im Standhalten«, sondern dem Gefühl, »daß es auf einen selbst nicht ankommt«, da den totalitären Massen das Interesse an sich selbst »aus der Hand geschlagen wurde« (Arendt 1973, 510 f.). Die Leidenschaft, mit der sich diese Massen (einschließlich ihrer intellektuellen Fürsprecher) den totalitären Apparaten zur Verfügung stellten, verweist auf eine Politik, die die Manifestation von »Todesangst« im politischen Raum nicht mehr zulässt (ebd., 702), weil die Menschen im Einzugsbereich totalitärer Staaten von der Erfahrung der eigenen ›Überflüssigkeit‹ durchdrungen sind und sich an den thanatopolitischen Maßnahmen zur Verschiebung und Vernichtung ganzer Bevölkerungsgruppen beteiligen oder sie zu mindestens schweigend dulden. Hannah Arendt will selbstverständlich nicht sagen, dass totalitäre Gesellschaften ›angstfrei‹ operieren, ganz im Gegenteil: Die permanente Drohung mit der Möglichkeit des Terrors gehört zum Alltag dieser Regimes, die ihre Maßnahmen allerdings nur ergreifen können, weil die, die mit ihrer Planung und Durchführung beauftragt sind, in ihnen eine historische und damit transpolitische ›Notwendigkeit‹ sehen, als deren willige Exekutoren sie sich verstehen (s. Kap. IV. A.5).

Furcht in der politischen Kasuistik Machiavellis

Blickt man von dieser Szenerie des 20. Jahrhunderts auf die Anfänge der neuzeitlichen politischen Theoriebildung zurück, lassen sich mindestens *drei Varianten* einer Politik der Angst unterscheiden. Bei Machiavelli wird die Frage nach der Rolle der Angst in der Politik kasuistisch behandelt. Der XVII. Abschnitt des *Fürsten* (1513) handelt »von der Grausamkeit und der Milde« und davon, »ob es besser sei, geliebt als gefürchtet zu werden« (Machiavelli 1990, 82). So sehr der Fürst auch, wie es die erbauliche politische Traktatliteratur forderte, danach streben soll, »für barmherzig zu gelten«, muss er doch in be-

stimmten Situationen die »Nachrede der Grausamkeit nicht scheuen«, wenn die Grausamkeit geeignet ist, »seine Untertanen in Treue und Einigkeit zu erhalten« (ebd.). Zur Abwehr von politischen »Unordnungen«, »die zu Mord und Raub führen« und ein ganzes Gemeinwesen in Mitleidenschaft ziehen, ist eine punktuelle, wohl dosierte Grausamkeit, etwa in Form von »einigen Strafgerichten«, die sich gegen einzelne richten, statthaft (ebd., 83). Wie soll der Fürst handeln, wenn ein Aufstand droht, wie wenn er im Felde steht und sein Heer beisammenhalten muss?

Das sind Machiavellis konkrete Fragen, und seine Antwort auf die »Streitfrage, ob es besser sei, geliebt oder gefürchtet zu werden«, fällt auf den ersten Blick unzweideutig aus: Die Liebe seiner Untertanen kann der Fürst zwar erlangen, aber er hat es nicht in der Hand, sie dauerhaft zu bewahren; »die Furcht vor Strafe aber läßt niemals nach« (ebd., 84), sie hängt allein von ihm ab. Allerdings muss der Fürst, der durch Furcht herrscht, Sorge tragen, dass die Furcht nicht in Hass umschlägt, was Machiavelli zufolge so lange nicht geschehen wird, wie er das Eigentum seiner Untertanen achtet und »ihre Frauen unangetastet läßt« (ebd.), womit zwei gängige Merkmale aufgerufen sind, die die Herrschaft des Tyrannen kennzeichnen, der nicht nur die politischen Freiheiten aufhebt, sondern auch wie ein Bandit in die ›Privatsphäre‹ der Untertanen eingreift. Verschwörungen, zu denen die ›Großen‹ im Staat aus Ehrgeiz immer neigen, haben nur dann Aussicht auf Erfolg, wenn der Fürst als Tyrann agiert: In einem solchen Fall gelingt es den Verschwörern, sich der Empörung des Volkes zu versichern, dessen Verachtung und Hass sich der Fürst durch falsches Verhalten zugezogen hat. Für Machiavellis Argumentation im *Fürsten* ist, regierungstechnisch betrachtet, ein »synthetisches Band« zwischen Fürst und Territorium charakteristisch: »Es gibt keine grundlegende, wesentliche, natürliche und rechtliche Zugehörigkeit des Fürsten zu seinem Fürstentum« (Foucault 2004, 139), er steht vielmehr in einem Verhältnis der Exteriorität oder Transzendenz zu seinem Herrschaftsgebiet. Denn entweder hat der Fürst sein Fürstentum geerbt oder er hat es gewaltsam erobert oder es ist ihm mit Einverständnis anderer Fürsten zugesprochen worden, in jedem Fall ist der Fürst bei Machiavelli durch seine strukturelle »Einsamkeit« (Althusser 1987) definiert, die aus dieser Äußerlichkeit oder Fremdheit von Fürst und Territorium resultiert, weshalb es auch »keinen Grund a priori« geben kann, »keinen unmittelbaren Grund, weshalb die Untertanen das

Fürstentum des Fürsten akzeptieren sollen« (Foucault 2004, 139).

Apologie der Todesfurcht und Kalkül der Angst bei Hobbes

Mit dieser Formulierung hat Foucault präzise die Problemstellung benannt, die der politischen Theorie Thomas Hobbes' zu Grunde liegt, der antritt, diesen Grund, der bei Machiavelli fehlt, beizubringen und das »brüchige Band« zwischen Fürst und der aus Untertanen und Territorium gebildeten Gesamtheit in einen philosophisch hergeleiteten, systematischen Zusammenhang zu verwandeln. Die Politik der Angst spielt bei diesem Vorgang eine entscheidende Rolle, da Hobbes die Angst nicht länger kasuistisch, sondern systematisch und spekulativ bemüht, um die Grundlegung des souveränen Staates nicht nur rational, sondern auch affektiv, mit anderen Worten: anthropologisch zu verankern.

Leo Strauss hat die affektiven Grundlagen der politischen Wissenschaft des Thomas Hobbes unzweideutig formuliert. Für Hobbes ist der »Mensch in seiner Leidenschaft« Gegenstand der Politik, da die vernünftige Einsicht *allein* nicht stark genug ist, um ihn das rational Eingesehene auch praktisch vollziehen zu lassen. Da der Mensch Hobbes zufolge im Unterschied zum Tier »unendlich begehrt« (Strauss 2001, 22), ist sein Machtstreben grundsätzlich nicht begrenzbar. Obwohl dieses Machtstreben doch die Erhaltung des Lebens zu seiner logischen Voraussetzung hat, taugt das Prinzip der Selbsterhaltung als solches nicht als Basis der politischen Wissenschaft, weil die »Verrücktheit« des menschlichen Begehrens immer bereit ist, dieses Prinzip zu verletzen, worin eben die spezifische Dynamik menschlichen Stolzes zum Ausdruck kommt:

Daß die Erhaltung des Lebens das erste Gut ist, sagt die *Vernunft, nur* die Vernunft, hingegen, daß der Tod das erste Übel ist, sagt ein Affekt, der Affekt der Todesfurcht. Und da die Vernunft für sich ohnmächtig ist, so wäre der Mensch nicht willens, an die Erhaltung seines Lebens als an das erste und dringlichste Gut zu denken, wenn der Affekt der Todesfurcht ihn nicht dazu zwänge (ebd., 28).

Weil wir »den Tod *unendlich viel mehr* fürchten als wir das Leben begehren« (ebd., 29), genauer: weil wir den *gewaltsamen* Tod unendlich viel mehr fürchten als wir das Leben begehren, ist die Todesfurcht nach Hobbes »der Ursprung des Rechts und des Staates«, denn nur die Einrichtung einer souveränen öffentlichen Ordnung kann die »grundsätzliche Sicherung gegen die Gefahr des gewaltsamen Todes« herbeiführen (ebd., 30).

Im Hinblick auf die Politik der Angst bei Hobbes muss man jedoch noch einen Schritt weitergehen: Mit dem Übergang vom Naturzustand und seinem Krieg aller gegen alle in den bürgerlichen Zustand tritt nicht ein Zustand der vollendeten Sicherheit an die Stelle der universellen Furcht. Dieser Übergang ist vielmehr mit einer fundamentalen Änderung in dem verbunden, was man die *Ökonomie der Furcht* bzw. der Furchterregung nennen könnte. Während die Menschen im Naturzustand niemals sicher sein können, von welcher Seite ihnen Gefahr für Leib und Leben droht, verbindet sich die Furcht im *status civilis* mit einer institutionellen Adresse: Die überragende Figur des Leviathan monopolisiert alle sonst im gesellschaftlichen Raum frei flottierende Gewalt, die die Vertragschließenden zuvor an ihn abgetreten haben, sie konzentriert die diffuse Angst, die die ›Politik im Naturzustand‹ kennzeichnet, auf die souveräne Person, deren Handlungen dem Prinzip der Schutz-Gehorsam-Relation unterliegen. Die Angst hat bei Hobbes also eine zugleich grundlegende und spekulative Funktion.

Anders als bei Machiavelli diskutiert Hobbes nicht ›empirische‹ Fragen des Typs, mit welchen Maßnahmen der Fürst dafür sorgen soll, hinreichend gefürchtet zu werden, ohne dass die Furcht in Hass umschlägt. Die Angst ist hier auch nicht an die Aktionen des Krieges gebunden, in dem reale Kräfte unmittelbar gewaltsam aufeinandertreffen. Die Angst bei Hobbes gehört zu dem, was Foucault das »Spiel von Vorstellungen« nennt, »dank derer man gerade nicht Krieg spielt« (Foucault 1999, 112). Hobbes kennt keinen Krieg, jedenfalls nicht im Rahmen seiner politischen Philosophie, es gibt für ihn »keine Schlachten, kein Blut, keine Leichen«, sondern nur ein »Theater des Austauschs von Repräsentationen, in einem zeitlich unbestimmten Angstverhältnis« (ebd., 111), das den Ausbruch des Krieges gerade vermeiden will und an seine Stelle das Kalkül der Unterwerfung unter die Souveränität setzt. Es geht bei Hobbes darum, die Angst zu semiotisieren, sie von einer Leidenschaft, die das Handlungsvermögen der Menschen lähmt, in eine »listige, lügenhafte Ausdrucksform« zu verwandeln, auf die sich eine »Art unendlicher Diplomatie« (ebd.) gründen lässt. Die Angst, von der die politische Wissenschaft bei Hobbes Gebrauch macht, ist kommunizierbar, nicht was sie auslöst, ist entscheidend, sondern was durch sie veranlasst oder ermöglicht wird, nämlich die Bereitschaft, jederzeit Souveränität dadurch zu begründen, dass sich eine

Willensbekundung vollzieht, die gerade nicht der Ausdruck eines überlegenen Willens ist.

Die Souveränität, die Hobbes denkt, ist überhaupt keine genuin politische Kategorie, da sie aus dem ›freien Willen‹ der Vertragschließenden genauso hervorgehen kann wie aus der erzwungenen Bereitschaft der Besiegten, sich den Siegern zu fügen oder sogar eines Kindes, dessen Gehorsam gegenüber den Eltern durch die ›Erwartung‹ gerechtfertigt ist, dass diese sein Leben erhalten: Der Wille, auf den Hobbes seine Politik gründet, »ist an Angst gebunden«, die Souveränität »entsteht immer von unten, kraft des Willens derjenigen, die Angst haben« (ebd., 116). Wie sehr Hobbes den »radikale[n] Willen«, »der auf Leben drängt« (ebd.), seiner politischen Philosophie zu Grunde legt, wird an den Zugeständnissen deutlich, die er der Angst sogar unter den Bedingungen der konstituierten Souveränität macht. Obwohl der Untertan alle Handlungen des Souveräns autorisiert, findet dieser Gehorsam nicht nur seine Grenze an dem souveränen Befehl, sich selbst zu töten. Auch Soldaten können »in vielen Fällen den Befehl verweigern, ohne ungerecht zu handeln«. Man muss der »natürlichen Ängstlichkeit« (*naturall timorousnesse*) Rechnung tragen, »und zwar nicht nur bei Frauen, von denen diese gefährliche Pflichterfüllung nicht erwartet werden kann, sondern auch bei Männern mit weibischem Mut (*feminine courage*). Kämpfen Heere miteinander, so laufen auf der einen oder auf beiden Seiten immer Leute davon; doch geschieht dies nicht aus Verrat, sondern aus Furcht, so sieht man dies nicht als ungerecht, sondern als ehrlos an. Aus demselben Grund ist es nicht ungerecht, wenn man einem Gefecht aus dem Wege geht, sondern Feigheit« (Hobbes 1984, 169).

Der vielzitierte »Schrecken« des Leviathan, dem aufgrund der »ihm von jedem einzelnen im Staate verliehenen Autorität« (ebd., 134) eine äußerste Machtfülle zur Verfügung steht, ist von den Spielarten des totalitären Terrors, als dessen Vorbote er vielen gilt, grundsätzlich geschieden, denn der Schrecken bei Hobbes ist nur der Name für die organisierte Drohung, die der Leviathan ausschließlich jenen Untertanen zuzufügen berechtigt ist, die durch ihre Handlungen den politischen Unterwerfungsvertrag rückgängig zu machen versuchen.

Posteschatologische Politik

Wodurch erzeugt der Leviathan Schrecken? Nicht durch die Art und Weise, wie er seine Befehle gibt

und seine Gesetze erlässt, um die bürgerliche Ordnung zu gewährleisten, sondern durch die bloße Tatsache seiner Existenz. Der Schrecken bei Hobbes ist keine operative Kategorie, er bezeichnet die Art und Weise, wie der Leviathan denen *erscheint*, die ihn hervorgebracht haben und in ihm *sich selbst*, nur ins Riesenhafte potenziert, wiedererkennen sollen. Der Schrecken ist der Effekt, der sich bei den Untertanen einstellt, wenn sie das Ergebnis des Vertrages, den sie miteinander geschlossen haben, *anschauen*. Er muss nur in besonderen Fällen effektiv werden, da er bei Hobbes wie ein Zeichen funktioniert, weshalb er nicht zufällig der gedruckten Argumentation des *Leviathan* (1651) das eindrucksvolle Frontispiz voranstellt. Wer den dort gezeichneten *homo magnus* betrachtet, vermag nicht nur ohne weiteres nachzuvollziehen, dass er aus den Bürgern ›gemacht‹ ist, die in seinem Körper versammelt sind und in einer einheitlichen Blickrelation zu ihm stehen, die der Betrachter jeweils für sich erneuert. Die Konstruktion dieses souveränen ›Riesen‹ ist dazu angetan, jede widersetzliche Regung oder gar Handlung im Keim zu ersticken, da die Übermacht der Figur und die ihr beigegebenen intellektuellen und technischen Machtmittel die Durchsetzung eines rebellischen Willens äußerst unwahrscheinlich machen. Das Frontispiz zeigt keinen blutrünstigen Potentaten oder Tyrannen, sondern einen Fürsten, der ›blühende Landschaften‹ überragt. Die souveräne Gewalt präsentiert sich im Modus der Virtualität. Das Frontispiz operiert mit einer ›zurückhaltenden Drohung‹, die den Ausbruch der souveränen Gewalt gerade vermeidet und an seine Stelle das Kalkül der Unterwerfung in Szene setzt. Nichts an diesem Leviathan ist ›unheimlich‹. Es ist daher ganz falsch, wie gelegentlich behauptet, dass Hobbes mit einem Begriff des *terrors* arbeite, dem eine theoretisch unverstehbare wie praktisch sich verbergende »Unfassbarkeit« (Klass 2009, 114) zu Grunde liege.

Die Hobbessche Angst, so intensiv sie auch sein mag, ist mit dem rationalen Kalkül derer, die sie empfinden, stets vereinbar. Für den Souverän ist gerade nicht seine Unfassbarkeit charakteristisch, weil sich das, was er ist und was er tut, stets im »klaren Licht der natürlichen Vernunft« vollzieht – im Unterschied zu jenen indirekten Gewalten, unter denen Hobbes zunächst und vor allem die geistlichen versteht, die »in der Finsternis scholastischer Unterscheidungen und schwerverständlicher Worte« stehen (Hobbes 1984, 251). Hobbes lässt keinen Zweifel daran, dass es eine größere Angst gibt als diejenige, die uns den Tod zu meiden empfiehlt und dass diese

Angst »immer eine Partei« haben wird, »die zur Verwirrung und bisweilen zur Zerstörung eines Staates ausreicht, weil die Furcht vor Finsternis und Geistern größer ist als jede andere Furcht« (ebd.).

Die Politik der Angst bei Hobbes läuft also auf eine Erlösung der Menschen von einer ›größeren Angst‹ hinaus und damit auf die Einübung in eine Perspektive, die das *summum malum* nicht länger in einer jenseitigen Strafe, sondern im diesseitigen Tod verankert. Wenn die Angst, die die Theologen vor einer Strafe im Jenseits und die klassischen Philosophen vor ›Tyrannen‹ schüren, um die Menschen dazu zu bringen, »ihre Könige zu töten« (ebd., 249), wenn diese Angst allein in Büchern und schwerverständlichen Worten, also in der Macht des Signifikanten gründet, dann leitet Hobbes aus dieser Einsicht eine politische Pädagogik ab, die ausschließlich den Grundsätzen der natürlichen Vernunft verpflichtet ist und den Menschen lehrt, »wie man regiert und gehorcht«, weshalb der Souverän aufgerufen ist, »die öffentliche Verbreitung dieser Lehre« zu schützen. Nur auf diesem Wege könne sich »spekulative Wahrheit in praktischen Nutzen« verwandeln (ebd., 281).

Hobbes' letztes Wort ist, in diesem Punkt bei aller sonstigen Polemik ganz der platonischen Lehre treu, dass Bürgerkriege so lange nicht abgeschafft werden können, »bis die Souveräne Philosophen wären« (ebd.). Diese durchaus ›idealistische‹ Schlusspointe bekräftigt einmal mehr, dass Hobbes nicht in der Terrorisierung einer unbotmäßigen Bevölkerung, sondern in ihrer Disziplinierung den Schlüssel zu stabilen politischen Verhältnissen sieht. In der Situation des *akuten* Bürgerkriegs kann es zwar durchaus geschehen, dass der Souverän zu drastischen, sogar präventiven Maßnahmen oder Schlägen gegen vermutete Feinde greifen muss (Hobbes 1991, 98), aber Hobbes beeilt sich sogleich hinzuzufügen, dass die militärische »Vernichtung« von religiösen Dissidenten, die andere zur Rebellion *anstiften*, »ein fürchterlicher, unchristlicher und unmenschlicher Plan« sei, von dem Gott verhüte, dass er »jemals in des Königs Herz einziehe«:

Ich wünschte ihm, er hätte Geld genug flüssig für sein Heer zur Unterdrückung jeglicher Revolte, um alle Hoffnung auf Erfolg von seinen Feinden zu nehmen, so daß sie ihn in der Reform der Universitäten nicht zu stören wagten, aber keinen töten zu lassen, wenn er nicht Verbrechen begangen hat, die durch die Gesetze als Kapitalverbrechen gekennzeichnet sind (ebd., 64).

Hobbes beschränkt den Einsatz unmittelbarer staatlicher Gewalt auf ihren Einsatz bei der Bestrafung von schweren Gesetzesverstößen und schließt damit – trotz der symbolischen Verbindung zwischen Souveränität und Schrecken – eine staatlich organisierte Politik des praktizierten Terrors oder der Terrorisierung ganzer Bevölkerungsgruppen aus. Es darf allerdings nicht vergessen werden, dass die Hobbessche Politik zwar »im klaren Licht der natürlichen Vernunft« steht, aber eben deshalb nicht umhin kann, die Angst vor einer besonders intensiven Bedrohung zu schüren, die aus der »Finsternis« kommt und eben aufgrund ihrer ›Unfassbarkeit‹ einer Politik des Verdachts, der Paranoia und der präventiven Aktionen Vorschub leistet.

Staatsräson oder der Schrecken der Systemerhaltung

Eine derartige ›exzessive‹ Politik der Angst liegt einer politischen Formation zu Grunde, die man mit dem Begriff und der Praxis der Staatsräson belegen kann. Die ›Vernunft‹, die den Aktionen der Staatsräson ihren Namen gibt, findet ihren höchsten Ausdruck paradoxerweise im Staatsstreich, also in dem, was einer ihrer herausragenden Theoretiker, Gabriel Naudé, als »excessus iuris communis« (Foucault 2004, 378) definiert hat. Der Staatsstreich ist, anders als gemeinhin unterstellt, nicht »die Konfiszierung des Staates durch die einen auf Kosten der anderen«, also das, was wir heute einen (durch interessierte Dritte beförderten) ›Regimewechsel‹ nennen würden, sondern »eine Suspension der Gesetze und der Legalität«, die gewissermaßen »in den Ruhestand« versetzt werden (ebd.). Der so verstandene Staatsstreich ist im Verhältnis zur Staatsräson deshalb kein Bruch, weil sie dem Staat empfiehlt, nicht ausnahmslos gemäß den Gesetzen, die er erlässt, zu handeln, sondern sie den jeweiligen politischen Erfordernissen flexibel ›anzupassen‹. Der Staatsstreich bezeichnet, so gesehen, den Moment, in dem der Staat unter Umgehung oder temporärer Suspension auch der fundamentalsten Gesetze direkt auf sich selbst einwirkt, »unverzüglich, unmittelbar, ohne Regel und dramatisch in der Dringlichkeit und Notwendigkeit« (ebd., 379). Wenn der Staatsstreich die anomische »Selbst-Äußerung des Staates« ist, weil es der Staat ist, der »auf jeden Fall gerettet werden muß« (ebd.), dann wird an diesem Punkt die entscheidende Differenz zur Hobbesschen Souveränitätstheorie deutlich. Zwar lässt auch Hobbes keinen Zweifel daran, dass der Souverän den bürgerlichen Gesetzen, die er erlassen hat, nicht unterworfen ist, aber selbst diese Befreiung von der Gesetzesbindung muss im Medium des Gesetzes erfolgen: durch einen formellen Akt der Aufhebung sowie durch sofortigen Erlass neuer Gesetze, die den veränderten Willen des Gesetzgebers öffentlich kundtun (Hobbes 1984, 204).

Die Politik der Staatsräson wartet dagegen nicht ab, bis sie ihren Willen in einem angemessenen Gesetz verkörpert hat, sie ist eine Politik, die der Notwendigkeit der Aktion, die keinen Aufschub duldet, alle sonstigen Erwägungen unterordnet. Hobbes bindet den Willen des Souveräns an seine öffentliche Manifestation im Gesetz und erörtert daher mit großer Umständlichkeit, »welche ausreichenden Hinweise und Zeichen es gibt, an denen man erkennen kann, was Gesetz, das heißt, was der Wille des Souveräns ist, in Monarchien so gut wie in anderen Regierungsformen« (ebd., 208). Die Staatsräson behält sich vor, das Gesetz zu verletzen und Fakten zu schaffen, ohne dass zuvor eine Rationalisierung ihres Tuns in Form von ankündigenden Zeichen und Hinweisen erfolgen müsste. Eine solche Manifestation würde nur den Souverän berechenbar machen und ihm den Vorteil des präventiven Schlags nehmen.

Mit der Staatsräson entsteht der Begriff des »Staatsverbrechens« (Foucault 2004, 382), weil sie Menschen ›opfert‹, ohne die Frage ihrer Schuld zu erörtern. Foucault führt aus der Literatur zur Staatsräson ein charakteristisches Beispiel an, in dem sich der Exzess der Gewaltsamkeit gerade dort manifestiert, wo scheinbar Recht gesprochen wird. Man begreift die Tragweite dieses Beispiels, wenn man sich daran erinnert, dass Hobbes angesichts der Erörterung richterlicher Gewalt darauf beharrt, dass es dem »Gesetz der Natur« widerspreche, »einen Unschuldigen zu bestrafen« (Hobbes 1984, 213). Foucaults Beispiel für die exzessive, terrorisierende Gewalt der Staatsräson entstammt der Zeit Karls des Großen, der zur Bekämpfung einer Revolte der Sachsen Gerichte einsetzte, die der Öffentlichkeit unbekannt waren, die in Unkenntnis der Sache urteilten und ihr Urteil ohne förmlichen Prozess bzw. gerichtliches Ritual fällten. Die Richter eines solchen Gerichts sind nichts anderes als »Mörder«, die im Auftrag des Souveräns töteten, »wen sie wollten, wie sie wollten, ohne zu sagen warum« (Foucault 2004, 381).

Die exzessive Staatsgewalt ist Ausdruck einer Situation, in der sich die Existenz des Staates nicht länger im Hinblick auf außerstaatliche Instanzen rechtfertigen muss. Ebenso wenig wie der Staat der Beförderung eines Ziels dient, das über ihn hinaus-weist, ist er in einer Funktion fundiert, wie sie bei Hobbes das Prinzip der *anthropologischen* Selbsterhaltung markiert. Der Staat im Sinne der Staatsräson ist kein »Mechanismus im Dienst der Sicherung des diesseitigen physischen Daseins der von ihm beherrschten und beschützten Menschen« (Schmitt 1982, 54). Das Selbst, das die moderne Staatsräson um jeden Preis zu erhalten bestrebt ist, tauscht die anthropologische gegen die systemische Referenz aus und dokumentiert damit die Tendenz zur »operativen Schließung des politischen Systems«, die der Erkenntnis geschuldet ist, dass die Politik von nun an »mit einer für sie unbekannten Zukunft konfrontiert ist« (Luhmann 2000, 104).

An die Stelle des alten »Traums vom Reich« – sei es das Reich der Kaiser oder das Reich der Kirche –, das eine neue Fülle der Zeiten versprach, tritt das »Unbegrenzte« der Regierung, ihre »offene Historizität« (Foucault 2004, 376). Walter Benjamins berühmter, auf das 17. Jahrhundert gemünzter Satz: »Es gibt keine barocke Eschatologie« (Benjamin 1991, 246) trägt nicht nur dieser offenen, auf keine transzendenten Vorgaben bezogenen und in diesem Sinne selbstreferentiellen Politik der Staatsräson Rechnung; das barocke Trauerspiel, dessen »strenge Immanenz« (ebd., 259) Benjamin herausstellt, reflektiert darüber hinaus die spezifische Theatralität des Staatsstreichs, die grundsätzlich von den früheren religiösen Zeremonien, mit denen der Herrscher sich umkleidete, verschieden ist. Foucault spricht, ohne Benjamin zu erwähnen, von einer »Art moderne[m] Theater«, das »in der Hauptsache um den Staatsstreich herum gestaltet« sei (Foucault 2004, 384), wobei er nicht nur das ›formelle‹ Theater Shakespeares, Corneilles und Racines im Auge hat, sondern die »irruptive Äußerung der Staatsräson« selbst, die ihre Akte zwar im Geheimen vorbereitet, deren Wirkung sich aber nur entfalten kann, wenn der Staatsstreich »feierlich« und »auf möglichst eklatante Weise« hervortritt (Foucault 2004, 383; vgl. Starobinski 1984).

Die Politik der Angst, der sich die Staatsräson verschreibt, ist von einer die öffentliche Wahrnehmung affizierenden und terrorisierenden Erscheinungsform nicht zu trennen. Dass die Staaten seit dem 17. Jahrhundert einer Notwendigkeit »mit coups trotzen« müssen (Foucault 2004, 384), bestätigt Benjamin für das Trauerspiel, das sich »angelegen sein« lässt, »die Geste der Vollstreckung zum Charakteristikum des Herrschenden zu machen« (Benjamin 1991, 249), der zum »Emblem einer verstörten Schöpfung« wurde (ebd., 250). Die Räson der barocken Herrscher, von deren »Entartung« Benjamin bezeichnenderweise spricht (ebd., 249), trennt sich von der rationalen Repräsentation, die die Natur im selben Zeitraum erfährt. Wenn Naudé, der Theoretiker des Staatsstreichs, die Politik des Schreckens analysiert, dann erweist sich ihre besondere Temporalstruktur, die jede rationale Erwartbarkeit zu Nichte macht, als ihr eigentliches Charakteristikum: »derjenige erhält den Streich, der glaubte ihn auszuteilen, derjenige stirbt, der sich in Sicherheit wähnte, derjenige leidet darunter, der gar nicht daran dachte« (zit. n. Foucault 2004, 385). In der Politik der Angst, die die Staatsräson praktiziert, sind die Selbsterhaltung des Staates und die des Einzelnen, dessen Sicherheit für Hobbes der Existenz- und Rechtsgrund der Souveränität waren, vollends auseinandergetreten.

Die Leidenschaft des Überlebens

Die Analysen der Theoretiker der Staatsräson führen deshalb notwendig zu jenen Aporien, für die Foucault den Titel der ›infamen‹ oder grotesken Souveränität reservierte, die er als die »Maximierung von Machteffekten auf der Basis der Disqualifizierung dessen, der sie produziert« (Foucault 2003, 28), definiert. Die Staatsräson erweist sich als eine wesentlich »unwürdige Macht« (ebd., 29) – wobei diese Form der Machtausübung einen doppelten Einsatz von Angst und Schrecken in der politischen Kommunikation bezeichnet. Zum einen wissen wir durch die Ethnologie von den Praktiken und Ritualen, mit denen politische Würdenträger in einem abstoßenden oder ungünstigen Licht gezeigt werden, um auf diese Weise ihre Machteffekte zu *begrenzen*, was in manchen Fällen bis zum rituellen *Regizid* bzw. dem sakralen Königsmord gehen kann (Kohl 1999).

Für die europäische Entwicklung ist dagegen ein anderer Zug der Infamisierung souveräner Macht charakteristisch: Hier geht es darum »eindeutig die Unumgänglichkeit und Unvermeidbarkeit der Macht vorzuführen, die auch dann noch in aller Strenge und in einer äußerst zugespitzten gewaltsamen Rationalität funktioniert, selbst wenn sie in den Händen von jemandem liegt, der tatsächlich disqualifiziert ist« (Foucault 2003, 30). Die Selbstentfaltung grotesker Souveränität wird hier als ein Schauspiel genossen, in der die gebieterische Macht des Todes bzw. der drohenden eigenen Vernichtung nicht länger vermag, die Menschen, aus dem »Traum vom Glück des Triumphs« (Strauss 2001, 32) zu erwe-

cken, in den sie die Auftritte und Aktionen des unwürdigen Souveräns versetzen.

Elias Canetti hat ausgehend von Beobachtungen exzessiver Machtäußerungen im *Überleben* jenen Mechanismus identifiziert, in dem Menschen auf den Schrecken vor der Tatsache des Todes nicht auf die Weise reagieren, wie Hobbes sie beschreibt, sondern dadurch, dass sie sich in die gefährlichsten Situationen begeben, um aus ihnen als Überlebende hervorzugehen, nämlich so, dass sie *den anderen* den Tod zufügen: »Der Schrecken über den Toten, wie er vor einem daliegt, wird abgelöst von Genugtuung: man ist nicht selbst der Tote. Aber es ist der andere, der liegt« (Canetti 1989, 26). Der eigentliche Akt der Macht zielt nicht auf die Beherrschung der anderen, sondern bewirkt ihre »*Entfernung*« (ebd., 36). Das Phantasma souveräner Macht, das Foucault in ihrer grotesken und ›ubuesken‹ Übersteigerung ausmachte, besteht, wie es die Geschichten exemplarischer Machthaber von Nero bis Hitler bestätigen, darin, »der Einzige« sein zu wollen: »Er will alle überleben, damit keiner *ihn* überlebt« (ebd., 35).

Aus der Beobachtung des Hobbes, der seine Politik der Angst darauf gründete, dass sich die Gleichheit der Menschen allein an ihrer Fähigkeit bemesse, einander zu töten, folgt für den ›unwürdigen‹ Machthaber, dass er solange nicht sicher ist, wie noch jemand übrig ist, der ihm den Tod geben könnte. Der so verstandenen Macht ist eine unaufhebbare paranoische Struktur einbeschrieben. Das Bild von einem Knaben, den der Mythos als »Sieger auf einem Leichenhaufen« präsentiert (ebd., 31), bezeugt einmal mehr die groteske Dimension einer Macht, die ihre schauderhaften Effekte nicht bloß durch die Größe der politischen Verbrechen erzielt, sondern vor allem dadurch, dass ihr Inhaber sich bereits durch seine Jugend disqualifiziert.

Die Politik der Angst, die der vom Überleben (im Unterschied zur Selbsterhaltung) gekennzeichneten Macht zu Grunde liegt, hat Canetti idealtypisch im sogenannten »Leichenbankett des Domitian« beschrieben, über das Cassius Dio berichtet. Domitian versteht das Bankett so zu gestalten, dass seine Gäste aufs Äußerste verängstigt werden, weil sie fürchten, dass man ihnen »im nächsten Augenblick die Kehle durchschneiden würde«. Außer Domitian waren alle verstummt. Es herrschte tödliches Schweigen, als ob man sich bereits im Reiche der Toten befinde. Der Kaiser selbst erging sich in lauter Gesprächen über Tod und Gemetzel« (Canetti 1980, 257). Das Leben, das die verängstigten Gäste am Ende, nachdem sie nach Hause zurückgekehrt sind, empfangen, hat ihnen der Kaiser geschenkt, der sie hätte töten können, weil er über das Recht dazu verfügt, der aber auf die Ausübung dieses Rechts aus souveränem Dafürhalten für diesmal verzichtet.

Latente Gefahren: Angst, Paranoia, Komplott

Die Politik der Angst erreicht ihren Höhepunkt, wenn die Quelle der Bedrohung, die es abzuwehren gilt, vollends in die Latenz verlagert wird und damit nicht länger an die öffentliche Manifestation von Feindschaft gebunden ist. Canetti hat auf die »Bedeutung von Komplotten für den Paranoiker« hingewiesen:

> Konspirationen oder Verschwörungen sind bei ihm an der Tagesordnung […]. Der Paranoiker fühlt sich *umstellt*. Sein Hauptreiz wird sich nie damit begnügen, ihn allein anzugreifen. Er wird immer eine gehässige Meute gegen ihn aufzuregen suchen und sie im richtigen Moment auf ihn loslassen. Die zur *Meute* Gehörigen halten sich erst versteckt, sie können überall sein. Sie stellen sich harmlos und unschuldig, als wüßten sie nicht, worauf sie lauern. Aber die durchdringende Geisteskraft des Paranoikers vermag es, sie zu entlarven. Wo immer er hingreift, zieht er einen Verschworenen heraus (Canetti 1980, 492).

Carl Schmitt und in seiner Nachfolge Reinhart Koselleck haben in groß angelegten historischen Narrativen die »Pathogenese der bürgerlichen Welt« als Geschichte der moralischen Unterwanderung der öffentlichen Ordnung, wie sie der absolutistische Staat in Europa geschaffen hat, rekonstruiert und damit auf ihre Weise die Geisteskraft des Paranoikers im Medium der wissenschaftlichen Abhandlung unter Beweis gestellt. Für Schmitt bestand der »Fehlschlag« des Leviathan darin, dass es Hobbes zwar gelungen war, mit dieser Symbolfigur souveräner Macht »den augenfälligen Schauplatz des öffentlichen Geschehens und den Vordergrund der politisch-geschichtlichen Bühne« zu besetzen, dass die Konzeption einer politischen Macht, die nichts als öffentlich sein will und gleichzeitig den privaten Glaubens- bzw. Gewissensvorbehalt einräumt, aber dazu geführt hat, dass gleichzeitig »unsichtbare Unterscheidungen von Außen und Innen, Öffentlich und Privat nach allen Richtungen hin zu einer immer schärferen Trennung und Antithese weitergetrieben« wurden (Schmitt 1982, 89).

Ein Staat, der »wesentlich Polizei« wird (ebd., 90) und sich darauf beschränkt, Ruhe, Sicherheit und Ordnung zu garantieren, verfügt über keine Mittel, um sich gegen diejenigen zu wehren, die im Verborgenen und aus dem Unsichtbaren heraus ihre moralischen Kampagnen gegen die Willkürgewalt des Staates starten. Die »gehässige Meute«, von der Canetti spricht, also die Träger der moralischen Kampagne gegen den absolutistischen Staat, können »untereinander sehr verschieden und sogar entgegengesetzt« sein, sie stimmen doch im Wesentlichen, nämlich in ihrem »unbeirrbaren Instinkt« für alles, was zur »Unterminierung und Aushöhlung der staatlichen Macht« beiträgt, überein. Schmitt nennt »Geheimbünde und Geheimorden, Rosenkreuzer, Freimaurer, Illuminaten, Mystiker und Pietisten, Sektierer aller Art, die vielen ›Stillen im Lande‹« und schließlich den ›absoluten Feind‹, der diese Meuten ›loslässt‹ und den der NS-Jurist nach 1933 als den ›Hauptfeind‹ im Sinne Canettis identifiziert: den »rastlose[n] Geist des Juden« (ebd., 92).

Dieses von Schmitt antisemitisch zugespitzte Bild eines Bündnisses aller Kräfte des ›Unsichtbaren‹, die sich »von selbst, ohne Plan und Organisation, zu einer Front« verbünden, »der es keine Mühe macht, den positiv gemeinten Mythos vom Leviathan zu besiegen und in ihren eigenen Triumph zu verwandeln« (ebd., 96), greift Reinhart Koselleck auf, um die Formierung der bürgerlichen Gesellschaft als die Aktualisierung einer »Inversionslogik« zu rekonstruieren, »die aus der tiefsten Machtlosigkeit auf das Höchste schließt« (Koselleck 1973, 78). Es ist gerade die »schwache Ausgangsposition der neuen Gesellschaft«, die ihre Akteure in eine moralische und geschichtsphilosophische Überlegenheit ausmünzen, weil nur die »Verdeckung« der eigenen politischen Absichten sie in den Stand setzt, die »Gewaltnahme« nicht auf die Weise der direkten Konfrontation, sondern durch die Reklamation moralischer Unschuld und unpolitischer Gesinnung indirekt zu vollziehen: »Die Verdeckung der politischen Aktion gegen den Staat ist identisch mit der steten polemischen Verschärfung der Antithetik zwischen Staat und Gesellschaft. Der Gegensatz wird moralisch verschärft, aber politisch verdeckt. Diese Dialektik gehört zur Dialektik der Krise« (ebd., 80). Die Kritik weiß sich darüber hinaus mit dem Ziel der Geschichte selbst in Übereinstimmung, das nicht nur die Beseitigung des absolutistischen ›Unrechtsstaates‹, sondern jedes Staates überhaupt verbürgt und damit zugleich den gewaltlosen Sieg der Moral.

Die Französische Revolution belegt die »Hypokrisie« (ebd.) dieser geschichtsphilosophischen ›Tarnungen‹ des bürgerlichen Willens zur Macht: Statt den Staat völlig gewaltlos zum Verschwinden zu bringen, erzeugt sie neben dem politischen Enthusiasmus einer republikanischen Neugründung nicht nur den bekannten systematisierten staatlichen Terror der Jakobinerdiktatur, der sich vorzugsweise gegen ›Verdächtige‹ richtet, sondern auch die Wellen der sogenannten »Großen Furcht« (1789). Deren Verbreitungskurven analysiert die Revolutionshistoriographie. Die zeitgenössischen Erklärungen des Phänomens bringen einmal mehr die Paranoia ins Spiel, denn die Große Furcht von 1789 wird von den Anhängern der Revolution als die Reaktion auf ein drohendes »Aristokratenkomplott« erklärt, das die Landbevölkerung gegen die Revolution aufzubringen versucht, indem der politische Feind bewaffnete Räuberbanden durchs Land schickt, die das Leben und die Existenzgrundlagen der bäuerlichen Bevölkerung zerstören sollen (Lefebvre 1979; s. Kap. IV. A.1).

So phantasmatisch sich die Erklärungen der Großen Furcht auch nach wissenschaftlicher Auswertung der Quellen erweisen: Die Furcht hat eine organisierende Macht bewiesen, indem sie die Komitees zum Handeln veranlasste, die Milizen zwang, »sich Waffen und Munition zu verschaffen« und den »Gedanken der Bewaffnung bis in die kleinsten Marktflecken auf dem Lande und in die Dörfer getragen« hat (Lefebvre 1979, 126).

Risiko und Sorge: Angst im Zeitalter der Biopolitik

Die Politik der Angst ändert einmal mehr ihre Signatur in jenem historischen Moment, in dem sich eine grundlegende Verschiebung im Verhältnis von Politik und Leben ereignet, für die Michel Foucault den Begriff der Biopolitik geprägt hat:

Zum ersten Mal in der Geschichte reflektiert sich das Biologische im Politischen. Die Tatsache des Lebens ist nicht mehr der unzugängliche Unterbau, der von Zeit zu Zeit, im Zufall und in der Schicksalhaftigkeit des Todes ans Licht kommt. Sie wird zum Teil von der Kontrolle des Wissens und vom Eingriff der Macht erfaßt (Foucault 1977, 170).

Für Hobbes war es die vernünftige Furcht vor dem *gewaltsamen* Tod, wie er in den politisch herausgehobenen Momenten des Bürgerkriegs zum Ausdruck kommt, der die Menschen dazu motivieren kann, sich vertraglich zu vereinbaren und der Autorität einer souveränen Person zu unterstellen, die *diese* Quelle der Bedrohung menschlichen Lebens auszuschalten vermag. Für den Souverän ist charakteristisch, dass er seine Macht über das Leben nur »durch den Tod« offenbart, »den zu verlangen er imstande ist« (ebd., 162). Sein institutioneller Bezug

zum Leben der Untertanen ist ein wesentlich negativer, da der Souverän nur dadurch zu schützen vermag, dass er anderes, aufrührerisches Leben als Angriff auf seine Person bewertet und mit dem Tod bestraft.

Die moderne ›Biomacht‹ dagegen interveniert auf eine wesentlich produktive Weise in die Körperleistungen der Einzelnen und die Lebensprozesse einer Bevölkerung, so dass die »alte Mächtigkeit des Todes« nun überdeckt wird durch die »sorgfältige Verwaltung der Körper und die rechnerische Planung des Lebens« (ebd., 166f.). Nicht erst dadurch, dass Menschen sich feindlich gegen die politische Autorität verhalten, rufen sie die Macht auf den Plan, sondern bereits dadurch, dass sie eine lebende Spezies in einer lebenden Welt sind, dass sie einen Körper haben sowie spezifischen, manipulierbaren Existenzbedingungen unterworfen sind (Fortpflanzung, Geburten- und Sterblichkeitsraten, Gesundheitsniveau, Lebensdauer etc.), die Gegenstand politisch-administrativer Kontrolle werden. Die Politik der Angst im Zeitalter der Biopolitik nimmt die Gestalt der Sorge an, deren fundamentalontologische Reflexion dann Martin Heidegger in *Sein und Zeit* (1927) vornehmen wird (Balke 2009, 423–431).

Der Tod ist für Heidegger nicht länger ein kontingentes Ereignis, das dem Leben eine äußere Grenze setzt, sondern bezeichnet eine immanente Möglichkeit des Lebens selbst, die »*eigenste* Möglichkeit des Daseins« (Heidegger 1979, 263). Er gehört mit allen pathologischen Phänomenen in die Kontinuität des Lebens (Canguilhem 1977, 43). Aus dieser ›ontologischen‹ Nähe von Leben und Tod, Gesundheit und Krankheit resultiert auch eine neue Politik der Angst, da die Gefährlichkeit dieser Nähe nunmehr epistemologisch als ›Risiko‹ des faktischen ›Daseins‹ in Rechnung zu stellen ist und durch kein politisches Sicherheitsversprechen ein für alle Mal ›aus der Welt‹ zu schaffen ist. Die aus der bloßen Existenzform resultierende Gefährlichkeit ist nicht auf dem Wege eines juristischen Vertragsschlusses auszuschalten, sondern allein durch die Aktivität einer unablässigen Problematisierung in ihren Auswirkungen zu modifizieren und zu begrenzen. Auch die biopolitische Angst ist eine Figur der Latenz, da die Gefahr gerade dort am größten ist, wo sich das Leben in seinem bloßen So- oder Dasein, also wesentlich unschuldig manifestiert. In der autoritären und liberalen Version des Sozialvertrags muss die Gesellschaft gegen die Natur konstruiert werden, sich ein für alle Mal vom Naturzustand entfernen, um den sicheren Hafen des staatlichen Schutzraums zu erreichen; unter den Bedingungen der Biopolitik gilt, wie François Ewald deutlich macht, die Maxime Sartres: »Die Hölle, das sind die anderen« (Ewald 1993, 466), und zwar nicht, weil eine böse Absicht oder ein aufrührerischer Wille sie beseelt, sondern durch das gegenseitige Risiko, das sie aufgrund ihrer physischen Verfassung, die die Bürger auch im *status civilis* nicht ablegen können, für einander darstellen.

Obwohl diese wechselseitige unwillkürliche Gefahr, die aus dem bloßen ›Mitsein‹ (Heidegger 1977, 117–125) resultiert, der irreduziblen Naturalität der Menschen geschuldet ist, muss und darf sie deshalb doch nicht einfach als ›Schicksal‹ hingenommen werden. Ihre prinzipielle Unaufhebbarkeit, aus der die zukünftige Ewigkeit der politischen Sorge resultiert, wirkt sich sehr unterschiedlich aus, abhängig von dem Ausmaß, in dem eine Gesellschaft einer schädigenden Natur die *Gelegenheit* für ihre ›Untaten‹ gibt. Die Gefährlichkeit wird im Zeitalter einer Biopolitik der Angst nicht länger nach dem Modell der organisierten kollektiven Gewaltanwendung konzipiert, sondern gemäß völlig neuer epistemischer Objekte, die wie die Mikrobe ihre Existenz dem abgeschlossenen Raum des Labors verdanken.

Die Entdeckung und Erforschung dieser neuen wesentlich im Verborgenen operierenden Akteure dient einer neuen Politik der Angst als ein Modell des sozialen Übels, das nun die Gestalt der ansteckenden Krankheit annimmt. Pasteur, schreibt der Theoretiker des politischen Solidarismus, Léon Bourgeois, »hat uns bewiesen, daß jeder von uns für die anderen Lebenden zu einem Herd des Todes werden kann und daß wir infolgedessen die Pflicht haben, diese tödlichen Keime zu vernichten, um sowohl unser eigenes Leben als auch das Leben aller anderen zu schützen und zu bewahren« (zit. n. Ewald 1993, 465). Nicht einzelne Ursachen, sondern komplexe Milieus generieren das soziale Übel, dessen Bekämpfung die »Gestalt einer *allgemeinen Mobilmachung* auch in Friedenszeiten« annehmen muss (ebd., 468).

Die öffentliche Hygiene kann von nun an ein Modell des Politischen abgeben, das neben dem Staat und seinen Behördenapparat auch die Zivilgesellschaft und ›jeden Einzelnen‹ als Akteur präventiven Handelns etabliert (Bröckling 2004, 210–215). Die Aktualität der Gefahr, vor der man Angst zu haben hat, liegt in ihrer Eventualität, die nun allerdings nicht länger, wie im Kalkül des Naturzustandes bei Hobbes, ein bloßes philosophisches Gedankenspiel ist, das einen bestimmten Typ von Gefahr (die prinzipiell gleichverteilte menschliche Tötungsfähigkeit)

universalisiert, sondern zur Virtualität eines statistisch messbaren sozialen Übels wird, das durch öffentlichkeitswirksame Problematisierung (Kampagnen) sichtbar gemacht werden muss, um die Zustimmung für Maßnahmen zu seiner Eindämmung zu gewinnen (s. Einleitung Kap. II).

Die seitdem herrschende Politik der Angst fußt auf einer Anthropologie, die nicht länger im frevelhaften Stolz und der Selbstüberhebung die Ursachen für den ›ewigen Krieg‹ sieht, sondern in der zufälligen Zusammensetzung unserer körperlichen Konstitution und des ›sozialen‹ Zusammenhangs der (menschlichen wie nicht-menschlichen, etwa technischen) Körper und Organismen, mit denen wir (noch vor jeder *Kommunikation*) in *Kontakt* geraten: »Man ist selbst, wir sind alle Produkte des Risikos; vom sozialen Gesichtspunkt aus sind wir Zufälligkeiten: *homo aleator*« (Ewald 1993, 483). Wir sind es ebenso vom genetischen Gesichtspunkt aus, und daher ist es nur folgerichtig, dass ein aktuell besonders markantes Gebiet der ›Vor-Sorge‹ und Risikoregulierung die individualisierende Regierung genetischer Risiken ist, »die im Namen von Selbstbestimmung, Eigenvorsorge, Verantwortung und Wahlfreiheit auf eine Optimierung des individuellen Humankapitals zielt« (Lemke 2000, 230). Die Politik der Angst mutiert zur Politik einer »Sorge um sich« (Foucault). Sie nimmt nicht länger die Gestalt staatlich verordneter und repressiv durchgesetzter eugenischer Programme zur Steigerung der ›Volksgesundheit‹ an, sondern »eröffnet die Möglichkeit der Erstellung individueller Risikoprofile mit einer konkretisierten Liste von Veranlagungen und Krankheitsdispositionen« (Lemke 2000, 241) und einer darauf begründeten individuellen medizinischen Beratung.

Angst als modernes Apriori

Niklas Luhmann hat, ohne den hier skizzierten diskurs- und machtgeschichtlichen Hintergrund einer biopolitischen ›Angstkommunikation‹ eigens zu berücksichtigen, zu Recht davon gesprochen, dass man der Angst »eine große politische und moralische Zukunft« voraussagen könne (Luhmann 1986, 240). Sie sei »das moderne Apriori«, da sie allen (wissenschaftlichen, technischen, kommunikativen) Anstrengungen zu ihrer Bekämpfung oder Auflösung widerstehe. »Angstkommunikation ist immer authentische Kommunikation, da man sich selbst bescheinigen kann, Angst zu haben, ohne daß andere dies widerlegen können« (ebd.). Umgekehrt kann man allerdings auch jederzeit Angst zeigen, ohne Angst zu haben: Das macht die rhetorische Seite dieses wie aber auch aller anderen Affekte aus.

Luhmann interessiert sich unter dem Eindruck der Entstehung neuer sozialer Bewegungen in den 1980er Jahren, die sich um das Thema der Ökologie bilden, für den Reflexionswert solcher Angstkommunikation, die es erlaubt, die Gesellschaft als Ganze innerhalb ihrer selbst in Frage zu stellen bzw. mit Kritik zu überziehen, da sie sich als unfähig erweist, die Auswirkungen ihrer Operationen auf ihre Umwelt hinreichend in Rechnung zu stellen (s. III. A.7). Auch für die ökologische Angstkommunikation ist die »Sorge« um Bedrohungen und Schädigungen charakteristisch, die nicht länger mit der Unterscheidung von Freund und Feind beschreibbar und (repressiv) bearbeitbar sind. Die Konzentration auf die öffentlichkeitswirksame Rhetorik der Angst verhindert allerdings, dass Luhmann sich für die Mechanismen, Medien und Systeme der *Angstgenerierung und -bewältigung* weiter interessiert. Der Soziologe verheddert sich in Fragen nach dem ›Referenzgehalt‹ der Angst: »wie könnte man merken, daß die Angst nur fingiert wird« (ebd., 245)? Vielleicht kann man sagen, dass man das zu keinem Zeitpunkt merken konnte: Hobbes hatte den englischen Bürgerkrieg vor Augen und wusste, dass dessen massive und zerstörerische ›Realität‹ nicht ausreichte, um die Bürger zum Frieden zu zwingen. Daher *erfand* er einen Krieg aller gegen alle, von dem er sich erhoffte, dass er die Menschen zum Abschluss eines politischen Unterwerfungsvertrages motivieren würde. Die biopolitische Sorge wiederum belegt nicht nur eine größere Sensibilität im Hinblick auf die vielfältigen Risiken, die jedem Einzelnen aus dem sozialen Zusammenzuleben und der unvermeidbaren körperlichen Koexistenz erwachsen, sondern lässt zugleich auch einen Mechanismus zur Produktion und Identifizierung von Risiken in Bereichen wirksam werden, wo bislang kein Grund zur Sorge zu bestehen schien.

Immerhin ist Luhmann insofern zuzustimmen, als die biopolitische Sorge vor dem Umschlag in eine paranoische Selbst- und Fremdwahrnehmung niemals gefeit ist, denn ihr liegt ja das Prinzip zugrunde, dass das Verhalten eines jeden, wie einwandfrei und tadellos es auch immer sein mag, in sich selbst und für andere »ein zwar winziges, aber darum nicht weniger vorhandenes Risiko« enthält (Ewald 1993, 216) – ein Risiko, dessen Auswirkungen umso fataler sein können, als es seinem Träger unbekannt oder undurchsichtig ist.

Literatur

Agamben, Giorgio: *Homo sacer. Die souveräne Macht und das nackte Leben*. Frankfurt a. M. 2002.

Althusser, Louis: Die Einsamkeit Machiavellis. In: Ders.: *Machiavelli – Montesquieu – Rousseau. Zur politischen Philosophie der Neuzeit*. Hamburg 1987, 11–29 (franz. 1977).

Arendt, Hannah: *Elemente und Ursprünge totaler Herrschaft*. München 1973 (engl. 1951).

Arendt, Hannah: Geschichte und Politik in der Neuzeit. In: Dies.: *Zwischen Vergangenheit und Zukunft. Übungen im politischen Denken I*. München 1994 (engl. 1968), 80–109.

Balke, Friedrich: *Figuren der Souveränität*. München 2009.

Benjamin, Walter: *Ursprung des deutschen Trauerspiels* [1928]. In: Ders.: *Gesammelte Schriften*. Bd. I/1. Hg. von Rolf Tiedemann. Frankfurt a. M. 1991, 203–430.

Blumenberg, Hans: *Die Legitimität der Neuzeit. Erneuerte Ausgabe* [1988]. Frankfurt a. M. 1996.

Bröckling, Ulrich: Prävention. In: Ders./Susanne Krasmann/Thomas Lemke (Hg.): *Glossar der Gegenwart*. Frankfurt a. M. 2004, 210–215.

Canetti, Elias: *Masse und Macht* [1960]. Frankfurt a. M. 1980.

Canetti, Elias: Macht und Überleben. In: Ders.: *Das Gewissen der Worte. Essays* [1975]. Frankfurt a. M. 1989, 25–41.

Canguilhem, Georges: *Das Normale und das Pathologische*. Frankfurt a. M./Berlin/Wien 1977 (franz. ²1972).

Ewald, François: *Der Vorsorgestaat*. Frankfurt a. M. 1993 (franz. 1986).

Foucault, Michel: *Sexualität und Wahrheit 1. Der Wille zum Wissen*. Frankfurt a. M. 1977 (franz. 1976).

Foucault, Michel: *Der Gebrauch der Lüste. Sexualität und Wahrheit 2*. Frankfurt a. M. 1986 (franz. 1984).

Foucault, Michel: *Die Sorge um sich. Sexualität und Wahrheit 3*. Frankfurt a. M. 1989 (franz. 1984).

Foucault, Michel: *In Verteidigung der Gesellschaft. Vorlesungen am Collège de France (1975–76)*. Frankfurt a. M. 1999 (franz. 1996).

Foucault, Michel: *Die Anormalen. Vorlesungen am Collège de France (1974–1975)*. Frankfurt a. M. 2003 (franz. 1999).

Foucault, Michel: *Geschichte der Gouvernementalität I. Sicherheit, Territorium, Bevölkerung. Vorlesung am Collège de France (1977–1978)*. Frankfurt a. M. 2004 (franz. 2004).

Heidegger, Martin: *Sein und Zeit* [1927]. Tübingen ¹⁵1979.

Hobbes, Thomas: *Leviathan oder Stoff, Form und Gewalt eines kirchlichen und bürgerlichen Staates*. Frankfurt a. M. 1984 (lat. 1651).

Hobbes, Thomas: *Behemoth oder Das Lange Parlament*. Frankfurt a. M. 1991 (engl. 1679).

Klass, Tobias Nikolaus: Schreckensgespenster. Überlegungen zur politischen Theologie der Angst nach Kierkegaard, Heidegger und Hobbes. In: *Zeitschrift für Medien- und Kulturforschung* (Schwerpunkt Angst) 0 (2009), 103–118.

Kohl, Karl-Heinz: Der sakrale Königsmord. Zur Geschichte der Kulturanthropologie. In: *Paideuma* 45 (1999), 63–82.

Koselleck, Reinhart: *Kritik und Krise. Eine Studie zur Pathogenese der bürgerlichen Welt* [1959]. Frankfurt a. M. 1973.

Krüger, Gerhard: Die Herkunft des philosophischen Selbst-bewußtseins. In: *Logos* XXII (1932), 225–271.

Lefebvre, Georges: Die Große Furcht von 1789. In: Ders./Ernest Labrousse/Albert Soboul/Irmgard A. Hartig (Hg.): *Geburt der bürgerlichen Gesellschaft: 1789*. Frankfurt a. M. 1979, 88–135 (franz. 1970).

Lemke, Thomas: Die Regierung der Risiken. Von der Eugenik zur genetischen Gouvernementalität. In: Ders./Ulrich Bröckling/Susanne Krasmann (Hg.): *Gouvernementalität der Gegenwart. Studien zur Ökonomisierung des Sozialen*. Frankfurt a. M. 2000, 227–264.

Luhmann, Niklas: *Die Politik der Gesellschaft*. Frankfurt a. M. 2000.

Luhmann, Niklas: *Ökologische Kommunikation. Kann die moderne Gesellschaft sich auf ökologische Gefährdungen einstellen?* Opladen 1986.

Luraghi, Nino: Sterben wie ein Tyrann. In: Wolfgang Pircher/Martin Treml (Hg.): *Tyrannis und Verführung*. Wien 2000, 91–114.

Machiavelli, Niccolò: *Der Fürst*. Frankfurt a. M. 1990 (lat. 1513).

Schmitt, Carl: *Der Leviathan in der Staatslehre des Thomas Hobbes. Sinn und Fehlschlag eines politischen Symbols* [1938]. Köln 1982.

Starobinski, Jean: Über Corneille. In: Ders.: *Das Leben der Augen*. Frankfurt a. M./Berlin/Wien 1984, 20–51 (franz. 1961).

Strauss, Leo: *Hobbes' politische Wissenschaft in ihrer Genesis*. Stuttgart 2001 (engl. 1935).

Friedrich Balke

8. Ökonomie der Angst

Ökonomisches Handeln zeichnet sich dadurch aus, dass es sich an der Zukunft orientiert: Der Unternehmer rechnet mit zukünftigem Profit seiner Investition; der Börsenspekulant hofft darauf, dass die Kurse steigen (oder fallen) werden und der Arbeitnehmer rechnet mit steigenden Löhnen. Ebenso bezieht sich Angst auf ein zukünftiges Ereignis: Ich mag durch das vage Gefühl verängstigt sein, dass morgen ein schlechtes Ereignis stattfinden könnte, oder ich mag befürchten, dass meine Anlagestrategie die Marktturbulenzen nicht überleben wird. Die beiden Zukünfte unterscheiden sich aber in einem wichtigen Punkt voneinander: Die Zukunft der Ökonomie kann berechnet werden, so zumindest der Traum der neoklassischen Ökonomie, welche die Zukunft in Erwartungen und Risikokalküle zu überführen versucht; die Zukunft der Angst dagegen beruht auf einer Intuition, möglicherweise auf einem somatischen Unbehagen und entzieht sich auf diese Weise jeder Kalkulation (Fisher 2003).

Eine Geschichte des ökonomischen Denkens ließe sich anhand des Umgangs mit der Angst und ihrer Zeitlichkeit schreiben; dies wäre nicht zuletzt eine Geschichte über die Versuche, die Angst aus der Ökonomie auszutreiben oder zumindest zu kontrollieren. Auf den ersten Blick mag der Eindruck entstehen, dass die moderne Wirtschaftswissenschaft sich gerade durch ihre Furchtlosigkeit bestimmt, durch ihre Fähigkeit zur kühlen Reflexion und Modellierung, durch ihre Annahme eines wohltemperierten Akteurs, der in jeder Stimmung in seinen Berechnungen von diesen Gefühlslagen zu abstrahieren weiß. Angst scheint als moderner ökonomischer Begriff wenig zu taugen, findet sich doch im Angstzustand das ökonomische Subjekt seiner rationalen Urteilsfähigkeit beraubt. Aus der Angst erwachsen Entscheidungen, die zwar nachträglich psychologisch rationalisiert werden können, aber kaum als stabile Grundlage ökonomischer Modelle konzeptualisierbar sind. Mehr noch, wie soll die neoklassische Ökonomie, die nahezu alternativlos vom Imperativ des *methodologischen Individualismus* ausgeht (also der Annahme, dass jedes Nachdenken über ökonomische Prozesse mit den Entscheidungen des einzelnen Individuums beginnen muss), die kollektive Dimension von Angst denken können? Wie soll das sprunghafte Handeln im Angstzustand die für ökonomische Berechnungen notwendige Konsistenz aufweisen können? Das Denken der Angst würde wichtige Grundpfeiler der ökonomischen Wissenschaft – zumindest der Neoklassik – gefährden.

Es mag die Zukunftsorientierung der Angst (wie übrigens auch der Hoffnung) sein, die Ökonomen dennoch immer wieder zu einer Beschäftigung mit ihr gezwungen hat. Zwei grundlegende, in sich äußerst vielfältige Positionen lassen sich im ökonomischen Umgang mit der Angst unterscheiden: Einerseits wird die Angst zum Gegenstand der Ökonomie, der auf sein ökonomisches Funktionieren hin untersucht wird. Dabei interessieren die ökonomischen Kosten etwa von sozialer Angst oder auch der strategische Einsatz von Angst. Trotz all ihrer Unterschiedlichkeit lassen sich diese Positionen als Formen der *Ökonomisierung von Angst* beschreiben. Die zweite Position versucht sich der Angst nicht nur als einem ökonomischen Gegenstand anzunähern, sondern interessiert sich dafür, wie ökonomische Modelle durch die Angst herausgefordert und neu gedacht werden – sie beschäftigen sich mit der *Angst der Ökonomie*. Die Angst fordert die Ökonomie besonders als Zukunftswissenschaft heraus, weil eine andere Zukunftsorientierung sich der ökonomischen entgegenstellt oder sich sogar mit ihr zu vermischen droht.

Ökonomisierung der Angst

Ökonomisierung von Angst heißt, diese zum Gegenstand etablierter ökonomischer Konzepte zu machen – sie also als einen möglichen Gegenstand unter vielen zu verstehen, als einen Gegenstand, dessen Ökonomisierung möglicherweise darum als besonders reizvoll erscheint, weil die Angst gemeinhin als unökonomisch verstanden wird. Wäre nicht die Eroberung der Angst – als einem der letzten nichtökonomischen Bereiche unseres gegenwärtigen Lebens – ein besonderer ökonomischer Triumph? Und könnte die Angst dann nicht, wie auch andere neu entdeckten Ressourcen, gewinnbringend eingesetzt werden?

Das Verständnis von Angst und Furcht als Ressource wurde zunächst von der Marketingtheorie entwickelt (die ökonomischen Begrifflichkeiten unterscheiden häufig nicht klar zwischen Angst und Furcht. Meist wird aber an die geläufige Trennung zwischen Angst, die sich auf einen unbestimmten zukünftigen Gegenstand richtet und der Furcht, die sich auf einen bestimmten Gegenstand oder ein bestimmtes Ereignis richtet, angeknüpft). Mit Angst, so der Marketingexperte Seth Godin, lassen sich Konsument/innen unmerklich und effizient manipulieren: »Marketing with fear is a powerful tool. Fear is a universal emotion, it's viral and people will go to great lengths to make it go away« (Godin 2007). Nur durch Angst lassen sich Sicherheitsgurte, Bio-Produkte, Versicherungen oder Anti-Einbruchssysteme verkaufen. Der Einsatz von Angst prägt aber nicht nur die Strategien von privaten Unternehmen, sondern auch öffentliche Kampagnen: Vorsorgekampagnen, Riester-Sparpläne und Anti-Terrorpolitik nutzen die Ressource ›Angst‹ für die Regierung der Bevölkerung. Das »fear marketing« gedeiht in einer ›Angstkultur‹ besonders gut, ist die Angst doch die Kehrseite einer Kultur, die Sicherheit dadurch steigert, dass immer neue Quellen der Unsicherheit geschaffen werden. So bietet ein amerikanisches Marketingunternehmen »fear selling« als Verkaufsstrategie an: »How To Sell More And Sell Faster By Tapping Into Your Prospects' Deep-Seated Emotional Needs« (www.fearmarketing.com). Dadurch, dass Furcht als eine anthropologisch gegebene und garantierte menschliche Eigenschaft gesehen wird, bietet diese eine nahezu frei und kostenlos verfügbare Ressource im Überfluss, die nur noch angezapft und ökonomisch genutzt werden muss. Bereits in den 1970er Jahren weisen Marketingexperten auf diese vernachlässigte Ressource hin (Ray/Wilkie 1970).

Mit dem Erfolg des *Neuromarketings* seit Beginn der 2000er Jahre erhält »fear marketing« weiteren Auftrieb (s. Kap. III. A.10). Angst gilt nun als besonders effizienter Verkaufsmechanismus, der nicht nur auf der symbolischen Ebene funktioniert, sondern etwa durch Farben oder Töne unmittelbar andere Sinne anspricht und so besonders erfolgreich unbestimmte Ängste hervorruft. Fear-Marketing funktioniert nicht einfach auf der Grundlage, dass ein bestimmtes Produkt zur Vermeidung von Angst beiträgt (z. B. die neue Alarmanlage), sondern dass der Kauf des Produktes ein neues Gefühl der Selbstkontrolle und selbst geschaffener Sicherheit produziert – so Martin Lindstrom, einer der bekanntesten Popularisier des Neuro- und Fear-Marketing in seinem Bestseller *Buyology* (Lindstrom 2008).

Damit setzt das Furcht-Marketing eine paradoxe Doppellogik frei: Sie adressiert einerseits den Konsumenten gerade nicht als rationalen Akteur, sondern als affektiv steuerbare Einheit; als jemanden, der noch vor jedem Genuss an seinem Überleben interessiert ist. Daher wird Furcht auch als weitaus wirksamere Verkaufsstrategie als Sex gesehen. Andererseits wird durch diese affektive Steuerung ein

Subjekt geschaffen, das sich selbst als autonomes versteht. Denn durch den Kauf einer Alarmanlage gehe ich aktiv mit zukünftigen Gefahren um und erlebe mich als jemanden, der die gefährliche Situation auf souveräne Weise meistert. Das Angst-Marketing manipuliert nicht nur unmerklich, sondern schafft auch ein ökonomisches Subjekt, das sich in einer Rationalitätsillusion wiegt und gerade dies genießt.

Die Strategien des Furcht-Marketings nehmen implizit die Universalisierung des *Homo Oeconomicus* zurück: Während die Anbieter – und besonders die Marketingspezialisten – auf kontrollierte Weise sogar so unhandliche affektive Ressourcen wie ›Angst‹ und ›Furcht‹ einsetzen, werden die Konsument/innen als eine formbare Masse verstanden, die affektiv moduliert werden kann. Dieses Bild des Konsumenten befindet sich, obgleich es vor dem Hintergrund gegenwärtiger kognitionspsychologischer und neurobiologischer Forschung entworfen worden ist, in überraschender Nähe zur Massenpsychologie um 1900; auch hier wurde die Masse als durch affektive Signale steuerbares Phänomen verstanden.

Die Marketingperspektive thematisiert nur am Rande die Kosten der Furcht, etwa wenn von der Markenbeschädigung durch den Einsatz von Furchtstrategien gesprochen wird oder ethische Bedecken formuliert werden. In einem ganz anderen Zweig der Ökonomie – v.a. der Gesundheits-, Umwelt- und Kriminalitätsökonomie – ist die Angst zum expliziten Gegenstand von Kosten-Nutzen-Analysen geworden. Angst ist hier nicht nur ein Mittel, das unterstützend eingesetzt wird, sondern gerät als Phänomen in den Blick, das Kosten verursacht. Welche Angst erzeugt der Bau eines Atomkraftwerks in dessen Nachbarschaft? Welche Angst wird durch die Verschmutzung eines Flusses geschürt? Während die Marketingperspektive meist auf einer mikro-ökonomischen Ebene argumentiert, nehmen insbesondere Gesundheits- und Kriminalitätsökonomen eine makroökonomische Perspektive ein und fragen nach den Angstkosten spezifischer Populationen (Tolley/Kenkel/Fabian 1994). In der Klimadiskussion werden von Bestreitern des Klimawandels die Kosten der Klimaangst hervorgehoben (s. Kap. IV.B.3). Vor einem US-Kongresshearing (Dingell 2008, 136) beklagt der dänische Experte Bjoern Lomborg die massive Missallokation von Ressourcen durch das Schüren der Klimaangst. Ängste führen aus dieser Perspektive zu einer Verzerrung des Marktes, indem ohne sichere Risikoberechnung Ressourcen eingesetzt werden, um eine

übertriebene und politisch bestimmte Gefahr zu vermindern. Eine derartige Argumentationsweise fußt fest auf den Gewissheiten der neoklassischen Ökonomie, da sie davon ausgeht, dass im Prinzip die ideale Allokation von Ressourcen bestimmbar wäre und dass dies – ohne politische und affektive Beeinflussung – auf einem sich selbst regulierenden Markt geschieht.

Die Kosten der Angst werden aber nicht nur als gesellschaftliche Allokationsfehler gefasst, sondern auch konkret auf die Angstkosten für einzelne Populationssegmente bezogen. So schlagen Rechtswissenschaftler vor, die Kosten von unterlassenen politischen Reformen (etwa im Bereich des Umweltrechts) zu berechnen. Zu entwickeln sei ein »fear assessment« (Adler 2004), das die voraussichtlichen »fear days« oder sogar »fear hours« mit Hilfe von psychologischen Skalen messen soll. Gegen mögliche Skeptiker einer Quantifizierung von Angst wird eingewandt, dass letztlich auch die Grundkategorien der neoklassischen Ökonomie auf der Quantifizierung psychologischer Kategorien beruhen und daher im Prinzip nichts gegen eine Ausweitung auf andere Emotionen spricht: Präferenzen und Glaube – bzw. bei den frühen utilitaristischen Ökonomen wie Bentham »pleasure« and »pain« – müssen berechnet werden können, wenn sie Grundlage ökonomischer Kalküle sein sollen (Adler 2004, 981). Selbst wenn man versuchsweise der Annahme folgt, dass sich die Angstintensität und -zeit messen lässt, entsteht das Problem, wie erwartete zukünftige Ängste (die z.B. mit dem konkreten Baubeginn eines AKWs entstehen) berechnet werden sollte. Analog zu den Problemen der Umweltökonomie, welche die Kosten zukünftiger Leben mit einem »discount« (von z.B. zehn Prozent Discount für ein Leben pro Jahr) versehen muss, um Zukünfte berechnen zu können, gerät auch hier die Ökonomisierung der Angst in ein »temporal quagmire« (Mandel/Gathii 2006, 1047). Eine solche Ökonomisierung der Angst kann selbst zum Angstfaktor werden, indem sie zur Selbsterhaltung von Angst beitragen kann (Massumi 2005). Die Berechnungen der Angst mögen jene zukünftigen Ängste, mit denen sie rechnet, durch ihre Benennung gerade schaffen und verstärken.

Die Angst in den Wirtschaftswissenschaften ist also zunächst dadurch gekennzeichnet, dass auf diese allgemeine ökonomische Modelle der Kosten-Nutzen-Analyse angewandt werden. Was in diesen Kalkülen nur implizit deutlich wird, ist die Politisierung der Ökonomie. Die Berechnung von Ängsten ist tief in politische Kalküle eingelassen, so dass man von einer politischen Ökonomie der Angst sprechen sollte. Diese reicht von den mikropolitischen Strategien einzelner Firmen, durch Angst Konsumenten zu manipulieren, bis hin zu einer sozialdemokratischen Berechnung der Angstkosten von unterlassenen Reformen und der neoliberalen Kritik an den fatalen Allokationsfehlern durch öffentliche Angstkampagnen.

Die Ökonomisierung der Angst erweist sich also als höchst versatil und kann zur Grundlage ganz unterschiedlicher politischer Projekte werden. Exemplarisch sei dies an zwei politischen Streitschriften zur Ökonomisierung der Angst ausgeführt: Frank Furedis Nachdenken über »Angst-Märkte« und Naomi Kleins Kritik des »disaster capitalism« (Furedi 2002; Klein 2007). Furedi (2002; 2009) konstatiert und beklagt, dass westliche Gesellschaften zunehmend durch eine Angst- und Vorsorgekultur geprägt sind: Konsumenten fürchten sich vor den Nebenwirkungen von Medikamenten und vor genetisch manipulierten Lebensmitteln; die Furcht vor Terroranschlägen führt zu aufwändigen Sicherheitsmaßnahmen (s. Kap. IV. A.8); Gesundheitskampagnen schüren Furcht vor den Effekten von Nikotin, Fett, Zucker und Alkohol etc. Diese verschiedenen Ängste können kaum mehr voneinander unterschieden werden; sie ergeben ein diffuses Angstgeflecht, das unseren gesamten Alltag umfasst. Diese Angst – einer ›lowgrade fear‹ in den kapitalismuskritischen Analysen von Brian Massumi (2005) – wird ständig durch allgegenwärtige Warnungen wachgehalten; jede Risikokommunikation schürt diese unspezifische Furcht, die auch als »statistical panic« bezeichnet worden ist (Woodward 1999). Diese Grundangst ist nun keine anthropologisch gegebene Ressource (wie in der Marketingtheorie), sondern wird künstlich erzeugt. ›Angstunternehmer‹ (Journalisten, Therapeuten, Sozialstatistiker, Klima- und Terrorexperten etc.) schüren diese, nutzen sie geschickt und verbessern so ihren gesellschaftlichen Einfluss. Auf diese Weise wird ein florierender »market in fear« (Furedi 2009) etabliert, der zwar für den einzelnen Angstunternehmer beträchtliche Gewinne abwerfen kann, letztlich durch die hohen Opportunitätskosten jedoch schädliche gesellschaftliche Nebenwirkungen hat. Besonders wirksam auf diesem Angstmarkt sind Ängste vor unbekannten Bedrohungen. Diese Ängste führen zur Ausbreitung eines ebenso fatalen wie zunehmend unbezahlbaren »precautionary principles«. Politisch argumentiert Furedi dafür, auf die Modellierung von »worst-case scenarios« zu verzichten, um nicht die Unfreiheiten in Kauf nehmen

zu müssen, die mit diesen Szenarien einhergehen (vgl. hierzu auch Sunstein 2007). Das Argument für diese liberale Vision ist letztlich ein ökonomisches: Wir sollen uns mit probabilistischen Risikomodellen begnügen und uns von einem »possibilistic thinking«, das von unberechenbaren »worst-case scenarios« ausgeht, verabschieden (Furedi 2009, 205 f.). In anderen Worten: Es ist gerade die Unberechenbarkeit von unbekannten Zukünften, die sich außerhalb ökonomischer Kalküle bewegt, uns aber gleichzeitig durch deren ständige Diskursivierung unnötig beunruhigt. Furedi macht uns damit implizit auf die Grenzen einer Ökonomisierung von Angst – im doppelten Sinne: als ökonomisches Gut und als Gegenstand der ökonomischen Wissenschaften – aufmerksam: Eine generalisierte Furcht, die zu einem diffusen Grundzustand der Angst geworden ist, sprengt die ökonomischen Modelle, gerade weil sie nicht berechenbar ist. Furedi sichert die ökonomische Grundlage seiner libertären politischen Position dadurch, dass er deren ökonomisches Fundament vor einer Verunreinigung durch die Angst zu schützen versucht. Damit gerät in den Blick, was ökonomischen Kosten-Nutzen-Analysen von Angst häufig entgeht: die Furcht davor, dass eine Ökonomisierung der Angst die Möglichkeiten des ökonomischen Kalküls sprengen könnte.

Während Furedi den Kapitalismus durch die Angst gefährdet sieht, weisen Autor/innen aus dem linken politischen Spektrum auf den Zusammenhang von Kapitalismus und Angst hin. Exemplarisch ist Naomi Kleins Anklageschrift *Shock Doctrine. The Rise of Disaster Capitalism* (2007), in der sie die gegenwärtige Ausbreitung neoliberaler Wirtschaftsformen in Analogie zu der psychologischen Shock-Therapie sieht. Shock-Therapien werden zur Neuprogrammierung von Patient/innen eingesetzt, indem die Verunsicherung durch Angst ein Brainwashing vorbereitet. Analog dazu werden soziale Shocks und Ängste geschaffen, um Ökonomien neu zu strukturieren und dem Ideal freier Märkte näher zu bringen. Klein entwickelt ein Narrativ, das eine Vielzahl gegenwärtiger Krisen – von Pinochet über die Asienkrise der Jahre 1997/98 bis hin zu Guantanamo und dem Hurrikan Katrina – als strategischen Angst-Einsatz im Kampf um ökonomische und politische Vorherrschaft versteht. In diesen Krisen identifiziert Klein immer wieder das gleiche Muster: Furcht und Unordnung werden von den USA und internationalen Organisationen wie dem IWF gesät, um diese als Katalysatoren für eine neoliberale Weiterentwicklung zu nutzen (Klein 2007, 9). Im Gegensatz zu marxistischen Krisentheorien, ist in Kleins funktionalistischer Vision die Krise zur schärfsten Waffe des Kapitals geworden.

Wir sind hier mit einer seltsamen Verwandtschaft von »fear marketing«, einer neoliberalen Kritik von »fear cultures« und der Entlarvung eines auf gezieltem Angsteinsatz beruhenden »disaster capitalism« konfrontiert. So unterschiedlich die politischen Positionen auch sein mögen, so fassen sie alle die Angst als eine manipulierbare Ressource. Die Gewissheiten der zugrunde gelegten ökonomischen Modelle werden durch die Angst höchstens am Rande in Frage gestellt. Gleichzeitig weist aber diese Ökonomisierung der Angst auch auf die empirischen Grenzen ökonomischer Rationalitätsmodelle hin: All diese Positionen gehen meist implizit von einer Teilung der Bevölkerung in die klugen und souveränen Techniker der Angst und eine zunehmend verängstigte Bevölkerung aus.

Angst der Ökonomie?

Die bisher geschilderten Positionen legen den Gedanken nahe, dass Angst zum Gegenstand ökonomischer Modelle werden kann; ja, dass sie möglicherweise eine besonders effiziente ökonomische Ressource ist – dass aber die moderne Ökonomie eine ›angstfreie‹ Wissenschaft kühler Berechnungen ist. Bei genauerem Hinsehen wird aber deutlich, dass sich Angst und Furcht in die Grundkategorien der Ökonomie einschreiben, wenn auch in gezähmter Form. Bereits die Schaffung eines am Eigeninteresse orientierten utilitaristischen Subjektes kann nur im Zusammenhang mit einem Geflecht von sich gegenseitig befördernden oder blockierenden Leidenschaften verstanden werden. In seiner berühmten historischen Studie *The Passions and The Interests* hat der amerikanische Ökonom Albert O. Hirschman (1977) die uns als selbstverständlich erscheinende Trennung zwischen einer affektlosen Rationalität und den irrationalen Affekten dekonstruiert. Das ökonomische Eigeninteresse musste in mühsamen historischen Prozessen erst geschaffen werden – und zwar nicht durch die Unterdrückung von Leidenschaften, sondern durch die Funktionalisierung der vergleichsweise harmlosen Affekte des Geizes und der Habgier. Diese beiden Leidenschaften verfügen über den Vorteil (etwa im Gegensatz zu den schwer voraussagbaren Wellen religiösen Hasses) relativ beständig und damit auch berechenbar zu sein. Die Etablierung des Eigeninteresses – dem

tragenden Element des modernen, an seinem eigenen Wohl orientierten ökonomischen Subjekts – beruhte also einerseits auf dem Einsatz der Habgier gegen andere, erratische Leidenschaften, die zur immer größeren Bedrohung für das menschliche Zusammenleben wurden. Das Eigeninteresse, so lässt sich zuspitzen, entsteht nicht aufgrund einer immer schon gegebenen Rationalität oder eines sozialen Lernprozesses, sondern aus einer sozialen Angst vor dem unkontrollierbaren Wüten anderer Leidenschaften. Das Arrangement der Leidenschaft entfaltet nun sich selbst kontrollierende Effekte. Noch bei den utilitaristischen Ökonomen des 19. Jahrhunderts findet sich eine Erinnerung an den leidenschaftlichen Ursprung des Eigeninteresses, wenn dieses anhand von »pleasure« und »pain« berechnet werden soll.

Mit der Übersetzung des utilitaristischen Vokabulars, das noch an die emotionalen Grundlagen ökonomischer Interessen erinnerte, in die formalisierte Ökonomie des 20. Jahrhunderts ging dieser Bezug immer mehr verloren. Nun ist von Präferenzordnungen, Erwartungen und Risiken die Rede. Zwar wird zu Recht darauf hingewiesen, dass sich besonders hinter dem Vokabular der Risikokalküle eine allgegenwärtige Angst verbirgt (Furedi 2002). Dennoch tauchen in der neoklassischen Ökonomie Emotionen wie Hoffnung, Gier und Angst nicht auf; bestenfalls werden sie als Störquelle rationaler Kalkulationen registriert und erwartungstheoretisch gezähmt. So interessieren z. B. Emotionen als ›expected emotions‹, d. h. als Emotionen, die in der Zukunft erwartet werden und entsprechend in die Berechnungen aufzunehmen sind. Dabei geht es also nicht darum, dass meine gegenwärtige Investitionsentscheidung durch Furcht getrieben ist, sondern um die Erwartung, dass ich durch meine jetzige Entscheidung in der Zukunft mit Furcht konfrontiert sein werde. Furcht tritt uns als Furchterwartung entgegen, womit eine Verdoppelung von Zukünften einhergeht: Ich erwarte für die Zukunft eine Emotion, die selbst zukunftsorientiert ist. Denn ich fürchte mich vor einem ungewissen Ereignis, das noch nicht eingetreten ist. Durch diese erwartungstheoretische Fassung wird Angst letztlich zu einer kognitiven Beobachtung und kann so in erweiterte, aber nicht grundlegend in Frage gestellte ökonomische Entscheidungskalküle integriert werden; die Herausforderung für das ökonomische Denken besteht dagegen darin, auch »immediate emotions« berücksichtigen zu können (Rick/Loewenstein 2008).

Welche Spuren hinterlässt die Furcht in den ökonomischen Kalkülen selbst? Ist die Furcht hinreichend gebannt durch die Formalisierung der Ökonomie und deren Berücksichtigung als ›erwartete
Furcht‹? Es scheint fast, dass die Furcht sich stärker
in die spieltheoretischen ökonomischen Modelle
eingeschlichen hat als es die ökonomische Selbstbeschreibung erwarten lassen würde. Der amerikanische Literaturwissenschaftler Phillip Fisher hat in
Vehement Passions eine originelle Lektüre der ökonomischen Spieltheorie vorgeschlagen. Spätestens
mit der Spieltheorie findet die Einsamkeit des frühen *Homo Oeconomicus*, der noch für Jevons und
Walras Ausgangspunkt ihrer Überlegungen gewesen
ist, ein Ende. Damit geht eine grundlegende Umstellung des affektiven Dispositivs einher. Ging die Neoklassik von der individuellen Nutzenmaximierung,
also dem individuell berechenbaren ›pleasure‹ aus,
so stellt die Spieltheorie ihre Grundlage implizit auf
Furcht um. An der Handlungstheorie von Thomas
Schelling – einem der zentralen ökonomischen Theoretiker auf dem Gebiet der frühen Spieltheorie –
führt Fisher (2003, 125) vor, wie sich die Furcht in
das Kalkül einschreibt. Beim Aufeinandertreffen
von zwei bewaffneten Parteien entsteht das Problem,
ob und von wem gegebenenfalls ein Erstschlag ausgeübt wird. Die Spieltheorie interessiert sich für das
Moment einer offenen Zukunft, das durch die Abhängigkeit meiner Handlungen von den Handlungen des Anderen entsteht. Vielleicht möchte ich
nicht angreifen, befürchte aber, dass der Andere von
einem Angriff meinerseits ausgeht, was mich wiederum dazu führen würde, wider meine Überzeugung anzugreifen. Charakteristisch für das ökonomische Kalkül ist seine Zukunftsoffenheit, das Interesse für jenes Moment, in dem die unterschiedlichen
Spieler aufeinander treffen und ihre Ungewissheit
sich in ein Kalkül einer »reciprocal fear« wandelt
(ebd., 155). Damit einher geht eine ›Spiritualisierung
der Furcht‹, eine Furcht vor einer aufgeschobenen,
zukünftigen Ungewissheit, die nun allgegenwärtig
geworden ist: »This fear never ends, never starts, is
always present like gravity« (ebd., 109). Diese kulturwissenschaftliche Lektüre der Spieltheorie zeigt,
dass die Ökonomie die Furcht nicht überwunden
hat, sondern in der Form eines Kalküls der Furcht zu
ihrer Grundlage geworden ist; eine Grundlage, die
mit der Loslösung der Spieltheorie aus ihrem Entste-
hungskontext des Kalten Kriegs zunehmend in Vergessenheit geraten ist.

Spekulation und Angst

Eine Ausnahme für dieses Vergessen ist die Finanzökonomie. Hier haben Affekte wie Angst, Furcht
und Hoffnung ein weniger unsichtbares Dasein geführt, als es die »Spiritualisierung der Furcht« vermuten lässt. Noch bevor die Behavioral Economics
Affekte als zentrale Triebkraft ökonomischer Entscheidungen identifizieren werden, haben populäre
Semantiken der Spekulation diese als Amalgam von
Hoffnung und Angst bestimmt (Stäheli 2007). Die
ersten Spekulationstheoretiker bestimmen Spekulation als Hoffnung auf Profit (Emery 1896, 96) und
haben damit implizit bereits die Kehrseite der Hoffnung – die Furcht vor Verlust – angedeutet. Ende der
1960er Jahre ist ein erfolgreicher populärwissen-
schaftlicher Investmentratgeber *The Money Game*
(1967), dessen Autor unter dem Pseudonym Adam
Smith in »hope, fears, greed, ambition« (ebd., 13) die
zentralen Elemente von Finanzmärkten ausmacht;
Elemente, die von der neoklassischen Ökonomie
übersehen werden. Die aus der Trias von Hoffnung,
Gier und Furcht resultierende Semantik zur Beschreibung von Finanzmärkten verändert sich über
die Jahrzehnte kaum. Bemerkenswert ist die häufig
ungeordnete Reihung dieser Emotionen, was darauf
hinweist, dass diese in der Regel als störende, nicht
theoretisierbare Variablen gesehen werden. Der Ver-
haltensökonom Hersh Shefrin schlägt dagegen vor,
primär von Hoffnung und Furcht zu sprechen, da
diese beiden Emotionen gleichsam spiegelbildlich in
ihrem Zukunftsbezug zueinander stehen (Shefrin
2002, 3). Beide Emotionen beziehen sich auf ein zukünftiges Ereignis. In der Furcht richtet sich die Aufmerksamkeit auf ein unerwünschtes Ereignis, in der
Hoffnung auf ein erwünschtes Ereignis. Entsprechend unterschiedlich sind die Implikationen der
beiden Emotionen: Wer sich fürchtet, sucht Sicherheit; für den Hoffenden vermehren sich die Möglichkeiten (ebd., 121).

Es ist kein Zufall, dass die Furcht gerade in Beschreibungen und Theorien der Finanzökonomie
auftaucht. Wenn es richtig ist, dass Furcht durch Ungewissheit entsteht, dann muss die Finanzökonomie
eine ideale Grundlage für Furcht abgeben. Dies hatte
John Maynard Keynes in seinem berühmten Denk-
modell der Schönheitskonkurrenz exemplarisch
vorgeführt:

It is not a case of choosing those [faces] that, to the best of
one's judgment, are really the prettiest, nor even those that
average opinion genuinely thinks the prettiest. We have
reached the third degree where we devote our intelligences

to anticipating what average opinion expects the average opinion to be. And there are some, I believe, who practice the fourth, fifth and higher degrees (Keynes 1936, 136).

In der Börsenspekulation richtet sich mein Handeln am Handeln anderer aus: Ich kaufe nicht die Wertpapiere, von deren Fundamentaldaten ich überzeugt bin, die ich also aufgrund einer ökonomischen Analyse für besonders aussichtsreich halte. Mehr noch, ich kaufe auch nicht einfach die Wertpapiere, die mein Nachbar gekauft hat. Vielmehr orientiere ich mein Investmentverhalten an der Voraussage des Durchschnittsverhaltens durch die anderen Teilnehmer. Der einzelne Investor ist in dieser Situation mit einer großen Ungewissheit konfrontiert: Er muss das zukünftige Verhalten anderer einschätzen können, ohne dieses berechnen zu können – und auch ohne auf die Daten einer klassischen Fundamentalanalyse zurückgreifen zu können. Das Zukunftswissen ist »very slight« (ebd., 62); der Spekulant ist deshalb mit einer großen, nicht berechenbaren Unsicherheit konfrontiert (*uncertainty*). Genau diese Unsicherheit wird zur Grundlage von Angst und Furcht: Furcht ist eine Reaktion auf Ungewissheit; eine Reaktion, die sich dadurch verschärft, dass die gefürchtete Zukunft selbst unbekannt bleibt. Es ist gerade Keynes' Sensitivität für diese Ungewissheit (im Gegensatz zum berechenbaren Risiko), die seinen Blick für die affektiven Dynamiken des Börsenhandels öffnet. Das Handeln an der Börse ist durch »animal spirits« (ebd., 174) angetrieben, d.h. durch einen »spontaneous urge to act« (ebd., 175) – sei dies ein irrationales Vertrauen in den eigenen Erfolg, sei dies eine irrationale Angst vor dem Zusammenbruch des Marktes, die mich zum vorzeitigen Verkauf meiner Wertpapiere zwingt. Diese »animal spirits« (im Anschluss an Keynes vgl. die verhaltenswissenschaftliche Weiterentwicklung von Akerlof/Shiller 2009) befinden sich nicht in einem bloß akzidentiellen Verhältnis zur Börsenspekulation. Nur mit Hilfe dieser nicht-rationalen Grundlagen kann überhaupt die Motivation zur Spekulation entstehen. Denn ein rational kalkulierendes Individuum könnte sich nicht auf die Zukunftsungewissheit einlassen, die mit jedem spekulativen Akt einhergeht. Und nur durch diese affektiven Triebkräfte kommt es zu jenen Ungewissheiten, die gleichzeitig auch Profitchancen sind.

Im Gegensatz zur neoklassischen Orthodoxie, die spätestens mit Pareto die Psychologie vollständig aus der Ökonomie zu verbannen suchte, tauchen diese bei Keynes als konstitutive Elemente ökonomischen Handelns wieder auf (s. auch Kap. IV. A.4). Überall

dort, wo wir es nicht nur mit probabilistischen Risikokalkülen, sondern mit Ungewissheiten zu tun haben, versagen die rationalen Mittel der Ökonomie. Keynes nimmt damit zwar die problematische Unterscheidung zwischen einer kalkulativen Rationalität und der Irrationalität von Emotionen wie Furcht und Hoffnung auf. Gleichzeitig aber wird die Irrationalität zu einer konstitutiven – und nicht bloß akzidentiellen – Bedingung ökonomischen Handelns: Ohne Furcht, ohne Hoffnung kann es kein zukunftsgerichtetes Handeln geben, das mit Ungewissheiten konfrontiert ist.

Führt Keynes Emotionen en passant als wichtige Aspekte ökonomischen Handelns ein, so versucht die Behavioral Economics seit den 1970er Jahren und die daraus hervorgegangene Neuroeconomics (Glimcher 2010) seit Beginn der 2000er Jahre die psychologischen und neurobiologischen Grundlagen ökonomischen Verhaltens zu untersuchen. Erstmals nehmen damit die Wirtschaftswissenschaften (zunächst von ihren Rändern aus, heute zunehmend etabliert) Angst als zentralen ökonomischen Faktor ernst und entwerfen aufwändige empirische Untersuchungen zur Rolle von Affekten im Entscheidungsverhalten. In zahlreichen psychologischen Experimenten wird gezeigt, wie etwa durch kognitive Dissonanz rationales Entscheidungsverhalten gestört wird: Sei es durch angstfreie ›overconfidence‹ in die eigenen Fähigkeiten, den Markt zu schlagen; sei es das Aufstellen von normalisierenden Kontinuitätsnarrativen, die davon ausgehen, dass sich bestehende Erfahrungen tendenziell hochrechnen und verallgemeinern lassen. Neuroökonomen suchen nach den biologischen Mechanismen, die der Risikowahrnehmung zugrunde liegen, fragen nach affektiven und nicht-bewussten Modi der Entscheidungsfindung, die auf keiner rationalen Kosten-Nutzen-Abwägung beruhen.

Die Kalküle der klassischen Spieltheorie und die damit verbundene ›efficient market hypothesis‹ werden durch sozial- und wirtschaftspsychologische Experimente auf den Prüfstand gestellt – und empirisch verworfen. Zahlreiche Abweichungen von den theoretischen Annahmen der neoklassischen Ökonomie werden konstatiert: Der *Homo Oeconomicus* ist weniger egoistisch als angenommen, sondern biologisch auf Reziprozität und Altruismus programmiert; er ist weniger rational, da zukunftsbezogene Entscheidungen durch Affekte wie Angst, Furcht und Hoffnung bestimmt werden: »[F]ear of the unknown [...is] one of the most powerful motivating forces of our conscious and subconscious minds« (Lo 2011, 7). In der Neuroökonomie kommen Angst und Ökonomie in ihrer Zukunftsorientierung auf überraschende Weise zusammen. Für den Neurobiologen Antonio Damasio (1994) sind Emotionen wie die Furcht unerlässlich für jedes vernünftige Abwägen und für jede Entscheidung. Experimente haben gezeigt, dass Individuen mit intakten rationalen Fähigkeiten, bei denen aber für Emotionen wichtige Gehirnregionen gestört sind, zur Entscheidungsfindung unfähig sind. Diese können zwar rational Entscheidungsprobleme diskutieren, ihnen fehlt aber die Fähigkeit, eine der Optionen zu ergreifen. Ein auch für die Ökonomie wichtiges Ergebnis von Damasios Studien ist, dass die für Angst wichtigen Gehirnregionen gleichzeitig jene Regionen sind, die für Entscheidungen unerlässlich sind. Eine besondere Rolle spielt die kleine Gehirnregion der Amygdala, die gleichzeitig für primäre Affekte wie die Angst und für zukunftsgerichtetes Handeln zuständig ist. Sie ist ein »›internal hypochondriac‹ which provides ›quick and dirty‹ emotional signals in response to potential fears« (Kamerer/Loewenstein/Prelec 2004, 567). Furcht erleichtert Entscheidungen, indem sie als somatischer Marker auf schnelle Weise Handlungsalternativen vorsortieren kann. Diese Entscheidungen beruhen nicht auf einer rationalen Wahrscheinlichkeitsrechnung, die in einer Notsituation viel zu viel Zeit verbrauchen würde, sondern auf automatisch abgerufenen Zukunftsbildern, die einen Alarm auslösen – einen Alarm, der zunächst somatisch unspezifiziert ist und nachträglich als Angstemotion gedeutet wird (Damasio 1994, 173–175). Bindeglied zwischen Angst und Entscheidungshandeln ist also die Fähigkeit des Gehirns, sich eine Zukunft auszumalen.

Neuroökonomische Studien fragen auf dieser Grundlage, wie Angst ökonomische Entscheidungskalküle beeinflusst. So stellt beispielsweise eine empirische Studie fest, dass ängstliche und pessimistische Individuen vorsichtiger in ihrer Entscheidungsfindung sind und gerade durch ihre Ängstlichkeit eine realistischere Einschätzung von Risiken leisten als die ›angstfreien‹ Akteure der neoklassischen Modelle (Raghunathan/Tuan Pham 1999). Wird der somatische Marker ›Angst‹ als Angstemotion kognitiv wahrgenommen, dann kann diese zu einem guten Risikomanagement führen, wozu auch ein »professional skill of channelling emotions gehört« (Lo 2011, 23). Andere Experimente haben gezeigt, dass Probanden, deren emotionale Fähigkeiten stark vermindert waren, unter bestimmten Bedingungen erfolgreicher mit Risiken umgehen als ›normale‹ Probanden (Shiv u. a. 2005). Die Unterdrückung von Furcht führt zumindest dann, wenn die Risiken bekannt sind, zu einem risikoaffineren und damit letztlich gewinnbringenderen Verhalten als das übervorsichtige Handeln der risikoaversen, ängstlichen Teilnehmer. Angst ist also nicht per se ökonomisch vorteilhaft, sondern die ökonomische Bewertung hängt ab von einem »reasoned coupling between circumstances and emotions« (ebd., 438).

Durch die Empirisierung der Kritik am neoklassischen Modell können spektakuläre Experimente durchgeführt werden, selten aber wird eine grundlegende epistemische Kritik der neoklassischen Rationalitätsvorstellungen entwickelt. Die Annahme der Kosten-Nutzen-Maximierung wird meist nicht in Frage gestellt, vielmehr wird nach den neuronalen und affektiven Vorbedingungen und Beeinflussungen dieses Kalküls gefragt. Manche Autoren beschreiben letztlich die neurologischen Vorgänge selbst in einer ökonomischen Sprache, wenn z. B. von einer »physiological expected utility« (Glimcher u. a. 2005) gesprochen wird. Für einige Kritiker befindet sich die Neuroökonomie daher keineswegs so weit entfernt von der Neoklassik, wie sie selbst gerne behauptet (Berg/Gigerenzer 2010; Bennett 2011). Viele neuroökonomische Untersuchungen verdoppeln die klassische Trennung zwischen ökonomischer Rationalität und irrationalen Emotionen dadurch, dass sie von zwei unterschiedlichen Subsystemen des Gehirns ausgehen. So wird von einigen Neuroökonomen angenommen, dass das lymbische System für das Prozessieren von Emotionen wie Furcht zuständig ist. Dieses affektive System wird von einem kognitiven, deliberativen System abgegrenzt, in dem rationale Kalkulationen berechnet werden (für einen kritischen Überblick siehe Schüll/Zaloom 2011). Mit dieser dualistischen Anlage wird Furcht dem ›affektiven System‹ zugerechnet, das durch das kognitive System gemanagt werden kann, indem Techniken der Furchtvermeidung und -kontrolle entwickelt werden. Allerdings erinnert eine solche Trennung eines affektiven und kognitiven Systems an Modelle, die auch in der Mainstream-Ökonomie zur Modellierung von Furcht benutzt werden. Gary Becker und Yona Rubinstein (2011) haben vorgeschlagen, die Selbstkontrolle der Furcht vor Terroranschlägen unter ökonomischen Gesichtspunkten zu erfassen: Wenn die Kosten für furchtvolles Verhalten größer sind als die Kosten für das eigene Furchtmanagement, dann sind Formen der Furchtkontrolle sinnvoll. Eine derartige Position setzt allerdings voraus, was die Behavioral

Economics und die Neuroökonomie gerade in Frage stellen, nämlich ein objektives, rein kognitives Verständnis von Risiko: »[…] fear is defined as the degree to which subjective beliefs about danger deviate from objective assessments of risks« (Becker/Rubinstein 2011, 2). Die Neuroökonomie würde dagegen über die konzeptuellen Grundlagen verfügen, einen derartigen Dualismus zu vermeiden. So entwirft Damasio eine monistische Position, die gerade jenseits der Gegenüberstellung von Emotionen und Vernunft angesiedelt ist (vgl. Damasio 1994).

Die Neuroökonomie versteht ihre Experimente als deskriptiv und möchte keine normativen Modelle des richtigen ökonomischen Handelns aufstellen. Sie leistet zweierlei: einerseits eine empirische Kritik an den neoklassischen Modellen des *Homo Oeconomicus*; andererseits aber droht sie auch, ökonomisches Handeln zu naturalisieren, indem sie das Gehirn als determinierende Kontrollinstanz für soziales Handeln sieht. Gleichzeitig aber eröffnet die Neuroökonomie eine Perspektive auf die materiale Formbarkeit des ökonomischen Menschen (vgl. kritisch dazu Malabou 2008). Neuroökonomische Experimente belegen nicht einfach, wie ökonomische Angst biologisch funktioniert, sondern fragen auch danach, welche Effekte Interventionen ins Gehirn haben – z. B. durch die pharmakologische Hemmung der Amygdala.

Ökonomische Rationalität wird damit zu einem andauernden Projekt; sie muss ständig neu hergestellt werden. Optimierung von ökonomischem Verhalten kommt nicht dadurch zustande, dass auch kontrafaktisch auf rationale Akteure vertraut wird, sondern durch die Kontrolle des Gehirns: sei dies durch chemische Eingriffe, sei dies aber auch durch die Steuerung von angstinduzierenden Settings oder Techniken der Angstmodulation. Die Neuroökonomie verlässt damit ihre deskriptive Position und wird selbst zu einem performativen Zukunftsdiskurs. Die Entdeckung der Angst politisiert die Ökonomie gerade dadurch, dass das klassische Rationalitätsmodell nicht als ahistorisch gegeben betrachtet wird, sondern als zu machendes, anzupassendes – als prekäres Verhältnis, das in ein Gleichgewicht gebracht werden muss.

Diese implizite Politik der Neuroökonomie wird dort am besten sichtbar, wo Anwendungen der Ergebnisse angestrebt werden. Bereits die neurobiologische Angstdiskussion hat hervorgehoben, dass diese sich vermehrt für den Umgang mit Angst interessieren soll: Auf welche Weise kann Angst kontrolliert werden? Es geht um die Untersuchung, die Vermeidung und auch den Einsatz von »fear-conditioning mechanism[s]« (Hartley/Phelps 2010). In der Finanzökonomie wird z. B. auf neuroökonomischer Grundlage eine Selbstregulierung von Angst und Euphorie vorgeschlagen: Das Verständnis der neurophysischen Vorgänge dient der Installierung eines Spekulanten-Subjektes, das z. B. weiß, dass es auf Gewinne überreagiert oder in Angstsituationen risikoavers reagiert. Solche Positionen setzen denn auch ein dualistisches Subjektmodell voraus: Die affektiven Vorgänge werden durch ein kognitives ›Über-Ich‹ evaluiert und kontrolliert. Neuroökonomische Angstkonzepte schaffen aber auch in anderen Feldern geradezu eine Policy-Verführung (etwa in der Gesundheitsvorsorge): Der Policyplaner kann auf Grundlage der Neuroökonomie ›ideale‹ Entscheidungssituationen schaffen, indem er sich z. B. bestimmter Trigger-Mechanismen bedient: Wenn man neuroökonomisch weiß, dass Individuen Gefahren in der weiten Zukunft als weniger brisant einschätzen, dann können vorsorgepolitisch Angstkonditionierungen eingesetzt werden. Analog zum individuellen Modell des Investors beruht aber auch diese Annahme auf der Idee einer souveränen Steuerbarkeit dieser Mechanismen.

Die Entdeckung einer somatischen und affektiven Ökonomie macht das ökonomische Subjekt formbar, wodurch kulturwissenschaftlich jene affektiven Techniken interessant werden, die zu einer solchen Formung und Kontrolle dienen (Protevi 2009; Connolly 2002). Im Gegensatz zum naturalisierenden Gestus der Neuroökonomie bedürfen diese Techniken einer kulturellen und historischen Erklärung, genauso wie die Modelle, die die materiale Konstruktion eines wagemutigen, vorsichtigen oder gar ängstlichen ökonomischen Subjekts anleiten. So wird die analytische Grundlage des Individuums, das in der Neuroökonomie häufig mit den Grenzen des Gehirns gleichgesetzt wird, selbst in Frage gestellt – kann dabei aber auch an die von einigen Neurowissenschaftler betonte innere Fragmentierung des Individuums anknüpfen. Besonders interessant ist hier der Versuch, die Entstehung von Akteuren als temporäres Ergebnis einer Mischung von neurophysiologischen Ereignissen und sprachlicher Repräsentation zu fassen (Herrmann-Pillath 2008) – erst dann kann es gelingen, die Annahme des methodologischen Individualismus nicht nur mit einem materialen Gehirn zu versehen, sondern Affekte wie Angst in ihrer sozialen Funktionsweise zu verstehen.

Panik-Ökonomie

Die Angstkonzeptionen der Neuroökonomie haben die soziale und kulturelle Dimension der Angst weitgehend vernachlässigt; ja, viele Neuroökonomen halten sich selbst mit makroökonomischen Aussagen zurück. Am ehesten noch treffen wir in populären Semantiken der Finanz-Panik, die bereits im 19. Jahrhundert zur Beschreibung besonders unerklärlicher Spekulationsblasen dienten, auf ein Vokabular, das ökonomische Angst als einen über-individuellen Affekt fasst (Stäheli 2007). Ich möchte die Panik als imaginären Diskurs der Ökonomie lesen, in dem sie eine ›Ökonomie der Angst‹ ausmalt, in der die Ökonomie selbst gefährdet ist.

In der Panik bestimmt eine übersteigerte und hochgradig ansteckende Angst das ökonomische Leben. Sie macht rationale Abwägungen unmöglich und löst schnelle Fluchtimpulse aus: Eine Panik ist eine »experience of strong anxiety generated by a fear so intolerable as to obstruct the organizing of thought and action, capable of depersonalising, of inducing impersonal mass behaviour and mass mimetism« (Marazzi 2004, 181). Die Angst ist hier nicht mehr individualisiert, sie missachtet als Affekt die Grenzen des einzelnen Individuums, ist ansteckend geworden und steigert sich durch die Übertragung (s. Kap. IV.A.2). Das Soziale zeigt sich in seiner Kehrseite als ansteckendes Nachahmungshandeln der Masse. In der Panik ist das Angstmanagement der Ökonomie außer Kontrolle geraten: eine sich selbst steigernde affektive Dynamik, die durch ihre Schnelligkeit sich jeder individualisierenden Kontrolle entzieht.

Eine Panik ist nicht ableitbar aus einer ökonomischen Geschichte, aus ökonomischen Tendenzen oder einer sich langsam anbahnenden Krise. Sie bricht mit der Kontinuitätsunterstellung der Ökonomie: Sie tritt plötzlich auf – und schafft sich eine außerökonomische Zeit reiner Präsenz. So bestimmt der Wirtschaftshistoriker Charles Kindleberger die Panik als »sudden fright without cause (from the god Pan, known for causing terror), which occur in asset markets or involve a rush from less liquid securities to money or government securities« (Kindleberger 2003, 94). Die Annahme der Nichtprognostizierbarkeit wird in der ökonomischen Theorie als wichtiger Charakterzug des Panikkonzeptes hervorgehoben – und gleichzeitig bemängelt, da es diesem Konzept an »predictive power«, der Grundanforderung einer neoklassischen Risikokalkulation, fehlt (Tirole 2002, 45).

Mit der Plötzlichkeit ihres Anfangs rahmt die Panik eine eigene Panikzeit, die von jedem Zukunfts- und Vergangenheitsbezug abgeschnitten ist (Blum 1996, 690). In der Panik geht es ums bloße Überleben, darum, jetzt zu fliehen ohne Vorstellung von einer besseren Zukunft, sondern nur noch einer übergroßen Gefahr ausweichend. Die Zukunftsorientierung der Ökonomie ist nun verräumlicht worden auf ein bloßes »nicht-hier«; für Fluchtkalküle fehlt die Zeit. Die Panik inszeniert ein ökonomisches Handeln ohne kalkulierbare Zukunft. Das Kalkül der reziproken Furcht bricht zusammen, es verliert seine disziplinierende Wirkung und verweist auf die materialen Stützen seiner vormaligen Spiritualisierung. Damit wird die Angst aus den stabilisierenden Kalkülen befreit und transformiert zu einer sich selbst vergrößernden Angst, nicht zuletzt durch die Angst vor der Angst. In der ökonomischen Panik geht es nicht mehr um die Furcht vor einem bestimmbaren Risiko und ebenso wenig um eine gerahmte Unbestimmtheit. In der Panik nimmt die Angst der Ökonomie ihre radikalste Gestalt an: In ihr wird nicht der Ausgang einer bestimmten Entscheidung befürchtet; in der Panik geht es nicht um einzelne Spielzüge in der Ökonomie, sondern um die Ökonomie selbst. Gerade indem die Panik mit der Kontinuitätsunterstellung der Ökonomie bricht, deutet sie auf die Ungewissheit der Ökonomie hin.

Dieses Panikimaginär verbindet auf überraschende Weise Elemente der neoklassischen mit der neurobiologischen Ökonomie, ja das Paniksubjekt scheint fast ein monsterhaftes Hybrid. In der Panikvorstellung entledigt sich das Individuum seiner sozialen und kulturellen Einbettung, wir haben es mit isolierten Individuen zu tun, die nur noch am eigenen Überleben interessiert sind – mit einer Welt ohne Vertrauen. Dieses Schreckbild gleicht erstaunlicherweise jenen Fiktionen, mit denen die Neoklassik ihre Kalküle beginnen lässt. Das Panikimaginär inszeniert den Zusammenbruch des *Homo Oeconomicus* durch die Übersteigerung des methodologischen Individualismus, einer Übersteigerung, die jedes Kalkül doppelter Kontingenz zusammenbrechen lässt. Gleichzeitig funktioniert der Einzelne nun primär als somatisches, angstgetriebenes Wesen. In der Panik hat sich die Angst von ihrer Verankerung im Einzelnen befreit, wir haben es nun mit einem »affect freed from subjective feeling« zu tun (Protevi 2009, 50). Kein Affekt ist ansteckender als die Angst – und in der Panik entfaltet sich die Toxizität der Angst nahezu ungestört. Die Panik wird gerade dadurch, dass sie höchste Individualität mit größter affektiver Offenheit verbindet zu einem attraktiven Imaginären der Ökonomie (Gibbs 2008, 132). In dieser Paradoxie steigert sie gleichzeitig das neoklassische und das neuroökonomische Subjektmodell derartig, dass diese auf ihr Ungedachtes stoßen: auf das Schreckensbild eines Sozialen, das wiederkehrt als unkontrollierbare, affektive Ansteckung.

Literatur

Adler, Matthew: Fear assessment: Cost-benefit analysis and the pricing of fear. In: *Chicago-Kent Law Review* 79/3 (2004), 977–1053.

Becker, Gary/Rubinstein, Yona: *Fear and the Response to Terrorism: An Economic Analysis*. LSE, CEP Discussion Papers dp 1079 (2011).

Bennett, David: ›Money is laughing gas to me‹ (Freud): A critique of pure reason in economics and psychoanalysis. In: Guest-Edited Special Issue of *New Formations* 72 (2011), 1–19.

Berg, Nathan/Gigerenzer, Gerd: As-if behavioral economics: Neoclassical economics in disguise? In: *History of Economic Ideas* 18 (2010), 133–165.

Blum, Alan: Panic and fear: On the phenomenology of desperation. In: *The Sociological Quarterly* 37/4 (1996), 673–698.

Connolly, William: *Neuropolitics: Thinking, Culture, Speed*. Minneapolis/London 2002.

Damasio, Antonio: *Descartes' Error: Emotion, Reason and the Human Brain*. New York 1994.

Dingell, John: *Perspectives on Climate Change. Hearings Before the Committee of Energy*. Darby 2008.

Emery, Henry: *Speculation on the Stock and Produce Exchanges of the United States*. New York 1896.

Fisher, Phillip: *Vehement Passions*. Princeton 2003.

Furedi, Frank: *Culture of Fear. Risk Taking and the Morality of Low Expectation*. New York 2002.

Furedi, Frank: Precautionary culture and the rise of possibilistic risk assessment. In: *Erasmus Law Review* 2/2 (2009), 197–220.

Gibbs, Anna: Panic! Affect, contagion, mimesis and suggestion in the social field. In: *Cultural Studies Review* 14/2 (2008), 130–145.

Glimcher, Paul: *Foundations of Neuroeconomic Analysis*. New York 2010.

Glimcher, Paul/Dorris, Michael/Bayer, Hannah: Physiological utility theory and the neuroeconomics of choice. In: *Games Econ Behaviour* 52 (2005), 213–256.

Godin, Seth: Marketing fear (2007), http://sethgodin.typepad.com/seths_blog/2007/06/marketing-fear.html (07.09.2012).

Hartley, Catherine A./Phelps, Elizabeth A.: Changing fear: The neurocircuity of emotion regulation. In: *Neuropsychopharmacology* 35/1 (2010), 136–146.

Herrmann-Pillath, Carsten: *Neuroeconomics, Naturalism and Language*. Frankfurt School of Finance & Management, Working Paper 108 (2008).

Hirschman, Albert O.: *The Passions and the Interests. Political Arguments for Capitalism before Its Triumph*. Princeton 1977.

Kamerer, Colin/Loewenstein, George/Prelec, Drazen: Neuroeconomics: Why economics needs brains. In: *Scandinavian Journal of Economics* 106/3 (2004), 555–579.

Keynes, John Maynard: *The General Theory of Employment, Interest, and Money*. New York 1936.

Kindleberger, Charles: *Manias, Panics, and Crashes. A History of Financial Crisis* [1978]. Canada/USA 2003.

Klein, Naomi: *The Shock Doctrine. The Rise of Disaster Capitalism*. London/New York 2007.

Lindstrom, Martin: *Buyology: Warum wir kaufen, was wir kaufen*. Frankfurt a. M./New York 2008.

Lo, Andrew: Fear, greed, and financial crises: A cognitive neurosciences perspective (2011), www.argentumlux.org/documents/lo_2011_-Fear_Greed_and_the_Financial_Crisis-_A_Cognitive_Neuroscience_Perspective.pdf (01.04.2013).

Malabou, Catherine: *What Should We Do with Our Brain?* New York 2008.

Mandel, Gregory/Gathii, James: Cost-benefit analysis versus the precautionary principle: Beyond Cass Sunstein's laws of fear. In: *University of Illinois Law Review* 5 (2006), 1037 ff.

Marazzi, Christian: Who killed god pan? In: *Ephemera* 4/3 (2004), 181–186.

Massumi, Brian: Fear, the spectrum said (2005), http://multitudes.samizdat.net/Fear-The-spectrum-said (07.09.2012).

Protevi, John: *Political Affect. Connecting the Social and the Somatic*. Minneapolis 2009.

Raghunathan, Rajagopal/Tuan Pham, Michael: All negative moods are not equal: Motivational influences of anxiety and sadness on decision making. In: *Organizational Behavior and Human Decision Process* 79/1 (1999), 56–57.

Ray, Michael/Wilkie, William: The potential of an appeal neglected by marketing. In: *Journal of Marketing* 34/1 (1970), 54–62.

Rick, Scott/Loewenstein, George: The role of emotion in economic behaviour. In: Michael Lewis/Jeannette M. Haviland-Jones/Lisa Feldman Barrett (Hg.): *Handbook of Emotions*. New York 2008, 138–158.

Schuell, Natasha/Zaloom, Caitlin: The shortsighted brain: Neuroeconomics and the governance of choice in time. In: *Social Studies of Finance* 41/4 (2011), 515–538.

Shefrin, Hersch: *Beyond Greed and Fear. Understanding Behavioral Finance and the Psychology of Investing* [2000]. Boston, MA ²2002.

Shiv, Baba/Loewenstein, George/Bechara, Antoine/Damasio, Hanna/Damasio, Antonio R.: Investment behaviour and the neurological side of emotion. In: *Psychological Science* 16/6 (2005), 435–439.

Smith, Adam: *The Money Game*. New York 1967.

Stäheli, Urs: *Spektakuläre Spekulation. Das Populäre der Ökonomie*. Frankfurt a. M. 2007.

Sunstein, Cass R.: *Gesetze der Angst. Jenseits des Vorsorgeprinzips*. Frankfurt a. M. 2007 (amerik. 2005).

Tirole, Jean: *Financial Crisis, Liquidity and the International Monetary Funds*. Princeton 2002.

Tolley, George/Kenkel, Donald/Fabian, Robert (Hg.): *Valuing Health for Policy An Economic Approach*. Chicago 1994.

Woodward, Kathreen: *Statistical Panic: Cultural Politics and Poetics of the Emotions*. Durham 2009.

Urs Stäheli

9. Ökologie der Angst

Die Katastrophe des Sinns

Wenn Angst, wie Niklas Luhmann es einmal formuliert, »das moderne Apriori ist – nicht empirisch, sondern transzendental«, ganz einfach weil angesichts der fortschreitenden funktionalen Ausdifferenzierung der Gesellschaft jede durchgängige »normative Sinngebung« (Luhmann 2008, 156, 158) fehlt und Angst das Äquivalent des fehlenden Sinns darstellt, gleichsam das affektive Supplement dieses Fehlens, so ist jedenfalls für das 20. Jahrhundert eine fundamentale Ökologisierung der Angst als übergreifendes Epochenmerkmal festzustellen: Insbesondere seit 1950 dominieren zunehmend phobische Semantiken der Katastrophe, des Risikos, der Gefahr, der Bedrohung, der Panik, der Ungewissheit, des Unfalls, der Sorge, der Ansteckung, um die herum sich regelrechte Ökologien der Angst formieren. Noch bis in unsere Gegenwart ist die Wirkmächtigkeit dieser Semantiken nahezu ungebrochen, ja vielleicht ist sie heute sogar stärker denn je. Sie bestimmen in einem signifikanten Maße auch die Begriffspolitik, durchziehen die Selbstbeschreibungen des Zeitalters, justieren ganze Theorieprojekte: Ein Katastrophen- und Unfalldenken entsteht, das, bei aller Unterschiedlichkeit der jeweiligen Programme, von Günther Anders über Hans Jonas zu Ulrich Beck, François Ewald und Jean-Pierre Dupuy reicht und von Paul Virilio zu Brian Massumi und Jussi Parikka, um nur die wichtigsten theoretischen Protagonisten zu nennen, die die Ökologisierung der Angst beschreiben, untersuchen, mitunter aber auch propagieren und vorantreiben. Und zugleich bilden die phobischen Semantiken auch das affektive Kontrollregime des Hyperindustrialismus und der neoliberalen Politik ab, die beide, ineinandergreifend, auf Affektmodulation im Zeichen der Angst basieren. Diese Semantiken sind praktisch die Sedimentierung des kybernetischen Kapitalismus und der ihm eigentümlichen affektiven Steuerung und Ausbeutung in den Kernbestand unserer eigenen semantischen Tradition hinein.

Angst wird im Zuge ihrer Ökologisierung allgemein, total, wobei sich mit dieser Ökologisierung zugleich auch der Sinn von Ökologie als solcher verschiebt: von einer beschränkten Ökologie mit einem biologischen, ethologischen, lebenswissenschaftlichen Referenzbereich hin zu einer allgemeinen Ökologie der Medien und Technik, die fortan den Kern der Epochensemantik darstellen wird und dabei überhaupt zum Zentrum der Neubeschreibung von Existenz unter der technologischen Bedingung avanciert (vgl. Hörl 2012). Angst erstreckt sich nun von der Angst vor der militärischen und zivilen Katastrophe im Schatten der Atombombe (s. Kap. IV.A.6; IV.A.7) und großtechnischer Anlagen über die Angst vor dem Waldsterben, der Klimakatastrophe (s. Kap. IV.B.3) und vor Terroranschlägen (s. Kap. IV.A.8) bis hin zu Angst vor viraler Ansteckung und vor Pandemien (s. Kap. IV.A.2), einschließlich der Angst vor dem totalen Datenverlust durch Computerviren und Würmer, die das digitale Zeitalter heimsucht. Hiroshima, Three Mile Island, Bhopal, Tschernobyl, AIDS, Ebola, Schweinegrippe, H5N1, Michelangelo, Jerusalem, Pakistani Brain, Loveletter, der Wurm Morris, 9/11, Anthrax, Fukushima – all das sind Ereignisse und Namen, die die Ökologisierung der Angst tragen. In der zweiten Hälfte des 20. Jahrhunderts entfaltet sich, pointiert gesagt, eine Schrift des Desasters, die die Sphären von Natur, Technik, Ökonomie, Politik, Sozialem gleichermaßen quert. Angst ist, mit anderen Worten, transversal, wird dergestalt zur epochalen Grundstimmung und Grunderfahrung, insbesondere zum Hintergrund einer neuen, nämlich der ökologischen Rationalität, deren allgemeiner Durchbruch in genau dieser Zeit eben im Licht der Angst vonstatten geht. Angst und Ökologie scheinen, jedenfalls eine gewisse Zeit lang, nachgerade aneinander gekoppelt zu sein: das Ökologisch-Werden des Denkens und die Durchsetzung eines ökologischen Seinsverständnisses, ja des neuen ökologischen Sinns überhaupt, sind in erheblichem Maße aus der Angst geboren.

Mag Angst auch, um Niklas Luhmann wieder aufzunehmen, »das Prinzip« darstellen, »das nicht versagt, wenn alle Prinzipien versagen« und »jeder Kritik der reinen Vernunft« (ebd.) widerstehen, so ist doch nach dem genauen geschichtlichen Ort der Ökologien und des Prinzips der Angst zu fragen und der Versuch zu wagen, Einsichten in deren Gewordenheit und historische Transzendentalität zu formulieren, das heißt herauszuarbeiten, was genau sich hier artikuliert, was darin zum Ausdruck drängt und Gestalt gewinnt. So wäre die von Luhmann Mitte der 1980er Jahre der Angst vorausgesagte »große politische und moralische Zukunft« (ebd.), die sich längst zu entfalten begonnen hat, zu konterkarieren und ein Beitrag zur Kritik des gegenwärtigen Zeitalters zu leisten.

Ökologien der Angst gehören, das ist die Grundthese dieser Betrachtung, zum Kernbestand unserer eigenen sinngeschichtlichen Situation. Sie zeigen den Eintritt unter die technologische Bedingung an, der sich im 20. Jahrhundert und insbesondere seit der allgemeinen Kybernetisierung der Lebensform und seit dem Aufkommen von netzwerkbasierten Medientechnologien, sensorischen Umgebungen und intelligenten Umwelten vollzieht (vgl. Hörl 2011). Dabei sind sie aber nicht bloß Reaktionsbildungen und Verarbeitungen, signifikante Effekte und Ausdruck nie dagewesener technologischer, alle Begrenzungen durchschlagender Gefährdungslagen, von denen sie unablässig Rechenschaft ablegen und als deren direkte Diskursivierung sie sich selbst zumeist verstehen, nicht einfach nur die Verdichtung allgegenwärtiger Bedrohungsszenarien in die Selbstbeschreibungen einer hochtechnisierten Gesellschaft. Ökologien der Angst markieren darüber hinaus erstens die mediengeschichtliche Schlüsselbewegung der Epoche als solche: den Übergang vom Primat symbolischer zum Primat affektiver Medien, der im Zuge dieser großen technologischen Transformation vonstatten geht. Sie sind im stärksten Maße selbst Ausdruck, erste Schematisierungs- und Bearbeitungsversuche der sogenannten ›affektiven Wende‹, die im Wechsel von einer schrift- zu einer netzwerkbasierten Sinnkultur geschieht, denn sie exponieren und pointieren mit der Angst, dem Affekt der Affekte, das nun hervortretende, in den Brennpunkt medialer Steuerungsleistungen tretende Affektive als solches. Ökologien der Angst bezeugen vielleicht sogar nichts so sehr wie diese neue psychotechnologische Bearbeitbarkeit und Besetzbarkeit der affektiven Subjektivierungsvektoren, die gerade im Zuge des Eintritts unter die technologische Bedingung deutlich werden und an Virulenz gewinnen: die Subjekte, die Seelen, ja schließlich auch die kollektiven Totalitäten werden zunächst auf massenmedialer Basis, dann seit den 1980er Jahren zunehmend auf Grundlage netzwerkbasierter und multiskalarer neuer Medientechnologien affektiv moduliert (vgl. Guattari 1992; Massumi 2002; Stiegler 2004). Ökologien der Angst machen mithin den neuen perzeptiven Generalmodus der Epoche sichtbar, der auf einer affektiven Kybernetik, auf den neuen medientechnologischen, aller subjektiven Wahrnehmung und Erfahrung vorausgehenden Zugriffsmöglichkeiten auf das Affektive basiert (Angerer 2008; Berardi 2009; Clough 2010).

Zweitens geht in den Ökologien der Angst der neue Primat des Affektiven ein Bündnis mit dem neuen ökologischen Paradigma der Sinnkultur ein. Die Durchsetzung des kybernetischen Naturzustandes, der nach Serge Moscovici nach dem zunächst organischen, dann mechanischen den dritten geschichtlichen Naturzustand darstellt (vgl. Moscovici 1982, 86–118; Hörl 2011, 23–25), bringt eine tiefgreifende Erschütterung der überlieferten Sinnkultur überhaupt: Die Transformation des Sinns des Sinns, die den Sinn im Sinne von Bedeutung destruiert und Sinn nun nicht mehr als Angelegenheit von bedeutungsgebenden Subjekten, sondern als Emergenz aus einer Gemeinschaft, einem Netz, einem Zusammenspiel, einer Begegnung, einem Knäuel humaner und nicht-humaner Akteure und Kräfte inauguriert, lässt das neue ökologische Paradigma des Sinns als solches hervortreten. Es ist diese sinngeschichtliche Zäsur, an deren genauerer Ausgestaltung sich viele der großen Theorieprojekte insbesondere des späten 20. Jahrhunderts und noch der Gegenwart unter dem Titel von Ökologie abarbeiten. Ökologie ist bei Autoren wie Félix Guattari, Jean-Luc Nancy, Bruno Latour, Donna Haraway oder Isabelle Stengers längst nicht mehr als biologische Disziplin zu verstehen, sondern als »Ökologie ohne Natur«, um einen Ausdruck von Timothy Morton aufzugreifen (vgl. Morton 2007), als nicht- oder unnatürliche Ökologie, ja als Epochenstil, als neue Einstellung in dem fundamentalen Sinn, wie Husserl dies versteht, nämlich als Einstellung, die ein neues Bild des Denkens hervorbringt und ein neues Bild des Seins (vgl. Husserl 1962). Ökologien der Angst sind mithin an einem der neuralgischen Punkte des Epochenwandels angesiedelt, sie bezeugen und besetzen diesen Übergang.

Am klarsten hat wohl Jean-Luc Nancy die komplizierte sinngeschichtliche Lagerung der Gegenwart und damit implizit auch den zentralen Ort der Ökologien der Angst begriffen, als er unter dem Stichwort der »verallgemeinerten Katastrophe« jüngst schrieb:

Sinn oder Wert [...] werden ihrerseits katastrophisch: das heißt, gemäß der griechischen Etymologie, Umwälzung, grundlegende Wandlung, Umsturz. [...] Wir sind in der Ausgesetztheit einer Katastrophe des Sinns. Beeilen wir uns nicht, diese Ausgesetztheit zu kaschieren [...]. Bleiben wir dem, was uns geschieht, ausgesetzt und denken wir es (Nancy 2012, 20, Übersetzung von E.H.).

Die Katastrophe des Sinns – und nicht, wie Luhmann dachte: das Fehlen einer durchgängigen normativen Sinngebung – markiert unsere sinngeschichtliche Position, und zwar gleich auf zweifache Weise: Erstens ist die Katastrophe unser Sinn geworden, sie ist das, was unsere Seinsweise charakterisiert und die heutige Biopolitik als »Biopolitik der Katastrophen« (Neyrat 2008a) pointiert – Ökologien der Angst partizipieren genau an diesem katastrophischen Sinn, bearbeiten und modulieren ihn. Und zweitens hat sich dabei auch der Sinn des Sinns verwandelt und ist der Sinn selbst katastrophisch geworden: Eine generalisierte Transformierbarkeit, ja allgemeine Transformativität ist zur Signatur des Sinns als solchem avanciert, ohne Unterlass findet eine Diversifizierung und Multiplizierung aller Arten von Transformation, Transposition, Transfiguration, Transmutation statt, am Ende erweist sich die Form selbst als je schon »Transform« (Nancy 2009, 87) und das Transforme als unsere Form. Gerade darin, in dieser absoluten Transformativität, manifestiert sich die neue Kondition einer verallgemeinerten Umweltlichkeit, in der alles ohne Rücksicht auf überlieferte ontologische Hierarchien und Grenzen zwischen den Wesen und ohne Ansehung traditioneller kategorialer Unterscheidungen und Orientierungen sich umschließt, umringt, versammelt, auf einander einstürzt, zusammenstürzt, sich rückhaltlos environmentalisiert (vgl. Nancy 2012, 59).

Ökologien der Angst

»Angst zu schüren«, das schreibt Slavoj Žižek, ist »die konstitutive Grundlage der heutigen Subjektivität«. Im Zentrum der zeitgenössischen Verfassung der Subjektivität, die aus dem postpolitischen, zuallererst expertenbasierten Management des Lebens und aus dessen biopolitischer Verwaltung resultiert, steht laut dieser Diagnostik die »Ökologie der Angst« (in Anspielung auf die von Mike Davis geprägte Formel einer »ecology of fear«, vgl. Davis 1999), die nach Žižek zugleich auch »das vorherrschende Verständnis von Ökologie« überhaupt markiert: »Angst vor der Katastrophe – sei diese nun vom Menschen verschuldet oder durch die Natur selbst – hat gute Chancen«, so Žižek, »sich zu der alles bestimmenden Ideologie des globalen Kapitalismus zu mausern, ein Opium für die Massen zu werden und die absterbenden Religionen zu ersetzen.« »Ökologie« ist heute gerade insofern sie sich aus Angst vor unbeabsichtigten Konsequenzen auch jedwedem radikalen Wandel verschließt, so resümiert er, »der perfekte Kandidat für eine hegemoniale Ideologie« (alle Zitate aus Žižek 2011, 41 f.; vgl. auch ders. 2009)

Die großen Ökologien der Angst, wie sie Günther Anders, Hans Jonas, Ulrich Beck und, mit einer gewissen Einschränkung, Paul Virilio vorlegten, haben diesen affektiven Grundzug der zeitgenössischen Subjektivität jeweils an prominenter Stelle in ihre Theorieentwürfe aufgenommen, gleichsam, wie gleich zu sehen sein wird, als Ausdruck des technologischen Unbewussten des Zeitalters selber (Thrift 2005, 212–225; Neyrat 2011a). Sie bestätigen Žižeks ideologiekritische Hypothese auch insoweit, als sich in sie auch durchweg Figuren eines Ökologismus eingeschrieben finden, der als eine der zeitgenössischen Formen des Religiösen gelten kann oder jedenfalls heute die Sache des Heilen verkörpert: Hat Jacques Derrida im Zuge seiner Durcharbeitung der sog. Wiederkehr des Religiösen die Erfahrung des Unversehrten, Unbeschädigten, Geborgenen, Heilen und schließlich Heiligen, das es zu schützen und zu bewahren gilt, als eine der beiden Quellen religiöser Erfahrung bestimmt (Derrida 2001, 40 f.; Neyrat 2008b), so lässt sich angesichts der rasanten kybernetischen Entwicklungen in den genannten Ökologien der Angst eine regelrechte Anrufung des Unversehrten, Heilen und zu Bewahrenden finden. Derrida selbst hat die auffällige Konjunktur des Unbeschädigten und die seit Heidegger philosophisch prominente Faszination des Heilen als »Reaktion auf die Maschine« (Derrida 2001, 74) expliziert. Dabei sind »das Ausrenken, das Enteignen, das Entorten, das Entwurzeln, der Verlust des Idioms, die Beraubung und Vorenthaltung […], die die fern-wissenschaftstechnische Maschine unaufhörlich bewirkt« (ebd.), die Zerstörung der »*heilen* Eigenheit des Lebens« (ebd., 76) und die Verletzung von dessen gesunder Spontaneität, mit der sie droht, die Auflösung des Vertrauten, Häuslichen, Eigenen, insgesamt des Familialen, die ihr angelastet wird, als solche vertraute Figuren der gegentechnischen Reaktion und des anti-technischen Ressentiments, wie sie die metaphysische Haltung zur Technik, zur Maschine, zur Prothese, zum Automaten, zum Supplement seit Platon praktisch durchgängig geprägt haben.

In den Ökologien der Angst kehren genau diese Figuren mit Vehemenz wieder, und sie finden hier ihren aktuellen Ort, von dem aus ihr Sinn kursiert. Es handelt sich dabei, zugespitzt formuliert, um Positionen einer Metaphysik »des anthropo-theologischen Lebendigen« (ebd., 84), die in der zweiten Hälfte des 20. Jahrhunderts vielleicht stärker als jemals zuvor zirkulieren und das Denken des Drohenden und der Gefahr von Grund auf strukturieren. Die Ökologien der Angst sind auf paradoxe Weise, weil sie doch über beinahe nichts anderes als über Technik und deren Folgen reden, gerade in dem

Maße, in dem sie auf die überlieferten Figurationen des Heilen und Unversehrten rekurrieren und die Angst vor der Entheiligung, der Entwurzelung, der Kontamination als Epochenwahrnehmung privilegieren, die letzten Erben und vielleicht sogar ein später Höhepunkt dieser Metaphysik der Verleugnung und Verneinung des technischen Objekts.

Hans Jonas' in vielerlei Hinsicht bemerkenswertes Buch *Das Prinzip Verantwortung* muss vor diesem Hintergrund nachgerade als Manifest und Inbegriff einer Ökologie der Angst gelten. Hier wird Angst zur Pflicht. Die Schrift, die der Schüler Heideggers und Bultmanns 1979 vorlegte und die mit mehr als 200.000 verkauften Exemplaren zum Shibboleth der Deutschen Grünen und ihrer Sympathisanten wurde (vgl. Wollin 2001, 107 f.), propagiert eine »Heuristik der Furcht«, mit der Jonas die Ethik auf die Höhe der neuen ontologischen Grunderfahrung des technologischen Zeitalters bringen will: »Erst die *voraus*gesehene *Verzerrung* des Menschen«, so heißt es, verhilft uns

zu dem davor zu *bewahrenden* Begriff des Menschen, und wir brauchen die *Bedrohung* des Menschenbildes – und durchaus spezifische Arten der Bedrohung – um uns im Erschrecken davor eines wahren Menschenbildes zu versichern. Solange die Gefahr unbekannt ist, weiß man nicht, was es zu schützen gilt und warum: das Wissen darum kommt, aller Logik und Methode zuwider, aus dem Wovor (Jonas 1984, 63).

Das Buch, durchgehend von einer Trauerarbeit über den Verlust der Unversehrtheit und des Heilen getragen und mitunter ganz offen parteiisch für »die Wiederherstellung der Kategorie des Heiligen« (ebd., 57), verdichtet wohl wie kein anderes Dokument dieser Tage die immunopolitische Reaktion auf die allgemeine Technologisierung der Lebensform als solcher. War alle bisherige Ethik eine »›Nächsten‹-Ethik« und von Problemen »intimer Unmittelbarkeit« (ebd., 26) tangiert, waren ihre Gebote und Maximen auf einen »Nahkreis des Handelns« bezogen, offen »anthropozentrisch«, auf den »direkten Umgang von Mensch mit Mensch« fixiert und hatte sie es insgesamt mit Formen der Technizität zu tun, die einfach »keine Frage dauernden Schadens an der Integrität ihres Objekts, der natürlichen Ordnung im Ganzen« (ebd. 22 f.) aufwarfen, so gilt es nunmehr die Ethik auf Augenhöhe mit der Technisierung weg von den »Nahzwecken« auf lange Zeitreihen umzustellen und auf »die kritische *Verletzlichkeit* der Natur« (ebd., 26).

Jonas führt damit nicht nur die wesentliche Zeitlichkeit technischen Seins in die Ethik als solche ein

(zur Frage von Technik und Zeit vgl. auch Stiegler 2009, 239–310) und macht sie prinzipiell, auch wenn er mit seinem strategischem Anthropozentrismus stets wieder dahinter zurückfallen sollte, zum Schauplatz einer Handlungsmacht humaner und nicht-humaner Akteure. Er zeigt überdies auch eine tiefe Geschichtlichkeit aller Ethik an. Und genau darin ist die Schrift ohne Zweifel bemerkenswert: Die technische Bedrohung des Seins wird jedenfalls als das Schlüsselmoment einer neuen Ontologie aufgewiesen, sie gilt als Kernerfahrung, die das seinsgeschichtliche Moment angibt, von dem her es fortan zu denken gilt und die mithin auch noch jede Ethik grundiert. Sein heißt für Jonas nichts anderes als *Bedroht-Sein*, das ist für ihn seit dem Eintritt in die technologische Bedingung der Hauptsatz aller Ontologie und der neue Sinn von Sein.

Schematisiert wird dies freilich, Jonas' unverbesserlicher anthropozentrischer Fixierung zufolge, vom »bedrohten Sein« und der originären »Seinsverletzlichkeit« (Jonas 1984, 242), wie es der Säugling verkörpert. Und wird die Sorge bei dem Heidegger-Schüler »in der totalen Gefahr des welthistorischen Jetzt« (ebd., 249) vom Existenzial des Daseins zur zentralen Semantik und neuen Leitkategorie des technischen Zeitalters überhaupt, so findet auch letztlich alle Sorge ihr Urbild und ihre Evidenz in der »Ohnmacht des Nochnichtseins«, in »der radikalen Insuffizienz des Erzeugten« (ebd., 240), wie sie das Neugeborene verkörpert: »In ihm zeigt sich exemplarisch, daß der Ort der Verantwortung das ins Werden eingetauchte, der Vergänglichkeit anheimgegebene, vom Verderb bedrohte Sein ist« (ebd., 242). Es gibt, wollte man es psychoanalytisch wenden, so etwas wie ein perverses Genießen der Gefahr, das die neue Ethik des technischen Zeitalters trägt: »Wir brauchen die *Bedrohung* des Menschenbildes – und durchaus spezifische Arten der Bedrohung – um uns im Erschrecken davor eines wahren Menschenbildes zu versichern« (ebd., 63). Die Integrität des Menschen und des Seins ist nur noch und vielleicht immer nur als Gegenbild zu haben.

Lange vor Jonas hat bereits ein anderer, äußerst kritischer Marburger Hörer Heideggers und lebenslanger Freund von Jonas, Günther Anders, eine erste Ökologisierung der Angst betrieben. Unter dem Stichwort der »Antiquiertheit des Menschen« wurden die epochalen Entstellungen und Beschädigungen durch die Kybernetisierung, vor allem aber auch durch die Atombombe penibel registriert. Existenz in der »Gefahr der Totalkatastrophe« (Anders 2003, IX), »unser Dasein im Zeichen der Bombe« (Anders

1980, 235) haben nach Anders nicht nur den metaphysischen Status des Menschen grundlegend verändert, zu einer »völlig veränderte[n] Stellung im Kosmos und zu uns selbst geführt« (ebd., 239), sondern sie nötigen auch zu einer seelischen Generalrevision. Wenn »wir Heutigen die ersten Menschen sind, die die Apokalypse beherrschen, sind wir auch die ersten, die pausenlos unter ihrer Drohung stehen« (ebd., 242) – genau dies ist aber nach Anders in unserer seelischen Disposition noch nicht abgebildet: Das absolut Beängstigende der Situation kontrastiere mit der allgemeinen Gefühlslage, die er als eine »Angst vor der Angst« charakterisiert. Zwar sei Angst allgegenwärtig, nach ihrem Kierkegaard und vor allem Heidegger zu dankenden Aufstieg zu einem philosophischen Begriff (s. Kap. II.2) aber »heute zur Ware geworden« (ebd., 264), so Anders 1956, damit freilich auch »unwahrhaftig« und ohne erschließende, ohne rettende Funktion. Ja im Gegenteil: »Wir leben im Zeitalter der Unfähigkeit zur Angst«, so Anders, sind »ohnmächtig *zur* Angst«, »Analphabeten der Angst« (ebd., 264 f.). Mit einem Wort: Die der Situation atomarer Bedrohung »*angemessene Angst*« (ebd., 266) fehlt.

Die Grundthese vom »prometheischen Gefälle« (ebd., 267, vgl. auch ebd., 21–95), die Anders gesamte Analyse des kybernetischen Elends trägt, wonach das Vorstellen des Menschen seinem Herstellen hinterherhinkt, betrifft auch das Gefühlsvermögen:

Das ›Gefälle‹ zu überwinden, die Kapazität und Elastizität unseres Vorstellens und Fühlens den Größenmaßen unserer eigenen Produkte und dem unabmeßbaren Ausmaß dessen, was wir anrichten können, anzumessen; uns also als Vorstellende und Fühlende mit uns als Machenden gleichzuschalten (ebd., 273),

darin liegt die moralische Aufgabe und Herausforderung der Gegenwart. Denn wo sich das absolute Übermaß unseres Herstellungsvermögens unserem Vorstellen und Fühlen entzieht, wächst die Gefahr. Das Fühlen – Anders behandelt Angst durchgehend als Gefühl – befindet sich schlichtweg nicht auf der Höhe der technologischen Kondition. Stecken wir »als Fühlende noch immer im rudimentären Heimarbeiter-Stadium« (ebd., 271), so haben wir »*das Fürchten zu lernen*« (ebd., 266), das ist die »Angst-Aufgabe, mit der wir konfrontiert sind« (ebd., 278), um auf diese Weise die vorherrschende »Apokalypseblindheit« zu verwinden.

Hinter dieser Diagnose einer Angstvergessenheit und ihrer notwendigen Bezwingung, mit der die Zeit der Ökologisierung der Angst überhaupt anhebt, steht eine These über »die Plastizität der Gefühle«

(ebd., 309). Bereits Mitte der 1930er Jahre hatte Anders, damals noch unter seinem bürgerlichen Namen Günther Stern, eine negative Anthropologie der Technik publiziert. In der »Weltfremdheit des Menschen« (Anders 1936–37) wurde der Mensch als unfestgelegte Entität, die Künstlichkeit als seine Natur und die Instabilität als sein Wesen definiert. Die »Modellierbarkeit der Gefühle«, die hinter Anders' Aufruf zur Angst steht, folgt dieser Plastizitätstheorie: »Total ist eine Formung des Menschen erst dann, wenn auch dessen *Gefühle* mit-modelliert sind« (Anders 1980, 310). Auch wenn das »Fassungsvermögen der Seele« für gewöhnlich automatisch angepasst wird, so geht doch »der Gefühlswandel ungleich langsamer vor sich […], als die Weltveränderung«, oft ist »dem Fühlen nachzuhelfen«, sind »Gefühle ganz ausdrücklich herzustellen« (ebd., 311), ist eine wahrhafte *Gefühls-Stiftung* (ebd., 312) zu unternehmen. Durch Angst und nur durch Angst, das ist die Pointe, misst der Mensch, der unter dem Zeichen der totalen Kybernetisierung und der absoluten Bombendrohung lebt, sein Gefühl der heutigen Welt an. Die Stiftung der Angst, die Umstimmung zur Angst, gewissermaßen die Beförderung der Angst zum zentralen affektiven Subjektivierungsvektor, ist das aktuelle, nach Anders wohl letzte Stadium der immer noch erst zu schreibenden »Geschichte der Gefühle« (ebd., 311). Anders konnte nicht ahnen, in welchem Maße genau diese Umstimmung vonstatten gehen, Angst zum neuen sozialen Band, zum Kern einer Psychopolitik und schließlich zum Dreh- und Angelpunkt einer neuen Gouvernementalitätsform avancieren würde, hin zu einer Warenförmigkeit und Medialität der Angst, die alles bisher dagewesene sprengt – darauf werde ich zurückkommen.

Ein Vierteljahrhundert nach Anders' Angstvergessenheit firmiert Angst in Ulrich Becks Diagnose einer *Risikogesellschaft*, die 1986, im Jahr der Katastrophe von Tschernobyl, ihren Siegeszug antrat, als das neue Zentrum von Solidarität. Becks Entwurf reagiert auf die Verallgemeinerung der neuzeitlichen Semantiken des Risikos und der Gefahr in den Selbstbeschreibungen des Zeitalters und fokussiert dies als Umstellung vom Leben »unter dem Vorzeichen von *Not*« auf Leben »unter dem Vorzeichen von *Angst*« (Beck 1986, 8), die insgesamt das Ende der klassischen Industriegesellschaft und ihrer noch nicht komplexen, räumlich wie zeitlich noch abgrenzbaren und kalkulierbaren Bedrohungslagen bedeutet. Der industriegesellschaftliche Umgang mit Risiken, der von einer prinzipiellen Kontrollierbarkeit von entscheidungsbedingten Nebenfolgen und Gefahren ausgeht und unvorhersehbare in kalkulierbare Risiken überführt, wird nun reflexiv, bezieht sich auf neue Unvorhersehbarkeiten, die vom Risikomanagement selbst unhintergehbar erzeugt werden und die nicht zu beherrschen sind (vgl. Beck 2007, 39 f.). Die »Verteilungsprobleme und -konflikte der Mangelgesellschaft« würden zunehmend, so Beck, durch »Probleme und Konflikte, die aus der Produktion, Definition und Verteilung wissenschaftlich-technisch produzierter Risiken entstehen« (Beck 1986, 25), abgelöst. Die »Logik der Reichtumsverteilung« weicht der »Logik der Risikoverteilung« (ebd.). An die Stelle von Klassen- treten »*Gefährdungs*lagen« (ebd., 35), ja angesichts von zunehmend durch unkalkulierbare Komplexität charakterisierte, nicht mehr zuschreibbare ökologische Gefährdungslagen entsteht sogar »eine Art *Gefährdungs-Schicksal in der entwickelten Zivilisation*« (ebd., 54; vgl. auch Luhmann 2006, 146 f.). Die Pointe von Becks Untersuchung liegt ohne Zweifel darin, dass mit der Risikogesellschaft eine »*katastrophale* Gesellschaft« (Beck 1986, 31) heraufzieht, in der die neue »*Gemeinsamkeit der Angst*« die »*Gemeinsamkeit der Not*« (ebd., 66) ablöst: »Der Typ der Risikogesellschaft markiert in diesem Sinn eine gesellschaftliche Epoche, in der die *Solidarität aus Angst* entsteht und zu einer politischen Kraft wird. Noch ist aber völlig unklar, wie die Bindekraft der Angst wirkt« (ebd.).

Becks Katastrophengesellschaft, in der die Revolution durch den permanenten Ausnahmezustand abgelöst, das Umstürzende zum Dauermoment und Angst zur neuen sozialen Verbindlichkeit avanciert, zeugt vom Erscheinen des ökologischen Risikos als einer neuen Art des Risikos und ist letztlich nur dessen Symptom. François Ewald hat darauf hingewiesen, dass das Risiko seit der Frühen Neuzeit koextensiv mit dem Versicherbaren war, im 20. Jahrhundert aber die Heraufkunft einer »neuen Generation von Risiken« (Ewald 1993, 222; Übersetzungen von E.H.) zu beobachten ist: Ökologische Risiken, die oberhalb und unterhalb der Grenzen der klassischen, versicherbaren Risiken angesiedelt, von »der Ordnung der Katastrophe« (ebd.), irreparabel, jenseits von Intentionalität, diffus und umfassend, sind und im Unterschied zu einfach tödlichen Unfällen das Leben selbst in seiner ganzen Integrität angehen. Das 20. Jahrhundert ist entsprechend durch eine »Universalisierung des Risikobegriffs« charakterisiert, so Ewald, das Risiko erhält »eine Art von ontologischem Status« (ebd., 227), es definiert nicht

mehr das Verhältnis von Mensch und Natur, sondern den Modus des Zusammenseins im Angesicht der Katastrophe, die »neue Ordnung« von Sicherheitsgesellschaften entsteht, mit ihnen »eine neue Beziehung des Lebens zu sich selbst und zum Tod, die ohne Zweifel Angst erzeugen kann« und »eine Art kollektiven und individuellen Selbst-Schutz-Wahn« (ebd., 228).

Medienökologien der Angst

Paul Virilio hat das »Jahrhundert der Angst«, von dem Camus sprach, im starken Sinne medienökologisch zu lesen verstanden und es auf seine zentralen technologischen Hintergründe gebracht, auch wenn er selber ohne Zweifel bis heute noch gewissen technophoben Phantasmen des Unbeschädigten und Heilen unterliegt, immer wieder den Verlust einer ursprünglichen Nähe, eines ursprünglich Unvermittelten und Unmittelbaren, der Präsenz, der Anwesenheit, der Intuition beklagt und das Lied von der großen medientechnischen Entfremdung anstimmt. Was dieses Denken der zunehmenden Unbewohnbarkeit der Erde und des Augenblicks angeht, so beerbt er darin Heidegger und, als Schüler von Merleau-Ponty, die Phänomenologie insgesamt. Virilios neue Ontologie des globalen, vollständigen, integralen, allgemeinen Unfalls, die das Zentrum seiner ganzen diagnostischen Theorieanstrengung zur Entzifferung der Gegenwart darstellt, und seine Analytik der kosmischen Angst, die damit einhergeht, legen zusammen die Koordinaten der Ökologie der Angst sowie deren genauere psychopolitische und medientechnische Verfasstheit frei.

Der integrale Unfall, in dessen Ära wir uns befinden, ist nach Virilio einer, der alle anderen, bislang bloß lokalen Unfälle integriert. Ist der Unfall selbst immer schon integraler Bestandteil jeder Technologie und wird mit jeder Technologie und Substanz immer auch der dazugehörige Unfall miterfunden, wie eine der Ausgangsthesen von Virilios Akzidentalontologie lautet, so waren diese Unfälle bislang stets lokal. Unter Bedingungen elektromagnetischer Wellen und von Lichtgeschwindigkeit, in denen wir heute leben, will sagen unter Bedingungen äußerster räumlicher und zeitlicher Kompression, also von Echtzeit, in denen Ort und Augenblick verschwinden, sind das Potential eines Unfalls und seine Reichweite nicht mehr länger lokal, sondern allgemein, total, global. Der Unfall ist nicht mehr partikular, sondern zumindest die Möglichkeit des generalisierten Unfalls entsteht (Virilio 2009a). Er tritt als solcher für die zeitgenössische Ontologie in den Vordergrund, erscheint nunmehr, jedenfalls für Virilio, als die zentrale Seinsbestimmung schlechthin: Sein heißt zuallererst, dem Unfall ausgesetzt zu sein. Der Unfall ist nunmehr nach Virilio der Name der Ausgesetztheit selbst, Synonym einer wesentlichen Exteriorität des Seienden. Die neue Zeitlichkeit, die das Sein in der Epoche des Unfalls schematisiert, ist die der Immanenz, d. h. des »unmittelbaren Bevorstehens des Desasters« (Virilio 2008, 20). Nach der Revolution im 18. Jahrhundert und dem Krieg im 19. Jahrhundert bilden der Unfall und »*die Erwartung der namenlosen Katastrophe*« (Virilio 2009a, 59) unseren Erwartungshorizont. Das ist der Kern von Virilios katastrophischem Ereignisdenken, das vom Unfall herkommt, ja in dem der Unfall das Ereignis ersetzt. Damit wird mindestens implizit auch eine der großen Quellen der auffälligen Ereignisfaszination des 20. Jahrhunderts offengelegt, die, so könnte man sagen, zu einem wesentlichen Teil dem technologischen Unbewussten als solchem entstammt. »Wir bewohnen den Unfall (*accident*) des Globus, den Unfall seiner Augenblicklichkeit, die jetzt die normale Aktivität überlagert« (Virilio 2011, 45), schreibt Virilio. Der Unfall ist demnach unser neues Habitat.

Mit dem Unfall, das ist die psychohistorische und letztlich psychopolitische, ja psychoökologische Pointe von Virilios Diagnostik, ist

die Angst heute zu einer Umgebung [*environnement*], einem Milieu, einer Welt geworden. Sie beschäftigt [*occupe*] und besorgt [*préoccupe*] uns. Früher war die Angst ein Phänomen, das an lokalisierte Ereignisse gebunden war, identifizierbar und zeitlich begrenzt: Kriege, Hungersnöte, Epidemien. Heute ist es die begrenzte, saturierte, geschrumpfte Welt selbst, die uns umklammert und in eine Klaustrophobie ›hineinstresst‹ […]. Die Angst ist Welt geworden, *Panik* im Sinne von ›Totalität‹ (ebd., 16).

Die Angst stellt »ein konstitutives Element der Lebensweise« dar, ein »Element der Art der Beziehung zur Welt der Phänomene« (ebd., 19). Sie avanciert dabei zur herausragenden Größe einer neuen affektiven Kybernetik und der wesentlich psychopolitischen Regierungsform der Environmentalität (zum Begriff der »Environmentalität« vgl. Foucault 2004, 361; Massumi 2009). Es hat sich eine regelrechte »Verwaltung der Angst« etabliert, diese steht im Zentrum der heutigen Form der Biopolitik und Gouvernementalität: »Die drei großen Ängste« – das Gleichgewicht des Schreckens durch die Atombombe, das Ungleichgewicht des Terrorismus durch die Informationsbombe, »die große ökologische

Angst mit der zusätzlichen Furcht vor der Explosion der genetischen Bombe« – bilden das Herzstück wie das Emblem einer »Synchronisierung der Emotionen« (Virilio 2011, 31), die nach der industriellen Standardisierung der Produkte und Meinungen nunmehr die hyperindustrielle Steuerung der Affekte charakterisiert. Es entsteht eine Emotions-, besser eine Affektgemeinschaft, die auf einer medientechnologisch möglichen »Globalisierung der Affekte in Echtzeit« (ebd., 72) und d. h. auf Gleichschaltung basiert: »*Emergency exit:* Wir sind im Zeitalter der allgemeinen Panik angekommen« (ebd.).

Virilios Herausstellung einer Kybernetik der Angst als Epochensignatur, insbesondere seine Bestimmung der »große[n] ökologische[n] Angst« (ebd., 74), ist integraler Bestandteil seiner Lehre von den zwei Ökologien und sie erweist umgekehrt die originäre medienökologische Perspektive seines ganzen Programms. Verläuft Geschichte als Geschichte der Geschwindigkeit und Steuerung von der »Kontrolle der geophysikalischen Umwelt« über die »Kontrolle der physikalischen Umwelt« bis hin zur »Kontrolle der mikro-physikalischen Umwelt« des Klimas und der menschlichen Physiologie, so lässt sich diese allgemeine Kybernetisierung zunächst der äußeren, dann auch der inneren Umwelten bis hin zu den Affekten, die am Ende die Differenz von Innen und Außen überhaupt kassiert, nach Virilio nur durch »einen anderen Typus von Ökologie« adäquat beschreiben: Einer Ökologie, die sich »weniger mit der *Natur* befasste« als mit der zunehmenden technologischen Desorientierung sowie mit dem »Verfall der physischen Nähe zwischen den Menschen und den verschiedenen menschlichen Gemeinschaften« (Virilio 1999a, 73). Er nennt sie die »graue Ökologie« (Virilio 1999b).

Diese hat die »herkömmliche Ökologie um eine Ökologie der künstlichen Verkehrs- und Übertragungstechniken« (ebd., 84) zu ergänzen und dabei die große Einschließung des 21. Jahrhunderts durch neue Technologien, die in der Erwartung des vollständigen Unfalls und der kybernetischen Verwaltung der Angst gipfeln, zu fokussieren (Virilio 2009b, 29–31).

Die grüne und die graue Ökologie – das sind Virilios zwei Ökologien: »Mit der Verschmutzung der Natur gibt es die grüne Ökologie. Die graue Ökologie ist die Verschmutzung der selbst-geschaffenen Welt« (ebd., 26; Übersetzung von E.H.). Die grüne Ökologie betrifft die Verschmutzung der Substanzen und die Erschöpfung der Biodiversität, die graue Ökologie die Verschmutzung der Distanzen und der

Erkenntnis, die Erschöpfung der Geo- und der Chronodiversität (vgl. auch Virilio 2011, 74, 84 f.). Virilios graue Ökologie ist freilich keine Ökologie ohne Natur, keine unnatürliche Ökologie im strengen Sinn, sie partizipiert immer noch an der Ökologie der Natur, wo sie den Verlust der Erde und den Verlust der Nähe, die Verwüstung des Raums und die Verwüstung der Zeit betrauert und Anteil nimmt am Trieb des Heilen (vgl. Virilio 1999a). Die Angst verweist bei Virilio am Ende auf einen heils- oder immunoontologischen Hintergrund der zwei Ökologien, denn sie zeugt von »der Verschmutzung unseres Bezugs zum In-der-Welt-Sein« (Virilio 2011, 71), die mit der allgemeinen Kybernetisierung einhergeht. Gegen sie hilft nur die Einrichtung von neuen kritischen Räumen, von Observatorien der Katastrophe, von Beobachtungs- und Reflexionsräumen des Katastrophischen, etwa eines Museums der Unfälle oder einer Universität des Desasters.

In direktem Anschluss an Virilios politische Ökologie des Desasters hat Brian Massumi unter dem Vorzeichen einer Analytik der Environmentalität die erste wahrhaft allgemeine Medienökologie der Angst vorgelegt. Massumi legt dabei nicht nur, u. a. auf Grundlage empirischer Medienwirkungsforschung, die präindividuelle, vorsubjektive Primarität und Autonomie des Affekts frei, sondern er zeigt auch, dass Macht unter der technologischen Bedingung als Macht der medientechnischen Besetzung, Bearbeitung und Ausbeutung des Affektiven neu beschrieben werden muss: »Der Kapitalismus beginnt, den Affekt zu intensivieren und zu diversifizieren, doch nur, um einen Mehrwert herauszuziehen. Der Kapitalismus bemächtigt sich des Affekts, um das Potential für Profite zu intensivieren« (Massumi 2010a, 43; vgl. auch Massumi 2002). Wenn »unmittelbare Affektmodulation« insbesondere durch das Fernsehen und durch neue Medientechnologien nunmehr »den Platz althergebrachter Ideologien« (Massumi 2010a, 55) einnimmt, so wird dabei Angst zum Hauptmoment dieser neuen Affektivität der Macht: Angst ist der »nicht phänomenale Hintergrund des Lebens«, der »affektive Ton oder allgemeine Kontext einer Lebensweise«, ja die »affektive Lebensumgebung« (Massumi 2010b, 125, 121). Damit ist sie die entscheidende Größe für die affektive Modulation und Bewirtschaftung der kollektiven Individuation. Diese Diagnose ist der Ausgangspunkt eines weitverzweigten Theorieprogramms, dessen Ausarbeitung bis heute anhält. In ihr konzentriert sich überhaupt die ganze Geschichtlichkeit der affektiven Wende als solcher.

Mit *The Politics of Everyday Fear* (1993) rückt zunächst eine »politische Ontologie der Angst« in den Fokus von Massumis Arbeit: Dabei werden die Frage nach der Angst als das, was »den kollektiven Grund möglicher Erfahrung« (Massumi 1993a, IX; Übersetzungen von E. H.) konstituiert und schließlich die Aufgabe ihrer Rekonzeptualisierung im Zusammenfluss von Angst, Subjektivität und Kapital zentral für die Beschreibung der Gegenwart. Sein heißt nach Massumi nicht mehr, dass alles seinen Grund hat, nichts ohne Grund und sichergestellt ist, wie dies nach Heidegger für die ontologische Verfassung der Neuzeit gilt, sondern zuallererst, »auf einem unsicheren Grund sein«; das jedenfalls erweist sich als die allgemeine Bedingung in Zeiten, da »das Ereignis der Unfall ist oder seine Abwendung, Vermeidung« (Massumi 1993b, 6; Übersetzungen von E. H.). Massumi verzeichnet einen eminenten Wechsel der historisch-ontologischen Grunderfahrung: »Grundlosigkeit« [*groundlessness*] wird zum hervorstechenden Seinsmerkmal überhaupt. Unsere Kultur, das ist nichts anderes als das »unentwegtes Bevorstehen [*imminence*] des Unfalls«. Besser: die Immanenz des Unfalls« (ebd., 10). Das Perfektfutur – das, was gewesen sein wird – wird zur hervorstechenden Zeitlichkeit (zum Problem der Zeitlichkeit vgl. auch Massumi 2010d). Der Vorsorgestaat wird vom kriegführenden Staat abgelöst, der geprägt ist vom einem »permanente[n] Ausnahmezustand gegen eine vielfältige Bedrohung ebenso von innen wie von außen«, der Feind wird dabei zunehmend unidentifizierbar, »unendlich klein und unendlich groß, viral und environmental« (Massumi 1993b, 11). All dies markiert den grundlosen Grund des fortgeschrittenen Kapitalismus, der mit dem sicheren Grund auch die tradierte neuzeitliche Vorstellung von Subjekt und Objekt hinweg reißt: »*Angst ist im Wesentlichen kein Gefühl. Sie ist die Objektivität des Subjektiven im Spätkapitalismus*« (ebd., 12). So lautet der Zentralbefund. Übersetzt in eine philosophische Prosa des Desasters heißt das: Angst

ist der Seinsmodus jedes Bildes und jeder Ware und all der grundlosen Selbst-Effekte, die deren Zirkulation generiert. [...] Angst ist die Übersetzung der doppelten Unendlichkeit der Figur des Möglichen in ›menschliche‹ Begriffe und in ein ›menschliches‹ Maß. Sie ist der ökonomischste Ausdruck der Unfall-Form [*accident-form*] als Subjekt-Form [*subject-form*] des Kapitals: Sein als Virtuell-Sein, virtuell auf die Möglichkeit des Desasters reduziert, das Desaster kommodifiziert, die Kommodifizierung als gespenstische Kontinuität anstatt der Bedrohung (ebd.).

»Die Subjekt-Form ist die Unfall-Form« (ebd., 19), das ist der Hauptsatz von Massumis Spätkapitalismuskritik. Ein gigantischer Raum der Angst beginnt sich abzuzeichnen, in den wir eingelassen sind und in dem sich der Kapitalismus heute verwirklicht, er ist im stärksten Sinn unbewohnbar. Massumi ist einer der herausragenden philosophischen Chronisten dieser Unbewohnbarkeit, ohne dass er deswegen Zuflucht suchte beim Heilen. Ganz im Gegenteil, er verwirft gerade jede Metaphysik des Unversehrten und Heilen samt der Entfremdungsrhetorik, die stets damit einhergeht (vgl. ebd., 31). Ihn interessiert stattdessen vor allem der Affekt der Angst als solcher und seine mediale Modulation: »Der Medien-Affekt – Angst-Kleckse – ist die direkte *kollektive* Wahrnehmung der gegenwärtigen Bedingung der Möglichkeit, ein Mensch zu sein: die kapitalisierte Unfall-Form« (ebd., 24).

Die Perspektive und das Potential von Massumis Analyse liegen in der Möglichkeit einer *anderen*, nicht phobischen, mikropolitischen und mikroperzeptuellen Auslegung der Unfall-Form, einer neuen Pragmatik postkapitalistischer Affektivität, die kein Gefühl, ja noch nicht einmal ein Affekt wäre, sondern eine »frei flottierende Affektivität: eine unkontrollierte Fähigkeit zu affizieren und affiziert zu werden« (ebd., 35). Diese Unterscheidung – zu affizieren oder affiziert zu werden –, die ursprünglich von Spinoza stammt, leitet Massumis Neudenken der Unfall-Form an. Er nennt sie einmal »vermutlich *die* konsequenteste Unterscheidung«, von der jedes nicht-phobische Denken des Ereignisses und seiner wesentlichen Akzidentialität auszugehen hat:

Denn die Fähigkeit, zu affizieren und affiziert zu werden, sind zwei Facetten des gleichen Ereignisses. Eine Seite wendet sich dem zu, was gerne als Objekt aufgefasst wird, und die andere Seite dem, was gerne als Subjekt bezeichnet wird. Hier sind es die zwei Seiten ein und derselben Medaille. Es gibt eine Affektion und diese ereignet sich im Dazwischen (Massumi 2010c, 69).

Massumi sucht, eine aufgewühlte Welt zu denken, in der sich unentwegt etwas zusammenbraut (ebd., 74), das ist der Fluchtpunkt seiner Affekttheorie und dessen, was als seine allgemeine Ökologie bezeichnet werden kann. Letztere kreist um den Schlüsselbegriff der Relation.

Massumis Ökologie der Angst gipfelt in der Konzeptualisierung des Begriffs der Environmentalität als zeitgenössischer Form der Gouvernementalität (vgl. Massumi 2009). Die Ökologisierung der Angst, wie sie durch die neue Machtform geschieht, das ist die Pointe, verändert den Begriff der Umwelt, mit ihm den Begriff der Natur und verschiebt damit schließlich auch noch den Sinn von Ökologie. »En-

vironmentalität« ist Massumis Titel für die zeitgenössische Biopolitik der Katastrophe, die auf medientechnischer Grundlage eine grundsätzlich perzeptuelle Operationsweise einführt und dabei mit einem »Bedrohungs-Wert« [*threat-value*] (Massumi 2010d, 59) verfährt, der alle Wertuniversen quert. Die Bedrohung durch die Katastrophe wird zum neuen allgemeinen Äquivalent. Mit dem »heutigen Bild der Bedrohung«, die plötzlich hereinbricht, sich lokal selbstorganisiert, systematisch selbst verstärkt, anwächst zum großen Einbruch und Ausbruch, unterschiedlos irgendwo und irgendwann aus dem Nichts heimsucht und selber ununterscheidbar wird, immer schon natürlich, ökonomisch, technisch, politisch zugleich ist, wird die Umwelt zur »Normalität einer verallgemeinerten Krisenumgebung« [*generalized crisis environment*]: »Das Bild der Umwelt [*environment*] verschiebt sich: von der Harmonie eines natürlichen Gleichgewichts zu einem aufwühlenden Saatbeet der unausgesetzt produzierten Krise« (Massumi 2009, 154; Übersetzungen von E.H.).

Dieser Umweltbegriff ist vor der Differenz von Natur und Kultur angesiedelt, betrifft beide Seiten gleichermaßen. Die total gewordene affektive Logik der Bedrohung erzwingt schließlich, so könnte man kritisch sagen, auch noch eine Neufassung des Naturkonzepts, die dem Bedrohungszeitalter – als unserer Epoche des Universums, wie Whitehead sagen würde – angemessen ist: »Natur ist dann der Name für die immanente Realität des Unfalls, als formende Kraft« (ebd., 163). Der Unfall gilt hier nicht als ein Beispiel unter anderen, er ist das Modell, ja die Matrix der »singulär-generischen Kraft der Bedrohung«, er ist der »universale Unfall der Umwelt des Lebens« (ebd., 162). Natur erscheint nun als ein »überladenes Proto-Territorium der Emergenz« (ebd., 164). Noch ein neokybernetischer Naturbegriff, der Natur als eine Vielzahl von unausgesetzt hervorbringenden, schöpferischen Naturen, Emergenzherden auffasst – und dies ist durchaus auch kritisch im Hinblick auf Massumis eigenes Vertrauen in neokybernetische Konzepte zu bemerken, die seine ganze Neubeschreibung durchziehen – scheint mithin an der environmentalen Gouvernementalität zu partizipieren, so tief greift am Ende vielleicht deren Einschreibung. Massumi fordert schließlich eine dezidiert ökologische Beschreibungsweise, die allein ihm der gegenwärtigen Bedingung angemessen erscheint, gleichsam ihren Stil darstellt: »Mit einem Wort: es ist notwendig, einen *ökologischen* Standpunkt einzuführen, um sich der environmentalen Macht der Bedrohung zu nähern« (Massumi 2010d, 62). Der neue

Sinn von Ökologie, der hier angesprochen wird und der sicherlich nicht-natürlich, unnatürlich im überlieferten Sinn, allgemein ist, ist der Dreh- und Angelpunkt dieser Analyse.

Jussi Parikka, ohne Zweifel einer der gegenwärtigen Vordenker nichtnatürlicher Ökologien, hat den »allgemeinen Unfall der digitalen Netzwerkkultur« fokussiert und die Suche nach den »Ursprünge[n] der digitalen Angst« [*digital anxiety*] (Parikka 2007a, 10; Übersetzung von E.H.) zum Projekt einer weitverzweigten Medienarchäologie gemacht. Erscheinen bei ihm, in der Tradition Guattaris, Technologien generell als materielle Gefüge, die an maschinischen Ökologien des Psychischen und des Sozialen partizipieren und mit diesen komplexe Faltungen bilden, so hat er dabei insbesondere den Zusammenfluss des Viralen mit dem Digitalen als einen der Schlüsselmomente der neuen Ökologien digitaler Kultur und die digitale Ansteckung mit Viren und Würmern als den Kern digitaler Angst markiert. Computerviren und -würmer, zunächst nicht mehr als sich selbst vervielfältigende und ausbreitende Programme, stellen seit den 1980er Jahren eine Schlüsselbedrohung der digitalen Gesellschaft dar, die diese mit der »Angst vor dem totalen Datenverlust« (Fuller/Parikka 2012; vgl. auch Parikka 2007b) durchzieht – man sprach am Ende des Kalten Krieges, als sich nach der atomaren Bedrohung selbstausbreitende Miniprogramme und Hacker als neue Bedrohung abzuzeichnen begannen, sogar von der »digitalen Hydrogenbombe« (Parikka 2005a; Übersetzungen von E. H.), zudem wurde die digitale Ansteckung als digitales Aids apostrophiert. Bei Parikka erscheinen Viren und Würmer jedoch gerade nicht als gegenläufiger Moment, nicht als digitale Verschmutzung einer ursprünglich sauberen, glatten, störungs- und friktionsfreien Digitalität, sondern als konstitutiver Bestandteil einer »allgemeinen Medienökologie der Netzwerkkultur« (Parikka 2007a, 10). Sie erweisen sich als »der Medienökologie des digitalen Kapitalismus inhärent« (ebd., 5). Sie sind die »Unfälle der digitalen Kultur« (Parikka 2005b), die dieser nicht von außen zustoßen, sondern in deren Immanenzraum diese selbst operieren und funktionieren.

Ein gigantischer Sicherheitsdiskurs der heute milliardenschweren Netzsicherheitsindustrie hat Computerviren als »unvermutete Gefahr« porträtiert, als »chaotisches Element in einem auf Sicherheit und Ordnung basierenden System« (Parikka 2007a, 34), und besetzt dabei das Virale mithilfe des Begriffs des Schadprogramms, der *malware* bzw. der *bad bits*, im Einklang mit der epochalen Risiko- und Katastrophensemantik mit Angst. Viren, Würmer und andere böse Objekte, die die vom digitalen Kapitalismus versprochene störungsfreie Kommunikation unterlaufen, wurden als elementares Bedrohungsszenario ins immunopolitische Imaginäre der digitalen Kultur eingeschrieben. Im Sicherheitsmodell der Ära der Großrechenanlagen, die nach dem Zweiten Weltkrieg begann und letztlich bis in die 1980er Jahre andauerte, stellen Viren und Würmer noch kein Problem dar. Als Risiko gehören sie, auch wenn das in ihnen wirkmächtige Prinzip selbst-reproduzierender, selbst-vervielfältigender Programme bereits bis in die Programmroutinen der 1950er Jahre zurückreicht, erst zum neuen informatorischen Regime von Netzwerken und des Internets, das eine deutliche Veränderung im Sicherheitsdiskurs bringt. Mainframes kannten noch hauptsächlich das Problem der *bugs*, die Fehlfunktionen auslösten (vgl. hierzu ebd., 39–100; Parikka/Sampson 2009).

Computerviren und -würmer wenden Turings Universale Rechenmaschine in eine »Universale virale Maschine« (*universal viral machine*), wie der Pionier der Computervirenforschung Fred Cohen sie titulierte (vgl. Parikka 2007a, 63–74). Cohen hat Mitte der 1980er Jahre die Rechenmaschine und die Computerkultur insgesamt zu einer Frage des Risikos gemacht und damit beide in den semantischen Großraum der zeitgenössischen Risikogesellschaft eingetragen. Was sich zunächst noch im Kalten Krieg und sodann im Zeichen eines total werdenden Katastrophenkapitalismus einzig mit Angst und Sicherheitsfragen konnotiert und amalgamiert, ist nach Parikka aber tatsächlich die Anzeige einer fundamentalen Veränderung der medientechnischen Bedingung selbst. Wir befinden uns, genau das eben hat nach Parikka bereits Cohen realisiert, »am Rande eines Paradigmenwechsels von einer Kultur universaler Rechenmaschinen zu einer Kultur universaler viraler Maschinen« (Parikka 2005a). Diese Kultur wird nicht mehr durch die mehr oder weniger verrauschten Fähigkeiten von Leuten, die Algorithmen entwerfen, begrenzt, sondern es sind nunmehr gerade evolutionäre Rechenkonzepte, die das Modell für eine digitale Kultur liefern und dabei zunehmend auf den Fähigkeiten selbst-reproduzierender, halb-autonomer Akteure basieren. Unterhalb der angstgetränkten Oberfläche des immunopolitischen Imaginären, die der industriellen und staatlichen Makropolitik entspricht, ist »Viralität eine sehr grundlegende Beschreibung der maschinischen Verfahren dieser Programme und der digitalen Kultur im Allgemeinen. [...] Die Netzwerkkultur ist zunehmend von halb-autonomen Software-Programmen und -Prozessen bewohnt« (ebd.). Viren und Würmer zeugen im Grunde nicht von Angst, sondern sie handeln zuallererst von der posthumanen Wende des Rechnens: »Solche Stücke viraler Codes zeigen uns, in welchem Maße die digitale Gesellschaft von allen Arten von Quasi-Objekten und nicht-humanen Akteuren, um die Terminologie Bruno Latours aufzunehmen, bewohnt ist« (ebd.).

Jenseits einer viralen Ökologie der Angst, die auch noch heute die digitale Kultur in die Grundstimmung des Zeitalters einschreibt, erscheint bei Parikka ein grundlegend neues ökologisches Paradigma, das für die Beschreibung der technisch-medialen Kondition selbst zunehmend unverzichtbar sein wird: Wenn, so betont Parikkka, »Leben nicht als eine Qualität einer partikularen Substanz zu begreifen ist (das ist die Hegemonie eines kohlenstoffbasierten Verständnisses von Leben), sondern als ein Modell von Interkonnektivität, Emergenz und Verhalten der konstituierenden Bestandteile (irgend-) eines lebendigen Systems«, wie das etwa *Artificial Life* lange schon mit aller Vehemenz unterstreicht, so können wir die »gegenwärtige mediale Bedingung als eine Ökologie einer Art des ›Lebendigen‹ sehen in dem Sinne, als es auf Konnektivität, Selbst-Reproduktion und auf Kopplungen heterogener Elemente basiert« (ebd.). In den Bedrohungsszenarien einer digitalen Angst dagegen, die im Namen eines sicheren Lebens vor viralen Ansteckungen warnt, offenbart sich vielleicht wie nirgendwo sonst die Überlebtheit der traditionellen Immunopolitik, die vor allem eines produziert: Fehllektüren der eigenen, die begrifflichen Parameter der Immunopolitik aus den Angeln hebenden Technokultur.

Literatur

Anders, Günther: Pathologie de la liberté. Essai sur la non-identification. In: *Recherches Philosophiques* VI (1936–1937), 22–54.

Anders, Günther: *Die Antiquiertheit des Menschen. Band I: Über die Seele im Zeitalter der zweiten industriellen Revolution* [1956]. München 1980.

Anders, Günther: *Die atomare Drohung. Radikale Überlegungen zum atomaren Zeitalter* [1972]. München 2003.

Angerer, Marie-Luise: *Das Begehren nach dem Affekt.* Zürich/Berlin 2008.

Beck, Ulrich: *Risikogesellschaft. Auf dem Weg in eine andere Moderne.* Frankfurt a. M. 1986.

Beck, Ulrich: *Weltrisikogesellschaft. Auf der Suche nach der verlorenen Sicherheit.* Frankfurt a. M. 2007.

Berardi, Franco »Bifo«: *The Soul at Work. From Alienation to Autonomy.* Los Angeles 2009.

Clough, Patricia T.: The affective turn. Political economy, biomedia, and bodies. In: Melissa Gregg/Gregory J. Seigworth (Hg.): *The Affect Theory Reader.* Durham/London 2010, 206–225.

Davis, Mike: *Ecology of Fear: Los Angeles and the Imagination of Disaster.* New York 1999.

Derrida, Jacques: Glaube und Wissen. Die beiden Quellen der ›Religion‹ an den Grenzen der bloßen Vernunft. In: Ders./Gianni Vattimo: *Die Religion.* Frankfurt a. M. 2001, 9–106.

Ewald, François: Two infinities of risk. In: Brian Massumi (Hg.): *The Politics of Everyday Fear.* Minneapolis/London 1993, 221–228.

Foucault, Michel: *Geschichte der Gouvernementalität II: Die Geburt der Biopolitik.* Aus dem Französischen von Jürgen Schröder. Frankfurt a. M. 2004 (franz. 2004).

Fuller, Matthew/Parikka, Jussi: Interview on digital contagion (2012), http://www.spc.org/fuller/interviews/jussi-parikka-interview-on-digital-contagions/ (22.08.2012).

Guattari, Félix: Le nouveau paradigme esthétique. In: Ders.: *Chaosmose.* Paris 1992, 137–164.

Hörl, Erich: Die technologische Bedingung. In: Ders. (Hg.): *Die technologische Bedingung. Beiträge zur Beschreibung der technischen Welt.* Berlin 2011, 7–53.

Hörl, Erich: Le nouveau paradigme écologique. Pour une écologie générale des médias et des techniques. In: *Multitudes* 51 (2012), 68–79.

Husserl, Edmund: Die Krisis des Europäischen Menschentums und die Philosophie [1935]. In: Ders.: *Die Krisis der europäischen Wissenschaften und die transzendentale Phänomenologie. Eine Einleitung in die phänomenologische Philosophie.* Hg. von Walter Biemel. Den Haag 1962, 314–348.

Jonas, Hans: *Das Prinzip Verantwortung. Versuch einer Ethik für die technologische Zivilisation* [1979]. Frankfurt a. M. 1984.

Luhmann, Niklas: Die Beschreibung der Zukunft [1991]. In: Ders.: *Beobachtungen der Moderne.* Wiesbaden 2006, 129–148.

Luhmann, Niklas: *Ökologische Kommunikation. Kann die moderne Gesellschaft sich auf ökologische Gefährdungen einstellen* [1985]. Wiesbaden ⁵2008.

Massumi, Brian (Hg.): *The Politics of Everyday Fear.* Minneapolis/London 1993a.

Massumi, Brian: Everywhere you want to be. Introduction to fear. In: Ders.; *The Politics of Everyday Fear.* Minneapolis/London 1993b, 3–37.

Massumi, Brian: The autonomy of affect. In: Ders.: *Parables for the Virtual. Movement, Affect, Sensation.* Durham/London 2002, 23–45.

Massumi, Brian: National enterprise emergency. Steps towards an ecology of Powers. In: *Theory, Culture & Society* 26/6 (2009), 153–185.

Massumi, Brian: Bewegungen navigieren. Brian Massumi im Interview mit Mary Zournazi. In: Ders.: *Ontomacht. Kunst, Affekt und das Ereignis des Politischen.* Aus dem Englischen von Claudia Weigel. Berlin 2010a, 25–68.

Massumi, Brian: Angst (sagte die Farbskala). In: Ders.: *Ontomacht. Kunst, Affekt und das Ereignis des Politischen.*

Aus dem Englischen von Claudia Weigel. Berlin 2010b, 105–129.

Massumi, Brian: Über Mikroperzeption und Mikropolitik. In: Ders.: *Ontomacht. Kunst, Affekt und das Ereignis des Politischen*. Aus dem Englischen von Claudia Weigel. Berlin 2010c, 69–103.

Massumi, Brian: The future birth of the affective fact: The political ontology of threat. In: Melissa Gregg/Gregory J. Seigworth (Hg.): *The Affect Theory Reader*. Durham/London 2010d, 52–70.

Morton, Timothy: *Ecology without Nature. Rethinking Environmental Aesthetics*. Cambridge, MA/London 2007.

Moscovici, Serge: *Versuch über eine menschliche Geschichte der Natur*. Frankfurt a. M. 1982, 86–118 (franz. 1968).

Nancy, Jean-Luc/Manchev, Boyan: La métamorphose, le monde. Entretien avec Jean-Luc Nancy. In: *Rue Descartes* 64 (2009), 78–93.

Nancy, Jean-Luc: *L'équivalence des catastrophes (Après Fukushima)*. Paris 2012.

Neyrat, Frédéric: *Biopolitique des catastrophes*. Paris 2008a.

Neyrat, Frédéric: *L'indemne. Heidegger et la destruction du monde*. Paris 2008b.

Neyrat, Frédéric: Das technologische Unbewusste. Elemente für eine Deprogrammierung. In: Erich Hörl (Hg.): *Die technologische Bedingung. Beiträge zur Beschreibung der technischen Welt*. Berlin 2011a, 147–178.

Neyrat, Frédéric: Intact. In: *SubStance* 126, 40/3 (2011b), 105–114.

Parikka, Jussi: The universal viral machine. Bits, parasits and the media ecology of network culture. In: *CTheory – An International Journal of Theory, Technology and Culture* (2005a), http://www.ctheory.net/articles.aspx?id=500 (3.9.2012).

Parikka, Jussi: Digital monsters, binary aliens – computer viruses, capitalism and the flow of information. In: *The Fibreculture Journal* 4 (2005b), http://four.fibreculturejournal.org/fcj-019-digital-monsters-binary-aliens-%E2%80%93-computer-viruses-capitalism-and-the-flow-of-information/ (22.03.2012).

Parikka, Jussi: *Digital Contagions. A Media Archaeology of Computer Viruses*. Frankfurt a. M./New York 2007a.

Parikka, Jussi: Contagion and repetition: On the viral logic of network culture. In: *emphemera* 7 (2007b), 287–308.

Parikka, Jussi/Sampson, Tony D. (Hg.): *The Spam Book. On Viruses, Porn, and Other Anomalies from the Dark Side of Digital Culture*. Cresskill/New Jersey 2009.

Stiegler, Bernard: De la misère symbolique, du contrôle des affects et de la honte que cela constitue. In: Ders.: *De la misère symbolique, 1. L'époque hyperindustrielle*. Paris 2004, 17–40.

Stiegler, Bernard: *Technik und Zeit. Der Fehler des Epimetheus*. Aus dem Französischen von Gabriele Ricke und Ronald Voullié. Zürich/Berlin 2009 (franz. 1994–2001).

Thrift, Nigel: Remembering the technological unconsciousness. In: Ders.: *Knowing Capitalism*. London 2005.

Virilio, Paul: Das Gesetz der Nähe. In: Ders.: *Fluchtgeschwindigkeit*. Aus dem Französischen von Bernd Wilczek. Frankfurt a. M. 1999a, 71–82 (franz. 1995).

Virilio, Paul: Graue Ökologie. In: Ders.: *Fluchtgeschwindigkeit*. Aus dem Französischen von Bernd Wilczek. Frankfurt a. M. 1999b, 83–97 (franz. 1995).

Virilio, Paul: *Die Universität des Desasters*. Aus dem Französischen von Paul Maercker. Wien 2008 (franz. 2007).

Virilio, Paul: *Der eigentliche Unfall*. Aus dem Französischen von Paul Maercker. Wien 2009a (franz. 2005).

Virilio, Paul: *Grey Ecology*. Hg. von Hubertus von Amelunxen. NewYork/Dresden 2009b.

Virilio, Paul: *Die Verwaltung der Angst*. Aus dem Französischen von Paul Maercker, Wien 2011 (franz. 2010).

Wollin, Richard: Hans Jonas: The Philosopher of Life. In: Ders.: *Heidegger's Children. Hannah Arendt, Karl Löwith, Hans Jonas, and Herbert Marcuse*. Princeton/Oxford 2001, 101–133.

Žižek, Slavoj: Das Unbehagen in der Natur. In: Ders.: *Auf verlorenem Posten*. Frankfurt a. M. 2009, 278–319 (engl. 2008).

Žižek, Slavoj: Das Ökologische – Neues Opium fürs Volk. In: *GAM – Grazer Architektur Magazin* 7 (2011), 33–51.

Erich Hörl

10. Gender-Theorie der Angst

Geschlechtliche Codierungen von Angst

Dass Angst zur Natur der Frau gehöre, Mut dagegen zu der des Mannes, wird seit Jahrhunderten behauptet. Nicht nur die literarischen Diskurse der vergangenen Jahrhunderte über das ›Wesen‹ der Frau wie Friedrich Schlegels *Lucinde* (1799) oder Jean-Jacques Rousseaus *Émile* (1762) haben einen Wandel der Geschlechtscharaktere diskursiv mitbestimmt und besitzen daher Relevanz im Hinblick auf die Herausbildung der noch heute verbreiteten Geschlechterdichotomie ›ängstliche Frau – mutiger Mann‹, sondern vor allem auch die philosophischen, von Aristoteles über Kant bis Schopenhauer. Bereits für Aristoteles hatte festgestanden, dass sich der Mann durch Furchtlosigkeit auszeichnet. Wer ein Mann ist, wird »gemäß der richtigen Planung handeln, wie es von ihm erwartet wird: Unerschrocken im Rahmen seiner Menschennatur, *mannhaft* wird er sein vor allem hinsichtlich des Todes in Ehren sowie bei allem, was unmittelbar ans Leben geht, was vor allem die Gefahren im Kampf betrifft«, so konstatierte das Vorbild aller neuzeitlichen Philosophen (Aristoteles 1969, 1115 ff.).

Dass bei kulturhistorischen Rekonstruktionen von Geschlechtscharakteren insbesondere die Diskurse des Zeitalters der Aufklärung immer wieder im Mittelpunkt stehen, lässt sich zunächst damit begründen, dass zum einen im letzten Drittel des 18. Jahrhunderts die Geschlechtscharaktere verstärkt im Mittelpunkt literarischer, philosophischer und pädagogischer Schriften standen und sich seither durch die permanent wiederholte Diskursivierung auch geschlechtsspezifische Affektkulturen zu formieren begannen. Darüber hinaus haben gerade die Aussagen des Aufklärers Immanuel Kant den philosophischen Gender-Diskurs entscheidend mitbestimmt. Er lieferte im Grunde die Ansätze zu einer Affektphilosophie der Geschlechter (vgl. im Folgenden Kanz 1999, 34). Sein »Wahlspruch der Aufklärung« im Jahr 1784 besitzt noch heute Gültigkeit: »Habe Mut, dich deines *eigenen* Verstandes zu bedienen« (Kant 1784, 481). Im gleichen Atemzug sprach er vor allem der Frau aufgrund ihres Geschlechts den Mut ab und sah damit ihren Weg zum »Verstandesgebrauch« behindert. Allerdings führte er dafür in seinem berühmten Aufsatz zur »Beantwortung der Frage: Was ist Aufklärung?« noch gesellschaftliche Gründe an: Es sei die Vormundschaft und »Oberaufsicht« über sie durch die Männer, die zur Verdum-

mung, Gängelung und Ängstlichkeit der Frauen geführt hätten und »sorgfältig verhüteten, daß diese ruhigen Geschöpfe ja keinen Schritt außer dem *Gängelwagen*, darin sie sie einsperrten, wagen durften«, zumal sie ihnen dann noch die angeblich drohende »Gefahr« aufzeigten, »wenn sie es versuchen, allein zu gehen« (Kant 1784, 481). Allerdings milderte er seine Aussage dann doch ein wenig ab:

Nun ist diese Gefahr zwar eben so groß nicht, denn sie würden durch einigemal Fallen wohl endlich gehen lernen; allein ein Beispiel von der Art macht doch schüchtern und schreckt gemeiniglich von allen ferneren Versuchen ab (ebd.).

Später leitete Kant dann die Ängstlichkeit des ›schönen‹ beziehungsweise ›schwachen‹ Geschlechts von der ›Natur‹ der Frau ab und formulierte eine essentialistische Begründung der Verschiedenheit der Geschlechter, die er an die Dichotomie von Furcht und Mut knüpfte. Ein Kapitel in seiner *Anthropologie in pragmatischer Hinsicht* von 1798 trägt die Überschrift »Der Charakter des Geschlechts«, und es heißt hier, dass »die Natur« dem ›weiblichen‹ Geschlecht »Furcht« einpflanzte, »nämlich vor *körperlichen* Verletzungen«. Durch ihre körperliche »Schwäche« sei die Frau gezwungen, den Mann »rechtmäßig zum Schutze für sich« aufzufordern (Kant 1917, 306). Ängstlichkeit soll Kant zufolge bestimmte weibliche Inferioritäten kompensieren. Die von Kant den Frauen nachgesagte spezifische Angst vor körperlichen Verletzungen ist durch die (Möglichkeit der) Schwangerschaft verursacht und dient (wie auch ihre Tränen) dazu, Männer zur tätigen Hilfe zu veranlassen. Kants Auffassung der Geschlechtscharaktere resultierte nicht zuletzt aus seinem Anspruch auf die wechselseitige Ergänzung der Geschlechter. Im gleichen Text ordnete er dem Mann explizit den Mut zu: »Ein Theil muß im *Fortgange der Kultur* auf heterogene Art überlegen sein: der Mann dem Weibe durch sein körperliches Vermögen und seinen Muth« (ebd., 303).

Die Ansicht, dass Frauen ängstlich sind, sich »vor körperlichen Verletzungen« fürchten und daher Männer »zum Schutze für sich« auffordern müssen, entspricht einem Frauenbild, das schon vor Kant verbreitet war und über seine Zeit hinaus beibehalten wurde. Schopenhauer etwa war der Ansicht, die Frau sei »hauptsächlich« durch »die Kraft« und den »damit zusammenhängenden *Mut* des Mannes« zu erobern: »Vorzüglich ist es Festigkeit des Willens, Entschlossenheit und *Mut*, [...] wodurch das Weib gewonnen wird« (Schopenhauer 1980, 696). Seine Begründung: Kraft und Mut des Mannes »versprechen die Zeugung kräftiger Kinder und zugleich einen tapferen Beschützer derselben« (ebd.). Bei Kierkegaard findet sich der im Schriftbild hervorgehobene Satz: »*Die Frau hat mehr Angst als der Mann.*« – Kierkegaard begründet diese Vorstellung allerdings anders als Kant. Er legt in seiner Analyse der Angst dar, dass die Frau aufgrund ihrer spezifischen Sinnlichkeit mehr Angst habe (Kierkegaard 1984, 62; s. auch Kap. II.2). Diskursbegründer wie Georg Simmel oder Otto Weininger proklamierten vielzitierte Stereotype dieser Art noch Anfang des 20. Jahrhunderts, wenn sie etwa meinten, dass zu »mutigem Kampfe« allein der Mann fähig sei (Weininger 1903, 366; Simmel 1985, 39).

Judith Butler endlich ist die Einsicht über die Naturalisierung von Gender-Stereotypen über Diskursmechanismen zu verdanken (vgl. Butler 1991, 9 ff.): Wenn es bis heute als ›natürlich‹ erscheint, dass die Frau schwächer und ängstlicher ist als der Mann, liegt das nicht allein daran, dass sich die Diskurse über ›Weiblichkeit‹ Ende des 18. Jahrhunderts gegenseitig vielfach bestätigten, sondern auch daran, dass die ständige *Wiederholung* ihrer Zuschreibungen einen Naturalisierungseffekt bewirkte, der sich bis in die Gegenwart erhalten hat.

Auch heute noch bilden den Kern von Geschlechtsrollenstereotypen und kulturellen Vorstellungen von ›Männlichkeit‹ und ›Weiblichkeit‹ Annahmen über Emotionalität und emotionale Expressivität, die die Psychologin Helga Bilden folgendermaßen beschreibt: »Frauen ›sind‹ emotional; sie ›sind‹ ängstlich und fühlen sich eher traurig oder hilflos als Männer. Diese ›sind‹ rational, d. h. weniger emotional; sie haben Probleme allenfalls mit Aggressionen« (Bilden 1991, 285). Dabei ist klar, dass Männlichkeits- und Weiblichkeitskonstrukte auch die Einstellungen von Eltern, Lehrer/innen und bereits kleinen Kindern bestimmen – und offensichtlich auch die von Psycholog/innen und deren Fallstudien. In fast allen psychologischen Angststudien wird übereinstimmend die allgemein ›größere Angst‹ von Mädchen und Frauen konstatiert. Studien in Deutschland der 1980er und 1990er Jahre, die Selbstaussagen untersuchten, kamen zu dem Ergebnis, dass Frauen insgesamt mehr Angst als Männer empfinden und auch häufiger als diese von Panikattacken betroffen sind, wobei die Gründe dafür noch nicht erforscht seien (Eysenck 1984, 202; Brasch/Richberg 1990). Wenn Testmessungen von Angst bei Kindern geschlechtsspezifische Unterschiede feststellen, dann sind es in der Regel stets die Mädchen, die höhere Angst verzeichnen (Hansen 1986, 186). Mädchen

berichten selbst über größere Allgemeinangst als Jungen (Archer/Lloyd 1985, 164 f.). Frauen sind demnach auch eher von Alltagsphobien betroffen als Männer.

Einig sind sich sämtliche Untersuchungen darin, dass Mädchen und Frauen eine weitaus größere Bereitschaft haben, sich selbst Ängste zuzuschreiben, diese zuzugestehen und auch zu artikulieren. Womöglich sind also nicht die Gefühle der Angst bei den Geschlechtern unterschiedlich, sondern ihre Mitteilung und Bewertung. Bemerkenswert sind in diesem Zusammenhang die Aussagen der kognitiven Emotionstheorie, nach denen Gefühle kontrollierbar sind und auf spezifischen Einschätzungen der Anlasssituation beruhen. Emotionen entstehen demnach aufgrund der Bewertung von Wahrnehmungen. Wenn man eine Sache als sehr wichtig einschätzt, sie also hoch bewertet, hat man dementsprechend mehr Angst um sie: »Angst hat man nur, wenn etwas Wichtiges bedroht ist« (Montada 1992, 98). Die Folge ist, dass verschiedene Menschen auf objektiv ähnliche Anlässe mit völlig unterschiedlichen Gefühlen reagieren können. Da es dazu bisher keine Beobachtungsstudien über längere Zeitspannen gibt, ist die Frage nicht zu beantworten, ob oder inwieweit die Untersuchungen eine Unwilligkeit bzw. ein Unvermögen von Männern reflektieren, Ängste zuzugeben. Zudem sind die empirischen Befragungen vielfach mit Themen verknüpft, die beispielsweise dort, wo es um die Angst geht, alleine durch die Dunkelheit zu gehen, eher die soziale Realität von Mädchen als von Jungen betreffen (vgl. Archer/Loyd 1985, 164). Die Begründungen der Studien dafür, dass Frauen eher Ängste artikulieren als Männer, variieren. Sie schwanken etwa zwischen der These, dass Frauen und Mädchen aufgrund ihrer hormonellen Konstitution häufiger als Männer Furcht und Angst zeigen, und der, dass die vermehrte Angstartikulation von Mädchen mit deren früherer Reife zusammenhängt (ebd., 162). Der Psychoanalytiker Horst-Eberhard Richter wiederum vermutet einen Zusammenhang zwischen dem – zu seiner Zeit noch weit üblicheren – »emotionalen Analphabetismus« (Richter 1992, 116) von Männern und einer überlegenen ›Gefühlskraft‹ von Frauen. Richter zufolge rufen viele Männer die Angst, die sie bei sich selbst nicht zulassen, oftmals stellvertretend bei Frauen ab. Er zitiert hier zwei repräsentative Erhebungen, die die durchschnittlichen Persönlichkeitsprofile westdeutscher Frauen und Männer im Vergleich von 1989 zu 1975 untersuchten, wobei er auch darauf aufmerksam macht, daß Männer weniger leicht als Frauen Eigenschaften zugeben, die dem klassischen Männlichkeitsstereotyp widersprechen. Antworten auf psychologischen Fragebögen lassen nie sicher erkennen, ob die Befragten genau ankreuzen, wie sie sich sehen oder wie sie sich sehen möchten (ebd., 114).

Die Historizität also Wandelbarkeit geschlechtsspezifischer Ängstlichkeit zeigt sich unter anderem in der Beobachtung, dass Frauen 1989 »nach wie vor mehr Ängstlichkeit als die Männer an[geben], aber deutlich weniger als ihre Geschlechtsgenossinnen von vor 14 Jahren« (ebd. 115).

Angst und geschlechterdifferente Sozialisation

Dass Männer im Gegensatz zu Frauen Ängste auch gegenwärtig noch oft nicht zulassen, mag an den noch immer geschlechterdifferenten Sozialisationsstrukturen liegen, die tatsächlich zur Ausbildung von Unterschieden wie dem der ›ängstlichen Frau‹ und dem ›mutigen Mann‹ führen können. Empirische Studien bekräftigen, dass noch immer existente Geschlechterstereotype »die Strategien affektiven Austauschs« von Eltern mit ihren Söhnen und Töchtern in »deutlich unterschiedlicher Form« leiten (Bilden 1991, 285; vgl. hierzu auch Hochschild 1990, 73 ff.). So gibt es etliche Hinweise darauf, dass durch die Erziehenden »das Gefühls(ausdrucks-)Repertoire von Mädchen differenziert und erweitert wird, *Angst geduldet*, aber unerwünschte Gefühle beziehungsweise Gefühlsäußerungen wie Wut und Aggressionen unterdrückt werden« (Bilden 1991, 286). Bei Jungen dagegen erfolgt oft das Gegenteil: Lediglich Gefühle wie Aggression und Wut werden von den Bezugspersonen toleriert. Deshalb überrascht es nicht, dass die »Sozialisation der Geschlechter« zu *gender*spezifischen Unterschieden »bei der Expressivität, bei Selbstaussagen von Wut, Furcht« etc. geführt hat (ebd.). Dass dies wiederum der Stabilisierung gesellschaftlicher Strukturen dient, liegt auf der Hand: »Ängstlichkeit und Hilflosigkeit folgen aus der Dominanz, Macht bis hin zur Gewalt gegen Frauen«, und sie »helfen diese aufrechtzuerhalten« (ebd.).

Zu den noch ungenügend reflektierten Folgen einer geschlechtsspezifischen emotionalen Sozialisation gehört, dass möglicherweise eine andere Beziehung zwischen Stereotypen, Selbstaussagen und den daraus resultierenden Handlungen vorliegt als bisher angenommen. Ist man bisher vom Gegenteil

ausgegangen, setzt sich nun zunehmend die Einsicht durch, dass internalisierte Stereotype die Handlungen von Männern mehr beeinflussen als ihre Selbstaussagen: Männer, die sich selbst im Test als ängstlich bezeichnet hatten, bemühten sich später in weit stärkerem Ausmaß als die befragten Frauen, ihre Angst zu beherrschen oder gar zu überwinden – entsprechend dem tradierten Geschlechterbild: *Männer müssen mutig sein* (vgl. Archer/Lloyd 1985, 164; Becker 1996).

Gendering der Angst in der Psychoanalyse

Es gibt seit langem auch eine geschlechtsspezifische Differenzierung von Angstkrankheiten: Die Geschichte der Verknüpfung von Hysterie mit ›Weiblichkeit‹ und der von ›Männlichkeit‹ mit Neurasthenie ist älter als die Psychoanalyse Freuds. Als »Zeitkrankheit« (Gay 1987, 245) war das Nervenleiden im 19. Jahrhundert im öffentlichen Leben überall präsent. Unterschieden wurden dabei die ›weibliche‹ Form der Hysterie und die ›männliche‹ Form der Neurasthenie. Während jedoch die Neurasthenie als etwas galt, das die Nerven des Mannes von außen beeinflusste, wie Hektik des Großstadtlebens, Konkurrenzdruck im industriellen Zeitalter oder fehlende körperliche Bewegung, fasste man die Hysterie als eine dem Körper der Frau innewohnende Krankheit auf. Auch wenn die Lokalisierung des Krankheitszentrums sich vom Uterus über die Nerven bis zur Psyche immer wieder verschob, wurde Hysterie schließlich mit ›Weiblichkeit‹ gleichgesetzt (Link-Heer 1988, 384).

Dass Mädchen aufgrund ihrer geschlechtsspezifischen Sozialisation »die Konfrontation mit anderen Ängsten« erfahren als Jungen, »anderen angstauslösenden Momenten« unterliegen, »einen anderen Umgang mit den Gefühlen der Angst« zeigen (Henschel 1993, 140), sah auch der Begründer der Psychoanalyse so. Allerdings rekurrierte Sigmund Freud daneben auf den »morphologischen Unterschied« zwischen den Geschlechtern (etwa den zeitlich verschobenen und unterschiedlichen Verlauf der ›ödipalen Phase‹ bei Mädchen und Jungen), der sich »in Verschiedenheiten der psychischen Entwicklung« äußere, nicht zuletzt im Hinblick auf die Angst: Wegen des »wesentlichen Unterschieds« (Freud 2000a, 250) zwischen den Geschlechtern, dem Penismangel des Mädchens, akzeptiere dieses die Kastration als vollzogene Tatsache, während sich der Junge vor der Möglichkeit ihrer Vollziehung fürchte (vgl. Freud 2000c, 266). Nach Auffassung Freuds kommt bei der Ausbildung der ›weiblichen‹ Identität der Angst vor Liebes- beziehungsweise Beziehungsverlust zentrale Bedeutung zu, während beim Mann die Kastrationsangst dominiert (vgl. Freud 2000d, 522; s. auch Kap. II.3). Auf sie werden oft jene bekannten bedrohlichen Frauenbilder und Phantasmen zurückgeführt, die die Literatur, das Theater und die Kunst bis heute bevölkern.

Literarische und kulturelle Narrative der Heterophobie

Die Simplifikation der »klassischen Typologie des literarischen Fin de siècle-Weibes«, mit der Künstler, Literaten und Philosophen das »Rätsel der Weiblichkeit« (ebd., 547) zu lösen versuchten, bestand vor allem in der prinzipiellen Aufteilung der Frauen in zwei konträre Typen: Den der *femme fragile* und den der *femme fatale*. Die um diese beiden ›weiblichen‹ Kontrastfiguren in Szene gesetzten Männerphantasien resultieren vor allem aus der Angst vor der Frau. Nike Wagner nennt sie dementsprechend »Ausgeburten männlicher Angstphantasien«. Auch wenn sie diametral entgegengesetzte Tendenzen symbolisieren, entsprechen beide *femmes* »Transfigurationen erotischer Wünsche« (Wagner 1987, 138) und verschiedenen männlichen Ängsten.

Die Funktion der *femme fragile*, die, jenseits »von Fleischlichkeit und Wollust, ganz entkörperte Psyche und Reinheit« ist, sei es vor allem, »den Mann vom sexuellen Leistungszwang, von Potenz-Ängsten und ehelichen Pflichten«, aber auch »von den Qualen der Begierde« zu »erlösen«, damit er »zum höheren Ich, zum geistigen Sein« gelange. Außerdem versetze »die *femme fragile* den Mann in die dominierende Position; er ist der Schirmherr vor den Brutalitäten des Lebens, d. h. vor den Abgründen der Sexualität« (ebd., 139). So wurde das Kunstprodukt der *femme fragile* vor allem zum »Kult-Objekt des übersensiblen, wirklichkeitsscheuen, ›dekadenten‹ Mannes, des femininen Künstlers« (ebd., 139 f.). Hugo von Hofmannsthal, Rainer Maria Rilke, Peter Altenberg, Richard von Schaukal, Leopold von Andrian oder André Gide und Oscar Wilde zählen zu den Schriftstellern, die diesen Künstlertyp verkörperten. Im Gegensatz zu ihnen favorisierten Dichter wie Karl Kraus, Frank Wedekind, Richard Dehmel, Carl Sternheim, Heinrich Mann, Karl Hauer, Erich Mühsam, Otto Soyka, Stanislaw Przybyszewski, August Strindberg oder auch Philosophen wie Otto

Weininger den dämonischen Frauentypus. Dem entspricht laut Wagner ein »betont maskulines Selbstverständnis, eine virile Ideologie in Fragen der Kultur, die noch von Nietzsches Décadence-Kritik geprägt ist« (ebd., 140).

Diese Feststellung wiederum korreliert mit der These Klaus Theweleits, nach der die Beschreibung von Frauen als etwas Bedrohliches und deren Assoziierung mit etwas Unheimlichem kennzeichnend für die Literatur ›soldatischer Männer‹ war. Zu ihr rechnet er etwa Ernst Jüngers Essay *Der Kampf als inneres Erlebnis* (1922) über dessen eigene Kriegserfahrungen (Theweleit 1980, Bd. I, 71). Wird von ›soldatischen Männern‹ große sexuelle Erfahrung bei einer Frau vermutet, löst das nach Theweleit »offenbar eine besonders starke Angst aus« (ebd., Bd. 1, 76). Aufschlussreich hier sind beispielsweise die Berichte aus dem Ersten Weltkrieg über die ›Flintenweiber‹. Deren Morde werden stets nach demselben Motto konstruiert: »Das ›Weib‹ kastriert den Mann« (ebd., 80). Konkreter: »Hälse, Nasen, Ohren – alle was hervorsteht – wird von ihnen abgeschnitten« (ebd.). Die »Bilder der bewaffneten Frau«, wie sie so zahlreich in Berichten von Freikorpssoldaten auftauchen, stellen aus der Sicht Theweleits »ein Phantasieprodukt« beziehungsweise »ein Produkt der Todesangst« (ebd.) der Soldaten dar.

Dass der Phantasie von der ›grausamen Frau‹ »häufig […] eine Psychologie« entspricht, »die in der Selbsterniedrigung ihre Lust findet«, hebt wiederum Wagner hervor (Wagner 1987, 40). Ein berühmtes literarisches Beispiel für derart lustvolle Angstphantasien sind die Erzählungen mit dem Titel *Grausame Frauen* (1907) von Leopold von Sacher-Masoch. Sie thematisieren in etlichen Variationen den engen Zusammenhang von Wollust und Grausamkeit. Seine Novelle *Venus im Pelz* (1869) beschreibt jenes Sexualverhalten, das später als »masochistisch« in den psychiatrischen Sprachgebrauch einging (vgl. Wagner 1987, 141 f.). Des Autors Wunschbilder bleiben letztlich immer die gleichen. In *Venus im Pelz* stehen vor allem der Pelz und die Peitsche der grausamen Frau im Zentrum masochistischer Phantasien (Sacher-Masoch 1997, 108).

Die *femme fatale* ist als »dämonische Hexe, als ›Vampirweib‹, männerverderbende Nymphomanin, lasterhafte Unschuld, angebetete Hetäre oder als perverses Kindweib« in Dramen, Romanen, Gedichten und Theaterstücken der Moderne präsent. Als mythische und historische Vorlage dient dabei etwa die »Sünderin Eva, Verführerin des Mannes zum Bösen«, die für Wagner »nur die christliche Version der heidnischen Astarte und Venus« ist (Wagner 1987, 140). »Ausgeburten der Kastrationsangst des Mannes« seien Omphale, Dalila, Judith, »und die römische Messalina trägt die sagenhaften Züge der immer wieder, auch in der *Fackel*, beschworenen großen Hure von Babylon« (ebd.).

Dieser Reihe lässt sich die Dramatisierung der *Judith* (1840) von Friedrich Hebbel hinzufügen, wird hier doch das Thema ›Angst‹ auf fast jeder Seite semantisiert. Er konstruierte seine Titelfigur als eine Frau, bei der alle Versuche, ihr selbst »Angst einzujagen«, fehlschlagen (Hebbel 1993, 19). Sie, die von sich selbst einmal sagt: »Ich werde Mut haben, wie ein Mann« (ebd., 42), erscheint den Männern als »so mutig«, dass sie »aufhört, schön zu sein« (ebd., 19). Ihren Mut braucht sie insbesondere in der Begegnung mit dem sadistischen Holofernes, der sie verführen will: »Oh, warum bin ich Weib«. Mit dem Schwert will sich die von ihm Vergewaltigte ihr »Recht des Daseins [...] wieder erkämpfen«. Als die monströse Judith (»Der Weg zu meiner Tat geht durch die Sünde«.) das Haupt des Sadisten abschlägt, fällt die ängstliche Mirza (»Ich habe keinen Mut, ich fürchte mich sehr«.) in Ohnmacht (ebd., 66). Die von Judith selbst so bezeichnete »Heldentat« (ebd., 70), das Köpfen des sadistischen Mannes, das, in psychoanalytischer Perspektive, als ein *symbolischer* Ersatz für die Kastration gelesen werden kann, impliziert auch eine kulturkritische Dimension, da sie auf die phallozentrischen kulturellen Bedeutungsmuster und ihre Repräsentanten, auf die ›männliche‹ Genealogie schlechthin, zielt.

Der Typus der furchterregenden Frau, der so häufig von Männern gerade um die Jahrhundertwende, in der expressionistischen Bewegung und in deren Nachklängen in der ersten Hälfte des Jahrhunderts literarisiert wurde, entspringt ›männlichen‹ Angstphantasien, die, mit Christa Rohde-Dachser gesprochen, typisch für eine Gesellschaftsform sind, »in der das Geschlechterverhältnis durch ein Machtgefälle zwischen Mann und Frau charakterisiert ist, und zwar zugunsten des Mannes« (Rohde-Dachser 1991, 311). Der männlich determinierte, hegemoniale Diskurs habe das ›weibliche‹ Pandämonium geschaffen, das die ›männlichen‹ Schreckensphantasien bevölkere.

Ein Blick auf die Bühnenadaptionen, Dramen, Texte und Musik um 1900 zeigt, dass gerade in dieser Zeit gehäuft die Furcht vor der Frau thematisiert wurde. Neben männermordenden Figuren wie Salome oder Judith dominierten bösartige, niederträchtige und eiskalt berechnende Frauen wie Hedda Gabler oder Fräulein Julie die Bühnen. Sie umhüllten die Männer mit ihrem oft roten wallenden Haar, das sich schlangenähnlich um deren Hals zu winden schien, nur um ihre Opfer dann zu erwürgen. Bilder des Jugendstils oder auch von Edvard Munch, etwa sein *Vampir* (1893/94), zeugen von solchen bedrohlichen Männerphantasien.

Ein dezidierter Genderwechsel ist um 1900 im Vampirismus-Genre zu konstatieren: Die Vampire wurden mehr oder weniger plötzlich weiblich. Dieser von Mario Praz erhobene Befund, dass »der Vampir in der zweiten Hälfte des 19. Jahrhunderts wieder eine Frau ist wie in Goethes Ballade« (Praz 1963, 61), wurde u. a. von Hans Richard Brittnacher bestätigt, der zugleich auch die sexuelle Konnotierung gerade des weiblichen Vampirismus in den Fokus rückte: »Von nun an melden weibliche Vampire den Exklusivanspruch auf die Erotik des Aderlasses an« (Brittnacher 2005, 165). Zwar erzählt die Literatur auch schon zuvor gelegentlich von weiblichen Vampiren – am wirkungsmächtigsten waren hier Goethes Ballade von der *Braut von Korinth* (1797), Théophile Gautiers Text *La morte amoureuse* (1836) und Sheridan Le Fanus Erzählung *Carmilla* (1872), also Texte von Männern, deren Vampirinnen aus der Sicht Brittnachers »unschwer als Männerphantasien decodierbar« sind (ebd., 166). Auch wenn die Konjunktur des Motivs ›Weiblicher Vampir‹ eindeutig in der Zeit danach liegt, so wurde seine Semantik von diesen frühen Texten geprägt. Obwohl die Vampire (in erotisch-überzogener Weise) überdeutlich weiblich sind, sind es ihre Opfer nicht unbedingt. Charakteristisch für die Geschichten um weibliche Vampire sind »Abweichungen vom männlich codierten Masterplot«: Nicht nur Männer und Frauen, sondern auch Kinder beiderlei Geschlechts zählen zu ihren Opfern. Sind ihre Opfer Männer, so bedeutet der Biss des weiblichen Vampirs nicht deren »Vernichtung oder Demütigung«, sondern, wie Brittnacher darlegt, »eine aus Liebe gewährte Alimentierung des Peinigers. Überhaupt zeigt sich in Texten dieser Tradition die Beziehung von Opfer und Täter eher von einer zärtlichen als einer gewaltsamen Erotik bestimmt« (ebd.).

Die um weibliche Vampire kreisenden Texte eint letztlich vor allem, dass sie mit der Vernichtung des weiblichen Vampirs enden und die von ihm gestörte Ordnung wiederhergestellt wird. Daraus lässt sich als ein Nebenresultat durchaus ein emanzipatorischer Impetus des weiblichen Vampirs ableiten, der in einer Irritierung der herrschenden Ordnung und Normen besteht: *Gender Trouble* – auch wenn dieser am Ende umso brutaler (durch Schändung des Vampirgrabs, Pfählung der Vampirinnenleiche etc.) wieder nivelliert wird. Laut Brittnacher »imaginiert die Wort- und Bildkunst der Jahrhundertwende [...] mit der Metapher des Vampirs die Angstvision von der weiblichen Usurpation eines genuin männlichen Paradigmas« (ebd., 167). Als »Regel« dieser Texte könne formuliert werden, dass die Vampirin »nicht als reißende Bestie« auftritt,

die ihrem Opfer die Kehle zerfleischt, sondern als Virtuosin fiebriger und nervöser Lust, die verzögerte Wonnen der Qual zu bereiten verspricht. Obwohl der Wortlaut der Erzählungen das Theorem von der grausamen hypnotischen Gewalt des Vampirs nicht preisgeben mag, erzählt der Subtext eher die Gefühlsgeschichte des *Opfers*. Und wie in den von paranoischen Ängsten instrumentierten Schlüsseltexten des Vampirismus erscheint auch hier die vampirische Infektion als überindividuelle, epidemische Gefährdung (ebd., 168).

Eine mentalitäts- und ideengeschichtliche Voraussetzung des neuen Vampirismus um 1900, der vor allem in die geschlechtliche Umcodierung der Vampirmetapher mündete und damit die Gattungsnorm der Vampirgeschichte veränderte, liegt auch aus der Sicht Brittnachers in der Furcht vor der Frau »als einem Wesen von panerotischer Unersättlichkeit« (ebd., 168). Die um 1900 durch die Diagnosen Weiningers, Strindbergs oder von Kraus geradezu populäre, auf jeden Fall gesellschaftsfähige Furcht vor der Frau führt er auf eine »verängstigte Männlichkeit« in dieser Zeit zurück. Die neuen weiblichen Vampire um 1900 handeln als »Todesengel aus eigenem Recht«; sie agieren »als das vergeistigte Kondensat einer Angst, gegen die kein Kraut gewachsen ist«, und sie sind »Metaphern für die Erfahrung der Bedrohung männlicher Potenz« (ebd., 174). Bezeichnend für die Imagination der Frau als fremde Bedrohung ist, dass sämtliche dieser Unheil bringenden Frauen aus dem ›wilden Osten‹ stammen, oft aus Ungarn oder Russland; sie heißen Agaj, Stanislawa Asp (so in Hanns Heinz Ewers *Der letzte Wille der Stanislawa Asp*), Wanda von Dunajew (in Leopold von Sacher-Masochs *Venus im Pelz*), Anna Feodorwoa Wassilska oder Severa Ossowska. In einem populärwissenschaftlichen Text von 1903 wird diese »Bedrohung aus dem Osten mit einer zweiten Gefahr, der aufkommenden Emanzipation der Frauen« zusammengeführt: »Die zunehmende Gynaikokratie [...] ist ein der ganzen weißen Rasse gemeiner Krebsschaden, der gerade jetzt, wo ein Entscheidungskampf mit der gelben Rasse in Sicht ist, gar nicht ernstlich genug betrachtet werden kann« (zitiert nach ebd., 176).

Ein bekanntes populärliterarisches Beispiel für die männliche Angst stellt Hanns Heinz Ewers Erzählung *Die Spinne* (1908) dar, die wiederum in exemplarischer Weise für die erotische und masochistische Komponente der Furcht vor der Frau um 1900 einstehen kann – einer männlichen Angstlust: So fühlt der männliche Protagonist »ein seltsames Wohlbehagen und eine ganz leise Angst« (Ewers 1982, 190).

Wichtig ist in diesem Zusammenhang Ingrid Cellas Hinweis, dass der Typus der furchterregenden dämonischen Verführerin nicht erst in der Zeit der beginnenden Emanzipation, der sich formierenden Frauenbewegung und der »Neuen Frau« erscheint, »sondern bereits im orientalisch-jüdisch-christlichen, im klassisch-antiken Schrifttum und in Sage und Märchen«. Cella vermutet daher sogar einen »universalen Charakter« der männlichen Furcht vor der Frau und bezeichnet ihre Ausgestaltung in Phantasien als »archetypisch« (Cella 2005, 189).

Den Typus der furchterregenden Frau verkörpert vor allem auch die mythische Figur Medea. Für das späte 20. Jahrhundert lässt sich mit Inge Stephan ein »Medea-Boom« konstatieren, der sich seit den 1980er Jahren beobachten ließ und sich nach 1989 noch verstärkte (Stephan 1997, 197). In den 1990er Jahren wurde die Figur der Medea – etwa in Katja Lange-Müllers *Brief an Medea* oder in Ana Langs Erzählung *Reise ans Ende der Nacht* – zunehmend von Frauen zum Thema gemacht. Sie arbeiteten oft die positiven Gaben, Stärken und emanzipatorischen Kräfte dieser Figur heraus. Weitgehend unbeachtet blieb bei den bisherigen Historisierungsversuchen dieser neueren Medea-Geschichten Ingeborg Bachmanns Medea-*Variante* in ihrem zum *Todesarten*-Projekt gehörenden Roman *Malina* aus dem Jahr 1971 (vgl. hierzu Bircken 2000, 93 ff.). Gegen Ende des Texts beklagt das »weibliche Ich« die erloschene Liebe zu Ivan und trauert um den damit einhergehenden Verlust seiner beiden Kinder (vgl. Bachmann 1995a, 666). Das »weibliche Ich« in diesem Text kann keinen Kindsmord wie die antike Medea begehen. Das Nessusgewand, das die affektiv-gewalttätige Medea in der klassischen Bearbeitung von Euripides der Nebenbuhlerin schickt, damit diese darin verbrenne, zieht die Protagonistin hier selbst an. Das geschieht nicht freiwillig, ist doch ihr gesamter Kleiderschrank plötzlich leer geräumt, weshalb sie zu diesem letzten Kleid greifen muss: »Ich [...] schaue in den Spiegel, das Kleid knistert und rötet mir die Haut bis zu den Handgelenken, es ist zu furchtbar, es muß *ein höllischer Faden* gewebt sein in dieses Kleid. *Es ist mein Nessusgewand* […] (ebd., 674; Hervorhebungen v. C.K.). Im Hinblick auf das Ende des schreibenden »weiblichen Ich«, das in der Wand verschwinden und kein Buch mehr schreiben wird, liegt es nahe, dass es in Bachmanns Medea-Variante keine Frau, sondern Malina ist, das männliche Alter ego, das seine ›Nebenbuhlerin‹ mit dieser Tötungsvariante ausschalten will. Medea ist hier männlich konnotiert. Malina ist es, der seiner ›Schreib-Konkurrentin‹, dem »weiblichen Ich« des Romans, das ›Nessus-Gewand‹ geschenkt hat, und er ist es auch, der das Buch, *seine* Geschichte zu Ende schreiben und letztlich die alleinige Autorschaft übernehmen wird.

Christa Wolfs *Medea*-Roman (1996) hingegen orientiert sich vor allem an den Überlieferungen des Mythos *vor* Euripides, der die Figur als Kindermörderin in die Literatur eingeführt hatte. Ihre *Medea*, der es ebenfalls unmöglich ist, einen Kindsmord zu begehen, verkörpert als fremde Kolcherin in Korinth die von der Zivilisation ausgegrenzte, weil furchterregende ›Weiblichkeit‹. Aus Angst vor ihr wird überhaupt erst das Interesse an der Untersuchung der Fremden hervorgerufen. Eine eigenständig denkende Frau kommt den Korinthern verdächtig vor: Die Fremde aus dem archaischen, vorzivilisierten Kolchis wird für sie aufgrund ihrer außergewöhnlichen Integrität, ihrer Weisheit und Ehrlichkeit zu einer Persönlichkeit, die Ängste auslöst und daher beseitigt werden soll. Sie ist vor allem eine Verkannte, die um die Wahrheit der Stadt Korinth weiß, welche »auf ein Verbrechen gegründet« ist (ebd., 15). König Kreon hatte durch den Mord an seiner ältesten Tochter Iphinoe verhindern wollen, dass diese seine Nachfolge antritt. Denn dann wäre in Korinth wieder eine »Frauendynastie«, eine »neue Weiberherrschaft« entstanden (ebd., 127). Ihr »Zweiter Blick« (ebd, 19), den Medea mit Wolfs anderer berühmter remythisierter Protagonistin Kassandra teilt, lässt sie aus der Sicht der rationalen Korinther besonders furchterregend erscheinen, was zur Folge hat, dass ihre seherische Gabe versiegt: »die krankhafte Furcht der Korinther vor dem, was sie meine Zauberkräfte nennen, hat mir diese Fähigkeit ausgetrieben« (ebd.).

So furchterregend die ›verkannte‹ Medea für andere auch sein mag – bei Christa Wolf wird sie selbst zu einer angstbesetzten Figur, die im Hinblick auf ihren getöteten Bruder feststellt: »Seitdem ist mir ein Schauder geblieben vor diesen alten Zeiten und vor den Kräften, die sie in uns freisetzen und derer wir dann nicht mehr Herr werden können« (ebd., 103).

Die diversen Stimmen, die das ›Kriminalrätsel‹ um die verschwundene Tochter Kreons nach und nach entwirren helfen, stellen Achronie und Simultaneität her und bilden eine wichtige Metaebene, die die Verschränkung von Macht, Gewalt und Geschlecht sichtbar werden lässt. Implizit werden so nach und nach die Mechanismen aufgedeckt, die zum Blutopfer geführt haben. Die Männer ziehen eine lange »Spur von Blut« hinter sich her, die »zu ihrem von den Göttern bestimmten Mannsein gehört. Große schreckliche Kinder« (ebd, 109). Wolf formuliert hier eine deutliche Kritik an den ›männlichen‹ Genealogien, die auf der Vernichtung und der Marginalisierung alles ›Weiblichen‹ beruhen (Stephan 2005, 247 f.). Doch nicht immer bleibt es bei dieser eindeutigen Täter-Opfer-Schematisierung. Es sind auch Verschiebungen intendiert, wird ›die‹ Frau doch einmal als Opfer (Medea), einmal als Täterin (Agameda) konstruiert (ebd.). Dennoch greift der Text traditionelle Weiblichkeits- und Männlichkeitsstereotype auf: Die ›Frau‹ verkörpert mythische ›Weiblichkeit‹, das wilde Naturwesen, das Fremde und Andere – also all jene Eigenschaften, die ihr spätestens seit dem 18. Jahrhundert zugeschrieben worden sind und die furchterregend sind für ›den‹ Mann (vgl. Weigel 1987). Wenn das ›Weibliche‹ hier, ähnlich wie in *Malina*, mit den magisch-unaufgeklärten Resten einer zivilisierten Gesellschaft korreliert, kristallisiert es sich jedoch aus einer vernunftkritischen Perspektive als positiver Wert heraus. Trotz der aufklärerisch-didaktischen und stets auch verdeckt politischen, kritisch-enthüllenden Absicht, die das gesamte Werk Christa Wolfs durchzieht, bleibt auch in *Medea* ein zivilisations- und vernunftkritisches Interesse spürbar: Wie schon mit ihrer Erzählung *Kassandra* will Wolf hier auch Aufklärung über die Aufklärung leisten.

Diese Interpretationsansätze haben exemplarisch gezeigt, dass und wie Autorinnen wie Wolf und Bachmann Mitte und Ende des 20. Jahrhunderts Medea-Figuren entwarfen, die nicht mehr länger als furchterregende Täterinnen, sondern vor allem als Opfer erscheinen, die selbst Angst erfahren. In solchen Verschiebungen des Mythos fällt neben dem aufklärungskritischen der feministische Gestus der Angstpräsentation auf.

Literarisierte Frauenängste:
Schauer – Terror – Horror

Angst und Gender – diese Verknüpfung unterliegt, wie gesehen, spätestens seit Kant der Dichotomie

›mutiger Mann versus ängstliche Frau‹. Seither sind Ängste präsentierende oder Ängste artikulierende Frauen dem Dilemma unterworfen, dass sie einem tradierten Geschlechterstereotyp entsprechen, das sich über die Jahrhunderte hinweg verfestigt hat und das sie mit jeder Artikulation von Angst nur weiter zu zementieren scheinen. Wollen sie ihm bewusst entgehen, müssen sie ihre Ängste verschweigen, sich stattdessen in ihren Handlungen als mutige Frauen erweisen. Zumal wenn sie gendersensible Schriftstellerinnen sind, sollten sie eigentlich weder eindeutig ängstliche Frauen zum Thema erheben, noch einfach mutige Frauen literarisieren, denn letzteres wäre eine zu leicht durchschaubare Inversion.

Eine Ausnahme und ein ganz eigenes Genre die Literarisierung von Frauenängsten betreffend, bildet der Schauerroman. Innerhalb der Forschung zum Schauerroman wird gelegentlich eine geschlechtsspezifische Differenzierung von *terror* und *horror* vorgenommen. Mit Maria Porrmann ist hier auf die von Ann Radcliffe getroffene, innerhalb der Schauerroman-Forschung inzwischen gängige Unterscheidung zwischen dem »letztlich befreienden« *terror* (»unbestimmte Angst, gepaart mit gespannter Erwartung«) und *horror* (»mit Ekel vermischtes Grauen«) hinzuweisen (Porrmann 1998, 170). Gelegentlich wird *Terror-Gothic* der Frau (als Autorin und auch als literarischer Figur) zugeordnet und *Horror-Gothic* dem Mann (vgl. Fiedler 1987, 109, 116, 118), da die »Überwindung von *horror* in Richtung auf *terror* [...] an den Selbsterhaltungstrieb gebunden [ist], der den Schock der Konfrontation mit dem Sublimen schließlich in *pleasure* verwandelt. Und ihn besitzen Männer in besonders starkem Maß« (Gunzenhäuser 1993, 106). Hier liegt insofern auch eine theoretische Konstruktion von weiblicher Angst vor, als *terror* eher einer gewissen Lust an der Angst entspricht und entsprechend der obengenannten Aufteilung also weibliche Angstlust konnotiert. *Horror* dagegen ist mit der Scheußlichkeit handgreiflicher Schrecken und Gefahren verbunden; er ist lebensbedrohlich. Um angesichts von *horror* zur erwünschten Erhabenheit zu gelangen, ist mehr Bewältigungsarbeit zu leisten als in der *terror*-Situation. Auch die Fähigkeit dazu wird seit Kant eher ›dem‹ Mann zugetraut (s. Kap. III. A.8).

In diesem Zusammenhang ist der von Ellen Moers geprägte Begriff des *female gothic* weiterführend. Mit ihm charakterisiert sie die *gothic novels*, die seit dem 18. Jahrhundert von Frauen geschrieben und auch vor allem von Frauen rezipiert wurden (vgl. Moers 1976, 90 ff.; Fleenor 1983, 4). Auch wenn

Moers die Intention der *gothic novel* hervorhob, bei den Leser/innen Angst zu erzeugen, geht ihre Auffassung des »female gothic« weiter. Sie verknüpft es mit der Psychohistorie von Frauen, indem sie behauptet, *gothic* beschreibe die Traumata der Frauen (vgl. Plesch 1995, 152).

Vor dem formulierten Hintergrund des Geschlechterklischees ›mutiger Mann‹ versus ›ängstliche Frau‹ ist es umso auffälliger, dass im letzten Drittel des 20. Jahrhunderts zahlreiche deutschsprachige Schriftstellerinnen den ›Mut‹ besaßen, über Angst zu schreiben und in ihren Texten ängstliche Frauen zu präsentieren, obwohl oder gerade weil sie zu feministisch orientierten Autorinnen gezählt wurden oder sich selbst dazu rechneten: Ingeborg Bachmann, Christa Wolf, Anne Duden, Monika Maron oder auch Elfriede Jelinek sind hierfür exemplarische Beispiele. Ihre literarischen Angst-Theorien stellen insofern Beiträge zur geschlechtsspezifischen Codierung von Angst dar als sie spezifische Frauenängste und sogar geschlechtsspezifische Artikulationsformen der Angst präsentieren (vgl. Kanz 1999, 44–94), aber v. a. auch deren Ursachen thematisieren.

Ursachen weiblicher Angst – geschlechtsspezifische Angstsysteme

In Ingeborg Bachmanns *Todesarten*-Projekt beispielsweise gehören zu den Auslösemomenten von weiblicher Furcht insbesondere zweckrationalistische und faschistoide Denkhaltungen, die vor allem eines gemeinsam haben: Den Wunsch nach Ausgrenzung des Anderen beziehungsweise Fremden und das Verlangen nach Sicherung des Eigenen, das sehr deutlich mit den westlichen, modernen, von Männern weißer Hautfarbe dominierten Industrienationen zu konnotieren ist. Es sind Denkhaltungen, die für sich Gefühlsfreiheit, Objektivität, Distanz und Körperlosigkeit proklamieren, doch dabei alle anders ausgerichteten Vernunftkonzepte ausgrenzen wollen; und sie können dies nicht zuletzt deshalb, weil sie uneingeschränkt über jene Artikulationsformen zu verfügen scheinen, die Macht ausüben: Schrift und Sprache. Die Entstehung der Sprache beziehungsweise der symbolischen Ordnung bedeutet in Bachmanns *Todesarten*-Projekt nicht nur die Liquidation eines magischen Welt- und Naturverhältnisses, sondern auch die Konstitution ›weiblicher‹ Angst. Die vier von Bachmann in ihrem Prosaprojekt *Todesarten* zentralen Angstkonstituenten – das Sex-Gender-System, die (Zweck-)Rationalität, die westliche Zivilisation und der (politische wie auch der von ihr sogenannte »private«) Faschismus, lassen sich auch insofern als ›Angstsysteme‹ bezeichnen, als ihre ›Ordnung‹ durch die systematische Instrumentalisierung von Angst aufrechterhalten wird (vgl. Kanz 1999, 95–159). Der Angst kommt dadurch auch eine Macht stabilisierende Funktion zu. Gleichzeitig wirken die Angstsysteme als Angstabwehrsysteme, die gegen die ›männliche‹ Furcht vor dem ›Weiblichen‹ errichtet wurden. Um sich von der eigenen Furcht zu befreien, muss das, wovor man Angst hat, selbst in Furcht und Schrecken versetzt werden, so die hier nahegelegte Lesart. ›Der‹ Mann erzeugt und benutzt die Angst ›der‹ Frau einerseits, um seine patriarchalische Macht zu sichern, andererseits, weil er so seine eigene Angst vor dem anderen Geschlecht bewältigen kann. Wenn »jemand Furcht verbreitet, kann er nicht frei von Furcht sein« lässt Bachmann eine ihrer Protagonistinnen sagen (Bachmann 1995b, 68) – es ist der Schlüsselsatz zur Instrumentalisierung ›weiblicher‹ Angst in ihrem Romanfragment *Das Buch Franza*.

Die Tatsache, dass das in Bachmanns *Todesarten*-Projekt dominante Thema ›Angst von Frauen‹ auffällige Übereinstimmungen mit Texten von Anne Duden, Monika Maron und Christa Wolf aufweist, legt nahe, dass die genderspezifische Codierung von Angst in zahlreichen Texten von Schriftstellerinnen in der zweiten Hälfte des 20. Jahrhunderts ein starkes und ähnlich geartetes Interesse findet. Die in den Texten dieser Autorinnen dargestellten Angstphänomene sind aufschlussreich für eine kritische Sicht nicht nur zwischengeschlechtlicher, sondern auch gesellschaftlicher Machtstrukturen. In der Darstellung von Frauenängsten reflektieren die genannten Autorinnen soziale, politische und ästhetische Positionen. Sie erteilen dabei einer Mentalität, die all das ausgrenzen möchte, was anders ist, eine klare Absage.

Geschlechtsspezifische Artikulationsformen der Angst

Die in den genannten Texten präsentierten geschlechtsspezifischen Artikulationsformen der Angst konstituieren eine Folie, auf der zugleich eine geschlechtsspezifische Ästhetik der Angst formuliert wird. Die Angst der Frauenfiguren in Bachmanns *Todesarten*-Projekt etwa artikuliert sich auf so vielfältige Arten, dass sich aus ihnen eine regelrechte »Topographie der Angst« (Kanz 1999, 47) erstellen lässt: Die ›Räume‹ der Angstartikulation verteilen

sich auf den Kopf (Reflexion, Sprache, Schrift), den Körper (Krankheit) und die Psyche (Imagination, Traum, Trauma, Hysterie) der weiblichen Hauptfiguren. Die Angst der Protagonistinnen drückt sich über ihr brüchiges Sprechen, ihre Sprachunfähigkeit und Stummheit aus. Sie zeigt sich in einem zerbrochenen Textkörper, der durch nur mehr fragmentarisches und gehemmtes Schreiben zustande kommt. Sie ›spricht‹ in der stummen Sprache der Körpersymptome oder in der Bildersprache der Erinnerungen, der Träume, der Phantasien und auch Wahnvorstellungen. Das erklärte Ziel Bachmanns etwa war es, auf diese Weise die psychische ›Wahrheit‹ der Protagonistinnen, die »inwendigen« Dramen (Bachmann 1995a, 309) sichtbar zu machen.

Die Literarisierungen von Artikulationsformen ›weiblicher‹ Angst in Texten zahlreicher Autorinnen des späten 20. Jahrhunderts ähneln dabei in vielem den Beschreibungen Freuds, so den von ihm skizzierten Merkmalen der Hysterie und der Symptomatologie der Angstneurose. Insbesondere Bachmann bleibt dabei allerdings immer bei der literarischen Darstellung psychischer Vorgänge, ohne mit psychoanalytischen Diagnosen zu operieren oder medizinische Etikettierungen vorzunehmen. Die ›Symptome‹ sollen für sich selbst sprechen. Wichtig war es dieser Autorin offenbar, ihre Bedeutung und ihre Ursachen aufzuzeigen. Bachmann ging es demnach nicht um eine Pathologisierung ihrer Protagonistinnen. Im Gegenteil erfahren Angst und Krankheit der weiblichen Figuren bei ihr eher eine Aufwertung – so wie auch in zahlreichen anderen deutschsprachigen rationalitätskritischen Texten der zweiten Hälfte des 20. Jahrhunderts. Die literarischen Beschreibungen solcher »inwendigen« Vorgänge, die auf den psychoanalytischen Diskurs rekurrieren, haben vor allem die Funktion, sich dem ›Unsagbaren‹, zu dem auch die Erlebnisdimension von Affekten wie der Angst gehört, mit den Mitteln von Sprache und Schrift anzunähern.

Eine weitere Funktion des bewussten Rückgriffs auf Beschreibungsmodelle der Psychoanalyse ist es, die ›Echtheit‹ des Ausagierens von Angst zu beglaubigen. Die Psychoanalyse ist eine der kulturellen Autorisierungsinstanzen des 20. Jahrhunderts, mit deren Hilfe die literarischen Angstinszenierungen den Effekt des Authentischen zu erzielen versuchen. Diese Funktion kam und kommt dem psychoanalytischen Diskurs so lange zu, wie er als Autorität anerkannt wurde und weiter wird.

Indem etwa Bachmann die psychosozialen und kulturhistorischen Ursachen ›weiblicher‹ Angst andeutet, wendet sie sich indirekt gegen den biologischen Determinismus, der die Theorien Freuds zur Weiblichkeit überwiegend kennzeichnet. Damit teilt sie einen der wesentlichen Vorbehalte gegenüber seiner Konzeption der Psychoanalyse, den bis heute auch andere Freud-Kritiker/innen übereinstimmend anführen.

Ästhetik weiblicher Angst und französische Weiblichkeitstheorien Ende des 20. Jahrhunderts

Da die Artikulationsformen der Angst in den Texten der oben genannten Autorinnen zahlreiche Übereinstimmungen mit jener Ästhetik aufweisen, die in den 1970er Jahren vielfach als spezifisch ›weiblich‹ galt, und die Angstinhalte mit den Geschlechterrollen der Frau und des Mannes in engem Zusammenhang stehen, kann die Thematisierung dieser beiden Problemstränge nicht nur Auskunft über das Phänomen der Angst, sondern auch über die Auffassung von ›Weiblichkeit‹ und ›Männlichkeit‹ geben. Dabei zeigen die Positionen der hier beispielhaft genannten Autorinnen eine Reihe von Übereinstimmungen mit feministischen Theorien der 1970er Jahre, insbesondere zu den Theorien der Psychoanalysekritikerin, dekonstruktivistischen Philosophin und Mitbegründerin der *Écriture Feminine*-Bewegung, Luce Irigaray. So bleibt das ›Weibliche‹ sowohl bei diesen Schriftstellerinnen als auch bei der feministischen Dekonstruktivistin das kulturell Ausgegrenzte. Nicht anders als Foucault den Ort des Wahnsinns in der Vernunft (vgl. Foucault 1993, 12) beschreibt Irigaray den Ort des ›Weiblichen‹ in der Metaphysik: Als das ausgegrenzte Andere, als leeren »Projektionsschirm«, als spiegelnde »Matrix«, »die die Reproduktion der männlichen Identität sicherstellt«. Und sie erklärt: »Wenn es nicht die Unterstützung eines Projektionsschirms gäbe – die tote Höhle –, der die Vorstellung wieder in Gang setzt, dann würde das ganze Spiel sicherlich scheitern« (Irigaray 1980, 453). Auch Julia Kristeva geht es um das verdrängte Vorsymbolische, das sie das »Semiotische« nennt, dessen Konzept auf Freuds Verständnis vom Unbewussten basiert und das insbesondere die psychosomatische Modalität des Sinngebungsprozesses meint. Obwohl die Sprachwissenschaftlerin und Semiologin betonte, dass das ›Semiotische‹ nicht mit ›Weiblichkeit‹ identisch ist, weist das Semiotische doch unübersehbare Gemeinsamkeiten mit den feministischen Konzepten von Weiblichkeit in den

1970er Jahren auf. Es kann daher nicht überraschen, dass beides innerhalb der Forschung auch immer wieder gleichgesetzt wird (Kristeva 1978, 32 ff.). Irigaray, Kristeva und vor allem auch die feministische Philosophin und Schriftstellerin Hélène Cixous (in verschiedenen Essays, am berühmtesten in *Le rire de la meduse* sowie in ihrem 1977 veröffentlichten Roman *Angst*) werfen die Fragestellung auf, ob und wie ›Weiblichkeit‹ sich innerhalb der symbolischen Ordnung, in der kein Ort für sie vorgesehen ist, artikulieren könnte. Hinzuweisen ist hier vor allem auf das Konzept Irigarays vom »Frau-Sprechen«, einer Ausdrucksform außerhalb des ›männlich‹ codierten Logos, die »dem ›Anderen‹ als Weiblichen einen Ort einzuräumen« versucht (Irigaray 1979, 141) und damit auch der Artikulation von Angst.

Dass auch Männer »Frau-Sprechen« können, sagt Irigaray freilich nicht, geht es ihr doch darum, dort ›als Frau zu sprechen‹, wo traditionell *über* die Frau gesprochen wird. Anders als bei Kristeva erscheinen bei ihr nicht ›männliche‹ Avantgarde-Autoren als Sprecher des *parler femme*. Irigaray bindet ›männliche‹ und ›weibliche‹ Subjektivität an geschlechtlich differenzierte Körperlichkeit. Doch ist der ihr deshalb immer wieder vorgeworfene Essentialismus dekonstruktiv-strategischer Natur. Er zielt auch auf die Möglichkeit einer Repräsentation des ›Weiblichen‹ innerhalb der »phallogozentrischen Ordnung«. Wie die anderen Vertreterinnen der *Écriture Féminine* sieht Irigaray Sprache und Körper nicht getrennt. Die »Syntax des Weiblichen« zeige sich am Körper, sowohl in der Gestik als auch in der Mimik, und zwar immer außerhalb der »Maskerade«, z. B. im Leiden und im Lachen (ebd., 140).

Auch wenn Irigaray diese Syntax vordergründig an die biologische Frau knüpft, ließen sich ihre Prämissen, wollte man sie weiterführen, auch auf den biologischen Mann übertragen. Ihre Thesen sind aus heutiger Sicht dann problematisch, wenn sie *nicht* losgelöst von einer essentialistischen Auffassung der Geschlechter gelesen werden, ihr dekonstruktiv gemeinter Ansatz *nicht* als solcher erkennbar bleibt bzw. durchschaut wird.

Die von zahlreichen Autorinnen des späten 20. Jahrhunderts – von Bachmann in *Das Buch Franza* und in *Malina*, Christa Wolf in *Kassandra* (1983), Anne Duden in *Das Judasschaf* (1985), Monika Maron in *Annaeva* (1982) und von Maria Erlenberger in *Hunger nach Wahnsinn* (1977) – beschriebenen Artikulationsformen der ›Hysterie‹ und der Angst sind solche Leiden, in denen sich Verdrängtes, im Alltag Abgespaltenes, ›Weibliches‹ zeigen kann. Hier gehen die Autorinnen konform mit jenen feministischen Theorien der 1970er Jahre, die die Hysterie auf eine Ortsbestimmung des ›Weiblichen‹ zurückgeführt haben, obwohl (oder gerade weil) sie eine traditionellerweise Frauen zugeordnete Form psychischer Abweichung ist (vgl. Gay 1987, 245; Kahane 1995, 97). Danach bleibt dem ›weiblichen‹ Begehren, das vom hegemonialen Diskurs ausgegrenzt wird, nur die stumme Sprache des Körpers, die innerhalb feministischer Literaturtheorien meist entweder als Verweigerungsdiskurs (von Braun) oder als Aufbegehrensdiskurs (Lindhoff) gedeutet wurde (vgl. von Braun 1985, 428 ff.; Lindhoff 2003, 170).

Immer wieder ist es die Angst der Protagonistinnen, die den Körper überwältigt, ihn ›in seiner Sprache‹ sprechen lässt. Die Körpersprache der Angst wird zu einer Form des ›weiblichen Sprechens‹, deren Nähe zu einer »Syntax des Weiblichen« (Irigaray 1979, 140) im Sinne Irigarays nicht zu übersehen ist. Weil sich über die Artikulation von Angst jenseits der symbolischen Ordnung bestimmte Entwürfe und Vorstellungen von ›Weiblichkeit‹ herauskristallisieren, räumt ihr in dieser Perspektive die Angst einen (Artikulations-)Ort ein.

Die Verknüpfung von Angst und Gender als literatur- und kulturwissenschaftliche Analysekategorie und ihre sozial- und vernunftkritische Komponente

›Angst‹ (von mittelhochdeutsch *angest*; althochdeutsch *angust*; lateinisch *angustus*: eng, schmal, bedrängend) verweist auf Beengung. Aus einer sozialkritischen Perspektive wirkt die Konnotation der Realität vieler Frauen mit »Enge« recht plausibel. Oft ist Angst auch, ähnlich wie Freud es, wenn auch aus anderen Gründen, gesehen hat (vgl. Freud 2000d, 551), unterdrückte Wut, verbunden mit dem Wunsch, gegen Einengungen aufzubegehren: »Wut ist Angst« schreibt etwa die Schriftstellerin Mariella Mehr (Mehr 1990, 95). In populären Frauenzeitschriften lässt sich noch heute nachlesen, dass Ängstlichkeit eher verziehen werde als Wut. Im Gegensatz zu aggressiven Frauen dürfen ängstliche Frauen sich des Schutzes innerhalb paternaler Strukturen sicher sein – zumindest solange ihr Verhalten nicht ins Krankhafte oder Hysterische ›abgleitet‹. Dieses Faktum veranlasst zu sozialkritischen Fragestellungen, die sowohl die Rolle der Frau als auch ihre Funktion und ihre Bewertung in unserer Gesellschaft berühren. Sie sind etwa auch für eine literatur- und kultur-

wissenschaftliche Behandlung des Themas ›Angst und Gender‹ unerlässlich, zumal wenn es um Angsttexte geht, in denen ganz offensichtlich von unterdrückten Aggressionen die Rede ist. Dies scheint etwa in Bachmanns Roman *Malina* auf, wenn das ansonsten stets angstbesetzte, niemals aggressiv wirkende »weibliche Ich« plötzlich sagt: »Natürlich bin ich böse, ich habe Lust, böse zu sein« (Bachmann 1995a, 401).

Bei einer Analyse *literarischer* Frauen- und Männerängste ist immer zu bedenken, ob und inwiefern die historischen Kontexte des jeweils analysierten Textes und damit die historischen Lebensbedingungen von Frauen und Männern mit reflektiert werden müssen. Gerade wenn der literarisch dargestellte Alltag der Protagonistinnen oder der Protagonisten Gegenentwürfe anzubieten scheint, liegt dies nahe. Die in den Medien des öfteren vermerkte ansteigende Zahl der Panikattacken von Frauen in den letzten Jahren des 20. Jahrhunderts und die sich gleichzeitig häufenden Literarisierungen von Frauenängsten in dieser Zeit lassen vermuten, dass diese Parallelentwicklung nicht grundlos besteht. Viele Frauen scheinen jedenfalls gerade in jener Zeit verstärkt Ängste artikuliert zu haben. Von spezifischen Angsterfahrungen von Frauen im Alltag gingen auch dezidiert mehrere Beiträge der Frauenforschung in den 1990er Jahren aus: Die 1991 erschienene, soziologisch orientierte Aufsatzsammlung *Die andere Angst* (Haug/Hauser 1991) fragte nach frauenspezifischen Angsterfahrungen vor allem in Verbindung mit den Lebensverhältnissen unter kapitalistischen Produktionsbedingungen. Das philosophische Pendant dazu, die Aufsatzsammlung *Weibliche Ängste*, hatte bereits 1989 Ansätze einer feministischen Vernunftkritik aus der Analyse von Frauenängsten entwickelt (Konnertz 1989).

Affekttheoretische Differenzierungen und ihre Bedeutung für eine Analyse literarischer und kultureller Angst-und-Gender-Verknüpfungen

Wie der Begriff ›Weiblichkeit‹ scheint sich auch der Begriff ›Angst‹ fixierenden Theorien immer wieder zu verweigern. Trotzdem oder gerade deshalb liegen über Angst unzählige philosophische, psychologische, soziologische und theologische Abhandlungen vor. Die meisten dieser Angsttheorien können Untersuchungen zum Verhältnis von Gender und Angst wichtige Anregungen geben, doch sind es letztlich Theorien, die sich auf die Angst real existierender Menschen beziehen und deshalb längst nicht mit den Angstkonzepten in literarischen Texten übereinstimmen müssen. Die »neurotische Angst« etwa ist im Vokabular der Psychoanalyse im Gegensatz zur »Realangst« ein Notsignal der Seele (vgl. Krohne 1976, 13), das auch anlässlich äußerer Umstände gegeben werden kann, wenn diese die Psyche bedrängen oder einengen. In dieser Perspektive hat sie durchaus ihren Sinn.

Es bleibt freilich zu fragen, wie literatur- und kulturwissenschaftliche Arbeiten mit außerliterarischen bzw. wissenschaftlichen Angsttheorien überhaupt angemessen umgehen können. Die wenigen Literaturwissenschaftler/innen, die sich der Angst, und dabei auch speziell der Angst von Frauen widmen, handhaben die Möglichkeit, sich auf Angsttheorien zu beziehen, unterschiedlich. Hannelore Scholz etwa analysiert lediglich die »Objekte von Angst« und deren Verwobensein in Herrschafts- und Machtstrukturen (Scholz 1993, 79). Angst wird von ihr begrifflich recht offen »als Spannungszustand, in den ein Individuum aufgrund von Bedrohungen gerät«, definiert (ebd.). Timm Menke unterscheidet immerhin zwischen einer kollektiv erfahrbaren Angst und einer individualpsychologisch begründeten (Menke 1986, 282). Und wenn Ortrud Gutjahr in ihrer Interpretation zu Ingeborg Bachmanns Romanfragment *Das Buch Franza* auf klassische Angsttheoretiker wie Kierkegaard, Heidegger und Freud zurückgreift (vgl. Gutjahr 1988), zeigt das einerseits, dass die alten Angsttheorien noch heute für die Auseinandersetzung mit dem Thema ›Angst‹ grundlegend sind, andererseits, dass es speziell zu ›weiblicher Angst‹ bzw. zum Thema Angst und Gender bisher kaum Theorien gibt. Ausnahmen bilden etwa die Freudkritikerin Karen Horney mit ihren Abhandlungen über die *Psychologie der Frau*, die unter anderem die spezifisch »weiblichen Genitalängste« beschreibt (vgl. Horney 1977), oder sozialhistorische Theorien, zum Beispiel von Angelika Henschel. In ihrer Studie *Geschlechtsspezifische Sozialisation* wird die Darstellung und Diskussion theoretischer Angst- und Aggressionsentstehungs- und -verarbeitungskonzepte durch neue Ansätze erweitert, die zum Beispiel den geschlechterdifferenten Umgang mit den Gefühlen der Angst und der Aggression betreffen. Henschel verdeutlicht etwa, dass die männliche Verdrängung und Abwehr von ängstigenden Gefühlen und Erfahrungen seinen Ausdruck in aggressivem Verhalten finden kann« und dass »die Verdrängung aggressiver, autonomer Bestrebungen bei Mädchen und die

damit verbundene größere Angst vor Beziehungsverlust« ebenfalls dazu beiträgt, dass »die jeweils abgewehrten Empfindungen, Vorstellungen und Fähigkeiten an das je andere Geschlecht delegiert werden und zur Reproduktion von geschlechtsstereotypen Verhalten beitragen können (Henschel 1993, 9).

Angesichts der erdrückenden Übermacht von Angsttheorien, die aber fast alle die Analysekategorie ›Gender‹ ignorieren, und der Anzahl von Gender-Theorien, die wiederum das Phänomen ›Angst‹ außer Acht lassen, scheint es im Bereich der Kulturwissenschaften am sinnvollsten zu sein, beide Phänomene vorrangig aus der Perspektive der jeweiligen analysierten Texte, Bilder oder Filme zu betrachten. Schließlich werden hier womöglich neue Angstkonzepte erprobt, durchgespielt, in Szene gesetzt.

Dass theoretische Grundlagen, vor allem philosophische und psychologische Angst- und Gender-Theorien, immer dann heranzuziehen sind, wenn die jeweiligen Artefakte oder Texte selbst dies nahelegen, sollte freilich selbstverständlich sein. Theorien, wie beispielsweise neuere Beiträge aus dem Umkreis der *Gender Studies*, können dabei zum einen eine heuristische Funktion beim präzisierenden Vergleich mit den Ergebnissen der Textinterpretation haben, zum anderen sind sie als historische Texte einzubeziehen, soweit sie von den jeweiligen Autor/innen oder Künstlerinnen rezipiert und literarisch verarbeitet wurden oder in ihrem zeitlichen Umfeld zirkulierten.

Wenn literarische Texte beispielsweise eine Kritik am rationalistischen Denken und an paternalen Herrschaftsstrukturen zu artikulieren scheinen, insofern diese bei den Protagonistinnen Furcht erregen, so dürfte dies ein Hinweis darauf sein, dass der oder die Verfasser/in des jeweiligen Textes eine wie auch immer begründete Geschlechterdifferenz der Angst (und/oder ihrer Artikulation) konstruieren wollte.

Angst und Gender: Ergebnisse und Ausblicke

Bei einer literaturwissenschaftlichen Reflexion über den Zusammenhang von Gender und Angst sollte stets auch ein Augenmerk auf die Angstursachen gelegt werden, soweit sie von Texten und anderen kulturellen Hervorbringungen beschrieben werden. Dazu gehören beispielsweise die ›Angst vor Erfahrung‹ oder die ›Angst vor Liebesverlust‹, wie sie sich innerhalb des *Sex/Gender*-Systems darstellen. Es liegt nahe, solche Fragestellungen stets auch in Bezug auf die Kategorie ›Geschlecht‹ zu analysieren. Angst kann immer auch auf ein utopisches Subjektkonzept hinweisen und resultiert dann möglicherweise aus einer ungenügend oder nicht geleisteten Selbstrealisierung. So kann die Literarisierung von Frauenängsten auch auf eine unbewusste oder bewusste Infragestellung soziokultureller Geschlechtskonstruktionen und deren Bewertung und damit auch auf die den literarisierten Geschlechterverhältnissen zugrundeliegenden (Macht-)Mechanismen hinweisen.

Bei einer Untersuchung literarischer Männer- und Frauenängste etwa kristallisiert sich heraus, dass die Artikulationsarten von Angst sowie die Problematisierung furchterregender Faktoren für das Verständnis von ›Weiblichkeit‹ wie von ›Männlichkeit‹, also für das jeweilige literarisierte *Gender*-Konzept, von größter Bedeutung sind. Ausgehend davon kann ein Vergleich von ›weiblichen‹ mit spezifisch ›männlichen‹ Ängsten vor dem jeweils anderen Geschlecht einen Beitrag zu neueren Fragestellungen der *Gender Studies* und auch der *Men Studies* zu leisten versuchen. Ein Blick auf furchterregende Frauen in der Literatur der Vergangenheit und Gegenwart (Judith, Medusa oder Medea, Sphinxen, Hexen, *femmes fatales, bad girls*) (vgl. Jacobus 1986; Staiger 1995) kann dabei zeigen, dass das Vernunftprogramm der Aufklärung, das die Geschlechterdichotomie vom ›mutigen Mann‹ und der ›ängstlichen Frau‹ formierte, auch eines gegen das unheimliche und bedrohliche ›Weibliche‹ war (vgl. Theweleit 1980; Rohde-Drachse 1991; Brügmann/Heebing/ Long/Michielsen 1993; Perko/Pechriggl 1996). Neuere Vampirismus-Varianten wie sie in den 2010er Jahren etwa in der populärkulturellen HBO-Serie *True Blood* durchgespielt werden, durchbrechen solche auch in ihren Inversionen eindeutigen Angst und Gender-Verknüpfungen. Ihre Aktualität und Popularität legt nahe, dass dem Konnex von Angst und Gender noch immer eine nicht zu unterschätzende Brisanz zukommt.

Literatur

Archer, John/Lloyd, Barbara: *Sex and Gender.* Cambridge u. a. 1985.

Aristoteles: *Nikomachische Ethik.* Stuttgart 1969.

Bachmann, Ingeborg: *Malina* [1971] (= Dies.: ›Todesarten‹-Projekt. Kritische Ausgabe. Bd. 3. Unter Leitung von Robert Pichl hg. von Monika Albrecht und Dirk Göttsche). München 1995a.

Bachmann, Ingeborg: *Das Buch Franza* [1966/67] (= Dies.:

›Todesarten‹-Projekt. Kritische Ausgabe, Bd. 2. Unter Leitung von Robert Pichl hg. von Monika Albrecht und Dirk Göttsche). München 1995b.

Becker, Marrie H. J.: Agoraphobia and gender: A review. In: *Clinical Psychology Review* 16/2 (1996), 129–164.

Bilden, Helga: Geschlechtsspezifische Sozialisation. In: Klaus Hurrelmann u. a. (Hg.): *Neues Handbuch der Sozialisationsforschung.* 4., völlig neubearb. Aufl. Weinheim/ Basel 1991, 279–301.

Bircken, Margrid: Die Worte der Erinnerung – zwischen Haß und Selbstopfer und Fluch. In: Pierre Béhar (Hg.): *Klangfarben: Stimmen zu Ingeborg Bachmann.* Internationales Symposium Universität des Saarlandes 7. und 8. November 1996. St. Ingbert 2000, 73–98.

Brasch, Christine/Richberg, Inga Maria: *Die Angst aus heiterem Himmel. Panikattacken und wie man sie überwinden kann.* München 1990.

Braun, Christina von: *Nicht Ich. Logik Lüge Libido.* Frankfurt a. M. 1985.

Brittnacher, Hans Richard: Phantasmen der Niederlage. Über weibliche Vampire und ihre männlichen Opfer um 1900. In: Julia Bertschik/Christa Agnes Tuczay (Hg.): *Poetische Wiedergänger. Deutschsprachige Vampirismus-Diskurse vom Mittelalter bis zur Gegenwart.* Tübingen 2005, 163–183.

Brügmann, Margret/Heebing, Sonja/Long, Debbie/Michielis, Magda (Hg.): *Who's Afraid of Feminity? Questions of Identity.* Amsterdam/Atlanta 1993.

Butler, Judith: *Das Unbehagen der Geschlechter.* Frankfurt a. M. 1991 (amerik. 1990).

Cella, Ingrid: …es ist überhaupt nichts da. Strategien der Visualisierung und Entvisualisierung der vampirischen Femme Fatale. In: Julia Bertschik/Christa Agnes Tuczay (Hg.): *Poetische Wiedergänger. Deutschsprachige Vampirismus-Diskurse vom Mittelalter bis zur Gegenwart.* Tübingen 2005, 185–215.

Cixous, Hélène: *Le rire de la Méduse.* Paris 1975.

Cixous, Hélène: *Angst.* Paris 1977.

Ewers, Hanns Heinz: Die Spinne [1908]. In: *Phantastische Erzählungen der Jahrhundertwende.* Hg. von Michael Winkler. Stuttgart 1982, 179–203.

Eysenck, Hans Jürgen: *Die Ungleichheit der Menschen. Ist Intelligenz erlernbar?* Kiel 1984.

Fiedler, Leslie A., *Liebe, Sexualität und Tod. Amerika und die Frau.* Übers. von Michael Stone und Walter Schürenberg. Berlin 1987.

Fleenor, Juliann E.: *The Female Gothic.* London 1983.

Foucault, Michel: *Wahnsinn und Gesellschaft. Eine Geschichte des Wahns im Zeitalter der Vernunft.* Frankfurt a. M. 1993 (franz. 1961).

Freud, Sigmund: Der Untergang des Ödipuskomplexes [1924]. In: Ders: *Studienausgabe.* Bd. V. Hg. von Alexander Mitscherlich u. a. Frankfurt a. M. 2000a, 243–251.

Freud, Sigmund, Einige psychische Folgen des anatomischen Geschlechtsunterschieds [1925]. In: Ders: *Studienausgabe.* Bd. V. Hg. von Alexander Mitscherlich u. a. Frankfurt a. M. 2000b, 253–266.

Freud, Sigmund, Hemmung, Symptom, Angst [1926]. In: Ders: *Studienausgabe.* Bd. VI. Hg. von Alexander Mitscherlich u. a. Frankfurt a. M. 2000c, 227–308.

Freud, Sigmund, Neue Folge der Vorlesungen zur Einführung in die Psychoanalyse [1933]. In: Ders: *Studienaus-*

gabe. Bd. I. Hg. von Alexander Mitscherlich u. a. Frankfurt a. M. 2000d, 448–608.

Freud, Sigmund, Vorlesungen zur Einführung in die Psychoanalyse [1916/17]. In: Ders: *Studienausgabe*. Bd. I. Hg. von Alexander Mitscherlich u. a. Frankfurt a. M. 2000e, 33–445.

Gay, Peter: *Die zarte Leidenschaft. Liebe im bürgerlichen Zeitalter*. München 1987 (amerik. 1986).

Gunzenhäuser, Randi: *Horror at Home. Genre, Gender und das Gothic Sublime*. Essen 1993.

Gutjahr, Ortrud: *Fragmente unwiderstehlicher Liebe. Zur Dialogstruktur literarischer Subjektentgrenzung in Ingeborg Bachmanns ›Der Fall Franza‹*. Würzburg 1988.

Hansen, Egon: *Emotional Processes. Engendered by Poetry and Prose Reading*. Stockholm 1986.

Haug, Frigga/Hauser, Kornelia (Hg.): *Die andere Angst*. Berlin/Hamburg 1991.

Hebbel, Friedrich: *Judith* [1840]. Stuttgart 1993.

Henschel, Angelika: *Geschlechtsspezifische Sozialisation. Zur Bedeutung von Angst und Aggression in der Entwicklung von Geschlechtsidentität. Eine Studie im Frauenhaus*. Mainz 1993.

Hochschild, Arlie Russell: *Das gekaufte Herz. Zur Kommerzialisierung der Gefühle*. Frankfurt a. M. 1990.

Horney, Karen: *Die Psychologie der Frau*. München 1977 (amerik. 1967).

Irigaray, Luce: *Das Geschlecht, das nicht eins ist*. Berlin 1979.

Irigaray, Luce: *Speculum. Spiegel des anderen Geschlechts*. Frankfurt a. M. 1980.

Jacobus, Mary: *Reading Woman. Essays in Feminist Criticism*. New York 1986.

Kahane, Claire: *Passions of the Voice: Hysteria, Narrative and the Figure of the Speaking Woman, 1850–1915*. Baltimore 1995.

Kant, Immanuel: Der Charakter des Geschlechts. In: Ders.: Anthropologie in pragmatischer Hinsicht [1798]. In: Ders: *Gesammelte Schriften*. Erste Abteilung: Werke. Bd. VII: Der Streit der Fakultäten: Anthropologie in pragmatischer Hinsicht. Hg. von der Königlich-Preußischen Akademie der Wissenschaften. Berlin 1917, 303–311.

Kant, Immanuel: Beantwortung der Frage: Was ist Aufklärung? In: *Berlinische Monatsschrift* 12 (1784), 481–494.

Kanz, Christine: *Angst und Geschlechterdifferenzen. Ingeborg Bachmanns »Todesarten«-Projekt in Kontexten der Gegenwartsliteratur*. Stuttgart/Weimar 1999.

Kierkegaard, Søren: *Der Begriff Angst*. Frankfurt a. M. 1984 (dän. 1844).

Konnertz, Ursula (Hg.): *Weibliche Ängste. Ansätze feministischer Vernunftkritik*. Tübingen 1989.

Kristeva; Julia: *Die Revolution der poetischen Sprache*. Frankfurt a. M. 1978.

Krohne, Heinz W.: *Theorien zur Angst*. Stuttgart/Berlin/Köln/Mainz 1976.

Lindhoff, Lena: *Einführung in die feministische Literaturtheorie*. Stuttgart ²2003.

Link-Heer, Ursula: ›Männliche Hysterie‹. Eine Diskursanalyse. In: Ursula A. J. Becher/Jörn Rüsen (Hg.): *Weiblichkeit in geschichtlicher Perspektive: Fallstudien und Reflexionen zu Grundproblemen der historischen Frauenforschung*. Frankfurt a. M. 1988, 364–396.

Maccoby, Eleanor E./Jacklin Carol N.: *The Psychology of Sex Differences*. Stanford 1974.

Mehr, Mariella: *Steinzeit*. Bern ⁷1990.

Menke, Timm: Anne Dudens Erzählband ›Übergang‹: Zum Verhältnis von Angst und Postmoderne in der Literatur der achtziger Jahre. In: *Orbis litterarum* 41 (1986), 279–288.

Moers, Ellen: *Literary Women*. New York 1976.

Montada, Leo: Gefühlsbewertung im Alltag. In: *psychomed* 4/2 (1992), 97–103.

Perko, Gudrun/Pechriggl, Alice: *Phänomene der Angst. Geschlecht – Geschichte – Gewalt*. Wien 1996.

Plesch, Bettina: *Die Heldin als Verrückte – Frauen und Wahnsinn im englischsprachigen Roman von der Gothic Novel bis zur Gegenwart*. Pfaffenweiler 1995.

Porrmann, Maria: Angst – Flucht – Hoffnung. Von der Gothic novel zum utopischen Roman. In: Hiltrud Gnüg/Renate Möhrmann (Hg.): *Frauen Literatur Geschichte*. Stuttgart/Weimar ²1998, 166–188.

Praz, Mario: *Liebe, Tod und Teufel. Die schwarze Romantik*. Übers. v. Lisa Rüdiger, München 1963 (franz. 1930).

Richter, Horst-Eberhard: *Umgang mit Angst*. Hamburg 1992.

Rohde-Dachser, Christa: *Expedition in den dunklen Kontinent. Weiblichkeit im Diskurs der Psychoanalyse*. Berlin/Heidelberg/New York 1991.

Sacher-Masoch, Leopold von: *Venus im Pelz* [1896]. Frankfurt a. M./Leipzig 1997.

Scholz, Hannelore: ›O doch. Es geht um Zukunft, wissen Sie. Was bleibt. Was bleibt?‹ Zum Problem von Angst und Macht in Texten von Monika Maron, Angela Krauß und Christa Wolf vor und nach 1989. In: Dies./Helga Grubitzsch/Eva Kaufmann (Hg.): ›Ich will meine Trauer nicht leugnen und nicht meine Hoffnung‹. Veränderungen kultureller Selbstwahrnehmung ostdeutscher und osteuropäischer Frauen nach 1989. Bochum 1993, 78–89.

Schopenhauer, Arthur: *Die Welt als Wille und Vorstellung II* [1819] (= *Sämtliche Werke*, Bd. II). Textkritisch bearb. und hg. von Wolfgang Frhr. von Löhneysen. Darmstadt 1980.

Simmel, Georg: Zur Psychologie der Frauen [1890]. In: Ders.: *Schriften zur Philosophie und Soziologie der Geschlechter*. Hg. von Heinz-Jürgen Dahme u. Klaus Christian Köhnke. Frankfurt a. M. 1985, 27–59.

Staiger, Janet: *Bad Women. Regulating Sexuality in Early American Cinema*. Minneapolis/London 1995.

Stephan, Inge: *Musen & Medusen. Mythos und Geschlecht in der Literatur des 20. Jahrhunderts*. Köln/Weimar/Wien 1997.

Theweleit, Klaus: *Männerphantasien*. Bd. 1: Frauen, Fluten, Körper, Geschichte. Bd. 2: Männerkörper – Zur Psychoanalyse des weißen Terrors. Reinbek bei Hamburg 1980.

Wagner, Nike: *Geist und Geschlecht. Karl Kraus und die Erotik der Wiener Moderne*. Frankfurt a. M. 1987.

Weigel, Sigrid: Die nahe Fremde – Das Territorium des Weiblichen. Zum Verhältnis von Wilden und Frauen im Diskurs der Aufklärung. In: Thomas Koebner/Gerhart Pickerodt (Hg.): *Die andere Welt. Studien zum Exotismus*. Frankfurt a. M. 1987, 171–199.

Weininger, Otto: *Geschlecht und Charakter. Eine prinzipielle Untersuchung*. Wien 1903.

Wolf, Christa: *Medea. Stimmen*. München 1996.

Christine Kanz

11. Biologie der Angst

»Heute weiß der Laie ebensogut wie der Fachmann, wer Darwin ist, aber sein Buch über das Ausdrucksverhalten kennt man nicht« (Ekman 2000, XXV). So schreibt Paul Ekman im Vorwort zu seiner kritischen Ausgabe von Darwins Buch *The Expression of the Emotions in Man and Animals*, das nach seiner Veröffentlichung 1872 schnell zu einem Bestseller geworden war, dann aber an Interesse seitens der Biologie und Verhaltenswissenschaft einbüßte. Ekman führt diese Unkenntnis darauf zurück, dass seit den 1930er Jahren in den Verhaltenswissenschaften der Behaviorismus regierte, der Aussagen über Gemütsbewegungen von Tieren (und in seiner radikalen Form auch von Menschen) generell als unwissenschaftlich verwarf. Nur beobachtbares Verhalten zählte, und als Ursache war nur Konditionierung zugelassen. Man ist von diesem Standpunkt inzwischen abgerückt (ausführliche Erzählung u. a. in Ekmans Nachwort in Darwin 2000, 407–440), aber die Beschreibung von ›Angst‹ als biologischem Phänomen ist und bleibt natürlich ein voraussetzungsvolles Unterfangen. Gerade wenn man einen Zusammenhang menschlicher Angst mit bestimmten Gemütsbewegungen bei nichtmenschlichen Lebewesen annimmt, wird man besonders auf die spezifischen Unterschiede der menschlichen Angst und der ›Angst‹ – oder ›Protoangst‹ – der Tiere achten müssen, um keine unangemessenen Anthropomorphismen (oder Zoomorphismen) zu produzieren.

Termini

In den Verhaltenswissenschaften pflegt man Furcht und Angst zu unterscheiden. Manche Autoren meinen, diese Unterscheidung sei überflüssig. Aber das ist abhängig von der jeweiligen Problemlage und Argumentation. Für die folgenden Darlegungen jedenfalls wird sie unentbehrlich sein.

›Furcht‹ bezeichnet die Reaktion auf eine meist konkrete Bedrohung, für die als Abwehrmittel die Flucht oder eine wohlüberlegte Gegenwehr zur Verfügung stehen. ›Angst‹ hingegen bezeichnet einen Zustand von Gefahr, in dem das gefährliche Objekt nicht identifiziert werden kann und/oder kein taugliches Mittel gegen die Gefahr zur Verfügung steht. Die Unterscheidung reicht zurück in die seelenkundlichen Überlegungen der Philosophie (Kierkegaard, Heidegger, Jaspers; s. Kap. II.2). Ein Standardbeispiel der Biologen, formuliert von Günter Tembrock: »Nicht die Maus, die vor dem Verfolger flieht, hat ›Angst‹, sondern jene, die daran gehindert wird« (Tembrock 2000, 18). Sie mag beim Gewahrwerden der Gefahr momentan Schrecken empfinden, aber dieser Schrecken ist gleichsam die Initialzündung für ein Verhaltensprogramm, das einen eigenen Zustand ›Angst‹ nicht braucht. Nur wenn das Verhaltensprogramm nicht realisiert werden kann, mündet der Schrecken in Angst.

Die biologischen Wurzeln der *Furcht* sind evolutionärer Art. Die Aufmerksamkeit und Vorsicht gegenüber regelmäßig wiederkehrenden Gefahren verschaffte einen Überlebensvorteil, der sich in einer erhöhten Fortpflanzungsrate niederschlug und damit evolutionär verstärkt wurde. Nur die vorsichtige Maus konnte das Programm vorsichtigen Verhaltens an ihre Nachkommen vererben. Zur gleichen Familie aversiver Reize gehören auch der Ekel und der Schmerz. Auch sie warnen vor Gefahrenquellen.

Probleme hingegen entstehen beim Versuch einer evolutionären Erklärung der *Angst*. Denn auf Anhieb wird man Angst vielleicht nur als störendes Nebenprodukt der Furcht einstufen wollen, weil sie nur in ausweglos erscheinenden Situationen auftritt und wegen ihrer lähmenden Wirkung die Ausweglosigkeit noch verstärkt. Ein Beispiel dafür ist der weiter unten zu erörternde Angst-Tod der Tupajas. Immerhin aber kann Angst den Schwächeren, der keine Fluchtmöglichkeit mehr sieht, dazu bringen, dass er die Risikoschwelle herab senkt und schließlich zu einem Verhaltensmuster für Extremfälle überwechselt. Der Pavian wendet sich gegen den verfolgenden Leoparden und greift ihn an (klassische Fotografie z. B. bei Bischof 2009, 328), gewinnt durch diese scheinbar sinnlose Verzweiflungstat vielleicht den entscheidenden Augenblick an Zeit, die Maus fällt vielleicht in Schockstarre (*freezing*) und macht sich damit unsichtbar. Vor allem aber hat der *Ausdruck* von Angst hohen Überlebenswert: Er wird bei vielen Tierarten als Hilferuf vernommen, dem die Eltern oder Rudelmitglieder zumindest dann folgen, wenn er von jungen, unerfahrenen Individuen kommt, die noch nicht ›fertig‹ sind. Aber man gerät damit in einen definitorischen Graubereich, denn auch die ›Verzweiflungstat‹, die Schockstarre oder das Angstgeschrei des hilflosen Nachwüchslings können als Teile von gefahrenabwehrenden Verhaltensprogrammen aufgefasst werden, mithin als Furchtreaktionen verstanden werden.

Doch wenn Angst auch in Tierreich zumindest als Grenzphänomen vorkommt und eine Funktion haben kann, so wird man ihre Extremform, die ständig bereitstehende Angst vor Unbekanntem, für dessen Bannung es kein Verhaltensmuster gibt, doch als eine vorwiegend menschliche Erfahrung einzuschätzen haben. Davon später mehr.

Furcht und Angst als evolutionäres Erbe

Noch immer begegnet man bei manchen Kulturwissenschaftlern dem Vorurteil, dass der Mensch sich von den tierischen Instinkten befreit habe und dass Furcht, Ekel und vielleicht sogar Schmerzen ausschließlich Sozialisations-, Erziehungs- und Kulturprodukte seien oder zumindest ausschließlich als solche behandelt werden könnten. Die Zähigkeit dieses Vorurteils ist u. a. darin begründet, dass es eine Halbwahrheit ist, so dass sich bei oberflächlichem Hinsehen zahlreiche Belegfälle anführen lassen. Es gibt keine menschliche Furcht, die nicht kulturellen Modifikationen zugänglich ist, aber auch keine, für die man nicht eine biologische Grundlage ausfindig machen kann. Die Bedeutung des Lernanteils an der Verhaltenssteuerung von Lebewesen hängt wesentlich ab von der Variabilität der ökologischen Nische, auf die sich das Verhalten einstellen muss. ›Fest verdrahtete‹ Instinkte, die wie Maschinen funktionieren, sind zuverlässig und nützlich in stabilen Umwelten. Das andere Extrem bildet der Mensch als Bewohner der ›kognitiven Nische‹ (Barrett/Cosmides/Tooby 2007), der mit einer Fülle von (teilweise selbstgeschaffenen) Umwelten zurechtkommen muss/kann.

Schon die Instinkte der Tiere sind häufig (im Sinne von Mayr 1991) ›offen‹ für recht hohe Lernanteile. Einige Beispiele: Bei den Alarmrufen der Grünen Meerkatzen wurde beobachtet, dass sie zwar mit unterschiedlichen Lauten auf unterschiedliche Gefahren (speziell Schlangen, Leoparden, Adler) reagieren und damit unterschiedliche adaptive Fluchtreaktionen hervorrufen. Der Zusammenhang von Alarmruf, Gefahrenquelle und Fluchtverhalten ist also vermutlich angeboren. Aber Meerkatzen-Kinder geben noch häufig Fehlalarm, weil sie nicht zwischen gefährlichen und ungefährlichen Arten der Schlangen oder großen Vögeln unterscheiden. Sie müssen das erst aus den Reaktionen der Erwachsenen lernen, die entweder den Warnruf weitergeben oder sich nicht weiter darum kümmern. (Cheney/Seyfarth 1994, 176–180 ff.). Es ist also ein kognitiver Zuerwerb nötig, damit der Instinkt ›richtig‹ funktioniert. So kann er auf das jeweilige Vorkommen der betreffenden Tierarten eingestellt und die Kraftvergeudung falscher Pauschalalarme vermieden werden. Speziell das Erlernen der Schlangenfurcht ist auch bei anderen Tieren genauer beobachtet worden. So hat man festgestellt, dass Rhesusaffen-Kinder zunächst keinerlei Scheu vor Schlangen haben. Aber wenn sie sehen, wie sich ein erwachsener Affe vor einer Schlange entsetzt, wird die Schlangenfurcht sogleich dauerhaft eingeprägt. Das geschieht auch, wenn man den jungen Affen ein Video zeigt, auf dem ein erwachsenes Tier vor einer Schlange erschrickt. Wird das Video aber manipuliert und die Schlange gegen eine auffällig gefärbte Blume ausgetauscht, dann entsteht keine ›Blumenfurcht‹ (Eibl-Eibesfeldt/Sütterlin 1992, 20)! Das gilt als deutlicher Hinweis darauf, dass zwar nicht Schlangenfurcht angeboren ist, aber eine Bereitschaft (*preparedness*) für Schlangenfurcht, deren nähere Definition aus den Erfahrungen der betreffenden Population geschöpft und den Heranwachsenden als Lernstoff vermittelt wird (Öhman/Mineka 2001, dort auch analoge Fälle von Spinnen- oder Krokodilfurcht). Schon hier mag der Hinweis auf eine wichtige Tier-Mensch-Differenz angebracht sein: Das Menschenkind braucht nicht einen Erwachsenen vor einer Schlange erschrecken zu sehen; es genügt, dass man ihm von der Gefährlichkeit dieser Tiere erzählt. Dazu kommt dann noch die Mnemotechnik des kulturellen Modifikationsapparats, bis hin zum Einbau der Schlange in die verschiedenen Mythologien oder zur Konstruktion einer monströsen Kombination aus Schlange und Krokodil, also eines Drachen. Die menschliche Schlangenfurcht gibt übrigens noch ein hübsches Beispiel ab, wie Kultur die Dispositionen miteinander syllogistisch verschalten kann: Viele Menschen meinen, dass die Haut von Schlangen sich glitschig anfasst. Tatsächlich ist sie ganz trocken, aber die Glitschigkeitsvorstellung stellt die Brücke her zum anderen aversiven Affekt, dem Ekel, der ›eigentlich‹ für verdorbene Nahrungsmittel vorgesehen ist.

Generell wird man sagen können, dass Furcht/Angst immer aus einer angeborenen und einer Erfahrungskomponente besteht. Ein extremes Beispiel gibt die Angst mancher (!) Haushunde bei Gewittern. Furcht vor Donner gewährte vor der Erfindung des Blitzableiters keinen überlebensrelevanten Schutz, kann also als spezifische Furcht nicht Ergebnis biologischer Evolution sein, und auch individuelle Erfahrung kann hier nicht vorliegen. Überdies reagieren die betreffenden Tiere oft auch auf Silvesterknallerei, während Sturm und Regen, die ja wirklich evolutionär relevante Beeinträchtigungen darstellen könnten, sie kalt lassen, solange sie unter Dach und Fach sind. Eher scheint die folgende Begründung von Hundekennern zuzutreffen: Wenn der plötzliche Lärm durch ängstliche Reaktionen oder auch nur durch tröstendes Gutzureden der erfahreneren ›Rudelmitglieder‹ als ernstzunehmende Gefahrendrohung interpretiert wird, dann trifft das auf die evolutionär entstandene Bereitschaft der Tiere, grundsätzlich jede Umwelt-Veränderung mit einem gewissen Misstrauen wahrzunehmen und plötzlichen Lärm jedenfalls durch momentanes Erschrecken zu quittieren. Da der arme Hund aber nur das Signal ›gefährliche Lärmquelle‹ wahrnimmt, ohne jede nähere Bestimmung und damit ohne jede Möglichkeit einer angemessenen Reaktion, entsteht Panik und er flieht unters Bett. Ähnliches geschieht auch bei Menschen: Man muss Kindern nur eindringlich genug sagen, dass sie keine Angst vor dem Schornsteinfeger zu haben brauchen, um diese Angst so richtig zum Blühen zu bringen.

In der Verhaltensbiologie unterscheidet man seit Nikolaas Tinbergen zwischen ultimater und proximater Verursachung (Tinbergen 1952, 145). Die *ultimate* Ursache einer Eigenschaft oder eines Verhaltens ist der evolutionäre Selektionsdruck, dem sie ihre Existenz verdanken. Die Scheu vor engen Räumen zum Beispiel hat als ultimate Ursache die lebensrettende Funktion des Achtens auf offene Fluchtwege. Die *proximate* Ursache liegt in dem so entstandenen Mechanismus, der beim Vorliegen der entsprechenden Situation (des ›Auslösers‹) entsprechende Reaktionen entstehen lässt, also z.B. eine besonders vorsichtige Einstellung oder auch eine völlig unvernünftige Angst, die mit der ultimaten Ursache längst nichts mehr zu tun hat. Die Unterscheidung ist deshalb wichtig, weil unsere heutige Welt sehr weit von der Welt entfernt ist, in der wir unsere Grundausstattung erworben haben (dem *Environment of Evolutionary Adaptedness*), so dass deren proximates Wirken sich oft eher als dysfunktional erweist. Höhenfurcht und Einschließungsfurcht zum Beispiel können im Flugzeug recht störend wirken. Anderseits haben wir kein biologisches Sensorium für die Gefährlichkeit von Kernkraftwerken entwickelt, so dass hier hilfsweise die Furcht vor Naturkatastrophen aktiviert werden muss.

Der proximate physiologische Mechanismus, der für Furcht/Angst verantwortlich ist, besteht in einer Stressreaktion. Es handelt sich dabei um eine körperliche Reaktion, die eine kurzzeitige Steigerung der körperlichen Leistungsfähigkeit bewirkt. Insofern ist Furcht/Angst nur eine Teilmenge der Vor-

gänge, mit denen Stress zu tun hat. Die Steigerung der Leistungsfähigkeit dient hier der Gefahrenabwehr. Doch auch der Löwe, der dem Beutetier nachstellt, braucht eine solche Steigerung, steht in diesem Sinne unter Stress, obwohl man ihm kaum irgendeine Furcht/Angst unterstellen würde. Bei entsprechender Leistungsanforderung werden bestimmte Stoffe (namentlich Adrenalin, Noradrenalin, Cortisol, Corticosteron) an das Blut abgegeben, die die letzten Reserven mobilisieren. So werden Blutdruck und Atemfrequenz erhöht, der Herzschlag wird verstärkt, insgesamt wird die Skelettmuskulatur (die man zum Hauen und Rennen braucht) verstärkt durchblutet, Zuckerreserven aus Leber und körpereigenes Eiweiß werden verfügbar gemacht, die Gerinnungsfähigkeit des Blutes steigt an. Ob nun im Kampf mit einem anderen Lebewesen, auf der Jagd, auf der Flucht oder in der Bedrängnis durch Wasser, Feuer, Steinschlag usw.: Die physiologische Stress-Reaktion kann das entscheidende letzte Quäntchen an Kraft mobilisieren und bringt damit einen großen Überlebensvorteil. Es gibt aber auch eine Negativseite der Bilanz: Der Magen-Darm-Trakt wird vermindert durchblutet, die Keimdrüsen stellen ihre Arbeit ein, die Immunreaktionen werden vermindert, Herz, Adern und Nieren werden stark belastet. Es ist also insgesamt eine evolutionär sehr präzis auf kurzzeitige körperliche Leistungsanforderungen ausgerichtete Adaptation (Details z.B. bei Hüther 2001; Bierbaumer/Schmidt 2010, speziell 149–156; sowie Bischof 2009, 457–462).

Wenn es keine angemessenen körperlichen Antworten auf den psychischen Stress-Alarm gibt, läuft die Reaktion ins Leere, und es bleiben nur die schädliche Folgen. In der modernen, zivilisierten Menschenwelt kann man das fast als den Regelfall ansehen. Wenn sich diese Situation zum Dauerstress verfestigt, führt das zu starken Einbußen der Lebens- und Fortpflanzungsfähigkeit. Vor allem an Nagetieren konnte beobachtet werden, wie sich mit zunehmender Populationsdichte sozialer Stress entwickelt, die Aggressivität zunimmt, ebenso Unfruchtbarkeit und Infektionsanfälligkeit, Bluthochdruck, Arteriosklerose, Herz- und Nierenschäden. Besonders differenzierte Studien wurden an Tupajas (›Spitzhörnchen‹) durchgeführt, eichhörnchenähnlichen ›Halbaffen‹ aus Südostasien. Rangkämpfe gleichgeschlechtlicher Tiere enden mit der Herstellung eines Dominanzverhältnisses, der Sieger ignoriert den Unterlegenen. Wenn dieser im gleichen Käfig bleiben muss, verkriecht er sich an einer geschützten Stelle und stirbt innerhalb weniger Tage, und zwar mit den typischen

Stresssymptomen wie Anstieg der Nebennierenrindenhormone auf das 10-fache (Überblick bei Fuchs/Flügge 2002). Das Problem des Dauerstresses liegt weniger in einer dauernden Leistung, sondern in einer dauernden Leistungsbereitschaft, die gleichwohl nicht in Handlung übergeführt werden kann. Das wäre unter physiologischem Blickwinkel das Stadium der Angst, also das Stadium der Maus, die in einen Alarmzustand gerät, für den sie kein angemessenes Verhaltensprogramm parat hat.

Die Situation der Tupajas ist allerdings art-untypisch, eigentlich eine Tierquälerei. In ihrer südostasiatischen Heimat leben sie in monogamen Paaren bzw. Kleinfamilien zusammen und meiden fremde Artgenossen. Sie haben hier genügend Raum, um den überlegenen Individuen auszuweichen. Auf ein Zusammenleben in engen Käfigen und auf Toleranz gegenüber überlegenen Artgenossen sind sie evolutionär also überhaupt nicht vorbereitet. Anders ist es bei Tierarten, die seit Jahrhunderttausenden in hierarchisch geordneten Rudeln leben. Robert Sapolsky hat systematisch Stressmessungen an Primaten, vor allem Pavianen, in ihren afrikanischen Habitaten vorgenommen (Sapolsky 1999). Untergeordnete Tiere seien zwar besonders stark Stressoren ausgesetzt, hätten entsprechend auch abnorm erhöhte Glukokortikoidspiegel und zeigten bei der Obduktionen oft Degenerationen des Hippocampus, die bei nichtgestressten Affen nicht zu beobachten waren. Aber die soziale Stellung sei keineswegs allein verantwortlich für das Stress-Niveau: Neben individuellen Faktoren gebe es auch Unterschiede in unterschiedlichen Gruppenstrukturen. Das entspricht der Beobachtung, dass Unterordnung oder Unterwerfung bei Gruppen- oder Rudeltieren durchaus in produktiver Weise zur Strukturierung der Gruppe verarbeitet werden kann. Da gibt es dann zwar auch Furcht vor Sanktionen für (von Überlegenen) unerwünschtes Verhalten, aber es entstehen auch Umgangsformen, die die innere Differenzierung ohne extreme psychischen Stress stützen.

Die Angst der Menschen. Der offene Horizont

Ehe nun vom Menschen gehandelt wird, ist eine Warnung angebracht: Die Evolution macht keine Sprünge. Das ist die Mehrheitsposition der Biologie seit Darwin. Es gibt keinen Grund, diese Position des *Gradualismus* zu Gunsten eines *Saltationismus* zu verlassen, der die Entstehung neuer Arten als

plötzliche Ereignisse oder ›Makromutationen‹ konzipiert und dafür unlösbare Erklärungsprobleme in Kauf nimmt. Das Interesse an einer Sonderstellung des Menschen im Kosmos kann mit den Mitteln der Biologie nicht befriedigt werden. Aber selbstverständlich gibt es Unterschiede zwischen den Menschen und den anderen Lebewesen. Es gibt sie ja auch zwischen Elefanten und Maikäfern. Der Gradualismus besagt, dass in der Evolution bereits vorhandene Fähigkeiten in ›kleinen‹ Schritten mit neuen Funktionen versehen und an deren Leitfaden ausgebaut werden und dass durch neue Verknüpfungen Emergenz-Effekte erzielt werden können, die, wenn man die Vergleichspunkte weit genug auseinanderzieht, dann tatsächlich den Schein von Diskontinuität erwecken.

Der technische und der soziale Zivilisationsprozess haben Mittel in die Hand gegeben, bestimmte archaische Furchten herab zu dimmen. Aber sie können jederzeit wieder hochgefahren werden, wenn die entsprechende Zivilisationsmaßnahme ausfällt oder ihre Grenzen zeigt. Furcht vor Dunkelheit z. B. steckt uns noch immer in den Gliedern und erwacht wieder, wenn der Strom ausfällt. Furcht vor dem Feuer wurde modernisiert zur Furcht vor Elektrizität und dann vor Kernkraft, ist aber auch in ihrer Originalform noch immer eine recht sinnvolle Einrichtung. Höhenfurcht, Furcht vor offenem Gelände, vor Ertrinken, vor Menschenansammlungen, bestimmten Tieren, fremden Stämmen, Speisen usw., alle diese ererbten Furchtdispositionen können unter Kulturbedingungen in einen Ruhezustand versetzt werden, können sich aber wieder hervorwagen, wenn die Eindämmungsmaßnahmen versagen (oder entsprechend manipuliert werden; s. Einleitung Kap. IV).

Neue Qualitäten erhält die Angst. Ein interessanter Vorschlag zu einer biologischen Erklärung des artspezifischen Charakters der menschlichen Angst stammt von dem Philosophen Hans Blumenberg. Er hält den Biotopwechsel vom Regenwald in die Savanne für den entscheidenden Vorgang. Diesem Wechsel entsprang die »Fähigkeit zur Prävention, der Vorgriff auf das noch nicht Eingetretene, die Einstellung aufs Abwesende hinter dem Horizont«. Angst sei »die reine Zuständlichkeit der unbestimmten Prävention […] Intentionalität des Bewußtseins ohne Gegenstand. Durch sie wird der ganze Horizont gleichwertig als Totalität der Richtungen, aus denen ›es kommen kann‹« (Blumenberg 1979, 10 f.).

Realwissenschaftlich orientierte Psychologen könnten das ganz ähnlich formulieren, würden allerdings den Kurzschluss von der räumlichen Horizonterweiterung auf die mentale nicht so leichtfüßig vollziehen. Mindestens ebenso wichtig wie die räumliche Ausweitung (die immerhin die Horizont-Metapher hergibt) ist jedenfalls die Erweiterung des *Zeit*->Horizonts< des Menschen. Sie ist nicht nur für Angst relevant, sondern durch sie werden auch andere ererbte Fähigkeiten und Dispositionen wie Empathie oder *Theory of Mind* oder planende Imagination in ganz neue Größenordnungen erweitert. In der biologisch orientierten Psychologie Norbert Bischofs erscheint diese Besonderheit des Menschen unter den Namen der Antizipation, der Sekundärzeit und der Permanenz (Bischof 2009, 378–387). Es geht dabei nicht nur um die Fähigkeit zur Erinnerung an einzelne Ereignisse, wie wir sie ja auch bei anderen Lebewesen annehmen dürfen, sondern um die Annahme einer kontinuierlichen Welt, die auch unabhängig von der aktuellen Antriebslage existiert. Ich selbst habe versucht, den Sachverhalt unter dem Begriff der Zwischenwelt zu fassen und ihn auf die Darstellungs- und Vergegenständlichungsfunktion der Menschensprache zurückgeführt (Eibl 2004, 2009): Diese ermöglicht die »Vergegenwärtigung nicht-gegenwärtiger Ereignisfolgen« (Bischof 1985, 450) und setzt uns in die Lage, >Wirklichkeiten< über den gegenwärtigen Moment oder den gegenwärtigen Handlungsverlauf hinaus zu konstruieren und als gemeinsames >Wissen< zu konservieren. Das gilt auch für unser Verhältnis zu uns selbst: Indem wir uns als sprachliche Konstruktion zu entwerfen versuchen, >wissen< wir von uns und verleihen uns über den Augenblick des Erlebens hinaus Kontinuität und Gegenständlichkeit. Die Konstruktion der Menschenwelt ist dadurch gekennzeichnet, dass ein kontinuierliches Ich (ich spreche nicht von >Identität<, weil das den Sachverhalt nicht genau genug trifft) mit einer kontinuierlichen Umwelt (einschließlich anderer kontinuierlicher Ichs) zurechtkommen muss.

Mit der sprachlich strukturierten und fixierten Welt steht nun die Vergangenheit weit über das persönliche Erinnern hinaus zur Verfügung, und so konnten die Menschen große Mengen an Wissen anhäufen und für Anwendungen parat halten. Solches Verfügen über Vergangenheit schafft jedoch auch neue Angstquellen, nämlich die Vergegenwärtigung vergangener Angst- oder Furchtsituationen, ja unter Umständen die Imagination und Konfabulation frei erfundener Traumata.

Vor allem der Umgang mit der Zukunft kann jedoch zu einem hochgradig angstbesetzten Unternehmen werden. Goethe hat diese Angst im *Faust* als >Sorge< charakterisiert:

Unruhig wiegt sie sich und störet Lust und Ruh
Sie deckt sich stets mit neuen Masken zu,
Sie mag als Haus und Hof, als Weib und Kind erscheinen,
Als Feuer, Wasser, Dolch und Gift;
Du bebst vor allem was nicht trifft,
Und was du nie verlierst das musst du stets beweinen

(Goethe, 42, V. 644–651).

Die Zukunft wird ein Feld, das dringend unserer Vorsorge bedarf, aber dafür viel zu wenig Informationen bereitstellt – eine Konstellation, die laufend Unheilsphantasien generieren kann. Die »Masken«, unter denen sie auftauchen, resultieren aus der Fähigkeit zur semantischen Verschiebung und Manipulation, wie sie sich aus der sprachlichen Konstruktion der Zwischenwelt ergibt. Sie erlaubt es, leere Plätze mit Phantasien zu füllen, Gefahrenquellen auszutauschen, harmlose Sachverhalte durch entsprechende semantische Manipulation zu Monstern aufzublasen oder tatsächliche Gefahrenquellen durch entsprechende Benennung zu verharmlosen – oder eine Philosophie >der< Angst zu entwerfen; denn es geht nicht mehr nur um eine an den Augenblick gebundene Vorsichts- oder Vermeidungs-Reaktion, sondern um eine Gesamtperspektive auf das Leben, eine »Grundbefindlichkeit«, wie Heidegger meinte, die durch Furcht herabgestuft wird auf bloß »innerweltliches Seiendes«.

Unter biologischem Gesichtspunkt sind vor allem jene ererbten Furchten von Interesse, die durch Hinzufügung des Grenzenlosigkeits-Index zu Ängsten werden können. Ein Beispiel für die Veränderung angestammter Furchten ist die Furcht vor Blamage. Sie gehört zu jenem Komplex, den Rudolf Bilz als »Disgregationsangst« bezeichnet hat (Bilz 1971, bes. 317–394, 429–464; Eibl 2004, 187–193): Die Furcht, den Anschluss an die Herde (*grex*) oder einzelne Bezugspersonen zu verlieren. Eine häufig beobachtete Unterkategorie ist die Trennungsfurcht des kleinen Menschenkindes (Bowlby 2006) oder des kleinen Rhesusaffen (Harlow 1958); sie ist auch beim Verhalten der rangniederen erwachsenen Affen wirksam, die sich lieber den Schikanen der ranghöheren aussetzen als die Gruppe zu verlassen. Diese Furcht gehört zur Grundausstattung aller Lebewesen, die in Gruppen (Rudeln) leben und ohne den Kontakt zu einer solchen Gruppe keine Überlebenschancen hätten.

Wenn aber nun ein kontinuierliches Ich in einer kontinuierlichen Umwelt lebt, kommt hier ein neues Moment hinzu. Wir haben einen >Begriff< von uns selbst, und außerdem wissen wir, dass auch andere einen Begriff von uns haben. Wenn ein Löwe versucht hat, einem anderen sein Rudel wegzunehmen, und feststellt, dass er dafür (noch) zu schwach ist, dann trollt er sich, versuchte es vielleicht später wieder. Die übrigen Bewohner der Savanne nehmen davon kaum Notiz. Niederlagen von Menschen hingegen (und ebenso natürlich auch Siege, Übeltaten und Wohltaten) werden verbalisiert, weitergegeben, werden sozusagen in die gemeinsame Zwischenwelt eingetragen und haften als Merkmal dauerhaft an der Person. Der ganze Komplex von ›Ehre‹, ›Ruf‹, ›Kredit‹, einer der wichtigsten Antriebe sozialen Verhaltens, ist grundiert durch die Furcht vor der Blamage als einer spezifisch menschlichen Variante der Disgregationsfurcht.

Hier wird schon deutlich, dass menschliche Furchten eine Tendenz zur Universalisierung haben. Wir handeln nicht nur auf die gegenwärtige Herausforderung, sondern auf eine Zwischenwelt hin, die auch in großem Umfang vergangene Ursachen und künftige Folgen, und im Falle der Angst: künftige und bloß erfundene Gefahren parat hält. Hier seien einige weitere Beispiele der Universalisierungen genannt.

Zunächst die »Verarmungs- oder Verhungerungsangst« (vgl. Bilz 1971). Natürlich werden auch Tiere bei ihrem Handeln auf vielfältige Weise vom Hunger angetrieben. Aber eine Verhungerungsfurcht in dem Sinne, dass sie sich mit vollem Bauch Sorgen wegen des nächsten Winters machen, wird man ihnen schwerlich unterstellen können. »Kein Tier beschafft […] in gesättigtem Zustande Nahrungsvorrat für künftigen Hunger, sofern nicht, wie bei manchen Nagern und einigen Vögeln, einsichtsfreie Instinktketten dies erzwingen« (Bischof 1985, 450). Die menschentypisch langen Erinnerungs- und Planungszeiträume machen die Möglichkeit von Stress omnipräsent und können die gedankliche Antizipation von Mangel zur Dauerdepression eskalieren lassen. Das Prinzip der Vor-Sorge spannt den Horizont bewahrungsbedürftiger Ressourcen weit über die Nahrungsmittel hinaus: Wir müssen auf unsere Ländereien achten, damit unser Vorrat an Feldfrüchten und Wild nicht gefährdet wird, auf unsere Frauen, unsere Werkzeuge. Auch der Zeit-Horizont des Hungers öffnet sich. Gold (Geld, Aktien etc.) kann man zwar nicht essen, aber man kann es gegen Brot eintauschen, und so kann die Bitte um ›unser tägliches Brot‹ auch eine Bitte um steigende Aktienkurse sein. Allerdings werden die Bezeichnungen auf diese Weise unanschaulich. Mit der Öffnung des Zeit-Horizonts und der Möglichkeit der Stellvertretung tritt eine fundamentale neue Unsicherheit auf, die dem Hunger ein ganz neues Gesicht gibt: Wie soll man wissen, wie viele Aktien oder Goldstücke man braucht, um (in einem grundsätzlich unbegrenzten Zeitraum!) nicht zu verhungern? Das ist der Grund, weshalb den Menschen, wie schon Thomas Hobbes beobachtet hat, »sogar der künftige Hunger hungrig macht«. Deshalb sei der Mensch »raublustiger und grausamer als Wölfe, Bären und Schlangen, deren Raubgier nicht länger dauert als ihr Hunger« (Hobbes 1994, 17).

Eine andere Furcht, die sich überhaupt erst mit dem menschlichen Antizipationsvermögen entfalten kann, ist die Hypochondrie, also die Furcht vor gefährlichen Krankheiten. Die Bewahrung der körperlichen Integrität ist natürlich auch für das Tier ein wichtiges Ziel. Es gibt sogar Beobachtungen, die auf etwas wie medizinisches Wissen von Tieren, insbesondere von Primaten hindeuten. Ansätze gibt es also auch hier. Aber eine regelrechte hypochondrische Angst ist wohl wieder ein menschliches Privileg. Schon auf der Stufe des frühen Menschen mit seinem guten Gedächtnis dürfte es sich um eine sehr starke Furcht gehandelt haben. Im Alter zumindest war jede Krankheit, die über einen harmlosen Schnupfen hinausging, vermutlich ein Todesurteil. Wirksame frühe Maßnahmen, die von dieser Furcht angeleitet waren und eine Chance hatten, ins Erbgut einzugehen, dürfte es nicht viele gegeben haben. Allgemeine Vorsicht bei Verletzungsgefahr, die Ausstoßung von Kranken, die gelegentlich gegen Infektionskrankheiten geschützt haben mag (und die man auch bei Tieren findet), angeborener Ekel vor verdorbener Nahrung, dazu nicht immer stichhaltige kulturelle Definitionen des Ekelhaften (bei uns z. B. Würmer, Insekten), vor allem aber das Wirken der Medizinmänner oder Schamanen. Deren priesterliche Funktion führt schon hinüber zum nächsten Abschnitt, zu Religion und Aberglaube.

Vorher aber ist noch eine weitere Furcht zu erwähnen, die Furcht oder Angst vor dem Tod. Tiererbe ist hier das, was umgangssprachlich als ›Selbsterhaltungstrieb‹ bezeichnet wird. Mit diesem Begriff kann man alle Verhaltensprogramme zusammenfassen, die der Erhaltung des Individuums dienen, Triebe der Ernährung, der Verteidigung, der körperlichen Unversehrtheit, unter Gen-Aspekt auch der Fortpflanzung. Beim Menschen aber kommt hier mit der Sprache der *Begriff* des Todes hinzu. Erst mit diesem Begriff wird der Tod verfügbar, und es sind z. B. der Mord, die Todesstrafe oder der Selbstmord möglich. Verfügbar ist der Tod aber auch als Gedanke an die finale Katastrophe. Das absolut sichere

Wissen, eines Tages zu sterben, ist eine schwer erträgliche Negation aller Selbsterhaltungsinstinkte des Menschen. Insofern haben die Philosophen, die in der Angst vor dem Tod einen nahezu universellen Fluchtpunkt der menschlichen Daseinsorientierung sahen, durchaus etwas Richtiges gesehen (s. Einleitung Kap. II). Empirisch-psychologische Untersuchungen machen allerdings wahrscheinlich, dass der Gedanke an die Unausweichlichkeit des eigenen Todes durch eine Art von psychischem Immunsystem in Schach gehalten, ›verdrängt‹ wird (DeWall/Baumeister 2007, dort weitere Literatur zur *Terror-Management-Theory*). Hierin liegen Gründe für die Konstruktion starker überpersönlicher Instanzen, die die individuelle Sterblichkeit kompensieren, seien es nun Religionen im klassischen Sinn, seien es Kollektive wie die Nation oder die Klasse, seien es auch relativ abstrakte Instanzen wie die Vernunft oder die Menschheit.

Gegenmittel I: Religion und Aberglaube

Die genannten spezifisch menschlichen Furchten und Furchtvarianten (es könnten noch einige hinzugefügt werden) sind entstanden mit dem Medium Sprache (zum Medien-Charakter der Sprache vgl. u. a. Jäger 2007; Eibl 2009a). Sie haben alle die Tendenz, sich zu Ängsten auszuweiten. Angesichts des langen Zeitraums, den man für die Evolution der Sprache ansetzen muss, kann man aber vermuten, dass für die Probleme, die das mit sich brachte, auch Lösungen koevolviert sind. Ein Musterbeispiel wäre die eben erwähnte Entwicklung eines Immunsystems gegen die Angst vor dem Tod.

Hans Blumenberg, dem wir schon eine Beschreibung der Angst verdanken, gibt auch Hinweise, wie Angst und Furcht sich unter diesen Umständen zueinander verhalten und Angst in Furcht umgearbeitet werden kann.

Dies [die Angst] wiederum ist eine Einstellung zur Wirklichkeit, die zwar episodisch-längerfristig durchgehalten, aber nicht schlechthin auf Dauer gebracht werden kann. Die generelle Spannung muß immer wieder reduziert werden auf Abschätzung besonderer Faktoren. Anders, nämlich in der Sprache des Neurologen Kurt Goldstein ausgedrückt, heißt dies, daß Angst immer wieder zur Furcht rationalisiert werden muß, sowohl in der Geschichte der Menschheit wie in der des Einzelnen. Das geschieht primär nicht durch Erfahrung und Erkenntnis, sondern durch Kunstgriffe, wie den der Supposition des Vertrauten für das Unvertraute, der Erklärungen für das Unerklärliche, der Benennungen für das Unnennbare. Es wird eine Sache vorgeschoben, um das Ungegenwärtige zum Gegenstand der

abwehrenden, beschwörenden, erweichenden oder depotenzierenden Handlung zu machen. Durch Namen wird die Identität solcher Faktoren belegt und angehbar gemacht, ein Äquivalent des Umgangs erzeugt (Blumenberg 1979, 11 f.).

Blumenberg bereitet mit diesen Formulierungen seine große Abhandlung über den Mythos vor, die auf diese Weise bio-anthropologisch verankert wird. Mit nur geringfügigen Änderungen könnte man hier auch Niklas Luhmanns Begründung der Religion als Überführung von Unbestimmtem in Bestimmtes oder als Simultanthematisierung von Unbestimmtem und Bestimmtem, d. h. als »Supposition des Vertrauten für das Unvertraute, der Erklärungen für das Unerklärliche, der Benennungen für das Unnennbare« (Blumenberg 1979, 11), wiederfinden (vgl. Luhmann 1982).

Als uraltes und noch immer gegenwärtiges Mittel der Horizontschließung und damit der Milderung der Angst zur Furcht kann man Religion und Aberglauben namhaft machen (s. Kap. II.1). Ein hübsches Beispiel dafür ist die Paraskavedekatriaphobie, die es bei Google auf immerhin 84.300 Fälle bringt (und die synonyme Friggatriskaidekaphobie auf 61.000): Es ist die Furcht vor Freitag, dem 13. Am Freitag, den 13., bleiben drei- bis fünfmal so viel Arbeitnehmer ihrer Arbeit fern wie im Monatsdurchschnitt (Spiegel-Online 2009). Die Paraskavedekatriaphobie ist – wie Horoskop, Orakel, Prophezeiung usw. – eine Methode, die offene Zukunft auf ein berechenbares Maß zu bringen und so das Bedürfnis nach Planungssicherheit in einem überdehnten Zeithorizont zu beruhigen.

Solche religiös-abergläubische Techniken sind grundsätzlich überall aufzufinden, wo sich eine Welt jenseits der aktuellen Antriebslage andeutet und wegen ihrer Ungreifbarkeit Angst hervorrufen kann. Gegen die unablässige Drohung des Verhungerns lassen sich neben Wetterzauber oder Tiergeisterbeschwörungen vor allem Diätvorschriften einsetzen. Man versucht immer wieder, religiöse Diätvorschriften auf ›rationale‹ Hygiene-Motive zurückzuführen, aber mindestens ebenso wichtig dürfte der grundsätzliche Aspekt sein: die Disziplinierung der dauernden Verhungerungsfurcht durch Enthaltsamkeitsübungen. Gegen die Disgregationsfurcht (und damit gleichfalls auch gegen Hunger und Durst) hilft es, wenn man sich des Schutzes des obersten Hirten versichert: »[…] mir wird nichts mangeln. Er weidet mich auf einer grünen Aue und führt mich zum frischen Wasser« (Psalm 23, 1 f.). Die unablässig drohende Gefahr lebensbedrohender Krankheiten kann durch Zauber und/oder ein gottgefälliges Leben beherrscht werden: »Und Jahwe wird jede Krankheit von dir abwenden; und keine der bösen Seuchen Ägyptens, die du kennst, wird er auf dich legen, sondern er wird sie auf alle deine Hasser bringen« (5. Mose 7, 15). Damit wird auch gleich die Furcht vor Feinden mit versorgt. Exemplarisch sei der in fast jeder Religion in irgendeiner Weise aufzufindende Ahnenkult herausgehoben (Thiel 1984, 138–150), der eine nahezu universelle Problemlösungskapazität besitzt: »Der Mensch opfert den Ahnen und meint im Grunde seine eigene Unsterblichkeit« (ebd., 142). »Für jede Krankheit und für jede Kalamität läßt sich immer ein erzürnter Ahn ausmachen« (ebd., 143). Entscheidend ist immer, dass die Quelle des Unheils oder der jeweiligen Gefahr möglichst ›präzise‹ benannt wird und dass die Maßnahmen gegen sie ›korrekt‹ durchgeführt werden. Religion und Aberglaube sind insgesamt sehr wirksame Schachzüge, mit denen man die Angst vor dem Unbekannten zur Furcht vor Bekanntem mildern kann. Ein Musterfall solcher Milderung in der abendländischen Geschichte ist das Fegefeuer. Der leere Raum hinter dem Tod wird zum Ort der Reinigung erklärt, in den man vom Diesseits aus hineinwirken kann.

Gegenmittel II: Ästhetische Entkopplung. Angstlust

Noch eine zweite Gruppe von Gegenmitteln gegen Angstschäden ist hier anzuführen. Auch hier mag Goethes *Faust* eine passende Formulierung beisteuern. Einer der ›Bürger‹ meint dort anlässlich des Osterspaziergangs:

Nichts Bessers weiß ich mir an Sonn- und Feiertagen,
Als ein Gespräch von Krieg und Kriegsgeschrei,
Wenn hinten, weit, in der Türkei
Die Völker auf einander schlagen.
Man steht am Fenster, trinkt sein Gläschen aus
Und sieht den Fluß hinab die bunten Schiffe gleiten;
Dann kehrt man abends froh nach Haus,
Und segnet Fried' und Friedenszeiten.

(Goethe 1994, 50, v. 860–876).

Ein anderer Bürger pflichtet bei:

Herr Nachbar, ja! so lass ich's auch geschehn,
Sie mögen sich die Köpfe spalten,
Mag alles durcheinander gehn;
Doch nur zu Hause bleib's beim alten

(ebd., 50, V. 872–875).

Was die Bürger zu einem derart behaglichen Umgang mit Krieg und Kriegsgeschrei bringt, könnte

man als eine ästhetische Einstellung zur Angst bezeichnen: Die Bewegung des Gemüts beim Gespräch über Krieg und Köpfespalten in fernen Ländern ist hoch willkommen (»Nichts bessers weiß ich […]«), so lange nur zu Hause alles beim Alten bleibt. Das endokrine Stressgeschehen kann offenbar eine seltsame Art von Genuss bereiten, und es kann zu diesem Zweck auch provoziert werden, sei es durch Zeitungslektüre und Fernsehnachrichten, sei es durch einen *Bungee*-Sprung usw. Auch das Hochgebirge, die Weite oder die Gewalt der See, die Unendlichkeit des Firmaments, Wasserfälle, Abgründe, Raubtiere und alle anderen Gegenstände, die wegen ihrer unbezwingbaren Kraft oder ihrer unermesslichen Größe als Inbegriffe des ›Erhabenen‹ gelten, können diese Qualität nur entwickeln, solange wir uns in einem angemessenen Zustand der Sicherheit befinden (Eibl 1993).

Von der Psychoanalyse ist das mit dem Titel der ›Angstlust‹ (*thrill*) versehen und als gemilderte Wiederholung frühkindlicher Trennungstraumata erklärt worden (Balint 2009; s. Kap. III. A.8). Das mag so sein oder auch nicht. Die Problematik wurde unter ästhetischem Gesichtspunkt als *paradox of horror* behandelt und damit als Teil einer ganzen Paradoxienfamilie: *paradox of tragedy, paradox of suspense* und quasi als Klammer das *paradox of fiction*. Wir folgen dem Schicksal fiktionaler Personen mit ähnlichem emotionalem Engagement wie dem Schicksal wirklicher Personen, obwohl wir wissen, dass die fiktionalen gar nicht gibt (Mellmann 2006b, dort auch die Auflösung des ›paradox‹). Ähnlich erleben wir endokrin hervorgerufene oder begleitete Angstzustände im Kino oder in der Geisterbahn, obwohl wir wissen, dass die Gefahren nicht real sind. Balint nennt drei Umstände, die zur Angstlust gehören: »die objektive äußere Gefahr, welche Furcht auslöst, das freiwillige und absichtliche Sich-ihr-Aussetzen und die zuversichtliche Hoffnung, dass alles schließlich doch gut enden wird« (Balint 2009, 19) – jedenfalls für die Zuschauer oder Leser. Ob auch Tiere Angst genießen können, ist kaum zu entscheiden (zu Ansätzen bei Ratten vgl. Piazza u. a. 1993). Jedenfalls bringen sie einige Voraussetzungen mit, die vielleicht nicht hinreichend, aber doch notwendig sind für Angstlust. Sie lassen sich grob zusammenfassen unter dem Titel des Spiels.

Spiel kann verstanden werden als ein lustmotiviertes Handeln, bei dem Erregungszustände genossen werden, während das zugehörige Verhaltensprogramm nur mit simulierter Realität operiert und nicht bis zu einer realen Endhandlung durchgeführt wird. Unsere Adaptationen werden dabei nicht im Funktionsmodus, sondern im Organisationsmodus tätig (Eibl 2004, 278–293; Tooby/Cosmides 2006; Eibl 2009b). ›Organisation‹ in diesem Sinne ist die ultimate Ursache des Spiels, d. h. die Ursache für die Evolution dieser Verhaltensweise: Die Individuen, Mensch wie Tier, stellen im Spiel ihre Adaptationen fertig, bauen Umweltelemente ein, koordinieren und reparieren sie. Hier liegt der oben erwähnte Lernanteil. Sich ›gut‹ fürchten zu können, d. h. furchterregende Situationen gut zu identifizieren und die richtigen Folgerungen daraus zu ziehen, lernen wir am schonendsten in Situationen, in denen keine unmittelbare Gefahr droht. Die Lust, die dabei entsteht, ist die intrinsische Belohnung solchen unmittelbar sinnfreien, mittelbar aber sehr sinnvollen Verhaltens. Man kann sagen: Spielen ist biologisch gesehen lustmotiviertes Lernen. Auf proximater Ebene, d. h. auf der Ebene des psychischen Apparates, kann man sich den emotionalen Zustand des Spiels als eine Art Entkopplung von Auslösemechanismus und Verlaufsprogramm vorstellen (hierzu und zum Folgenden vgl. Mellmann 2006a). Diese ›Technik‹ kann, zumal unter Kulturbedingungen, dann für unterschiedliche Zwecke und in unterschiedlichen Kontexten eingesetzt werden. Die Entkoppelung ist elementar für jede Art von emotionaler Beteiligung an fiktionalen Vorgängen. Der Reiz, der den Auslösemechanismus betätigt, hat hier den Charakter einer Attrappe. Der Auslösemechanismus funktioniert reflexartig, während das Verlaufsprogramm durch seine große Anzahl möglicher Anschlusskognitionen und Realitätseinbettungen in hohem Maß variabel ist. Aber die Grundstruktur ist nicht auf die Wahrnehmung von Fiktionen beschränkt. Fiktionalität und Attrappencharakter sind nur der Unterfall einer generellen Konstellation der Handlungsabstinenz. Auch als Zuschauer realer Abläufe von Glück und Leid, Hochzeiten und Todesfällen, bei denen wir nicht eingreifen müssen oder können, nehmen wir zwar den emotionalen Appell wahr, setzen ihn aber nicht in reale Handlung um. Wo wir auch selbst physisch involviert sind, geschieht es unter der Obhut des TÜV, der auch für derartige Veranstaltungen wirbt: »Sich mit dem Seil über den Abgrund hangeln, mit dem Skateboard über Schanzen springen oder durch Röhren in die Tiefe rauschen – der Adrenalinkick in der Freizeit ist für viele Menschen Ausgleich zum Alltagsstress. Doch auch in Extremsituationen hat Sicherheit oberste Priorität« (TÜV Süd 2009).

Die wichtigste Domäne der entkoppelten Angst ist die Literatur und der weite Bereich literaturverwandter Medien wie Theater, Film, Fernsehen, Computerspiele (hierzu ausführlicher Eibl 2012). Hier ist Gefahr zugleich präsent und entschärft. Der Auslösemechanismus spricht zwar an, aber das Verhaltensprogramm ist suspendiert. So können wir uns mit einer Vielfalt sozusagen geborgter Sensationen versorgen. Im Theater genießen wir, laut Aristoteles, *eleos* und *phobos*, ›Mitleid‹ und ›Furcht‹ oder, wie neuere Übersetzungen meinen, ›Jammer‹ und ›Schauder‹. Der gleiche seelische Apparat führt uns in und durch die Geisterbahn und zum *Bungee*-Springen. Die Unterschiede bestehen nur in den Verfahren, mit denen reale Gefährdung unserer eigenen Person ausgeschlossen wird; einmal ist es die – pauschal gesprochen – Fiktionalität des Geschehens, das andere Mal sind es administrativ überwachte Sicherheitsvorkehrungen.

Furchtlosigkeit

Furcht, so war eingangs als Selbstverständlichkeit zu vermerken, hat die Funktion, den Organismus vor Gefahren zu bewahren. Furchtlosigkeit wäre demnach ein eher krankhafter Zustand. Gleichwohl gilt Furchtlosigkeit als Tugend. Wenn wir das nicht nur als einen kulturellen Schachzug einschätzen, Leute ins Verderben zu schicken, lohnt sich die Frage nach möglichen evolutionären Wurzeln dieser Bewertung.

Ein genuiner Antagonist der Furcht ist die Explorationsneigung (das ›Neugierverhalten‹). Das Widerspiel beider ist schon bei unseren Haustieren oder den Vögeln in unseren Gärten zu beobachten: Wenn irgendetwas Ungewohntes geschieht, gibt es zunächst eine Schreckreaktion. Wenn die ungewohnte Situation aber andauert, dann kommt es zu – vorsichtigen – Erkundungsaktionen. Nicht nur bei Tieren, sondern auch beim heranwachsenden Menschen ist dieses Widerspiel von Furcht/Angst- und Erkundungsverhalten von größter Bedeutung für die individuelle Entwicklung (Details z. B. bei Lorenz 1977, 186–194; Bischof 2009, 428–430). Es zielt auf eine optimale Einpassung in die jeweilige Umwelt.

Schwerer zu erklären ist die Disposition zu Verhaltensweisen, die offenbar gegen das Selbsterhaltungsinteresse verstoßen, ohne dass ein wenigstens mittelbarer Nutzen für das Individuum erkennbar ist. So weit solche Verhaltensweisen als eine Art Opfer für den Fortbestand der eigenen Gene in anderen Körpern interpretiert werden können, ist die biologische Kategorie der *kin selection* eine ausreichende Erklärung: Es kann im Interesse der Vermehrung der eigenen Gene liegen, wenn die individuelle Existenz riskiert oder gar geopfert wird, wenn also z. B. das Muttertier dem Impuls zu schneller Flucht nicht nachgibt, sondern den Räuber vom Nest weglockt.

Erklärungsbedürftig bleiben dann noch Verhaltensweisen, durch die das Individuum sich scheinbar ganz sinnlos in Gefahr bringt. Als Erklärung ist hierfür das ›Handicap-Prinzip‹ (Zahavi/Zahavi 1998) vorgeschlagen worden: Ein Individuum, das mit einem Handicap behaftet ist, kann zeigen, wie ›fit‹ es hinsichtlich seiner sonstigen Eigenschaften ist. Als Musterbeispiel gilt seit Darwins Zeiten das Rad des männlichen Pfaus, das ihn mancherlei Gefahren aussetzt, aber den Weibchen so sehr imponiert, dass die Verbesserung seiner Reproduktionschancen die Gefahren aufwiegt. Menschlich gesprochen: Das Handicap verleiht dem Pfau Prestige, das er in sexuellen Erfolg ummünzen kann. Entsprechend kann auch furchtloses Verhalten als Gute-Gene-Indiz wirken, das die Partnerwahl maßgeblich beeinflusst. Solche Fitness-Tests sind im Tierreich sehr weit verbreitet. So ist bei manchen Insektenarten die Kopulation durch anatomische Besonderheiten des Weibchens geradezu schikanös erschwert, so dass nur ›der Beste‹ zum Zuge kommen kann.

Beim Menschen ist der Zusammenhang von Furchtlosigkeit und Reproduktionschancen ebenfalls greifbar. Die Literatur kennt das Motiv der Freierprobe: Der Freier wird einer Prüfung unterworfen, die nicht nur seine Geschicklichkeit oder seine Intelligenz testet, sondern auch seinen Mut. Die Walküre der *Snorra Edda* fordert vom Freier, dass er die Waberlohe durchreitet. In der Geschichte von Turandot muss er drei Rätsel lösen, und wenn ihm dies nicht gelingt, wird ihm der Kopf abgeschlagen und neben den Köpfen seiner Vorgänger am Stadttor aufgepfählt. Auch in der populären Moderne ist das Muster zu finden, etwa beim »Hasenfußrennen« (*chicken run*) in dem James-Dean-Film *Rebel without a Cause* (1955) abgeben: Zwei jugendliche Rivalen rasen mit ihren Autos auf eine Klippe zu, und wer als erster aus dem Auto springt, ist das »chicken«, der Feigling. Einer der beiden bleibt mit dem Jackenärmel hängen und stürzt in die Tiefe, der andere bekommt die schöne Judy. Musterfälle von Mutproben, die ganz explizit der Erringung einer Reproduktionschance dienen, diesen Zusammenhang aber schon kritisch in Frage stellen, schildern die Balladen *Der Taucher* (1797) und *Der Handschuh* (1797) von Friedrich Schiller. Im *Taucher* wirft der König einen goldenen Becher in den Gezeitenstrudel, und wer ihr von dort empor holt, darf ihn behalten. Ein Edelknabe wagt es und es gelingt ihm. Der König wirft den Becher erneut hinab, verspricht dem Taucher den Ritterschlag und die Hand der Tochter, der Jüngling stürzt sich erneut in die Flut, taucht aber nicht wieder auf. *Der Handschuh* zieht daraus eine Art Lehre: Bei einem mittelalterlichen Tierkampf werden ein Löwe, ein Tiger und zwei Leoparden in die Arena gelassen. Das Edelfräulein Kunigunde wirft einen Handschuh zwischen sie und fordert den Ritter Delorges auf, ihn ihr zu bringen. Dann werde er ihre Gunst genießen dürfen. Der Ritter holt den Handschuh, wirft ihn ihr ins Gesicht und verlässt sie.

Schillers Balladen verfolgten einen erzieherischen Zweck. Sie wollten das Publikum um 1800 vor falschem Heldentum warnen. So ganz ist das nicht gelungen, denn noch immer brausen risikofreudige jugendliche Helden am Wochenende durch die Nacht.

Literatur

Balint, Michael: *Angstlust und Regression*. Stuttgart ⁶2009 (engl. 1959).

Barrett, H. Clark/Cosmides, Leda/Tooby, John (2007): The hominid entry into the cognitive niche. In: Steven W. Gangestad/Jeffry A. Simpson (Hg.): *The Evolution of Mind: Fundamental Questions and Controversies*. New York/NY 2007, 241–248.

Bierbaumer, Niels/Schmidt, Robert F.: *Biologische Psychologie*. Heidelberg ⁷2010.

Bilz, Rudolf: *Paläoanthropologie. Der neue Mensch in der Sicht einer Verhaltensforschung*. Bd. 1. Frankfurt a. M. 1971.

Bischof, Norbert: *Das Rätsel Ödipus. Die biologischen Wurzeln des Urkonflikts von Intimität und Autonomie*. München 1985.

Bischof, Norbert: *Psychologie. Ein Grundkurs für Anspruchsvolle*. Stuttgart ²2009.

Blumenberg, Hans: *Arbeit am Mythos*. Frankfurt a. M. 1979.

Bowlby, John: *Bindung und Verlust*. 3. Bde. München/Basel 2006 (engl. 1969–1980).

Cheney, Dorothy L./Seyfarth, Robert M.: *Wie Affen die Welt sehen. Das Denken einer anderen Art*. München 1994 (engl. 1990).

Darwin, Charles: *Der Ausdruck der Gemütsbewegungen bei dem Menschen und den Tieren*. Kritische Edition, Einleitung, Nachwort und Kommentar von Paul Ekman. Übersetzt von Julius Victor Carus und Ulrich Endewitz. Frankfurt a. M. 2000 (engl. 1872).

DeWall, C. Nathan/Baumeister, Roy F.: From terror to joy: Automatic tuning to positive affective information following mortality salience. In: *Psychological Science* 18 (2007), 984–990.

Eibl, Karl: Abgrund mit Geländer. In: Ders. (Hg.): *Die Kehrseite des Schönen*. Hamburg 1993, 3–14.

Eibl, Karl: *Animal Poeta. Bausteine zur biologischen Kultur- und Literaturtheorie.* Paderborn 2004.

Eibl, Karl: *Kultur als Zwischenwelt. Eine evolutionsbiologische Perspektive.* Frankfurt a. M. 2009a.

Eibl, Karl: Vom Ursprung der Kultur im Spiel. Ein evolutionsbiologischer Zugang. In: Thomas Anz/Heinrich Kaulen (Hg.): *Literatur als Spiel. Evolutionsbiologische, ästhetische und pädagogische Aspekte. Beiträge zum Deutschen Germanistentag 2007.* Berlin/New York 2009b, 19–33.

Eibl, Karl: Von der biologischen Furcht zur literarischen Angst. Ein Vertikalschnitt. In: *KulturPoetik* 12/2 (2012), 155–186.

Eibl-Eibesfeldt, Irenäus/Sütterlin, Christa: *Im Banne der Angst. Zur Natur- und Kunstgeschichte menschlicher Abwehr-Symbolik.* München/Zürich 1992.

Ekman, Paul: Einleitung. In: Charles Darwin: *Der Ausdruck der Gemütsbewegungen bei dem Menschen und den Tieren.* Kritische Edition, Einleitung, Nachwort und Kommentar von Paul Ekman. Übersetzt von Julius Victor Carus/Ulrich Endewitz. Frankfurt a. M. 2000 (engl. 1872), XII–XXVIII.

Fuchs, Eberhard/Flügge, Gabriele: Social stress in tree shrews: Effects on physiology, brain function, and behavior of subordinate individuals. In: *Pharmacology Biochemistry and Behavior* 73/1 (2002), 247–258.

Goethe, Johann Wolfgang: *Faust.* In: Ders.: *Sämtliche Werke. Briefe, Tagebücher und Gespräche.* Band 7/1. Hg. von Albrecht Schöne. Frankfurt a. M. 1994.

Harlow, Harry: The nature of love. In: *American Psychologist* 13 (1958), 573–685.

Hobbes, Thomas: *Vom Menschen – Vom Bürger.* Elemente der Philosophie II und III. Hg. von Günter Gawlick Hamburg ³1994 (lat. 1658/1642).

Hüther, Gerald: *Biologie der Angst. Wie aus Stress Gefühle werden.* Göttingen 2001.

Jäger, Ludwig: Medium Sprache. Anmerkungen zum theoretischen Status der Sprachmedialität. In: *Mitteilungen des deutschen Germanistenverbandes* 54/1 (2007), 8–24.

Lorenz, Konrad: *Die Rückseite des Spiegels. Versuch einer Naturgeschichte der menschlichen Erkenntnis* [1973]. München 1977.

Luhmann, Niklas: *Funktion der Religion.* Frankfurt a. M. 1982.

Mayr, Ernst: *Eine neue Philosophie der Biologie.* München/Zürich 1991 (engl. 1988).

Mellmann, Katja: *Emotionalisierung. Von der Nebenstundenpoesie zum Buch als Freund. Eine emotionspsychologische Analyse der Literatur der Aufklärungsepoche.* Paderborn 2006a.

Mellmann, Katja: Literatur als emotionale Attrappe. Eine evolutionspsychologische Lösung des ›paradox of fiction‹. In: Dies./Uta Klein/Steffanie Metzger (Hg.): *Heuristiken der Literaturwissenschaft. Disziplinexterne Perspektiven auf Literatur.* Paderborn 2006b, 145–156.

Öhman, Arne/Mineka, Susan: Fears, phobias, and preparedness. Towards an evolved module of fear and fear learning. In: *Psychological Review* 108 (2001), 483–522.

Piazza, Pier/Deroche, Vincenzo/Deminiere, Veronique/Maccari Stefania: Corticosterone in the range of stress-induced levels possesses reinforcing properties: Implications for sensation-seeking behaviors. In: *Proc. Natl. Acad. Sci. USA* 90 (1993), 11738–11742.

Sapolsky, Robert M.: The physiology and pathophysiology of unhappiness. In: Daniel Kahnemann/Ed Diener/Norbert Schwarz (Hg.): *Well-Being. The Foundations of Hedonic Psychology.* New York 1999, 453–469.

Spiegel-online, ohne Titel, 12.03.2009, http://www.spiegel.de/wirtschaft/0,1518,612949,00.html (01.10.2011).

Tembrock, Günter: *Angst. Naturgeschichte eines psychobiologischen Phänomens.* Darmstadt 2000.

Thiel, Josef Franz: *Religionsethnologie. Grundbegriffe der Religionen schriftloser Völker.* Berlin 1984.

Tinbergen, Nikolaas: *Instinktlehre. Vergleichende Erforschung angeborenen Verhaltens.* Berlin 1952 (engl. 1950).

Tooby, John/Cosmides, Leda: Schönheit und mentale Fitness. Auf dem Weg zu einer evolutionären Ästhetik (amerik. 2001). In: Uta Klein/Katja Mellmann/Steffanie Metzger (Hg.): *Heuristiken der Literaturwissenschaft. Disziplinexterne Perspektiven auf Literatur.* Paderborn 2006, 217–244.

TÜV-Süd: Flut der Endorphine, http://www.tuevsued.de/tuev_sued_konzern/ueber_tuev_sued/publikationen/tuev_sued_journal2/archiv/tuev_sued_journal_2_2009/flut_der_endorphine (15.03.2012).

Zahavi, Amotz/Zahavi, Avishag: *Signale der Verständigung. Das Handicap-Prinzip.* Frankfurt a. M. 1998.

Karl Eibl

III. Medienkulturen der Angst

Einleitung: Angst, Medialität und Repräsentation

Unbestimmtheit und Mimesis

Medienkulturen um 2000 sind als Angst-Kulturen dem zyklischen Ablauf einer beständig sich steigernden und überbietenden ›Angst-Angst‹ (Böhme 2009) oder einer Angst vor der Angst unterworfen (s. Einleitung Kap. IV). Kennzeichnend ist zumeist eine große Distanz zu den jeweiligen Angst auslösenden Ereignissen (Atomkraft oder Finanzkrise) bei gleichzeitiger Distanzminderung durch diverse (digitale und audiovisuelle) Medien (s. Kap. IV.A.4 und IV.A.7). Die dadurch etablierte Fern-Nähe ermöglicht einen komfortablen Umgang mit der Angst, der die existentielle Bedrohlichkeit genommen wird. Insofern ist Angst modern und historisch: Nur modernisierte Gesellschaftskulturen zeichnen sich durch die medial präsentierten und produzierten Angstkonjunkturen aus. Traditionelle Gesellschaften sind von ›wirklichen‹ Gefahren wie Naturkatastrophen und Krieg bedroht; diese existentielle und natur- oder objektabhängige Angst wird mit Furcht oder Schrecken bezeichnet. Die »unbestimmte Angst« (Gehlen 1957, 75) ist insofern ein Produkt der Modernisierung seit dem 18. Jahrhundert und spiegelt den Zustand einer Individualisierung der *Seele im technischen Zeitalter* (ebd.) wider. Die Unterscheidung zwischen Furcht und Angst impliziert je andere historische Semantiken und Phänomenbereiche (s. Kap. II.2). Umgekehrt gilt, dass andere Präsentations- und Erscheinungsweisen die Semantik des Begriffs ›Angst‹ tangieren und historisch verändern. Einerseits ist Angst körperliche Erscheinungsweise, Habitus und Haltung; andererseits wird dadurch eine besondere theoretische und künstlerische Einstellung zur Angst erforderlich, die nicht biologisch und psychologisch zu sein hat, sondern kultur-, sozial- und medienanthropologisch. Diese begrenzte theoretische Perspektive erlaubt eine seriöse Auseinandersetzung mit einem Phänomen mit »limitierter Wahrheit« (Kierkegaard 1992, 68).

Nur solche Theorien finden im folgenden Berücksichtigung, die diese spezifische Heuristik der Angst berücksichtigen und eine kulturanthropologische Frage-Anordnung befolgen. Dies markiert auch eine kulturspezifische Signifikanz, insofern kann die Rede von einer ›German Angst‹ von fremdkulturellen Ängsten unterschieden werden. Denn in bestimmten Diskursen beherrscht diese Angst vor dem Fremden als Freund-Feind-Schema oder rassistische Ausgrenzung die Konjunktur von Begriff und Phänomen seit 1800. Unter Berücksichtigung eines ›mimetischen Vermögens‹ (Benjamin/Taussig) der Medien wie etwa Fotografie und Film sind dementsprechend die Angst bewältigenden Effekte der Medienkultur hervorgehoben worden. Kafkas »Wunsch, Indianer zu werden« (Taussig 1997, 252) illustriert die Denkfigur von Mimesis und Alterität, die den Körperausdruck der Angst durch nachahmendes Verhalten minimiert, eine durch Medien wie die Photographie gestützte Mimikry. Die medialen Kulturtechniken erstellen eine zweite Natur, die die Angst besetzte erste Natur ersetzt oder verstellt, wodurch das von Helmuth Plessner beschriebene, anthropologische Grundprinzip der natürlichen Künstlichkeit zur Geltung kommt: »Mimesis als eine Natur zu denken, die Kultur benutzt, um eine zweite Natur zu schaffen […]« (ebd., 251).

Erscheinung und Modernität

Angst befindet sich als Begriff in einem konvergenten Korrespondenzverhältnis zu seinen medialen Erscheinungsweisen und prägt hierdurch eine eigentümliche Begriffs- und Diskursgeschichte aus. Dieser Diskurs über Angst ist – etwa als publizistischer – in die Medienverhältnisse eingezogen und wirkt so auf die Semantik von Angst ein. Gegen die übliche psychologische Konnotierung von Angst als Gefühl und Emotion wird hier die mediale Komponente des Begriffs als körperliche E-Motion betont sowie dessen kulturanthropologische Diskursivierung. Durch den »Ausschluß oder das Ausbleiben der Innerlichkeit« (Kierkegaard 1992, 166) wird Angst nicht als Gefühl bestimmt. Weil Angst keine objektive Referenz hat, wird dieses fehlende Außen durch dazwischen geschaltete Medien ersetzt, die Angst erzeugen oder etwa im Flow-Erlebnis minimieren (Csikszentmihalyi 1993).

Innerhalb der Diskursgeschichte der Angst entfaltet diese Ambivalenz oder Konvergenz von Innen und Außen, von Innerlichkeit und Entäußerung eine hervorragende Dynamik. Die Aufklärung des 18. Jahrhunderts beginnt mit der Differenzierung von Angst zu Begriffen wie ›Furcht‹, ›Schrecken‹, ›Pathos‹ etc. Ergebnis dieser begrifflichen Differenzierungen ist die ›Angst-Lust‹ (Böhme 2009), die der medial erzeugten Fern-Nähe auf Rezipientenseite entspricht. Angst ist als »Resonanzprinzip« (Luhmann 1988, 243) auf seine Realisierung in medialen und performativen Kontexten angewiesen, in denen eine »angstbezogene Kommunikation« (ebd., 243) stattfindet. Kino- und Literaturgenres wie Horrorfilm, Thriller oder Krimi lassen sich durch dieses Paradox erklären (s. Kap. III.A.8). Die begrifflichen Differenzierungen werden seit dem 18. Jahrhundert unter Einschluss der Medien getätigt, in denen sich Angst zeigt und dargestellt wird. Insofern ist die Begriffsgeschichte der Angst, welche implizit im späten 18. Jahrhundert und explizit 1844 mit Kierkegaards *Der Begriff Angst* beginnt, gekoppelt an Medien, in denen Angst sicht- und zeigbar wird. Zum Begriff der Angst gehört diese inszenierbare Performanz mit hinzu, vergleichbar der Liebe als symbolisch generalisiertem Kommunikationsmedium (Luhmann). Foucault ergänzt, dass die Diskursivierung im Reden über Sexualität seit 1800 Phänomene erst hervorbringt (Foucault 1983). Ist Angst ein objektloses »Nichts« (Kierkegaard 1992, 73), so bedarf sie einerseits der medialen Verkörperung und andererseits der diskursiven »Reflektiertheit« (ebd., 73). Die Begriffsdifferenzierungen zur Angst beginnen so dramaturgisch in den Auseinandersetzungen zwischen Lessing, Mendelssohn und Nicolai zum bürgerlichen Trauerspiel, dessen Quintessenz die Zurückweisung von Furcht und Schrecken als kathartische Wirkung der Tragödie ist. Kierkegaard bemerkt, dass der Begriff der Angst an seine »Mediation«, seine theatrale Vermittlung gekoppelt ist und dass Tiere Furcht und nur Menschen Angst haben (ebd., 15). Freud unternimmt 1919 in *Das Unheimliche* begriffsgeschichtliche Untersuchungen zur Angst, deren Quelle und Material die Dramen Shakespeares sowie die Erzählungen E.T.A Hoffmanns sind (s. Kap. III.A.3 und III.B.1). Diese Erörterungen zur unbestimmten und objektlosen Angst sind eine Scharnierstelle auf dem Weg von der körperbestimmten Medizin der Hysterie-Forschungen zur selbst bestimmten Psychoanalyse. An dieser Subjektivierung einer in der Moderne fortschreitenden ›Sorge um sich‹ (Foucault) haben die Medien der Literatur, des Films sowie des Diskurses einen maßgeblichen Anteil.

Selbstreferenz und Unbegrifflichkeit

Wie Liebe und Sexualität ist Angst als für die Moderne seit 1800 typisches Phänomen durch Selbstreferenz und Autopoiesis zu kennzeichnen. Im Unterschied zu Furcht und Schrecken ist Angst nicht mehr von Naturobjekten (etwa Erdbeben, Tiere, Fremde oder Götter) bestimmt, sondern autoreferentiell und medienkulturell vom Menschen hervorgebracht. In dieser Weise hat Norbert Elias die Angst dem Zivilisationsprozess integriert, so dass

die Ängste, die den Menschen bewegen, menschlich-geschaffen sind. [...] Die Art und Struktur der Ängste [...] hängen niemals allein von seiner Natur ab [...], sie werden [...] immer durch die Geschichte und den aktuellen Aufbau seiner Beziehungen zu anderen Menschen, durch die Struktur seiner [differenzierteren] Gesellschaft bestimmt (Elias 1997, 457).

Richard Sennett stellt dementsprechend einen Wandel von älteren autoritären zu modernen freiheitlichen Gesellschaften fest. Jene waren durch den »autoritären Schrecken« (Sennett 2008, 13) der Gewalt des Patriarchen, des Königs und der Familie gekennzeichnet, diese durch »Angst vor der Autorität« (ebd., 19). Mit dieser Umcodierung von Schrecken zu Angst findet eine Veränderung der Semantik sowie der Phänomene statt. Autorität und Angst sind in der Moderne negativ konnotiert durch »Negationshaltungen« (ebd., 248) – auch im Sinne der fehlenden Bestimmtheit des Begriffs – und neigen demzufolge zu inszenierbaren »Täuschungen« und »Illusionen« (ebd., 248 f.). Angst wird von einem starken Begriff der autoritären Gewalt zu einem changierenden, illusionsfähigen Phänomen, etwa als »Angst, von der Autorität getäuscht zu werden« (ebd., 248). Dieser Sachverhalt hat semiotische Ursachen und diskursive Folgen. Denn dadurch, dass Angst mehr ein mediales Phänomen als ein distinkter Begriff ist, ist die für genaue Begriffe zuständige Ordnung von Zeichen und Bedeutung, von Sache und Wort wenig hilfreich. Gibt es kein objektives ›Wovor‹ der Angst (Heidegger), so unterläuft dies die Referenz des Begriffs auf eine distinkte Bedeutung oder Definition, so dass eine ›Heuristik der Furcht‹ (Jonas) notwendig wird, die immer erst die Bedeutungs- und Erscheinungspalette dessen abhandeln muss, was mit dem Wort Angst gemeint ist.

Diese Bedeutungspalette entfaltet sich eher in Kafkas Poetik der Angst, dem Kino der Angst bei Bergmann oder Wenders oder bildkünstlerischen Medien bei Aby Warburg als in exakten lexikalischen Begriffsdefinitionen. Angst gehört zur modernetypischen Metaphorologie einer Theorie der Unbegrifflichkeit (Blumenberg). Dies erklärt die Besonderheiten der Begriffsgeschichte, in der Angst als begrifflich-diskursiv unter- und medial-körperlich überbestimmt erscheint. Deswegen ist die Begriffsgeschichte der Angst eng mit der Literatur- und Mediengeschichte verkoppelt, in denen der Begriff keine Bedeutungs-, sondern eine Erscheinungsweise findet. In dieser Koppelung an Medien wird Angst zu einem Phänomen, welches Sichtbarkeit und Körperlichkeit einfordert und nach Entäußerung strebt. In der Figur einer mimetischen Aneignung und medialen Überwindung von Alterität kann dieser visuellen »Macht der Erscheinung« (Taussig 1997, 196) die Minimierung von Angst gelingen.

Körperausdruck und Innerlichkeit

Die Spannung von Innerlichkeit und Entäußerung, von in- und extrinsisch, von ›innen- und außengeleitet‹ (David Riesman), von Nähe (Enge = Angst) und Ferne (Medien = Distanz) spielt in den auf Sichtbarkeit und Körperlichkeit angelegten Diskursen der Angst eine erhebliche Rolle. Auch wenn diese Diskurse gerne biologistisch und substantialistisch von *Grundformen der Angst* (Riemann 2009) sprechen, kann dies als historisierbare Redeweise über Angst, als naturalistisches Diskursbegehren relativiert und eingerahmt werden. Die theoretisch ernst zu nehmenden Versuche einer wissenschaftlichen Behandlung von Angst setzen demzufolge an diesem semiotischen Dilemma der für Angst notwendigen »Mediation« des »Übergangs« und der Vermittlung (Kierkegaard 1992, 97) an, so dass eine Affinität von »Sinnlichkeit« insbesondere des Körperausdrucks und Angst entsteht (ebd., 76). Durch das semiotische Dilemma, dass Angst kein Wort mit genauer Bedeutung, sondern ein wahrnehmbares Phänomen mit metaphorischer Unschärfe ist, sind Diskurse herausgefordert, die sich dem Verhältnis von Körper und Seele gewidmet haben. Leitidee und Denkfigur der Anthropologie ist so das Schema von Innen und Außen, von Körper und Seele; die Phänomenologie behandelt den »leiblichen [...] *vorsprachlichen körpergebundenen Ausdruck grundlegender Emotionen*, [... die sich zeigen] im Gesicht und seinen komplexen mimischen Ausdrucksmöglichkeiten« (Meuter 2006, 25). Dieses körperliche Ausdrucksapriori unterläuft dabei etablierte Diskursstrategien wie die »cartesianische Innen/Außen-Differenz [oder] die Differenz von Natur und Kultur« (ebd., 26) in der Formel natürlicher Künstlichkeit. Innerhalb der Diskurs- und Mediengeschichte der Angst wird deshalb beginnend mit Darwin der Vergleich zwischen Tier und Mensch prominent als Frage nach dem Körperausdruck natürlich-kreatürlicher Angst. Bis zu den Tiergeschichten Kafkas (*Die Verwandlung*, 1912 oder *Der Bau*, 1928) oder den tierähnlichen Kreaturen in Becketts absurdem Theater wird dieser Vergleich zum Tier die Medienkultur und Ikonographie der Moderne als ›church of fear‹ (Schlingensief) beherrschen.

Neben Kierkegaard ist Darwins *Der Ausdruck der Gemütsbewegungen* von 1872 ein zentraler und wirkungsvoller Text innerhalb der Diskurs- und Mediengeschichte der Angst. Denn Darwin unterläuft seine naturalistische Argumentationsweise von Grundformen der Angst selbst, indem er sie an die Erscheinungsweise in der Photografie oder in literarischen Texten koppelt, die ihm als Beweismittel für seine Argumentation dienen. Insofern wird der anthropologisch-biologistische Diskurs, der einen »Muskel der Furcht« (Darwin 1986, 305) meint beweisen zu können, konterkariert durch die mediale Aufbereitung der elektrisch manipulierten Photos Duchennes, welche Angst sichtbar machen, aber ihre Existenz nicht biologisch sondern nur vergleichend zum Tier analog nachweisen.

Bewegungsbild und Erinnerungsbild

Setzt Darwin die photographisch manipulierten Bilder der Angst gleich mit ihrem naturalen Ausdruck, so inspiriert dies Aby Warburg zu einer Neubegründung der Kunstwissenschaft in Auseinandersetzung mit Darwins Werk. Ausgangspunkt von Warburgs Ikonografie ist die »Pathophobie« (Gombrich 2006, 98), deren bildnerischer Ausdruck sowie die Infragestellung der bisherigen Pathosformeln, die die Semantik des Ausdrucks liefern und von der traditionellen Kunstwissenschaft und den Künstlern seit Antike und Renaissance reformuliert wurden. Modern zu relativieren ist die transparente Übereinstimmung von Bildausdruck und Bildbedeutung, von Angst als Pathos und Angst als Gesichtsausdruck; damit wird das ältere anthropologische Identitätsmodell von Körper und Seele (›der ganze

Mensch‹) ersetzt durch deren Trennung und Dissoziation. Wie in der Kino- und Filmtheorie von Deleuze findet Angst Ausdruck im »Bewegungsbild«
(Deleuze 1998, 111) und nicht mehr im statischen
Foto oder Porträt des Gesichts, das lediglich als
»symbolischer Rest« (ebd., 99 f.) an eine archaische
Stufe erinnert. Das kunstwissenschaftliche Interesse
richtet sich auf die bewegliche Mimik, die die statische Physiognomik des Gesichts ersetzt. Innerhalb
der Kunstwissenschaft war die Relation von Ge-
fühlsausdruck im Bild und Bedeutung des Gefühls
seit der Renaissance als geklärt unterstellt worden,
bei Le Brun, Descartes oder anderen Repräsentati-
onstheoretikern. Warburg sieht aus dieser in Unordnung geratenen Referenz von Symbol und Bedeutung, von Bild und Begriff, von Gefühl und Körperausdruck die Angst entstehen und den Bedarf,
deswegen in anderer Weise als bisher theoretisch zu
arbeiten. Diskurshistorisch ordnet er seine Angst basierte Bildtheorie der Anthropologie einer Erforschung des Primitiven zu und nicht mehr der Psychologie der Gefühle. Dadurch etabliert Warburg
ein besonderes Verhältnis von Archaik und Moderne, von »Erinnerungsbild« und »Bewegungsbild«
(ebd., 111) als ›dialektischem Bild‹ (Benjamin). Ähnlich diagnostizieren Adorno und Horkheimer vor
dem Hintergrund des Faschismus den Rückfall in
die mythisch-archaischen Bildwelten als *Dialektik
der Aufklärung* (1947). Sowohl an der Angst erzeugenden Regression in die archaisch-mythische Barbarei der Bilder wie an der Angst minimierenden
Rationalisierung durch Aufklärung als Entzauberung der Natur und der Götter ist die Kulturindus-
trie maßgeblich beteiligt.

Maske und Repräsentation

Die Zeichentheorie der Repräsentation wird im
19. Jahrhundert in der Kriminalanthropologie und
Rassentheorie von Lombroso oder Kretschmer (vgl.
Person 2005) wiederbelebt, in denen von der Statik
des Körperausdrucks, insbesondere der photogra-
phischen Biometrie des Gesichts, rückgeschlossen
wird auf charakterliche Eigenschaften. Auch wegen
einer rassistischen Angst vor dem Fremden wird das
20. Jahrhundert als dasjenige der Angst bezeichnet,
ideologisch vorbereitet durch konservative Revolutionäre und Theoretiker einer naturanthropologi-
schen Angst wie Carl Schmitt, Ernst Jünger, Oswald
Spengler oder Konrad Lorenz und Martin Heidegger. In einem argumentativen Dreischritt werden

Untergangsszenarien entworfen, die mit Angst bzw.
Fremd- und Feindszenarien motiviert werden und
so Gewaltbereitschaft erzeugen. In Heideggers *Sein
und Zeit* (1927) wird Angst zur unbestimmten existentiellen »Grundbefindlichkeit« (Breuer 1995, 44)
einer »Weltangst«, die in den zwanziger Jahren ideologisch den Ersten Weltkrieg nach- und den Zweiten
Weltkrieg vorbereitet. Angst bringt innerhalb eines
»Generationszusammenhangs« die mentale und soziale Tiefenstruktur von »Apokalyptik, Gewaltbereitschaft und Männerbündlertum« (ebd., 47) hervor. Im Rahmen von ›Männerphantasien‹ gelingt die
Umpolung von Angst als einem Medium der Distanzierung und Verfremdung in ein Medium der Affirmation (ebd., 45).

In den 1920er Jahren etabliert eine andere kulturanthropologische Denkrichtung mit Plessner im
Zentrum Angstbewältigung durch Kritik an Ge-
meinschaftsideologie und Freund-Feind-Schema.
Indem die Maskierungen der sozialen Rolle als Verhalten und Habitus exponiert werden, wird gegen
den natürlichen Körperausdruck von Angst argumentiert. Wurde seit Darwin das Tier zum authentischen Sichtbarkeits- und Ausdrucksträger der Angst,
so steht dieser Kreatur die soziale Maske der kalten
Person gegenüber, die in Medien und Literatur die
bis heute andauernde Ausdruckstypologie der Cool-
ness entwickelt. Angst wird hier als kreatürlich-
archaisches Gefühl durch Distanzierung und Ver-
kleidung minimiert und gemildert. So ist die ›kalte
persona‹ seit dem Ersten Weltkrieg eine Angstbe-
wältigungsstrategie, die als »Verhaltenslehre der
Kälte« (vgl. Lethen 1994) sowohl habituell-körperli-
che Erscheinungsformen und Maskierungen ausprägt wie auch diskursive Strategien in der Anthropologie der 1920er Jahre entfaltet. Die kalte Person
ist ästhetisch ein symbolisches Zaubermittel und sozial ein Lebensstil und expressives Verhalten, »um
dem Menschen einen angstfreien Zugang zum Prozeß der Modernisierung zu erschließen […]. Die aus
der Figur der kalten persona entfernte Angst kehrt
im Bild der ›Kreatur‹ wieder« (ebd., 43 f.).

Geste und Ausdruck

Diese konvergenten ›Ausdruckscharaktere‹ beobachten Adorno und Benjamin in den kreatürlichen
Gesten bei Kafka und Beckett, die ein gestisches
Denken und Schreiben bewirken. Indem die Kör-
pergeste elaboriert wird, signalisiert dies die Krise
der Sprache und des Zeichens der Repräsentation im

»Absterben der Sprache« (Adorno 1995, 94). Die Aufwertung der Geste stellt eine unter modernen Bedingungen stattfindende Regression in die Archaik dar als Ambivalenz der Moderne oder Dialektik der Aufklärung. Sowohl die archaische Regression wie die »Destruktion der Sprache« (ebd., 95) und ihre Ersetzung durch Geste und Maske als Kommunikations- und Ausdrucksmittel erzeugen dabei Angst. Andererseits wird durch gestisches Schreiben und Denken Angst bereinigt, weil der kreatürliche (und kranke) Körper in einem kreativen Vorgang reproduziert und zu einer künstlerisch-literarischen Maske der Darstellung transzendiert wird.

Setzt die kriminalanthropologische Politik der Sichtbarkeit auf die Statik und physiognomische Evidenz der Photografie, so entfaltet ein kritischer kulturanthropologischer Diskurs ein anderes Konzept, welches dem naturalistischen Substanzialismus misstraut und statt des Gesichts die Geste, statt der Physiognomik die Mimik, statt des Ausdrucks die Maske elaboriert. In dieser zeichen-, diskurskritischen und -historischen Absicht resümiert Karl Bühler die bisherige *Ausdruckstheorie* (1933), um auf Grund dessen seine einflussreiche Sprachtheorie zu konzipieren.

Ebenso kritisch behandelt Plessner in *Grenzen der Gemeinschaft* (1924) die rassentheoretischen oder kriminalanthropologischen Implikationen der Zeichentheorie des Ausdrucks, die von einer festen Relation von Ausdruck und Bedeutung ausgeht und zu Ausgrenzungen aus der Gemeinschaft führt. Der natürliche Körperausdruck wird bei Plessner einerseits künstlich überformt und maskiert; andererseits macht dies die beständige Performanz der exzentrischen Positionalität erforderlich als soziale Rolle und Verhalten oder Habitus. Plessner bestimmt den modernen Menschen weniger innen- als außengeleitet; die daraus entstehende Unbestimmtheit erzeugt einerseits Angst, die andererseits durch die spielerische Maskierung minimiert wird. Adorno sieht aus der flexibel gewordenen Referenz von Zeichen und Bedeutung die moderne Angst als Unbestimmbarkeit entstehen, welche nur noch die »Suggestion eines Symbolischen« (Adorno 1997, 292) bei Kafka und Beckett erlaubt und an die Stelle der festen und sprachlichen Symbole die flexiblen und sprachlosen Gesten setzt.

Diskurs und Medium

Die Begriffs- und Mediengeschichte der Angst seit 1800 ist insofern an eine semiotische Krise der Re-

präsentation gekoppelt, die angesichts der Neuartigund Wichtigkeit des Phänomens mannigfache theoretische Innovationen hervorbringt: In Warburgs Neubegründung der Kunstwissenschaft und Freuds Psychoanalyse, in Heideggers anthropologischer Phänomenologie oder Plessners und Adornos kultursoziologischer Anthropologie. Diese Theorien entspringen dem Sachverhalt, dass die körperliche Medialität des Phänomens sich soziokulturell ausbreitet, die Erklärung durch herkömmliche Semiotiken und Epistemologien aber versagt. Denn Angst bedarf der »Kommunikativität und Responsivität« (Waldenfels 2000, 370), es handelt sich um ein ›Resonanzphänomen‹ im Sinne Luhmanns (s. Kap. III. A.7). Die Referenz von Begriff und Phänomen erfüllt sich nur im medialen Ausdruck und performativen Austausch und nicht im Objektbezug, weswegen genaue Begriffsbestimmungen schwierig sind:

Die Angst, die Heidegger meint, hat mit der Situation des Mensch als einem freien Wesen zu tun, einem Wesen, das auf keinem festen Grund steht [...]. Diese Kontingenz erzeugt [...ein] Wovor der Angst, von dem ich nicht sagen kann, was es ist, sonst hätte ich es schon in einen bestimmten Entwurf eingeordnet (Waldenfels 370; vgl. Heidegger 1957, § 40).

Der Unbestimmtheit des Objekts der Angst entspringt sowohl die Unbestimmtheit des Begriffs, seine expressive, selbstreferentielle und mediale Grundausstattung, wie auch die explorative Offenheit der Diskurse über Angst, die demzufolge aus der medienkulturell hervorgebrachten Angst des 20. und 21. Jahrhunderts eine Affinität zur Freiheit abgeleitet haben. So spricht Herbert Marcuse von einer Gesellschaft ohne Angst, Jean-Paul Sartre sieht zwischen Angst und Freiheit enge Bezüge. Dadurch entsteht eine produktive Konvergenz von Medium und Diskurs, Begriff und Körper; dieser Konvergenz verdankt Angst ihre Konjunktur seit 1800, denn beide Ebenen können multimedial bespielt werden und sind insofern theaterfähig. Während die Medien beständig Angst erzeugen und bewirken, versucht der theoretische und publizistische Diskurs diese Akkumulation der Angst zu mildern. So entsteht ein Korrespondenzverhältnis zwischen den Angstzeugnissen in Film, Bildkunst, Musik, Computerspiel etc. und den diskursiven Plausibilisierungen und Erörterungen. Denn der Bildverzicht literarischer Texte verweigert sich der sichtbaren Evidenz von Film, Fernsehen und Fotografie und bringt stattdessen eine reflektierte Angstdarstellung im Schreiben hervor.

Entkörperung und Verkörperung

Hermann Broch entfaltet diese Dialektik von Ent- und Verkörperung im Rahmen seiner Analysen zur Massenpsychologie, die 1944 vor dem Hintergrund des Faschismus entstehen (s. Einleitung Kap. II). Die problematische Individualität entspringt einem ›Wert-Vakuum‹, welches in mehrfacher Hinsicht Angst erzeugt: Durch die ›metaphysische Fremdheit‹ einer ›transzendentalen Obdachlosigkeit‹ (Lukács), durch die entindividualisierende Massengesellschaft einschließlich der massenmedialen Propagandaapparate, durch die daran gekoppelte Krise der Repräsentation und der Zeichen sowie die archaische Regression der Gewalt des Krieges oder der Gemeinschaft der Masse. Hatten Canetti und andere Theoretiker in der Masse die situative und momentane Angstbefreiung der Entladung in der Gemeinschaft gesehen, so konterkariert und elaboriert Broch diese Denkfigur durch die kulturelle und kreative Verkörperung der »Ich-Erweiterung« und »Einverleibung«, welche von Angst befreien. Diese Rationalisierung und Kulturalisierung erfordert eine »Frage-Anordnung« (Broch 1979, 28), die die Archaik des Phänomens auf neuer Stufe anthropologisch rekonstruiert und insofern auch theoriehistorische Zugänge eröffnet. Indem die Heuristik der Frage-Anordnung Angst erst hervorbringt, befreit sie von ihr, diese Diskursivierung stellt auch eine Medialisierung der Angst dar, ob nun im wissenschaftlichen oder im publizistischen Schreiben über Angst. Der Angst wird dabei ihre primäre Körperlichkeit des sichtbaren Ausdrucks genommen, um in den Texten und Theorien eine reflexive Verkörperung im gestischen Schreiben und Denken zurück zu erhalten (Benjamin). Die Archaik der Angst, die im Körperausdruck oder im Tiervergleich manifest wurde, wird durch die Diskursivierung der Anthropologie entkörpert und erhält so eine Theorieform der Repräsentation als reflexive und diskurshistorische Verkörperung im »Akt der Korporisation« (Kierkegaard 1992, 159). Literarische oder künstlerische Beispiele veranschaulichen diesen doppelten Vorgang des Desembodiment bei Kafka und Beckett oder in Architektur und Musik, wodurch ein multimediales »Stimmengewirr […] der Angst« (Gehlen 1957, 78) entsteht. Die entkörperten Kriegskrüppel in expressionistischen Bildern und die tierähnlichen Kreaturen bei Kafka oder Beckett sind dabei Sujet und Inhalt dieser ästhetischen Verkörperung des mimetischen Vermögens. Sind das Andere und Fremde, das Archaische und Primitive Angst besetzte Erscheinungsformen seit 1800, so werden sie durch Mimesis in ein »Gedankenbild« (Gombrich 1992, 105) rationalisiert und in einem kreativen Vorgang der »Projektion« (ebd., 98) kulturalisiert und inszeniert. Die Definition von Medien als »Ausweitung unserer eigenen Person« (McLuhan 1997, 112) bewirkt eine Amputierung und Apathie; beide Vorgänge erzeugen das Zeitalter der Angst. Insofern sind die Leitmedien des 20. Jahrhunderts an das ›Grauen‹ (Kracauer) im Fernsehen oder im »Kino der Angst« (Deleuze 1998, 141) gekoppelt (s. Kap. III.B.2; Kap. IV.A.3). Andererseits wird diese Affirmation der im Film hervorgebrachten Angst konterkariert durch bildkritische Diskurse. Die Denkfigur der Ambivalenz und Konvergenz ist kennzeichnend für die Angst im Kontext einer Dialektik der Aufklärung oder der Moderne. Im Kino, im absurden Theater, in expressionistischen Bildern oder in Kafkas Werk wird Angst erzeugt, aber auch reflektiert und bewältigt durch die distanzierende Metanarration der Darstellung sowie das mimetische Vermögen der Ent- und Verkörperung. Beide Varianten werden möglich durch die mediale und diskursive Hervorbringung der Angst, deren Künstlichkeit ihr die Natürlichkeit nimmt. Die Bilder der Angst im Kino oder im Fernsehen sind eben nicht wirkliche Angst als existentielle Furcht, sondern mimetische Maskierungen und gemachte Hybride und insofern distanzierungsfähig und im Spiel der Inszenierung ironiefähig.

Literatur

Adorno, Theodor W.: Versuch, das Endspiel zu verstehen [1961]. In: Ders.: *Noten zur Literatur*. Gesammelte Schriften. Bd. 11. Hg. von Rolf Tiedemann. Frankfurt a. M. 1997, 281–321.

Adorno, Theodor W./Benjamin, Walter: Briefwechsel 1928–1940. Hg. von Henri Lonitz. Frankfurt a. M. 1995.

Böhme, Hartmut: Vom Phobos zur Angst. Zur Begriffs- und Transformationsgeschichte der Angst. In: Michael Harbsmeier/Sebastian Möckel (Hg.): *Pathos, Affekt, Emotion. Transformationen der Antike*. Frankfurt a. M. 2009, 154–184.

Breuer, Stefan: *Anatomie der Konservativen Revolution* [1993]. Darmstadt ²1995.

Broch, Hermann: *Massenwahntheorie. Beiträge zu einer Psychologie der Politik* [1939–1948]. Frankfurt a. M. 1979.

Csikszentmihalyi, Mihaly: *Das Flow-Erlebnis. Jenseits von Angst und Langeweile*. Stuttgart 1993 (amerik. 1975).

Darwin, Charles: *Der Ausdruck der Gemüthsbewegungen bei dem Menschen und den Thieren*. Nördlingen 1986 (engl. 1872).

Deleuze, Gilles: *Das Bewegungs-Bild. Kino I.* Frankfurt a. M. 1998 (franz. 1983).

Elias, Norbert: *Über den Prozeß der Zivilisation. Soziogenetische und psychogenetische Untersuchungen* [1939]. 2 Bde. Frankfurt a. M. 1997.

Foucault, Michel: *Der Wille zum Wissen. Sexualität und Wahrheit 1.* Frankfurt a. M. 1983 (franz. 1976).

Gehlen, Arnold: *Die Seele im technischen Zeitalter. Sozialpsychologische Probleme in der industriellen Gesellschaft* [1949]. Hamburg 1957.

Gombrich, Ernst H.: *Aby Warburg. Eine intellektuelle Biografie* [1970]. Hamburg 2006.

Heidegger, Martin: *Sein und Zeit* [1927]. Tübingen [7]1953.

Kierkegaard, Søren: *Der Begriff Angst.* Stuttgart 1992 (dän. 1844).

Lethen, Helmut: *Verhaltenslehren der Kälte. Lebensversuche zwischen den Kriegen.* Frankfurt a. M. 1994.

Luhmann, Niklas: Angst, Moral und Theorie. In. Ders.: *Ökologische Kommunikation. Kann die moderne Gesellschaft sich auf ökologische Gefährdungen einstellen?* Opladen 1988, 237–248.

McLuhan, Marshall: Die magischen Kanäle. In: *Medien verstehen. Der McLuhan-Reader.* Hg. von Martin Baltes. Mannheim 1997, 112–158.

Meuter, Norbert: *Anthropologie des Ausdrucks. Die Expressivität des Menschen zwischen Natur und Kultur.* München 2006.

Person, Jutta: *Der pathographische Blick. Physiognomik, Atavismustheorien und Kulturkritik 1870–1930.* Würzburg 2005.

Riemann, Fritz: *Grundformen der Angst: Eine tiefenpsychologische Studie* [1961]. Wiesbaden [39]2009.

Sennett, Richard: *Autorität.* Berlin 2008 (amerik. 1980).

Taussig, Michael: *Mimesis und Alterität. Eine eigenwillige Geschichte der Sinne.* Hamburg 1997 (amerik. 1993).

Waldenfels, Bernhard: *Das leibliche Selbst. Vorlesungen zur Phänomenologie des Leibes.* Frankfurt a. M. 2000.

Andreas Käuser

A. Medien, Praktiken und Effekte der Angst

1. Raum

Konstellationen von Angst und Raum

Angst bringt sich stets auch räumlich zur Geltung. Darauf verweist schon ihr Begriff. Leitet sich nämlich das deutsche Wort von der indogermanischen Wurzel *angh-*, »eng«, ab (und ist es daher auch mit dem griechischen *ángchein*, mit lateinisch *angor* oder *angustia*, schließlich mit dem englischen und französischen *anxiety* und *angoisse* verknüpft), so bezeichnet es zunächst nichts anderes als einen räumlichen Sachverhalt: Eine physiologisch wahrgenommene oder als solche auch nur vorgestellte Beengung. Einhellig verweisen die Wörterbücher und Enzyklopädien der Frühen Neuzeit auf eine Beklemmung vor allem des Herzens und der Brust, was zumeist als Zeichen drängender Unlust angesichts eines bevorstehenden Übels gedeutet wird (vgl. Begemann 1987, 5).

Bis ins 18. Jahrhundert war die Angst dabei ein Gegenstand hauptsächlich rhetorischer, medizinischer und philosophischer Affektlehren. Wie etwa im Falle des Zorns, der *ira*, bei der das Herz das Blut und die Säfte nach der Art von Soldaten aussendet und somit die körperlichen Sichtbarkeiten über eine spezifische Affektbewegung auf innere Kausalitäten hin durchsichtig werden lässt, lieferten Metaphern des Affekts implizit auch dessen Theorie. Die ›Furcht‹ manifestierte sich, wie man behauptete, in einer Hemmung gezielten und vernünftigen Handelns, was auf eine gestörte Wahrnehmung ihrer eigenen Ursachen oder die verzerrte Vergegenwärtigung drohender Übel schließen ließ. Die ›Angst‹ wiederum begriff man nicht nur als eine Radikalisierung der Furcht, die bevorstehende Gefahren ins Maßlose übersteigert; bei ihr war fraglich, ob sie überhaupt noch ein Gegenstück im Sinne eines äußeren Geschehens hat, ob ihr Fluchtpunkt nicht innerhalb eines rein ›seelischen Raums‹ liegen könnte. Als mit Leibniz »die Verkettung von Repräsentation und Bewegung« (Campe 1990, 381) zur Möglichkeit und Domäne eines genuin psychologischen Denkens geworden war, entstanden philosophische und anthropologische Lehren vom ›Gefühl‹: Von

subjektiven Gestimmtheiten, die auf keine Referenzen mehr angewiesen waren, weil sie, abseits aller Anschaulichkeit und räumlicher Bezüglichkeit, nur mehr endogen wirkten. Überdies führte das Ende der alten, noch rhetorisch geprägten Theorien um 1800 dazu, dass sich ein Affekt wie der der Angst nun in der Anlage umfassenderer Rede- und Textstrukturen wiederfand, man ihn also hermeneutisch dechiffrieren, aber auch poetisch encodieren konnte. Mit der obsessiven Imagination angstbesetzter Orte und Räume reagierte besonders die Romantik auf den Schwund der tradierten Affektkoordinaten. Bis 1900 war dann der anschauliche Raum von Körperzeichen und Gegenständlichkeiten, in dem man vormals noch die Affekte zu erfassen gehofft hatte, abstrakteren Topiken und Topologien gewichen. Nunmehr verortete oder vielmehr *ent*ortete man die Angst als ›Existential‹ und spezifische ›Befindlichkeit‹. Und für die Psychoanalyse erschienen ›Phobien‹ zuletzt als bloß sekundäre Objektivationen dessen, was sich im Dunkel eines rätselhaften Triebgrundes abspielt. Symptomatische Verknüpfungen von Raum und Angst – wie in der Agoraphobie, der Klaustrophobie oder im Schwindelanfall – lieferten Indizien für eine komplexe Topik und Topologie der psychischen Dynamik.

Indes können die vielfältigen Beziehungsformen zwischen Angst und Raum nicht allein von der Seite der Affektsymbolisierungen her erschlossen werden. Ihren genauen Ort geben die – sei es psychologischen, sei es ästhetischen – Topoi der Angst erst mit Blick auf die neuzeitlichen Konzeptionen des Raums und die mit ihnen verknüpften Symbolisierungsweisen preis. Wenn Kant einerseits den Raum als reine Form der äußeren Anschauung bestimmt, andererseits die darin zu ortende empirische Realität der Dinge von ihrer transzendentalen (oder geometrischen) Idealität unterscheidet, eröffnet er damit nicht nur eine Alternative zu Newtons Konzept eines absoluten Behältnis-Raums und zu Leibniz, für den ›Raum‹ nur in den Relationen der Dinge und in ihrem möglichen Beisammensein, mithin nur als eine *chose idéale* besteht. Vielmehr bereitet er damit die beiden künftig maßgeblichen Modellierungen des Raums vor: Die eines ›intrinsischen‹, die Wahrnehmung sowie die Erkenntnis bedingenden Raums;

und die eines ›extrinsischen‹, die Lebenswelt sowie ihre Orientierung betreffenden Raums (vgl. Dünne/ Günzel 2006, 34). Der ersten Modellierung untersteht jene psychologische Traditionslinie, die von Kants Königsberger Nachfolger Johann Friedrich Herbart über Gustav Theodor Fechner bis hin zu Sigmund Freud reicht. Auf die zweite Modellierung wiederum stellt eine Kulturwissenschaft im Sinne des Neukantianers Ernst Cassirer ab. Hier wird der Raum nämlich nicht als anschauliche Gegebenheit betrachtet, sondern allererst im Prozess seiner symbolischen Ausformung verfolgt. Weniger ein »*Gegenstand*, der sich darstellt und zu erkennen gibt«, als vielmehr »ein eigener Schematismus der *Darstellung selbst*«, wird der Raum zu einem Medium, das sich zusammen mit den »symbolischen Formen« von Mythos, Sprache und Technik zur Geltung bringt (Cassirer 1977, 174).

So verstanden ist der Raum die Matrix und zugleich das Produkt einer Kultur und ihrer symbolischen Formen. Er ist, um Edmund Husserls und Michel Foucaults paradoxen Begriff zu bemühen, ihr ›historisches Apriori‹. Epochenspezifische Symbolisierungen von Angst können deshalb ebenso gut von den extrinsischen ›Schematismen der Darstellung‹ her entschlüsselt werden wie von den intrinsischen ›Räumen des Affekts‹. Versteht man etwa mit Jurij Lotman die ›Semiosphäre‹ als allgemeinste Ausdrucksgestalt und zugleich als universelles Medium von Kulturen, so sind basale Symbolisierungen von Angst zuallererst an deren äußeren und inneren Grenzen zu erwarten: In jener liminalen Sphäre, wo eine andere Kultur oder die Kräfte eines barbarischen oder chaotischen Außen auf die eigene Semiosphäre treffen; oder wo sich diese – wie im Topos des ›inneren Afrikas‹ – durch das Zutagetreten der eigenen wilden und unbewussten Fundamente gleichsam von innen her höhlt (Lotman 2010, 177, 187). Wenn überdies Raumvorstellungen eines besonderen Wissenssystems grundstürzende Konsequenzen für die extrinsische Raummatrix und damit eine gesamte Semiosphäre haben, können sie ihrerseits zur Quelle fundamentaler Ängste werden: Die kopernikanische Wende in der Astronomie etwa setzte mit der nunmehr denknotwendigen Vorstellung eines infiniten, azentrischen und formlosen Universums, mit einem nun offenen Abgrund des Unermesslichen also, einen regelrechten kosmologischen ›Angst-Schwindel‹ frei (s. Einleitung Kap. II).

Die Beziehung zwischen kulturellen Raumordnungen und kollektiven Artikulationen von Angst wurde wohl am systematischsten auf dem Feld der Mentalitätsgeschichte untersucht. Deren ›Geographie der Ängste‹ umfasst vom Mittelalter bis zur Frühen Neuzeit imaginäre und spirituelle Räume wie die gefürchteten jenseitigen Sphären von Hölle und Fegefeuer; politisch und wirtschaftlich als gefährlich gekennzeichnete Räume wie die Bereiche jenseits der Stadt-, Landes- oder Konfessionsgrenzen; als pathogen erfahrene oder gekennzeichnete Räume wie die bewegliche Front von Seuchenzügen oder auch per Verordnung als pestilent abgezirkelte Regionen und Einrichtungen; sowie schließlich Elementarräume, unter denen besonders das Meer als »Ort der Angst par excellence« galt (Delumeau 1985, 49). Als Quelle oder zumindest Trägermedium zahlloser Übel (von Überschwemmungen und Seuchen bis hin zu Seepiraten und feindlichen Seemächten), als Zone elementarer Verunsicherungen, die von jeher mit Sünde und Wahnsinn konnotiert erschien, schließlich als Sphäre ohne feste und bestimmbare Orte, die unablässig damit drohte, »das uranfängliche Chaos könne wiederkehren«, wird das Meer in mentalitätsgeschichtlicher Perspektive zum exemplarischen Angst-Raum (ebd., 56). Es ist das prototypische Modell dessen, was Gilles Deleuze und Félix Guattari (und vor ihnen Carl Schmitt sowie der französische Admiral Raoul Castex) als ›glatten Raum‹ bezeichnet haben: Ein dynamisch formierter, von bloßen Vektoren und Trajektorien aufgespannter, eher von Intensitäten als von Objekten, eher von Affekten als von Eigenschaften besetzter Raum, der im Gegensatz zum statischen, metrisch aufgeteilten und topographisch ›gekerbten Raum‹ letztlich nur topologisch zu begreifen ist (vgl. Deleuze/Guattari 1992, 657–693).

Werden im ›gekerbten Raum‹ unablässig Koordinatensysteme nach der Art hergestellt, wie man auf festem Land eine Linie zwischen zwei Punkten zieht, so erschließt sich ein ›glatter Raum‹ nur von einem variablen Punkt her, den man – wie bei der Navigation und Selbstverortung zur See oder in der Wüste – zwischen gegebenen Linien oder Bezugshorizonten immer wieder neu zu bestimmen hat. Weil das Meer, wie Schmitt sagt, keine »sinnfällige Einheit von Raum und Recht, von Ordnung und Ortung« kennt, gibt es hier eigentlich »keine Hegungen und keine Grenzen, keine geweihten Stätten, keine sakrale Ortung, kein Recht und kein Eigentum« (Schmitt 1997, 13 f.). Als solcher ist der ›glatte Raum‹ kein dauerhaft beherrschbares Territorium, sondern eine Domäne reiner Ereignisse und unablässiger Eroberungen. Einerseits hat die westliche Kultur das Meer trotz seiner Ortungs- und Ordnungswidrigkeit, trotz seiner angsteinflößenden Gefährlichkeit mehr und mehr zu kerben und zu ›territorialisieren‹ vermocht. Andererseits wurde im Gegenzug, wie Deleuze und Guattari oder auch Schmitt feststellen, das vormals feste und gekerbte Land mehr und mehr ›deterritorialisiert‹ und regelrecht verflüssigt: Globale, das Meer so sehr wie das Land durchquerende Ströme von Menschen und Waren, von Kapital und Zeichen sowie entsprechende Handlungs- und Regierungsformen haben die elementare Unterscheidung von Land und Meer und damit die allerälteste Topographie der Angst verunsichert, ja effektiv ›liquidiert‹.

Topographien der Angst

Um die kulturtechnische Bearbeitung ›extrinsischer‹ Angst-Räume exemplarisch vorzuführen, statt sich in einer endlosen Aufzählung gefürchteter Zonen zu verlieren, bietet es sich an, von dieser elementaren Unterscheidung auszugehen. Bereits in den frühesten Zeugnissen abendländischer Hochseeschifffahrt hat sich eine schlechtweg »ambivalente« Einstellung (Heydenreich 1970, 11) gegenüber dem Meer zum Ausdruck gebracht: Die hohe See löst elementare Befürchtungen und Ängste aus, verlockt aber zugleich zum Wagnis und provoziert damit eine primär landgebundene Kultur zu ihrer Selbstüberschreitung. Seeleute bilden von Anbeginn ein exemplarisches ›Angst-Kollektiv‹: Was sie angesichts des übermächtigen Meeres zu befürchten haben, versuchen sie zunächst vorstellbar und bestimmbar zu machen, um es alsdann durch spezifische Kultordnungen und Kulturtechniken zu meiden oder auch, im Falle einer Schädigung, zu kompensieren. Im Gegensatz zur Neuzeit wurde der Raum in der Antike nicht als homogen und unendlich vorgestellt, sondern vielmehr als eine Sphäre, die allen Dingen und Lebewesen ihr Innesein und Innewohnen ermöglicht, solange sie sich am ihnen angemessenen Ort aufhalten. Elementare Überschreitungen wie die in den jenseitigen Bereich des ›Thalassischen‹ gingen mit der Angst einher, den eigenen Ort und damit sein Wesen oder Dasein zu verlieren. Schlimmstenfalls wurde man im Abgrund des Meeres verschlungen und ging damit spurlos, ohne einen bezeichenbaren Ort des Eingedenkens, verloren.

Die Latenz, Gestaltlosigkeit und Plötzlichkeit maritimer Gefahren führte dazu, dass die Seeleute gewisse Schemata der Aufmerksamkeit und Routinen des Handelns ausbildeten: Tabuisierungen, Berührungsverbote und Katharsisgebote sollten unreine Vermischungen zwischen Animalischem, Menschlichem und Göttlichem verhindern; *rites de passage* bewerkstelligten in der Form von Trennungs- und Angliederungszeremonien den Übergang hinein ins Meer oder zurück aus dem Thalassischen; und apotropäische Rituale dienten der Beschwichtigung vermeintlich gereizter Seedämonen und Seegottheiten. Diese Ritualpraktiken konnten von Versenkungsopfern zu Ehren des Meeresgottes Poseidon bis hin zu genau kalkulierten Wegegeldern für die glückliche Passage reichen (vgl. Wachsmuth 1967, 115 f.). In jedem Fall dienten sie dazu, über die bloße Zufälligkeit (den *automaton*) der Seegefahren hinaus eine Instanz zu adressieren, die für das eigene Schicksal (die *tychê*) verantwortlich sein sollte. Unspezifische ›Ängste vor‹ erhielten damit gewissermaßen phobische Konkretion, zumal der *phobos* zunächst weniger als Affekt denn vielmehr als göttliche Macht aufgefasst wurde (vgl. Böhme 2009, 158). Und insofern die griechische Kultur überhaupt weniger durch eine allgemeine Angst des In-der-Welt-Seins als durch ein *pathos*, eine spezifischere Betroffenheit ausgezeichnet war, ist davon auszugehen, dass sich die phobische Besetzung von Räumen im tradierten Netzwerk mythologischer Instanzen und Figuren niedergeschlagen hat.

Als bedrohlicher Raum *par excellence* ist das griechische Meer zur Quelle eigentümlicher Kult- und Religionsformen, ja zum Testfall erster Kerbungs- und Beschreibungstechniken geworden. Die frühesten Seefahrtsepen hat man als mythische Helfermärchen aufgefasst, in denen topographische Texte für den ›glatten‹ Angst-Raum des Meeres ausbuchstabiert worden seien: Werden hier inmitten des Ortlosen immer wieder gefährliche Orte angeführt, so drehen sich derlei Dichtungen weder um rein fiktive noch um schlechtweg reale *topoi*, sondern vielmehr um Beschreibungsverfahren, wie sie in vorklassischer Zeit mit den ersten griechischen Segelhandbüchern (den *periploi*) erprobt wurden. Da jedoch, worauf die Überlieferungslage deutlich verweist, erst mit Homers Gesängen das griechische Alphabet eingeführt und durchgesetzt wurde, war die abendländische Dichtung immer schon an der nautischen Gefahrenbewältigung beteiligt. Nicht von ungefähr treten in der *Odyssee* (wohl 8. Jh. v. Chr.) als eigentliche Musen die ›Sirenen‹ auf: angstbesetzte mythische Imagines, die reale Bedrohungen signalisieren und damit unspezifische Ängste personifizieren sollen. Jedenfalls muss man die *Odyssee* als Urmuster aller künftigen, ›fiktionalen‹ oder auch ›faktualen‹ Abenteuererzählungen und Entdeckerberichte auffassen. In ihrer phobischen Topographie ist das vor-gezeichnet, was die Erzählforschung als prototypisch narrativen »Sujetraum« (Lotman 2010, 212) defi-niert: Als Raum, in dem sich das Ereignis einer ele-mentaren Grenzüberschreitung vollzieht und in dem der Protagonist seine Angst zuletzt zu überwin-den vermag.

Noch hochmittelalterliche *âventiuren* und epo-chemachende Dichtungen wie die *Commedia* unter-stehen diesem Erzählraum. Nur ist das topische Denken einer Jenseitsreise wie der Dantes bereits mit naturphilosophischen Begrifflichkeiten versetzt, wie überhaupt an der Schwelle zur Neuzeit die Welt und der ›Welt-Raum‹ etwa anhand der geometri-schen Optik oder auch unter Nutzung unsichtbarer Elementarkräfte (wie des Magnetismus) erkundet wird. In der Seefahrt führt dies um 1300 zur Einfüh-rung des Kompasses und, im selben Zuge, zur Ent-stehung der ersten (noch vektoriell organisierten) Seekarten, die die vormalige Liste des Handbuchs erstmals in die zweite Dimension übertragen, die Meeresoberfläche also erstmals in Form einer Kar-tenoberfläche visualisieren. Mit dem Portolanbuch, der Portolankarte und dem Kompass hat das Spätmittelalter ein symbolisches, graphisches und operatives System zur Hand, das den vormals ge-staltlosen Meeresraum erstmals zu erschließen und planmäßig zu nutzen erlaubt. Die Techniken, die dann in der Frühen Neuzeit zum Entwurf eines neuen ›Weltbilds‹ führen sollten, reichten von der Zentralperspektive bis hin zu Projektions- und Pla-nifizierungsverfahren, die es gestatteten, neben den kontinentalen Konturen auch die – zusehends er-kundeten – Weltmeere innerhalb eines Gradnetzes von Längen und Breiten zu kartographieren.

Einerseits diente diese metrische und lineare Er-fassungstechnik seit dem 16. Jahrhundert der unab-lässigen Einkerbung, der wiederholten Aufteilung und dauerhaften Beherrschung von Räumen; auf sol-cher Grundlage konnte allererst der politische und verwaltungstaugliche Begriff eines ›Territoriums‹ entstehen, ja zeitweilig sogar der glatte maritime Raum als Teil eines Flächenstaats beansprucht wer-den; und auf dieser Basis traten an die Stelle der al-ten, unspezifischen ›Angsthorizonte‹ nunmehr loka-lisierbare Orte und Zonen, die man einfach als ge-fährlich markieren konnte. Andererseits war die Entwicklung dieser kartographischen Technik von jeher mit der Bewältigung neuer Ängste verquickt: Die portugiesische Seemacht erstellte bei ihrer plan-mäßigen ›Entdeckung‹ des Seewegs nach Indien die neuen Globalkarten durch ein laufendes Feedback zwischen italienischer Kartographie und den neues-ten Nachrichten portugiesischer Schiffsexpeditio-nen, stieß dabei jedoch an der afrikanischen West-küste immer wieder auf vermeintlich unüberwind-liche ›Kaps ohne Wiederkehr‹. Als diese, wie es Heinrich der Seefahrer selbst nannte, »Einbildungen und Chimären« (Meyn 1984, 62) zugunsten einer so aufgeklärten wie globalen Topographie endlich über-wunden worden waren, kamen freilich etliche Unzu-länglichkeiten des neuzeitlichen Navigationssystems zutage: Dass etwa Gerhard Mercators winkelgetreue Zylinderprojektion in den Polregionen zu immensen Verzerrungen führte und dass der Kompass durch variable Deklinationen und Inklinationen, Variatio-nen und Deviationen unaufhebbaren Störungen un-terworfen war, enthüllte die Kontingenz noch der ex-aktesten Orientierungsverfahren. Die Topographie wurde ihrerseits zur Quelle von Angst.

Topologien der Angst

Derlei Orientierungswidrigkeiten sind das Thema zahlloser Reiseberichte und Abenteuererzählungen geworden, am konsequentesten vielleicht bei Edgar Allan Poe: In *MS. Found in a Bottle* (1833) etwa wird die Polregion, in der die Kompasse zu kreiseln be-ginnen und die Seekarten sich unendlich verzerren, zu einem alles verschlingenden Strudel, in dem der Erzähler, nachdem er seinen Bericht per Flaschen-post den Fluten überlässt, mitsamt seines Entdecker-schiffs verschwindet. Mit explizitem Hinweis auf fa-tale Kompassstörungen und Mercators Projektions-dilemma wird hier der Entzug und das Scheitern der Topographie zu einer metapoetischen Metapher, die das Schreiben als negative Ekstase und Selbstver-schlingung sowie die bloß negative oder inverse Darstellbarkeit von Gefahr als eigentlichen Angst-quell vorführt. Poes *A Descent into the Maelström* (1841) wiederum erzählt von nichts anderem als der Erzählbarkeit von Sog und Verschlingung: Der von einem Felsrand aus gewagte Blick auf den legen-dären Maelstrom bei den Lofoten wird mit dem Er-lebnisbericht eines einst in den Strudel geratenen Fi-schers verknüpft, so dass das in der Binnenerzäh-lung behauptete *déplacement* innerer und äußerer, zeitlicher und räumlicher Erfahrung nun von der beobachteten Selbstverschlingung des Meeres, dem definitiven Zu-Grunde-Gehen aller Orientierungs-marken beglaubigt und als letztlich grund- und objektlose Angstlust ausbuchstabiert wird. Damit überschreitet Poe die Ästhetik des Erhabenen auf eine ›anästhetische‹, abgründige und schwindelerregende Topologie der Angst.

Eine solche *mise en abîme* von Vorstellung und Vorstellbarkeit selbst ist nämlich die Demontage jenes Szenarios, das im 18. Jahrhundert mit Verweis auf Lukrez als ›Schiffbruch mit Zuschauer‹ zu einem Topos des Erhabenen geworden war. Das zentralperspektivische oder allgemeiner: das mediale Vor-Augen-Stellen eines gefährlichen und gefürchteten Geschehens; die Beobachtung von einem unbeweglichen, distanzierten und damit sicheren Standpunkt aus; und die auf dieser geglückten Beobachtungsleistung gegründete Selbst-Erhebung des Beobachtersubjekts mitsamt seiner theoretischen und praktischen Vernunft – dies waren die Richtlinien einer Furchtbewältigung im Modus des Sublimen, die seit der Aufklärung nicht nur ein poetologisches Programm oder den Schein der Kunst betrafen, sondern die Einstellung und »Übung« auch in realen Gefahrensituationen. Die Immersion des Augpunktes in die befürchtete Situation, das Eintauchen der Einbildungskraft in einen »Abgrund, worin sie sich selbst zu verlieren fürchtet« (Kant 1983, 345, 350), und damit die Repräsentation nicht eines Ortes oder Geschehens, nicht eines Bildes und Hintergrunds, sondern eines schwindelerregenden Raums, der alle Darstellung und Lokalisierung in sich verschlingt, weil er Bild und Hintergrund ununterscheidbar werden lässt – dies markiert auf Ebene des ›extrinsischen Raums‹ den Übergang von einer Repräsentation und Topographie der Furcht zu einer Defiguration und Topologie der Angst.

Einerseits kann man diesen Übergang als jenen Wechsel begreifen, der sich um 1800 vollzogen hat: Das umfassende Projekt, die alte Furcht vor ›realen‹ Gefahren – insbesondere natürlichen und damit assoziierten mythischen Gefahren – aufzuklären, hat zuletzt dessen mediale, kontingente und störungsanfällige Bedingungen offenbart und zudem das eigensinnige, in seiner selbstreferentiellen Dynamik seinerseits bedrohliche Wirken der Einbildungskraft selbst zutage gefördert. Die vormalige Aufmerksamkeit für eine Furcht vor ›äußeren‹ und damit lokalisierbaren Gefahren hat sich somit auf ›endogene‹ und ›autologische‹ Ängste, auf die Beklemmung durch eine in sich selbst rotierende Phantasie verschoben. Andererseits ist mit der transzendentalphilosophischen Auffassung des Erhabenen, wie sie Kant als Störung und Zerstörung der Synthesen zwischen innerem Sinn und äußerer Anschauung konzipiert, die moderne Wende zur negativen Ästhetik und negativen Anthropologie angebahnt. Insofern

die Angst kein bloß empirischer Affekt und keine nur pathologische Empfindung, sondern ein ›Geistesgefühl‹ ist, kann sie sich ästhetisch, auf Ebene des ›extrinsischen Raums‹, nur als Inexponibles darstellen. Kommt bei Kant eine Anthropologie, die ontologisch auf Entzugsbedingungen gestellt ist, noch allenfalls als Grenzbestimmung seines kritischen Projekts zur Sprache, wird sie in der nachkantischen Philosophie zusehends ins Zentrum treten.

Schelling etwa verweist wiederholt auf ein der phänomenalen, äußeren Natur und ein dem menschlichen Bewusstsein Vorausliegendes, ihm Rückwärtiges und ›Unvordenkliches‹. Er bezeichnet es als einen »›*Abgrund*‹, in welchem das Denken sich verschlingt« (Schelling 1977, 163). Kann dieser verschlingende Abgrund, wie Schelling 1841 sagt, für die Wissenschaft nur ein ›negativer‹ Gegenstand sein, von dem sie sich immer schon abkehrt, so nennt ihn der Schelling-Hörer Kierkegaard in *Begrebest Angest* (1844) ein ›Nichts‹, das zugleich Gegenstand der Angst sei (s. Kap. II.1; Kap. II.2). Angst zeigt sich als Zustand des »Schwindligseins«, von dem der endliche Mensch erfasst werde, sobald er seine Freiheit zur unendlichen Möglichkeit des Geistes erkennt, sobald er vom Rand der Endlichkeit her in die »gähnende Tiefe« und den »Abgrund« seiner eigenen Bedingtheit blickt (Kierkegaard 1967, 57). Wenn sich die negativen Anthropologien von der ›Sattelzeit‹ um 1800 bis zur Mitte des 19. Jahrhunderts immer deutlicher um die Konfiguration eines ›Abgrunds‹ zentrieren, verweist dies auf die Kehrseite vormaliger Gefahren-Topographien und psychologischer oder ästhetischer Furcht-Topiken: Auf einen Ort der Angst, der jenseits aller Symbolisierung und Verbildlichung liegt, weil er die Möglichkeit aller Symbolisierung und Verbildlichung und damit das schlechtweg ›Reale‹ der Angst betrifft.

›Angst-Räume‹ sind nicht mehr über die ›Beschreibung‹ eines stabilen extrinsischen oder Substanz-Raums, seiner Topoi und metrischen Abstände zu erfassen. Vielmehr rücken nun die Relationen (wie die der Nähe oder Abgrenzung, des Enthaltenseins oder Verschlungenwerdens) in den Vordergrund, die zwischen den ›Orten‹ des intrinsischen Raums (etwa den Gemütsvermögen, der empirischen Empfindung und transzendentalen Einbildungskraft, dem inneren und äußeren Sinn, dem Bewusstsein und Unbewussten) herrschen und die auch dann fortbestehen, wenn man die Modelle dieses Raums variiert (etwa unterschiedliche Konzeptionen der ›Sensibilität‹, des ›Seelischen‹ oder ›Geistigen‹ ansetzt) oder ihn als nicht-euklidisch (etwa als gekrümmt, gestaucht oder dynamisch) auffasst. ›Angst-Räume‹ werden in der Moderne – mathematisch gesprochen – ›topologisch‹ modelliert. Eher als eine topographische Raumauffassung liegt nämlich die seit Johann Benedict Listing als ›Topologie‹ bezeichnete Lehre von den qualitativen Raumbeziehungen und von den modalen Verhältnissen räumlicher Gebilde (vgl. Dünne/Günzel 2006, 26 f.) jenen Raumvorstellungen zugrunde, die in der Existenzphilosophie und Psychoanalyse mit der Konzeption von Angst einhergehen.

Angst in der psychoanalytischen Topik

Von Anbeginn hat sich die Psychoanalyse um eine Bestimmung von Angst-Räumen bemüht, die über die simple Unterscheidung zwischen Intrinsischem und Extrinsischem hinausgeht. Schon mit Blick auf die ›Agoraphobie‹ oder ›Raumangst‹ musste Freud rasch auffallen, dass nur manche der gefürchteten Räume oder Plätze mit realen Gefahren assoziiert, manche indes von solchen völlig losgelöst sind. Er interpretierte die Agoraphobie deshalb schon früh als ein Beispiel von ›Angstneurose‹ und beschrieb sie dann später als eine Versuchungsangst, die genetisch mit der Kastrationsangst verknüpft sei und letztlich die »Angst des Ichs vor den Ansprüchen der Libido« zum Ausdruck bringe (Freud 1999, XIV, 138). Eine naive gehirnanatomische Lokalisierung von Angst-Affekten hat Freud schon deshalb vermieden, weil seine topische Modellierung der Psyche von jeher zwischen einer materialistischen, neurologischen oder physiologischen Konzeption einerseits und einer sprachlichen, symbolischen oder strukturalen Konzeption andererseits schwankte. Der ›psychische Apparat‹ wird bei Freud – seit dem *Entwurf einer Psychologie* (1895) und seit der *Traumdeutung* (1900) – metapsychologisch in unterschiedliche Systeme aufgefächert, die bestimmte Funktionen übernehmen, in gewissen Relationen zueinander stehen und daher räumlich oder topologisch als ›Schauplätze‹ oder ›Orte‹, als ›Schichten‹ oder ›Archive‹ aufzufassen sind.

Seine erste topische Konzeption unterscheidet mit dem ›Bewusstsein‹, dem ›Vorbewussten‹ und dem ›Unbewussten‹ drei Systeme mit spezifischer Funktion und Abwehrleistung, mit charakteristischen Besetzungsenergien, typischen Inhalten und markanten Zensurschranken, über die das psychische Geschehen progredient oder auch regressiv verläuft. Freuds topische Metaphorik erfährt dabei eine doppelte Einschränkung: Zum einen analogisiert er die Psyche und ihre Vorstellungsinhalte oder ›Repräsentanzen‹ hauptsächlich mit optischen Medien, besonders Mikroskopen oder Photoapparaten. »Die psychische Lokalität entspricht dann einem Ort innerhalb eines Apparats, an dem eine der Vorstufen des Bildes zustande kommt« (ebd., II/III, 541). Zum anderen verweist Freud darauf, »daß Vorstellungen, Gedanken, psychische Gebilde im allgemeinen überhaupt nicht in organischen Elementen lokalisiert werden dürfen, sondern sozusagen *zwischen ihnen*, wo Widerstände und Bahnungen das ihnen entsprechende Korrelat bilden«. Strenggenommen sei deshalb die »topische Vorstellungsweise durch eine dynamische« zu ersetzen (ebd., 615 f.).

Freuds zweites topisches System wurde seit 1920 und am klarsten in *Das Ich und das Es* (1923) ausgearbeitet. In dieser Konzeption kommen dynamische Aspekte wie die der Abwehrmechanismen oder Identifizierungen, ebenso aber die genetischen Dimensionen der psychischen Instanzen stärker zur Geltung: Das ›Es‹ als Triebpol wahrt eine intime Beziehung zum Biologischen, das narzisstisch besetzte ›Ich‹ vertritt die vermeintlichen Interessen der Gesamtpersönlichkeit und die kritische Instanz des ›Über-Ich‹ entspricht einer Introjektion elterlicher oder sozialer Ge- und Verbote. In einer Nachlassnotiz hat Freud schließlich die räumliche Auffassung der Psychodynamik insofern gerechtfertigt, als er die vermeintlich transzendentale Anschauungsform des Raums selbst metapsychologisch deduzierte: »Räumlichkeit mag die Projektion der Ausdehnung des psychischen Apparats sein. Keine andere Ableitung wahrscheinlich. Anstatt Kants a priori Bedingungen unseres psychischen Apparats. Psyche ist ausgedehnt, weiß nichts davon« (ebd., XVII, 152).

Freuds Theorie der Angst wurde ebenso wie die des psychischen Apparats im Laufe der 1920er Jahre revidiert (s. Kap. II.3). Seit seiner Arbeit *Über die Berechtigung, von der Neurasthenie einen bestimmten Symptomkomplex als ›Angstneurose‹ abzutrennen* (1895) hatte er den Affekt der Angst mit somatischen, insbesondere sexuellen Erregungen verknüpft und ihn damit grundsätzlich von hereditären Auffassungen entkoppelt. Angstneurosen erklären sich im Rahmen seiner ökonomischen Konzeption durch die gehemmte Entladung gestauter Triebenergien (etwa im *Coitus interruptus*). Bei den Psychoneurosen (Zwangsneurosen, Hysterien und Phobien) hingegen musste die Ursache in der Vergangenheit, etwa in einer frühen sexuellen Traumatisierung liegen, weshalb Freud 1916 die Angst als Symptom und damit als Produkt einer ›Verdrängung‹ erklärte – ein topisches Konzept, das er von Johann Friedrich Herbart entlehnte. Zu diesem Zeitpunkt verstand er Angst bereits als einen – mit Gustav Theodor Fechner gesprochen – ›unlustvollen‹ Affektzustand, der im Gegensatz zur exogenen Furcht als endogen und objektlos zu bezeichnen sei (vgl. ebd., XI, 410). Im Rahmen dieser ersten Angstkonzeption ist 1919 auch eine Schrift Freuds entstanden, die den Ort der Angst *semantisch* über eine ›Ambivalenz‹ erschließt und *topologisch* über eine Art Einfaltung von Repräsentanzen: Während das ›Heimliche‹ das Heimatliche oder Häusliche und zugleich Verborgene, in nächster Nähe von sich selbst Entfernte bezeichnet, ist das Unheimliche für Freud (einem Hinweis Schellings folgend) ein Längstbekanntes, aber gründlich Verdrängtes, das, sobald es als Vertrautes und doch völlig Fremdes wiederkehrt, Angst erregt (s. Kap. III. A.3). Jeder Affekt einer Gefühlsregung werde, wie Freud daraus allgemein folgert, durch Verdrängung in Angst verwandelt (vgl. ebd., XII, 254).

In seiner seit *Hemmung, Symptom und Angst* (1926) revidierten Angsttheorie kommt Freud indes zum gegenteiligen Ergebnis: Jetzt handelt er von einer Angst, die ihrerseits verdrängt wird oder Verdrängungsleistungen provoziert, statt allererst aus solchen hervorzugehen. Entsprechend seiner zweiten Topik von ›Ich‹, ›Es‹ und ›Über-Ich‹ differenziert er zwar zwischen ›Realangst‹, ›neurotischer Angst‹ und ›Gewissensangst‹ (ebd., XV, 92). Doch ist die Angst in jedem Fall ein endogener Affekt, weil sie letztlich keiner äußeren und objektivierbaren Gefahr, sondern allein einer inneren Gefährdung entspricht. Als gefährlich erscheint schließlich, selbst im Fall einer äußeren Bedrohung, nicht »die objektiv zu beurteilende Schädigung der Person, die psychologisch gar nichts zu bedeuten brauchte, sondern was von ihr im Seelenleben angerichtet wird« (ebd., 100). Was zudem hinter der Gewissensangst steht, ist Todesangst, für die die ›Kastrationsangst‹ als Analogon einsteht, da es im Unbewussten für die Vernichtung des Lebens keinen Begriff geben kann (ebd., XIV, 160). Und so, wie sich die Real- und Gewissensangst zuletzt als ›autologische‹ Affekte angesichts einer drohenden Schädigung oder Vernichtung des eigenen Affektlebens verstehen lassen, erscheint für Freud als eigentliche Quelle aller Angst nun »die eigene Libido« (ebd., XV, 91).

Die Angst antwortet letztlich nur einer intrinsischen Bedrohungslage. Oder genauer: Sie signalisiert in erster Linie eine Triebgefahr. Weil dieses Signal an das ›Ich‹ als der Instanz zielstrebigen Meidungshandelns adressiert ist und weil nur das ›Ich‹ Angst produzieren und verspüren kann, bezeichnet es Freud auch als »die eigentliche Angststätte« (ebd., XIV, 171). Das ›Ich‹ von Freuds zweiter Topik ist durch seine prekäre Stellung zwischen den Triebansprüchen des ›Es‹, der Kritik des ›Über-Ich‹ und den Anforderungen der Umwelt gekennzeichnet. Die hier freigesetzten Ängste sind weniger auf eine Zweiteilung zwischen Innen- und Außenwelt als auf eine intrikate topologische Struktur des Seelenlebens zu beziehen, muss hier doch als eigentliche Bedrohung ein endogenes Triebgeschehen gelten, insofern sich die Maßgaben des Über-Ichs aus Introjektionen speisen und vermeintlich äußere Gefahren oftmals nur Projektionen darstellen. Freud geht soweit, die meisten Phobien als Stützkonstruktionen anzusehen, die die Angst und die damit verknüpften ambivalenten Regungen stillstellen, indem sie eine vermeintlich klare Topik und Objektstruktur des Gefährlichen imaginierbar machen (vgl. ebd., XIV, 156 f.).

In seinem späteren strukturalistisch-symbolischen Modell fasst Freud die Angst jedenfalls immer weniger ökonomisch, immer weniger als Resultat von Energieverteilungen, sondern hauptsächlich als ein ›Signal‹ auf: Als ein geringeres Maß an Unlust, das angesichts eines drohenden Höchstmaßes an Unlust gewisse Abwehrmaßnahmen zu ergreifen fordert. Insofern kann man hier tatsächlich von einer Art ›Signaltechnik‹ sprechen, die auf der Ausdifferenzierung von Information und Energie beruht und nach Art eines Telegrafie-Relais diskrete Botschaften kommuniziert. Die Angst entspricht zu guter Letzt keinem verortbaren Objekt mehr, sondern einer schwer lokalisierbaren Störung innerhalb des weitmaschigen psychischen ›Netzwerks‹ mitsamt seiner zahllosen Funktionen, Bahnungen und Schaltstellen (vgl. Bitsch 2009, 340, 381 f.).

Während etliche Psychoanalytiker durch Freuds zweite Topik und Angsttheorie zu einer Wende zur Ich-Psychologie bewogen wurden, hat Jacques Lacan eher an ihre strukturalen Momente angeknüpft. In seiner Angsttheorie werden eine Reihe von Präzisionen oder gar Revisionen an Freuds Bestimmungen vorgenommen: Erstens kann das Freudsche Angstsignal kein Zeichen für eine innere Gefahr sein, das dem Ich gegeben wird, weil der neurologische Apparat als solcher nur eine Hülle ohne Inneres ist und weil das Signal wohl am Ort des *Ich* registriert wird, aber das *Subjekt* und sein Sein betrifft. Das Signal kommt, wie Lacan sagt, vom strukturalen Ort des Anderen und stellt dabei das Subjekt an seiner Wurzel, auf einer Ebene diesseits aller spiegelbildlichen oder autoerotischen Ich-Konstitution, in Frage (vgl. Lacan 2010, 191 f.). Die Angst ist somit kein topisches, sondern ein »Randphänomen« (ebd., 151). Sie hat keine Ursachen, sondern fördert die Ur-Sache des Begehrens zutage, das also, was vor aller topischen Ausbildung des Ichs, seiner Ansprüche und Bedürfnisse zu suchen ist. In diesem Zusammenhang unterstreicht Lacan zweitens, dass sehr wohl von einem Objekt der Angst zu sprechen ist, nämlich von jenem ›Ursache des Begehrens‹ genannten *Objekt a* (mit *a* als Abkürzung für *angoisse*), das als immer schon verlorenes, als nicht-symbolisierbares und undarstellbares Objekt erscheint, obschon es aller Symbolisierung und Darstellung zugrunde liegt. Ein solches *Objekt a* ist etwa der Blick, der die transzendentale Struktur des Raums erst eröffnet, aus dieser aber ausgeschlossen ist. So gesehen zeitigt nicht ein als gefährlich Wahrgenommenes und dabei Lokalisiertes Angst, sondern ein (von irgendwo her) Erblicktwerden, weil es das Allerinnerste des Subjekts betrifft. Unter diesen Vorzeichen wird die Angsttheorie – drittens – noch stärker topologisch angelegt: Die Angst stellt sich, selbst wenn sie mit dem *Objekt a* verknüpft wird, nicht in einem topischen ›vor‹ dar. Vielmehr markiert ihr ›Ort‹ den Verlust anschaulicher Darstellbarkeit und verweist somit auf topologische Modelle wie die der (Selbst-)Verschlingung, des umgestülpten Handschuhs, des *cross-caps* oder Möbiusbands.

Ausblick: Die Angst im ›gestimmten Raum‹

Tendiert die psychoanalytische Angsttheorie zuletzt nicht nur durch ihre Ausrichtung auf den Anderen und das Symbolische, sondern auch ihrer topologischen Anlage wegen dazu, die Unterscheidung zwischen Intrinsischem und Extrinsischem aufzuheben, so wird auch in der Phänomenologie und Existenzphilosophie, indem sie vom affektiven ›Erlebtwerden‹ des Raums ausgehen, dieser von einem bloß Äußeren zu einer topologisch komplexen Umgebung: Die ›vorintentionale‹ Verbundenheit von Raum und Leib stellt sich in präreflexiven Synthesen von Perzeption und Imagination, in der Wahrnehmung nicht nur von bestimmten Dingen, sondern auch einer Mannigfaltigkeit potentieller Lagen her. Der Raum wird zu einem Möglichkeitshorizont, der sich in bestimmten Metriken oder Topographien, aber auch in anderweitig ›lebensweltlich‹ relevanten Strukturen aktualisieren kann. Solch schlechthin räumliche, wenngleich nicht lokalisierbare Potentia-

lität nennen Phänomenologie und Existenzphilosophie ›Atmosphäre‹ oder ›Stimmung‹ (vgl. Ströker 1977, 22 f.; Löw 2001, 228 f.; Andermann/Eberlein 2011). Und solch ein ›gestimmter‹ Raum umfasst nicht nur die Wirkungssphäre bestimmter Affekte. Aus ihm leitet sich überhaupt die ›Befindlichkeit‹ und das ›In-der-Welt-Sein‹ her (s. Kap. II.4).

Die Angst ist für Martin Heidegger mehr als ein Affekt: Sie ist ein ›Existential‹, zeigt sich doch mit ihr, dass sich Räumlichkeit nicht im ›Vorhandensein‹ dieses oder jenes Seienden an diesem oder jenem Ort erschöpft. Räumlichkeit erschließt sich nur vom ›In-Sein‹ des Daseins her; Abstände zeigen sich nur in ihrer Aufhebung, ihrer ›Ent-fernung‹; und dieses ›Sich-vorweg‹ des Daseins eröffnet ihm seine Sorge-Struktur, sein ›Vorlaufen‹ in die Zukunft seines ihm eigenen Seinskönnens (Heidegger 1993, 105, 336 f.). Erst diese ›ekstatische‹ Zeitlichkeit lässt das Dasein in den Raum, die Sphäre des Zuhandenen und Gegenwärtigen, einbrechen. Das »Wovor der Furcht« umfasst freilich nur das Mitdasein, das Zu- oder Vorhandene und damit ein innerweltlich Bedrohliches, das bereits ein *Hier* und *Dort* sein kann oder sich zumindest »aus einer bestimmten Gegend« nähert (ebd., 140). In der Furcht fürchtet sich das Dasein bloß um sich selbst und vor einer – auch räumlich – bestimmten Gefahr. Die Angst hingegen betrifft nicht nur eine Bedrohung des ›In-der-Welt-Seins‹. Vielmehr offenbart sie dessen eigene ›Unheimlichkeit‹, ja die ›Nichtigkeit‹ des Seienden im Ganzen, wodurch sie den sich Ängstigenden vor allem Mitdasein, allem Zu- oder Vorhandenen völlig vereinzelt und ihm das Sein seines Daseins als Sorge enthüllt. Weil sie die »Strukturganzheit« des Seins betrifft, kommt die Angst auch nicht aus einer bestimmten Gegend oder Richtung. Immer ist sie »schon ›da‹ – und doch nirgends«. Das *Wovor* der Angst ist »*die Welt als solche*« (ebd., 182, 186 f.). Sartre wird deshalb sagen: In der Angst ängstigt sich der Mensch vor seiner eigenen Freiheit und Möglichkeit, weshalb ihr, räumlich gesehen, nicht die Furcht vor einer ›Gegend‹, sondern der Schwindel über einem »Abgrund« entspricht (Sartre 1993, 91).

Gerade unter den Vorzeichen der Angst gibt sich der ›gestimmte‹ Raum von Phänomenologie und Existentialismus zuletzt als ein ›glatter Raum‹ zu erkennen: Als ein dynamischer, von Vektoren und Trajektorien formierter, weniger von Objekten und Eigenschaften denn vielmehr von Intensitäten und Affekten besetzter Raum, der zwar metrisch oder topographisch gekerbt werden mag, als solcher aber nur topologisch zu begreifen ist. Deleuze hat in seiner Philosophie des Kinos auch den Begriff eines ›beliebigen Raums‹ eingeführt: So wenig eine abstrakte Universalie wie eine homogene oder metrisch gegliederte Sphäre, markiert dieser Raum einen unbegrenzten Möglichkeitshorizont virtueller Anschlüsse und Verbindungen. Einem solchen Raum kommt eine bestimmte ›Potentialqualität‹ zu, die sich wiederum als ›Affektbild‹ zeigt: Nicht als Ausdruck eines ›psychologischen‹ Subjekts, das etwa eine gewisse Gefährdung erleben würde, sondern als reiner, nicht-individuierter und ›grundloser‹ Affekt, als bloßes Erscheinen des *in* einem Zustand Ausgedrückten.

Etwa mag, wie Deleuze erläutert, der Blick in einen Abgrund die äußere Ursache eines Schwindels sein; das Affektbild selbst, der ängstliche Ausdruck eines Gesichts, wird damit aber nicht begründet. Wie in der bildenden Kunst durch gewisse Pathosformeln, tritt im filmischen Bewegungsbild der reine Affekt durch eine Großaufnahme zutage, durch das also, was sich außerhalb des Kinos nicht manifestiert. Und wie das Gesicht der Großaufnahme mehrere Affekte bzw. Potentialqualitäten in sich vereint, kann auch der ›beliebige‹, aus aller metrischen und topographischen Bestimmtheit gelöste Raum, etwa eine Landschaftsansicht, zur ›Großaufnahme‹, zum reinen Ausdruck diverser Affekte werden. In dieser Topologie des Affekts, die zugleich die innere und äußere Bewegung, die intrinsische und extrinsische Räumlichkeit erschließt, gibt es indes einen Grenzfall: die Angst. Mit ihr steht das ›In-der-Welt-Sein‹ selbst in Frage; und mit ihr als dem Affekt aller Affekte erlöschen sämtliche Bilder in einem einzigen reinen Ausdruck (Deleuze 1989, 143 f.).

Literatur

Andermann, Kerstin/Eberlein, Undine (Hg.): *Gefühle als Atmosphären. Neue Phänomenologie und philosophische Emotionstheorie.* Berlin 2011.

Begemann, Christian: *Furcht und Angst im Prozeß der Aufklärung. Zu Literatur und Bewußtseinsgeschichte des 18. Jahrhunderts.* Frankfurt a. M. 1987.

Bitsch, Annette: *Diskrete Gespenster. Die Genealogie des Unbewussten aus der Medientheorie und Philosophie der Zeit.* Bielefeld 2009.

Böhme, Hartmut: Vom phobos zur Angst. Zur Transformation und Kulturgeschichte der Angst. In: Martin Harbsmeier/Sebastian Möckel (Hg.): *Pathos, Affekt, Emotion. Transformationen der Antike.* Frankfurt a. M. 2009, 154–184.

Campe, Rüder: *Affekt und Ausdruck. Zur Umwandlung der literarischen Rede im 17 und 18. Jahrhundert.* Tübingen 1990.

Cassirer, Ernst: *Philosophie der symbolischen Formen.* Drit-

ter Teil: Phänomenologie der Erkenntnis [1929]. Darmstadt 1977 (Nachdruck der 2. Aufl. von 1954).

Deleuze, Gilles: *Das Bewegungs-Bild. Kino 1.* Frankfurt a. M. 1989 (franz. 1983).

Deleuze, Gilles/Guattari, Félix: *Tausend Plateaus. Kapitalismus und Schizophrenie II.* Berlin 1992 (franz. 1980).

Delumeau, Jean: *Angst im Abendland. Die Geschichte kollektiver Ängste in Europa des 14. bis 18. Jahrhunderts.* Reinbek bei Hamburg 1985 (franz. 1978).

Dünne, Jörg/Günzel, Stephan (Hg.): *Raumtheorie. Grundlagentexte aus Philosophie und Kulturwissenschaften.* Frankfurt a. M. 2006.

Freud, Sigmund: Die Traumdeutung [1900]. In: Ders.: *Gesammelte Werke.* Bd. II./III. Hg. von Anna Freud u. a. Frankfurt a. M. 1999, 1–642.

Freud, Sigmund: Vorlesungen zur Einführung in die Psychoanalyse [1915–1917]. In: Ders.: *Gesammelte Werke.* Bd. XI. Hg. von Anna Freud u. a. Frankfurt a. M. 1999.

Freud, Sigmund: Das Unheimliche [1919]. In: Ders.: *Gesammelte Werke.* Bd. XII. Hg. von Anna Freud u. a. Frankfurt a. M. 1999, 227–268.

Freud, Sigmund: Hemmung, Symptom und Angst [1926]. In: Ders: *Gesammelte Werke.* Bd. XIV. Hg. von Anna Freud u. a. Frankfurt a. M. 1999, 111–205.

Freud, Sigmund: Neue Folge der Vorlesungen zur Einführung in die Psychoanalyse [1932]. In: Ders.: *Gesammelte Werke.* Bd. XV. Hg. von Anna Freud u. a. Frankfurt a. M. 1999.

Freud, Sigmund: Ergebnisse, Ideen, Probleme [1938]. In: Ders: *Gesammelte Werke.* Bd. XVII. Hg. von Anna Freud u. a. Frankfurt a. M. 1999, 149–152.

Heidegger, Martin: *Sein und Zeit* [1927]. Tübingen [17]1993.

Heydenreich, Titus: *Tadel und Lob der Seefahrt. Das Nachleben eines antiken Themas in den romanischen Literaturen.* Heidelberg 1970.

Kant, Immanuel: *Kritik der Urteilskraft* [1790] (= Ders.: *Werke in zehn Bänden.* Bd. 8. Hg. von Wilhelm Weischedel). Darmstadt 1983.

Kierkegaard, Søren: *Der Begriff Angst.* Reinbek bei Hamburg 1967 (dän. 1844).

Lacan, Jacques: *Die Angst. Das Seminar / Buch X.* Hg. von Jacques A. Miller. Wien [2]2010.

Lotman, Jurij M.: *Die Innenwelt des Denkens. Eine semiotische Theorie der Kultur.* Hg. von Susi K. Frank/Cornelia Ruhe/Alexander Schmitz. Berlin 2010 (russ. 2000).

Löw, Martina: *Raumsoziologie.* Frankfurt a. M. 2001.

Meyn, Matthias u. a. (Hg.): *Die großen Entdeckungen, Bd. II der Dokumente zur Geschichte der europäischen Expansion.* München 1984.

Sartre, Jean-Paul: *Das Sein und das Nichts. Versuch einer phänomenologischen Ontologie.* Reinbek bei Hamburg 1993 (franz. 1943).

Schelling, Friedrich Wilhelm Joseph: *Philosophie der Offenbarung: 1841/42.* Hg. von Manfred Frank. Frankfurt a. M. [4]1977.

Schmitt, Carl: *Der Nomos der Erde im Völkerrecht des Jus Publicum Europaeum* [1950]. Berlin [4]1997.

Ströker, Elisabeth: *Philosophische Untersuchungen zum Raum.* Frankfurt a. M. [2]1977.

Wachsmuth, Dietrich: Πομπιμοσ ο Δαιμον. Untersuchungen zu den antiken Sakralhandlungen bei Seereisen. Berlin 1967 (Diss.).

Burkhardt Wolf

2. Gedächtnisverlust und Trauma

Die diskursiven Felder ›Angst‹ und ›Trauma‹ berühren sich in einigen Aspekten und verlaufen bezüglich anderer parallel. Während einer individuellen oder kollektiven Traumatisierung – infolge ›natürlicher‹ oder durch Menschen verursachter Katastrophen wie Kriege, Genozide, Unterdrückung, Epidemien oder privater Tragödien wie mentalem, sexuellem oder psychischem Missbrauch – spielen Angst, Ohnmacht und Überwältigung eine bedeutende Rolle. Und auch die daraufhin eintretenden traumatischen Symptome können Angstattacken und -zustände umfassen; der/die Traumatisierte fällt durch bestimmte ›Trigger‹ und Erinnerungsbildfragmente vorübergehend in den Zustand der traumatisierenden Angstszene zurück. In überindividueller Perspektive können Trauma- und Angststrukturen auf nachfolgende Generationen übertragen werden. Die traumatische Logik ähnelt einem *perpetuum mobile*, das durch Wiederholung, *Re-Enactment* oder Racheformationen stets neue Angstfelder erzeugt, auch wenn das gewaltvolle Ereignis schon geraume Zeit zurückliegt.

Gedächtnisverlust und ›traumatisches Erinnern‹

Das Wort ›Trauma‹ leitet sich vom altgriechischen *traûma* ab, was Verwundung, Verletzung, Durchbohren, Kränkung bedeutet (Leys 2000). Traumatisierungen erschüttern Bewusstsein und Wahrnehmung in einer Weise, die für das betroffene Individuum oder Kollektiv angsterzeugend, schockierend, überfordernd und überwältigend ist. Die Effekte des traumatisierenden Erlebnisses übersteigen die Kapazitäten der Rationalisierung oder Erklärung, wie Shoshana Felman und Dori Laub herausstellen (Felman/Laub 1992, 4). Die kontinuierliche Wahrnehmung von Zeitlichkeit wird im Moment der Traumatisierung unterbrochen. Dies gilt auch für Langzeittraumatisierungen. In seinem literarischen Entführungsbericht hat Jan-Philipp Reemtsma das sich während seiner 33 Tage andauernden Freiheitsberaubung einstellende Gefühl der permanenten Angst mit der Phrase des »Aus-der-Welt-gefallen-Seins« benannt: »Er [Reemtsma] war plötzlich aus der Welt gefallen. Genauer: geschlagen worden« (Reemtsma 1997, 72, 73, 221 f.). Er sei zeitlich und räumlich entortet, aus dem vertrauten Koordinaten-

netz herausgefallen gewesen. Dieser Zustand habe sich nach seiner Befreiung in ein Gefühl des »Nur-Im-Keller-zuhause-Seins« – eine Sehnsucht nach einer (imaginären) Rückkehr in den Keller – verwandelt:

> Denn den Keller läßt man nicht zurück. Der Keller wird in meinem Leben bleiben […]. Er bleibt der zerstörische Einbruch, die Vergewaltigung, die Exterritorialität, die plötzlich wieder da sein kann. […] Im Keller hatten die Gefühle des Nicht-mehr-in-der-Welt-Seins ihren Ort. In der Welt haben sie keinen. Mit diesen Gefühlen bin ich nur im Keller zu Hause gewesen (Reemtsma 1997, 17).

Reemtsma beschreibt, wie sich die Zwangssituation der Langzeittraumatisierung als neue »Keller«-Master-Realität in ihm etabliert habe, an die er sich auch im wiedererlangten ›realen‹/›normalen‹ Leben anzupassen suchte beziehungsweise die es zu gestalten gelte.

In einer Traumatisierung wird die ›reale‹ Zeit fragmentiert, gedehnt oder ›verschluckt‹, was in Dissoziation beziehungsweise Amnesie münden kann. Eine Traumatisierung ruft entweder eine hypersensible dissoziative Wahrnehmungsweise oder Risse in der Erfahrung, Erinnerung und Repräsentation hervor (van der Kolk/Fisler 1995), die häufig mit einer zerrissenen Raum-Zeit-Struktur, Gedächtnisverlust oder einer Begegnung mit dem ›Realen‹ assoziiert werden. Der Erinnerungsapparat als solcher, der auf ein lückenloses Speichern des Geschehenen zielt, ist dysfunktional. Eine Integration der traumatisierenden (Gewalt-)Szenerie, der »Intrusion« in das kontinuierliche sinnerzeugende Erinnerungsnarrativ scheint verstellt (vgl. hierzu auch Weigel 1999b; Haverkamp 1994).

In der Unsagbarkeit und Nichtrepräsentierbarkeit, im Vergessen und grundsätzlichen Darstellungsvakuum bestehen die Schwierigkeiten, aber auch die Herausforderungen für eine künstlerische Visualisierung oder anderweitige mediale Repräsentationen von historischen Traumata. Sie verkehren diese Abwesenheit in Bilder der Abwesenheit, die wiederum auf ein weiteres Abwesendes verweisen. Das ›Trauma‹ setzt eine besondere Form von Produktivität in Gang, indem es menschliche Psychen oder Kollektive immerzu um das traumatisierende Ereignis kreisen lässt, ohne dass dieses jemals vollständig verstanden und integriert werden kann. Die Erinnerungen an die Trauma-Szene scheinen ›gefroren‹, unveränderbar und zeitlos zu sein: Eine Art fortwährende Präsenz, die der ›realen‹ Welt und ihrer Zeitstruktur gegenüber steht. Statt der herkömmlichen Erinnerung wird ein ›traumatisches Erinnern‹

aktiviert, das weniger narrativ-logisch und semantisch, denn sensorisch-somatisch oder ikonisch organisiert ist. Bei Traumatisierten wird statt des mental-kognitiv-sinngenerierenden Gedächtnisses ein Körpergedächtnis aktiviert. Bei diesem können bestimmte ›Trigger‹ wie Gerüche oder Bildfragmente die Trauma-Symptomatik verstärken beziehungsweise Erinnerungsflashbacks auslösen (van der Kolk 1996, 279 ff.).

Wie sieht ›traumatische Erinnerung‹ aus, die durch das Fragmentarische und Nicht-Kontinuierliche geprägt ist? Wie wird die traditionelle Erinnerungs- und Gedächtniskategorie durch den Trauma-Kontext irritiert oder transformiert? Welche Bilder und Narrative treten an die Stelle einer gelingenden Erinnerung, die den Parametern Kausalität, Reihenfolge, Ort und Zeit folgt? Um die Leerstellen der Verdrängung und des Vergessens herum tauchen in der Psyche Traumbilder, Pseudo-, Fehl- oder Deckerinnerungen, Flashbacks, Halluzinationen oder Geistererscheinungen auf. Die bilderferne Leere und heuristische Unzugänglichkeit des ›Traumas‹ scheinen auf einer anderen Ebene die Bildproduktion geradezu zu entfachen. An die Stelle geläufiger Erinnerungsformen tritt eine neue Zeitlichkeitsauffassung, die sich mit Begriffen wie Latenz, Nachträglichkeit oder Wiederholung umschreiben lässt. Reproduktionen des ›Traumas‹ sind durch eine komplexe Mischung aus Verdrängung beziehungsweise Verleugnung und dem (unbewussten) Wunsch gekennzeichnet, das Erlebte zu re-enacten, zu vergegenwärtigen sowie das Unsagbare und Unbenennbare zu repräsentieren. Übermäßige Repräsentation und Medialisierung, wie beispielsweise im Fall der Fernsehberichterstattung zu 9/11, ebenso wie das Dogma der Nicht-Repräsentierbarkeit stellen zwei höchst unterschiedliche Strategien dar, mit dem ›Trauma‹ umzugehen. Dennoch laufen sie auf das gleiche hinaus: ein Verbergen des ›Traumas‹.

Erinnerungstechnische oder mediale Bebilderungsprozesse versuchen, Trauma-Symptomatiken nachzustellen und kommunizierbar zu machen. Im Zuge dessen reichern sie traumatische Erinnerungsversuche mit Mythisierungen, Heroisierungen, Metaphorisierungen und Phantastiken an. Letztere sollen eine Heilung der singulären seelischen Verletzung und/oder der kollektiven Wunden, die einzelne Menschen oder Nationen gewalt-, kriegs-, unfall-, krankheits- oder katastrophenbedingt erlitten haben, imaginierbar machen (Köhne 2009). Das Heilungsversprechen kann eine in der Realität nicht erreichbare Geschlossenheit, Sicherheit oder Kontrolle des Gemeinschaftskörpers sowie Identitätsneubildungen oder auch Rachephantasien einschließen. Diese ›kulturellen Pflaster‹, diese healing scripts, werden nachträglich kreiert, um einen Ausweg zu simulieren oder zu erdenken. Die imaginären Bildlichkeiten sollen nicht schließbare, traumatische Wunden und Angstfelder artifiziell überdecken helfen. Die durch ihre Medialisierung transformierten Trauma-Figurationen werden durch den Rezeptionsprozess in den sozialen Körper rücktransportiert und prägen dessen Selbstverständnis sowie die nationale Geschichtsschreibung, Identitätskonstruktion und Erinnerungskultur. Denn literarische, filmische oder andere mediale Trauma-Szenarien dienen immer auch der Rückversicherung eines Subjekts oder Kollektivs bezüglich seines Platzes in der symbolischen (Welt-) Ordnung. Darüber hinaus können sie Trauerarbeit anstoßen, Erinnerungskorrekturen stimulieren oder von weiterer kultureller Verdrängung zeugen.

Film beispielsweise kann als Medium verstanden werden, mithilfe dessen nicht nur vergangene gewaltsame Traumata mit neuen Mitteln erzählt und re-imaginiert werden. Vielmehr kann der Film auch Intersektionen zwischen ›Katastrophen‹ beziehungsweise ihren Repräsentationen, Erinnerung(slücken) und ›wunden Erinnerungsorten‹ sowie Geschichte, Kunst und sozialen Gebilden sichtbar machen (vgl. Reemtsma 2008; Köhne 2012). Alison Landsbergs Begriff des prosthetic memory, der »prothetischen Erinnerung«, der geliehenen Erfahrung als Beschreibungsformel für das Kino verweist auf das stellvertretende und aneignende, sensuelle und emotionale (Wieder-)Erleben von Geschichte durch massenmediale Erinnerungstechnologien (Landsberg 2004). Das Kino, verstanden als prosthethic memory, kann ihrer Ansicht nach zudem traumatischen Gedächtnisverlust kompensieren helfen, Empathie erzeugen und die Basis für progressive Politiken darstellen. Thomas Elsaesser zufolge werden durch die beständige filmische Repetition schockierender historischer Ereignisse in den Zuschauenden »prothetische Traumata« erzeugt (Elsaesser 2009). Dominick LaCapra argumentiert, dass Medien und das durch sie erzeugte empathic unsettlement transnationale Kommunikation und Solidarität über gewaltsame und traumatische Prozesse triggern können. Medien könnten eine Form der Empathie hervorrufen, »in which emotional response comes with respect for the other and the realization that the experience of the other is not one's own« (LaCapra 2001, 40).

Wie wird die spezifische (Zeit-)Struktur des ›Traumas‹ erzählt? Wie werden dessen unterschied liche Elemente – erschütterndes Ereignis, Amnesie, Wiederholungszwang (Freud 2000), Re-Enactment, Bewältigung/Lösung, Integration des Konflikts oder Regression und Nicht-Heilung – in der Theorie abgebildet beziehungsweise allererst hervorgerufen? Wie sehen psychologische oder mediale Strategien aus, die Erinnerungsfetzen beziehungsweise Flashbacks zu Akten des Terrors oder Horrors adressieren oder mittels einer oder mehrerer Protagonist/innen ›Trauma-(Wid)erfahrungen‹ erzählen?

Die traumatische Figuration wird in der diskursiven Trauma-Narration vielfach als tetralogische Gestalt imaginiert:

(1) Als Ursache und als Zäsur wird das gewaltvolle traumatisierende Ereignis gesetzt. Auf ein äußeres historisches oder privates traumatisierendes Ereignis reagiert das Individuum oder Kollektiv überreizt und nicht adäquat beziehungsweise zeitverzögert (Caruth 1995, 2, 8). Es kommt zu einem Bruch zwischen Wahrnehmung und Bewusstsein, der eine Leerstelle, eine Amnesie zufolge haben oder von Dissoziation geprägt sein kann. Dies ist auch bei einer sekundären Traumatisierung der Fall, bei der eine Zeugin/ein Zeuge einer Traumatisierung ebenfalls traumatisiert wird. Mitunter besteht beim Individuum auch Resilienz gegenüber der traumatisierenden Szene.

(2) Nach einer zeitlich unbestimmten Latenzphase treten nachträglich Symptome auf, die infolge einer kritischen Revision psychischer Störungen in der Nachfolge des Vietnamkriegs seit 1980 von der American Psychiatric Association im *Diagnostic and Statistical Manual of Mental Disorders* (DSM) als »Post-traumatische Belastungsstörung« bezeichnet werden (Fischer/Riedesser 2009, 35). Zur Trauma-Symptomatik gehören beispielsweise Schlafstörungen, Alpträume, Angstzustände, Aggressionen, Vermeidungsverhalten und/oder Depressionen. Diese passive, symbolisch betrachtet ›subkutan‹ ablaufende Phase ist von Vergessen, Selbstvergessenheit, Verdrängen, Sprachlosigkeit und seelischem Leiden geprägt. Die traumatisierende Szene kehrt dann in Flashbacks, Träumen oder Heimsuchungen wieder, deren Bildlichkeiten für Augenblicke scheinbar an den Ort des Traumas zurückführen.

(3) Durch bestimmte Aktionen der/des Traumatisierten und therapeutische Operationen – innere Stabilisierung, Versprachlichung, ›Durcharbeiten‹, Reflexion, *Re-Enactment* – kann am Trauma gearbeitet und die Symptomatik mitunter abgeschwächt oder verschoben werden. Die Vergegenwärtigungsbestrebungen bergen prinzipiell die Gefahr einer Re-

Traumatisierung oder Aggravation der (posttraumatischen) Symptome in sich, können jedoch unter Umständen zur Lösung, Überwindung oder Katharsis führen. In einzelnen Fällen kann das ›Trauma‹ in etwas Weiterführendes verwandelt werden. Dieser positive Umwandlungsprozess wird *posttraumatic growth* genannt.

(4) Das ›Trauma‹ verbleibt nicht nur innerhalb der ökonomischen Logik einer/eines singulären Traumatisierten oder einer traumatisch attackierten Gemeinschaft, sondern kann durch überindividuelles, transgenerationelles *passing on* an die zweite, dritte oder vierte Generation weitergegeben werden.

Exkurs: Krypta und Phantom – Interpersonelle und transgenerationelle Weitergabe

Maria Torok und Nicolas Abraham haben zum Phänomen der interpersonellen und transgenerationellen Weitergabe des ›Traumas‹ gearbeitet, bei dem die traumatische Logik in der Psyche anderer Personen ihre Fortsetzung findet (vgl. auch Weigel 1999a). Letztere werden von angsterzeugenden ›Phantomen‹ angefallen, die im engeren Sinn nicht auf ihre eigene Lebensgeschichte, sondern auf ›Traumata‹ in der Lebensgeschichte ihnen nahestehender oder verwandter Personen verweisen. Torok und Abraham bestimmen das »Phantom« als etwas, das narrative »gaps left within us by the secrets of others« produziert (Abraham/Torok 1994, 171 f.). (Unbewusste) Inhalte, die von der ersten Generation Traumatisierter verschwiegen, verleugnet oder ›vergeheimnisst‹ werden, suchen die zweite und dritte Generation heim. Das Verdrängte kehrt nicht nur innerhalb einer Individualgenese oder einer Kollektivnarration wieder. Durch Transfermittel wie beispielsweise »kryptonymische Worte« werden traumatische Inhalte in verstellter Form auch noch mit großer zeitlicher Verzögerung sichtbar (Abraham/Torok 1986, 20).

In der psychoanalytischen Theorie von Abraham und Torok wird beispielsweise ein plötzlich verstorbenes narzisstisch unersetzliches, geliebtes Objekt, das nicht erfolgreich betrauert wurde und dessen Verlust eine Kommunikation über denselben verbietet, mittels »Inkorporation« »einverleibt« oder »verschluckt« (Abraham/Torok 2001b, 549). Ein mit ihm geteiltes Geheimnis wird mittels eines phantasmatischen Mechanismus im Selbst des traumatisierten Hinterbliebenen untergebracht und zusammen mit dem unwiederbringlich verlorenen Liebesobjekt in einer innerpsychischen Krypta verschlossen und aufbewahrt. Von hier aus kann die/der Verstorbene als phantasmatische Fiktion, die wie eine lebende Person auftritt und handelt, wiederauftauchen. Bei Torok und Abraham wird die Wiederbelebung der/des Toten aus erinnerten Worten und Bildern einschließlich des traumatischen Ereignisses wie folgt beschrieben:

Die unsagbare Trauer errichtet im Inneren des Subjekts eine *geheime Gruft*. In der Krypta ruht das aus Erinnerungen an die Wörter, die Bilder, die Affekte wiederhergestellte objektale Korrelat des Verlusts als vollständige, lebendige Person mit eigener Topik [...]. So schafft sich die unsagbare Trauer eine ganze unbewußte Phantasiewelt, die im Verborgenen ein abgeschiedenes Leben führt (ebd., 551).

Unausgesprochen – trotz Schweigen und Aussparung – können Elemente des Unbewussten oder einer Traumatisierung als geisterhafte Phantome an Nachfahren weitervermittelt werden. Torok beschreibt diese unsichtbare Verkettung im Unbewussten zwischen Mitgliedern der ersten und zweiten Generation wie folgt:

The ›phantom‹ is an account of *a direct empathy with the unconscious or the rejected psychic matter of a parental object*. [...] The phantom is alien to the subject's [unconscious, J.B.K.] who harbours it. Moreover, the diverse manifestations of the phantom, which we call *haunting*, are not directly related to instinctual life and are not to be confused with the return of the repressed (Abraham/Torok 1994, 181).

Die verschluckte Sprache des elterlichen Geheimnisses attackiert die Nachfahrin oder den Nachfahren. Die der Krypta entstiegenen Phantome suchen sie oder ihn in Form von »transgenerationellem Spuken« (*transgenerational haunting*) heim. Abraham führt in diesem Zusammenhang aus, das Phantom sei ein metapsychologischer Fakt:

[...] what haunts are not the dead, but the gaps left within us by the secrets of others. [...] It [das Phantom] – in a way yet to be determined – passes from the parent's unconscious into the child's. [...] It works like a ventriloquist [Bauchredner], like a stranger within the subject's own mental topography. [...] What comes back to haunt are the tombs of others (ebd., 171 ff.).

Die/der Unbetrauerte ersteht in der Phantasie als Gespenst wieder auf und sucht das Subjekt als Untote(r) heim:

Manchmal jedoch, um die Geisterstunde, zu Zeiten libidinösen Vollzugs, geschieht es, daß das Gespenst aus der Krypta den Friedhofswärter [gemeint ist das ›Ich‹, J.B.K.] heimsucht, ihm seltsame, unverständliche Zeichen macht, ihn zu ausgefallenen Handlungen zwingt und ihn mit unerwarteten Empfindungen bedrängt (Abraham/Torok 2001b, 551).

Im Text *Die Topik der Realität: Bemerkungen zu einer Metapsychologie des Geheimnisses* von 1971 beschreiben Abraham und Torok die Funktion des Friedhofswärters in Form des ›Ich‹ genauer:

Dem Ich fällt die Funktion des Friedhofswärters zu. [...] Wenn es sich bereit erklärt, die Neugierigen, die Schädlichen, die Detektive einzulassen, dann nur, um sie auf falschen Fährten zu künstlichen Gräbern zu führen. Die Besuchsberechtigten werden zum Objekt mannigfacher Manöver und Manipulationen. [...] Wie man sieht, muß ein Grabwächter, um mit diesem vielfältigen Haufen fertig zu werden, schlau, gewitzt und diplomatisch vorgehen (Abraham/Torok 2001a, 541).

Die beiden Psychoanalytiker/innen sprechen von einem großem Erfindungsreichtum, mit dem der Grabwächter ›Ich‹ die Krypta verteidigt. Das bedeutet, dass es der nicht erfolgreich trauernden Person (unbewusster weise) darum geht, die Gruft mit dem verlorenen Objekt mit allen Mitteln aufrechtzuerhalten. Ein Weg, um dies zu erreichen, besteht im Schweigen über das heimliche Andenken. Neben dem Wunsch, die Phantasiegebilde aufrechtzuerhalten, besteht ein anderer Grund für das Schweigen, die Schuldgefühle im Skandalon des Verlusts selbst. Die Bedrohlichkeit der Trauer ist so bedrückend, dass der Mund, der laut Abraham und Torok nach Wortnahrung verlangt, als Folge des selbst eingeführten Sprechverbots unausgefüllt bleibt. Die Artikulation des Schmerzes findet auf anderer, demetaphorisierter Ebene statt. In dieser kann die Metapher nicht mittels Assoziation als Metapher gedeutet werden, sondern wird als das ›eigentliche Ding selbst‹, als Übermetapher, gelesen (in Anschluss an Derrida, vgl. Abraham/Torok 1979, 44).

Nach Abraham und Torok ist »der geliebte Tote«, der als »lebender Toter« konserviert wurde (ebd., 20), »ein feindlicher Fremder und zugleich Teil des eigenen Selbst« (Rickels 1989, 55). Er wurde in Form unverdaulicher Stücke einverleibt und somit objektiviert. Dies kann zu dem unbewussten Wunsch führen, der/dem Verstorbenen nachzusterben. Nach Laurence A. Rickels erscheint derjenige Tote als Geist, der nicht ordnungsgemäß bestattet wurde oder dem man noch Trauerriten schuldig ist. Bei Rickels heißt es: »Die Seele des Toten muß versöhnt werden, sonst kehrt sie als Phantom zurück, um Rache zu nehmen« (ebd., 16).

Individuelle und kollektive traumatische Verletzungen und mediale Übersetzungen

Traumatheoretisch gelesen, stellen Lebensgeschichten oder Geschichte per se komplexe, unebene und fragmentierte Gebilde dar. In der Trauma-Historiographie werden individualgeschichtliche Traumatisierungen adressiert – sei der Ausgangspunkt ein/e Symptome aufführende/r Patient/in (Sprache des Unbewussten), ein sich erinnerndes und in der psychoanalytischen Redekur sprechendes Individuum oder eine schriftlich gefasste Zeugenaussage (vgl. Felman/Laub 1992). Individuelle Verletzungen sind häufig mit der kollektivgeschichtlichen und nationalmythologischen Ebene verzahnt (Alexander 2004). Alexander sieht kulturelles Trauma (*cultural trauma*) als eine *agency*, die positive Linien von Identifikation und ihre psychologisch notwendigen Fundamente irritieren oder sogar zerstören kann.

Durch die Jahrzehnte des ausgehenden 19. Jahrhunderts und das 20. Jahrhundert hindurch hat sich das Trauma-Wissen vielfach gewandelt und dabei chamäleonartig an verschiedene historische Kontexte angepasst. Seine prominenten historischen Referenzpunkte und Topographien sind zum Beispiel: die Kriegsneurosen im Ersten Weltkrieg, die sowjetischen Gulag-Arbeitslager, das »Nanjing-Massaker« in China 1937/38, der Zweite Weltkrieg und Hiroshima/Nagasaki sowie der Holocaust/die Shoah (Koch 1992), die palästinensische »nakba« im Jahr 1948, der Israel-Palästina-Konflikt (Apfelthaler/Köhne 2007), der Vietnamkrieg, der Völkermord in Ruanda, der 11. September (Herman 2003), die Irakkriege und der Afghanistankrieg (Schwab 2010). Diese traumatischen Vergangenheiten, diese *haunting histories*, erzeugen ein Nebeneinander verschiedener individueller und kollektiver Traumata. Nationen und Kollektive und die in ihnen lebenden Individuen sind in traumatische Strukturen verschlungen, sind durch diese miteinander verbunden und werden durch sie strukturiert.

In diesen ›Trauma-Geschichten‹ kommunizieren verschiedene Elemente miteinander: Erstens, das nur bedingt abbildbare traumatisierende Ereignis selbst, zweitens, die (unbewusste) Sprache und Symptome von traumatisierten Personen oder Kollektiven, drittens, kulturwissenschaftliche Trauma-Theorien und klinisches (Psycho-)Traumatologievokabular und, viertens, Medialisierungen des ›Traumas‹, wobei der/die traumatische Symptome generierende Körper/Psyche bereits die erste Medialisierungsebene darstellt. Um diese Zusammenhänge zu klä-

ren, müssen Wanderungsbewegungen von Trauma-Wissen zwischen den Medien Psyche/Somatik, theoretischer Schrift und medialen Bildern oder Filmbildern nachvollzogen werden. Es ist davon auszugehen, dass Medienakteure und Filmemachende immer schon mit Trauma-Theoriewissen arbeiten und dieses in ihre Arbeiten implementieren.

Diesen neueren Fragen nach der Übersetzung und dem Ineinanderlaufen verschiedener medialer Trauma-Sprachen steht die traditionelle Auffassung des ›Traumas‹ als etwas prinzipiell Nicht-Repräsentierbares und mimetisch Nicht-Darstellbares entgegen. Der innerpsychische Grund, dass am Ort des ›Traumas‹ zunächst erinnerungs- und bildtechnische Leere herrscht, wurde oben bereits erläutert. Und auch, dass diese Leerstelle durchaus symbolische Expressionen wie Erinnerungsbilder, Sprache oder mediale Bilder nach sich zieht, die diese Lücke auszufüllen beziehungsweise an ihre Stelle zu treten suchen (Lacan 1987). Das Dogma der Undarstellbarkeit, die »Ästhetik des Unvorstellbaren« (Didi-Huberman 2006) beziehungsweise die »ästhetische Transformation der Vorstellung vom Unvorstellbaren« (Koch 1986) hängen historisch und erinnerungspolitisch vor allem mit der Ansicht zusammen, ›Auschwitz‹ sei nicht (adäquat) abbildbar (vgl. Weber/Tholen 1997). Joshua Hirsch spricht in diesem Zusammenhang in seinem Buch *Afterimage* von einer Krise der Repräsentation (Hirsch 2004), da die Erfahrungen der Augenzeug/innen nicht darstellbar seien. Die Problematik der Bilderfeindlichkeit in Bezug auf Traumata – bei gleichzeitiger Omnipräsenz von Trauma-Bildern – scheint sich noch zu verschärfen, wenn ›Auschwitz‹ aus der Opferperspektive betrachtet mit der Tradition des jüdisch-christlichen Bilderverbots verbunden wird (vgl. 2. Mose 20). Solcherlei an Mythisierung grenzende Spurlosigkeitsdiktate, angesichts und trotz der zahlreichen (ästhetischen) Spuren in der künstlerischen Nachbearbeitung der Shoah, führten augenscheinlich zu einer analytischen Starre. Diese Lähmung wurde in letzter Zeit vermehrt kritisiert (Elsaesser 2009; Hirsch 2004; Huyssen 2003). Das Undarstellbarkeitsdogma wich zunehmend der Frage, nicht ob, sondern *wie* der Holocaust und andere Trauma-Ereignisse repräsentiert werden könnten. Denn der lange und Schweigen produzierende Schatten der Shoah (Hartmann 1999) und Schattenbildungen anderer historischer Traumata haben nicht nur Verdrängungen und Verschwiegenheiten zufolge gehabt (Bar-On 1993). Sie haben, im Gegenteil, eine Flut von medialen und filmischen Bildern hervorgerufen, die visuelle Brücken zwischen Verfolgten und Getöteten und den (Über-)Lebenden zu schlagen suchen.

Trauma-Diskursgeschichte und Trauma-Theoriephasen

In den letzten Jahrzehnten hat sich ein differenziertes Wissen zur Geschichte, Genese und Problematisierung des Trauma-Begriffs und seiner Anwendung als Kulturanalyseinstrument herausgebildet. Klassische Linien des Theoriespektrums lassen sich zum Beispiel bei Werner Bohleber (2000) nachlesen. Als neurologische, psychologische, psychoanalytische und psychiatrische Grundlagentexte gelten unter anderem Texte von Hermann Oppenheim, Sigmund Freud, Bruno Bettelheim und Jacques Lacan.

Neben den Begriffen anderer Neurologen, Psychiater, Psychologen und Psychoanalytiker spielte der Oppenheimsche Begriff ›traumatische Neurose‹ bereits vor dem Ersten Weltkrieg in Zusammenhang mit den Debatten um die ›Unfallneurose‹ nach Eisenbahnunfällen eine beträchtliche Rolle. Wie der englische Terminus *railway-spine* (vgl. Caplan 2001) vorgibt, verstand Oppenheim das ›Trauma‹ als Verletzung des Psychischen und des Organischen, dessen Lokalität er in verschiedenen Theorieperioden unterschiedlich festlegte, anfangs im Rückenmark, später im Gehirn. Da er den Krieg als Ursache des ›traumatischen Erlebens‹ annahm, hatte Oppenheim unter den Militärpsychiatern des Ersten Weltkriegs zahlreiche Gegner, die bei der soldatischen ›Kriegshysterie‹ eher von einer »Anlagebedingtheit«, rentenversicherungstechnischer »Zweckorientiertheit« oder »Simulation« ausgingen (vgl. Schäffner 2000). Insgesamt umfassten die ätiologischen Muster einen nur schwer zu überschauenden Erklärungs- und Wissensraum. An einem seiner Eckpunkte situierten sich diejenigen Militärärzte, die von einer organischen Veränderung im Körper überzeugt waren, wie Oppenheim, und die mitunter eine traumaabhängige Pathogenese (Verschüttung, Granatschock) annahmen. Andere Militärärzte sprachen von Psychogenie und gingen davon aus, dass Schlafmangel, psychische Überforderung, Stress und Schocks Auslöser der Symptome waren. Ihnen standen die Theoretiker gegenüber, die die ›hysterischen‹ Symptome für rein simuliert und aggraviert hielten. Wieder andere hoben die hereditären und konstitutionellen Dispositionen der Betroffenen hervor, wie eine degenerative Veranlagung, die

angeblich auf zivilisatorischen Verfall hinwies, oder eine vererbte »Hysterie«. Noch andere unterstellten den soldatischen »Hysterikern« Begehrens- und Wunschvorstellungen, psychische Erregungen oder mangelnden Gesundheitswillen.

Erst nach dem Krieg und den Erfahrungen der (Militär-)Ärzte mit der ›Kriegshysterie‹ wurde das mit dem Trauma-Begriff bezeichnete Phänomen vom Gros der Ärzte als psychogen, als abgelöst von organischen Ursachen, verstanden. Auch bei Sigmund Freud ist durch einen Vergleich seiner Schriften vor dem Krieg, *Zur Ätiologie der Hysterie* von 1896 und *Aus der Geschichte einer infantilen Neurose* von 1914, und nach dem Krieg, *Jenseits des Lustprinzips* von 1920, eine Wende nachvollziehbar. Bezüglich der Frage der Ätiologie ging Freud zunächst von einer Verletzung im frühkindlichen sexuellen Erleben aus. Wegen der massiven Präsenz der Kriegshysterikerfälle des Ersten Weltkriegs wandelte sich jedoch sein Trauma-Begriff. Freud stellte nun den durch eine traumatisierende Situation ausgelösten unmittelbaren Schockzustand ins Zentrum seiner Überlegungen. Dieser rufe ein Ungleichgewicht in der Ökonomie des seelischen Apparats hervor. In *Der Mann Moses und die monotheistische Religion* (1937) überträgt Freud diesen individualpsychologischen Ansatz auf das Phylogenetische, das Kollektiv.

Gegenwärtige Geschichtsbilder zum Ersten Weltkrieg und zu anderen Trauma/Gewalt-Szenarien werden im Anschluss an dieses psychogene Verständnis des ›Traumas‹ strukturiert, das sich – in historischer Chronologie betrachtet – erst nach dem Ersten Weltkrieg etablierte (Bronfen/Erdle/Weigel 1999; Mülder-Bach 2000). Die heutige wissenschaftliche Reflexion überträgt in zahlreichen Fällen nachträglich Wissen über das ›Trauma‹ auf die Frage der ›Kriegshysterie‹ und sogar auf historisch noch weiter zurückliegende Trauma-Settings, obwohl diese zu ihrer Zeit nicht vorrangig im Zeichen dieses Begriffs wahrgenommen wurden.

Spätere wissenschaftliche Positionen der klinischen Psychologie, Psychoanalyse und kulturwissenschaftlichen Trauma-Theorien sowie des neueren (Psycho-)Traumatologiewissens aus dem mitteleuropäischen und anglo-amerikanischen Raum nehmen teils affirmativ, teils kritisch auf diese frühen neurologisch-psychologischen Trauma-Theorien Bezug (Abraham/Torok 1979; dies. 1994; Caruth 1995; dies. 1996; Weigel 1999a; Fischer/Riedesser 2009). In ihnen werden frühe Trauma-Termini transformiert und refiguriert; zugleich wird das (sozio-)analytische Potenzial der Trauma-Kategorie immer stärker deutlich (Kaplan 2005). Neuere Konzeptionen zur ›Post-traumatischen Belastungsstörung‹ aus der Psychotraumatologie, wie zum Beispiel zu Shell-Shock-Phänomenen, oder zu neurolinguistischen Psychotherapieformen mit integrativ-kognitiven Ansätzen erweitern und befragen diese Positionen kritisch. Diese Psychotraumatologieansätze nutzen systemisch-imaginative Methoden, bei denen Repräsentationssysteme, Metaphern und Beziehungsmatrizen einer Person im Mittelpunkt stehen. Sie öffnen sich gegenüber Vokabeln und Konzepten aus dem filmischen Bereich bis zu einem Grad, dass filmische Erzählweisen und Bildästhetiken zum Ausgangspunkt der therapeutischen Anordnung werden. So nutzen sie beispielsweise die Vorstellung, dass Wiedererinnerungen an traumatische Ereignisse »wie in einem Film« ablaufen. Bei der in der Therapiesitzung bewusst herbeigeführten Erinnerung soll sich die Patientin/der Patient das traumatisierende Geschehen filmisch vorstellen, intrapsychische Vorgänge sollen bildhaft ausformuliert und kommuniziert werden (Reddemann 2007). Diese Imaginationsmethode der ›inneren Visualisierung‹ und der dem Traum verwandten ›Phantasiereise‹ umfasst die Aufforderung, sich eine Leinwand vorzustellen, auf der der Moment der Traumatisierung als alter Film abläuft (›Bildschirmtechnik‹). Mittels einer imaginären Fernbedienung könne der Film jederzeit gestoppt oder abgeschaltet werden. Aber auch andere filmspezifische Aktionen, wie Vor- und Rückspulen, Schwarz-Weiß-Einfärbung und Figurenidentifikation, kommen bei dieser filmischen Imaginationsmethode als Vorstellungsfolien zum Einsatz (Sachsse 2004, 139).

Akademische Konjunkturen des Trauma-Begriffs

In den Geistes-, Kultur- und Sozialwissenschaften erfuhren der Trauma-Begriff und seine Theoretisierung seit den 1980er Jahren, besonders in den 1990er Jahren, eine beachtliche Popularität und Prominenz. Der Begriff ›Trauma‹ hat sich in der internationalen wie deutschsprachigen Diskussion zu einer elastischen und konjunkturell verwendeten theoretisch-diskursiven Figur und Analysekategorie, sprich zu einem ›semantischen Attraktor‹, entwickelt. In gegenwärtigen kulturwissenschaftlichen und poststrukturalistischen, medienwissenschaftlichen und erinnerungspolitischen Diskursen wird vielfältig auf ihn Bezug genommen; er scheint einer-

seits potentes kulturelles Deutungsmuster, andererseits Symptom einer ›Traumaphilie‹ der Theorie- und Kulturlandschaft selbst zu sein.

In der Vergangenheit wurde die Analysekategorie ›Trauma‹ in deutschsprachigen Diskussionen jedoch auch immer wieder kritisiert und die Erklärungskraft kulturwissenschaftlich orientierter Trauma-Theorien infrage gestellt. Sigrid Weigel bezeichnete ›Trauma‹ als ›Supertheorem‹, das als universelles Deutungsmodell funktionalisiert werde und durch Abnutzung sukzessiv seine Zugriffs- und Beschreibungskraft verliere. Weigel und andere problematisieren dabei auch das in jeder theoretischen Schöpfung liegende selbstkonstituierende und damit selbst entspannende Moment (Weigel 1999a). Etwa bei der Rückbindung des Trauma-Begriffs an die Shoah würden oppositionelle Positionen wie Täter/Opfer ununterscheidbar gemacht. Mark Seltzer prägte 1998 den Begriff »wound culture« als Label für das »collective gathering around shock, trauma, and the wound« (Seltzer 1998, 1). Aleida Assmann identifizierte das »Trauma« als »Stabilisierer« sowohl individueller als auch kultureller Identität und Geschichte (Assmann 2003, 15 ff.). Helmut Lethen konstatierte kurz nach dem 11. September 2001 eine um sich greifende »Traumaphilie«, die in akademischen, insbesondere kulturwissenschaftlichen Deutungs- und Beschreibungsversuchen um sich greife (Lethen 2003). Jeffrey C. Alexander sah das »Trauma« als ein »new master narrative of social suffering« an (Alexander 2004, 15).

Diesen kritischen Interventionen zum Trotz besteht jedoch auch weiterhin eine ungebrochene Faszination des Trauma-Begriffs, der als »kulturelles Deutungsmuster« und Analyseinstrument auf diverse kulturgeschichtliche Phänomene übertragen wurde und wird (Bronfen/Erdle/Weigel 1999). Das der klinischen Neurologie, Psychologie und Psychoanalyse entlehnte Untersuchungsinstrument hat sich in gegenwärtigen (kultur-)wissenschaftlichen Diskursen zu einer facettenreichen und häufig verwendeten theoretischen Figur entwickelt. Die Attraktivität des Trauma-Begriffs hat den Effekt, dass er nicht nur an verschiedene historische Referenzpunkte rückgebunden, sondern mit immer neuem Erkenntnisgewinn retrospektiv auf diverse kulturelle Phänomene übertragen wird, wie beispielsweise die Shoah, den Vietnam-Krieg oder den 11. September 2001. Als Form der Kritik wird er auf heterogene soziale und kulturelle Prozesse angewendet. Durch die ihm eigenen Momente der Wiederholung und Revision wird eine Figuration der Heimsuchung, eine *haunto-*

logy dessen sichtbar, was nicht mehr erinnert werden kann und ordinäre Formen von Verstehen unterminiert. ›Trauma‹ schafft auf zweiter Ebene also auch die Notwendigkeit, *neue* Verständnisweisen von kultureller Gewaltgeschichte zu generieren (s. Kap. III. A.3).

Ist die Trauma-Forschung des deutschsprachigen Raums insgesamt von Zurückhaltung gekennzeichnet (besonders was die Übertragung des schriftlich gefassten Trauma-Begriffs auf andere Medien, wie etwa den Film angeht; Guerin u. a. 2007; Köhne 2013), so ist die internationale Forschungsliteratur durch einen offensiveren und zugleich verbindlicheren Umgang mit dem Trauma-Begriff geprägt, was in zahlreichen Fällen nicht auf Kosten analytischer Genauigkeit, Tiefgründigkeit und Innovation geht. Bei ihrer Lektüre wird erkennbar, dass zunehmend auch andere Nationen und Gruppierungen ihre ›Traumata‹ in das durch den deutsch-israelischen Holocaustdiskurs dominierte Trauma-Narrativ einschreiben, wie etwa der arabisch-palästinensische Kulturkreis. Die eindimensionale Hierarchien produzierende Zuweisung von Narrativen des Leids nur an ausgewählte und im Erinnerungsdiskurs daraufhin privilegierte Nationen wird mehr und mehr aufgeweicht, differenziert und flexibilisiert.

Literatur

Abraham, Nicolas/Torok, Maria: Die Topik der Realität: Bemerkungen zu einer Metapsychologie des Geheimnisses. In: *Psyche* 55 (2001a), 539–544 (amerik. 1971).

Abraham, Nicolas/Torok, Maria: Trauer oder Melancholie. Introjizieren – inkorporieren. In: *Psyche* 55 (2001b), 545–559 (amerik. 1972).

Abraham, Nicolas/Torok, Maria: *The Wolf Man's Magic Word: A Cryptonymy.* Minneapolis ²1986 [dt. Übersetzung: *Kryptonymie. Das Verbarium des Wolfsmanns. Mit einem Aufsatz von Jacques Derrida.* Frankfurt a. M./ Berlin/Wien 1979].

Abraham, Nicolas/Torok, Maria: *The Shell and the Kernel: Renewals of Psychoanalysis.* Chicago 1994.

Alexander, Jeffrey C. u. a. (Hg.): *Cultural Trauma and Collective Identity.* Berkeley, CA 2004.

Apfelthaler, Vera/Köhne, Julia B. (Hg.): *Gendered Memories. Transgressions in German and Israeli Film and Theater.* Wien 2007.

Assmann, Aleida: Three stabilizers of memory: Affect – symbol – trauma. In: Udo J. Hebel (Hg.): *Sites of Memory in American Literatures and Cultures.* Heidelberg 2003, 15–30.

Bar On, Dan: *Die Last des Schweigens. Gespräche mit Kindern von Nazi-Tätern.* Frankfurt a. M. 1993 (amerik. 1989).

Bohleber, Werner: *Die Entwicklung der Traumatheorie in der Psychoanalyse.* Stuttgart 2000.

Bronfen, Elisabeth/Erdle, Birgit R./Weigel, Sigrid (Hg.): *Trauma. Zwischen Psychoanalyse und kulturellem Deutungsmuster.* Köln/Weimar/Wien 1999.

Caplan, Eric: Trains and trauma in the american gilded age. In: Mark S. Micale/Paul Lerner (Hg.): *Traumatic Pasts. History, Psychiatry, and Trauma in the Modern Age, 1870–1930.* Cambridge 2001, 57–80.

Caruth, Cathy (Hg.): *Trauma. Explorations in Memory.* Baltimore 1995.

Caruth, Cathy (Hg.): *Unclaimed Experience. Trauma, Narrative, and History.* Baltimore 1996.

Didi-Huberman, Georges: *Bilder trotz allem.* München 2006 (franz. 2003).

Elsaesser, Thomas: *Melodrama and Trauma. Modes of Cultural Memory in American Cinema.* London 2009.

Felman, Shoshana/Laub, Dori: *Testimony: Crisis of Witnessing in Literature, Psychoanalysis, and History.* New York 1992.

Fischer, Gottfried/Riedesser, Peter: *Lehrbuch der Psychotraumatologie.* München 2009.

Freud, Sigmund: Jenseits des Lustprinzips [1920]. In: Ders.: *Studienausgabe.* Bd. III. Hg. von Alexander Mitscherlich u. a. Frankfurt a. M. 2000, 213–272.

Guerin, Frances/Hallas, Roger (Hg.): *The Image and the Witness: Trauma, Memory, and Visual Culture (Nonfictions).* London 2007.

Hartmann, Geoffrey: *Der längste Schatten. Erinnern und Vergessen nach dem Holocaust.* Berlin 1999 (amerik. 1996).

Haverkamp, Anselm: Anagramm und Trauma. Zwischen Klartext und Arabeske. In: Susi Kotzinger/Gabriele Rippl (Hg.): *Zeichen zwischen Klartext und Arabeske.* Frankfurt a. M. 1994, 169–174.

Herman, Judith Lewis: *Die Narben der Gewalt. Traumatische Erfahrungen verstehen und überwinden.* Paderborn 2003.

Hirsch, Joshua: *Afterimage: Film, Trauma, and the Holocaust.* Philadelphia 2004.

Huyssen, Andreas: *Present Pasts. Urban Palimpsests and the Politics of Memory.* Palo Alto 2003.

Kaplan, Elizabeth Ann: *Trauma Culture: The Politics of Terror and Loss in Media and Literature.* New Brunswick 2005.

Koch, Gertrud: Die ästhetische Transformation der Vorstellung vom Unvorstellbaren: Anmerkungen zu Claude Lanzmanns Film Shoah. In: *Babylon. Beiträge zur jüdischen Gegenwart* 1 (1986), 84–91.

Koch, Gertrud: *Die Einstellung ist die Einstellung. Visuelle Konstruktionen des Judentums.* Frankfurt a. M. 1992.

Köhne, Julia B.: *Kriegshysteriker. Strategische Bilder und mediale Techniken militärpsychiatrischen Wissens, 1914–1920.* Husum 2009.

Köhne, Julia B. (Hg.): *Trauma und Film. Inszenierungen eines Nicht-Repräsentierbaren.* Berlin 2013.

Van der Kolk, Bessel A.: Trauma and memory. In: Ders./ Alexander C. McFarlane/Lars Weisaeth (Hg.): *Traumatic Stress – The Effects of Overwhelming Experience on Mind, Body, and Society.* London/New York 1996, 279–302.

Van der Kolk, Bessel A./Fisler, Rita: Dissociation and the fragmentary nature of traumatic memories. Overview and exploratory study. In: *Journal of Traumatic Stress* 8/4 (1995), 505–525.

Lacan, Jacques: Tyche und Automaton. In: Ders: *Die vier Grundbegriffe der Psychoanalyse.* Weinheim/Berlin 1987 (franz. 1964), 59–70.

LaCapra, Dominick: *Writing History, Writing Trauma.* Baltimore 2001.

Landsberg, Alison: *Prosthetic Memory: The Transformation of American Remembrance in the Age of Mass Culture.* New York 2004.

Lethen, Helmut: Bildarchiv und Traumaphilie. Schreckskunden nach dem 11.9.2001. In: Klaus Scherpe/Thomas Weitin (Hg.): *Eskalationen. Die Gewalt von Kultur, Recht und Politik.* Tübingen 2003, 3–14.

Leys, Ruth: *Trauma: A Genealogy.* Chicago 2000.

Micale, Mark S./Lerner, Paul (Hg.): *Traumatic Pasts. History, Psychiatry, and Trauma in the Modern Age, 1870–1930.* Cambridge 2001.

Mülder-Bach, Inka (Hg.): *Modernität und Trauma. Beiträge zum Zeitenbruch des Ersten Weltkrieges.* Wien 2000.

Reemtsma, Jan Philipp: *Im Keller.* Hamburg 1997.

Reemtsma, Jan Philipp: *Vertrauen und Gewalt. Versuch über eine besondere Konstellation der Moderne.* Hamburg 2008.

Reddemann, Luise: *Imagination als heilsame Kraft. Zur Behandlung von Traumafolgen mit ressourcenorientierten Verfahren.* Stuttgart 2007.

Rickels, Laurence A.: *Der unbetrauerbare Tod.* Wien 1989.

Sachsse, Ulrich: *Traumazentrierte Psychotherapie.* Stuttgart/New York 2004.

Seltzer, Mark: *Serial Killers: Death and Life in America's Wound Culture.* New York 1998.

Schäffner, Wolfgang: Das Trauma der Versicherung. Das Ereignis im Zeitalter der Wahrscheinlichkeit. In: Inka Mülder-Bach (Hg.): *Modernität und Trauma. Beiträge zum Zeitenbruch des Ersten Weltkrieges.* Wien 2000, 104–120.

Schwab, Gabriele: *Haunting Legacies. Violent Histories and Transgenerational Trauma.* New York 2010.

Weber, Elisabeth/Tholen, Georg Christoph: *Das Vergessen(e). Anamnesen des Undarstellbaren.* Wien 1997.

Weigel, Sigrid: Die ›Generation‹ als symbolische Form. Zum genealogischen Diskurs im Gedächtnis nach 1945. In: Barbara Naumann (Hg.): *Figurationen. Gender Literatur Kultur.* Köln/Wien/Weimar 1999a, 158–73.

Weigel, Sigrid: Télescopage im Unbewußten. Zum Verhältnis von Trauma, Geschichtsbegriff und Literatur. In: Dies./Elisabeth Bronfen/Birgit R. Erdle/(Hg.): *Trauma. Zwischen Psychoanalyse und kulturellem Deutungsmuster.* Köln/Weimar/Wien 1999b, 51–76.

Julia Barbara Köhne

3. Atmosphären

Theoretische Überlegungen zum Unheimlichen: Ernst Jentsch und Sigmund Freud

Eine zentrale theoretische Erörterung erfährt der Zusammenhang von Angst und Atmosphäre bei Sigmund Freud, der in seiner gleichnamigen Schrift »das Unheimliche« als atmosphärisches, stimmungshaftes Phänomen behandelt. Um dies zu zeigen, beginnt er seinen 1919 veröffentlichten Text mit einer etymologischen Herleitung der Begriffe ›heimlich‹ und ›unheimlich‹. Nach umfangreichen Zitationen, unter anderem aus Sanders *Wörterbuch der deutschen Sprache* sowie dem Grimmschen *Deutschen Wörterbuch*, kommt Freud zu dem Ergebnis, die Bedeutung des Wortes ›unheimlich‹ sei, zumal etymologisch, auch »irgendwie eine Art von heimlich« (Freud 1966, 237). Schließlich habe Schelling, so Freud, in seiner *Philosophie der Mythologie* bereits postuliert, dass man unter dem Begriff ›unheimlich‹ alles verstehen könne, »was ein Geheimnis, im Verborgenen bleiben sollte und [nun] hervorgetreten ist« (Schelling 1990, 649).

Ernst Jentsch, auf den sich Freud ebenfalls bezieht, sieht in seinem bereits 1906 publizierten Aufsatz »Zur Psychologie des Unheimlichen« das Unheimliche aus der Verunsicherung evoziert, die den Menschen angesichts des Fremden oder Unvertrauten befallen könne. Vor allem beschreibt Jentsch das Unheimliche als ein Ergebnis sowohl des Zweifels an der Beseelung eines anscheinend lebendigen Wesens als auch und umgekehrt darüber, ob ein lebloser Gegenstand nicht doch etwa beseelt sei. Genau diese Dichotomie, die Unsicherheit, ob etwas lebendig oder tot ist, erzeuge jenen das Gefühl des Unheimlichen begleitenden, charakteristischen Schauder, da die als verlässlich angesehenen Grenzen zwischen dem Reich der Lebenden und dem der Toten zu verschwinden drohen.

Nach Freud beschränkt Jentsch seine Überlegungen jedoch auf die Konnotation, die jenes dem Wort ›heimlich‹ vorangesetzte Präfix ›un-‹ hervorruft, nämlich das ›Unheimliche‹ primär auf das Neue, Unbekannte, Nichtvertraute zu beziehen, das im Gegensatz zum Vertrauten, Heimischen Gefühle des Unbehagens, eben das ›Unheimliche‹ hervorruft. Während Jentsch also in »Zur Psychologie des Unheimlichen« lediglich das Evozieren einer intellektuellen Unsicherheit in Bezug auf Neues (oder neu Erscheinendes) als Bedingung für das Unheimliche gelten lässt, geht Freud einen Schritt weiter und bestimmt gerade das Wiedererwecken des ursprünglich Vertrauten, jedoch Verdrängten, als das wahrhaft Unheimliche.

Bereits die Etymologie des Wortes macht nach Freud deutlich, dass ›unheimlich‹ ein anderes Erscheinungsbild des ›Heimlichen‹, bzw. ›Heimischen‹, ist, evoziert nicht nur durch eine intellektuelle Unsicherheit, sondern vielmehr durch das Auftauchen von längst Verdrängtem. Dies kann man an mehreren Beispielen – wie etwa der Vorstellung von Gespenstern, dem Doppelgänger, aber auch der zufälligen Wiederholung – anschaulich machen. Das Unheimliche selbst, so Freud in Bezug auf Schelling, der das Wiederauftreten des Verdrängten in den Mittelpunkt seiner Definition stellt, »ist wirklich nichts Neues oder Fremdes, sondern etwas dem Seelenleben von alters her Vertrautes, das ihm nur durch den Prozeß der Verdrängung entfremdet worden ist« (Freud 1966, 254). Dies liege darin begründet,

daß jeder Affekt einer Gefühlsregung, gleichgültig von welcher Art, durch die Verdrängung in Angst verwandelt wird [und] daß dies Ängstliche etwas wiederkehrend Verdrängtes ist. Diese Art des Ängstlichen wäre eben das Unheimliche und dabei muß es gleichgültig sein, ob es ursprünglich selbst ängstlich war oder von einem anderen Affekt getragen wird (ebd.).

Durch die Vorsilbe ›un-‹, die »Marke der Verdrängung« (ebd., 259), wird das Heimische, Altvertraute zum Unheimlichen, mehr noch: Das Unheimliche ist »das Heimliche-Heimische, […] das eine Verdrängung erfahren hat und aus ihr wiedergekehrt ist«. Das Unheimliche des Erlebens komme also zustande, »wenn verdrängte infantile Komplexe durch einen Eindruck wieder belebt werden, oder wenn überwundene primitive Überzeugungen wieder bestätigt scheinen« (ebd., 263). Freud trifft hier allerdings mehrere Unterscheidungen, etwas zwischen dem Unheimlichen, »das man erlebt, und dem, das man sich bloß vorstellt, oder von dem man liest« (ebd., 261); also eine Differenzierung zwischen dem Unheimlichen in der Fiktion und dem im wahren Leben. Außerdem verweist er auf die Bedeutung der Kontextualisierung potentiell unheimlicher Akte: So ist etwa für dem Bereich der Fiktion zu konstatieren, dass Dinge vor dem Hintergrund ästhetischer Inszenierungsweisen im einen Fall unheimlich wirken können und im anderen Fall vielleicht eine komische Wirkung entfalten.

Wichtig ist für Freud hier die Unterscheidung zwischen Überwundenem und Verdrängtem, da nur aus der Evokation des Letzteren das wahrhaft Unheimliche des Erlebens entstehen kann. Dass dies gar nicht so abstrakt zu sein hat, wie es im Kontext der Psychoanalyse im ersten Moment erscheint, beweist Freuds abschließende Erkenntnis: »Von der Einsamkeit, Stille und Dunkelheit können wir nichts anderes sagen, als dass dies wirklich die Momente sind, an welche die bei den meisten Menschen nie ganz erlöschende Kinderangst geknüpft ist« (ebd., 268). Dass es genau diese drei Elemente sind, die das Unheimliche im Kontext des eigenen, eigentlich Sicherheit versprechenden Hauses evozieren, ist somit sicherlich kein Zufall, denn, so Elisabeth Bronfen, »[d]as Bewohnen unheimlicher Orte mag zwar durchaus Entsetzen hervorrufen, doch wirklich traumatisch wird es, wenn die phantasmagorische Wohnstatt, die als indirekte Repräsentation des Verdrängten fungierte, auseinander bricht« (Bronfen 2001, 53). Doch die Negation des Heimlichen, also die Weigerung, das Vertraute unhinterfragt anzunehmen, macht, so Freud, auch den Weg für ein angemessenes Verständnis des Selbst frei.

Als paradigmatischen literarischen Text zieht Freud E.T.A. Hoffmanns Erzählung *Der Sandmann* (1816) heran, da dieser seine Vorstellungen vom Unheimlichen nicht nur konkret behandelt, sondern auch als Auseinandersetzung mit infantilen Komplexen gelesen werden kann, welche die Evokation des Unheimlichen begünstigen (s. Kap. III.B.1). So deutet er etwa das berühmte Herausreißen der Augen, das die Angst des Protagonisten beherrscht, als Ventil für die Evokation einer verdrängten Kastrationsangst im Leser.

Kritik an Freud

Kritik an der weitreichenden Rezeption von Freuds Begrifflichkeit des Unheimlichen gab es vor allem aus poststrukturalistischer Perspektive. Neil Hertz etwa wies auf das Problem der figurativen Sprache hin, die in einem spekulativen Text wie dem Freuds zum Tragen kommt. Hertz argumentiert, dass zum Zeitpunkt, als Hoffmann seine Novelle schrieb, noch keine psychoanalytische Theorie vorgelegen hat, um Freuds Ausführungen zu stützen und diese somit vielmehr als Metaphern denn als tatsächliche Fallstudien zu lesen seien (Hertz 1985, 320). Hélène Cixous wiederum stellt in ihrer Lesart von *Das Unheimliche* die Möglichkeit einer Distinktion zwischen Realität und Fiktion im Kontext des Erzeugens des ›Unheimlichen‹, wie es Freud anhand seiner

Fallstudien versucht, generell in Frage (Cixous 1976, 546–547). Anneleen Masschelein plädiert in der Einleitung des von ihr herausgegebenen Bandes zum ›Unheimlichen‹, die Positionen von Hertz und Cixous subsumierend, für eine ›Konzeptionalisierung des Unheimlichen‹. Hiermit meint sie eine Postulierung des Freudschen ›Unheimlichen‹ zum Konzept, das einem aus dem allgemeinen Sprachgebrauch genommenen Wort entspringt, das dann anhand von Metaphern mit einer bestimmten, gezielten Bedeutung beladen wurde. Wichtig ist ihr hierbei vor allem, dass, anders als bei Freud, eine Unterscheidung zwischen Realität und Fiktion nicht mehr vorgenommen werden soll. Durch die Substantivierung des Adjektivs ›unheimlich‹ zum ›Unheimlichen‹ denotiere es eine Eigenschaft, keine Entität, und gerade dies mache es zum ästhetischen Konzept mit dessen Hilfe eine subjektive Empfindung performativ ausgedrückt wird, die man in Worten nur sehr schwer beschreiben kann (Masschelein 2003).

Thomas Fuchs, der das Unheimliche primär psychologisch auszuleuchten versucht und sich hierbei vor allem auf den Phänomenologen Hermann Schmitz beruft, wirft Freud vor, seine Überlegungen übersprängen »in ihrem konkretisierenden Zugriff die feinere phänomenologische Analyse des Phänomens, das zweifellos primär im Atmosphärischen beheimatet ist« (Fuchs 2010, 168).

Heidegger

Heideggers primär im Kontext der Existenzphilosophie rezipiertes Werk *Sein und Zeit* (1927) weist eine Abkehr von der vorausliegenden phänomenologischen Theorie Husserls auf, insofern Heidegger den Menschen nicht als Ding unter Dingen sieht, sondern ihm mittels der ontologischen Differenz eine eigene Seinsbedeutung zuweist. Zentral hierbei ist der Begriff des ›In-der-Welt-Seins‹, der auch im Kontext der Evokation von Angst durch das Unheimliche diskutiert wird. So ist es für das Verständnis von Heideggers Definition des Unheimlichen wichtig, kurz auf seinen Begriff von Angst einzugehen. Zuallererst unterscheidet er zwischen den Begriffen Angst und Furcht. Das *Wovor* der Furcht ist laut Heidegger ein innerweltliches; das *Wovor* des Zurückweichens in der Angst wiederum könne jedoch keinesfalls ein innerweltliches sein. Wenn sich im »Verfallen« das Dasein von sich selbst abkehrt, also flüchtet, so muss diese Flucht den Charakter des Sich-bedroht-Fühlens haben, doch ist es »Seiendes

von der Seinsart des zurückweichenden Seienden, es ist das Dasein selbst« (ebd., 185), vor dem es auszuweichen versucht. Einfacher gesagt: Anders als in der Furcht, die ein diese Furcht evozierendes Objekt impliziert, wird der Mensch in der Angst von seinem Dasein selbst geängstigt.

Das *Wovor* der Angst ist für Heidegger das In-der-Welt-sein als solches, das Faktum der bloßen Existenz also, und damit auch vollkommen unbestimmt; es gibt demzufolge z. B. anders als bei der Furcht auch keinen »Ort der Bedrohung«, da »das Bedrohende nirgends ist«. Nun bedeuten *nichts* und *nirgends* jedoch nicht ›Nichts‹ im Sinne einer völligen Abwesenheit, sondern »Gegend überhaupt, Erschlossenheit von Welt überhaupt für das wesentlich räumliche In-Sein« (ebd., 186). Das Drohende kommt in der Angst also nicht aus einer bestimmten Richtung, es ist als ontologische Voraussetzung menschlicher Existenz immer schon unter uns und doch zugleich nirgends (s. auch Kap. II.2). Daraus kann Folgendes geschlussfolgert werden:

(1) Das *Wovor* der Angst ist die Welt als solche. Wovor die Angst sich ängstigt ist also das In-der-Welt-sein, denn »das Nichts von Zuhandenem gründet im ursprünglichsten Etwas, in der Welt« (ebd., 186), und diese gehört zum Sein dazu. Wenn also das *Wovor* der Angst das ›Nichts‹ ist, dann ist dieses *Wovor* gleichzeitig auch die Welt als solche, das In-der-Welt-sein.

(2) Auch ängstigt sich die Angst nicht nur vor etwas, sondern auch um etwas, nämlich um das In-der-Welt-sein selbst. Sie wirft das Dasein auf das zurück, worum es sich ängstigt, sein eigentliches In-der-Welt-sein können und d. h. immer auch auf den eigenen, nicht verhinderbaren Tod (s. Einleitung Kap. II). Und sie vereinzelt das Dasein nur auf dieses In-der-Welt-sein. Damit aber erschließt die Angst das Dasein als Möglichsein.

(3) Doch gerade die Angst kann als Befindlichkeit helfen, das In-der-Welt-sein zu erschließen, und zwar »weil sie vereinzelt« (ebd., 191). Diese Vereinzelung kann nämlich das Dasein aus der Geschäftigkeit und den Bekümmernissen des prosaischen Alltags befreien »und macht ihm Eigentlichkeit und Uneigentlichkeit als Möglichkeiten seines Seins offenbar« (ebd.).

Nun macht der Begriff der Befindlichkeit im Allgemeinen ja offenbar ›wie einem ist‹; und in der Angst ist einem *unheimlich*. Da das Dasein sich in der Angst im ›Nichts‹ befindet, kann zwischen Angst und dem Unheimlichen ein Zusammenhang hergestellt werden: Das ›Nichts‹ ist unheimlich, da ein Gefühl, eine Atmosphäre des Nicht-zuhause-seins evoziert wird. Das oben erwähnte »verfallende Aufgehen in der Welt« resultiert aus einer unhinterfragten Selbstsicherheit, einem oberflächlichen In-Sein, dem die Verrichtungen des Alltags ein selbstverständliches, nicht ausreichend problematisiertes Zuhause-sein sind; die Angst holt nun das Dasein von dort zurück und die »alltägliche Vertrautheit bricht in sich zusammen« (ebd., 189). Als Folge gerät das In-Sein in »den existenzialen ›Modus‹ des Un-zuhause« (ebd.), also der ›Unheimlichkeit‹. Das, was Heidegger unter der ›verfallenden Flucht‹ versteht, ist eine Flucht des Daseins hin in die alltägliche Vertrautheit und somit eine Flucht vor dem ›Unheimlichen‹. Und dieses ›Unheimliche‹ liegt für ihn im Dasein als ihm selbst in seinem Sein überantworteten In-der-Welt-sein.

Wenn nun das Subjekt der Instabilität, die seiner weltlichen Existenz immanent ist, nahekommt, so beschleicht es ein Gefühl eines diffusen ›Unheimlich-Werdens‹, was sich aufgrund der naturgemäß fehlenden Distanz zum Objekt dieser Art von ›Furcht‹ besonders radikal auswirkt. Die Furcht des Subjekts findet kein direktes Objekt, vielmehr ist ihm bewusst, dass »das Bedrohende *nirgends* ist« (ebd., 186), zumindest nirgends außerhalb seiner selbst. Dieser Konflikt zwischen Vertrautheit und Destabilisierung ist, wie anfangs gesehen, im weiteren Sinne für Heidegger eine räumliche Erfahrung (s. Kap. II.4).

Das Unheimliche als Atmosphäre: Hermann Schmitz

Eingangs wurde in der Darstellung von Thomas Fuchs' Kritik an Freud erwähnt, dass dieser einen allzu konkretisierenden Zugriff auf das Phänomen des Unheimlichen habe, während ein phänomenologischer in diesem Falle angebrachter erscheine. Freud und auch Jentsch »überspringen [...] in ihrem konkretisierenden Zugriff die feinere phänomenologische Analyse des Phänomens, das zweifellos primär im Atmosphärischen beheimatet ist« (Fuchs 2010, 168). Mit dem Phänomenologen Hermann Schmitz sieht Fuchs die Rolle des Atmosphärischen als zentral für die Evokation des Unheimlichen an, was zwar nicht Freuds und Heideggers Vorstellungen einer Wahrnehmung des Unheimlichen als problematischer Wiederkehr des Heimischen widerspricht, ihr jedoch den stark reduktionistischen,

subjektivierenden Charakter nimmt. Schmitz, der die Verankerung von Gefühlen oder Stimmungen aus dem gängigen Umfeld einer subjektiven, psychischen Innenwelt lösen möchte, spricht in seinem Buch *Der Gefühlsraum* (1981) von dem ontologischen Status des Unheimlichen als einem das subjektive Erleben übersteigenden Zustand. Hieran anknüpfend sieht es Fuchs als vorausgesetzt an, dass wir »viele Atmosphären [kennen], die in Räumen, Landschaften und Situationen so verankert sind, dass sie uns nicht nur von außen her erfassen, sondern auch von den Menschen in der gleichen Umgebung in ähnlicher Weise erlebt werden« (Fuchs 2011, 180). Somit könne »der Atmosphäre des Unheimlichen eine quasi-objektive Existenz in bestimmten Räumen und Situationen zugesprochen werden« (ebd., 168).

Fuchs beruft sich hier unter anderem auf Klaus Conrad, der in seiner gestaltpsychologischen Studie *Die beginnende Schizophrenie* (Conrad 2003) in einer kurzen, jedoch für die Untersuchung des Phänomens aufschlussreichen Passage die Vorstellung des Zwischenraums im Kontext des Unheimlichen thematisiert: »Die Zwischenräume zwischen dem Sichtbaren und dem Dahinter, all dieses Ungreifbare ist nicht mehr geheuer, und der Hintergrund selbst, vor dem sich die greifbaren Dinge abheben, hat seine Neutralität verloren« (ebd., 41.). Auch hier ist die aus den Überlegungen von Jentsch und Freud bekannte Dichotomie zwischen dem Bekannten und (im Fall Freuds nur vorgeblich) Unbekannten zwar präsent, doch steht die von der Wahrnehmung dieser Zwischenräume evozierte Atmosphäre im Mittelpunkt. Weil nämlich »die Dinge zwischen Vorder- und Hintergrund schillern, und die unheimliche Bewandtnis, die es mit ihnen hat, nicht dingfest zu machen ist, nehmen sie oft einen schemenhaften, unwirklichen Charakter an« (Fuchs 2011, 169). Hier sei vor allem die Angst vor Gespenstern erwähnt, die in einem dieser Zwischenräume, nämlich dem zwischen Anwesenheit und Abwesenheit, leben und aus diesem Grund atmosphärisch-objektiv als ›unheimlich‹ gelten können.

Hermann Schmitz fügt der Kierkegaardschen Trennung zwischen der objektbezogenen Furcht und der als abstrakt wahrgenommenen Angst eine dritte Kategorie hinzu, nämlich die »Bangnis«, das »atmosphärisch umgreifende, ungeteilte Ganze des Unheimlichen«, mit dem das Subjekt in einer Art »zentripetalen Erregung« konfrontiert wird (Schmitz 1981, 283). Erst langsam manifestiert sich jedoch die Atmosphäre des Unheimlichen, da sich die oben erwähnten Zwischenräume nicht unmittelbar zeigen. Verdichtet sich jedoch die unheimliche Atmosphäre, verbindet sich die Bangnis mit der Angst und es entsteht das ›Grauen‹: »Das Grauen ist demnach eine […] zwiespältige Erregung, bei der atmosphärisch zerfließende […] Bangnis mit isolierender, fixierender, ins Enge treibender Angst gleichrangig zusammenwirkt« (Schmitz 1981, 288).

Atmosphären des Grauens

Atmosphären des Grauens in dem oben erwähnten Sinne finden sich zahlreiche; vor allem die Literatur der Romantik – E.T.A. Hoffmann, Guy de Maupassant und Edgar Allan Poe seien hier besonders erwähnt – ist geprägt von unheimlichen Motiven (s. Kap. III.B.1), die sich primär in Orten und deren als unheimlich empfundener Atmosphäre manifestieren. Dies mag daran liegen, dass die Schriftsteller der Romantik ihre Zeit im Rekurs auf den immer noch stark präsenten Volksglauben noch auf der Schwelle zwischen einem animistischen Weltbild und dem rationalen Weltbild der Aufklärung deuteten. Bei den Protagonisten Hoffmanns oder Poes ist der Glaube an das Wirken übernatürlicher Kräfte trotz eines aufgeklärten Weltbildes implizit vorhanden und offenbart sich dem Leser anhand von unheimlichen Atmosphären, die als Evokation des oben angesprochenen Zwischenraums die Wahrnehmung bestimmter Szenerien grundieren.

Ein paradigmatisches literarisches Beispiel hierfür ist Guy de Maupassants Schauernovelle *Le Horla* (1887). Der Protagonist fällt keiner konkreten Manifestation des Bösen zum Opfer, noch wird er von der Furcht vor einer konkreten Bedrohung getrieben, was ihn vielmehr in Mitleidenschaft zieht, ist eine Atmosphäre des ›Grauens an sich‹. In einer Sequenz der Erzählung wird berichtet, wie der Protagonist vor einer imaginierten unsichtbaren Entität flüchtet, die sich jedoch niemals manifestiert, sondern ein unsichtbarer Teil der Szenerie bleibt, spürbar nur im Kontext der Atmosphäre, welche dieselbe widerspiegelt:

Plötzlich durchrieselte mich ein Schauer, kein Frostschauer, sondern ein merkwürdiger Angstschauer. Ich ging schneller, ich fühlte Unruhe, ohne Begleitung in diesem Walde zu sein; die tiefe Einsamkeit flößte mir unvernünftige, törichte Furcht ein. Mit einem Mal war mir, als folge mir jemand, ginge hinter mir, ganz dicht, zum Greifen nahe. Ich wandte mich jäh um. Ich war allein. Hinter mir war nichts als die gerade, langgestreckte Allee, leer, hoch, grauenhaft leer; und nach der anderen Seite dehnte sie sich ebenso unabsehbar, ganz genau so, entsetzlich (Maupassant 2006, 264).

Andere prominente Beispiele, die mit genau dieser Evokation einer ›Atmosphäre des Grauens‹ arbeiten, wären neben zahlreichen Erzählungen von Edgar Allan Poe oder der *Gothic Novel* im Allgemeinen, wie gesehen, E.T.A. Hoffmanns *Der Sandmann* oder auch Henry James' Novelle *The Turn of the Screw* (1898).

Interessant wird es, wenn man die Vorzeichen umkehrt und jene von Fuchs behauptete »quasi-objektive Existenz« der »Atmosphäre des Unheimlichen in bestimmten Räumen und Situationen« konterkariert. Eine filmische Variante dieses Modellversuchs lässt sich etwa in David Lynchs Film *Mulholland Drive* (2001) erkennen – in einer Szene, die plottechnisch nichts mit dem Rest des Films zu tun hat und gerade deswegen die oben angesprochene Atmosphäre des Unheimlichen mittels der Evokation eines ›unheimlichen‹ Zwischenraums hervorkehrt: In dem typisch amerikanischen, hell und freundlich ausgeleuchteten Fast Food Restaurant ›Winkies‹ sitzen sich am helllichten Tag zwei Männer gegenüber, die im Verlauf des Films nicht mehr vorkommen werden. Der jüngere der beiden erzählt dem älteren Mann, bei dem es sich offenbar um einen Psychologen handelt, von zwei identischen Alpträumen, die vom Ort der Zusammenkunft handelten. Im Traum – so der jüngere Mann – habe er furchtbare Angst, und der Psychologe, der im Traum auch vorkomme, habe dort auch Angst und stehe stets direkt neben der Kasse. Während die Kamera auf die menschenleere Stelle neben der Kasse zoomt und bedrohlich wirkende Musik einsetzt, erzählt der Mann: »[…] then I realize what it is. There's a man in the back of this place, he's the one who's doing it. I can see him through the wall. I can see his face. I hope that I never see that face ever outside of a dream. That's it«. Der Psychologe möchte nun, dass der Mann mit ihm hinter das Restaurant geht, um sicherzustellen, dass dort nicht das schreckliche Wesen aus seinen Träumen haust. Als der Mann sich umdreht, steht der Psychologe neben der Kasse, an genau jener Stelle aus seinem Traum. Als sie hinter das Restaurant gehen, begegnen sie einem äußerst verdreckten, furchteinflößenden Obdachlosen und der junge Mann stirbt an einem Herzinfarkt.

Die Theorie des Unheimlichen als Atmosphäre wird in dieser Sequenz bewusst umgekehrt, da sie sich strikt jeglicher tradierter Schemen, wie das Unheimliche atmosphärisch zu wirken habe, verweigert. Der junge Mann spürt die latente Anwesenheit des Bösen an einem Ort, der dem Besucher per se eigentlich das Gegenteil vermitteln soll: Eine familienfreundliche, helle Umgebung. David Lynch akzentuiert die stete, jedoch unsichtbare Anwesenheit des Bösen in dieser Sequenz vor allem an zwei Stellen: Erstens an der Aussage des jungen Mannes, er sehe dieses ›Böse‹ stets nur an diesem freundlichen Ort durch die Wände hindurch. Und zweitens durch die Bedeutung des leeren Ortes neben der Kasse, aus dem der Psychologe, im Vergleich zur Traumwirklichkeit, erst verschwunden scheint, um dann den Ort doch noch auszufüllen und somit in diesem Moment das Abwesende des Traumes zu einer Anwesenheit am wirklichen Ort zu machen, an dem sich das Böse bald manifestieren wird.

Diese Dekontextualisierung des atmosphärischen Raumes muss jedoch nicht heißen, dass dieser per se doch nicht existiere und Freuds Einschränkung eines subjektiv wahrgenommenen Unheimlichen nun doch alleine gültig sei. Zwar rekurriert die Sequenz wie auch der ganze Film viel mehr auf Freuds Theorie als auf die phänomenologische Argumentation von Schmitz, dennoch versucht sich Lynch hier an einer postmodernen Umkehrung der Codierung eines ›atmosphärischen Ortes‹, mit der Intention, das in den Zwischenräumen lauernde Unheimliche herauszukehren.

In seinem Roman über die unsichtbare Allgegenwärtigkeit des Bösen und des Grauens, *2666* (2004), bezieht sich Roberto Bolaño auf die von Lynch (nicht nur in *Mulholland Drive* vorgenommene) Umcodierung der unheimlichen Atmosphäre, wenn er seinen Protagonisten, den amerikanischen Journalisten Fate, in das mexikanisches Fast Food Restaurant El rey del taco führt. Fate ist nicht in der Lage, die Bedrohlichkeit, die von diesen Ort ausgeht, genauer zu bestimmen, sondern spürt lediglich die unsichtbare Präsenz des Bösen, die gerade deswegen so erdrückend erscheint, weil es wohl keinen alltäglicheren, banaleren, so bewusst in ein scheinbares positives Licht getauchten Ort gibt als ein familienfreundliches Fast Food Restaurant.

Während der Evokation von Angst mit Hilfe einer unheimlichen Atmosphäre zwangsläufig eine räumliche Komponente inhärent ist, so bleibt diese Variante der ästhetischen Angsterzeugung aufgrund ihrer starken psychologischen Komponente stets etwas vage, bzw. schwer greifbar. Anders verhält es sich mit kulturgeschichtlichen Archetypen des Grauens, wie etwa dem Doppelgänger oder dem Gespenst.

Doppelgänger

Eine paradigmatische Figur in Freuds Bestimmung des Unheimlichen ist der Doppelgänger, den er nicht nur im Zusammenhang mit E.T.A. Hoffmanns *Der Sandmann* umreißt, sondern dessen Bedeutung er in *Das Unheimliche* auch theoretisch fundiert. Wenn das Fremde sich stets als zweideutig erweise, da es auch das verborgene Eigene aufscheinen lasse, dann sei vor allem auch die Figur des Doppelgängers von Bedeutung, da in ihr die Begegnung des Subjekts mit sich selbst und mit seiner eigenen Vergangenheit personifiziert wird. Für Freud ist das Doppelgängertum

die Identifizierung mit einer anderen Person, so daß man an seinem eigenen Ich irre wird oder das fremde Ich an die Stelle des eigenen versetzt, also Ich-Verdopplung, Ich-Teilung, Ich-Vertauschung – und endlich die beständige Wiederkehr des Gleichen, die Wiederholung der nämlichen Gesichtszüge, Charaktere, Schicksale, verbrecherischen Taten, ja der Namen durch mehrere aufeinanderfolgende Generationen (Freud 1966, 257).

Aglaja Hildenbrock unterscheidet in ihrer Studie *Das andere Ich* in erster Instanz zwischen ›echten‹ Doppelgängern und künstlichen Menschen, in zweiter Instanz zwischen genetisch bedingtem Doppelgängertum (Eltern, Geschwister, Zwillinge) und ›zufälligen Ähnlichkeiten‹, die sie wiederum in folgende Kategorien einteilt: Der Doppelgänger als Phantom, als Spiegelbild, als Porträt, als verjüngtes Ich oder als Schatten (Hildenbrock 1986, 5).

Bei der Figur des Doppelgängers ist nun weniger die Atmosphäre von Bedeutung als vielmehr ein Rekurrieren auf die Angst vor der Ich-Verdopplung, die jedoch gleichsam in Hermann Schmitz' Begriff des ›Grauens‹ aufgeht. Nicholas Royle betont in seiner Studie *The Uncanny* (2003), dass der Doppelgänger einerseits, im Sinne Freuds, stets die Angst vor dem eigenen Tod verkörpert, setzt diese Schlussfolgerung jedoch in einen Zusammenhang mit Jacques Derridas Essay *Glas* (1974), in dem die Unmöglichkeit der Einzigartigkeit der menschlichen ›Signatur‹ betont wird. Royle schlussfolgert, dass es keine reine, eigentliche Signatur geben könne, denn jede Signatur müsse auf irgendeine Weise reproduzierbar sein. Doch genau diese Reproduzierbarkeit entfremdet sie wiederum von sich selbst und macht sie, gerade in ihrem Bestreben nach Einzigartigkeit, unheimlich (Royle 2003, 194).

In der Weltliteratur findet sich in zahlreichen kanonischen Werken diese Figur des Doppelgängers wieder. In Poes Erzählung *William Wilson* (1839) erscheint die mystische Figur als Allegorie auf das Gewissen des Helden. Als dieser seinen Doppelgänger am Ende der Erzählung tötet, stirbt auch er selbst. In Fjodor Dostojewskis Roman *Der Doppelgänger* (1846) begegnet die Hauptfigur Jakov Petrovič Goljadkin seiner Nemesis, die ihm bis aufs Haar gleicht und ihn nach und nach ins soziale Abseits manövriert, in dem er ihm alles, was sein Leben ausgemacht hat, nimmt. Am Ende wird Goljadkin unter dem bösen Blick seines Doppelgängers in eine psychiatrische Klinik eingewiesen, was die unheimliche Nemesis relativiert und – dies legt der Text nahe, ohne es eindeutig zu klären – als Hirngespinst entlarvt.

Kaum ein Autor hat sich jedoch so intensiv mit dem Wesen des Doppelgängers beschäftigt wie Jorge Luis Borges. In seinem *Buch der imaginären Wesen* (1980) fasst er die Kulturgeschichte des Doppelgängers wie folgt zusammen:

Eingegeben oder angeregt durch Spiegel, Wasser und Zwillinge ist der Begriff des Doppelgängers vielen Nationen gemein. Man kann wahrscheinlich annehmen, daß Sentenzen wie »Ein Freund ist ein zweites Ich« von Pythagoras oder das platonische »Erkenne dich selbst« durch diesen Begriff inspiriert wurden. In Schottland nennt man ihn Doppelgänger *fetch*, denn er kommt, um die Menschen in den Tod zu holen (*to fetch*). Sich selbst zu begegnen ist daher unheilverheißend […]. Für die Juden dagegen war die Erscheinung des Doppelgängers kein Vorzeichen eines baldigen Todes. Es war die Gewissheit, prophetische Gaben erlangt zu haben. […] Wie Plutarch schreibt, bezeichnen die Griechen den Botschafter eines Königs als »Zweites Ich« (Borges 1980, 40).

Eine paradigmatische literarische Umsetzung findet Borges' Interesse für den Doppelgänger in seiner Erzählung *Der Andere* (1975), in welcher der Ich-Erzähler mit dem Namen Borges seinem 40 Jahre jüngeren Ich auf einer Parkbank in Cambridge begegnet. Der jüngere Borges indes wähnt sich in Genf und glaubt dem älteren nicht, auch nicht, als der ältere ihm Episoden aus seinem Leben, die Einrichtung seines Zimmers und ähnliches beschreibt. Im Gespräch entwickelt sich ein Streit darüber, wer denn nun wen erträume, wer also wessen Doppelgänger sei. Als der ältere Ich-Erzähler und für den Leser vornehmlich ›echte‹ Borges dem jüngeren eine Dollarnote aus dem Jahr 1964 als Beweis seines Daseins in der Zukunft überreicht, fällt ihm selbst auf, dass hier ein Fehler liegen muss, da auf regulären Dollarnoten keine Jahreszahlen abgebildet sind. Der Ich-Erzähler merkt daraufhin, dass er selbst der erträumte Doppelgänger ist.

Diese Geschichte erscheint sowohl im Kontext von Freuds Theorie zum wiederkehrenden Heimi-schen interessant als auch im Bezug zu Schmitz' Theorie zur Atmosphäre des Grauens, die sich aus der Begegnung zweier Ichs langsam entwickelt und ihren Höhepunkt in der Erkenntnis des Lesers findet, dass er die ganze Zeit dem Bericht eines Doppelgängers gelauscht hat.

Berühmte Doppelgängererzählungen in der Literaturgeschichte sind E.T.A. Hoffmanns *Die Elixiere des Teufels* (1815/16), Robert Louis Stevensons *Dr. Jekyll and Mr. Hyde* (1886) oder Oscar Wildes *The Picture of Dorian Gray* (1891). Auch in der Gegenwartsliteratur ist der Doppelgänger allgegenwärtig, so etwa in Paul Austers *New York Trilogy* (1987), Philip Roths *Operation Shylock* (1993), José Saramagos *Der Doppelgänger* (2002), Thomas Glavinics *Die Arbeit der Nacht* (2006) oder Thomas Meineckes *Lookalikes* (2011).

Ein einschlägiges filmisches Beispiel für das Doppelgängermotiv ist indes David Cronenbergs *Dead Ringers* (1988), der die symbiotische Beziehung eineiiger Zwillinge beleuchtet, die gemeinsam eine Arztpraxis betreiben und – obwohl jenseits der vierzig – in einem gemeinsamen Appartement in einem ungeklärten Verhältnis wohnen. Nachdem der eine aufgrund einer gescheiterten Liebesbeziehung mehr und mehr ein selbstzerstörerisches Verhalten aufweist, beginnt der andere, ihm nachzueifern, da er sich ihm sonst, so die fixe Idee, nicht mehr verbunden fühlen könnte. Das Verhalten der Zwillinge wird immer erratischer und für den Zuschauer unheimlicher, bis sie sich am Ende des Films als siamesische Zwillinge fühlen, die voneinander getrennt werden müssen. Die Befreiung von der Doppelexistenz gelingt dem einen der beiden nur, indem er die Symbiose in einer für den anderen todbringenden Operation beendet.

Gespenster

Gespenster sind eine häufige Erscheinung in den darstellenden Künsten (vgl. Baßler/Gruber/Wagner-Egelhaaf 2005). Bereits Shakespeares Hamlet wird von einem Gespenst – dem vorgeblichen Geist seines Vaters – zur Rache an dessen Mördern verleitet. Doch schon in *Hamlet* (1603) zeigt sich die besondere Erscheinungsform, die Gespenster in der Literatur in der Regel haben: Durch ihr eigenes Verharren in einem Stadium zwischen Anwesenheit und Abwesenheit – als Wesen einer Zwischenwelt – bewegen sie sich auch als Erscheinung zwischen konkreter Manifestation und Allegorie. Der Geist von

Hamlets Vater kann sowohl als konkrete Erscheinung gelesen als auch als allegorisches Element gedeutet werden.

In der sogenannten Schauerliteratur des 19. Jahrhunderts sind die Gespenster zwar allgegenwärtig, doch bekommen sie im Ergebnis der Aufklärung einen mehr und mehr metaphorischen Charakter im Sinne einer Manifestation des Unterbewusstseins, so etwa in Poes *Ligeia* (1838), wo der Geist der verstorbenen ersten Frau des Protagonisten die zweite, im Sterben liegende Frau heimsucht. Geschildert ist dies aus einer personalen Perspektive, welche die Wahrnehmung des Protagonisten als glaubwürdig erscheinen lässt, dennoch dient das Gespenst als Allegorie auf seinen zerrütteten Seelenzustand.

Die gesamte Schauerliteratur der Romantik ist bevölkert von Gespenstern, nicht zuletzt weil diese einerseits als eben jene Manifestationen des Unterbewusstseins fungieren, andererseits aber auch, wie bereits angesprochen, ein voraufklärerisches, animistisches Weltbild verkörpern, das im ständigen Konflikt mit dem dominanten Rationalismus des 19. Jahrhunderts stand. Aus diesem Konflikt resultiert in der romantischen Schauerliteratur die atmosphärische Wirkung auf den Leser, den das Rekurrieren auf die Möglichkeit mittlerweile als archaisch angesehener Weltbilder mit Schauder oder gar Angst erfüllte. So kann man feststellen, dass im Zuge der Säkularisierung die animistische Angst vor realen Gespenstern zur Angst-Lust der ästhetischen Repräsentation wird (s. Kap. II.11; Kap. III. A.9). Nach Edgar Morin sind Verstorbene, zumindest für eine kurze Zeit, Lebende einer anderen Art, mit denen man eine gütliche Einigung erzielen muss, damit sie in Eintracht wieder verschwinden. Wichtig hierbei ist, dass in vielen archaischen Gesellschaften der Tod nicht als punktuelles, sondern als sich langfristig dahinstreckendes Ereignis angesehen wird (Delumeau 1989, 118). Jean Delumeau stellt in *Angst im Abendland* fest, dass früher

die Vergangenheit nicht wirklich tot [war], sie konnte jederzeit auf bedrohliche Weise in die Gegenwart einbrechen. Im Kollektivbewußtsein gestaltete sich die Grenze zwischen Leben und Tod oft fließend. Zumindest eine gewisse Zeit lang nahmen die Verstorbenen ihren Platz unter […] leichten, halb körperlichen, halb geistigen Wesen ein (Delumeau 1989, 108).

Delumeau unterscheidet hierbei mit Emmanuel Le Roy Ladurie zwischen einem ›horizontalen‹ und einem ›vertikalen‹ Gespensterglauben. Im horizontalen Glauben lebte der Verstorbene nach seinem Tod noch eine Weile weiter und kehrt dabei an die Orte

seiner irdischen Existenz zurück. Dieses Wiedergängertum wird geistig wie körperlich verstanden, wobei die körperliche Komponente je nach Kulturkreis eine verschiedenartige Ausprägung hatte. Beim vertikalen Glauben hingegen steht eine transzendentale bzw. theologische Denkweise im Mittelpunkt, anhand derer versucht wird »das Phänomen der Gespenster […] durch das Spiel der geistigen Kräfte zu erklären« (Delumeau 1989, 111). Beide Varianten widersprechen sich zwar, traten aber in vielen europäischen Volksglauben gleichzeitig auf (ebd., 118). In diesem Zusammenhang unternimmt Derrida eine strikte Trennung zwischen den Begriffen ›Geist‹ und ›Gespenst‹:

Das Gespenst ist nicht nur die leibliche Erscheinung des Geistes, sein phänomenaler Leib, sein gescheitertes und schuldiges Leben, sondern auch das ungeduldige und sehnsüchtige Warten auf eine Erlösung, das heißt, noch einmal, auf einen Geist (Derrida 1996, 186).

In der zeitgenössischen Literatur (außerhalb der entsprechenden Genreliteraturen ›Horror‹ oder ›Fantasy‹) sind Gespenstergeschichten indes nicht mehr allzu häufig zu finden; eine Ausnahme bildet der Roman *Gespenster* (1990) des argentinischen Schriftstellers César Aira. In diesem wird eine Baustelle in Buenos Aires von Gespenstern heimgesucht, die sich einigen der Bauarbeiter und Baustellenbewohner manifestieren. Diese sind als groteske Figuren mit stets erigierten Penissen gezeichnet, die vor allem die weiblichen Protagonistinnen in ihren Bann ziehen und in den Selbstmord treiben wollen. Der Roman ist teils als Satire auf die Konsumgesellschaft, teils als Gruselmärchen intendiert, wobei die unheimliche, dem Leser Angst einflößende Atmosphäre hauptsächlich dem bis zum Ende nicht geklärten Grund für die Anwesenheit der Gespenster geschuldet ist.

Meist jedoch treten Gespenster als Allegorien auf, als ›Gespenster der Erinnerung‹, die sich durchaus auch manifestieren können, wie etwa Mario Benedettis Gedicht »Desaparecidos« (1983) zeigt, in dem die während der argentinischen Militärdiktatur 1976–1982 Verschwundenen thematisiert werden. Benedetti gelingt es hier, den Prozess des Verschwindens als unerklärliches Vorgehen zu *um*schreiben, indem er aus den Verschwundenen Gespenster der Erinnerung macht, die, wie bei Gespenstern üblich, gleichzeitig anwesend und abwesend sind. Am Ende des Gedichts vereinen sich die Stimmen der Verschwundenen mit denen der Zurückgelassenen in einem großen Klagegesang. Dass diese allegorischen Bilder von Gespenstern in der zeitgenössischen Literatur eine wichtige Rolle einnehmen, unterstreichen María Pilar Blanco und Esther Peeren im einführenden Aufsatz zu ihrem Sammelband *Popular Ghosts* (Pilar Blanco/Peeren 2010, X).

Im Film sind Gespenster präsenter: Hunderte von Horrorfilmen haben sich in den letzten hundert Jahren den gruselnden Einsatz von Gespenstern aufgrund des vermittelten *Thrills* zunutze gemacht. In den Jahren nach der Jahrtausendwende liefen, ermutigt durch den Kassenerfolg des Gespensterfilms *Ringu* (1998), vermehrt Remakes japanischer Gespensterfilme auch in europäischen und amerikanischen Kinos, bei denen stets Gespenster ermordeter Kinder im Mittelpunkt standen, die aufgrund ihres erzwungenen Verharrens in einer Zwischenwelt die Lebenden heimsuchten. Oft rekurrierten die Gespenstergeschichten auf alte japanische Volkslegenden. Auch das spanische Kino produzierte in den letzten Jahrzehnten verstärkt Gespensterfilme, die erfolgreichsten unter ihnen sind *Die Namenlosen* (1999) und *Das Waisenhaus* (2007).

Im Zuge dieses neuen cineastischen Interesses am Gespenster-Motiv haben zahlreiche Filme das Gespenst subtil als Wesen einer Zwischenwelt beleuchtet, das weder tot noch lebendig ist und genau aus diesem Grund die Menschen heimsucht. So ist Alejandro Amenábars *The Others* (2001), wie der Zuschauer erst in der Schlusssequenz erfährt, aus der Perspektive von Gespenstern erzählt, die nicht wissen, dass sie und nicht die in ihren Augen unheimlichen ›Anderen‹ in ihrem Haus längst verstorben sind. Auch M. Night Shyamalans *The Sixth Sense* (1999) erzählt die Geschichte aus der Perspektive eines Gespenstes, das nicht weiß, dass es bereits in der Anfangssequenz des Films getötet wurde – auch dies erfährt der Zuschauer erst am Ende des Films.

Ausblick

Heute kann das Unheimliche, vor allem in seiner quasi physischen Inkarnation des Gespenstes durchaus als kulturwissenschaftliche Kategorie bezeichnet werden, dessen zahlreiche, vor allem allegorische Aktualisierungen weit über die postmortale Manifestation eines jüngst Verstorbenen hinausgehen. So teilen Pilar Blanco/Peeren ihre ›populären Gespenster‹ in ›figurative und ›non-figurative‹ Gespenster auf, wobei in die zweite Kategorie unter anderem virtuelle Bedrohungsszenarien wie Terrorangst, marginalisierte Bevölkerungsschichten oder die spektrale Beschaffenheit der modernen Medien all-

gemein fallen, deren unheimliche Atmosphäre allein dadurch evoziert wird, dass ihnen kein Wirkungsraum mehr zugeordnet werden kann und sie aus diesen Gründen omnipräsent sind (Pilar Blanco/Peeren 2010, X). Ebenso stellt Derrida in seiner Schrift *Marx' Gespenster* fest, dass das Gespenst längst nicht mehr als räumliches, sondern als temporales Phänomen wahrgenommen werden sollte (Derrida 1996, 189). Auch wenn eingangs festgestellt wurde, dass Gespenstergeschichten in der Literatur recht selten geworden sind, so kann dennoch beobachtet werden, dass das Gespenst zunehmend zum kulturellen Konzept wird, das längst nicht mehr auf seine figurative Repräsentation beschränkt ist, sondern eben als Konzept alle denkbaren kulturellen Sphären (Musik, Politik, Gesellschaft, das Justizsystem; Pilar Blanco/Peeren bieten in den verschiedenen Essays ihres Sammelbands zahlreiche Möglichkeiten an) bewohnt und dort für Angst und Schrecken sorgt.

Literatur

Baßler, Moritz/Gruber, Bettina/Wagner-Egelhaff, Martina (Hg.): *Gespenster. Erscheinungen – Medien –Theorien*. Würzburg 2005.

Borges, Jorge Luis: Der Doppelgänger In: Ders.: *Einhorn, Sphinx und Salamander. Das Buch der imaginären Wesen*. München 1980, 27.

Borges, Jorge Luis: Der Andere. In: Ders.: *Erzählungen 1975–1977. Gesammelte Werke*. Bd. 4. Hg. von Gisbert Haefs. München/Wien 1982, 9–17.

Bronfen, Elisabeth: Kryptotopien. Geheime Stätten/Übertragbare Spuren. In: Udo Kittelmann (Hg.): *Gregor Schneider – Totes Haus Ur. La Biennale di Venezia 2001*. Ostfildern-Ruit 2001, 31–60.

Cixous, Hélène. Fiction and its phantoms: A reading of Freud's ›Das Unheimliche‹ (›the uncanny‹). In: *New Literary History* 7 (1976), 525–548.

Conrad, Klaus: *Die beginnende Schizophrenie: Versuch einer Gestaltanalyse des Wahns* [1959]. Stuttgart 2003.

Delumeau, Jean: *Angst im Abendland. Die Geschichte kollektiver Ängste im Europa des 14. bis 18. Jahrhunderts*. 2 Bde. Reinbek bei Hamburg 1989 (franz. 1978).

Derrida, Jacques: *Glas*. Paris 1974.

Derrida, Jacques: *Marx' Gespenster. Der Staat der Schuld, die Trauerarbeit und die neue Internationale*. Frankfurt a. M. 1996 (franz. 1993).

Freud, Sigmund: Das Unheimliche [1919]. In: Ders.: *Gesammelte Werke*. Bd. XII. Hg. von Anna Freud u. a. Frankfurt a. M. 1966, 227–268.

Fuchs, Thomas: Das Unheimliche als Atmosphäre. In: Kerstin Andermann/Undine Eberlein (Hg.): *Gefühle als Atmosphären. Neue Phänomenologie und philosophische Emotionstheorie*. Berlin 2011, 165–182.

Heidegger, Martin: *Sein und Zeit* [1927]. Tübingen [15]1972.

Hertz, Neil: Freud and the sandman. In: Ders.: *The End of*

the Line: *Essays on Psychoanalysis and the Sublime*. New York 1985, 296–321.

Hildenbrock, Aglaja: *Das andere Ich. Künstlicher Mensch und Doppelgänger in der deutsch- und englischsprachigen Literatur*. Tübingen 1986.

Jentsch, Ernst: Zur Psychologie des Unheimlichen. In: *Psychiatrisch-Neurologische Wochenschrift* 22 (1906), 195–205.

Masschelein, Anneleen: A homeless concept. Shapes of the uncanny in twentieth-century theory and culture. In: *Image (&) Narrative. Online Magazine of the Visual Narrative* 5 (2003), keine Seitenangabe (e-journal).

Maupassant, Guy de: Der Horla. In: Ders.: *Der Schmuck und andere Erzählungen*. Hg. von Doris Distelmaier-Haas. Stuttgart 2006. 260–291 (franz. 1887).

Pilar Blanco, Maria del/Peeren, Esther: Introduction. In: Dies. (Hg.) *Popular Ghosts. The Haunted Spaces Of Everyday Culture*. New York 2010, IX-XXIV.

Royle, Nicholas: *The Uncanny*. Manchester 2003.

Schelling, Friedrich Wilhelm Joseph: *Philosophie der Mythologie* [1842]. Bd. 2. Darmstadt 1990.

Schmitz, Hermann: *System der Philosophie*. Bd. 3, zweiter Teil: Der Gefühlsraum. Bonn 1981.

Sascha Seiler

4. Inszenierung

In diesem Beitrag geht es um Vergegenständlichungen und Inszenierungen von Angst in künstlerisch-kuratorischen Zusammenhängen. Im Mittelpunkt stehen Ausstellungen, die artifizielle und öffentliche Schauzusammenhänge mit Blick auf ein Thema, ein Ereignis oder eine Person gestalterisch bzw. szenografisch begründen (Bohn/Wilharn 2009). Die so vorgenommene Setzung von Angst und Ausstellung liegt begründet in einer Ausstellungskultur, die sich insbesondere nach den Anschlägen auf das World Trade Center in New York, d. h. verstärkt ab 2002 auch Themen wie Terror, (Un-)Sicherheit, Störung, Überwachungs- und Kontrolltechnologien, Risiko, Identität, Empire usw. zuwandte und diese expositorisch zu verhandeln suchte (vgl. Perl 2006; Ermacora/Wiskemann 2007; Akademie der Künste 2009). Auch für internationale Schauen, Biennalen und Großkunstausstellungen sind für diesen Zeitraum konzeptionelle Begründungen aus einer krisenhaften Umbruchsituation kennzeichnend, wonach Ausstellungen vielfach als diagnostisches Instrumentarium definiert werden.

Exemplarisch für diese Tendenz und eine damit eng verbundene expositorische Befragung nationaler Identität sind jene Ausstellungen, die in den USA und insbesondere in New York gezeigt wurden. Sie führen zugleich auch beispielhaft Grenzen einer Ausstellbarkeit vor, wie es z. B. in *The Art of 9/11* (2005) deutlich wurde, die der Kunsttheoretiker Arthur C. Danto kuratierte. Ein Grund für das expositorische Scheitern dieser vergleichsweise sehr ambitionierten Ausstellung kann in einer Betroffenheitsrhetorik gesehen werden, die gekoppelt war an eine additiv-affirmative Inszenierung. Die Lücke, die auf diese Weise zwischen Konzept und Realisierung der Ausstellung entstand, macht jedoch auf die eigentliche, grundlegende Problematik in diesem Zusammenhang aufmerksam, die die Künstlerin Jenny Holzer mit Lähmung und Sprachlosigkeit umschrieb: Viele Künstler und Kuratoren waren gerade nach den Anschlägen nicht fähig, die Ereignisse künstlerisch aufzugreifen und bildsprachlich zu kommunizieren. Aufgrund der spezifischen zeitlichen Bündelung diverser politischer und terroristischer Ereignisse vor und nach dem 11. September (Irak-Invasion, Wiederwahl George W. Bushs), die der amerikanische Bildtheoretiker W.J.T. Mitchell in Beziehung setzt zum Phänomen des Klonens, als ein Syndrom, das als *Klonophobie* die Angst vor dem

Nachahmen künstlichen Lebens und das »Herstellen von Abbildern« bezeichnet (Mitchell 2011, 13), findet die Bildproduktion über diese Ereignisse weniger in den Ateliers der Künstler statt, sondern vielmehr in den digitalen Laboren und medialen Archiven. Aus ihnen gehen, der Überlegung Mitchells folgend, sogenannte ›Biobilder‹ hervor, die auf biologische Prozesse zurückgreifen und parasitäre bzw. virale Strategien in den Mittelpunkt von Bildproduktion und -distribution rücken (s. Kap. IV. A.2). Damit wird das klassische Modell von Autor und Dialog durch subversive Strategien der Systemstörung, der Transformation oder Überlagerung abgelöst. Ist das Parasitäre wesentlich durch temporäre, kollaborative und projekthafte Handlungen gekennzeichnet, die an Vorhandenes anknüpfen und langsam zu strukturellen Veränderungen im System führen (vgl. Serres 1987), so haftet dem Parasitären durchaus auch etwas Produktives an (Fabo 2007), das mit Blick auf künstlerische und kuratorische Ausstellungskultur eine neue Variante strategischen Handelns und Denkens auszubilden vermag.

Die von Hans Ulrich Obrist, Daniel Birnbaum und Gunnar Kvaran kuratierte Gruppenausstellung *Uncertain States of America* (2005) oder die ein Jahr später in London gezeigte Großschau *USA Today* stehen stellvertretend für diese Tendenz kollaborativer Projekte. Die Kuratoren versammelten keine einheitliche Künstlergeneration, sondern setzten vielmehr auf Heterogenität, auf Abweichung und Aneignung. Viele der vertretenen Künstler/innen unternahmen mit ihren Arbeiten einerseits jenen parasitären Prozess der Störung im Sinne einer kalkulierten Steigerung von Wahrnehmung (Koch/ Petersen 2011), wodurch andererseits auch die medialen Strategien von Gewalt und Terror transparent gemacht wurden und durch die Ausstellungsinszenierung kommunizierbar, d. h. für eine Öffentlichkeit nachvollziehbar wurden.

Die Frage, in welcher Beziehung Angst- und Ausstellungskonjunkturen stehen, impliziert daher zunächst eine ikonografische Standortbestimmung: Was im 21. Jahrhundert als Bildhaftes entsteht (Massenmedien/Kunst), was Bildlichkeit kennzeichnet und welche übergreifenden methodischen Konzeptionen eines Bildbegriffs gegenwärtig notwendig sind, darüber hat sich ein eigener Diskurs zwischen Medium und Bild entwickelt, der repräsentativ ist für eine interdisziplinäre Bildwissenschaft (vgl. Sachs-Hombach 2006). Die unter dem Stichwort ›Bilderflut‹ und ›Krise der Repräsentation‹ ausführlich diskutierten Konsequenzen für das Medium ›Bild‹ haben insbesondere da an methodischer Schärfe gewonnen, wo sich jenseits einer restringierten Pragmatik der Bildwerdung eine evidenzkritische Perspektive konstituiert hat. Dadurch sind Bedingungen intramentaler Bilderzeugungen sowie Formen visueller *In-Szene-Setzungen* stärker in den Mittelpunkt gerückt worden. An der Verbindung von Angst und Zeigen lässt sich daher mühelos eine Epistemologie des Bildes problematisieren, zugleich aber auch eine Verschiebung auf die transformatorische Exemplarik von Bildproduktion, -distribution und -rezeption nachzeichnen, die sogleich eine »Inkorporation ästhetischer Generierung von Reflektions- und Handlungsmethoden überschreitet« (Reck 2010, 34 f.). In den Blick geraten dadurch Verbundsysteme von Darstellungen, die durch Begriffe wie Inszenierung, Szenografie, Performanz, Installation etc. stärker aufeinander bezogen, zugleich profiliert und am Medium Ausstellung exemplifiziert werden können.

Die folgenden Überlegungen gehen von einem spezifischen Verständnis von Angst aus, wonach Angst sich nicht nur begriffsgeschichtlich ambivalent artikuliert, sondern auch historisch ebenso variabel wie normativ erscheint (s. Einleitung Kap. I). Das bedeutet, die Angst-Anlässe, die Räume, Bilder oder Dinge, die uns in Angst versetzen, können sich im Verlauf der Zeit unterschiedlich manifestieren, was auch unseren Umgang mit ihnen in unterschiedlicher Weise prägt. Eine grundlegende Erkenntnis der Beschäftigung mit den »Spielformen von Angst« (vgl. Koch 2009) ist, dass in jedem konkreten Angst-Geschehen ein Moment der vergleichenden Bewertung der zurückliegenden Vergangenheit *und* der als bedrohlich wahrgenommenen Zukunft mitschwingt. Das heißt: Wie wir Angst wahrnehmen, mit ihr umgehen, sie ausdrücken und bewerten, ist immer auch das Resultat historisch kontingenter, gleichwohl reflexiv beschreibbarer Aushandlungsprozesse.

Angst zeigen?

Begreifen wir Medienkulturen zugleich als Angstkulturen (vgl. Käuser 2010), dann gerät die Beziehung zwischen Massenmedien, Kunst und Terror, zwischen Krieger und Künstler, Ereignis und Bild vor dem Hintergrund von Effektivität und Kommerzialisierung der Bildproduktion (neu) in den Blick (Biesenbach 2007, bes. 160–168). Denn der zeitgenössische Krieger benötigt, anders als sein historischer Vorgänger, nicht mehr den Künstler, um seine heroische Kriegstat in das Gedächtnis der Menschheit gleichsam einschreiben zu lassen (Groys 2008a, 49). Er greift vielmehr selbst zum Medium, wie im Beispiel von Bin Laden, der den Kontakt zur Außenwelt primär über das Video suchte und dadurch gleichsam selbst zum ›Videokünstler‹ avancierte. Auf diese Weise werden nicht nur terroristische Bekenntnisse, kriegerische Handlungen, Folter oder Enthauptung dokumentiert, sondern künstlerisch zugleich so inszeniert, dass Handlung und Repräsentation zusammenfallen.

Die Bildproduktion von Abu Ghraib motiviert in ihrer Ikonografie zu einem Vergleich mit der transgressiv-subversiven Kunst der 1960er und 1970er Jahre (Groys 2008b, 74). Doch anders als bei den künstlerischen Aktionen in dieser Zeit, die mittels künstlerischer Intervention u. a. auch auf Aspekte wie Selbstbefragung und Selbsterniedrigung abzielten, richtet sich die Bildproduktion des Terrorismus in einem Akt der Gewalt und Erniedrigung stets gegen eine andere Kultur. Das beide Kontexte paradox Verbindende kann in der Radikalität der Gesten gesehen werden, die in beiden Fällen kriegerisch, d. h. destruktiv argumentiert, indem sie auf Zerstörung (von Traditionen und Normen), Verletzung (von Tabus), Angriff (auf bestehende Institutionen) etc. programmatisch abzielt.

Spielen die Massenmedien in unserer Gesellschaft somit die wichtigste erfahrungsgenerative Rolle, dann sind Angst, Schrecken, Schmerz, Verlust und Trauma immer auch an Formate und Formen massenmedialer Produktion und Distribution gebunden. Sprach Arnold Gehlen 1957 noch von »Erfahrungen zweiter Hand« (Gehlen 1957, 51 f.), die durch die mediale Präsentation und Inszenierung erzeugt werden, dann lässt sich eine solche Zuschreibung insbesondere mit Blick auf die rasante Beschleunigung, Dynamisierung und Diversifizierung von Medienerzeugnissen aktuell nicht mehr aufrechterhalten. Niklas Luhmann differenziert diese Perspektive und spricht 1996 bereits von medialen Beobachtungen zweiter Ordnung (Luhmann 1996). Massenmedien wie Film, Fernsehen oder Internet können als Vermittler und Verwalter gesellschaftlicher Sinngehalte und -bestände verstanden werden. Sie repräsentieren zudem eine Art Forum, in dem eine Vielzahl kultureller Wissensbestände, Bedeutungsgenres und Informationstypen zur Darstellung gebracht werden. Neben Techniken und Genres der Medien legt Luhmann dabei den Akzent stärker auf die Akteure und Subjekte, die in den je-

weiligen medialen Produktionsprozess eingebunden sind.

Eine noch andere Schwerpunktsetzung nimmt W.J.T. Mitchell in seiner 2011 erschienen Publikation *Cloning Terror. The War of Images, 9/11 to the Present* vor, indem er neben der Frage nach den Bildern des Krieges gegen den Terror, den Krieg der Bilder selbst zum Thema macht. Die Entwicklung neuer Medien, Facebook, Youtube, Twitter usw., trägt aus der Perspektive des Autors dazu bei, dass sich Bilder wie Viren verhalten, sich rasant ausbreiten, immer neue Antikörper in Gestalt von Gegenbildern produzieren, so dass von einer »globalen Bilderseuche« gesprochen werden kann (vgl. Mitchell 2011, 23 f.). Die Folge dieses »Klonens«, wie Mitchell den Akt der symbolischen Verdichtung definiert, ist die bereits angesprochene Vermischung von Ebenen der Realität und des Imaginären, der Fakten und Metaphern, die so die kollektive Vorstellungswelt entscheidend prägt. Kritisch zu reflektieren wäre die von Mitchell vorgenommene Verbindung von Bild und Terror, die Verschaltung von natur- und kulturwissenschaftlichen Denkweisen und Methoden, die Modelle künstlerischer Neuschöpfung völlig ausblendet und demgegenüber verstärkt um ihre eigene Referentialität zirkuliert. Dennoch bleibt die Grundfrage, nämlich die nach der Abbild- und Zeigequalität von Bildern, insbesondere dann virulent, wenn Bilder in einen Kontext überführt bzw. präsentiert werden, in dem die Konvergenz von Zeigen und Schauen aufs engste miteinander verwoben ist und auf Bedeutungskonstitution abzielt.

Diese Perspektive hat grundlegende Konsequenzen für das Verständnis von Kunst- und noch mehr von Medienerzeugnissen, wozu eben auch Ausstellungen zählen (vgl. Autsch 2002). Diese müssen sich folglich durch eine prinzipielle Disponibilität ihrer Gegenstände auszeichnen, wodurch die Rezipienten zu aktiven Faktoren werden können, die sich in die Bedeutungskonstitution gleichsam mit einschreiben. Das Medium ›Ausstellung‹ eröffnet Möglichkeiten einer solchen partizipatorischen Teilhabe, was zugleich zu der Annahme führt, dass sich Angst im Raum der Ausstellung weniger aus der Anordnung, sondern vielmehr aus der Praxis des Anordnens, der ›Grammatik des Zeigens‹, d. h. im Durchkreuzen und Zusammenspiel von unterschiedlichen Interaktionen und Gesten konstituiert, durch das Werk, Rezipient und Raum in Beziehung zueinander gebracht, d. h. disponiert werden. Vor dem Hintergrund des disponierenden Charakters von Ausstellungen erhält die Frage nach der Darstellbarkeit von Angst in Ausstellungen zugleich eine neue Qualität.

Eine Ausstellung ist die

Präsentation einer Gesamtheit von Gegenständen. Aber ist sie eine Summe von gezeigten Gegenständen, so ist sie auch und vor allem die Tätigkeit des Ausstellens. In diesem Sinn ist die Ausstellung eine Handlung. Ausstellen heißt aus-stellen, heraus-stellen […]; ausstellen heißt aber auch zitieren, herbeirufen, bezeichnen, aus der Anonymität herausrücken. […] Das Ausstellen ist eine Handlung, welche die Gegenstände dazu zwingt, betrachtet zu werden, und welche den Blicken befiehlt, sich auf diese Gegenstände zu richten (Zaugg 1993, 353).

Die von Rémy Zaugg eingeschlagene anthropologische Deutung von Ausstellungen ist als eine Perspektive innerhalb der kuratorischen Praxis zu sehen, die sich im Zuge von Blockbuster-Ausstellungen, Eventisierung und Spektakel-Theorie im Kunstfeld behauptete (Bismarck 2004). Der Akzent wird dabei stark auf eine aus der künstlerischen Praxis gewonnenen und am Werk orientierten Ausstellungspräsentation gelegt. Kuratorische Praxis ist insbesondere in den 1990er Jahren eng mit dem Erscheinungsbild des Kurators verbunden worden, wenngleich aus dem Tätigkeits- bzw. Handlungsfeld allgemeine Markierungen und weiterführende Positionsbestimmungen resultieren. In der Lesart von Rémy Zaugg können kuratorische Praxis oder kuratorisches Handeln, d. h. das Auswählen, Zusammenstellen, Ordnen, Zeigen als symbolische bzw. bedeutungsstiftende Praktiken verstanden werden. Diese haben insbesondere durch institutions- und repräsentationskritische Ansätze, ferner durch Methoden und Fragestellungen der Cultural Studies ihre diskursive Rahmung erhalten. Kuratorische Praxis kann vor dem Hintergrund ihrer Integration in einen größeren interdisziplinären Kontext als eine relationale Handlungsform bezeichnet werden: Sie macht sichtbar, vermittelt künstlerische und kulturelle Materialien und Verfahren und schafft dadurch eine Öffentlichkeit. Dieses Verständnis lenkt den Blick zurück auf Ausstellungen, die Zaugg als »Präsentation einer Gesamtheit von Gegenständen« beschreibt (Zaugg 1993, 353). Vor dem Hintergrund der gestischen Relevanz des Ausstellens können wir Ausstellungen als Dispositive begreifen, die einen physischen und sozialen Raum beanspruchen, in dem der Betrachter in einer ganz spezifischen Weise disponiert wird. In Ausstellungen wird das gestisch Gezeigte als gestisches Zeigen selber noch einmal gezeigt. Damit kommt dem expositorischen Zeigen, als einer Variante des künstlerischen Inszenierens, eine besondere Aufgabe und Funktion zu, die Martin Seel in einem öffent-

lichen Erscheinen lassen von Gegenwart begründet sieht (Seel 2001, 56). Versteht man Inszenierung nämlich als einen intentionalen Vorgang, der durch Auswahl, Organisation, Strukturierung von Materialien, Gegenständen oder Personen etwas zur Erscheinung bringt, dass seiner Natur nach nicht gegenständlich zu werden vermag, dann wird die dem Begriff grundierte anthropologische Dimension des ästhetischen Handelns deutlich (Wulf/Fischer-Lichte 2010).

Gesten, als Bewegungen des Körpers, spielen für die menschliche Kommunikation, das kulturelle Lernen und die Künste eine zentrale Rolle. Gesten werden inszeniert und aufgeführt und sind als rituelle Handlungen wiederum eng mit Orten bzw. Institutionen verbunden. Insbesondere für die Künste ist das transformative Potenzial von Gesten konstitutiv: Indem der statische Bildraum durch das jeweilige ›Gestische im Zeigen‹ geöffnet wird, wird die bildnerische Grammatik zugleich durch außerbildnerische Handlungen ergänzt, die aus der Beziehung zwischen Werk, Autor, Rezipient/Öffentlichkeit und Institution/Raum resultieren. Dadurch finden zugleich jene gestischen Verschiebungen statt, die von der Werkform auf den Werkprozess und damit auf eine Selbsterfahrung, d. h. auf die aktive Teilhabe des Rezipienten am Kunstwerk verweisen (›Werkkörper‹). Zugleich macht diese Öffnung als eine gezielte In-Szene-Setzung auch auf die Relevanz außerkünstlerischer Handlungen und somit insgesamt auf ein Verschieben des Gestischen aufmerksam, mehr noch: »Visualität wird explizierende Gestik« (vgl. Reck 2010).

Film und Ausstellung können als prominente Medienbeispiele für die Radikalisierung des Gestischen betrachtet werden: So wie die gestische Kunst des Schauspielers im Film geschnitten, montiert und gerahmt wird (Koch 2010), so verhält es sich mit der gestischen Kunst des Künstlers im Kunstwerk und der gestischen Kunst des Kurators in der Ausstellung. Inszenierungen können sich in dieser Weise als intentionale szenische Darbietungen bzw. als eine durch inszenatorische Vorgaben ermöglichte Folge von Ereignissen vollziehen. Sie stellen etwas in ihrem Erscheinen heraus, um es in ihren momentanen und simultanen Bezügen zum Vorschein und damit zu einer vorübergehenden auffälligen Gegenwart kommen zu lassen (Seel 2001, 57). Künstlerische Inszenierungen stellen Gegenwarten aber nicht nur her und aus, sondern sie *sind* Imaginationen menschlicher Gegenwart (ebd.).

Von Angst wäre in diesem Zusammenhang demzufolge dann zu sprechen, wenn der Angst etwas vorausgeht, was nicht Angst ist. Alles, was sich in ihr als Angst materialisiert, bezieht sich auf etwas, das sich einer Materialisierung zugleich entzieht bzw. das außerhalb der Materialisierung liegt. Wenn Angst daher nur in einer spezifischen Diskursivierung und Medienkoppelung sicht- bzw. zeigbar und somit letztlich nur durch Inszenierung darstellbar wird (Käuser 2010), dann ist sie in den eröffneten Kontexten von Bildlichkeit, Geste (Ausstellen) und Inszenierung (Ausstellung) zugleich auch von jener Doppelung infiltriert – Hegel spricht dabei von Entzweiung und Verdoppelung –, die zugleich als Distinktions-Mittel verstanden und als Bewältigungsstrategie von Angst funktionieren kann.

Als exemplarisches Beispiel für ein so verstandenes ›komplementaristisches‹ Modell von Angst in Verbindung mit Strategien des In-Szene-Setzens kann die Documenta 11 angeführt werden. Diese wurde 2002 von Okwui Enwezor geleitet, der das Theoriearsenal der vorausgegangenen Documenta 10 (1997) durch Überlegungen hinsichtlich diskursiver Dynamiken und Konstellationen räumlich zu erweitern und inhaltlich an das 21. Jahrhundert anzupassen suchte. Die Ausstellung als Möglichkeit der Wissensvermittlung und Verlängerung von Ideen repräsentiert neben Konferenzen, Debatten und Workshops, eine von fünf Plattformen, die auf vier Kontinenten stattfanden.

Der 11. September ist Kristallisations- und Ausgangspunkt für das kuratorische Konzept Enwezors und der gewählten Theorien im Horizont von Globalisierung, Kapitalismus-Kritik, Kunstproduktion im Kollektiv, Krisen- und Kriegszustand. Die Documenta 11 als erste postkoloniale Documenta verhandelt den Zustand des Postkolonialen und das Verhältnis von Zentrum und Peripherie durch künstlerische Arbeiten, die in zeitbasierten Medien wie Film und Video, in Archiven, Ateliers und provisorischen Architekturen auftreten und darin nomadische Entwürfe von Leben und Wohnen im 21. Jahrhundert dokumentarisch, erzählerisch, reportage- und collageartig entfalten. Die Kunst, so Amine Haase, beleuchte dabei ein Weltbild, das sich verdunkelt habe (Haase 2002, 60).

Ein theoretischer Impuls, der mit Blick auf die Inszenierung von Angst erhellend ist, repräsentiert eine Argumentationsfigur, die schon für Arnold Bode 1955 für die Documenta 1 paradigmatisch war. Dabei handelt es sich um eine aus der Kontinuität kulturkritischer Reflexionen und antimoderner Analysen abgeleitete ›Unbehaustheit‹ als Metapher für die sich vollziehende Dissoziation des modernen Menschen. Dynamisierung und Flüchtigkeit, zwei der grundlegenden Parameter von ›Unbehaustheit‹, bestimmen dabei die Perspektive ›des Einzelnen in der Verortung in Zeit und Raum. Der Versuch der Selbstverortung in der Krisenhaftigkeit und Haltlosigkeit der modernen Existenzsituation, in der der Einzelne auf den ihn umgebenden Angstparameter gleichsam sein Zuhause, seinen Wohnraum erbaut, um bei sich zu sein, aber dennoch nicht zu Hause ist, führt als Kerngedanken die epochal weit auseinanderliegenden Ausstellungsinszenierungen von 1955 und 2002 zusammen.

›Unbehaustheit‹ als Schlagwort für die Beschreibung des kollektiven Lebensgefühls der Kriegsgeneration im Deutschland der 1950er Jahre erhielt wichtige Impulse durch die 1951 publizierte Essaysammlung *Der unbehauste Mensch* von Hans Egon Holthusen. Diese verweist auf eine Situation des Wert- und Orientierungsverlustes, der Zerrissenheit, Entwurzelung und Heimatlosigkeit, die in Analogie zum Gefühl des *Unheimlichen* gesehen werden kann. Der 1919 von Sigmund Freud veröffentlichte Aufsatz unter gleichnamigem Titel thematisierte das Gefühl des Unheimlichen als persönliche und ästhetische Entfremdung (Freud 2000; s. auch Kap. III.3). Er inspirierte nachfolgende Autoren wie Lukács, Heidegger oder Adorno zu Abhandlungen, in denen das historisierte und transzendierte Unheimliche als »eine signifikante […] ästhetische Erwiderung auf den realen Schock der Moderne« (Vidler 2002, 28) verstanden wurde. Auch der Kunsthistoriker Hans Sedlmayr diagnostizierte bereits 1948 die Gegenwart in reaktionärer Fundamentalopposition als subjektlose Zeit. Diesen Gedanken legte er seiner Publikation *Verlust der Mitte* zugrunde, die er mit Blick auf die Werke der modernen Kunst zu präzisieren suchte. Die moderne Kunst ist für ihn nicht mehr Kunst, da sie das ›menschliche Element‹ aufgibt‹ und sich »außerkünstlerischen Mächten« unterwirft. Geometrie und technische Konstruktion, Surrealismus und Expressionismus werden dabei unter dem Gestus der Verweigerung thematisiert und als »Bruch mit der Tradition« interpretiert (Sedlmayr 1955, 111, 116) – zum Feind wird hier die moderne Kunst stilisiert, in ihr manifestiert sich der Verlust des Gegenständlichen.

›Unbehaustheit‹, als fundamentaler Daseinszustand nach den Anschlägen vom 11. September, wird verstärkt in ästhetischen Diskursen verhandelt und findet auch eine Adaption in das Konzept *Ground Zero*. Konnte Arnold Bode gerade in der Rohheit und im Unfertigen eine Materialästhetik entfalten, mit der er die beschädigte historische Repräsentationsarchitektur des Museum Fridericianum zu den ihr ausgestellten Werken in eine spannungsvolle Beziehung setzte, so unternimmt Okwui Enwezor eine Expansion der Kasseler Ausstellung und verortet sie als *Diskursplattform* in unterschiedlichen Ländern der Welt. War es für Arnold Bode die ›Ruine‹, die er als materielle Kulisse und Symbol für die Documenta 1 einsetzte, ist es für Okwui Enwezor 2002 die ›Leerstelle‹. Die Leerstelle, also das leere Zentrum, ist mehrfach konnotiert. Es verweist auf *Ground Zero* in New York und damit auf ein Zentrum, das es nach den Anschlägen vom 11. September nicht mehr gibt bzw. das peripher geworden ist. Die Leere bezeichnet außerdem einen Ort, der als Utopie begriffen werden kann und auf ein Nirgendwo verweist. Die Leerstelle verhilft dem Kurator einerseits das Verhältnis von Peripherie und Zentrum in Bezug auf die ausgewählten Künstlerinnen und Künstler und damit verbunden auf die Verschiebung auf jene Kunstwelten zu thematisieren, die im eurozentrischen Denken bislang weniger beachtet wurden. Als Projektions- und Einschreibfläche ermöglicht die Leerstelle andererseits eine spezifische Disponierung des Betrachters. Im Konzept von *Ground Zero*, das Okwui Enwezor der Documenta 11 zugrunde legte und durch den Kernbegriff der ›Unbehaustheit‹ historisierte, ist Angst nicht vordergründig präsent.

Eine Gemeinsamkeit, die die zitierten Beispiele aus dem Kunstfeld jedoch vereint, ist eine grundlegende Haltung, die aus der »transzendentalen Obdachlosigkeit« resultiert und sich als Leere, also als Nichts artikuliert. *Ground Zero* setzt als Ausstellungskonzept am Nullpunkt an, »am reinigenden Gestus der Tabula rasa« (Enwezor 2002, 47 f.). In Referenz auf Brian O'Dohertys selbstbezogener Ausstellungsarchitektur des White Cube, der weißen Zelle, wird der Betrachter in seiner Rezeption konfrontiert mit räumlicher Neutralität und Klarheit und inhaltlicher Unbestimmtheit (O'Doherty 1996, 38 f.). Diese wird gleichsam inhaltlich besetzt durch künstlerische Arbeiten z. B. von Luis Camnitzer, Mona Hatoum, Tania Bruguera, Steve McQueen oder Jeff Wall, die Themen wie Gewalt, Kampf, Schuld, Macht und Herrschaft usw. in Medien wie Video, Film und Fotografie verhandeln und durch Praktiken des Dokumentierens, Kommentierens, Zitierens etc. den Ausstellungsraum in klaustrophobische Gefängniszellen, Bergminen oder Erinnerungsarchive transformieren. Das Fehlen von Sicherheit insbesondere hinsichtlich vertrauter ästhetischer Pa-

rameter und die so erzeugte Präsenz von Unsicherheit können dabei als Angst generierende Faktoren verstanden werden. Den beispielhaft genannten Kuratoren und Künstlern geht es um ästhetische Modellsituationen, die in einer bedeutungsgenerierenden Beziehung zur Alltags- und Lebenswelt stehen, für die wiederum interaktive und partizipatorische Handlungen ausschlaggebend sind. Angst steht dabei nicht im Vordergrund, sondern wird vielmehr durch ein umfassendes Handlungs- bzw. Gestenrepertoire initiiert und inszeniert. Angst ließe sich in dem verhandelten Kontext von Umbruch, Geste und Inszenierung als ein ikonisiertes *Schwellenphänomen* verstehen. Durch die jeweilige Inszenierung erhält Angst eine spezifische Rahmung und zugleich notwendige bewegliche Offenheit; sie oszilliert dabei stets zwischen Sichtbarkeit und Unsichtbarkeit, Ereignis und Erfahrung, Präsenz und Absenz, Erfahrung und Erinnerung (Zaugg 1993, bes. 282–294).

Literatur

Akademie der Künste (Hg.): *Embedded Art* (= Katalog zur Ausstellung *Embedded Art* vom 24. Januar bis 22. März 2009 in der Akademie der Künste Berlin). Berlin 2009.

Autsch, Sabine: *Medium Ausstellung*. Siegen 2010.

Biesenbach, Klaus: Bilder in Zeiten des Terrors. In: Ders.: *In Bildern denken. Kunst, Medien und Ethik*. Regensburg 2007, 160–168.

Bismarck, Beatrice von: Curating. In: Christoph Tannert/ Ute Tischler (Hg.): *Men in Black. Handbuch der kuratorischen Praxis*. Frankfurt a. M. 2004, 108–110.

Bohn, Ralf/Wilharm, Heiner (Hg.): *Inszenierung und Ereignis. Beiträge zur Theorie und Praxis der Szenografie*. Bielefeld 2009.

Bohn, Ralf/Wilharn, Heiner (Hg.): *Inszenierung und Vertrauen. Grenzgänge der Szenografie*. Bielefeld 2011.

Enwezor, Okwui: Die Black Box. In: documenta und Museum Fridericianum (Hg.): *Documenta_11 Plattform 5: Ausstellung*. Kassel, 8. Juni – 15. September 2002, 42–55.

Ermacora, Beate/Wiskemann, Ines (Hg.): *Kava Kava. Facetten der Angst* (=Katalog zur Ausstellung *Kava Kava. Facetten der Angst* vom 1. April bis 10. Juni 2007 im Kunstmuseum Mühlheim an der Ruhr). Bielefeld 2007.

Fabo, Sabine: Parasitäre Strategien. Einführung. In: *Kunstforum International* 185 (2007), 48–59.

Fischer-Lichte, Erika: Inszenierung und Theatralität. In: Herbert Willems/Martin Jurga (Hg.): *Inszenierungsgesellschaft. Ein einführendes Handbuch*. Opladen 1998, 81–92.

Freud, Sigmund: Das Unheimliche [1919]. In: Ders.: *Studienausgabe*. Bd. IV. Hg. von Alexander Mitscherlich u. a. Frankfurt a. M. 2000, 241–274.

Gehlen, Arnold: *Die Seele im technischen Zeitalter. Sozialpsychologische Probleme in der industriellen Gesellschaft*. Hamburg 1957.

Groys, Boris: Das Schicksal der Kunst im Zeitalter des Terrors. In: Ders.: *Die Kunst des Denkens*. Hamburg 2008a, 49–67.

Groys, Boris: Die Körper von Abu Ghraib. In: Ders.: *Die Kunst des Denkens*. Hamburg 2008b, 68–86.

Haase, Amine: Keine Zukunft ohne Vergangenheit. Oder: Kunst als Mittel der Erkenntnis. In: *Kunstforum International* 161 (2002), 53–67.

Holthusen, Hans Egon: *Der unbehauste Mensch. Motive und Probleme der modernen Literatur*. Essays. München 1951.

Käuser, Andreas: Angst. Begriff – Diskurs – Medium. In: Werkleitz Gesellschaft e.V./KUNSTrePUBLIK e.V. (Hg): *Angst hat große Augen*. Halle 2010, 15–26.

Koch, Gertrud: Die Gesten des Films, die filmische Geste – Gibt es einen Gestus des Films? In: Christoph Wulf/Erika Fischer-Lichte: *Gesten. Inszenierung, Aufführung, Praxis*. München 2010, 145–153.

Koch, Lars: Spielformen der Angst: Forschungsprogramm (2009), www.spielformen-der-angst.de (15.08.2012).

Koch, Lars/Petersen, Christer: Der Störfall – Fluchtlinien einer Wissensfigur. In: Dies./Joseph Vogl (Hg.): *Zeitschrift für Kulturwissenschaften* 1 (2011): Störfälle, 5–12.

Luhmann, Niklas: *Die Realität der Massenmedien* [1986]. Opladen ²1996.

Mitchell, W. J. T.: *Das Klonen und der Terror. Der Krieg der Bilder seit 9/11*. Berlin 2011 (amerik. 2011).

O'Doherty, Brian: *In der weißen Zelle. Inside the White Cube*. Hg. von Wolfgang Kemp/Markus Brüderlin. Berlin 1996.

Perl, Jed: *New Art City. Manhattan und die Erfindung der Gegenwartskunst*. München 2006.

Reck, Hans Ulrich: Zeigen in Bilder, mit Bildern, als Bilder. Von Gesten in Bildern zur Kunst als Geste – Eine Skizze. In: Christoph Wulf/Erika Fischer-Lichte: *Gesten. Inszenierung, Aufführung, Praxis*. München 2010, 125–131.

Sachs-Hombach, Klaus (Hg.): *Bild und Medium. Kunstgeschichtliche und philosophische Grundlagen der interdisziplinären Bildwissenschaft*. Köln 2006.

Sedlmayr, Hans: *Verlust der Mitte. Die bildende Kunst des 19. und 20. Jahrhunderts als Symptom und Symbol der Zeit*. Salzburg/Wien 1955.

Seel, Martin: Inszenieren als Erscheinenlassen. Thesen über die Reichweite eines Begriffs. In: Josef Früchtl/Jörg Zimmermann (Hg.): *Ästhetik der Inszenierung. Dimensionen eines künstlerischen, kulturellen und gesellschaftlichen Phänomens*. Frankfurt a. M. 2001, 48–62.

Serres, Michel: *Der Parasit*. Frankfurt a. M. 1987 (franz. 1980).

Vidler, Anthony: *Unheimlich. Über das Unbehagen in der modernen Architektur*. Hamburg 2002 (amerik. 1992).

Wulf, Christoph/Erika Fischer-Lichte (Hg.): *Gesten. Inszenierung, Aufführung, Praxis*. München 2010.

Zaugg, Rémy: Eine Ausstellung konzipieren und realisieren heißt, sich selbst zum Verschwinden zu bringen. In: Eva Schmidt (Hg.): *Rémy Zaugg. Vom Bild zur Welt*. Köln 1993, 282–294.

Sabiene Autsch

5. Verkörperung

Der Affekt der Angst

Angst ist ein auf die Zukunft hin gerichteter Affekt, Teil eines antizipatorischen Vermögens. Es gehört von daher zur Charakteristik von Angst, dass es gar kein exaktes Wissen davon geben kann, wovor man Angst hat. Das Bedrohliche hat immer eine Dimension von Ungewissheit. Angst hat deshalb auch eine ganz besondere Zeitlichkeit. Das, wovor man Angst hat, ist nie ganz gegenwärtig, es ist immer eine Verknüpfung von schon Vergangenem und noch Kommendem.

Es liegt deshalb auch nahe, dass das menschliche Einbildungsvermögen und der Affekt der Angst mit besonderer Intensität vernetzt sind (s. Kap. II.4). Bedrohliche szenische Konstellationen und Bilder entstehen im Traum ebenso wie im alltäglichen Wirken des Vorstellungsvermögens, sie entstehen im intimen Erleben ebenso wie im öffentlichen. Muster der Verknüpfung von Affekt und Vorstellungsvermögen bilden sich heraus.

Die Entwicklung der Subjektivität basiert zentral auf solchen affektiven Mustern und dem Erlernen von solchen Techniken, die auf ihre Dynamik einwirken. Auf die Angst bezogen bedeutet das vor allem zweierlei: Es gilt für das Subjekt, zwischen Affekten, die sich vornehmlich aus antizipatorischen Mustern und Relationen innerer Bilder entwickeln, und solchen, die von äußeren Wahrnehmungen initiiert werden und ihre Zukunft vorwegnehmen, unterscheiden zu lernen. Das ist eine Voraussetzung dafür, in potentiell gefährlichen Situationen ein Maß an Erregung zulassen zu können, das zum Maß der Bedrohung eine Entsprechung besitzt, das also sowohl den Ernst der Lage erkennt, wie auch noch den Kopf frei genug lässt, die Situation in ihrer Komplexität wahrzunehmen. Denn das Eigentümliche der Angst ist ja, dass sie Angst macht. Sie intensiviert sich gewissermaßen selbst, sie bildet eine Rückbezüglichkeit, die zunächst eher zu einer Verstärkung des Affekts neigt, einer Potenzierung, zumindest solange, bis das Subjekt ihr handelnd erwidern kann.

Anders als das Gefühl, das dem Ich zugerechnet werden kann, ist der Affekt etwas, das einem geschieht. Es gibt eine Autonomie des Affekts gegenüber unserem Ich, wie Brian Massumi formuliert (Massumi 2002; s. auch Kap. II.9). Nicht alle Affekte haben eine kumulative Dynamik, doch die sogenannten ›kategorialen Affekte‹ wie Angst, Zorn, Ekel und auch Freude, neigen dazu. Wenn man unter Trauer den Prozess der Realisierung des Verlusts von etwas, das zum Selbst gehörte, versteht, ist auch sie anhäufend. Im Gegensatz zur Angst ist Trauer aber in ihrer Zeitlichkeit nicht antizipierend, sondern nachholend. Während Trauer dabei vielleicht nie ganz zu einem Ende kommt, sind die Figurationen der Zeitlichkeit anderer kategorialer Affekte oft eruptiv: der Ausbruch der Wut, das Übergeben aus Ekel, die Ekstase der Freude, der Augenblick des Schreckens. Die Angst kennt diesen ekstatischen Höhepunkt weniger, sie kann sich sehr lange auf einem hohen Niveau der Erregung halten. Angst wartet antizipierend auf ein kommendes Ereignis, sie trifft aber nicht mit ihm zusammen. Wir figurieren Angst in unseren Träumen zum Beispiel sehr oft mit Szenen des Fallens, sie entsprechen dem selbstverständlich ebenfalls schon figurativen Gedanken eines Risses der Kontinuität. Die sich intensivierende Dimension dieses Affekts hat dabei einen mehr oder weniger deutlichen Fluchtpunkt: den Augenblick, in dem die Kontinuität so weit zusammengebrochen ist, dass auch die die Kontinuität herstellende Instanz des Ich diese nicht mehr aufrechterhalten kann. Da das Gefühl des Selbst als Kontinuität eines Rückbezuges entsteht, trifft der Zusammenbruch das Selbst ganz direkt. Es ist unmöglich, das Ende des Fallens, den Tod, zu erleben.

Diese selbstrekursiv sich verstärkende Dynamik ist keineswegs allen Affekten eigen. Viele haben eine auf Kontinuität ausgerichtete Zeitstruktur mit leichten rhythmischen Veränderungen von Intensitäten. Solche Affekte werden wenig bewusst, weil sie den Alltag gewissermaßen tragen. Sie verknüpfen die Sinne mit den Geschehnissen, Lebewesen und Dingen, wie auch der Affekt das ist, worin Geschehnisse, Lebewesen und Dinge andere affizieren. Ein gewisses Maß an Rückbezüglichkeit ist dabei allen Affekten eigen, auch denjenigen, die kaum zu Bewusstsein kommen. Sie bilden so etwas wie einen Halt, ein Gestell, eine Region, in der ein Selbstbezug möglich wird. Vielleicht kann man sogar das, was von Platon bis Julia Kristeva und Jacques Derrida *chora* genannt wird, als Affekt oder zumindest als seine Potentialität bezeichnen. Diese eine gewisse Kontinuität herstellenden, nicht auf einen Höhepunkt zutreibenden Affekte mögen das Licht und der Rhythmus des Tages sein, die Bewegungen der Blätter oder des Wassers, die Stimmen und andere Laute oder Gerüche. Einen Teil von ihnen hat Daniel Stern treffend als Vitalitätsaffekte bezeichnet (Stern 2007). Sie sind nie nur aktuell, sie haben immer eine Dimension, in der

sie auch Erinnerung sind, und in einem hohen Maße macht die Erinnerung den Einzelnen selbständig von der unmittelbaren Präsenz oder Realität der Relationen. Auch die Beziehung zu sich selbst, zur Kontinuität des Ich, dürfte als ein Affekt verstanden werden können. Das Selbst muss sich selbst affizieren, aber die Formen dieser Selbstaffektion gewinnt es aus den Beziehungen, die es eingegangen ist. Dabei dürfte uns selbst kaum die Komplexität deutlich sein, in der Beziehungen zu Anderen verinnerlicht werden. Die Psychoanalyse spricht zum Beispiel von einem inneren Du, das über mimetische Prozesse aufgebaut wird. Es stellt nicht einfach eine Instanz der Kontinuität und Verlässlichkeit her, an der das Selbst seine Kontinuität gewinnen kann, es stellt auch komplexe szenische Konstellationen, Bilder des Selbst und Bilder der Welt bereit, die über Introjektion der Psyche des anderen wahrgenommen und verinnerlicht werden können.

In der Figur des Fallens, in der wir den Affekt der Angst oft beschreiben, stellen wir einen Gegensatz zu den Affekten her, die wir als tragende und eine Kontinuität von Differenz und Wiederholung garantierende skizzieren. Neben der Kontinuität und Verlässlichkeit der Beziehung zu anderen sind es die Rhythmen und Muster der sinnlichen Relationalität, die das Ich tragen. Sie sind nicht nur konservativ. Es gibt eine vielleicht mit dem Leben ganz basal verbundene Bereitschaft der Entdeckung von Mustern und Korrespondenzen. Neugierde kann so verstanden werden. Werden einem Menschen die Möglichkeiten der Wahrnehmung solcher sinnlichen Bedeutsamkeiten genommen, fällt er aus der Welt.

Was wir heute nach den Erfahrungen im 20. und dem ersten Jahrzehnt des 21. Jahrhunderts als Folter bezeichnen, ist ein Handeln, das gezielt auf die Zerstörung aller haltgebenden bzw. haltversprechenden Affekte gerichtet ist, auf die Zerstörung aller die Angst und den Fall ausgleichenden Beziehungen. Wobei die intendierte Traumatisierung der Folter, um einen Begriff von Françoise Sironi aufzugreifen, sogar über die Hervorrufung von Angst hinauszugehen versucht (Sironi 2007). Angst ist ein Affekt, der auf das Selbst und, wie jeder andere Affekt auch, auf die Kommunikation mit anderen bezogen ist. Die besondere Traumatisierung entsteht unter anderem dadurch, dass der Ausdruck der Angst ins Leere läuft oder gar, weil sie als kommunikative Handlung mit einer Erwartung der Hilfe verbunden ist, die eigene Hilflosigkeit nur noch intensiviert: Denn der Täter ist ja in der Intimität der Folter zugleich der Adressat des kommunikativen Aktes des Ausdrucks der Angst.

Der destruktive Zusammenhang der Folter entzieht dem Gesicht und seinem Ausdruck der Angst die kommunikative Funktion oder verkehrt sie sogar. Es liegt deshalb nahe, in der Folter so etwas wie ein leeres Bild der Angst zu sehen. Visuelle Darstellungen der Folter tragen dem Rechnung. Sie zeigen vielleicht ein Gesicht dessen, der Opfer werden wird, sie zeigen vielleicht ein Gesicht des Überlebenden. Beide Bilder umgrenzen die Leere, indem sie ihre Ahnung oder ihre kaum mögliche Erinnerung zeigen.

Halten die Vitalitätsaffekte das Subjekt in der Welt, so entzieht sensorische Deprivation dem Leben seine sie tragende Relationalität und versetzt denjenigen, der ihr ausgesetzt ist, in einem Zustand der Angst. Sensorische Überreizungen etwa durch grelles Licht und akustische Überflutung führen zu einem ähnlichen Effekt. Die Angst kann hier sogar noch fundamentaler sein, da sie ja noch weniger als andere Ängste auf ein Objekt bezogen werden kann. Körperlicher Schmerz kann ebenfalls als eine sensorische Überreizung verstanden werden. Auch er hat kein Objekt, er kommt aber aus dem eigenen Körper. Er enteignet das Ich seiner es stützenden Umgebung. Wenn das Opfer von Gewalt etwa durch das Erzwingen von Stresspositionen des Körpers, sich selbst als Mitverursacher des Schmerzes erfährt, trifft die destruktive Dimension der Gewalt das Ich besonders direkt.

Die theoretischen Konzepte traumatischer Erfahrung gehen davon aus, dass eine Kontinuität des Ich in solchen Situationen extremer Bedrohung nur noch darüber gewährleistet werden kann, dass die traumatische Erfahrung isoliert und dem Bewusstsein nicht mehr zugänglich gemacht wird (s. Kap. III. A.2). Doch wird selbst hierbei immer vorausgesetzt, dass das Selbst eine Stabilität besitzt, die diesen Vorgang möglich macht. Temporäre Zusammenbrüche des Selbst aber dürften lebensgeschichtlich von uns allen erlebt worden sein, sie bilden in ihrer Erinnerung vielleicht sogar eine Grundstruktur der akkumulativen Affekte. In einem nicht oft beachteten Aufsatz über »Die Angst vor dem Zusammenbruch« fragt Donald W. Winnicott danach, was mit solchen Situationen eines Zusammenbruchs geschieht, die noch vor einer Etablierung eines Ich liegen, das die Fähigkeit zur Kontinuität, zur Herstellung von selbstbezüglichen Erinnerungen oder, psychoanalytisch gesprochen, von psychischen Repräsentationen hat (Winnicott 1989). Die Fähigkeit zur Archivierung bzw. Erinnerung steht am Beginn der Psyche und lange bevor von einem Kohärenz suchenden Ich gesprochen werden kann. Gibt es also eine Erinnerung an den Zusammenbruch, ohne dass es davon eine

Repräsentation gibt? Doch welche Form könnte eine Erinnerung haben, die dem Ich gar nicht als Repräsentation zugänglich sein kann? Vielleicht ist gerade die akkumulative, aber nicht ekstatische Form der Angst das, was als Erinnerung an einen Zusammenbruch verstanden werden kann. Die Erinnerung wäre damit gewissermaßen selbst Affekt. Da er nicht mit der Erinnerung an ein konkretes Erleben verbunden ist, kann er auch keine stabile Repräsentation finden, kein Objekt, an das es unmittelbar überprüfbar geknüpft ist. Vielleicht entsteht auch genau die antizipatorische Fähigkeit der Angst daraus, dass es sich um eine unmögliche Erfahrung handelt, eine, die sich nur in der Form des Affekts, nicht in einer Repräsentation niedergeschrieben hat.

Intimität und Gewalt

Das Geschehen der Folter lässt sich kaum angemessen beschreiben, wenn man es als etwas versteht, das gewissermaßen zwischen zwei Seiten stattfindet, etwa zwischen einem Täter und einem Opfer oder auch zwischen einem Regime und seinem politischen Gegner. Es gibt immer einen Dritten, der Zeuge ist. Dieser muss nicht im empirischen Sinne persönlich anwesend sein, er kann auch aus abstrakten Institutionen wie der Idee eines Gottes oder eines Staates bestehen, oder auch in einer medialen Fixierung des Aktes, die sich an potentielle Zuschauer richtet, über die eine Gemeinschaftlichkeit hergestellt wird. Philip Gourevitch hat nach dreijähriger Recherche in Ruanda geschrieben, dass auch Genozid eine Form der Gemeinschaftsbildung sei (Gourevitch 1998). Zur Bewältigung von Angst oder besser, zur Kontrolle ihrer Dynamik, greifen Individuen wie Kollektive zu spezifischen Formen der Abwehr, zu denen wohl zum einen die Spaltung und Verleugnung, zum anderen starre Introjektions- und Projektionsvorgänge gehören. Die Entsolidarisierung von einzelnen gesellschaftlichen Gruppen und die gleichzeitige Schaffung von imaginären Gemeinschaften sind dabei kein Gegensatz, sondern können als Verstärkung wirken. Die Aus- und Abgrenzung von Menschen, zu denen man soziale Beziehungen hat, ist ja zunächst ein eher verunsichernder und Angst erregender Vorgang, da er die Unzuverlässigkeit von sozialen Beziehungen aufzuzeigen scheint. Das gilt umso mehr, je stärker mit der Gewalt gegen andere auch die Zerstörung eines Bildes, einer das Andere begrenzenden Objektrepräsentanz verbunden ist. In der Entstellung, die dem anderen durch die Ausgrenzung angetan wird, entsteht eine unheimliche, Angst erregende Nähe oder Intimität. In der zweifachen Bedeutung des Wortes ›Entstellung‹, welches ja eine räumliche Veränderung und eine Auflösung von Gestalt anzeigt, ist die Spannung zwischen beiden Vorgängen aufbewahrt. Und in jeder Form der Angst ist eine basale Dimension der Grenzauflösung und Entdifferenzierung, wie sie der Intimität eigen ist.

Diese Intimität, die vielleicht in jedem Akt der Gewalt mehr oder weniger intensiv wirksam wird, erfordert gleichsam einen Dritten, der die Positionen von Täter und Opfer, Subjekt und Objekt, Selbst und Anderem wieder zuweisen und stabilisieren soll. Insoweit jeder Gewalt eine Intimität inhärent ist, die in ihrer Auflösung sicherer Subjekt-Objekt-Positionen auch für den Täter beängstigend ist, wird sie immer mit dem Versuch der Etablierung eines Dritten, eines Zuschauers oder Zeugen verbunden sein. Das wird oft nicht oder nur unvollkommen gelingen. Fällt dieser weg, entstehen notwendig Dynamiken der Intimität, die auch für den Täter zerstörerisch wirken. Lässt er sich gar nicht errichten, herrschen schon von Anfang an für Täter und Opfer stark selbstdestruktive Dynamiken. Insoweit kann man vielleicht nicht sagen, dass jeder Akt der vorsätzlich traumatisierenden Gewalt gegenüber einem anderen schon politisch intendiert ist, aber doch, dass er in seiner Dynamik zum Politischen hindrängt, gleichsam nach einem Dritten schreit, über den sich der Täter und, in seiner Position der Ohnmacht aber auch das Opfer, zu stabilisieren versuchen. Das Opfer von Misshandlungen und Folter wird immer danach streben, an der Hoffnung festzuhalten, dass andere von seinem Schicksal erfahren werden. Die Täter hingegen werden in Mitgliedern ihrer Gruppe, in Befehlshierarchien oder in der medialen Tatrahmung laufender Handy-Kameras eine Stabilisierung zu finden versuchen, die die Relation von Akteur und Adressat der Gewalt um eine dritte Position erweitert. Gewalt ist nicht nur von daher immer schon politisch, weil sie Zusammenhänge des sozialen Zusammenlebens objektiv bedroht, ihre zerstörerische Intimität motiviert auch die in sie direkt Verwickelten, eine Form von Öffentlichkeit zu suchen.

Politik der Angst, Politik des Todes

Jean Delumeau hat in seiner großen Studie über die *Angst im Abendland* die Grausamkeit vieler Gewaltformen, auch die der Hexenverfolgung, der öffentlichen Marter und der Folterungen mit einer Politik der Angst in Verbindung gebracht, die von der Kirche und vom Staat praktiziert wurde (Delumeau 1985). Vor diesem Hintergrund lassen sich zum Beispiel die eschatologischen oder messianischen Zeitstrukturen von sozialen und religiösen Bewegungen verstehen. Darin ist das Kommende nicht etwas, das durch das eigene Handeln hervorgebracht oder produziert wird, es ist wie auch die Wahrheit etwas, das gewissermaßen außen vorliegt. Dessen Kommen kann man allenfalls beschleunigen, indem man Hindernisse aus dem Weg schafft, etwa indem man Un- und Falschgläubige verfolgt, bekehrt, betraft und vernichtet (s. Kap. IV.A.3). Die Gewalt aber war nicht als produktives Mittel zur Herstellung des Neuen gedacht. Selbst in Karl Marx' vielzitierter Formulierung aus dem ersten Band des *Kapital* (1867), nach der Gewalt »der Geburtshelfer jeder alten Gesellschaft, die mit einer neuen schwanger geht« (Marx 1972, 779) sei, ist ja noch der Gedanke prägend, dass die Wahrheit objektiv vorhanden sein und nur hervorgezerrt werden müsse. Da aber von Marx der Mensch zugleich als der verstanden wurde, der seine eigene Geschichte macht, entstand in der Diskussion über die politischen Konsequenzen seiner Philosophie die folgenreiche Vorstellung, dass der Gang der Geschichte durch das Mittel der Gewalt beschleunigt werden könnte. In ihrem Konzept vom vorgreifenden Handeln entwickelten die kommunistischen Avantgardetheorien in Bezug auf die Vorstellung der Zeitstrukturen politischen Handelns zu liberalen und nationalistischen Vorstellungen ganz analoge Denkweisen. Die Bevölkerung, ihre demografische Zusammensetzung, ihre Lebenszusammenhänge, damit aber auch Körper, Fühlen und Denken jedes Einzelnen, werden zum Objekt von gezielten, auf ihre Veränderung hin orientierten Handlungsstrategien.

Kommunistische, nationalistische, faschistische und auch konservativ liberale Politiken partizipieren alle an der von Michel Foucault als Biopolitik bezeichneten Legitimation von politischer Gewalt als vorgreifendes Handeln. Ob es sich um die Wahrheit der Geschichte handelt, die hervorzubringen sei, die Konkurrenz der anderen Nationen, die als bedrohlich dargestellt wird und der die eigene Entwicklung entgegengestellt werden soll oder die drohende Überfremdung des Eigenen, sei sie nun rassistisch gefasst oder kulturell, immer geht darum, ein direktes Eingreifen in die Lebenszusammenhänge der Menschen über eine kommende Bedrohung zu legitimieren. Biopolitik ist deshalb in der Grundstruktur ihrer Legitimation eine Politik der Angst (s. Kap. II.7).

Der vorgreifenden Form, in der sich Biopolitik realisiert, ist die Möglichkeit der Folter inhärent. Sie ist eine Weise ihrer Verkörperung. Im Einwirken auf das Subjekt, auf seine Subjektivität als Zusammenhang von Körper und Psyche, schreibt Biopolitik ihre Zukunft ein. Dabei gibt es keine in der Politik selbst sicher bestimmbare Grenze zwischen der Gewalt der Erziehung und der Gewalt der Folter. Kommunistische Biopolitik schreibt in der Folter ihre Zukunft als Zeichen der Konter-/Revolution, nationalistische Biopolitik als Zeichen der Un-/Reinheit des Nationalköpers, demokratisch legitimierte Biopolitik als anti-/terroristische Tat in die Körper der Opfer ein.

Eine Politik der Angst ist nicht nur vorgreifend, es gehört zu ihrer Eigenheit, dass sie die Bedrohung plausibel machen muss, gewissermaßen in der Gegenwart erlebbar. Die Vorstellung einer tickenden Zeitbombe, die so viele Narrationen der letzten Jahrzehnte prägt, drückt dies aus. Eine Politik der Angst muss die kommende Bedrohung, von der sie überzeugen möchte, als Gegenwart inszenieren (s. Kap. III. A.4). Indem sie so handelt, als sei die kommende Gefahr schon in der Gegenwart wirksam, stellt sie die Gefahr selbst her. Das kann auf der Ebene der Kriegserklärung geschehen, vom Ersten Weltkrieg bis hin zur Legitimation der letzten Intervention in den Irak eine Bedrohung durch Massenvernichtungswaffen abzuwehren, die aber nie gefunden wurden. Das kann aber auch als Politik gegenüber dem je einzelnen Individuum geschehen, das man braucht, um eine Gefahr zu materialisieren, sie am Körper des anderen performativ erfahrbar zu machen.

Als im Januar 2002 das Gefangenenlager Camp X-Ray im amerikanischen Militärstützpunkt in der Guantánamo Bay auf Kuba errichtet wurde und die ersten aus verschiedenen Ländern der Welt verschleppten Gefangenen dort eintrafen, veröffentlichte das amerikanische Verteidigungsministerium selbst Bilder der Folterung, die seitdem Teil unseres kulturellen und politischen Gedächtnisses geworden sind. Eine Gruppe Männer ist darauf zu sehen, in orangefarbenen Anzügen auf spitzen Kieselsteinen kniend. Die engen Fesseln aus Kabelbindern verstärken die Stressposition. Die Hosen sind so weit, dass sie kaum den Intimbereich des Körpers decken. Geschwärzte Schutzbrillen, dicke Handschuhe und Schallschutzbügel versetzen die Männer in eine Situation sensorischer Deprivation. Der vorgebundene Mundschutz und dicke Mützen erschweren das Atmen und die Selbstkontrolle weiter. Der Weltöffentlichkeit wurden mit diesen Bildern nicht einfach Gefangene präsentiert. Vielmehr stellt man die Misshandlung und die Bereitschaft zur Folterung von Menschen aus, also die Bereitschaft zu einer alle eingegangenen rechtlichen Verpflichtungen und moralisch-ethischen Grundsätze missachtenden Gewalt. Mehr noch: Man stellt sogar aus, dass man über ein komplexes psychologisches Wissen verfügt, um gezielt auf Menschen einzuwirken. Und man zeigte, dass solche Misshandlung mit ganz alltäglichen Mitteln geschehen kann, mit Mitteln, die eigentlich dem Schutz der Sinne dienen sollen. Man ist Herr über das, was die Dinge bedeuten. Und diese Gewalt kann von einem Augenblick zum anderen erscheinen. Es gibt keine Zuverlässigkeit mehr, keine der Funktion der Dinge des Alltags, keine der Verträge, die man eingegangen ist, keine der sozialen Verbindlichkeit und keine über die Möglichkeit, über den eigenen Körper selbst zu befinden.

Die amerikanische Armee stellt aus, dass sie Herr über diese Körper ist. Sie werden in dieser Inszenierung nicht nur zu Zeichen der Gewalt. So wie man Herr über die Verwendung der Dinge ist, die zum Schutz der Sinne konstruiert wurden, ist man jetzt Herr über die Zeichen gewordenen Körper. Dazu bedarf es keiner Peitschen mehr und auch keiner Stromgeneratoren. Doch an wen richtet sich diese der Weltöffentlichkeit dargebrachte Inszenierung? Zunächst einmal scheint sie zeigen zu wollen, dass man Menschen festgenommen hat, die man Terroristen nennt. Dieser Bildakt funktioniert durch einen Kurzschluss, einer magischen oder auch, im Sinne der semiologischen Analyse von Roland Barthes, mythologischen Selbstreferenz (Barthes 1964). Man produziert ein Zeichen oder Bild für etwas, das durch dieses Zeichen überhaupt erst geschaffen werden kann (s. Einleitung Kap. III; Kap. III. A.10). Denn wen sonst als einen Terroristen kann man vor aller Öffentlichkeit so behandeln? Die vorgreifende Logik etabliert das, was noch zu beweisen wäre, als schon längst Geschehenes. Zum anderen zielt die Rechtfertigung der Handlungen nicht auf die Aufklärung eines Geschehens, sondern explizit auf die Verhinderung von zukünftigen Handlungen. Überhaupt ist ja der Terrorismus als Politik, die sich zwischen staatlichen und nichtstaatlichen Agenten entfaltet, in seiner Zeitform vorgreifend: Er inszeniert mit seinen Akten eine Bedrohung, deren Bedeutung weniger im Geschehen liegt als in der Aktivierung von Angst als antizipatorischem Vermögen.

Durch ihn sehen sich Handlungen legitimiert, die das Kommende schon heute verhindern sollen.

Es steckt also etwas Magisches im vorgreifenden Handeln. Indem man das, was als Möglichkeit in der Zukunft erscheint, so zum Objekt von Handlungen macht, als wäre es Gegenwart, verwischt man die Differenz von Zeichen, die auf etwas hindeuten können, und Bedeutung. Man macht sich zum Herrn über die Bedeutung von Zeichen. Man macht sich zum Herrn über die Zukunft. Aber dieser Kurzschluss von Zeichen und Bedeutung hat etwas Magisches. Im Kern aller performativen Praxis steckt ein Stück Magie: Das, was darstellende Akte hervorbringen, geschieht durch die Verbindlichkeit ihrer Gegenwart. Performative Akte werden außerhalb des Theaters zur Magie. Das Versprechen, einander zu lieben, ist ein magischer Akt: Man macht sich der eigenen Worte ähnlich. Die Angst, die der Terrorismus weckt, realisiert sich auch dadurch, dass man sich ihm ähnlich macht. Damit arbeitet der Terrorismus des Staates ebenso wie der Terrorismus, der sich als Gegengewalt versteht. Jacques Derrida hat dieses Verhältnis als Immunkrankheit der Demokratie bezeichnet (Derrida 2003; s. auch Kap. IV. A.8).

Die Willkür der Gewalt, die hergestellte und vorgeführte Unzuverlässigkeit aller Beziehungen sowie die arbiträre Herrschaft über den Signifikaten ergänzen sich in der Folter zu einem sonst wohl nie so eng verknüpften Komplex. Das Opfer befindet sich in einer Situation sehr vollständiger Bemächtigung, in der seinem Selbst jeder verlässliche Bezug zu anderen, zu Dingen oder zur Welt genommen wird und in der auch die Sprache als Möglichkeit des Ausdrucks zerstört wird. Ist die Erfahrung des physischen ebenso wie psychischen Schmerzes schon etwas, dessen somatischer Ausdruck sich dem sprachlichen nicht nur entzieht, sondern Sprache als Vermögen des Ausdrucks überhaupt unterläuft, wie Elaine Scarry sehr eindringlich gezeigt hat, so gehören zur Folter noch explizite Praktiken der Bemächtigung der Sprache. Sie stehen im Zentrum aller Verhöre (Scarry 1992). Sie haben nicht primär das Ziel, Erkenntnisse über Organisationszusammenhänge oder Pläne zu bekommen, sie sind Strategien zur Enteignung der Sprache. Es geht nicht, wie es vielleicht in der Folter als Teil juristischer Beweisverfahren in der frühen Neuzeit der Fall war, um eine Wahrheit der Aussage im Sinne einer Verkettung von Sprache und Bedeutung, sondern um eine Zerstörung des Ausdrucksvermögens.

Die Strategien der Zerstörung können vielfältig sein. Sie können mit der Zufügung von physischem oder psychischem Schmerz verknüpft sein, um das Opfer zu einem Sprechen zu zwingen, das seinem Willen oder seinem Wissen entgegensteht. Im unter Zufügung von Schmerz gewaltsam erzwungenen Geständnis gehört die Sprache dem Folterer. Es gibt auch andere Wege der Enteignung des Sprachvermögens.

Dazu gehört die stete und willkürliche Verdrehung der Antworten und ihres Sinns im Laufe des Verhörs oder auch das Geben inkohärenter und sich widersprechender Befehle, einschließlich der Bestrafung bei ihrer notwendigen Nichtbefolgung. Eine andere Technik besteht in der willkürlich angeordneten, vielfachen und doch ganz konsequenzlosen Wiederholung einer schriftlichen Aussage. Schon George Orwell hat in seinem Roman *Nineteen Eighty-Four* diese Enteignung des Sprachvermögens deutlich analysiert (Orwell 1963). Es geht nicht um eine Aussage Winstons, die für das Wahrheitsministerium irgendeine Bedeutung hätte. Das Ministerium weiß mehr über ihn als er selbst. Es geht in der Folterung Winstons, wie auch im gesamten System des Staatsterrors, das der Roman zum Thema macht, darum, das Sprachvermögen so lange zu zerstören, bis die so Unterworfenen am Ende zustimmen, dass zwei hochgehaltene Finger als vier hochgehaltene Finger zu bezeichnen sind.

Mit dem Begriff der erlernten Hilflosigkeit hat der Psychologe Martin E.P. Seligman in den 1960er Jahren einen zentralen psychologischen Beitrag zur Theorie der modernen Folter gegeben. Das wird sicher nicht erst dadurch deutlich, dass, wie Jane Mayer recherchiert hat, Seligman 2002 einen Vortrag auf einer Akademie der amerikanischen Marine über »learned helplessness« gehalten hat, um, nach offizieller Version, Soldaten zu helfen, Folter zu widerstehen (Mayer 2008). Die Verbindung der Theorie der erlernten Hilflosigkeit zur Folter bestimmt schon die Herausbildung seines behavioristischen Forschungsdesigns in den 1960er Jahren. Seligman verabreichte einer Gruppe von Hunden willkürlich Elektroschocks, ohne dass sie irgendeine Chance gehabt hätten, ihnen zu entgehen. Wird ihnen diese Möglichkeit in einer zweiten Versuchsanordnung durch die Öffnung eines Zugangs zu einem zweiten Zellenkäfig eröffnet, ergreifen sie sie nicht und lassen die schmerzende Misshandlung lethargisch über sich ergehen. Eine zweite Gruppe von Hunden, die derselben Anzahl von Stromstößen ausgesetzt war, doch in der ersten Versuchsanordnung die Chance hatte, sie über die Betätigung eines Hebels zu beenden, nutzte auch in der zweiten Versuchsanordnung die Chance, den Elektroschocks zu entgehen.

Mayer berichtet, dass sich zumindest einer der Verhörspezialisten in Guantánamo auf Seligmans Theorie der erlernten Hilflosigkeit berufen hat. Dabei ist davon auszugehen, dass alle Verhörenden eine psychologische Schulung erfahren haben. Beruhend auf der Auswertung jahrelanger psychologischer Experimente mit verschiedenen Foltermethoden stellte die CIA schon im Juli 1963 das KUBARK Counterintelligence Interrogation Manual zusammen, das, wie Alfred McCoy nachgewiesen hat, die Grundlage auch für spätere Handbücher und für die Ausbildung von Agenten der CIA und von Drittländern praktisch bis heute bildet (McCoy 2006). Wörtlich ist dort formuliert, dass alle Techniken der Befragung, von der Isolationshaft bis zur Verabreichung von Drogen, Mittel seien, den Prozess der psychischen Regression zu beschleunigen. »Regression is basically a loss of autonomy«, heißt es im KUBARK-Handbuch weiter. Mit der Theorie der erlernten Hilflosigkeit ist der Schritt von der erzwungenen Regression hin zur gezielten Zerstörung der Persönlichkeit vollzogen. Die 1949 gegründete United States Army School of the Americas hat bis in die 1990er Jahre über 60.000 südamerikanische Militärs ausgebildet. Die Politik der Angst und des Todes, deren Techniken im KUBARK-Handbuch und seinen Nachfolgern beschrieben sind, stand bei vielen von denen, die in diesen Jahrzehnten in Lateinamerika einen schmutzigen Krieg führten, auf dem Lehrplan.

Tatsächlich standen Seligmans Forschungen denn auch ursprünglich im Zusammenhang einer Untersuchung über die Entstehung von Depression. Das ohnmächtige Ausgeliefertsein gegenüber der Willkür eines Anderen, die Enteignung jeder Handlungsmöglichkeit, kann eine Intensität erreichen, in der das Ich von der Angst so weit affiziert und überwältigt wird, dass es zusammenbricht. Auch wenn Angst einem geschieht, so ist es immer noch das Ich, das sie erfährt. In der Depression hat sich das Ich so weit zurückgezogen oder fragmentiert, dass es auf die Angst nicht mehr mit der Kohärenz eines Wunsches nach Selbsterhaltung reagiert. Suizid mag dann noch als einzige Handlungsmöglichkeit erscheinen.

Trotz der Nachrichtensperre über das US-Gefangenlager auf Guantánamo sind bis einschließlich 2012 mindestens sechs Selbstmorde belegt, die Zahl der Suizidversuche dürfte ein Vielfaches davon sein. Die Dauer der Willkür und das Maß der Rechtlosigkeit, der die Gefangenen noch immer ausgesetzt sind, macht es zunehmend weniger plausibel, von einer Politik der Angst zu sprechen. Vielmehr erweist sie sich damit nur deutlicher als eine Politik des To-des. Der Übergang ist sicher fließend. Vielleicht kann man sagen, dass in einer Politik der Angst die Folterung sich, wenn auch meist ironisch, auf die formalen Dimensionen eines Übergangsrituals bezieht, in der nach der Resozialisation, manifestiert zum Beispiel durch ein abgelegtes Geständnis, eine Art symbolische Wiedereingliederung in die Gesellschaft erfolgen kann. So klopfen in Gillo Pontecorvos Spielfilm *Schlacht um Algier* von 1966 die französischen Soldaten ihrem Folteropfer fast kameradschaftlich auf die Schulter und bieten ihm eine Zigarette an, nachdem es die gewünschte Information gegeben hat. Sicher zeigt der Film, dass es diese Wiedereingliederung nicht geben kann, da das Folteropfer psychisch tief traumatisiert ist. Doch dringt der Film im Aufgreifen der Figur des Übergangsrituals kaum zum Verständnis des kolonialen Gewaltzusammenhangs vor. Die Zahl der Folteropfer der französischen Armee geht in die Hunderttausende, viele von ihnen wurden getötet und heimlich verscharrt. Eine Politik des Todes oder, wie Achille Mbembe in seinen Analysen zur afrikanischen Geschichte und Gegenwart schreibt, eine Nekropolitik, kennt eine solche Dimension der Wiedereingliederung nicht einmal mehr symbolisch (Mbembe 2003). Sie ist eine Politik der Zerstörung von Leben und Lebensbedingungen, die ebenso als prozesshafte oder sequentielle Traumatisierung im Sinne von Hans Keilson wie als intendierte Traumatisierung im Sinne von Françoise Sironi begriffen werden kann.

Folter ist damit Teil einer Politik des Genozids. Beide bilden im 20. Jahrhundert eine sich ergänzende Einheit. Dass Folter in praktisch allen Fällen des modernen Genozids epidemisch war, verweist wohl auch darauf, wie gezielt die intendierte Traumatisierung durch Folter als Politik der Zerstörung des Sozialen benutzt wird. Von dieser unmittelbaren Vergangenheit und Gegenwart aus aber wird eine Kontinuität deutlich, welche die Folter im 20. und 21. Jahrhundert weniger als Neuerfindung einer mit der Aufklärung aufgegebenen extremen Form der Gewalt verstehen lässt, denn als Rückkehr der in den Kolonien seit Jahrhunderten ausgeübten Gewalt. ›Raum des Todes‹ nennt Michael Taussig diese Sphäre in seiner Studie über den Terror gegen die indianische Bevölkerung in Kolumbien im 19. und 20. Jahrhundert und verweist auf die Geschichte der Eroberung Amerikas wie auf die der Sklaverei (Taussig 1987, 3–36).

Wie ist diese Kontinuität der Folter im kolonialen Gewaltzusammenhang mit der Verknüpfung der

Folter mit einer auf Zukunft gerichteten Form der Politik in Verbindung zu bringen? War Kolonialpolitik schon viel länger eine Biopolitik, also eine Politik, die sich die Bevölkerung zum Objekt gezielter Veränderungen macht? Von einer Politik der gewünschten Vermischung der Kolonialherren mit der indianischen Bevölkerung, wie sie von den Portugiesen in Brasilien eine Zeit betrieben wurde, um die benötigten Arbeitskräfte für die Plantagen zu bekommen, bis hin zu Politiken der Vernichtung im Rahmen der Siedlerpolitik in Nordamerika: Der Kolonialismus ist mit einer dezidierten Bevölkerungspolitik verbunden, lange, bevor dies in Europa selbst zur Strategie der Politik wurde.

Die Rückkehr einer Politik des Todes aus den Kolonien nach Europa oder auch ihre Konturierung im Kontext der US-amerikanischen Politik führt allerdings ein Verhältnis in die Länder der ›Ersten Welt‹ ein, das in dieser Radikalität lange eben nur in den Kolonien herrschte: eine Spaltung zwischen einem Teil der Bevölkerung der einzelnen Länder oder auch der Kontinente, für die man Sorge empfindet und deren Leben man schützt, und einem anderen Teil, für den das in sehr viel geringerem Maße oder überhaupt nicht gilt. An dieser Trennung auch differenzieren sich die Aspekte einer Politik der Angst und einer Politik des Todes. Ein und dieselbe Politik, eine und dieselbe Gewalt spaltet sich gewissermaßen in ihrer Funktion auf, indem sie zur einen Seite hin eine Zerstörung von Leben und Lebensbedingungen bezweckt, zur anderen Seite hin aber über die Angst einen Druck zur Entsolidarisierung, zur Abgrenzung anstrebt. Die Ausstellung der Folter, wie sie von den USA in Guantánamo betrieben wurde, hat in dieser doppelten Wirkung ihren Sinn. Sie wirkt fort in der Konjunktur, die Folter gegenwärtig in vielen narrativen Medien hat, insbesondere im Film (vgl. Koch 2011).

Inszenierung der Verletzbarkeit, Angst vor dem Zusammenbruch

Die Dimensionen der Gewalt, die auf die direkte Zerstörung von Leben und Lebenszusammenhängen ausgerichtet sind, und die Dimensionen der Gewalt, die man als theatrale oder mit Jan Phillip Reemtsma als kommunikative Dimensionen der Gewalt bezeichnen könnte, lassen sich selbst zum Zweck der Analyse kaum voneinander trennen (Reemtsma 2008). Die Produktion von Angst geschieht über direkte Bedrohung des Lebens ebenso

wie über die scheinbar indirektere mittels der Zerstörung seiner sozialen, kulturellen oder ökonomischen Bedingungen. Es gehört dabei zur Produktion von Angst, dass sie die Gewalt sowohl ausstellt als auch verheimlicht, dass sie sie sowohl offenbart als auch einen Schleier des Schweigens darüber legt. Das gilt auch und insbesondere für die Folter. Da Angst ein antizipatorisches Vermögen ist, arbeitet sie besonders intensiv, wenn eine Bedrohung spürbar ist, aber nicht identifiziert werden, nicht zu einem bestimmbaren Objekt gemacht werden kann. Das Gerücht ist ein wichtiges Medium der Angst. Dagegen sind Wut, Trauer und Verzweiflung Affekte, die das Erleben mit deutlich umrissenen Objekten und ihrem Verlust verbinden. Jeder soll von der Gewalt wissen, keiner darüber sprechen: Das ist die nur scheinbar widersprüchliche Politik der Angst. Sie kann deshalb erfolgreich sein, weil es zwischen dem Wissen und dem darüber Sprechen die Schwelle der Realisierung der Angst gibt. Diese Schwelle der Realisierung ist als eine Art potenzierte Angst beschreibbar, denn es kann ja vor der Realisierung, vor dem Zulassen der Wahrnehmung der Affekte und Eindrücke gar keine Sicherheit geben, dass es dem Ich gelingen kann, aus der Bedrohung ein Objekt zu machen. Aus der Bedrohung ein Objekt machen zu können, bedeutet aber wiederum, dass es ein mit anderen geteiltes Objekt ist, also etwas, über das man mit anderen kommunizieren, das intersubjektiv vergegenwärtigt werden kann. Die Drohung, man werde wiederkommen, wenn das Opfer es wagen würde, anderen von seinen Misshandlungen zu berichten, gehört zum Standardrepertoire von Folterstrategien. Tatsächlich liegt ja in der Mitteilung der Erfahrung des eigenen Leides erneut eine Schwelle der Realisierung, da man gewissermaßen für den anderen, dem man die eigene Angst mitteilt, Verantwortung übernimmt.

Vielfache Strategien der Vermeidung und Verleugnung stehen gesellschaftlich bereit, nicht über das Bedrohliche zu sprechen, es nicht zu symbolisieren, es vor der Realisierung durch das Bewusstsein zu schützen. Sie halten die Angst latent aufrecht, denn das, was vermieden werden soll, das, was durch einen Spaltungsvorgang verleugnet werden soll, muss ja bekannt oder zumindest geahnt sein. Die Frage, ob es terroristischen Gruppen gelingt, Menschen auf offener Straße zu demütigen und zu misshandeln, ohne dass die Passanten reagieren, ist wie ein Test, wie weit die Angst die Gesellschaft schon oder noch im Griff hat. In ihrer Analyse der Politik der Folter und des ›Verschwindenmachens‹

während der argentinischen Militärdiktatur spricht Diana Taylor von einem Vorgang des *percepticide* (Taylor 1997). Auch die Politik der Ausstellung von Misshandlungen, wie sie die US-amerikanische Armee 2002 mit der Publikation der besprochenen Aufnahmen aus dem Eingangsbereich des Camp X-Ray begann, zielt auf eine Wahrnehmungstötung. Beachtet man, wie wenige Beobachter es damals wagten auszusprechen, dass es sich hier um Folter handelt, wird deutlich, wie schnell und weitreichend diese Mechanismen wirken. Diese Verknüpfung von Ausstellung und Verleugnung bestimmt die US-amerikanische Politik bis heute. Besonders deutlich wird es an der Diskussion über die Wasserfolter. Sie wird in den 2002 erstellten und damals streng geheim gehaltenen Handbüchern des CIA zu Verhörmethoden genau beschrieben und für zulässig erklärt. Als Informationen über deren Anwendung in die Öffentlichkeit gelangen, wird die seit der spanischen Inquisition bekannte Foltertechnik unter anderem von dem die Anwendung von Folter rechtfertigenden Juristen Alan Dershowitz euphemistisch mit der Wortneuschöpfung *waterboarding* bezeichnet. Die Administration der Regierung George W. Bush setzte bis zu ihrer Abwahl diese Sprachregelung durch. Doch auch die Weigerung der Administration unter Barack Obama, die vorhandenen Dokumente über die Folterungen vollständig der Öffentlichkeit zugänglich zu machen und rechtliche Verfahren gegen die Verantwortlichen anzustreben, schreibt diese Politik fort, indem sie weiterhin einen Arkanbereich des Gerüchts sichert.

Während die Wasserfolter zumindest in die öffentliche Diskussion gekommen ist und in vielen Straßenperformances aufgegriffen wurde, lassen sich andere Methoden der gewaltsamen Einwirkung auf die Sinne von Gefangenen sehr viel schwerer darstellen. Ob es sich um die Verabreichung von Medikamenten oder die Zwangsbeschallung handelt, es ist kaum visualisierbar, was hier geschieht. Gregor Schneiders Installation *Weiße Folter* von 2007 in der Kunstsammlung NRW war eine gelungene Darstellung der architektonischen Konstellation eines Lagers, die körperlich-sinnlich erfahrbar, nicht aber am Bild des Körpers symbolisierbar war. Folterbilder sind in unserer Phantasie mit Bildern verletzter Körper verbunden. Und die Aufnahme fast aller dieser Bilder im Rahmen erotischer Inszenierungen ist ein Hinweis darauf, dass es hier eine enge Verknüpfung von Ausstellung des Körpers und Erotisierung gibt. Wie ist das zu verstehen? Im Affekt sind körperliche und seelische Dimensionen noch kaum differenzier-

bar. Der Affekt der Angst ist ein antizipatorisches Vermögen, das doch, nehmen wir den Gedanken von Winnicott wieder auf, auf eine basale Erfahrung zugreift, die dem Ich vorausgeht und von ihm nicht symbolisiert werden kann: den Zusammenbruch. Gehört die affektive Besetzung des eigenen Körpers zu den wichtigsten Formen, in denen das Ich seine eigene Kontinuität symbolisiert und damit auch performativ sichert, wird deutlich, dass die Erotisierung des Leides und gar der Verletzung eine Form der Symbolisierung der Angst vor dem Zusammenbruch sein kann.

Die Konjunktur der Darstellung von Folter in audiovisuellen Medien, die sich seit Beginn der 1990er Jahre beobachten lässt, geht einher mit einer Diskussion über die Verletzbarkeit als eine zentrale Bedingung des Lebens und mit einer Diskussion über Traumatisierung in den medizinischen und geisteswissenschaftlichen Humanwissenschaften. So versteht etwa Judith Butler das sexuelle Begehren als zentralen Bereich eines ›außer sich Seins‹ und damit auch der Verletzbarkeit (Butler 2009). In der Vorstellung der Wunde konzentrieren sich körperliche und psychische Besetzung im Augenblick der Bedrohung, der Angst. Jenseits der Wunde ist der Zusammenbruch. Liegt damit in der Ausstellung der Folter nicht eine nach beiden Seiten hin offene Übertragung? Folter im 20. und 21. Jahrhundert hat den politischen Zweck vorzuführen, dass man die Macht hat, jedes Subjekt zu brechen, jede Subjektivität in den Zusammenbruch zu treiben. Sie benutzt die Ausstellung des misshandelten Körpers, aber auch das Verschwindenlassen der Leichname, um dies vorzuführen.

Literatur

Barthes, Roland: *Mythen des Alltags*. Frankfurt a. M. 1964 (franz. 1957).

Butler, Judith: Außer sich. Über die Grenzen der sexuellen Autonomie. In: Dies.: *Die Macht der Geschlechternormen und die Grenzen des Menschlichen*. Frankfurt a. M. 2009, 35–70.

Delumeau, Jean: *Angst im Abendland. Die Geschichte kollektiver Ängste in Europa des 14. bis 18. Jahrhunderts*. Reinbek bei Hamburg 1985 (franz. 1978).

Derrida, Jacques: *Schurken. Zwei Essays über die Vernunft*. Frankfurt a. M. ²2003 (franz. 2003).

Gourevitch, Philip: *We Wish to Inform You that Tomorrow We Will be Killed With Our Families. Stories from Rwanda*. New York 1998.

Koch, Lars: Re-Figurationen der Angst. Typologien des Monsters im Gegenwartskino. In: *Limbus – Australisches Jahrbuch für germanistische Literatur- und Kulturwissenschaft* 4 (2011): Terror und Form, 81–101.

Marx, Karl: *Das Kapital. Kritik der politischen Ökonomie.* 1. Bd. [1867]. Berlin 1972.

Massumi, Brian: The autonomy of affect. In: Ders.: *Parables for the Virtual. Movement, Affect, Sensation.* Durham 2002, 23–45.

Mayer, Jane: *The Dark Side. The Inside Story of how the War on Terror Turned into a War on American Ideals.* New York 2008.

Mbembe, Achille: Necropolitics. In: *Public Culture* 15/1 (2003), 11–40.

McCoy, Alfred. W.: *A Question of Torture. CIA Interrogation, from the Cold War to the War on Terror.* New York 2006.

Orwell, George: *Nineteen Eighty-Four.* Harmondsworth 1963.

Reemtsma, Jan Philipp: *Vertrauen und Gewalt. Versuch über eine besondere Konstellation der Moderne.* Hamburg 2008.

Scarry, Elaine: *Der Körper im Schmerz. Die Chiffren der Verletzlichkeit und die Erfindung der Kultur.* Frankfurt a. M. 1992 (amerik. 1987).

Sironi, Françoise: *Psychopathologie des violences collectives. Essai de psychologie géopolitique clinique.* Paris 2007.

Stern, Daniel. N.: *Die Lebenserfahrung des Säuglings.* Stuttgart 2007 (amerik. 1985).

Taussig, Michael: *Shamanism. A Study in Colonialism, and Terror and the Wild Man Healing.* Chicago/London 1987.

Taylor, Diana: *Disappearing Acts. Spectacles of Gender and Nationalism in Argentina's ›Dirty War‹.* Durham/London 1997.

Winnicott, Donald W.: Fear of breakdown [1963]. In: Ders.: *Psycho-Analytic Explorations.* Hg. von Ray Shepherd/Claire Winnicott/Madeleine Davis. London 1989, 87–95.

Reinhold Görling

6. Narration

Begriff

Angst weist als abstrakter Begriff wie Liebe, Glück, Wut und vermutlich alle Emotionen keine unmittelbar fassbare Referenz auf, hat also keinen konkreten Gegenstand als Entsprechung, so dass es – nicht nur im poststrukturalistischen Sinn – kaum vorstellbar ist, was sich ›hinter‹ ihm verbirgt, was er ›bedeutet‹, was mit ihm zum Ausdruck gebracht werden soll. ›Angst‹ ist völlig un- oder unterbestimmt. Aber auch auf der Ebene des Ausdrucks selbst ist das semantische Feld um Angst nur schwer abzustecken, sind Signifikanten geradezu unmöglich zu differenzieren und zu gruppieren (s. Einleitung Kap. III). Möchte man Begriff oder Konzept fixieren, stößt man auf zwei dominante Traditionslinien: Während es sich seit Kierkegaard in der philosophisch-phänomenologischen Tradition eingebürgert hat, Angst und Furcht zu unterscheiden, werden in der psychologischen und psychiatrischen Forschung zahlreiche Phobien benannt, die sich anhand ihres Gegenstandes abgrenzen lassen; unspezifischer geraten vegetative Angstzustände und diverse Formen pathologischer Ängstlichkeit in den Blick (s. Kap. II.2; Kap. II.3). Dennoch oder teilweise auch aufgrund der Vielfalt der semantischen Verschiebungen bleiben die Ausdrucksformen schwierig zu konturieren und das Bezeichnete kaum als Vorstellung zu verankern, und es bleibt ebenso fraglich, welche der verschiedenen Ebenen, auf denen Unschärfe und Unbestimmtheit zu konstatieren ist, welche bedingt. Auch eine etymologische Herleitung würde kaum helfen.

Möglicherweise illustriert eine kontrastive Betrachtung verschiedener sprachlicher und kultureller Muster die Angst und deren potentielles semantisches Feld deutlicher. Ein Rekurs auf die lateinische Sprache bzw. antike Konzepte eröffnet im Folgenden keine historische Dimension – da ohnehin nicht von einem Traditionskontinuum auszugehen ist –, sondern liefert aufgrund der Anlage wissenschaftlicher lateinischer Wörterbücher interessante Umschreibungen und Paraphrasen. Angst-Begriffe werden in ihrer narrativen, textuellen und kontextuellen Verwendung oder Einbettung im Lateinischen ermittelt, und anschließend werden ›Bedeutungsspektren‹ im Deutschen vorgeschlagen, wodurch sich auch der moderne Vorstellungsrahmen von Angst auftut: So wird *metus* als »Gedanke, daß uns ein selbst noch fernes Übel treffen könne« oder »Besorgnis« beschrieben, *angor* als »Unruhe vor nahem oder gegenwärtigen Übel, und zwar ang. als einmaliger Affekt«, einschnüren, von *anguis* Schlange, *anxietas* entspricht *angor*, allerdings mit dem wesentlichen Unterschied, dass sie »Ängstlichkeit als dauernde Eigenschaft« impliziert, *timor* gilt als »ängstigende Furcht vor etwas« oder »banges Gefühl«, *terror* als »die plötzliche F[urcht], die uns durch etwas eingejagt wird, die sich in Blässe des Gesichts, Zittern des ganzen Körpers und Klappern der Zähne zeigt, der Schrecken« und schließlich *trepidatio* als »der sinnliche Zustand der körperlichen Unruhe; als Zeichen der Angst«, »die Furcht, insofern sie sich in äußerer Unruhe, wie Hin- u. Herlaufen etc. zeigt« (vgl. Georges 2004). Anhand dieser Beschreibungen werden innere Zustände oder Eigenschaften differenziert, also die Plötzlichkeit oder Dauerhaftigkeit des Phänomens, es werden also innere oder von außen auf den Körper einwirkende Dynamiken konturiert, sowie Besorgnis im Sinne kultureller Vorsorgehandlungen oder Erregung als individuelles psychophysisches Phänomen, das sich in Körpersymptomen und Affekthandlungen zeigt, unterschieden. An dem Beispiel des lateinischen Wörterbuchs wird erkennbar, dass eine reine Er- oder Übersetzung von Begriffen in Bezug auf Abstrakta weniger leistet als eine etwas komplexere Prädikation, die auf vorherigen Narrativierungen basiert und ihrerseits wieder eine Vorstufe zu weiteren Narrativierungen darstellt, die Angst erst auf vielfältige Weise generieren können.

Narrativierung

Eine Verknüpfung mehrerer Begriffe bestimmt das Objekt in seiner Eigenheit und evoziert schon dynamischere und daher plastischere Vorstellungen von Angst, wie sie auch in sprichwörtlichen Kombinationen zu finden sind. Nicht nur im deutschen Sprachgebrauch werden in diesem Kontext äußerlich-behavioristisch fixierbare Symptome zum Ausdruck gebracht. Dies beginnt konkret bei zitternden Knien und beschleunigtem Herzschlag und führt metaphorisch so weit, dass ›Angst Flügel verleiht‹. Traditionell wird unter einer Narrativierung allerdings die Verbindung mindestens zweier Ereignissen verstanden, d. h. es geht um die syntagmatische Einbettung von komplexeren Paradigmen, Semantiken oder auch Fakten, die auf der Ebene der Geschichte oder deren Erzählung stattfindet (Genette 1998, 16) und die chronologisch – *story* – oder kausal – *plot* – gestaltet sein kann (Forster 1977, 87). Darauf, dass im

Grunde immer eine Narrativierung vorliegt, wenn eine Verkettung oder Verknüpfung zweier Geschehnisse stattfindet, macht Hayden White ab den 1970er Jahren aufmerksam (White 1978; 1987), indem er historische Prozesse als Erzählungen betrachtet. Narration ist nicht fest an eine Disziplin, eine Praxis, ein Medium, eine Gattung oder ein Genre gebunden. Im engeren Sinn versteht man unter ›Erzählungen‹ zwar bestimmte Prosatextsorten, jedoch liegen deren strukturelle Konstituenten, also ein Erzählmedium sowie die besagten verknüpften Ereignisse und damit eine wie auch immer geartete Handlung sowie Handlungsträger (Gülich 1976, 225), auch in der Geschichte, im Film, in Computerspielen etc. vor. Entsprechende Elemente finden sich auch in lyrischen und dramatischen Texten. Im engeren Sinn konstituiert die Erzählung also eine literarische Gattung, im weiteren Sinn handelt es sich dabei um ein transmediales Phänomen, das in die verschiedensten Medien, Gattungen und Genres implementiert werden kann (Rajewsky 2002, 12 f.). Wenn also die narrative Konstruktion von Angst untersucht wird, handelt es sich um die Frage, wie Angst in Ereignisketten, Handlungsabfolgen und Erzählsequenzen unabhängig von Verbreitungsmedium oder Gattung eingebettet wird, wie sie so zum Ausdruck und zur Vorstellung gebracht und letztlich auch direkt evoziert werden kann. Insofern bleibt fraglich, ob es möglich ist, eine Gattungspoetik der Affekte vorzutragen, bei der das Märchen vorwiegend als Gattung der Angst gilt (Meyer-Sickendiek 2005, 287–318, 470; s. auch Kap. III.B.1). Möglicherweise liegt dabei lediglich die Koinzidenz vor, dass das Märchen auf einer narrativen Verfassung basiert, die auch im Kontext von Angst besonders häufig zu konstatieren ist.

Angst als schematisierte Ansicht

Wenn ›narrative Angst‹ betrachtet werden soll, bewegt man sich zunächst gänzlich im Unbestimmten, weil ohne einen konturierten Begriff oder ein festes Konzept der Narrativität von Angst auch die Korpusbildung möglicher Angst-Narrationen geradezu unmöglich erscheint. Zwar haben wir es in der Fiktion nicht nur gemäß Roman Ingarden nicht mit der Realität zu tun, sondern mit einer dazu inkommensurablen Fiktion, einer »seinsheteronome[n] Seinsweise« (Ingarden 1972, 314), für die der Rezipient eine Kluft überbrücken und sich in den unbestimmten Raum begeben muss – unbestimmte Begriffe und Vorstellungen dürften also kein Problem sein –, aber dennoch ist es ratsam, sich bei der Untersuchung von Angst an der Vokabel selbst zu orientieren und keine entsprechende Zuschreibung anhand atmosphärischer, psychologischer oder metaphorischer Indizien zu tätigen. Folgt man dem Begriff, lässt sich, wie schon in den erwähnten sprichwörtlichen Kombinationen, sehr häufig eine semantische Verbindung von Angst mit Körpersymptomen ausmachen. Dies mag weniger durch ein Verständnis von Angst als psychosomatisches Phänomen bedingt sein als durch den narrativen Zwang, eine Beschreibung für einen abstrakten, inneren Zustand zu finden. Der Ausdruck, der sprachlich gewählt wird, rankt sich semantisch also schon um eine körperliche Übersetzung oder einen körperlichen Ausdruck von Angst, d. h. noch vor der sprachlichen Medialisierung bedarf es des Körpers als Medium. Schon in der Antike, in der Veräußerlichung allerdings insgesamt ein gängiges Muster der Charakterzeichnung darstellt, findet sich beispielsweise in den *Metamorphoses* (um 150) von Apuleius eine eindrucksvolle Passage, in denen Zittern, Blässe, Schweiß, unruhige Füße und Stottern als Zeichen der Angst vorgeführt werden. Edgar Allan Poe bedient sich in *The Pit and the Pendulum* (1842) ebenso körperlicher Symptome, wenn er Übelkeit, Schwindel, Atemnot und einen verlangsamten Herzschlag beschwört. In der literarischen Moderne kulminiert die Beschäftigung mit existentiellen Befindlichkeiten und den Möglichkeiten der Sprache, diese plastisch zu erfassen. Stefan Zweigs Novelle *Angst* (1910) widmet sich programmatisch diesem Phänomen und exerziert dabei vehement fast sämtliche physische Ausdrücke durch, die sich in medizinischen Nachschlagewerken zu dem Thema finden. Bei Alfred Döblin finden sich agoraphobische Panikattacken angesichts der Großstadt, die sich aus der Innenperspektive beispielsweise in einer veränderten Sehweise artikuliert, die Schwindel und nahende Ohnmacht indiziert. Schließlich ranken sich in der zeitgenössischen Prosa zahlreiche Angstszenarien um den Stuhlgang, so z. B. in Sarah Kuttners *Mängelexemplar* (2009). Die Beispiele ließen sich beliebig erweitern. Die Vokabel ›Angst‹ und eine bestimmte Körpersemantik sind topologisch geradezu so fest verbunden, dass es schon tautologisch wirkt, der Angst noch ein Merkmal wie Herzrasen hinzuzufügen. Umgekehrt bzw. weitergehend kann man sagen: Der Begriff ist der – natürlich wiederum begrifflich gefasste – körperliche Ausdruck selbst. Und beides zusammen bleibt schemenhaft – im Sinne von vage und von verfestigt,

und zwar ganz allgemein als Stereotyp oder Formel, aber auch im Sinne von Ingardens schematisierten Ansichten.

Einzelne Vokabeln oder Semantiken sind zunächst keine schematisierten Ansichten im Sinne Ingardens. Ingardens Modell beruht auf der Tatsache, dass ein Gegenstand in der Literatur nie in voller Bestimmtheit auftritt (Ingarden 1972, 279), sondern als Schema, Ansicht oder Konzept. Um aber dennoch zu einer möglichst deutlichen Bestimmung des literarischen Gegenstandes zu gelangen, kann ein Text zahlreiche Schemen, Ansichten, Aspekte und Perspektiven aufweisen, also konkreter Semantiken, Beschreibungen, Erzählperspektiven, Erzählstränge usw. Aber der literarische Gegenstand gelangt nie zu allseitiger, kompletter Bestimmung, also zu voller Präsenz, sondern bleibt immer schematisiert und somit letztlich un- oder unterbestimmt, um vom Leser oder der Leserin – natürlich nach Maßgabe des Textes – in dessen bzw. deren Vorstellung aktualisiert, also in gewisser Weise realisiert zu werden (ebd., 281–286). Es lässt sich somit vereinfacht davon ausgehen, dass nach diesem Modell drei ontologische Zustände eines Gegenstandes vorliegen können: Reale Existenz, fiktionale Existenz als eine Reihe von schematisierten Ansichten und eine Existenz in der Vorstellung des Lesers, die insofern mit Ersterer zusammenfällt als sie in der Aktualisierung Präsenz gewinnt oder eine Form von quasi-realer Bestimmtheit erlangt. Dabei muss man sich den realen Gegenstand als *komplex bestimmt* vorstellen, den literarische Gegenstand als unbestimmt, er soll aber über möglichst viele schematisierte Ansichten eine gewisse Komplexität erlangen, damit eine bestimmende Aktualisierung in der Leservorstellung möglich ist.

Das Besondere an der Angst ist nun, dass alle drei ontologischen Zustände von vornherein in eins zu fallen scheinen, und alle drei wie in einer Unschärferelation immer je nach Perspektive gleichermaßen unbestimmt oder bestimmt sind: Will man die Angst definitorisch, begrifflich konzeptualisieren und Beschreibungen oder Bestimmungen liefern, die nicht tautologisch sind, sondern wirklich synthetisch und erläuternd Aspekte hinzufügen, scheitert man; und doch ist sie allein mit dem Wort und ihrer analytisch-tautologischen Körpersemantik immer schon so da, dass jeder intuitiv erfasst, wovon die Rede ist, weil es keinen Über- und Unterschuss auf irgendeiner Seite der ontologischen Zustände gibt und alle unbestimmt und bestimmt zugleich sind. Angst ist in gewisser Hinsicht ausdruckslos, scheint aber ganz leicht für sich selbst zu sprechen. Paraphrasieren lässt sich das Angst-Körpersymptom-Schema kaum noch, aktualisieren kann der Lesende es allein aufgrund seiner Nennung.

Die Formelhaftigkeit und Stereotypie, also die Schemenhaftigkeit der Darstellung, die in der Literatur häufig anzutreffen ist, wenn es um Angst geht, indiziert zumindest diese doppelte Verfassung des Phänomens. Die Leserin oder der Leser hat es bei einer Nennung von ›Angst-Herzschlag‹ mit einer einzigen schematischen Ansicht zu tun, die der Gegenstand selbst ist und alleine plastische Präsenz gewinnt – er ist selbst, was er ist, ohne substantielle Hinterwelt oder feste Referenz – und gleichzeitig die nicht weiter bestimmte oder bestimmbare Leerstelle zwischen den Ansichten bleibt – der Begriff ist flüchtig, unfixierbar und letztlich leer. Anders gesagt: Eine präzisere oder komplexere Darstellung von Angst als die Nennung des Begriffs und der besagten Körpersemantik ist vielleicht nicht möglich. Angst liegt aber dennoch als Ansatzpunkte für Aktualisierungen seitens des Lesers bzw. der Leserin vor. Die oftmals reduzierte, unterkomplexe, vage-schematische literarische Konstruktion der Angst zeugt von der zielsicheren und leichten Evozierbarkeit des Phänomens in der Leservorstellung, also dessen imaginärer Bestimmbarkeit, weil der Leser oder die Leserin Angst offenbar schon allzu gut kennt. Eine präzisere und komplexere Darstellung von Angst als die Nennung des Begriffs und der besagten Körpersemantik ist vielleicht nicht nötig. Es lässt sich daraus entweder folgern, dass es sich um eine intersubjektiv verbindliche anthropologische Größe handelt oder dass eine eingehende historisch und kulturell gebundene Vorcodierung und Popularisierung stattgefunden hat.

Was auch immer von beidem zutrifft oder zuerst da war, noch bevor der Begriff je scharf war, ist er auf diese Weise schon wieder abgeschliffen und als Formel oder Code einsatzbereit. Angst selbst ist letztlich das Medium und nicht der Inhalt im Kontext narrativer Verfahren (Käuser 2010). Dabei bleibt die Angst substantiell unterbestimmt, aber dennoch wird sie in der Interaktion zwischen narrativen Texten und Leser/innen lebendig und wirksam. Im Sinne Luhmanns könnte Angst schließlich wie Geld oder Liebe als symbolisch generalisiertes Kommunikationsmedium beschrieben werden (Luhmann 1974). Der Begriff ›Angst‹ versammelt historisch und kulturell variable Zuschreibungen, die allerdings in jeder speziellen Konstellation intersubjektiv verbindlich anerkannt werden. Insofern setzt er

schon gelungene Kommunikation voraus bzw. garantiert diese oder erhöht deren Wahrscheinlichkeit. Kollektiv liegt somit ein ›Wert‹ vor, mit dem gehandelt, der also mit weiteren spezifischeren Zuschreibungen aufgeladen oder entladen werden kann und weitere Anschlusskommunikationen ermöglicht. Angst wird über die Narrativierung zu einem Kommunikationsphänomen (s. auch Kap. III. A.7). In fiktiven Texten setzt das jedoch deren spezielle Struktur voraus.

Angst als narrative Leerstelle

Angst entsteht im Leseprozess, indem der Leser oder die Leserin aufgrund von eigenen Erfahrungen und kulturellen Vorcodierungen schlicht versteht, was mit dem Begriff bzw. dem Begriff-Körpersymptom-Komplex gemeint ist; soweit die besagte tautologische Struktur im Kontext narrativer Verfahren. Im Zusammenhang der Text-Leser-Interaktion ist an Wolfgang Isers Konstanzer Antrittsvorlesung *Die Appellstruktur der Texte* zu denken, in der, im Anschluss an Ingarden, die *Unbestimmtheit als Wirkungsbedingung literarischer Prosa* prinzipiell postuliert wird. Auch bei Iser ist die Fiktion stets »Form ohne Realität« (Iser 1971, 10), und Bedeutungen werden im Lesevorgang generiert, indem in der Interaktion von Text und Lesenden das aktualisiert wird, was im Text angelegt ist. Bei der narrativen Einbettung von Angst ist die Perspektive auf das Dargestellte von entscheidender Bedeutung. Schon Ingarden stellt in *Das literarische Kunstwerk* Überlegungen zur Fokalisierung an (Ingarden 1972, 243), weil eine Erzählperspektive eine schematisierte Ansicht auf einen literarischen Gegenstand bilden kann. Und auch von Iser werden Fokalisierungsmöglichkeiten der Literatur angerissen, indem in Bezug auf fiktionale Literatur nicht von der textuellen Konstruktion von Gegenständen die Rede ist, sondern von der Darstellung der Reaktion auf Gegenstände (Iser 1971, 11). Nur das ist sprachlich vermittelbar und dem Lesenden zugänglich, d. h. auch ein Gegenstand wie Angst wird über Erzähler- und Figurenperspektiven vermittelt. Perspektiven können als je schematisierte Ansicht in verschiedenen Montageverfahren im Text aufeinanderstoßen, wobei zwischen ihnen Unbestimmtheits- oder Leerstellen entstehen. Kollisionen von Perspektiven, Handlungssträngen und anderen Ansichten eröffnen Zwischenräume, in denen sich die Leserphantasie entfalten kann. Isers Theorie bezieht sich auf jeden

Text bzw. jeden Leseprozess. Wenn von schematisierten Ansichten und deren Aufeinanderstoßen die Rede ist, ist immer eine Art Spannung zu verzeichnen unabhängig davon, ob es um Angst geht oder nicht. Und auch wenn der Begriff ›Angst‹ eine Leerstelle zu sein scheint, hat er nicht notwendig einen Zusammenhang mit Leerstellen im narratologisch-rezeptionstheoretischen Sinn. Aber da gerade der Begriff ›Angst‹ unterbestimmt ist und die Evokation von Angst von der Gestaltung von Spannung lebt, geht Angst häufig zumindest, wann immer sie auch sonst in einem Text in irgendeiner Weise repräsentiert ist, eine besondere Allianz mit textuellen Leerstellen ein. Außerdem ist anzumerken, dass vor allem Ingarden, in Resten aber auch Iser metaphorisch, in Erläuterungen und teilweise mit den behandelten Beispielen Visualität implizieren, die von ihnen dargelegte Art der Texterschließung also räumlich gedacht werden kann, so dass sich letztlich Schemen, Leerstellen, Raumwahrnehmung und Angst verbinden lassen. Gerade wenn es um Visualität geht, die sprachlich nie einholbar ist, obwohl der Leseprozess zumeist so aufgefasst wird, dass Sprache in der Phantasie Bilder evoziert, muss von Unbestimmtheiten und Lücken ausgegangen werden, die möglicherweise strukturell mit Beklemmungen und Ängsten beim Schreiben und Lesen einher gehen.

Leerstellen benennen Angst nicht, sondern lassen gerade die Lücke, in der Angst entstehen kann. Sie generieren damit nicht so sehr eine Vorstellung des Phänomens, sondern evozieren unter Umständen Angst direkt als Gefühl. Es geht also bei der Narrativierung von Angst bei Weitem nicht nur um die sprachliche Repräsentation bzw. die diskursive Thematisierung, vielmehr können Texte gezielt Angst machen. Dabei ist es von Bedeutung, dass die Leserin oder der Leser an die Perspektive einzelner Figuren oder des Erzählers gebunden ist oder aber zwischen ihnen steht und vermitteln muss. Der fiktionale Raum bleibt insofern immer unbestimmt als z. B. auch ein fiktiver Raum in ihm erzählerisch nicht gänzlich perspektivisch ausgeleuchtet werden kann. Der Leser bzw. die Leserin erhält Ausschnitte. Er oder sie muss zum einen abwarten, was als nächstes geschieht, weil chronologisch immer nur eine Ansicht nach der anderen geliefert wird. Darauf basiert der *suspense*-Effekt. Spannung liegt aber zum anderen auch im Sinne von *tension* vor, weil verschiedene Perspektiven unabhängig von ihrem Textsyntagma, d. h. ihrer Reihenfolge im Text, auf der ja Spannung basiert, verrechnet werden müssen, um einen ›Blick‹ auf den Gegenstand zu erlangen.

Es sei an Filmszenen erinnert (vgl. z. B. Weibel 2008), in denen – zumeist in der Nacht von einer weiblichen Figur – eine Tür geöffnet wird, und der Zuschauer oder die Zuschauerin vermuten muss, dass sich dahinter eine Gefahr verbirgt, dass sich anhand von geöffneten Schränken, zerwühlter Wäsche und Unordnung ein zurückliegender Handlungsstrang enthüllt oder dass die konkurrierende und mehrwissende Perspektive eines Einbrechers lauert, die Identifikationsfigur also längst die Beobachtete ist. Räume, Raumwahrnehmung und Raumerschließung bilden einen Topos oder eine Szenerie, die besonders deutlich Angst als Kommunikationsphänomen zwischen narrativen Leerstellen und dadurch letztlich zwischen Text und Leser als äußerst flüchtiges Phänomen beleuchten lassen.

In Edgar Allan Poes *The Pit and the Pendulum* wird der Leseprozess reflexiv gespiegelt, indem sich der fiktive Raum aufgrund der behinderten Wahrnehmung des Ich-Erzählers – Ohnmachten, Tasten im Dunkeln, Sehen im Halbdunkeln, gefesselt nur die Decke Sehen – sowohl diesem als auch dem Leser ebenso wenig offenbart, wie der Leser dadurch die komplette Fiktion überblicken könnte. Es entstehen Leerstellen, weil Ich-Erzähler wie Leser/innen perspektivisch aneinander gebunden sind. Dabei möchte der Erzähler wissen, was im fiktiven Raum noch an Gefahren auf ihn wartet, während die Leser/innen unter der Spannung stehen, was sich im fiktionalen Raum noch alles ereignen kann. Es liegt *suspense* vor, aber wieder basiert sie auf der *tension* zwischen den Ansichten, die eine Leerstelle eröffnet, denn es liegen verschiedene Perspektiven vor, indem der krampfhaft beobachtende Ich-Erzähler sich als der Beobachtete herausstellt. Letztlich muss der Erzähler vermuten, dass eine fremde Instanz oder fremde Instanzen von Außen aus vielfältigen Perspektiven auf ihn und den fiktiven Raum blicken können, der für diese völlig bestimmt und erschlossen erscheinen muss, während ihm und dem Leser immer nur einzelne Ausschnitte bleiben, und das Ganze letztlich unbestimmt ist. Der Text führt in der hier betonten Wahrnehmungsbeschränkung sehr unmittelbar vor, dass ein literarischer Gegenstand, z. B. ein Raum im fiktionalen Raum, dem Leser in ›Ansichten‹ präsentiert werden muss. Die Spannung beruht strukturell darauf, dass der Gegenstand nicht allseitig bestimmt und gegeben ist, sondern in verschiedenen Ansichten präsentiert wird. Schematisierte Ansichten werden im Text nach und nach entrollt, indem immer neue Wahrnehmungsaspekte eingebracht werden, aber ganz zentral ist die Leerstelle im Raum, die Bedrohung für den Erzähler und die Lücke für den Leser. Das, was nicht ist, also Leerstellen und Unbestimmtheit, erzeugen Angst im fiktionalen Raum, sie stehen für Angst und sind in gewisser Weise mit ihr gleichzusetzen.

Ebenso entsteht in Stefan Zweigs personaler Erzählung *Angst* Spannung als Mischung aus Nichtwissen und ahnender Erwartung, indem die ehebrechende Protagonistin eine zunehmende Paranoia entwickelt, bei ihrem Seitensprung gesehen, also ertappt zu werden. Zunächst handelt es sich dabei um *suspense*, die aber wiederum auf *tension* basiert, also der Kollision verschiedener Perspektiven. Ganz explizit wird die Entstehung der Angst zwischen den Ansichten über das Sehen ausgetragen. Während Leser und Leserin nahezu ausschließlich wahrnehmen, was die Figur sieht, geht es permanent um die Frage, wer wen sieht und beobachtet, wer – metaphorisch gesprochen – niemandem mehr im Rücken hat und mit einem noch weiteren Bildausschnitt sozusagen der letzte, allwissende und alles sehende Beobachter ist. Wieder geht es um Räume und Raumwahrnehmung sowie die narrative Vermittlung des fiktionalen Raumes über die jeweiligen Perspektiven, also die Fokalisierung, aufgrund derer die Leser/innen ostentativ beschränkte Ansichten auf das Dargestellte, also z. B. eine Straße, gewinnen. Angst entsteht als gefühltes Rezeptionsphänomen, weil sich in der personalen Erzählung sehr lange keine Möglichkeit auftut, die verschiedenen Perspektiven zu verrechnen, also eine übergeordnete ganzheitliche Perspektive zu erlangen, die – das erfährt der Leser am Ende – der betrogene Ehemann der Protagonistin die ganze Zeit über inne hatte. Im Text schwingt permanent über die Paranoia der Protagonistin das Unbehagen mit, dass es im Vergleich oder in Konkurrenz zum Lesenden eine mehrwissende Instanz gibt, während jener erzähltechnisch der Komplize der sinnlich limitierten Ehebrecherin ist.

Nicht immer muss der Begriff ›Angst‹ in diesem Kontext fallen. So erreicht Franz Kafkas *Die Verwandlung* (1912) ein Höchstmaß an Beklemmung, ohne semantisch um den Begriff zu kreisen, indem auch in dieser Erzählung eine ungewöhnliche Perspektive auf die Welt in einer ohnmächtigen, defizitären Lage geschildert wird. Die menschliche Perspektive gilt hier als Maßstab einer beruhigenden allseitigen Bestimmtheit, während der Käfer das Maß der Fiktion verkörpert, die sich über eine ungewöhnliche, verstörende und letztlich als reduziert empfundene Perspektive präsentiert.

In der Moderne wird vor allem der großstädtische Raum aufgrund seiner Dynamik und Unübersicht-

lichkeit narrativ mit diversen pathologischen Phänomenen verbunden, so auch mit Angst. In Döblins *Berlin Alexanderplatz* (1929) wird Angst nicht explizit benannt, psychologisch durchleuchtet oder erzählerisch ausgebreitet. Aber der Lesende hat es mit einem Protagonisten zu tun, der sich durch Sehen des großstädtischen Raumes bemächtigen will und kläglich daran scheitert, weil die fiktive Großstadt sich in einer schwindelerregenden Reihung von Montage- und Collageversatzstücken zeigt. Es ist nicht möglich, zwischen all diesen Ansichten einen ruhigen, ganzheitlichen, souveränen Blickpunkt auf die Umgebung zu gewinnen. Stattdessen mehren sich Leerstellen und Lücken, die die Unbestimmtheit des Raumes vergrößern. Vielleicht wird der fiktive Raum Berlin als Ganzes so am besten erzählerisch bestimmt – gemäß Ingarden müsste dies der Fall sein, weil so viele Ansichten eröffnet werden –, aber der Leser verliert doch oft beim Lesen die Orientierung und ist gezwungen, Biberkopfs hilflose Perspektive einzunehmen. Die Vermehrung der Ansichten in der Polyperspektive bedeutet – und dies zeigt Iser anhand von Joyce – eine Multiplikation der Leerstellen und somit eine hohe Freigabe (Iser 1971, 23, 25), mit der der Leser fertig werden muss. Der textuelle, fiktionale Raum bietet Herausforderungen, indem der fiktive Raum zusammen mit Biberkopf, der schließlich eine Panikattacke erleidet, nicht mehr einheitlich erfasst werden kann. Angst bleibt insgesamt ein Phänomen der Lektüre, das in den Leerstellen entsteht, und dennoch bleibt sie gerade in diesem Text begrifflich weitgehend als unbestimmte Leerstelle stehen.

Narrative Thematisierung vs. Evokation

Die Semantisierung von Emotionen scheint in ihrem literarischen Vollzug komplizierter oder nichtssagender zu sein als deren sprachliche Evokation: Angst kann einerseits nur mit großen Schwierigkeiten und Umwegen beschrieben werden und entzieht sich einem begrifflichen oder ästhetischen Fixierungsversuch, ist aber paradoxerweise auch bei stereotypen, formelhaften und verfestigten, letztlich geradezu tautologischen Codes präsent. Zumindest legt die häufige und erfolgreiche Verwendung der erörterten Körpersymptom-Semantik nahe, dass sie funktional ist, was bereits als Rezeptionsphänomen gedeutet werden muss. Bei minimalem literarischen Aufwand und offensichtlich gelungener Kommunikation mit dem Rezipienten muss davon ausgegangen werden, dass das *Medium* ›Angst-Körpersymptom‹ kommunikativ *im Rezipienten* wirksam und auf diesem Weg anschlussfähig ist. Dass der Leser im Kontext von Angst noch darüber hinaus aktiviert werden soll und wird, zeigt sich daran, dass bestimmte sprachliche Strukturen und Topoi, die nicht zwingend um den Ausdruck von Angst bemüht sind, Angst auslösen (Keitel 1986, 16–18; Hillebrandt 2011, 275). Dazu gehört die Benennung von Angst- bzw. Furcht-Gegenständen wie Spinnen oder Arbeitslosigkeit ebenso wie die beschriebenen Leerstellen, die den Lesenden in Unwissen und Desorientierung lassen.

Analog dazu bereitet die literaturwissenschaftliche Analyse des Begriffs oder die Benennung des Phänomens ›Angst‹ erhebliche Schwierigkeiten und liefert oftmals lediglich Paraphrasen dessen, was die Literatur bereits konstruiert hat, während das Beleuchten des Interaktionsprozesses zwischen Text und Rezeption, um angstauslösende Mechanismen zu identifizieren, das Potential birgt, sowohl Texte als auch Angst in ihrer Funktionsweise zu hinterfragen. So ließe sich im Kontext von Angst einmal mehr nachvollziehen, wie in Bezug auf das sprachliche Leistungsvermögen Substanzkategorien, d. h. die Vorstellung, dass ein Ausdruck klare Bedeutungen *hat*, in ein pragmatisches Verständnis, also die Annahme, dass Bedeutung in kommunikativen Prozessen *entsteht*, münden, wie also statische Gegenstands-Zuordnungen zu dynamischen Beschreibungen von Rezeptionsprozessen führen, wenn der methodologische Zugriff reflexiv zur Debatte stünde. Jedoch soll im vorliegenden Kontext mit eben einem solchen zweifachen Zugang in einem spezifischeren Sinn etwas über den Begriff oder das Phänomen ›Angst‹ selbst gesagt werden. Es ist bezeichnenderweise der Gegenstand, der diese doppelte Betrachtungsweise geradezu erzwingt. Es ist ein Aspekt des Phänomens, dass es in der Kunst und deren Analyse nur plastisch und real wird, wo es nicht direkt begrifflich festgemacht wird, sondern wo prozessual die Wirkweise und die kommunikative Dimension in den Blick gerät. Angst selbst ist ein Code, der sehr verschiedenartig aufgeladen werden kann, wenn man die kulturell und historisch variablen konkreten Angst-Szenarien betrachtet, kann aber, gerade weil sie ein Code oder ein Medium ist, immer wieder auf ähnliche Weise in ihrer kommunikativen Funktion beschrieben werden. Und es sind narrative Einbettungen, die die dazu nötige Dynamisierung leisten, auch wenn der Gegenstand dadurch nur temporär aufscheint.

Narrative Gegenstände der Angst

Angst kann jenseits ihres eigenen Ausdrucks in der Körperlichkeit und ihrer Evokation über Leerstellen auch anhand ihrer Gegenstände sowohl beschrieben als auch ausgelöst werden. Nicht nur in Medizin und Psychologie wird zumeist davon ausgegangen, dass es allgemeinmenschliche Urängste gibt, die biologistisch oder evolutionistisch interpretiert werden können (s. Kap. II.11). Das Erklärungsmuster derartiger Angst-Szenarien läuft immer wieder darauf hinaus, dass ein hypothetischer, aber als real angenommener Mensch bzw. *alle* Menschen in einem Urszenario zwingend mit Angst auf einen Reiz reagieren mussten, um ihr Leben zu retten, dass also gefährliche oder bedrohliche Situationen reflexartig physiologische Schutzreaktionen hervorrufen. Angst ist in Bezug auf ihre Auslöser oder Reize als Gefahrensinn zu verstehen (vgl. Engell/Siegert/Vogl 2010). Möglicherweise kann Angst verbunden mit einem Körpersymptom als schematisierte Ansicht in Erzählungen unter anderem daher verwendet werden, weil dieses Urszenario in seiner Zuschreibung als solches so verbreitet ist. Während Körpersymptome Angst indizieren und es durchaus weiterer Mittel bedarf um eine Identifikation mit der angstbesetzten literarischen Figur herzustellen, löst der entsprechende Gegenstand vielleicht direkter Ängste aus.

Die Erwähnung von als gefährlich eingestuften Tieren wie Haie, Schlangen, Spinnen oder Naturkatastrophen, Dunkelheit etc. mögen genügen, oder es bedarf darüber hinaus lediglich einfacherer rhetorischer Verfahren der Veranschaulichung z. B. eine atmosphärisch-synästhetische Einbettung. Letztlich haben die besagten Motive einen Status inne, der dem von C.G. Jungs archetypischen Symbolen ähnelt, die überhistorisch und kulturübergreifend bei allen Menschen ähnliche Assoziationen wecken sollen (Jung 1990). In Anschlag gebracht wird ein kollektives Unterbewusstsein, eine kaum variable tiefenpsychologisch fassbare archaisch-mythische Entität, die dies garantiert. Jung spricht im engeren Sinn nicht von Urängsten, aber analog zu seinen Ausführungen kann man als Gegenstände der Angst die besagten Tiere, Naturkatastrophen sowie andere unmittelbar desorientierende und lebensbedrohliche Situationen als Kollektivsymbole benennen, denen Wirksamkeit aufgrund unterbewusster oder archaischer Schichten zugesprochen wird bzw. die schneller erlernbar sind als andere Ängste (Seligman 1971). Da Jung aber gerade mythische Erzählungen als Manifestation von Urerfahrungen heranzieht, bleibt umso mehr fraglich, ob von der Existenz derartiger psychologischer Muster ausgegangen werden kann oder ob es sich auch hierbei nicht vielmehr um kollektiv kulturell – also auch bereits narrativ – vermittelte und somit variable Phänomene handelt. Urszenarien dienen also möglicherweise der Naturalisierung kulturell und bereits narrativ vermittelter Ängste. Auch hier liegt also die tautologische Struktur vor, dass Schlangen in einem narrativen Text für Angst stehen oder Angst machen, weil sie schon zuvor in narrativen Texten derart zugeordnet und verknüpft wurden. Eine narrative Konditionierung auf der Seite des Lesers sowie eine intertextuelle Verhandlung auf der Seite der Erzählungen kreieren letztlich Angst als komplexes kulturelles Phänomen.

Steven Spielbergs Spielfilm *Jaws* (1975) setzt beispielsweise auf einen Gegenstand der Angst, der kollektiv als ›natürlich‹ gefährlich gilt und Angst bereitet, jedoch ist gerade hier zu beobachten, wie diese Angst aufgrund der filmisch-narrativen Gestaltung weiter diffundiert, wie ausgehend vom Film Haie sowohl real scheinbar unweigerlich Ängste auslösen und fiktional als fester Topos mit ihnen verbunden sind. Haiattacken bilden eine – musikalisch untermauerte und visuell eindrucksvolle – Zäsur zwischen einem glücklichen Zustand unter Freunden und der Familie in einem Badeort und Tod und Verstümmelung. Es ist anzunehmen, dass die filmische Inszenierung zwar auf eine natürliche Gefahr setzt, Ängste als kollektives Phänomen jedoch erst im vorliegenden Maß evoziert.

Nicht fiktional und nicht für die Öffentlichkeit bestimmt – aber was war das schon bei diesem Autor – beschreibt Kafka seine Ängste vor Mäusen (Kafka 1989, 197–205), die im Vergleich zu Haien eine subtilere Gefahr darstellen, aber aufgrund von deren Zuschreibung als Krankheitsüberträger ebenfalls als Kollektivsymbol der Angst gelten können (s. Kap. IV. A.2).

Insgesamt handelt es sich um biologisch, medizinisch oder psychoanalytisch interpretierte Topoi, die jedoch, wie bereits gesagt, in Bezug auf Angst letztlich insofern wirksam werden als sie narrativ konstruiert oder aber zumindest vermittelt und aktualisiert werden. Sie bilden zumindest Szenen gemeinsamer Aufmerksamkeit (Tomasello 2006, 128), d. h. sie beruhen auf einer kollektiv geteilten Wahrnehmung des gleichen Gegenstandes, eines bewussten und reflexiven Prozesses der gegenseitigen Aufmerksamkeitslenkung auf den gleichen Gegenstand in der Welt (vgl. dazu auch Bauer 2003). Mit anderen Worten: Auch wenn sich Angst um wirkliche oder vermeintliche natürliche Gefahren rankt, katalysiert die Narration diese erst durch Aufmerksamkeitslenkung. Narrative Prozesse, von denen letztlich ungeklärt bleiben muss, woraus sie ihren Ursprung beziehen, verstärken also zumindest die Wahrnehmung von angsteinflößenden Gegenständen, wenn sie sie nicht gar initiieren.

Deutlicher von naturalisierten Topoi abgekoppelt erscheinen Szenarien, Motive und Gegenstände der Angst ausgehend von konkreten historischen oder kulturellen Ereignissen. Anhand von Präfigurationen, die im weitesten Sinne als kollektive Traumata aufgefasst werden können, können Ängste benannt, aktualisiert und evoziert werden, indem massenmedial vorvermittelte Themen rekapituliert oder zitiert werden. Dass Angst im Spiel ist, hochgehalten oder geweckt wird, wenn seit dem 11. September 2001 Aspekte terroristischer Anschläge, wie einstürzende Hochhäuser oder von Hochhäusern springende Menschen, in Narrationen auch nur erwähnt werden, dürfte kaum jemand bestreiten.

Insgesamt sind bei kollektiven Gegenständen der Angst die narrativen Verfahren weniger von Bedeutung als die Benennung fester Topoi, und gerade bei zeitnahen Traumatisierungen anhand von formelhaften und stereotypen Beschreibungen und Begriffen leicht wachzurufen. Im Gegensatz zu der topologischen Verbindung mit Körpersymptomen ist es aber eben nicht die Angst selbst, die ihren Ausdruck sucht, sondern eine Furcht gebunden an eine spezielle kulturelle und historische Konstellation, die lebendig und bekannt sein muss. Narrationen können also aufgrund ihrer spezifischen Verfasstheit Rezipienten aktivieren und somit Angst als flüchtiges Phänomen erzeugen, aber immer wieder taucht die zirkulärer Struktur auf, dass biologisch, kulturell, massenmedial oder fiktional bereits Prädisponierungen und Vorcodierungen stattgefunden haben müssen, damit Angst real werden kann, wenngleich der Narration eine immense konstruktive und verstärkende Funktion zukommt, die als Ereignisverknüpfungen über schematisierte Ansichten und Leerstellen in allen Medien und Gattungen zum Tragen kommen kann.

Literatur

Bauer, Matthias: Szenen gemeinsamer Aufmerksamkeit. Medien als Kulturpoetik. Zum Verhältnis von Kulturanthropologie, Semiotik und Medienphilosophie. In: Christoph Ernst/Petra Gropp/Karl Anton Sprengard (Hg.): *Perspektiven interdisziplinärer Medienphilosophie*. Bielefeld 2003, 94–118.

Engell, Lorenz/Siegert, Bernhard/Vogl, Joseph (Hg.): *Archiv für Mediengeschichte* 9 (2010): Gefahrensinn.

Forster, Edward Morgan: *Aspects of the Novel* [1927]. Harmondsworth 1977.

Genette, Gérard: *Die Erzählung*. Aus dem Französischen von Andreas Knop, mit einem Nachwort hg. von Jochen Vogt. München 1998 (franz. 1966 f.).

Georges, Karl Ernst: *Lateinisch-deutsch, deutsch-lateinisch. Ausführliches lateinisch-deutsches Handwörterbuch. Kleines deutsch-lateinisch Handwörterbuch*. Berlin 2004.

Gülich, Elisabeth: Ansätze zu einer kommunikationsorientierten Erzähltextanalyse. In: Wolfgang Haubrichs (Hg.): *Erzählforschung. Bd. 1: Theorien, Modelle und Methoden der Narrativik*. Göttingen 1976, 224–256.

Hillebrandt, Claudia: »Das grauenvolle Drommetenrot« – Zum Angstkonzept in Leo Perutz' Der Meister des jüngsten Tages. In: Lisanne Ebert/Carola Gruber/Benjamin Meisnitzer/Sabine Rettinger (Hg): *Emotionale Grenzgänge. Konzeptualisierungen von Liebe, Trauer und Angst in Sprache und Literatur*. Würzburg 2011, 273–288.

Ingarden, Roman: *Das literarische Kunstwerk. Mit einem Anhang von den Funktionen der Sprache im Theaterschauspiel*. Tübingen 1972 (poln. 1931).

Iser, Wolfgang: *Die Appellstruktur der Texte. Unbestimmtheit als Wirkungsbedingung literarischer Prosa*. Konstanz 1971.

Jung, Carl Gustav: *Archetypen* [1934, 1936]. München 1990.

Kafka, Franz: Briefe 1902–1924. In: Ders.: *Gesammelte Werke*. Taschenbuchausgabe in acht Bänden. Hg. von Max Brod. Frankfurt a. M. 1989.

Käuser, Andreas: Angst. Begriff – Diskurs – Medium. In: Werkleitz Gesellschaft e.V./KUNSTrePUBLIK e.V. (Hg): *Angst hat große Augen*. Halle 2010, 15–26.

Keitel, Evelyne: *Psychopathographien. Die Vermittlung psychotischer Zustände in der Literatur*. Heidelberg 1986.

Luhmann, Niklas: Einführende Bemerkung zu einer Theorie symbolisch generalisierter Kommunikationsmedien. In: *Zeitschrift für Soziologie* 3/3 (1974), 236–255.

Meyer-Sickendiek, Burkhard: *Affektpoetik. Eine Kulturgeschichte literarischer Emotionen*. Würzburg 2005.

Rajewsky, Irina O.: *Intermedialität*. Tübingen 2002.

Seligman, Martin: Phobias and preparedness. In: *Behavior Therapy* 2 (1971), 307–320.

Tomasello, Michael: *Die kulturelle Entwicklung des menschlichen Denkens. Zur Evolution der Kognition*. Frankfurt a. M. 2006.

Weibel, Adrian: *Spannung bei Hitchcock. Zur Funktionsweise des auktorialen Suspense*. Würzburg 2008.

White, Hayden: *Tropics of Discourse. Essays in Cultural Criticism*. Baltimore/London 1978.

White, Hayden: *The Content of the Form. Narrative Discourse and Historical Representation*. Baltimore/London 1987.

Maren Lickhardt

7. Kommunikation

Kommunikation und Angst scheinen auf den ersten Blick wenig kompatibel zu sein: Wer von Angst überwältigt wird, dem verschlägt es die Sprache; der Körper übernimmt die Führung. Diese Nicht-Diskursivität mag ein Grund dafür sein, dass das Thema Angst lange Zeit nur ein randständiges Thema der Kommunikationswissenschaft war – es passt nicht in den kognitivistischen Rahmen des Sender-Empfänger-Modells oder zum Rationalismus einer Theorie verständigungsorientierten Handelns. In Standardwerken zur Publizistik- und Massenkommunikation tauchte es dann auch nur im Zusammenhang der Frage nach den Wirkungen von Gewaltdarstellungen auf (vgl. Noelle-Neumann/Schulz/Wilke 1996). In einer breiteren kultur- und medienwissenschaftlichen Perspektive stellt sich jedoch gerade die Nicht-Diskursivität und spezifische Affektivität der Angst als ein besonders wirkmächtiger kommunikativer Faktor dar.

Die rasanten medientechnologischen Innovationsschübe sowie neue Gefährdungslagen unter den Bedingungen der Globalisierung haben zur Entwicklung neuer begrifflicher Instrumente geführt, die sowohl in historischer wie systematischer Perspektive die Rolle und Bedeutung der Angst in der öffentlichen Kommunikation erhellen helfen: Dazu gehören unter anderem die Konzepte ›Angstkultur‹, ›Angstmilieu‹, ›Angstpolitik‹ sowie das Konzept der ›Angstkommunikation‹, das Niklas Luhmann im Zusammenhang seiner Kritik an den kommunikativen Strategien der Ökologiebewegung entwickelt hat und das seitdem auch zur Analyse weiterer Problemfelder genutzt worden ist. Eine differenzierte kommunikationswissenschaftliche Auseinandersetzung mit dem Thema Angstkommunikation steht noch aus (vgl. Bergmann 2002, 10). Das Konzept scheint jedoch geeignet zu sein, das Moment der Angst in verschiedenen Kommunikationsformen schärfer beleuchten zu können und diese Formen, die bisher isoliert untersucht worden sind, in einem Zusammenhang zu sehen und bezüglich der sprachlichen und ikonischen Muster der Darstellung und Bewältigung von Angst, der implizierten Handlungslogiken, Erwartungs- und Inszenierungsschemata u. a. m. in vergleichender Perspektive zu betrachten. Angst wird so als eine treibende Kraft von Diskursen und als kommunikativ und medial vermittelter geschichtsmächtiger Faktor erkennbar.

Das Gerücht

Zu den am besten erforschten kommunikativen Formen, die sich dem Konzept der Angstkommunikation subsumieren lassen, gehört das Gerücht. Eine frühe Darstellung findet sich im vierten Buch von Vergils *Aeneis*, wo es heißt:

Augenblicklich geht durch Libyens große Städte Fama, Fama, kein anderes Übel ist schneller als sie: durch Beweglichkeit ist sie stark und Kräfte gewinnt sie sich beim Umhergehen, klein anfänglich aus Furcht, bald darauf schwingt sie in die Lüfte und geht am Erdboden einher und verbirgt ihren Kopf zwischen den Wolken […] ein Ungeheuer, schrecklich, unmenschlich, an dem so viele Federn sind, so viele wachsame Augen sind darunter – so erstaunlich es klingt – so viele Zungen, ebenso viele Münder ertönen, so viele Ohren spitzt sie (Vergil: Aeneis, 43).

Zentrale Elemente dieser Darstellung finden sich wieder in der berühmten Lithographie *Das Gerücht* (1943) von Paul Weber, die der Schriftsteller Arno Schmidt als die beste Allegorie seit Leonardo da Vinci bezeichnet hat. Den beiden Darstellungen ist gemeinsam, dass das Gerücht als ein eigenmächtig handelnder, übermenschlicher Organismus gefasst wird, dessen Körper aus den Sinnes- und Sprechorganen menschlicher Wesen besteht. Die mit dieser Figur verbundene eigentümliche Depotenzierung und Mediatisierung des Menschen und die komplementäre Versubjektivierung und Autonomisierung des Gerüchts sind zentrale Topoi, die sich noch in der abstrakten wissenschaftlichen Fachprosa greifen lassen. In einem Sammelband über das Gerücht heißt es z. B.: »Das Gerücht kann sowohl Mittel als auch Mittler einer Information sein. Informationen werden durch das Gerücht gespeichert und von einer Person auf eine andere übertragen. In diesem Sinne kann vom Gerücht als einem eigenständigen Medium gesprochen werden. Gleichzeitig kann sich das Gerücht aber auch anderer Medien, beispielsweise der klassischen Massenmedien oder des Internets, bedienen« (Bruhn 2004, 13). Das Gerücht als ein eigenständiges Medium, das sich anderer Medien (darunter des Menschen) bedient – die Semantik des hier implizierten Kommunikationsbegriffs passt weit eher auf kommunizierende Röhren als auf ein souveränes Sprechersubjekt, was zur Analyse der sachlichen Gründe für diese paradoxe Bestimmung herausfordert.

Gerüchte sind zunächst dadurch charakterisiert, dass die Quelle ihrer Herkunft unverbürgt ist. Eine komplementäre Dimension der Unsicherheit bilden ihre kulturellen und psychologischen Voraussetzun-

gen: Gerüchte sind in ihrer Entstehung gebunden an Situationen eines verbreiteten Orientierungsverlustes und einen angstbesetzten Erwartungshorizont. Gerüchte haben daher insbesondere in Kriegs- und Krisenzeiten Hochkonjunktur. Ein historisches Beispiel für solche Zeiten extremer Ungewissheit und eines allgemeinen Bedrohungsgefühls ist die Lage in Japan nach den Atombombenabwürfen, als eine Vielzahl von Gerüchten über bevorstehende weitere Bombenabwürfe und über mögliche unheimliche Folgewirkungen der historisch neuen Zerstörungsmittel entstanden sind (vgl. Lifton 1991, 67–73). Allgemein lässt sich festhalten, dass die Entstehung eines Gerüchts umso wahrscheinlicher ist und seine Ausbreitung umso schneller verläuft, je unsicherer die allgemeine Situation ist und je betroffener die Einzelnen vom jeweiligen Inhalt eines Gerüchtes sind.

Aufgrund des kollektiven und häufig informellen Charakters sowie der starken Abhängigkeit des Gerüchts von psychologischen Dispositionen und konkreten Situationen unterliegen die Inhalte und Formen von Gerüchten in hohem Maße dem historischen Wandel. In Bezug auf die Dynamik einzelner Gerüchte ist festgehalten worden, dass sich die Inhalte derselben bei der Weitergabe beständig verändern (vgl. Allport/Postman 1958). Diese – häufig in Analogie zum Spiel der ›stillen Post‹ beschriebene – Transformationsdynamik hat ihren Grund in den jeweils verschiedenen Charakterschicksalen und Prädispositionen der am Gerücht Beteiligten, die den Sinn des Gehörten ihren eigenen Wünschen, Ängsten und Erwartungen entsprechend anpassen und damit modifizieren. In historischer Perspektive ist der Medienwandel ein wichtiger Faktor, mit dem sich vor allem die Reichweite und Geschwindigkeit von Gerüchten verändern. Hatte Horst Schuh in seiner Studie zum Gerücht aus dem Jahr 1981 auf die Medien des Flugblatts, des Briefes, des Telefons und der Eisenbahn verwiesen, die zur raschen Verbreitung von Gerüchten beitragen, so markiert die Entstehung des Internets eine weitere medien- und kommunikationsgeschichtliche Zäsur. Da buchstäblich jeder Nutzer an der Kommunikation partizipieren kann, erhöhen sich nicht nur schlagartig die Reichweite und Verbreitungsgeschwindigkeit, sondern auch der informelle Charakter der Kommunikation. Die Struktur des Netzes macht für den Einzelnen eine konkrete Zuordnung der ursprünglichen Quelle der Nachricht beinahe unmöglich, womit das Internet einen idealen Rahmen für die Entstehung und Verbreitung von Gerüchten bzw. generell für alle möglichen Formen angstbasierter Kommunikation abgibt.

Die Aufnahme und Verbreitung von Gerüchten kann als Versuch betrachtet werden, den Spannungszustand unter den Bedingungen extremer Unsicherheit und potentieller Bedrohung zu bewältigen. Auf der psychologischen Ebene erscheint die Partizipation am Gerücht als ein *Coping*-Mechanismus, der aus der Sprach- und Orientierungslosigkeit durch die Konstitution eines Themas oder die Identifizierung eines Problems bzw. einer Problemursache, an denen sich das Subjekt weiter abarbeiten kann, herausführt. Auf der sozialen Ebene stiftet das Gerücht als Kommunikationsform Bindungen zwischen ›Betroffenen‹. Der Einzelne wird zum oder erlebt sich als Teil einer Schicksalsgemeinschaft. Durch die Gemeinschaftsbildung wird zugleich ein Außen markiert, was immer auch politische Handlungsoptionen impliziert. Besonders in Krisen- und Kriegszeiten wird das Gerücht als politische Waffe eingesetzt. Das ›Streuen‹ von Gerüchten soll zur Verunsicherung und Denunziation von Gegnern beitragen und kann auch als Mittel der Ablenkung und Aufmerksamkeitssteuerung genutzt werden. Im Kriegsfall ist es ein unverzichtbares Mittel der psychologischen Kriegführung. Die Bemühungen der PR-Abteilungen der Kriegsparteien richten sich dabei immer zugleich auf die gegnerische Seite, die durch Erzeugung von Ängsten in ihrer Widerstandskraft geschwächt, sowie auf die eigene Seite, die durch Aufklärungsarbeit gegen den schädlichen Einfluss der Gerüchte immunisiert werden soll. Die Übergänge zwischen Gerücht und Desinformation sind hier besonders fließend.

Nach ihren jeweiligen Inhalten können Gerüchte in Wunsch-, Aggressions- und Angstgerüchte unterschieden werden. Beim Wunschgerücht geht es, wie die Bezeichnung schon festhält, im Wesentlichen um die Erfüllung zumeist uneingestandener oder unbewusster Wünsche, die durch die Partizipation am Gerücht auf symbolische Weise befriedigt werden. Ein Komplementärphänomen bilden die Aggressions- oder Feindseligkeitsgerüchte, die unterdrückte aggressive Haltungen der Kommunikanten zum Ausdruck bringen. Funktional betrachtet, stärken Aggressionsgerüchte die Zugehörigkeit zur eigenen Gruppe. Zugleich erzeugen oder verfestigen sie aber auch den Gegensatz zu anderen Gruppen, deren Mitglieder als Fremde oder gar Feinde wahrgenommen werden. Im Unterschied zum Wunsch- und Aggressionsgerücht ist das Angstgerücht wesentlich diffuser – es lässt sich weder einseitig auf innere psychische Dispositionen noch auf klar bestimmte äußere Quellen beziehen – vielmehr sind beide Dimensionen beim Angstgerücht auf eine untrennbare Weise verwoben. Allgemein lässt sich sagen, dass weit mehr Gerüchte mit negativem Inhalt zirkulieren, und dass alle Angstgerüchte negativen Inhaltes sind. Als ein Amalgam innerer und äußerer Bedrohungen sollen sie von emotionalen und psychischen Spannungen befreien und einfache Erklärungsmuster für komplexe, als gefährlich und bedrohlich empfundene Situationen liefern.

Pathische Projektionen: Der Antisemitismus

Aggressions- und Angstgerüchte sind häufig Bestandteil von antisemitischen Verschwörungen. Theodor W. Adorno hat in seinen *Minima Moralia* (1951) Antisemitismus und Gerücht definitorisch zur Deckung gebracht: »Der Antisemitismus ist das Gerücht über die Juden« (Adorno 1994, 141). Dennoch ist der Antisemitismus als eine eigenständige, besonders wirkmächtige Form der Angstkommunikation zu beschreiben. Im Unterschied zum Gerücht, das sich als Reaktion auf eine konkrete Problemlage bildet und nach Bekanntwerden detaillierterer Informationen seine Faszinationskraft und seinen Erregungswert verliert, handelt es sich beim Antisemitismus um ein kulturell tradiertes Vorurteilsmuster, das sich als äußerst kritik- und revisionsresistent erwiesen hat. Aus diesem Grund wurde vorgeschlagen, statt von Verschwörungstheorien eher von Verschwörungsmythen oder von einer Verschwörungsideologie zu sprechen (Jaecker 2004, 14). Detlev Claussen hebt auf die Persistenz des Antisemitismus ab, wenn er ihn als eine ›Alltagsreligion‹ beschreibt. Zugleich wendet er sich mit diesem Konzept gegen ein Verständnis des Antisemitismus als bloßer Gesinnung, Vorurteil oder Ideologie und betont, dass es sich um ein Phänomen an der Schnittstelle zwischen Kommunikation und materieller Interaktion handelt (vgl. Claussen 1994, 20–29). Antisemitisches Sprachhandeln ist ein politischer Appell, der Unterwerfungs- und Mobilisierungsbereitschaft signalisiert und nach autoritärer Führung verlangt. In Bezug auf den kommunikativen Gehalt ist es wichtig festzuhalten, dass dieser nichts über die Geschichte oder Eigenarten ›der Juden‹ selber aussagt – als Form eines kollektiven Wahns verweist der Antisemitismus vielmehr auf diejenigen zurück, die das Bild vom ›Juden‹ konstruieren. In diesem Sinne heißt es in der *Dialektik der Aufklärung* (1947), der Antisemitismus beruhe »auf falscher Projektion« (Horkheimer/Adorno 1998, 196). Als Beleg für diese Auffassung kann die Beobachtung dienen, dass antisemitische Stereotypen auch dort reproduziert werden, wo es gar keine jüdische Bevölkerung gibt, weshalb man auch von einem ›Antisemitismus ohne Juden‹ spricht.

Heinz Dieter Kittsteiner (2006) hat den Antisemitismus als eine gewaltförmige Strategie der Angstbewältigung beschrieben, die ihren Grund in den spezifischen Formen der modernen Gesellschaft hat. Im Unterschied zu traditionellen Gemeinschaften ist die Moderne eine Gesellschaftsordnung, in der die Herrschaft einen versachlichten, unpersönlichen Charakter annimmt. Der ökonomische Zusammenhang ist gegenüber den Marktteilnehmern verselbständigt und seine Dynamik folgt einer Logik, die von unmittelbaren menschlichen Zwecksetzungen unabhängig ist. Für den Einzelnen hat das zur Konsequenz, dass seine Existenzvoraussetzungen von Umständen abhängig sind, die sich in entscheidenden Aspekten seiner Kontrolle entziehen, wie sich an Arbeitslosigkeit, Inflation oder ökonomischem Bankrott zeigt. Gerade in Krisenzeiten wird diese Unverfügbarkeit relevanter Handlungsoptionen traumatisch erfahren, sie bildet aber einen generellen Erfahrungshintergrund der Alltagswirklichkeit und ist dementsprechend eine beständige Quelle der Angst. Die antisemitische Feindbildproduktion wird von Kittsteiner vor diesem Hintergrund als eine Transformation der unbestimmt-objektlosen Angst in eine objektbezogene Furcht verstanden, die die Form einer Personalisierung der abstrakten Herrschaft annimmt. Für unerklärliche Zusammenhänge wird ein ›Schuldiger‹ gefunden, und seine Adressierung stellt eine handhabbare ›Lösung‹ der Krise in Aussicht (s. auch Einleitung Kap. II).

Moishe Postone hat im Rückgriff auf Kategorien der Marxschen Fetischismuskritik den modernen Antisemitismus als eine ›besonders gefährliche Form des Fetischs‹ dargestellt. Die Besonderheit dieser Form lässt sich an der Darstellung der den Juden zugeschriebenen Macht ablesen. Ihre

qualitative Andersartigkeit […] wird mit Attributen wie mysteriöse *Unfaßbarkeit*, *Abstraktheit* und *Allgemeinheit* umschrieben. […] Weil diese Macht nicht konkret gebunden, nicht ›verwurzelt‹ ist, wird sie als ungeheuer groß und schwer kontrollierbar empfunden. Sie steht hinter den Erscheinungen, ist aber nicht identisch mit ihnen. Ihre Quelle ist daher verborgen: konspirativ. Die Juden stehen für eine ungeheuer machtvolle, unfassbare, internationale Verschwörung (Postone 1995, 31).

Die für den Antisemitismus charakteristische Personalisierung abstrakter Herrschaft folgt dabei einer bemerkenswert stereotypen Bildstrategie, wie Postone anhand eines Naziplakates näher verdeutlicht: Es zeigt Deutschland – dargestellt als starken, ehrlichen Arbeiter –, das im Westen durch einen fetten, plutokratischen John Bull bedroht ist und im Osten durch einen brutalen, barbarischen, bolschewistischen Kommissar. Jedoch sind diese beiden feindlichen Kräfte bloße Marionetten. Über den Rand des Globus, die Marionetten fest in der Hand, späht ›der Jude‹, wobei die Hakennase als sicheres Erkennungszeichen dient. ›Die Juden‹ stehen demnach für eine fremde, global agierende destruktive Macht, die noch hinter den beiden großen politischen Widersachern steht und sich ihrer für ihre eigenen Zwecke bedient (vgl. ebd.).

An vielen Erscheinungen der jüngeren Gegenwart konnte beobachtet werden, dass sich ungeachtet der historischen Erfahrungen und der offiziellen Verpönung des Antisemitismus die Problematik der Personalisierung des Abstrakten keineswegs erledigt hat. Zur Reproduktion antisemitischer Klischees trägt vor allem auch die Struktur des Internets bei, weil in diesem Medium der Filtereffekt der älteren Massenmedien wegfällt. Zugleich bleibt festzuhalten, dass der Antisemitismus kein Phänomen von Randgruppen ist. Gerade auch die linke globalisierungskritische und gewerkschaftliche Bewegung ist an der Fabrikation personalisierter Stereotypen mitbeteiligt. Auf einem Titelbild des Monatsmagazins der IG Metall war im Mai 2005 unter der fett gedruckten Überschrift »Die Aussauger« ein breit grinsender, schadenfroher, als Insekt (Heuschrecke) symbolisierter Banker zu sehen, der seinen Zylinderhut zieht und sich anschickt, mit einem Köfferchen in die Lüfte davon zu fliegen. Der Zylinder ist in den Farben der amerikanischen Flagge dargestellt; das Gesicht des Bankers ist geprägt durch eine überlange Nase. Ob sie sich dessen bewusst waren oder nicht – mit dieser Repräsentation knüpften die Verantwortlichen dieser Ausgabe an eine lange Tradition antisemitischer Hetzbilder an, denn die Stereotype, die hier aufgerufen wurden, sind aus der Kulturgeschichte des Antisemitismus nur allzu vertraut.

Stigmatisierung

Der Antisemitismus ist eine spezielle Erscheinungsform der Stigmatisierung, die sich gegen alle Angehörigen einer Minderheit richten kann. Das Charakteristikum der Stigmatisierung ist die dichotomische Grundstruktur von Fremd- und Selbstzuschreibung. In einer kommunikations- und kulturwissenschaftlichen Perspektive ist dabei die machtanalytische Einsicht von Michel Foucault verbindlich, dass die Unterschiede von Eigenem und Fremdem nicht einfach natürlich gegeben sind, sondern im Diskurs allererst erzeugt und profiliert werden. Der semantische Überschneidungsbereich der Begriffe ›Diskriminierung‹ und ›Unterscheidung‹ ist ein Hinweis darauf, dass es keine unschuldigen Bezeichnungen gibt und dass jede Unterscheidung ein Ein- und Ausgrenzungsakt ist, der manifeste und latente politische Dimensionen hat. Bei der Analyse von Stigmatisierungsprozessen ist deshalb den sprachlichen und bildrhetorischen Mechanismen der Produktion von Anders- und Fremdheit besondere Beachtung zu schenken. Ein historisches Beispiel ist das *Wörterbuch des Unmenschen* (Sternberger/Storz/Süskind 1957), das sich mit der nationalsozialistischen Sprache und ihrem Nachleben beschäftigt. In einer psychoanalytischen Perspektive wird deutlich, dass in die Konstruktion des Anderen, Fremden häufig verdrängte Anteile des Eigenen einfließen, die der Einzelne an sich nicht wahrhaben will oder die kulturell tabuisiert sind und auf diese Weise durch Zuschreibungspraxen am Anderen ausphantasiert und abreagiert werden. Stigmatisierungsprozesse sind daher immer auch als Ausdruck verunsicherter Identitäten zu sehen, die durch Ausgrenzungs- und Fremdzuschreibungen restabilisiert werden sollen. Im Blick auf solches Nicht-Ertragen von Differenz hat Adorno Freiheit als den Zustand definiert, »in dem man ohne Angst verschieden sein kann« (Adorno 1994, 131). Auffällig ist, dass Gegnerschaften häufig über Bilder der Vertierung bzw. Entmenschlichung konstruiert werden, worin die antike Unterscheidung von Menschen (Griechen) und Barbaren fortlebt.

Stigmatisierungen beruhen auf Machtasymmetrien und sind untrennbar mit vielfältigen Praktiken der Ein- und Ausschließung verbunden. Besondere politische Wirkungsmacht kommt Stigmatisierungsprozessen in rassistischen und nationalistischen Diskursen zu. Einen Dauertopos bilden die Herstellung und Instrumentalisierung von Ängsten vor vermeintlichen ›Überfremdungen‹. Die ressentimentgeladenen Reaktionen auf eine Statusbedrohung äußern sich in gewaltförmigen sprachlichen Kategorisierungen, die die ›Anderen‹ nach äußerlichen Merkmalen wie Hautfarbe (›gelbe Gefahr‹, ›brown peril‹ u. ä.) oder nach politischen Symbolfarben sortieren.

Angstmanagement

Jean Delumeau hat in seiner Geschichte kollektiver Ängste zwischen praktisch immer vorhandenen Ängsten und solchen unterschieden, die einen deutlich erkennbaren kulturellen Index haben (Delumeau 1985, Bd. 1, 29–33). Kaum ein Zweifel dürfte darüber bestehen, dass der Eintritt in das nukleare Zeitalter auch zu neuen Kulturen der Angst geführt hat (s. Kap. IV. A.6; IV. A.7). Der Atompilz wurde zu einem neuen Kollektivsymbol, mit dem sich das Bewusstsein einer Zeitenwende und einer Veränderung der *Conditio humana* verband (s. Kap. II.9; IV. A.3). In unendlichen Variationen, gleichsam einem Denkzwang gehorchend, wurde in den 1950er Jahren wiederholt, dass das Leben der Einzelnen von nun an unter der permanenten Drohung stand, unerwartet und unmittelbar vernichtet werden zu können. Die atomare Situation wurde zum Schauplatz einer Vielzahl von Debatten und Kommunikationsstrategien, bei denen es immer auch um die Bearbeitung der Angst ging, wobei die Angst, je nach Perspektive, als psychologische Bedrohung oder als politische Ressource in Betracht gezogen wurde. Kritiker der Atomprogramme sahen einen engen Zusammenhang zwischen der enormen Konzentration militärischer Macht und einer Informationshoheit, die sich in der Geheimhaltung wichtiger Daten über radioaktive Belastungen nach Atomtests oder den möglichen Folgen nuklearer Unfälle manifestierte. Beispielhaft hierfür steht die Informationspolitik der Atomic Energy Commission und der Atomic Bomb Casualty Commission, die für eine strenge Zensur der Wissensverbreitung und Berichterstattung über die Folgen der Atombombenabwürfe in Japan sorgten – und damit die Entstehung von Gerüchten provozierten. In den USA wurde u. a. die Vereinigung Scientists for Survival gegründet, die das Ziel einer Aufklärung der Öffentlichkeit über die Auswirkungen der neuen Nukleartechnologien verfolgte.

Die Geheimhaltung von Informationen war aber nur ein Teil der Kommunikationspolitik der Regierungen. Ein anderer, ebenso wichtiger war die positive Beeinflussung der öffentlichen Meinung und die Bearbeitung der Ängste der Bevölkerung im Interesse der Herstellung einer neuen Bürger-Staat-Beziehung – ein Unternehmen, das Joseph Masco auf die Formel des »nation-building through nuclear fear« gebracht hat (zum Folgenden vgl. Masco 2008). In klassifizierten Dokumenten der amerikanischen Zivilverteidigungsbehörden wurden die Gefahren spontaner Massenpaniken beschworen und Programme für große Kampagnen entworfen, die das Ziel der psychologischen Reprogrammierung der Bevölkerung durch ›emotionale Anpassung‹ an die Realität der Nuklearwaffen verfolgten. Es galt, Apathie und Panik gleichermaßen zu vermeiden und durch Strategien der Normalisierung den handlungslähmenden nuklearen Terror in eine aktivierende nukleare Furcht zu verwandeln. Ein wichtiger Teil der Kampagne war die Bilderpolitik. Nicht durch eine totale Zensur, sondern durch eine Strategie der Desensibilisierung sollte die Bevölkerung gegen ihre eigene apokalyptische Imagination immunisiert und zur Unterstützung des nationalen Zivilverteidigungsprogramms animiert werden. So wurden in Schulen, Medien, Kirchen, Stadthallen und anderen öffentlichen Institutionen Veranstaltungen organisiert, in denen Bilder von Atompilzen und zerstörten Häusern gezeigt, Darstellungen der Effekte der Atomwaffen auf menschliche Körper sowie Zeugnisse aus erster Hand über die Nachwirkungen der Bombenangriffe dagegen streng vermieden wurden. Diese, von Beteiligten auch als ›emotional Management‹ oder *emotional inoculation* bezeichnete Strategie der Angstbewältigung sollte eine mobilisierende und zugleich moralisierende Wirkung haben.

Während Kritiker die qualitativ neuen Dimensionen der Zerstörungspotenziale der Nuklearwaffen betonten war es ein Ziel dieser Regierungsprogramme zu zeigen, dass sich ein Nuklearkrieg nicht grundsätzlich von anderen Kriegen unterscheidet und dass er, bei entsprechender Vorbereitung und Unterstützung durch die Bevölkerung, auch zu gewinnen ist. Einen Höhepunkt dieser Propaganda bildete die von ca. 100 Millionen Amerikanern verfolgte TV-Ausstrahlung *Operation Cue* (1955), bei der eine auf dem Militärgelände in der Wüste von Nevada errichtete Teststadt bombardiert wurde mit dem Zweck zu zeigen, dass das Leben nach einem Atomschlag im Grunde in den alten Bahnen weitergehen kann. Durch das Setting fand sich jeder Zuschauer in die Position eines postnuklearen Überlebenden gerückt. Diese Grundstruktur wird variiert im Genre des ›A-Bomb-Katastrophenfilms‹, der durch die Ästhetisierung der Katastrophe zugleich eine kathartische Funktion übernimmt.

Ökologische Angstkommunikation

Seit den 1960er Jahren entsteht im Zeichen der ökologischen Krise ein Thema und Problemfeld existenzieller Verunsicherung, das neue Formen angst-

besetzter Kommunikation hervorgebracht hat. Kulturelle Hintergrundgewissheiten vom gesellschaftlichen Fortschritt, von der Führungsrolle und Leitbildfunktion der hoch entwickelten Industrieländer oder der Konnex von Naturbeherrschung und Emanzipation schienen plötzlich fragwürdig zu werden. Von zentraler Bedeutung war die schockhafte Erfahrung, dass sich die ökologische Gefährdung der Lebensgrundlagen und der zukünftigen Entwicklung der Menschheit gerade aus den Erfolgen der praktischen Anwendung der Naturwissenschaften, als unerwünschte Nebenfolge der normalen ökonomischen Reproduktion der Gesellschaft ergab. In der Auseinandersetzung mit dieser Problemlage wurden Konzepte und Symbole aus der Anti-Atomdebatte umfunktioniert, wie besonders an den graphischen Repräsentationen des in den 1970er Jahren weit verbreiteten Konzepts der *population bomb* sichtbar wird. Dieses Konzept war zugleich ein wirkmächtiges Instrument einer Schuldumkehr, das die Bevölkerung der sog. unterentwickelten Länder als einen Hauptverantwortlichen der ökologischen Krise präsentierte. Zu einem Schlagwort der Ökologiedebatte wurde auch der aus der Atomdiskussion vertraute Begriff des ›Überlebens‹, der – häufig in Verbindung mit dem Begriff der ›Frist‹ – die existenzielle Dimension der Probleme und die Dringlichkeit ihrer politischen Bewältigung hervorheben sollte. Ein weiteres Merkmal der Ökologiedebatte ist die Vielzahl praktizistischer Darstellungsformen, die schon in den Bezeichnungen der Werke als ›Manuale‹, ›Blueprints‹, ›Roadmaps‹, ›Ratgeber‹, ›Fibeln‹, ›Guides‹, ›Aktionsprogramme‹, ›Resolutionen‹, ›Manifeste‹ etc. zum Ausdruck kommt. Auffällig ist auch der intermediäre Charakter der Aktivitäten, der neue Formen des Zusammenhangs von Theorie und Praxis realisiert und antizipiert.

Umso bemerkenswerter sind der Einsatz und das Profil des Begriffs der Angstkommunikation, wie ihn der Soziologe Niklas Luhmann eingeführt hat. Luhmann zielt mit diesem Begriff auf den Modus und Gehalt der Protestformen der ökologischen Bewegung, die er als Mobilisierung der Angst begreift (zum Folgenden vgl. Luhmann 1986, 237–248). In einer historischen Betrachtung sieht Luhmann diese Protestformen in der Tradition antidemokratischer Massenbewegungen. Die besondere Spezifik und Gefahr der Angstkommunikation besteht nach Luhmann darin, dass ihre Ressource, die Angst, rechtlich nicht reguliert, wissenschaftlich nicht widerlegt und daher diskursiv nicht bestritten werden kann. »Versuche, die komplizierte Struktur von Risiko-

und Sicherheitsproblemen unter wissenschaftlicher Verantwortung aufzuklären, liefern der Angst nur neue Nahrung« (ebd., 238). Angstkommunikation, so Luhmann, ist »authentische Kommunikation«. Sie entzieht sich dem Zugriff der gesellschaftlichen Funktionssysteme und gewinnt daher für Positionen, die die Prämissen derselben infrage stellen, eine besondere Attraktivität. Wer Angst hat, so Luhmann, kann auf Angstminderung pochen und dies als unwiderlegbares moralisches Recht einsetzen. Auch wenn sich einmal zeigen sollte, dass die Angst empirisch unbegründet war, hat sie ihre kommunikative Funktion bereits erfüllt. Die Unsicherheit ökologischer Sachlagen wird in die Gewissheit der Angst überführt. Angst wird damit für Luhmann zu einem funktionalen Äquivalent für eine normativ abgestützte und diskursiv fundierte Sinngebung. Sie ist für Luhmann das Prinzip, das nicht versagt, wenn alle anderen Prinzipien versagen. Eine Bedrohung für die funktional ausdifferenzierte Systemwelt wird die Angst vor allem dadurch, dass sie aufgrund der ihr eigenen emotionalen Wirkmacht nicht ignoriert werden kann. Liefert sich aber das politische System der Angstkommunikation direkt aus, kann es zu Resonanzverstärkungen und zur Implosion der funktionalen Differenzierungen kommen.

Verteidiger der von Exponenten der neuen sozialen Bewegungen entwickelten symbolischen Politik ›von unten‹ verweisen gegen Luhmann darauf, dass die inkriminierten Formen ökologischer Angstkommunikation stets an diskursive (und häufig wissenschaftlich fundierte) Praxen sowie an komplementäre Formen der Identitätskommunikation geknüpft sind. Angstkommunikation ist so nur ein Element innerhalb eines komplexen gesellschaftlichen Frühwarnsystems, das die Sensibilität für neue Gefährdungslagen erhöht, Diskussionen und Lernprozesse einleitet und allgemein zu einer Mobilisierung und Politisierung der Gesellschaft beiträgt (vgl. Eder 2000, 124–126).

Die Kodifiziertheit der Angst als Ressource ökologischer Kommunikation zeigt sich im Vergleich mit den Vereinigten Staaten, wo die neuere ökologische Bewegung ihren Ursprung hat. Die Mobilisierung von Angst vollzog sich hier häufig in Form einer Reaktivierung eschatologischer oder millenaristischer Motive (›day of judgement‹, ›day of reckoning‹), worauf Kritiker mit polemischen Begriffen wie ›doomsday-prayer‹ oder ›doomsday-prophet‹ reagierten. Schließlich lässt sich gegen Luhmann einwenden, dass der moralische Subjektivismus kein Spezifikum der Protestkommunikation ist, die sich

vielmehr auf ihn stützt, weil die Strukturgesetze und Inszenierungslogiken des Massenkommunikationssystems ihn als besonders erfolgsträchtige Strategie der Gewinnung öffentlicher Aufmerksamkeit erscheinen lassen. Die mit Angstkommunikation verknüpften neuen Protestformen bedienen und raffinieren den Alarmismus und Sensationalismus des Mediensystems und tragen so nicht nur zur Kritik und Verunsicherung, sondern auch zur Verfestigung der bestehenden Aufmerksamkeitsökonomien bei. Thomas Meyer sieht den Authentizitätsschein als Effekt eines grundlegenden medialen Wandels an, der zu einer Transformation des Politischen und seiner Wahrnehmung insgesamt führt: Die Unmittelbarkeit suggerierenden Repräsentationen »unterlaufen das Gesetz der kognitiven Dissonanz« und werden nicht mehr »als kritisierbare Geltungsansprüche wahrgenommen, sondern als nicht kritisierbare Elemente der Realität selbst« (Meyer 1994, 136).

Der ›zu interessierende Dritte‹: Terrorismus als Kommunikationsstrategie

Die mit Luhmanns Konzept der Angstkommunikation verbundene Diagnose der Verselbständigung des Angstmoments lässt sich mit größerem Recht auf die neueren Formen des internationalen Terrorismus beziehen. Seit je hat terroristische Gewalt Angst erzeugt und als Mittel des asymmetrischen Kampfes bewusst eingesetzt. Eine neue Qualität jedoch ist, »daß das Element der erzeugten Angst oder Furcht losgelöst wird vom Element der tatsächlich eingesetzten Gewalt« (Wörlemann 1977, 150). Dies geschieht, indem sich der Terrorismus zu einer Kommunikationsstrategie entwickelt, bei der Gewalt vorrangig um ihres medialen und medial vermittelten psychischen Effektes wegen ausübt wird (s. auch Kap. IV.A.8). Die neuen Formen des Terrorismus kalkulieren mit dem ›CNN-Faktor‹ (Münkler 2001, 11) und suchen Bilder zu produzieren, die sich tief in die Psyche der Zeitgenossen eingraben. Die materialen Ziele der Angriffe werden ausgewählt nach ihrer symbolischen Bedeutung; das eigentliche Ziel ist die Terrorisierung der Rezipienten durch Bilder der direkten Gewalt. Sie sind der ›zu interessierende Dritte‹, der aus der Rolle eines Zuschauers herausgeholt und »zum Handelnden in zweiter Instanz gemacht« wird, »dessen unmittelbare oder verzögerte Reaktion dem Schauspiel der Gewalt erst die Wirkung gibt und damit den Sinn verleiht« (Wörlemann 1977, 152).

Die besondere terrorisierende Wirkung kommt dadurch zu Stande, dass sich der Einzelne in den Bildern der Zerstörung und der Opfer als gemeint erkennt, womit ihm die Möglichkeit des Unbeteiligtseins entzogen ist: Genauso wie die Opfer hätte es ihn treffen können, und zukünftig soll er in der Erwartung leben, dass sich ähnliche Ereignisse wiederholen können. Verstärkt wird diese Erwartungshaltung durch die Wahl allgemein zugänglicher und hochfrequentierter Ziele sowie durch den Verzicht auf ein Bekennerschreiben, in dem traditionell Erklärungen über die Ziele des Kampfes und die Bedingungen für seine Beilegung formuliert worden sind. Durch »die Verweigerung einer Adresse, an die die hermeneutische Frage nach dem ›Warum?‹ der Tat gerichtet werden könnte« (Koch 2011, 85) nähert sich diese Form des Terrorismus einer reinen Angst- und Schreckensproduktion. Aber auch die nihilistischsten Formen terroristischer Hasskultur bleiben an die Kommunikationsprozesse in den angegriffenen Ländern gebunden. Hier entscheidet sich, ob und wie die Bilder ihre Wirkung entfalten und welche politischen Konsequenzen aus den Anschlägen gezogen werden.

Virologische Kommunikation

Ein wirkmächtiges Kollektivsymbol verschiedener Formen der Angstkommunikation ist das ›Virus‹. Seine weite Verbreitung unter den Bedingungen der postmodernen Globalisierung haben Ruth Mayer und Brigitte Weingart (2004, 10) nach einer »Virologie unserer Zeit« fragen lassen. Zur Wirkmacht des ›Virus‹ als Kollektivsymbol trägt bei, dass sich in ihm Angsterfahrungen langer Dauer mit dem Wissen um eine Vielzahl neuer Bedrohungsszenarien verbinden, die sehr heterogenen Sphären wie der Computerwelt, dem Terrorismus, der Sexualität, der Nahrungsmittelproduktion, der mikrobiologischen Forschung u. a. entstammen. Auch wenn vom Virus in Bezug auf eine bestimmte Thematik die Rede ist, schwingen immer zugleich Hintergrundvorstellungen aus anderen Bereichen mit. Die semantische Unreinheit und konstitutive Überdeterminiertheit des Virussymbols ergibt sich aus einem komplexen ›System assoziierter Gemeinplätze‹ (Max Black), dessen Elemente auf politisch brisante und daher auch angstbesetzte Fragen nach Identität, Kontrolle, Souveränität, Gesundheit oder Sicherheit verweisen (s. auch Kap. IV.A.2). In allen Formen der Angstkommunikation finden sich Elemente aus dem Be-

deutungsspektrum des Viralen wieder: Beim Gerücht etwa sind es die unklare Herkunft, der Modus der Ansteckung und die enorme Verbreitungsgeschwindigkeit; beim Antisemitismus die Anonymität und Verborgenheit des ›Feindes‹ und seine ›zersetzende‹ Kraft.

Die der Angst – im Unterschied zur Furcht – zugeschriebene Objektlosigkeit hat im Diskurs des Viralen ihre Entsprechung in der Schwierigkeit der Visualisierung bzw. medialen Repräsentation des Virus. In der Berichterstattung wird es dann auch weniger über seine abstrakten und nichtssagenden Abbilder als vielmehr über seine Angriffsfunktion, Angriffswirkungen oder in Form der Darstellung der gegen es in Anschlag gebrachten Vorkehrungen und Schutzmaßnahmen repräsentiert (vgl. Nohr 2004, 64). Die materielle Ungreifbarkeit der Referenzobjekte, die in den Eigenschaften der Latenz und Mutationsfähigkeit biologischer Viren sinnfällig wird, lässt das Virussymbol zu einem besonders geeigneten Instrument in politischen Auseinandersetzungen werden. Die über das Virus vermittelte Angstkommunikation ist so immer auch eine Form der Angstpolitik. Ein Beispiel aus neuerer Zeit sind die Diskussionen zur Frage der inneren Sicherheit. Der als sog. ›Schläfer‹ im staatlichen Hoheitsgebiet mutmaßlich verborgen lebende ›Feind‹ wird unter Verweis auf den internationalen (Bio-)Terrorismus zu einer Figur, die der Legitimierung einer restriktiveren Sicherheitspolitik dient (vgl. Koch 2009). Eine kritische Auseinandersetzung mit der viralen Angstkommunikation müsste sich besonders auf die Strategien der Visualisierung des Unsichtbaren und Unbekannten konzentrieren und die darin implizierten Normalitätsannahmen, Sicherheitskonzepte, Ordnungsvorstellungen u. a. untersuchen.

In einer breiteren kommunikationsgeschichtlichen Perspektive zeigt die Dominanz des Viralen die unheimlich gewordene Dialektik der Globalisierung an. Die Ausdehnung des Virussymbols auf nahezu sämtliche Lebensbereiche unterstreicht den Sinngehalt der Rede von der ›Risikogesellschaft‹ (Ulrich Beck), deren ungesteuerte Dynamik wachsenden Kontrollverlust, Unverfügbarkeit und Unsicherheit bedeutet. Das Virussymbol als Pendant einer allgegenwärtigen Rhetorik des Kampfes (gegen Arbeitslosigkeit, Klimawandel, Welthunger, internationalen Terrorismus etc.) steht »für die Angst vor dem Moment, an dem die ›Dinge‹ die Kontrolle über Menschen gewinnen« (Mayer/Weingart 2004, 29). In dieser Bestimmung entpuppt es sich als ein zeitgemäßer, den durch Privatisierung, Fragmentierung und

Deregulierung charakterisierten Bedingungen der ›flüchtigen Moderne‹ (Zygmunt Bauman) angepasster Abkömmling einer Reihe unheimlicher Figuren aus der Theorie-, Literatur- und Mediengeschichte der Moderne, die auf dezidiert neue historische Angsterfahrungen zielen: Goethes ›Zauberlehrling‹, Marx' ›Fortschritt als heidnischer Götze‹, Benjamins ›Engel der Geschichte‹, Ridley Scotts ›Aliens‹ – sie alle indizieren, wie das Kollektivsymbol des ›Virus‹, die Erfahrung einer Depotenzierung des Menschen und einer Verselbständigung ›seiner‹ Geschichte, die Ängste auslöst und Angstkommunikationen wahrscheinlich werden lässt.

Literatur

Adorno, Theodor W.: *Minima Moralia. Reflexionen aus dem beschädigten Leben* [1951]. Frankfurt a. M. ²²1994.

Allport, Gordon W./Postman, Lee: The basic psychology of rumor. In: Eleonre E. Maccoby/Theodore M. Newcomb/ Eugene L. Hartley (Hg.): *Readings in Social Psychology* [1947]. New York 1958, 54–65.

Bergmann, Jörg: Paradoxien der Angstkommunikation – Über Veralten und Modernität der Angst. In: *Jahrbuch für Gruppenanalyse* 2002, 1–13.

Bruhn, Manfred: Gerüchte als Gegenstand der theoretischen und empirischen Forschung. In: Ders./Werner Wunderlich (Hg.): *Medium Gerücht. Studien zu Theorie und Praxis einer kollektiven Kommunikationsform.* Bern 2004, 11–39.

Claussen, Detlev: Veränderte Vergangenheit. In: Ders.: *Grenzen der Aufklärung. Die gesellschaftliche Genese des modernen Antisemitismus* [1987]. Frankfurt a. M. ²1994, 7–32.

Delumeau, Jean: *Angst im Abendland. Die Geschichte kollektiver Ängste im Europa des 14. bis 18. Jahrhundert.* 2 Bde. Reinbek bei Hamburg 1985 (franz. 1978).

Eder, Klaus: *Kulturelle Identität zwischen Tradition und Utopie. Soziale Bewegungen als Ort gesellschaftlicher Lernprozesse.* Frankfurt a. M./New York 2000.

Horkheimer, Max/Adorno, Theodor W.: *Dialektik der Aufklärung. Philosophische Fragmente* [1947]. Frankfurt a. M. ²⁷1998.

Jaecker, Tobias: *Antisemitische Verschwörungstheorien nach dem 11. September. Neue Varianten eines alten Deutungsmusters.* Münster 2004.

Kittsteiner, Heinz Dieter: Die Angst in der Geschichte und die Re-Personalisierung des Feindes. In: Ders.: *Wir werden gelebt. Formprobleme der Moderne.* Hamburg 2006, 103–128.

Koch, Lars: Das ›Schläfer‹-Phantasma. Mediale Signaturen eines paranoiden Denkstils vor und nach 9/11. In: Thorsten Schüller/Sascha Seiler (Hg.): *Von Zäsuren und Ereignissen. Historische Einschnitte und ihre mediale Vermittlung.* Bielefeld 2009, 69–88.

Koch, Lars: Re-Figurationen der Angst. Typologien des terroristischen Monsters im Gegenwartskino. In: *Limbus. Australisches Jahrbuch für germanistische Literatur- und Kulturwissenschaft.* Bd. 4 (2011): Terror und Form, 81–99.

Lifton, Jay Robert: *Death in Life. Survivors of Hiroshima* [1967]. Chapel Hill/ London ⁴1991.

Luhmann, Niklas: *Ökologische Kommunikation. Kann die moderne Gesellschaft sich auf ökologische Gefährdungen einstellen?* [1986]. Opladen ²1994.

Masco, Joseph: ›Survival is Your Business‹: Engineering Ruins and Affect in Nuclear American. In: *Cultural Anthropology* 23/2 (2008), 361–398.

Mayer, Ruth/Weingart, Brigitte: Viren zirkulieren. Eine Einleitung. In: Dies. (Hg.): *Virus! Mutationen einer Metapher.* Köln 2004, 7–41.

Meyer, Thomas: *Die Transformation des Politischen.* Frankfurt a. M. 1994.

Münkler, Herfried: Terrorismus als Kommunikationsstrategie. Die Botschaft des 11. September. In: *Internationale Politik* 12 (2001), 11–18.

Noelle-Neumann, Elisabeth/Schulz, Winfried/Wilke, Jürgen: *Lexikon Publizistik. Massenkommunikation.* Frankfurt a. M. 1996.

Nohr, Rolf: Medien(a)nomalien. Viren, Schläfer, Infiltrationen. In: Ders.: *Evidenz… das sieht man doch!* Münster 2004, 57–89.

Postone, Moishe: Nationalsozialismus und Antisemitismus. Ein theoretischer Versuch. In: Michael Werz (Hg.): *Antisemitismus und Gesellschaft.* Frankfurt a. M. 1995, 29–41.

Schuh, Horst: *Das Gerücht. Psychologie des Gerüchts im Krieg.* München 1981.

Sternberger, Dolf/Storz, Gerhard/Süskind, Wilhelm E.: *Aus dem Wörterbuch des Unmenschen.* Hamburg 1957.

Vergil: *Aeneis.* In: Hans-Joachim Glücklich (Hg.): *Exempla – Lateinische Texte,* Heft 6. Göttingen ⁴1994.

Wörlemann, Franz: Mobilität, Technik und Kommunikation als Strukturelement des Terrorismus. In: Manfred Funke (Hg.): *Terrorismus. Untersuchungen zur Strategie und Struktur revolutionärer Gewaltpolitik.* Bonn 1977, 140–157.

Falko Schmieder

8. Angstlust

Gemischte Gefühle und Meta-Emotionen

Kunst und Literatur können Ängste zum Thema machen, sie darstellen, ausdrücken oder auch bei ihren Rezipienten hervorrufen. Alle Möglichkeiten können unabhängig voneinander, aber ebenso in Kombination miteinander realisiert werden. Soweit die Wahrnehmung von Kunst und Literatur mit Ängsten verbunden ist, gehören Untersuchungen dazu in den Bereich der (psychologischen) Ästhetik. Und diese steht dabei vor einem Paradox, einem scheinbaren Widerspruch, mit dem sich Kunsttheorien auseinandergesetzt haben, seit es sie gibt. Der Widerspruch besteht darin, dass bei der Wahrnehmung von Kunst negative, mit Unlust verbundene Emotionen mit Lustgefühlen kombiniert sind. Neben Traurigkeit, Ekel oder auch Ärger gehört vor allem Angst zu jenen Emotionen, die einerseits gemieden werden, andererseits unter bestimmten Bedingungen Vergnügen bereiten, denen man sich daher gerne freiwillig aussetzt und die man zuweilen sogar suchtartig genießt (vgl. Anz 1998, 115–171). Edmund Burke nannte dieses Gefühl im 18. Jahrhundert ›delightful horror‹, der Psychoanalytiker Michael Balint später ›Angstlust‹. Die Art der paradoxen Kombination von Unlust- und Lustempfindungen wurde vielfach als ›gemischtes Gefühl‹ (u. a. von Friedrich Schiller) bezeichnet, in jüngerer Zeit auch mit der Unterscheidung zwischen Emotionen erster und zweiter Ordnung bzw. Primär- und Meta-Emotion beschrieben (Oliver 1993; Jäger/Bartsch 2009; Dohle 2011). Eigene (Primär-)Ängste können ein Anlass sein, sich über sie zu ärgern oder Angst zu entwickeln, von ihnen überwältigt zu werden, oder sich für sie zu schämen. Sie können aber auch als Bewährungsprobe, als aktivierende Stimulanz oder Hilfe gegen Langeweile positiv bewertet werden.

Das paradoxe Phänomen der Lust an Emotionen, die in der Alltagsrealität eher gemieden und negativ bewertet werden, also mit Unlust assoziiert sind, findet dominant in der medienwissenschaftlichen Unterhaltungsforschung Beachtung und dort vor allem im Blick auf Filme (Zillmann/Vorderer 2000; Hanich 2010; Dohle 2011). Dem entspricht die auch in den Literaturwissenschaften trotz jüngerer Relativierungen der etablierten Entgegensetzung von Massen- und Eliteliteratur immer noch verbreitete Vorstellung, dass Angstlust primär von massenhaft verbreiteter Unterhaltungsliteratur in populären Genres wie dem Schauerroman, der Gespenstergeschichte, dem Kriminalroman oder auch dem Märchen hervorgerufen wird (Alewyn 1965; Conrad 1974), während die ernste, hochrangige Literatur Angst eher zum Gegenstand der Analyse und Reflexion macht (Anz 1975, 271 f.; s. auch Kap. III.B.1).

Dass weite Teile der ›Unterhaltungsliteratur‹ Bedürfnissen nach Angstlust, dem angenehmen Schauder, dem *Thrill*, den Reizen des Unheimlichen, des Horrors oder des Schocks entgegenkommen, ist sicher nicht falsch. Und es ist wohl auch nicht ganz falsch, dass die ›Eliteliteratur‹ der ästhetischen Moderne eher dazu tendiert, Ängste zu thematisieren und zu reflektieren als sie bei den Lesern hervorzurufen. Texte wie etwa die von Franz Kafka zeigen jedoch, dass auch in der literarischen Moderne derartige Entgegensetzungen problematisch sind. Und in der langen Tradition poetologischer und ästhetischer Reflexionen über die emotionale Wirkung von Kunst und Literatur, auf die auch gegenwärtige Theorien der Angstlust immer wieder mit Gewinn zurückgreifen, spielten sie kaum eine Rolle.

Artefakt-Emotionen und Funktionslust

Dass die Darstellung von angsterregenden Gegenständen, Handlungen und Szenarien und deren Wahrnehmung mit Lust verbunden sein können, provozierte schon Aristoteles zu unterschiedlichen Erklärungen. Von »den Dingen nämlich, die wir selbst nur mit Widerwillen anschauen«, bemerkt seine *Poetik*, »betrachten wir Abbildungen, und zwar gerade wenn sie mit besonderer Exaktheit gefertigt sind, mit Vergnügen, wie zum Beispiel die Gestalten abscheulichster Kreaturen und toter Körper« (Aristoteles 2008, 6). Die Unlustgefühle der Angst oder des Ekels werden nach Aristoteles durch die Freude an der Nachahmung und am Wiedererkennen des Nachgeahmten überdeckt. Die von Aristoteles angeführte Ursache dieser Freude, der reizvolle Effekt, in der kunstfertigen Abbildung etwas aus der Realität Bekanntes wiederzuerkennen, ist später verschieden interpretiert worden. Zwei in jüngerer Zeit hervorgehobene Komponenten der Lust bei der Wahrnehmung von Kunst, die die Unlust an den von Kunst dargestellten Objekten überlagern können, sind mit dem Erklärungsansatz der *Poetik* zumindest kompatibel: Angeregt von dem Filmwissenschaftler Ed S. Tan (1996, 65) unterscheiden etliche Beiträge zur emotionspsychologischen Ästhetik zwischen Fiktions-Emotionen, mit denen Rezipienten auf inhaltliche Aspekte von Kunstwerken reagieren (dargestellte Gegenstände, Personen und Szenarien) und Artefakt-Emotionen, die sich auf die künstlerische Machart beziehen (Hillebrandt 2011, 128–136). Ängste, die das Dargestellte evoziert, können sich etwa mit Bewunderung für die Art der Darstellung vermischen. Dem liegt die Einsicht zugrunde, dass die emotionale Reaktion auf Filme oder Texte anders geartet ist als die auf ›natürliche‹ Reizkonfigurationen. Im Unterschied etwa zu dem in der Emotionsforschung, schon von Charles Darwin, immer wieder gerne angeführten Beispiel einer Schlange, deren Präsenz oder plötzliches Auftauchen beim wahrnehmenden Subjekt die emotionale Reaktion mit den Namen Angst, Schrecken, Entsetzen oder Panik auslöst, sind Texte als Umweltereignisse Artefakte, deren künstliche bzw. künstlerische Machart darauf angelegt ist, beim wahrnehmenden Subjekt bestimmte Emotionen hervorzurufen, und denen sich der Wahrnehmende willentlich aussetzt oder entzieht. Autoren haben bei ihren textuellen Arrangements Vermutungen über wahrscheinliche emotionale Reaktionen ihrer Rezipienten. Ihre Texte sind mehr oder weniger bewusst vorgenommene Inszenierungen eines Spiels mit den Emotionen der Leser, die wissen, dass sie in ein solches Spiel einbezogen sind (Anz 2007).

Eine anders geartete Erklärung der die Wahrnehmung von Angsterregendem begleitenden Lust hebt ebenfalls die Künstlichkeit der induzierten Reizkonfiguration hervor. Katja Mellmann hat Kunstwerke mit künstlichen Attrappen verglichen, die in der Verhaltensbiologie als »Ersatzobjekte für natürliche Objekte« dienen, »deren verhaltensauslösende Merkmale experimentell überprüft werden sollen« (Mellmann 2006, 34). Komplexe Reizkonfigurationen werden damit auf weniger komplexe Muster reduziert, deren Erkennen bestimmte emotionale Reaktionen hervorruft. Das Erkennen solcher Muster ist mit ›Funktionslust‹ verbunden und durch sie motiviert, einer Lust am Funktionieren kognitiver Fähigkeiten (Hillebrandt 2011, 134).

Lust am Erhabenen

Auf die Lust am Funktionieren von Fähigkeiten der Vernunft rekurrierten bereits im 18. Jahrhundert ästhetische Theorien unter dem Begriff des ›Erhabenen‹. Dass es neben der und im Unterschied zur Lust am Schönen eine anders geartete Lust an Natur, Kunst und Literatur gibt, konnte man in jener aufklä-

rerischen Zeit, in der sich die Ästhetik als eine neue Disziplin etablierte, nicht übersehen. Die Ästhetik definierte sich zwar in erster Linie als eine Theorie des Schönen, war sich aber bewusst, dass die Lüste der Wahrnehmung nicht auf die Lust am Schönen zu begrenzen sind. Sie war in weit ausgeprägterem Maße, als es die lange Zeit von klassizistischen Normen geprägte Literaturwissenschaft zu bemerken vermochte, von Beginn an eine doppelte Ästhetik, eine des Schönen und eine des Schrecklichen (Zelle 1995). Die Lust am Schrecklichen wurde im 18. Jahrhundert vor allem unter dem Begriff des ›Erhabenen‹ debattiert. Mit Theorien des Erhabenen über das Vergnügen am Schrecklichen wurden Einsichten formuliert, auf die man noch heute mit Gewinn zurückgreifen kann. In den 1980er Jahren hat Jean-François Lyotard, dem der Begriff und die Theorie des Erhabenen im Umkreis der postmodernen Ästhetik eine neue Konjunktur verdanken, das Gefühl des Erhabenen im Anschluss an Edmund Burke so beschrieben:

Das Schöne gewährt eine positive Lust. Aber es gibt eine andere Art der Lust, und diese ist an etwas gebunden, das stärker ist als die Befriedigung: an den Schmerz und das Nahen des Todes. [...] Diese ganz und gar geistige Leidenschaft heißt im Lexikon Burkes: Schrecken (Lyotard 1987, 261).

Burke beschreibt die Merkmale erhabener Objekte, die Angstlust hervorrufen können, jeweils im Kontrast zu den Merkmalen des Schönen:

Erhabene Objekte sind riesig in ihren Dimensionen, schöne aber verhältnismäßig klein. Schönheit verlangt Glätte und Ebenheit; das Große kann rauh und ungehobelt sein. [...] Schönheit darf nicht dunkel, das Große muß finster und düster sein. Schönheit muß licht und zart, das Große muß fest und sogar massiv sein (Burke 1980, 166).

Wie die Theorien des Schönen können sich die Theorien des Erhabenen auf die Merkmale der gefühlsauslösenden Objekte richten oder auch auf die Beschaffenheit der Gefühle im wahrnehmenden Subjekt. Kant zeigt sich primär an den Gefühlen des Erhabenen interessiert, verzichtet jedoch nicht darauf, Merkmale und anschauliche Beispiele von Objekten anzuführen, die dazu geeignet sind, solche Gefühle hervorzurufen:

Kühne überhangende gleichsam drohende Felsen, am Himmel sich auftürmende Donnerwolken, mit Blitzen und Krachen einherziehend, Vulkane in ihrer ganzen zerstörenden Gewalt, Orkane mit ihrer zurückgelassenen Verwüstung, der grenzenlose Ozean, in Empörung gesetzt, ein hoher Wasserfall eines mächtigen Flusses (Kant 1983, 349).

Die Fähigkeit zur Lust am Erhabenen wird vor allem dem Mann zugeschrieben (s. Kap. II.10). Der Erhabenheitskult ist ein Männlichkeitskult. Im 20. Jahrhundert repräsentieren ihn Autoren wie Filippo Tommaso Marinetti und vor allem auch Ernst Jünger (Bohrer 1978, 111 f.).

Die Wirkung des Erhabenen kann am besten als ›überwältigend‹ bezeichnet werden. Erhaben ist, was uns zu überwältigen droht. Vor allem der Mann wird jedoch für fähig gehalten, dieser Bedrohung etwas entgegenzusetzen, sich über sie zu erheben. Und dieses Vermögen kann das unlustvolle Gefühl der Bedrohung in eine Lust am Funktionieren der geistigen Gegenkräfte verwandeln. Schiller hat das in seiner Schrift *Über den Grund des Vergnügens an tragischen Gegenständen* (1792) so skizziert: »Das Gefühl des Erhabenen besteht einerseits aus dem Gefühl unserer *Ohnmacht* und Begrenzung, einen Gegenstand zu umfassen, anderseits aber aus dem Gefühl unsrer *Übermacht*, welche vor keinen Grenzen erschrickt, und dasjenige sich *geistig* unterwirft, dem unsre sinnlichen Kräfte unterliegen« (Schiller 1992a, 239). Die Lust am Erhabenen wird im 18. Jahrhundert vielfach beschrieben als eine Lust an der geistigen Überlegenheit gegenüber gewaltigen, oft schreckenerregenden Phänomenen, die das Subjekt in seinem sinnlichen Fassungsvermögen überwältigen. Sie ist die Lust des Autonomie beanspruchenden Subjekts, solchen Eindrücken standhalten zu können, ihnen gegenüber die eigene Überlegenheit beweisen zu können. In der *Kritik der Urteilskraft* (1790) schreibt Kant:

wir nennen diese Gegenstände gern erhaben, weil sie die Seelenstärke über ihr gewöhnliches Mittelmaß erhöhen, und ein Vermögen zu widerstehen von ganz anderer Art in uns entdecken lassen, welches uns Mut macht, uns mit der scheinbaren Allgewalt der Natur messen zu können (Kant 1983, 349).

»Erhaben« ist für Kant eigentlich nicht irgendein Gegenstand der Wahrnehmung, sondern das Subjekt, das sich mit seiner »Seelenstärke« über die sinnliche Gewalt von außen kommender Eindrücke zu erheben vermag, sich über sie erhaben fühlen kann.

Also ist die Erhabenheit in keinem Dinge der Natur, sondern nur in unserm Gemüte erhalten, sofern wir der Natur in uns, und dadurch auch der Natur (sofern sie auf uns einfließt) außer uns, überlegen zu sein uns bewußt werden können. Alles, was dieses Gefühl in uns erregt, wozu die Macht der Natur gehört, welche unsere Kräfte auffordert, heißt als denn (ob zwar uneigentlich) erhaben (ebd., 353).

Erhabenheitsgefühle werden durch zunächst furchterregende Herausforderungen hervorgerufen, denen der Mensch sich jedoch gewachsen fühlt, bei denen

er über sich selbst hinauswächst, die Größe und Macht der schreckenerregenden Gegenstände für sich selbst in Anspruch nimmt (vgl. Begemann 1987, 136 ff.). Einen Aspekt der Angstlust begreift denn auch Michael Balint später als ein Gefühl der Allmacht. Dieses Gefühl hat, in psychoanalytischer Perspektive, insofern regressiven Charakter, als es auf eine frühkindliche Phase der Entwicklung zurückgeht. In ihr lebt das Kind in der Illusion, dass der Befriedigung seiner Wünsche nichts entgegensteht (vgl. Balint 1972, 54).

Zu den Phänomenen, die im 18. Jahrhundert unter dem Stichwort des Erhabenen immer wieder angeführt werden, gehört vor allem auch der Tod. Er stellt die Autonomie des Subjekts am radikalsten in Frage und löst dadurch am meisten Angst aus. Schiller erklärt ihn in seiner Schrift *Über das Erhabene* (1801) zum Prüfstein menschlicher Freiheit überhaupt.

Dieses einzige Schreckliche, *was er* [der Mensch] *nur muß und nicht will*, wird wie ein Gespenst ihn begleiten und ihn, wie auch wirklich bei den mehresten Menschen der Fall ist, den blinden Schrecknissen der Phantasie zur Beute überliefern; seine gerühmte Freiheit ist absolut Nichts, wenn er auch nur in einem einzigen Punkte gebunden ist (Schiller 1992b, 823).

Im 18. Jahrhundert wird die Angst vor dem Tod in Literatur und Philosophie vor allem auch als Angst vor dem Autonomieverlust des Subjekts beschrieben (s. auch Einleitung Kap. II). Der überwältigende Schrecken des Todes lässt sich durch Schönheit mildern, er kann jedoch auch zum Inbegriff des Erhabenen werden, wenn es dem Subjekt gelingt, ihm standzuhalten. Kann man sich über den Schrecken des Todes erhaben fühlen, wird er zu einer Quelle der Lust. Da letztlich vielleicht jede Angst eine Angst vor dem Tod ist, ist jede Angstlust ein lustvolles Spiel mit dem Tod. Wir kennen es in unendlich vielen Erscheinungsformen: in römischen Sklaven- und Tierkämpfen, im spanischen Stierkampf, in öffentlichen Schauspielen der Hinrichtung, wie sie in Europa noch im 18. Jahrhundert üblich waren. Wir erkennen es wieder in der Schaulust bei Katastrophen, in der Lust an gefährlichen Bergbesteigungen oder Fallschirmsprüngen, in abgeschwächter Form auch in den Jahrmarktsvergnügungen der Geister- oder Achterbahnfahrten. Wir kennen dieses lustvolle Spiel mit dem Tod und der Todesangst jedoch auch aus den permanenten Darstellungen von Gewalt und Grausamkeit, Unglücksfällen und Katastrophen in Literatur, Malerei oder Film. Im Kriminalroman ist der Mord, im Schauerroman die unheimliche, potentiell tödliche Bedrohung charakteristischer Bestandteil der Lust am Text. Ein lustvolles Spiel mit dem Tod betreibt jedoch vor allem auch eine der angesehensten literarischen Gattungen, für die der tödliche Ausgang der Handlung konstitutiv ist: die Tragödie.

Angstlust, Tod, Gewalt und Tragödie

Am nachhaltigsten hat Aristoteles mit seiner Tragödientheorie die Reflexionen und Kontroversen über Angstlust bis heute geprägt. Die »Nachahmung einer bedeutenden Handlung«, für die der Tod des Helden konstitutiv ist, soll nach Aristoteles durch die Erregung von »Mitleid und Furcht« eine lustvoll befreiende »Reinigung eben dieser Gefühle« bewirken (Aristoteles 2008, 9).

Die Tragödie ist nur eines von vielen lustvollen Spielen mit dem Schrecken des Todes, allerdings das literarisch angesehenste. Tragödientheorien hatten und haben daher ein besonderes Gewicht für Versuche, das Phänomen der Angstlust auch in ganz anderen Spielarten zu erklären und diese miteinander zu vergleichen.

Wies das aufgeklärt-empfindsame Literaturprogramm Lessings der Tragödie die Aufgabe emotionaler Einübung in humane Mitleidsfähigkeit zu, so hatten die römischen Tragödien Senecas genau die gegenteilige Intention. Mitleid galt als Schwäche angesichts fremden Leids, Furchtsamkeit als fatale Folge; die Tragödie hatte da eine Art Desensibilisierungstraining zu bieten (vgl. Wertheimer 1990, 34). Was von der »Habitualisierungsthese« (Eckert u. a. 1991, 22) der Medienwirkungsforschung als bedenkliche Konsequenz eines ausgedehnten audiovisuellen Gewaltkonsums angesehen wird, die abstumpfende Gewöhnung auch an reale Gewalt, war damals gerade erwünscht. »Tötung, Verletzung, Folterung, Verstümmelung«, so schreibt der Literaturhistoriker Jürgen Wertheimer,

werden zu legitimen und eigenwertigen Gegenständen der Darstellung im Grenzbereich zwischen Spiel und Imitation. So gestaltet einerseits das Zirkusspiel Massenhinrichtungen in der Art einer abwechslungsreichen und auf Steigerung bedachten Tötungsrevue. Exekution wird zum theatralischen Spektakel. Umgekehrt kann das Theater zum Ort der Hinrichtung, der gespielte Bühnentod zum realen Tod auf der Bühne werden (Wertheimer 1990, 32 f.).

Fiktion und ›Reality-Show‹ vermischten sich. Denn einigen Berichten nach wurde gelegentlich die Theaterrolle eines zum Tode Verurteilten zwangsweise

mit einem in der Realität Verurteilten besetzt, den man dann auf offener Bühnen ans Kreuz schlagen und von wilden Tieren zerfleischen ließ.

Schon Poetiken der Renaissance verglichen gelegentlich die Tragödie mit den Gladiatorenkämpfen der Antike (vgl. Zelle 1984). Im 18. Jahrhundert erinnerte man immer wieder an die Wirkung öffentlicher Hinrichtungen, um das irritierende Vergnügen am Schrecklichen in der Tragödie zu erklären. Der französische Kunsttheoretiker Charles Batteux konstatierte: »Man hat schon lange gesagt, die Hinrichtung der Missethäter sey die Tragödie des gemeinen Volkes [...]. Die Römer ließen zur Lust in ihren Amphitheatern Kriegsgefangene, die von Fechtern unterrichtet waren, auftreten und sich einander ermorden. Dieß war ihre Tragödie« (zit. nach ebd., 80). Goethe, der als Kind Zuschauer mehrerer Hinrichtungen wurde, hat in *Wilhelm Meisters theatralische Sendung* (1777–1785) über die Schaulust geschrieben, die das Schafott auf die Massen auszuüben vermag, und sie ebenfalls mit der Lust an der Tragödie verglichen:

Wie viel Tausende werden unwiderstehlich nach einer Exekution, die sie verabscheuen, hingerissen, wie ängstet sich die Brust der Menge für den Übeltäter, und wie viele würden unbefriedigt nach Hause gehen, wenn er begnadigt würde und ihm der Kopf sitzen bliebe? Das sprudelnde Blut, das den bleichen Nacken des Schuldigen färbt, besprengt die Einbildungskraft der Zuschauer mit unauslöschlichen Flecken; schauernd, lüstern blickt die Seele wieder nach Jahren zu dem Gerüste hinauf, läßt alle fürchterliche Umstände wieder vor sich erscheinen und scheut es, sich selbst zu gestehen, daß sie sich an dem gräßlichen Schauspiele weidet. Viel willkommner sind jene Exekutionen, welche der Dichter veranstaltet (Goethe 1961, 617 f.).

Die Schilderung ist ein Beispiel unter vielen dafür, wie sich in das Eingeständnis eigener Schaulust am Gewalttätigen und Grausamen schlechtes Gewissen, Scheu und Scham mischen. Die *Bekenntnisse* des Augustinus (400 n. Chr.) hatten dafür fast anderthalb Jahrtausende vorher ein Muster gegeben – mit der Beschreibung des in der Arena eines römischen Amphitheaters sitzenden Zuschauers, der sich der kollektiven Lust am Schrecklichen vergeblich zu entziehen versucht (vgl. Augustinus 1983, 117 f.). Solche Bekenntnisse erscheinen glaubwürdiger als mancher Versuch, Darstellungen des Schrecklichen und ihre Rezeption ethisch zu legitimieren – als Abschreckung vor oder Anklage gegen Gewaltsamkeit. Darstellungen angsterregender Gewalt sind auch bei besten Absichten nicht davor geschützt, mit jener heimlichen und zugleich unheimlichen Lüsternheit aufgenommen zu werden, wie sie Goethe beschrieben hat.

Moralische Lust

Was ist das für ein merkwürdiges Vergnügen, mit dem wir daran teilnehmen, wie ein Autor seine tragische Figur sterben, also gleichsam öffentlich exekutieren lässt? Darauf versuchte neben vielen anderen Friedrich Schiller in seiner Schrift mit dem bezeichnenden Titel *Über den Grund des Vergnügens an tragischen Gegenständen* (1792) Auskunft zu geben. Nach Schiller ist dieses Vergnügen ein moralisches. Von ›moralischem Vergnügen‹ oder ›moralischer Lust‹ spricht er immer wieder. Dass es eine moralische Lust an Literatur und nicht nur an ihr gibt, mag heute befremdlich erscheinen. Sie ist uns aber zumindest aus unserer Kindheits- und Jugendlektüre vertraut, und sie hat sich auch in der Lektüre der Erwachsenen, wenn auch oft in subtileren Formen, durchaus erhalten: das Gefühl der Erleichterung, der Genugtuung oder sogar des Triumphes, wenn die bedrohten ›Guten‹ siegen und die ›Bösen‹, von denen die Bedrohung ausgeht, vernichtet werden. Wo im 17. und noch im 18. Jahrhundert Prinzipien der »Poetischen Gerechtigkeit« (Segebrecht 1997) ausdrücklich gefordert wurden, begründete man sie nicht zuletzt mit Lust- und Unlustgefühlen. »Dann wann/ in Schauspielen/ die Tugend nicht belohnt/ und die Laster nicht gestrafft erscheinen/ so ist solches ärgerlich« (Gottsched: *Der Biedermann*; zit. nach Segebrecht 1997, 51). So steht es in der Barock-Poetik Sigmund von Birkens. Und Gottsched erklärte noch 1728, bevor er selbst wie viele andere die »Poetische Gerechtigkeit« verspottete, dass ein »kluger Poet« in der Tragödie »die Unschuld doch zuletzt als eine Siegerin in vollem Glücke abbildet, und dadurch bey wohlgearteten Gemüthern eine allgemeine Freude erwecket« (ebd.). In den *Kinder- und Hausmärchen* (1812–1858) der Brüder Grimm hat sich das Prinzip noch vollkommen erhalten. In *Der Wolf und die sieben jungen Geißlein* muss der böse Wolf, der die Geißlein gefressen hatte, am Ende »jämmerlich ersaufen«. »Als die sieben Geißlein das sahen, kamen sie herbeigelaufen, riefen laut: ›Der Wolf ist tot, der Wolf ist tot!‹ und tanzten mit ihrer Mutter vor Freude um den Brunnen herum« (Grimm 1995, 54). An dieser Freude der Unschuldigen über den Tod des Bösen haben auch die Lesenden Anteil. Und etwas von dieser moralischen Befriedigung mag ebenso das Publikum öffentlicher Hinrichtungsszenerien empfunden haben.

Die moralische Lust am angsterregenden Tod in der Tragödie gründet allerdings auf komplexeren Voraussetzungen. Die tragische Figur, mit deren Tod die Zuschauer konfrontiert sind, verkörpert nicht das Böse. Es sind Figuren, die lieber aus freier Wahl zu sterben bereit sind, als gegen ein Sittengesetz zu verstoßen. Oder es sind Figuren, die gegen ein moralisches Gesetz verstoßen, um mit einem höherwertigen Gesetz in Übereinstimmung zu bleiben. Ihr Tod verursacht im Zuschauer zwar ein Unlustgefühl des Schmerzes, doch zugleich das moralische Lustgefühl, die »Macht des Sittengesetzes« bestätigt zu sehen. Schiller skizziert als Beispiel dafür die Geschichte eines Kommandanten, »dem die Wahl gelassen wird, entweder die Stadt zu übergeben oder seinen gefangenen Sohn vor seinen Augen durchbohrt zu sehen« (Schiller 1992a, 245). Wenn er sich dazu entscheidet, den Tod des Sohnes in Kauf zu nehmen, »weil die Pflicht gegen sein Kind der Pflicht gegen sein Vaterland billig untergeordnet ist«, seien wir zwar zunächst empört,

daß ein Vater dem Naturtriebe und der Vaterpflicht so widersprechend handelt, aber es reißt uns bald zu einer süßen Bewunderung hin, daß sogar ein moralischer Antrieb, und wenn er sich selbst mit der Neigung gattet, die Vernunft in ihrer Gesetzgebung nicht irre machen kann (ebd., 246).

Moralische Lust wird im 18. Jahrhundert als eine Lust an der Freiheit des eigenen Geistes gegenüber allen äußeren und inneren Zwängen begriffen. Und wo solche Zwänge unüberwindlich werden, bleibt als letzter Akt des eigenen Autonomiebeweises immerhin die freiwillige Unterwerfung unter sie. Sich angesichts der erschreckenden Naturgewalt des Todes als autonomes Subjekt zu behaupten ist unter bestimmten Umständen nicht anders möglich, »als sich derselben freiwillig unterwerfen« (Schiller 1992b, 823).

Dass die Lust am Schrecklichen mit moralischen Lustgefühlen verbunden sein kann, zeigt heute noch die Gattung des Kriminal- und Detektivromans. Ohne den Schrecken eines Mordes kommt sie kaum aus. Die lustvolle Befriedigung bei der Lektüre beruht nicht zuletzt darauf, dass der Mörder der gerechten Strafe zugeführt und damit die sittliche Ordnung wiederhergestellt wird. Hinzu kommt, dass die Unlustgefühle der Unsicherheit und Bedrohung, die ein unerkannt und frei herumlaufender Mörder auszulösen vermag, in das Lustgefühl einer beruhigenden Sicherheit überführt werden. Befriedigt wird bei der Lektüre von Kriminal- und Detektivromanen jedoch zugleich auch das rationale Ich. Denn es ist die kombinatorische Intelligenz des den erschreckenden Mord aufklärenden Detektivs, an der der Leser teilhat. Je grauenhafter und empörender das Verbrechen ist, desto größer ist der Triumph aufgeklärter Rationalität, die der Detektiv verkörpert. Dem 1889/90 in England einsetzenden Massenkonsum von Detektivgeschichten gingen wohl nicht zufällig die Morde von »Jack the Ripper« voraus, die eine ganze Stadt in Angst versetzten. Die literarische Kriminalistik bot da den verunsicherten Lesern ein Gefühl der Sicherheit und der Macht aufklärerischer Vernunft, das in der Realität fehlte (vgl. Conrad 1974, 138).

Darin, dass sich angesichts überwältigenden Schreckens das moralische Über-Ich oder auch das rationale Ich in ihrer Überlegenheit lustvoll zu behaupten vermögen, bestehen freilich nicht die einzigen Quellen des Vergnügens am Schrecklichen. Es ist wohl der großen Vielfalt möglicher Lüste am Schrecklichen zu verdanken, dass dessen Darstellungen in Literatur, Kunst oder Film sich einer nahezu grenzenlosen Beliebtheit erfreuen. Die Erfolgsgeschichte ganzer literarischer Gattungen lässt sich wohl nur mit der Vielzahl gleichzeitig wirksamer Lustquellen erklären, die sie bereithalten. Der Literaturwissenschaftler Carl Pietzcker hat am Beispiel des Detektiv- und des Kriminalromans aus psychoanalytischer Perspektive komprimiert zusammengefasst, wie eine Gattung dem dynamischen Zusammenspiel sehr heterogener Bedürfnisse entgegenkommt: der »Lust am Verbrechen«, der »Lust an der Bestrafung des Verbrechers«, d. h. der »Lust an der Abwehr der eigenen Impulse«, der »Lust an der Jagd auf den Gegner« und dabei der »Lust am Spiel des Intellekts und an dessen Überlegenheit« (Pietzcker 1978, 151 f.).

Masochistische Lust

Wo psychoanalytisch orientierte Ansätze Angstlustigen eine Lust an der Bestrafung eigener krimineller Impulse unterstellen, folgen sie Masochismus-Theorien. In der kulturwissenschaftlich erweiterten Form, wie sie Theodor Reik 1940 in einer umfangreichen Abhandlung vorgelegt hat, können sie literaturwissenschaftlichen Forschungen zur Lust am Schrecklichen viele Anregungen geben. Denn die Masochismus-Theorie und die psychologische Ästhetik des Schrecklichen stehen vor einem ähnlichen Paradox. Der Titel von Reiks Buch formuliert es: *Aus Leiden Freuden*. Schon Freud fand masochistische Neigungen besonders »rätselhaft«, weil sie dem Prinzip der »Vermeidung von Unlust und Gewinnung von Lust« zu widersprechen scheinen (Freud 1975, 343; s. auch Kap. II.3). Masochistische Persönlichkeiten tun durchaus etwas Ähnliches wie Autoren und ihre Leser. Es scheint, als ließen sie sich vom angsterregen-

den Unglück geradezu magisch anziehen und würden es unbewusst inszenieren. Inszenierung des Unglücks durch Literatur erfolgen zwar bewusst, doch ist durchaus damit zurechnen, dass in die literarischen Leidens- und Schreckensphantasien auch unbewusste Anteile eingehen. In masochismustheoretischer Perspektive liegt die Anziehungskraft des Unglücks »in der Befriedigung eines unbewußten Strafbedürfnisses, das als Reaktion auf verbotene Wünsche und Impulse im Ich erscheint« (Reik 1977, 18 f.). Die masochistische Lust ist mithin vor allem auch eine moralische Lust. Die mit moralischen Triumphgefühlen verbundene Bestrafung des Bösen richtet sich hier nicht gegen andere, sondern gegen die eigene Person. Freud verwandte den Begriff »moralischer Masochismus« und bezeichnete mit ihm die »wichtigste Erscheinungsform des Masochismus« (Freud 1975, 345). Die verbotenen Wünsche, für die der moralische Masochist sich selbst zu bestrafen wünscht, sind zum einen libidinöser Art. Dass Autoren Figuren, die lieben (etwa Romeo und Julia oder Tristan und Isolde), permanent sterben lassen und dass dies den Lesenden, die sich mit ihnen identifizieren, ein schmerzhaftes Vergnügen bereitet, findet so eine weitere Erklärungsmöglichkeit.

Verbotene Wünsche sind vor allem aber auch aggressiver Art. In masochistischen Phantasien verschieben sich kulturell unerwünschte Aggressionen gegen andere auf die eigene Person. Man bestraft sich selbst auf destruktive Weise für die gegen andere gerichteten destruktiven Impulse. In dieser Perspektive sind die grausamen Bestrafungen der bösen Hexe, des bösen Wolfes oder des skrupellosen Mörders Bestrafungen der bösen und mörderischen Tendenzen in der eigenen Person, die sich zuvor in der literarischen Phantasie ausleben konnten.

Dass Inszenierungen und Darstellungen des Schrecklichen auch gänzlich moralwidrige Bedürfnisse befriedigen können, ist einer der Gründe dafür, dass sich die Aufklärung des 18. Jahrhunderts in ihren hohen moralischen Ansprüchen von der Lust am Schrecklichen immer wieder maßlos irritiert zeigte. Diese Irritation setzt sich noch heute in den Diskussionen über Gewaltdarstellungen in den Massenmedien fort.

Aggressionslust

Aggressive Bedürfnisse lassen sich durch Literatur vor allem dann befriedigen, wenn die Leser oder Zuschauer von schreckenerregenden Gewalttaten sich nicht mit den Opfern, sondern mit den Tätern identifizieren. Das offene Ausleben aggressiver Wünsche ist im Prozess der Zivilisation allerdings zunehmend tabuisiert worden. Das zivilisierte Subjekt hat in sich, wie Norbert Elias im Anschluss an Freud beschrieben hat, eine Kontrollapparatur herausgebildet, die das Ausagieren von Affekten um der gegenseitigen Sicherheit und Berechenbarkeit willen blockiert (s. Kap. II.5).

Das Leben wird in gewissem Sinne gefahrloser, aber auch affekt- oder lustloser, mindestens, was die unmittelbare Äußerung des Lustverlangens angeht; und man schafft sich für das, was im Alltag fehlt, im Traum, in Büchern und Bildern einen Ersatz (Elias 1978, Bd. 2, 330).

Literarische Texte oder Filme verwenden mehr oder weniger subtile Techniken, aggressive Bedürfnisse auf eine Weise zu befriedigen, die die Ansprüche moralischer Normen nicht allzu stark verletzt oder, noch besser, ebenfalls erfüllt. Dies geschieht, wenn aggressive Gewaltakte moralisch gerechtfertigt erscheinen. Aggressive oder sogar grausame Aktionen lassen sich ohne Einspruch des Über-Ich genießen, wenn sie beispielsweise aus Notwehr geschehen oder wenn die Opfer aufgrund ihrer Bösartigkeit oder Gefährlichkeit keinerlei Mitleid verdienen, wenn Grausamkeiten vorgeblich im Dienste einer guten Sache und zur Beseitigung eines unerträglich erscheinenden Übels begangen werden. Phantasien über kollektive Katastrophen apokalyptischen Ausmaßes entsprechen in der Tradition religiöser Apokalypsen moralischen und aggressiven Bedürfnissen zugleich. In der Identifikation mit der strafenden Instanz eines göttlichen Wesens oder der misshandelten Natur findet die selbstgerechte Empörung über die Verfehlungen der Menschheit ihre Befriedigung (vgl. Vondung 1990, 131, 134; s. Kap. IV.A.3). Und wo es in literarischen Texten oder Filmen moralisch fragwürdige Figuren sind, die ungehemmt Grausamkeiten begehen, lässt sich deren Darstellung umso freier von Schuldängsten genießen, je stärker man sich über die Untaten entrüsten kann.

Die massenhaft verbreitete Lust am Kriminalroman beruht keineswegs nur auf der Befriedigung darüber, dass die kriminalistische Rationalität und die Gerechtigkeit am Ende über den Verbrecher gesiegt haben. Damit wird doch auch verdeckt, dass der Leser in der partiellen Identifikation mit den Verbrechern eigene kriminelle Energien und gänzlich amoralische Bedürfnisse ausleben kann.

Dass die Darstellung des Schrecklichen eine Befriedigung kulturell unterdrückter Affekte erlaubt, ist freilich von denen, die dies so gesehen haben, durchaus unterschiedlich bewertet worden. Für die einen, die sich auf antike Tragödientheorien und den vielinterpretierten Begriff der Katharsis berufen, bewirkt die Darstellung des Schrecklichen im Rezipienten eine befreiende, orgiastische und sozial unschädliche Affektentladung, ein Gewitter der Gefühle, dessen reinigende Kraft lustvoll ist. Solche Vorstellungen sind im 20. Jahrhundert von der Theatertheorie unter dem Einfluss Nietzsches und der Hysteriestudien Breuers und Freuds im Umkreis der Wiener Moderne aktualisiert worden (vgl. Jäger 1982). 1903 erschien Hermann Bahrs *Dialog vom Tragischen*, in dem er die antike Tragödie »eine entsetzliche Kur der Erinnerung an alles Böse« nannte: Sie erinnere »ein durch Kultur krankes Volk, woran es nicht erinnert sein will, an seine schlechten Affekte, die es versteckt, an den früheren Menschen der Wildheit, der im Gebildeten, den es jetzt spielt, immer noch kauert und knirscht, und reißt ihm die Ketten ab und läßt das Tier los, bis es ausgetobt hat« und die Zuschauer »durch Erregung beschwichtigt« sind (Bahr 1904, 23 f.). Was Bahr hier beschrieben hat, war eine Vorform jenes »Theaters der Grausamkeit«, das der Surrealist Antonin Artaud in den 1930er Jahren propagierte. Die Aufgabe dieses Theaters sei es, »das Hervorbrechen einer latenten Tiefenschicht von Grausamkeit« zu ermöglichen. Das Theater könne so gleichsam »zur kollektiven Entleerung von Abszessen« (Artaud 1987, 32 f. u. 34) benutzt werden.

Lust an der Ich-Auflösung

Begriff man im Umkreis der Aufklärung die Lust am Erhabenen als eine Lust des autonomen Subjekts, den überwältigenden Eindrücken des Schreckenerregenden standhalten, sich ihnen gegenüber als überlegen und frei beweisen zu können, so setzte sich im Verlauf des 19. Jahrhunderts schon in der Romantik, doch verstärkt seit Nietzsche eine andere Lusterfahrung durch: die Lust des an seinen krampfhaften Autonomieansprüchen leidenden Subjekts, überwältigt zu werden; eine rauschhafte, orgiastische Lust an der Auflösung der das vernünftige und moralische Ich von seiner Umwelt und der eigenen Natur trennenden Grenzen; eine Lust am Verschmelzen mit dem ›Anderen der Vernunft‹; eine regressive Lust, die die Individuation und Isolation des modernen Subjekts rückgängig macht (vgl. Balint 1972); eine Todeslust, die in Freuds Konzeption des Todestriebs zur Rückkehr vom Organischen zum

Anorganischen eine theoretische Erklärung erhielt. Nietzsche hat diese Lust als eine Erholung, eine Befreiung von den Anstrengungen beschrieben, die das Streben nach Macht sonst kostet:

> Gerade für jene Menschen, welche am hitzigsten nach Macht streben, ist es unbeschreiblich angenehm, sich *überwältigt* zu fühlen! [...] Einmal ganz ohne Macht! Ein Spielball von Urkräften! Es ist eine Ausspannung in diesem Glück, ein Abwerfen der grossen Last (Nietzsche 1980b, 212 f.).

Das ist eine anschauliche Anwendung jenes Erklärungsschemas, das Freud später unter dem Begriff der ›Aufwandsersparnis‹ anwendet. Die Lust des Ich, sich vom Kraftaufwand seiner Selbstbehauptungsanstrengungen befreit zu fühlen, ist jedoch insofern immer auch mit Angst verbunden, als sich das Subjekt der Moderne dabei in seinen Autonomieansprüchen bedroht fühlt. Und bedroht fühlt es sich vor allem durch die Macht des Todes, der Sexualität und aller vernunftwidrigen Affekte. Sie ist anziehend und schreckenerregend zugleich – wie die Macht des Dionysischen, die Friedrich Nietzsche in seiner die ästhetische Moderne maßgeblich mitbegründenden Schrift *Die Geburt der Tragödie aus dem Geist der Musik* evozierte. Die moralische Lust an der Tragödie wies Nietzsche hier in ihre Schranken. »Wer die Wirkung des Tragischen aber allein aus diesen moralischen Quellen ableiten wollte, wie es freilich in der Aesthetik nur allzu lange üblich war, der mag nur nicht glauben, etwas für die Kunst damit gethan zu haben.« Nietzsches amoralistische Theorie ästhetischer Lust lehnt es ab, »in das Gebiet des Mitleids, der Furcht, des Sittlich-Erhabenen überzugreifen« (Nietzsche 1980a, 152).

Im Rückgriff auf die antike Tragödientheorie und -kultur begreift er die Lust am Tragischen vor allem auch als eine dionysische Lust am rauschhaften Leben, das alles Hässliche, Disharmonische und Grausame mit einschließt.

Kompensationstheorie der Angstlust

Im Blick auf die Gattung des Schauerromans entwickelte Richard Alewyn die These, dass »das Aufkommen der Literarischen Angst [...] ein Indiz dafür [ist], daß sich die Angst aus dem Leben zu verflüchtigen beginnt« (Alewyn 1965, 39; Anz 1975; s. auch Kap. III.B.1). Während man noch bis weit in unser Jahrtausend hinein reale Angst vor Dämonen, Gespenstern, Nacht und Gewitter als sozusagen normal belegen kann, werden diese Ängste infolge der theoretischen und praktischen Rationalisierung der Na-

tur zunehmend abgebaut, bis schließlich die Angstanlässe zu einer Quelle der Lust werden können. Hatte man bisher Nacht, Wald, Gebirge oder Gewitter literarisch gemieden, so werden sie in der zweiten Hälfte des 18. Jahrhunderts zu bevorzugten Gegenständen der Dichtung. In diese Zeit fällt die Entstehung der Gattung des Schauerromans in England, die um die Jahrhundertwende den literarischen Geschmack in ganz Europa beeinflusst. Alewyn sieht den Schauerroman als Produkt der Aufklärung und als Reaktion auf sie zugleich. Als Produkt insofern, als den Unheimlichkeiten und Verrätselungen am Romanschluss zumeist die natürliche Erklärung folgt; als Reaktion, sofern das Bedürfnis des Menschen nach Angst nicht mehr genug befriedigt werden konnte. Alewyns Anregungen sind inzwischen vielfach aufgegriffen, weitergeführt, auf eine breitere literarhistorische Materialgrundlage gestellt und manchmal nicht unwesentlich modifiziert worden (vgl. Conrad 1974; Weber 1983, 115 ff.; Begemann 1987; Poppe 2009).

Die Schrecken, die der englische Schauerroman zu vermitteln bemüht war, hatten, wie Horst Conrad ausführt, ihre Realitätsbasis nicht in der zeitgenössischen Wirklichkeit ihrer Rezipienten. Das poetologische Regelsystem dieser Gattung verbot es, die Angstanlässe in der aktuellen Gegenwart des aufgeklärten Lesers anzusiedeln. Abgelegene Schlösser und Ruinen als Schauplätze, das Mittelalter und der Absolutismus als historischer Hintergrund des Schreckens gehörten nicht zur Lebenswelt des angelsächsischen Lesers, nur noch zu seinen Erinnerungen.

> Überwunden wurde die Naturangst durch wachsende technische Verfügungsgewalt über die Natur. Die Furcht vor unbegrenzter politischer Gewalt verlor durch die fortschreitende Institutionalisierung des öffentlichen Lebens, durch Sekurität verheißende Organisationsformen wie Polizei und beginnende Rechtsstaatlichkeit an Aktualität. Angst wurde erst dann zu einem Thema der Literatur, als sie mit ihrem Gegenteil paktieren konnte, der Sicherheitsgewißheit (Conrad 1974, 48).

Erst als die Angst nicht mehr Ausdruck unmittelbarer eigener Betroffenheit war, konnte sie zu einer Quelle der Lust werden. Der Schauerroman gestaltete Ängste,

> die nur noch in kontinentalen, katholisch geprägten Ländern wie Spanien und Italien aktuell waren. [...] Aus diesem Grunde spielte das Geschehen im Schauerroman mit Vorliebe in romanischen Ländern. Der heraufbeschworene Schrecken war immer der Schrecken anderer in anderen, unaufgeklärten Ländern. Die Gewißheit, daß der Leser der politischen und kirchlichen Willkür, von der er las, in der Realität nicht mehr begegnen konnte, machte die Angst ge-

nießbar. Mit der Angst anderer genoß er unterschwellig die Fortschritte der eigenen ›glorious revolution‹ (Conrad 1974, 41).

Hier vermischen sich zwei verschiedene Erklärungsmuster. Das eine unterstellt, dass dem Menschen ein fixes Angstpotential angeboren ist, oder etwas allgemeiner: ein Bedürfnis nach erregender Stimulation seiner Affekte, gerade auch solcher, die mit Gefühlen des Schmerzes und der Unlust verbunden sind. Denn im Gegensatz zum eher ruhigen Wohlgefallen am Schönen und mehr noch als Trauer, Trost oder Stolz auf die Bewältigung einer Herausforderung sind Ekel, Angst oder Entsetzen dazu geeignet, die Gemüter zu erregen. Wo im 18. Jahrhundert die Ästhetik des Erhabenen weniger an der Erhebung des Geistes als an der Intensivierung emotionaler Erregung interessiert war, sieht Lyotard die ästhetisch moderne und avantgardistische Suche nach Schockeffekten vorgezeichnet, die von Kunst »keinen ethischen Gewinn« erwartet (Lyotard 1987, 61 f.). Mit der um Fragen der Moral unbekümmerten Annahme, dass dem Menschen ein Grundbedürfnis nach Erregung eigen ist, hatte schon 1719 Jean-Baptiste Dubos in seinem ungemein einflussreichen, 1760 ins Deutsche übersetzten Werk *Kritische Betrachtungen über die Poesie und die Mahlerey* das merkwürdige Phänomen zu erklären versucht, dass die durch Kunst hervorgerufene Lust »oft einem Leiden ähnlich ist, und sich bisweilen mit allen Kennzeichen des lebhaftesten Schmerzens äussert. Die beyden Künste der Poesie und Mahlerey erhalten niemals mehr Beyfall, als wenn es ihnen gelingt, schmerzhafte Empfindungen in uns zu erregen« (Dubos 1760, 1). Dubos führte im Anschluss an psychologische Erwägungen von René Descartes und Thomas Hobbes (vgl. dazu Zelle 1990, 70 f.) dieses Phänomen auf einen Betätigungsdrang der Seele zurück. Der sei so stark, dass er auch dann Befriedigung suche, wenn sie mit Schmerz verbunden sei. Denn die Menschen »fürchten sich vor der verdrüßlichen und langen Weile, welche die Unthätigkeit nach sich zieht, weit mehr, als vor diesen Schmerzen« (Dubos 1760, 10 f.). Ihnen »sind die Martern, die sie fühlen, wenn sie ganz und gar ohne Leidenschaften leben sollen, weit unerträglicher, als die Martern, welche die Leidenschaften nur jemals zu erwecken vermögend sind« (ebd., 12). Schlimmer als der Schrecken ist demnach also der *Horror vacui*, die emotionale Leere. Es gibt allerdings Möglichkeiten, die mit der Vertreibung der Langeweile verbundenen Kosten gering zu halten, also Genuss ohne Reue zu verschaffen. Kunst stellt sie zur Verfügung.

Literatur und Malerei sind in der Lage, »die schlimmen Folgen, welche die meisten Leidenschaften mit sich führen, von dem, was sie angenehmes haben, abzusondern« (ebd., 25). Das durch Kunst vermittelte Schreckliche wirke zwar nicht so stark wie die reale Präsenz des Schrecklichen, doch reiche die Wirkung aus, um den Beschäftigungsdrang zu befriedigen. Der erregende Effekt der Kunst hat gegenüber dem der Realität sogar etliche Vorzüge.

Hier setzt ein anderes Erklärungsmuster für die Lust am Schrecklichen an. Denn zugleich mit dem Genussmittel der Erregung stellt die durch Kunst und Literatur künstlich erzeugte Angst ein weiteres zur Verfügung: das Gefühl der Sicherheit.

Sichere Distanz als Bedingung und Quelle von Angstlust

In fast keiner Theorie der Angstlust fehlt der Hinweis, dass es zu den Bedingungen dieser Lust gehört, ein Sicherheitsgefühl zu haben. Nur wenn wir fest damit rechnen können, dass die Achterbahn stabil ist, dass der Fallschirm sich öffnen wird, setzen wir uns der Geschwindigkeits- oder Höhenangst lustvoll aus. Balint beschrieb »drei charakteristische Haltungen« bei allen Vergnügungen an Angsterregendem:

a) ein gewisser Betrag an bewußter Angst, oder doch das Bewußtsein einer wirklichen äußeren Gefahr; b) der Umstand, daß man sich willentlich und absichtlich dieser äußeren Gefahr und der durch sie ausgelösten Furcht aussetzt; c) die Tatsache, daß man in der mehr oder weniger zuversichtlichen Hoffnung, die Furcht werde durchgestanden und beherrscht werden können und die Gefahr werde vorübergehen, darauf vertraut, daß man bald wieder unverletzt zur sicheren Geborgenheit werde zurückkehren dürfen. Diese Mischung von Furcht, Wonne und zuversichtlicher Hoffnung angesichts einer äußeren Gefahr ist das Grundelement aller Angstlust *(thrill)* (Balint 1972, 20 f.).

Das Sicherheitsgefühl ist auch dann garantiert, wenn das Schreckenerregende sich nur in der literarisch, bildnerisch oder filmisch stimulierten Phantasie ereignet. Der Theaterzuschauer, konstatiert Freud, identifiziert sich in seinen Wünschen und starken Affekten mit dem Helden eines Stückes

nicht ohne Schmerzen, Leiden und schwere Befürchtungen, die fast den Genuß aufheben [...]. Daher hat sein Genuß die Illusion zur Voraussetzung, das heißt die Milderung des Leidens durch die Sicherheit, daß es erstens ein anderer ist, der dort auf der Bühne handelt und leidet, und zweitens doch nur ein Spiel, aus dem seiner persönlichen Sicherheit kein Schaden erwachsen kann (Freud 1969, 163).

Wie beim Spielen oszilliert beim Lesen oder Schauen das Bewusstsein zwischen dem Glauben an die reale Präsenz des imaginierten Geschehens und dem Wissen um dessen illusionären Schein. Wir tauchen freiwillig in diese Scheinwelt ein und haben die Freiheit, wieder aus ihr aufzutauchen und Distanz zu gewinnen. Wir können die Augen schließen, das Buch zuklappen und uns sicher im Sessel sitzen fühlen. Die mediale Vermittlung des Schrecklichen ermöglicht in der Regel eine Distanz, die jener gleicht, die man als Zuschauer eines in der Ferne sich ereignenden Katastrophenszenarios hat. Dann kann man sich vom Schrecklichen innerlich erschüttern lassen, ohne von den damit verbundenen Risiken real betroffen zu sein. Folgende Verse von Lukrez haben diese Situation thematisiert und dabei eine Theorie der Lust am Schrecklichen formuliert, die später immer wieder aufgegriffen wurde:

> Süß ist's, anderer Not bei tobendem Kampfe der Winde
> Auf hochwogendem Meer vom fernen Ufer zu schauen;
> Nicht als könnte man sich am Unfall andrer ergötzen,
> Sondern dieweil man es sieht, von welcher Bedrängnis
>   man frei ist.
> Süß auch ist es, zu schauen die gewaltigen Kämpfe des
>   Krieges
> In der geordneten Schlacht, vor eignen Gefahren gesichert
>   (Lucretius Carus 1960, 2. Buch, V. 1–6, 47).

Nach der psychologischen These, die diese Verse enthalten, besteht die Lust am Schrecklichen nicht in Schadenfreude darüber, dass anderen ein Unglück passiert, sondern darin, dass man sich bewusst wird, »von welcher Bedrängnis man frei ist« oder dass man »vor eignen Gefahren gesichert« ist. Erst in der Konfrontation mit den Schrecken, die andere zu erleiden haben, bemerken wir mit Erleichterung, woran wir uns schon allzu sehr gewöhnt haben: dass es uns in der Regel relativ gut geht, wir in einigermaßen gesicherten Verhältnissen leben, dass es uns zumindest besser geht als denen, die in das schreckliche Geschehen involviert sind. Wer, in der Literatur oder im Leben, einen Toten vor sich hat oder jemanden sterben sieht, kann ein Triumphgefühl darüber entwickeln, dass er selbst noch lebt. Elias Canetti hat in *Masse und Macht* (1960) dieses psychische Phänomen als einen »elementaren Triumph« beschrieben: »Der Augenblick des *Überlebens* ist der Augenblick der Macht. Der Schrecken über den Anblick des Todes löst sich in eine Befriedigung auf, denn man ist nicht selbst der Tote« (Canetti 1973, 259). Goethe griff wiederholt auf ein ähnliches Erklärungsschema der Lust am Schrecklichen zurück. In seiner *Novelle* (1828) wird diese Lust reflektiert. Auf einem Jahr-

markt betrachten der Fürst und die Fürstin ein Gemälde, auf dem ein Tier auf einen Mohren losspringt und ihn zu zerreißen droht. Der Fürst kommentiert das Bild mit den Worten:

> Es ist wunderbar […], daß der Mensch durch Schreckliches immer aufgeregt sein will. […] Es ist an Mord und Totschlag noch nicht genug, an Brand und Untergang; die Bänkelsänger müssen es an jeder Ecke wiederholen. Die guten Menschen wollen eingeschüchtert sein, um hinterdrein erst recht zu fühlen, wie schön und löblich es sei, frei Atem zu holen (Goethe 1981, 498).

Dem entspricht auch das Phänomen der Lust an der Spannung.

Spannungslust

»Er weiß auf die Folter zu spannen – und es fertig zu bringen, daß wir's ihm danken« (Mann 1982, 841 f.). Mit diesem Satz beschreibt Thomas Mann die Spannung in Kleists Erzählungen, um sie den amerikanischen Lesern zu empfehlen. Ein paradoxes Phänomen ist da angedeutet: Wir haben zu danken, weil wir offensichtlich Lust empfinden, auf die Folter gespannt zu werden. In dieser Paradoxie gleicht die Lust an der Spannung der am Erhabenen und Schrecklichen. Auch sie ist ein gemischtes Gefühl von Lust und Unlust. Und oft ist das beigemischte Gefühl der Unlust ebenfalls das der Angst. »Besorgnis, Schrecken, das Grauen vor dem Rätselhaften« sind, so Thomas Mann, für die Spannung in Kleists Erzählungen kennzeichnend. Dass Spannungsgefühle auch in physiologischer Hinsicht Angstgefühlen gleichen, hat 1903 der dänische Psychologe Carl Lange hervorgehoben, der die Emotionspsychologie und mit ihr auch die Ästhetik des »Kunstgenusses« auf eine organische Basis zu stellen versuchte:

> Die Spannung ist der Angst nahe, der Freude in einzelnen Punkten verwandt: Mit der Angst hat sie die vasomotorische Haupterscheinung, die krampfhafte Zusammenziehung der Gefäßmuskeln und anderer unwillkürlicher Muskeln gemeinsam, dagegen fehlt ihr die beim Schreck so ausgeprägte Lähmung der willkürlichen Muskeln, vielmehr ist die Spannung durch hohe – und ziellose willkürliche Muskelthätigkeit ausgezeichnet. Das entspricht ganz der Rolle der Spannung in der Auffassung der Alltagspsychologie, für diese ist sie ja ein Schweben zwischen Furcht und Hoffnung, die Unruhe vor einer Entscheidung, welche uns entweder Freude oder Schmerz bringen kann« (Lange 1903, 15).

Was hier als »Alltagspsychologie« deklariert ist, entspricht ganz dem traditionsreichen Spannungsbegriff der Rhetorik. Für sie ist »Spannung« eine mit Hoffnung und Furcht, »mit spes und metus des Zu-

schauers spielende Ausprägung der ›Metabasis‹«
(Lausberg 1973, 950), wobei »Metabasis« den Wechsel vom Glück zum Unglück oder vom Unglück zum
Glück meint. Im extremen, doch in der Literatur
überaus beliebten, weil mit großer Zuverlässigkeit
wirksamen Fall ist die Furcht eine Furcht vor dem
Tod, die Hoffnung eine Hoffnung, bedrohliche Situationen zu überleben.

Angstlüste

Die Angstlust ist ein Beispiel dafür, dass es sich dabei
eigentlich nicht um *eine* Lust, sondern um je unterschiedliche und phasenverschobene Mischungen
aus verschiedenen Lüsten handelt. Die moralische
Lust kann sich mit aggressiver Lust vermischen, die
Lust an der Ich-Auflösung mit der Lust an der eigenen Ich-Stärke, die Lust an der intensiven Bewegung
der eigenen Emotionen mit der Befriedigung über
die eigene Sicherheit, die Lust an der Spannung mit
der an Entspannung.

Literatur

Alewyn, Richard: Die literarische Angst. In: Hoimar von
    Ditfurth (Hg.): *Aspekte der Angst.* Stuttgart 1965, 38–52.
Anz, Thomas: Die Historizität der Angst. Zur Literatur des
    expressionistischen Jahrzehnts. In: *Jahrbuch der deut-
    schen Schillergesellschaft* 19 (1975), 237–283.
Anz, Thomas: *Literatur und Lust. Glück und Unglück beim
    Lesen.* München 1998.
Anz, Thomas: Kulturtechniken der Emotionalisierung. Be-
    obachtungen, Reflexionen und Vorschläge zur literatur-
    wissenschaftlichen Gefühlsforschung: In: Karl Eibl/
    Katja Mellmann/Rüdiger Zymner (Hg.): *Im Rücken der
    Kulturen.* Paderborn 2007, 207–239.
Aristoteles: *Poetik.* Übers. und erläutert von Arbogast
    Schmitt. Berlin 2008.
Artaud, Antonin: *Das Theater und sein Double.* Frankfurt
    a. M. 1987 (franz. 1938).
Augustinus: *Bekenntnisse.* Bd. 2. München 1983.
Burke, Edmund: *Philosophische Untersuchungen über den
    Ursprung unserer Ideen vom Erhabenen und Schönen.*
    Hamburg 1980 (engl. 1757).
Bahr, Hermann: *Dialog vom Tragischen.* Berlin 1904.
Balint, Michael: *Angstlust und Regression.* Reinbek bei
    Hamburg 1972 (franz. 1959).
Begemann, Christian: *Furcht und Angst im Prozeß der Auf-
    klärung.* Frankfurt 1987.
Bohrer, Karl Heinz: *Die Ästhetik des Schreckens. Die pessi-
    mistische Romantik und Ernst Jüngers Frühwerk.* Mün-
    chen/Wien 1978.
Canetti, Elias: *Masse und Macht* [1960]. Hamburg 1973.
Conrad, Horst: *Die literarische Angst – Das Schreckliche in
    Schauerromantik und Detektivgeschichte.* Düsseldorf 1974.

Dohle, Marco: *Unterhaltung durch traurige Filme. Die Be-
    deutung von Metaemotionen für die Medienrezeption.*
    Köln 2011.
Dubos, M. l'Abbé: *Kritische Betrachtungen über die Poesie
    und Mahlerey.* 1. Theil. Kopenhagen 1760 (franz. 1719).
Eckert, Roland/Vogelgesang, Waldemar u.a.: *Grauen und
    Lust. Die Inszenierung der Affekte. Eine Studie zum ab-
    weichenden Videokonsum.* Pfaffenweiler 1991.
Elias, Norbert: *Über den Prozeß der Zivilisation. Soziogene-
    tische und psychogenetische Untersuchungen* [1939]. 2
    Bde. Frankfurt a. M. ⁶1978.
Freud, Sigmund: Psychopathische Personen auf der Bühne
    [1905/06]. In: Ders.: *Studienausgabe.* Bd. X. Hg. von Ale-
    xander Mitscherlich u. a. Frankfurt a. M. 1969, 161–168.
Freud, Sigmund: Das ökonomische Problem des Masochis-
    mus [1924]. In: Ders.: *Studienausgabe.* Bd. III. Hg. von
    Alexander Mitscherlich u.a. Frankfurt a. M. 1975, 339–
    354.
Goethe, Johann Wolfgang von: *Wilhelm Meisters theatrali-
    sche Sendung.* In: Ders.: *Gedenkausgabe der Werke, Briefe
    und Gespräche.* Bd. 8. Hg. von Ernst Beutler. Zürich/
    Stuttgart ²1961, 523–879.
Goethe, Johann Wolfgang von: Novelle. In: Ders.: *Werke.*
    Hamburger Ausgabe. Bd. 6. Hg. von Erich Trunz u.a.
    München 1981, 491–513.
Grimm, Jacob und Wilhelm: Hänsel und Gretel. In: Dies.:
    Kinder- und Hausmärchen. Bd. 1. Hg. von Heinz Rölleke.
    Stuttgart 1995, 100–108.
Hanich, Julian: *Cinematic Emotion in Horror Films and
    Thrillers. The Aesthetic Paradox of Pleasurable Fear.* New
    York 2010.
Hillebrandt, Claudia: *Das emotionale Wirkungspotenzial
    von Erzähltexten. Mit Fallstudien zu Kafka, Perutz und
    Werfel.* Berlin 2011.
Jäger, Christopher/Bartsch, Anne: Prolegomena zu einer
    philosophischen Theorie der Meta-Emotionen. In: Bar-
    bara Merker (Hg.): *Wohin mit den Gefühlen? Emotionen,
    Gefühle, Werte.* Paderborn 2009, 113–137.
Jäger, Georg: Kokoschkas »Mörder Hoffnung der Frauen«.
    In: *Germanisch-Romanische Monatsschrift* 2/32 (1982),
    215–233.
Kant, Immanuel: *Kritik der Urteilskraft* [1792]. In: Ders.:
    Werke in zehn Bänden. Bd. 8. Hg. von Wilhelm Weische-
    del. Darmstadt 1983, 237–620.
Lange, Carl: *Sinnesgenüsse und Kunstgenuß. Beiträge zu ei-
    ner sensualistischen Kunstlehre.* Wiesbaden 1903.
Lausberg, Heinrich: *Handbuch der literarischen Rhetorik: Eine
    Grundlegung der Literaturwissenschaft.* München 1973.
Lucretius Carus, Titus: *Über die Natur der Dinge.* Deutsch
    von Karl Ludwig von Knebel. Frankfurt a. M./Hamburg
    1960.
Lyotard, Jean-François: Das Erhabene und die Avantgarde.
    In: Jacques Le Rider/Gérard Raulet (Hg.): *Verabschie-
    dung der (Post-)Moderne? Eine interdisziplinäre Debatte.*
    Tübingen 1987, 251–274.
Mann, Thomas: *Heinrich von Kleist und seine Erzählungen.*
    In: Ders.: *Gesammelte Werke.* Bd. 8: Leiden und Größe
    der Meister. Frankfurt a. M. 1982.
Mellmann, Katja: *Emotionalisierung – Von der Nebenstun-
    denpoesie zum Buch als Freund. Eine emotionspsychologi-
    sche Analyse der Literatur der Aufklärungsepoche.* Pader-
    born 2006.

Nietzsche, Friedrich: Die Geburt der Tragödie aus dem Geiste der Musik. In: Ders.: *Sämtliche Werke. Kritische Studienausgabe*. Bd. 1. Hg. von Giorgio Colli und Mazzino Montinari. München/Berlin/New York 1980a, 9–156.

Nietzsche, Friedrich: Morgenröthe. In: Ders.: *Sämtliche Werke. Kritische Studienausgabe*. Bd. 3. Hg. von Giorgio Colli und Mazzino Montinari. München/Berlin/New York 1980b, 9–331.

Oliver, Mary Beth: Exploring the paradox of sad films. In: *Human Communication Research* 19 (1993), 315–342.

Pietzcker, Carl: Zur Psychoanalyse der literarischen Form. In: Sebastian Goeppert (Hg.): *Perspektiven psychoanalytischer Literaturkritik*. Freiburg 1978, 124–157.

Poppe, Sandra: Schauerroman. In: Dieter Lamping (Hg.): *Handbuch der literarischen Gattungen*. Stuttgart 2009, 662–666.

Reik, Theodor: *Aus Leiden Freuden. Masochismus und Gesellschaft* [1940]. Hamburg 1977.

Schiller, Friedrich: Über den Grund des Vergnügens an tragischen Gegenständen. In: Ders.: *Werke und Briefe in zwölf Bänden*. Bd. 8. Hg. von Otto Dann u. a. Frankfurt a. M. 1992a, 234–250.

Schiller, Friedrich: Über das Erhabene. In: Ders.: *Werke und Briefe in zwölf Bänden*. Bd. 8. Hg. von Otto Dann u. a. Frankfurt a. M. 1992b, 822–840.

Segebrecht, Wulf: Über ›Poetische Gerechtigkeit‹. Mit einer Anwendung auf Kafkas Roman *Der Proceß*. In: Karl Richter/Jörg Schönert/Michael Titzmann (Hg.): *Die schönen Künste und die Wissenschaften*. Stuttgart 1997, 49–69.

Tan, Ed S.: *Emotion and the Structure of Narrative Film. Film as an Emotion Machine*. Mahwah 1996.

Vondung, Klaus: »Überall stinkt es nach Leichen«. Über ästhetische Ambivalenz apokalyptischer Visionen. In: Peter Gendolla/Carsten Zelle (Hg.): *Schönheit und Schrecken. Entsetzen, Gewalt und Tod in alten und neuen Medien*. Heidelberg 1990, 129–144.

Weber, Ingeborg: *Der englische Schauerroman. Eine Einführung*. München/Zürich 1983.

Wertheimer, Jürgen: Blutige Humanität. Terror und Gewalt im antiken Mythos. In: Peter Gendolla/Carsten Zelle (Hg.): *Schönheit und Schrecken. Entsetzen, Gewalt und Tod in alten und neuen Medien*. Heidelberg 1990, 13–36.

Zelle, Carsten: Strafen und Schrecken. Einführende Bemerkungen zur Parallele zwischen dem Schauspiel der Tragödie und der Tragödie der Hinrichtung. In: *Jahrbuch der deutschen Schillergesellschaft* 28 (1984), 76–103.

Zelle, Carsten: Über den Grund des Vergnügens an schrecklichen Gegenständen in der Ästhetik des achtzehnten Jahrhunderts. In: Peter Gendolla/Ders. (Hg.): *Schönheit und Schrecken. Entsetzen, Gewalt und Tod in alten und neuen Medien*. Heidelberg 1990, 55–91.

Zelle, Carsten: *Die doppelte Ästhetik der Moderne. Revisionen des Schönen von Boileau bis Nietzsche*. Stuttgart/Weimar 1995.

Zillmann, Dolf/Vorderer, Peter (Hg.): *Media Entertainment. The Psychology of its Appeal*. London u. a. 2000.

Thomas Anz

9. Überschreitung

Transgression

Jede Kultur hat ihre in kollektiver Übereinkunft definierten und akzeptierten Grenzen. Die Berührung und Überschreitung dieser Grenzen gleicht einer Verbotsüberschreitung, dem Tabubruch. Die Grenzüberschreitung ist somit angstbesetzt, da sie einerseits die Strafe des Kollektivs befürchten lässt, andererseits fürchtet die Gemeinschaft den Tabubrecher, denn dieser hat sich in einem transgressiven – grenzüberschreitenden – Akt selbst ermächtigt und ist in diesem Moment souverän geworden: Im Bruch der Gesetze hat er seine Unabhängigkeit von den Regeln der Gemeinschaft bewiesen und deren Grundfesten korrumpiert. Im Folgenden soll es um die mediale Reflexion des transgressiven Aktes als einem kollektiven Angstmoment gehen.

Der Begriff ›Transgression‹ (von lateinisch *transgressio*: Überschreitung, Grenzverletzung, Übertretung) wurde von dem französischen Philosophen und Schriftsteller Georges Bataille differenziert und gilt vor allem als poetisch umschriebener Schlüsselbegriff, der die Grenzüberschreitung als Willensakt des Menschen im Sinne einer Tabuverletzung bezeichnet. Das Bedürfnis nach der Transgression wird nach Bataille von dem Tabu bzw. Verbot selbst ausgelöst, wobei er damit meist einen sexualisierten Kontext verbindet: Die tabuisierte Handlung sei durch das Verbot selbst sexualisiert. Transgression sei genuin menschlich, da nur die menschliche Gesellschaft Tabus kenne, die ihr Zusammenleben regeln. Mit der Transgression sind vor allem Momente der Angst und des Ekels verbunden. Für Bataille unterläuft die Transgression nicht einfach das Tabu, sondern steht in einem komplexen Abhängigkeitsverhältnis, woraus ein ritualisiertes, seduktives (verführerisches) Spiel entstehen kann, vor allem im Rahmen der Erotik. In seinem Buch *L'érotisme* (1957) entwickelt Bataille am Umfassendsten den wechselseitigen Zusammenhang und das Bedingungsverhältnis von Sexualität, Tod und gesellschaftlichen Sanktionen. Michel Foucault bindet Batailles Transgressions-Begriff in seinem Text *Zum Begriff der Übertretung* zurück an die Philosophie Friedrich Nietzsches und Donatien Alphonse de Sades, indem er in der sexuellen Souveränität und dem Transgressionsakt die Idee vom ›Tod Gottes‹ entdeckt. Auch Foucault betont, dass die Transgression das Verbot letztlich affirmiere und legitimiere (vgl. Foucault 1974).

Philosophie der Überschreitung

Wenn Friedrich Nietzsche vom ›Tod Gottes‹ gesprochen habe, von der ›Umwertung aller Werte‹, spreche er über eine Überschreitung der selbst gesetzten Grenzen:

> Gott zu töten bedeutet bei ihm letztlich, einen Gott zu töten, der bereits tot ist, beziehungsweise den Gott nur zu beschwören, um ihn in einem Akt der Grenzüberschreitung immer wieder töten zu können. Der Tod Gottes schenkt uns nicht einer begrenzten und positiven Welt wieder, sondern einer Welt, die sich in der Grenzerfahrung entfaltet, die sich im Exzeß, der die Grenze übertritt, bildet und auflöst (Foucault 1974, 72).

Das ist Foucaults nietzscheanischer Kommentar zum Werk des französischen Sexualphilosophen Bataille, der den Akt der exzessiven Grenzüberschreitung bereits in den 1950er Jahren zur Utopie erhoben hatte. Er definierte diese Grenze jedoch nicht als eine allseits feststellbare moralische Demarkationslinie, sondern als ein flüchtiges Phänomen, das sich im Grunde erst im Moment der Transgression offenbart. Der Transgressionsakt kann also nicht auf Wunsch herbeigezwungen werden, sondern bedarf einer latenten Bemühung, sich dieser so diffusen wie mächtigen Grenze zu nähern. Die Transgression wird zum Lebensprinzip der Philosophie Batailles. Analog zu Nietzsche wenden sich Foucault und Bataille gleichermaßen gegen eine Definition ex negativo, stattdessen denken sie die Transgression als einen Akt der kulturellen Befreiung. Batailles Begriff der Transgression bezeichnet den Zustand jenseits von Moral und ethischer Grenze, *jenseits* schließlich *von Gut und Böse*. Diese Perspektive steht im Gegensatz zu den konservativen Tendenzen der Gesellschaft und wird von daher bedrohlich empfunden.

Im Zusammenhang mit dem Transgressionsakt muss Batailles Modell einer »Theorie der Verschwendung« gesehen werden. Ausgehend vom destruktiven »Todestrieb«, den Sigmund Freud in *Jenseits des Lustprinzips* (1920) dem von ihm konstatierten »Lebenstrieb«, also einer konstruktiven Form der Sexualität, zur Seite stellte (vgl. Freud 2000a), unternahm Bataille Überlegungen zum Punkt des »Umschlagens« vom Lebenstrieb zum Todestrieb. Die Sexualität wird in ihrer Verselbständigung zur Feier zunächst des emotionalen und schließlich des physischen Todes. Batailles Modell einer »allgemeinen Ökonomie« der Verschwendung schimmert bei Freud bereits durch: Die Annahme, überschüssige Energie, die nicht mehr zu einem Wachstum tauge, müsse notwendigerweise »verschwendet« werden,

»willentlich oder nicht, in glorioser oder in katastrophischer Form« (Bataille 2001, 45). In zahlreichen Romanen und Filmen, die den Komplex ›Liebe, Wollust, Begehren, Schmerz und Tod‹ behandeln, spielt dieses prägnante Dreieck – Transgression, Todestrieb und Verschwendung – eine wesentliche Rolle.

In seinem vom Sadomasochismus erzählenden Prosatext *Die Geschichte des Auges* (1928) spielt Bataille Akte der Grenzüberschreitung modellhaft durch, nähert sich de Sades pathologischen Todesriten ebenso wie einer enthemmten Körperfeier, die später der sexuellen Revolution der 1960er Jahre vorschwebte. Doch das titelgebende »Auge« ist nicht nur das Auge des Voyeurs, das wenig später der Schriftsteller und Filmemacher Alain Robbe-Grillet in seinen Werken zum Schlüsselelement machen sollte; zu involviert ist der Erzähler in das groteske bis obszöne Geschehen. Das »Auge« ist vielmehr Batailles visionärer Blick angesichts der nahenden Grenze, ein »Auge«, das sich öffnet im Moment der Passage, während »das Ziel meiner sexuellen Ausschweifungen eine geometrische Weißglut (unter anderem die Koinzidenz von Leben und Tod, von Sein und Nichtsein), makellos funkelnd‹« sei (Bataille 1995, 23). Im Gegensatz zu Todeswunsch, Hass und Aggression sind für Bataille die einzigen fruchtbaren Medien für die Transgression die vielfältigen Riten der Sexualität. James Miller bringt das auf den Punkt:

> Batailles besonderes Genie zeigte sich in dem Gedanken, daß die Erotik in ihrer extremsten Ausprägung als sadomasochistische Praktik ein einzigartig kreatives Medium sei, die ansonsten unbewussten und nicht denkbaren Aspekte dieser ›negativen Erfahrung‹ in den Griff zu bekommen, diese dadurch in etwas Positives zu verwandeln und jeden Menschen dazu in die Lage zu versetzen, im Sinne Nietzsches selbst zu wiederkehrenden Todesphantasien ›ja zu sagen‹ (Miller 1995, 126).

Batailles Utopie der aktiven, positiven Transgression steht im krassen Gegensatz zu den aseptischen, erstarrten Unterwerfungstableaus, die Alain Robbe-Grillet in seinen Werken entwirft, aus denen jedes aktive Begehren gewichen ist. Und beide stehen sie im Gegensatz zu den oft destruktiven Orgien des Marquis de Sade, in denen die ›wahre Anarchie‹ der Macht zelebriert wird. Der tatsächliche Sadomasochismus mag in seinen weitläufigen Differenzierungen zwischen all diesen Polen oszillieren, der diffuse Wunsch nach der Transgression jedoch schwebt als glühende Utopie über dem Geschehen.

Der italienische Kulturphilosoph Julius Evola weist in seinen Ausführungen über Wollust, Schmerz und Tod auf die Beobachtung hin, dass es sich bei einigen antiken Liebesgottheiten auch um angstbesetzte Gottheiten des Todes handelt (Evola 1983, 141). Dieser Komplex scheint also weit über Batailles Transgressionstheorie hinaus in den verschiedensten Kulturen und zu den unterschiedlichsten Epochen gültig zu sein, zumal in einer so weitgehend verfeinerten wie der griechischen Antike oder dem Europa des Fin de siècle. Zudem verweist Evola auf den chinesischen Begriff für einen »begehrten Menschen« – *yuan-cia* –, der »vorherbestimmter Feind« bedeutet (ebd., 144).

Ein solches fatales Beziehungsmodell findet sich in Bernardo Bertoluccis Spielfilm *L'ultimo tango à Parigi* (I/F, 1972), der nach Aussage des Regisseurs explizit von Georges Batailles erotischem Stationenroman *Le bleu du ciel* (1935) inspiriert ist. Zwar swingt der Protagonist des Romans im Frankreich der 1930er Jahre von einer Geliebten zur nächsten, doch Motive der moraltranszendierenden Sexualität gleichen Bertoluccis Film frappierend – vor allem die Phantasie von dem leidenschaftlichen Akt mit einem völlig fremden, namenlosen Gegenüber. Dieser anonyme Sex ist gleichsam ein Gegenentwurf zu einer bürgerlichen Beziehungskonstruktion, die auf Vertrautheit, Treue und Beständigkeit setzt, kann aber auch als die dialektische Ergänzung dieser bourgeoisen Moral gesehen werden. Inspiriert durch die Erzählung Batailles entwickelt der Film den nur wenige Tage andauernden *amour fou* zwischen einem Mann um die 50 (Marlon Brando), dessen Frau gerade Selbstmord begangen hat, und einer jungen Frau Anfang 20 (Maria Schneider), die sich wiederholt in einer leer stehenden Mietwohnung treffen und sich heftigen Liebesakten hingeben. Der Mann verlässt allmählich seine zunächst dominante Position, was jedoch zum Scheitern der Beziehung führt. Nach einem letzten gemeinsamen Tango verfolgt er die Frau in ihre Wohnung und wird von ihr scheinbar in Notwehr erschossen. In der Gestaltung der Liebesszenen entwickelt der Film eine eigene Form der Kommunikation, die von Transgression, Korruption und Angst geprägt ist. Trotz seiner ausgefeilten visuellen Ebene etabliert der Film seine transgressiven Momente weitgehend auf der verbalen Ebene, speziell durch eine leitmotivische Wiederholung analer Bezüge. Der erste Ausruf des Protagonisten Paul in diesem Film ist »Fucking God!« und gemäß Marquis de Sades Maxime, in der nichtreproduzierenden analen Sexualität liege der größte Protest gegen Gott (vgl. de Sade 1995, 90 ff.), umspielen alle Schlüsselszenen des Films genau dieses

Motiv. Es wird etabliert in dem dialogischen »Rotkäppchen«-Spiel, einem angst- und tabugeprägten Rollenspiel:

Jeanne: I am a Red Riding hood and you is [sic!] the wolf. – Paul: Grrrr! – Jeanne: What big arms you have. – Paul: All the better to squeeze the farts out of you. – Jeanne: What big nails you have. – Paul: All the better to scratch your ass with. – Jeanne: What a lot of fur you have. – Paul: All the better to let your crabs hide in. – Jeanne: Oh, what a long tongue you have. (Sie greift seine Zunge mit den Fingern.) – Paul: The better to … stick in your ear, my dear. – Jeanne: And this? What's this for? – Paul: That's your happiness and my … penis. – Jeanne: Peanuts? – Paul: [Es folgte eine lange Aufzählung von Synonymen für Penis].

In späteren Sequenzen wird das anale Motiv in die körperliche Ebene integriert. Paul befiehlt Jeanne, ihm ein Stück Butter zu holen. Dann soll sie ihre Hose öffnen:

Paul: Are you afraid? – Jeanne: No. – Paul: You are always afraid. – Jeanne: No, but maybe there's family secrets. – Paul: Family secrets? I will tell you about family secrets. I'm going to tell you about the family. That holy institution, meant to breed virtue into savages. (Er nutzt die Butter als Gleitmittel, dreht sie auf den Bauch und legt sich auf sie.) – Paul: The holy institution … church of good citizens … the children are tortured … first lie … repression … freedom is assassinated … you fucking family … you … fucking … family.

In diesem Dialog – analog zum vollzogenen analen Sexakt – werden mehrere transgressive Momente deutlich, die Paul verbal ins Spiel bringt: Jeanne habe »immer Angst«; die Familie als »heilige Institution«, die Frucht reproduzierender Sexualität; der Mensch als domestizierte »Bestie«; die Folter der »Schutzlosen«; die »Unterdrückung« der Triebe; der Angriff auf die »Freiheit«. Paul attackiert in diesem gestammelten libertinen Sermon die Werte einer bürgerlichen Gesellschaft, für die das transgressive Modell, das der Film entwirft, umso verführerischer erscheinen muss, je mehr es deren Moral zuwiderläuft: In der Schändung der Schönheit, in der Beschmutzung des Heiligen. In einer späteren Szene im Badezimmer verlangt Paul, Jeanne solle ihre Nägel kürzen und dann ihre Finger in seinen Anus einführen. Wieder entspinnt er eine Reihe von Obszönitäten, die sie wiederholen soll: Sie solle Sex mit einem Schwein haben, dessen Kotze essen und danach seine im Sterben ausgestoßenen Fürze riechen – doch an dieser Stelle hat Paul bereits seine dominante Position aufgegeben. Jeanne bricht seine Provokation, indem sie beteuert, sie werde mehr als das tun »and worse. Worse than before«. Das ist die letzte Szene, in der wir das Paar in der Wohnung erleben.

Ein weiteres transgressives Objekt ist das wiederholt auftauchende Rasiermesser: Ein Werkzeug bürgerlicher Hygiene und Ordnung – und zugleich ein gefährliches Mordinstrument. Paul wird das Rasiermesser, mit dem sich seine Frau in der Badewanne die Pulsadern öffnete, mit sich tragen. Für Jeanne, die nichts über die Geschichte des Objekts weiß, erscheint Paul in einem Moment als »Verrückter mit Rasierklinge«, ein Angstfaktor des absolut fremden und unbekannten Anderen, den das Paar zelebriert. Einmal schärft er die Klinge an einem gespannten Abziehgürtel, während im Bildvordergrund Jeannes Brüste gefährlich nah an der Schneide in den Bild-Kader schwingen: Paul mit der Klinge, die Leben nahm, als der mögliche Erlöser Jeannes aus ihrer bürgerlichen Erstarrung. Doch Paul wird die Funktion nicht konsequent verkörpern: Am Ende verfolgt er die Frau zum Haus ihrer Mutter und beteuert, er liebe sie und wolle nun ihren Namen wissen. Der fatalen Logik des Films folgend wird Jeanne also ihren Geliebten am Ende – als er selbst gegen sein transgressives Konzept verstoßen hat – nicht nur töten, sondern sogar verleugnen und der Polizei gegenüber als einen »Fremden« bezeichnen, der sie habe »vergewaltigen« wollen: »I don't know who he is. I don't know his name. He followed me in the street. He tried to rape me. He's a madman. I don't know who he is …«.

Tabubruch und Korruption

Ein wesentlicher Begriff in Sigmund Freuds klassischem Modell der Psychoanalyse ist der ›Wunsch‹: Mit ihm bezeichnet er ein unwillkürliches, inneres Verlangen, das aus den existenziellen Bedürfnissen der Kindheit schöpft. Jacques Lacan hat Freuds Begriff des Wunsches mit dem französischen *désir* übersetzt, das wiederum auch ›Begehren‹ heißt und in mehrfacher Hinsicht ein differenzierterer Begriff als ›Wunsch‹ ist. Der ›Wunsch‹ erscheint sehr zielgerichtet und singulär, das ›Begehren‹ umfasst jedoch auch eine kontinuierliche Kraft, eine Motivation. Nach dem Literaturwissenschaftler Vladimir Biti konnotiere das Begehren auch Hegels Begriff der ›Begierde‹, werde dadurch abstrakter und theoretisch fruchtbarer. Im Sinne Lacans bleibt das Begehren immer unbewusst und wird zur Motivation von Handlung und Bewegung des Körpers. Lacan siedelt das Begehren zwischen dem Streben nach Befriedigung und dem Verlangen nach Liebe an: Es sei »die Differenz, welche entsteht, wenn das Erstere vom

Letzteren subtrahiert werde« (Biti 2001, 99). Es geht also nicht primär um einen biologischen Instinkt, sondern um ein artikuliertes Verlangen, das nach Erwiderung giert. Begehren will anerkannt und erwidert werden, es ist letztlich »das Begehren nach dem Begehren des Anderen« (Lacan zitiert nach Biti 2001, 99).

Eine besondere Rolle kommt dabei dem Begehren des Verbotenen zu. Das Spiel mit Erfüllung und Verweigerung einer Erfüllung des Begehrens öffnet der literarischen und filmischen Erzählung bzw. Inszenierung eine Vielzahl von Möglichkeiten. Aus dieser Perspektive betrachtet, verwundert es kaum, dass zahlreiche Kunstwerke das Interesse durch die Thematisierung oder Inszenierung von Grenzüberschreitungen und Tabubrüchen sichern. Oft ist ein solcher Tabubruch der Schlüsselmoment des Werkes, oft zwingen diese Werke den Rezipienten geradezu, sich mit einem gesellschaftlich und kulturell verankerten Tabu auseinanderzusetzen. Dabei ist allerdings die kulturelle Relativität von Tabus zu beachten: Ein Ehebruch als Schlüsselmoment wird vermutlich in Europa und Amerika anders wahrgenommen als etwa in Asien.

Die Übertragung des ethnologischen Begriffes ›Tabu‹ auf die ›Neurosen‹ der westlichen Gesellschaft geht auf Sigmund Freud zurück, der in *Totem und Tabu* (1913) vier Punkte der Gemeinsamkeit nennt:

1. in der Unmotiviertheit der Gebote, 2. in ihrer Befestigung durch eine innere Nötigung, 3. in ihrer Verschiebbarkeit und in der Ansteckungsgefahr durch das Verbotene, 4. in der Verursachung von zeremoniösen Handlungen, Geboten, die von den Verboten ausgehen (Freud 2000b, 321).

Diese Tabu-Definition erscheint zunächst etwas sperrig, da sie primär den pathologischen Zwangscharakter beschreibt. Das Tabu hat oder braucht keine rationale Begründung (»Unmotiviertheit«), es ist somit in gewisser Weise willkürlich. Betrachtet man die Tabus der westlichen Industriegesellschaft, so haftet diesen dagegen meist eine bestimmte rationale Erklärung an, die als Begründung für die »innere Nötigung«, das Tabu zu achten, herhalten muss. Ehebruch ist zum Beispiel vor allem in Gesellschaften ein Tabu, deren Integrität vordergründig auf der Institution einer funktionierenden Ehe aufbaut. Das mit dem Ehebruch verbundene Fehlverhalten unterläuft dann die auf dieser Integrität basierende Machtstruktur und stellt sie in Frage. Die spezielle Ausprägung dieser Machtstruktur lässt sich auf eine bestimmte, rational nachvollziehbare Basis zurückführen, ist aber letztlich willkürlich.

Ebenso könnte die Macht auf einem anderen Modell basieren.

Im Bruch des Tabus liegt zugleich der Reiz: Die Überschreitung der Tabugrenze zu begehren, um das verbotene Andere zu erlangen. Mit der Änderung gesellschaftlicher Wertvorstellungen kann sich die spezielle Ausprägung von Tabus ›verschieben‹: Heute wird der Ehebruch vermutlich als weniger harter Tabubruch empfunden als etwa in den 1950er Jahren. So muss sich ein Film wie *Unfaithful* (USA 2002) von Adrian Lyne große inszenatorische Mühe geben, den sexuellen Seitensprung wirklich als Skandalon erfahrbar zu machen. Zugleich würde kaum ein deutscher Zuschauer die lebenshungrige Protagonistin (Sibel Kekilli) aus Fatih Akins *Gegen die Wand* (D 2004) sonderlich skandalös finden, wohingegen sie von ihren orthodoxen türkischen Landsleuten (unter anderem für diese Rolle) offen angefeindet wurde. Deutlich ist dabei die ›Ansteckung‹ durch das Tabu beziehungsweise den Tabubruch: Wer das Tabu bricht, wird selbst zur tabuisierten Person. Solche Mechanismen greifen in der westlichen Gesellschaft vor allem an der Schnittstelle von Politik und Moral. Wer als Journalist oder Künstler ein zeitgenössisches Tabu bricht, wird umgehend selbst zum Tabu, und es wächst die Angst, in der Auseinandersetzung mit der tabuisierten Person selbst ›angesteckt‹ zu werden. Schwerwiegend sind solche Tabuverletzungen im politisch-moralischen Bereich, wie die Diskussion um Norman Finkelsteins Polemik über die *Holocaust-Industrie* (2000) belegt. Hier zeigen sich auch Aspekte von Freuds viertem Punkt: Es haben sich gesellschaftliche Rituale und Verhaltensweisen etabliert (»Gebote«), wie mit einer bestimmten Thematik zu verfahren ist. Der verführerische Aspekt des Tabu-Modells wird in einer späteren Formulierung Freuds deutlich:

Der Mensch, der ein Tabu übertreten hat, wird selbst tabu, weil er die gefährliche Eignung hat, andere zu versuchen, daß sie seinem Beispiel folgen. Er erweckt Neid; warum sollte ihm gestattet sein, was anderen verboten ist? Er ist also wirklich ansteckend, insofern jedes Beispiel zur Nachahmung ansteckt, und darum muß er selbst gemieden werden (Freud 2000b, 324).

Dieser Punkt ist auch für Literatur und Film sehr wichtig, erklärt er doch, dass narrative Werke in recht konkreter Weise als »Beispiel«, also als Vorbild empfunden werden und somit als »Versuchung« wirken können. Auf diese vereinfachende Annahme gründen sich unter anderem die Thesen der konservativen Gewaltwirkungsforschung.

Verschwendung und Transgression

In seiner ökonomischen Theorie geht Georges Bataille von einem permanent zur Verfügung stehenden Überschuss an Energie aus, den eine Gesellschaft und deren Individuen verwalten müssen. Ein solcher Überschuss (oder auch Reichtum) muss notwendigerweise verschwendet werden, ganz so, wie es dem ethnologischen Modell des Potlatschfestes bei den Kwakiutl-Indianern entspricht (vgl. Mauss 1968). Unter Ökonomie versteht Bataille ganz grundsätzlich die gesamte Erzeugung und Verschwendung von Energie. Sind die Grenzen des Wachstums erreicht, muss der entstandene Energieüberschuss verschwendet werden. Drei Arten der Verschwendung sind möglich: (1) der Verzehr lebender Organismen, der (eigene) Tod und die geschlechtliche Fortpflanzung. (2) Als Beispiele für Akte der Verschwendung nennt Bataille die aztekischen Menschenopfer und den Bau der mittelalterlichen Kathedralen, die wie Pyramiden des Abendlandes erscheinen, über Jahrhunderte entstehen und zahlreiche Menschenleben und Rohstoffressourcen fordern. Diese Verschwendungsakte können ritualisiert in Gestalt eines Verschwendungswettkampfes auftreten (*potlatsch*), wobei der Mensch Souveränität erringt, indem er nicht mehr nur passives Objekt der »allgemeinen Ökonomie« bleibt, sondern dem Verschwendungsprozess mit aktiver Selbstverschwendung begegnet. (3) Lehnt der Mensch diese ihm verliehene Chance zur Souveränität ab, so drohen ihm – nach Bataille – katastrophische Formen der Verschwendung, also gesellschaftliche Angstmomente wie Kriege, Krisen und Völkermorde.

Dieses Modell lässt sich in gewisser Weise auch auf die westliche Überschussgesellschaft übertragen, die angesichts einer enormen Verfügbarkeit von Freizeit, Unterhaltung und Luxus an einen Punkt kommen könnte, an dem die Verschwendung des Selbst, der eigenen (auch physischen) Existenz, zum Ausgangspunkt eines *potlatsch*-artigen Verhaltenskodexes führt. Zahlreiche literarische und filmische Werke weisen Spuren dieser Selbstverschwendung auf: Elemente eines Prozesses, bei dem der sexuelle Körper selbst als *nicht-erwiderbare Gabe* dargebracht wird. Daher erklärt sich die auffällige Präsenz des finalen Lustmordes beziehungsweise der lustbetonten Selbstopferung am Ende derartiger Erzählungen.

Ein radikales Modell dieser Selbstverschwendung angesichts einer kollektiven Existenzangst beschreiben James G. Ballards Roman *Crash* (1971) sowie die gleichnamige Verfilmung von David Cronenberg (USA 1994). Die Verfilmung projiziert das Geschehen des Romans über 20 Jahre in die Zukunft – von den 1970er in die 1990er Jahre – und kreiert ein abstraktes Bild des Komplexes ›Begehren, Verführung, Angst und Tod‹. Dramaturgisch aufgelöst in einer Reihe kühl durchgespielter Sexszenen, erzählt der Film vom erwachenden Interesse eines jungen, lebensüberdrüssigen Ehepaares (James Spader und Deborah Kara Unger) an einer Gruppe von Unfallfetischisten. Ein kalte, metallische Welt wird entfaltet, vollkommen durchtechnisiert und doch voller Fehler und Schäden: Der menschliche Faktor in einer Technokratie. Fleisch und Metall gehen hier im Rahmen sexueller Akte zumindest eine oberflächliche Verbindung ein.

Der Autounfall ist einer der alltäglichen Angstmomente der Moderne, und das programmatisch betitelte Konzept von *Crash* deutet dieses Angstmoment zu sinnlichen Faszinosum um: Cronenbergs Inszenierung erreicht einen Höhepunkt, wenn die Protagonisten an einem nächtlichen Unfallort vorbeikommen. In unwirklich bunte blaue und rote Blinklichter getaucht, von Abgasnebel überzogen, präsentiert sich hier eine unverhohlene Ästhetik des Schreckens in all den Ausmaßen ihrer Zerstörung. Der Film vermittelt diesen Ort menschlicher und technischer Wracks als ein überwältigendes Kunstwerk: Gleitende Kamerafahrten saugen die destruktiven Details förmlich auf, die ätherischen Gitarrenklänge schaffen ein traumgleiches Ambiente. Kein harter Schnitt trübt diesen harmonisierten Fluss. Erinnerungen an Andy Warhols legendärem Siebdruck *White Car Crash Nineteen Times* (1963), der das Pressefoto eines Zusammenstoßes in wiederholter Staffelung zeigt und damit das Auto als Fetisch des *American way of life* zum Kunstwerk stilisiert, werden wach. Was Autor und Regisseur interessiert, ist das existenzielle Planspiel, nicht das fein formulierte Psychodrama eines Paares, das sich in der bizarren Welt transgressiver Sexualität verliert. Opfer werden auf allen Seiten gebracht, denn im allgemeinen Konsens ist es die irreversible Gabe, die letzte Stufe der Selbstverschwendung, die die Protagonisten erstreben. *Crash* erkundet eine pathologische Phänomenologie in einer kalten, perspektivlosen, leidenschaftslosen Welt der Entfremdung, in der die Menschen nichtsdestotrotz nach Verbindung suchen. Das ursprünglich angstbesetzte Unfallauto ist dabei zur ultimativen körperlichen Erweiterung geworden: Die Maschine als Fortsetzung des Fleisches und zugleich Ausdruck menschlichen Willens und

menschlicher Schaffenskraft. »Maybe the next one« sagt die weibliche Hauptfigur Catherine Ballard zu Beginn, als deutlich wird, dass weder sie noch die Geliebte ihres Mannes zum Orgasmus kamen. »Maybe the next one« sind auch die letzten Worte der Filmfigur James Ballard, als er sich am Ende liebkosend über die aus dem Auto geschleuderte Ehefrau beugt, doch diesmal meint er selbst die irreversible Gabe: Den Tod. Aus der Angst vor dem Unberechenbaren, dem lebensbedrohenden Unfall, ist ein Quell der Hoffnung geworden.

Die sinnlose Tat

»Veranschaulichen sie sich doch: Ein Verbrecher weder aus Leidenschaft noch aus Not! Der Grund, der ihn treibt, das Verbrechen zu begehen, ist eben der Trieb, ein Verbrechen ohne Grund zu begehen«, schreibt André Gide (1973, 400). Der immoralische Dandy Lafcadio, der diese Worte spricht, hat zuvor den Adligen Amadeus Fleurissoire völlig ohne Grund aus einem fahrenden Zug gestoßen und damit getötet. Nun plant er, einen Roman über ein solches Verbrechen jenseits der Moral und rationalen Begründung zu schreiben. Mit diesen Überlegungen aus dem fünften Buch seines Romans *Die Verliese des Vatikan* (1918) begründete der Autor André Gide den *acte gratuit*, die scheinbar willkürliche Tat ohne Motiv, in der die größtmögliche Souveränität und Freiheit eines Individuums liege – und zugleich eine radikale Angstvorstellung der Gesellschaft angesichts der Unberechenbarkeit dieser gewaltsamen Selbstermächtigung. Zwei Umstände konnten zu diesen radikalen, immoralischen Überlegungen führen: Die Auffassung vom Menschen als Individuum und die gesellschaftliche Polarisierung zwischen Einzelnen und einer unbestimmbaren Masse. Martin Raether verweist hier auf die Schlüsselfunktion von Descartes' Satz »cogito ergo sum«, dem eine nahezu egoistische Subjektbehauptung innewohnt. Er nennt zahlreiche Elemente des *acte gratuit*: »Grundlosigkeit, Willkür, Mutwilligkeit, Zweckfreiheit, Motivlosigkeit, Sinnlosigkeit, Absichtslosigkeit« (Raether 1980, 76). Wir haben es also mit einer Reflexion der *polatsch*-artigen Selbstverschwendung bis hin zur unerwiderbaren Gabe zu tun, die Bataille definiert, hier jedoch in einen nach außen gerichteten, destruktiven Akt verkehrt, der umso mehr zur Bedrohung der Gemeinschaft wird.

Ohne den Begriff des *acte gratuit* zu kennen, beschreibt Dostojewski bereits 1866 in *Schuld und*

Sühne das doppelte Verbrechen Rodion Raskolni-koffs als einen selbstzweckhaften Akt, der in der blu-tigen Tat letztlich den »gewöhnlichen« vom »beson-deren Menschen« trennt. Hier wird deutlich: Für den Willkürtäter des *acte gratuit* liegt in der ziellosen Tat eine Selbsterhöhung – die ultimative Freiheit im völligen Verfügen über das Leben der/des Anderen. In diesem Sinne leuchtet die innere Logik des Ge-dankens ein, wenn sich Raskolnikoff als Mörder schließlich unter anderem mit Napoleon vergleicht: Das Blut der Anderen vergießen, um sich selbst in seiner Exklusivität zu behaupten. Hier wird auch der Unterschied dieses Modells zu Batailles »allgemeiner Ökonomie« deutlich: Sich selbst zu verschwenden entspricht dem Einverständnis des Selbst mit der Tat, den Anderen zu verschwenden ohne dessen Einwilligung dagegen, setzt diesen Begriff der Frei-heit und Souveränität mit Grausamkeit, Barbarei und Willkür gleich. Zugleich liegt in dem *acte gratuit* auch eine enorme Schwäche, die diesen Tätern of-fenbar verschlossen ist: »Seine Tat ist nicht nur ver-nichtend für das Opfer, sondern auch für den Täter, denn nicht die *Tat* ist ziellos, sondern der *Mensch*, der sie begeht« (Raether 1980, 85).

Die Polarisierung zwischen Individuum und Masse findet sich auch in der Philosophie Friedrich Nietzsches, der dieses Modell in der Gegenüberstel-lung von »Herde« und »Raubtier« verdichtet. Nietz-sches Bild des »Übermenschen« ist letztlich selbst eine metaphorische Revolte gegen die Phänomene des ausgehenden 19. Jahrhunderts: Technisierung, Demokratie, Christentum und Utilitarismus. Nietz-sche beschwört die Revolte des Einzelnen wider die Masse. Das souveräne Individuum sollt sich aus den gesellschaftlichen und moralischen Zwängen lösen (hier sieht man den Ursprung von Batailles Trans-gressionsidee) und sich selbst an die Stelle des »toten Gottes«, der »umgewerteten Werte«, als *absolutum* setzen (vgl. Nietzsche 1999). Genau in diesem Mo-dell lag natürlich auch das Potential, Nietzsches Ge-danken für die Selbstdefinition eines totalitären Sys-tems zu missbrauchen, das seinerseits eine Hierar-chie zwischen Herde und Raubtieren etablieren möchte. Raether isoliert auf der Basis von Nietzsches Modell des »Willens zur Macht«, wie er beim *acte-gratuit*-Täter auftritt: »1. betonte Individualität, 2. aktives Freiheitsstreben bis zur Revolte, 3. Folgenin-differenz bis zum Verbrechen, 4. Gott-Teufel-Ambi-valenz (oder Über- und Unmensch), 5. Scheitern« (Raether 1980, 103). Wenn man die individuelle Re-volte durch Revolution ersetzt, erhält man tatsäch-lich eine Beschreibung totalitärer Minderheitendik-taturen. Die scheiternden Gewalttäter bei André Gide, Fjodor M. Dostojewski oder auch in Albert Camus' *Der Fremde* (1942) verbleiben jedoch auf der Ebene des Subjekts. Beide Modelle, *Revolte* und *acte gratuit*, wurden später wiederholt vom Kino aufgegriffen.

Souveränität und Transgression

Der erste weithin bekannte Tonfilm, der Konzepte von *acte gratuit*, Souveränität, Korruption und Re-volte modellhaft stilisiert auf die Leinwand brachte, ist ein Abenteuerfilm von Ernest B. Schoedsack und Irving Pichel: *The Most Dangerous Game* (USA 1932). Allenfalls vergleichbar mit den exzessiven Dramen Erich von Stroheims rückt hier die Insze-nierung immer wieder einen psychosexuellen Sub-text von totalitärer Tyrannei und absoluter Souverä-nität in den Mittelpunkt: Bereits in der ersten Ein-stellung ist ein massiver Türklopfer zu sehen, der deutlich die Form eines von einem Pfeil durch-bohrten Zentauren trägt, der eine nackte Frau in den Armen hält. Das Triebhafte, Animalische, der om-nipräsente gewaltsame Tod und die bedrohte Unschuld fließen in einem deutlichen Symbol zu-sammen. Später wird die Inkarnation des Bedrohli-chen, der Russe Graf Zaroff (Leslie Banks), sein Credo bekannt geben: »Nur wenn man den Tod bringen kann, hat man auch die Ekstase.« Eros und Thanatos kulminieren in dieser deutlich politisch subtextualisierten Figur des souveränen Tyrannen. *The Most Dangerous Game* ist eine Geschichte der ultimativen Jagd, der Jagd auf das »gefährlichste Wild: den Menschen«, begriffen als »Raubtier«. Der Großwildjäger Robert Rainsford (Joel McCrea), Held der Geschichte, fühlt einen unbestimmbaren, aber überwältigenden Impuls zur Jagd, denn er weiß: Der Jäger muss jagen; sobald er stoppt, wird er zur Beute. Dieses paranoide Konzept wird sich schmerz-lich erfüllen, als Rainsford vor der Küste einer mys-teriösen Insel Schiffbruch erleidet und zusammen mit einer jungen Frau, Eve (Fay Wray), im Reich des Tyrannen strandet. Man findet sich in einem archai-schen Angstraum wieder, einem Studiodschungel voller gefährlicher Schlingpflanzengebilde, mons-tröser Bäume von kräftigem Wuchs, schwer ergründ-licher Höhlungen, aufragender Gewächse und ge-fährlicher Felsspalten, kurz: Eine bedrohlich-geni-tale, sexuelle Alptraumfantasie breitet sich in zahlreichen Halbtotalen und Totalen vor dem Be-trachter aus. Bereits auf der Ebene von Setting und

Produktionsdesign wird die Verknüpfung zwischen Sexualität, Gefahr und Tyrannei geschlossen.

Leslie Banks verkörpert den dekadenten Grafen Zaroff, dessen russische Identität historischen Feindbildstereotypen jener Jahre entspricht, als manisch-obsessiven passionierten Jäger, einen Getriebenen, der kein Halten kennt. Selbst in der Beziehung zu seinen Bluthunden deutet sich ein sexuelles Verhältnis an. Mit Leichtigkeit und Eleganz spielt er Klavier und erweist sich als charmanter Gastgeber. In dieser fast dandyhaften Geste des Lebemannes offenbart sich sein Genuss an der eigenen Souveränität.

Ein solch obszönes Modell, das darin gipfelt, dass Zaroff dem jungen Jäger sehr deutlich Avancen macht, kann im klassischen amerikanischen Kino der 1930er Jahre natürlich nicht ohne ein moralisch weniger fragwürdiges Gegenmodell funktionieren: Rainsford ist trotz seiner »schwarzen Leidenschaft«, der Jagd, der *all-american-hero*, der dem dekadenten, osteuropäischen *unbekannten Anderen* direkt das Modell der potentiellen Familie entgegensetzt: Spontan verbündet er sich mit der jungen Eve, mit der er schließlich flieht, selbst gejagt, da er dem Tyrannen nicht in letzter Konsequenz folgen wollte. Die Revolte des vom totalitären System gepeinigten Individuums gelingt, und Zaroff wird von seinem animalischen *Alter Ego* in Gestalt der geliebten Hunde zerrissen. Was an verstörendem Potential dieses erstaunlich radikalen frühen Terrorfilms bleibt, ist vor allem die Konfrontation des heterosexuellen, demokratischen Helden, der seinem dunklen Abbild, dem *abyssos*, begegnet, dem bedingungslosen Jäger, der für ihn zugleich Verführung zum Bösen, Amoralischen wie auch Verführung zur Souveränität wird: In einem Komplex permanenter Jagd- und Flucht-Impulse, einem Kreislauf der Bewegung, muss er das eigene System gegen das totalitäre Gegenbild aufwiegen, um eine Balance zu finden, in der sich der eigene Abgrund überbrücken lässt. Was die amerikanische Perspektive im unbekannten Anderen, dem Russen, sucht, verweist am Ende lediglich zurück auf die eigene Lust an Souveränität und Machtausübung.

Der dunkle Souverän

Prekärer wird das Modell des Souveräns, wenn dieser selbst zur Identifikation angeboten wird. Eine sinnliche wie auch philosophische Verführung zum Bösen, die das internationale Publikum allzu dankbar annahm, bot der erste Auftritt des britischen Bühnenschauspielers Anthony Hopkins in seiner Rolle als hyperintellektueller kannibalischer Serienkiller Hannibal Lecter in Jonathan Demmes Verfilmung des Thomas Harris-Romans *The Silence of the Lambs* (USA 1989). In seiner unbezwingbaren Souveränität dominiert er seine Besucherin – die unerfahrene FBI-Anwärterin Clarice Starling (Jodie Foster) – sogar aus seiner panzerglasgesicherten Zelle heraus. Bemerkenswert in ihrer Eigenständigkeit ist die Inszenierung jener ersten Begegnung zwischen der ›Schönen und dem Biest‹, deren anfängliches Lehrer/Schüler- beziehungsweise Vater/Tochter-Verhältnis sich in der Fortsetzung *Hannibal* (USA 2000) von Ridley Scott zu einer makabren Liebesgeschichte ausprägen wird.

Bei seiner komplexen, seduktiven Konstruktion arbeitet Demmes Film primär mit klassischen Polaritäten wie Oberwelt und Unterwelt, die durchaus einem freudianischen Modell entsprechen, in dem sich das ›Ich‹ Clarice Starling zwischen ›Über-Ich‹ (der Welt ihres Vorgesetzten Crawford) und ›Es‹ (der Welt der *Trieb*täter) bewegt. Umso erstaunlicher – auch für den Zuschauer – ist dann die Entdeckung, in der triebhaften *Unterwelt*, den kerkerartigen Kellergewölben der psychopathologischen Anstalt, auf eine pervertierte, wenn auch deutlich kultivierte Inkarnation des ›Über-Ichs‹ zu stoßen, die umgehend zu ihrem zweiten Mentor neben dem FBI-Mann Crawford wird: Der dunkle Souverän Dr. Lecter. Gegenüber seinen Mithäftlingen, die wie ungeliebte Raubtiere im Dunkeln hinter ihren Käfiggittern hausen, erscheint der mörderische Psychiater Hannibal Lecter wie eine Lichtfigur – ganz im Gegensatz zu den grauenvollen Geschichten, die Clarice Starling und das Publikum zuvor über ihn mitgeteilt bekamen. Bereits seine Zelle zeugt von einem ganz und gar nicht triebhaften, animalischen Charakter, sondern lässt auf außergewöhnliche Kultiviertheit und Kreativität schließen. In aufrechter Haltung steht der Mann in seiner Zelle, sein gut sitzender Häftlingsanzug verleiht ihm geradezu eine würdevolle Aura. Die Raffinesse der Inszenierung setzt sich in der psychologischen Gestaltung des nun folgenden Dialogs fort, in dem es Lecter schafft, vom vermeintlich Verhörten in die Position des Fragenden zu gleiten. Wiederholt greift er detaillierte Beobachtungen auf, um kleine Schwächen gegen die junge Frau auszuspielen.

Lecter bringt Clarice Starling durch unerwartete Provokationen an den Rand des emotionalen Affekts, doch die junge Frau beherrscht sich, hält der

Situation stand und gewinnt punktuell immer wieder an Mut. Sie spielt das Spiel, über dessen akademische Regeln sich beide im Klaren sind: Als sie Lecter gegenüber wiederholt, was Miggs ihr zuflüsterte oder wenn sie ihm die Herkunft des Spitznamens »Buffalo Bill« erklärt, tut sie das lediglich, um sein Vertrauen zu gewinnen. Der endgültige Höhepunkt ist erreicht, wenn Lecter nach einer fachmännischen Kritik an Starlings Ermittlungsmethoden einwendet, die meisten Serienkiller würden ja eine Trophäe mitnehmen, er habe das jedoch nie getan. »No. You ate yours«, erwidert sie und erringt mit dieser Direktheit die Sympathie des Mannes. Langsam fallen die Masken: Clarice Starling hat zu einiger Stärke und Selbstsicherheit gefunden, Lecter entpuppt sich tatsächlich als der grausame, hyperintellektuelle Manipulator, ein Souverän: Die Perversion des »Übermenschen«. Und doch wird sich zwischen der FBI-Anwärterin und dem psychopathischen Psychiater ein fast zärtliches Verhältnis ausprägen. Mit blutrünstigen Mitteln gestaltet sich Dr. Hannibal Lecter die Welt, absorbiert förmlich jene Menschen, die sich in seinen Weg stellen, schlüpft ganz wörtlich in ihre Haut, als er flüchtet. Lecters Intellektualität verortet ihn jenseits aller gültigen moralischen Normen und Gesetze, doch ist sein Wirken nicht gezeichnet von der Auflösung der Rationalität, sondern ist jenseits eines mitmenschlichen sozialen Verhaltens verortet. Lecter praktiziert die absolute Souveränität, sobald es ihm möglich ist, er lebt den Traum vom erhabenen Geist jenseits humaner Bezüge und Einschränkungen. Das absolut Böse an »Hannibal the Cannibal« ist, dass er nur noch sich selbst als Referenz anerkennt. Der unglaubliche Erfolg dieses Films und die Ikonenhaftigkeit dieser Rolle, die Anthony Hopkins noch in zwei Fortsetzungen verkörperte, zeugt von der Verführungskraft dieses Traumes, alle Grenzen zu transzendieren – und sei es um den Preis der Vernichtung anderen Lebens. Aus dem Angstbild wird ein Vorbild. Nach diesem Modell wurden in den folgenden Jahrzehnten zahlreiche ambivalente Serienkillerfiguren modelliert, die Kriminalromane und -filme bevölkern.

Fazit

Der Akt der Überschreitung im Sinne von Georges Batailles Transgressionsphilosophie ist von äußerstem Interesse für die narrativen Medien Literatur und Film, denn an ihm lassen sich die verführerischen Potentiale des Tabubruchs sowie die ambivalenten Aspekte der gesellschaftlichen Kollektivängste verdeutlichen und in ein alternatives Modell der Subversion und Korruption des gesellschaftlichen Konsenses umleiten. Die vorangehenden Beispiele haben gezeigt, wie die verschiedenen Teilbereiche der Überschreitung – Tabubruch, Verschwendung, die sinnlose Tat sowie die souveräne Selbstermächtigung – zum immoralischen Faszinosum eines narrativen Kunstwerkes geraten, das als Herausforderung für den Rezipienten fungiert und diesen nötigt, die eigenen Grenzen stets neu zu überprüfen. Die kollektive Angst wird angesichts der zelebrierten Transgression selbst zur Ambivalenzerfahrung.

Literatur

Bataille, Georges: *Der heilige Eros*. Neuwied/Berlin 1963 (franz. 1957).

Bataille, Georges: Die Geschichte des Auges. In: Ders: *Das obszöne Werk*. Reinbek bei Hamburg ²¹1995 (franz. 1967), 5–52.

Bataille, Georges: *Die Aufhebung der Ökonomie. Das theoretische Werk*. Bd. 1. Hg. von Gerd Bergfleth. München 2001 (franz. 1967).

Biti, Vladimir: *Literatur- und Kunsttheorie. Ein Handbuch gegenwärtiger Begriffe*. Reinbek bei Hamburg 2001.

Dostojewski, Fjodor M.: *Schuld und Sühne*. Frechen 2000 (russ. 1866).

Evola, Julius: *Metaphysik des Sexus*. Frankfurt a. M./Berlin/ Wien 1983 (ital. 1963).

Foucault, Michel: Zum Begriff der Übertretung. In: Ders.: *Schriften zur Literatur*. München 1974 (franz. 1963), 69–89.

Freud, Sigmund: Jenseits des Lustprinzips [1920]. In: Ders.: *Studienausgabe*. Bd. III. Hg. von Alexander Mitscherlich u. a. Frankfurt a. M. 2000a, 213–272.

Freud, Sigmund: Totem und Tabu [1913]. In: Ders: *Studienausgabe*. Bd. IX. Hg. von Alexander Mitscherlich u. a. Frankfurt a. M. 2000b, 287–444.

Gide, André: Die Verliese des Vatikan. In: Ders.: *Romane und lyrische Prosa*. Hg. von Gisela Schlientz. Stuttgart 1973 (franz. 1918).

Mauss, Marcel: *Die Gabe. Die Form und Funktion des Austauschs in archaischen Gesellschaften*. Frankfurt a. M. 1968 (franz. 1923/24).

Miller, James: *Die Leidenschaft des Michel Foucault*. Köln 1995.

Nietzsche, Friedrich: *Also sprach Zarathustra*. Kritische Studienausgabe, Bd. IV. Hg. von Giorgio Colli/Mazzino Montinari. München 1999.

Raether, Martin: *Der Acte gratuit. Revolte und Literatur*. Heidelberg 1980.

Sade, Marquis Donatien Alphonse de: *Die Philosophie im Boudoir*. Köln 1995 (franz. 1795).

Stiglegger, Marcus: *Ritual & Verführung. Schaulust, Spektakel und Sinnlichkeit im Film*. Berlin 2006.

Marcus Stiglegger

10. Design(-Governance)

Dieser Beitrag möchte verschiedene angstinduzierte Verbindungen des postpolitischen Regierens diskutieren und aufzeigen, wie politische Macht mithilfe von Begriffen, Wirklichkeitskonstruktionen und Images – Design also – kollektive Meinungslenkung, Akzeptanzmanagement und die Zuschreibung von Subjektrollen im Medium der Angst betreibt. Zentral ist hierbei die Konnexion zwischen Krieg und Bildproduktion, die sich in der Bild- und Designgewalt des Marketings manifestiert. Wenn man Foucaults paradigmatischer Frage nach der Aufrechterhaltung von Schlachtenordnungen auch in scheinbaren Friedenszeiten nachgeht, so wird einsichtig, dass auch die westliche Gesellschaft der Gegenwart von Linien der Exklusion und Gewalt durchzogen wird. Zum Krieg gehören Expansionswille und Gefolgschaft. Zustimmung organisiert sich in einer semantischen Strategie, deren Kombattanten die Träger und User von Marken und Design-Botschaften sind. Gemeint ist eine neue Form der Biomacht, die in ihren gewaltigen Strömen, in ihrem Dafür- und Dagegensein, zum Träger und Transporteur von Agencies und Unternehmen wird. Mit ihrer Trägerschaft (von Waren, Zeug, Dingen und Zeichen) erzeugt sie erst den qualitativen Körper von Corporations. Und gleichzeitig ihren pathogenen Corpus.

In Anknüpfung an Gilles Deleuzes »Postskriptum über die Kontrollgesellschaften« (1993) ist einerseits zu bestätigen, dass wir uns durchaus in einem Übergang von der Disziplinargesellschaft zur Kontrollgesellschaft bewegen. Doch zugleich ist über diese Diagnose hinausweisend eine weitaus drastischere Entwicklung zu konstatieren, nämlich die Fusion zwischen Kontrollgesellschaft und *Dienstleistungsgesellschaft.*

Die Masse als politisches Tier, als Körper, der in einem proportionalen Verhältnis zu gouvernementalen Souveränitätsmächten steht, ist ein gewalttätiges und gleichzeitig dienstleistendes Tier.

Nachfolgend sind die Bedingungen aufzuzeigen, die Individuen wie auch kollektive Gebilde dazu befähigen, ein ausgeprägtes Dienstleistungs- und Konsumpotential zu entfalten. Gleichzeitig soll diskutiert werden, wie sich die psychopolitischen Bedingungen der Menge im Unternehmensmarketing instrumentalisieren und zu gleichgeschalteten User-Strömen gestalten lassen. Die zentrale These lautet, dass es Marketingmechanismen sind, die mit *starken Metaphern* des kulturellen Gedächtnisses nicht nur

potenzielle Käufer werben, sondern auch eine diffuse *Angst* in ihm aktivieren, sich der Marketingbotschaft zu verweigern. Verführungsmächte lassen in ihren Botschaften gleichzeitig ein mit massiven Exklusionsängsten verbundenes Scheitern im Ensemble gesellschaftlicher Identitäten mitschwingen, die sofort auf den Plan treten, sobald sich der potentielle Kunde den Verführungscodes zu verweigern sucht. Es ist genau diese diffuse und unterschwellig produzierte Angst, die den potenziellen Kunden zum Markenakteur werden lässt – seine Angst, im gesellschaftlichen Ensemble von Markenidentitäten überflüssig und aus Dienstleistungsketten ausgeschlossen zu werden.

Um diese Produktion marketinginduzierter Angst genauer zu verstehen, ist es hilfreich, eine Verbindung zwischen politischer Ökonomie, Neuromarketing und Bildanthropologie herzustellen und zugleich Fragen nach Regierungstechniken und Selbsttechniken im Blick zu behalten. Fokussiert werden Politiken des Selbstdesign, die sich vollständig nur aus dem als Mainstream zu begreifenden Verhältnis zwischen Selbstdesigns und dem Design der Menge verstehen lassen. Ganz bewusst stellen die nachfolgenden Überlegungen einen Bezug zum Begriff der ›Gleichschaltung‹ her, weil im Rekurs auf diese, die Regierungstechnik der nationalsozialistischen Massenlenkung semantisch ins Spiel bringende Terminologie das Verständnis für gegenwartsgesellschaftliche Gleichschaltungspolitiken geschärft werden kann.

In Termini einer politischen Gegenwartsökonomie übersetzt, geht es also um Indikatoren des Marketings und Brandmanagements, die ein massives, gleichschaltungsanaloges Nutzerverhalten erzeugen. Im Rekurs auf die Theorie der *Design Governance* (Milev 2012) können diese Formen der Gleichschaltung als pathogen bezeichnet werden, weil der gouvernementale Steuerungseffekt, der mittlerweile von *Design Industries* ausgeht, selbstbestimmte Formen politischer und sozialer Partizipation massiv untergräbt. Soziologisch gesprochen, kommt es zu einer Inszenierung und Ökonomisierung sämtlicher Lebensbereiche, wobei das Marketing eine zentrale Rolle einnimmt, indem es Angst als politische Ressource einsetzt: So ist es gerade die Permanenz von (Medien-)Inszenierungen von Katastrophen und Angstszenarien, die ideale Bedingungen für selbstkontrollierte Nutzungs- und Dienstleistungsanpassung erschafft. Diffuse Angstatmosphären sind die inszenierten Vorbedingungen für Mainstreams, die sich Formen kollektiver Verunsicherung zu Nutze machen, um soziale Systeme und kollektive Identitäten in bestimmter Weise zu konfigurieren. Groß angelegte Sicherheitsversprechen funktionieren heute nicht mehr. An ihre Stelle ist das Vertrauens-Versprechen (TRUST) getreten, das den Einzelnen adressiert: den User, den Kunden, den Akteur. Marketings nutzen *starke Metaphern* des kulturellen Gedächtnisses, um Formen des Selbstdesigns zu induzieren, die dann wiederum schwarmähnliche Vernetzungseffekte nach sich ziehen. Es geht also um Angst in zweifacher Form: Um die Angst des Markenträgers als dienstleistendes Tier und um die Angst desselben Markenträgers als politisches Tier. Die erste Angst ist vom latenten Ausschluss aus der Kontroll-, sprich Dienstleistungskette getrieben; die zweite Angst vom latenten Ausschluss aus der Mengenzugehörigkeit des Schwarms.

Erweiterter Designbegriff

Wenn heute von gesellschaftlichen Designstrategien die Rede ist, so ist ein partizipatives, performatives Design gemeint, das den Adressaten dazu auffordert, als Akteur bestimmte Rollenmuster auszufüllen. Es ist zu beobachten, dass der Designbegriff eine starke semantische Polyvalenz aufweist und er von allen Akteuren, die ihn benutzen, gern unspezifisch verwendet wird, um all das zu markieren, was prozesshaft ist, plastisch amalgam, in Bewegung, nicht scharf abzugrenzen und einzuordnen. Die Wahrheit des performativen Zeitgeistes ist ebenso schlicht wie unverständlich: Der Designbegriff bedient Grauwerte auf einer Unschärfeskala von Ereignissen und erfasst quasi alles, was bis auf weiteres unvorstellbar bleibt, vom Urknall bis zur Revolution in Ägypten. Der performative Designbegriff verweist auf Vorgänge, die sich noch in einem Entwurfsstadium befinden. Design in dieser Weise zu verstehen, bedeutet, einen harten Schnitt eben zu jenem historischen Designverständnis zu riskieren, wie es sich in Deutschland seit den 1950er Jahren herauskristallisiert hatte. Ein von der Warenästhetik der Wirtschaftswunderzeit geprägter Designbegriff, wie er damals an den Hochschulen für Gestaltung in Ulm oder Offenbach geprägt wurde, unterliegt heute einem massiven Wandel. Das Designverständnis, das zwischen 1950 und 1980 *en vogue* war, diente als Medium der Expansion einer nationalen Objekt- und Güterindustrie, der Warenästhetik, der Werbung und dem Distinktionsgewinn.

Designstrategien in Gesellschaft, Wirtschaft und Politik meinen in diesem erweiterten, performativen

Verständnis gewissermaßen Handlungsmuster und Plots, von Architekten und Wirtschaftsstrategen entworfen und in Bewegung gebracht. ›To plot‹ heißt im Englischen ›zeichnen‹. Als ›Plot‹ bezeichnet man im deutschen Sprachgebrauch – und hier insbesondere in der Filmbranche oder im Journalismus – nicht nur einen dramaturgischen Plan, sondern auch eine dramaturgische Logik. Logiken sind zeichenhaft, d. h. in sich stringent und wirken musterbildend. Der Designbegriff im Sinne des Plots ist übertragbar auf politische, gesellschaftliche und wirtschaftliche Affären und Konfliktlösungsstrategien.

Unterstützt wird die Überzeugungskraft eines Plots durch das Cover oder das ›Brand‹. In Zukunft gehen Oberflächen als Formgestaltung oder als Markenzeichen in die Geschichte des Designs ein. Beides, Form wie auch Marke, covern einen Plot, der als eigentliche Handlungslogik Wirkungen entfaltet. In Zukunft also gelten Ornamente mehr als Missionen, einfach weil sie im Brand-Management unkenntlich gemacht werden.

Hier werden Berührungspunkte zur politischen Philosophie sichtbar, die immer schon wusste, dass z. B. Staatsgeschäfte einem Generalplot folgen: Der *Camouflage*. In der Sprache der politischen Theorie und des politischen Journalismus heißt ein Cover *Euphemismus*, in der Sprache der politischen Philosophie *Apologetik* und in der Sprache des Militärs *False Flag Operation*. Plots haben Urheber und Signifikanzen. Diese agieren heute in öffentlichen Räumen als Branding- und Markenpolitiken von Firmen und Unternehmen, als *Coporate Designs* der *Social Responsibility*.

Design komplex und performativ zu denken, bedeutet, sich auf den Plot zu fokussieren, der sich hinter dem Logo verbirgt. Nur wer das Zusammenspiel von Brand und Logo analysiert, versteht den doppelstrategischen Aufbau eines Unternehmens. Die signifikante Oberfläche eines Zeichens, ob nun rund oder oval gefasst, setzt die Signatur des Urhebers, ursprünglich als Signum der Autorschaft oder Verantwortungsübernahme im Zusammenhang mit Kunstwerken oder Kontrakten verwendet, auf einer abstrakten Ebene fort. Heute hätte es fatale Folgen für die geschäftsführenden Vorstandsmitglieder (CEOs) und ihre Konsultanten, wenn die kritischen Teilnehmer des öffentlichen Raumes wüssten, welches persönliche *Signum* sich hinter den *Signs* von IKEA, Nestlé oder H&M verbirgt. Logos sind leere Angriffsflächen, die den Plot verbergen, camouflieren und gleichzeitig öffentlich eine nebulöse Vision von übergesellschaftlicher Freiheit suggerieren.

Design Governance

»Alle Begriffe der Politischen Philosophie sind theologische Begriffe«, so Carl Schmitt (Schmitt 1922, 49). Hinzuzufügen ist: Alle Begriffe der politischen Theorie, der politischen Theologie und der politischen Ökonomie sind strategische Formen der Tarnung, Täuschung und Verherrlichung. Mit *Design Governance* wird ein Paradigma vorgestellt, das Designstrategien als Regierungstechniken thematisiert, die mit zweierlei Kalkül operieren, der Camouflage bzw. dem Ornament nach außen und der Ausweitung des angstakkumulierenden Ausnahmezustands nach innen. Beides zusammen kann als doppelstrategische Design-Rhetorik gekennzeichnet werden.

Design-Rhetoriken sind gouvernementale Regierungstechniken und Regierungsversprechen gleichermaßen. Suggestive Designoberflächen, die Sicherheit, Demokratie, Dienstleistung und Emanzipation sowie Individualität, Freiheit und Autonomie versprechen, sind die Fortsetzung der klassischen, mit Euphemismen arbeitenden Legitimationsstrategie der Durchsetzung von Ausnahmezuständen. Zu unterscheiden ist zwischen Makro- und Mikrotaktiken von Design Governancen. Diese integrieren sämtliche Taktiken des Marketings, des Entertainments, des Tourismus, der IT, des Journalismus, aber auch der Security, des Protektionismus, des Interventionismus usw. Die Ökonomisierung sämtlicher Lebensbereiche erfolgt heute suggestiver denn je. Demokratieprodukte wie ›Frieden‹, ›Konsum‹, ›Wohlfahrt‹ usw. haben einen Transformations- und Individualisierungsprozess durchlaufen: Heute verkaufen *Design Governancen* statt Großraumpropaganda Lebensgefühle wie Trust, Innovation, Zukunft, *Sustainability* und Identität.

›Krieg als Fortsetzung der Politik mit anderen Mitteln‹ (Clausewitz) »ist zu einer globalen Unternehmung geworden, die ihre Rechtfertigung in sich trägt« (Hardt/Negri 2002, 28), nämlich den *Schutz der Weltdemokratie*. An diesem Euphemismus ist nichts neu, außer dass ihn heute das Empire (supranationaler Gebilde) überall und nirgends einsetzt, unter dem Einbezug von globalisierenden Organisationen, Unternehmen und Einzelakteuren. ›Ewiger Frieden‹ (Kant) ist demnach ewiges Geschäft oder *Big Business* – der Generalmythos in einer ökonomisierten und liberalisierten Welt. Und so kann der Clausewitzsche Satz für das gegenwärtige *[Emergency] Empire* wie folgt fortgeschrieben werden: Das globale Geschäft ist die Fortsetzung des Krieges mit anderen Mitteln, der *modus vivendi* seiner Revolu-

tions- und Transformationskraft, verborgen unter der Designoberfläche seiner korporatistischen Markenpolitiken. So gedacht, lässt eine korporatistische Brand-Politik, also *Corporate Design*, immer auf einen eindeutigen Verdacht schließen: Auf die Existenz rechtsfreier Zonen *under cover*.

Governancen haben sich heute zu komplexen Markt- und Mediensystemen ausgeweitet, in deren Zentrum die Herstellung von Ausnahmezuständen steht. Ausnahmezustände sind jene rechtsfreien Räume, auf deren Boden die Legalisierung von profitablen Geschäften möglich wird. Die zentrale Strategie für den globalen Erfolg von *Governancen* hat einen doppelten Modus: Das Cover nach außen, in Form von Brand-Management, und die Euphemisierung von Unternehmenspolitiken, in Form von medialer Desinformation und der Produktion einer Nicht-Unterschiedenheit, die aus der permanenten Abfolge von immer neuen *Breaking News* resultiert. Think Tanks, Creative- und Medienindustrien sind unentwegt dabei, den kriminellen Nukleus von globalen Unternehmensgeschäften mit *False Flag Media Operations* zu tarnen. Gleichzeitig operieren Nachrichtenindustrien mit medialen Schock-Doktrinen, um gezielt Desinformation und Anomie in sozialen Feldern freizusetzen. Unternehmenskonzepte wie z. B. ›Diversität‹, ›Trust‹ oder ›Nachhaltigkeit‹ müssen vor dem Hintergrund ihres Doppelcharakters betrachtet und besprochen werden.

Ein erster Quantensprung für die Analyse von Regierungstechniken ergibt sich aus Michel Foucaults Überlegungen zur Biopolitik (Foucault 2004). Er zeigt, dass im Zentrum des Regierens das Prinzip der Märkte steht. Foucault nennt diesen Typ des Regierens »Gouvernementalität« (ebd.).

Ein zweiter Quantensprung für die Analyse von Regierungstechniken findet sich in Milton Friedmans Theorie über den Zusammenhang von »Kapitalismus und Freiheit« (Friedman 2004). Hier profiliert Friedman die Grundlagen eines angewandten Katastrophenkapitalismus', der auf den ökonomiepolitischen Apparat der ›Schock-Therapie‹ aufbaut. Den Begriff der ›Schock-Therapie‹ prägte der US-amerikanische Ökonom Jeffrey Sachs zur Bezeichnung eines speziellen Typs von Wirtschaftsperformance. Neoliberale Kurzzeit-Reformen, wie sie z. B. in den 1970er Jahren in Chile stattfanden, haben das Ziel, in kürzester Zeit große Wachstumsraten herzustellen. Als Begriff der Ökonomie bezieht sich der Terminus ›Schock-Therapie‹ auf die plötzliche Aufgabe von Preis- und Währungskontrollen, den Entzug staatlicher Subventionen und die sofortige Liberalisierung des Handels innerhalb eines Landes. In der Regel kommt es dabei auch zu einer weitreichenden Privatisierung von öffentlichen Mandaten wie z. B. von Sicherheit, Polizei, Infrastruktur und Rohstoffen.

Der dritte Quantensprung für die Analyse von Regierungstechniken ereignet sich etwa seit der letzten Millenniumswende, spätestens seit 9/11: Zur privatisierten *terreur* im Zentrum des Regierens gesellt sich prominent das angstintensive Bild- und Mediendesign. Der Zusammenbruch der Twin Towers ist nicht nur ein architektonischer Zusammenbruch, sondern zugleich ein symbolischer Zusammenbruch des Fortschritts- und Gewaltkodex einer US-amerikanisch geprägten *Global Governance*. Wenn Licht und Glas seit jeher die Allianz eingegangen sind, das Erhabene zu spiegeln, zu reflektieren und kalkuliert in der Vertikalen zu inszenieren, dann hat mit dem Szenario von 9/11 eine horizontale Gegenkraft den Dialog zwischen Macht und Täuschung, Gewalt und Blendung, Gott und Souverän symbolisch aufgehoben. Was bleibt, ist für unseren ausgerichteten Blick ein visueller, angstintensiver Schock, ein *Shifting Image Complex*. Seitdem der Begriff der ›Emergency‹ nicht mehr allein völkerrechtlich codiert ist, sondern nunmehr vor allem die Katastrophen in zivilen und urbanen Räumen meint, treten neue Architekturtypologien gleichsam als Regierungstechniken dort auf, wo die zivile Schlacht ihre Spuren hinterlässt. Der Anschlag ist das Moment der größten Licht- und Leuchtkraft, als *Impact* der Detonation, des Aufpralls und des Schocks. »Die Gewalt des Globalen vermittelt sich über die Architektur«, so Jean Baudrillard (Baudrillard 2002, 39). Die mediale Performance von Illumination und Projektion entspricht in diesem Kontext einer Inszenierung der Gewalten.

Camouflage

Wie schon erwähnt, ist die Camouflage bei der Ausführung von gouvernementalen Regierungstechniken eine zentrale Taktik der Tarnung und Täuschung. Camouflage ist heute nicht mehr nur eine militärische Taktik der Unkenntlichmachung klandestiner Operationen, sondern vor allem eine Unternehmenstaktik in urbanen und Netzräumen. Durch neue Kommunikationstechnologien ist der individuelle und kollektive Eingriff in Datenströme öffentlicher Netz/Räume, aber auch versteckter, klandestiner Netz/Räume machbar geworden, wie jüngst am Beispiel der Enthüllungsplattform Wiki-

leaks deutlich wurde. Nichtautorisierte Interventionen können Vertrags-, Bild- und Handlungsordnungen kollabieren lassen. Diese Aufhebung von Autoritätshierarchien ist im politischen Sinne neu. Insofern obliegt Entscheidungsgewalt nicht mehr nur dem Souverän oder seinem Gegenspieler, dem Feind oder dem Partisan, sondern auch dem Manager, dem Hacker, dem Terroristen, dem Aktivisten und anderen Akteuren gegenwärtiger Kriegstypen. Daraus resultiert eine neue Unübersichtlichkeit von Akteursnetzen und Gestaltungsgewalten, die sich aus dem *Fake* von Bildern und Nachrichten, der Camouflage von Interessen und der Unsichtbarkeit ihrer Akteure erklären lässt.

Von zentraler Bedeutung sind also jene proto-kriminellen Strategien, die unterhalb von legalen Markenoberflächen, den *Corporate Designs* globalisierender Unternehmen, subkutan stattfinden. Gemeint sind nicht wirtschaftskriminelle Handlungen im eigentlichen Sinne wie etwa Markenpiraterie oder Markenplagiaterie. Vielmehr geht es um Akteurspolitiken, die im fluiden Binnenraum der Marke stattfinden und das Doppelspiel von korporatistischen Markensystemen herstellen: das legale Cover nach außen und die rechtsfreien Zonen *under cover*. Ein gutes Beispiel, das hier nur in aller Kürze nachvollzogen werden kann, ist das völkerrechtliche Handeln der UNO.

Seit 2001 hat die UNO das Sondermandat der sogenannten *Responsibility to Protect* inne, das ihr eine globale Schutzverantwortung zuweist. Verfasst wurde das Mandat in einem Akt der Selbstermächtigung von einer Koalition aus US-Parlament, Bush-Administration und UN-Generalsekretariat unter der Leitung von Kofi Annan. Interessant hieran ist die offensive Anwendung Schmittscher Episteme, wie jenes des Dezisionismus und dessen Einbettung in ein neosouveränes Paradigma der weltweiten Schutz-Dienstleistung. Unter dem Aspekt der Dienstleistung von Produkten wie ›Demokratie‹, ›Frieden‹, ›Gesundheit‹, ›Sicherheit‹, all jenen Optionen also, die völkerrechtlich einen Ausnahmezustand im Sinne eines Belagerungs- und Kriegszustands legalisieren, agieren die UNO-Mandatsträger als Helfer im Schatten einer abgekarteten juristischen Immunität und einer legalisierten Brandpolitik.

Naomi Klein, die mit ihrem globalisierungs- und konsumkritischen Buch *No Logo* (Klein 2001) kurz nach der Jahrtausendwende einen Weltbestseller veröffentlichte, spricht in ihrem aktuellen Buch *Katastrophenkapitalismus* (Klein 2007) von einer künstlich-manipulativen Herstellung von globalen

Krisengebieten. Katastrophengebiete sind demnach Gebiete, in denen es zu einem partiellen oder nationalen Ausnahmezustand kommt – wo also jene Bedingungen hergestellt werden, in denen Geschäfte großen Stils erst möglich werden. Unternehmensgebilde sind Markengebilde. Erst mit der Marke und dem Corporate Design der Unternehmung wird das Spiel ein *Global Game*, ein *Corporate Game*. Das zentrale Ziel des Katastrophenkapitalismus ist also die Herstellung rechtsfreier Räume, das Mittel dazu ist die Schock-Strategie, ein Zusammenspiel von *Worst-Case*-Szenarien, Alarmismus und euphemistischer Semantik, die einen scheinbaren Handlungsdruck erzeugen und Interventionismus legitimieren. Es handelt sich hierbei um ein strategisches Patchwork aus Vorteilspolitik, Desinformation und Euphemisierung von Kollateralschäden.

Angst

Die Grundannahme, dass die Kulturleistungen des Menschen, seine verschiedenen Spielarten der Mimikry und Mimesis wie Camouflage und Inszenierung, auf dem Grundgefühl der Angst basieren, steht die Vermutung zur Seite, dass diese Spielarten Teil des Programms sind, den Überforderungsdruck zu entschärfen, dem der Mensch im Zeitalter neoliberaler Erfolgsregimes ausgesetzt ist. Die Angst vor dem individuellen Scheitern hat einen doppelten Ursprung: Einerseits resultiert sie aus der Hypostasierung eines Leistungszwangs, der im Medium von TV, Marketing und Firmenkulturen die permanente Überschreitung bisheriger Rekordwerte predigt. Andererseits wird sie durch die Ausprägung spezifischer Rollenmuster befördert, die alle dazu auffordern als Globalisierungsgewinner, Urlauber, Styling-Ikone oder Software-User am Lifestyle der Erfolgreichen zu partizipieren. Kritisch betrachtet, handelt es sich jedoch bei diesen Sozialfiguren der Gegenwart um den offensiven Ausdruck einer permanent überforderten Kultur, die jeden Unfall riskiert, um ihren Selbstauflagen gerecht zu werden und darüber hinaus diese Auflagen gegen jeden Schaden zu versichern.

Während etwa Reisebusse mit Etiketten wie »Reiseglück-Reisen«, »Sonnenschein-Reisen«, oder »Reisegesellschaft *el paradiso*« ein bestimmtes Image des sorgenfreien Rentner-Daseins transportieren, bekommt der zuweilen stutzende Passant unweigerlich den seltsamen Eindruck einer organisierten Trostlosigkeit, die durch die europäischen Verkehrszonen chauffiert wird. Noch besser funktioniert der imaginäre Überschuss bei anderen Produkten, deren Marketing umfassende, quasi-metaphysische Problemlösungen verspricht und darüber hinaus eine glückliche Zukunft zertifiziert. Die große Nachfrage an Zertifikaten jeder Art versetzt Versicherungsgesellschaften in eine hochkonjunktive Stimmung, ungeachtet dessen, dass Nachrichten tatsächlich von permanenten Katastrophen berichten, eben auch von ständigen Reisebus-Unglücken auf den diversen Autobahnen Europas. Einer interkollektiven Verabredung zur Folge, wirken käufliche, von diversen Firmen in unterschiedlichen Marktsegmenten angebotene Sicherheitsversprechen Wunder. Sie scheinen mit beinahe therapeutischen Effekten einer individuellen wie kollektiven Versagensangst entgegenzuwirken, indem sie eine religiöse Stimmung erzeugen.

Religiöse Erfahrungen sind selbst strukturierte, von früheren und gegenwärtigen Überzeugungen geprägte Interpretationen von Erlebnissen, deren Performanz sich mit Clifford Geertz' Theoriekonzept der »dichten Beschreibung« nachvollziehen lässt. Bei der Herstellung selbstreferenzieller Überzeugungen blicken wir auf einen interkollektiven Erfahrungsrahmen zurück, der sich als höchst praktikabel erwiesen hat. Und zwar geht es um die Delegierung von Verantwortung für Entscheidungen und Handlungen auf eine außerpersonelle Größe, in die Hände eines Gottes, eines Verstorbenen, eines Geistes, eines Zertifikats oder eines Dienstleistungsanbieters. So perspektiviert erfüllen etwa der Ablasshandel im Mittelalter und das Erlebnisversprechen von Reisebusgesellschaften die gleiche psychologische Funktion: Beides sind strukturhomologe Elemente einer Überforderungsabwehr, die sich rhetorisch zwar auf unterschiedliche Gegenstandsbereiche beziehen, auf einer Metaebene jedoch das gleiche Versprechen der Erlösung von Existenzialen wie Angst und Tod evozieren. Das Studienobjekt der Hirnforschung ist deshalb der Mensch und eben nicht Gott, weil Gott ein anthropotechnisches Produkt in der interkollektiven Apotheke der Angstabwehr und der Glücksvorsorge ist, eine narrative Operation zur Rettung des permanent in Frage gestellten Selbstverständnisses des Menschen. Die Rede vom ›Tod Gottes‹ seit Hegel und Nietzsche und die kompensatorische Rede vom ›Kapitalismus als Religion‹ seit Benjamin unterstreichen genau diesen manipulierbaren und korrumpierbaren Aspekt der interkollektiven Gottes-Operation. Selbst in der neurotheologischen Forschung gilt es mittlerweile als Irrtum der Erlösungssuche, in Gott, Politik, Geld,

Konsum oder anderen Machtsurrogaten, die von der Soziologie verschiedentlich als Zugangschancen, Habitus oder Kapitalsorten ausgelegt werden, eine nachhaltige Heilsressource zu vermuten. An seiner Angst zu scheitern, *in concreto* vor seinen selbst gewählten Götzen- oder Superstar-Images, entzündet sich des Menschen Kreativität und Kriminalität. Dabei sind nicht Kriminalität oder Kreativität selbst das Problem, sondern die genealogische Verstrickung in einer interkollektiven Einigung auf einen signifikanten Abwehr- und Heilsschirm, der mittels Kontrolltechniken eine konditionierende Wirkung entfaltet. Deshalb kann es auch im kriminalistischen Sinn keinen Täter geben, was es erheblich erschwert, die Verstrickung zu durchschauen.

Wenn, ebenfalls in Folge tradierter kollektiver Regeln, Kriminalität und Kreativität institutionalisiert und ökonomisiert werden, verliert der Mensch seine Selbstbergungsfähigkeit und fällt dem gesellschaftlichen Angstgeschäft anheim. Um dies zu verdeutlichen, erscheint es als hilfreich, zwei Theorien miteinander zu verknüpfen: die Theorie des »Inhumanen« von Jean-François Lyotard (2006) und die Theorie der »Anthropotechnik« von Peter Sloterdijk (Sloterdijk 2009). In beiden Theorien wird die Gottesterminologie aufgehoben und auf diese Weise möglicherweise doch ein Historienbruch bestätigt. Denn der Vollzug eines solchen Historienbruchs geschieht seit jeher in den geschichtsphilosophischen Auslegungen der politischen Theorie, die etwa mit dem Ende Napoleons (Hegel) oder Stalins (Kojève) oder dem Ende des Kalten Krieges (Fukuyama) ein historisches Ende *per definitionem* postulieren. Lyotard wies den klassischen Humanismus vor allem deshalb zurück, weil er den Menschen auf *ein* Bild oder Gott (*imago dei*) festlege und paradoxerweise annehme, dass das Humane zwar einerseits etwas sei, was jedem Menschen von Geburt an zukomme, was aber andererseits doch erst den Terror der Bildung, der Disziplin und der Institution zu seiner Verwirklichung brauche. Warum, so Lyotards Frage, müssen wir das Humane erst durch Bildung, Disziplin und Institutionen hervorbringen, wenn es uns doch allen eigen ist? Mit dem Begriff des ›Inhumanen‹ beschreibt Lyotard diesem Skeptizismus entsprechend all jene Dinge in Begriff und Bild, die der Humanismus aus seiner Definition des Menschen ausgeklammert hat. In *Du musst dein Leben ändern* (2009) argumentiert Sloterdijk gegen die Aufrechterhaltung von Religionssystemen, da diese den jeweiligen Kodex zwischen Überwachen und Bestrafen einer jeden historischen Gemeinschaft etablieren. In Anlehnung an das genealogische Prinzip Nietzsches und seine Aufforderung zur ›Selbstkonstruktion‹ plädiert Sloterdijk für »Anthropotechniken« und »Übungssysteme« (ebd., 173–327), die eine komplett neue psychologische, psychopolitische und kollektive Emanzipation von institutionalisierten Gottes- und Selbstbildern voraussetzen. Nicht bedacht hat Sloterdijk hierbei, dass an diesen Emanzipationsversuchen selbstverständlich Firmenimperien wie Apple, Microsoft, Google, IBM und andere IT-Firmen beteiligt sind, die dem (desorientierten) Markennutzer das selbsterhebende Versprechen göttlicher Potenz verkaufen.

Angst ist nicht nur ein psychologisches Phänomen, sondern zugleich auch ein soziologisches und ein anthropologisches. Die Frage, die wir uns im Angesicht des ›Inhumanen‹ und der ›Anthropotechniken des Überlebens‹ immer wieder neu stellen sollten, könnte die nach den Vorzeichen, nach den semiologischen Bedingtheiten einer permanenten Verunsicherung in Psycho-, Sozio- und Anthroposphären sein. Angstproduktionen sind Bildproduktionen, vielfältig inszenierte Designoberflächen, die in allen Skalierungen des Sozialen, Psychischen und Anthropologischen semio-psychologische Binnenprozesse initiieren. Sie wirken indirekt, rhetorisch verpackt und verstellt. Inszenierungen der Verunsicherung oder der Versicherung sowie deren Ökonomisierung, haben Deleuze und Guattari analysiert (Deleuze/Guattari 1974). Nicht die Angst ist hier die ›Emergency‹ einer kritischen politischen Analyse, sondern die Suche nach dem Hintergrundgesicht der Angst, dem Mastermind der Angstbilder, der Souveränität, die – wie Agamben herleitet (Agamben 2004) – schließlich *kein* Gesicht hat. Die affirmative Verbreitung dieser Angstbilder in Oberflächendesigns wie Marketing oder Kino erzeugt den von Deleuze und Guattari sogenannte ›Schizo‹, einen Typus des gespaltenen Subjekts, dessen Bedürfnis, keine Angst mehr haben zu müssen, selbst wiederum als Ressource der kapitalistischen Vergesellschaftung dienen kann. Die eklatanten Notwendigkeiten einer politischen Kritik bestehen daher im analytischen Nachweis der Konditionierungswirkung jener Bildmonumente medialer Sicherheit, respektive Unsicherheit, mit denen Souveränität täglich konsolidiert wird. Von daher haben sämtliche kritische Philosophien, Theorien und Praktiken den Tabubruch mit einer moralspezifischen Angst und den aus ihr resultierenden Unfällen, den Tabubruch mit den historischen Generatoren der Angstproduktion und ihren Überforderungen und den Tabubruch mit dem *gesichtslosen* Bestrafungsorgan, das hinter den semiotisierten Gotteshorizonten lauert, zur Aufgabe.

Neuromarketing

Parallel zu Paul Virilios Überlegungen in *Krieg und Kino* (1997), wird hier die These vertreten, dass Brands in einem korporatistischen Doppellager operieren. Die Suggestionen und Versprechen der Medienoberflächen verhalten sich – heute durch Strategien des *Neuromarketings* forciert – bewusst anachronistisch zu den produzierten sozialen und psychologischen Realitäten. Unter dem Motto: ›Brand yourself, empower yourself, establish yourself‹, werden neue Design-Kombattanzen als *Design Identities*, als *Multiplicity Design* und als *Design Diversity* geprägt. Diese Spur verfolgend, untersucht der Marketing-Spezialist Jesko Arlt die Wirkung von Marketing-induzierten Wertmodellen auf das emotionsverarbeitende limbische System sowie deren Konsequenzen für den Konsum (Arlt 2009). Korporatistische Unternehmenspolitik ist Biopolitik auf der Designebene. Die Produktion von Marken-Akteuren ist emotional codiert, da sie auf der Designebene Individualität, Freiheit und Lebensqualität verspricht. Auf dem Interface zwischen Neuromarketing und Sozialorganen (Gehirne der Teilnehmer) werden deshalb so erfolgreich Klienten rekrutiert. In einem umfassenderen, kulturphilosophischen Sinne ist dieses Interface zugleich die post-mythologische Schnittstelle, auf der sich ein »Kapitalismus als Religion« (Benjamin 2003) auf der Designebene der *starken Metaphern* revolutioniert. An dieser Stelle bietet der globale Konsumapparat eine ideale Transformationsgrundlage von Angst in Begehren. Begehrt wird der Warenfetisch auf der Konsumebene, der sich durch Suggestionsoberflächen ständig neu verzaubert und verwandelt.

Pathogene Effekte

Mainstreams werden heute von doppelstrategischen Designrhetoriken erzeugt, den *Design Governancen*. Auch wenn positiv besetzte Begriffe wie ›Netzwerk‹, ›Schwarm‹ und ›Multitude‹ gegenwärtig in aller Munde sind, handelt es sich genau besehen bei dem zugrunde liegenden Phänomen um variierende Konstellationen des *Mainstreams*, also um gleichgeschaltete, uniforme Dienstleister-Ströme, die sich in ihrer Dynamik kaum von politischen Gleichschaltungen unterscheiden. Etliche Ereignisse der jüngeren Geschichte können an Nutzergleichschaltungen zurückgebunden werden, so z. B. die Apple-User (iPod, iPad, iPhone, iMac usw), Medien-User, Social Media Networks-User (Google, Facebook, Wikipedia) oder auch die User von Lifestyle-Marken wie Gucci, BMW, Adidas, Nike oder YSL. Die Nutzungsgleichschaltung ist in allen größeren gesellschaftlichen Umschichtungen zu beobachten und lässt dort *Mainstreams* auf der Begehrensgrundlage von *Multituden* erkennbar werden.

Nutzungsorientierte Gleichschaltungsphänomene sind pathogen, weil sie soziale Wahrnehmungs- und Verhaltensanomien zur Folge haben (vgl. Meyer 2001). Diese können u. a. zu kollektiven Anästhesierungen führen, etwa in Form des ›Bystander-Syndroms‹ (dem passiven Hingucken bei Gewalthandlungen) oder auch im Modus eines gesteigerten Konsumbedürfnisses von Echtzeit-Horror, wie er in Form des Breaking-News-Live-Ticker permanent zur Verfügung gestellt wird, wie auch in anderen Handlungsunmündigkeiten erkennbar werden, die sich u. a. in aufgeheiztem Schwarmverhalten oder im Kaufrausch entladen. Diese Effekte sozialer Anomien, die aus medialen Schock-Doktrinen, Selbstdesigns und User-Gleichschaltungen resultieren, sind ›atmosphärisch‹, d. h. sie sind spürbar, jedoch nicht explizit greifbar. Während der Kriegseuphemismus ›Kollateralschaden‹ in einem journalistischen Beiläufigkeitscharakter meist die Zerstörung von Infrastruktur, Menschen und kulturellen Gütern meint, ist hier und jetzt weiter zu differenzieren: ›Kollateralschaden‹ bezeichnet im Kontext der hier vorgestellten Überlegungen die Auslöschung von Sozialorganen via Medien- und Markenkonsum, ein Vorgang, der mit Chantal Mouffe als Entradikalisierung des Widerstands aufgefasst werden muss (vgl. Mouffe 2005).

Zusammenfassend kann der anomische Effekt aus Makrostrategien der *Governancen* und Mikrostrategien des Marketings, wie sie in der Kombination von Bildgewalt, Pornografie, Advertising, Celebrity, Marketing, Live-Time-War und Live-Horror auftreten, als ›mentaler Lagereffekt‹ bezeichnet werden. In einer kausalen Gedankenverknüpfung ist es naheliegend, die Standardisierung und Konfektionierung von Wahrnehmungen, von Krankheiten und von Konsumbedürfnissen als Ausnahmezustand der Biomacht anzuerkennen. Der Ausnahmezustand der Gleichschaltung bewegt sich historisch gesehen von der politischen und juristischen Gleichschaltung, wie sie etwa im NS-Staat vollzogen wurde, zur selbstdesignten mentalen Gleichschaltung (User-Gleichschaltung).

Im Sinne dieser Konklusion ist der Fokus auf Biomacht und Multitude neu zu setzen und ›Gesellschaft‹ in einem erweiterten Maschinenkonzept neu zu entwerfen. In *Tausend Maschinen* (2008) diskutiert Gerald Raunig das von Deleuze und Guattari formulierte Maschinenkonzept, den »Nomadismus«, in dem die Maschine nicht mehr als technische Anlage, sondern als soziale Zusammensetzung und Verkettung, als Gefüge von technischen, körperlichen, intellektuellen, emotionalen und sozialen Komponenten aufzufassen ist (vgl. Raunig 2008). Der Designbegriff ist vor diesem Hintergrund wieder in seiner anthropologischen Dimension zu erfassen. Diese anthropologischen Schwarmmaschinen haben einen semiotischen Charakter. Deshalb ist es eine der unverzichtbaren Aufgaben einer kritischen Designforschung, die semiotischen Chiffren von Schwärmen in gesellschaftlichen Zusammenhängen zu erschließen. Von daher wäre zukünftig von ›anthropomorphen Gleichschaltungen‹ zu sprechen.

Konklusion

Der neue Geist des Kapitalismus heißt ›Innovation‹. Selbstkontrollierte Dienstleistungs- und Markenkombattanzen der Biomacht, in denen Exklusionspolitiken und Distinktionsgewinn vorherrschend sind, finden heute in Übereinstimmung mit den Zielen der *Creative Industries*, des *Global Alliance's Creative Cities Network* und der *Coporate Governance* von *Empire-Politiken* (UNO, UNESCO) statt. Dabei werden hemmungslos nicht nur starke Metaphern, sondern auch kritische Botschaften der Counter-Culture, der Occupy-Culture und der Kultur der ›Überflüssigen‹ und Randständigen, für Unternehmensmarketings inkorporiert. Apple war eines der ersten Unternehmen, das für seine Werbebotschaft »Think different« die Bilder der Counter-Culture und Protestkulturen benutzte. Die kollektive Akzeptanz von affirmativen Unternehmensbotschaften wie ›Brand Yourself‹, ist als psychoaffine Doppelstrategie innovativer Marketings zu verstehen. Auf der einen Seite steht das Versprechen der Werbeoberfläche, auf der anderen Seite steht die Unterwerfung, bzw. Submission der Adressaten unter eine korporatistische Marketing-Botschaft. ›Selbstdesign‹ ist ein psychopolitischer Begriff, der den

mittlerweile anachronistisch gewordenen Begriff der ›Selbstausbeutung‹ ablöst. Die französischen Soziologen Luc Boltanski und Ève Chiapello haben die Kausalität zwischen Protest, Kritik und seiner ökonomischen und somit ideologischen Vereinnahmung prägnant dargestellt: Während es auf der einen Seite zwangsläufig zu einem Ausverkauf bzw. einem Ausbluten von Kritik, Protest und Widerstand kommt, vollzieht sich auf der anderen Seite zugleich eine Revolutionierung von Wirtschaftsunternehmen. Der neue Geist des Kapitalismus heißt Innovation, und Innovation erneuert sich durch Kritik.

Eines ist hoffentlich deutlich geworden: Dass gouvernementaler Innovationsgeist und mediale Angstgeschäfte Hand in Hand gehen. Diese Liaison wurde als sogenannte doppelstrategische Designrhetorik analysiert, deren Ziel zwangsläufig gut getarnte biopolitische Gleichschaltungen ist. Angstdesigns, wie sie von *Breaking News* oder unterschwelligen Marketingbotschaften, aber auch von medialen Desinformationskampagnen geschürt werden, sind der zentrale Indikator für User-Gleichschaltungen. Diffuse Ängste stellen Identitäten generell in Frage und verunsichern kollektive Identifikationen. Dies ist der psychopolitische Konsens der zum Impact von Design Governancen und ihren suggestiven Werbebotschaften führt.

Zahlreiche Autoren fokussieren diesen Phänomenkomplex, beginnend bei der Bestimmung von Angst als einem kulturellen Phänomen (s. Einleitung Kap. IV), über die Rekonstruktion einer Angstindustrie und den Konstruktionsmechanismen einer Angstgesellschaft, bis hin zu Angst als mentalen Lagereffekt in gleichgeschalteten sozialen Netzen. Zahlreiche Episoden in der jüngeren Nachrichtengeschichte sprechen für diese These eines medialen Angst-Managements, angefangen bei der alarmistischen Berichterstattung über biologische Erreger und Epidemien (Vogelgrippe, Schweinepest, EHEC), über Netzseuchen (Viren, Trojaner und Würmer) bis hin zur Beschwörung der Unsicherheit von Daten, bedroht von Wikileaks oder dem geplanten ACTA-Gesetz, bis hin zur permanenten Präsenz von Feuerwalzen, Schlammlawinen und radioaktiven Wolken in den abendlichen Nachrichtensendungen.

Die westliche Gegenwartsgesellschaft ist eine Gesellschaft von konformen User-Multituden, für die Trends – User-Trends, Protest-Trends, Forschungs-Trends – zur zentralen Handlungsorientierung geworden sind. Was in einem Mainstream immer wieder kultiviert wird, ist ein Konglomerat von kollektiven Vermutungen, Befürchtungen, Gerüchten und diffusen Ängsten und Begehren, die durch gemeinsames Kaufen und Konsumieren zerstreut oder in naiven Anti-Überwachungs-Demonstrationen mit solch unterkomplexen Motti wie ›Freiheit statt Angst‹ entladen werden. Wo die gierige, die zornige und zugleich dienstleistende Menge in die Arena steigt, stellen sich automatisch Ströme her, jene von Beschäftigungen, von Sponsorings, von Charities, von Innovationen und von Märkten. Alleine die Zuverlässigkeit dieser Lager-Effekte und ihre industrielle Ausbeutung zu beobachten, ist furchterregend genug. Denn die Quintessenz lautet: Mainstream ist Party, dazu gehört auch das Phänomen der Angst, denn ohne Angst-Lust und Thrill keine Party (oder Demo).

Jenseits marktbasierter Organisationsformen fragen sich Aktivist/innen, wie sie einerseits noch Freiräume (*Voids*) besetzen können und was sie andererseits tun können, um nicht osmotisiert, d. h. in ihrem kreativen Potential enteignet zu werden. In ihrem Text »The public question – the politics of artistic practices« schreibt Chantal Mouffe:

Eine Frage, vielleicht die zentralste, […] ist folgende: Wie können künstlerische Praktiken in Gesellschaften, in denen jede kritische Haltung so schnell von den herrschenden Mächten inkorporiert und neutralisiert wird, noch eine kritische Rolle spielen? […] Das Verwischen der Grenzen zwischen Kunst und Werbung geht so weit, dass die Idee kritischer öffentlicher Räume ihren Sinn verloren hat. […] Hinsichtlich der Politik künstlerischer Praktiken muss also die Frage gestellt werden, ob und inwieweit kulturelle und künstlerische Praktiken zur Reproduktion der existierenden Hegemonien, oder ob und inwieweit sie zur gegenhegemonialen Bekämpfung der neoliberalen Hegemonie beitragen (Mouffe 2007).

Die Fragestellung Mouffes schließt an die Frage nach der Rolle des Ästhetischen in politischen und kulturellen Praxen an, also nach der Aufhebung von Mainstreams und ihrer pathogenen Effekte der Gleichschaltung. Insgesamt läuft diese Fragestellung auf eine Thematisierung nichtkontrollierter, entschleunigter Umverteilung kulturellen Kapitals hinaus und auf die Herstellung von Immunität inmitten gleichgeschalteter User- und Dienstleistungsdynamiken. Eine Hinterfragung dieser Art fordert eine kritische Sicht auf das individuelle Eingebundensein als Markenträger in Verbrauchersysteme, sowie auf von Exklusionsängsten bestimmte, psychopolitische Abhängigkeiten in Mengenzugehörigkeiten. Noch bis vor zwei Jahrzehnten hatten sich diesen Fragen und Feldforschungen kultureller Praxen tatsächlich die freien- und Medienkünste verschrieben. Seitdem die Kunstmärkte allerdings for-

cierte Ökonomisierung erleben und die Rollenspiele ihrer Agenten sich nunmehr in Pop, Unterhaltungs-, Beauty- und Technologiedesigns erschöpfen, ist die sogenannte Kunstwelt, bestehend aus Galerien, Magazinen, Messen, Clubs und Biennalen, das Totaldesign einer fundamentalistischen Gleichschaltung geworden, in der insbesondere kritisches Denken nicht nur uninteressant geworden ist, sondern auch unerwünscht. Widerstände und Unangepasstheit erzeugen in gleichgeschalteten Akteursnetzen Ängste! So gesehen, werden sich in Gesellschaften immer wieder solitäre Freiräume entwickeln müssen, die, noch bevor sie gebrandet und inkorporiert werden, den Erhalt von genuinen Lebensräumen verteidigen. Diese Prozesse sind immer jenseits der komplexen psychopolitischen Dynamiken von Party qua Angst zu finden, wie sie hier beschrieben wurden. Angst ist eine politische Ressource, die dazu beiträgt, Gleichförmigkeit zu organisieren, die aber auch dazu motivieren kann, nach eigenen Lebenspraxen jenseits von Mainstreams zu suchen.

Literatur

Agamben, Giorgio: *Ausnahmezustand*. Frankfurt a. M. 2004.

Arlt, Jesko: ›Kauf mich, Du Kriecher!‹ Wertmodelle und Markenkommunikation, 2009, http://rauch-und-spiegel.de/?p=117 [Abruf 11.07.2012].

Baudrillard, Jean: *Der Geist des Terrorismus*. Wien 2002 (franz. 2002).

Benjamin, Walter: Kapitalismus als Religion [1921]. In: Dirk Baecker (Hg.): *Kapitalismus als Religion*. Berlin 2003, 15–18.

Deleuze, Gilles: Postskriptum über die Kontrollgesellschaften. In: Ders.: *Unterhandlungen 1972–1990* [1990]. Frankfurt a. M. 1993, 254–262.

Deleuze, Gilles/Guattari, Félix: *Anti-Ödipus. Kapitalismus und Schizophrenie I*. Frankfurt a. M. 1974 (franz. 1972).

Deleuze, Gilles/Guattari, Félix: *Tausend Plateaus, Kapitalismus und Schizophrenie II*. Berlin 1992 (franz. 1980).

Foucault, Michel: *Die Geburt der Biopolitik. Geschichte der Gouvernementalität II*. Vorlesung am Collège de France 1978/1979. Frankfurt a. M. 2004 (franz. 2004).

Friedman, Milton: *Kapitalismus und Freiheit*. München/Zürich 2004 (amerik. 1962).

Hardt, Michael/Negri, Antonio: *Empire. Die neue Weltordnung*. Frankfurt a. M. 2002 (amerik. 2000).

Klein, Naomi: *No Logo! Der Kampf der Global Players um Marktmacht*. München 2001 (amerik. 2000).

Klein, Naomi: *Die Schock-Strategie: Der Aufstieg des Katastrophen-Kapitalismus*. Frankfurt a. M. 2007 (amerik. 2007).

Lyotard, François: *Das Inhumane. Plaudereien über die Zeit*. Hg. von Peter Engelmann. Wien ³2006.

Meyer, Thomas: *Mediokratie. Die Kolonisierung der Politik durch die Medien*. Frankfurt a. M. 2001.

Milev, Yana: Design Governance und Breaking News. Das Mediendesign der permanenten Katastrophe. In: Christiane Heibach (Hg.): *Atmosphären. Dimensionen eines diffusen Phänomens*. München 2012.

Mouffe, Chantal: *Exodus und Stellungskriege. Die Zukunft radikaler Politik*. Übersetzt von Oliver Marchart. Wien 2005.

Mouffe, Chantal: The public question – The politics of artistic practices. In: *Die Bildende. Die Zeitung der Akademie*. Hg. von]a[Akademie der bildenden Künste Wien. Juni 2007. Sonderbeilage zum gleichnamigen Symposium im Themenheft 02: Künstlerische Forschung, ohne Seitenangabe.

Raunig, Gerald: *Tausend Maschinen: Eine kleine Philosophie der Maschine als sozialer Bewegung*. Wien 2008.

Schmitt, Carl: *Politische Theologie. Vier Kapitel zur Lehre von der Souveränität*. Berlin 1922.

Sloterdijk, Peter: *Du mußt dein Leben ändern: Über Anthropotechnik*. Frankfurt a. M. 2009.

Virilio, Paul: *Krieg und Fernsehen*. Frankfurt a. M. 1997.

Warburg, Aby: *Der Bilderatlas – Mnemosyne: II 1.2*. Gesammelte Schriften – Studienausgabe, Bd. 1.2. Hg. von Claudia Brink und Martin Warnke. Berlin ²2003.

Yana Milev

B. Ästhetische Angst-Felder

1. Angst in der Literatur

Die nachfolgenden Überlegungen gehen von der Beobachtung aus, dass Angst insbesondere in der Literatur der Moderne zu einem zentralen Thema avanciert. Seit etwa 1800, theoretisch vorbereitet und begleitet durch den Diskurs des Erhabenen (vgl. Zelle 1987) und inspiriert von der Entwicklung der englischsprachigen *Gothic Novel*, entsteht auch im deutschsprachigen Kontext eine Literatur der Angst, die sich in ihren unterschiedlichen thematischen Konjunkturen und poetologischen Interferenzen als ein ästhetisches Beobachtungs- und Reflexionsmedium sich verändernder gesellschaftlicher Zustände und anthropologischer Denkgebäude konzeptualisieren lässt. Von der sogenannten ›schwarzen Romantik‹ über die Literatur des *Fin de Siècle* und des Expressionismus, fortgesetzt in der von den Schrecken der Weltkriege und des Holocaust gezeichneten Literatur der 1950er Jahre bis hin zur Renaissance apokalyptischer Themen in den 1980er Jahren markiert Angst eine zentrale emotionale Konfiguration moderner Literatur.

Der Versuch einer Bestandsaufnahme literarischer Angst-Bearbeitungen, der im Rahmen eines Handbuchartikels nur kursorischen Charakter haben kann, sieht sich einer Vielzahl von methodischen Schwierigkeiten gegenüber, deren Lösung hier nur angedeutet werden soll. Zum einen stellt sich das Problem des Anfangs und der Breite der Betrachtung: Wieso eine Literaturgeschichte der Angst um 1800 beginnen lassen, wenn sich doch zweifellos auch in der Antike, im Mittelalter oder im Barock Texte finden, die Angst literarisch verhandeln?

Zum anderen muss geklärt werden, von welcher Angst im Bereich der Literatur überhaupt die Rede ist. Geht es um die Darstellung von Angst auf der Ebene der Diegese oder um deren Proliferation auf die Ebene der Form? Geht es um die Angst des Autors, der seine psychische Verfasstheit literarisch verarbeitet, oder um die psychohistorisch bzw. diskursiv beschreibbare Signatur einer zeitspezifischen kulturellen Situation, die sich in der Literatur niederschlägt? Und was ist mit der rezeptionsästhetischen Komponente der Angst: Ist die Angst schon ›im Text‹ oder entsteht sie erst im Moment der Rezeption im Leser?

Prinzipiell haben alle der in diesen Fragen angedeuteten Zugänge zum Phänomen literarischer Angst – der produktionsästhetische, der formalästhetische, der rezeptionsästhetische – ihre Berechtigung. Gleichwohl – und im Gegensatz zum aktuellen Forschungstrend, der im Zuge des *Emotional Turn* die im Text implizierten Wirkungspotenziale der Erzeugung von Angst im Leseprozess fokussiert (vgl. Hillebrand/Poppe 2012), – soll hier eine dem Ansatz dieses Handbuchs entsprechende, kulturanalytische Perspektive auf den Zusammenhang von Literatur und Angst bevorzugt werden, die sich von der Wirkungsforschung vor allem durch eine stärkere Historisierung der Angst unterscheidet. Gemeint ist ein Vorgehen, das die jeweils zur Debatte stehenden literarischen Texte innerhalb einer kulturhistorischen Rahmung situiert und sie als symbolische Verdichtungen spezifischer soziokultureller Problemlagen zu lesen und auf die in ihnen enthaltenen kulturellen Codierungen von Angst zu befragen sucht.

Zu den skizzierten Grundproblemen – dem heuristischen Status und der historischen Datierung einer rudimentären Literaturgeschichte der Angst – vorab einige Überlegungen.

Literaturgeschichte der Angst als Diskurs- und Kulturgeschichte ab circa 1800

Literarische Angst-Texte erlauben – neben vielen anderen analytischen Zugängen – auch eine Lektüre, die sie als Beitrag zu einer symbolischen Kommunikation über ungelöste Problemlagen und drängende Unsicherheiten ihrer jeweiligen Entstehungszeit betrachtet. Angst-Fiktionen reflektieren und bearbeiten Wirklichkeitserfahrungen, sie entwerfen affektive Skripte, Wahrnehmungsschemata und literarische Rollenmuster, die insbesondere in gesellschaftlichen Krisen- und Umbruchszeiten zur »Selbstvergewisserung gegen Kontingenzerfahrungen bei[tragen können]« (Braungart 1996, 164). Gleichzeitig steigern sie wiederum – vor allem seit der Herauslösung des Literatursystems aus dem Herrschaftsbereich der Religion im 18. Jahrhundert – lebensweltliche Komplexität durch die Pluralisierung von Realitätsbegriffen (vgl. Luhmann 1995, 95 ff.). Als weitgehend autonomes, von religiösen, sittlichen und juristischen Regeln mehr und mehr befreites ästhetisches Programm montiert die Kunst andere Diskursformen als Elemente eigener Imaginationstätigkeit nach ästhetischen, nicht mehr der Funktionalisierung durch andere gesellschaftliche Teilbereiche unterworfenen Intentionen und kreiert so im Modus der Mehrfachkodierung neue Sinnzusammenhänge. Damit wird die Literatur der Angst zu einer Form ästhetischer Erfahrung, die in der Lektüre von als Beobachtung zweiter Ordnung verstandenen Texten die Ambivalenzen der Moderne – jenseits strikter Diskurs- und Wissensreglementierungen – anschaulich machen kann (zu einer solchen Rollenzuweisung der Kunst vgl. Alt 2010, 11–30).

Versteht man vor diesem Hintergrund das von einer individuellen, psychischen Dynamik unabhängige zur Sprache bringen von Angst als die Adressierung einer kulturellen Leerstelle (s. Kap. III. A.6), die die Inkommensurabilität von Ereignissen – die Unmöglichkeit also, Erlebnisse ohne Weiteres in existente Ordnungen des Wissens und des Sagbaren zu integrieren – artikuliert, dann kann der literarische Text unter funktionellen Gesichtspunkten als eine symbolische Praktik verstanden werden, die z. B. ähnlich wie das Ritual dazu beiträgt, einen eben solchen kulturellen Rahmen narrativ zu konsolidieren oder ihn neu zu justieren:

Im Hinblick darauf, was Literatur orientierend, sinngebend, Ordnung stiftend und beglaubigend in unserem Leben leistet, wie sie als bestimmte, ästhetisch ausgezeichnete und geregelte Handlung soziale Situationen definiert, lässt sie sich […] als dem Ritual ähnliches Geschehen beschreiben (Braungart 1996, 17).

Literatur über Angst kann zur (weiteren) Verängstigung ihrer Leserschaft führen. In den mit der Angstlust ihrer Leser rechnenden Genres der Horror- und Spannungsliteratur ist genau dies auch ihr Ziel (s. Kap III. A.8). Zugleich aber trägt sie als eine basale Kulturtechnik in der Form der narrativen Gestaltung von Zeit, in der Setzung von Anfang, Mittelteil und Schluss, zur menschlichen Emanzipation von der verunsichernden Wirkung erlebter Kontingenz bei, indem diffuse Angst durch Narrationen und literarische Bilder handhab- und begreifbar wird (vgl. Kayser 1960; Blumenberg 1979). Liest man in diesem Sinne Literatur als kommunikativen Rahmen, innerhalb dessen gesellschaftliche Ängste zu Tage treten und im Modus einer symbolischen Stellvertretung bearbeitet werden können, dann ist damit ein Gegenstandsbereich für eine Ausprägung von Literatur- und Kulturanalyse gefunden, die sich nicht mehr – wie die Sozialgeschichte der Literatur (vgl. Schönert 2007) – alleine für die sozialen Faktoren gesellschaftlicher Konfliktkonstellationen interessiert, sondern auch deren emotionale Mikroökonomien mit einbezieht.

Konkret bedeutet dies für eine kulturanalytische Beschäftigung mit der Angst in der Literatur, diese einer dreifachen Perspektivierung zu unterziehen: Erstens, ihre Prozessierung innerhalb des Textes und, zweitens, die dabei zu beobachtenden ästhetisch-narrativen Verfahren, sowie, drittens, den symbolischen Austausch zwischen literarischem Text und soziokulturellem Kontext und dem jeweiligen diskursiven Status von Angst und der durch sie adressierten politischen, sozialen und epistemischen Probleme in den Blick zu nehmen.

Der Hinweis auf den Aspekt des wechselseitigen Austauschs ist insofern bedeutsam, als er eine Differenz dieses Verfahrens zu unterkomplexen Widerspiegelungstheorien signalisiert. Literarische Angst wird hier als aktive kommunikative Ressource bestimmt, die in symbolischen Aushandlungsprozessen, zu denen der literarische Diskurs zählt, eine wichtige, unterschiedliche Wissens- und Handlungsfelder verkoppelnde Rolle spielt. Gerade der Umstand, dass Angst als emotionale Codierung literarischer Formen Momente der Irritation und der Desorientierung ins Spiel bringt, markiert ihren ambivalenten kommunikativen Status innerhalb wie außerhalb des Textes: Die literarische Inszenierung von Angst initiiert – auf der Ebene des literarischen Personals wie im Rezeptionsprozess – Aspekte einer kognitiven Instabilität, in der evidente Selbstverständlichkeiten bestehender Welt- und Denkmodelle unsicher und ihr sonst ausgeblendeter Konstruktionscharakter durchsichtig werden. Solche Erfahrungen ästhetischer Irritation machen gemeinhin subkutan verlaufende Prozesse normativer Festlegung beobachtbar und rücken – indem sie die Selbstverständlichkeit sozialer, politischer und ästhetischer Ordnungen stören – latente Alternativen ins Bewusstsein.

Neben dieser subversiven Funktion literarischer Angst ist immer, als ihre andere Seite, ihre affirmative Indienstnahme zu berücksichtigen. Etwa dort, wo sie in Form mehr oder minder standardisierter Bedrohungsszenarien im Genre der klassischen Detektivgeschichte die Problemlösungsleistung der Ratio beglaubigt (vgl. Conrad 1974) oder im politischen Thriller – etwa bei Tom Clancy (z. B. Clancy 1999, vgl. Sarasin 2006) – im Sinne einer Beglaubigung von Freund-Feind-Konstellationen zur Akzeptanz einer Politik der Gewalt beiträgt.

Kulturwissenschaftlich interessant ist die Literatur der Angst in beiden Fällen, zumal ihre heuristische Unterscheidung eher der idealtypischen Orientierung dient und in der literarischen Praxis in der Regel wohl immer von Amalgamierungen und widersprüchlichen kommunikativen Signalen unterlaufen wird: Immer dort, wo Angst in ihren unterschiedlichen Spielformen und Intensitätsniveaus literarisch zur Sprache kommt, sei es als plötzlicher Schrecken, schleichende Unheimlichkeit oder diffuse Erwartung, verweist sie auf eine Unterbrechung von Selbstverständlichkeit und Vertrautheit, die den Einsatz von Sinnstiftungsprozessen herausfordert. Die literarisch gestaltete Semantik der Angst birgt so die Möglichkeit, das implizite gesellschaftliche Wissen des Textes aufzudecken und ihn auf das kulturanalytische Verständnis seines jeweiligen diskursiven und ästhetischen Ermöglichungszusammenhangs hin zu befragen.

Die im Folgenden praktizierte, weitgehende Konzentration auf deutschsprachige Literatur ist einerseits dem Umstand geschuldet, dass in diesem Artikel nur ein grober Überblick über die Thematik »Angst und Literatur« gegeben werden kann, und resultiert andererseits aus dem methodischen Versuch, literarische Texte, ihre erzählten Inhalte und ihre Erzählverfahren, als Ausdruck kulturspezifischer Erfahrungen zu fokussieren. Ziel einer sich kulturanalytisch verstehenden Literaturgeschichte der Angst – die hier nur angedeutet, keinesfalls aber in Gänze geschrieben werden kann – müsste es sein, dem »komplexen Zusammenwirken von kollektiven Vorstellungen, affektiven Mustern, Grundüberzeugungen und Verhaltensweisen« (Arnold-de Simine 2000, 38) innerhalb der Literatur auf die Spur zu kommen, um so realgeschichtliche Krisenerfahrung und literarische Angst-Bearbeitung zusammen denken zu können. Damit ist keine prinzipielle nationalkulturelle Differenzqualität im Umgang mit der Angst behauptet, wohl aber eine jeweils notwendige Historisierung literarischer Angst-Narrative im Kontext zeitgenössischer kultureller Ordnungen eingefordert, was aber immer auch meint, textuelle Austauscheffekte und übernationale Resonanzen mit einzubeziehen.

Um 1800: Literarische Angst in der schwarzen Romantik

Schon in der Literatur des Sturm und Drangs latent vorhanden oder vereinzelt – etwa in Goethes *Erlkönig* (1782) – dezidiert thematisiert, wird die Angst in der Literatur der schwarzen Romantik zu einem zentralen Thema. Als Sondierung der blinden Flecken der Aufklärung berichtet die schwarze Romantik, angeleitet durch eine zunehmende Psychologisierung des Menschenbilds im Nachgang von Erfahrungsseelenkunde und Empfindsamkeit, in immer grelleren Farben über die Unsicherheit und Entfremdung des Individuums in der Moderne – eine Perspektive, die die Literatur der Angst bis in die Gegenwart beibehält.

Ohne in die Debatte über die Gebrauchsfähigkeit der Bezeichnung detaillierter einsteigen zu wollen, sei zunächst darauf hingewiesen, dass mit ›schwarzer Romantik‹ im Nachfolgenden eher auf eine rationalitätskritische, intellektuelle Haltung rekurriert wird als auf einen genau datierbaren Epochenbegriff. Mit ihrer Vorliebe für die Nachtseiten der Vernunft, für ästhetische Schocks wie auch Figurationen der Gewalt und des Wahnsinns, finden sich Züge der schwarzen Romantik ebenso im späten 19. und im 20. Jahrhundert, z. B. in der Literatur des *Fin de Siècle* oder dem Surrealismus (vgl. Bohrer 2004).

Das Genre literarischer Angst um 1800 ist der Schauerroman, der zunächst unter der Bezeichnung *Gothic Novel* von Autor/innen wie Matthew Gregory Lewis oder Ann Radcliffe Popularität erlangt, dann aber im deutschsprachigen Kontext u. a. bei Ludwig Tieck und E.T.A. Hoffmann produktiv weiter geführt wird. Vor dem Hintergrund einer Topographie der Angst – alte, verfallene Burgen, dunkle Wälder und finstere Gassen – und in einer unheimlichen, atmosphärischen Verbindung von Rätselhaftigkeit und Bedrohlichkeit (s. Kap. II.4) erzählt der Schauerroman von mysteriösen Begebenheiten und schaurigen Verbrechen.

Während Richard Alewyn (1965) und Horst Conrad (1974) das Aufkommen der Angst als Thema der Literatur einst mit einer anthropologischen Argumentation auf einen fortschrittsbedingten Abbau realer Ängste vor der mehr und mehr beherrschten Natur begründeten, soll hier in Anknüpfung an die Studien von Christian Begemann (1987) und Gernot und Hartmut Böhme (1983) dafür plädiert werden, die schwarze Romantik im kulturgeschichtlichen Sinne als Ausdruck und Reflexionsmedium einer Zeit krisenhafter soziopolitischer und kultureller

Umbrüche und extremer Ambivalenzen zu verstehen. Insbesondere die *Grande Terreur* der Französischen Revolution (s. Kap. IV.A.1) hatte vor Augen geführt, dass die Hoffnungen auf Vernünftigkeit, politische Emanzipation und friedliche Koexistenz in der bürgerlichen Gesellschaft nicht umfassend einzulösen sind. Im Gegenteil motivierte die Gewalt der Revolution eine tiefgreifende Angst vor der Brüchigkeit einer als rational erfahrbar und kontrollierbar vorgestellten Welt.

Folgt man Norbert Elias, dann ist parallel zur fundamentalen Erschütterung der tradierten politischen Ordnung ein fundamentaler Wandel von Herrschaftsrepräsentationen und ein massiver Schub der Abstraktion von Abhängigkeit- und Machtstrukturen zu konstatieren (Elias 1988, 445). Die schleichende Auflösung tradierter Ordnungsstrukturen – literarisch inszeniert in Hoffmanns Nachtstück *Das Majorat* (1817) – verursacht eine Erfahrung diffuser Angst, die verstärkt wird durch die Anforderungen der sich herausbildenden bürgerlichen Gesellschaft. Im Zuge von Bürokratisierung und zunehmender kapitalistischer Arbeitsteilung macht sie eine gesteigerte Affektkontrolle notwendig, welche den psychischen Apparat mehr und mehr unter Spannung setzt (vgl. ebd.).

Elias' These, dass mit der Internalisierung vormals eindeutiger, äußerer Furcht (vor Strafe, vor Naturgewalt etc.) ein Anstieg innerer Ängste korreliert, findet insofern eine literarische Untermauerung, als sowohl eine verstärkte Diskursivierung von Angst in ästhetiktheoretischen Texten der Aufklärung wie auch ein massives Aufkommen von tiefgründigen Angst-Szenarien in der Literatur um 1800 zu konstatieren sind. Die Literatur der schwarzen Romantik liefert affektiv und kognitiv attraktive narrative Rahmungen, innerhalb derer die anthropologischen, sozialen und politischen Erschütterungen thematisiert und reflektiert werden können. Die Literatur der Angst um 1800 erwächst aus »dem Grauen vor dem Unbekannten« (Schlegel 1989, 528), zeugt von einem zutiefst verunsicherten Ich, das sich in der mit ungekannten Komplexitätsniveaus aufwartenden Welt symbolisch neu einrichten muss und fokussiert die psychische Grundierung eines Subjekts, dessen Schicksal nicht mehr der Religion anvertraut werden kann, sondern angesichts eines Netzwerks von negativen Komplementäreigenschaften – Trieb, Aggression, (Selbst-)Hass, Ich-Spaltung – der direkten moralischen Lenkung bedarf.

Interessanterweise ist für die schwarze Romantik auf der Ebene des Textes tendenziell eine »Entkon-kretisierung der Angst« (Arnold-de Simine 2000, 16) zu konstatieren, die den Charakter der zeitgenössischen Verunsicherung nachzeichnet. Zwar werden auf der Textebene traditionelle Angst-Bilder des Teufels, der Hexe oder des Dämonischen anzitiert, eigentlich erscheint die textinterne Angst aber als in der Tiefenstruktur und Einbildungskraft der Protagonisten situiert. So werden die von der schwarzen Romantik produzierten Facetten der Angst vor einem sexualitätsinduzierten Selbstverlust zu Fallgeschichten einer fehllaufenden Innensteuerung des Menschen, die – wie etwa Joseph von Eichendorffs Novelle *Das Marmorbild* (1819) – zum Ausdruck bringen, dass die menschliche Triebstruktur nach dem mit der Säkularisierung eingeleiteten Tod Gottes und dem Wegfall des christlichen Begründungsnarrativs der Erbsünde zu einem verstörenden, verunsichernden Diskursivierungsanlass geworden ist (vgl. Foucault 2001, 323 f.). Die Säkularisierung desavouierte sukzessive wichtige Bildarsenale und Einhegungsnarrative zum Umgang mit Kontingenz, Gewalt und triebhafter Sexualität. Der Schauerroman stellt nun, vermittelt durch eine neue Formensprache, die Frage, wie es unter der quasireligiösen Nachfolge-Herrschaft der Vernunft weiterhin zu Phänomenen wie Verbrechen, Wahnsinn und Gewalt kommen kann. Die z.B. in Hoffmanns Novelle *Der Sandmann* (1816), aber auch in Heinrich von Kleists Gewaltstudie *Das Erdbeben in Chili* (1806) zu beobachtende Diskreditierung der Vernunft als Agentur moralischen Handelns und die Dominanz von Gewalt als Medium sozialer Prozesse resultiert auf der Textebene aus der aggressiven Triebstruktur des Figurenpersonals. Die wahnsinnigen, triebhaften Protagonisten E.T.A. Hoffmanns, allen voran seine Doppelgänger-Figuration Medardus/Victorin in dem Roman *Die Elixiere des Teufels* (1815/16) – der »erste[n] vollgültige[n] gothic novel der deutschen Literatur« (Alt 2010, 123) –, fungieren als ein Anderes der Aufklärung, das aber nicht von außen in die rationale Ordnung einbricht, sondern aus ihr selbst heraus auf dem Wege des *Othering* ausgeschlossen und als pathologisch markiert wird. Somit erweist sich die vermeintliche Ich-Stabilität des bürgerlich-vernünftigen Subjekts als das fiktionale Produkt einer faktischen Ausgrenzungstätigkeit: Das Nicht-Identische des heterosexuellen, männlichen Subjekts wird »entweder domestiziert oder dämonisiert« (Arnold-de Simine 2000, 34). Es wäre von daher nicht zu weit gegriffen, von einem regelrechten Triebschicksal der schwarzen Romantik zu sprechen: Die Figuration des Doppelgängers und die von ihm ausgelöste Verfolgungsangst – maßgeblich gestaltet in Hoffmanns Teufelsroman, anzutreffen etwa aber auch in Ludwig Tiecks *Runenberg* (1802) – evozieren eine unheimliche, auf das psychoanalytische Konzept des Unbewussten vorausweisende Wiederkehr verdrängter Triebimpulse, literarisch anschaulich, wenn etwa Pater Medardus, der Protagonist und vielfache Mörder der *Elixiere des Teufels*, sein *alter ego* auf der Straße erkennt:

Ich eilte ans Fenster! Da stand eben vor dem Palast der vom Henkersknecht geführte Leiterwagen, auf dem der Mönch rückwärts saß, vor ihm ein Capuziner, laut und eifrig mit ihm betend. Er war entstellt von der Blässe der Todesangst und dem struppigen Bart – doch waren die Züge des grässlichen Doppelgängers mir nur zu kenntlich. – So wie der Wagen, augenblicklich gehemmt durch die andrängende Volksmasse, wieder fortrollte, warf er den stieren entsetzlichen Blick der funkelnden Augen zu mir herauf, und lachte und heulte [...] (Hoffmann 1988, 251).

Hoffmann, der in seinen Texten – u. a. angestoßen von der Lektüre von Gotthilf Heinrich Schuberts *Ansichten von der Nachtseite der Naturwissenschaften* (1808) und dessen *Symbolik des Traums* (1814) – immer wieder großes Interesse für den Zusammenhang von Sexualität und Gewalt entwickelt, »weist dem Trieb und der Ratio neue Plätze im Arrangement des psychischen Haushalts zu« (Alt 2010, 129) und dokumentiert damit Roland Borgards' Feststellung, dass das »ganze Arsenal monströser Gestalten, das die Schwarze Romantik aufzubieten hat, [...] lesbar ist als die sicht- und sagbare Außenseite eines vom Wahnsinn bedrängten Inneren« (Borgards 2012, 274). Von *Die Elixiere des Teufels* ausgehend, führt der Doppelgänger als Figuration eines »zerstörerischen Wahnsinns« (Vieregge 2008, 65) fortan ein literarisches Eigenleben, das in Texten wie Edgar Allan Poes *William Wilson* (1839), Robert Louis Stevensons *The Strange Case of Dr. Jekyll and Mr. Hyde* (1886), Oscar Wildes *The Picture of Dorian Gray* (1890) oder Alfred Kubins *Die andere Seite* (1909) Vernunft und triebbestimmten Wahnsinn als die zwei Seiten moderner Subjektivität markiert (s. auch Kap. III. A.3).

Um 1900: Die Kulturkritik der Angst

Eine zweite Konjunktur literarischer Angst lässt sich für den Zeitraum von etwa 1900 bis zum Ersten Weltkrieg ausmachen. Unter dem Einfluss der Nietzscheanischen Nihilismus-Diagnose und vor dem Hintergrund einer sich weiter dynamisierenden Industrialisierung artikuliert sich literarisch vielstimmig eine zeitkritische Entfremdungs- und Verfallsdiagnose, die im Kleide einer Semantik der Angst oszilliert. Das Subjekt – so der einhellige Tenor – fällt mehr und mehr aus seinen sozialen, technischen und kulturellen Weltbezügen heraus und reagiert auf die von Georg Simmel 1911 beschriebene »Tragödie der Kultur« (vgl. Simmel 1996) mit Klageschriften der Verunsicherung. Ein hierfür zentrales literarisches Dokument, das die Dominanz der Angst im Expressionismus vorbereitet, ist Rainer Maria Rilkes Text *Die Aufzeichnungen des Malte Laurids Brigge* (1910). In ihm verarbeitet Rilke die Erfahrungen während seines ersten Paris-Aufenthalts, dabei imaginiert er die moderne Stadt als Ort psychologischer und physiologischer Desintegration und etabliert so Angst literarisch als modernes Grundgefühl nach der Jahrhundertwende.

Aber schon in den Jahrzehnten zuvor finden sich vereinzelte Angst-Kristallisationen, die gewissermaßen eine den Fortschrittsoptimismus des 19. Jahrhunderts durchkreuzende Angst-Traverse zwischen den beiden Jahrhundertwenden bilden. Thematisch sind diese vor allem um zwei Angst-Pole angesiedelt: Eine Perspektive führt die in der schwarzen Romantik begonnene Reflexion über Tod und Verfall fort, entkleidet sie aber weitgehend aller emphatischen Kompensations- und melancholischen Überhöhungsversuche, wie sie im romantischen Kontext noch durch die Beschwörung von Universalität und Unendlichkeit geleistet wurden. Im bürgerlichen 19. Jahrhundert wird der Tod zu einer prosaischen Faktizität, die alle Sinngebungsversuche in Frage stellt. Motiviert durch die real- und ideenpolitische Restauration setzt sich literarisch ein zunehmend nüchterner Blick in Szene, der sowohl die Abkühlung gesellschaftlicher Emanzipationshoffnungen betrifft, wie auch die Einschätzung der Bedeutsamkeit des individuellen Schicksals. Betrachtet man etwa Niklaus Lenaus Ballade *Der traurige Mönch* (1836), Theodor Storms Spukgeschichtensammlung *Am Kamin* (1862) oder die ästhetisch allerdings anders gestaltete Erzählung *Das Wirtshaus zur Dreifaltigkeit* (1890) aus der Feder Oskar Panizzas, so erscheinen hier – nach der säkularen Verabschiedung von Jenseitshoffnungen – der Tod und seine alltagspraktische Verdrängung als ein zentrales Problem moderner Subjektivität, das in der ersten Hälfte des 20. Jahrhunderts insbesondere in den großen Romanen Hermann Brochs – allen voran in den beiden ersten Teilen der *Schlafwandler*-Trilogie (1930/1932) und in *Der Tod des Vergil* (1945) – oder auch in den Romanen Thomas Manns und in seiner Novelle *Der Tod in Venedig* (1911) prominent verhandelt wurde.

Ein zweites, wiederum mit der schwarzen Romantik verbundenes Angst-Thema des 19. Jahrhunderts ist die fortgesetzte Diskreditierung der Vernunft als Medium der Selbst- und Welterkenntnis, die das moderne Bewusstsein sukzessive entsichert und es dann, in einen entleerten Himmel gestellt, auf sich selbst zurückfallen lässt (vgl. Vietta 1992, 133). Zentraler Autor dieser nachromantischen Bewusstseinskrise ist Georg Büchner, der die psychologische und metaphysische Einsamkeit des in sein Selbstbewusstsein eingeschlossenen, modernen Ichs in der Figur des von einer »namenlosen Angst« (Büchner 2009a, 138) und einem »Alp des Wahnsinns« (ebd., 140) erfassten Figur des *Lenz* (1835) paradigmatisch vorführt: »Es war ihm dann, als existire er allein, als bestünde die Welt nur in seiner Einbildung, als sey nichts, als er, er sey das ewig Verdammte, der Satan; allein mit seinen folternden Vorstellungen« (ebd., 156). Büchner verdichtet in seiner Erzählung eine Erfahrung transzendentaler Obdachlosigkeit, in der sich die Angst, dass kein Gott sei, mit der Angst, dass die Erkenntnis der Welt unmöglich sei, zu einer Erfahrung radikaler Fragwürdigkeit verbindet, die den Boden des modernen Menschen schwankend macht: »[D]ie Welt [...] hatte einen ungeheuren Riß, er hatte keinen Haß, keine Liebe, keine Hoffnung, eine schreckliche Leere und doch eine folternde Unruhe, sie auszufüllen. Er hatte *Nichts*« (ebd., 155.). Büchners *Lenz* erzählt von den Deformationen moderner Subjektivität, die in intensiver Angst an der Trennung von Ich und Welt, Subjekt und Objekt leidet und die genau deshalb zu einem bestimmenden Element moderner Ich-Literatur geworden ist. Wollte man im 20. Jahrhundert nach Text-Gestalten Ausschau halten, die die Psychologie der Lenz-Figur weiter fortschreiben, so würde man bei dem deformierten Personal in den Theaterstücken Samuel Becketts ebenso fündig wie in Elias Canettis Roman *Die Blendung* (1935) oder in der Literatur Thomas Bernhards. Dessen radikale Solipsisten, etwa die Figur Konrad im Roman *Das Kalkwerk* (1970), sind mit ihren Ängsten eingekerkert in das Labyrinth der eigenen Vorstellungswelt, die ihnen zum »Verfinsterungsort« (Bernhard 1970, 59) wird.

Wie sehr Bewusstseinskrise, Geschichtspessimismus und Todesproblematik in der Moderne aufeinander bezogen sind (s. auch Einleitung Kap. II), macht der Titelheld in Büchners Revolutionsdrama *Dantons Tod* (1835) deutlich, der kurz vor seinem Ende erklärt:

Wir sind alle lebendig begraben und wie Könige in drei- oder vierfachen Särgen beigesetzt, unter dem Himmel, in unseren Häusern, in unseren Röcken und Hemden. – Wir kratzen fünfzig Jahre lang am Sargdeckel. Ja, wer an Vernichtung glauben könnte! Dem wäre geholfen. – Da ist keine Hoffnung im Tod; er ist nur eine einfachere, das Leben eine verwickeltere, organisiertere Fäulnis, das ist der ganze Unterschied (Büchner 2009a, 119)!

Nach 1900 fließen die einzelnen Angst-Felder, die das 19. Jahrhundert entdeckt hatte, immer mehr ineinander in der literarischen Gestaltung eines modernen Bewusstseins, das sich gesellschaftlich entfremdet und durch die eigene Triebstruktur depotenziert sieht und den Glauben an die gestalterische Kraft der Vernunft gänzlich verloren hat (s. auch Kap. IV. A.3). Der literarische Ort, an dem Angst zur emotionalen Signatur einer modernen Kultur- und Gesellschaftskritik wird, ist der Expressionismus (vgl. Anz 2010). Gerahmt durch die politische Stagnation des Wilhelminismus, diskursiv unterfüttert durch die großen theoretischen Erschütterungen der epistemologischen Selbstverständlichkeit, die mit den Namen Friedrich Nietzsche, Sigmund Freud und Niels Bohr verbunden sind, und kulturell dynamisiert durch eine mit den neuen Medien Photografie und Film verbundene Zeichenkrise, entwickelt sich eine literarische Produktivität, die die aus gesellschaftlicher und kultureller Entfremdung entstehende Angst mannigfaltig ausbuchstabiert. Die Wirklichkeit erleidet einen Vertrauensverlust, der aus einer – gerade von den Intellektuellen angesichts der gesellschaftlichen Komplexitätssteigerungen empfundenen – »Entbettung« (Giddens 1996, 81) resultiert, die Ernst Blass 1919 so beschrieben hat:

Das Leben draußen ist unheimlich geworden, die anderen Dinge haben sich uns [...] entfremdet, ja verfeindet, sie drohen uns zu überfallen, und was wir für unsere Wohnung und liebe Gewohnheiten halten, könnte jeden Augenblick die höhnischte Miene annehmen. Nur unser Spiegelbild lebt in diesen Räumen, unser Selbst ist uns entwendet worden, aber es kann zu jeder Zeit als Doppelgänger auftreten und uns verfolgen und narren (Blass 1919, 63).

Bezeichnend ist, dass in den Jahrzehnten zwischen 1900 und 1933 die Thematisierung der Angst in den Bereichen von Philosophie, Psychologie und Literatur parallel verläuft, wobei es zu gegenseitigen Unterfütterungen und Verstärkungseffekten kommt. In der Philosophie ist neben Nietzsche vor allem an Kierkegaards Abhandlung *Der Begriff der Angst* (1844) zu denken, die 1913 auf Deutsch erscheint (s. Kap. II.1). Im Bereich der Psychologie ist es Freuds Psychoanalyse, die Angst zum Gegenstand der (Selbst-)Reflexion macht (s. Kap. II.3). Der Expressionismus verarbeitet die Erfahrungen kultureller und transzendentaler Unbehaustheit, indem er seine Aufmerksamkeit – in der Lyrik ebenso wie im Drama und in der Prosa – nicht zuletzt auf die ineinander verwickelten Themen Triebschicksal und Großstadt richtet.

Das Motiv der sexuellen Entmachtung des autonomen männlichen Subjekts – oftmals verbunden mit der Stilisierung der Frau zur *Femme Fatale* (s. Kap. II.10) – findet sich in der Literatur des *Fin de Siècle* und des Expressionismus in unzähligen Variationen. Die frühen Texte Alfred Döblins, aber auch Thomas Manns *Der Tod in Venedig* (1911) oder die Erzählungen Georg Heyms berichten von der männlichen Angst(-Lust), nicht mehr Herr im eigenen Haus zu sein, wobei dem insuffizienten und getriebenen Subjekt – z. B. Döblins Erzählung *Die Ermordung einer Butterblume* (1913) – die Unheimlichkeit der äußeren Natur als Spiegelbild einer inneren Zügellosigkeit korrespondiert. Figurale Psychopathologien – bei Alfred Kubin, Franz Jung oder Carl Eisenstein – verdichten die Dezentrierung des modernen Subjekts im Motiv des Doppelgängers, der als abgespaltenes Anderes von Vernunft und Handlungsmacht eine Spirale der Paranoia in Gang setzt, die in der Literatur des 20. Jahrhunderts immer wieder neue Kreise ziehen wird. Heyms Erzählung *Der Irre* (1913) etwa imaginiert eine Figur, die von der eigenen Paranoia in einen Amoklauf der Gewalt getrieben wird, der als Form subjektiver Autonomie im Ausnahmezustand auf deren eigentliche Unmöglichkeit verweist.

Eng verbunden mit der literarischen Pathologie des modernen Bewusstseins ist auch der zweite zentrale Motivkreis des Expressionismus, der die Großstadt als Sujet und Chiffre eines dissonanten Existenz- und Wahrnehmungsraums ausweist, in dem die fundamentale Freisetzung des Individuums aus allen intellektuellen Behausungen als Verlorenheit und Isolation erlebt wird. Insbesondere lyrische Texte – z. B. Georg Heyms »Der Gott der Stadt« (1910), Ernst Blass' »In einer fremden Stadt« (1912) oder Alfred Lichtensteins »Die Stadt« (1913) – thematisieren die Angst machende Erscheinungsweise der äußeren Welt der Technik und des Verkehrs, die zwischen Zusammenhanglosigkeit und dämonischer Eigenmacht changiert und das lyrische Ich in Verwirrung, Sprachlosigkeit und Panik zurücklässt.

Zentral für die literarische Angst in der ersten Hälfte des 20. Jahrhunderts ist nicht zuletzt Franz Kafka, obwohl in seinen Texten von Angst kaum direkt gesprochen wird. In Reaktion auf die großen Quellen der Verunsicherung in der Moderne findet Kafka jedoch zu einer ganz eigenen Poetologie der Angst, die umso nachhaltiger wirkt, weil sie sich dem grundlegenden Depotenzierungsmodus der Angst – ihrer Rückführung in objektbezogene Muster der Furcht – konsequent entzieht. Zwar sind alle Texte Kafkas im biopolitischen und bewusstseinspsychologischen Problematisierungsrahmen der Moderne zu verorten (vgl. hierzu u. a. Vogl 2010; Jansen 2012), die Besonderheit der Texte aber, das, was den kafkaesken Eindruck während der Lektüre erzeugt, ist ein literarisches Verfahren, das Bedrohlichkeit und Verunsicherung entstehen lässt, indem es Bilder des Grotesken und Ekelhaften mit einer labyrinthischen Erzählweise kombiniert, die keine eindeutigen Kausalschlüsse mehr zulässt. Im Ergebnis führen Kafkas Texte – seine drei fragmentarischen Romane, allen voran *Das Schloss* (1922) ebenso wie seine Erzählungen, etwa *Ein Landarzt* (1918) – vor Augen, dass gesellschaftlich konventionalisierte Codes der Wahrnehmung an der Aufschlüsselung einer immer komplexeren und zugleich hermetischeren Erscheinungsweise der Welt wie des Ichs scheitern müssen. Kafkas Texte sind insofern unheimlich, als sich in ihnen die Erkenntnis epistemologisch-metaphysischer Bodenlosigkeit in eine Ästhetik des leeren Grundes übersetzt, die Walter Benjamin als die »wolkige Stelle« in den Parabeln Kafkas zu beschreiben versucht hat (Benjamin 1980, 427). Gemeint ist ein Textverfahren, das wiederkehrend Semantik durch eine Gestik und Körperlichkeit der Angst ersetzt (s. Einleitung Kap. III) und in der Verweigerung von Kausalität den »Abstand zwischen Zeichen und Bedeutung als unüberbrückbare[n] Hiatus, den keine metaphysische Evidenz mehr« (Alt 2005, 373) schließen kann, ausstellt. Aus diesem Riss, den Kafkas Text-Wolken umspielen, und aus der sich seit der Aufklärung sukzessive vollziehenden, funktionalen Umstellung von Letztbegründung auf Kontingenz resultiert eine Angst, die bei Kafka als *conditio sine qua non* der modernen Gesellschaft lesbar wird.

1920er Jahre: Erschütterungen

Der Erste Weltkrieg, der viele Millionen Soldaten das Leben kostete und dessen Ende weitreichende kulturelle und politische Transformationsprozesse gerade in Deutschland und Österreich-Ungarn einleitete bzw. beschleunigte, ist als Ereignis kollektiver

Angst in verschiedenen literarischen Kodierungen und Kontexten präsent.

Im Mittelpunkt der literarischen Erinnerungsliteratur des Ersten Weltkriegs, deren Hochphase in der Weimarer Republik mit einiger Verzögerung in den späten 1920er Jahren einsetzte, stehen die Todesangst der Soldaten, ihre Artikulationsmöglichkeit und literarische Strategien ihrer Sedierung. Eng verbunden mit der Bewertung soldatischer Angst waren erinnerungsstrategische und politische Zielsetzungen: Während im Kontext pazifistischer und im politischen Spektrum eher ›links‹ angesiedelter Texte – zu denken wäre u. a. an Erich Maria Remarques *Im Westen nichts Neues* (1929) oder Edlef Köppens *Heeresbericht* (1930) – die Kritik am Krieg mit der Evokation kreatürlicher Angst und der Darstellung der Erfahrung von Gewalt und Sinnlosigkeit Hand in Hand ging, wird die Literatur politisch ›rechts‹ stehender Autoren von Ermächtigungsgesten dominiert, die die Angst ausblenden oder nur als Leerstelle erscheinen lassen. So sind die Kriegstexte Ernst Jüngers, der wie Köppen, Remarque und andere Weltkriegsautoren den industrialisierten Krieg an der Westfront aus nächster Nähe kennengelernt hatte, von einer an der Bildwelt der schwarzen Romantik geschulten Ästhetik des Schreckens organisiert, die das Grauen der Materialschlacht zu einem ästhetischen Genuss überhöht. An die Stelle einer ›authentischen‹ Rekonstruktion von subjektgefährdenden Gewaltereignissen tritt bei Jünger – ähnliche Heroisierungsstrategien finden sich aber z. B. auch bei Werner Beumelburg – eine stilisierte, erhabene Formensprache, die das Text-Ich in seiner Autonomie belässt, indem sie die erfahrungs- und erwartungssprengende Todesangst des Krieges in konkretere, durch die kulturelle Tradition abgesicherte Objekte einer ästhetischen Furcht übersetzt (vgl. Bohrer 1978; Koch 2005a). Parallel zu dieser Ästhetisierung des Kriegsgeschehens verläuft eine literarische Konstruktion des Soldaten-Ichs, das die eigene Gefühlslage in der Produktion eines gepanzerten Körpers verneint und trotzdem existente Angst-Impulse in Form einer Übertragung als Gewaltexzess abführt (vgl. Theweleit 1978; Lethen 1994).

Eine besondere Wirkmächtigkeit zeigt eine ganze Reihe von Texten der Weimarer Republik, in denen der Krieg auf der Handlungsebene zunächst keine Rolle zu spielen scheint, wohl aber subkutan anwesend ist. Diese Narrationen befassen sich mit den Krisenphänomenen der Moderne und thematisieren die maschinelle Gewalt und die von ihr produzierte, angstgestimmte Subjektivität des Krieges

als Momente einer umfassenden Zeitdiagnose auf einer mittelbaren Ebene. Auch hier ist Ernst Jünger zu nennen, der in seinem Buch *Das abenteuerliche Herz* (1929) das rationale Ich in der Tradition von E.T.A. Hoffmann und Edgar Allan Poe als eine von seinen Ängsten, Alpträumen und Trieben dezentrierte Fiktion demaskiert. In die gleiche Richtung zielt – freilich mit anderen ästhetischen Mitteln – Alfred Döblins *Berlin Alexanderplatz* (1929), ein Roman der neuen Sachlichkeit, dessen Hauptfigur Franz Bieberkopf durch die Gewalt und Masse der als Kriegsschauplatz erlebten Großstadt Berlin in einen Zusammenhang von Angst, Wut und Wahn getrieben wird (vgl. Vietta 1992, 310 ff.). Eine Atmosphäre der Bedrohlichkeit, in der eine Gefahr gespürt, aber nicht genau geortet werden kann, ist auch das beherrschende Thema in Franz Kafkas Geschichte *Der Bau* (1928), die noch einmal ganz deutlich macht, wie eng die Erfahrung des Ersten Weltkriegs und die Konfiguration des modernen Bewusstseins zusammen gedacht werden müssen. Der Text erzählt von einem nicht weiter spezifizierten Tier – vermutlich einem Maulwurf – dem der eigene Bau aufgrund eines nicht genau zu ortenden Geräuschs und dem damit einhergehenden Bedrohungsgefühl immer mehr zum Gefängnis wird. Direkt als Allegorie auf die Sinnlichkeit und beschränkte Wahrnehmungsfähigkeit des Grabenkriegs lesbar (vgl. Kittler 1990), eröffnet der Text zugleich eine reflexive Dimension, in der bestimmte politische Begriffe des 20. Jahrhunderts wie ›Feindschaft‹, ›Verrat‹ und ›Unterwanderung‹ problematisiert werden: Die Nicht-Ortbarkeit der Geräuschquelle, die nicht still zu stellende Imagination einer sich erst in der Zukunft konkretisierenden Gefahr, motiviert eine angstimprägnierte Epistemologie der Feindschaft, deren paranoische Formatierung – theoretisch gefasst von Carl Schmitt und Elias Canetti – zuletzt in den nach 9/11 realisierten Fernseh-Serien *24* (USA 2000 ff.) und *Homeland* (USA 2011 f.) als Teil einer kollektiven Angstkonjunktur zum Thema wurde (vgl. Balke 2003; s. auch Kap. II.7).

Nach 1945: Existenzialismus und literarische Referenzen auf Krieg, Holocaust und Terror

In den Jahren nach dem Ende des Dritten Reiches lassen sich im Hinblick auf die literarische Gestaltung der Angst drei thematische Felder grob unterscheiden: In der ersten Zeit dominiert zunächst die literarische Rekonstruktion des Krieges und die am

Realismus der amerikanischen *Short Story* orientierte, nüchterne Beschreibung der stark traumatisierten Nachkriegsgesellschaft (s. Kap. III. A.2). In Wolfgang Borcherts Hörspiel *Draußen vor der Tür* (1947), in Alfred Döblins *Hamlet oder die lange Nacht nimmt ein Ende* (1956) und vor allem in den frühen Geschichten und Romanen Heinrich Bölls ist ein geopolitisch zerrissenes Deutschland zu besichtigen, das, materiell zerstört und moralisch diskreditiert, noch immer unter dem Schock der Kriegsniederlage steht. Generell dominiert in der deutschsprachigen Nachkriegsliteratur – etwa in Alfred Anderschs *Die Kirschen der Freiheit* (1952) oder in Hans Erich Nossacks *Nekyia. Bericht eines Überlebenden* (1947) – ein auch vom französischen Existenzialismus inspirierter anti-ideologischer Gestus, der fernab großpolitischer Programmatiken den Einzelnen in seiner individuellen, zwischen Angst und Freiheit oszillierenden Bedingtheit verortet und eine neue, kriegskritische Moral auf der Maxime aufzubauen versucht, »nie mehr Sand in den Zähnen haben [zu wollen] vor Angst« (Borchert 1984, 308).

Komplementär zur sogenannten ›Trümmerliteratur‹ wird auch der Krieg selbst sukzessive zum Thema, etwa in Hans Werner Richters Roman *Die Geschlagenen* (1949), Heinrich Bölls die deutsche Barbarei an und hinter der Ostfront schildernden Erzählung *Todesursache: Hakennase* (1947) oder in Alfred Anderschs Gespenstergeschichte *Die Letzten vom ›Schwarzen Mann‹* (1958), in der zwei untote Soldaten nach dem Krieg auf der Suche nach Erlösung durch die Wälder der Eifel irren, überall aber nur auf Fremdenangst stoßen. Zentral im Hinblick auf die literarische Reflexion der kriegsimmanenten Angst ist zudem Gert Ledigs *Die Stalinorgel* (1955), ein Text, der Ledig zunächst zu einem von der Kritik gefeierten Autor machte, weil er es verstehe, mit seiner formalen Radikalität die Schrecklichkeit des Krieges auf einem an die großen Romane des Ersten Weltkriegs anknüpfenden Niveau darzustellen. Ledig war neben Nossack, der auch 1948 seinen Text *Der Untergang* veröffentlichte, einer der wenigen deutschsprachigen Autoren, der die traumatische Erfahrung des Bombenkriegs literarisch zu erzählen suchte. Sein Buch *Vergeltung* (1956) schafft es, die Angst und das Leiden des Luftkriegs in einer Intensität zu evozieren, die den Roman zu einem wichtigen Beitrag zur Literatur des Zweiten Weltkriegs werden ließ – für die deutsche Nachkriegsgesellschaft war er in seiner Mischung aus Angst-Intensität, grotesker Gewalt und Fragment-Ästhetik gleichwohl zu viel: Eben noch als wichtige junge Stimme

der deutschen Literatur gefeiert, wurde Ledig nun mit massiver Kritik überzogen und verschwand, nachdem sein dritter Roman *Faustrecht* (1957) beim Publikum durchgefallen war, von der Bildfläche (vgl. Koch 2005b). Wie sehr und wie lange das Thema ›Luftkrieg‹ als untergründiger Angstkern in der Mentalität der deutschen Gesellschaft wirksam war, kann man an der Vehemenz der in den 1990er Jahren von W.G. Sebald in einer Poetik-Vorlesung angestoßenen Diskussion darüber ablesen, ob sich in der deutschen Literatur gelungene Repräsentationen des von den Alliierten gegen die deutschen Städte geführten Bombenkriegs finden lassen (vgl. Sebald 1999). Als einer der jüngsten Beiträge zu dieser Debatte hat Marcel Beyers Roman *Kaltenburg* (2008) versucht, anthropologische Aspekte der Angst mit Formen ontogenetischer und geschichtlicher Angst-Anlässe in einer Reflexion über die biologisch determinierten ›Ur-Formen der Angst‹ (s. Kap. II.11) zu verknüpfen.

Eine zweite Fluchtlinie der Angst nach 1945 fokussiert nicht mehr den Zweiten Weltkrieg, sondern artikuliert vor dem Hintergrund von Hiroshima und Nagasaki, Koreakrieg und wachsenden Spannungen zwischen den USA und der Sowjetunion die Angst vor einem kommenden dritten Weltkrieg, der – so die Befürchtung – mit atomaren Waffen auf europäischem Gebiet geführt werden könnte und das Ende Deutschlands und seiner Nachbarn bedeuten würde. Die Angst vor einer atomaren Apokalypse bleibt, von der »apokalyptisch aufgeladenen Nullpunktsituation von 1945« ausgehend (Scherpe 1989, 289), eines der zentralen Themen der westdeutschen Literatur bis 1989, angefangen bei Arno Schmidts Roman-Trilogie *Nobodaddy's Kinder* (1951–1953) über Friedrich Dürrenmatts *Der Winterkrieg in Tibet* (1981) und Gudrun Pausewangs Untergangsvision *Die letzten Kinder von Schewenborn oder ... sieht so unsere Zukunft aus?* (1983) bis hin zu Günter Grass' Post-Apokalypse-Roman *Die Rättin* (1986). Diese Texte versuchen in unterschiedlichen ästhetischen Komplexitätsniveaus literarisch auf die von Günther Anders philosophisch reflektierte »Apokalypse-Blindheit« (Anders 1961, 235) zu antworten, indem sie im Sinne einer »Abschreckungskunst« (Horstmann 2012) der kaum anschaulichen Möglichkeit der atomaren Auslöschung konkrete Bildwelten postapokalyptischer Zukunftsentwürfe gegenüberstellen, die ihrerseits Anleihen bei der schwarzen Romantik machen (vgl. Jablowska 2003). Sie beschreiben einen katastrophischen Geschichtsverlauf, der gerade deshalb Angst macht, weil die Entscheidungsgewalt über die Zukunft immer weniger vom Individuum und immer mehr von militärisch-technologischen Rationalitäten abzuhängen scheint (s. Kap. II.9).

Nachdem erste ästhetische Bearbeitungen des nationalsozialistischen Terrors wie etwa Nelly Sachs' Gedichtband *In den Wohnungen des Todes* (1947) oder Paul Celans später berühmtes Gedicht »Todesfuge« (1948) zunächst kaum in der breiteren Öffentlichkeit wahrgenommen wurden, erscheint erst mit einiger Verzögerung ab den 1960er Jahren vor dem Hintergrund der sich pluralisierenden und politisierenden Nachkriegsgesellschaft eine größere Anzahl von Texten, die die Brutalität der NS-Herrschaft zunächst aus der Außenperspektive und später dann aus der Innenperspektive der in permanenter Todesangst lebenden Opfer des Holocaust darstellen. Maßgeblich angestoßen von Peter Weiss' Theaterstück *Die Ermittlung* (1965), entsteht sukzessive eine literarische Erinnerungskultur der Shoah, die sich der Totalisierung der Angst im NS-Terror stellt, dabei immer wieder im Spannungsfeld von Faktualität und Fiktionalität an Fragen der Repräsentierbarkeit des Grauens stößt und nach Textformen sucht, die in unterschiedlichen formalen Lösungen – in Form von autobiografischer Zeugenschaft, Romanen, Dramen und Gedichten – eine adäquate ästhetische Bearbeitung der traumatischen Gewalt anstreben (vgl. hierzu allgemein Bayer/Freiburg 2009).

Dass die Text-Gattung der Holocaust-Literatur eine historische Dimension der Ausgrenzungserfahrung aufweist, die hinter das Jahr 1933 zurück verweist, belegt Heinrich Heines Roman-Fragment *Der Rabbi von Bacherach*, der schon 1840 aus der Perspektive eines Rabbis und seiner Frau davon handelte, wie sehr die jüdische Lebenspraxis im Spätmittelalter aufgrund der immer wieder aufflackernden Pogromstimmung dauerhaft von »Todesängsten« und einem »grausenhafte[n] Angstgefühl« bestimmt war (Heine 1968, 621). Die während der Nazi-Diktatur und danach entstandenen Texte radikalisieren diese Angst zu einem omnipräsenten Lebensgefühl, das aus Sorge um das eigene Leben und das der Angehörigen ebenso gespeist wurde wie aus der Empfindung einer völligen kulturellen Entwurzelung, die bestehende Erfahrungsräume kollabieren ließ und Erwartungshorizonte auf die Antizipation permanenter Bedrohung verengte. In Victor Klemperers Tagebuch beispielsweise ist immer wieder von einer im Metaphernfeld des Abgrunds artikulierten Todesangst zu lesen und davon, angesichts der alltäglichen Ausgrenzung in den »Bruchstücke[n] des Wahnsinns« zu versinken (Klemperer 1999, 37). Jurek Beckers *Jakob der Lügner* (1969) beschreibt das von Angst und Not gezeichnete Leben im Ghetto, Jean Amérys Essays *Weiterleben – aber wie?* (1982) thematisieren das Fortdauern des traumatischen Erlebnisses der Folter über das Ende der nationalsozialistischen Schreckensherrschaft hinaus, Imre Kértesz skizziert in seinem *Roman eines Schicksallosen* (1975) einen Protagonisten, dessen völlige seelische Zerstörung gerade darin deutlich wird, dass er von seinen grauenhaften Erlebnissen in einem merkwürdig immunen, angstfreien Duktus erzählen kann (vgl. Koppenfels 2007, 334 f.).

1970er und 1980er Jahre: Ökologien und Geschlechtercodierungen der Angst

In der Mitte der 1970er Jahre entsteht in Europa ein neues Krisenbewusstsein, das weite Teile der westdeutschen Literatur erfasst. Dies hat mit den Nachwirkungen des gesellschaftlichen Umbruchs von 1968 und dem Terror der RAF zu tun (s. Kap. IV.A.8), vor allem aber resultiert die neue Unsicherheit aus einer veränderten zivilisationskritischen Wahrnehmung der ökologischen Bedingtheit des Menschen, die sich in immer breiteren gesellschaftlichen Kreisen durchzusetzen beginnt. Neben dem vom Club of Rome 1972 veröffentlichten Bericht über die »Grenzen des Wachstums« und der Weltwirtschaftskrise 1973 waren es die Unfälle in den großtechnischen Anlagen im US-amerikanischen Harrisburg (1979) und im indischen Bhopal (1984), die zu einer neuen Sensibilität für die Endlichkeit von Rohstoffen und die Gefährdung von Umwelt und Gesellschaft führten und nach 1980 die Apokalypse in kupierter – d. h. in einer von der christlichen Heilsgewissheit abgekoppelten – Variante zu einem zentralen Genre der Literatur werden ließen (vgl. Vondung 1988, 12). Dystopische Texte wie z. B. Max Frischs *Der Mensch erscheint im Holozän* (1979), Matthias Horx' *Es geht voran* (1982), Herbert W. Frankes *Endzeit* (1985) und Günter Grass' *Die Rättin* (1986) vermischen schon bekannte Angst-Szenarien des Atom-Kriegs mit der Warnung vor neuen ökologischen Risiken und setzen – paradigmatisch zu beobachten in Christa Wolfs Post-Tschernobyl-Erzählung *Störfall. Nachrichten eines Tages* (1987) – gegen die männlich kodierte Gewalt der instrumentellen Vernunft eine weiblich kodierte Angst angesichts der verheerenden Konsequenzen der totalen Naturbeherrschung. Insgesamt ist die von einem ökologischen Bewahrungssinn geprägte Literatur der 1980er Jahre gebannt von einem Geschichtsverständnis, das Angst rechtfertigende Diskontinuitäten erwartet und – verdichtet im Motiv der »letze[n] Menschen« (Schossböck 2012) – von der Gefahr eines kollektiven Endes aus denkt. Dass diese Warn-Literatur nicht nur Teil eines kritischen Gegendiskurses, sondern zugleich Teil eines Angst steigernden Spektakularismus war, hat schon früh Hans Magnus Enzensberger erkannt, der in seinem Text *Zwei Randbemerkungen zum Weltuntergang* (1978) die deutsche Apokalypse-Fixierung kritisiert und eine neue Form der Real-Poesie als Alternative zu der Konkurrenz der politischen Großprojekte und dem Alarmismus des öffentlichen Diskurses ins Spiel bringt:

Ich wünsche Dir, wie mir selber und uns allen, ein bisschen mehr Klarheit über die eigene Konfusion, ein bisschen weniger Angst vor der eigenen Angst, ein bisschen mehr Aufmerksamkeit, Respekt und Bescheidenheit vor dem Unbekannten. Dann werden wir weiter sehen (Enzensberger 1978, 8).

Eine zweite Strömung innerhalb der Literatur der Angst in den 1980er Jahren wird von der Forschung im Kontext des Geschlechterdiskurses verortet (vgl. Kanz 1999). Eng verknüpft mit den anderen brisanten Themen der Zeit – dem Grauen des NS-Terrors, der instrumentellen Vernunft, der Kriegsgefahr – stellt diese Literatur z. B. bei Autorinnen wie Christa Wolf (u. a. *Kassandra*, 1983), Elfriede Jelinek (u. a. *Die Klavierspielerin*, 1983; *Die Kinder der Toten*, 1997) oder Monika Maron (u. a. *Die Überläuferin*, 1986) und maßgeblich in Ingeborg Bachmanns unvollendetem *Todesarten-Projekt* (1966–1971) das Geschlechterverhältnis als ein repressives Machtverhältnis bloß, das einerseits auf einer Oberflächenebene in der Relationierung von Mut und Männlichkeit bzw. Angst und Weiblichkeit gesellschaftlich wirksame Rollenmuster prägt, andererseits aber tiefenstrukturell selbst als ein geschlechtsspezifisch kodiertes Angst-Geschehen durchschaubar gemacht werden kann (s. Kap. II.10). Die großen sozio-politischen Angst-Anlässe des 20. Jahrhunderts ebenso wie die ›kleinen‹ Körperängste erscheinen in der feministischen Literatur als Ergebnisse des Gewalthandelns männlicher Akteure – eine Perspektive, die theoretisch von den zentralen zivilisationskritischen Schriften Freuds und Adornos inspiriert ist, darüber hinaus aber auch – besonders im Falle Bachmanns – von der Existenzphilosophie deutscher und französischer Spielart Impulse erhielt.

Ein weiteres literarisches Angst-Feld der späten 1980er Jahre, das allerdings thematische Verlänge-

rungen bis in die aktuelle Gegenwartsliteratur erfahren hat, besteht in dem Versuch, die politischen Unterdrückungssysteme Mittel- und Osteuropas nach 1945 als Ökologien der Angst zu beschreiben, wobei durchaus personelle und ästhetische Anschlüsse an die zuvor beleuchtete, feministische Literatur zu konstatieren sind. So ergründet Christa Wolfs Erzählung *Was bleibt* (1989), die 1990 zum Gegenstand eines großen geschichts- und kulturpolitischen Streits über die politische Situierung der Autorin wurde, wie der staatliche Kontrollapparat im Medium der Angst die Subjektivität deformiert. Die Ich-Erzählerin, eine Autorin, die gewisse Parallelen zu Wolf selbst aufweist, fühlt sich immer wieder von Spitzeln der Staatssicherheit beobachtet. Wichtig für ein analytisches Psychogramm der repressiven Staatsmacht ist die Erzählung, weil sie zeigt, wie der Angst stiftende Blick der Überwacher in der Imagination sukzessive ein Eigenleben entwickelt, das gesamte Lebensumfeld der Ich-Erzählerin in eine Umwelt der Paranoia und der Angst verwandelt und so zu einer panoptischen Machttechnik im Sinne Michel Foucaults wird: Eben weil sich der gefühlte Beobachter-Blick vom Blickträger, d. h. vom konkreten Furchtobjekt, aber auch vom Adressaten möglichen Widerstandshandelns löst, reglementiert er umso wirksamer Verhalten und Denken. Angst ist – diese Lehre ist seit dem *War on Terror* wieder mit Händen zu greifen – politisch besonders wirksam, wenn sie in Form einer Ansteckung der Imagination diffus bleibt.

Thematisch verwandt erscheint das Schreiben Herta Müllers, deren Texte unter der Diktatur Nicolae Ceaușescus entstanden sind und demonstrieren, wie eine poetische Sprache des Widerstands unter den Bedingungen der Diktatur aussehen kann. Auch bei Müller, allen voran in ihrem Roman *Herztier* (1994), u. a. aber auch in ihrem Band *Der König verneigt sich und tötet* (2003), wird deutlich, dass die Entgrenzung des politischen Verdachts und der Kontrolle zu einer Totalisierung der Angst als dominierendem Lebensgefühl der politisch Verfolgten führt, das den Körper ebenso tangiert, wie Denken und Sprache:

Alle wollten fliehen […]. Nur der Diktator und seine Wächter wollten nicht fliehen. Man sah es ihren Augen, Händen, Lippen an: Sie werden heute noch und morgen wieder Friedhöfe machen mit Hunden und Kugeln. […] Man spürt den Diktator und seine Wächter über allen Geheimnissen der Fluchtpläne stehen, man spürt sie lauern und Angst austeilen (Müller 2009, 55 f.).

Die von der Securitate gesäte Angst ist vor allem deshalb so nachhaltig, weil ihre Entscheidungsprozesse – wer wird wann warum zum Verhör abgeholt? – nicht durchschaubar sind. Diese, ein Gefühl völliger Entsicherung erzeugende Intransparenz der Macht, die Herta Müller in *Herztier* und in ihren anderen Texten immer wieder herausstellt, markiert einen wesentlichen Zug des Politischen im 20. und 21. Jahrhundert, der so unterschiedliche Autoren wie Franz Kafka (*Der Prozess*, 1925), Thomas Pynchon (*Gravity's Rainbow*,1973) oder Wolfgang Hilbig (*Ich*, 1993) immer wieder umgetrieben hat.

Nach 9/11: Alarmbereitschaft, Katastrophenerwartung und Prävention

Das Angst-Spektrum der deutschsprachigen Literatur nach der Jahrtausendwende stellt sich vielgestaltig dar, wobei zu konstatieren ist, dass die Terroranschläge vom 11. September 2001 eine deutliche Resonanz erzeugt haben. So findet sich eine ganze Reihe von Texten – etwa Kathrin Rögglas *really ground zero. 11. september und folgendes* (2001), Katharina Hackers *Die Habenichtse* (2006), Thomas Hettches *Woraus wir gemacht sind* (2006) oder Thomas Lehrs *September. Fata Morgana* (2010), um nur die bekanntesten zu nennen – die sich direkt oder vermittelt mit der schockierenden Gewalt der Anschläge, dem Problem der Augenzeugenschaft und dem nachfolgenden *War on Terror* auseinandersetzen (vgl. Reinhäckel 2012). Für die Frage nach den mit 9/11 verbundenen Codierungen der Angst sind insbesondere zwei weitere Texte von Interesse, die weniger Aspekte nach der traumatischen Qualität der Anschläge und Probleme einer gelungenen ästhetischen Repräsentation berühren, sondern die spezifische Entgrenzung des Verdachts fokussieren, die durch die Angst-Figur des Schläfers in die US-amerikanische und auch in die deutschsprachige politische Kultur eingespeist wurde. Friedrich von Borries' *1WTC* (2011) und Marlene Streeruwitz' *Die Schmerzmacherin* (2011) beleuchten aus unterschiedlichen Blickwinkeln eine neue Form sicherheitspolitischer Paranoia sowie den Versuch der Rebellion gegen diese, die aus dem Umstand resultiert, dass der Schläfer jederzeit und überall zuschlagen kann. Der Schläfer erzeugt, indem er gängige Formen der Ortung und Ordnung des Feindes unterläuft, eine Art politischer Unheimlichkeit, verstanden als eine Wiederkehr der zuvor an die Peripherie des Westens verdrängten Gewalt in den Zentren der europäischen und US-amerikanischen Großstädte. Dieser Einbruch des Kriegs in die Sphäre bürgerli-

cher Sicherheit führt zum forcierten Einsatz von polizeilichen und geheimdienstlichen Praktiken der Feindaufklärung und der Kontrolle. Die seit 9/11 zu beobachtende sicherheitspolitische Paranoia ist insbesondere im Kino (vgl. Koch 2010), aber auch in der Literatur zum Thema geworden. *1WTC* erzählt auf unterschiedlichen Handlungsebenen davon und zeigt, wie sehr im Falle des Terrorismus Faktizität der Bedrohung, Imagination der Gefahr und die fixe Idee allumfassender Prävention ein Klima der Angst erzeugen, das in der Totalisierung der Überwachung die Unterscheidung von Realität und Virtualität nahezu unmöglich macht. In gewisser Weise an Rainald Goetz' frühen Text *Das Polizeirevier* (1983) anknüpfend, geht es von Borries darum, die Zirkularität von Beobachtung, Gegenbeobachtung und Beobachtung der Gegenbeobachtung als eine Spirale der Angst verstehbar zu machen, die nahezu zwangsläufig in immer weitere Eruptionen der Gewalt münden wird.

Die neue Art der Kriegsführung seit 9/11, die Auflösung klarer bilateraler Konfliktkonstellationen und das Entstehen neuartiger Nicht-Kriege, in denen zunehmend die Freiheits- und Bürgerrechte zu den Opfern der Gewalt zählen, sind der Gegenstand in Marlene Streeruwitz' Buch *Die Schmerzmacherin*. Anhand der Protagonistin, einer 24-jährigen Frau aus gutem Hause, die eine Ausbildung bei einer u. a. in Schutzaufgaben in Afghanistan engagierten Sicherheitsfirma macht, zeigt der Roman auf, welche gouvernementalen Effekte die *Low Intensity Conflicts* der Gegenwart bei den betroffenen Akteuren erzeugen und fragt nach den Konsequenzen des permanenten Ausnahmezustands für die Freiheitsrechte und -erwartungen der westlichen Demokratien. Auch bei Streeruwitz sind die Grenzen zwischen Simulation und Ernstfall fließend, wird zunehmend unklar, welche Verdachtsmomente gerechtfertigt sind und wo die Paranoia beginnt. Im Gegensatz zu *1WTC*, wo die Sprache in einem realistischen Referenzrahmen verbleibt, schlägt bei Streeruwitz der Verdacht auf die Formseite des Romans durch, so dass sich eine postsouveräne Erzählstruktur ergibt, in der auf beängstigende Weise unklar wird, was Spur und was Hirngespinst ist, wo ein gerechtfertigtes Sicherheitsbedürfnis sich in Paranoia verkehrt (vgl. Werber 2012).

Die imaginäre Seite der Angst ist auch das zentrale Thema in Kathrin Rögglas Text-Sammlung *die alarmbereiten* (2010), die in komplementären Erzählsituationen den Katastrophismus der Gegenwart und das um sich greifende »präventivdenken« (Röggla 2006, 25) entlarvt und nach formalen Lösungen sucht, um der dramatischen Hysterie der massenmedialen *Breaking News* aus dem Weg zu gehen (s. Kap. III.A.10). Rögglas Texte, die allesamt im Konjunktiv geschrieben sind und damit die wirklichkeits- und wahrnehmungsprägende Funktion der Sprache betonen, beleuchten unterschiedliche Angst- und Bedrohungsszenarien und veranschaulichen dabei, wie sehr die Medien und zuvorderst Hollywood die Art und die Anlässe der Angst des Westens beeinflussen. Angst – dies war die zentrale These von Ernst Bloch (vgl. Bloch 1954, 350 f.) – ist ein Erwartungsaffekt, sie ist auf das Kommende gerichtet und kann daher politisch und ökonomisch nutzbar gemacht werden, um Maßnahmen zu rechtfertigen, die verhindern sollen, dass aus bedrohlicher Zukunft zukünftige Bedrohlichkeit wird. Die Szenarien, innerhalb derer mögliche Gefahren imaginiert werden, stammen aus den Erzählungen des Kinos und der Literatur, die als emotionale und kulturelle Angst-Skripte wirken. Wer wissen und verstehen will, so die Quintessenz von Rögglas Analyse, wie der Alarmismus der Gegenwart in seiner Mischung aus Angst und Angstlust funktioniert, muss auf die Rhetoriken der Plötzlichkeit in den Medien und die *Worst-Case*-Szenarien des Hollywoodfilms achten. Zugleich macht *die alarmbereiten* klar, dass die die Gegenwart bestimmenden Dramaturgien der Angst in paradoxer Gegenläufigkeit zur eigenen Umbruchssemantik eine konservative Funktion übernehmen: Eben weil nach der überstandenen Katastrophe immer schon die nächste Katastrophe lauert, entsteht ein postutopischer Fortgang weitestgehender Entpolitisierung, die hinter der sich vermeintlich permanent ereignenden Denormalisierung der Verhältnisse den Gleichlauf ökonomischer Gewinnmaximierung verbirgt (s. auch Kap. IV.B.1).

Dass die Zeit nach der Jahrtausendwende vor dem Hintergrund von Finanzkrise, Vervielfältigung vermeintlicher Bedrohungen und der Erosion tradierter bürgerlicher Rollenmodelle eine Phase gesteigerter Unsicherheit ist, kann prägnant anhand zweier Romane von Dirk Kurbjuweit und Peter Henning besichtigt werden. In beiden Texten wird ein bürgerliches Figurenensemble vorgeführt, das die Fähigkeit verloren hat, der Welt aus eigener Kraft Sicherheit, Sinn und Struktur zu verleihen. Im Gegenteil erzählen Kurbjuweits *Angst* (2012) und Hennings *Die Ängstlichen* (2009) davon, wie die jeweiligen Protagonisten angesichts der Komplexität der Gegenwartsgesellschaft zunehmend an Handlungsmacht einbüßen und die Unfähigkeit zur Aktion

sich in Angst übersetzt. In Kurbjuweits Roman, in dessen Zentrum ein gutsituierter Berliner Architekt mit seiner Familie steht, ist es ein die Souterrain-Wohnung bewohnender Hartz-IV-Empfänger, der die wohlgeordnete Welt durch Kindesmissbrauchsvorwürfe und perverse Liebesgedichte aus den Fugen bringt. Auch *Angst* spielt mit der Figur des Unheimlichen, hier inszeniert als Wiederkehr verdrängter sozialer Abstiegsängste, kombiniert mit einer Erkundung jener Wege, die eine Gesellschaft, die Sicherheit weitestgehend bürokratisiert hat, für den Umgang mit Bedrohung und Angst bereit hält. So stellt die Bedrohung aus dem Keller für den Protagonisten auch eine Irritation des eigenen Männlichkeitsbilds dar, da die Polizei aufgrund einer unklaren Sachlage nicht tätig werden kann und die Frage aufkommt, welche Handlungsspielräume und möglicherweise sogar Gewaltverpflichtungen der um den Schutz seiner Familie bemühte Vater haben kann. Dass der Protagonist des Romans im Berlin des Kalten Krieges groß geworden ist und in reflexiven Einschüben immer wieder über die eigene, medial und durch den Vater vermittelte Angst vor einem Atom-Krieg nachdenkt, speist *Angst* zudem in einen kulturkritischen Diskurs ein, in dem patriarchale und kulturelle Autoritäten als Garanten eines stabilen Hintergrundvertrauens zunehmend in einer postmodernen Leere verschwunden sind, die nicht nur als Befreiung, sondern auch als existenzielle Verunsicherung erfahren wird (vgl. Legendre 2011).

Hennings Familienroman *Die Ängstlichen* kommt ganz ohne größere Gefahrenszenarien aus und präsentiert seine Figuren stattdessen in ihrer verunsicherten Kleinheit als deformierte Produkte des Spätkapitalismus, die von ihrer jeweils individuellen Bedingtheit – Panikattacken, Eifersucht, Hypochondrie, Todesangst – durch das äußerlich geregelte Leben getrieben werden. Hennings Figuren sind ausnahmslos leer, Menschen ohne Eigenschaften, Opfer einer kalten Angst, die in ihrer Passivität nur von äußeren, kapitalistisch induzierten Identitätsattrappen aufrecht gehalten werden. Der Roman skizziert Angst als ein allgemeines Psychomilieu der Gegenwart, das bestimmte Subjekt-Typen produziert und politische Einschätzungen einer kapitalistischen Alternativlosigkeit naturalisiert. Gerade weil die Angst nicht zu hoher Dichte von kurzer Dauer gesteigert wird, sondern in niedriger Intensität kontinuierlich präsent ist, kann sie – wie Brian Massumi es nennt (vgl. Massumi 1993) – zur objektiven Bedingung einer Subjektivität werden, die sich mehr und mehr aus dem öffentlichen Diskurs zurückzieht und in den materiellen wie symbolischen *Gated Communities* des Neoliberalismus ihr Dasein fristet.

Eine ganz andere Topografie der Angst wird in Juli Zehs *Corpus Delicti* (2009) ausgebreitet. Der dystopische Roman, der in der Tradition Aldous Huxleys *Brave New World* (1931) und George Orwells *Nineteen Eighty-Four* (1949) einen Überwachungsstaat der Zukunft imaginiert, macht den Körper zum Ort eines Heils- und Angst-Geschehens, in dem verschiedene politische und kulturelle Krisennarrative zusammenlaufen. So greift der Roman den sich in den letzten Jahren intensivierenden Gesundheits- und Verantwortungsdiskurs auf und überblendet, geschult an den Analysen Foucaults und Agambens, verschiedene Fragestellungen über Präimplantationsdiagnostik und Sterbehilfe, Risiko-Gene und sozial determinierte Mortalitätsraten, die sich alle darin treffen, dass sie den individuellen biologischen Körper mit dem sozialen Körper der Gemeinschaft normativ koppeln – ein Programm, das in US-amerikanischen Debatten unter den Schlagworten ›Biological Citizienship‹ und ›Genetical Risk Management‹ längst heimisch geworden ist (vgl. Skrabanek 1994). Indem *Corpus Delicti* das auch von Röggla fokussierte Präventionsprinzip als biopolitisches Programm der Sorge um den eigenen Körper weiter denkt, wird einsichtig, wie sehr sich der Körper nicht zuletzt infolge der Entdeckung von Aids in den 1980er Jahren und des Human-Genom-Projekts der 1990er Jahre zu einem Angst-Ort eigener Logik gewandelt hat. Der tradierte Begriff von Gesundheit als Abwesenheit von Krankheit gilt nicht mehr, im Gegenteil, aufgrund des Wissens um die Wichtigkeit genetischer Dispositionen ist jeder gesunde Körper eigentlich immer schon latent krank. Zugleich verändert sich das Verantwortungsprinzip der Krankheit, die nicht mehr als unbeeinflussbarer Schicksalsschlag wahrgenommen wird, sondern aus einem unverantwortlichen Umgang mit den eigenen Risiken resultiert. Zehs Roman treibt diese Verantwortungslogik, die schon in den jetzt geführten Debatten um die Zukunft der Sozialsysteme subkutan implementiert ist, auf die Spitze, indem er eine Gesundheitsdiktatur vorstellt, in der Krankheit zum ultimativen Verbrechen wird. Damit steht letztendlich nichts weniger als das Selbstverständnis des Gattungswesens Mensch auf dem Spiel. Angesichts der Manipulationsmöglichkeiten der Biotechnologie, ihrer Fähigkeit, Anfang und Ende des Menschen technisch grundlegend neu zu konfigurieren, entsteht eine Angst um das nackte Leben, das immer mehr unter die Verfügungsgewalt eines humankapitalistischen Ressourcenmanagements zu kommen scheint (vgl. Lemke 2007).

Fazit: Für eine kulturanalytische Literaturgeschichte der Angst

Die hier durchgeführte *Tour d'Horizon* hatte das Ziel, zentrale, historisch variierende Kodierungen von Angst in der deutschsprachigen Literatur zu rekonstruieren. Der gewählte, kulturanalytische Zugriff hatte zur Folge, dass affektpoetische Aspekte eher in den Hintergrund getreten sind (vgl. hierzu etwa Meyer-Sickendiek 2005) und statt dessen kulturtheoretische und mentalitätsgeschichtliche Aspekte eher in den Vordergrund gerückt wurden. Will man ein umfassendes Bild literarischer Angst zeichnen, wird man beide Elemente – das Text-Kontext-Verhältnis und die Formseite – zu berücksichtigen haben. Dies gilt insbesondere bei Autoren wie Franz Kafka, wo die formal-ästhetische Gestaltung der Angst selbst wiederum Teil der Gesellschaftsbeschreibung ist.

Die Funktion der Literatur für die kulturellen Prozessierung von Angst sollte indes deutlich geworden sein: Als Beobachtung zweiter oder dritter Ordnung ist insbesondere sie dazu in der Lage, Angst als Zeitphänomen in symbolisch verdichteter Weise zur Sprache zu bringen und sie in Form von Umschriften, Übersetzungen und Narrativisierungen in handhabbarere Szenarien und verhaltensstabilisierende Skripte zu transformieren, die als Medien der Objektivierung wiederum wesentlich zur gesellschaftlichen Selbstauslegung beitragen. Eine solche Lektüreweise bedeutet nicht, den ästhetischen Eigencharakter und das spezifische ästhetische Kalkül der Literatur zu verleugnen, wohl aber, die derzeit den Forschungsmainstream dominierende Konzentration auf ›Emotionen als Textphänomene‹ in einen breiteren Fragezusammenhang zu stellen.

Literatur

Alewyn, Richard: Die Literarische Angst. In: Hoimar von Ditfurth (Hg.): *Aspekte der Angst. Starnberger Gespräche 1964*. Stuttgart 1965, 24–43.

Alt, Peter-André: *Kafka. Der ewige Sohn*. München ²2008.

Alt, Peter-André: *Ästhetik des Bösen*. München 2010.

Anders, Günther: *Die Antiquiertheit des Menschen. Über die Seele im Zeitalter der zweiten industriellen Revolution* [1956]. Ungekürzte Sonderausgabe. München 1961.

Anz, Thomas: *Literatur des Expressionismus*. Stuttgart/Weimar 2010.

Arnold-de Simine, Silke: *Leichen im Keller. Zu Fragen des Gender in Angstinszenierungen der Schauer- und Kriminalliteratur (1790–1830)*. St. Ingbert 2000.

Balke, Friedrich: Störungen im Bau. In: Albert Kümmel/ Erhard Schüttpelz (Hg.): *Signale der Störung*. München 2003, 335–356.

Bayer, Gerd/Freiburg, Rudolf (Hg.): *Literatur und Holocaust*. Würzburg 2009.

Begemann, Christian: *Furcht und Angst im Prozeß der Aufklärung. Zur Literatur und Bewußtseinsgeschichte des 18. Jahrhunderts*. Frankfurt a. M. 1987.

Benjamin, Walter: Franz Kafka. Zur zehnten Wiederkehr seines Todestages [1934]. In: Ders.: *Gesammelte Schriften*. Bd. II.2: Aufsätze, Essays, Vorträge. Hg. von Rolf Tiedemann und Hermann Schweppenhäuser. Frankfurt a. M. 1980, 409–438.

Bernhard, Thomas: *Das Kalkwerk*. Frankfurt a. M. 1970.

Blass, Ernst: Der Geist der Utopie (Rezension). In: *Das Junge Deutschland* 2 (1919), 63–67.

Bloch, Ernst: *Das Prinzip Hoffnung*. Bd. 1. Frankfurt a. M. 1954.

Blumenberg, Hans: *Arbeit am Mythos*. Frankfurt a. M. 1979.

Böhme, Gernot/Böhme, Hartmut: *Das Andere der Vernunft. Zur Entwicklung von Rationalitätsstrukturen am Beispiel Kants*. Frankfurt a. M. 1983.

Bohrer, Karl Heinz: *Die Ästhetik des Schreckens. Die pessimistische Romantik und Ernst Jüngers Frühwerk*. München/Wien 1983.

Bohrer, Karl Heinz: *Imaginationen des Bösen. Für eine ästhetische Kategorie*. Wien 2004.

Borchert, Wolfgang: Das ist unser Manifest [1949]. In: Ders.: *Das Gesamtwerk*. Reinbek bei Hamburg 1984, 308–315.

Borgards, Roland: ›Das Licht ward entfernt‹. Zur Literatur der schwarzen Romantik, in: Felix Krämer (Hg.): *Schwarze Romantik. Von Goya bis Max Ernst*. Frankfurt a. M. 2012, 270–277.

Braungart, Wolfgang: *Literatur und Ritual*. Tübingen 1996.

Büchner, Georg: Dantons Tod [1835]. In: Ders.: *Werke und Briefe*. Münchener Ausgabe. Hg. von Karl Pörlacher u. a. München ¹³2009a, 67–133.

Büchner, Georg: Lenz [1835]. In: Ders.: *Werke und Briefe*. Münchener Ausgabe. Hg. von Karl Pörlacher u. a. München ¹³2009b, 135–158.

Clancy, Tom: *Rainbow Six*. New York 1999.

Conrad, Horst: *Die literarische Angst in Schauerroman und Detektivgeschichte*. Düsseldorf 1974.

Elias, Norbert: *Über den Prozeß der Zivilisation. Soziogenetische und psychogenetische Untersuchungen* [1939]. 2 Bde. Frankfurt a. M. ¹¹1988.

Enzensberger, Hans Magnus: Zwei Randbemerkungen zum Weltuntergang. In: *Kursbuch* 52 (1978), 1–8.

Foucault, Michel: Vorrede zur Überschreitung. In: Ders.: *Dits et Écrits. Schriften in vier Bänden*. Hg. von Daniel Defert und François Ewald. Bd. 1. Frankfurt a. M. 2001 (franz. 1963), 320–342.

Giddens, Anthony: *Konsequenzen der Moderne*. Frankfurt a. M. 1996 (engl. 1990).

Heine, Heinrich: Der Rabbi von Bacherach [1840]. In: Ders.: *Werke*. Bd. 2: Reisebilder. Erzählende Prosa. Aufsätze. Hg. von Wolfgang Preisendanz. Frankfurt a. M. 1968, 613–651.

Hillebrandt, Claudia/Poppe, Sandra: Angst-Lektüre. Emotionsdarstellung und -evokation in Thomas Glavinics ›Die Arbeit der Nacht‹. In: *Zeitschrift für deutsche Philologie*. Sonderheft 13 (2012), 225–246.

Hoffmann, E.T.A.: *Die Elixiere des Teufels*. Hg. von Hartmut Steinecke. Frankfurt a. M. 1988.

Horstmann, Ulrich: *Abschreckungskunst. Zur Ehrenrettung der apokalyptischen Phantasie*. München 2012.

Jablowska, Joanna: Die Tradition von Schauerliteratur in den apokalyptischen Visionen der Nachkriegsliteratur. In: Hans Esselborn (Hg.): *Utopie, Antiutopie und Science Fiction im deutschsprachigen Roman des 20. Jahrhunderts*. Würzburg 2003, 103–117.

Jansen, Markus: *Das Wissen vom Menschen: Franz Kafka und die Biopolitik*. Würzburg 2012.

Kanz, Christine: *Angst und Geschlechterdifferenz. Ingeborg Bachmanns ›Todesarten-Projekt‹ in Kontexten der Gegenwartsliteratur*. Stuttgart 1999.

Kayser, Wolfgang: *Das Groteske in Malerei und Dichtung*. Reinbek bei Hamburg 1960.

Kittler, Wolf: Grabenkrieg – Nervenkrieg – Medienkrieg: Franz Kafka und der 1. Weltkrieg. In: Jochen Hörisch (Hg.): *Armaturen der Sinne: literarische und technische Medien 1870 bis 1920*. München 1990, 289–309.

Klemperer, Viktor: Ich will Zeugnis ablegen bis zum letzten. *Tagebücher 1933 bis 1945*. Bd. 1: 1933–1941. Hg. von Walter Nowojski. Berlin 1999.

Koch, Lars: *Der Erste Weltkrieg als Medium der Gegenmoderne. Zu den Werken von Walter Flex und Ernst Jünger*. Würzburg 2005a.

Koch, Lars: Fragmentiertes Dasein im Bombenkrieg – Zu Gert Ledigs Luftkriegsroman ›Vergeltung‹. In: Wara Wende (Hg.): *Krieg und Gedächtnis – Ein Ausnahmezustand im Spannungsfeld politischer, literarischer und filmischer Sinnkonstruktion*. Würzburg 2005b, 190–204.

Koch, Lars: Das Schläfer-Phantasma. Mediale Signaturen eines paranoiden Denkstils vor und nach 9/11. In: Sascha Seiler/Thorsten Schüller (Hg.): *Von Zäsuren und Ereignissen*. Bielefeld 2010, 69–88.

Koppenfels, Martin von: *Immune Erzähler. Flaubert und die Affektpoetik des modernen Romans*. München 2007.

Legendre, Pierre: *Das Verbrechen des Gefreiten Lortie: Versuch über den Vater*. Wien 2011 (franz. 1994).

Lemke, Thomas: *Biopolitik zur Einführung*. Hamburg 2007.

Lethen, Helmut: *Verhaltenslehren der Kälte. Lebensversuche zwischen den Kriegen*. Frankfurt a. M. 1994.

Luhmann, Niklas: *Die Kunst der Gesellschaft*. Frankfurt a. M. 1995.

Massumi, Brian: Everywhere you want to be. Introduction to fear. In: Ders.: *The Politics of Everyday Fear*. Minneapolis/London 1993, 3–37.

Meyer-Sickendiek, Burkhard: *Affektpoetik. Eine Kulturgeschichte literarischer Emotionen*. Würzburg 2005.

Müller, Herta: *Herztier*. Frankfurt a. M. ³2009.

Reinhäckel, Heide: *Traumatische Texturen. Der 11. September in der deutschen Gegenwartsliteratur*. Bielefeld 2012.

Röggla, Kathrin: *disaster awareness fair. zum katastrophischen in stadt, land und film*. Wien/Granz 20006.

Sarasin, Philipp: Rassismus und Souveränität: Tom Clancy und das ›nackte Leben‹. In: IGMADE (Hg.): *5 Codes: Architektur, Paranoia und Risiko in Zeiten des Terrors*. Basel 2006, 276–283.

Scherpe, Klaus R.: Dramatisierung und Entdramatisierung des Untergangs – zum ästhetischen Bewusstsein von Moderne und Postmoderne. In: Ders./Andreas Huyssen (Hg.): *Postmoderne Zeichen eines kulturellen Wandels.* Reinbek bei Hamburg 1989, 270–301.

Schlegel, August Wilhelm: Allgemeine Übersicht des gegenwärtigen Zustands der deutschen Literatur. In: Ders.: *Kritische Ausgabe der Vorlesungen.* Hg. von Ernst Behler. Bd. 1: Vorlesungen über Ästhetik [1798–1803]. Zweiter Teil: Vorlesungen über schöne Literatur [1802–1803]. Paderborn/München/Wien/Zürich 1989, 528.

Schönert, Jörg: *Perspektiven zur Sozialgeschichte der Literatur. Beiträge zu Theorie und Praxis.* Tübingen 2007.

Schossböck, Judith: *Letzte Menschen. Postapokalyptische Narrative und Identitäten in der Neuren Literatur nach 1945.* Bochum/Freiburg 2012.

Sebald, W.G.: *Luftkrieg und Literatur: Mit einem Essay zu Alfred Andersch.* Reinbek bei Hamburg 1999.

Simmel, Georg: Der Begriff und die Tragödie der Kultur [1911]. In: Ralf Konersmann (Hg.): *Kulturphilosophie.* Leipzig 1996, 25–57.

Skrabanek, Petr: *The Death of Humane Medicine and the Rise of Coercive.* Bury St Edmunds 1994.

Theweleit, Klaus: *Männerphantasien.* 2 Bde. Stroemfeld 1978.

Vieregge, André: *Nachtseiten. Die Literatur der Schwarzen Romantik.* Frankfurt a. M. u. a. 2008.

Vietta, Silvio: *Die literarische Moderne. Eine problemgeschichtliche Darstellung der deutschsprachigen Literatur von Hölderlin bis Thomas Mann.* Stuttgart 1992.

Vogl, Joseph: *Ort der Gewalt: Kafkas literarische Ethik.* Zürich/Berlin ²2010.

Vondung, Klaus: *Die Apokalypse in Deutschland.* München 1988.

Werber, Niels: Erzählen in Krieg und Nicht-Krieg, in: LILI. Zeitschrift für Literaturwissenschaft und Linguistik 165 (2012), 87–105.

Zelle, Carsten: *Angenehmes Grauen. Literarhistorische Beiträge zur Ästhetik des Schrecklichen im achtzehnten Jahrhundert.* Hamburg 1987.

Lars Koch

2. Angst im Film

Zum Einstieg: Figuren der Spiegelung

Auf dem Filmplakat mit dem die Warner Brothers 1963 für Robert Aldrichs Melodrama *Whatever Happened to Baby Jane* Werbung machten, finden sich unterhalb des Doppelporträts der beiden Hollywood Stars fünf Punkte aufgelistet, die man über diesen Film wissen sollte bevor man sich eine Eintrittskarte kauft:

1. If you're long-standing fans of Miss Davis and Miss Crawford, we warn you this is quite unlike anything they've ever done. 2. You are urged to see it from the beginning. 3. Be prepared for the macabre and the terrifying. 4. We ask your pledge to keep the shocking climax a secret. 5. When the tension begins to build, remember it's just a movie.

Vor allem der letzte Punkt ist Warnung und zugleich ein Versprechen, das lustvoll mit Angsterwartungen spielt. Angekündigt wird ein Filmbesuch, bei dem der Zuschauer, vor Entsetzen gebannt, die Grenze zwischen sich und den makabren Ereignissen, die sich auf der Leinwand abspielen, kaum noch wahrnehmen kann. Nachträglich kann man jedoch ebenfalls festhalten: Die medial erzeugte Identifikation mit der Angst der beiden Heldinnen ist so gelungen, dass sie auch dann noch funktioniert, wenn man die schockierende Auflösung ihrer fatalen Zweisamkeit kennt. Das Abschlussbild prägt sich als traumatische Spur im Gedächtnis ein, eröffnet eine Beunruhigung anderer Art (s. Kap. III. A.2).

Die Filmgeschichte selber zehrt vom schrecklichen Geheimnis zwischen Baby Jane Hudson (Bette Davis), einem vergessenen Kinderstar des Vaudeville, und Blanche Hudson (Joan Crawford), deren Erfolg als Hollywood-Star der 1930er Jahre den ihrer Schwester weit übertroffen hat. Seit einem mysteriösen Autounfall, von dem Gerüchte behaupten, Jane hätte aus Eifersucht ihre Schwester überfahren wollen, bewohnen sie gemeinsam jenes Haus in Los Angeles, das ihr Vater einst gekauft hatte. Dort kümmert Jane sich seit über 25 Jahren um die im Rollstuhl sitzende Blanche. Jane, die an den traumatischen Unfall der Schwester keine Erinnerung hat, sich aber von einer unbestimmten Schuld geplagt fühlt, entwickelt eine fatale Schutzphantasie. So glaubt sie an ein Comeback auf der Bühne, stellt gar einen Pianisten ein, um ihre alten Lieder neu einzustudieren. Dessen schlüpfrig zynischer Blick bietet einen Kommentar zur wachsenden geistigen Verwirrung der alternden Jane, die, zunehmend zum selbstbezogenem Kind regredierend, die Hilflosigkeit ihrer Schwester ausnutzt, um diese zu quälen. Zuerst entfernt Jane das Telefon aus dem Zimmer ihrer Schwester, dann verweigert sie ihr die Nahrung. Nachdem es Blanche gelingt, sich am Treppengeländer entlang zu einem im Erdgeschoss befindlichen, zweiten Telefon zu schleifen, wird sie von Jane zusammengeschlagen, erneut in ihr Zimmer gebracht und dort ans Bett gefesselt. Nachdem Jane die Haushälterin, die in die Folterkammer vorgedrungen war, mit einem Hammer erschlagen hat und der Pianist, der ebenfalls die Tortur im Hause mitbekommen hatte, aus Entsetzen geflohen ist, bleibt Jane nur die Flucht vor der Polizei. Gänzlich in den Zustand ihres kindlichen Ich eingetaucht, fährt sie mit der sterbenden Blanche zum Strand, wo sie diese im Sand zurücklässt, um ihnen beiden ein Eis zu kaufen.

Um die Stimmung einer allumfassenden Angst aufzubauen, beginnt *Whatever Happened to Baby Jane* mit zwei Szenen, die im Sinne einer *back story* zuerst den Erfolg von Baby Jane im Jahr 1917 und dann den ihrer Schwester Blanche im Jahre 1935 ins Bild rücken. Die eigentliche Titelsequenz kommt erst nach einer Wiedergabe des Autounfalls, bei der wir jedoch nicht genau zu sehen bekommen, wer am Steuer des Autos war. Die Spannung des Films kreist um diese narrative Leerstelle. Die Dramaturgie benötigt jedoch nicht nur diese ominöse Andeutung, sondern auch den Kontrast zur angstfreien Welt des gewöhnlichen Alltags. Deshalb setzt die eigentliche Filmgeschichte mit einer durch fröhliche Filmmusik untermalten Einstellung ein, in der das Haus der beiden Schwestern noch vom Sonnenlicht überflutet ist. Für die Erzeugung von Spannung ist dieser Gegensatz nötig, rückt er doch die wirkungsträchtige Diskrepanz zwischen unserer Erwartung und den Emotionen der Filmfiguren in den Vordergrund. Durch das Filmplakat sind wir darauf vorbereitet, dass etwas Entsetzliches passieren wird. Wir haben einen Wissensvorsprung und können genießen, wie Blanche nur sehr langsam begreift, dass ihre Schwester sie auszulöschen versucht. Mit dem Einsatz einer zunehmend düsteren Filmmusik, der geisterhaften Einspielung der singenden Stimme des Kinderstars Baby Jane, sowie einer grundsätzlichen Verdunkelung der Innenräume und der Zunahme von Schatten, die das Bild durchschneiden, wird dann konsequent die Stimmung einer konkreten Bedrohung aufgebaut. Aldrich arbeitet vor allem auch mit Nahaufnahmen des vor Angst verzerrten Gesichts von Joan Crawford um visuell jenen Prozess zu unter-

streichen, der ihr die Erkenntnis aufzwingt, dass sie der Gunst einer Schwester ausgesetzt ist, die immer mehr dem Wahnsinn verfällt.

Entscheidend für die sich steigernde Wirkung dieser medial erzeugten Angst ist, dass die Distanz zwischen unserer Erwartung und dem Wissen der bedrohten Heldin zunehmend schwindet. Nachdem Blanche in ihrer Schwester eine Lebensbedrohung erkannt hat, haben wir keinen Wissensvorsprung mehr, teilen mit ihr die Spannung, ob ihre Selbstrettungsversuche gelingen werden, wie auch die wachsende Angst, weil es Jane jedes Mal schafft, eine Befreiung zu vereiteln. Hat die anfänglich noch unbestimmte Bedrohung eine konkrete Gestalt angenommen, ist eine gewaltsame Entladung der angestauten Aggression gewiss. Inszeniert wird dies als Prozess subjektiver Destituierung. Nachdem Jane ihrer Schwester zum Mittagessen eine tote Ratte serviert, verleiht Blanche der Erfahrung der völligen Depotenzierung ihrer Souveränität dadurch Ausdruck, dass sie sich – verzweifelt aufschreiend – mit ihrem Rollstuhl wiederholt um die eigene Achse dreht. Die Kamera verharrt bei dieser im Strudel der Angst gefangenen Frau, mal dicht unter dem Tisch, von dem aus sie das Tablett zu Boden geworfen hat, mal als *top shot*. Zwar dürfen wir mehrmals mit Baby Jane das schreckliche Haus verlassen, doch die Blickführung ist darauf angelegt, dass wir uns mit Blanches radikalem Überlebenswillen identifizieren. Die Szene, in der es ihr gelingt, trotz ihrer gelähmten Beine die Treppe herunterzuklettern, um den Hausarzt anzurufen, während Jane außer Haus Besorgungen erledigt, operiert mit einer klassischen Spannungsdramaturgie. Durch das *parallel editing* wird deutlich, wie viel Zeit noch bleibt bevor Jane wieder nach Hause kommt, während Blanches schmerzhaft mühsame Bewegung die Treppe hinab durch Nahaufnahmen des angepeilten Telefons, dem vor Anstrengung verzerrten Gesicht der Heldin sowie deren sich nur langsam am Treppengeländer entlang bewegenden Hände die gesamte Szene dramaturgisch in die Länge dehnt.

Die Angst, an der wir Anteil haben, lebt davon, dass auch wir implizit der Gewalt, die Blanche droht, selber ausgesetzt sind: Am augenfälligsten in der Szene, in der Jane die neben dem Telefon kauernde Schwester lustvoll mit ihren Füssen tritt und dabei nur knapp an der Kamera vorbei und somit fast in unser Auge trifft. Ebenso klassisch erzeugen die beiden vereitelten Interventionen durch eine dritte Person in uns eine mehrseitige Identifikation mit dem Gefühl grenzenloser Hilflosigkeit. Die unerwartete

Rückkehr der Hausangestellten und deren hartnäckiger Versuch, die verriegelte Türe zu Blanches Zimmer aufzubrechen, führt dazu, dass wir sowohl den Schreck teilen, der sie beim unerwarteten Anblick der gefesselten und geknebelten Frau überfällt. Gleichzeitig teilen wir die Furcht, die sich auf dem Gesicht Blanches abzeichnet, weil sie sieht, dass ihre Schwester bereits den Hammer genommen hat, um Elvira von hinten zu erschlagen. Doch wir können uns emotional auch nicht vor der traurigen Verzweiflung versperren, die Jane nach ihrer Mordtat ebenfalls hilflos schluchzend auf der Treppe zusammenbrechen lässt, werden ihre Gewalttaten doch für uns verständlich als Heimsuchung eines inneren Dämons, den sie weder begreift noch kontrollieren kann.

Der schockierende Höhepunkt der Filmnarration, auf den wir beim ersten Schauen hingegen bis zum Schluss nicht vorbereitet sind, besteht in dem erschütternden Geständnis, das die sterbende Blanche erst am Strand ablegen kann. Sie ist für ihre Körperverletzung selber verantwortlich. In jener verhängnisvollen Nacht hatte sie Jane überfahren wollen, weil sie deren Spott nicht länger ertragen konnte. Dann, als diese nach dem Unfall vor Schreck weggerannt ist, hatte sie fälschlicherweise vorgegeben, ihre Schwester sei am Steuer gewesen. Auch sie trägt somit Verantwortung für die Konstellationen des Leidens, von denen der Film erzählt, hat doch sie durch ihre Lüge jene psychische Tortur verschuldet, unter der ihre Schwester gelitten hat. Damit erhält der Sog der Angst, in den der Film uns hineingezogen hat, eine weitere Dimension. In der Gewalt ihrer Schwester findet Blanche ihre eigene Schuld widergespiegelt, vollzieht diese doch nur, was ihr seither unterstellt wurde. Jane, der sie selbst einst Leid zufügen wollte und die sie dann im Ungewissen ließ, was sich in jener Nacht wirklich abgespielt hat, entpuppt sich als Verkörperung der Bestrafung, der Blanche damals mit ihrer falschen Zeugenaussage entkommen konnte. Die Abschluss-Szene nutzt nochmals einen fröhlichen Strandalltag, um diesem beunruhigenden Geständnis einen Kontrast zu bieten. Ein *top shot* zeigt uns, wie zwei Polizisten, die den Frauen gefolgt waren, auf die dunkle Figur zulaufen, die abseits im Sand liegt. Ob Blanche schon tot ist, bleibt ungeklärt. Die nun gänzlich in die Rolle des Kinderstars regredierte Jane hat ihrerseits begonnen, im Kreis der schaulustigen Strandbesucher zu tanzen, ist doch nun wieder alle Aufmerksamkeit auf sie gerichtet. Sie hat zwar mit dem Auftritt der Polizei ihre bedrohliche Macht verloren. Die Lüftung des Geheimnisses, von dem die ganze Gefahr ausging, lässt hingegen eine neue beängstigende Stimmung aufkommen.

Zwar ist mit Blanches Geständnis auch jegliche narrative Spannung aufgelöst worden, doch dicht unter dem Boden der wiederhergestellten Ordnung des Gewöhnlichen lauert eine unbestimmte Gefahr, die uns mit dem Gefühl der Beklommenheit aus dem Kino entlässt.

Theoretischer Einsatz: Die Verunmöglichung von Distanz

Am Umstand, dass es der Autorin dieses Beitrags selbst nach wiederholtem Betrachten des Films schwer fällt, nicht in den von ihm erzeugten Sog der Bedrohung zu verfallen, lässt sich ein Grundmerkmal festmachen, das das Verhältnis von Angst und Film bestimmt. Der dramaturgische Einsatz von Spannung, der mit jedem neuen Ereignis gesteigert wird, bringt nicht nur für die Filmfiguren, sondern auch für die Zuschauer das Fundament der eigenen Selbstversicherung ins Schwanken. Wir können gar nicht anders, als uns mit der auf der Leinwand zur Schau gestellten Angst zu identifizieren. Indem wir mit den Filmfiguren das Gefühl einer unbestimmten und zugleich unausweichlichen Bedrohung, die immer näher zu rücken droht, teilen, sind auch wir für die Dauer des Films hineingehalten in jenes Nichts, das Martin Heidegger mit der Angst zusammen denkt (vgl. Heidegger 2006; s. Kap. II.2). Wir wollen uns gar nicht daran erinnern, dass es doch *nur* ein Film ist, genießen wir doch die Erfahrung eines Verlustes des sicheren Bodens. Angst im Film lebt von einer doppelten Einstellung. Einerseits wissen wir, dass wir lediglich die Angst Anderer beobachten und können uns deshalb distanzieren und deren emotionale Befangenheit ironisch reflektieren, manchmal darüber sogar (wenn auch als Selbstschutz) in Lachen ausbrechen. Andererseits werden wir zunehmend empathisch in Beschlag genommen von den Emotionseffekten, durch die diese Angst auf der Leinwand erzeugt wird. Wir lassen uns auf den Genuss einer radikalen Hilflosigkeit ein, sind von dieser selber affiziert. Wir wissen zwar mehr als die betroffenen Filmfiguren, sind nicht wie sie auf eine bedrohliche Situation beschränkt. Aber wir sitzen vor der Kinoleinwand gefesselt, sind auf ihr Schicksal fixiert. Es entsteht eine Angst zweiter Ordnung. Beim Begreifen der Angst der Anderen sind wir selber von Angst ergriffen.

Variationen der Angst

In *Jenseits des Lustprinzips* (1920) hält Freud fest:

Angst bezeichnet einen gewissen Zustand wie Erwartung der Gefahr und Vorbereitung auf dieselbe, mag sie auch eine unbekannte sein; Furcht verlangt ein bestimmtes Objekt, vor dem man sich fürchtet; Schreck aber benennt den Zustand, in den man gerät, wenn man in Gefahr kommt, ohne auf sie vorbereitet zu sein, betont das Moment der Überraschung (Freud 2000a., 222 f.).

Für das Verhältnis von Angst und Kino ist entscheidend, dass ein Meister dieser medialen Emotionserzeugung – wie Robert Aldrich einer ist – alle drei Zustände einsetzt. Schreck empfinden Blanche sowie deren Haushälterin und der Pianist, weil sie anfänglich auf die Gefahr, die ihnen droht, nicht vorbereitet sind. Meist schlägt Schreck entweder in reine Furcht um, wenn die bedrohte Filmfigur die Gefahr erkannt hat und es nur noch darum geht, ob sie über diese siegen oder ihr erliegen wird. Oder Schreck wird dann zur Angst, wenn die Bedrohung zwar eine erkennbare Gestalt angenommen hat und die ihr ausgesetzte Figur nun auf die bevorstehenden schrecklichen Ereignisse vorbereitet ist, hingegen noch nicht klar ist, welche konkrete Form die zu erwartende Gefahr einnehmen wird. Diesen Zustand der Erwartung teilen die Figuren mit dem Zuschauer, der von Anfang an, die Regeln des Genres kennend, auf das Eintreten einer Gefahr vorbereitet war. Genossen wird diese Angst, weil sie sich als höchst kreativ entpuppt. Der Umstand, dass unbestimmt ist, wie die Gefahr sich äußern wird, eröffnet einen Spielraum an Handlungsmöglichkeiten. Filmische Inszenierungen von Angst stellen Figuren in Ausnahmesituationen dar, von denen wir erwarten dürfen, dass sie im Fortgang der Handlung einer Lösung zugeführt werden. Sie überführen den Moment der Überraschung, an dem jeder Schreck hängt, in eine Erwartungshaltung, die eine emotionale Vorbereitung auf jegliche Gefahr, die noch kommen mag, impliziert. Sie setzen zudem eine dramaturgische Auflösung von Spannung voraus, egal wie diese thematisch gefüllt wird.

In seiner Vorlesung zur Angst bietet Freud eine weitere signifikante Ausdifferenzierung dieser drei vom Kino eingesetzten Haltungen. Wenn Angst vom Objekt absieht und sich vornehmlich auf einen Zustand bezieht, die Furcht hingegen die Aufmerksamkeit auf das Objekt richtet, während der Schreck die Wirkung einer Gefahr hervorhebt, die nicht von einer Angstbereitschaft empfangen wird, lässt sich folgern: »[A]n der Angst ist etwas, was gegen den Schreck [...] schützt« (ebd., 223). Unerträglich ist nicht so sehr der Umstand, dass das konkrete Objekt, von dem eine Gefahr ausgeht, unbekannt ist, sondern der Moment der Überraschung. In *Whatever Happened to Baby Jane* verliert der Zuschauer in dem Augenblick den Boden unter den Füßen, in dem Blanche ihr gänzlich unerwartetes Geständnis ablegt. Nachträglich begreifen wir, dass die Angst, die wir in unserer Identifikation mit ihr stellvertretend erfahren haben, ein Schutz war gegen diese nicht voraussehbare Offenbarung. Werden Symptome überhaupt gebildet, um einer sonst unvermeidlichen Angstentwicklung zu entgehen, trägt eine medial erzeugte Angst ihrerseits symptomatische Züge. Weil Filmnarrationen mit gewissen inhaltlichen wie rhetorischen Standardformeln operieren, verdecken ihre Narrative was Fredric Jameson das Unbewusste eines ästhetischen Textes nennt: Ein verborgenes Wissen, das zu bedrohlich ist, als dass es direkt zum Ausdruck gebracht werden könnte, das zugleich aber nach Ausdruck drängt (vgl. Jameson 1972).

Wenn Filme Geschichten vorführen, in denen Figuren Angstsymptome entwickeln und ausleben, verdichtet sich in diesen nicht nur eine unbekannte Gefahr, die das Moment der Überraschung aus einer Haltung der Erwartung heraus greifbar macht. Für die Angstentwicklung, der wir beiwohnen, dürfen wir auch eine Auflösung erwarten. Wir haben es mit einem *double voicing* zu tun (vgl. Burgoyne 2010). Auf Kinobilder bezogen, spiegelt die Angst der Anderen, die wir auf der Leinwand genießen dürfen, zwar unsere eigene Erfahrung eines Verlusts des sicheren Bodens, diese wird zugleich aber durch die mediale Umsetzung entkräftet. Der aporetische Zauber dieser Angst-Filme lebt davon, dass er uns die Erfahrung jener extremen Emotion bietet, von der Freud in seiner Vorlesung zur Angst festhält, diese sei »die allgemein gangbare Münze, gegen welche alle Affektregungen eingetauscht werden oder werden können« (Freud 2000b, 390). Auf einer Skala, die einmal Furcht einmal Schreck mit einspielt, dient Angst im Film dazu, ein unbestimmtes Unbehagen, das sich direkt nicht fassen lässt, als symptomatische Schutzdichtung sowohl zu thematisieren wie auch dramaturgisch im Sinne eines Betrachtungseffektes zu erzeugen. Auf der diegetischen Ebene mag die Angst, die einzelne Filmfiguren überfällt, auf eine noch unbekannte Gefahr zurückgehen. Auch wenn der Betrachter sich mit deren Erfahrung, auf die nackte Existenz zurückgeworfen worden zu sein, identifiziert, dient die inszenierte Angst zugleich aber einer Entlastungsgeschichte. Was Hans Blumenberg für das Erzählen festhält, stimmt auch für das Kino: »Geschichten werden erzählt, um etwas zu vertreiben. Im harmlosesten, aber nicht unwichtigsten Falle: die Zeit. Sonst und schwererwiegend: die Furcht. In ihr steckt sowohl Unwissenheit als auch, elementarer, Unvertrautheit« (Blumenberg 1996, 40).

Zu Geschichten aufgearbeitet, verlieren die Schrecknisse des Unbekannten ihre Macht; filmisch produzierte Angst wird als apotropäische Geste eingesetzt um eine grundsätzlich ungreifbare Angst zu bannen. Die Erfahrung eines Verlustes jeglicher Grundierung in der Welt mag zwar das Thema sowie der erwünschte Betrachtungseffekt sein, aber die Inszenierung dieser Gefahr auf der Leinwand läuft über greifbare Filmfiguren und deren Geschichte. Ein unerwarteter Schreck und eine diffuse Angst werden in konkrete Furchtszenen übertragen, eine anfänglich nicht lokalisierbare Gefahr erhält eine präzise Gestalt, einen eindeutigen Ort. Dient die von der Angst aufgerufene Kontingenz der Erzeugung von Beunruhigung, läuft die filmische Inszenierung zugleich auf deren Bewältigung hinaus. Als Seismograph, Katalysator und Projektionsfläche hilft Kino sowohl dabei, kulturelle wie persönliche Ängste zu reflektieren und rückt zugleich die gegenseitige Bedingtheit des Öffentlichen und des Privaten in den Vordergrund. Oft wird die Verletzbarkeit symbolischer Strukturen an der psychischen Instabilität von betroffenen Individuen verhandelt, sind kollektive Konflikte und Einzelschicksale verschränkt. Eine Angst vor einem zukünftigen Ereignis wird im Verlauf der Narration zur Erwartung einer realen Möglichkeit. Was aber auch heißt: Auf der Leinwand können persönliche wie politische Katastrophen als Möglichkeit durchgespielt werden, die, weil es nur ein Film ist, keine realen Konsequenzen haben werden. Im Kino ist Angst auch deshalb die allgemein gangbare Münze, gegen die alle Affektregungen eingetauscht werden können, weil die aufgerufene Gefahr in der Schwebe verbleibt, auch wenn für die konkrete Filmspannung eine Auflösung geboten wird.

Die Angst im Classic Hollywood

Angst im Kino ist so alt wie das Kino selbst. Wurde Georges Meliès, einer der Kino-Gründer, für den Zauber berühmt, den er mit seinen Trickaufnahmen auf die Leinwand brachte, lässt sich die Urszene einer filmisch erzeugten Angst auf seine Zeitgenossen,

die Brüder Lumière zurückführen (auch wenn die Anekdote nicht verbürgt ist). Als deren Kurzfilm *L'arrivé d'un train en gare de La Ciotat* 1896 uraufgeführt wurde, soll das Publikum von Entsetzen gepackt aus dem Theatersaal herausgestürzt sein. Im expressionistischen Stummfilm der Weimarer Republik wird das Spiel mit Illusionen, das dem Kino von Beginn an medial zur Verfügung stand, explizit eingesetzt, um, wie Lotte H. Eisner anfangs der 1930er Jahre festhielt, eine dämonische Leinwand zu erzeugen. Die Klassiker *Das Cabinet des Dr. Caligari* (1920), *Dr. Mabuse, der Spieler* (1922) sowie *Nosferatu – Eine Symphonie des Grauens* (1922) zeugen alle davon, wie der kollektive Schock des Ersten Weltkriegs erfolgreich in singuläre Geschichten über Wahnwelten, verbrecherische Machenschaften und die Heimsuchung durch fremdländische Vampire übertragen wurde und so politische Entlastungsgeschichten in Umlauf setzte (vgl. Kaes 2009). Alfred Hitchcock, der unbestrittene Meister des Psychothrillers, hatte 1924 in den Babelsberg Studios die Möglichkeit, bei den Dreharbeiten zu *Der letzte Mann* (1924) dabei zu sein. Neben Fritz Lang nannte er deshalb auch gerne Friedrich Wilhelm Murnau als entscheidenden Einfluss auf seine eigene Arbeit. Mit seinem Umzug nach Kalifornien kurz vor dem Ausbruch des Zweiten Weltkriegs führt Hitchcock diese expressionistischen Einflüsse in die Filmsprache des *Classic Hollywood* ein, um dort die Affinität von Angst und Film zu perfektionieren.

Mit *Rebecca* (1940) und *Suspicion* (1941) beginnt, was sich in der Forschung als *female paranoia film* (vgl. Doane 1987) etabliert hat. Jeweils genießt eine junge Frau die Hilflosigkeit, in die jene bedrohlichen Mächte sie versetzen, die über einem stattlichen Haus walten. In Hitchcocks erstem Hollywood-Film gewinnt die geisterhafte Übermacht der auf mysteriöse Weise verstorbenen ersten Mrs. DeWinter daraus ihre kinematische Kraft, dass wir sie nur im *offscreen space* erahnen: Ein unheimlicher Einfluss auf die Bewohner von Manderlay, die noch immer unter dem Bann der ersten Hausherrin stehen und sie deshalb gedanklich gegenwärtig halten. Ihr spektraler Präsenzeffekt wird durch Kamerafahrten erzeugt, die den Raum geisterhaft durchfahren sowie durch jene Szene im Strandhaus, in der Maxim DeWinter Rebecca mit seinem Geständnis gegenüber seiner zweiten Frau als Geist nochmals auf der Leinwand vergegenwärtigt.

In *Suspicion* wird die halluzinatorische Kraft der ebenfalls von Joan Fontaine gespielten Heldin Lena noch mehr in den Vordergrund gerückt, bleibt doch bis kurz vor Schluss unklar, ob sie sich die Mordabsichten ihres Gatten Johnnie nur einbildet oder ob dieser wirklich vorhat, sie umzubringen. Die Verschwendungslust, die den von Cary Grant gespielten Filou bald nach der Hochzeit in Schulden stürzt und gleichzeitig dazu bringt, ein waghalsiges Bauprojekt mit seinem Freund Beaky in Angriff zu nehmen, führt dazu, dass alles unter Verdacht steht. In der Szene, in der Lena beim Scrabble Spiel das Wort ›murder‹ aus den ihr verfügbaren Buchstaben zusammensetzt, zeichnet die Kamera die Macht ihrer überhitzten Einbildungskraft hautnah nach. Gänzlich in ihrer Verschwörungstheorie befangen, bezieht Lena alle Zufälligkeiten auf diese *idée fixe*. Erwartung wird zur Halluzination einer realen Möglichkeit. Das zusammengesetzte Wort verwandelt das Foto des Felsens, wo die beiden Männer ihre Siedlung bauen wollen, in die Abbildung eines Tatorts. In der Überblendung sehen wir eine Verbindung ihres vor Angst verzerrten Gesichts mit dem Foto, das nahtlos überleitet zu einem bewegten Bild des ins Meer stürzenden Beaky. Die Ohnmacht, in die Lena daraufhin fällt, antizipiert eine konkrete Realisierung ihrer schrecklichen Erwartung.

Nachdem der Freund auf mysteriöse Weise in einem Hotelzimmer in Paris ums Leben kommt, macht sie sich selber zum Objekt ihrer Angst, während auch wir in den Strudel ihres Verdachts gezogen worden sind. Am Wendepunkt des Films trägt Johnnie ein Glas Milch ins Schlafzimmer seiner Gattin. Der Raum um die Treppe, die er langsam empor steigt, liegt im Dunkeln, Schatten bilden ein Spinnennetz auf der einzigen beleuchteten Wand. Um die noch unbestimmte Gefahr, die von Cary Grant auszugehen scheint, hervorzuheben, wird seine Gestalt kaum beleuchtet. Stattdessen ist unsere ganze Aufmerksamkeit auf die Milch gerichtet, von der Lena überzeugt ist sie sei vergiftet. Hitchcock hat in das Glas eine kleine Lichtquelle legen lassen, damit die Angst seiner Heldin sich visuell in dieser Luminosität verdichtet. Die somit produzierte Spannung bleibt deshalb erhalten, weil wir in der nächsten Sequenz das unberührte Glas zu sehen bekommen, während Lena aufgeregt ihre Koffer packt. Eine letzte reale Möglichkeit ihrer Ermordung wird nochmals in der rasanten Autofahrt entlang der Küstenstraße durchgespielt. Aus ihrer Perspektive sehen wir das kryptisch versteinerte Gesicht ihres fahrenden Gatten, dann die steile Küstenlandschaft dicht neben dem fahrenden Auto. Für einige Augenblicke denken wir, dass, nachdem die Autotür aufgesprungen ist, Lena tatsächlich in den Abgrund stürzen

wird. Dann greift Cary Grant mit einer unbestimmten Geste nach ihrem Arm, wir hören ihre Schreie, das Auto hält an und die Spannung löst sich auf. Erst in dem Augenblick, in dem er ihr erklärt, er hätte sie mit seinem Griff davor zu bewahren versucht, aus dem Auto zu fallen, wacht Lena erstaunt und zugleich reumütig aus ihrer Angstfantasie auf.

Paradigmatisch sind diese beiden Filme, weil sie die Korrespondenz zwischen der paranoiden Halluzination einer Heldin und der Kamerabewegung, bzw. der Bildmontage als Hitchcocks idiosynkratisches Verständnis einer dämonischen Kino-Leinwand festschreiben. Diese Analogie, die den Zuschauer an die Position der bedrohten Filmfigur bindet und somit in den Sog der innerdiegetischen Angst zieht, erweist sich als eine klassische Filmformel, auf die andere Regisseure bis heute immer wieder zurückgreifen. Zugleich lebt die Dramaturgie seiner Filmgeschichten von einem differenzierten Spiel zwischen *surprise* und *suspense*, das Freuds Unterscheidung zwischen Schreck und Angst filmsprachlich umsetzt. Wie Hitchcock in seinem Gespräch mit Truffaut festhält, hat man es mit *surprise* zu tun, wenn eine Bombe unter einem Tisch explodiert und das Publikum für wenige Sekunden erstaunt ist, weil es dieses Ereignis nicht erwartet hat. Viel effektiver hingegen sei *suspense*, weil in diesem Fall das Publikum weiß, dass eine Bombe unter dem Tisch liegt und Minuten lang in Spannung gefangen bleibt in der Erwartung, was passieren wird, wenn diese explodiert. Seine Schlussfolgerung lautet: »whenever possible the public must be informed. Except when the surprise is a twist, that is, when the unexpected ending is, in itself, the highlight of the story« (Truffaut 1984, 73).

Auch die anderen paradigmatischen weiblichen Paranoia-Filme des *Classic Hollywood* zehren von einem Wechselspiel zwischen *suspense* und *surprise*, wenn eine zunächst nicht erkannte Bedrohung konkrete Gestalt an nimmt, dann aber, um dessen Auflösung zu bewirken, etwas Unerwartetes eintrifft. In Fritz Langs *Secret Beyond the Door* (1947), explizit als Refiguration von *Rebecca* konzipiert, verdichtet sich die ansteigende Angst der von ihrem Gatten bedrohten Heldin architektonisch in dem von seinem Wahn besetzten Haus. In der Hoffnung, das Geheimnis zu lüften, das ihn zum Morden drängt, läuft sie nachts die abgedunkelten Gänge im Untergeschoss der prunkvollen Villa entlang oder flieht in den nebeligen Garten vor dem Haus. Ihre Angst steigert sich im gleichen Maße wie ihre Sehkraft abnimmt. Den von Hitchcock gesetzten Bildformeln einer zudem durch die Filmmusik gesteigerten Überflutung des Blickfeldes durch die Erwartung einer Realisierung der Bedrohung fügt Lang das *voice-over* von Joan Bennett hinzu. Ihre immer verzweifelter werdenden Gedankengänge doppeln die Erkundungsgänge ihrer Filmfigur und binden uns somit umso stärker an deren subjektive Wahrnehmung.

In Robert Siodmaks *Spiral Staircase* (1946) ist es wiederum die Stummheit der Heldin, die den Bildformeln der Angst eine besondere Note gibt, rückt das Fehlen ihrer Stimme doch unsere Aufmerksamkeit auf ihre Augen und die dort sich abzeichnenden Anzeichen einer drohenden Gefahr, die sie zu spät erkennt. Die wirkungsträchtige Diskrepanz zwischen unserem Vorsprung an Wissen und ihrer nur langsam sich entfaltenden Erkenntnis wird von Siodmak dadurch erzeugt, dass wir immer wieder Körperteile des Mörders zu sehen bekommen, nicht aber sein Gesicht, manchmal gar subjektive Bilder aus seinem Blickwinkel, wie er etwa die junge Frau betrachtet. Wir sind vor Angst gebannt, weil wir die Realisierung einer Gefahr erwarten, von der die Heldin lange keine Ahnung zu haben scheint. Wir können sicher sein, dass der Mörder zuschlagen wird. Die *suspense* dieses Angstnarrativs besteht hingegen darin, dass wir bis zur Auflösung in einem Zustand der Unsicherheit verharren, wie die stumme Frau reagieren wird, wenn sie endlich eine konkrete Verkörperung der angedeuteten Gefahr vor sich sieht und ob sie sich erfolgreich dagegen wehren können wird.

Die von Hitchcock und seinen Zeitgenossen entwickelte Filmsprache der Angst zielt darauf ab, unseren Voyeurismus mit der subjektiven Wahrnehmung einer bedrohten Filmgestalt zu überfluten, so dass wir in deren radikale Hilflosigkeit hineingezogen werden. Intellektuelle Unsicherheit und ein Exzess der Imagination halten sich die Waage, weil die Erwartung einer zukünftigen Gefahr auf ein Unwissen darüber trifft, welche Gestalt sie einnehmen und welche Auswirkungen sie haben wird. Dank der Kameraeinstellungen, Schnittfolge und Montage fallen wir mit den bedrohten Filmfiguren in Ohnmacht, dreht sich alles um uns, drohen auch wir in einen Abgrund zu stürzen. Auch für uns wird an neuralgischen Punkten die Leinwand entweder gänzlich weiß oder schwarz, so dass auch unser Blickfeld sich kurzfristig auflöst. Als Zonen der Angst erweisen sich abgedunkelte oder von Schatten durchkreuzte Innen- wie Außenräume, die jeweils eine Beeinträchtigung des Sehens und der Bewegung nutzbar machen für eine kinematische Umsetzung psychischer Unbestimmtheit. Vermengen sich in Zuständen der Angst die Körperwahrnehmung eines bedrohlichen Raums mit der psychischen Einstellung, die auf diesen projiziert wird, so verflüssigt sich auch die Grenze zwischen dieser auf der Leinwand entfalteten Welt und unserer ergriffenen Teilnahme. Zugleich erhält dadurch, dass eine anfänglich unbestimmte Gefahr zur konkreten Szene der Bedrohung wird, ein unerwarteter Schreck eine Bestimmung und kann als ausgetragene Szene der Angst überwunden werden.

Entscheidend für die Erzeugung einer Stimmung der Angst ist zudem die Filmmusik, die die Steigerung und punktuelle Retardierung von Gefahr untermalt, bis die affektive Spannung in einer kulminierenden Entladung ihre Auflösung findet. Der Kontrast zu einer idyllisch überhöhten oder langweilig nüchternen Welt des Gewöhnlichen ist zudem nötig, um jene Ausnahmesituation hervorzuheben, die ein Ausleben von Angst bedeutet. Die Erwartung einer realisierten Möglichkeit von Entmachtung dient somit als Chiffre für den Wunsch, etwas möge die Normalität stören. Vorahnung und Sehnsucht nach Angst halten sich ebenfalls die Waage. Die Hilflosigkeit, in die man durch eine übermächtige Kraft gestürzt wird, darf zuerst genossen werden, bevor sie eine Auflösung findet. Dabei lohnt es sich, ein Kino der Angst vom Horror des Slasher Films (Wes Craven) oder Zombie Films (George A. Romero) einerseits und der Gewalt des Action Films (Quentin Tarantino, Michael Mann) andererseits abzugrenzen. Im ersten Fall wird die ursprünglich im Unbestimmten gehaltene Bedrohung in eine überdeutliche Gefahr überführt, so dass es nur um ein reines Überleben geht. Im zweiten Fall besteht die Spannung nicht darin, wie auf eine Bedrohung reagiert wird, sondern im Schock über das Ausmaß der Gewaltausübung.

In Hitchcocks *Psycho* (1960), der mitten im Kalten Krieg erscheint und zugleich das Ende des klassischen Hollywood Studio Systems ankündigt, wird die Logik des Psychothrillers auf die Spitze getrieben. In seinem Gespräch mit Truffaut gesteht Hitchcock, er hänge noch immer an »all of the technical ingredients that made the audience scream. I feel it's tremendously satisfying for us to be able to use the cinematic art to achieve something of a mass emotion«. Affiziert war das Publikum nicht von der Geschichte, sondern, so fügt er hinzu: »They were aroused by pure film« (Truffaut 1984, 283). Wie der wenige Jahre später gedrehte Film *Whatever Happened to Baby Jane*, zehrt auch das Abschlussbild von

Psycho davon, dass die Gefahr, die mit der Festnahme von Norman Bates ausgelöscht wird, eine neue unbestimmte Bedrohung einläutet – in diesem Fall das Bergen der Leichen. Exemplarisch an diesem Film ist jedoch vornehmlich, dass die Inszenierung von Angst einer Reflexion darüber dient, wie *mise-en-scène*, Schnitt, und Kamerafahrten extreme Emotionen erzeugen. In der berüchtigten Duschszene stellen die Schnitte des Messers in den nackten Körper der jungen Frau eine Korrespondenz her zum Schnitt, der die einzelnen Bilder dieses Übergriffs zu einer Montagesequenz zusammenfügt. Zuerst sind die einzelnen Einstellungen noch mehrere Sekunden lang, dann, sowie der Duschvorhang sich öffnet, werden sie kürzer, bis die Ermordete schließlich zusammenbricht und mit ihrem Kopf auf den Kacheln vor der Badewanne aufschlägt.

Höhepunkt dieses ironischen Spiels mit den Erwartungen des Zuschauers ist die Nahaufnahme des in Todesangst eingefrorenen Auges, dient diese Einstellung doch als Hinweis auf eine mörderische Kamera, deren sadistisches Auge mit dem Täter zur nackten Frau unter der Dusche vorgedrungen war und sie zusammen mit dessen Messer überrascht. Stilprägend ist somit die Art, wie Hitchcocks Regie uns durch reines Kino erregt, indem er unsere Aufmerksamkeit auf eben jene technischen Tricks des Mediums richtet, durch die unser Affekt überhaupt erst erzeugt wird. Seine Kamera verharrt am Tatort, nachdem der Mörder diesen verlassen hat und erzeugt so den bildarrangierenden Regisseur als eine dritte Instanz zwischen Norman Bates und seinem Opfer. Auf der Leinwand nicht sichtbar, hält der implizierte Regisseur die Schnitte in der Hand. Hitchcocks eigene geisterhafte Präsenz setzt Freuds Feststellung kinematisch um, dass Angst uns gegen den Schreck schützt, indem sie eine Situation der Gefahr, auf die man nicht vorbereitet war, in einen Zustand der Erwartung überträgt. Als visuelle Begleitung der Messerstiche des Psychopathen Norman Bates mag dessen mörderische Kamera zwar beängstigend sein, sie erzeugt aber zugleich eine lustvolle Haltung im Zuschauer. Wir sind nicht nur wie in *Whatever Happened to Baby Jane* dem Filmbild hilflos ausgeliefert, noch werden wir alleine auf eine sadistische Beobachterhaltung reduziert. Unser Auge folgt regelrecht den Schnitten selber.

Wie Brian de Palma mit seinen *Vertigo*-Remakes *Obsession* (1975) und *Body Double* (1984), zwei gelungenen Beispielen einer männlichen Ausprägung des Paranoiafilms, versteht auch Martin Scorsese seinen Psychothriller *Shutter Island* (2010) als explizite Hommage an die von Hitchcock etablierten Bild- und Erzählformeln kinematischer Angst. Stellvertretend für ein postmodernes Recycling der klassischen Hollywood-Filmsprache greift auch er zurück auf die von Hitchcock perfektionierte, gegenläufige Emotionserzeugung, die affektive Identifikation mit ironischer Distanz kreuzt. Eine Einblendung versorgt uns mit der Orientierungsmarke ›Boston Harbor Islands, 1954‹. Dann sehen wir in der Eröffnungsszene zwei Männer auf einer Fähre, die auf eine Insel zusteuert. Der Nebel, die Schreie der Möwen und das anbrechende Gewitter schaffen eine latent bedrohliche Stimmung (s. Kap. II.4; Kap. III. A.3). Wir sind angehalten, für den Auftrag der beiden Männer Unheil zu erwarten, die von ihrer Dienstbehörde ausgeschickt wurden, die merkwürdigen Ereignisse zu untersuchen, die sich in der Irrenanstalt auf der Insel abspielen. Es wird sich herausstellen, dass der von Leonardo DiCaprio gespielte U.S. Marshall ein traumatisierter Kriegsveteran ist, der für sich als Entlastungsgeschichte ein komplexes paranoides Narrativ entworfen hat (s. Kap. III. A.2). Er glaubt zwar, er solle eine militärische Verschwörung aufdecken, in Wahrheit aber ist er selber Insasse der Anstalt, dort hospitalisiert, weil er seine Frau ermordet hat. Die Schuld für diese traumatische Tat hat er zudem in eine weitere Deckerinnerung übertragen; die Vorstellung er sei für die Massakrierung der Wärter bei der Befreiung eines Konzentrationslagers im Jahr 1945 moralisch verantwortlich.

Die in der Eingangsszene aufgebaute Erwartungshaltung läuft aber zugleich in eine zweite Richtung. Die dämmrige Ozeanlandschaft, vor der das ominöse Gespräch zwischen DiCaprio und dem anderen U.S. Marshall (der eigentlich sein Arzt ist) stattfindet, ist eine Rückprojektion. Explizit als Hitchcock-Zitat präsentiert, gibt dieses Stilmittel von Anfang an zu erkennen, dass wir es mit einem komplexen Verblendungsspiel zu tun haben, auch wenn wir erst am Ende des Films entschlüsseln können, wie der traumatisierte Held sein privates Leid in zwei öffentliche Gefahrnarrationen übertragen hat – in die eines erinnerten Kriegsverbrechens und die einer zu erwartenden Bedrohung der nationalen Sicherheit. Die Anspielung auf Hitchcocks idiosynkratischen Einsatz von Rückprojektionen öffnet eine Verbindungslinie zwischen jener Kultur der Angst, die den Kalten Krieg der 1950er Jahre prägte und einer zeitgenössischen nationalen Paranoia. Dieses, für das Kino des 21. Jahrhunderts ungewohnte Stilmittel unterstreicht mit seiner Künstlichkeit, dass wir es mit dem affektiven Zustand einer gelebten Paranoia zu tun haben. Alles steht unter Verdacht, weil die uns fesselnde, allumfassende Halluzination eines psychisch gestörten Protagonisten zugleich die des reinen Kinos ist. Als Hommage an Hitchcock konzipiert, lässt uns die Rückprojektion zwar ein verhängnisvolles Ereignis erwarten. Die noch unbestimmte Angst, die von der Atmosphäre aufgerufen wird, arbeitet jedoch explizit mit einer Genre-Erinnerung an den klassischen Psychothriller und dessen Einsatz der unsauberen Schnittfläche zwischen der emotionalen Identifikation *mit* dem paranoiden Blick einer Filmfigur und der selbstreflexiven Anspielung *auf* die Dämonie des Filmmediums. In *Shutter Island* findet jene Verbindung zwischen kultureller Paranoia und der halluzinatorischen Kraft des Kinos eine postmoderne Refiguration, die bis auf die Anfänge des Kinos der Angst im Expressionismus in der Weimarer Republik zurückgreift. Dabei erweist sich die Verflüssigung der Grenze zwischen eingebildeter Bedrohung und realer Gefahr als ebenso produktiv wie die gegenseitige Bedingtheit von persönlicher und kollektiver Angstbewältigung.

New Hollywood und *paranoid style*

Auch nach dem Zusammenbruch des klassischen Studiosystems ist die Angst eine allgemein gangbare Münze geblieben, gegen die alle Affektregungen eingetauscht werden können, weil Hollywood weiterhin kulturelle Angstströmungen aufgreift und mit der Umsetzung in eine persönliche Geschichte lesbar macht. Deshalb lassen sich, so universell Angst als Filmthema und kinematischer Effekt auch sein mag, historische Zeitpunkte festmachen, in denen Filme über die Übermacht und Unberechenbarkeit von äußeren Kräften Konjunktur haben. Wie Emil Angehrn festhält: »Angst ist der Affekt, auf den sich Politik am verläßlichsten abstützen kann, und zugleich das zu Überwindende: der Gewinn von Sicherheit ist Befreiung von Angst« (Angehrn 1993, 227). Der Film *Manchurian Candidate* (1962) bietet ein paradigmatisches Beispiel dafür, wie im Kontext des sich zuspitzenden Kalten Krieges nationale Bedrohung als Familiendrama verhandelt wird. Zugleich bringt John Frankenheimers Politthriller eine weitere Dimension medialer Selbstreflexivität ins Spiel, wird doch vor dem Hintergrund von John F. Kennedys charismatischen Fernsehauftritten eben dieses neue Massenmedium auf Potenziale politischer Manipulierbarkeit befragt.

Die Filmhandlung verschränkt zwei Angstszenarien. Einerseits begreift der aus dem Koreakrieg heimgekehrte Major Marco (Frank Sinatra) nur langsam, dass seine anhaltenden Alpträume das Resultat einer politischen Verschwörung sind. Zusammen mit seiner Truppe ist er in einem nordkoreanischen Gefangenenlager einer Gehirnwäsche unterzogen worden, in Folge derer einer seiner Männer, Sergeant Shaw, zum willenlosen Attentäter abgerichtet wurde. Nach der Rückkehr in die U.S.A. wird Marco behaupten, Shaw hätte ihn und seine Männer heroisch gerettet, um mit dieser implantierten Deckerinnerung unwissentlich das Einschleusen dieses terroristischen Schläfers zu schützen. Andererseits spricht der Film jene kulturelle Verunsicherung an, die Richard Hofstadter einen *paranoid style* in der amerikanischen Politik der 1950er Jahre genannt hat (vgl. Hofstadter 1964). Die unbestimmte Angst, die die anhaltende Wiederkehr des Alptraums bei Marco auslöst und ihn dazu bringt, seine Vorgesetzten davon zu überzeugen, dass der Kriegsheld Shaw in Wirklichkeit eine Gefahr für die Nation darstellt, spiegelt eine *conspiracy culture*, die in der Reflexion auf die Möglichkeit, gefangene Soldaten könnten einer Gehirnwäsche unterzogen worden sein, kollektive Angst schürt, um ihre anti-kommunistische Ideologie zu unterfüttern.

Wesentlich offenkundiger als im Classic Hollywood fungiert persönliches Unbehagen als Seismograph politischer Stimmung. Zum einen haben wir die Figur eines dekorierten Kriegsveteranen, der zum perfekten fremdgesteuerten Attentäter wird, weil er unter Hypnose handelt und somit die Fähigkeit, Schuld und Angst zu empfinden, verloren hat. Ein Mensch der keine Erinnerung und deshalb auch kein Gewissen hat, ist als verkörperte Waffe unschlagbar. In dieser Denkfigur findet man ein kulturelles Nachleben des Dr. Mabuse, der ebenfalls durch Hypnose Handlanger seiner dämonischen Macht erzeugt. Nach dem Attentat auf John F. Kennedy am 22. November 1963 wurde der Film zwar nicht ganz aus dem Verleih gezogen, aber in der folgenden Dekade kaum noch gezeigt. Erst 1988 konnte sich Frank Sinatra erfolgreich für eine Wiederaufführung im Kino einsetzen. In der verblendeten Hauptfigur verdichtet sich zum anderen eine kollektive Angst, die den geopolitischen Streit zwischen den USA und deren äußeren kommunistischen Feinden in einen internen Widerstreit überführt, in dem die Nation mit sich selber kämpft. Diese Verlagerung spitzt sich dadurch zu, dass die Spannung der Filmnarration auf eine gestaffelte *anagnoresis* ausgerichtet ist. Die unbestimmte Angst, die in dem Augenblick einsetzt, in dem Marco begreift, dass sein ehemaliger Sergeant nicht der ist, der er zu sein vorgibt, löst sich in dem Moment in ein konkretes Furchtszenario auf, in dem der von ihm hypnotisierte Shaw zugeben kann, seine eigene Mutter sei seine amerikanische Kontaktperson. Unsicherheit darüber, auf welchen Feind sich eine unbestimmte Angst bezieht, transformiert sich in die Frage danach, wie dieser erkannte innere Feind ausgeschaltet werden kann.

Die Abschluss-Sequenz – und darin zeichnet sich ein grundsätzliches Muster für eine narrative Auflösung von Angst im Film ab – bringt zwei unerwartete Handlungen ins Spiel. Unter Hypnose hat Shaw den Auftrag erhalten, beim republikanischen Parteitag den politischen Gegner seines Stiefvaters zu erschießen. Zugleich hat er begriffen, dass seine Mutter mit dem kommunistischen Staatsfeind paktiert, um ihre eigene innenpolitische Agenda durchzusetzen. Im Nachkriegs-Amerika darf sie im Rampenlicht der Öffentlichkeit nur an der Seite ihres Politikergatten erscheinen, während seiner Debatte muss sie passiv vor dem Fernseher sitzen und kann nur überwachen, ob er die Argumente ausführt, die sie ihm eingeredet hat. Im Geheimen aber kann sie sowohl den Gatten wie den Sohn steuern. In dieser machthungrigen Frau verschränkt sich die Angst des Sohnes vor der Übermacht der Mutter mit einer öffentlichen Angst vor kommunistischen Agitatoren in den eigenen Reihen, aber auch mit einer Angst vor dem Aufbruch ambitionierter Frauen in die Politik. Der Film nimmt die von Angela Lansbury gespielte Doppelagentin ins Visier und entlastet den Sohn (wenn auch nicht den äußeren Feind), in dem der Weiblichkeit als innerem Feind alle Verantwortung zugeschoben wird. Hat somit die vielschichtige Angst ein konkretes Objekt, führt das unerwartete Ende einen Schock anderer Art wieder ein. Schon hat Shaw den Politiker im Fadenkreuz seines Gewehrs, dann schwenkt er leicht nach rechts und trifft zuerst seinen Stiefvater, dann die Mutter. In dem Augenblick, in dem sein ehemaliger Vorgesetzter endlich zu ihm vorgedrungen ist, richtet er schließlich die Waffe auf sich selbst. Der zum Attentäter manipulierte Mann erhält durch seinen Selbstmord seine Würde als Kriegsheld zurück. In der Leiche der Mutter findet private und öffentliche Bedrohung eine Erlösung.

Zehn Jahre später greift Alan Pakula mit *Parallax View* (1974) die kulturelle Faszination für das Attentat in seiner Auseinandersetzung mit nationaler Paranoia auf (vgl. Schneider 2010). Den narrativen Rahmen setzt das Urteil der Untersuchungskommission zum Attentat auf den fiktiven Senator Charles Carroll. Mit dem eindeutigen Befund, es gäbe »keine Beweise einer größeren Verschwörung«, ist die Hoffnung verbunden, den »unverantwortlichen Spekulationen der Presse« ein Ende zu setzen. Als historischer Hintergrund dient jedoch das tiefe Misstrauen gegenüber der US-Regierung aufgrund des anhaltenden Krieges in Südostasien und den Watergate-Anhörungen. Der Film selber setzt darauf, dass das Publikum im innerdiegetisch vorgelesenen Urteil den Wunsch regierender Mächte erkennt, aus politischen Gründen eine unangenehme Wahrheit zu vertuschen. Ebenso schürt die Anspielung auf den umstrittenen Warren Commission Report zum Attentat auf John F. Kennedy jene Verschwörungstheorie, die der Film als Realisierung einer Erwartung auf der Leinwand entfaltet. Was anfänglich noch als überhitzte Paranoia eines verkrachten Journalisten (Warren Beatty) erscheint, entpuppt sich als schreckliche Wahrheit, die in ein zweites Attentat mündet. Im Gegensatz zu *Manchurian Candidate* ist im Amerika der frühen 1970er Jahre eine heldenhafte Auflösung politischer Intrigen keine Option mehr. Im Verlauf der Untersuchung, die der immer rasender werdende Journalist, ohne das Militär und den FBI zu informieren, im Alleingang durchführt, gelingt es zwar, die Geheimorganisation, die hinter den Attentaten steht, ausfindig zu machen. Schlussendlich fällt der Journalist aber selber ihren Machenschaften zum Opfer. Er kann das Attentat auf einen weiteren Politiker nicht nur *nicht* verhindern. Er wird am Tatort von seinen Gegnern erschossen und als eigentlicher Täter hingestellt.

Die Kommission, die eingesetzt wird, um diesen Fall zu klären, kommt ebenfalls zu dem Urteil, dass es sich um die Einzeltat eines Geistesgestörten handelt. Der Film hingegen bietet seinen parallaktischen Blick als eine konspiratorische Korrektur an, die uns mit Unbehagen zurück lässt. Entrüstet darüber, dass der Attentäter falsch identifiziert worden ist, begreifen wir zudem, dass der wahre innere Feind kein bestimmbares Gesicht hat. Er kann nicht greifbar gemacht werden, weil er aus einem nebulösen Netzwerk an Handlangern besteht. Es klingt eine Stimmung politischer Beunruhigung nach, weil der Film uns nicht nur den Beweis dafür geliefert hat, dass Attentäter sich unbemerkt im Inneren der Gesellschaft aufhalten können, sondern weil sie auch deshalb nicht ausfindig gemacht werden können, da sie mit politischen Machtinstanzen verflochten sind, die nur ungenau wissen, mit wem sie es zu tun haben.

Die Gewalt, die von innen droht, lässt sich nicht mehr fassen. Hat sie ihre Konturen verloren, findet sie eine Spiegelung in der Art, wie der Journalist, auf dessen subjektiven Blick wir festgelegt sind, zunehmend seine Kontenance verliert. Diese brisante Weiterentwicklung des Politthrillers besagt: Im Unterschied zu *The Manchurian Candidate* lässt sich das Narrativ des inneren Feindes nicht mehr als Familienstreit verhandeln, weil die unbestimmte Angst nicht mehr an einem lokalisierbaren Objekt festzumachen ist. Wenn somit die von der Serie an Attentaten aufgerufene Atmosphäre einer unbestimmten Angst nicht beruhigt werden kann, dann deshalb, weil *The Parallax View* ein Gegenurteil zu der im Bericht der eingesetzten Kommission figurierten offiziellen Beschwichtigungsrethorik in Umlauf setzen will. Dem Zeitgeist entsprechend, soll alles unter Verdacht stehen. Der grassierende Zweifel an politischen Institutionen, so die Aussage, ist gerechtfertigt. Nur das Aufrechterhalten dieser Angst kann politisches Aufbegehren mit sich bringen.

Das Grundthema, das eine Verbindungslinie herstellt zwischen Hitchcocks Psychothrillern und den explizit politischen Angstfilmen des Kalten Krieges besagt: Angst produziert einen Zustand der Erwartung und eine Bereitschaft, sich auf ein Risiko einzulassen. Ist man direkt einer Gefahr ausgesetzt, hat man keine andere Wahl als sich mit dem, was einen bedroht, zu konfrontieren. Ob man in diesem Wettstreit gewinnt oder der äußeren Übermacht zum Opfer fällt, ist weniger entscheidend, als dass eine Veränderung eintritt. In Francis Ford Coppolas *The Conversation*, ebenfalls aus dem Jahr 1974, begreift der Überwachungsexperte Harry Caul zu spät, dass er selber zum Opfer des Abhörsystems geworden ist, das er im Griff zu haben glaubte. Das vertraute Gespräch eines Paares, das er im Auftrag eines reichen Industriellen insgeheim aufgenommen hat, sucht ihn zuerst nur in seinen Gedanken heim. Während er beim Entziffern der Aufnahmen sich zunehmend in die Fantasie hineinsteigert, das Paar solle von seinem Auftraggeber hingerichtet werden, laufen auf der Leinwand geisterhafte Fragmente der abgehörten Szene ab. Erst am Ende begreift Harry, dass er nicht nur die Rollen falsch verteilt hat und die vermeintlich unschuldige Frau die eigentliche Drahtzieherin einer Mordintrige war. Er muss auch erkennen, dass seine eigene Wohnung vor der Überwachung durch Andere nicht sicher ist. Der Angriff auf sein Selbstvertrauen geht auf seinen Wohnraum über. Aus dem paranoiden System, das er mit seiner Arbeit unterstützt, gibt es kein Entrinnen.

Sein Schreck, feststellen zu müssen, dass er, ohne es zu ahnen, selber abgehört wird, wechselt nahtlos in ein Furchtszenario, in dem sich das von ihm abgehörte Paar als Gegner offen zu erkennen gibt. Es droht ihn zu vernichten, sollte er weitere Untersuchungen anstellen. Doch obgleich seine Angst nun ein klares Objekt hat, lässt sie sich nicht auflösen. Auf der Suche nach der Wanze nimmt er sich jeglichen Schutz gegen die ihn bedrohende äußere Übermacht. Jedes Objekt, das die Quelle seiner Angst seien könnte, entpuppt sich, nachdem er es zerschmettert hat, als hohl. Die Tatsache, dass er abgehört wird, hingegen bleibt. Im Abschluss-Bild sitzt er allein auf einem Stuhl inmitten seiner zerstörten Wohnung. Eine Einsicht in die Hilflosigkeit, die damit einhergeht, einem Anderen ausgeliefert zu sein, führt nicht wie in *Parallax View* dazu, dem erkannten Feind um jeden Preis nachzuspüren. Coppolas Auflösung besteht stattdessen darin, dass sein Held bereit ist, sich auf das nackte Leben einzulassen; in einer Annahme uneingeschränkter Freiheit (vgl. Heidegger 2006). Zum ersten Mal spielt Harry ohne Plattenbegleitung auf seinem Saxophon. Eine politische Kultur der Angst wird als existentielles Drama ausgetragen, in dem das Subjekt sich bereit zeigt, sich dem Nichts hinzugeben.

Die anhaltende Wirkungsträchtigkeit des politischen Paranoiafilms im 21. Jahrhundert bezeugt *The Ghost Writer* (2010). Ebenfalls fokalisiert durch einen von Ewan McGregor gespielten Autor, der langsam alles um sich herum unter Verdacht stellt, greift Roman Polanski auf das vertraute Erzählmuster eines unvorbereiteten Helden zurück. Der junge Mann wird von einem großen Verlagshaus angeheuert, um die Autobiographie des ehemaligen britischen Premier Ministers Adam Lang fertigzustellen, weil der Ghost Writer vor ihm vermeintlich Selbstmord begangen hat. Von Anfang an steht das Projekt unter dem Zeichen einer unbestimmten Angst, die vom Geist des Verstorbenen ausgeht, meinte sein Vorgänger doch eine Verbindung zwischen Adam Lang und dem CIA aufgedeckt zu haben. Auf der Suche nach konkreten Beweisen für seinen Verdacht stößt der neue Autor auf einen emeritierten Harvard-Professor, dessen Nähe zum Geheimdienst erwiesen zu sein scheint. Doch bevor er Sicherheit über diesen Befund erlangen kann, wird Adam Lang von einem geistesgestörten britischen Offizier erschossen, als persönliche Vergeltung für den Tod seines Sohnes im Irak. Mit seinem postmodernen Recycling der Erzählformeln vorgängiger Politthriller gibt Polanski der Verschränkung persönlicher und kollektiver Paranoia zugleich einen idiosynkratischen Dreh. Auch diese Filmnarration mündet in die Überführung einer erahnten Bedrohung in eine unerwartete Entdeckung, doch im Gegensatz zu den vorhergehenden Attentats-Filmen besteht bei der Identifizierung des Schützen und dessen Motiven kein Zweifel. Unbestimmt hingegen bleibt die vermutete Verbindung des britischen Politikers zum CIA. Bis kurz vor seinem Tod behauptet Lang, er hätte in seiner Irak-Kriegspolitik, für die ihm ein Kriegsgerichtsverfahren droht, aus eigener Überzeugung gehandelt.

Die unvorhersehbare *anagnoresis* am Ende des Films lässt sich als Amalgamierung der bisher diskutierten Plotauflösungen verstehen. Erst bei der Buchvernissage des von ihm überarbeiteten Manuskriptes begreift der junge Mann, dass sein verstorbener Vorgänger in den Anfängen der Buchkapitel seine Verschwörungstheorie verschlüsselt hat. Die ersten Worte der elf Kapitel ergeben den Satz: »Lang's wife Ruth was recruited as a CIA agent by Professor Paul Emmet«. Wie im *Manchurian Candidate* verdichtet sich eine unbestimmte Bedrohung in einer machthungrigen Frau, die vermeintlich ihren Gatten manipuliert hat. Im Gegensatz zum Polit-Thriller des Kalten Krieges kann die aktuelle weibliche Feind-Figuration aber nicht ausgelöscht werden. Stattdessen nimmt Polanski von Pakulas *Parallax View* die Erklärung von der Übermacht des Geheimdienstes. Der Held, in seinem Verdacht bestätigt, signalisiert selbstsicher seiner Gegnerin, dass er sie entlarvt habe. Nachdem er übermütig mit dem verfänglichen Manuskript unter dem Arm die Buchvernissage verlässt und achtlos auf die Straße hinausläuft, wird er von einem Auto überfahren und lässt die Zuschauer im Zustand des unsicheren Zweifels zurück. Er scheint wie sein Vorgänger einem Attentat zum Opfer gefallen zu sein; es könnte sich aber auch um einen Unfall handeln. Zudem bleibt offen, ob sein Vorgänger harte Beweise für seinen Verdacht hatte oder dieser nur das Resultat einer überhitzten Autorenfantasie war: eine Reaktion auf die Paranoia der amerikanischen Regierung, die für die Geheimhaltung des Originalmanuskripts verantwortlich war. Mit der letzten Einstellung des Films haben alle angebotenen Aufklärungsfährten sich erneut im Strudel unbegründeter Vermutungen verflüchtigt. Sie bezeugen eine zeitgenössische Kultur der Angst, in der klare Fronten kaum noch zu ziehen sind.

Der Blockbuster als Angstmaschine

Auf politische Angstströmungen haben mit den Innovationen des New Hollywood auch die Blockbusters reagiert. Sie führen Science-Fiction-Elemente in die Standardformel ein, um in der Übermacht der Natur eine Erklärung für kulturelles Unbehagen festzumachen. Mit *Jaws* (1975) greift Steven Spielberg bewusst Hitchcocks *Birds* auf, denn auch sein gigantischer weißer Hai, der eine idyllische Küstenstadt in Massachusetts bedroht, bedient eine ideologisch manipulierbare Angstfantasie. Setzte Hitchcock die Hysterie, die unter den Bewohnern von Bodega Bay ausbricht, nachdem ein Schwarm schwarzer Vögel sie zu attackieren begonnen hat, ein, um einen ironischen Kommentar zur anti-kommunistischen Hysterie der Eisenhower-Ära abzugeben, zielt Spielbergs Kritik in die entgegengesetzte Richtung. Die Geldsucht jener Stadtbewohner, die sich das große Touristen-Geschäft anlässlich des am 4. Juli gefeierten Unabhängigkeitstags nicht entgehen lassen wollen, wird als innere Gefahr enttarnt. Zugleich erzählt auch Spielbergs Film vom Wandel einer unbestimmten Angst in ein konkretes Furchtszenario. Über die Verkörperung einer klar lokalisierbaren Gefahr kommt die Gemeinde zusammen. In ihrem Einsatz gegen den weißen Hai, auf dessen Angriff sie anfänglich nicht vorbereitet waren, überwinden die Bewohner von Anmity Island alle partikularen Interessen und Streitigkeiten. Fungiert der Hai als Realisierung einer bis dahin unbestimmten Erwartung, lässt sich am äußeren Feind eine ungreifbare Angst festmachen, die im Kampf dingfest gemacht und mit dessen Tötung auch überwunden werden kann.

Nicht wegen dieses traditionellen Plots wird *Jaws* als Wendepunkt in der Geschichte der filmischen Erzeugung von Angst verstanden, sondern weil Spielberg mit den ihm zur Verfügung stehenden Mitteln der *postproduction* den Film als Erzeugungsmaschine für extreme Emotionen einsetzt und zugleich das Medium in seinen sonst übersehenen Mechanismen entlarvt. In jener berüchtigten Szene am Strand, in der die Inselbewohner schließlich gezwungen werden einzugestehen, dass ihnen aus dem Wasser eine Gefahr droht, schöpft er die Macht des Unsichtbaren aus, die ihre *agency* aus dem *offscreen space* gewinnt. Auf dem Soundtrack hören wir das musikalisch umgesetzte Erscheinen des weißen Hais, blicken mit ihm auf die auf der Meeresoberfläche schwimmenden Menschen. Analog zu der Duschszene in *Psycho* sind wir in der Position dieses mör derischen Wesens, während es sich sein nächstes Opfer aussucht, nur baut Spielberg auf eine weit radikalere Identifikation. Beim ersten Angriff am nächtlichen Strand wurden wir durch das Verschwinden der jungen Frau in Schreck versetzt, die sorglos nachts ins offene Meer hinausgeschwommen war. Wenn in den ersten Einstellungen dieser Strandszene der Hai ebenfalls nie im Gegenschnitt zu sehen ist, hat dies einen anderen Effekt. Wir können uns nicht in die Position der Angegriffenen versetzen, sind auf die Augen des Angreifers festgelegt. Wir sind in der Position der sadistischen Kamera, die zusammen mit dem Killerhai Angst erzeugt. Zugleich übernimmt Spielberg von Hitchcock die Erkenntnis: Angst wird nicht durch das erzeugt, was man auf der Leinwand sieht, sondern durch das, was man bloß erahnt. Im gleichen Maß, in dem der Hai im Verlauf der Geschichte eine konkrete Gestalt annimmt, verliert er an kinematischer Suggestionskraft. Er mag als Gegner noch immer furchterregend sein, aber die Unsicherheit ist lang vor seiner eigentlichen Abschlachtung überwunden.

Mit *The Exorzist* (1973) setzt William Friedkin seinerseits auf eine durch groteske Übertreibung erzeugte Angst. Auch hier verwandelt sich ein idyllischer Haushalt bruchlos in eine unerwartete Gefahrenzone, in der die Familie nur mit Hilfe eines Rückgriffs auf ein Austreibungsritual wieder hergestellt werden kann. Auch hier beginnt die Angst dramaturgisch dadurch, dass die Mutter ein unbestimmtes Gefühl der Bedrohung verspürt. Der erste Anfall ihrer Tochter versetzt ihr einen Schreck, weil sie auf deren Verwandlung nicht vorbereitet war. Zugleich lässt sie sich schnell davon überzeugen, dass ihre Tochter von einem Dämon in Besitz genommen worden ist und nicht die Medizin, sondern die Kirche eine Rettung verspricht. Die Spannung lebt einerseits davon, dass auch wir über die Rahmenhandlung von der Realität einer aus dem Irak in die USA emigrierten dämonischen Gefahr überzeugt worden sind. Dass *The Exorzist* wiederholt zu einem der *scariest movies* gewählt worden ist, liegt andererseits nicht an einer durch Unbestimmtheit erzeugten Angst, sondern am Sog der Furcht, mit dem Friedkin operiert.

Wir wissen, was mit dem in ihrem Bett geknebelten Mädchen los ist. In einer Szene sehen wir als Stigmata auf der Haut die Worte »help me«. Nachdem das Mädchen sichtlich zum Monster mutiert ist, resultiert die Spannung aus der Frage, welche weiteren grotesken Körpertransformationen noch in Erscheinung treten werden. Der Exorzismus, den der Film nachzeichnet, liegt bereits im Register der Furcht, hat ein klares Objekt. Deshalb lässt das schreckliche Ritual, dem die beiden Priester das Mädchen unterziehen, eine Beruhigung erwarten. Im Gegensatz zur unbestimmten Angst kennt man den Gegner und kann sich darauf verlassen, dass es eine Austreibung geben wird. Nur bleibt bis zum Schluss unklar, auf wessen Kosten die Rettung gehen wird. Die Angst erzeugende Spannung betrifft somit die Frage, ob das Mädchen überleben und die Exorzisten heil davon kommen werden; ob der Dämon ausgelöscht wird oder sich vorher einen neuen Körper suchen kann. Mit den politischen Paranoia-Filmen hat *The Exorzist* gemein, dass auch Friedkin einen zeitgenössischen Kommentar in seine atavistische Austreibungsgeschichte einschreibt. Die Mutter der besessenen Tochter zieht in das Haus in Washington D.C., weil sie dort in einem Film über die Protestbewegung der frühen 1970er Jahre als Schauspielerin mitwirkt. Es ist der Geist der Politik, der hier mit ausgetrieben werden soll.

Mit *Super 8* zeichnet sich eine weitere Position des postmodernen Recyclings am Anfang des 21. Jahrhunderts ab, versteht doch auch J.J. Abrams seinen Film als Hommage. Angesiedelt in einer kleinen amerikanischen Stadt im Sommer 1979, ahmt die Handlung die Filmbilder nach, die Steven Spielberg mit *Close Encounters of the Third Kind* (1977) und *E.T.* (1982) installiert hat: Weiß-blau ausgeleuchtete Nachtlandschaften, deren goldenes Strahlen die Gegenwart einer überirdischen Kraft bezeugen. In ihnen operieren Kinder entschlossen gegen die Welt der Erwachsenen und lassen sich auf einen Kontakt mit dem Fremden ein, dessen Schreckliches auch den Zauber des Außergewöhnlichen birgt. Die Reflexion über Kino als Angstmaschine ist dicht mit der Textur der Filmnarration verwoben. Joel und seine Freunde werden nachts bei den Dreharbeiten eines Amateur-Zombie-Films zu Zeugen eines geheimnisvollen Zugunfalls. Bald darauf verschwinden mehrere Einwohner, während gleichzeitig die US Air Force die Bürger evakuiert und die Stadt zur Kampfzone deklariert. Weil sie Kino-Wissen besitzen und ihre alltägliche Welt wie einen Desaster-Film wahrnehmen, wittern die aufgeweckten Schüler sofort eine Verschwörung. Ihre Cinephilie hat sie eher zu sehr auf merkwürdige Begegnungen mit Außerirdischen vorbereitet. Es braucht weder parallaktische Perspektiv-Verschiebungen noch verschlüsselte Botschaften, um sie auf die richtige Fährte zu bringen. Mit ihrer Kamera haben sie unfreiwillig das Alien aufgenommen, wie es aus dem Zug entflohen ist. Die

Evidenz der Filmbilder reicht, um ihnen klar zu machen: Es gilt an zwei Fronten ein Furchtszenario durchzuspielen. Sie müssen zu dem gewalttätigen außerirdischen Wesen vordringen, bevor die Militäreinheit es wieder einfängt; sie müssen, um sich von dessen Spuk zu befreien, ihm zur Freiheit verhelfen.

Abrams Recycling ist jedoch mehr als nur eine nostalgische Anerkennung seines Vorgängers. Am Ende ihrer Entdeckungsreise angelangt, die viel mit einer Fahrt durch eine Geisterbahn zu tun hat, werden die Schüler in einer unterirdischen Höhle ein Wesen antreffen, das einem E.T. ähnelt, das tatsächlich in die Hände der NASA geraten ist, statt, von den ihm wohlgesonnenen Kindern beschützt, zu seinem Raumschiff zurückzufinden. Der bösartige Zerstörungswille dieses Außerirdischen entpuppt sich als Reaktion auf eine rassistische Politik der Air Force, die es als Objekt wissenschaftlicher Versuche malträtieren ließ. Der Film spielt mit jener die Welt nach 9/11 prägenden Angstvorstellung, die Unterdrückungsmechanismen der Globalisierung hätten Feinde der internationalen Sicherheit erzeugt, die in Reaktion auf die Unterdrückungsgewalt der westlichen Industrieländer auf Vergeltung aus sind. Die *anagnoresis* hingegen setzt als Überraschungsmoment auf eine Überwindung der Angst. Statt vor dem Alien, das sich vor ihm bedrohlich aufbäumt, wegzurennen, läuft Joel furchtlos auf das Wesen zu. Schlimme Dinge seien passiert, ruft er ihm vertraulich zu, aber es hätte noch die Möglichkeit weiterzuleben.

Nicht die Perpetuierung von Verschwörungstheorien erweist sich als angemessen, um Bedrohung zu vertreiben, sondern eine frontale Anerkennung von Fremdheit. Indem Joel dieser monströsen Verkörperung nationaler Bedrohung die Würde eines ihm ebenbürtigen Anderen zuweist, hört das Alien auf, ein Schreckgebilde zu sein. Für einen kurzen Augenblick zieht uns jene Genre-Erinnerung in seinen Bann, auf die *Super 8* explizit setzt, und wir glauben vor uns tatsächlich den unheimlichen größeren Bruder des heimeligen E.T. zu sehen. Kurz scheint auch dieses Alien milde zu lächeln, gibt gurrende Laute von sich, bevor es aus der Höhle läuft. Von der Annahme der Angst hängt die Überwindung einer politischen Paranoia ab. Draußen auf der Straße sehen Joel und seine Freunde, wie vor ihren erstaunten Augen das Raumschiff, das aufgrund eines technologisch implementierten Magnet-Mechanismus immer mehr Metall an sich zieht, seine majestätische Gestalt annimmt. Joels Medaillon mit dem Foto seiner Mutter ist das letzte Stück was gebraucht wird,

bevor es losfliegen kann. Für einen Augenblick zögert der Junge, dann lässt er los. Vereint verfolgen alle verzückt den Flug des glitzernden Raumschiffs in den Nachthimmel, bis dieses nur noch ein funkelndes Licht am dunkelblauen Firmament ausmacht. *Super 8* bietet eine Reise ans Ende der filmisch erzeugten Angst, die im sublimen Staunen ihren Ausgang findet.

Literatur

Angehrn, Emil: Das Streben nach Sicherheit. Ein politisch-metaphysisches Problem. In: Georg Lohmann/Hinrich Fink-Eitel (Hg.): *Zur Philosophie der Gefühle*. Frankfurt a. M. 1993, 218–243.

Blumenberg, Hans: *Arbeit am Mythos* [1979]. Frankfurt a. M. 1996.

Burgoyne, Robert: *Film Nation. Hollywood Looks at U.S. History*. Minneapolis 2010.

Doane, Mary Ann: The *Desire to Desire. The Woman's Film of the 1940s*. Bloomington 1987.

Eisner, Lotte H.: *Die dämonische Leinwand* [1955]. Frankfurt a. M. 1975.

Freud, Sigmund: Jenseits des Lustprinzips [1920]. In: Ders.: *Studienausgabe*. Bd. III. Hg. von Alexander Mitscherlich u. a. Frankfurt a. M. 2000a, 213–272.

Freud, Sigmund: Vorlesungen zur Einführung in die Psychoanalyse [1917]. In: Ders.: *Studienausgabe*. Bd. I. Hg. von Alexander Mitscherlich u. a. Frankfurt a. M. 2000b, 34–445.

Heidegger, Martin: *Was ist Metaphysik?* [1929]. Frankfurt a. M. 2006.

Hofstadter, Richard: The paranoid style in american politics. In: Harper's Magazine, November 1964, 77–86.

Jameson, Fredric: *The Prison-House of Language. A Critical Account of Structuralism and Russian Formalism*. Princeton 1972.

Kaes, Anton: *Shell Shock Cinema. Weimar Culture and the Wounds of War*. Princeton 2009.

Schneider, Manfred: *Das Attentat. Kritik der Paranoischen Vernunft*. Berlin 2010.

Truffaut, François: *Hitchcock*. New York 1984.

Elisabeth Bronfen

3. Angst in der Kunst

Kunst grenzt in plastischen Form- und zweidimensionalen Bildmedien, durch performative Inszenierungen und mit vorübergehenden Eingriffen einen besonderen Bereich von der Wirklichkeit ab. Darin verdichtet sie Zeichen zu einer neuen Ordnung des Sichtbaren, die symbolisch, mimetisch abbildend oder indexikalisch, d. h. durch Berührung oder Abformung, auf reale oder vorgestellte Dinge bezogen sein können. In der Moderne wird freilich jede dieser drei Beziehungen in Frage gestellt. Linien, Licht und Farbe können als autonome Bildelemente, plastische Gebilde oder Readymades wiederum als ästhetische Objekte ohne festgelegte Bedeutung fungieren. Happenings, Performances, Installationen und Konzeptkunst verabschieden den traditionellen Bildbegriff, heben die Grenzen zwischen den Künsten auf und stellen Diskursangebote oder Erfahrungsweisen bereit, welche die Kohärenz des auratischen ›Kunstwerks‹ aufbrechen (s. Kap. III. A.5). Radikalisiert wird dies durch die Schockästhetik, die sich gegen Formen kontemplativer Rezeption richtet.

Seit der Renaissance und mit der Entlassung der europäischen Kunst aus dem Dienst der Theologie war insbesondere in der romantischen Genieästhetik der ausführende Künstler als Autor und Schöpfer seines Werkes in den Vordergrund getreten. Dagegen sind aus der politischen Kunst der 1960er Jahre und den Theorien des Poststrukturalismus wiederum Strategien hervorgegangen, welche die Subjektivität des Künstlers ausschalten sollen. Mit der zunehmenden Autonomisierung des Betrachters vollzog sich eine Wende zur Generierung von Angstlust und Schrecken als den zentralen Motiven antiklassischer Wirkungskonzepte. Von einer lediglich kompensatorischen Funktion der Kunst, die sich vor dem Hintergrund der Reduzierung realer Angstanlässe im Zuge der Modernisierung abzeichnen mag, kann jedoch keine Rede sein. Kunst soll als Medium untersucht werden, das Konjunkturen der Angst und reale Gefahren sichtbar werden lässt, aber auch Ängste bewältigen oder verdrängen kann.

Angst in der Psychologie der Betrachtung

Damit wird bereits die Frage der *ästhetischen Emotionen* angesprochen: Unterscheiden sie sich von realen Emotionen, und sind sie schwächer oder stärker als diese (vgl. Munteanu 2009)? Angst in der Kunst könnte sich als Prüfstein dieses Konzeptes erweisen. Denn zwar vermögen literarische Angstdarstellungen zumindest keine akute Furcht oder existentielle Angst zu wecken: Wer in der *Odyssee* von den Zyklopen liest, wird nicht aufspringen und wegrennen (ebd., 110). Doch Literatur bedingt eine aktive Leistung der Leser, die Kontrolle und Distanz gewährleistet, wohingegen das Auge affizierenden und verstörenden, potentiell traumatisierenden Bildern ausgesetzt ist (vgl. Stumpfhaus 2004). Daher eignen sich Textillustrationen zur emotionalen Konditionierung der Leser; in diesem Sinne setzte Sigmund Freud ein berühmtes Angstbild der klinischen Literatur, die Traumzeichnung des »Wolfsmanns« ein. Die Zeichnung des Patienten sollte beim Adressaten Angst erregen und vermag dies im Experiment noch heute (Gehrig 2009, 64–67 mit Abb.).

Dem Film und der Videokunst kommen immersive Wirkungen zu, die bei Kinobesuchern motorische Reaktionen und Vokalisierungen hervorrufen können (s. Kap. III.B.2). Auch unbewegte Bildmedien liefern Signale, die klinisch messbare, unmittelbare und unwillkürliche Furchtreaktionen provozieren. So wird die experimentelle Überprüfung der These eines autonomen Angstmoduls meist über die visuelle, teils nur subliminal wahrnehmbare Präsentation phylo- und ontogenetischer Stimuli geführt. Solche auch in der Kunst dargestellten Stimuli sind einerseits Bilder phobisch besetzter Tiere, v. a. von Schlangen, andererseits Bilder etwa von Waffen. Wenngleich gerade die Stilllebenmalerei anhand solcher Sujets häufig einen hohen Grad an Illusionismus erreicht, ist fraglich, ob die initiale Aktionsbereitschaft die affektiven Prozesse einer Bildbetrachtung bereits determiniert; für die Kunst wird die Forschung hier keine letztgültigen Regeln aufstellen können.

Häufig greift die neurobiologische Emotionsforschung auf fotografierte oder digital simulierte Angstgesichter als Stimuli zurück. Sie sollen reale Gefahrensituationen ersetzen. Trotz kultureller Differenzen im mimischen Ausdrucksverhalten und vielfältiger Darstellungskonventionen sind die Hauptmerkmale des klinischen Paradigmas in der europäischen und globalen Kunstgeschichte gut zu belegen: Aufgerissene Augen mit gehobenen, zugleich kontrahierten Brauen, die spezifische Stirnfalten hervorrufen, kombiniert mit horizontal angespannten Lippen sowie leichter oder zum Schrei geweiteter Mundöffnung.

In sozialen Begegnungen kann diese Mimik zur *Affektansteckung* führen, also primär zu einer per se nicht kognitiven, mimischen und physiologischen Synchronisierung, die z. B. als unbewusste *Projektion* der Angst auf das Gegenüber weiter verarbeitet werden kann und dann nur dort wahrgenommen wird. Auf solche *Face-to-face*-Situationen zielen reale oder dargestellte Masken ebenso wie Figuren in der Historienmalerei und der Plastik, die als Zeugen oder unvermutetes Gegenüber direkt an Betrachter oder Vorübergehende appellieren (s. Einleitung Kap. III). Zumeist erscheinen Angstgesichter jedoch in szenischen Zusammenhängen und sind Teil einer Bilderzählung, die Hinweise auf die angemessene Rezeption gibt. Wenn sympathische Figuren daher engagierte Betrachterinnen und Betrachter zum Mitempfinden veranlassen, könnten Letztere die Angst, im Sinne des psychologischen und psychoanalytischen *Empathie*-Konzeptes, selbst verspüren, aber kognitiv dem ›Fremdbereich‹ zuordnen. Religiöse Bildkonzepte zielen über dieses emotionale Verstehen hinaus häufig auf eine Identifizierung mit bestimmten Bildfiguren oder mit komplementären Mustern des Verhaltens und Fühlens. Nicht zuletzt der im Mittelalter in den Kreuzweg eingeführte Bildtypus des angstvollen *Christus in der Rast*, und ebenso der oft plastisch ausgeführte *Christus an der Geißelsäule* dienen zur direkten Ansprache der Gläubigen, um deren eigene Empfindungen zu verstärken. Im Unterschied zu solchen Andachtsfiguren konstruieren moderne Kunstwerke häufig ein auf rahmende Elemente und arbiträre Zeichen reduziertes emotionales Setting, in das sich die Rezipienten ohne die Hilfe von ›Stellvertretern‹ selbst einbringen sollen. Analog zur therapeutischen Beziehung in der Psychoanalyse schafft die Kunst auch dann einen Ort der *Übertragung*, der den Betrachterinnen und Betrachtern Identifikationen anbieten kann, unbewusste Rollen zuweist und damit zu eigenen Emotionen anregt, die in biographischen Erfahrungen wurzeln. Dadurch aufkommende nackte Angst wäre freilich als Grenzfall oder sogar Scheitern der Kunsterfahrung zu betrachten. Gerade die zur Gegenwart führenden ästhetischen Konzepte bedingen subjektive Anteile der Rezipienten und absorbieren dabei Angst durch deren Mischung mit selbstreferentiellen Gefühlen.

Apotropäik und historische Deutungsmuster der Kunstgeschichte

Die Ausdrucksformen außereuropäischer Kunst, insbesondere die oft mit einer primitiven Entwicklungsstufe gleichgesetzten Erzeugnisse afrikanischer und ozeanischer Kulturen, wurden in Europa bis ins 20. Jahrhundert weithin als beunruhigend empfunden. Hiervon zeugen die unheimlich belebten exotischen Stillleben der Expressionisten und mehr noch die von afrikanischen Maskentypen angeregten Masken Picassos in seinem Schlüsselwerk *Les Demoiselles d'Avignon* (1907, New York, Museum of Modern Art). Den spanischen Künstler interessierten nicht nur die Forminnovationen, die Fauvisten und Kubisten den Masken abgewinnen konnten, sondern maßgeblich auch deren beängstigende, ›magische‹ Wirkung. Picassos Äußerung, dies sei sein »erstes exorzistisches Gemälde« (zitiert nach Herding 1992, 41) rief Interpreten auf den Plan, die sie teils auf biographische Hintergründe und die Ängste des Künstlers vor der Syphilis bezogen, teils auf seine Destruierung der europäischen Malereitradition. Nicht weniger beunruhigt wurde die Kunstgeschichte dieser Zeit von geometrischer und als verzerrt, zu wenig oder sogar anti-naturalistisch aufgefasster Kunst vergangener Epochen sowie anderer Kulturen. In der Tradition der Wiener Schule wurden diese Werke, im Umkehrschluss, als Ausdruck und Abwehr von Angst gedeutet.

In seiner Erfolgsschrift *Abstraktion und Einfühlung* (1908) schrieb Wilhelm Worringer den frühen Kulturen das Bestreben zu, mit geometrischen Ornamenten der beängstigenden Unordnung einer unverstandenen Umwelt eine umso strengere Ordnung entgegenstellen zu wollen. Realismus hingegen sei Ausdruck eines aufgeklärten, souveränen Weltverständnisses. Tatsächlich könnte aber das Axiom, wonach Abstraktionen und Formzerlegungen Symptome von Krisenerfahrungen sind, als eine an Rückprojektionen gekoppelte Diagnose des frühen Expressionismus verstanden werden. Als apotropäisches Projekt ist auch Aby Warburgs Vortrag zum Schlangenritual der Pueblo-Indianer (1923) zu lesen, in dem dieser Anthropologie, europäische Tradition und Projektionen abgelegten europäischen Bildgebrauchs verband (s. Kap. II.6). Die Relevanz des Bannenden und Abwehrenden der Maske in der Moderne wird im Kontext der nationalsozialistischen Bedrohung besonders deutlich. So bildet der Zusammenhang von Maske und Angst im Werk Paul Klees eine Konstante, die in den 1930er und 1940er Jahren verstärkt sichtbar wird. Dennoch sind die Masken und Grimassen in den Selbstbildnissen des in Auschwitz ermordeten Felix Nussbaum nicht allein als Zeichen existentieller Gefährdung zu verstehen. In der Zeit von Exil, Flucht und Internierung dienten sie auch dem Versuch der Selbstbefreiung aus der Determination, die in der Todessymbolik seiner Werke schon früh präsent war.

Der angenehme Schauder als Paradigma moderner Medienkulturen

Zentral bedeutsam für die Kunst der Aufklärung war die Diskussion um die ›gemischten Gefühle‹, die im Kontext der Wende von einer barocken Wirkungs- zu einer bürgerlichen Betrachterästhetik steht. Bereits die Kunst der Gegenreformation bot v. a. in Gestalt der mitunter eigens als Sammlungsobjekte geschaffenen Folter- und Martyriumsszenen zahlreiche Gegenstände, die mit einer Mischung von Schauder und Bewunderung für die künstlerischen Mittel seiner Hervorbringung betrachtet werden konnten. Holländische Maler des 17. Jahrhunderts wiederum prägten mit der Darstellung nächtlicher Brände ein Genre, das die existentiell bedrohliche Gewalt der Natur aus sicherer Distanz vorführt. Damit rufen diese Bilder das epikureische Konzept des angenehmen Schauders beim Betrachten eines Unglücks auf, das Lukrez in seinem Lehrgedicht *De rerum natura* (1. Jh. v. Chr.) anhand eines Schiffes im Sturm thematisierte. Italienische und französische Künstler des 17. und 18. Jahrhunderts lieferten nicht nur das vieldiskutierte Thema der Schiffskatastrophe, dessen affektive Brisanz freilich durch Szenen der Hilfeleistung oder entsetzte Beobachter kaschiert wurde, sondern schufen auch *Capriccios* und phantastische Ruinenlandschaften, die an das Erhabene appellieren. Den entscheidenden Paradigmenwechsel formulierte 1757 Edmund Burke, der in *A Philosophical Enquiry into the Origin of our Ideas of the Sublime and the Beautiful* dem Schönen das Erhabene als eigene ästhetische Kategorie gegenüberstellte. Bei Kant wird in der *Kritik der Urteilskraft* (1790) das Erhabene durch eine Mischung von Lust- und Unlustgefühlen definiert und als sittlich wertvoll aufgefasst; die Gegenstände des Erhabenen sind von ehrfurchtsgebietender oder unendlicher Größe und nicht als Formen sinnlich zu erfassen. Der hier durch das reflexive Vermögen überwundene, dort aus sicherer Distanz genossene *terror* (plötzlicher Schrecken; intensive Furcht) wurde in der frühen künstlerischen Rezeption oft nicht als Rechtfertigung selbstbezogener Lust verstanden, sondern vielmehr, mit Neugier und Interesse amalgamiert, der volkspädagogischen Wissenschaft dienstbar gemacht (s. Kap. III. A.9).

Ein bis zu den Verfilmungen von Mary Shelleys *Frankenstein* (1818) einflussreiches Schlüsselwerk bildet in dieser Hinsicht Joseph Wright of Derbys Gemälde Das *Experiment mit der Luftpumpe* (1768, National Gallery, London), das differenzierte emotionale Reaktionen auf das Wirken unbegreiflicher Naturkräfte vorführt. Indem hier Zeichen von Angst und Mitgefühl mit dem Labortier auf Kinder und Frauen beschränkt sind, führt Wright, über die Stereotypen des emotionalen *Gendering* hinaus, eine kritische Position ein. Denn nur die Frauen erkennen die ethische Ambivalenz des Experimentes (vgl. Duro 2010, 671–673 mit Abb. 5). Deutlicher kommt Burkes männliche Codierung von *admiration and terror* in der Ikonographie der bis in die Romantik beliebten Darstellungen der Ausbrüche des Vesuvs zum Tragen. Gestalten direkt am Rande des Lavastroms sind meist als Naturforscher gekennzeichnet, die sich, dem stoischen Vorbild Plinius des Älteren folgend, der tödlichen Gefahr waghalsig aussetzen. Dies korreliert mit der Konditionierung von Männlichkeit im Rahmen der seit der Renaissance für junge Adelige und später auch für vermögende Bürger-Kinder obligatorischen *Grand Tour*, deren fester Bestandteil die Besteigung des Vesuvs war. Vor Ort begnügten allerdings auch weibliche Reisende sich nicht mit dem Schönen, sondern bedienten sich der ästhetischen Distanzierung mittels »gemischter Gefühle« (Jones 2008). Ausblicke auf den friedlichen Golf von Neapel repräsentieren die Gefühlsmischung bildimmanent. Ebenso binden Darstellungen der von Reisenden als grauenerregend beschriebenen Alpen deren Ästhetisierung an das Aufklärungsinteresse, indem sie Wetterphänomene und für die ›Erd-Historie‹ relevante Merkmale der geologischen Formationen performativ hervorheben.

Das Konzept des ›Sublimen‹ etablierte *terror* als genuin ästhetische Strategie. Zwar hatte die bildende Kunst mit den in der italienischen Malerei häufigen, auch in Bühnendekorationen und in Giovanni Battista Piranesis intensiv rezipierte Radierfolge *Invenzioni capric di carceri* (1750/1761) eingegangenen Kerkerszenen eine räumliche Codierung der Angst geprägt, die auf das Herrschaftsinstrument der Verbreitung von Furcht und Schrecken Bezug nahm.

Hierbei weisen die Kerkerbilder Alessandro Magnascos (z. B. *Peinliche Befragung* und *Folterszene*, um 1724, Städel-Museum, Frankfurt a. M.) die Folterer deutlich als kirchliche Inquisitoren aus. Doch es war Robespierre, welcher der Terrorherrschaft der Französischen Revolution den Namen gab und damit nicht nur der politischen Karriere des Begriffs, sondern auch der revolutionären Metaphorik der künstlerischen Avantgarde den Weg bereitete. Ihrem Anspruch der Radikalität folgend, konnte sich die künstlerische Avantgarde mit verschiedenen, nicht immer fortschrittlichen, politischen Zielrichtungen verbün-

Abb. 1: Giovanni
Battista Piranesi:
Carceri d'Invenzione
(Blatt 10,
vierter Zustand nach
1778; Radierung,
41,6 × 55 cm [Platte],
Staatsgalerie Stuttgart,
Graphische Sammlung,
Foto: Staatsgalerie
Stuttgart)

den. Hierbei strebte sie nach Formen der ästhetischen und moralischen Grenzüberschreitung, die konservative Bürger, Obrigkeit und letztlich die Herrschaftsverhältnisse erschüttern sollten. Mit Dada und Surrealismus gelangte eine genuine Schockästhetik zum Durchbruch, die sich unter dem Aspekt der Entzeitlichung bei gleichzeitiger Intensivierung als Konsequenz aus der diskontinuierlichen Großstadtwahrnehmung und dem von Walter Benjamin proklamierten Auraverlust historisch fassen lässt.

Während die Schocks der historischen Avantgarde zu politischem Bewusstsein und geistiger Aktivität aufrütteln sollten, gehören Momente der Schockästhetik heute zur Standardrezeptur der Produktwerbung und der TV-Programmvorschauen. Unter geänderten Vorzeichen findet sie sich in der Gegenwartskunst wieder. Schon Burke und seinen Vorgängern galten Hinrichtungen als akzeptable Gegenstände des Erhabenen; Andy Warhols Siebdruck *Electric Chair* (1963) vertritt dagegen die Strategie, grausame Motive distanzlos und ohne ethische Perspektivierung darzubieten, um die emotionale Betrachtung durch den potentiell heilsamen Schock zu ersetzen. Die plötzlich einsetzenden, heftigen Bewegungen kinetischer Installationen wiederum erzeugen plötzlichen Schrecken; dieser wird in heutigen Emotionstheorien von Furcht differenziert und bildet einen Effekt, dem rasche Abnutzung droht. Den ersten Schreckmoment, auch die ästhetische Grenze überschreitende Angst kommt ins Spiel, wenn etwa

bei Rebecca Horn gefährliche Gegenstände vermeintlich in den Betrachterraum ausgreifen und physisch verletzen könnten. Auf dem Konzept der ›gemischten Gefühle‹ fußt das Horror-Genre der Unterhaltungsbranche; die generelle Rezeptionshaltung gegenüber den Medien wurde durch eine hedonistische Lust an der Angst und am Schrecklichen charakterisiert, die auf den, im 18. Jahrhundert analysierten, mitleidlosen Genuss abzielt (vgl. von Brincken 2007).

Allerdings wurde am 11. September 2001 im Kontext der Live-Übertragungen aus New York sehr deutlich, dass Schaulust, die das Angstverhalten suspendiert, eine für Fotografen und Kameraleute lebensgefährliche, für Zuschauer traumatisierende Intensität erreichen kann (Stumpfhaus 2004). Die Nähe der Katastrophenszenarien Hollywoods zu den Fernsehbildern der realen Schreckensereignisse hat der Künstler Michal Kosakowski kritisch untersucht (Abb. in Ermacora/Wiskemann 2007, 48–53).

Die Angst des Künstlers und Ambivalenzen der Modernisierung

Mit der Entzauberung angstbesetzter Themen und Bereiche der äußeren Natur wurde Angst in der Kunst stärker psychologisiert, d. h. sie wurde stärker mit der Introspektion als mit äußeren Wahrnehmungen verknüpft. Damit wurde seit der Spätaufklärung ein neues Gebiet erschlossen: das der Imaginationen und Träume. An Stelle der göttlichen Inspiration treten der (Alp-)Traum und ängstigende Grenzerfahrungen als wesentliche Antriebe des Schaffens. Auf unterschiedliche Weise zum Ausdruck brachten dies vier Künstler in Pressburg, London, Madrid und Paris: Der Bildhauer Franz Xaver Messerschmidt, der sich vom »Geist der Proportion« verfolgt glaubte und diesem die bizarren, das »Geheimnis der Proportion« als Inversion der Ideale Winckelmanns realisierenden *Schnabelköpfe* (Alabaster, 1778–1781, verschollen und Wien, Belvedere) unter Todesgefahren abgerungen haben soll; Johann Heinrich Füssli, dessen *Nachtmahr* (1781 und 1802, Öl auf Leinwand, Detroit, The Detroit Institute of Arts und Frankfurt am Main, Goethemuseum) programmatisch für die Bedeutung der Imagination in Verbindung mit Burkes Kategorien *fear* und *terror* in seinem Werk stehen kann – die er von übernatürlichen Kräften auf die Abgründe der menschlichen, erotischen und destruktiven Triebhaftigkeit zurückführte; und Francisco de Goya, der die berühmte Aquatinta-Radierung *El sueño de la razon produce monstruos* (1797/98) ursprünglich seiner satirischen und düster-visionären Folge der *Capriccios* voranstellen wollte. Doch die konsequentesten Bildwelten der Imagination schuf gegen Ende des 19. Jahrhunderts zweifellos Odilon Redon. Dessen Visionen verunsichern bereits durch suggestive Unbestimmtheiten von Raum, Licht und Materialität, die zugleich den beunruhigenden anthropoiden Wesen, wie etwa der *Lachenden Spinne* (1881, Kohle auf Papier, Paris, Musée du Louvre), den abgetrennten Köpfen und seltsamen Pflanzen Plausibilität verleihen. Damit erzeugt Redon häufig eine von latenter Angst durchdrungene Atmosphäre.

In der französischen Romantik wurden auch Piranesis Kerker als klaustrophobische Räume und ins graphische Medium verlagerte Angstträume verstanden, so heißt es 1833 in Charles Nodiers Erzählung *Piranèse, contes psychologiques à propos de la monomanie réflective*:

Doch auch noch in dieser Tiefe kann man Piranesi erahnen, der mit Schrecken das neue Bauwerk erblickt […] nahe daran, sich der unbeschreiblichen Verzweiflung darüber zu überlassen, dass sein Leiden kein Ende findet und die Tortur seines Schlafes unaufhörlich von neuem beginnt (zitiert nach Höper 1999, 24).

Immerhin erfüllt der gegen psychologische Deutungen vorgebrachte fiktionale Blick Piranesis auf die *Magnificenza* des alten Rom die Kriterien des Erhabenen. In der Endlosigkeit der Räume, der Einbezie-

hung des Hässlichen und der Formlosigkeit der in der zweiten Auflage vertieften Schatten entsprechen diese monumentalen Blätter (ca. 76 x 53 cm) Burkes Kategorie der *Magnificence*. Doch auch wenn sie, gerade aufgrund des Kontextes zeitgenössischer Kerkerbilder, die für Nodier zentralen Momente der Angstlust einkalkuliert haben dürften, folgte ihre Produktion noch nicht dem Modell des Selbstausdrucks.

Unter dem Einfluss Nodiers entstanden jedoch zwei Selbstbildnisse Gustave Courbets, die den Künstler frontal, in von Angst gepeinigten Zuständen zeigen und zugleich irreale Momente zur Geltung bringen (vgl. Pfarr 2010). Das als *Der Verzweifelte* bekannte Gemälde (um 1844) gibt die Züge des offenbar soeben aus einem Alptraum erwachten Künstlers mit charakteristischen Merkmalen des Angstausdrucks, allerdings maskenhaft starr und stilisiert wieder.

Abb. 2: Gustave Courbet: *Der Verzweifelte* (um 1844, Öl/Leinwand, 45 x 54 cm, Privatslg.)

Hingegen zeigt die über einem Abgrund schwebende Figur des sog. *Vor Angst Wahnsinnigen* (1846–1848, Oslo, Nationalmuseum; Abb. ebd., 112) mimische Zeichen von Angst, Wut und Verzweiflung, deren destruktive Affektmischung in die groben Übermalungen des unvollendeten Vordergrunds gestisch übertragen scheint. Verdichten sich hier literarisch angeregtes Rollenspiel, Selbstforschung und künstlerische Suche in einer krisenhaften Lebensphase, so wurde ein anderer Künstler von seinen Zeitgenossen als *angoissé* charakterisiert. Dass der Radierer Charles Meryon als von Angst verfolgt galt, verknüpft seine tragische Biographie mit der Eigenart vieler seiner Werke. Für den Betrachter eröffnen seine Ansichten von Paris zu Beginn der Haussmannschen Stadtmodernisierung in den 1850er Jahren entfremdete Räume, die eine latente Bedrohung vermitteln. Eines der Mittel dieser paranoischen Wahrnehmungsweise ist die Perspektive, die unmögliche Blickpunkte einnimmt und Größenverhältnisse unmerklich verzerrt. In einigen Blättern materialisiert sich das Unbehagen – nicht zuletzt über die übermächtige Staatsgewalt (Herding 2006, 212 f.) – in Gestalt über die Stadt hereinbrechender dämonischer Flugwesen. In seinem berühmtesten Werk *Der Vampir* (1853, Radierung) nimmt die Szenerie durch die suggestive Belebung des figürlichen Wasserspeiers gespenstischen Charakter an. Dessen monströse, scharf geschnittene Züge korrelieren mit elementaren Ängsten um die körperliche Unversehrtheit. Meryon identifizierte sich offenbar mit der Figur, verglich sie aber auch mit Napoleon III. (ebd., 221–224, Abb. 10 f.). Zugleich wurde Meryons düsteres Paris von Baudelaire als unheimlich (*inquiétant*) apostrophiert.

Das Unheimliche: Sichtbares und verborgenes Grauen

In seinem bis heute grundlegenden Beitrag *Das Unheimliche* (1919) verbindet Freud das Unheimliche zunächst mit dem Grauenhaften, ordnet den Begriff dann aber sogleich dem Ästhetischen zu (s. Kap. III. A.4). Dieses Paradoxon gibt das Unheimliche als eine bereits medial vermittelte Erlebniskategorie zu erkennen, die durch Schauerliteratur und Bilderfahrungen vorgeprägt war. Als Wurzel des Unheimlichen identifizierte Freud die Kastrationsangst, die bei E.T.A. Hoffmann in *Der Sandmann* (1816) auf die Augenangst des Nathaniel verschoben zur Darstellung gelangt. Innerhalb von Freuds Text vollzieht sich freilich eine weitere Verschiebung und Verlagerung des affektiven Kerns. Als unheimlich erweist sich Freud zufolge v.a. die Wiederkehr scheinbar überwundener, verdrängter Vorstellungen, die aus unzulässigen und daher beängstigenden Triebwünschen herrühren. Ein von Freud hervorgehobenes Motiv betrifft eine Obsession der Kunst des 19. Jahrhunderts: Die aus der Angst vor der Wiederkehr der Toten gespeiste Unsicherheit, ob eine Figur belebt oder tot ist. Diese Thematik dominiert Bereiche der okkultistischen Geisterfotografie, die u.a. Egon Schiele beeinflussten. Anhand Théodore Géricaults unheimlich belebter Köpfe hingerichteter Kommunarden (um 1817–1819, v.a. *Têtes de suppliciés*, Öl auf Leinwand, 50 x 61 cm, Stockholm, Nationalmu-

seum) wurden hingegen politische und erotische Utopien aufgedeckt (Germer 2006).

Wenig harmloser muten die Gipsabgüsse vor blutrotem Grund in Adolf Menzels *Atelierwand* (1872, Hamburger Kunsthalle) an. Darin erzeugt das Schlaglicht beunruhigende Schatten und suggestive Belebungen, die auf Bildmittel des Unheimlichen bei Giorgio de Chirico, im expressionistischen Film und im Surrealismus vorausweisen. Am Ende des 20. Jahrhunderts erlebte das Unheimliche eine neuerliche Hochkonjunktur, die Kunstszene und Theoriediskurs gleichermaßen erfasste. Während Freuds Text Gegenstand zahlloser Re-Lektüren wurde, rekurrierte die Kunst auf Derridas *Dissemination* (1972), um den Verlust des Sinns in einer endlosen Signifikantenkette als ästhetisches Verfahren zu erproben. Diese Aktualisierung wurde als Indikator der gesellschaftlichen Verunsicherungen vor der Jahrtausendwende gedeutet. Bezeichnend für diese Lesart erscheint Mike Kelleys Installationsprojekt *The Uncanny*, das seit 1993 an verschiedenen Orten gezeigt wurde. Neue Relevanz erhielten Strategien, die ein verborgenes, nicht darstellbares Grauen evozieren, aber v.a. für Denkmäler und Architekturen des Gedenkens an den Holocaust. Im Jüdischen Museum in Berlin stellt der Architekt Daniel Libeskind durch den Exil und Emigration symbolisierenden ›E.T.A. Hoffmann Garten‹ einen Bezug zum Unheimlichen her, der die autobiographische Konnotation der *Dissemination* Derridas vereinnahmt.

Entlang der beginnenden Emanzipation werden im Laufe des 19. Jahrhunderts Verschiebungen und Projektionen greifbar, die sich auf Erschütterungen männlicher Identitäten zurückführen lassen. Vor allem Baudelaires Verbindung von Frau und Tod, die auf die Konstruktion negativer Lust zielte, kehrt in den Bildwelten Gustave Moreaus, im Symbolismus und in Franz Stucks *Die Sünde* (1897, München, Neue Pinakothek) in Gestalt dämonisierter Weiblichkeit wieder. Aus Erlebnissen und kollektiven Phantasmen herrührende Ängste des Künstlers wurden im Werk Edward Burne-Jones' als Hintergrund seiner Konzeption weiblicher Figuren als gefährliche »Sirene« versus spiegelnarzisstischer »Psyche« geltend gemacht (Kestner 1984). Dezidiert gegen die Emanzipation wendet sich Gustav Klimts Gemälde *Die Hoffnung* (1903, National Gallery of Canada, Abb. in Evers 1963, 19): Gerade der Kontrast zu den morbiden Vertreterinnen der Lebensalter und den dämonischen Formen, die sie umschlingen, weist die jugendliche und vitale Schwangere als Verkörperung männlicher Ängste des *Fin de siècle* aus (s. Kap. IV. A.3).

Expressionismus, Großstadt und Krieg

Über den Kontext literarischer Dekadenz-Topoi, die seine Rezeption entscheidend geformt haben, weist das Werk Edvard Munchs deutlich hinaus. Fast sein gesamtes Werk scheint von Momenten der Todes- und Trennungsangst durchdrungen. Wenn sich diese, wie in den als *Madonna* betitelten Graphiken und Gemälden, mit betont erotischen Qualitäten verbinden, greift eine Deutung der Figur als Todesbotin jedoch zu kurz. Vielmehr wird in dieser Überblendung eine doppelte Projektion wirksam, die Frau ist verderbliche *Femme fatale* und religiöse Erlöserfigur zugleich (s. Kap. II.10). Persönliche Erfahrungen des Künstlers, der in seiner Kindheit den Tod der Mutter, der Schwester und eine eigene schwere Krankheit erlebt hatte, werden in seinem Werk immer wieder durchgearbeitet. Eine solche Bearbeitung eigener, zugleich typischer kindlicher Angstsituationen zeigt sich in den Themenkomplexen *Das kranke Kind* (1884–1896, Radierungen und Gemälde, Göteborg, Kunstmuseum), *Pubertät* (Gemälde: 1893, 1894/95, 1913/14, Oslo, Munch-Museum und Nationalgalerie) und *Das Mädchen und der Tod* (Gemälde, 1899, Bremen, Kunsthalle), deren psychologische Intensität ohne das Element einer fusionalen ›Einfühlung‹ nicht denkbar scheint. Seit 1890 entstand eine Reihe von Werken, die über die Innenschau hinaus eine neue, expressive Bildformel prägten. Bereits die verzerrten Perspektiven verweisen auf Einsamkeit, Ohnmacht und eine affektiv gefärbte Wahrnehmung, die sich in den maskenhaften Physiognomien der starrenden Passanten in *Abend auf der Karl-Johan Straße* (Gemälde und Graphiken, um 1892–1896) kristallisiert. Während dem Betrachter hier projizierte Ängste objekthaft gegenübertreten, ist *Der Schrei* (Gemälde und Graphiken, 1891–1896) zu einem Bild elementarer und scheinbar nicht mehr objektgerichteter Angst verdichtet (s. Einleitung Kap. II).

Hier mutet die linear geschwungene, farblich dissonante Landschaft wie eine geisterhafte Emanation der Innenwelt der Ausdrucksfigur an. In einer späteren autobiographischen Notiz äußert sich Munch zur Entstehung:

Ich ging mit zwei Freunden den Weg entlang – dann ging die Sonne unter der Himmel wurde plötzlich blutrot ich hielt an, lehnte mich todmüde an einen Zaun – über dem blauschwarzen Fjord und der Stadt lagen Blut und Feuerzungen meine Freunde gingen weiter und ich stand immer noch zitternd vor Angst – und ich fühlte, daß ein großer unendlicher Schrei durch die Natur ging (zitiert nach Weisner 1980, 189).

Abb. 3: Edvard Munch: *Geschrei*, 1895 (Lithographie, handkoloriert mit Gouache, 75 x 57 cm, MM G 193–3; Oslo, Munch-Museum, © The Munch Museum / The Munch Ellingson-Group / VG Bild-Kunst, Bonn 2012)

In plötzlicher Gefahr kann ein Schrei der kognitiven Angstwahrnehmung vorausgehen. Nicht der äußere Anlass, die mit »Blut« angespielte, unbewusste Farb-Deutung ist jedoch entscheidend. Munchs »Schrei der Natur« stellt sich als Einbruch einer der Situation inadäquaten, traumatischen Angst dar, die abgespalten vom Inhalt der traumatischen Erinnerung im Bild repräsentiert wird (s. Kap. III. A.3). Darauf deutet möglicherweise auch die Diagonale des Landungsstegs hin, die als Schwelle zwischen verschiedenen Realitätsebenen fungiert. Damit würde der in den Straßenbildern thematisierte Konflikt zwischen Individuum und Gesellschaft hier erneut wirksam: Dem wenige Jahre später formulierten ersten Angstkonzept Freuds zufolge, tritt (neurotische) Angst als Umwandlung unterdrückter Triebansprüche auf. In den Phobien kann sie sekundär an äußere Objekte gekoppelt werden, so im Falle des »Wolfsmanns«. Munchs Bezeichnung des Schreis als »unendlich« eröffnet indessen eine weitere Deutungsdimension, denn die in die Natur verlegte Angst wird damit verstetigt. Eine solche Ontologisierung entspräche der an Munch diagnostizierten ›metaphysischen Ob-

dachlosigkeit‹, v. a. aber der Philosophie Kierkegaards, der Angst als existentielle Bedingung des
Seins bestimmt hatte (s. Kap. II.1; Kap. II.2). Aus ihrem biographischen Kontext gelöst, würde die Angst
des Künstlers somit zur visionären Daseinsdiagnose.

Die Munchs Kunst zugrundeliegende Erfahrung
sozialer Gegensätze und beschleunigter Modernisierung erfuhr im Kontext des Berliner Expressionismus’ eine Zuspitzung. Zwei Künstler sollen dies exemplarisch verdeutlichen. Aus den frontal angelegten Straßenszenen James Ensors und Munchs
entwickelte Ernst Ludwig Kirchner einen neuen Typus, der die Begegnung modisch ausstaffierter Stra-
ßenprostituierter mit bürgerlichen Zylinderherren
aus der Perspektive eines teils distanzierten, teils involvierten Beobachters schildert. Stakkato-artige
Formzerlegungen, sich kreuzende und zerrperspek-
tivisch verkürzte Straßenbahnen sowie endlose
Ströme von Menschen und Fahrzeugen kennzeichnen die Stadt als Ort der Beschleunigung und Entfesselung. In der Maskenhaftigkeit der Kokotten
bündeln sich hierbei das entfremdete, warenförmige
Verhältnis zwischen Bürgern und Unterschichtmäd-
chen und die erotischen Momente von Faszination
und Repulsion. Erlebnisse zu Beginn des Ersten
Weltkriegs lösten bei Kirchner Vernichtungsängste
aus, die sich in den makabren, aber auch fragilen Kokotten manifestieren, die nun als Kriegerwitwen auftreten. In dem Gemälde *Potsdamer Platz* (1914, Berlin, Nationalgalerie) scheinen die monumentalen Figuren die Stadt zu beherrschen; doch 1916 beschrieb
Kirchner sich selbst als »wie die Kokotten, die ich
malte […]. Hingewischt, beim nächsten Mal weg«
(zitiert nach Pfarr 1999, 57). Die sukzessive Bearbeitung von Lithographien und Radierungen nimmt
Gesichter und Figuren auslöschende Transformationen der Straßenszenen vor, über die sich bedrohliche Schatten legen.

Durchdringen sich bei Kirchner Stadt, Hure und
Tod, so naht der Untergang der Großen Hure Babylon in den zerr- und antiperspektivisch zerglieder-
ten, nächtlichen Stadtlandschaften Ludwig Meid-
ners. Wenn die zwischen 1912 und 1915 entstandenen, aus dem Bewegungsduktus der Pinselhiebe
heraus generierten *Apokalyptischen Landschaften*
zerberstende Gebäude, Brände und Explosionen zeigen, ist dies zunächst als Dynamisierung sowohl des
Gegenstands als auch der malerischen Mittel zu begreifen. Auf diese Weise beschwört Meidner, analog
zu Jakob van Hoddis’ gleichnamigem Gedicht, das
Weltende (1911) als ekstatische Steigerung des Augenblicks; integrierte Selbstporträts bekräftigen

Abb. 4: Ernst Ludwig Kirchner: *Kriegerwitwen auf der
Straße*, 1914 (Radierung, zweiter Zustand; Privatslg.)

seine Identifikation mit der Stadt. Den, seinen Brie-
fen zufolge, zunehmend von Angstzuständen bedrängten Künstler und Kriegsgegner veranlasste jedoch nicht erst der Kriegsausbruch zu Revisionen
seiner Kunst: Schon 1913 nahm er das *Bombarde-
ment einer Stadt* (Tuschezeichnung. Berlin, Berlinische Galerie) vorweg. Das apokalyptische Grauen
des tatsächlichen Weltkriegs fasste er in Untergangs-
visionen, die durch Bezüge zur jüdischen Religion
eine angstreduzierende Bedeutungsebene hinzuge-
winnen. Andere Expressionisten verarbeiteten ihrer
Kriegseinsätze in plastischen Formübersteigerun-
gen, die gleichermaßen als mimisch-physiognomi-
sche Angstzeichen und als Angstabwehr durch
dionysische Lebenssteigerung betrachtet werden
können. Beispiele hierfür sind der in Russland entstandene *Blaurote Kopf* (1917, Holz, Berlin, Brücke-
Museum) Karl Schmidt-Rottluffs und der *Kopf*
(1915, Zinn, Pilsen, Westböhmische Galerie) des auf
österreichischer Seite kämpfenden Bohumil Kubišta.

Atomangst und Kalter Krieg

Yves Tanguys surreale Landschaft *La théorie des ré-
seaux* (Öl auf Leinwand, 1935, Galleria Galatea-To-
rino. Abb. in Evers 1963, 89), die von spitzwinkligen,

aufgerichteten Klingen und Bajonetten gleichenden Objekten auf einer tristen Ebene vor staubigem Himmel bevölkert wird, lässt aus heutiger Sicht die reale Gefahr des Nationalsozialismus klar vor Augen treten. Eine Variation mit organischeren Gebilden (*Ohne Titel (Metaphysische Landschaft)*, 1935, Staatsgalerie Stuttgart) wurde als apokalyptische Endzeitvision beschrieben, die Hiroshima vorwegnimmt (s. Kap. IV. A.7). Somit scheint die malerische Zurichtung der Atomkatastrophe für den ästhetischen Genuss gelungen; jedoch nur dank der mehrdeutig bleibenden Symbolik der ständig transformierten, später auch explizit militärischen Formen Tanguys (z. B. in *La peur II*, 1949 New York, Whitney Museum). Der Kalte Krieg und der drohende atomare Overkill bildeten den Rahmen, in dem ein weites Spektrum der westlichen Kunst der 1950er und 1960er Jahre als beunruhigend empfunden und als angsterfüllt gedeutet werden konnte (vgl. Evers 1963, s. Kap. IV. A.6). Besonders betraf dies figurative, vom Dogma der Abstraktion abweichende Kunst und hier v. a. die Skulptur. Im Umfeld der Kleinianischen Psychoanalyse betrachtete man Skulpturen in England als psychotische Ausschnitte der Wirklichkeit. Tatsächlich formierte die Gleichsetzung von Bewegtheit mit Angstagitation den öffentlichen Diskurs soweit, dass sich Henry Moores Selbstwahrnehmung davon beeinflusst zeigte (Hulks

2006). Zugleich lieferten Francis Bacons durchaus plastische, aggressive Defigurationen des Körpers im Medium der Malerei eine weit schonungslosere Diagnose der Nachkriegsverfassung; seine Porträts in Glaskäfige gesperrter *schreiender Päpste* artikulieren die grundlegende Versehrtheit der menschlichen Existenz und das Ausgeliefertsein an eine katastrophische Geschichte. Unter den Aspekten ihrer expliziten Todesthematiken und unbewussten Ängste wurden inzwischen Andy Warhol und Joseph Beuys in Entsprechung gesetzt (Greve 2004). Über diese Deutung hinaus weist das Beuyssche Werk zahlreiche Bezüge zu Endzeitszenarien auf, die seine Phantasien der Wiedergutmachung nicht nur mit Umweltzerstörungen, sondern implizit auch mit der Atomangst korrelieren.

Angststrategien der Gegenwart

Unterschiedliche zeitgenössische Strategien inszenieren Orte, deren Unheimlichkeit aus vergangenen Greueln oder den konkreten Bedrohungen von Atomkrieg und Atomunfall herrührt. Louise Wilsons akustische Performance *A Record of Fear* evozierte in einer stillgelegten militärischen Atomanlage u. a. die Aktivität abgebauter, dem Blick entzogener Zentrifugen, womit sie zugleich auf das

Abb. 5: Dirk Skreber: *Air Force One 1.0 (the assistant series)*, 2004 (Öl auf bedrucktem Vinyl; Privatslg.
© VG-Bild-Kunst, Bonn 2012)

aktuelle iranische Atomprogramm anspielte (Wilson 2006). Im Zuge seiner Beschäftigung mit Tod und Destruktion schafft der in New York arbeitende Dirk Skreber eine Ikonographie kollektiver Angstphantasien und verdrängter Bedrohungen. Die Evidenz des Bildes wird durch sein Darstellungsverfahren am Beispiel der fiktiven Sprengung des Präsidentenflugzeugs (*Air Force One 1.0*, 2004) buchstäblich unterminiert.

Luft- und Satellitenbilder betonierter Atomtest-Krater und iranischer Atomanlagen stellen die Frage, was Nachrichtenbilder im Dienst politischer Affektregulierung zeigen oder nicht zeigen (vgl. Grässlin/Emslander/Shah 2008). Misstrauen gegenüber der Repräsentation prägt mehr noch die Fotografie nach 9/11. Tomoko Yoneda widmet sich den Schauplätzen von Schlachten und Kriegsverbrechen, ohne Spuren des Geschehens sichtbar werden zu lassen. In ihrer Ansicht Sarajevos (2004, Abb. in Coulter-Smith/Owen 2005, 211) ist es die Identifikation des fotografischen Blicks mit der Perspektive eines Scharfschützen, durch die sich Überwachung und Terror ins Bild einschreiben.

Mit Videoarbeiten, Performances und drastischen Aktionen setzen sich Künstler sowie direkt Betroffene mit der dominierenden *Politik der Angst* auseinander (s. Kap. II.7) und zeigen deren Folgen für Flüchtlinge und Minderheiten auf (vgl. ebd.). Das für die Biennale Venedig 2005 geplante Projekt Gregor Schneiders, *Cubes*, scheiterte nicht etwa an der *Islamophobie*, sondern an jenen politischen Kräften, die eine *Politik der Islamophobie* betreiben. Schneiders Installation von 2001, *Totes Haus Ur*, führte Besucher in einen Angst und Beklemmung erzeugenden Parcours, der auch für die impliziten Drehbücher der Denkmäler kennzeichnend ist, die von persönlichen Emotionen ausgehende Prozesse anstoßen sollen.

Literatur

Brincken, Jörg von: Erhabene Schau-Lust. Faszination an der Katastrophe und Affinität zur Natur bei Sade und Lautrémont. In: Jürgen Schläder/Regina Wohlfahrt (Hg.): *AngstBilderSchauLust. Katastrophenerfahrungen in Kunst, Musik und Theater*. Leipzig 2007, 166–195.

Coulter-Smith, Graham/Owen, Maurice (Hg.): *Art in the Age of Terrorism*. London 2005.

Duro, Paul: ›Great and noble ideas of the moral kind‹: Wright of derby and the scientific sublime. In: *Art History* 33/4 (2010), 660–679.

Ermacora, Beate/Wiskemann, Ines (Hg.): *KAVA KAVA. Facetten der Angst*. Bielefeld 2007.

Evers, Hans-Gerhard (Hg.): *Zeugnisse der Angst in der modernen Kunst*. Darmstadt 1963.

Gehrig, Gerlinde: Bild. In: Dies./Ulrich Pfarr (Hg.): *Handbuch psychoanalytischer Begriffe für die Kunstwissenschaft*. Gießen 2009, 61–73.

Germer, Stefan: Die Lust an der Angst – Géricault und die Konjunkturen des Unheimlichen zu Anfang des 19. Jahrhunderts. In: Klaus Herding/Gerlinde Gehrig (Hg.): *Orte des Unheimlichen. Die Faszination verborgenen Grauens in Literatur und bildender Kunst*. Göttingen 2006, 159–191.

Grässlin, Karola/Emslander, Fritz/Shah, Anita (Hg.): *Dirk Skreber. Blutgeschwindigkeit/Blood Speed*. Köln 2008.

Greve, Gisela: Tod und Zerstörung in den Werken von Andy Warhol und Joseph Beuys – Ein Vergleich aus psychoanalytischer Perspektive. In: *Psychoanalyse – Texte zur Sozialforschung* 8/1 (2004), 39–55.

Herding, Klaus: *Pablo Picasso: Les Demoiselles d'Avignon. Die Herausforderung der Avantgarde*. Frankfurt a. M. 1992.

Herding, Klaus: Finster, lauernd, ungreifbar – die vertraute Altstadt als Hort des Unheimlichen bei Charles Meryon. In: Ders./Gerlinde Gehrig (Hg.): *Orte des Unheimlichen. Die Faszination verborgenen Grauens in Literatur und bildender Kunst*. Göttingen 2006, 192–233.

Höper, Corinna: *Giovanni Battista Piranesi – Die poetische Wahrheit*. Stuttgart 1999.

Hulks, David: The dark chaos of subjectivisms: Splitting and the geometry of fear. In: Brandon Taylor (Hg.): *Sculpture and Psychoanalysis*. Aldershot/Burlington 2006, 94–114.

Jones, Alessa: Gender, disaster, and the grand tour: Visits to vesuvius, 1770–1825. In: Gerhard Lauer/Thorsten Unger (Hg.): *Das Erdbeben von Lissabon und der Katastrophendiskurs im 18. Jahrhundert*. Göttingen 2008, 351–363.

Kestner, Joseph: Edward Burne-Jones and nineteenth-century fear of women. In: *Biography* 7/2 (1984), 95–122.

Munteanu, Dana LaCourse: Qualis tandem misericordia in rebus fictis?: Aesthetic and ordinary emotion. In: *Helios* 36/2 (2009), 117–147.

Pfarr, Ulrich: Reiz, Kälte und Entfesselung: Straßenszenen. In: Brigitte Schad (Hg.): *Ernst Ludwig Kirchner – Leben ist Bewegung*. Aschaffenburg 1999, 46–61.

Pfarr, Ulrich: Wie sich das Innere zeigt – Introspektion und mimischer Ausdruck bei Courbet. In: Klaus Herding/Max Hollein (Hg.): *Courbet – Ein Traum von der Moderne*. Ostfildern-Ruit 2010, 26–30.

Stumpfhaus, Bernhard: Teilnahmslos – Hinter dem Sucher der Kamera. In: *Psychoanalyse – Texte zur Sozialforschung* 8/1 (2004), 62–73.

Weisner, Ulrich (Hg.): *Edvard Munch. Liebe – Angst – Tod. Themen und Variationen. Zeichnungen und Graphiken aus dem Munch-Museum Oslo*. Bielefeld 1980.

Wilson, Louise K.: On the threshold of the audible. In: *Leonardo Music Journal* 16 (2006), 28–33.

Ulrich Pfarr

IV. Kulturgeschichte der Angst

Einleitung: Zur Kulturgeschichte der Angst seit 1800

Man kann eine »Kulturgeschichte der Angst« kaum epochal ordnen. Bildet die Sattelzeit um 1800 hinsichtlich der Angst wirklich einen Epocheneinschnitt? Wird dies bejaht, so folgt man Parametern, die mit der Geschichte der Modernisierung verbunden sind: Werden die traditionalen von funktional differenzierten Gesellschaften systemisch unterschieden, dann ist 1800 ein Epochendatum, das auch für die Geschichte der Angst gelten muss. Wir werden zeigen, dass diese Annahme berechtigt ist. Dennoch ist dieser von Niklas Luhmann inspirierte Ansatz hinsichtlich der Geschichte von Gefühlen nur bedingt ein probater Weg; und er ist aussichtsreich eher für die Liebe als für die Angst, eher für die Sympathie als für die Wut. Sofern sich in der Moderne neue Felder der Angst und vielleicht auch neue Angsttypen ausmachen lassen, so gilt dennoch das, was eine der großen Entdeckungen Sigmund Freuds war, nämlich der Erhaltungssatz psychischer Energien. Alle Gefühle, die biographisch oder kulturhistorisch einmal durchlaufen wurden, bleiben selbst dann, wenn neue Niveaus der biographischen oder kulturellen Evolution erreicht werden, mindestens latent gegenwärtig. Hinsichtlich der Gefühle bleiben wir Zeitgenossen aller Zeiten. Es besteht also ebenso eine Diachronie (die kulturelle Evolution der Affekte) wie eine Synchronie (die organische und stammesgeschichtliche Konstanz) der Gefühle. Je nach kulturellen Kontexten, die dann als Auslöserreize funktionieren, kann jedes noch so archaische, verdrängte oder vergessene Gefühl wieder belebt werden. So wie ein 50-jähriger eine Angst erleben mag, die, wird sie rekonstruiert, sich als die Wiederauflage des Gefühls zu erkennen gibt, das der Dreijährige erlebt hatte, so können auch Kollektive von Angstzuständen überflutet werden, die unzeitgemäß sind, gewissermaßen nicht zur scheinbar verfriedlichten Lage in der bürgerlich-demokratischen Gesellschaft von heute passen. Sie sind Survivals elementarer Angst, »Flaggenzeichen« (W. Benjamin) einer Vergangenheit, die wir längst hinter uns zu wissen meinen. Ängste können also punktgenau

Phänomene der Gegenwart treffen, etwa wenn das Zerbrechen intergenerationeller Stabilitäten, Altersarmut oder Arbeitslosigkeit konturierte und abgegrenzte Ängste wecken. Doch angesichts einer bedrohlichen Unheimlichkeit, einer ausweglosen Ausgeliefertheit oder einer Todesgefahr werden auch Ängste erlebt, die nicht nur überpersönlich sondern auch überhistorisch zu sein scheinen.

Denn sogar das Vergessene ist nicht Nicht-Sein, sondern Latent-Sein und oft auch Verdrängt-Sein. Vergessenes behält damit eine schwer durchschaubare Wirkkraft und Präsenz. Vergessene Angst ist eingesickert in die Physiologie von Körper und Hirn, in die Tiefenzonen eines nicht willkürlich zugänglichen Gedächtnisses. Auch Vergessen kann eine Form des Gedächtnisses sein. So kann vergessene Angst bei bestimmten gegenwärtigen Konstellationen zwar nicht als solche, quasi original, wieder ins Bewusstsein gehoben werden wie eine antike Statue aus dem Meer; vielmehr wird bei ihrer unwillkürlichen Reanimierung die archaische Angst im Horizont und in den Maßstäben der Gegenwart transformiert. Dass dabei auch retrograde Projektionen auftreten können, die politisch, ideologisch oder wissenschaftlich fragwürdig sind, hat Erhard Schüttpelz gezeigt (vgl. Schüttpelz 2005).

Gerade hinsichtlich von Gefühlen gilt also, dass Vergangenheit niemals vergangen ist. Zugleich aber tauchen historisch immer neue Affekttypen, Gefühlstöne und Objekte kathektischer Besetzungen auf. Diese Entdeckung der Gleichzeitigkeit des Ungleichzeitigen, mit der Freud seinen psychischen Erhaltungssatz neben die beiden Hauptsätze der Thermodynamik stellt, ist selbst modern. Sie wird geteilt etwa auch von Ernst Bloch hinsichtlich von ideologischen und sozialen Entwicklungen oder von Reinhart Koselleck für die Historiographie (Bloch 1962; Kosellek 1979; Arnd 2005). Sie verändert das übliche Modell der Geschichtsschreibung, sei es das der Evolution, des Fortschritts oder der funktionalen Ausdifferenzierung. Einerseits wächst das Repertoire der kulturellen Formen und Modellierungen von Gefühlen – und hinsichtlich der Angst kommen hier in der Moderne einige Angstmodi hinzu –; andererseits bleibt die Matrix einiger weniger Grundtypen unserer Affekte stabil und die kulturellen Affekt-Modellierungen vergangener Epochen bleiben stets Möglichkeiten der Gegenwart.

Tatsächlich spricht Freud oft das »primitive Seelische« an, das »im vollsten Sinne unvergänglich« sei (Freud 1974, 45). Davon ist Freud spätestens seit *Totem und Tabu* (1913) fest überzeugt. So heißt es: »In dieser wie in vielen anderen Hinsichten lebt der Mensch der Vorzeit ungeändert in unserem Unbewußten fort.« Oder: »So sind wir selbst [...] wie die Urmenschen eine Rotte von Mördern« (Freud 1974a, 56,7). Für Freud sind dies Trieb-Konflikte und Gefühlszustände, die im Theben des Ödipus ebenso wie im bürgerlichen Wien oder in einer Stammeskultur auftreten. Freud hat damit gewiss einer ahistorischen Universalisierung Vorschub geleistet, der wir als Historiker nicht folgen können. Das Wieder-Erkennen der unbewussten Konflikte von Wiener Patienten in den Mythen der Antike ist jedoch nicht nur ein projektiver Kurzschluss. Sondern es wird der Einsicht Tribut gezollt, dass im Inneren des zeitgenössischen Subjekts archaische Muster stillgestellt und dem Fluss der Zeit entzogen sein können. Diese zeitlose Struktur wird von Freud mit der Metapher des »inneren Auslandes« belegt (Freud 1969, 496). Danach wären wir berechtigt, die gesamte Kulturgeschichte seit der Steinzeit als das »innere Ausland« der Moderne zu verstehen: eine projizierte, aber potentiell aktualisierte Welt, welche die »Prähistorie« oder die »archaische Erbschaft« (vgl. Freud 1986, 374; ders. 1974d, 545–549, 576–579; ders. 1974c, 118f; ders. 1974b, 155, 161, 177) repräsentiert. Mächtige Triebformationen und Affekte gehorchen dem Gesetz der Wiederholung: Es sind stillgestellte, quasi-mythische Muster. Zugleich stehen die bewussten Ich-Anteile im Takt zur historischen Zeit und ändern sich mit ihr. Freud sieht nur den Weg der Bewusstmachung, um aus den Umklammerungen der unbewussten Triebansprüche und verdrängten Gefühle zu entkommen. Vergangenheit gewinnt Macht in den undurchschauten Gefühlen, denen wir unterliegen; und dazu gehören zuvörderst die Angst und die Aggression (Wut, Zorn, Hass).

Dass sich die Wahrheit über das individuelle, aber – wie das 20. Jahrhundert lehrte – auch über das kollektive Leben oft nur als Katastrophe durchzusetzen vermag, ist die Tragödie eines aufgeklärten Bewusstseins, das zu spät kommt. Kultur aber ist immer der Versuch, dieser Katastrophe zuvorzukommen. In diesem Sinn versuchte die Moderne, sich des »archaischen Erbes« von Angst und Aggression zu entledigen, um ihm allerdings umso mehr zu ver-

fallen. »Denn das menschliche Wesen«, so Robert Musil, »ist ebenso leicht der Menschenfresserei fähig wie der Kritik der reinen Vernunft« (Musil 1978, 361). Angst und Gewalt, Rausch und Kalkül, Wut und Selbstbeherrschung, Schmerz und Glück und all die weiteren zerreißenden Polaritäten der Gefühle: Es bleibt ungewiss, ob wir zu ihnen nicht eine Äquidistanz aufweisen, die durch keine kulturelle Entwicklung aufgelöst wird. Wenn dies so ist, können wir auch nicht eine lineare, auf wünschenswerte oder ethische Ziele zulaufende Kulturgeschichte der Gefühle schreiben. Und ganz gewiss gilt dies für Angst, Hass, Zorn, Wut noch stärker als für die uns willkommenen *moral senses*, die eine viel stärkere historische Indexikalität aufweisen. Doch auch die *moral senses* haben vielleicht eine archaische Wurzel, jedenfalls wenn sich neuere Entdeckungen der frühkindlichen Entwicklung oder der Spiegelneuronen bewähren, wonach neben dissoziierenden auch die integrativen, auf Empathie beruhenden Gefühle zu den archaischen, ja physiologischen Grundlagen der Kultur gehören (vgl. Rizollatti 2008; Rifkin 2010).

Angst ist also ein elementares Gefühl, das wir mit den Tieren teilen. Die biologische Verankerung prägt sich sämtlichen kulturellen Anstrengungen zur Angstminimierung auf (s. Kap. II.11). Andererseits lösen kulturelle Mechanismen der Angstabwehr, zu denen auch die Religionen gehören, den Menschen aus der biologischen Instinktregulierung heraus. Die ›limbische‹ Angstreaktion wird dabei transformiert in leibliche Angst, die für kulturelle Aneignung und Modellierung offen ist. Dieser Prozess beginnt vermutlich gleichzeitig mit dem Todesbewusstsein, das neben der Technik und der Sprache eine wesentliche Quelle der Kulturentstehung ist. Von diesem Stand der Humangeschichte an ist nicht mehr nur von einer evolutionsbiologischen Angstreaktion zu sprechen, sondern von einer Kulturgeschichte der Angst. Diese ist durch zwei Richtungen gekennzeichnet: Die zunehmend kulturell geprägten Ängste können als solche reflexiv angeeignet und bewältigt werden. Kulturelle, angstmindernde Ordnungen stabilisieren Ich-Bildungen, die eine Emanzipation von überwältigenden Angstmächten erlauben. Die zweite Richtung ist dazu gegenläufig: Kulturen modellieren und differenzieren nicht nur die Ängste, sondern sie verstärken sie auch bis zu der radikalen Konsequenz, dass gerade der kultivierte Mensch sich vom Existenzial der Angst her versteht (Kierkegaard, Heidegger; s. Kap. II.2). Beide Richtungen der historischen Entwicklung von Angst sind miteinander verflochten, so dass nicht zu erwarten ist, Angst aus der Gesellschaft entfernen zu können. Biologisches wie kulturelles Leben heißt, mit der Angst leben zu müssen. Es gibt beides: Die überwältigende, oft auch unbewusste Macht der Gefühle *und* die kulturell gut stabilisierte Fähigkeit des Menschen, Gefühle zu verinnerlichen und damit auch kontrollierbar, kommunizierbar und handhabbar zu machen. Zwischen diesen Polen liegt ein ganzes Spektrum der Modalitäten von Gefühlen, deren Hauptleben sich eben *zwischen* diesen Polen entfaltet (vgl. Nichols/Staupe 2012). Für die Angst trifft dabei ein Paradoxon zu. Zwar gilt: Je stärker die Angst, umso schwächer das Ich; aber es gilt nicht: Je stärker das Ich, umso schwächer die Angst.

›Enge‹ ist in vielen Sprachen der semantische Kern von Angst: griechisch *ángchein* meint würgen, drosseln, zusammenpressen; lateinisch *angor* meint das Würgen, Beklemmung, Angst; *anxietas, angustia* tragen ebenfalls die Enge in ihrem semantischen Kern; *angere* meint ›die Kehle zuschnüren, das Herz beklemmen‹; englisch *anxiety* und französisch *angoisse* wahren ebenfalls die fast symbiotische Beziehung von Angst und leiblichen Enge-Gefühlen (s. Kap. II.4; III. A.1). Hilfreich ist es, wenn kognitive Leistungen die Angst einhegen: das Erkennen der Ursache der Angst, die Lokalisierung des Feindes, das Wahrnehmen der Ausflucht, der Richtung der Flucht. Denn bei starker Angst droht die Kopflosigkeit: Verlust der Übersicht, panischer Schrecken, zielloses Losstürmen. Dies ist die pathische Seite der Angst. Aufgrund ihrer potentiellen Kopflosigkeit ist die Angst den alten Philosophen verdächtig: Angst setzt unser dianoetisches Vermögen außer Kraft. Das ist ein unphilosophischer Zustand, weswegen in der Stoa wie auch bei Epikur und später im Neostoizismus die Apathia vor allem ein Zustand zur Beherrschung der Angst ist. Wie die Angst so ist auch der Schrecken die Überwältigung durch bedrohliche Gegenwart. Darin geht jede Reflexivität unter. Der Organismus ist wie angenagelt, die Glieder gehorchen nicht mehr, die Angstspannung versteinert. Der Anblick der Medusa ist hierfür das mythische Bild. Dabei lässt sich nicht denken. Perseus ist der Held, dem mit der Ermordung Medusas die strategische Verwandlung der Angst gelingt. Fortan gilt ein neues Gesetz: Souverän ist derjenige, der Angst nicht erleidet (*phobeisthai*), sondern Angst bewirkt (aktivisches *phobein*). Dies ist ein verbreitetes Muster bei Männern, die z. B. Frauen die Angst erleiden machen, um nicht selbst Angst empfinden zu müssen. Diese Delegation oder projektive Übertragung der Angst wird auch hinsichtlich von Kindern, Min-

derheiten, fremden Ethnien immer wieder zum Einsatz gebracht. Sie gehört zu den Politiken der Angst, die in der Moderne enorm zugenommen haben. Auch die Affektgeschichte des Krieges bleibt bis heute davon bestimmt, *phobeisthai* taktisch wie strategisch in *phobein* zu verwandeln. Terror und Gewalt gegen die Zivilbevölkerung, besonders gegen Frauen, Kinder und Alte sowie gegen Fremde, sind oft Umkehrungen der Angst und Ausgeliefertheit, in denen sich Soldaten im modernen Krieg befinden.

Ob Mythen, ob Selbstbeobachtung oder Studium der Tierwelt: Durchweg stellt sich die Angst als ein Phänomen dar, das den Körper ergreift und selbst körperlich ist. Die Angst lässt das Herz schneller schlagen oder gar aussetzen, die Knie werden weich und der Schritt versagt, der Puls beginnt zu jagen, die Haare sträuben sich; Kälte befällt uns und schaudert über den Rücken, während doch zugleich der Schweiß ausbricht; der Atem stockt oder gerät ins Hecheln, ringend mit dem abschnürenden Gefühl im Hals; die Augen werden aufgerissen und die Pupillen weiten sich, die Glieder schlottern oder verspannen sich. Wir erkennen Angst mit größter Eindeutigkeit; jedenfalls in Ich-Perspektive, während in Beobachter-Perspektive Körperzeichen kein hinreichendes Indiz für Emotionen sind, zumal letztere auch verborgen oder vorgetäuscht werden können. Nur deswegen können Ängste, wie Gefühle überhaupt, zu einer Kunst der Darstellung werden, im Theater oder im Film. Biochemie und Physiologie tun das ihrige dazu, die Signifikanten der Angst mit Einsichten in die endokrinologischen, vegetativen und nervösen Systeme zu unterfüttern. Hirnforscher verbinden die Daten der physiologischen Angst mit charakteristischen Hirnprozessen oder belehren darüber, dass die Angst im ältesten Teil des Gehirns, im limbischen System, ihre Ursprungslokalität habe – ein Indiz mehr, dass die Angst eine Elementar-Emotion auch des menschlichen Organismus ist.

Angst-Konstellationen der Moderne: Risiko und Sicherheit

Im Folgenden sollen die strukturellen Bedingungen der Moderne beschrieben werden, die zu epochal charakteristischen Angstformen geführt haben. Ideenverlassenheit und transzendentale Obdachlosigkeit, soziale Entfremdung und eine Vielfalt von Ängsten sind die Stichworte der Moderne seit 1900, sofern sie nicht mit dem Siegeslauf von Technik und Wissenschaft, sondern deren Kehrseiten identifiziert wird. »The horror! The horror!« sind die letzten Worte von Kurtz in Joseph Conrads *Heart of Darkness* (1899) und es sind zugleich die ersten Worte zum schrecklichen 20. Jahrhundert. Vielleicht drückt sich darin eine Art Abdankung des Menschen aus, wie sie am Ende des Jahrhunderts deklariert wurde, jedenfalls zermürbende Ambivalenzen bei gleichzeitig entfesselten Dynamiken wissenschaftlich-technischer und ökonomischer Potentiale, die zu extremen Konkurrenzen und Beschleunigungen führten.

Spätestens seit den ›wissenschaftlichen Revolutionen‹ des 17. Jahrhunderts und der ›Aufklärung‹ gehört es zum Selbstverständnis moderner Gesellschaften, dass die Rationalisierung der Welt Gewissheiten generiert, die den Ordnungen des menschlichen Lebenszyklus, der Natur, der Staaten und der Gesellschaft Stabilität verleihen. Die Wissensordnungen und (sozial-)technischen Regime erhöhten jedoch nicht nur den Standard inner- und zwischenstaatlicher Sicherungssysteme, sondern gleichzeitig die Kontingenz. Diese Kontingenz wurde erst langsam als Bedingung wie Konsequenz der Modernisierung von Gesellschaften erkannt (Rorty 1989; von Graevenitz/Marquard 1998; Makropoulos 2001; Baecker/Kettner/Rustemeyer 2008). Kontingenz heißt: Angst und Gefahr, Zufall und Unordnung, Katastrophe und Unglück, Biographie und Lebensformen, Erfolg und Zufriedenheit werden durch keinen metaphysisch-religiösen Sinn und keine unverfügbaren Ordnungen mehr gerahmt (s. auch Einleitung Kap. II). Diese Rahmenlosigkeit – Georg Lukács nennt sie ›transzendentale Obdachlosigkeit‹, Anthony Giddens spricht von ›Entbettung‹ – gilt unerbittlich. Dieses Ergebnis jahrhundertelanger Entwicklung führte für Staat und Gesellschaft, aber auch für die Individuen zu massiven Überlastungen und neuen Formen sozialer Angst. Trotz gewachsener sozialtechnischer, biopolitischer und gouvernementaler Möglichkeiten waren strukturelle Ambivalenzen und immer neue Zyklen von Aufschwung und Depression die Folge.

Dabei dienten doch die modernen Wissenschaften vor allem dem Ziel, kognitive Ungewissheiten und soziale Unsicherheit sowie die damit verbundenen ›metaphysischen‹ Ängste in Ordnungen des Wissens zu transformieren. Das gesicherte Wissen sollte kalmierend und heilend auf die gewaltigen Erregungskurven von Ängsten und Ohnmachtsgefühlen einwirken. Wissen sollte nicht nur Macht generieren, also technische und politische Möglichkeitsräume erweitern, sondern Ängste in Risikobe-

wusstsein transformieren, kollektive und individuelle Identitäten stützen und Sicherheiten auf Dauer stellen (vgl. Beck 1987; Luhmann 1991; Hampe 2006; Münkler/Bohlender/Meurer 2009; s. auch Kap. II.5; Kap. II.9). So begann mit Psychologie, Soziologie und Biopolitik die Verwissenschaftlichung des Menschen (vgl. Foucault 1999; 2006a; 2006b). Dessen bislang dunkle Innenwelten wurden von Strategien der Sichtbarmachung, der statistischen Kalkulation und damit der politischen Planbarkeit durchdrungen. Die schicksalhaften Zufälle der Geburt oder die Willkür der blinden Fortuna erregten früher Sorge und Angst angesichts der verwirrenden ›Wechselfälle des Lebens‹. Sie wurden in planbare Skripte von Lebens*läufen* transformiert, die nach den Gratifikationsstandards der Leistungsethik reguliert wurden. Die Natur des Erdraums wurde in die Form mechanischer Gesetzmäßigkeit überführt; Katastrophen wurden auf geophysikalische Ursachen zurückgeführt und in versicherungsmathematische Risikokalküle übersetzt. Diese Tendenz wurde durch Sozialstatistik, »soziale Physik« und Kybernetik fortgeführt und sozialtechnisch effektiviert.

Die in der Moderne aufgebauten Dispositive der Sekurität generierten ein Sicherheitsgefühl, das nicht mehr in religiöser Selbstvergewisserung, sondern in objektivierbaren Garantien wurzelte. Diese wurden freilich erkauft mit dem Bewusstsein um die Kontingenz des eigenen Handelns und der Unverlässlichkeit der verantwortlichen Institutionen. Gefahren wurden somit zu Risiken, die für jeden und überall erwuchsen. Religiöse Heilsgarantien traten zurück zugunsten von organisiertem Risiko-Management, das der Staat für die Gesellschaft und der Bürger für sein Lebensskript zu entwickeln hatte. In dieser Perspektive ist die Geschichte der Angst verbunden mit der Geschichte der kognitiven Objektivierung von Gefahren, die zuletzt auf eine Geschichte der modernen Regierungstechniken hinausläuft. Letztere haben ihre Referenz nicht länger in unkalkulierbaren Gefahren und dunklen Ängsten, sondern in kalkulierten Risiken und pragmatischen Sorgen. Genau diese Strategien und Versprechen, und damit auch das Modell des paternalistischen Staates, der für seine Bevölkerung zu sorgen versteht, brechen heute zusammen. Die Diagnose ist: Die Moderne stellt die Erweiterung des Möglichkeitsraums auf Dauer, während die Mentalitäten nicht in gleicher Weise mitgewachsen sind, sondern angesichts der schwindelnden Möglichkeiten, die oft nur noch Ängste erregen, misstrauisch, ungläubig, gelähmt und depressiv zu werden drohen. Im 20. Jahrhundert pendelt die

Stimmung der Bevölkerung zwischen projektiven Identifikationen mit idealisierten Machthabern, wodurch Diktaturen begünstigt werden, und tiefem Misstrauen gegenüber Einsicht und Können der Politiker, wodurch Demokratien erodieren. Beides aber führt zu kollektiven Ängsten und Depressionen, wodurch sich der Horizont der Zukunft verdüstert.

In traditionalen Gesellschaften war die Religion die zentrale Institution für Sinnstiftung. Ökonomie war Heilsökonomie: für die Tröstung bei innerweltlichen wie metaphysischen Ängsten, Schicksalsschlägen und Katastrophen, für die Bewältigung des allgegenwärtigen Todes und für die Vermittlung von ›Geborgenheit‹ im Schoß einer Zeit, die jeden Einzelnen in das Heilshandeln Gottes zwischen Ursprungsereignis und Endgericht einhegte (s. Kap. II.1). Die metaphysische Rahmenlosigkeit der Moderne hat zwar die Spielräume der Kontingenz und damit die Räume selbstregulierter Gestaltung ständig wachsen lassen – in einer Handlungsmacht, wie sie niemals zuvor in der Geschichte bestand. Doch zugleich damit wurden den Instanzen des Wissens, die diesen Prozess vorantrieben, die Last und Pflicht aufgebürdet, die drohende Sinnleere und Orientierungsdiffusion, die soziale Angst und Zukunftsungewissheit, den psychophysischen Stress in einer kompetitiven Gesellschaft nicht nur zu beruhigen, sondern in planbare Lebensläufe und in wohlfahrtsstaatliche Garantien zu transformieren. Heute sind weder Lebensläufe planbar noch ist auf staatliche Fürsorgemaßnahmen Verlass. Erwartungsüberlastung einerseits und Erwartungsenttäuschung andererseits erzeugen eine Lähmung des für die Moderne unerlässlichen Möglichkeitssinns. Der Effekt ist: *Die risikoaffine Dynamik der Moderne ist eigentümlich mit risikoaversen Mentalitäten verkoppelt* (vgl. Bonß 1995).

Die modernen Gesellschaften, die einen extremen *test drive* aufweisen, erzeugen damit zugleich einen andauernden Innovationsdruck. Der Moderne gelingt es immer weniger, die Prozesse ständiger Verflüssigung und Veränderung, der Innovation und des Experimentierens auszubalancieren durch Mechanismen der sozialen und politischen Stabilität oder durch zeitübergreifende Sinnsicherung und Traditionsbildung. Das Risikomaß, das einen Vorsprung im Wettbewerb verspricht, ist nicht beliebig zu erhöhen, wenn es keinen Gegenhalt in wirksamen Stabilitätsmechanismen auf individueller wie gesellschaftlicher Ebene gibt. Das bedeutet: Risiko und Sicherheit sind nicht nur komplementär, sondern auch proportional. *Wächst das Risiko, muss Si-* *cherheit mitwachsen; werden bestimmte Niveaus von Sicherheit unterschritten, lässt die Risikobereitschaft nach.*

Die verbreiteten Angsterkrankungen, der steigende Konsum an Sedativa und Antidepressiva einerseits und Leistungsaktivierern andererseits sind ein Indiz dafür, dass eine *Balance zwischen Risikozumutung und Sicherheitsversprechen* nicht besteht – trotz gestiegenen Wohlstands, staatlicher Sicherheitsnetze, privater Vorsorge und verbesserter Risikosysteme (vgl. Sunstein 2007). Es kehren dabei nicht etwa die alten Ängste der vormodernen Gesellschaften zurück; sondern die Handhabbarkeit von partikularen Befürchtungen zerfällt, so dass Befürchtungen sich entgrenzen, und zwar derart, dass die Moderne selbst als diffuse Quelle von Angst und Bedrohung erlebt wird. Durchaus könnte es sein, dass die Langzeitarbeitslosen eine sozialdisziplinäre Funktion für die Erwerbsbevölkerung übernehmen. Die Angst aber grassiert auf beiden Seiten.

Das Strukturproblem besteht darin, dass nach dem Krieg die Bevölkerung jahrzehntelang mit fürsorglichen Sicherheitsmaßnahmen zur Loyalität mit der schwach verankerten Demokratie motiviert werden sollte. Dabei wurden die Erwartungen an staatliche Sicherheitsleistungen maßlos erhöht und die Fähigkeiten zu verantwortlicher Selbstsorge und Risikobereitschaft blieben unterentwickelt. Durchaus sind dies Erschwernisse beim anstehenden Umbau des Sozialstaates. Es sind Hintergründe der depressiven Abwehr gegen allfällige Strukturveränderungen nicht nur des Sozialstaates, sondern der Gesellschaft in einer globalisierten Welt.

Viele Untersuchungen zu soziokultureller Sicherheit beobachten eine neue Form von Paradoxie: Noch nie haben Menschen (in den westlichen Gesellschaften) so sicher gelebt wie heute; und doch nehmen Unsicherheitsgefühle und Ängste immer weiter zu. Die gegenwärtigen Gesellschaften werden von der Erfahrung heimgesucht, dass die Befriedigung von Sicherheitsbedürfnissen prinzipiell unerfüllbar ist und von selbstdestruktiven Effekten begleitet wird. Mit diesen neuen Erscheinungen sind nicht nur Ängste strukturell verkoppelt, sondern auch deren Gegenteil: zuviel Sicherheit langweilt, der *Thrill* von Gefahren wird gesucht – die Angstlust (vgl. Balint 1960; s. auch Kap. III.A.8). Dies sind Symptome der Sicherheitsparadoxie: Auf der einen Seite werden enorme Sicherheiten verlangt, auf der anderen Seite lösen diese neue Ängste aus oder sie werden durch *Thrill*-Erfahrungen ausgehebelt. Sicherheitsstrategien werden stets durch die schon von

Georg Simmel erkannte »Tragödie der Kultur« unterhöhlt (Simmel 1996). Denn Sicherheit bedeutet stets eine Beschränkung von Möglichkeiten; sie führt einerseits zu Überkontrolliertheit, zu hypertrophen Ritualisierungen, zu gelangweiltem Konformismus, ohne doch der Gefahren und Risiken Herr zu werden; und Sicherheit provoziert andererseits kontraphobische Abwehrstrategien, die den gesicherten Horizont im Zeichen der Erhöhung von Möglichkeiten und lustvoller Risiken entgrenzen.

Maximale Sicherheit führt zu jener Blockierung, die demokratische Staaten ihrem Gegenteil, dem Totalitarismus, annähert. Nach 9/11 können wir überall im Westen eine Situation hypertropher Sicherheitsforderungen beobachten, bei denen im Namen der Demokratie eben deren Grundrechte ausgehebelt werden. Übermäßig gesicherte Gesellschaften produzieren paranoide Lagermentalitäten und Freund/Feind-Stereotype, die ihrerseits zu neuen Risiken führen und Staat und Gesellschaft eher sklerotisieren als flexibilisieren (vgl. Koch 2010; s. auch Kap. IV. A. 8). Hypertrophe Sicherheiten erhöhen also das Risikopotential, zu dessen Abwehr sie entwickelt werden. Man gerät – staatlich wie auch biographisch – in die Sicherheitsfalle und wird zum Gefangenen von Strategien, die gerade vor Unfreiheit schützen sollen. Die Welt wird von flottierenden Gefahren und Ängsten erfüllt, die umso diffuser sind, je höher die Anstrengung zu ihrer Berechnung getrieben wird. Zugleich arretieren solche Sicherheitsphantasmen die Risikobereitschaft, die den Antrieb für die Dynamik von Modernisierung darstellt.

Dieses Phänomen ist aus der Geschichte der Bundesrepublik bekannt. Der Staat sollte in Vater- wie Mutterfunktion sowohl starke Ordnungen wie auch quasi-familiale Geborgenheiten generieren. Es ist aber deutlich geworden, dass Gesellschaften nicht nur an zu großer Risikobereitschaft scheitern können, sondern auch an Sicherheitshypertrophien (Zusammenbruch des Ostblocks). Zu viel Sicherheit führt zur Entloyalisierung der Bürger, denen der Möglichkeitsraum geraubt wird und die deswegen zu paranoiden Ängsten tendieren oder rebellieren. Moderne Gesellschaften stehen bezüglich des Umgangs mit Unsicherheit also vor dem Problem: Wird das Risiko entgrenzt, brechen Loyalitäten zusammen, Vertrauen mutiert in Angst; statt zukunftsbezogen zu handeln, klammert man sich am Vergangenen fest.

Moderne Gesellschaften *müssen* ihre Identität auf riskanten Wandel, auf Bewegung, Beschleunigung, Zerstörung und Wachstum einstellen. Nicht um-

sonst hat der Ökonom Alois Schumpeter schon vor Jahrzehnten die paradoxe Formel der »creative destruction« zur Signatur des modernen Kapitalismus erklärt (Schumpeter 1950, 134–143, 213–230). Unsicherheit ist also eine Entwicklungsvoraussetzung; aber der Innovationsdruck in Kombination mit Enttraditionalisierung ist für immer mehr Menschen unerträglich. Und so erwächst aus dem Modernisierungsmodus risikoaffinen Handelns zugleich eine wachsende Nachfrage nach Wohlfühl-Dienstleistungen und Angst-Palliativen (s. Kap. III. A. 10).

Die Frage nach Sicherheit und Risiko ist also eine Schlüsselfrage moderner Gesellschaften. Es hat den Anschein, als habe die schon von Robert Musil oder Georg Simmel erkannte Thematik an Aktualität gewonnen: Sicherheitsarrangements veralten, Risikokonstellationen verändern sich rasant, neue Ängste tauchen auf, einmal Gelerntes ist in kurzer Frist überholt, Lebensstile und Moden wechseln atemberaubend schnell, Partnerschaften zerfallen immer rascher, ›große Gefühle‹ werden von den Medien in rasende Zirkulation ohne Nachhaltigkeit versetzt, Erwerbsbiographien stürzen ab, das Alter steht als beängstigende Drohung sozialen Abstiegs und psychischer Vereinsamung vor einem usw.

Auf der einen Seite, kann man bei den Globalisierungsgewinnern eine Zunahme sozialexperimentellen und spielerischen Möglichkeitsbewusstseins mit hoher Risikobereitschaft identifizieren, während auf der anderen Seite Konformismus, larvierte Wut, Angst und Depression oder als Amüsement getarnte Langeweile grassieren. *Risikokompetenz und Sicherheitsbedürfnis sind asymmetrisch verteilt.* Sie differenzieren sich zu Stilen des Lebens aus – und reißen die Gesellschaft noch stärker auseinander, nicht nur ökonomisch, sondern auch mental, soziokulturell und lebensweltlich. Denn es gibt in der Lage, wo alles möglich ist, und für die einen nichts mehr geht, während für die anderen alles bestens läuft, Verlierer und Gewinner des Modernisierungsspiels. Moderne Gesellschaften belohnen den Risiko-Habitus – den Börsenmakler wie den in Risikozonen forschenden Wissenschaftler, den *global player* wie den Kulturscout; während für diejenigen Ängstlichen und Gehemmten, für die durchaus einiges möglich wäre, gar nichts mehr geht außer der virtuellen Partizipation am Medienspektakel.

Sicherheit und Risiko bilden ein Begriffspaar, das eigentümlich asymmetrisch ist und eine Fülle von Paradoxien enthält. Sicherheit und Risiko bilden für die Moderne eine Klammer, innerhalb derer sich die Pendel- und Spiralbewegungen heutiger Ängste entwickeln. Die sozialstaatliche Fähigkeit, Fortschritt durch Erhöhung von Sicherheit zu stabilisieren, ist in Frage gestellt, wenn nicht kollabiert. Es ist unwahrscheinlich, dass Antworten auf diese Problemzonen nur politologisch, soziologisch und ökonomisch gefunden werden können. Gefragt sind ebenso kulturwissenschaftliche, auch literatur- und kunsthistorische Forschungen, welche die Tiefendimension der Sicherheitsparadoxien und Risikodilemmata der Moderne erforschen.

Schematisierung von Risiko und Sicherheit

(als Hintergrund für kulturwissenschaftliche Analysen von Ängsten in modernen Gesellschaften)

	Risiko	Sicherheit
Soziales System	benötigt Risiko	benötigt Sicherheit
Individuum	benötigt Risiko	benötigt Sicherheit
als Ressource	Risiko erzeugt Innovation, Dynamik, Tempo	Sicherheit erzeugt Geborgenheit, Loyalität, Vertrauen
als Hyperthrophie	Risiko erzeugt Angst bzw. Angstlust	Sicherheit erzeugt Depression/ Langeweile
Gratifikation	für risikoaffines Verhalten: Erfolg, Gewinn, Prestige	für risikoaverses Verhalten: Ruhe und Ordnung, Unauffälligkeit
Sanktion	für zu hohes Risiko: Scheitern, Kollaps	für zu hohe Sicherheit: Scheitern, Kollaps
Sozial-Typ	»Apokalyptiker« (nach U. Eco)	»Integrierte«
Sozialpathologie	Neurotiker, Hysteriker	Paranoiker, Depressive
Temporalität	auf Zukunft setzen	auf Bestand setzen
Spatialität	*scape of flows,* expansive Komprehension	exklusive Inklusion inklusive Exklusion
Kalkulationstyp	Wahrscheinlichkeitskalküle	Linearitätskalküle
Paradoxie	starke Risikoaffinität erzeugt Risikoaversion	Sicherheitshypertrophie vermehrt Risiken
Proportion	wächst Risiko, muss Sicherheit mitwachsen	sinkt Sicherheit, so sinkt Risikobereitschaft
Phantasietyp	*conjunctivus potentialis* (was möglich sein könnte)	memorial bzw. Gefahren beschwörend
Ästhetik	»Mann ohne Eigenschaften«: experimentell, *test drive*	integrale Narration, traditionalistisch

Literatur

Baecker, Dirk/Kettner, Matthias/Rustemeyer, Dirk (Hg.): *Zwischen Identität und Kontingenz. Theorie und Praxis der Kulturreflexion.* Bielefeld 2008.

Balint, Michael: *Angstlust und Regression. Ein Beitrag zur psychologischen Typenlehre.* Stuttgart 1960 (engl. 1959).

Beck, Ulrich: *Risikogesellschaft. Auf dem Weg in eine andere Moderne.* Frankfurt a. M. 1987.

Bloch, Ernst: *Erbschaft dieser Zeit.* Frankfurt a. M. 1962.

Bonß, Wolfgang: *Vom Risiko: Unsicherheit und Ungewißheit in der Moderne.* Hamburg 1995.

Foucault, Michel: *Geschichte der Gouvernementalität I: Sicherheit, Territorium, Bevölkerung. Vorlesungen am Collège de France 1977–1978.* Frankfurt a. M. ²2006a (franz. 2004).

Foucault, Michel: *Geschichte der Gouvernementalität II: Die Geburt der Biopolitik. Vorlesungen am Collège de France 1978–1979.* Frankfurt a. M. ²2006b (franz. 2004).

Foucault, Michel: *In Verteidigung der Gesellschaft. Vorlesungen* am *Collège de France 1975–1976*. Frankfurt a. M. 1999 (franz. 1996).

Freud, Sigmund: *Briefe an Wilhelm Fließ. 1887–1904*. Hg. von Jeffrey Moussaieff Masson. Frankfurt a. M. 1986.

Freud, Sigmund: Zeitgemäßes über Krieg und Tod [1915]. In: Ders.: *Studienausgabe, Bd. 9*. Hg. von Alexander Mitscherlich u. a. Frankfurt a. M. 1974a, 33–60.

Freud, Sigmund: Die Zukunft einer Illusion [1927], In: Ders.: *Studienausgabe, Bd 9*. Hg. von Alexander Mitscherlich u. a. Frankfurt a. M. 1974b, 139–189.

Freud, Sigmund: Massenpsychologie und Ich-Analyse [1921]. In: Ders.: *Studienausgabe, Bd. 9*. Hg. von Alexander Mitscherlich u. a. Frankfurt a. M. 1974c, 65–134.

Freud, Sigmund: Neue Folge der Vorlesungen zur Einführung in die Psychoanalyse [1932]. In: Ders.: *Studienausgabe, Bd. 1*. Hg. von Alexander Mitscherlich u. a. Frankfurt a. M. 1969, 448–608.

Freud, Sigmund: Der Mann Moses und die monotheistische Religion [1939]. In: Ders., *Studienausgabe*, Bd. 9. Hg. von Alexander Mitscherlich u. a. Frankfurt a. M. 1974d, 459–581.

Graevenitz, Gerhart von/Marquard, Odo (Hg.): *Kontingenz*. München 1998.

Hampe, Michael: *Die Macht des Zufalls. Vom Umgang mit dem Risiko*. Berlin 2006.

Hoffmann, Arnd: *Zufall und Kontingenz in der Geschichtstheorie: mit zwei Studien zur Theorie und Praxis der Sozialgeschichte*. Frankfurt a. M. 2005.

Koch, Lars: Das Schläfer-Phantasma. Mediale Signaturen eines paranoiden Denkstils vor und nach 9/11. In: Sascha Seiler/Thorsten Schüller (Hg.): *Von Zäsuren und Ereignissen*. Bielefeld 2010, 69–88.

Koselleck, Reinhart: *Vergangene Zukunft. Zur Semantik geschichtlicher Zeiten*. Frankfurt a. M. 1979.

Luhmann, Niklas: *Soziologie des Risikos*. Berlin/New York 1991.

Makropoulos, Michael: *Modernität und Kontingenz*. München 2001.

Münkler, Herfried/Bohlender, Matthias/Meurer, Sabine (Hg.): *Sicherheit und Risiko. Über den Umgang mit Gefahr im 21. Jahrhundert*. Bielefeld 2009.

Musil, Robert: *Der Mann ohne Eigenschaften* [1930–1932]. Reinbek bei Hamburg 1978.

Nichols, Catherine/Staupe, Gisela (Hg.): *Die Leidenschaften – Ein Drama in fünf Akten*. Ausstellungs-Katalog Deutsches Hygiene Museum Dresden. Göttingen 2012.

Rifkin, Jeremy: *Die empathische Zivilisation. Wege zu einem globalen Bewusstsein*. Frankfurt a. M./New York 2010 (amerik. 2010).

Rizzolatti, Giacomo: *Empathie und Spiegelneurone. Die biologische Basis des Mitgefühls*. Frankfurt a. M. 2008.

Rorty, Richard: *Kontingenz, Ironie und Solidarität*. Frankfurt a. M. 1989 (amerik. 1989).

Schumpeter, Joseph A.: *Kapitalismus, Sozialismus und Demokratie*. Bern ²1950 (amerik. 1940).

Schüttpelz, Erhard: *Die Moderne im Spiegel des Primitiven, Weltliteratur und Ethnologie 1870–1960*. München 2005.

Simmel, Georg: Der Begriff und die Tragödie der Kultur [1911]. In: Ders.: *Philosophische Kultur. Gesammelte Essays* (Gesamtausgabe, Bd. 14). Hg. von Otthein Rammstedt. Frankfurt a. M. 1996. 385–417.

Sunstein, Cass R.: *Gesetze der Angst: Jenseits des Vorsorgeprinzips*. Frankfurt a. M. 2007 (amerik. 2005).

Hartmut Böhme

A. Konjunkturen kollektiver Angst

1. Revolution

Angst und Revolution

Für die Geschichte der Französischen Revolution, jenes Geschehens, das die Menschen aus den Schrecken absoluter monarchischer Herrschaft zu befreien versprach, sind Furcht und Angst in mehrfacher Hinsicht zentral. Bis weit ins 19. Jahrhundert hinein wurde 1789 als »l'anno de la paou« erinnert, als das Jahr der Furcht, aus der die Historiker des 20. Jahrhunderts »die Große« machten (Lefebvre 1979, 111) und der sie eine katalysatorische Wirkung in der frühen revolutionären Entwicklung zuschrieben. Umgekehrt nimmt *Quatre-vingt-neuf* in der Historiographie zu Furcht und Angst eine Scharnierstellung ein. Das Ereignis ist nicht von der Emergenz aufklärerischer Moral- und Geschichtskonzepte zu lösen, die Geschichte als eine machbare vorstellen und die Angst vor deren Scheitern an die Stelle der Furcht vor den Dingen und Geschehnissen einer Welt treten ließen, die in der Vorsehung Gottes gegründet gewesen war. Die revolutionäre *Terreur* der Jahre 1793/94 erscheint als Bindeglied zwischen beiden Entwicklungen. Ihre Gewalt unterlag einerseits einer ähnlichen Reproduktions- und Verselbständigungslogik wie jene, die durch die »Große Furcht« hervorgebracht worden sei, durch die frühen »terreurs populaires« (Walther 1990, 333 f., 340), andererseits jedoch konnte sie von ihren politischen Vertretern begründet werden als ein Instrument zur *Einhegung* jener ›panischen‹ und ›unvernünftigen‹ Furcht der Bevölkerung. Sie konnte legitimiert werden über das moralische Ziel der Geschichte, und das heißt auch: über deren künftiges, Schrecken erregendes Urteil.

La Grande Peur

Bereits 1932 hat Georges Lefebvre ein bemerkenswertes Phänomen in den Horizont der Geschichtswissenschaft gerückt: die zahlreichen Berichte von einer sich lauffeuerartig über weite Teile Frankreichs verbreitenden Furcht und Angst in der zweiten Julihälfte und ersten Augustwoche 1789. Vor dem Hintergrund der sich verschärfenden Ernährungs- und Versorgungslage seit der schlechten Ernte des vorangegangenen Jahres sowie der politischen Unruhen in Folge der Entlassung des königlichen Finanzministers Jacques Necker, wie sie im Sturm auf die Bastille kulminierten, mehrten sich Gerüchte von einer aristokratischen Verschwörung gegen den Dritten Stand. Sie gelangten in die Provinzen und trafen dort auf eine bäuerliche Bewegung, die sich bereits seit geraumer Zeit gegen die Intensivierung grundherrlicher Abgaben erhob. Ergebnis war die kursierende Nachricht von einer Rache der Adligen und privilegierten Großgrundbesitzer. Sie hätten, so das Gerücht, nicht allein ausländischen Söldnern das Land preisgegeben, sondern zudem Banden von Räubern und Bettlern ausgesandt, die das Getreide vor der Ernte schnitten und die Gemeinden erpressten und verwüsteten (Furet 1989, 110–121; Lefebvre 1932 und 1989). In ihrer Furcht und Angst setzten sich die Bauern und Gemeinden gegen den imaginierten aristokratischen Angriff zur Wehr. Sie stürmten Schlösser mit Sensen und Piken, plünderten Güter und zerstörten Feudalarchive. Die Aktion verfehlte nicht ihre Wirkung. In der Nacht vom 4. auf den 5. August verkündeten die liberalen Wortführer der beiden oberen Stände, ihrerseits mittlerweile in Unruhe und Angst versetzt, in der Nationalversammlung die Abschaffung der Feudalordnung. Auch wenn die Großgrundbesitzer am Ende dann doch nur auf ihre persönlichen Privilegien verzichten sollten, trug das Vorgehen der Bauern auf diese Weise zu einer antifeudalen Ausweitung und Beschleunigung der frühen revolutionären Auseinandersetzungen bei.

Die einschlägigen mentalitäts- und psychohistorischen Forschungen zitieren die Arbeit Lefebvres bis heute als maßgeblichen Referenztext und haben seine Ergebnisse lediglich regionalspezifisch ergänzt und ausdifferenziert (aus der neueren Forschung vgl. Diné 1989; Ikni 1989; Ramsay 1992). Diese Studien untersuchen die Angst-Beschreibungen von 1789 mit kausalexplanatorischem Interesse. Aus ihrer Sicht ist die beschriebene Verbreitung von Furcht und Angst nicht nur aus revolutionären Unruhen entsprungen, sondern trug ihrerseits zu deren Beförderung bei: vom bäuerlichen Angriff auf die Grund-

herren bis hin zur Verbreitung von Angst und Schrecken in der *Terreur* von 1793/94. Hier wird Angst erregende Gewalt aus der Angst vor Gewalt erklärt.
Damit wiederum wird die *Grande Peur* als ein Katalysator der revolutionären Entwicklung vorgestellt,
der eine paradoxe Grundlage hat. Denn sie selbst
und die aus ihr resultierende bäuerliche Gewalt wurden zunächst keineswegs aus revolutionären Impulsen geboren, sondern – in den Kategorien des Fortschritts – aus einem »rückwärtsgewandten« Interesse an der Stabilisierung und Wiederherstellung
tradierter Ordnungen (Reichardt 1998, 55; Vovelle
1985, 89), aus einem »archaischen Rückfall« in der
politisch-nationalen Bewusstseinsbildung (und daher fanden sie auch erst spät historiographische Beachtung: Furet 1989, 110, 116 f.). Auf diese Weise jedoch, so die mentalitätsgeschichtliche These, haben
sie letztlich jener zukunftsweisenden Umwälzung
der Gesellschaft Vorschub geleistet, die sich wenige
Jahre später der *Terreur* bediente, um die *terreurs populaires* zu vertreiben (so auch noch Hanson 2009,
44–47). Die Agenten des Terrors versetzten in Angst,
im Namen der Tugend, um aus Angst zu befreien: sei
es das Volk, wie sie proklamierten, oder, wie Kritiker
bemerkten, sich selbst (La Harpe 1813, 261; van den
Heuvel 1985, 92–116, 128 f.). Wer plausibilisieren
will, dass eine derartige Entwicklungslogik Angst am
Ende beseitigt und nicht bloß reproduziert, muss
vermuten, dass in der *Terreur* die Angst »das Gesicht
gewechselt« hat (Vovelle 1985, 91).

Das mentalitätsgeschichtliche Narrativ holt die
Angst in die Geschichte und erkennt so den Bauern
ihren Platz in der Frühphase der ›Großen Revolution‹ zu. Dazu bedient es sich einer teleologischen
List, die auch aus traditionalem Bewusstsein eine revolutionäre Tat erwachsen lassen kann. Unterblie-
ben ist dabei eine Analyse der Funktionen und
Bedeutungsgehalte der historischen Furcht- und
Angstbeschreibungen. Selbst Clay Ramsay, der die
sprachlichen Möglichkeitsbedingungen einer epidemischen Ausbreitung der ›Großen Angst‹ vorstellt
(vgl. Ramsay 1992, insbes. Kap. II.5), fügt sich in
eine massenpsychologisch grundierte Forschungs-
tradition, die die *Grande Peur* personalisiert und es-
sentialisiert als einen achtarmigen Strom, als ein sich
wellen- und lawinenförmig durch Land und Tal wäl-
zendes *monstrum horrendum*, und die die historischen Beschreibungen für bare mentale Münze
nimmt: als Abbild einer kollektivpsychologischen
Wirklichkeit. Die zeitgenössischen Berichte von der
Furcht von 1789 jedoch lassen nicht auf ›reale‹
Angstempfindungen hinter dem Text schließen

(seien sie ›epidemisch‹ oder nicht), sondern geben
allein Aufschluss über deren vielschichtige historische Problematisierung.

Nicht erst Historiker, sondern bereits zeitgenössische Beobachter konstatierten wiederholt, dass das,
was in der ›panischen‹ Angst des Sommers 1789 befürchtet worden war, gar nicht existierte: nicht die
angenommene Verschwörung der Aristokraten und
nicht die mit der Zerstörung der Ernte beauftragten
Briganten. Die Diagnose schrieb sich ein in den Diskurs über die Gefahren einer unvernünftigen Furcht,
die ihren Gegenstandsbezug verloren zu haben
schien. Eine allzu große Furcht, so wurde in der Frühen Neuzeit immer wieder betont, ließ mitunter
Wirklichkeit werden, was sie befürchtete: Sie vermochte zu bewirken, was sie vorstellte. Die Erklärung der dabei unterstellten Zusammenhänge hatte
religiös-theologische Hintergründe. Die Selbst-
wahrheitung der Furcht wurde als göttliche Sanktion
für ein mangelndes Vertrauen auf die gnädige Vorsehung Gottes aufgefasst. Dies ist nicht allein bei
Theologen nachzulesen, sondern auch bei Moral-
philosophen, die Furcht und Angst als gewaltsamer
beschrieben als die gefürchtete Gewalt, oder bei Medizinern, die in der Furcht vor der Pest eine der
maßgeblichen Ursachen der gefürchteten Seuche
ausmachten. Diskutiert wurde zudem die Gefahr eines tödlichen *terror panicus* in Kriegszeiten, wie er
in der Bevölkerung entstehen konnte ebenso wie unter Soldaten. Und schließlich findet sich das Problem in der Theorie von der gerechten und dauerhaften Herrschaft: in der Überzeugung politischer
Klugheitslehrer, der Souverän dürfe seine Untertanen in keine Furcht versetzen, die der Liebe ent-
behrte, wenn er nicht am Ende seinerseits in Angst
und Schrecken versetzt werden wollte (dies gilt auch
für Thomas Hobbes, den vermeintlichen Begründer
von politisch legitimiertem *terror*). Im Hintergrund
steht auch hier die Aufforderung, Gefahren nicht
nur nicht zu *unter*schätzen (und die nötigen Maßnahmen zur Selbsterhaltung zu ergreifen), sondern
sie auch nicht zu *über*schätzen – im Vertrauen auf einen gütigen Gott (Bähr 2013).

Im Mechanismus der Selbstbewahrheitung übersteigerter Furcht, dies schien sich auch in den Unruhen des Sommers 1789 zu bestätigen, war das Gerücht ein zentraler Baustein (s. Kap. III.A.7; vgl.
auch Ramsay 1992). ›Blindes Lärmen‹, üble Rede
und ›Geschrei‹, so die verbreitete Überzeugung,
brachten Unglück und Verderben: Sie zeitigten un-
nötige Bestürzung, lebensgefährliche Krankheit und
Unfälle in überhasteter Flucht, sie trieben die Flüch-

tigen mitunter erst dem Feind in die Arme und vermochten am Ende gar zu Mord und Totschlag zu führen. Vor diesem Hintergrund war die *fama mala*, dies beklagt schon Vergils *Aeneis*, ein »monstrum horrendum ingens« (Vergilius Maro 1969, IV, 181), des Mars gefährliche Genossin. Ihrerseits der Furcht geschuldet, wurde sie als ebenso furchterregend beschrieben wie das, was sie vor Augen stellte. Und das heißt: Nicht nur, wer sich in Sicherheit wog, wo es Anlass gab zur Sorge, sondern auch, wer vor Schrecken kündete, wo keine waren, vermochte die Leiden zu vergrößern, vor denen er zu bewahren suchte. Furcht und *fama* schienen ›ansteckend‹ zu sein, sie bargen das Potential ›epidemischer‹ Verbreitung, weil sie sich wechselseitig beförderten. Derart kombiniert, tendierten sie zu autopoietischer Selbstbestätigung und Verwirklichung des vorgestellten Unheils (Bähr 2013, Kap. 5.3). Die frühen revolutionären Unruhen wurden noch dadurch gesteigert, dass die Mobilisierung der Bauern durch die Nachricht von Räubern und Bettlern selbst zur Schrecken erregenden Nachricht werden konnte: indem der bäuerliche Aufruhr das Gerücht von der drohenden Gefahr zu bestätigen schien oder indem er zuweilen selbst irrtümlich für den befürchteten Gegenschlag der Aristokraten gehalten wurde – und so weitere Verwirrung und Unruhe nach sich zog. Diese Furcht nährte sich selbst und schuf sich ihren eigenen Anlass.

Hierauf Bezug nehmende Problembeschreibungen finden sich in unterschiedlichen politischen Lagern und Akteursgruppen. Der Pfarrer Yves-Michel Marchais aus dem Anjou etwa beklagte eine »terreur panique«, »une crainte trop grande et sans raisons assez fondées«, die einer für ihn weder neuen noch überraschenden Eigendynamik und unausweichlichen Eskalationslogik unterlag (Lebrun 1979, 99 f.). Ihren Anfang habe sie genommen in der Störung der überkommenen Ordnung und des tradierten Gleichgewichts zwischen König und Volk. Die Gewalt der von Furcht und Angst beherrschten Bevölkerung konnte der Geistliche nicht rechtfertigen; doch war der Souverän damit aus der Verantwortung nicht entlassen. Der König, so Marchais, hatte die ihm verliehenen Machtbefugnisse überschritten; er hatte das Volk allzu sehr in Furcht versetzt und aus Untertanen Knechte und Sklaven gemacht (vgl. ebd.). Ein zweites Beispiel: Der Gendarmeriekommandant Duguey berichtete aus dem nördlich von Paris gelegenen Clermont an Monsieur de Blossac, den königlichen Intendanten von Soissons, von der »Wirkung«, die Angst und Schrecken entfalten kön-

nen, wenn sie sich einmal der Gemüter der Menschen bemächtigt haben. Dugueys Schreiben stellt eine der ersten zeitgenössischen Interpretationen der Furcht von 1789 dar und ist von Lefebvre und Ramsay zum Ausgangspunkt ihrer Überlegungen gemacht worden. Insbesondere Frauen, so Duguey in Adaption verbreiteter Geschlechterzuschreibungen, weinten, wehklagten und flohen. Gelang es dem Kommandanten zunächst noch, das Volk zu beruhigen, durch Aufklärung darüber, dass die gemeldeten 4000 Landstreicher in der Nähe von Clermont gar nicht existierten, so wuchs sich das Problem anschließend zu einem unvorstellbaren »Schauspiel« aus, als zu Hilfe eilende Bewohner der Nachbargemeinden irrtümlich für aus Richtung Paris und Beauvais anrückende Banden gehalten wurden. Angesichts einer derartigen Brisanz von Gerüchten ließ Duguey voreilige Unglücksboten ins Rathaus führen, um zu verhindern, dass derartige Nachrichten die Hauptstadt in Erregung versetzten (Aisne dossier, AN F11 210, zit. nach Ramsay 1992, 117–119). Und die Revolutionäre? In der Nr. 21 des *Courrier de Provence* hielt Mirabeau fest: »Nichts überrascht den Beobachter mehr als die generelle Neigung in Notzeiten, schlechte Nachrichten zu glauben und zu übertreiben. Anscheinend besteht die Logik nicht mehr darin, den Wahrscheinlichkeitsgrad zu berechnen, sondern darin, den unsichersten Gerüchten Glauben zu schenken, sobald sie nur von Gewalttaten berichten und die Vorstellungskraft mit finsteren Greueln anregen. So ähneln wir den Kindern, die die schrecklichsten Märchen immer am liebsten hören« (zit. nach Soboul 1988, 119 f.). Hier spricht bereits der Aufklärer, dem die ›panische‹ Furcht des bäuerlichen Volkes auf ein kindliches Entwicklungsstadium und eine unvernünftige Übermacht der Einbildungskraft verweist und der neben der Gewalt und der Wirkungsmacht der Furcht ein angenehmes Grauen diagnostizieren kann, eine Lust an der Angst.

Die Erklärungen basieren auf unterschiedlichen Voraussetzungen und setzen unterschiedliche Akzente; und darin spiegelt sich bereits der aufklärerisch-revolutionäre Umbruch. Einig jedoch waren sich alle Seiten in der Feststellung eines besonderen Problems. Die ›panische‹ Furcht der Bauern konnte niemandem nützen. Angesichts dessen diente ihre Beschreibung der wechselseitigen politischen Diskreditierung. Aristokraten beschuldigten die Revolutionäre, das Gerücht von Getreide vernichtenden Banden gezielt zu verbreiten, und Revolutionäre wie Mirabeau vermuteten gleiches von den ›Feinden der

Freiheit‹. Diese Vorwürfe erwiesen sich bereits für viele Zeitgenossen als ebenso gegenstandslos wie die beobachtete Furcht. Und sie zeigen: Die Berichte von der Furcht und der Angst des Sommers 1789 sprechen in erster Linie von deren Gefährlichkeit und Brisanz. Sie lassen ein historisches Bewusstsein vom Eigenleben und der Eigengesetzlichkeit von Gerüchten und Fluchtbewegungen erkennen, aber sie berechtigen nicht zu einer Pathologisierung der bäuerlichen Bevölkerung am Vorabend der Revolution: nicht zu einer Erklärung ihrer Gewalt aus einer »wahnsinnigen Panik« (Vovelle 1985, 90) und »kollektiven Angstpsychose« (Thamer 2009, 36). Die diskursive Kausalverknüpfung von Furcht und (revolutionärer) Gewalt ist so alt wie der gewaltsame Konflikt, den sie beschreibt. Sie ist selbst Bestandteil jener revolutionären Auseinandersetzungen, die die Mentalitätsgeschichte zu analysieren versucht und denen sie auf diese Weise nicht entkommt. Die epidemiologisch-therapeutische Historiographie der Angst schreibt die zeitgenössischen Deutungen fort; ihre historische Distanzierung geht über die Widerlegung der These von der Adelsverschwörung nicht hinaus. Den Blick ›panischer‹ Bauern übernimmt sie nicht mehr, wohl aber den ihrer Beobachter. Sie erzählt von der ›Großen Revolution‹ nach Maßgabe dessen, welche Angst und welchen Gang der Geschichte sie für vernünftig hält.

La Terreur

Die historischen Erklärungen der Furcht von 1789 ermöglichten die Diskreditierung ebenso wie die Rechtfertigung der aus ihr entspringenden Gewalt. Wenn Aristokraten Gewalt aus Furcht erklärten, kritisierten sie damit die Gewalt der Revolutionäre; und wenn die Revolutionäre es taten, legitimierten sie ihre eigenen gewaltsamen Taten: Sie rechtfertigten die Verbreitung von Angst und Schrecken in der *Terreur* aus der Furcht vor inneren und äußeren Feinden und der Befreiung des Volkes von der Last, fürchterlich sein zu müssen: »Soyons terrible pour dispenser le peuple de l'être« (Danton, zit. nach Walther 1990, 341). Wer jedoch sprach wie Danton, der setzte eine neue Konzeptualisierung von Zukunft und Geschichte voraus: Waren die *Grande Peur* und die sie lindernde Gewalt dem Wunsch und Bemühen entsprungen, den alten, providentiell grundierten *ordo* wiederherzustellen (im Einvernehmen mit dem König, dessen Hinrichtung die Bauern missbilligten, aus Furcht vor göttlicher Strafe), so zielte die *Terreur*

auf den historischen Umsturz dieser Ordnung und die Errichtung einer neuen. Hier wurde nicht eine »panische und irrationale Angst« durch eine »kontrollierte, beherrschte« abgelöst (wie Vovelle 1985, 91, meint); vielmehr traten neue Semantiken an die Stelle der tradierten: eine neue Semantik von Zeit und Geschichte sowie von Furcht, Angst und Schrecken. Die Gewalt der Bauern begründete sich am Ende aus der Furcht vor dem göttlichen Gericht, die der Revolutionäre dagegen war (bei allem revolutionären Optimismus) nicht vorzustellen ohne die Furcht vor dem Urteil der Nachgeborenen: Sie legitimierte sich nicht mehr aus einer religiösen, sondern aus einer moralischen Notwendigkeit.

Am 5. Februar 1794 (17. Pluviôse An II) erläuterte Robespierre im Nationalkonvent im Namen des Wohlfahrtsausschusses die Prinzipien politischer Moral:

> So wie im Frieden die Triebfeder der Volksregierung die Tugend ist, so ist es in einer Revolution die *Tugend und der Schrecken* zugleich; die Tugend, ohne welche der Schrecken verderblich, der Schrecken, ohne den die Tugend ohnmächtig ist. Der Schrecken ist nichts anders als eine schleunige, strenge und unbiegsame Gerechtigkeit; er fließt also aus der Tugend; er ist also nicht ein besonderes Prinzip, sondern eine Folge aus dem Hauptprinzip der Demokratie, auf die dringendsten Bedürfnisse des Vaterlandes angewendet. Man sagt, der Schrecken sei die Triebfeder der despotischen Regierungsform. Sollte also unsere Regierung dem Despotismus gleichen? Ja, wie das Schwert, welches in der Hand der Freiheitshelden glänzt, demjenigen gleicht, womit die Trabanten der Tyrannei bewaffnet sind. Der Despot regiere seine abgestumpften Untertanen durch den Schrecken; als Despot hat er recht. Zwingt durch den Schrecken die Feinde der Freiheit, und Ihr werdet ebenfalls als die Gründer der Republik recht haben. Die Regierungsform, welche sich für eine Revolution schickt, ist der Despotismus der Freiheit gegen die Tyrannei (Robespierre 1989, 349).

Von frühen Aufklärern wie Montesquieu war die *Terreur* zum Kennzeichen jener absoluten monarchischen Herrschaft erklärt worden, die es zu überwinden galt; bei Robespierre wurde sie zum einzig probaten Mittel, die Fundamente dieser Herrschaft dauerhaft zu zerstören. Der Schrecken der Revolution legitimierte sich aus der Bekämpfung seines illegitimen Bruders. Kant wusste, dass eine Herrschaft, die ihre Untertanen allzu sehr in Furcht versetzte, am Ende eben das herbeiführen würde, was sie befürchtete: ihren Sturz. Die Einsicht, die, wie erwähnt, mit unterschiedlichen Akzentuierungen (und unter anderen Voraussetzungen) bereits in den politischen Klugheitslehren der Frühen Neuzeit nachzulesen ist, plausibilisierte für Kant eine Neubestimmung des historischen Zukunftshorizonts: eine neue Möglichkeit der historischen Prognostik und Erwartung eines noch nicht dagewesenen Ereignisses. Sie mochte das Problem jedoch lediglich beschreiben. Kant blieb distanzierter Beobachter des revolutionären Geschehens und versagte der Eruption der Gewalt die Rechtfertigung (Kant 1977, 351–368). Legitimiert – und damit politisch befördert – wurde diese Gewalt allein von beteiligten Akteuren vom Schlage Robespierres. ›Der Unbestechliche‹ mochte die Zukunft nicht bloß erwarten, sondern führte sie handelnd herbei. Er erklärte sich zum Vollzugsorgan einer Vorsehung, die nicht mehr in Gott gegründet war, sondern in einer teleologisch ausgerichteten Geschichte. Er verband Tugend mit Terror, anders als Montesquieu, der sie getrennt hatte, und stellte die Furcht in den Dienst der moralischen Verbesserung der Geschichte (auch wenn sie ihren ursprünglichen Gegenstand zunehmend verlor – und die Revolution ihre Kinder zu fressen begann). Diesen Fortschritt hatte Robespierre bereits 1792 seinen Zeitgenossen und der Nachwelt zur Aufgabe gemacht: »Postérité naissante, c'est à toi de croître et d'amener les jours de la prosperité et du bonheur« (zit. nach Koselleck 1975, 667).

Diese Geschichte war selbst, wie d'Alembert 1751 in seiner Vorrede zur *Encyclopédie* betonte, zu einem »tribunal intègre et terrible« geworden (zit. nach ebd., 666), die über das Gelingen des Vervollkommnungsprojekts einst ihr unerbittliches Urteil abzugeben versprach. Die Französische Revolution – zumindest was ihre Vordenker betrifft – ist nicht zu verstehen ohne die Emergenz eines Konzeptes der Geschichte, das diese selbst zum Furcht erregenden Richter über menschliches Handeln erhob. Damit beerbte die ›verzeitlichte‹ Geschichte Gottes Jüngstes Gericht und erschuf doch eine ganz neue richtende Instanz. Religiöses Denken, außerhalb des Einflussbereichs eines aufklärerischen, fürchtete, überspitzt gesagt, nicht die Geschichte, sondern ihr Ende (und dies ließ die Landbevölkerung größtenteils davor zurückschrecken, den König zu töten); doch religiöse Furcht, anders als so manche Aufklärer unterstellten, verhieß stets eine Hoffnung: die Hoffnung, nach Gottes letztem Urteil auf der richtigen Seite zu stehen – eine Hoffnung, die ihre Begründung im Wissen darum fand, dass allen Grund zur Zuversicht hatte, wer um die Angemessenheit und die Notwendigkeit der Furcht wusste. Wer diese Furcht zu kennen meinte, der hatte sie und ihren Anlass bereits überwunden. Aufklärerische Konzepte der Geschichte dagegen erklärten die Vorsehung Gottes zu

einem Raum von Unfreiheit, Determiniertheit und schicksalhaftem Notzwang, um das ihnen selbst eigene Furchtpotential zu verschleiern. Eine ›verzeitlichte‹ Geschichte brachte keine Befreiung von Furcht, sondern deren qualitative Transformation. Diese Geschichte wurde zu einem Richter, der nicht mehr vergaß oder gnädig vergab: der das Scheitern an einer Zukunftsgestaltung, die nicht nur möglich, sondern auch notwendig geworden war, unnachgiebig ahndete – mit der Unwiederbringlichkeit des Versäumten und der Unvergänglichkeit der historischen Schuld. Die *Terreur* legitimierte sich am Ende nicht allein aus der Furcht vor den Gegnern der Revolution, sondern implizit auch aus der Furcht vor dem schrecklichen Urteil der Geschichte; und so glaubte sie sich selbst berechtigt, das Urteil zu vollstrecken. Robespierre erklärte die *Terreur* zur Aufgabe eines moralischen Gewissens, das nunmehr, wenn es versagte, vor seiner eigenen Stimme erschrak – und das sich in diesem Fall gezwungen sah, tödliche Opfer zu fordern zur Verwirklichung des Ziels der Geschichte.

Diese Politik operierte nicht mehr mit einem genuin religiösen, sondern mit einem ›empfindsamen‹ Konzept der Furcht. Unter Berufung auf die Authentizität des Gefühls führte sie einen Schrecken erregenden Kampf gegen die konstitutive *dissimulatio* des Ancien Régime. Diese Politik jedoch führte herbei, was sie auszutreiben unternahm. Sie setzte auf Furcht, um einer Tugend zum Durchbruch zu verhelfen, deren maßgeblichen Beweis sie in der Furchtlosigkeit erkannte, und so musste sie neue Verstellungen provozieren und damit schon bald ihr politisches Scheitern (Reddy 2001, 190–200, 209 f.).

Dessen ungeachtet weist die *Terreur* weit über die Revolutionsjahre hinaus. Zum einen fand Robespierres zunächst wenig erfolgreicher Legitimierungsversuch späten Anklang bei seinen ›terroristischen‹ und totalitären Epigonen des 20. Jahrhunderts. Zum anderen indiziert er nicht allein einen historischen Umbruch im Geschichtsbewusstsein, sondern auch eine neue Semantisierung von Furcht, Angst und Schrecken in zahlreichen gesellschaftlichen Feldern (wenn auch nicht in allen). Die Temporalisierung und räumliche Öffnung der Geschichte, als Voraussetzung und als Folge der Revolution, brachte auch die Möglichkeit, in ihrer Gestaltung zu versagen, gesellschaftlich wie personal: in der Bildung des ›Menschengeschlechts‹ ebenso wie in der des je eigenen Lebens. Beschreibbar wurde nicht nur eine Furcht vor dem Urteil der Nachgeborenen, sondern auch vor dem ›Richter im

Ich‹: eine Furcht vor der kommenden ebenso wie vor der vergangenen Geschichte (Bähr 2008).

Von der ›Furcht‹ zur ›Angst‹?

Diese Furcht ist zu unterscheiden von einer »Angst *in* der Geschichte«, wie sie Heinz Dieter Kittsteiner für das ›revolutionäre Zeitalter‹ konstatiert hat; von ihr kann für das späte 18. Jahrhundert noch nicht gesprochen werden. Das aufklärerische Subjekt, das sich als autonom und moralisch handelnd zu verstehen begann, habe, so Kittsteiner, in der Beobachtung des revolutionären Geschehens die Unverfügbarkeit der Geschichte erkannt und auf diese Erkenntnis mit ›Angst‹ reagiert. In Immanuel Kants Theorie der »Naturabsicht« der Geschichte und in Adam Smiths Konzept der »invisible hand« sieht Kittsteiner dann das Bemühen, diese neue Angst im Medium einer innerweltlichen Teleologie zu vertreiben (Kittsteiner 1998, 10, 20; Ders. 1999, 147, 152). In den Selbstaussagen aufklärerisch und revolutionär Gesonnener jedoch erscheint die teleologische Struktur geschichtsphilosophischer Entwürfe nicht als ein Instrument der Angst*bewältigung*, sondern, umgekehrt, als Anlass und *conditio sine qua non* einer ganz eigenen Furcht: Statt einer gegenstandslosen ›Angst‹ in einer Unverfügbarkeit des Historischen entstand die Möglichkeit, sich vor dem Scheitern an dessen Gestaltung zu fürchten. Die Teleologie enthob das Subjekt nicht der Verpflichtung, am Erreichen des historischen Zieles zu arbeiten; als Angst erregend, mithin, wurde nicht der allgemeinmenschliche, sondern der je eigene Kontrollverlust über die Geschichte vorgestellt. Eine Angst in der Historizität und Freiheit des Daseins wurde erst im Kontingenzbewusstsein der ›Klassischen Moderne‹ als eine solche artikuliert und in Martin Heideggers existenzialanalytischer Unterscheidung von ›Furcht‹ und ›Angst‹ auf den Begriff gebracht (im Anschluss an Søren Kierkegaard; s. Kap. II.2). Aus ihr ist nicht auf die Bewältigung von Angst durch die Teleologie zurückzuschließen und damit auch nicht auf die vorgängige Entstehung einer »Angst vor der nicht machbaren Geschichte« aus dem Plausibilitätsverlust einer – Furcht erregenden wie Furcht überwindenden – Vorsehung Gottes (s. hierzu kritisch Einleitung Kap. II). In seinen Analysen der amerikanischen Demokratie machte es sich Alexis de Tocqueville ein halbes Jahrhundert später zur Aufgabe, die Furcht, wie sie die Freiheit nach dem Ende absoluter monarchischer Herrschaft mit sich brin-

gen konnte, zum *Nutzen* der Freiheit einzusetzen: »Il faut mettre la peur du côté de la liberté si on veut réussir« (zit. nach Lamberti 1983, 297). Hiermit bot Tocqueville, anders als Corey Robin meint, kein Therapeutikum für eine »free-floating«, »raging anxiety« moderner, in die Historizität entlassener ›Massen‹ (Robin 2004, 74–76); vielmehr beschwor er eine Vergangenheit der Französischen Revolution und der napoleonischen Ära, in der (im Gegensatz zu seiner eigenen Gegenwart) Geschichte noch machbar gewesen sei, und das heißt: Tocqueville zielte nicht darauf, ein Leiden unter der Unverfügbarkeit der Geschichte über einen säkularen Providenzersatz zu lindern, sondern er suchte Geschichte wieder verfügbar zu machen. Dies sollte geschehen durch eine Transformation von Furcht, in der bereits Thomas Hobbes die entscheidende Bedingung für eine stabile Gesellschafts- und Staatsbildung gesehen hatte – jedoch unter der Voraussetzung spezifisch frühneuzeitlicher Konzeptualisierungen von Geschichte (Bähr 2013, Kap. 3.3).

Existenzialphilosophisch wie psychologisch-psychoanalytisch imprägnierte Forschungen sehen die Frühe Neuzeit von ›äußeren‹ Furchtobjekten bevölkert (Gott und seine Natur, Hölle, Tod und Teufel, der absolute Monarch und seine Strafinstrumente). Deren Abbau im Laufe des 18. Jahrhunderts mündet aus ihrer Sicht dann entweder, mit Heidegger, in eine unbestimmte ›Weltangst‹ oder aber – komplementär dazu – in ein Freudsches ›Unbehagen in der Kultur‹: in die Furcht vor einer Einbildungskraft, die aufklärerisches Denken auf die Negation von Rationalität herabgestuft hatte, in eine Furcht vor den eigenen Leidenschaften, der Verführbarkeit zum Laster und dem Scheitern moralischer Selbstkontrolle, kurz gesagt: in eine dialektisch generierte Furcht vor dem »Anderen der Vernunft« (Böhme/Böhme 1992, Kap. 7), endend in unbewusstem Schuldgefühl und verstetigter ›Gewissensangst‹. Die psychohistorische Theorietradition sucht die Folgen und Voraussetzungen der revolutionären Verpflichtung auf eine moralisch gestaltbare und ›entzauberte‹ Geschichte in einer Internalisierung Furcht erregender Normierungsinstanzen auf, wie sie im aufklärerischen Projekt von Erziehung und Pädagogik gezielt betrieben wurde und im späten 18. Jahrhundert ihren vorläufigen historischen Höhepunkt erreicht habe (Begemann 1987; Delumeau 1983, in Fortführung von Delumeau 1978). Das Paradigma basiert, wie das existenzialanalytische auch, auf dem epistemologischen Konzept einer psychophysisch abgeschlossenen Innerlichkeit der empfindenden Person, dessen

Ursprünge in der Zeit der Französischen Revolution datieren. Dieses Konzept bildet die Grundlage für die Debatten um Kulturentstehung, Zivilisierung und Sozialdisziplinierung seit der Wende zum 20. Jahrhundert, die um die Frage kreisen, ob die im späten *siècle des lumières* entstandene Form der Selbstverpflichtung als Fortschritt zu feiern oder aber angesichts dialektischer Folgelasten ihrerseits zu kritisieren sei. Im Wandel vom antiken, körperlich gewaltsamen *phobos* hin zur Entstehung eines Konzeptes der ›Angst‹ als innerem ›Gefühl‹, wie es erstmals von Kierkegaard mit religiöser Grundierung ausbuchstabiert worden ist (vgl. Böhme 2009), kommt dem kulturgeschichtlichen Datum der Französischen Revolution eine Schlüsselstellung zu (s. auch Einleitung Kap. IV).

Literatur

Bähr, Andreas: Editorial zum Thementeil »Gefürchtete Geschichte«, hg. von dems. In: *WerkstattGeschichte* 49/12 (2008), 3–5.

Bähr, Andreas: *Furcht und Furchtlosigkeit. Göttliche Gewalt und Selbstkonstitution im 17. Jahrhundert.* Göttingen 2013.

Begemann, Christian: *Furcht und Angst im Prozeß der Aufklärung.* Frankfurt a. M. 1987.

Böhme, Hartmut: Vom *phobos* zur Angst. Zur Transformations- und Kulturgeschichte der Angst. In: Martin Harbsmeier/Sebastian Möckel (Hg.): *Pathos, Affekt, Emotion. Transformationen der Antike.* Frankfurt a. M. 2009, 154–184.

Böhme, Hartmut/Böhme, Gernot: *Das Andere der Vernunft. Zur Entstehung von Rationalitätsstrukturen am Beispiel Kants.* Frankfurt a. M. ²1992.

Delumeau, Jean: *Angst im Abendland. Die Geschichte kollektiver Ängste im Europa des 14. bis 18. Jahrhunderts.* Reinbek bei Hamburg 1985 (franz. 1978).

Delumeau, Jean: *Le péché et la peur. La culpabilisation en occident. XIIIᵉ-XVIIIᵉ siècles.* Paris 1983.

Diné, Henri: *La grande peur de 1789 en poitou.* Paris 1989.

Furet, François: Art. »Die Große Angst«. In: Ders./Mona Ozouf (Hg.): *Kritisches Wörterbuch der Französischen Revolution.* Bd. 1: Ereignisse, Akteure. Frankfurt a. M. 1996 (franz. 1992), 110–121.

Hanson, Paul R.: *Contesting the French Revolution.* Malden, MA 2009.

Heuvel, Gerd van den: Art. »Terreur, Terroriste, Terrorisme«. In: Rolf E. Reichardt/Eberhard Schmitt (Hg.): *Handbuch politisch-sozialer Grundbegriffe in Frankreich 1680–1820.* München 1985, H. 3, 89–132.

Ikni, Guy-Robert: Art. »Grande peur«. In: Albert Soboul (Hg.): *Dictionnaire historique de la Révolution Française.* Paris 1989, 517–518.

Kant, Immanuel: Der Streit der Fakultäten [1798]. In: Ders.: *Schriften zur Anthropologie, Geschichtsphilosophie, Politik und Pädagogik.* Hg. von Wilhelm Weischedel (= *Werkausgabe.* Bd. 11). Frankfurt a. M. 1977, 261–393.

Kittsteiner, Heinz Dieter: Die Listen der Vernunft. Über die Unhintergehbarkeit geschichtsphilosophischen Denkens. In: Ders.: *Listen der Vernunft. Motive geschichtsphilosophischen Denkens.* Frankfurt a. M. 1998, 7–42.

Kittsteiner, Heinz Dieter: Die Angst in der Geschichte und die Re-Personalisierung des Feindes. In: Sabine Eickenrodt/Stephan Porombka/Susanne Scharnowski (Hg.): *Übersetzen, Übertragen, Überreden.* Würzburg 1999, 145–162.

Koselleck, Reinhart: Art. »Geschichte«. In: Otto Brunner/Werner Conze/Reinhart Koselleck (Hg.): *Geschichtliche Grundbegriffe. Historisches Lexikon zur politisch-sozialen Sprache in Deutschland*, Bd. 2. Stuttgart 1975, 593–717.

La Harpe, Jean-François de: *Lycée ou cours de littérature ancienne et moderne.* Bd. 7. Paris ²1813.

Lamberti, Jean-Claude: *Tocqueville et les deux démocraties.* Paris 1983.

Lebrun, François (Hg.): *Parole de dieu et révolution. Les sermons d'un curé angevin avant et pendant la guerre de Vendée.* Toulouse 1979.

Lefebvre, Georges: *La Grande Peur de 1789*, Paris 1932; dt. Auszug: Die Große Furcht von 1789. In: Irmgard A. Hartig (Hg.): *Geburt der bürgerlichen Gesellschaft: 1789. Beiträge von Ernest Labrousse, Georges Lefebvre, Albert Soboul, Maurice Dommanget und Michel Vovelle.* Frankfurt a. M. 1979, 88–135.

Ramsay, Clay: *The Ideology of the Great Fear: The Soissonnais in 1789.* Baltimore, MD 1992.

Reddy, William M.: *The Navigation of Feeling: A Framework for the History of Emotions.* Cambridge 2001.

Reichardt, Rolf E.: *Das Blut der Freiheit. Französische Revolution und demokratische Kultur.* Frankfurt a. M. 1998.

Robespierre, Maximilien de: Über die Prinzipien der politischen Moral. In: Peter Fischer (Hg.): *Reden der Französischen Revolution.* München 1989, 341–362.

Robin, Corey: *Fear: The History of a Political Idea.* Oxford 2004.

Soboul, Albert: *Die Große Französische Revolution. Ein Abriß ihrer Geschichte (1789–1799).* Hg. und übers. von Joachim Heilmann und Dietfrid Krause-Vilmar, mit einem bibliographischen Nachwort von Frauke Stübig. Frankfurt a. M. ⁵1988.

Thamer, Hans-Ulrich: *Die Französische Revolution.* München ³2009.

Vergilius Maro, Publius: Aeneis. In: Ders.: *Opera.* Hg. von Roger A.B. Mynors. Oxford 1969, 103–422.

Vovelle, Michel: *Die Französische Revolution. Soziale Bewegung und Umbruch der Mentalitäten.* Frankfurt a. M. 1985 (ital. 1979).

Walther, Rudolf: Art. »Terror, Terrorismus«. In: Otto Brunner/Werner Conze/Reinhart Koselleck (Hg.): *Geschichtliche Grundbegriffe. Historisches Lexikon zur politisch-sozialen Sprache in Deutschland.* Bd. 6. Stuttgart 1990, 323–443.

Andreas Bähr

2. Ansteckung

Die neue Pest

Ängste lügen. Auch Seuchenängste und Ansteckungsängste lügen. Gäbe es eine ausformulierte Geschäftsgrundlage von Seuchendisputen, lautete Paragraph Eins: Nicht die Katastrophe schafft das Bewusstsein, sondern das Bewusstsein schafft die Katastrophe. Jede Bedrohung ist gefühlte Bedrohung. Nicht Seuchen – Stellvertreter und Platzhalter – sind die eigentlichen Angstgeneratoren, sondern die Krisen der jeweiligen Kultur, mithin die Krisen kultureller Sicherheitsversprechen. Angst ist die fatale Kehrseite des Versprechens von Sicherheit, und was sich als Angst (oder Furcht) ausprägt, ist die Auskristallisation vorgängiger Unsicherheitslagen (s. auch Einleitung Kap. IV). Nicht körperliche Immunsysteme sind gefährdet, sondern deren kulturelle Basis. Denn immer ist die jeweilige kulturelle Matrix, die Sicherheit verspricht, mehr oder weniger in Erosion begriffen. Erst der Glaube an diese Versprechen – der letztlich und notwendig immer wieder enttäuschte Glaube an sie – bringt Angst hervor.

Das zeigt exemplarisch der Auftakt der ›modernen‹ europäischen Seuchengefahr. Als sich die Cholera im Frühjahr 1831 zum ersten Mal überhaupt den preußischen und österreichischen Grenzen von Osten her näherte (1832 dann über das Meer Europa auch von Westen), wurde sie, wenn man dennoch öffentlich reagierte, als wenig besorgniserregend abgetan. Die Länder der Aufklärung und des Fortschritts waren sich ihrer Errungenschaften sicher. Selbstsicher wurde von Medizinern verkündet:»Daß aber diese orientalische Krankheitsform in das Herz von Deutschland dringen sollte«, sei »sehr unwahrscheinlich, ja fast undenkbar« (Buek 1831, 30). Es bestehe, so das übereinstimmende Fazit in Wissenschaft und Öffentlichkeit, für die zivilisierten Länder Europas absolut keine Gefahr.

Umso schockierender war es, als das Gegenteil eintrat. Unerbittlich setzte die Seuche ihren Gang fort. Eilig wurden nunmehr staatliche Verhütungsmaßnahmen ergriffen. Sogenannte ›Kordons‹, die jeglichen Kontakt mit den verseuchten Gebieten verhinderten und nur nach mehrwöchiger Quarantäne ein Passieren erlaubten, wurden eingerichtet. Aber auch diese Grenzsperrungen und die Sperren im Innern der Länder halfen nichts. Daraufhin wurden individuelle Abwehrmaßnahmen favorisiert – eine maßvolle Lebensweise, eine sorgsame Ernährung

sowie eine intensivierte Körperhygiene. Auch dieses Sicherungsversprechen zerstob. Nicht nur die angeblich Liederlichen und die Armen wurden Opfer der Krankheit, sondern auch Wohlhabende. Auch Abwehrtechniken wie Vermeidung sozialer Kontakte oder Desinfektionsräucherungen in den Wohnungen schlugen nicht an. Nicht einmal die Flucht half. Spätestens, als die Cholera Ende 1831 und Anfang 1832 auf dem Seeweg auch England und Frankreich erreichte, war ganz Europa ein Schauplatz dieser Epidemie. Das Unvermeidliche musste akzeptiert werden. Es gab kein Verdrängen mehr. Nunmehr, Klimax plötzlicher Bedrohung, galt diese Seuche als neue Pest.

Doch diese Formulierung traf die faktische Bedrohungslage nicht. In Wien forderten die zwei Cholerawellen dieser beiden Jahre mehrere tausend Opfer, offiziell wurden 4158 gezählt. In Berlin gab nach dem offiziellen Ende der Cholera im Februar 1832 die Zahl von 1426 Toten, im Königreich Preußen insgesamt offiziell 40.417. In Paris waren innerhalb weniger Wochen rund 18.000 Tote zu beklagen. Das war, verglichen mit Pest-Zeiten, im Grunde glimpflich. Dennoch wurde die Cholera zu dem, was man die europäische *Leitkrankheit* des 19. Jahrhunderts nennen könnte (Ende des Jahrhunderts wurde sie von der Leitkrankheit Tuberkulose abgelöst). Sie verursachte tiefgehende Ängste, denn sie traf einen kulturellen Organismus, der glaubte, dass Seuchen – die letzte Pestwelle in Europa hat es 1721 gegeben – endgültig der Vergangenheit angehören würden. Nunmehr gab es eine einschneidende neue Seuchenbedrohung, und was die kollektiven Ängste verstärkte, war, wie bei der Pest, die völlige Machtlosigkeit der kulturellen Steuerungsmechanismen.

Bis zur Ära der Bakteriologie, also bis ca. 1870/80, gab es weder ein Wissen über die Entstehungsursachen der Cholera, noch über ihre Verbreitungs-, Übertragungs- und Ansteckungswege. Es gab, wie auch bei der Pest, zwei konkurrierende und gleichermaßen fehlgehende Erklärungsmodelle: Erstens Übertragung der Cholera als Miasma durch die Luft und zweitens als Kontagionsstoff durch einen direkten Körperkontakt oder durch Kontakt mit befallenen Gegenständen. Aber nicht die fehlenden Erklärungsmodelle für das Seuchengeschehen waren kulturelle Angstauslöser. Die tatsächlichen Generatoren von Angst waren und sind die Krisen von Kultur selbst, die ihr innewohnenden und von ihr *eo ipso* erzeugten Disharmonien, Verwerfungen und Katastrophen. Die verschiedenen Seuchen kommen und gehen, und die verschiedenen Seuchenängste kom men und gehen. Was stets bleibt, ist der kulturelle Ist-Zustand als grundlegend defizitärer. Insofern sind die kommenden und gehenden Seuchenängste grandiose Projektionen und Täuschungen. Als wäre das Schwinden jeder Seuche das Schwinden eines scheinbar ephemeren Ausnahmezustands und als wäre danach Normalität wiederhergestellt.

Zur Geschichte von ›Ansteckung‹

Thematisiert man den emotionalen und evokativen Charakter des Terminus ›Ansteckung‹, sind die gravierenden kulturellen Wandlungen, die Ansteckungskonzepte in Europa von der Antike bis in die jüngere Neuzeit durchliefen, zu berücksichtigen. Unterschiedliche Ansteckungskonzepte implizieren und erzeugen unterschiedliche Ängste. Und diese jeweils dominierenden Ansteckungskonzepte waren und sind, auch wenn sie sich scheinbar rein wissenschaftlich etablieren, nicht das Ergebnis rein autarker Wissenschaft. Jeweilige *kulturelle* Selbstverständnisse bilden jeweils andere Ansteckungsvorstellungen aus.

›Ansteckung‹ im heutigen medizinischen Sinn – als Übertragung infektiöser Partikel von Mensch zu Mensch (möglicherweise durch Übertragungsmedien vermittelt) – ist ein relativ junges Konzept, das erst in der Zeit der Renaissance entstand. Zuvor galt seuchentheoretisch das medizinische Meta-Paradigma ›Miasma‹, das sich bis auf orientalische Hochkulturen zurückführen lässt. Luft bzw. Atmosphäre, so heißt es daran anschließend in der antiken hippokratisch-galenischen Medizin, seien die Medien, die Epidemien transportierten, nämlich in Form pestilenzartiger Ausdünstungen (vgl. Jouanna 2001). Bei der Suche nach den Anfängen solchen Kausaldenkens darf jedoch nicht übersehen werden, dass die im Nachhinein in den Rang rein wissenschaftlicher Konzepte erhobenen Modelle nach wie vor in magischen Prämissen verwurzelt waren. Die epidemische Konstitution eines Orts war säkularer Ausdruck eines dämonischen *Genius loci*; *Miasmata* und *Effluvia* waren verweltlichte Varianten dämonischer Winde, Dünste und Hauche. Noch der Name ›Miasma‹ – Verunreinigung, Befleckung bzw. Besudelung durch Sünde – trug dem Rechnung. Ebenso trug der Begriff *inficere* – per Infektion ergreifen Miasmen menschliche Lebewesen im Sinn von vergiften, verderben, beflecken – teilweise noch magisch-religiöse Züge. Antike Seuchenangst war demzufolge Schicksalsangst; christlich transformiert erwies

sich die miasmatische Seuchenangst als Angst vor einem unberechenbar strafenden Gott.

Das alternative Kontagionskonzept war – zumindest in Europa (vgl. Conrad 2000; Farber 2004) – relativ jung und neu. Es hatte sich seit der europäischen Renaissance in Konkurrenz zu dem antiken Miasmenmodell etabliert, und es beruhte auf einer grundsätzlich anderen Kausalität. Was immer die letztlich unerklärliche Ursache von Seuchen war – ihre *Übertragung* erfolgte durch Menschen. Seuchen und Seuchenängste waren demzufolge planvoll zu bekämpfen. Die geheimnisvollen und unerklärbaren Sphären von Natur und christlichem Gott waren damit ausgeschaltet. Mediziner waren Sachwalter einer geheimnisvollen Natur; Theologen waren Sachwalter eines geheimnisvollen Gottes. Der frühabsolutistische Staat aber eliminierte solche Seuchengeheimnisse. Erstmals 1546 von dem Veroneser Mediziner und Dichter Girolamo Fracastoro mit Rückgriff auf einige sporadisch-hypothetische und äußerst fragmentarische antike Überlieferungen formuliert, führte dieses Kontagionsmodell Seuchen auf eine Übertragung der Krankheitsstoffe, sogenannte ›Kontagien‹ zurück. In seiner Abhandlung *De contagionibus et contagiosis morbis et eorum curatione* (vgl. Fracastoro 1910) unterzog Fracastoro, der sich hauptsächlich mit der Syphilis beschäftigte, dieses Modell einer ersten geschlossenen Konzeptualisierung. Nach seiner Auffassung waren die Kontagien bestimmte Stoffe und Substanzen, *seminaria*, die erstens durch direkten Kontakt (*per contactum*), zweitens durch indirekten Kontakt durch bei ihm nur unpräzise umrissene Zwischenträger (*per fomitem*) und drittens durch magische Fernwirkung (*ad distans*) Krankheiten übertrügen.

Dieses Modell war dasjenige, das, staatlich-bürokratisch favorisiert, in der Frühen Neuzeit Karriere machte. Es unterstellte Seuchen einem neuen Präventionsmodus, der darauf abzielte, territoriale Grenzen zu schließen und im Inneren das strenge Regime von Kontumazen, Quarantäne, Haus- bzw. Zimmersperre durchzusetzen – Maßnahmen, die der absolutistischen Staatsräson direkt entgegenkamen. Der Kontagionismus entsprach einer Logik absolutistischer Herrschaft, die, im Interesse ihres Machtausbaus, der Seuche mitunter geradezu bedurfte. In diesem Sinn gingen die propagandistische Erzeugung von Angst und die versprochene Bewältigung von Angst Hand in Hand. Solche staatlichen Bewältigungsmaßnahmen gab es, ohne dass in irgendeiner Weise ein theoretisches Modell dafür gegeben war, schon seit Anfang des 15. Jahrhunderts (also rund einhundertfünfzig Jahre vor Fracastoro). Das heißt, Ärzte bzw. Mediziner waren schon zu dieser Zeit als Sachwalter der Seuchenabwehr mehr oder weniger degradiert. Ihre fast durchgehend miasmatische Programmatik – ausgehend vom berühmten kanonischen Pariser Universitätsgutachten von 1348 (Sticker 1908, 60–62) – wurde durch die Vorkehrungen von Magistraten, Lokalfürsten und Renaissanceherrschern alsbald regelrecht ignoriert. Ärzte und Mediziner hatten *ihren* Diskurs. Die staatlichen Institutionen führten einen anderen. Sie folgten einer Handlungslogik der Sperre, der Quarantäne, des Isolierens.

Auch wenn Ärzte und Mediziner bis zur Mitte des 19. Jahrhunderts nach wie vor und unverdrossen ihrem herkömmlichen Miasmenmodell anhingen, das Seuchen im Status ominöser Mächte beließ – die staatlichen Entscheidungsinstanzen hatten ihr scheinbar plausibles Modell von Seuche und Angstbewältigung. Es beruhte nicht auf naturhaftem oder religiösem ›Schicksal‹, sondern auf ›Machsal‹. Gezielt richtete es sich gegen die menschlichen Träger angeblicher Kontagien. Angst war von daher nicht nötig. Vielmehr waren, wie die wachsende Zahl absolutistischer Pest-Edikte hervorhob, die unverstellt auf ›Ruhe‹ und ›Ordnung‹ zielten, gerade Ängste schädlich und verderblich. Aber es gäbe dafür überhaupt keinen Grund. Zu fürchten hätte man lediglich unkontrollierte Menschenströme. Und genau dagegen richteten sich die präventiven Kontrollpraktiken des frühabsolutistischen und absolutistischen Staats – und erzeugten hierdurch diese Menschenströme massiv. Denn wenn Seuchen durch Menschen übertragbar waren, musste man bei drohenden Epidemien gerade vor ihnen fliehen. Doppelhelix von Angstbannung und Angsterzeugung: Erst die Lösung schafft das Problem, das es lösen kann, und bleibt als Lösung dennoch in die Ferne gerückt, weil sie permanent zu effektivieren ist. Thukydides' berühmte Schilderung der Pest in Athen weiß nichts von Flucht zu berichten, nur von Verrohung und Fatalismus. Wovor hätte man auch fliehen sollen, vor dem unbegreiflichen Schicksal? Der absolutistische Staat hingegen versprach – und nicht nur bezogen auf die Seuchenproblematik – das Ende der Angst. Und dieses Versprechen, permanente sich selbst verkehrende *self-fulfilling prophecy*, erzeugte die Angst, die beständig gebannt werden musste – so die vorläufigen Ergebnisse neuerer Forschungen zu einer europäischen ›Sicherheitsgeschichte‹, die das Entstehen frühneuzeitlicher Sicherheits- bzw. Vorsorgegesellschaften unter dem Vorzeichen bürokratisch-institutioneller Gestaltbarkeit thematisieren (sozialgeschichtlich vgl. Zwierlein/Graf/Ressel 2010; kultur- und ideengeschichtlich vgl. Münkler/Bohlender/Meurer 2010; diskurs- und mediengeschichtlich: Engell/Siegert/Vogl 2009).

Triumph der Bakteriologie

Auch das bürokratisch-staatlich favorisierte Erklärungs- und Abwehrmodell ›Kontagion‹ half nicht gegen Seuchen, half nicht gegen die Cholera. Es richtete sich – als obsessive Sozialkontrolle – gezielt gegen Menschen. Somit wurde das Übertragungsmedium Wasser (gegen alle Einwände von Außenseitern) staatsmedizinisch demonstrativ ausgeschlossen. Die schwere Cholera-Epidemie von 1866 übertraf mit rund 120.000 Toten allein in Preußen allerdings alle bisherigen Epidemien an Heftigkeit. Damit formatierten sich die öffentlich artikulierten Angsthaushalte um. Von den kulturellen Eliten und Trägerschichten bis hin zu den niederen und Unterschichten herrschte eine Art kollektiven Schweigens. Öffentlich war die Cholera geradezu verdrängt. Der Diskurs über sie ruhte. Natürlich gab es weiterhin eine Reihe von medizinischen Abhandlungen und sogar nationale Cholerakonferenzen. Gemessen am publizistischen und wissenschaftlichen Aufwand der Jahre 1830/32 nahmen sich diese Bemühungen jedoch gering aus. Die kulturellen Abwehr- und Hoffnungspotentiale waren verbraucht. Dem Rätsel ›Cholera‹ konnte nur auf eine Weise wirksam begegnet werden – mit ohnmächtigem Schweigen. Die Öffentlichkeit minimierte ihren Erwartungshorizont. Ängste wurden, zumindest in den öffentlichen Artikulationsformen, mehr oder weniger tabuisiert. Und die medizinische Wissenschaft zog es nach der rasanten Fahrt in alle nur denkbaren theoretischen Sackgassen vor, sich zurückzuhalten. Sie blieb miasmatisch orientiert, verhielt sich aber abwartend. Wahrnehmungsverweigerung war die dominierende kulturelle Konfliktlösungsstrategie. Das hatte schließlich eine psycho-soziale Spannungsakkumulation zur Folge. Diese entlud sich auf orkanartige Weise, als bekannt wurde, dass Robert Koch das Cholera-Rätsel gelöst hatte. Mit einer Wucht ohnegleichen lösten sich emotionale Kollektivenergien. Die Quasi-Religion des *Bakteriozismus* entstand.

Koch avancierte zu einer Wissenschaftsikone. Ende des 19. Jahrhunderts kursierten glorifizierende Devotionalien in der Öffentlichkeit, Taschentücher, Sammeltassen, Bierkrüge, Porzellanpfeifen mit seinem Porträt. Der Bakterien- und Seuchenbezwinger war der gleichsam mythische Held, der wider alle Verkennung und allen Widerstand seiner Mission treu geblieben und unbeirrt seinen Weg gegangen war. Nunmehr war das bedrohliche Bakterienimperium, die Ursache aller Seuchenangst, besiegt. Diese Entdeckung des Choleraerregers und des Übertragungswegs Wasser waren nur die krönenden Höhepunkte einer Entwicklung, die seit den 1840er Jahren eingesetzt und mittlerweile viele Ergebnisse erbracht hatte. Sie waren also kein Novum. So enthusiastisch begrüßt wurden sie aber, weil die Cholera die Krankheit war, die *real* wie *symbolisch* die Lebens- und Imaginationswelten im 19. Jahrhundert dominierte. Sie kehrte, um allein in jenem Jahrhundert zu bleiben, nach der ersten Welle 1830/32 in sechs pandemischen Wellen bis 1899 immer wieder (Briese 2003). Sie war eine reale und imaginative *Leitkrankheit*, und Cholera-Angst war eine kulturelle *Leitangst*. Mit Blick auf Statistiken und Todeszahlen mag die praktische Relevanz der Seuche zwar geringer als allgemein vermutet gewesen sein. Aber kulturelle Gewichtungen von Ängsten ergeben sich jenseits statistischer Faktizität. In der kollektiven Imagination, sowohl der Öffentlichkeit als auch der Wissenschaft, avancierte die Cholera zu der zivilisatorischen Bedrohung schlechthin. In besonders intensiver Weise absorbierte sie die Aufmerksamkeit und wurde, nachdem ihr Rätsel gelöst worden war, von der Leitkrankheit Tuberkulose abgelöst.

Allein daher stand der Bazillentöter Koch plötzlich im Zentrum einer kollektiven Apotheose, deren Intensität jener symbolischen Aufladung entsprach. Seine Lösung des Cholera-Rätsels verdankt sich aber keiner Ursprungsidee, keiner Initialzündung. Sie schrieb sich der Bakterientheorie eher ein, als dass Koch sie ihr bewusst eingeschrieben hätte. Interessanterweise war es, wie heute immer noch weitgehend unbekannt ist, gar nicht Koch, der das Cholera-Bakterium entdeckte und damit endgültig den stürmischen öffentlichen Durchbruch der Bakteriologie veranlasste. Bereits dreißig Jahre vor Koch, im Jahr 1854, entdeckte, beschrieb und erklärte der Florentiner Arzt und Anatom Filippo Pacini nachweislich den Cholera-Erreger. Aber erst ein nationalstaatlich-kontrollfokussierter Paradigmenwechsel, der seit Mitte des 19. Jahrhunderts gezielt die Macht der traditionellen Medizin und ihrer traditionellen Standesinteressen und Erklärungsmuster brach, verhalf mikrobiologischen und bakteriologischen Ansteckungsmodellen (von Pasteur und Koch) zum wissenschaftlichen Durchbruch. Aufgrund klarer Verursachungsmodelle konnte man nunmehr – anders als gegen die ominösen Miasmen – staatlichplanvoll vorgehen. Gerade Kochs Bakterienmodell (seine sog. Verursachungsbakteriologie) hatte die Aussichten dafür extrem erfolgreich erscheinen lassen. Mit seinen anfänglichen minimalistischen Kausalvorstellungen schien die Verhinderung von Epidemien fast ein Kinderspiel: Wo ein spezifischer Erreger, da zwingend die dazugehörige Krankheit. Es komme also darauf an, diese spezifischen Erreger aufzuspüren und ›auszumerzen‹. Bei einem planvollen Zusammenspiel von Bakteriologie und restriktiver staatlicher Sozialhygiene schien das nicht schwer. Der Minimalismus dieser Kausalidee (der sich bald als höchst unzureichend erweisen sollte) machte Ansteckungsmodelle im späten 19. und frühen 20. Jahrhundert für staatliche Entscheidungsträger bei der restriktiv gehandhabten Seuchenverhütung also äußerst attraktiv. Der Erreger war wissenschaftlich erkannt, das Seuchenproblem war durch staatliche Repressivhygiene gelöst, die alten Ängste waren endlich gegenstandslos geworden.

Die neuen Seuchenängste

Ein Brief des Berliner Hals- und Ohrenarztes Karl Adolf Passow warnte in der Cholera-Gefahr 1892 brieflich seine Verwandten: »Ich bin sehr vorsichtig. Alles wird abgekocht, mühsam, aber ich sehe darauf. Brot wird kochend abgewaschen und in der Röhre getrocknet. Die Fußböden mit Carbol gewaschen, ebenso Thürklinken, überall desinficiert« (Issa 1999, 12). Mühsam beherrschte Angst spricht aus diesem Brief. Die neuen bakteriologischen Erkenntnisse hatten sie nicht gedämpft, nur hochgetrieben. Trotz der Entdeckung des Cholera-Erregers durch Koch war die alte Macht der Cholera nicht gebrochen. Im Gegenteil. Vor allem Gebildete lebten in einer epidemischen Hysterie. Sie nährte sich aus beängstigenden kulturellen Erinnerungen, aber auch aus Erfahrungen der jüngeren Gegenwart. Das große Rätsel des Jahrhunderts, das der Cholera, war seit 1884 zwar gelöst. Man kannte, wenn nicht ihren wirklichen Ursprung, so doch ihre Übertragungswege. Aus dem unsichtbaren Feind war nunmehr ein sichtbarer geworden. Wem aber war damit gedient? Denen, die dennoch – wie in der schweren Hamburger Epidemie des Jahrs 1892 – an der Cholera erkrankten und elend starben? Die Seuche war enträtselt. Aber wirksame Heilmethoden für Erkrankte oder gar eine zuverlässige Prävention gab es nicht. Wahllos konnte sie nach wie vor diesen oder jenen ergreifen. Man hatte dem unsichtbaren Feind, wie es erleichtert hieß, zwar die Maske vom Gesicht gerissen. Endlich war er namhaft gemacht. Man hatte nicht mehr gegen ein unsichtbares Phantom zu kämpfen. Aber was nützte es, den Attacken des jetzt sichtbaren Angreifers nur hilflos zusehen zu müssen?

Ein Sprung einhundert Jahre weiter, ins Jahr 1980. Mit großem publizistischen Aufwand wurde der Sieg über die Pocken begangen, ihre *Eradikation* gefeiert. Eine berechtigte Emphase, glaubte man doch, nach dem Erfolg des zwanzigjährigen, generalstabsmäßigen Plans, den ersten Schritt zur gänzlichen Abschaffung epidemischer Krankheiten gegangen zu sein. Den Erreger erkennen, ihm den Lebensraum nehmen, ihn ausrotten – eine Pionierleistung, der weitere folgen würden. Das Ende der Epidemien schien besiegelt. Die mit UNESCO-Projekten geplante Ausrottung weiterer Epidemien, nunmehr bis zum Jahr 2000, bliebe nur eine Frage der Zeit. Diese Versprechen, man weiß es, haben sich nicht erfüllt. Es gab nicht nur weiter die alten epidemischen Krankheiten, sondern eine Vielzahl von neuen, darunter die Immunschwächekrankheit AIDS, kamen hinzu.

Offenbar hat jede Zeit ihre eigenen Seuchen. Erreger mutieren, suchen sich andere Felder. Oder neue entstehen unter neuen natürlichen und kulturellen Bedingungen. Wo Kultur, da notwendigerweise immer auch Epidemie. Von daher ist die Rede von der viel beschworenen ›Rückkehr‹ oder ›Wiederkehr der Seuchen‹ eher irreführend. Als ob sie jemals im Rückzug gewesen oder in einem Biwakquartier überdauert hätten. Eine freiwillige oder erzwungene Retraite hat es nicht gegeben. Permanentes Imperfekt: Menschen lebten und leben mit Epidemien und in einem entsprechenden epidemischen Ausnahmezustand. Daran hat sich nie etwas geändert. Epidemische Krankheiten sind ein unabdingbares geschichtliches Integral. Nur nehmen sie immer wieder einen anderen Charakter an. Unter den Bedingungen gegenwärtiger Globalisierung: BSE (2000), SARS (2003), Schweinepest (2006), Vogelgrippe (2008/09), Schweinegrippe (2009/10), Ehec (2011) – mit dem nächsten neuen Namen hat man die bisherigen fast schon vergessen. Das führt auch zu kollektiver Abstumpfung, zu einer Art von Angstnormalisierung. Einerseits treten diese Gewöhnungserscheinungen ein, wenn reißerische Medienkampagnen hochgetriebene Reizschwellen zum Teil nicht mehr überschreiten können, andererseits,

wenn alarmierende Seuchendiskurse sich auch als gezielte Marketingkampagnen von Pharmalobbyisten erweisen.

Attraktiver Reduktionismus: »Soziale Ansteckung«

Auf Grund der semantischen Leistungsfähigkeit der letztlich vereinfachenden Verursachungsbakteriologie erwies sich der Ansteckungstopos als attraktiv für andere Wissenschaftszweige. Sozialpsychologie, Kriminologie, Soziologie und Ethnologie griffen um 1900 engagiert darauf zurück. Auch diese Wissenschaften hofften, einfache und plausible Erklärungen für das Verhalten ihres Forschungsgegenstands – nämlich von Menschengruppen oder Menschenmassen – geben zu können. Die Vorstellung, dass Sozialvorgänge ›ansteckend‹ seien, war attraktiv, weil sie mit dem Versprechen einherging, soziale Dynamiken überzeugend erklären oder gar kontrollieren und steuern zu können. Mehrere Faktoren haben dazu beigetragen: Erstens ein anti-demokratischer Impetus, zweitens eine soziale Kontrollobsession, drittens die Synthese von Medizin und Psychologie mit den Institutionen und den restriktiven Praktiken staatlicher Machtausübung. Der *medizinalpolizeilichen* Karriere des Ansteckungsdiskurses seit der Frühen Neuzeit und Aufklärung folgte Ende des 19. Jahrhunderts eine *sozialpolizeiliche*. Mit Cesare Lombroso, Scipio Sighele, Gustave Le Bon hatten *Kriminologen* und *Soziologen* den Ansteckungsdiskurs erweitert und etabliert, die ausdrücklich für das Ideal einer geschlossenen, eindimensional staatlich gesteuerten und kontrollierten Gesellschaft standen. Ansteckung war ein Schlüsselbegriff innerhalb dezidiert anti-demokratischer Sozialvorstellungen, war die Basis für autoritäre Sozialkontrolle. Die Angst vor dem unberechenbaren ›Pöbel‹, vor der unberechenbaren ›Masse‹ ließ sich kanalisieren im Topos ›Ansteckung‹. Man musste – so das einfache Lösungsversprechen für alle Sozialkrisen – Ansteckungswege für Tumulte, Rebellionen, gar für Revolutionen erstens sozialwissenschaftlich aufdecken und zweitens machtstaatlich blockieren.

Auch wenn es heute keine Verfechter solcher ausgesprochen anti-libertären Modelle ›sozialer Ansteckung‹ gibt: Der Streit um die ›Natur‹ oder die ›Kultur‹ des Kulturellen ist letztlich nach wie vor unentschieden. Und bezogen auf Ansteckung wäre generell zu fragen: Wofür ist dieser Begriff überhaupt tauglich? Sind der Begriff und die Metapher nicht ein grandioses *Fake*, suggestiv und emotional aufgeladen, und mit dieser Aufladung ihren Erkenntniswert kassierend? Und gilt das nicht vor allem für Ansteckungstopoi im Rahmen aktueller Sozialdiskurse? Denn dem Ansteckungsbegriff wohnt nach wie vor eine wesentliche Täuschung inne. Ansteckung als Topos und als Konzept ist nach wie vor monokausal fokussiert. Diese Konzepte scheiterten aber bereits um 1900, als die Logik der Verursachungsbakteriologie – wo Erreger, da zwingend Krankheit – sich als viel zu unterkomplex erwiesen hatte. Ansteckung war nie ohne behindernde, begünstigende, verzögernde oder transformierende Faktoren zu denken. Das ganze Konzept musste neu justiert werden im Begriffsfeld von endemisch und epidemisch, Latenz und Virulenz, Disposition und Immunität, Variation und Mutation, Akteur-Umwelt-Relationen (Sarasin u. a. 2007; Berger 2009).

Dennoch erweist es sich auch heute für Sozialwissenschaften als attraktiv. Der französische Kultur- und Kognitionsanthropologe Dan Sperber hat eine kompromisslos-entschiedene wissenschaftliche Vorlage dafür geliefert, wie die Rede von sozialen Epidemien tatsächlich Sinn machen könnte. Unter der Ausgangsfrage, warum keine Naturwissenschaft des Sozialen existiert (Sperber 1996, 12), arbeitet er an einer solchen eingeforderten naturwissenschaftlichen Perspektive auf das Soziale. Dabei geht er von Vorgängen der Ansteckung aus, von epidemischer Ansteckung, die er, in all ihrer möglichen Komplexität, als Grundmodell sozialer Struktur und Entwicklung versteht. Mit dem Blick des naturwissenschaftlich geschulten Anthropologen wären Sozialvorgänge hauptsächlich als epidemische Ansteckungs-, Verbreitungs-, Rezeptions- und Transformationsvorgänge verstehbar. Die Welt, auch die soziale Welt, sei umfassend erklärbar, alle Ängste wären gebannt. Soll also dieser Begriff ›Ansteckung‹, der, allein medizinisch gesehen, nicht bestimmte Regeln erschließt, sondern immer nur Ausnahme von der Regel, für Sozialwissenschaften dienstbar sein? Soll der Traum, Regeln des Sozialen zu erschließen, sich auf ein Modell stützen, das von vornherein und von der Sache her immer nur verschwindende Irregularitäten zum Thema hat?

Aktuelle Positivierungen von Ansteckung

Seuchen regieren auch die moderne Welt. Das ist vor dem Horizont permanenter kultureller Aktivität nicht leicht zu akzeptieren. Ist doch Kultur auf Han-

deln angelegt, und dieses zielt darauf, Welten planvoll zu gestalten. Deshalb ängstigen Seuchen und Epidemien nicht nur wegen der Beeinträchtigungen für Leib und Leben. Sie sind eine fast nie vorsehbare und nur schwer zu regelnde und zu kontrollierende elementare Störung. Epidemien als solche sind der Einbruch des nicht Normalen in den Sicherheitskokon der Normalität. Aus dieser Denormalisierungserfahrung resultieren kollektive Ängste, die zugleich aber – etwa in der Fiktion – eine bestimmte Faszination auslösen. Dass diese Ängste historisch, nach je konkreter epidemischer Krankheit und auch vor dem Hintergrund unterschiedlicher sozialer Schichten und Bildungsniveaus divergieren (und sich z. B. medial auf jeweils ganz verschiedene Weise formatieren), muss nicht eigens hervorgehoben werden. Aber wie steht es tatsächlich gegenwärtig um Seuchenängste?

Vieles scheint dafür zu sprechen, mit Hans Blumenberg von Infektion – umgangssprachlich Ansteckung – als einem kulturellen Apriori, von einer kulturanthropologischen Konstante auszugehen, die sich allenfalls historisch-konkret auf wechselnde Weise artikuliert (Blumenberg 1998). Aber haben sich Ansteckungsvorstellungen nicht schon so grundlegend verändert, dass sie nicht nur den drohenden Einbruch einer grundsätzlichen Nichtnormalität implizieren, sondern so, dass Ansteckung mittlerweile auch für die Vermittlung und Übermittlung sozialer Normalität steht? Führt Ansteckung mittlerweile ein Doppelleben: Einerseits als normativer Erregungsbegriff, der, emotional aufgeladen, bestimmte Ausnahmezustände erfasst, und andererseits als deskriptiver Nichtaufregungsbegriff, der das Funktionieren der sozialen Normalität thematisiert? Vieles scheint für dieses Doppelleben, sogar für eine neuerdings weitgehende Normalisierung von Ansteckungstopoi zu sprechen.

Nutzte die modische Rede von sozialer Ansteckung um 1900 vor allem gezielt die Mechanismen sozialer Aufmerksamkeitsakkumulation und partizipierte sie an scheinbar grundlegenden epidemischen Ängsten (die sie aber diskursiv selbst nährte), hat sich das offenbar in der Gegenwart verändert. Infolge des inflationär wachsenden Gebrauchs von Ansteckungstopoi und der wechselnden Wellen verschiedener ansteckender Krankheiten als solcher lebt ›Ansteckung‹ nicht mehr nur von einem Gestus der Erregung und der öffentlichkeitswirksamen Hysteriebeschleunigung. Vielmehr hat man es, so scheint es, mit einem ubiquitären Schlagwort zu tun. Und Wissenschaften – Motoren der Schlagwortbildung – erklären mittels ›Ansteckung‹ nicht mehr nur das Gefährliche, sondern auch das Nichtgefährliche. Sie erklären nicht mehr nur das Nichterwünschte, sondern im Fall von Marktforschung – Stichwort *viral marketing* (vgl. Groeger 2008) – das Erwünschte. Sie widmen sich nicht mehr nur – ästhetische Ansteckung in den Künsten (Schaub/Suthor/Fischer-Lichte 2005; Strowick 2009) – dem Außergewöhnlichen, sondern im Modus von Ansteckung zunehmend auch dem Gewöhnlichen.

Literatur

Berger, Silvia: *Bakterien in Krieg und Frieden. Eine Geschichte der medizinischen Bakteriologie in Deutschland 1890–1933.* Göttingen 2009.

Blumenberg, Hans: Infektion als absolute Metapher. In: Ders.: *Begriffe in Geschichten.* Frankfurt a. M. 1998, 93–95.

Briese, Olaf: *Angst in den Zeiten der Cholera.* 4. Bde. Berlin 2003.

Buek, Heinrich W.: *Die bisherige Verbreitung der jetzt besonders in Rußland herrschenden Cholera, erläutert durch eine Karte und eine dieselbe erklärende kurze Geschichte dieser Epidemie.* Hamburg 1831.

Conrad, Lawrence I.: A ninth-century muslim scholar's discussion of contagion. In: Lawrence I. Conrad/Dominik Wujastyk (Hg.): *Contagion. Perspectives from Pre-Modern Societies.* Aldershot/Burlington/Singapore 2000, 163–178.

Engell, Lorenz/Siegert, Bernhard/Vogl, Joseph (Hg.): *Gefahrensinn.* München 2009 (= Archiv für Mediengeschichte 9).

Farber, W: How to marry a disease: Epidemics, contagion, and a magic ritual against the ›Hand of the Ghost‹. In: H.F.J. Horstmanshoff/M. Stol (Hg.): *Magic and Rationality in Ancient Near Eastern and Graeco-Roman Medicine.* Leiden/Boston 2004, 117–132.

Fracastoro, Hieronymus: *Drei Bücher von den Kontagien, den kontagiösen Krankheiten und deren Behandlung (1546).* Übersetzt und eingeleitet von Victor Fossel. Leipzig 1910.

Groeger, Lars: *Soziale Epidemien. Das Phänomen exponentieller Produktverbreitung. Bezugsrahmen und resultierende Handlungsempfehlungen.* Köln 2008.

Issa, Miriam Charbel: *Karl Adolf Passow (1859–1926) und die Berliner Hals-Nasen-Ohrenheilkunde.* Med. Diss. Berlin 1999.

Jouanna, Jacques: Air, miasme et contagion à l'époque d'Hippocrate. In: Sylvie Bazin-Tacchella/Danielle Queruel/Évelyne Samama (Hg.): *Air, miasmes et contagion. Les épidémies dans l'Antiquité et au Moyen Âge.* Langres 2001, 9–28.

Münkler, Herfried/Bohlender, Matthias/Meurer, Sabine (Hg.): *Sicherheit und Risiko. Über den Umgang mit Gefahr im 21. Jahrhundert.* Bielefeld 2010.

Schaub, Mirjam/Suthor, Nicola/Fischer-Lichte, Erika (Hg.): *Ansteckung. Zur Körperlichkeit eines ästhetischen Prinzips.* München 2005.

Sarasin, Philipp u. a. (Hg.): *Bakteriologie und Moderne. Studien zur Biopolitik des Unsichtbaren 1870–1920.* Frankfurt a. M. 2007.

Sperber, Dan: *La contagion des idées. Théorie naturaliste de la culture.* Paris 1996.

Sticker, Georg: *Abhandlungen aus der Seuchengeschichte und Seuchenlehre.* Bd. I.1: Die Geschichte der Pest. Gießen 1908.

Strowick, Elisabeth: *Sprechende Körper – Poetik der Ansteckung. Performativa in Literatur und Rhetorik.* Paderborn 2009.

Zwierlein, Cornel/Graf, Rüdiger/Ressel, Magnus (Hg.): *The Production of Human Security in Premodern and Contemporary History* (= Historische Sozialforschung, 35/2010, Sonderheft).

Olaf Briese

3. Endzeiterwartung

Apokalypse und Endzeitangst

Die Beschäftigung mit Endzeiterwartung ist für die kulturwissenschaftliche Angst-Forschung ein lohnender Arbeitsgegenstand, da in diesem sich vorwiegend überindividuell realisierenden, zeitgeistabhängigen Phänomen sehr unterschiedliche Stimmungslagen zusammenfallen. Endzeitstimmung kann – je nach zeitgeschichtlicher Konstellation und Gruppenzugehörigkeit – einhergehen mit Angst, Verzweiflung, Panik, Trauer, Rachegelüsten, Wut bis hin zu Hoffnung, Begeisterung, Hingabe, Genugtuung sowie Überlegenheits- und sogar Glücksgefühlen.

Die Vorstellungen von der Endzeit stehen dabei in einer engen assoziativen Verbindung mit den Bildarchiven der alt- und neutestamentarischen Apokalyptik, insbesondere der namensgebenden Offenbarung des Johannes (griech. *apokalypsis*: Enthüllung, Offenbarung). Damals wie heute erfüllen apokalyptische Narrative soziokulturelle Funktionen, indem sie in angstmachenden Krisen- und Umbruchzeiten Orientierung bieten und damit komplexitätsreduzierend wie auch sinn- und zusammenhaltstiftend wirken. Apokalyptische Deutungsmuster befriedigen das in als krisenhaft wahrgenommenen Zeiten besonders stark ausgeprägte Bedürfnis des Menschen, »seine Endlichkeit durch die Teilhabe an einem göttlich garantierten Heilsplan […] zu überwinden«, und antworten so auf die Sehnsucht »nach Aufhebung der Kontingenz in einem temporalen Sinngefüge« (Kaiser 1991, 21). Dass aus sicherer Distanz betrachtete apokalyptische Szenarien zudem Lustgefühle erzeugen, die von der Ergriffenheit durch das Erhabene, der Faszination des Hässlichen bis hin zum Ausleben von sadistischen Allmachts- oder gar Selbstbestrafungsphantasien reichen können (Anz 2001, 12 f.), trägt ebenfalls zu ihrer ambivalenten Popularität bei.

Im Gegensatz zu Modellen des periodischen Weltuntergangs, die hier nicht näher betrachtet werden sollen, ist mit dem »einmaligen Weltende« der finale Endpunkt allen Lebens auf der Erde in der bisherigen Form erreicht (vgl. Körtner 1988, 162–191). Endzeiterwartung ist vor allem dort mit Angst verbunden, wo dieser Endpunkt im Rahmen einer »kupierten Apokalypse« (Vondung 1988, 12) vorgestellt wird, also die zerstörerische Gewalt und Dunkelheit des Endes – ohne Aussicht auf eine darauffolgende,

bessere Welt – dominieren. Endzeit macht dann nicht nur aufgrund der zu erwartenden katastrophalen Begleiterscheinungen Angst, sondern vor allem, weil sie die Zeit und alles Sein beendet. So markiert Endzeit die gerade auch für Künstler phantasieanregende, in letzter Konsequenz aber nicht vorstellbare Schwelle zum Nicht-Sein, die einen *horror vacui* in sich trägt. In der Imagination der finalen Endzeit wird somit der Superlativ der *conditio humana* ausgelebt, weil in ihr in der globalen Gleichzeitigkeit einer »undenkbare[n] Weltminute« (Enzensberger 1978, 2) plötzlich die Endlichkeit alles Seins Realisierung findet.

Die zeitliche Unterbestimmtheit der Endzeit im Neuen Testament (»Doch jenen Tag und jene Stunde kennt niemand, auch nicht die Engel im Himmel, nicht der Sohn, sondern nur der Vater«; Mk 13,32) sorgt für Verunsicherung und bedingt – ebenso im Kontext religiöser Glaubenspraktiken wie auch in der Evokation säkularer Vernichtungsszenarien – die Suche nach Vorzeichen wie etwa Naturkatastrophen (z. B. das Erdbeben von Lissabon 1755, das die Theodizeefrage aufwarf), Seuchen (z. B. Pest 1348) oder Himmelskörper (z. B. Halleyscher Komet u. a. 1910). Die konstitutive Verbindung von Untergangsgewissheit und permanentem Aufschub öffnet der Bestimmung von angstfokussierenden Endzeitterminen durch Sektenführer, Astrologen und andere selbsternannte Seher Tür und Tor (Vondung 2010). Aus biblischen und sonstigen Schriften rekonstruierte Daten – z. B. der auf den Maya-Kalender (Popol Vuh) rekurrierende Termin ›21.12.2012‹ – sind aufgrund ihres semiotischen Potenzials ebenso endzeitrelevant wie Jahrhundert- und Jahrtausendwenden. In ihnen verbindet sich das durch die Medien geschürte Angst-Potenzial eines vordergründigen Umbruchs mit einer volksfestartigen Überreiztheit. Der kontingenten Änderung der Jahreszahl, die im Falle der Jahrtausendwende alle Stellen (z. B. 1999 auf 2000) und im Fall der Jahrhundertwende drei von vier Stellen der Datierung betrifft, wohnt dabei eine in der Zahlenmystik wie auch im westlichen Festkalender gründende Faszination inne, die vor allem bei Jahrtausendwenden die Semantik einer drastischen Zäsur entwickelt. Endzeiterwartung kann im Kontext dieser Epochensprünge mit einer Vorliebe für apokalyptische Narrative einhergehen. Es wäre jedoch abwegig, für jede Jahrhundertwende eine erhöhte Frequenz etwa apokalyptischer Literatur anzunehmen, vielmehr prägt unser Wissen um das apokalyptisch besonders aufgeladene *Fin de Siècle* um 1900 die allgemeine Vorstellung von anderen

Jahrhundertwenden (Anz 2001, 11). Dies gilt auch für das Jahr 1000, das

> die Aufmerksamkeit weit stärker nachher als vorher geweckt und die Gemüter der abergläubischen Zeitgenossen weit weniger beschäftigt [hat], als […] das Jahr 2000 in unserem 20. Jahrhundert. […] Die Menschen des 10. Jahrhunderts machten sich um das nahende Jahr 1000 bestimmt weniger Gedanken, da die meisten außerhalb der bezifferten chronologischen Bezugspunkte lebten (Minois 1998, 230 f.).

Insgesamt zeigt ein mit Blick auf die Moderne zu beobachtender, häufig mehrere Jahrzehnte umfassender Vor- bzw. Nachlauf der apokalyptischen Narrative, dass es weniger die Jahrhundert- bzw. Jahrtausendwenden selbst sind, die Endzeiterwartungen inspirieren, sondern dass vielmehr eine Verdichtung jener Katastrophen(-ängste) zu konstatieren ist, die den jeweiligen Zeitgeist prägen und an entsprechende Datenkonstellationen voraus- oder zurückgebunden werden.

Jüdisch-christliche Endzeitvorstellungen

Die in jüdisch-christlichen Texten besonders zwischen ca. 200 v. Chr. bis 100 n. Chr. artikulierte Endzeiterwartung ist in extremen Lebens- und Umweltsituationen im Kontext kollektiver (Identitäts-) Krisen verwurzelt. Vor dem Hintergrund von Verfolgung und politischer Instabilität will die Endzeitrede Angst regulieren, zur mutigen Glaubenstreue ermahnen, Sinn und Siegesgewissheit stiften und damit den Zusammenhalt der Gruppe stärken. Diese politische Dimension im Sinne einer interessengeleiteten Deutung von Vergangenheit und Gegenwart war bereits Kern der bis ins zweite Jahrtausend v. Chr. zurückreichenden altorientalischen Endzeitvorstellungen, die in spätere Endzeiterzählungen eingeflossen sind (vgl. Schipper 2007). Die jüdisch-christlichen Endzeitvorstellungen sind zuvorderst durch die Gruppenperspektive der Verfolgten und damit von faktischer Ohnmacht und radikaler Herrschaftskritik geprägt. Hieraus leiten sich zentrale Spezifika ab – wie etwa ein streng dualistisches Weltbild und die z. T. exzessiv geschilderten Strafaktionen, die die Widersacher nach einem finalen Gericht erwarten.

Dass das Alte Testament mit dem Buch Daniel (7–11), das um 165 v. Chr. rückblickend die für das jüdische Volk verstörenden Ereignisse während der Herrschaft des babylonischen Königs Nebukadnezar II. reflektiert, nur eine Apokalypse enthält und

Apokalyptik im Neuen Testament auf die Offenbarung des Johannes und einzelne eschatologische Passagen (die sog. »Kleine Apokalypse« bei Mk 13 parr.; 1 Thess 4,13–5,11; 1 Kor 15,20–28) konzentriert ist, täuscht darüber hinweg, welche enorme Popularität und politische Brisanz endzeitliche Rede besaß. Sie zeigt sich in der Vielzahl apokryphen Schriftguts, dessen Vernachlässigung im Prozess der Kanonbildung ein Misstrauen gegenüber der Botschaft und Wirkung der Endzeitrede erkennen lässt. Endzeitvisionen prägen z. B. das apokryphe Jubiläenbuch, die Baruch-Apokalypse, das vierte Esra-Buch, die Sibyllen, die Testamente der zwölf Patriarchen, die Psalmen Salomos und die Petrusoffenbarung. Das äthiopische Henoch-Buch, dessen Vorläufertexte bis in 3. Jahrhundert Chr. zurückreichen, malt den Untergang einer Welt aus, die durch die Verfehlungen der Wächter-Engel ins Unglück gestürzt wurde: Jene Wesen verführten die Menschentöchter, sorgten damit für eine unnatürliche Vermischung und übertrugen unheilvolles Wissen über Schmiedekunst, Astrologie etc. auf die Menschen. Das Henoch-Buch beschreibt eine zyklische Welt im Kriegszustand, die, nach Ablauf von vier in Tiergestalt repräsentierten Reichen (z. B. stehen den als Schafe repräsentierten Israeliten die Babylonier als Panther gegenüber), durch einen »Menschensohn« doch noch zum Guten gewendet wird (Koch 2007, 31–50). Viele Motive des Henoch-Buchs haben Eingang gefunden in das Buch Daniel und schließlich auch in die auf dieses sich beziehende Offenbarung des Johannes. Auch die Schriften der bis 70 n. Chr. existierenden Qumran-Gruppe zeugen von einem virulenten Endzeitglauben, z. B. die in Qumran aufgefundene Schrift der Essener, die den bezeichnenden Titel »Schriftrolle des Kriegs der Söhne des Lichts gegen die Söhne der Finsternis« erhalten hat.

Die Offenbarung des Johannes, die ca. 90–95 n. Chr. entstand und namensgebend ist für die literarische Gattung der Apokalypse, erfüllt den eingangs erläuterten Zweck, indem sie ihren Adressaten (sieben Gemeinden in Kleinasien, die alle mit unterschiedlichen Krisenphänomenen und dem Kaiserkult unter dem römischen Kaiser Domitian kämpfen) ein klares Geschichtsmodell vor Augen führt, das die Einordnung und damit Relativierung aktueller Verfolgung ermöglicht. Die Enthüllung dieses göttlichen Heilsplans erfolgt als Prophetie, in verschiedenen Visionen (Thronsaalvision, Sieben-Siegel-Vision etc.), wobei deren komplexe Tier- und Zahlensymbolik zum hermetischen Charakter der

Apokalypse beiträgt und die Bildgewalt eine »hohe emotionale Intensität« (Podrez 2011, 52) entfaltet.

Die Visionen zeigen ein Panoptikum des Grauens, das kaum eine Form menschlichen Leids auslässt (z. B. in der Entfesselung der apokalyptischen Reiter – Krieg, Aufruhr, Hungersnot und Tod – und kosmischer Katastrophen durch die Öffnung der Siegel). Die Schrecken von Gewalt, Seuchen etc. und die Zerstörung im »Kampf am großen Tag Gottes« bei Harmagedon (Offb. 16,14 ff.) sind dabei nur Etappen des durch die Engel Gottes orchestrierten Geschehens. Sie führen zum Beginn der eigentlichen Endereignisse: die Wiederkehr Christi (Offb. 19,11 ff.), den Sieg über »das Tier« (Offb. 19,20) und die Auferstehung der Märtyrer (Offb. 20,4). Es folgt ein tausendjähriges Friedensreich Christi (Offb. 20,6), nach dessen Ablauf »der Drache« als Verkörperung alles Bösen nochmals »für eine kleine Zeit« losgelassen wird, um die Völker letztmalig zu verführen. Er endet schließlich in »Feuer und Schwefel«, wo auch das Tier und der falsche Prophet waren; und sie werden gequält werden Tag und Nacht, von Ewigkeit zu Ewigkeit« (Offb. 20,10). Für all jene Toten, die nicht als Märtyrer starben, folgt nun die Auferstehung zum Jüngsten Gericht: »Und das Meer gab die Toten heraus, die darin waren, und der Tod und sein Reich gaben die Toten heraus, die darin waren; und sie wurden gerichtet, ein jeder nach seinen Werken« (Offb. 20,13). Hoffnung besteht nur für jene, deren Name im »Buch des Lebens« verzeichnet ist, alle anderen Übeltäter ereilt der »zweite Tod« im »feurigen Pfuhl« (Offb. 20,15). Erst nach dieser finalen Abrechnung kann das neue Zeitalter beginnen: Ein »neuer Himmel«, eine »neue Erde« und »neues Jerusalem«, in dem endgültig alle Angst überwunden ist (Offb. 21,1 f.).

Die Endzeit ist in der Konzeption des Johannes Mittel zum Zweck, ein notwendiges Durchgangsstadium auf dem Weg zur Erreichung einer besseren, vorherbestimmten Ordnung (Vondung 1988, 11). Dieses Versprechen bedingt die besondere Qualität der Gefühlslage christlicher Apokalyptik, die keine Katastrophenangst ist, sondern nach Otto Haendler vielmehr als Entscheidungs- und Wandlungsangst der »Gebärangst« vergleichbar sei (Haendler 1952, 33–36). Die nahezu angstfreie Erzählhaltung apokalyptischer Texte korrespondiert über Gattungsspezifika (z. B. göttliche Autorisierung des Boten) hinaus mit der Gewissheit der adressierten Gruppe, dem Kreis der Auserwählten anzugehören, denen kein Schaden zugefügt werden wird, solange sie die Gebote befolgen. Die Endzeit war für die frühen Chris-

ten, die in einer unmittelbaren Naherwartung lebten, somit eine hoffnungsfrohe Heilszeit, in der Mittler- und Erlösergestalten den Weg in eine neue Welt weisen: Als Narrative der Angstabwehr handeln die Endzeitvisionen von Henoch, Daniel, Johannes etc. immer auch von messianischen Erwartungen (z. B. in Gestalt des »Menschensohns«). Christliche Apokalyptik kann in diesem Sinne als »Seelsorge an den Geängstigten« (Körtner 1988, 18) verstanden werden.

Wandel apokalyptischer Narrative in der Neuzeit

Die Endzeitrede jüdisch-christlicher Tradition implizierte verschiedene existenzielle Daseinsängste, trug aber mit der Eröffnung eines Sinn- und Hoffnungshorizonts gleichzeitig zu ihrer Einhegung bei. Die Diffusion religiöser Apokalypsen in der säkularen Kultur der Neuzeit geht dagegen einher mit der Auflösung dieses in Erlösung mündenden Phasenmodells und mit der Abspaltung ihres religiösen Kerns. Das Endzeitnarrativ dient weiterhin der Artikulation von Angst und Unsicherheit in einer sich mit zunehmender Geschwindigkeit verändernden Welt, doch schwindet die angstaufhebende Kraft in dem Maße, in dem das apokalyptische Geschehen nicht mehr in einem von Gott gesteuerten Heilsplan eingebettet gedacht wird (s. Einleitung Kap. II).

1794 fragt Kant in seinem typisch aufklärerischen Impetus, warum die Menschen überhaupt ein Ende der Welt erwarten und warum dieses mehrheitlich als »ein Ende mit Schrecken« geglaubt wird (Kant 1965, 93). Er kommt zu dem Ergebnis, dass die Schöpfung ohne Endzweck sinnlos wäre; der Schrecken wiederum erfülle einen »moralisch-paränetischen Sinn« (Körtner 1988, 61), da dieser eine effektive Zutat für die Bekehrung des Menschen zur Tugend sei. Das Wissen darum, dass die Endzeitrede und die durch sie ausgelöste Angst zur Steuerung und Verhaltensänderung eingesetzt werden kann, wendet auch Jean Paul in seiner »Rede des toten Christi vom Gebäude der Welt herab, daß kein Gott sei« (1797) an, in der der imaginierte Weltuntergang nur literarisches Vehikel der Kritik am säkularen Geist der sich herausbildenden bürgerlichen Gesellschaft ist.

Bei Jean Paul – und stärker noch bei den ihm nachfolgenden Kultur- und Zivilisationskritikern des 19. und 20. Jahrhunderts – artikuliert sich ein Endzeitbewusstsein, das das Individuum stärker belastet als jemals zuvor, weil es dem vermeintlichen äußeren Verfall von Tradition und Gesellschaft keine jenseits bloßer Verlusterzählungen existierende, »metaphysisch-religiöse Geborgenheit« (Becker 1991, 129) mehr entgegensetzen kann. In dieser Situation der vielfältigen Umbrüche, die mit dem Zuwachs an wissenschaftlicher Erkenntnis und der funktionalen Ausdifferenzierung der Gesellschaft einhergingen und wiederum eine Erhöhung der Kontingenz aller Gewissheiten bewirkten, erscheint auch das Jahr 1800 – so Hartmut Böhme in diesem Band – als »Epochendatum der Angst-Geschichte« (s. Einleitung Kap. IV), das in den Gewaltexzessen der Französischen Revolution vor Augen führte, auf wie instabilen Füßen die gerade erst errichtete Herrschaft der Vernunft zu stehen schien (s. Kap. IV. A.1).

Die säkularisierte Form der Endzeiterwartung, die seit der Sattelzeit im Kontext kulturpessimistischer Strömungen in Reaktion auf die negativen sozialen und intellektuellen Begleiterscheinungen von Industrialisierung und Verwissenschaftlichung sukzessive an diskursiver Prominenz gewann, basiert auf dem aussichtslosen Gefühl, am Ende einer sinnhaften Entwicklung zu stehen, nichts mehr Herausragendes, sondern nur noch das Schwinden einstiger Errungenschaften folgen zu sehen: »Endzeit hieß gegen Ende des 19. Jahrhunderts nichts anderes als Kulturverfall« (Koopmann 2001, 87). Die Angst, die mit dieser Form der Endzeiterwartung einhergeht, kann demnach vor allem als Verlustangst und Sorge in Hinblick auf den Charakter des sich vermeintlich abzeichnenden neuen, nihilistischen Zeitalters der »letzten Menschen« (Nietzsche 1963, 283) beschrieben werden.

In der Moderne sind Endzeit-Narrative allgegenwärtig, doch die Natur der Endzeit ist eine grundsätzlich andere als etwa in der Offenbarung des Johannes. Die Apokalypse erfährt tiefgreifende Veränderungsprozesse, die Peter Podrez unter den Begriffen »Entkontextualisierung«, »Säkularisierung«, »Pessimisierung« und »Universalisierung« zusammenfasst (Podrez 2011, 19–24). Die Entgrenzung und Dekonstruktion der traditionellen Apokalypse betrifft dabei ihr zeitliches Vonstattengehen, ihr Ausmaß, ihren Sinnhorizont, ihre Beeinflussbarkeit und damit auch ihre Angst-Potenziale: So kann das apokalyptische Geschehen als schleichender Prozess – als »Apokalypse in Zeitlupe« (Enzensberger 1978, 3) oder auch »a catastrophe in slow motion« (Sontag 2002, 176) – oder als plötzliche Naturkatastrophe mit globaler Reichweite imaginiert werden, es kann traditionell die ganze Welt betreffen oder aber einzelne Gruppen im Chaos zurücklassen, die

Apokalypse gerät mitunter zum sinnlosen Witz und wird letztlich zum Unterhaltungsgegenstand, deren Zerstörungswut oder auch deren Abwendung der Zuschauer in sicherer, medialer Distanz voller Angst-Lust beiwohnt (s. Kap. III. A.8).

Als Säkularisate der religiösen Apokalypse stehen moderne Endzeit-Narrative fortan in einem unmittelbaren Zusammenhang mit jenen Emotionen, die der – etwa durch den Untergang der Titanic (1912) – ins Wanken geratene Glaube an Technik und Fortschritt auslöst. Endzeit-Narrative entfalten in der Moderne eine hohe Anschlussfähigkeit an allerlei neue Ängste (z. B. die Transparenz-Angst des »gläsernen Menschen«, s. Kap. IV.B.4). Die polysemische Einsatzbereitschaft der modernen Endzeitrede wird dadurch zusätzlich verstärkt, dass sie eine Untergangssemantik nutzt, die Anleihen bei den unterschiedlichsten biblischen, mythischen wie wissenschaftlichen Katastrophenszenarien macht und zudem in unterschiedlichen historischen Konfliktsituationen in der Verteilung von Auserwählten, Opfern, Tätern und Rettern politisch aufladbar ist (s. Kap. IV. A.5).

Endzeitangst: Ende des 19. bis Mitte des 20. Jahrhunderts

Am Übergang vom 19. zum 20. Jahrhundert erlebte in den schönen Künsten ein »Stimmungswert von Müdigkeit, Willenlosigkeit, Künstlichkeit, lebens- und wirklichkeitsferner Esoterik« (Nehring 2001, 49) ein exponentielles Wachstums, für den der 1886 in der Zeitschrift Le Décadent erstmals belegte Begriff des Fin de Siècle prägend wurde. Die Epizentren dieser Stimmung lagen in den Großstädten Frankreichs, Österreichs und Englands, wo sie einer Endzeiterwartung mitunter sehr nahe kam. Die Untergangssehnsucht der sog. décadents spiegelt sich etwa in Oscar Wildes Roman The Picture of Dorian Gray (1890) in dem Ausspruch der lebens- und kulturmüden Hauptfigur »Ich wünschte, es wäre Fin du globe […]. Das Leben ist eine große Enttäuschung« (Wilde 2000, 196). Die isolationistische wie narzisstische Realitätsflucht der décadents in künstliche Paradiese ist dabei die Kehrseite eines »Leiden[s] an Verfall, Banalität und Gottlosigkeit des Wirklichen« (Wild 2002, 45). Stéphane Mallarmé bezeichnet in dem Gedicht »Ses purs ongles« (1887) die Angst als Fackelträgerin in einer traumversponnenen Zeit, deren widersprüchliche Neigung zum Mystizismus etwa Joris-Karl Huysmans in seinem Roman Là-bas (1891) wie folgt aufgreift:

Welch bizarre Epoche. Gerade in dem Augenblick, in dem der Positivismus aus allen Lungen bläst, erwacht der Mystizismus und beginnen die Torheiten des Okkulten. […] Aber es ist doch immer so gewesen; die Schwanzenden der Jahrhunderte ähneln einander. Alle sind sie schwankend und trübe. Während der Materialismus wütet, erhebt sich die Magie. Diese Erscheinung kehrt alle hundert Jahre wieder (Huysmans 1972, 183).

Doch ist es ein wesentliches Merkmal dieser Epoche, dass sie sich nicht in Nihilismus, Pessimismus, Okkultismus und Angst erschöpft, sondern als Gegenreflex gleichzeitig vielfältige Formen eines vorwärtsgewandten Lebens- und Jugendkultes hervorbringt, die der insbesondere auf die bürgerliche Gesellschaft bezogenen Verfallsdiagnose das Modell einer antibürgerlichen und kreativen neuen Gemeinschaft gegenüberstellen. Diese Ambivalenz von Verfall und Wiedergeburt spiegelt sich in den Figurationen, die Ende des 19. bzw. Anfang des 20. Jahrhunderts in den Künsten allgegenwärtig waren: So erfreut sich Dionysos, die Figuration des lustvollen Untergangsrauschs, seit Nietzsches Kulturkritik in *Die Geburt der Tragödie aus dem Geiste der Musik* (1872) großer Popularität. Das Dionysische begegnet in den das »Ineinander von Lebensfeier und Totenwelt« (Aurnhammer/Pittrof 2002, 13) inszenierenden Griechendramen Hugo von Hofmannsthals – *Elektra* (1904), *Ödipus und die Sphinx* (1906), *König Ödipus* (1911) –, ebenso wie in Arthur Schnitzlers *Traumnovelle* (1926), in deren rauschhaften Ausbrüchen aus dem Alltag sich der Dionysos-Kult des Wiens der Jahrhundertwende spiegelt (Schmidt-Dengler 2001). Die Texte Schnitzlers implizieren vor dem Hintergrund sich ändernder Geschlechterrollen die bürgerliche, sexuell konnotierte Angst vor dem Verschlungenwerden, vor dem Kontrollverlust gegenüber der *femme fatale* (s. Kap. II. 10), gleichzeitig imaginieren sie die herbeigesehnte Wirklichkeitsflucht in der Ekstase. Das *Fin de Siècle* markiert zugleich den Höhepunkt einer gesamteuropäischen Ophelia-Begeisterung (Fenske 2012, 231). Die Shakespearesche Figur der blumenbekränzten Ophelia als Verkörperung von jugendlicher, nymphenhafter Schönheit und an Wahnsinn grenzender Liebes- und Todessehnsucht begegnet u. a. in Arthur Rimbauds Gedicht »Ophélie« (1870) bis hin zur Wasserleichenlyrik von Georg Heym, Gottfried Benn und Georg Trakl.

Für die Untergangsstimmung der deutschen Großstadtliteratur sind nicht zuletzt Hermann Bahrs Novellensammlung *Fin de Siècle* (1891) sowie eine Vielzahl expressionistischer Gedichte – z. B. Else Lasker-Schülers »Weltende« (1905), Jakob van Hoddis' »Weltende« (1911) und Kurt Pinthus' Gedichtsammlung *Menschheitsdämmerung* (1920) – paradigmatisch (s. Kap III.B.1). Sie entstehen vor dem Hintergrund der Entfremdungs- und Verelendungserscheinungen im Zuge der Industrialisierung – wie sie etwa Gerhart Hauptmann in den naturalistischen Dramen *De Waber* (1892) und *Vor Sonnenaufgang* (1889) porträtierte – und aus einer unbändigen Sehnsucht nach gesamtgesellschaftlicher Erneuerung heraus. Anders als erwartet, brachte dann der Erste Weltkrieg, der von fast allen Kriegsparteien als »apokalyptisches Ereignis« eingestuft wurde (Vondung 1988, 13), tiefe Erschütterungen nicht zuletzt für den Emotionshaushalt der überlebenden Soldaten mit sich. Das Ereignis des Ersten Weltkriegs mit seinen Millionen Toten und dem Ansichtigwerden einer entfesselten Technik prägte pessimistische Zukunftsvisionen, wie etwa Oswald Spenglers geschichtsphilosophisches Hauptwerk *Der Untergang des Abendlandes* (2 Bde. 1918, 1922), das zwar nicht von einem globalen Weltuntergang ausgeht, aber davon, dass der Untergang der europäisch-nordamerikanischen Zivilisation ebenso gewiss ist wie einst der der Azteken. Unter den zahlreichen literarischen Verarbeitungen der traumatischen Erfahrungen und vielfältigen Schrecken des Krieges sei hier auf Karl Kraus' monströses Theaterstück *Die letzten Tage der Menschheit* (1919) hingewiesen. Schon im Titel seiner grotesken Montage nutzt Kraus Anspielungen auf die Endzeitrede, »um das Aberwitzige und zugleich Unheilvolle jener apokalyptischen Bestrebungen vor Augen zu führen« und damit die gefährliche Aufladung des zeitgenössischen Diskurses und der Kultur durch apokalyptische Bildsprache zu kritisieren (Vondung 1988, 429).

Ein Überdruss am eigenen Jahrhundert äußert sich in der Imagination von endzeitlichen Kämpfen und neuen, utopischen Weltordnungen in der frühen Science-Fiction-Literatur. In ihr artikuliert sich Gesellschaftskritik ebenso wie durch den Glauben an die Wissenschaft zunächst noch sublimierte, dystopische Zukunftsangst. So erblickt z. B. in H.G. Wells' *The Time Machine* (1895) ein Zeitreisender nicht nur das Ende der Welt, sondern stößt in einer fernen Zukunft auch auf eine auf den ersten Blick paradiesische Zweiklassengesellschaft. In einer Verdrehung der Zustände des viktorianischen Zeitalters sind es hier die unter der Erde lebenden ›Arbeiter‹, die Morlocks, die sich im wahrsten Sinne des Wortes von der Müßiggang pflegenden, gleichwohl verängstigt-naiven ›Oberschicht‹ der Eloi ernähren. Wells stellt damit ein Ende der Menschheit vor, das ohne äußere Katastrophe auskommt und einzig durch soziale Degeneration im Zuge der Zuspitzung der Klassengegensätze entsteht (vgl. Horn 2012, 34).

In Wells' Science-Fiction-Roman *The War of the Worlds* (1898), Prototyp vieler späterer »extraterrestrischer Apokalypsen« (Podrez 2011, 81), steht eine Bedrohung anderer Art im Mittelpunkt. Mit seiner Fiktion einer tödlichen Invasion vom Mars, die sich dank technischer Überlegenheit von Großbritannien aus ausbreitet, ließ Wells die Kolonialmacht des British Empire selbst zum Opfer werden. Die zahlreichen Bearbeitungen – u. a. eine CBS-Hörspielfassung von Orson Wells (1938), filmische Adaptionen von Byron Haskin (1953), Timothy Hines (2005), Steven Spielberg (2005) und Roland Emmerichs Welterfolg *Independence Day* (1996), der ebenfalls bei Wells' Klassiker Anleihen macht – belegen das bis heute hohe Angst-Potenzial, das die Imagination einer übermächtigen Invasion aus dem Weltall, die gleichzeitig gesellschaftliche Überfremdungsängste mit verhandelt, besitzt.

Insgesamt bleibt die Endzeit-Thematik nach der Jahrhundertwende weiterhin präsent und zeitigt ganz unterschiedliche Ausprägungen. Beispielsweise unterscheidet Ulrich Broich für die englische Literatur der 1920er Jahre die folgenden vier Untergangsmodelle: biblisch-inspirierte Weltkatastrophen, wissenschaftsbasierte Untergangskonzepte wie das der Entropie, Regression des Menschen im Gegensatz zu Darwins Evolutionskonzept sowie Degeneration im Sinne eines Alterns von Kulturen (Broich 1991, 188 ff.). Das auf der Thermodynamik basierende Weltuntergangskonzept der Entropie geht davon aus, dass die Entropie – d. h. eine physikalische Größe, die die Änderung der Wärmeenergie eines Systems relativ zu dessen Temperatur beschreibt – der Welt einem Maximum zustrebt. Mit der Erreichung dieses »Grenzzustands«, so Oswald Köhler 1902, würde die Welt schließlich in einen »todten Verharrungszustande« fallen (Köhler 2012, 397). Nach der totalen Erhitzung käme also die finale Abkühlung. Diese Vorstellung eines schleichenden Übergangs in den Stillstand wurde vielfach aufgegriffen, so etwa in der letzten Strophe von T.S. Eliots Gedicht »The Hollow Men« (1925): »Auf diese Art geht die Welt zugrund / Nicht mit einem Knall: mit Gewimmer«. Eine andere Facette des kosmisch-induzierten Weltuntergangs stellt die Angst vor der Kollision der Erde mit anderen Himmelskörpern dar. Sie hat im Halleyschen Kometen, der 1910 die Erde passierte und den Anstoß für das Weltende-Gedicht von van Hoddis gab, einen äußeren Anlass

und findet z. B. Niederschlag in Kurt Schwitters Opernlibretto *Zusammenstoß* (1927).

Mit Anbruch der Nazi-Herrschaft bekommt die Endzeit-Thematik eine neue Brisanz, die erneut die ambivalente Instrumentalisierbarkeit apokalyptischer Rede beobachtbar macht. Der Rückgriff auf angstimprägnierte, apokalyptische Narrative dient nun einerseits in NS-kritischer Stoßrichtung zur Bestimmung des Status quo, zur Warnung vor Barbarei und als Ausdruck der Sorge vor der Ablösung der bisherigen Geisteshaltung durch eine andere, unmenschliche. Hermann Broch, »der Endzeit-Autor schlechthin« (Lützeler 2001, 101), setzt sich im 1932 entstandenen dritten Teil seiner *Schlafwandler*-Trilogie in diesem Sinne in einem eigenen Kapitel mit dem Zerfall der Werte auseinander. Thomas Mann beschreibt das endzeitliche Lebensgefühl seiner Generation in den 1940er Jahren als einen »Kulturschwund der unheimlichsten Art« (Mann 1974, 949). Die Brüder Mann, Franz Werfel, Hermann Hesse, Stefan Zweig u. v. m. erkennen in der Nazi-Herrschaft frühzeitig einen Weltuntergang der eigenen Art. Diesem gefürchteten »Ende Europas« (Koopmann 2001, 92 f.) stehen sie verzweifelt gegenüber, ohnmächtig, so Stefan Zweig im Mai 1940, die wieder wachwerdenden »alten Cassandragefühle« (Zweig 1984, 453) in Gegenwehr umzusetzen.

Dem Einsatz apokalyptischer Rhetorik als Superlativ der Verstörung, etwa auch in Adornos und Horkheimers *Dialektik der Aufklärung* (1947), stehen andererseits Derivate der apokalyptischen Bildsprache gegenüber, die Hitler zur Indoktrination und Verharmlosung nutzen konnte. In der nationalsozialistischen Rassenpolitik verschmelzen apokalyptische Deutungen der Zeit des Ersten Weltkriegs, eine streng dualistische Weltsicht der Unterscheidung des Arischen und des Jüdischen mit der ebenfalls apokalyptischen Sehnsucht nach absoluter Reinheit, Ordnung und Gerechtigkeit. Hinzu kommt das Bedürfnis nach Kontinuität und Stabilität, das die Semantik vom ›Dritten Reich‹ als dem ›Tausendjährigen Reich‹ zu befriedigen verspricht. Die apokalyptische Beschreibung des Feindes als »das Böse«, gesichtslos repräsentiert als Tier, bahnt in Form einer ethischen Entgrenzung den Weg zur Vernichtung des »Unter-Menschen« im Genozid, der als geschichtlich vorbestimmter Endkampf imaginiert wurde (Vondung 2010, 39). Die Judenverfolgung als »Extremfall apokalyptischer Gewalt« (ebd., 34) mag als drastischstes Beispiel dafür dienen, welch zerstörerische Wirkung mit Hilfe apokalyptischer Rede entfacht werden kann.

Endzeitangst: Mitte des 20. Jahrhunderts und um 2000

In der Zeit nach dem Zweiten Weltkrieg verschwand das Endzeit-Thema in Deutschland durch die Fokussierung auf den emsigen Wiederaufbau und wirtschaftlichen Aufschwung zunächst in einer Wahrnehmungslücke bzw. wurde – in der Hoffnung, das Schlimmste bereits überstanden zu haben – verdrängt. So bescheinigt Günther Anders seiner Umwelt 1956 mit Blick auf die atomare Aufrüstung und die damit verbundene Fähigkeit, die Menschheit technisch nun wirklich auslöschen zu können, eine regelrechte »Apokalypse-Blindheit« (Anders 1961, 235). Das »Dasein unter dem Zeichen der Bombe« (ebd., 235) verändere jedoch die Grundkonstituenten der menschlichen Existenz; nicht mehr die Frage der moralischen Lebensgestaltung sei zentral, dringlicher sei nun überhaupt die Frage, »ob die Menschheit weiterbestehen werde oder nicht« (ebd., 238). Laut Anders wurde diese existentielle Frage aus Angst ignoriert: »[D]er Zeitgenosse, in seiner Apokalypse-Blindheit, in seiner Angst vor der Angst, vor der eigenen und der der Anderen; und in seiner Scheu davor, sich selbst und andere morituros kopfscheu zu machen, will sie nicht wahrhaben« (ebd., 238). Zeitgleich schreibt Samuel Beckett, der »Apokalyptiker par excellence in der modernen Literatur« (Kesting 1991, 180), den Einakter *Fin de Partie* (1956), in dem alles in der Welt bereits zu Neige gegangen ist und nur noch vier seelisch und körperlich verkrüppelte »letzte Menschen« ein sinnentleertes, angstzerdehntes Dasein im Warten auf das Ende fristen. Hamm, eine der Figuren, erinnert sich, wie Endzeitvisionen – vor dem Ende – wahrgenommen wurden:

Ich habe einen Verrückten gekannt, der glaubte, das Ende der Welt wäre gekommen. [...] Ich besuchte ihn manchmal in der Anstalt. Ich nahm ihn an der Hand und zog ihn ans Fenster. Sieh doch mal! Da! Die aufgehende Saat! Und da! Sieh! [...] Er riß seine Hand los und kehrte wieder in seine Ecke zurück. Erschüttert. Er hatte nur Asche gesehen (Beckett 1957, 37).

Anders' und Becketts Verhandlung der Apokalypse sind paradigmatisch für eine neue Form der Endzeitrede in der Mitte des 20. Jahrhunderts, in der die Gefahr des Weltuntergangs realiter omnipräsent ist, aber gleichzeitig belanglos und unspektakulär zu sein scheint. Die gleiche distanzierte Haltung in Bezug auf die Endzeitangst legen zunächst auch die sich im Zuge der politischen Konfliktverschärfungen (etwa die Kuba-Krise und den Vietnamkrieg; vgl.

hierzu Greiner/Müller/Walter 2009) formierenden Protestbewegungen an den Tag. Wie Holger Nehring darlegt, war in den späten 1950er und frühen 1960er Jahren sowohl die deutsche Friedensbewegung wie auch die britische *Campaign for Nuclear Disarmament* um rationalen Protest bemüht und damit beschäftigt, »ihre Ängste zu verneinen und zu verbergen« (Nehring 2009, 461, s. auch Kap. IV.A.6).

Die Einstellung zur Endzeit schlägt hingegen in den späten 1960er Jahren von einem Extrem ins andere um, so dass es nicht erstaunt, dass mehr als die Hälfte einer jüngst – pünktlich zum Endzeittermin 2012 – erschienenen Sammlung mit über 350 Endzeitankündigungen nach 1976 datiert (Schimandl 2012). Die Prognosen des Club of Rome zur Endlichkeit des Wachstums und den Gefahren der Bevölkerungsexplosion (*Limits of Growth*, 1972), der Protest der neuen Friedensbewegung gegen das Wettrüsten (z. B. die Stationierung von Cruise Missiles und Pershing II-Raketen im baden-württembergischen Mutlangen) und gegen AKWs, die sich ab 1980 zur Massenbewegung entwickelt, die westdeutsche Waldsterbensdebatte um die Auswirkungen von Smog und saurem Regen und schließlich der GAU im AKW Tschernobyl 1986, sorgen für eine sich auf alle Lebensbereiche ausweitende, neue Endzeit-Sensibilität (s. Kap. IV.A.7).

Durch die bis heute gültige »Verschränkung des ökologischen mit dem apokalyptischen Diskurs« (Podrez 2011, 68) wird wiederum Angst – vor technischer Entfremdung, vor dem Ozonloch, vor kriegerischer Gewalt etc. – zu einer wichtigen kommunikativen Ressource im politischen Aushandlungsprozess (Luhmann 1986; s. Kap. II.9). In den USA verkündet der evangelikale Prediger Hal Lindsey in seinem Endzeit-Buch *The 1980s. Countdown to Armageddon* (1980), dass die Blockkonfrontation und die Atombombe bald das Weltenende herbeiführen könnten und rangiert damit, typisch für die neue Apokalypse-Affinität, monatelang in den Bestsellerlisten.

Auch die Popmusik nimmt sich der Endzeit an, z. B. die US-amerikanische Gruppe R.E.M. mit dem lakonischen Song »It's the end of the world as we know it (and I feel fine)« (1987). Jacques Derrida konstatiert 1985 auch in der Philosophie einen »neuerdings erhobenen apokalyptischen Ton« (Derrida 2012), der nicht zuletzt aus einem eine dumpfe Angst auf Dauer stellenden Ende der Geschichte herzurühren schien. Bezugnehmend auf Derridas Kritik an der plötzlichen Omnipräsenz des Endes schreibt Hartmut Böhme 1988: »[D]iese Endlosserie von Enden, scheint tatsächlich ein Symptom der postmodernen achtziger Jahre zu sein, in der Beliebigkeit der Endungen jedoch auch ohne erhellende Kraft« (Böhme 1988, 381). Zeitgleich weist Klaus Vondung darauf hin, dass die »Angst vor dem Weltuntergang [...] ein Bewußtseinsphänomen« ist, das in Deutschland »besonders grassiert« (Vondung 1988, 8). Dabei zeichne sich die deutsche »›Endzeithysterie‹« nicht nur durch ihre besondere Intensität, sondern auch dadurch aus, dass »die Angst in Bildern und Symbolen der ›Apokalypse‹ zum Ausdruck kommt« (Vondung 1988, 13, 10).

Entsprechend zahllos sind die Beispiele für die in den 1980er Jahren »wuchernde apokalyptische Erzählung« (Böhme 1988, 382). Das Medium der Fiktion ermöglicht es, gesellschaftliche Gegenwartstendenzen in ihrer vermeintlichen Finalität zu imaginieren oder aber den Zeitgeist gebrochen durch historische oder futuristische Sujets zu kritisieren. Untergangsgewissheit prägt z. B. Christa Wolfs Roman *Kassandra* (1983), in dem die trojanische Königstochter sehenden Auges dem Ende entgegen zieht, einem Untergang, den sie zuvor schon für Troja vorhergesagt hatte, ohne vor der patriarchalischen Herrschaft Gehör zu finden. Wie Wolf unternimmt auch Christoph Ransmayr in *Die letzte Welt* (1988) einen Rückgriff auf den Mythos, um – durch die Darstellung des Zerfalls zur Zeit Ovids – Gesellschafts- und Zeitkritik zu üben, indem er die in den Untergang führende Degeneration, Primitivität und Indifferenz der Bewohner einer Stadt am Rande des römischen Reichs brandmarkt. In Günter Grass' Beitrag zur politischen Zoologie, *Die Rättin* (1986), erfährt die Welt der Menschen den Untergang durch die Neutronenbombe und geht anschließend in die Regierung der Ratten über, die ihre Chance auf die Gründung einer solidarischen Gesellschaft gekommen sehen.

Vor der Jahrtausendwende erreicht die Endzeiterwartung eine neue Intensität und Qualität, die bei einigen religiösen Gruppen – man denke an die Davidianer in Waco/Texas (1993), den Giftgas-Terror der Aum-Sekte in der U-Bahn Tokios (1995) und die Anhänger der Ufo-Sekte Heaven's Gate, die mit Erscheinen des Kometen Hale-Bopp kollektiv Selbstmord begingen (1997) – in tödlichen Aktionen eskaliert. Nicht nur Fanatiker, sondern eine breite Öffentlichkeit entwickelt in dieser Zeit, teilweise irritiert, teilweise fasziniert, ein Bewusstsein dafür, dass die anstehende Jahrtausendwende vielleicht mehr sein könnte als ein herkömmlicher Jahreswechsel. Paradoxerweise entsteht diese Endzeitstim-

mung in größter Sicherheit – in einer Welt, in der der in den westlichen Gesellschaften lebende Mensch technische Errungenschaften, Wohlstand und Komfort genießt, über eine Lebensspanne hinweg, die nie länger war und mit der historisch geringsten Gefahr, jemals wieder einen Krieg vor der eigenen Haustür zu erleben. Gleichzeitig aber schafft das Ende der Ost-West-Konfrontation politische Unsicherheit und neue, in den Grenzbereichen der traditionellen Naturwissenschaften (z. B. Geo- und Bioinformatik, Nanotechnologie) angesiedelte Wissenspraktiken, verstören durch die Berechnung von Katastrophenszenarien, in denen die Erde durch Gammablitze, Schwarze Löcher, Kometen, Megavulkane und Pandemien zu Grunde geht.

Die Wissenschaft weckt eine Sensibilität für die Begrenztheit der lebensnotwendigen Ressourcen und damit auch für die »Erschöpftheit der Schöpfung« (Kuschel 2000, 72), sie bietet durch ihren Zuwachs an technischen Möglichkeiten gleichzeitig selbst vielfältige Angstanlässe. Endzeiterwartung um 2000 beinhaltet daher zumeist eine Reflexion des menschlichen Anteils an einem wissenschaftlich rationalisierten Weltuntergang; ihren Kern bildet eine Angst vor einer grenzüberschreitenden Macht des Menschen und der von ihm geschaffenen Hilfsmittel. Szenarien unterschiedlicher Art lassen die Sorge wachsen, dass der Wohlstand bzw. die westliche Kultur der Verschwendung nur von begrenzter Dauer und auf Kosten der Zukunft erkauft sein könnte. Katastrophen wie Hiroshima und Tschernobyl liefern weiterhin das Bildmaterial für Imaginationen des Untergangs und tragen überdies zum Grundgefühl der Unaufhaltsamkeit bei, zu einer Angst, »daß nicht wieder gut zu machende Entscheidungen längst gefällt wurden« (Kaiser 1991, 18). Eine besondere Rolle in der Endzeiterwartung der späten 1990er Jahren spielen dabei Computer, vor allem die Unwägbarkeiten neuer (Kommunikations-)Technologien wie z. B. das WorldWideWeb, die Angst vor Fehlfunktionen, vor der Verletzung der Privatsphäre und vor der Verselbständigung der Technik in einer Art ›digitalen Apokalypse‹.

Im Mittelpunkt der technikinduzierten Endzeitängste steht der sog. *Millennium Bug* bzw. das *Y2K-Problem* (Year 2 Kilo = Jahr 2 Tausend), das aus der Programmiertradition resultiert, wonach die Jahreszahl mit zwei Stellen dargestellt wird, was insofern Verwechslungspotenzial birgt, da z. B. 01/01/00 als der erste Tag des Jahres 2000 oder eben des Jahres 1900 gelesen werden kann. Auswirkungen dieser informationstechnischen Konstellation wurden in sicherheits- und volkswirtschaftlich relevanten Bereichen gefürchtet: Störfälle in Kraftwerken, im Flugverkehr, im weltweiten Finanzsystem, in industriellen Großanlagen, in (atomaren) Waffenarsenalen etc. könnten womöglich ein »technological Armageddon« (Hayes 1998) herbeiführen. Mit dem *Millennium Bug* brechen Angstgefühle hervor, mit denen sich ein schon lange zuvor gehegtes Misstrauen gegenüber der Übermacht – und der daraus resultierenden Abhängigkeit von – der Computertechnik artikulierte. Die Berichterstattung über den *Millennium Bug* und die Stimmung der Bevölkerung durchläuft – nicht nur in den USA – mehrere Phasen, die von »relative quiet« zu Beginn der 1990er Jahre, über »social unrest« in der Mitte des Jahrzehnts, bis hin zu einer »enthusiastic mobilization« zwischen Ende 1998 und Anfang 1999 reichen (Toles-Patkin 2009, 5 f.). Danach kippt die Bewegung, die von »fear merchants« (Noer 1998) – Hysterie-Gewinnlern aus allen Bereichen der Finanzwirtschaft, Technik- wie auch Beratungsindustrie – angeheizt wurde, und die Aufmerksamkeit in den Medien und in der Bevölkerung ebbt auch aufgrund ergriffener Gegenmaßnahmen langsam ab.

So hat Bill Clinton am 4. Februar 1998 die Einsetzung des »President's Council on Year 2000 Conversion« mit dem Ziel verfügt, eine realistische Einschätzung der Auswirkungen der Jahrtausendwende auf die US-amerikanischen und sonstigen Informationssysteme zu gewinnen. Der Council koordinierte alle Aktivitäten der US-amerikanischen Bundesregierung mit Blick auf das Jahr 2000. Hierzu gehören die Gewährleistung der Funktionstüchtigkeit aller bundesweiten Systeme während der Jahrtausendwende, die Abstimmung und Anpassung zentraler Dienste und die Information über Vorkehrungen gegen das *Y2K-Problem* in der Wirtschaft, in den einzelnen Bundesstaaten wie auch bei internationalen Handelspartnern (Koskinen 2000, 4). Arthur Levitt, der Vorsitzende der Börsenaufsichtskommission, U.S. Securities & Exchange Commission (SEC), lobt die Arbeit des Council im September 1999. Die Finanzbranche, so Levitt, sei bestens auf die Jahrtausendwende vorbereitet, kein Computer-Problem, sondern die Angst und durch sie fehlgeleitetes Verhalten von Investoren seien die einzige Bedrohung, die die USA zu fürchten hätten: »[…] I see no reason why fear of a Year 2000 problem should cause investors to alter their investment or trading habits. In fact, actions taken by investors based on unreasonable fear or bad information pose a greater threat to our economy than potential Year 2000 computer problems« (Levitt 1999). Auch in anderen Bereichen ändert sich der Gegenstand der Warnungen – vom Computerproblem zur menschlichen Überreaktion in Form von Hamsterkäufen, der Abhebung von Bankguthaben etc.: »[…] Now, a chorus of regulators, Year 2000 project managers and other authorities warn that Americans fearing the worst may end up inflicting more serious damage on themselves, their neighbors and the economy than anything the computers do« (Feder 1999). Der Verlauf der kollektiven Stimmungskurve, die Spaltung in ›Gläubige‹ (die sich auf den Einbruch vorbereiten) und ›Ungläubige‹ (die die Warnungen ignorieren), erinnert an religiöse Endzeiterwartungen, nur dass das Numinose hierbei nahezu bedeutungslos und das Weltuntergangsgebaren ein technikinduziertes ist. Nicht zuletzt ähneln die Reaktionen auf das Ausbleiben des erwarteten Ereignisses denen von Sektenanhängern, die die Parusieverzögerung durch Umdeutungen (z. B. Ankündigung als Warnung, deren Befolgung dazu beitrug, das Unheil abzuwenden) zu rationalisieren suchen (Toles-Patkin 2009, 7 f.).

Die sich im *Y2K-Problem* äußernden Ängste vor der Übermacht der Technik und dem Kontrollverlust des Menschen finden in Form von technischen Apokalypsen eine Entsprechung im Film der Jahrtausendwende. In einer Verkehrung der biblischen Schöpfungsgeschichte wird ein Szenario entfaltet, in dem der Mensch von seinen eigenen Kreaturen geschlagen wird. Diese Urangst wird in einer Vielzahl unterschiedlicher, hausgemachter Katastrophen (vgl. Ahrens 2009) durchexerziert, von denen hier nur zwei exemplarische Erwähnung finden: In der *Terminator*-Tetralogie (USA 1984 ff.), in der sich das Zeitreisemotiv mit dem des apokalyptischen Endkampfs verbindet, ist der durch rebellierende Maschinen verursachte nukleare Winter die Realität der Zukunft. Die wenigen Überlebenden dieses Kampfes gegen die künstliche Intelligenz der Maschinen sind entweder Arbeitssklaven oder im Widerstand. Um den späteren Anführer der Widerständischen zu töten – Parallelen zur Weihnachtsgeschichte und den Tötungsabsichten des Herodes sind offenkundig –, schickt das Maschinennetzwerk Skynet in *Terminator* eine Kampfmaschine in die Vergangenheit. Im Motiv der Zeitreise verhandelt die Terminator-Reihe so das Angst-Motiv einer genealogischen Konkurrenz: Da die Urheber der Maschinen sich nicht in ihre neue Rolle als Knechte fügen wollen, kehrt ein Cyborg, der äußerlich nicht vom Menschen zu unterscheiden ist, in das Jahr 1984 zurück, um mit Gewalt eine neue Hierarchie zu schaffen. Jenseits von

Action und popkulturellem Spektakel geht es somit um die Frage nach dem Ursprung und Wesen des Menschen im Moment seiner bio- und computertechnologischen Neuerfindung. Wird der atomare Krieg in der Fortsetzung *Terminator 2 – Judgment Day* (USA 1991), in der gute und böse Maschinen einander gegenüberstehen und der technische Entwickler militärischer Computersysteme aus Einsicht in die verhängnisvollen Folgen seines Werkes dieses und sich selbst auslöscht, noch verhindert, so bricht er am Ende von *Terminator 3 – Rise of the Machines* (USA 2003) doch noch aus. Erst Teil 4 – *Terminator Salvation* (USA 2009) – klärt die Verhältnisse zugunsten der menschlichen Widerstandsarmee, die damit – auch hier spielen apokalyptische Elemente eine Rolle – die Grundlage für eine Neue Gemeinschaft schafft.

Die von Maschinen beherrschte Welt ist auch Thema von *The Matrix* (USA 1999), nur dass die ebenfalls messianische Hauptfigur Neo (= The One) sich dieses Zustands, nämlich dem der totalen Verwüstung und postapokalyptischen Ödnis, erst im Zuge eines schmerzhaften Erwachens aus maschinell erzeugter Unmündigkeit bewusst wird. ›Realität‹ ist in *The Matrix* eine maschinelle Simulation, ein totaler Verblendungszusammenhang, der digital erzeugt wurde, um die herkömmlichen Menschen, die ein Dasein in totaler Verdinglichung als biologische Energiequellen der Maschinen fristen, im Zustand palliativer Zufriedenheit zu halten. Im Fortgang der Handlung schafft es Neo (Keanu Reaves), nachdem er in der »desert of the real« (Baudrillard 1988, 27) erwacht ist, einen umfassenden Widerstand gegen die Herrschaft der Maschinen anzustiften – auch hier bedient sich die Narration einer Vielzahl christlich-apokalyptischer Elemente, die die Dramatik der Lage bebildern und Liebe, Mythos und Glaube gegen das digitale Prinzip der Computer-Herrschaft in Stellung bringen. Dass The *Matrix* einer der ersten Filme war, der umfassend von Verfahren digitaler Bildgebung Gebrauch machte, versinnbildlicht eine immer zu berücksichtigende Differenz von ›realer‹ Angst und kulturell-fiktionaler Angst-Lust.

Auch losgelöst von der durch Menschenhand geschaffenen technischen Bedrohung wird der Anteil an bzw. das Verhalten des Menschen in Katastrophensituationen vor und nach dem Millennium zum Dreh- und Angelpunkt von Endzeitimaginationen unterschiedlichster *couleur*. In der Kunst spiegelt sich diese Stimmung in der Thematisierung der »Ambivalenz des schönen Scheins« (Syring 1996, 10), durch die Infragestellung des Fortschrittsglau-

bens und der Illustration der Nähe des Todes und der Endlichkeit allen Seins (z. B. in der Installation *A Thousand Years* von Damien Hirst, 1990). Die seit den 1990er Jahren zu konstatierende Inflation filmischer Endzeitszenarien nutzt den Weltuntergang als Laborsituation, als Anlass für die Auslotung dessen, was geschieht, wenn die Welt wie wir sie kennen – infolge wissenschaftlicher Experimente, des Klimawandels etc. – aufhört zu existieren: Endzeit wird imaginiert als Katalysator für die Offenlegung der wahren Natur des Menschen unter den Bedingungen von extremem Mangel, Chaos und Gewalt. Im »Untergang als Experimentalraum« (Horn 2012, 32 f.) lässt sich ein Härtetest der Zivilisation simulieren, in dem viele Gewohnheiten und Gefühle als unbrauchbar und überholt, archaische Gefühlslagen dagegen wie Angst, Misstrauen und Blutsbande als überlebensnotwendig ausgewiesen werden. Dies ist z. B. der Fall in Endzeitfilmen wie *Wolfzeit* (F/D 2003), *Book of Eli* (USA 2010) oder *Hell* (D 2011) wie auch im Roman *The Road* (2006) von Cormac McCarthy und der gleichnamigen Verfilmung (USA 2009).

Alle diese Fiktionalisierungen des globalen Endes erzählen von einer postapokalyptischen Welt, in der das Wie und Warum der Apokalypse kaum mehr interessieren, sondern nur die Endzeit zählt, in der die letzten Überlebenden – ganz im Gegensatz zu den Auserwählten der Offenbarung des Johannes – keinen Frieden erleben, sondern ein Dasein in permanenter Angst und Alarmiertheit fristen. Im Mittelpunkt dieser Dystopien steht die Katastrophe des Sozialen; der Mensch ist hier tatsächlich des Menschen Wolf, der aus einem paradoxen Überlebenswillen in einer nicht mehr lebenswerten Welt heraus alle Werte über Bord wirft und selbst vor Kannibalismus keinen Halt macht. Das Ende der Welt markiert hier das Ende der Menschlichkeit, wobei es auch in diesen Filmen, dem dualistischen Prinzip der Apokalypse entsprechend, die moralisch Guten gibt, die im erbitterten Überlebenskampf ihre Unschuld und eine Rest-Solidarität zu bewahren suchen. Sie werden gezeigt, wie sie einem profanen Hoffnungsort entgegenstreben (z. B. der Küste in *The Road*, den Quellen im Gebirge in *Hell*) und dabei schließlich ihre Angst überwinden bzw. mit dieser zu leben lernen. In dieser Sorte Endzeit-Film, der ohne Gott und kosmische Ereignisse auskommt, artikuliert sich eine latente Angst vor dem Ende des Wohlstands, eine Angst, die sich mitunter in Konsum-Sentimentalität spiegelt, z. B. wenn Vater und Sohn in *The Road* auf einen unberührten, voll ausgestatteten Bunker stoßen und die dort gehorteten Cola-Dosen und Konserven als die »Fülle einer verschwundenen Welt« (McCarthy 2007, 125) verherrlicht werden. Paradoxerweise besitzen diese Endzeitfilme einen aus dem Kontrast von Geschautem und eigener Umgebung erwachsenden wohligen Schauer, da sie dem Zuschauer vor Augen führen, wie bequem und angstfrei das eigene Leben und wie luxuriös die sonst für selbstverständlich gehaltenen Annehmlichkeiten des Alltags sind.

Überlebensgemeinschaften in einer enttechnisierten Welt fokussiert auch der Zombie-Film ab 2000, etwa die TV-Serie *The Walking Dead* (USA 2010 ff.), die im Rahmen des sog. »fearfest« des Senders AMC startete, neben Klassikern des Zombie-Genres von George A. Romero. In der TV-Serie *The Walking Dead*, die wiederum auf einer 2003 gestarteten Comic-Serie basiert, wird die Auferstehung der Toten als Apokalypse-Versatzstück aufgriffen. Im Vordergrund steht die Angst vor der eigenen Zukunft bzw. der eigenen Wiederauferstehung – der Keim zur Zombie-Mutation steckt bereits in den Lebenden, die damit selbst schon Teil der »walking dead« sind – und die Wehrlosigkeit des Individuums angesichts des Ausfalls aller schützenden sozialen und technologischen Systeme. Die auf Permanenz gestellte anomische Angst in *The Walking Dead* korreliert mit der Brutalität, die beim Zertrümmern der Zombie-Schädel an den Tag gelegt wird. In Szenen der Vernichtung des Bösen wird die Gefahr bewältigt und die Anspannung zumindest ein Stück weit aufgehoben. Auch die Zombie-Apokalypse kann damit beim Zuschauer kartharsisähnliche Effekte zeitigen (Podrez 2011, 53). Dass Film-Apokalypsen zurecht als Krisentexte und Krisenbewältigungsangebote verstanden werden können (ebd., 12), wird z. B. auch bei der Betrachtung des britischen Zombie-Films *28 days later* (GB 2002) und seiner Fortsetzung *28 weeks later* (GB 2007) deutlich. Hier ist es das Motiv der Ansteckung, das nicht zuletzt vor dem Hintergrund der SARS-Pandemie 2002/2003 etc. ein besonderes Angst-Potenzial entfaltet (s. Kap. IV. A.2). Die Zivilisation droht durch außer Kontrolle geratene Laborversuche zur emotionalen Habitualisierung ausgelöscht zu werden: Britische Wissenschaftler ›infizierten‹ Schimpansen durch brutale Gewaltvideos etc. mit hochdosierter Wut, die, als Aktivisten die Tiere befreien wollen, auf den Menschen übertragen wird und sich infolge rasend schnell ausbreitet und damit im Rücken des *thrills* einen ironischen Kommentar zur Weltuntergangsrhetorik kulturkritischer Medienpädagogik formuliert.

Neben der Zombie-Apokalypse, die wie im Fall des letztgenannten Beispiels auch szientistisch imprägniert sein kann, wurden in Hinblick auf die Film-Apokalypsen der letzten Dekaden eine Vielzahl weiterer Ausprägungen unterschieden (vgl. Podrez 2011, 80 ff.), die hier nur *en passant* erwähnt werden sollen: Die ökologische Apokalypse greift im Nachgang zu den *Nature-Revenge*-Filmen der 1970er Jahre die Angst vor dem Klimawandel auf und verbindet sich z. B. in *The Day after Tomorrow* (USA 2004) mit dem Weltuntergangskonzept der Entropie oder mit dem der biblischen Sintflut in *2012* (USA 2009). In beiden Filmen des Regisseurs Roland Emmerich treten Wissenschaftler als Warner auf, deren Rettungsaktionen letztlich das Überleben zumindest einzelner Gruppen – in *2012* rettet eine Flotte quasi als Arche Noah (zahlende) Vertreter aller Nationen – sicherstellen. Ebenfalls vom Blockbuster-Kino adaptiert wurden Naturkatastrophen von globalem Ausmaß wie auch kosmische Apokalypsen, die im Fall von *Deep Impact* (USA 1998) und *Armageddon* (USA 1998) einen drohenden Weltuntergang durch Kometeneinschlag imaginieren. Ein katharsisähnlicher Effekt tritt auch hier ein, indem einzelne Helden sich für die Menschheit opfern (»people of traditionally masculine qualities come together to save humanity«, Clemence 2009, 35). In diesen Filmen steht jeweils der stellvertretende Lern- und Läuterungsprozess eines Individuums im Vordergrund, durch den der Weltuntergang letztlich abgewendet wird und der damit exemplarisch für die moralische Erneuerung der menschlichen Zivilisation insgesamt gelesen werden kann.

In Analogiebildung zu Huysmans' Diktum von der Okkultismus-Faszination im Kontext von Jahrhundertwenden liegt es nahe, auch den Boom des Mystery-Genres in den 1990er Jahren mit Endzeiterwartung in Verbindung zu bringen. Mit Kriminal- und Horroreinschlägen durchsetzt, greift etwa die TV-Serie *Millennium* (USA 1996–1999) eine zu dieser Zeit stark ausgeprägte Vorliebe der Zuschauer – knapp 18 Millionen US-Zuschauer sahen den Pilotfilm – für den Schauder des Übernatürlichen auf. Die Serie *Millennium* ließ den Zuschauer, in ähnlich düster-klandestiner Atmosphäre verortet wie die TV-Serien *Twin Peaks* (1990–1991) und *X-Files* (1993–2002), teilhaben am endzeitlichen Ringen zwischen Gut und Böse. Die bevorstehende Jahrtausendwende, deren Näherrücken durch einen Countdown in der Serienexposition immer präsent gehalten wird, fungiert dabei als Brennspiegel, der die Verdorbenheit der Welt eskalieren lässt. Zur Unterstreichung dieser Dynamik wird ein Bildregister aufgerufen, das sich jüdisch-christlicher Vorstellungen (Hiob, Daniel, Offb. etc.) ebenso bedient wie germanischer Mythen (z. B. die Weltumspannende Midgardschlange als Symbol der geheimbündlerischen Millennium-Gruppe), der nordischen Weltuntergangssage *Ragnarök*, den Prophezeiungen des Nostradamus und indianischen Stammeserzählungen. Ebenfalls auf der Welle eines durch und durch synkretistischen Pseudo-Okkultismus schwimmt Ende der 1990er Jahre die Erfolgsserie *Buffy the Vampire Slayer* (USA 1997–2003), die dem Vampir-Motiv zu neuer Beliebtheit verhalf. Unter Einsatz einer überspitzten okkulten Rhetorik spielt die Serie mit der Endzeiterwartung und der ihr gewidmeten medialen Aufmerksamkeit (vgl. Holba 2009) – es begegnen z. B. »der Meister«, der zur »Ernte« auf die Welt zurückkehrt, der »Höllenschlund«, der sich in der High School-Bibliothek einer amerikanischen Kleinstadt auftut, sowie Dämonen, Hexen und dunkle Mächte, die die Apokalypse herbeiführen wollen. Indem die Serie mit der Hauptfigur Buffy eine ebenso coole wie beherzte Kämpferin für das Gute ins Feld führt, vermittelt sie den Zuschauern die erlösende Einsicht, dass jede Apokalypse mit tatkräftigem Einsatz überwunden werden kann.

Die quasi-spirituelle Empfänglichkeit breiter Bevölkerungsschichten vor der Jahrtausendwende machte sich nicht zuletzt auch die religiöse Filmindustrie mit Filmen wie z. B. *Apocalypse I – Caught in the Eye of the Storm* (USA 1998), *Revelation – The Book has been Opened* (USA 1999) oder *The Omega Code* (USA 1999) zunutze. Wie in der in den USA äußerst erfolgreichen, insgesamt 16 Romane umfassenden und mehrfach verfilmten *Left Behind*-Reihe (1995–2007) von Tim LaHaye und Jerry B. Jenkins, steht hier das Motiv der Entrückung der Gerechten, die Bewährungsproben der Zurückgelassenen angesichts der Endereignisse und die Bestrafung der Sünder im Vordergrund. Diese Filme und Romane können als Beispiele für die Reaktualisierung der Endzeitrede im religiösen Sinne verstanden werden. Neben den zuvor geschilderten vielfältigen Einsatzmöglichkeiten steht hier wieder ihre Funktion als Medium der Evangelisierung, der Ermunterung sowie der Disziplinierung der Gläubigen im Vordergrund.

Ausblick: Die Gegenwärtigkeit der Apokalypse

Der Rückgriff auf Endzeitnarrative gehört auch im 21. Jahrhundert zum zentralen semantischen Instrumentarium zur Beschreibung von Gegenwart und Prognose von gewünschter oder zu vermeidender Zukunft. Apokalyptische Angst wird von Herrschenden eingesetzt, um die eigene Macht zu sichern und z. B. Akzeptanz für die Beschneidung von Bürgerrechten oder den Einsatz von Gewalt zu erzielen (man erinnere sich an George W. Bushs Rede von der nach 9/11 heraufbeschworenen »Achse des Bösen«), aber auch von Gegnern der Macht, um ihre politische Mission semantisch zu überhöhen. In diesem Sinne kann apokalyptische Rede zum Brandbeschleuniger werden, deren emotionale Mobilisationskraft unabsehbare Auswirkungen zeitigen kann. Nicht umsonst fragt Gerhard R. Kaiser mit Blick auf die wirklichkeitskonstituierende Kraft starker Bilder: »Läge die größte Gefahr für die Menschheit womöglich nicht in atomarem Vernichtungspotenzial, Bevölkerungsexplosion und Umweltzerstörung, sondern in einem apokalyptisch-mythischen Denken, das Geschichte jeweils wahnhaft als Schauplatz letzter Entscheidungsschlachten begreift – und entsprechend handelt?« (Kaiser 1991, 10). Die zugespitzte Deutung von Krisenphänomen mithilfe apokalyptischer Rede ist folglich auch deshalb gefährlich, weil sie den Kontrapunkt eines auf Nachhaltigkeit und Zukunftssicherung zielenden, verantwortungsvollen Handelns markiert. Dieser Umstand ist umso brisanter, wenn man bedenkt, dass Endzeiterwartung heute in unauflösbarer Verbindung mit den durch die Globalisierung und technisch-soziale Beschleunigung ausgelösten Zukunftsängsten steht (Hoffstadt 2012, 31). Gleichzeitig tragen Endzeitnarrative dazu bei, vielfältige Ängste artikulierbar zu machen und sie damit im Modus der Übersetzung von diffuser Angst – in konkretere (fiktionale) Furcht der kommunikativen Bewältigung zugänglich zu machen. Verstanden als Elemente einer umfassenden »Abschreckungskunst« (vgl. Horstmann 2012) leistet ihre filmische oder literarische Ausgestaltung somit Prävention, ihre Verortung in einer postapokalyptischen Welt ist oftmals »ein Ausdruck von antizipierter Angst« (Horn 2012, 36), die durch die eigene Nicht-Betroffenheit sogar Lustpotenziale eröffnet.

Literatur

Ahrens, Jörn: How to save the unsaved world? Visiting the self in 12 Monkeys, The Terminator 2, and The Matrix. In: Kylo-Patrick R. Hart/Annette M. Holba (Hg.): *Media and the Apocalypse*. New York 2009, 53–66.

Anders, Günther: *Die Antiquiertheit des Menschen. Über die Seele im Zeitalter der zweiten industriellen Revolution* [1956]. Ungekürzte Sonderausgabe. München 1961.

Anz, Thomas: Menschheitsdämmerungen. Über das angeblich zu jeder Jahrhundertwende wiederkehrende Vergnügen an apokalyptischen Gegenständen. In: Hans-Jörg Knobloch/Helmut Koopmann (Hg.): *Fin de siècle – Fin du millénaire. Endzeitstimmungen in der deutschsprachigen Literatur*. Tübingen 2001, 11–25.

Aurnhammer, Achim/Pittrof, Thomas: Einleitung. In: Dies. (Hg.): *»Mehr Dionysos als Apoll«. Antiklassizistische Antike-Rezeption um 1900*. Frankfurt a. M. 2002, 2–17.

Baudrillard, Jean: *America*. London 1988.

Becker, Claudia: Der Traum der Apokalypse – die Apokalypse ein Traum? Eschatologie und/oder Ästhetik im Ausgang von Jean Pauls »Rede des toten Christus«. In: Gerhard R. Kaiser (Hg.): *Poesie der Apokalypse*. Würzburg 1991, 129–144.

Beckett, Samuel: *Endspiel*. Frankfurt a. M. 1957 (franz. 1956).

Böhme, Hartmut: *Natur und Subjekt*. Frankfurt a. M. 1988.

Broich, Ulrich: Untergang des Abendlandes – Untergang der Menschheit. Endzeitvisionen in der englischen Literatur der Zwanziger Jahre. In: Gerhard R. Kaiser (Hg.): *Poesie der Apokalypse*. Würzburg 1991, 187–202.

Clemence, Jason T.: Empty All along: Eraserhead, apocalypse, and dismantled masculine privilege. In: Kylo-Patrick R. Hart/Annette M. Holba (Hg.): *Media and the Apocalypse*. New York 2009, 35–52.

Derrida, Jacques: *Apokalypse. Von einem neuerdings erhobenen apokalyptischen Ton in der Philosophie. No Apocalypse, not now*. Hg. von Peter Engelmann, übers. von Michael Wetzel. Wien [4]2012 (franz. 1983).

Eliot, T.S.: *Werke in vier Bänden. Bd. 4: Gesammelte Gedichte 1909–1962*. Hg. von Eva Hesse, übersetzt von Christian Enzensberger. Frankfurt a. M. [7]1988.

Enzensberger, Hans Magnus: Zwei Randbemerkungen zum Weltuntergang. In: *Kursbuch* Nr. 52 (1978), 1–8.

Feder, Barnaby J.: Fear of the year 2000 bug is a problem, too (09.02.1999), http://www.nytimes.com/1999/02/09/business/fear-of-the-year-2000-bug-is-a-problem-too.html?pagewanted=all&src=pm [24.12.2012].

Fenske, Uta: Die Wasserleiche. In: Netzwerk Körper (Hg.): *What can a body do? Praktiken/Figurationen des Körpers in den Kulturwissenschaften*. Frankfurt a. M./New York 2012, 230–235.

Greiner, Bernd/Müller, Christian Th./Walter, Dierk (Hg.): *Angst im Kalten Krieg*. Hamburg 2009.

Haendler, Otto: *Angst und Glaube*. Berlin 1952.

Hayes, David: Year 2000 threat not as serious as feared fear. In: *The Baltimore Sun* (23.11.1998), http://articles.baltimoresun.com/1998-11-23/entertainment/1998327002_1_2000-computer-problem-year-2000-food [24.12.2012].

Hoffstadt, Christian: Über die Aktualität des Weltuntergangs. In: *Weltuntergang. Aus Politik und Zeitgeschichte* 62/51–52 (2012), 26–31.

Holba, Annette M.: Occultic Rhetoric in the Buffyverse: Apocalypse Revisited. In: Kylo-Patrick R. Hart/Dies. (Hg.): *Media and the Apocalypse*. New York 2009, 77–96.

Horn, Eva: Weltuntergang als Experimentalraum. In: *Weltuntergang. Aus Politik und Zeitgeschichte* 62/51–52 (2012), 32–38.

Horstmann, Ulrich: *Abschreckungskunst. Zur Ehrenrettung der apokalyptischen Phantasie*. München 2012.

Huysmans, Joris-Karl: *Tief unten*. Frankfurt a. M./Berlin/Wien 1972 (franz. 1891).

Kaiser, Gerhard R.: Apokalypsedrohung, Apokalypsegerede, Literatur und Apokalypse. Verstreute Bemerkungen zur Einleitung. In: Ders. (Hg.): *Poesie der Apokalypse*. Würzburg 1991, 7–31.

Kant, Immanuel: Das Ende aller Dinge (1794). In: Ders.: *Was ist Aufklärung? Ausgewählte kleine Schriften*. Hamburg 1965, 89–104.

Kesting, Marianne: Warten auf das Ende. Apokalypse und Endzeit in der Moderne. In: Gerhard R. Kaiser (Hg.): *Poesie der Apokalypse*. Würzburg 1991, 169–186.

Koch, Klaus: Daniel und Henoch – Apokalyptik im antiken Judentum. In: Ders./Georg Plasger (Hg.): *Apokalyptik und kein Ende?* Göttingen 2007, 31–50.

Köhler, Oswald: *Weltschöpfung und Weltuntergang. Die Entwicklung von Himmel und Erde auf Grund der Naturwissenschaften* [1902]. Nachdr. Stuttgart 2012.

Koopmann, Helmut: Endzeiterwartungen in der deutschen Literatur längst vor der Endzeit. In: Hans-Jörg Knobloch/Helmut Koopmann (Hg.): *Fin de siècle – Fin du millénaire. Endzeitstimmungen in der deutschsprachigen Literatur*. Tübingen 2001, 85–100.

Körtner, Ulrich H.J.: *Weltangst und Weltende. Eine theologische Interpretation der Apokalyptik*. Göttingen 1988.

Koskinen, John: The journey to Y2K: Final report of the president's council on year 2000 conversion (29.03.2000), http://itlaw.wikia.com/wiki/The_Journey_to_Y2K:_Final_Report_of_the_President%27s_Council_on_Year_2000_Conversion [23.12.2012].

Kuschel, Karl-Josef: *Im Spiegel der Dichter. Mensch, Gott und Jesus in der Literatur des 20. Jahrhunderts*. Düsseldorf 2000.

Lavery, David: Apocalyptic apocalypses: The narrative eschatology of Buffy the Vampire Slayer, http://davidlavery.net/Collected_Works/Essays/Apocalyptic_Apocalypses.pdf [23.12.2012].

Levitt, Arthur: Remarks to the president's council on year 2000 conversion, financial sector group year 2000 summit, Washington, D.C. (17.09.1999), http://www.sec.gov/news/speech/speecharchive/1999/spch297.htm [23.12.2012].

Luhmann, Niklas: *Ökologische Kommunikation. Kann die moderne Gesellschaft sich auf ökologische Gefahren einstellen?* Opladen 1986, 237–248.

Lützeler, Paul Michael: Endzeit und religiöses Chaos. Brochs ›Esch oder die Anarchie‹ und Grünewalds ›Kreuzigung‹. In: Hans-Jörg Knobloch/Helmut Koopmann (Hg.): *Fin de siècle – Fin du millénaire. Endzeitstimmungen in der deutschsprachigen Literatur*. Tübingen 2001, 101–112.

Mann, Thomas: *Gesammelte Werke in zwölf Bänden*. Band XI. Reden und Aufsätze. Frankfurt a. M. 1974.

McCarthy, Cormac: *Die Straße*. Deutsch von Nikolaus Stingl. Reinbek bei Hamburg 2007 (engl. 2006).

Minois, Georges: *Geschichte der Zukunft. Orakel, Prophezeiungen, Utopien, Prognosen*. Düsseldorf/Zürich 1998 (franz. 1996).

Nehring, Holger: Angst, Gewalterfahrungen und das Ende des Pazifismus. Die britischen und westdeutschen Proteste gegen Atomwaffen, 1957–1964. In: Bernd Greiner/Christian Th. Müller/Dierk Walter (Hg.): *Angst im Kalten Krieg*. Hamburg 2009, 436–464.

Nehring, Wolfgang: Spätzeitgefühl und Modernität bei den Dichtern des Jungen Wien. In: Hans-Jörg Knobloch/Helmut Koopmann (Hg.): *Fin de siècle – Fin du millènaire. Endzeitstimmungen in der deutschsprachigen Literatur*. Tübingen 2001, 43–56.

Nietzsche, Friedrich: *Werke in drei Bänden*. Bd. 2. Darmstadt 1963.

Noer, Michael: Y2K fear merchants. In: *Forbes* (03.12.1998), http://www.forbes.com/1998/03/12/feat.html [23.12.2012].

Podrez, Peter: *Der Sinn im Untergang. Filmische Apokalypsen als Krisentexte im atomaren und ökologischen Diskurs*. Stuttgart 2011.

Schimandl, Kerstin: *Les fins du monde – Weltuntergänge. Und sie dreht sich doch (Noch)*. Mainz 2012.

Schipper, Bernd U.: Endzeitszenarien im Alten Orient. Die Anfänge apokalyptischen Denkens. In: Ders./Georg Plasger (Hg.): *Apokalyptik und kein Ende?* Göttingen 2007, 11–30.

Schmidt-Dengler, Wendelin: Traurige Dionysien. Feste in der Literatur der Jahrhundertwende. In: Hans-Jörg Knobloch/Helmut Koopmann (Hg.): *Fin de siècle – Fin du millènaire. Endzeitstimmungen in der deutschsprachigen Literatur*. Tübingen 2001, 27–41.

Sontag, Susan: *Illness as metaphor, and, aids and its metaphors* [1991]. London ²2002.

Syring, Marie Luise:»Happy End« – oder: Die Warnschilder des Schreckens. In: Dies. (Hg.): *»Happy End« Zukunfts- und Endzeitvisionen der 90er Jahre. Kunsthalle Düsseldorf 16. Mai bis 7. Juli 1996*. Köln 1996, 9–24.

Toles-Patkin, Terri: The Day after the End of the World. Media Coverage of a Nonevent. In: Kylo-Patrick R. Hart/Annette M. Holba (Hg.): *Media and the Apocalypse*. New York 2009, 3–13.

Vondung, Klaus: *Die Apokalypse in Deutschland*. München 1988.

Vondung, Klaus: Der Preis des Paradieses. Gewalt in Apokalypse und Utopie. In: Reto Sorg/Stefan Bodo Würffel (Hg.): *Utopie und Apokalypse in der Moderne*. Paderborn 2010, 33–45.

Wild, Ariane: *Poetologie und Décadence in der Lyrik Baudelaires, Verlaines, Trakls und Rilkes*. Würzburg 2002.

Wilde, Oscar: Das Bildnis des Dorian Gray. In: Ders.: *Sämtliche Werke in sieben Bänden*. Hg. von Norbert Kohl. Aus dem Englischen von Christine Hoeppener. Frankfurt a. M. 2000 (engl. 1890).

Zweig, Stefan: *Gesammelte Werke. Tagebücher*. Frankfurt a. M. 1984.

Petra Tallafuss-Koch

4. Finanzkrisen

Theoretische Rahmung: Unwissen, Ungewissheit und Angst in der ökonomischen Krise

Die Ökonomie gilt dem mehr oder minder gesunden Menschenverstand als Domäne der Rationalität. Ängste, Wünsche, gar Begehren werden in der zuständigen Disziplin unter dem Namen ›Präferenzordnung‹ und der Kette ›Bedürfnis-Bedarf-Nachfrage‹ fixiert. Darin verschwindet, daß vielleicht alle Ökonomie, zumal jedoch die moderne, in Angst eine wichtige Stütze hat (Ortmann 1999, 84).

Historisch überlagert wird das auf allgemeinmenschlichen Erfahrungen beruhende Wissen um eine positive wie negative Emotionalität der marktwirtschaftlichen Ökonomie – im Sinne einer soziokulturellen Interaktionsform zwecks Tauschs von Waren, Gütern und Dienstleistungen – von klassischen ökonomischen Theoriemodellen, die sich auf den rationalen und umfassend informierten, nicht von Emotionen und Unwissen geleiteten *homo oeconomicus* berufen und zudem primär auf die individuelle, erst nachgeordnet auf die gesellschaftliche Perspektive rekurrieren sowie das Phänomen der Krise als exogene Kategorie ausblenden. Aus diesem Rationalitäts- und Wissensvorbehalt erklärt sich das fast vollständige Fehlen eines auf Individuum wie Kollektiv bezogenen Angstdiskurses in der klassischen Theorie der Ökonomie (s. Kap. II.8).

Anders sieht dies jedoch in der direkten Empirie der Wahrnehmung krisenhafter ökonomischer Prozesse und in der Kommunikation über diese aus, auf die hier mit vergleichendem Blick auf die Wirtschafts- und Finanzkrisen der Jahre um 1929 und 2007 ff. vornehmlich Bezug genommen werden soll. Auf der empirischen, weniger durch den Rationalitätsvorbehalt der Ökonomietheorie geprägten Ebene menschlicher Interaktion im Rahmen des Wirtschaftsprozesses sind Äußerungen über Emotionen, wie z. B. Freude und Ekstase über wirtschaftlichen Gewinn oder Angst und Furcht vor wirtschaftlichem Verlust, in medialer Vermittlung Legion und lassen in vergleichender Betrachtung Musterhaftigkeiten erkennen. Außerdem sind in jüngerer Zeit, insbesondere auf dem Gebiet der Wirtschaftspsychologie und auch im Bereich der immer mehr ausdifferenzierten ökonomischen Theoriebildung (Behavioural Economics/Verhaltensökonomie), deskriptive Ansätze zu verzeichnen, die Emotionen und damit auch Angst als Erklärungsmuster in die Reflexion ökono-

mischer Zusammenhänge integrieren. Die von neueren verhaltensbiologisch geprägten Ansätzen wieder transparent gemachte Bergung der Emotion
›Angst‹ im Markt gründet allgemein im geschichtlichen Prozess der Zivilisation und der funktionellen
Ausdifferenzierung von Gesellschaften.

Angst hat sich in diesem Prozess, verknappend
dargestellt, über eine lange Zeitspanne der Menschheitsgeschichte hinweg von einem onto- und phylogenetisch geprägten Gefühl zum »integrierenden
Bestandteil des Prozesses der ›Durchrationalisie-
rung‹ der Gesellschaft« entwickelt (Schoene 1967,
117 f., 121). Insofern kann das wirtschaftliche Geschehen nach der Ausdifferenzierung der Gesellschaft – für unseren Zusammenhang am entschei-
dendsten: in die Teilsysteme Wirtschaft und Politik – als Reservoir ökonomisch bedingter und
politisch wirksam werdender Angstwahrnehmung
gesehen werden. Das Auftreten der Emotion ›Angst‹
speist sich hierbei vorrangig aus dem Ungewissen,
Unbekannten und Diskreten und geht mit dem Verlust von Sicherheit durch wirtschaftliche und politische Desorganisation einher (Schwarz 1967, 97).

Als bekannteste Theoretiker einer auf dem Ausgangspunkt der Krise beruhenden »politische[n]
Ökonomie der Ungewißheit« (Bauman 2000, 246),
mithin einer politischen Ökonomie der – in diesem
Zusammenhang und aufgrund des zukunftsgerichteten, nicht objektbezogenen Charakters der Emotion ›Angst‹ selten direkt vergegenwärtigten – Angst,
sind Karl Marx und Friedrich Engels zu nennen. In
ihrem *Kommunistischen Manifest* (1847/48) listen
sie, gestützt auf die These der Krisenanfälligkeit des
marktliberalen Wirtschaftsmodells, in dezidiert ka-
pitalismuskritischer Absicht verschiedene Angst in-
duzierende Faktoren wie die »fortwährende Umwälzung der Produktion, die ununterbrochene Erschütterung aller gesellschaftlichen Zustände, die ewige
Unsicherheit und Bewegung« als für das »Bürgerliche Zeitalter« spezifische Epochenmerkmale auf
(Marx/Engels 1995, 5, 235).

Nachhall finden diese Beobachtungen, die Marx
und Engels Mitte des 19. Jahrhunderts im Rahmen
ihrer antikapitalistischen Gesellschaftstheorie ange-
stellt haben und die auch aus angstkommunikativer
Perspektive (s. u.) als für Krisenbeschreibungen paradigmatisch gelten können, in der auf die Austarie-
rung des (Un-)Gleichgewichts von Angebot und
Nachfrage fokussierten ökonomischen Theorie des
Briten John Maynard Keynes, die, knapp 90 Jahre
nach Marx und Engels, als Reflexion auf die Wirt-
schafts- und Finanzkrise der 1920er und 1930er

Jahre entstand und ebenfalls ihren Ausgangspunkt
in der Überzeugung von der Krisenhaftigkeit des
marktwirtschaftlichen Systems hat. Anders als die
vom störungsfreien, eigengesetzlichen Funktionieren und von der autonomen Tendenz zum Gleichge-
wichtszustand des Marktes ausgehende Klassik eines
Adam Smith, David Ricardo oder John Stuart Mill
bilden, wie schon bei Marx und Engels, Krise und
Ungleichgewicht den Bezugspunkt von Keynes'
Überlegungen zum Konjunkturzyklus und zur Vermeidung von Krisen. Im Rahmen der prospektiv
ausgerichteten, langfristigen ökonomischen Erwartungen ist Keynes zufolge eine der frappantesten
Tatsachen der Wirtschaft »die äußerste Unsicherheit
der Wissensgrundlage, auf der unsere Schätzungen
der voraussichtlichen Erträge gemacht werden müssen. Unsere Kenntnis der Faktoren, die den Ertrag
einer Investition nach einigen Jahren bestimmen
werden, ist gewöhnlich sehr gering und oft vernach-
lässigbar« (Keynes 2009, 127).

Unwissen, Ungewissheit und darauf gründende
Hoffnung oder aber Angst sind dem Markt als kollektive Interaktionsform also inhärent. Diese emotionale Grundierung resultiert aus dem Umstand,
dass aufgrund des Phänomens der Kontingenz von
Angebot und Nachfrage und seiner dadurch nur bedingten Vorhersagbarkeit zukünftige Entwicklung
immer nur mehr oder weniger präzise antizipiert
werden können. So hätte, argumentiert Keynes, die
Angst vor Verlusten keine vernünftigere Grundlage
als die Hoffnung auf Gewinn, insbesondere im Bereich der auf der Eigenheit der menschlichen Natur
beruhenden Spekulation:

Das Unternehmertum tut nur so, als ob es hauptsächlich
durch die Feststellungen seiner eigenen Vorausschau angetrieben würde, wie offen und ehrlich diese auch sein mag.
Kaum mehr als eine Forschungsreise zum Südpol stützt sie
sich auf eine genaue Berechnung der kommenden Vorteile.
Wenn die animalischen Instinkte abgedämpft werden und
der plötzliche Optimismus stockt, so daß wir uns auf nichts
als auf mathematische Erwartung stützen können, wird somit das Unternehmertum schwinden und sterben – obschon die Angst vor Verlusten keine vernünftigere Grundlage haben mag als vorher die Hoffnung auf Gewinn (ebd.,
137).

Deshalb ist es berechtigt, die zu Beginn gemachten
wirtschaftstheoretischen Anmerkungen verdich-
tend, von Angst als einer »eigenständige[n] Kraft im
Wirtschaftsleben« zu sprechen (Galbraith 1976, 94).
Für die Finanzwirtschaft und für die Finanzmärkte
gilt das im besonderen Maße, da dort sowohl vermittelt über den Faktor der Zeit als auch über die
Verwobenheit der Transaktionsbeziehungen unter-

einander erhöhtes Unwissen herrscht. In diesem Kontext zeitlicher und interaktiver Ungewissheit kann der einzelne Marktteilnehmer das Ergebnis seines eigenen Handelns in einem noch geringeren Maße abschätzen als dies im güterwirtschaftlichen Bereich der Fall ist (Mikl-Horke 2011, 211 f.). Um dennoch marktwirtschaftliches Handeln zu realisieren, gilt Angst – gleichsam einer stillschweigend verabredeten Konvention – aufgrund ihres nicht kalkulierbaren Charakters und infolge ihres plötzlichen, wenig zeitstabilen Auftretens in finanzökonomischen Zusammenhängen als »sozial unerwünscht« (Kenning/Mohr/Plassmann 2007, 175).

Trotz dieser zur Stabilisierung des Marktgeschehens beitragenden Vermeidungsstrategie wirkt sich die marktinhärente Ungewissheit und die aus ihr gespeiste Angst in den auf Prinzipien der Marktwirtschaft beruhenden Gesellschaftsformationen auf gesamtgesellschaftliche kommunikative Handlungen und kollektive Selbstverständigungsprozesse aus. Insbesondere in Phasen deutlich negativer Entwicklung des wirtschaftlichen Wachstums, die gemeinhin als ›Krisen‹ bezeichnet und nach dem Grad ihrer Intensität als ›Stagnation‹ (kein Wachstum), ›Rezession‹ (unterdurchschnittliches Wachstum, eigentlich: Rückgang) oder ›Depression‹ (langanhaltendes unterdurchschnittliches Wachstum, eigentlich: Verlust) seitens der ökonomischen Fachwissenschaft kategorisiert sind, werden kommunikative Repräsentationen kollektiver Ängste im öffentlichen Diskurs virulent.

Eine Eigenschaft von wirtschaftlichen Krisen ist es, dass sich in ihrem Kontext der Markt weitgehend von seinen fundamentalen ökonomischen und rationalen Determinanten löst und damit negative Emotionalität generiert. In kritischen Situationen werden Informationen durch die Marktteilnehmer vorrangig in selektiven Rechtfertigungsschleifen verarbeitet, was bis zu einem gewissen Grad zur Ausblendung kollektiver Emotionalität führen kann. Interferieren nun aber Krise der Realwirtschaft und Krise der Finanzwirtschaft, wirken sich die Eigenarten der Finanzmärkte komplizierend auf die individuelle und kollektive Gesamtinterpretation der Krisenphänomene aus, weil, wie bereits skizziert, von Akteuren auf Finanzmärkten »Ungewissheit nicht als solche akzeptiert wird, sondern Wissen auch dort angenommen wird, wo es nicht wirklich existiert« (Mikl-Horke 2011, 214). Insofern entsteht kollektive(s) Angst(-wissen) aus der in wirtschaftlichen Krisensituationen erhöhten Transparenz der Ungewissheit beziehungsweise aus dem metareflexiven Wissen um das Nichtwissen.

In solchen emotiv geprägten Szenarien zweiter Ordnung erweist sich der Charakter der Krisenangst als eine besondere Form der sozialen Angst, die im weitesten Sinne als eine nicht klar zuordenbare Furcht vor der Umwandlung des gesamten gesellschaftlichen Systems in eine völlig andere Gesellschaftsordnung, also auf einer Furcht vor der grundlegenden Umwertung der Werte, basiert (Baeyer/Baeyer-Katte 1973, 113). Doch in ihrem in historischer Perspektive zumeist gesellschaftlich weiterführenden, innovativen Charakter erweist sich die kriseninduzierte Angst als vergleichsweise konstruktiv und kulturbegründend gegenüber beispielsweise einer durch die negative Destruktivität des Terrors induzierten Angst, die ebenfalls, jedoch stärker zielgerichtet, mit der Furcht vor der Umwandlung des gesamten gesellschaftlichen Systems operiert (ebd., 129; s. Kap. IV.A.8).

War kriseninduzierte Angst im Rahmen der Sorge um die persönliche Subsistenz und das kollektive Fortbestehen im historischen Prozess zunächst eher exogen und naturbezogen, was auch an der Typik der vorherrschenden Krisen zu erkennen ist (z. B. Ausbleiben von Regen: Hungersnot), sind im Rahmen moderner ökonomischer Zusammenhänge und den damit einhergehenden multipolaren Interaktionsbeziehungen Ungewissheit und Angst zunehmend endogen und kulturbezogen sowie sie sich außerdem als ein Phänomen zweiter Ordnung darstellen (z. B. Entwertung des Geldes: Inflation > materielle Not).

Mit der Arbeitsteilung sowie der Umstellung des Warentauschs auf die Geldwirtschaft und der damit einhergehenden Innovation des Papiergeldes war die Grundlage für einen der stärksten und im kollektiven Gedächtnis langfristig wirkmächtigsten, weil die Grundlage des alltäglichen Lebens direkt berührenden, ökonomischen Angst-Topoi und Verstärker der Ökonomiegeschichte gegeben: die Inflation (Galbraith 1976, 102). Diesem definitorisch als signifikanter Anstieg des Preisniveaus bei gleichzeitiger Entwertung der Zahlungsmittel gefassten ökonomischen Krisenfall eignet, vermittelt durch den zivilisatorischen Prozess der Wert(e)abstraktion, eine signifikante Interferenz mit der auf diesen Wertvereinbarungen gründenden Gesellschaftsorganisation. Um zu konkretisieren: Aufgrund des täglichen Umgangs mit Geld und der im Krisen- bzw. Entwertungsfall vor Augen geführten Ungewissheit der (Geld-)Wertstabilität kann Inflation als ein, wenn nicht sogar als zentraler kollektiver Angst-Topos der modernen Ökonomie bezeichnet werden und entfaltet sein volles Potenzial in der Kombinatorik aus real- und finanzwirtschaftlicher, politischer und gesellschaftlicher Komplexität.

Historische Settings: Finanz- und Wirtschaftskrisen um 1929 und 2007 ff.

Ein historisches Setting, in dem die Angst generierenden Mechanismen von ökonomischen Krisenphänomenen besonders wirksam wurden, ist die sogenannte ›Große Depression‹ Ende der 1920er Jahre, die gerne auch als ›Weltwirtschaftskrise‹ bezeichnet wird und sich im deutschen Kontext vor allem in Verbindung mit der Geldentwertung des Jahres 1923 sowie durch den sogenannten ›Schwarzen Freitag‹ des Jahres 1929 und die zeitlich nahe Machtübernahme der Nationalsozialisten im kollektiven Gedächtnis verankert hat. Heutigen Argumentationen über krisenhafte Entwicklungen des Wirtschafts- und Finanzmarktes dienen diese miteinander vermengten Krisenkonstellationen – häufig in Verquickung mit dem Rekurs auf die legendäre Sittengeschichte der 1920er Jahre – gerne als topischer Bezugspunkt. Dieses Phänomen eines historischen *Overlays* wirtschaftlicher und gesellschaftlicher Extremereignisse zu einem angstgesättigten Gesamtpaket (Krieg –) Inflation – Depression (– Diktatur – Krieg) kann anhand eines Vergleichs der Krisensituationen um 1929 mit dem gegenwartsnäheren Setting der globalen Finanz- und Wirtschaftskrise der Jahre 2007 ff. im Blick auf das in diesen Krisen geborgene Potenzial kollektiver Angstkommunikation gezeigt werden. Doch zunächst scheint als Grundlage der weiteren Argumentation eine konzise Rekapitulierung der jeweiligen Krisenereignisse mit Fokus auf die Angstkommunikation geboten.

Angst und Ungewissheit in der Weltwirtschaftskrise/›Großen Depression‹

Die Weltwirtschaftskrise des Jahres 1929 nahm in Deutschland mit dem sogenannten ›Schwarzen Freitag‹ am 25. Oktober Fahrt auf, aufgrund der verschiedenen Zeitzonen und der im Vergleich zu heute langsamen Nachrichtenübermittlung zwischen Kontinentaleuropa und den Vereinigten Staaten von Amerika also einen Tag später als an dem dortigen ›Black Thursday‹. An beiden Tagen waren massive Kursverluste an der New Yorker Leitbörse zu verzeichnen. Den Namen erhielten die Ereignisse in

Nachfolge einer antiken Tradition, Unglückstage mit dem Signet ›schwarz‹ zu belegen. Aus dem Gesichtspunkt der Angstkommunikation ist dies ein besonders frappantes Beispiel für den an das Schreckszenario der umfassenden Wertevernichtung rekurrierenden Krisendiskurses, insofern im Rahmen der Farblehre das Fehlen eines sichtbaren Farbreizes als ›schwarz‹ bzw. als unbunte Farbe bezeichnet wird. An jenem ›schwarzen Tag‹, an dem sich innerhalb kurzer Frist die Kursgewinne der vorherigen Zeit verflüchtigten, setzte, in der Retrospektive als ›Wendepunkt‹ betrachtet, ein lang anhaltender, drei Jahre während wirtschaftlicher Abwärtstrend und eine weltweite Krise ein. Zunächst wurde der Kursrückgang als Finanz- und Börsenkrise wahrgenommen, insbesondere weil die krisenhafte Entwicklung in der Hyperinflation von Sommer 1922 bis 1923 einen Vorläufer hatte.

Ausgangspunkt der Inflation sind u. a. in der mittels Geldmengenausweitung vollzogenen Finanzierung des Ersten Weltkriegs zu suchen, in der kriegsfolgenbedingten Warenverknappung auf den inländischen Märkten, in protektionistischen Maßnahmen der nationalen Wirtschaften und in weiteren, in diesem Rahmen nicht genauer auszuführenden Komponenten. Die Geldentwertung wirkte nach Ende des Ersten Weltkriegs zunächst, um in organischer Metaphorik ökonomischer Beschreibung zu sprechen, ›schleichend‹, dann ›galoppierend‹, bis Preise im Billionen- und Billiardenbereich alltagsbestimmend waren. Ins kollektive Gedächtnis prägten sich vor allem die Bilder von massenhafter Armut und Verelendung ein und von Menschen, die Geld in bis dahin ungekannter quantitativer und deklarativer Menge mit Handwägen durch die Städte karrten, um dafür im Gegenzug exorbitant im Preis gestiegene Nahrungsmittel zu kaufen. Zur praktischen Aufrechterhaltung der Versorgung blieben angesichts der Disparität zwischen realen und nominalen Werten zivilisatorische Rückschritte in den Naturaltausch unabwendbar.

Das im Umlauf befindliche und in seiner nominalen Menge ausgeweitete Geld, dem bislang wenig Aufmerksamkeit in seiner zentralen gesellschaftskohäsiven Funktion als soziales Kommunikations- und Identifikationsmedium geschenkt worden war (Burghardt 1977, 17), erfuhr einen immensen Vertrauensverlust, der seine Ursachen in der abwärtigen Volatilität der Währungskurse und der damit implizierten Ungewissheit des materiellen Gegenwertes des Geldes hatte und sich letztlich in individueller und kollektiver Subsistenzangst niederschlug. Die Illusion einer Wert- und Währungsstabilität und somit auch die Fiktion einer Alltagsstabilität einer auf Geld als kruzialem Austauschmedium basierenden modernen Ökonomie kristallisierten sich vorrangig an den Preisen für Güter des täglichen Bedarfs. Durch die ständige, über die Geldscheine vermittelte, artefaktische Präsenz und Potenzierung der Entwertungsziffer ›0‹ in der Öffentlichkeit manifestierte sich die Furcht vor weiterer Entwertung bzw. vor der sprichwörtlichen Null- und Nichtigkeit des Geldes und – ausgehend von diesen Auslösern – insgesamt Ungewissheit und Angst.

Gestützt wird diese These durch Konventionen der Mathematik, nach denen die Null ein Meta-Zeichen ist, das als Ursprung des Zählens zunächst einmal alle möglichen unbestimmten ganzen Zahlen enthält, sowohl im positiven wie im negativen Wertbereich. Die Idee der Null, die im römischen Zahlensystem und in der christlich-abendländischen Kultur nicht angelegt bzw. mit negativen moralischen Wertungen konnotiert ist, hat mit ihrer kulturellen Übernahme in der europäischen Renaissance die Konzeption des Imaginären und die Loslösung der auf mathematischen Operationen basierenden Ökonomie von der Realität greifbarer Materialität ermöglicht. Solange die Seite der Ausgaben und der Einnahmen über die sogenannte buchhalterische ›0‹ ausgeglichen werden können, suggeriert sie eine vordergründige Harmonie der ökonomischen Zusammenhänge. Wird die Kohärenz zwischen Symbol und Wert, was der ›0‹ ebenfalls implizit ist, jedoch aufgehoben, auch weil im konkreten wirtschaftlichen Zusammenhang seit Beginn des Ersten Weltkrieges die Verbindung zwischen dem Zahlenwert des Geldes und der Deckung durch Gold gelöst wurde, kann die Zahl zum Ausdruck der Entwertung der Werte avancieren.

Erst im Oktober 1924 konnte durch eine Auslandsanleihe die Währung über die Einführung der Rentenmark auf Reichsmark, die einen Kurs von einer Billion Mark zu einem wiederum über den Gold-Standard gedeckten Dollar festlegte, umgestellt und wieder – auch numerisch durch Kappung der Nullen mittels eines an der US-Währung orientierten Wechselkurses von einer Billiarde Mark zu einer Renten- bzw. Reichsmark (1.000.000.000.000 > 1) – in herkömmliche Bahnen gelenkt werden. Doch nach wie vor musste das Deutsche Reich seinen im Vertrag von Versailles geregelten Kriegsschuldendienst und die sozialen Folgekosten des Krieges über Kredite finanzieren, die wegen günstiger Konditionen vielfach über Auslandskredite von US-amerika-nischen Banken bedient wurden. Nach dem ›Börsencrash‹ vom Oktober 1929 wurden die Kredite von den dortigen Banken zurückgefordert, um mit diesen Mitteln inländische Verbindlichkeiten bedienen zu können. Große soziale Ungleichgewichte entstanden nun durch die Verkettung verschiedener ökonomischer Prozesse, die in ihrer Gesamtwirkrichtung von der Nominalwirtschaft auf die Realwirtschaft ausgriffen. Zunächst lösten die Bankenpleiten und die Unsicherheit der wirtschaftlichen Situation einen allgemeinen Nachfragerückgang aus. Dieser führte, idealtypisch dargestellt, zum Produktionsrückgang und verursachte eine bis dahin ungekannte Entlassungswelle (s. Kap. IV.B.2). Die Massenarbeitslosigkeit wirkte sich wiederum negativ auf den Konsum aus und verschärfte somit den Nachfragerückgang. Als Folge des Nachfragerückgangs sanken, um einen plastischen Eindruck über die alltagsrelevanten Ausmaße der Krise zu geben, zwischen 1929 und 1932 beispielsweise die Jahresumsätze der Schuhgeschäfte um 39,8, der Textilgeschäfte um 41,3 oder des Möbeleinzelhandels um 48,4 Prozent (Blaich 1985, 71).

Als weitere Ursache der Verschärfung kann die mit Notverordnungen operierende Wirtschafts- und Finanzpolitik der instabilen Deutschen Reichsregierungen angesehen werden. Mit den die Systemtransformation präludierenden Notverordnungen wurden etwa Kürzungen von Lohn- und Sozialleistungen und Steuererhöhungen umgesetzt, die sich negativ auf Kaufkraft und Binnennachfrage auswirkten. Wegen protektionistischer Maßnahmen war der Export ohnehin schon besonders hart getroffen. Hinzu trat als eine exogene Ursache noch der sogenannte ›Katastrophenwinter‹ von 1931/32, wodurch die Arbeitslosigkeit im Deutschen Reich auf 6 Millionen Werktätige anstieg und politische Parteien aus dem radikalen Spektrum, wie KPD und NSDAP, die Zukunftsängste der Bevölkerung in politische Zustimmung ummünzen konnten (s. Kap. IV. A.5).

Angst und Ungewissheit in der globalen Finanz- und Wirtschaftskrise

Weniger in der Nachfolge und Vermengung mit einer zeitlich korrespondierenden exogenen Krisenlage (Weltkrieg), an die sich eine kritische Situation des Finanz- und Wirtschaftssystems anschließt, sondern in einer anderen, dem Markt endogenen Situation, nämlich des Übergangs vom regulierten Marktsystem zur Risikowirtschaft (Senft 2009, 233), liegen die Ursachen der globalen Finanz- und Wirtschafts-krise der Jahre 2007 ff.

Seit der ›Dotcom-Blase‹ am ›Neuen Markt‹ für Medien- und Informationstechnologie zur Jahrtau-sendwende (s. Kap. IV. A.3) und den damit einherge-henden Wertberichtigungen verlegte sich der glo-bale Finanzmarkt auf höchst voraussetzungsvolle Geschäftsmodelle, vor allem in den USA, und inves-tierte als Reaktion auf die Verluste in der *New Eco-nomy* in die infolge ihrer Materialität als ›krisenfest‹ wahrgenommene Immobilienbranche. Sogenannte ›Subprime Kredite‹, also Kredite für Schuldner mit niedriger Bonität, und selbst für Finanzexperten nicht mehr ohne weiteres nachvollziehbare Schach-telgeschäfte mit renditeträchtigem Handel von in Ri-sikokategorien segregierten Kreditverschreibungen lösten einen Boom aus, dem allerdings nur Einschät-zungen und wenig reale Gegenwerte sowie nur be-dingt Liquidität gegenüberstanden. Auch deutsche Banken gründeten, um am lukrativen Geschäft mit besten Dividenden teilzuhaben, eigens hierfür Toch-terinstitute. Bislang als seriös geltende Institute, wie die unter staatlicher Aufsicht stehenden Landesban-ken, beteiligten sich wegen der winkenden Gewinn-Margen an der kreditgestützten Expansion des Fi-nanzmarktes. Erst als im Jahr 2008 erste Banken und Versicherer in den Vereinigten Staaten infolge der Zahlungsunfähigkeit von Kreditnehmern bankrott gingen, wurden das internationale Ausmaß und die globale Verwobenheit der Finanzkonstruktionen deutlich. Da zahlreiche Kreditnehmer ihren Schul-dendienst nicht mehr bedienen konnten, verloren die segregierten Risikopapiere rasch an Wert.

Das bislang kaum bekannte Finanzinstitut Leh-man Brothers und die Immobiliendirektversicherer Freddie Mac und Fannie Mae, die besonders stark in die Geschäfte involviert waren, bestimmten fortan die Tagesnachrichten, begleitet von historischen Bil-dern vom Ansturm der Kleinanleger auf die Banken in den 1920er Jahren, die nunmehr die Dramatik der Lage versinnbildlichen und Handlungsnotwendig-keit signalisieren sollten. Auch in der Europäischen Banken- und Finanzwelt und vor allem in den Län-dern der Wirtschafts- und Währungsunion leitete das drohende Aus als ›systemrelevant‹ eingeschätz-ter Institute eine Finanz- und Währungsmarktkrise und staatliche Rettungsmaßnahmen in Milliarden-höhe ein. Über das Mittel der Teilverstaatlichung, wie bei der Commerzbank, oder durch die kom-plette Überführung in Staatsbesitz, wie bei der Hypo Real Estate, konnte ein kompletter ›Crash‹ des Fi-nanzmarktes und mittels weiterer Fördermaßnah-men eine ›Klemme‹ in der Kreditversorgung der Un-ternehmen abgewendet werden. Das Übergreifen der Finanzmarktkrise in die kreditabhängige Real-wirtschaft war allerdings nicht zu verhindern.

Sogenannte ›Rettungsschirme‹ in Form von Bürg-schaften und Liquiditätshilfen der Europäischen Zentralbank und der Länderregierungen wurden ›aufgespannt‹, doch ließ sich aufgrund des Nachfra-gerückgangs auf wichtigen Absatzmärkten eine Re-zession nicht verhindern. Mit eilfertig ›geschnürten‹ Konjunkturpaketen keynesianischer Prägung und durch nachfragefördernde Maßnahmen, wie etwa die sogenannte ›Auto-Abwrackprämie‹, die Siche-rung von Liquidität über staatliche Kreditpro-gramme oder beschäftigungserhaltende Maßnah-men über die Ausweitung des Kurzarbeitergeldes konnten die Folgen für die Bundesrepublik Deutsch-land im internationalen Vergleich abgemildert und Szenarien wie Massenarbeitslosigkeit und Nachfra-gerückgang aufgefangen werden.

Aber die Bedrohung Griechenlands, Irlands, Por-tugals, Italiens oder der Vereinigten Staaten durch Zahlungsunfähigkeit oder gar einen Staatsbankrott konnte durch Bürgschaften und Neuverschuldungs-maßnahmen in Milliardenhöhe nicht behoben wer-den. Wenngleich für die Jahre 2010 und 2011 insbe-sondere in Deutschland wieder Wachstum zu ver-zeichnen war, wurde dieses doch mit dem Preis hoher Staatsverschuldung, Bürgschaften in dreistel-liger Milliardenhöhe und geringerer parlamentari-scher (Haushalts-)Souveränität erkauft. Die Gefahr einer Schuldenfalle in der Euro-Zone und das Ausei-nanderbrechen der Wirtschafts- und Währungs-union sind seither weitere akute Bedrohungsszena-rien, die in Erinnerung an die Weltwirtschaftskrise der 1920er Jahre zur Verunsicherung der Bevölke-rung beigetragen haben. Da der Euro inzwischen Währung von 17 Nationalstaaten ist, machen sich Preisschwankungen in einem größeren Rahmen be-merkbar. Durch die der Wettbewerbsfähigkeit im globalen Finanzmarkt zuträglichen Währungsunion hat sich die Interdependenz der Staaten untereinan-der wie auch der Grad der daraus potenziell mögli-chen Ungewissheit erhöht. In diesen finanz- und wirtschaftspolitischen Interdependenzprozessen ist eine zentrale Ermöglichungsgrundlage der durch die Angst vor Entwertung geprägten Krisenkommuni-kation zu sehen.

Insgesamt erwies sich – um an das in der theoreti-schen Rahmung bereits als zentrales, über das Kom-munikationsmedium Geld in den Alltag der Men-schen transportierte kollektive Angstmoment zu erinnern – in der Krise 2007 ff. ein weitgehend unregulierter globaler Finanzmarkt als Gefährdung für Staatlichkeit und politische Entscheidungsprozesse und wirkte sich diskreditierend auf die Legitimität der Wirtschafts- und Gesellschaftsordnung aus. Dass es in dieser Situation voraussetzungsvoller Unübersichtlichkeit über global vernetzte ökonomische Sachverhalte und deren Koppelung an lokale Entwicklungen häufig zur Evokation der Ereignisse um das Jahr 1929 als bislang größter globaler Finanz- und Wirtschaftskrise kam, ist infolge der mentalitätsprägenden Langzeitwirkung der ›Großen Depression‹ und des damit verknüpften Furchtszenarios der Geldentwertung bedeutend für die Angstkommunikation in der Krisensituation der Jahre 2007 ff. Wobei weniger die wirtschaftliche Intensität der Bedrohungslage als vielmehr die mediale Dauerpräsenz und die dadurch hervorgerufene Verunsicherung der mit den hoch voraussetzungsvollen ökonomischen Zusammenhängen nicht vertrauten politischen und gesellschaftlichen Eliten – und damit auf die Bevölkerung multiplizierend – zu einem mit retrospektiven Vorstellungsmustern gesättigten Angstdiskurs geführt haben.

Vergleich der ökonomischen Situationen um 1929 und 2007 ff. und deren Angstpotenziale

Stellt man nun zunächst, bevor dezidiert auf Besonderheiten der Angstkommunikation in Wirtschaftskrisensituationen eingegangen werden soll, ökonomische Vergleiche zwischen beiden Krisen an (vgl. z. B. Holtfrerich 2011; Reinhardt/Rogoff 2010, 330–333; Polt 2009, 222–225), lässt sich – Stand 2012 – aussagen, dass die Rezession, die mit der ›Großen Depression‹ von 1929 einherging, von der Gesamtdauer aber auch von ihrem unmittelbaren Durchschlag auf das Alltagsleben wesentlich einschneidender gewesen ist. Diese aus der Distanz heraus zutreffende, nüchterne Einschätzung hat allerdings keine Mäßigungseffekte auf die sich in *Worst-Case*-Szenarien verlierende Intensität der Berichterstattung. Dieses Phänomen kann wohl am ehesten durch Niklas Luhmanns These von der selbstinduzierenden Wirkung der Angst im medialen Diskurs erklärt werden (Luhmann 1986, 243).

Zwar sind in der jüngeren der beiden Krisen die Börsenkurse und das Welthandelsvolumen in absoluten Zahlen stärker gefallen als in der Vergleichssituation, die negativen Wirkungen konnten jedoch durch staatliche Interventionen besser aufgefangen

werden. In beiden Situationen platzten spekulative Immobilienblasen in den USA, in denen die Verquickung von Real- und Nominalwirtschaft transparent wurde. Auch befanden sich die Anteile des Finanzsektors an der Gesamtwirtschaftsleistung auf jeweils historischem Höchststand. Doch dauerte die Wiederherstellung der Wirtschaftsleistung, also die Zeitstrecke um den Stand vor der Krise wieder zu erreichen, für die Krise um 1929 wesentlich länger, auch stieg die Arbeitslosigkeit während der ›Großen Depression‹ auf relativ höhere Werte an als dies bislang zumindest für Nordeuropa der Fall ist. Der ›Druck der Straße‹, der in der Spätphase der Weimarer Republik als eine der Legitimationsgrundlagen für gesellschaftliche Systemtransformationen diente, ist – Stand August 2012 – momentan in den meisten europäischen Ländern nicht in dieser Radikalität zu verzeichnen, obwohl sich durch die globale Wirtschafts- und Finanzkrise etliche institutionelle Innovationen mit der systemtransformatorischen Tendenz zur Souveränitätsverlagerung von den Nationalregierungen auf die weniger demokratisch legitimierte Ebene der Europäischen Union und in Expertengremien ergeben haben. Hingegen ist die durch die Krisenbewältigungsmaßnahmen verursachte Staatsverschuldung eher ein Problem der jüngeren, durch Interventionen abgemilderten Krisensituation. Zurückzuführen ist dies vor allem auf die eher schleppenden Reaktionen der Regierungen auf die Situation in den 1920er Jahren, für die es bis dato keinerlei durch Empirie erprobten Konzepte gab. Deshalb kommt der die Krisensituation reflektierenden Theorie von Keynes, die 1936 als *Allgemeine Theorie der Beschäftigung, des Zinses und des Geldes* publiziert wurde, nach wie vor eine wesentliche Bedeutung im politischen Diskurs um die Bewältigung der globalen Wirtschafts- und Finanzkrise der Jahre 2007 ff. zu. Ihre Stellung als angstkulturelles Produkt der historischen Krisensituation gerät dabei allerdings gerne in Vergessenheit. Ein bis heute fortwährendes Resultat der ›Großen Depression‹, das sich als institutionelle Reaktion auf die Inflationserfahrungen erklären lässt, ist die Fokussierung auf geldpolitische Institutionen wie unabhängige Zentralbanken und eine Politik der Währungsstabilität.

Systematisierung wirtschaftskriseninduzierter Angstkommunikation

Auf die kommunikativen Erfahrungshorizonte der beiden miteinander verglichenen Wirtschaftskrisen bezogen, lassen sich sieben Angst- bzw. (da im zeitlich später liegenden Fall der Krise 2007 ff. von der kollektiven Erinnerungsgemeinschaft aus historischer Tradierung heraus retrospektiv vergegenwärtigte und daher objektbezogene) Furchtszenarien benennen, die sich allgemein in Kommunikationszusammenhängen über ökonomische Krisenereignisse der Moderne widerspiegeln (Galbraiht 1976, 95 f.): *Erstens* die Furcht vor Inflation, die, insofern sie sich auf frühere Erfahrungshorizonte stützen kann, wichtigste Ursache ist für die beiden nachfolgenden Punkte. Nämlich *zweitens* die Furcht vor dem Übergang von der Inflation in die Depression, also vom ›Umschlagen‹ der Finanzkrise in die Wirtschaftskrise, sowie *drittens* die Befürchtung, die Grundgüter (Lebensmittel und Rohstoffe) könnten sich verknappen und zu einer individuellen wie kollektiven Subsistenzkrise führen. Umfassender, gleichwohl ebenso auf die Alltagserfahrungen des im staatlichen Kollektiv organisierten Individuums bezogen, ist *viertens* die Furcht vor der Zerstörung der Wirtschaftsordnung und des Währungssystems als Medien ökonomischer und sozialer Wert(e)vermittlung. Schließlich kommt als *fünftes* Szenario die Furcht vor Extremismus und Krieg hinzu, das sich ebenfalls historisch aus der Retrospektive auf die ›Große Depression‹ der Zwischenkriegszeit ableiten lässt. Das umfassende, *sechste*, kollektive Angstszenario interferiert mit dem Terrorgrad des vorhergehenden Szenarios und findet Ausdruck in der Furcht vor einer gesamtgesellschaftlichen Systemtransformation im Sinne der Umwertung aller Werte, wie dies bereits Marx und Engels in ihrer auf Umwälzung angelegten Gesellschaftstheorie expliziert hatten.

Metadiskursiv – und somit quer zu diesen eher in der ökonomischen Immanenz der Wirtschafts- und Finanzkrise geborgenen, konkretisierbaren Furchtszenarien – ist *siebtens* das infolge seine Abgelöstheit von realwirtschaftlichen Tatsachen als genuiner Angstdiskurs der modernen Ökonomie zu klassifizierende Setting der Angst zweiter Ordnung (Angst vor der Angst bzw. Furcht). Dieses speist sich aus der Deutung der Ereignisse der 1920er Jahre als der größten bekannten Krise der modernen Wirtschaftsgeschichte. Unterfüttert wird dieser Angst-Diskurs zweiter Ordnung weiter, indem als topischer Bezugspunkt immer wieder Roosevelts berühmte Inaugurationsrede des Jahres 1933 bewusst oder unbewusst zitiert wird, in der in dieser den Michel de Montaigne zugeschriebenen Gedankengang der Angst vor der Angst aufgriff (Roosevelt 2007, 452).

So konnte in der Wirtschafts- und Finanzkrise zu Beginn des neuen Jahrtausends auf institutionelle und ökonomietheoretisch fundierte Bewältigungsszenarien zurückgegriffen werden, die als kulturgeneratives Ergebnis der Auseinandersetzung mit der primären Krisensituation entstanden sind. Zugleich jedoch besteht jederzeit die Gefahr einer massenmedialen Emotionalisierung der Krisenanalyse: Diese realisiert sich dann, wenn die rationalen Kategorien genügende Angst vor der Furcht – der Befürchtung also, dass es im Markt zu einem von Furcht dominierten ökonomischen Handeln kommt – überlagert wird von den Schreckszenarien der historischen Krise 1929. Geschieht dies, entsteht eine Angst vor der Angst, die zur medialen Massenpanik avancieren kann (Kenning/Mohr/Plassmann 2007, 181). Diese kollektive Irrationalität zweiter Ebene, die mit dem von Reinhardt und Rogoff konstatierten ›Dieses Mal ist alles anders‹-Syndrom (Reinhardt/Rogoff 2010) einhergeht, lässt an der aktuellen ökonomischen Krise beobachten, dass ein schwaches faktisches Erinnerungsvermögen bezogen auf vorherige Krisenereignisse von einem starken emotiven Erinnerungsvermögen überlagert wird, was sich wiederum auf die Kommunikation der Krisenereignisse auswirkt.

Insoweit »das Gefühl der Angst ein elementarer Aspekt innerhalb des emotionalen Gesamtspektrums der Rhetorik« ist (Kneppe 2000, 54), ist dies bei der Beschreibung der Meta-Ebene der Angstkommunikation zu beachten. Auch weil die wissenschaftliche Differenzierung von ›Furcht‹ und ›Angst‹ dem alltagssprachlichen Ineinsfallen beider Konzepte nicht standhält. Ein weiteres Problem, das in der Angstkommunikation ökonomischer Krisen zu erkennen ist, ist die Angleichung der Berichterstattungsmuster durch die Überlagerung des faktengeschichtlichen Hergangs mit Mustern einer fiktionalisierten Krisenerzählung. Diese Strukturanalogien im Krisennarrativ lassen sich sehr gut illustrieren anhand der Parallelität der Erzählmodelle des klassischen Dramas und des Konjunkturphasenmodells. Beide verbindet der Begriff des die horizontale und vertikale Ebene von Raum und Zeit im Krisengeschehen integrierenden Wendepunkts, beide Modelle unterscheiden verschiedene Phasen und beschreiben die Kurve einer vom Wendepunkt her signalisierten Änderung der Richtung (steigende/fallende Handlung bzw. Aufschwung/Abschwung).

Was die zur Füllung dieses Erzählmusters häufig verwendeten Metaphern der krseninduzierten Angstkommunikation anbelangt, sind sie den Traditionssträngen des »Anorganischen, Mechanischen, Mathematischen und Physikalischen« einerseits und dem »Organischen, Vitalistischen, Biologischen« andererseits zuzuordnen, wobei mit dem Ökonomen Franz Marshall bemerkt sein soll, dass die biologischen Erklärungsmetaphern zu mehr Komplexität neigen, als diejenigen, die der Mechanik entstammen (Marshall 1890). Später hat Nicolas Georgescu-Roegen eine mathematisch-imaginative, eine mechanisch-deskriptive und eine analytisch-physiologische Betrachtungsweise voneinander unterschieden (Georgescu-Roegen 1976; Kolb 2008, 124–128).

Insgesamt können im Zusammenhang kriseninduzierter Angstkommunikation vier wiederkehrende, miteinander verschränkte Erfahrungszusammenhänge kategorisiert werden, die allesamt auf den zukunftsoffenen und damit potenziell angstbeladenen Charakter der Ökonomie verweisen und sozusagen Ausdruck zukunftsgerichteter emotionaler Positionierungsdynamiken sind: Erstens die Veränderung in Gestalt von Innovation, zweitens die Erfahrungsräume von Verlust und Entwertung, repräsentiert durch Ereignisse wie Inflation und Rezession. Den dritten Erfahrungszusammenhang bildet die Bedrohung von Subsistenz und Existenz, die sich in Phänomenen wie dem ›Crash‹, dem ›Bankrott‹, der Bedrohung durch ›Heuschrecken‹ oder der ›feindlichen Übernahme‹ finden. Ähnlich zukunftsdirektional wie vorgenannte Szenarien sind viertens die Ideen des ›Auffangens‹, der ›Intervention‹ oder der ›Rettung‹ (vgl. z. B. ›Rettungsschirm‹) bzw. der ›Überwindung‹, die sich in Lösungsmustern äußern wie im prospektiven Vermeiden von Verlusten aufgrund konservativer Strategien, auch im Versicherungsprinzip, in der staatlichen Vorsorgeidee oder im keynesianistischen Gleichgewichtsmodell und dergleichen mehr.

Um nach diesem Blick auf die kommunikativen Aspekte der ökonomischen Krise die grundlegende Interferenz von Angst und Ökonomie, die in den historischen Krisenkonstellationen um 1929 und 2007 ff. empirisch zutage tritt, nochmals abschließend zu charakterisieren, kann Angst in diesen Kontexten als eine »zukunftsgerichtete Empfindung« angesehen werden (Flohr 1967, 44, 50), die dem Gefühl der Ungewissheit und Unsicherheit entspringt. Analog hierzu ist das kriseninduzierte Auftreten und die kommunikative Verbreitung von Angst innerhalb ökonomischer Krisenszenarien dem zukunftsgerichteten Charakter des ökonomischen Prozesses inhärent (Knight 2002, 237).

Literatur

Baeyer, Walter von/Baeyer-Katte, Wanda von: *Angst*. Frankfurt a. M. 1973.

Bauman, Zygmunt: *Die Krise der Politik. Fluch und Chance einer neuen Öffentlichkeit*. Hamburg 2000.

Blaich, Fritz: *Der Schwarze Freitag. Inflation und Wirtschaftskrise*. München 1985.

Burghardt, Anton: *Soziologie des Geldes und der Inflation*. Wien/Köln/Graz 1977.

Flohr, Heiner: Angst und Politik in der modernen parlamentarischen Demokratie. In: Heinz Wiesbrock (Hg.): *Die politische und gesellschaftliche Rolle der Angst*. Frankfurt a. M. 1967, 43–53.

Galbraith, John Kenneth: Der Faktor ›Angst‹ in der gegenwärtigen Phase der inflationären Entwicklung. In: Adalbert Reif (Hg.): *Die Zukunft der Wirtschaft. Analysen und Prognosen*. München 1976, 94–108.

Georgescu-Roegen, Nicolas: Dynamic models of economic growth [1974]. In: Ders.: *Energy and Economic Myths. Institutional and Analytical Economic Essays*. New York 1976, 235–253.

Holtfrerich, Carl-Ludwig: Vergleichende Aspekte der Großen Krisen nach 1927 und 2007. In: *Jahrbuch für Wirtschaftsgeschichte* 52/1 (2011), 115–138.

Kenning, Peter/Mohr, Peter/Plassmann, Hilke: Was kostet Angst? Eine neuroökonomische Studie zum Home-Bias. In: Birger P. Priddat (Hg.): *Neuroökonomie. Neuere Theorien zu Konsum, Marketing und emotionalem Verhalten in der Ökonomie*. Marburg 2007, 171–189.

Keynes, John Maynard: *Allgemeine Theorie der Beschäftigung, des Zinses und des Geldes*. Übers. von Fritz Waegner, verbessert und um eine Erläuterung des Aufbaus ergänzt von Jürgen Kromphardt und Stephanie Schneider. Berlin [11]2009 (engl. 1936).

Kneppe, Alfred: Metus und Securitas. Angst und Politik in der römischen Kaiserzeit. In: Franz Bosbach (Hg.): *Angst und Politik in der europäischen Geschichte*. Dettelbach 2000, 53–66.

Knight, Frank H.: *Risk, Uncertainty and Profit*. Washington 2002.

Kolb, Gerhard: *Wirtschaftsideen von der Antike bis zum Neoliberalismus*. München 2008.

Luhmann, Niklas: *Ökologische Kommunikation. Kann die moderne Gesellschaft sich auf ökologische Gefährdungen einstellen?* Opladen 1986.

Marshall, Alfred: *Principles of Economics*. Bd. 1. London 1890.

Marx, Karl/Engels, Friedrich: *Das Kommunistische Manifest* [1847/48]. Von der Erstausgabe zur Leseausgabe. Mit einem Editionsbericht von Thomas Kuczynski. Trier 1995.

Mikl-Horke, Gertraude: *Historische Soziologie – Sozioökonomie – Wirtschaftssoziologie*. Wiesbaden 2011.

Ortmann, Günter: Kalte Füße – Neun Facetten der Entstehung und Beschwichtigung von Angst in Organisationen. In: Joachim Freimuth (Hg.): *Die Angst der Manager*. Göttingen 1999, 69–96.

Polt, Wolfgang: Nachwort am Beginn der Krise. In: Evelyne Polt-Heinzl (Hg.): *Einstürzende Finanzwelten. Markt, Gesellschaft & Literatur*. Mit einem Nachwort von Wolfgang Polt und 7 Illustrationen von Thomas Kusin. Wien 2009, 222–225.

Reinhardt, Carmen M./Rogoff, Kenneth S.: *Dieses Mal ist alles anders. Acht Jahrhunderte Finanzkrisen.* München 2010.

Roosevelt, Franklin Delano: First Inaugural Address [1933]. In: Herbert Schambeck/Helmut Widder/Marcus Bergmann (Hg.): *Dokumente zur Geschichte der Vereinigten Staaten von Amerika.* Berlin [2]2007, 451–457.

Schoene, Wolfgang: Zur Frühgeschichte der Angst. Angst und Politik in nichtdurchrationalisierten Gesellschaften. In: Heinz Wiesbrock (Hg.): *Die politische und gesellschaftliche Rolle der Angst.* Frankfurt a. M. 1967, 113–134.

Schwarz, Urs: *Die Angst in der Politik.* Düsseldorf/Wien 1967.

Senft, Gerhard: Anhang: Schauplätze der Finanzmarktentwicklung. In: Ders. (Hg.): *Pierre-Joseph Proudhon: Handbuch des Börsenspekulanten.* Wien/Berlin/Münster 2009, 189–266.

Hans Jörg Schmidt

5. Staatsterror

Theoretische und terminologische Vorbemerkungen

Im Zeichen der Forderung des *cultural turn*, den kulturellen, anthropologischen, symbolischen und subjektiven Dimensionen historischer Konstellationen und Prozesse ebenso große Aufmerksamkeit zu widmen, wie den politischen, ökonomischen oder sozialen Makrostrukturen, hat sich die aktuelle Geschichtswissenschaft unter anderem intensiver mit den emotionalen Facetten totalitärer Herrschaft, beispielsweise kollektiven Rauschzuständen, befasst (Klimó/Rolf 2006). Folgende Überlegungen zur Angst als weiterer Konstante im Affekthaushalt totalitärer Systeme nehmen diese Impulse auf. Gewählt werden zum einen system- und diskurstheoretische Perspektiven. Die differenten sozialen Praktiken, Semantiken und medialen Formen der Angst im Stalinismus und Nationalsozialismus werden auf unterschiedliche Differenzierungs- und Modernisierungsstadien der die jeweiligen Diktaturen ausprägenden Gesellschaften zurückgeführt. Desweiteren wird auf Erkenntnisse der klassischen (Emotions-)Soziologie, zum Beispiel auf Max Weber, zurückgegriffen, wenn es, am Beispiel des Stalinismus, um die Erklärung religiös grundierter Effekte von Angst und Terror geht. Dieser theoretische Fokus des Beitrages dürfte deutlich machen, dass die Verwendung des Terminus ›totalitäres System‹ für Stalinismus und Nationalsozialismus keine Bezüge zu herkömmlichen Totalitarismustheorien impliziert (vgl. Siegel 1998). Lediglich einige Ausführungen zum Mechanismus der Feindbestimmung beider Regime knüpfen an Begrifflichkeiten Hannah Arendts an.

Mit Vergleichen zwischen Nationalsozialismus und Stalinismus betritt man, zumal in Deutschland, immer noch stark ›vermintes‹ Terrain. Mittlerweile scheint aber zumindest ein Konsens darüber erzielt worden zu sein, dass der Vergleich beider Systeme unter bestimmten Fragestellungen und Erkenntnisinteressen nicht bedeutet, sie gleichsetzen oder eines durch das andere relativieren zu wollen (vgl. Koenen 1996; Luks 2007).

Die Angst vor Feinden – die Angst der Feinde

Angstbesetzte Zentralfigur jedes staatsterroristischen Systems ist der Feind. An der Figur des Feindes kondensiert sowohl die Angst der Herrschenden vor den Beherrschten als auch die Angst der Beherrschten davor, von den Herrschenden zum Feind erklärt und vernichtet zu werden. Die Bestimmung des Feindes gehört zwar, folgt man Carl Schmitt, zur *conditio sine qua non* des Politischen schlechthin (Schmitt 1996), totalitäre Politik geht jedoch insofern darüber hinaus, als sie, darauf hat vor allem Hannah Arendt verwiesen, die Kategorie des ›absoluten‹ und ›objektiven‹ Feindes generiert (Arendt 1986). Unabhängig von individuellem Verhalten oder subjektiv zurechenbarer Schuld wird der Einzelne aufgrund objektiver Kriterien wie Minderheitenstatus, Klassen- oder Rassenzugehörigkeit in einen kollektiven Feindkörper integriert, terrorisiert und liquidiert (s. auch Kap. II.7).

Im Unterschied zum Nationalsozialismus, der die Vernichtung seiner ›objektiven Feinde‹ explizit zum politisch-ideologischen Programm erhob und vorsätzlich betrieb, waren weder der Marxismus-Leninismus noch seine stalinistische Version per se Vernichtungsideologien. Dennoch hinterließ der Stalinismus allein in der Sowjetunion elf Millionen Tote. Liquidiert wurde in Kriegs- und Friedenszeiten, an unterschiedlichen Orten, zu unterschiedlichen Anlässen und auf unterschiedliche Art und Weise: durch Zwangskollektivierung, gewaltsam forcierte Industrialisierung, hingenommene Hungersnöte, Lagerhaft, Zwangsarbeit, Verbannung, Deportation und Exekution. Dieser permanente und allumfassende Terror forderte Opfer aus allen politischen Lagern, aus allen sozialen Schichten und aus allen Ethnien.

Während der Nationalsozialismus politisch, rassisch oder sozial exakt definierte Gruppen zu Feinden erklärte, deren Vernichtung das ihnen zugeschriebene Gefahrenpotenzial endgültig bannen würde, geriet die Feindbestimmung im Stalinismus zum Dauerzustand. Der Terrorapparat konstruierte ständig neue Bedrohungsszenarien und liquidierte unaufhörlich neue Feindkollektive, die zunehmend weniger mit dem traditionellen, sozial definierten ›Klassenfeind‹ der marxistischen Ideologie gemeinsam hatten. Stattdessen nahm die Elastizität und Diffusität des Feindbegriffs immer weiter zu. Den Feind in Gestalt des *Konterrevolutionärs*, *Trotzkisten*, *Bucharinisten*, *Sinowjewisten* oder *Kulaken* löste schließlich der Feind in der gänzlich undefinierbaren Gestalt des *Volksfeindes* ab, der jederzeit und überall – im Betrieb, in der Nachbarschaft, im Freundes- und Familienkreis sowie in der Partei selbst – seiner Schädlingstätigkeit nachging und sich dabei geschickt zu tarnen verstand. Jede stalinisti-

sche Terrorwelle war daher von einem vielstimmigen, in allen Massenmedien verbreiteten Chor paranoid übersteigerter Appelle an die Wachsamkeit jedes Einzelnen begleitet. Die Angst wurde so zur alles beherrschenden Grundemotion der Gesellschaft und zwar in doppelter Hinsicht: Zum einen verbreitete sich bei jedem die Angst davor, auf dem Feld der ›Feindhermeneutik‹ zu versagen, also davor, in seinen Mitmenschen den potenziellen Feind nicht zu erkennen und dafür zur Rechenschaft gezogen zu werden; zum anderen wuchs bei jedem die Angst davor, von seinen Mitmenschen als bislang unerkannter, weil gut getarnter Feind ›entlarvt‹ zu werden. Nahezu jedes persönliche Erinnerungsdokument aus der Stalinzeit legt von jenem ubiquitären und permanenten Ausnahmezustand der Angst beredtes Zeugnis ab. Immer wieder wird erzählt von den in ständiger Angst vor der Verhaftung durchwachten Nächten, von Panikattacken beim Geräusch zuschlagender Autotüren vor dem Haus, von unbekannten Stimmen aus der Nachbarwohnung oder von Schritten im Hausflur (Figes 2007; Schlögel 2008).

Perfide und psychisch desaströs waren diese Angstmechanismen insofern, als die Beherrschten, wollten sie überleben, von dem panoptischen Kollektiv ihrer Mitmenschen beständig als systemkonform wahrgenommen werden mussten. Zugleich konnte ein entsprechendes Verhalten aber jederzeit seine Schutzfunktion einbüßen, dann nämlich, wenn man beschuldigt wurde, nur ›die Maske‹ eines regimetreuen Untertanen zu tragen, hinter der sich das wahre Gesicht eines Feindes verberge. Und diese Gefahr drohte potenziell jedem, auch dem überzeugtesten Stalinisten.

Die unaufhörliche Vernichtung allgegenwärtiger Feinde verweist zugleich auf die Ängste des Systems. Nach signifikanten politischen Fehlentscheidungen, beispielsweise der Zwangskollektivierung (1928–1932) mit ihren desaströsen Auswirkungen, steigerte sich der Terror gegen ›Saboteure‹, ›Schädlinge‹ und ›Volksfeinde‹, die für die Katastrophe verantwortlich gemacht wurden. Der Stalinismus entledigte sich der Angst vor den eigenen ›Schatten‹ und deren Folgen, indem er der jeweils zum Feind erklärten Gruppe exakt jene Verbrechen anlastete, die er gerade eben selbst begangen hatte oder im Begriff war zu begehen.

Der Nationalsozialismus liquidierte seine ›objektiven Feinde‹ hingegen stetig und kontinuierlich, ohne dass der Terror ursächlich oder motivational mit Phasen des Erfolgs oder Misserfolgs des Regimes, und damit auch nicht mit kompensatorischen

Projektionen eigener Fehlleistungen auf Andere, in Zusammenhang stand.

Signifikante Unterschiede zwischen den Systemen treten ebenfalls im Hinblick auf die kulturell verankerten Muster der angstbesetzten Feindattribuierungen in Form von Traditionen, Mythologemen und Symbolen zutage. Zwar sind totalitäre Welten generell auf manichäistische Weise in Freund und Feind, Gut und Böse, Hell und Dunkel geschieden, doch wurzelte die stalinistische Feinddämonologie in ihrer Gleichsetzung des Feindes mit Mächten der Finsternis oder furcht- und ekelerregenden Tieren besonders tief in vormodernen, mythisch-archaischen und/oder mittelalterlich-religiösen Vorstellungen von Verkörperungen des Bösen. Demgegenüber kam die ›rationalere‹, klarer umrissene Feindtypologie des Nationalsozialismus mit weit weniger Rückgriffen in vormodern-atavistische Pandämonien der Angst aus. Die zur Vernichtung bestimmten Feinde, an erster Stelle die Juden, galten zwar ebenfalls als Meister der Tarnung und Urheber einer Weltverschwörung qua Infiltration in tragende Funktionssysteme der modernen Gesellschaft wie der Wirtschaft oder der Kunst, doch mit Hilfe ebenso moderner ›wissenschaftlicher‹ Methoden ließen sie sich systematisch erkennen, erfassen und ausschalten. Die nationalsozialistische Semantik der Angst vor dem Feind war daher nur schwach metaphysisch oder mythologisch codiert. Der in antisemitischen Propagandafilmen wie *Der ewige Jude* (1940) angestellte Vergleich des Schädlingswerkes der Juden mit demjenigen der Ratten diente selbstverständlich ebenso der Entmenschlichung und Herabsetzung der Hemmschwelle für ihre Eliminierung wie die gängige Titulierung der Feinde als ›Teufel‹, ›Giftschlangen‹, ›Nattern‹, ›Heuschrecken‹ oder ›tollwütige Hunde‹ im Stalinismus. Dennoch appellierte die nationalsozialistische Version des Feindbildes weniger an vormoderne Ängste vor transzendenten Höllenmächten als vielmehr an moderne, mit der immanenten Lebenswelt verbundene Ängste vor Krankheiten und Seuchen, denen aber mit ebenso modernen Mitteln, wie eben der ›Rassenhygiene‹, beizukommen war. Insofern konnte der Nationalsozialismus auf Dauerappelle an die Wachsamkeit der Bürger und an deren Angst, in jedem Mitmenschen einen potenziellen Feind vor sich zu haben, ja permanent von unerkannten Feinden umgeben zu sein, verzichten. Im Gegenteil: Das Vernichtungswerk sollte ja weitestgehend den Augen der Öffentlichkeit entzogen sein, anstatt sie, wie im Stalinismus, beständig zur aktiven Teilnahme am Terror zu zwingen.

Ebenso fehlte dem Nationalsozialismus die inquisitorische Komponente der Feindbehandlung des Stalinismus. Diese Differenz lässt sich zum einen mit der jeweils systemfundierenden Ideologie erklären. Dem rassisch oder erbbiologisch determinierten Feind musste keine Schuld nachgewiesen werden; folglich hatte er auch nichts zu gestehen und nichts zu bereuen. Ausweglos war er zur Vernichtung bestimmt. Der stalinistische Terrorapparat hingegen legte größten Wert auf öffentliche Bekenntnisrituale der als ›Feinde‹ Gebrandmarkten, bei denen sie Reue zu zeigen, Selbstkritik zu üben oder sich vor Gericht zu verantworten hatten. Obwohl die meisten der Beschuldigten trotz ihrer Willfährigkeit, sich diesen Verfahren zu unterwerfen, liquidiert wurden, sah das Regime in derlei öffentlichen Foren und Formen der Erziehung und Disziplinierung – mit Foucault gesprochen – unverzichtbare Techniken des Selbst. Diese entscheidende Differenz der Feindattribuierung und -behandlung beider Totalitarismen resultiert mithin auch aus den unterschiedlichen Reichweiten der jeweils anvisierten politischen und sozialen Umwälzungen und den daraus wiederum folgenden Anforderungen an die mentale und soziale Disposition des Subjekts. Das – historisch präzedenzlose – Ziel der bolschewistischen Revolution bestand in der absoluten Vernichtung sämtlicher bisheriger ökonomischer, sozialer und politischer Strukturen, im Aufbau einer gänzlich neuen Gesellschaftsordnung sowie – als deren Voraussetzung und Resultat – in der Erschaffung eines vollkommen neuen Menschentyps. Der Nationalsozialismus hingegen kam ohne ein derart demiurgisches Totalprogramm von sozio-kultureller Zerstörung und ›subjektbildender‹ Neuschöpfung aus; er setzte vielmehr auf bereits etablierte, vor allem militärisch-autoritäre Gesellschaftsstrukturen sowie auf Beherrschte, die entsprechende Organisations-, Denk- und Verhaltensmuster bereits weitgehend internalisiert hatten. Der Stalinismus kann demgegenüber als System großangelegter Zivilisations- und Subjektbildungsprozesse betrachtet werden, die den Angsthaushalt dieser totalitären Gesellschaft in höchstem Maße mitbestimmten.

Terror, Angst, Subjektkonstitution und Zivilisationsprozess

Der stalinistische Terror markierte den radikalen Kulminationspunkt des bolschewistischen Projekts, Subjekte zu kreieren, die ihr gesamtes Dasein in den

Dienst der Errichtung einer kommunistischen Gesellschaftsordnung stellten und sich bereitwillig allen sozialen Praktiken unterwarfen, die ihnen die dafür erforderlichen Normen, Werte, Verhaltens- und Kommunikationsmuster ankonditionieren sollten. Insofern kann im Stalinismus auch eine totalitäre Herrschaftsform gesehen werden, die unter den Rahmenbedingungen einer noch weitgehend vormodern strukturierten Gesellschaft den Versuch unternahm, zentral gesteuert, ideologiebasiert, zeitlich extrem gerafft und – vor allem – gewaltsam Vorgänge moderner Subjektkonstitution zu initiieren bzw. nachzuholen. Wie Norbert Elias (1976) und Michel Foucault (insbesondere Foucault 1977; 1983) gezeigt haben, war die Genese des modernen Subjekts als Teil des westeuropäisch-neuzeitlichen Zivilisationsprozesses ein hochgradig affektbeladenes Geschehen, vor allem was die Mechanismen zur Disziplinierung des Einzelnen und dessen Angst vor Sanktionen im Fall des Verstoßes gegen soziale Normen betraf. Für die Angstkonfigurationen der modernen Gesellschaft und des modernen Subjekts bedeutete dies unter anderem, dass die vormals dominierende Angst vor äußeren Bedrohungen, primär die Angst vor dem ›unzivilisierten‹ und unkalkulierbaren (Affekt-)verhalten anderer, nun abgelöst wurde von der ins Innere des affektuell und habituell disziplinierten Subjekts verlagerten, jedoch nicht minder wirksamen, Angst vor selbstverschuldeten Kontrollverlusten und Normverletzungen (s. auch Kap III. A.1); derlei Angstformen brachten wiederum neue, ebenfalls angstbesetzte Affekte wie Peinlichkeit oder Scham hervor.

Eben dieser internen Konditionierung und Disziplinierung der Subjekte widmete der Stalinismus – anders als der Nationalsozialismus – größte Aufmerksamkeit. Dabei zeichnete er sich durch die Kopräsenz vormoderner, gewalt- und terrorförmiger, von außen kommender Fremdzwänge und moderner, das innere Disziplinierungsvermögen des Subjekts adressierender Selbstzwänge aus. Diese Parallelität vormoderner und moderner Zivilisierungsprozesse sowie entsprechend vormoderner und moderner Angstformen manifestierte sich zum einen im Bereich der stalinistischen Arbeits- und Produktionsorganisation, auf jenen Gebieten also, die gleichfalls im Fokus der neuzeitlichen Subjektbildungs- und Modernisierungsprozesse in Westeuropa gestanden hatten; mit dem entscheidenden Unterschied allerdings, dass der Stalinismus die Konditionierung ökonomisch effektiver und gesamtgesellschaftlich nützlicher Subjekte nicht der

unmerklichen Kontrolle und subtilen Disziplinierung der Individuen durch Diskurse und Techniken des Wissens überließ, sondern durch Einführung einer drakonischen Sanktionspraxis bei bereits kleinsten Verstößen gegen die (Arbeits-)Disziplin weiterhin in vormoderner Manier auf die Angst des Einzelnen vor externer Gewalt und Strafe setzte. Auch das gigantische Lagerimperium des Gulag diente eher disziplinatorischen als ökonomischen Zielen. Wirtschaftlich meist unsinnig und unproduktiv, erfüllten die stalinistischen Arbeitslager – im Unterschied zu den auf Vernichtung (durch Arbeit) ausgerichteten nationalsozialistischen Konzentrationslagern – primär kulturelle Funktionen als Disziplinierungsorte, an denen »das Einfügen in die Ordnung trainiert werden sollte« (Plaggenborg 1998, 98).

Noch signifikanter tritt die stalinistische Symbiose aus vormodernen und modernen Disziplinierungs-, Gewalt- und Angstformen in jenen zahlreichen öffentlichen Foren zutage, auf denen die sowjetischen Subjekte beständig über ihr privates wie politisches Handeln, vor allem aber über ihr Denken und ihre inneren Einstellungen Rechenschaft abzulegen und sich den daraus eventuell erwachsenden Strafen des Kollektivs bereitwillig zu unterwerfen hatten. Derlei ritualisierte Veranstaltungen (Parteisitzungen, Betriebsversammlungen, Selbstkritiksitzungen, Schauprozesse etc.), auf denen die Resultate der mentalen Formierung der Subjekte externalisiert, kontrolliert und, im Falle des Nichtgenügens, sanktioniert wurden, kannte der Nationalsozialismus mit seinen primär militärischen Gehorsam einfordernden Herrschaftspraktiken nicht. Die gewaltsamen Konstitutionsprozesse eines sowjetischen Subjekts im Stalinismus erforderten hingegen zwingend solche Gelegenheiten zur »Transformation des impliziten Selbst in ein explizites Selbst« (Studer/ Haumann 2006, 15). Entsprechende Möglichkeiten zur Selbstdarstellung und Selbstthematisierung des Einzelnen hatten sich ebenfalls im Verlauf der westeuropäisch-neuzeitlichen Subjektivierungsprozesse ausdifferenziert. Alois Hahn spricht von »Biographiegeneratoren« und nennt als Beispiele die Beichte, die Psychoanalyse, Tagebücher, Memoiren sowie Geständnisse vor Gericht (Hahn 1987, 12). Der Stalinismus kultivierte nun exakt solche »Biographiegeneratoren«, die innere Vorgänge der Subjektgenese gesellschaftlich beobachtbar und, weil sanktionierbar, extrem angstbesetzt hielten: das öffentliche Geständnis der Angeklagten in Schauprozessen sowie das ebenso öffentlich vollzogene Ritual der Selbstkritik. Die erste Praktik trat funktional analog an die Stelle des feierlichen Widerrufs von Häretikern, die zweite an die Stelle der kirchlichen Beichte (vgl. Unfried 2006; Erren 2008).

In den berüchtigten Schauprozessen der Jahre 1936 bis 1938, in denen die gesamte ›alte Garde‹ der bolschewistischen Führung seit den Zeiten der Oktoberrevolution zum Tode verurteilt wurde, verschmolzen die Einzelinstrumente der stalinistischen Terror-, Gewalt- und Disziplinierungspraxis zu einem unauflöslichen Konglomerat. Von der Anklage auf Heftigste mit dem gängigen Feindvokabular tituliert, gestanden die Beschuldigten jedes der ihnen vorgeworfenen Verbrechen – wie konstruiert und unwahrscheinlich sie auch sein mochten. Einige gingen gar so weit, explizit ihre eigene Hinrichtung zu fordern. Mit Sicherheit hatte man alle Angeklagten zuvor ›peinlichen Verhören‹ unterzogen, um sie derart gefügig zu machen, doch präsentierten sie sich der Öffentlichkeit zugleich in der Funktion bereits beispielhaft konditionierter Subjekte, die bereit waren, der Partei und der Sache buchstäblich bis zum Letzten zu dienen.

Die Forschung hebt weiterhin, völlig zu Recht, den theatralen Charakter sowohl der drei großen Schauprozesse als auch der massenhaft veranstalteten Selbstkritiksitzungen für gewöhnliche Untertanen hervor (Casiday 2000). Im Hinblick auf die Angstförmigkeit dieser Rituale lässt sich die These von ihrer Theatralität und Performativität dahingehend präzisierend bestätigen, dass sowohl die anwesenden wie die massenmedial informierten Zuschauer das Geschehen unter dem Eindruck der aristotelischen Tragödienaffekte *eleos* und *phobos*, Angst und Schrecken, beobachten sollten. Während aber der Zuschauer antiker Tragödien das Theater mit einem kathartischen Effekt verließ, belehrt unter anderem darüber, wie er sich zu verhalten habe, damit ihn das Schicksal des tragischen Helden nicht ereile, blieb dem Sowjetbürger im Stalinismus diese ›reinigende‹ Wirkung versagt. Er musste mit der beständigen Angst leben, bald selbst vor einem Parteitribunal oder vor Gericht zu stehen.

Führer – Vater – Gott: Die Angst der Beherrschten vor dem Herrscher

Aufgrund der differierenden Herrschaftsstrukturen und diskursiv-semantischen Codierungen der Macht im Nationalsozialismus und Stalinismus sandten die jeweiligen Führerfiguren unterschiedliche Angst-

signale aus. Der Nationalsozialismus kommunizierte mit den Beherrschten primär in Semantiken und habituellen Mustern militärischen Befehlens und Gehorchens. Demgegenüber tradierte der Stalinismus Machtstrukturen und Kommunikationsformen vormoderner, patriarchalischer Herrschaft, die zwischen ›Gesellschaft‹ und ›Gemeinschaft‹ nicht unterscheiden und den Staat wie die Familie eines ›großen Hauses‹ führen. Die bildliche und filmische Führerikonografie versah Stalin dementsprechend mit dem Habitus und der Diktion eines ebenso gütigen wie strengen Vaters, wohingegen Hitler auf den Bildnissen des Nationalsozialismus stets in der Pose des gänzlich unfamiliären, soldatisch-herrischen, unnahbaren Feldherrn erscheint.

Der exzessive Kult um Stalin als essenzieller Bestandteil seiner Diktatur, dem auf deutscher Seite kein quantitativ und qualitativ ebenbürtiger Hitlerkult gegenüberstand, stützte sich zur Beschreibung des vermeintlichen Verhältnisses zwischen Herrscher und Beherrschten massiv auf die Semantik familiärer und persönlich-intimer Affektkommunikation. Zwar trug auch Stalin den politische Macht symbolisierenden Titel ›Führer‹ (vožd'), doch in der Propaganda firmierte er überwiegend als »lieber Vater«, »Bruder«, »bester Freund« und »weiser Lehrer«, dem das Volk »vertraut« und den es »grenzenlos« und »innig« »liebt« (Ennker 1998). Dass derlei Titulierungen selbst in den Zeiten des größten Terrors nicht nur beibehalten, sondern noch massiver als ohnehin schon verbreitet wurden, kann oberflächlich betrachtet als reiner Zynismus gelten. Ebenso kann man darin eine Strategie Stalins sehen, sich dem Volk als jemand zu präsentieren, der mit dem Terror persönlich nichts zu tun hat, der vielleicht noch nicht einmal davon weiß. Im stalinistischen Russland machten – ebenso wie im nationalsozialistischen Deutschland – Redewendungen wie »Wenn das der Führer wüsste« die Runde. Stalin verschaffte sich so die Möglichkeit, den »Großen Terror« im Jahr 1938 selbst zu beenden, indem er seinen Hauptvollstrecker, den Chef des NKWD Nikolaj Ežov, als ›Volksfeind‹ entlarven und erschießen ließ.

Eine kulturwissenschaftliche Perspektive eröffnet indes noch weitere Erklärungsansätze für diese signifikante Diskrepanz zwischen ›weichzeichnendem‹ Führerdiskurs und terroristischer Realität. Das basale Medium des Stalinkultes war das gemalte Portrait. Dieses Faktum ist angesichts der immensen Bedeutung des Bildmediums in der russischen Kultur, die sich vor allem in der Ikonenmalerei manifestiert, von erheblicher Relevanz. Denn eine Ikone ist – anders als die westeuropäische Sakralmalerei – kein Heiligenbild, sondern ein heiliges Bild. Nach Lehre der Kirche erlangen Christus, die Gottesmutter oder die Heiligen vermittels ihrer Abbildung auf Ikonen wesenhafte Präsenz; insofern wirken sie unmittelbar aus der Transzendenz in die Immanenz. Der Kult um Stalin im Medium seines Bildnisses nutzte eben diese kulturell verankerten Muster von Bildproduktion und -rezeption. Mit anderen Worten: Gemalte Stalinportraits waren Ikonen. Während die sprachlich-diskursiven Versionen des Stalinkultes auf die Familiensemantik setzten und damit den Modus der Angst vor dem liebenden, aber eben auch strafenden Vater aktivierten, machten die bildlichen Repräsentation aus Stalin einen Heiligen bzw. Gott selbst. Und Gott kann ebenfalls vergeben, aber auch strafen. Im Rahmen des entfesselten, wahllosen Terrors gewann dann die zürnende und strafende Seite die Oberhand. Diese religiösen Dimensionen der Angst vor Stalin glichen auf signifikante Weise der Angst vor einem despotischen Gott, den streng protestantische, beispielsweise calvinistische Prädestinationslehren (vgl. Weber 2010) entwickelten. Wie Gottes unergründlicher Ratschluss die Menschheit in Erwählte und Verdammte scheidet, so schied Stalin die Sowjetgesellschaft ebenso prädestinativ in Freund und Feind.

Dies hatte zwar auch der Nationalsozialismus mit seinen zur Vernichtung bestimmten ›Feinden‹ getan, doch diese konnten es wissen. Den permanent bedrohten und verunsicherten Sowjetbürgern blieb es hingegen verwehrt, die Absichten, die der ›Allmächtige‹ mit ihnen hatte, zu verstehen oder sichere Kriterien und Maßstäbe zu finden, die erkennen ließen, ob man zu den Erlösten oder Verdammten gehörte. Max Webers These vom Protestantismus als Ursprungsimpuls kapitalistischer Arbeitsethik lässt sich paradoxerweise ebenso in den Terrorkontext des stalinistischen Kommunismus einordnen. Der Calvinismus bot den in ständiger Angst vor Verdammnis, eigener Sündhaftigkeit und Versagen lebenden Gläubigen die unermüdliche Arbeit sowie eine asketische und rationale Lebensführung zum Ruhme Gottes als einzige Hoffnungen auf Gnade und Erlösung an. Ähnlich der Stalinismus, der von seinen Untertanen unermüdliche Arbeit im Dienst der kommunistischen Vision sowie die ebenso konsequente Bekämpfung aller unökonomischen Triebe und Emotionen forderte, so dass auch sie zumindest hoffen konnten, auf diesem Wege verschont zu bleiben. Im Unterschied zum calvinistischen Subjekt wurde das stalinistische Subjekt aber bereits in der Immanenz immer wieder in dieser Hoffnung erschüttert, musste der Sowjetmensch doch kontinuierlich angstvoll erleben, wie der Terror jeden traf, so verdienstvoll und ergeben er sich zuvor auch gezeigt haben mochte.

So unterschiedlich die sozio-kulturellen Prämissen, diskursiven Formationen oder sozialen Praktiken von Angst und Terror in beiden Regimen auch waren, die Opfer wurden letztendlich ›nur‹ von einer Form der Angst beherrscht: der vor dem Tod. In ihrer diesbezüglichen Bilanz sind sich beide Systeme wieder erschreckend ähnlich: Als sie zu Ende gingen, ließen sie Berge von Toten zurück.

Literatur

Arendt, Hannah: *Elemente und Ursprünge totalitärer Herrschaft. Antisemitismus, Imperialismus, totale Herrschaft.* München 1986.

Baberowski, Jörg: *Der rote Terror. Die Geschichte des Stalinismus.* München [2]2004.

Baberowski, Jörg (Hg.): *Moderne Zeiten? Krieg, Revolution und Gewalt im 20. Jahrhundert.* Göttingen 2006.

Casiday, Julie A.: *The Enemy on Trial. Early Soviet Courts on Stage and Screen.* Chicago 2000.

Elias, Norbert: *Über den Prozeß der Zivilisation* [1939]. 2 Bde. Frankfurt a. M. 1976.

Ennker, Benno: Politische Herrschaft und Stalinkult 1929–1939. In: Stefan Plaggenborg (Hg.): *Stalinismus. Neue Forschungen und Konzepte.* Berlin 1998, 151–182.

Erren, Lorenz: *Selbstkritik und Schuldbekenntnis. Kommunikation und Herrschaft unter Stalin (1917–1953).* München 2008.

Figes, Orlando: *Die Flüsterer. Leben in Stalins Russland.* Berlin 2008 (engl. 2007).

Foucault, Michel: *Überwachen und Strafen.* Frankfurt a. M. 1977 (franz. 1975).

Foucault, Michel: *Der Wille zum Wissen. Sexualität und Wahrheit 1.* Frankfurt a. M. 1983 (franz. 1976).

Hahn, Alois: Identität und Selbstthematisierung. In: Ders./Volker Kapp (Hg.): *Selbstthematisierung und Selbstzeugnis: Bekenntnis und Geständnis.* Frankfurt a. M. 1987, 9–24.

Hedeler, Wladislaw (Hg.): *Stalinscher Terror. Eine Forschungsbilanz.* Berlin 2002.

Klimó, Árpád von/Rolf, Malte (Hg.): *Rausch und Diktatur. Inszenierung, Mobilisierung und Kontrolle in totalitären Systemen.* Frankfurt a. M./New York 2006.

Koenen, Gerd: Bolschewismus und Nationalsozialismus. Geschichtsbild und Gesellschaftsentwurf. In: Matthias Vetter (Hg.): *Terroristische Diktaturen im 20. Jahrhundert. Strukturelemente der nationalsozialistischen und stalinistischen Herrschaft.* Opladen 1996, 172–207.

Luks, Leonid: *Zwei Gesichter des Totalitarismus. Bolschewismus und Nationalsozialismus im Vergleich.* Köln/Weimar/Wien 2007.

Plaggenborg, Stefan: Stalinismus als Gewaltgeschichte. In: Ders. (Hg.): *Stalinismus. Neue Forschungen und Konzepte.* Berlin 1998, 71–112.

Schlögel, Karl: *Terror und Traum. Moskau 1937*. München 2008.

Schmitt, Carl: *Der Begriff des Politischen* [1927]. Berlin ⁶1996.

Siegel, Achim (Hg.): *Totalitarismustheorien nach dem Ende des Kommunismus*. Köln/Weimar 1998.

Studer, Brigitte/Haumann, Heiko (Hg.): *Stalinistische Subjekte. Individuum und System in der Sowjetunion und der Komintern, 1929–1953*. Zürich 2006.

Unfried, Berthold: *›Ich bekenne‹. Katholische Beichte und sowjetische Selbstkritik*. Frankfurt a. M. 2006.

Weber, Max: *Die protestantische Ethik und der Geist des Kapitalismus* [1920]. München ³2010.

Dirk Kretzschmar

6. Kalter Krieg

Jede Kulturgeschichte der Angst im Kalten Krieg findet ihr Gravitationszentrum in der Atombombe. Schon alleine die Tatsache, dass der weltpolitische Konflikt, der sich von 1946/47 bis 1989/91 zwischen der Sowjetunion und dem westlichen Lager unter Führung der USA entspann, nicht als Krieg nach konventionellen militärischen Maßstäben geführt wurde, lässt sich auf die bloße Existenz von atomaren Waffen auf beiden Seiten zurückführen. Ein ›heißer‹ Krieg war spätestens seit Mitte der 1950er Jahre nicht mehr denkbar, und was blieb, war eine blockierte Konfliktsituation, in der alle Ressourcen unterhalb der direkten militärischen Konfrontation mobilisiert wurden.

Doch die Angst im Kalten Krieg beschränkte sich nicht auf die lähmende Furcht vor einer atomaren Vernichtung der Welt. Bei genauerem Hinsehen lassen sich weitere Ängste identifizieren und voneinander abgrenzen, zumal wenn man berücksichtigt, dass der Kalte Krieg die beteiligten Gesellschaften in einer ausgreifenden Weise erfasste und prägte. Der folgende Beitrag muss sich auf einige emblematische Konstellationen und Figuren aus einem weiten Panorama verschiedener Angstszenarien konzentrieren, und er kann die vielfältigen Forschungsergebnisse, welche die Kultur- und Emotionsgeschichte der Systemkonkurrenz in letzter Zeit erbracht hat, allenfalls streifen (Greiner/Müller/Walter 2009; Bormann/Freiberger/Michel 2010; Vowinckel/Payk/Lindenberger 2012). Auch beschränkt sich die Darstellung in erster Linie auf die westeuropäisch-nordamerikanischen Gesellschaften und bezieht Osteuropa und die Sowjetunion nur am Rande ein; das trägt einem insgesamt disparaten Forschungsstand Rechnung, der es darüber hinaus kaum möglich macht, in der gebotenen Kürze generalisierende Aussagen über wesentliche Entwicklungsstränge des Kalten Krieges in Afrika, Asien oder Südamerika zu treffen.

Kontinuitäten der Angst

Die Ängste des Kalten Krieges lassen sich zunächst nicht ohne Blick auf die Zeit vor 1945 verstehen. Seit Beginn des 20. Jahrhunderts, seit der Entstehung massenmedial vermittelter Öffentlichkeiten, hatte eine moralische und emotionale Grundierung der Politik stetig zugenommen, wobei die Dialektik von Angst (machen) und Hoffnung (versprechen), von

Bedrohung und Erlösung ein zentrales Argumentationsmuster darstellte. So benannte Franklin D. Roosevelt in seiner berühmten *Four Freedoms*-Proklamation von 1941 die »Freedom from Fear« als zentralen Teil einer künftigen Weltordnung nach dem Weltkrieg. Die Menschheit müsse und werde von ihrer gegenwärtigen Angst vor Krieg, Tyrannei und Unterwerfung befreit werden, so der amerikanische Präsident. Um dies zu erreichen, stellte er neben dem Bemühen um Abrüstung und Völkerverständigung vor allem die kollektive Friedenssicherung durch eine neue Staatenorganisation in Aussicht.

Aber nicht allein ein solches Heilsversprechen, das wesentlich in die Gründung der Vereinten Nationen einging, wirkte nach 1945 nach. Auch die prägende Kraft der im Weltkrieg gemachten Individualerfahrungen hielt noch lange nach Ende der Kampfhandlungen und der akuten Bedrohungssituation an. Während über die psychologischen und traumatischen Spätfolgen des Weltkriegs erstaunlich wenig bekannt ist – die Dunkelziffer der Angsterkrankungen dürfte aber hoch sein –, wurden nicht wenige angstimprägnierte Verhaltensmuster und Werthaltungen aus der Kriegszeit beibehalten. Das konnte von der privaten Vorratshaltung (›Hamstern‹) über eine ausgeprägte Staatsloyalität und Obrigkeitsorientierung bis hin zu spezifisch ausgestatteten Feindbildern (Bolschewisten, Faschisten) reichen. Zusammengenommen strukturierten diese Erfahrungen den Übergang und die erste Orientierung im Kalten Krieg, zwar mit nachlassender Intensität im Ganzen, punktuell aber mit teilweise beträchtlichen Nachwirkungen, wie es in der Erinnerung an den Luftkrieg sichtbar wird, die noch nach Jahrzehnten in ganz unterschiedlichen Situationen aufgerufen werden konnte (Arnold/Süß/Thiessen 2009).

Der Feind im Inneren: Die Angst vor Unterwanderung und Infiltration

Wie sehr die politischen und gesellschaftlichen Ängste des frühen Kalten Krieges gerade an bestehende Feindbilder anschlossen, lässt sich an dem spektakulären Aufstieg des amerikanischen Senators Joseph McCarthy erkennen. Bereits während des Ersten Weltkriegs war es zu einzelnen Episoden von Spionage-Hysterie gekommen, und auch in den Jahren des Zweiten Weltkrieges war die Furcht vor einer schleichenden Unterwanderung verbreitet gewesen. In den USA war schon 1934 eine erste Kommission zur Aufdeckung »unamerikanischer« (sprich: natio-

nalsozialistischer) Aktivitäten gegründet worden, die sich 1945 ausschließlich den Gefahren kommunistischer Infiltration zuwandte und dabei zunächst die kalifornische Filmwirtschaft in den Fokus ihrer Ermittlungen rückte.

Erst aber McCarthy brachte die ebenso diffusen wie latenten Ängste der amerikanischen Gesellschaft vor einer feindlichen Unterwanderung in einer neuen Dimension zum Ausdruck. In der Politik zunächst nur eine Randfigur, gelang es ihm mit seiner furiosen Kampagne gegen eine drohende bzw. längst stattfindende Durchdringung des gesamten Staatsapparates durch ›die Roten‹ innerhalb kürzester Zeit eine beachtliche Prominenz und Machtposition zu erringen. Allerdings würde es deutlich zu kurz greifen, die Beschwörung derartiger Ängste nur als Spielmarke im politischen Wettbewerb zu sehen. McCarthy war durchaus Getriebener eigener Obsessionen und tief in seiner Persönlichkeitsstruktur verankerter Phobien. Seine eigentliche Bedeutung liegt gleichwohl darin, dass er als Medium für eine gesamtgesellschaftliche Disposition zur antikommunistischen Hysterie dienen konnte. McCarthys Angstkampagnen trafen auf eine ausgeprägte, teils xenophobisch grundierte Unsicherheit der amerikanischen Mittelschichten, die sich, analog zur außenpolitischen Eindämmungsstrategie, in einer ausgesprochenen »Containment Culture« (Nadel 1995) ausdrückte: Moralische Sauberkeit und religiöse Festigkeit, intakte Familien und eindeutige Geschlechterrollen sollten Schutz vor einer als instabil und uneindeutig wahrgenommenen Welt bieten. In nicht wenigen der zeitgenössischen Filme des Western-, Science Fiction- oder Monstergenres lassen sich die Spuren dieser Ängste und die Abwehrstrategie einer moralisch-männlichen Untadeligkeit erkennen (Hendershot 2003).

Im Gegensatz zur Sowjetunion, wo die schon seit der Regierungszeit Stalins andauernde Paranoia vor heimlichen Feinden im frühen Kalten Krieg allenfalls ein zusätzliches Momentum erhielt (s. Kap. IV.A.5), vermochte die amerikanische Gesellschaft dieses Angstszenario jedoch vergleichsweise rasch abzustreifen. Unbestritten blieben Kommunismus und Sozialismus Anathema, aber die aggressive, ihren Alarmismus stetig steigernde Taktik McCarthys verfing ab Mitte der 1950er Jahren immer weniger. Ebenso wie das Fernsehen seinen Aufstieg ermöglicht hatte, besiegelte es nun auch seinen Untergang, denn auf dem Bildschirm wirkten McCarthys diffamierende Ausfälle in zunehmendem Maße abstoßend und selbst beängstigend. Nach und nach verlor er die Gunst des Publikums und die (ohnehin stets nur taktisch motivierte) Unterstützung von Präsident Eisenhower, und umgekehrt nahm der Protest gegen McCarthys politische Methoden deutlich zu (Doherty 2003). Ein bekanntes Beispiel ist das bereits 1953 uraufgeführten Theaterstück *The Crucible* von Arthur Miller, in dem das von McCarthy erzeugte Klima der Angst, des Misstrauens und der wechselseitigen Denunziation in einer Allegorie auf den Hexenprozess von Salem 1692/93 angeprangert wurde.

In den westeuropäischen Staaten war es nie zu einer vergleichbaren Furcht vor einer kommunistischen Infiltration gekommen, wenngleich die Kraft einer entsprechenden Angstrhetorik auch hier nicht gering veranschlagt werden darf. Die Bundesrepublik stellt in dieser Hinsicht eher einen Sonderfall dar, einmal weil die KPD aus Sorge um die staatliche Stabilität schon früh verboten wurde, dann auch, weil mit der DDR eine besondere Notwendigkeit und zugleich Möglichkeit der Abgrenzung bestand. In Italien oder Frankreich besaß der Kommunismus in der politischen Landschaft schon allein deshalb einen anderen Stellenwert, weil er sehr viel schwerer zu externalisieren war. Auch wenn man ihn als bedrohlich wahrnahm, bildete er seit der Zwischenkriegszeit doch einen sichtbaren Teil der eigenen Gesellschaft. In den italienischen Geschichten von *Don Camillo e Peppone* (veröffentlicht zwischen 1948 und 1963) wurde diese Form der Nähe und Vertrautheit mit dem weltanschaulichen Gegner in der Nachkriegszeit überaus populär vorgeführt.

Insgesamt verlor das Feindbild der kommunistischen Subversion im Verlauf der 1960er Jahre in allen westlichen Gesellschaften immer mehr von seiner suggestiven Kraft. Die nochmals im Umfeld der protestierenden Jugend- und Studentenbewegung um 1967/68 laut werdenden Warnungen vor einer kommunistischen Unterwanderung wirkten bald als abgegriffene rhetorische Münzen, auch wenn sich rückblickend ein Argwohn vor Infiltrationsversuchen vereinzelt als berechtigt erweisen mochte. Insgesamt setzte sich aber eine zunehmende Gelassenheit durch, und die Welt der Verschwörer, Spione und Geheimagenten entwickelte sich immer mehr zu einem beliebten Schauplatz der Populärkultur. Die Ängste vor Konspiration und Subversion ließen sich erfolgreich als Sujets der Unterhaltungsindustrie variieren, sei es in kritisch-anklagender, sei es in ironisch-sarkastischer Manier; genannt seien hier nur Filmdramen wie *The Manchurian Candidate* (USA 1962) oder *The Spy Who Came in from the Cold* (GB 1965), die frühen James Bond-Filme oder Fernsehserien wie *The Avengers* (GB 1961–1969), *The Men from U.N.C.L.E.* (USA 1964–1968) oder *Get Smart* (USA 1965–1970).

Allerdings muss betont werden, dass es sich bei dieser ideologisch gebrochenen Verarbeitung von Infiltrations- und Unterwanderungsängsten um ein primär westliches Phänomen handelte. Es zeigte einen grundlegenden Wandel im mentalen Haushalt der westeuropäisch-nordamerikanischen Gesellschaften an, der auf der östlichen Seite keine direkte, sondern allenfalls eine nachahmende Entsprechung hatte. Während sich der Westen seit den ausgehenden 1960er Jahren immer kritischer mit den Problemlagen des eigenen Gesellschaftsmodells beschäftigte und dabei neue Bedrohungen entdeckte sowie neue Ängste entwickelte (oftmals als Folgen eines eindimensionalen Modernisierungsverständnisses), verharrte das östliche Lager in einer stagnierenden Abwehrhaltung. Denn anders als der Westen, der seine Angst vor einer kommunistischen Infiltration möglicherweise auch aus dem Gefühl einer eigenen Überlegenheit heraus ablegen konnte, konnten die östlichen Regierungen die Attraktion des gegnerischen Gesellschaftsmodells auf die eigene Bevölkerung kaum dauerhaft ignorieren.

Konkurrenz in Technik und Alltag: Die Angst, überholt zu werden

Neben den teils hysterischen Angstszenarien einer Unterwanderung umfasst die Angstgeschichte des Kalten Krieges daher auch solche Befürchtungen, die aus der offenen Konkurrenz zwischen den beiden Gesellschaftsmodellen resultierten. Gerade weil die militärische Konfrontation in einem waffentechnischen Patt gefangenblieb, verlagerte sich die Auseinandersetzung in erheblichem Umfang auf die technologische, wissenschaftliche oder wirtschaftliche Machtstellung. Beide Seiten versuchten dabei, durch symbolische Fortschritte die Leistungsfähigkeit des eigenen Systems öffentlich zu demonstrieren, was auf der Kehrseite freilich stets von der Sorge begleitet war, in Rückstand zu geraten oder auch nur als rückständig zu gelten.

Aus diesem Grund gehört nicht nur die natur- und ingenieurwissenschaftliche Forschung (etwa der Atom-, Raketen- und Computertechnik), sondern im weiteren Sinne überhaupt der wissenschaftliche und wirtschaftliche Fortschritt zu den zentralen Schlachtfeldern des Kalten Krieges. Nur vor diesem Hintergrund lässt sich der ›Sputnik‹-Schock angemessen verstehen, mit dem die westliche Seite auf den Start des gleichnamigen sowjetischen Satelliten im Jahr 1957 reagierte. Der Eindruck, auf einem so wesentlichen Feld wie der Raketen- und Kommunikationstechnologie überholt zu werden, löste beträchtliche Beunruhigung aus. Innerhalb kürzester Zeit wurden umfangreiche Forschungs- und Entwicklungsprogramme aufgelegt, die den wirklichen oder vermeintlichen Vorsprung der Gegenseite kompensieren sollten. In den 1960er Jahren entwickelte sich zwischen den USA und der UdSSR ein regelrechter ›Wettlauf ins All‹, den die amerikanische Seite mit der Mondlandung des Apollo-Programms 1969 schließlich für sich entscheiden konnte. Wichtiger war aber noch, dass der ›Sputnik‹-Schock die Bildungspolitik überhaupt in den Mittelpunkt der politischen Aufmerksamkeit rückte. In fast allen Industrieländern in Ost und West stiegen die Bildungsausgaben in den 1960er Jahren sprunghaft an, was meist mit einer Zunahme der internationalen Konkurrenz und dem drohenden Verlust der eigenen Wettbewerbs- und Zukunftsfähigkeit begründet wurde, wie es für die Bundesrepublik in der Debatte um die ›Bildungskatastrophe‹ im Jahr 1964 greifbar wird.

Aber auch scheinbar profane Lebensbereiche waren nicht vor einer antagonistischen Inanspruchnahme durch den Kalten Krieg gefeit. Aus diesem Grund ist es nur auf den ersten Blick skurril, dass sich auf der amerikanischen Nationalausstellung in Moskau 1959 (der eine gleichartige Ausstellung der UdSSR in New York vorausgegangen war) ein heftiges Streitgespräch zwischen Richard Nixon und Nikita Chruschtschow um die Vorzüge einer dort präsentierten Einbauküche entzündete. Während der sowjetische Regierungschef die Dauerhaftigkeit und Stabilität der östlichen Produktionsweise herausstrich, betonte der amerikanische Vizepräsident die Vielfältigkeit, Modernität und Eleganz der westlichen Konsumgüter, die dank einer Preisbildung auf dem freien Markt zudem für breite Bevölkerungsteile erschwinglich seien (Oldenziel/Zachmann 2009).

Hinter diesem als ›kitchen debate‹ in die Annalen des Kalten Krieges eingegangenen Disput lässt sich unschwer die Angst vor einer Unzuverlässigkeit der eigenen Gesellschaft erkennen, deren Loyalität mit Teilhabeangeboten und Zuwendungen unterschiedlichster Art gesichert werden sollte. In der Tat reagierten die westlichen Staaten auf die staatssozialistischen Sicherungssysteme des östlichen Lagers mit dem großzügigen Ausbau eines sozialstaatlichen ›Wohlfahrtskapitalismus‹, der erst in den 1970er Jahren in die Krise geriet und in den 1980er Jahren, vor allem in Großbritannien unter Margret Thatcher und den USA unter Ronald Reagan, drastisch beschnitten wurde. Bedeutsamer dürfte jedoch das privatwirtschaftliche Konsumgüterangebot des Westens gewesen sein, das aus Sicht der kommunistischen Machthaber eine dauerhafte Bedrohung darstellte. Denn auch wenn hier erhebliche Anstrengungen unternommen wurden, ein vergleichbares Angebot bereitzustellen, gelang es doch nie, die Konsumbedürfnisse und -wünsche der eigenen Bevölkerung in einer der westlichen Produktvielfalt adäquaten Weise zu befriedigen. Gerade für Deutschland – und hier besonders für Berlin als dem ›Schaufenster‹ von West und Ost – lässt sich dieser Zusammenhang von politischer Loyalitätssicherung und materieller Versorgungslage gut beobachten (Crew 2003).

Diese Politik des Massenkonsums verweist auf eine weitere Dimension, die in einer Angstgeschichte des Kalten Krieges nicht ignoriert werden kann. Die Dominanz der jeweiligen Bündnisführungsmacht, der USA wie der Sowjetunion, war zu keinem Zeitpunkt auf eine militärisch-strategische Führungsrolle beschränkt, sondern wurde auch und gerade im Alltag der beteiligten Gesellschaften intensiv erlebt. ›Amerikanisierung‹ und, wenngleich in sehr viel geringerem Maße, ›Sowjetisierung‹ stellten insofern nicht nur periphere Begleiterscheinungen des Kalten Krieges dar, sondern riefen vielfach unterschwellige Überfremdungsängste hervor. Insbesondere in den Reihen eines in seinen Bildungs- und Statusprivilegien bedrängten Bürgertums gehörte eine verachtungsvolle Kritik amerikanischer Konsumprodukte – denen in nicht wenigen Fällen eine ikonenhafte Verkörperung des *american way of life* anhaftete – lange noch zum guten Ton. So wurde beispielsweise die Einführung von Coca-Cola in Frankreich nicht alleine als Erweiterung des Produktangebotes verstanden, sondern war von lebhaften Debatten über die Bedrohung der französischen Kultur wie über die Gefahren eines amerikanischen Wirtschaftsimperialismus begleitet (Kuisel 1996, 37–69). Die besondere Schwierigkeit im Umgang mit der kulturellen Ausstrahlungskraft der USA, welche die UdSSR auch durch gewaltsame Freundschaftskampagnen nicht annähernd erreichen konnte, lag für die westlichen Staaten freilich im gesamten Verlauf des Kalten Krieges darin, antiamerikanische Ressentiments und proamerikanische Bündnisloyalität in ein stimmiges

Verhältnis zu bringen, was teils zu beträchtlichen Verrenkungen führte, teils aber auch gesellschaftliche Wandlungsprozesse beschleunigen konnte (Poiger 2000; Stephan 2006).

Die Logik der Abschreckung:
Die Angst vor dem Atomkrieg

So gewichtig diese Befürchtungen auch waren, im Zentrum des Kalten Krieges stand das ›Gleichgewicht des Schreckens‹. Beide Seiten häuften in einem erbitterten Wettrüsten ungeheure Arsenale nuklearer Waffen an, die im Verlauf der vierzigjährigen Systemkonkurrenz erhebliche Ressourcen verschlangen und im Einsatzfall zu einer mehrfachen wechselseitigen Vernichtung (›Overkill‹) gereicht hätten. Begründen und legitimieren ließ sich diese Hochrüstung kaum anders als mit der Doktrin der »Mutual Assured Destruction« (›MAD-Doktrin‹), die im Kern besagte, dass die Gegenseite durch die Gewissheit eigener Vernichtung von einem Erstschlag abgehalten werden sollte (›Zweitschlagfähigkeit‹). Nur mit einem Maximum von Abschreckung ließe sich, so die Überlegung von Atomstrategen und Spieltheoretikern, ein Höchstmaß an Sicherheit, Schutz und Stabilität gewährleisten (Stöver 2007, 145–165).

Es kann hier dahinstehen, ob und inwieweit diese Spekulationen mit der Angst der Gegenseite tatsächlich dazu beitrugen, dass ein militärischer Großkonflikt zwischen beiden Lager ausblieb. In den Bevölkerungen der beteiligten Staaten vermittelten sie in jedem Fall kaum ein Gefühl der Sicherheit, sondern lösten im Gegenteil massive Bedrohtheitsgefühle aus. Während anfänglich noch ein vergleichsweise argloser und bagatellisierender Umgang mit atomaren Waffen zu konstatieren ist – auch durch eine propagandistische Verzeichnung der Schutzmöglichkeiten (Biess 2009) –, nahm die gesellschaftliche Kritik in Westeuropa und Nordamerika seit Ende der 1950er Jahre kontinuierlich zu. Dazu trugen einerseits genauere Informationen über die Atombombenabwürfe auf Hiroshima und Nagasaki im August 1945 und die grausamen Folgewirkungen durch die Strahlenkrankheit bei, andererseits die rapide zunehmende Reichweite und Zerstörungskraft der nuklearen Waffentechnik, und zum Dritten eine weltpolitische Spannungslage, die sich über periphere Auseinandersetzungen (wie dem Korea-Krieg) unaufhaltsam auf einen Großkonflikt zuzubewegen schien.

In fast allen westlichen Ländern organisierte sich in der zweiten Hälfte der 1950er Jahre eine Friedensbewegung, die der Angst vor einem Atomkrieg vielstimmigen Ausdruck verlieh (Wittner 2009). Für die Bundesrepublik ist besonders auf die ›Kampf dem Atomtod‹-Bewegung von 1957/58 hinzuweisen, die sich gegen Pläne richtete, die Bundeswehr für den Kampf in Mitteleuropa mit taktischen Atomwaffen auszurüsten. Doch die beachtlichen Mobilisierungserfolge, die auch in den 1980er Jahren nicht mehr erreicht wurden, konnten nicht in eine politische Handlungsmacht umgesetzt werden. Nicht nur, dass die wesentlichen Entscheidungen ohnehin außerhalb der Bundesrepublik getroffen wurden, auch der moralisierende Pazifismus und Neutralismus der Friedensbewegung sorgte in der antikommunistischen Atmosphäre der 1950er Jahre für politischen Argwohn (Geyer 2001). Denn in den östlichen Gesellschaften wurde ebenfalls obsessiv von Frieden und Abrüstung gesprochen, ohne dass derartige Forderungen mehr gewesen wären als eine rhetorische Camouflage der Aufrüstungspolitik im Warschauer Pakt. Eine unabhängige, auch das eigene Lager kritisierende Friedensbewegung war im Bannkreis der Sowjetunion zumindest lange Zeit nicht möglich und entwickelte sich erst seit den 1970er Jahren im Umfeld von Kirchen-, Umwelt- und Dissidentengruppen.

Ein zentraler Höhe- und Wendepunkt der nuklearen Ängste des Kalten Krieges stellte die Raketenkrise von Kuba im Jahr 1962 dar. Der eher zufällig entdeckte Versuch der UdSSR, auf der kommunistischen Insel, und damit in unmittelbarer Reichweite des amerikanischen Territoriums, Raketen mit atomaren Gefechtsköpfen zu stationieren, alarmierte die US-Regierung in höchstem Maße. Erst in diplomatischen Geheimverhandlungen, dann vor der erschreckten Weltöffentlichkeit beharrten beide Seiten unbeirrbar auf ihrem Standpunkt, und sie drohten dabei auch, wenigstens implizit, mit dem Einsatz militärischer Gewalt. Für einige Tage schien sich die Welt am Rande einer nuklearen Auseinandersetzung zu bewegen. Die Situation entspannt sich erst, als der sowjetische Rückzug aus Kuba mit einem Abzug amerikanischer Raketen aus der Türkei verbunden wurde, was zugleich die (relative) Entspannungsphase und die (begrenzten) Abrüstungsbemühungen der 1960er Jahre einleitete.

Die Krise um die sowjetische Raketenstationierung auf Kuba stellt einerseits ein herausgehobenes Beispiel für Verhandlungsstrategien in hochriskanten Situationen dar (Dixit/Skeath 2004, 471–496), andererseits für die politische Vielschichtigkeit von Ängsten im Kalten Krieg. Denn der amerikanische Präsident John F. Kennedy ließ sich nicht allein von der Furcht vor der Entfesselung eines Weltkriegs leiten, sondern musste zugleich die gesellschaftliche Resonanz eines öffentlichen Nachgebens kalkulieren. Diese Angst vor einem Gesichtsverlust in der Öffentlichkeit stellte einen eigenständigen politischen Faktor dar, den Kennedy mit einer Verhaltensstrategie der ostentativen Furchtlosigkeit und betonten Männlichkeit in den Griff zu bekommen versuchte. Auf der anderen Seite war aber auch Chruschtschows Aussage, er habe dem »jungen Mann« im Weißen Haus »das Fürchten gelehrt«, kaum mehr als ein Pfeifen im Wald. Der sowjetische Staatschef sah sich ebenfalls innenpolitischem Druck ausgesetzt, und es gibt gute Gründe, sein Einlenken letztlich auf die Angst zurückzuführen, gegenüber dem eigenen militärischen Apparat – aber auch gegenüber kubanischen Eigenmächtigkeiten – die Kontrolle über die Situation zu verlieren (Frankel 2004).

Möglicherweise trug der friedliche Ausgang der Kuba-Krise dazu bei, dass sich die seit den 1950er Jahren feststellbare Hilflosigkeit gegenüber dem Faktum ›der Bombe‹ zunächst weiter verfestigte. Da der Logik der wechselseitigen Abschreckung kaum zu entkommen war, reagierten weite Bevölkerungsteile mit Rückzug und Ausblendung. Staatliche Schutzmaßnahmen verloren zunehmend an Glaubwürdigkeit, während eigene Vorsorgemaßnahmen – wie etwa der Bau privater Bunker – ohnehin die Ausnahme blieben. Allerdings ließ sich die nukleare Bedrohung nicht ganz aus dem öffentlichen Bewusstsein vertreiben, wie ein Blick auf die zeitgenössische Filmproduktion zeigt. Nicht allein in einer Filmgroteske wie *Dr. Strangelove or: How I Learned to Stop Worrying and Love the Bomb* (USA 1964), auch in Gestalt von fiktiven, durch atomare Bestrahlung mutierten Wesen trat das Thema in Erscheinung; Godzilla oder die telepathisch begabten Anbeter einer Nuklearbombe in *Beneath the Planet of the Apes* (USA 1970) sind hierfür typische Beispiele, in denen sich Ausblendung und Konfrontation, Angst und Angstlust des Atomzeitalters vermischten.

Zu einem zweiten Schub einer anti-nuklearen Mobilisierung kam es im Verlauf der 1970er und 1980er Jahre, als sich am NATO-Doppelbeschluss von 1979 der gesellschaftliche Protest erneut entzündete. Sehr viel stärker als zuvor verkoppelten sich die Abrüstungsforderungen und der Kampf gegen die Stationierung von neuen Raketensystemen mit einer starken Ablehnung jedweder, also auch der zivilen

Nutzung der Atomkraft, was sich nach dem Reaktorunfall von Tschernobyl im Jahr 1986 nochmals erheblich intensivierte. Bereits in Filmen wie *The Day After* (USA 1983) oder *When the Wind Blows* (GB 1986) oder in einem Jugendbuch wie *Die letzten Kinder von Schewenborn* (1983) von Gudrun Pausewang waren die politisch-ideologischen Hintergründe der dargestellten Atomkriege letztlich bedeutungslos geworden; im Vordergrund stand nur noch das Grausen vor den Folgen einer atomaren Verseuchung der Welt. Die Angst vor einer omnipräsenten atomaren Bedrohung löste sich während der 1980er Jahre endgültig von den Bedingungen des Kalten Krieges, und es überrascht nicht, dass sie auch nach dem Ende des Systemkonflikts weiterhin eine überragende Rolle unter den gesellschaftlichen Bedrohungsgefühlen in der westlichen Welt spielte (Weart 2012; s. auch Kap. IV. A.3).

Schluss

Es lässt sich daher als abschließende These festhalten: Gerade weil der Kalte Krieg in einer blockierten Konfliktsituation wurzelte, bezog er seine Dynamik zu wesentlichen Teilen aus den Ängsten der beteiligten Gesellschaften. Ohne die politischen Opfer oder gar die Toten der zahlreichen Stellvertreter-Kriege vor allem in Afrika und Asien zu ignorieren, ohne auch die realen Möglichkeiten eines nuklearen Armageddon im Nachhinein leichtfertig zu bagatellisieren, lässt sich doch sagen, dass die Systemkonkurrenz vor allem aus Angstgefühlen, Bedrohungsbildern und Schreckensvorstellungen gespeist wurde. Die umlaufenden Ängste vor einer konspirativen Unterwanderung, vor einer Unterlegenheit im technologischen Wettlauf oder vor einem Atomkrieg bezogen ihre ungeheure suggestive Kraft gerade aus der Tatsache, dass sie so wenig greifbar und konkret ›erlebbar‹ waren. Sowohl die antikommunistischen Kampagnen McCarthys wie die Abrüstungsdemonstrationen der Friedensbewegung waren, bei aller Unterschiedlichkeit der moralischen Beurteilung, in erster Linie durch die Imagination von etwas Erschreckendem und Fürchterlichem motiviert. Gerade weil diese Bedrohungen so abstrakt und schwer fassbar waren, erforderten sie unbedingte Gegenmaßnahmen, entschlossenes Handeln und höchstmögliche politische Aufmerksamkeit. Und erst in diesem Zusammenhang von Imagination und Mobilisierung lässt sich aus historischer Perspektive die kulturelle Bedeutung der Angst im Kalten Krieg erschließen.

Literatur

Arnold, Jörg/Süß, Dietmar/Thiessen, Malte (Hg.): *Luftkrieg. Erinnerungen in Deutschland und Europa.* Göttingen 2009.

Biess, Frank: »Jeder hat eine Chance«. Die Zivilschutzkampagnen der 1960er Jahre und die Angstgeschichte der Bundesrepublik. In: Bernd Greiner/Christian Th. Müller/Dierk Walter (Hg.): *Angst im Kalten Krieg.* Hamburg 2009, 61–93.

Bormann, Patrick/Freiberger, Thomas/Michel, Judith (Hg.): *Angst in den internationalen Beziehungen.* Göttingen 2010.

Crew, David F. (Hg.): *Consuming Germany in the Cold War.* Oxford 2003.

Dixit, Avinash K./Skeath, Susan: *Games of Strategy.* New York ²2004.

Doherty, Thomas Patrick: *Cold War, Cool Medium. Television, McCarthyism, and American Culture.* New York 2003.

Frankel, Max: *High Noon in the Cold War. Kennedy, Khrushchev, and the Cuban Missile Crisis.* New York 2004.

Geyer, Michael: Cold war angst: The case of west-german opposition to rearmament and nuclear weapons. In: Hanna Schissler (Hg.): *The Miracle Years. A Cultural History of West Germany 1949 – 1968.* Princeton/Oxford 2001, 376–408.

Greiner, Bernd/Müller, Christian Th./Walter, Dierk (Hg.): *Angst im Kalten Krieg.* Hamburg 2009.

Hendershot, Cynthia: *Anti-communism and Popular Culture in Mid-century America.* Jefferson, NC 2003.

Kuisel, Richard F.: *Seducing the French. The Dilemma of Americanization.* Berkeley 1996.

Nadel, Alan: *Containment Culture. American Narrative, Postmodernism, and the Atomic Age.* Durham, NC 1995.

Oldenziel, Ruth /Zachmann, Karin (Hg.): *Cold War Kitchen. Americanization, Technology, and European Users.* Cambridge, MA 2009.

Poiger, Uta G.: *Jazz, Rock, and Rebels. Cold War Politics and American Culture in a Divided Germany.* Berkeley u. a. 2000.

Stephan, Alexander (Hg.): *The Americanization of Europe. Culture, Diplomacy, and Anti-Americanism after 1945.* New York 2006.

Stöver, Bernd: *Der Kalte Krieg 1947–1991. Geschichte eines radikalen Zeitalters.* München 2007.

Vowinckel, Annette/Payk, Marcus M./Lindenberger, Thomas (Hg.): *Cold War Cultures. Perspectives on Eastern and Western European Societies.* New York 2012.

Weart, Spencer R.: *The Rise of Nuclear Fear.* Cambridge, MA 2012.

Wittner, Lawrence Stephen: *Confronting the Bomb. A Short History of the World Nuclear Disarmament Movement.* Stanford 2009.

Marcus M. Payk

7. Atomkraft

Atomzeitalter / Illuminati

Die Explosion der beiden Atombomben über Hiroshima und Nagasaki im Frühjahr 1945 zählt wie der Genozid in den Gaskammern zu den tellurischen Schrecknissen des 20. Jahrhunderts und markiert einen Wendepunkt der Geschichte. Direkt bei den Explosionen der beiden Atombomben oder an deren Folgen binnen eines Jahres starben mehr als 300.000 Menschen.

Die Atombombe bzw. ›die Bombe‹ gehört zu den meistdiskutierten Themen der 1950er Jahre (s. Kap. IV. A.6). Sei der Weg zur Atombombe, so wurde gefragt, der Weg der Technik an sich? Nach Friedrich Georg Jünger ist Technik von der Erfindung des Pulvers bis zur Atombombe Explosivtechnik; im modernen Krieg, aufgipfelnd in der Atombombe, scheine es, Hephaistos, der Gott der Schmiede, hätte den Kriegsgott Ares in seinem Netz gefangen. Die »Werkstatt des technischen Denkens« sei von den Kriegszerstörungen unberührt geblieben und stünde bereit für neue explosivtechnische Entwicklungen (Jünger 1953, 195 f.). Nichts anderes als der Untergang der Welt stünde auf dem Spiel, so als einer von vielen Karl Jaspers 1956 in einem Radiovortrag. Dass Christi ›Metanoeite!‹, also der Aufruf zur Umkehr, befolgt würde, glaubte er so wenig wie Friedrich Georg Jünger; denn seien die »Intelligenz der Forscher und Techniker« und der »Übermut des technischen Alleskönnens« einmal in Marsch gesetzt, könne gutwillige Warnung kaum etwas ändern (Jaspers 1965, 160, 169). Die im Atomzeitalter anrollende Revolution der Technik, so Martin Heidegger in einer Rede am 30. Oktober 1955, würde den Menschen »auf eine Weise fesseln, behexen, blenden und verblenden [...], daß eines Tages das rechnende Denken als das einzige in Geltung und Übung bliebe« (Heidegger 2000, 528). In der Euphorie der Atomwissenschaften sah Heidegger ein »Glücksversprechen aus Geschäftssinn« und in Heimatverwurzelung das Remedium (ebd., 522).

Diese konservativen Zwischenrufe namhafter öffentlicher Intellektueller der 1950er Jahre schallten mitten hinein in eine allgemeine Technikbegeisterung, die in der Atomeuphorie ab 1955 und der Ausrufung eines allein positiv gedachten ›Atomzeitalters‹ der friedlichen Kernenergienutzung ihren Höhepunkt erreichte. Dabei wurde allerdings lediglich auf die zivile Nutzung der Kernenergie geblickt und oft jenen ein Maulkorb verpasst, die lieber von den Bedrohungen durch die militärische Nutzung sprechen wollten oder die Möglichkeit leugneten, zivile und militärische Nutzung überhaupt säuberlich von einander trennen zu können.

Hier soll von der Angst vor dem militärischen und vor allem dem zivilen Einsatz der Atomkernenergie die Rede sein. Das vielschichtige Phänomen ›Angst‹ zu definieren, übersteigt die Kompetenz des Historikers, jedenfalls die des Verfassers dieses Beitrags. Es muss genügen, die von der Atomforschung und -entwicklung sowie deren Popularisierung geschaffenen inneren hermeneutischen Spielräume für Ängste auszumessen und auf Realgeschehnisse hinzuweisen, die diese Ängste bestätigten – oder sie zu bestätigen schienen, schließlich auf konstruierte Angstkomplexe und auf Angstpolitiken.

Ängste öffnen imaginative Spielräume. Es hat kaum technischen Fortschritt gegeben, mit dem nicht Befürchtungen einher gegangen wären, aber die Atomangst ist zweifellos eine besondere Angst. In der Atomphysik überschreitet alles das menschliche Maß. Der Angstkern ist von einer Hülle entfesselter Phantasien umgeben. Sie beziehen sich auf die surrealen Mikrowelten, auf den Gigantismus und auf das Nie-Dagewesene. Es dominiert das Surreale des schier unendlich Kleinen und unendlich Großen, des schier unendlich kurzen Zeitraums der Kettenreaktion und der alle Maße übersteigenden Dauer der Halbwertzeiten. Unbegrenzte Quantität der Energie-Erzeugung, ungezügelte Zerstörungskraft, Streubreite todbringender ionisierender Strahlung, die man in der Regel nicht sinnlich wahrnehmen kann, entgrenzte Zahlen potentieller Opfer. Es ist stets das Ungeheure und Bizarre, das mit Atomtechnik und Atomforschung verbunden wird, das von keiner bisherigen Erfahrung gestützte surreale Mikro-Makro, wie es etwa in einer Bemerkung des Nuklearmediziners Ludwig E. Feinendegen zum Ausdruck kommt: »Wenn der Erdball das Herz eines Menschen wäre, würde dieser mit seinen Händen die Umlaufbahn des Mondes fassen können; in diesem Menschen hätte ein Atom den Durchmesser eines Tennisballes« (Feinendegen 1986, 559).

Vor allem die radioaktive Strahlung löst Ängste aus. Zwar führt sie bei Extremdosen noch während der Exposition zum zentralvegetativen Krampftod, entzieht sich selbst aber unserer sinnlichen Wahrnehmbarkeit. Eine Ausnahme bildet die Tscherenkow-Strahlung, ein von Brennelementen ausgehendes bläuliches Licht in Reaktor-Cores oder Abklingbecken. Im Übrigen kann man Strahlung weder riechen noch schmecken und sieht nur ihre Folgen. Im August 1945 hielt ein Physiker versehentlich die Hände in das Core eines kleinen Forschungsreaktors. Nach dreißig Minuten schwollen sie an, nach drei Tagen faulten sie ab, nach drei Wochen war der Mann tot – »Neutronenfutter. Remfleisch« (Filhol 2011, 13). Gewalt, Tod, Unsichtbarkeit, aber zugleich auch kolossale Erkenntnismöglichkeiten gaben der Kernphysik, die vom Phänomen der Strahlung ihren Ausgang nahm, einen metaphysischen oder doch trivialmetaphysischen Anstrich. Mithilfe der modernen ›Kernwissenschaften‹, wie die Atomforschung in den 1950er Jahren in bezeichnendem Doppelsinn genannt wurde, hofft man, die Schöpfung nachbuchstabieren und verstehen zu können, wie Gott das Universum fertiggebracht hat, ist man frohen Mutes, die »Teilchen Gottes« aufzufinden (Odenwald 2011). Das Universum entstand aus dem ›Urknall‹; ein Mitkonstrukteur der Wasserstoffbombe entdeckte ›Schwarze Löcher‹, die ganze Sonnen verschwinden lassen; man spekuliert über Parallelwelten und Zeitreisen.

Am Beginn des Helden-Epos der modernen Physik steht die Legende von Galileis trotzigem »Und sie bewegt sich doch«-Bekennermut, mit dem Physikervernunft gegen den zwecklosen Widerstand der katholischen Inquisition ein hergebrachtes metaphysisch fundiertes Weltverständnis ausgehebelt hätte. Angesichts dieser Tradition kann die großzügige Kreditlinie nicht verblüffen, die modernen theoretischen Physikern bei der Weltdeutung eingeräumt wird, scheinen sie doch Anti-Dogmatiker zu sein, Beherrscher des Unfassbaren und mit den Weltgeheimnissen auf faustischem Du und Du zu stehen. Die Relativitätstheorie des Nobelpreisträgers Albert Einstein sollte an die letzten Fragen des Universums heranführen; der Nobelpreisträger Werner Heisenberg arbeitete in den 1950er Jahren an einer ›Weltformel‹ zur Erfüllung verwöhntester Deutungsansprüche.

Es gibt nicht viele Wissenschaftssektoren, für die mehr Geld ausgegeben wird als für die Beschleunigerforschung. Für den Large Hadron Collider (LHC) von CERN war man ohne erkennbares Zögern bereit, vier Milliarden Euro aufzuwenden, das ist beinahe das Doppelte des Jahresetats der Deutschen Forschungsgemeinschaft im Jahr 2011 (vgl. DFG 2011). In einem Beschleuniger werden mit denkbar hoher Geschwindigkeit ›Teilchen‹ gewaltsam aufeinander oder auf ein *Target* geschossen, wobei sie explodieren. Explosivtechnik als Paradigma. Der LHC verfügt über eine Beschleunigungstunnelstrecke von rund 27 km. Die Experimente sollen u. a. der ›Anti-Materie‹ auf die Spur kommen und damit unser Verständnis des Universums radikal vertiefen. Im Juli 2012 überschlugen sich die Berichte über das von CERN-Forschern angeblich entdeckte Higgs-Boson, ein bislang noch hypothetisches Elementarteilchen, das möglicherweise eine wichtige Rolle bei der Entstehung und Erklärbarkeit von Masse spielt. In einem Bericht der *Rheinischen Post* vom 5. Juli 2012 sind alle trivialmythischen Versatzstücke versammelt, die Wissenschaftler-Epen auszeichnen: Der zunächst verkannte Sonderling Peter Higgs, der das Teilchen vorhersagte; ein »Physik-Theoretiker der US-Elite-Universität Princeton«, der Higgs zum Durchbruch verhalf; der Nobelpreis, den Higgs jetzt erwarten dürfe; der Begriff ›Gottesteilchen‹; die superlativische Rhetorik vom »größte[n] Experiment der Menschheit« und davon, dass im LHC »mit der größten Energie, die weltweit zur Verfügung steht, Teilchen aufeinander geschossen« würden; »Zehntausende von Physikern«; ein »Milliardstel einer Millionstel Sekunde«.

Es ist ein geistreicher Einfall, wenn der auf Dan Browns Fantasy-Thriller beruhende Hollywood-Blockbuster *Illuminati* (2009) nirgends anders als im LHC von CERN beginnt: Die Physikerin Vittoria und ihr Kollege Silvano stellen erstmals Anti-Materie her, Silvano wird ermordet und die Anti-Materie von Bösewichten gestohlen, um damit den Vatikan zu zerstören, bis ihnen ein eigens eingeflogener Harvard-Professor auf die Schliche kommt, indem es ihm im Vatikanischen Geheimarchiv gelingt, Galileis ›Diagramme der Wahrheit‹ zu entschlüsseln.

»There's a shadow of a man at Hiroshima« – Erster Kreis der Angst

Der *Take Off* begann in Deutschland (vgl. Rusinek 1996, insbesondere 49 ff., 79 ff., 89 ff.). Konrad Röntgen entdeckte 1895 die X-Strahlen. Henry Becquerel konnte diese Strahlung bereits 1896 auf eine spezifische Eigenschaft des Urans zurückführen, und seiner Doktorandin Marie Curie sowie deren Ehemann Pierre gelang es 1898 aus Pechblende einen um den Faktor 10^6 stärkeren Strahler herauszufiltern, das Radium. Henry Becquerel und Marie Curie starben den Strahlentod; noch heute sind die Laborbücher der Curies radioaktiv verseucht. Otto Hahn hatte in England als Schüler von William Ramsey um 1904 begonnen, über den Strahler Radiothor zu arbeiten und dann auf verwandtem Gebiet bei Ernest Ruther-

ford weiter geforscht. Mit Otto Hahns Namen wird die Entdeckung der Urankernspaltung verbunden, die 1938 gelang und den Bau von Reaktoren und Atombomben ermöglichte. Eine Google-Abfrage im März 2012 ergibt 3,1 Millionen Treffer für »Otto-Hahn-Straße«, 803.000 für »Otto-Hahn-Schule«, 565.000 für »Otto-Hahn-Gymnasium«.

Der erste Kernreaktor wurde 1942 von Enrico Fermi konstruiert; von dort aus führte der Weg unter Beteiligung von Wissenschaftlern wie James Chadwick oder John Cockcroft zu den ersten Bomben. Die Trasse der Atomforschung ist mit Nobelpreisen gepflastert. Alle der hier genannten Personen erhielten den Nobelpreis. Wilhelm Conrad Röntgen erhielt den ersten Physiknobelpreis überhaupt (1901), Marie Curie erhielt ihn zweimal (1903, 1911).

Besorgt darüber, dass ausgerechnet im nationalsozialistischen Deutschland die erste Kernspaltung gelungen war, wiesen Albert Einstein und Leo Szilárd US-Präsident Roosevelt auf die Gefahr hin, dass die Deutschen »extremely powerful bombs of a new type« konstruieren könnten. Das führte 1942 zur Gründung des Manhattan Project, um die Atombombe zu bauen. Dieses Projekt war – wir ahnen es – die bis dahin größte organisierte Forschungsanstrengung ›der Menschheit‹, *Big Science* erhielt hier Namen und Dimension. Die Entwicklung der Bombe schritt schnell voran. Die USA und das Deutsche Reich lieferten sich einen Wettlauf, bei dem die eine Seite freilich nicht wusste, wie weit fortgeschritten die andere war.

Unter dem Code-Namen »Trinity«, Dreifaltigkeit, wurde am 16. Juli 1945 in der Nähe von Los Alamos die erste Atombombe erfolgreich getestet. Eingesetzt wurden die Bomben gut drei Wochen später, die erste, »Little Boy« geheißen, wurde am 6. August 1945 über Hiroshima abgeworfen, die zweite, »Fat Man«, drei Tage später über Nagasaki.

Die Zahl der unmittelbaren sowie der Spätfolgen-Opfer ist sechsstellig. Überlebende Explosionsopfer, die ›Hibakusha‹ (dt. ›Explosionsopfer‹) leiden noch heute physisch und psychisch unter den Folgen. Menschen im Zentrum der Explosion waren nicht verletzt, nicht verbrannt – sie waren einfach nicht mehr da. In einigen Fällen sind Schatten von Opfern übrig geblieben, da ihre Körper vor Gemäuern den Lichtblitz und die Strahlen einen Sekundenbruchteil abgeschirmt hatten. Diese Schatten zählen zu den einprägsamsten Symbolen der Atomangst. Sie gemahnen an das Hades-Schattenreich der Toten, beschrieben in den *Metamorphosen* des Ovid.

Otto Hahn und weitere prominente deutsche Atomforscher waren zur Zeit der Bombenabwürfe im britischen Farm Hall interniert, wo ihre Gespräche abgehört wurden. Als Hahn die Nachrichten über Hiroshima hörte, fühlte er sich wie zerschmettert, dachte zunächst an Selbstmord, betrank sich dann aber nur (Rusinek 2013). Einige der übrigen deutschen Internierten fühlten sich ebenfalls wie zerschmettert, nur aus anderen Gründen: Weil die Amerikaner *vor* den Deutschen die Bombe fertig gestellt und die Deutschen den Wettlauf verloren hatten, wodurch sie in einen dramatischen, für die Deutschen traumatischen Rückstand geraten waren. Wohl bereits in Farm Hall entstand die wirkungsmächtige Legende, die deutschen Atomphysiker hätten die Bombe durchaus bauen *können*, sie aber für das Nazi-Reich nicht bauen *wollen* – in Eigenregie vorweggenommene Entnazifizierung der deutschen Kriegsphysik.

Die Atombomben-Abwürfe auf Hiroshima und Nagasaki hatten zu einer beispiellosen Atomangst geführt. Wohl handelte es sich um die vernichtungsstärksten Waffen, die bis dahin jemals eingesetzt worden waren, aber die USA führten ab 1946 die Atombomben-Tests, die mit »Trinity« im Juli 1945 begonnen worden waren, mit wesentlich stärkeren Kalibern fort, die Sowjetunion zog 1949 nach, es folgten England (1952), Frankreich (1960) und China (1964). Im Zentrum der atmosphärischen Versuche standen nicht Uran- bzw. Plutoniumbomben, wie sie gegen Japan zum Einsatz gekommen waren, sondern Wasserstoffbomben, die für die Zündung selbst eine Atombombe benötigen. Der weltweite *Fall Out* der Waffentests zerstörte 1959 in der Bundesrepublik und in den Niederlanden in Einzelfällen 45 bis 80 Prozent der Tagesproduktion von Filmen und Röntgenfilmen, und der Strontiumgehalt in Milch und Muttermilch erreichte besorgniserregende Ausmaße (Bundesarchiv Koblenz, o. J.).

Zum Ängste-Panorama gehört die Vorstellung, dass Bomben durch fehlerhafte Handhabung versehentlich gezündet werden, mit Atombomben bestückte Flugzeuge abstürzen, Bomben verlorengehen oder unabsichtlich zerstört werden könnten. Diese Befürchtungen waren nur zu berechtigt, wenn die Vorfälle auch kein allzu großes Medien-Echo erzeugt hatten: 1966 stießen zwei Bomber des Strategic Air Command der US-Luftwaffe bei Palomares (Spanien) in der Luft zusammen, was zu einer Plutonium-Kontamination des Erdbodens führte; 1968 verlor ein Bomber des Strategic Air Command nahe Thule (Grönland) eine Atombombe.

Menetekel schlechthin aber blieben Hiroshima und Nagasaki. Bertolt Brecht schrieb unter diesem Eindruck sein Theaterstück *Das Leben des Galilei* (erste Fassung 1938/39) um. Marie Luise Kaschnitz' Gedicht »Hiroshima« von 1951 handelt von der spießigen Banalität des Piloten, »der den Tod auf Hiroshima warf«, aber weder in ein Kloster ging noch sich aufhängte, sondern mit Frau und Kind in einem vorstädtischen Bausparkassenglück lebte – Vorgriff auf Hannah Arendts »Banalität des Bösen«. Von Bedeutung ist zudem Günther Anders' *Hiroshima ist überall. Tagebuch aus Hiroshima und Nagasaki* (Anders 1982), und zwar allein schon deshalb, weil der parolenhafte Titel in den Varianten ›Gorleben ist überall‹ bzw. ›Tschernobyl ist überall‹ bzw. ›Fukushima ist überall‹ noch Karriere machen sollte.

Die Band Wishful Thinking brachte 1971 den »Hiroshima«-Song heraus, der aber erst 1978 und im Zuge der Anti-Kernkraftbewegung zum wirklichen Hit wurde. Die Lyrics enthalten das Hadesmotiv: »There's a shadow of a man at Hiroshima/ […]/ And the world remembers his face/ Remembers the flame was/ Hiroshima.«

»Das lustige Atom« – Euphorie

Auf die Möglichkeit einer zivilen bzw. friedlichen Nutzung der Kernenergie war von Anfang an hingewiesen worden. In den Chor der Befürworter dieser Nutzung reihte sich wenige Jahre nach Kriegsende auch Patrick M. S. Blackett ein, britischer Physiker und Nobelpreisträger, Radarpionier im Zweiten Weltkrieg, nach 1945 unter Kommunismus-Verdacht geraten. Blackett war ein unbedingter Vorkämpfer der friedlichen Nutzung der Kernenergie. Sie würde die Welt-Energieprobleme für immer bewältigen (vgl. Blackett 1949, 127 ff.).

Kanada, Großbritannien, die Sowjetunion und die USA machten sich schnell daran, Kernreaktoren für die Energie-Erzeugung zu entwickeln. In der Bundesrepublik war dies zunächst nicht möglich, weil die Siegermächte die anwendungsorientierte Kernforschung verboten hatten. Der Versuch, dieses Verbot durch ein Geheimprojekt zu unterlaufen, scheiterte. 1955 änderte sich die Situation schlagartig. Nachdem US-Präsident Eisenhower am 8. Dezember 1953 seine »Atoms for Peace«-Rede gehalten und darin angekündigt hatte, man wolle die im Zweiten Weltkrieg auf dem militärischen Sektor erzielten Erkenntnisse den Staaten der Welt für die friedliche Anwendung der Atom-Energie zur Verfügung stellen, fand 1955 in Genf die First International Conference on the Peaceful Uses of Atomic Energy statt. Wenige Monate zuvor, am 5. Mai 1955, waren in der Bundesrepublik die Forschungsrestriktionen aufgehoben worden. Die deutsche Delegation in Genf, angeführt von Otto Hahn, vernahm staunend die Fortschrittsmöglichkeiten der ›friedlichen Nutzung‹. Man bewunderte das als Schweizerhäuschen gestaltete Gebäude eines kleinen Reaktors und in der Tiefe seines Cores das Yves-Kleinsche Blau der Tscherenkow-Strahlung.

Daraufhin begann in der Bundesrepublik eine beispiellose Atom-Euphorie. Dass sie auch generationelle Züge trug, geht aus der Selbstbekundung eines 1927 geborenen Physikers hervor, der im Kernforschungszentrum Karlsruhe den Schnellen Brüter entwickeln sollte:

1955 ging es um die Überwindung des verlorenen Krieges auch auf wissenschaftlichem, technischem und industriellem Gebiet; es ging um Aufbau und Innovation. Es bot sich die große Chance, in Karlsruhe ein Nationallaboratorium, eine Großforschungseinrichtung, mit aufzubauen – etwas Neues, das es so vorher nicht gegeben hatte. Diese Chance habe ich dann mit beiden Händen ergriffen (Häfele 1990, 44).

Die Utopie der friedlichen Nutzung der Kernenergie stieß insbesondere in sozialistischen Kreisen auf große Resonanz. Hatte Lenin nicht verkündet, Sowjetmacht plus Elektrifizierung sei Sozialismus? Welch bitterer Scherz der Geschichte, dass der Tschernobyl-Reaktor den Namen ›Lenin‹ führte. Würde die prometheische Tat gelingen, wäre mit dem Ende der Energieknappheit auch das Ende der Knappheit schlechthin in Sicht; tiefer dauerhafter Friede träte ein, weil die komplexe Kernenergie-Technik erstens internationale Zusammenarbeit erforderte, auch zwischen Ost und West, und weil zweitens keine Kriege mehr geführt werden müssten, um an die Energie-Ressourcen des Feindes zu gelangen; das Ausbildungsniveau würde insgesamt gehoben, Kinder aus unterprivilegierten Schichten kämen auf die Gymnasien, da der Einsatz der Kernenergie-Technik Millionen von Fachleuten benötigen würde, vorzüglich Ingenieure. Als paradigmatisch für die anfängliche Atom-Euphorie kann eine Passage in Ernst Blochs Hauptwerk *Prinzip Hoffnung* (1954–1959) gelten: »Einige hundert Pfund Uranium und Thorium würden ausreichen, die Sahara und die Wüste Gobi verschwinden zu lassen, Sibirien und Nordkanada, Grönland und die Antarktis zur Riviera zu verwandeln« (Bloch 1959, 775). Wäre die friedliche Kernenergieversorgung einmal Reali-

tät, dann träte ein unbegrenztes wirtschaftliches Wachstum ein, und von dem untrennbaren Zusammenhang zwischen wirtschaftlichem Wachstum und Energieverbrauch war man unerschütterlich überzeugt.

In der Bundesrepublik traten einige die Euphorie befeuernde Motive hinzu: Eine junge Physikergeneration stand bereit, der Welt zu beweisen, dass die Deutschen ihren wissenschaftlichen Scharfsinn nun vollkommen auf den Frieden konzentrieren würden; die etwas ältere Physikergeneration wollte der Welt ebenfalls beweisen, dass sie sich radikal von der Kriegsphysik abgewandt hätte. Man kann hier abermals von einer Entnazifizierung im Medium friedlicher Kernforschung sprechen. Es ist von geradezu symbolischer Bedeutung, dass Karl Aloys Schenzinger, der einst den berühmten und mit großem Erfolg verfilmten Nazi-Roman *Der Hitlerjunge Quex* (1932) geschrieben hatte, 1950 den heroischen Roman *Atom* publizierte (zur generationellen Komponente der Atomeuphorie vgl. Rusinek 2003). Nach der Genfer Konferenz wäre ein Kernenergie-Gegner als Mischung aus Vaterlandsverräter, Zukunftsobstrukteur und Angsthase erschienen und hätte ebenso entgeisterte Blicke auf sich gezogen wie ein Kernenergie-Befürworter nach Fukushima. Aber ist es nicht ein allzu billiges Vergnügen, heute über vollmundige Utopien von einst zu spotten? Die Kernenergie-Zukunft der Atom-Euphorie war die Zukunft der 1950er Jahre, nicht die Zukunft des Jahres 2010 (vgl. Grunwald 2011). Gleichviel – es ist schwer zu fassen, dass zehn Jahre nach dem Grauen, das die erste Anwendung der Kernspaltungsenergie erzeugte, von Angst nicht mehr die Rede war und wenn, dann ausschließlich mit dem Blick auf die Kernwaffenversuche.

Aus heutiger Sicht scheint es überraschend, dass es nicht ›die Industrie‹ war, die unbedingt Atomkraftwerke haben wollte, sondern die Politik. Diese reagierte darauf, dass so gut wie alle Bundesdeutschen ab 1955 den Reaktor wollten, der Mann auf der Straße, die Parteien, Gewerkschaften und Kirchen. Der Münchner SPD-Parteitag im Juli 1956 kann wegen des Hauptreferates von Leo Brandt über »Die Zweite Industrielle Revolution« geradezu als Kernenergie-Parteitag bezeichnet werden. Keine deutsche Zeitung, kein deutscher Radiosender ohne Kernenergie-Begeisterung. Das Land wurde von Diskussions- und Propaganda-Veranstaltungen überschwemmt.

Eine solche Veranstaltung fand am 30. Mai 1956 im Rahmen der legendären ›Kölner Mittwochgespräche‹ statt: »Wir werden durch Atome leben!« Referent war der bereits genannte sozialdemokratische Wissenschaftspolitiker Leo Brandt. Als Gast war Gerhard Löwenthal eingeladen, Mitverfasser des Buches, das der Veranstaltung den Titel gab (Löwenthal/Hausen 1956). Löwenthal sollte in den 1970er und 1980er Jahren als Moderator des konservativen *ZDF-Magazins* weit bekannt und zu einer der Hauptzielscheiben linker Anfeindungen werden. Er war einer der wenigen Juden gewesen, die sich in der NS-Zeit in Berlin versteckt halten und überleben konnten. Leo Brandt hielt es für passend, eine Linie von Löwenthals Schreckens-Erfahrungen als untergetauchter stets todesbedrohter Jude in der NS-Zeit zu dessen Kernenergie-Engagement in der Bundesrepublik zu ziehen: Es sei ein »Optimismus, der aus […] schwerem Erleben geboren ist« (Mittermaier/Rusinek 2009, 65 ff.).

Es war vor Beginn der Veranstaltung explizit vereinbart worden, nicht über die Atomwaffentests zu reden, sondern nur über die friedliche Nutzung der Kernenergie. Das Publikum war applausfreudig, die Pointen kamen an. Nur eine einzige wirklich kritische Frage wurde aus dem Publikum gestellt. Sie betraf das bis heute nicht gelöste Problem der nuklearen Abfälle. Wohin damit? Wie die Abfalllager über Jahrtausende bewachen? Damit war auf die Achillesverse der Kernenergienutzung gezielt worden. Brandt und Löwenthal mussten das einzige Mal an diesem Abend aus der Defensive heraus agieren. Brandt parierte mit dem Beispiel der Kohledestillation, die einst das stinkende Ammoniak-Abwasser mit sich gebracht habe, das dann aber Ausgangspunkt für ein hervorragendes Düngemittel geworden sei; Löwenthal konfabulierte über »sehr, sehr eingehende Versuche«, die strahlenden Abfälle im Meer zu versenken – eine Entsorgungsidee, an der in der Bundesrepublik noch bis Anfang der 1960er Jahre gearbeitet wurde. Es wurde an diesem Abend auch glatt gelogen: Wer im sogenannten »heißen Bereich« der Kernkraftwerke etwa Reparaturarbeiten durchzuführen habe, der müsse Filzpantoffeln tragen und sie nach Verlassen wieder ausziehen – und das genüge; die Amerikaner hätten ein ganzes Atomkraftwerk bewusst in die Luft gesprengt, um festzustellen, »wie weit die Umgebung geschädigt werde und so weiter«. Ergebnis wäre gewesen, dass »die nähere und die weitere Umgebung überhaupt nicht betroffen worden sind von dieser Katastrophe« (alle Zitate ebd.). Eine glatte Erfindung!

Die Kernenergie – ließe sich in Anlehnung an eine prominente Formulierung festhalten – wäre ab

den 1970er Jahren nicht solch ein Teufel gewesen, wäre sie in den 1950er Jahren nicht als Engel erschienen. Alle denkbaren Ängste wurden vom Tisch gefegt. Paradigmatisch artikulierte sich die Strategie der Verharmlosung in der von achtzehn deutschen Physikern veröffentlichten »Göttinger Erklärung« (1957), in der festgestellt wurde, dass sich friedliche und militärische Nutzung der Kernenergie gleichsam chemisch rein voneinander trennen ließen (vgl. hierzu kritisch Jaspers 1960, 270).

Gerade von dieser Trennungsmöglichkeit war man überzeugt und diese Sicht wurde auch in launiger Versform präsentiert. In dem Gedicht *Das lustige Atom* wurden jene, die den Tod Tausender in Hiroshima beklagten, als Menschen ohne Geist tituliert, da sie die Atomangst schürten und den Atomsegen leugneten:

Und Hiroshima war das Ziel/ auf das die erste Bombe fiel./ Der sechste Achte war das Datum,/ als sich die Welt post Christum natum/ im Jahr eintausend und neunhundert/ und fünfundvierzig nicht mal wundert,/ weil alle Menschen blind vor Hass/ einfach zur Kenntnis nehmen, dass/ wohl hunderttausend Menschenleben/ mit einem Schlag den Geist aufgeben./ Ein schwerer Tod für jedermann,/ der keinen Geist aufweisen kann! (Wolf 1959, 171)

Wer sich über die Gefahren der Kernenergie in Knittelversen lustig macht und noch jede Gefahr der zivilen Nutzung der Kernenergie leugnet, dem glaubt man im Hinblick auf die Kernenergienutzung überhaupt nichts mehr. Die Verharmlosungsrhetorik wirkte fort, wenn sie künftig auch nicht mehr so schlicht und dreist daherkam wie im Mai 1956 in Köln oder wie im *Lustigen Atom*.

Auch daher verfingen in den 1980er Jahren Hinweise auf den Schrottzustand des Tschernobyl-Reaktors nicht, ebenso wenig ab 2011, dass die Fukushima-Reaktoren noch zu Rechenschieberzeiten konzipiert worden waren, als es weder leistungsfähige Computer gab noch von einer modernen speziellen Reaktorsicherheitsforschung die Rede gewesen sein konnte.

Drei weitere Gründe wären dafür zu nennen, dass auf eine Versachlichung der Debatte abzielende Konter-Argumente aussichtslos waren. Einmal eine horror-fixierte Sensationsberichterstattung. *Bild* titelte am 30. April 1986 über den Tschernobyl-Unfall: »Atomfabrik brennt. 30.000 Tote?«; über Fukushima meldete *N 24*: »Katastrophe in Japan. Mehr als 5.700 Todesopfer«, *NTV*: »Mehr als 23.000 Menschen sind ums Leben gekommen«, der *Express* titelte am 13. März 2011: »Atom-Apokalypse«. Bei der Fukushima-Berichterstattung wurde anfänglich nicht zwischen Tsunami- und Kernschmelze-Opfern unterschieden. Zunächst also eine Flut alarmistischer Berichte und Kommentare über Fukushima (dt. »Insel des Glücks«), doch schnell war der quasi-apokalyptische Schlagzeilen-Hype vorüber. So hieß es im September 2011 in der *Zeit*, sechs Monate nach der Katastrophe sei die Strahlenbelastung im engeren Umfeld der Reaktoren kontinuierlich gesunken, deutlich reduziert habe sich auch der Anteil der strahlenbelasteten Lebensmittel. Nicht gelindert worden sei aber der psychosoziale Stress der Flüchtlinge. Dieser Stress sowie soziale und ökonomische Auswirkungen auf die Betroffenen könnten »auf Dauer zerstörerischer wirken als eine (vorwiegend niedrige) Strahlenexposition« (Schuh 2011, o.S.). Solche Positionen pflegen oft mit dem Hinweis auf ›Atom-Lobby‹ und Atomwirtschaft vom Tisch gefegt zu werden – die *Zeit* zählt aber nicht zur ›Atom-Lobby‹. Der zweite Grund für die schlechten Chancen von Konter-Argumenten ist, blicken wir auf die Bundesrepublik, darin zu sehen, dass mit dem Kampf gegen die zivile Kernenergienutzung ein Generationen-Erlebnis verbunden ist. Der dritte Grund ist allgemeiner Art: Rußige Wäsche nahe einem Kohlekraftwerk ist ein sinnfälliges Indiz für Emissionen – Strahlungsemissionen nahe einem Kernkraftwerk lassen sich hingegen nicht mit bloßem Auge beobachten. Verlautbarungen, wonach keine gefährliche Strahlung emittiert würde, können also leicht ins Reich der Märchen und Lügen verwiesen werden – von Profitinteressen geleitete Lügenpropaganda aus Kreisen der Politik, Atomindustrie (die ›Betreiber‹) ›Atom-Lobby‹ und Pro-Kernkraft-Experten.

Literarische Kernschmelzen – Erweiterter Kreis der Angst

Filzpantoffeln halfen in keinem der folgend genannten Fälle: 1952 Leistungsausbruch mit Knallgas-Explosion im NRX-Reaktor Chalk River (Canada): Freisetzung von 10.000 Ci (Curie) Spaltprodukten; 1959 eine unkontrollierte nukleare Kettenreaktion (im Kernenergiejargon ›Exkursion‹ genannt) beim Umlagern hoch angereicherter Brennstofflösung im Idaho Chemical Processing Plant; ebenfalls 1959 Zerstörung eines Verdampfers für Plutonium-Lösungen durch chemische Explosion im Oak Ridge National Laboratory; 1961 Exkursion in der National Reactor Testing Station Idaho Falls. Weitere Unfälle sind dergestalt zu Symbolen geworden, dass nur

die Namen und Jahresdaten genannt zu werden brauchen: Windscale 1957 und 1973, Three Mile Island 1979, Tschernobyl 1986, Fukushima 2011.

›Exkursionen‹ mit anschließenden Explosionen hat es in deutschen oder französischen Kernkraftwerken bisher nicht gegeben. Auf Three Mile Island, in Tschernobyl und Fukushima wurden die Reaktorkerne zerstört. Der Sicherheitsbehälter (›Containment‹) des Reaktors Three Mile Island-II hatte standgehalten, so dass die Abgabe radioaktiver Strahlen an die Umwelt vergleichsweise geringfügig geblieben war. Die Nahumgebung des Tschernobyl-Reaktors war ebenfalls vergleichsweise gering strahlenverseucht geblieben, aber der Fall hatte eine völlig andere Pointe als die Three-Mile-Island-Katastrophe: In Tschernobyl blieb das nur unzulänglich vorhandene Containment wirkungslos; der Explosionsdruck hatte die 1000 Tonnen schwere Abdeckplatte des Reaktors weggepustet. Durch den anschließenden Graphitbrand wurden gasförmige und leichtflüchtige radioaktive Partikel in große Höhen transportiert und verseuchten statt der unmittelbaren Reaktorumgebung weite Teile Europas (vgl. Kotthoff/Evren 1987). Der Unfall ereignete sich, als eine Notstromversorgung des Reaktors getestet werden sollte; die Ursachen waren ungünstige reaktorphysikalische und sicherheitstechnische Eigenschaften in Kombination mit Bedienungsfehlern. Unweigerlich kommt eine Liedzeile aus Chris Reas Song »Road to Hell« (1989) in den Sinn: »This ain't no technological breakdown/ Oh no, this is the road to Hell«.

Three Mile Island oder gar Tschernobyl lösten die Anti-Kernkraft-Bewegung nicht aus, sie war schon lange da. Es mag sein, dass sich in deren Kreisen »eine finstere Schadenfreude« einstellte, wie es in Christa Wolfs Tschernobyl-Buch *Störfall* (1987) heißt (Wolf 2009, 67). Die Vorfälle bestätigten die schlimmsten längst vorgebrachten Befürchtungen.

Die Bewegung war in der Bundesrepublik zu Beginn der 1970er Jahre aus Anwohnerprotesten gegen geplante Kernkraftwerke entstanden. Sie hatten Erfolg. Es gelang, den Plan eines in Breisach, südlich des Kaiserstuhls, zu errichtenden Kernkraftwerks aufzuheben, woraufhin der Reaktorblock in Wyhl, nördlich des Kaiserstuhls, errichtet werden sollte. Aber dazu kam es ebenfalls nicht, da der Bauplatz ab Frühjahr 1975 insgesamt neun Monate lang von nahezu 30.000 deutschen Atomkraftgegnern besetzt wurde, zu denen auch französische und schweizerische Aktivisten gestoßen waren (vgl. Rusinek 2003). Die Demonstrationen in Whyl richteten sich gegen den geplanten Reaktor als mögliche Quelle radioaktiver Strahlung, gegen die Landschaftsverschandelung durch gewaltige Kühltürme und gegen die Erwärmung des Rheinwassers durch die Abwasserfahne, einhergehend mit Veränderungen von Flora und Fauna. Wer würde den Kaiserstühler Grauburgunder noch trinken wollen, wenn in Sichtweite der Weinberge ein Kernreaktor stand?

Wyhl war der Ausgangspunkt. Blicken wir dorthin, so wird deutlich, dass keineswegs von bloßen ›Demonstrationen‹ gesprochen werden kann. Es handelte sich um wesentlich mehr. Für die deutsche Anti-Kernkraft-Bewegung war ›Wyhl‹ gewissermaßen eine Mischung aus Woodstock und jugendbewegter Naturemphase, wie sie sich auch 1913 beim ersten Freideutschen Jugendtag auf dem Hohen Meißner ausgedrückt hatte. Es entstand eine Anti-Kernkraft-*Kultur*. Diese Bewegung war ebenso identitätsstiftendes Generationserlebnis der Kernkraftgegner, wie genau zwanzig Jahre zuvor die Atomeuphorie identitätsstiftendes Generationserlebnis der Kernkraftbefürworter gewesen war.

Exakt zur Zeit der Wyhler Bauplatzbesetzung im März 1975 kam in Dänemark das Symbol ›Atomkraft? Nein danke‹ auf, graphische Kombination aus *sol invictus* und Sonnenblume, die bereits auf alternative Energienutzung verwies. Teil der Anti-Kernkraft-Kultur war auch der viel gescholtene Betroffenheitsdiskurs. Aber seine Funktion sollte bedacht werden: Sie bestand darin, eine oft als Verrätselung und Vertuschung erlebte Expertensprache zu unterlaufen. Es waren zunächst vor allem Studierende der Geistes- und Sozialwissenschaften aktiv, es gab innerhalb der Anti-Kernkraft-Kultur kaum atomphysikalisch ausgewiesene Gegen-Experten, und man konnte bis dahin in der Regel weder zwischen Strahlungsarten unterscheiden noch wusste man, was etwa ›Heiße Zellen‹ sind oder welche Funktion Bohrstäbe in einem Reaktor-Core besitzen; die verschiedenen Reaktortypen konnte man nicht recht unterscheiden. Aber man wusste, dass Strahlung gefährlich ist, es hundertprozentige Sicherheit niemals gibt und nur ein wirklicher Grenzwert existiert, nämlich Null. Zunächst thematisierten die Kernkraft-Gegner daher ihre Angst als solche. Einer der ersten wirklichen Gegenexperten war Klaus Traube, der bis 1976 für die Errichtung des Schnellen Brüters in Kalkar verantwortlich gewesen war.

Dem Wyhler Auftakt folgten weitere Groß-Demonstrationen: 1977 gegen den Bau des Schnellen Brüters in Kalkar, ebenfalls 1977 die »Schlacht von Grohnde«; im März 1979 demonstrierten etwa 100.000 Menschen gegen das geplante Atommülllager in Gorleben, wo 1980 – vergleichbar mit dem Camp im Wyhler Wald – die »Freie Republik Wendland« gebildet wurde.

Diese ›Freie Republik‹ war ein Camp nahe den für die Endlager-Erkundung vorgesehenen Bohrlöchern. Es ist einerlei, ob Verstrahlungsgefahren von Reaktoren oder radioaktiven Zwischen- bzw. Endlagern ausgehen. Während Kernreaktoren, soweit sie den Standards der Internationalen-Atomenergie-Organisation (IAEO) entsprechen und die Erkenntnisse der Reaktorsicherheitsforschung bei der Konstruktion Berücksichtigung fanden, physikalisch beherrschbar sein mögen, wenn auch nicht menschlich, wie ›Tschernobyl‹ erweisen sollte, ist die Frage der nuklearen Abfälle von jeher der Schwachpunkt der Kernenergienutzung gewesen – wir erinnern uns an die Kernenergie-Diskussion im Rahmen der Kölner Mittwochgespräche.

Wohin mit dem *waste*? Wieder stoßen wir auf das Drohende und Surreale. Halbwertszeiten: Plutonium-239: 24.000 Jahre; Plutonium-242: 375.000 Jahre; Neptunium-237: 2.100.000 Jahre; Jod-129: 16.000.000 Jahre. Vor 200.000 Jahren eroberten die Neandertaler Europa; vor 30.000 Jahren entdeckte der *homo sapiens* die Töpferei; vor 20.000 Jahren endete die vorerst letzte große Eiszeit; vor 6000 Jahren entstand die Schrift.

Wie das Wissen um die Gefahr der Abfalllager für Jahrtausende speichern und wie verhindern, dass in 3000 Jahren jemand ahnungslos ein solches Lager betritt (vgl. Eichhorn 2011; auf dem Kampe/Bischoff 2012)? Erwägungen aus dem Kreis der anerkannten oder selbsternannten Spezialisten: Die Lager versiegeln und unkenntlich machen? Die teils 400 °C heißen Behälter über Grönland abwerfen, wo sie sich selbst in die Tiefe hinunter schmelzen würden? Satelliten mit Informationen über die Lager – Bücher, Listen und Symbole – in dergestalt berechnete Umlaufbahnen schießen, dass alle paar Tausend Jahre ein Flugkörper mit seiner kleinen Bibliothek auf die Erde stürzte, um die Menschen zu informieren? Könnte der Geheimorden einer ›Atompriesterschaft‹, unheiliger Gral sozusagen, das Wissen bewahren und die Lager verteidigen? Wie wäre es, die Erdoberfläche über den Lagern mit scharfspitzigen Granit-Stalagmiten zu versehen?

Auch wenn die referierten Vorschläge ein wenig wie aus einem Fantasy-Roman entnommen erscheinen, so artikuliert sich in ihnen doch die realpolitische Einsicht, dass rund um Abfalllager und Kernkraftwerke die Freiheiten des Bürgers eingeschränkt werden müssen. Spezielle Ordnungsbürokratien wären zu schaffen; gegen Demonstranten müsste notfalls mit Gewalt eingeschritten werden; Volkszählungen wären durchzuführen; notfalls müssten Zwangsmaßnahmen ergriffen werden wie Evakuierungen, Ausgehverbote und Verbote, im *Worst Case* bestimmte Sicherheitszonen zu betreten oder zu verlassen; hierfür müssten armierte Sicherheitskräfte präsent sein; mit Abhörmaßnahmen ist zu rechnen, damit Anschläge vermieden werden können. Konsequent weitergedacht, würde der Kernenergie-Komplex die Demokratie aushebeln. Dies ist eine der Pointen des Buches *Der Atomstaat* von Robert Jungk, erschienen 1977. Vom Atomstaat zum Atomfaschismus, dies die Argumentation, ist der Weg nicht weit. Der Buchtitel erweckt Assoziationen an Standardwerke über den NS-Staat, Fraenkels *Doppelstaat* (1974) und Kogons *SS-Staat* (1946).

Die Physiker der Atom-Euphorie hatten die zivile Kernkraftnutzung von Krieg und Faschismus entkoppelt; die Kernkraftgegner ab Mitte der 1970er Jahre fügten die Elemente wieder zusammen. Die Väter hätten immer nur Todesphysik im Sinn gehabt. Atomkraftwerke mit doppeltem elektrisch geladenen Stacheldrahtzaun, dazwischen geharkter Sand, nächtens von Scheinwerfern hell angestrahlt – erinnert das nicht an nationalsozialistische Konzentrations- und Vernichtungslager? Ein französischer Autor, Daniel de Roulet, zog 2011 unter dem Eindruck der Fukushima-Katastrophe eine Verbindung zwischen »gigantischen Reaktoren« und dem Gefühl von Maßlosigkeit, das er bei seinen Besichtigungen der Gedenkstätten Sachsenhausen, Dachau und Auschwitz erlebt habe. Bei einem Gang rund um den Stacheldraht des französischen Reaktors Melville hatte er »das gleiche Gefühl [...] wie am Zaun von Auschwitz«.

Auch in Christa Wolfs autobiographisch eingerahmten Tschernobyl-Buch *Störfall* fehlt die Verbindung von Kernkraftwerk und Nationalsozialismus nicht, wenn auch diese nicht so grell herausgestellt wird wie bei de Roulet: Nahe dem Garten der Protagonistin war es zu Schlusskriegsgräueln der Nationalsozialisten gekommen, zudem liegt hier ein kleines Mädchen notdürftig begraben, das 1945 an Typhus gestorben war. In ihren Gemüsegarten pflanzt die Ich-Erzählerin japanische Friedensblumen ein – an Hiroshima gemahnend (Wolf 2009, 82).

Ähnlich wie Friedrich Georg Jünger, zu dem eine intellektuelle Nähe aufzuweisen sie wohl energisch in Abrede gestellt hätte, verbindet Christa Wolf Technik und Explosion: »Woher kommt bloß diese Lust an Spaltung, an Zertrümmerung, an Feuer und Explosionen« (ebd., 59)? Aber, und hier folgt die feministische Kehre, »die Verbindung zwischen Töten und Erfinden« gehe auf den *Mann* zurück. Zerstörungslüsterne Männer sie würden »lieber das Atom befreien als sich selbst«. Wo, fragt Christa Wolf, liege eigentlich das Lustzentrum im Gehirn dieser Wissenschaftler? Diese Männer würden keinen Säugling trocken legen, mit einem Kind im Arm einkaufen gehen, ein krankes Kind pflegen oder wischen und bohnern wollen (ebd., 41, 59, 75, 80).

Hatten Robert Jungk und Daniel de Roulet die zivile Kernenergienutzung mit Faschismus und nationalsozialistischem Genozid verbunden, womit – logisch weitergedacht – der Widerstand gegen die zivile Kernenergienutzung dem Widerstand gegen den Nationalsozialismus moralisch gleichkommt, so verknüpfte Christa Wolf den Widerstand gegen die Atomkraftwerke mit dem Feminismus.

Aber der paradigmatische Atomangst-Roman ist Gudrun Pausewangs *Die Wolke* (1987). Millionenfach gedruckt und verkauft, erhielt das Buch 1988 u. a. den Deutschen Jugendliteraturpreis und wurde 2006 verfilmt. Auch eine pädagogische Anleitung für den Einsatz des Romans im Schulunterricht wird angeboten. Ausgangspunkt der Handlung ist eine an den Unfall von Tschernobyl erinnernde Kernschmelze im Reaktor »Grafenrheinfeld«. In Folge der Katastrophe hatte es unmittelbar 18.0000 Tote gegeben, und »jeden Tag werden es mehr« (Pausewang 1997, 95, 222). Im Fortgang der Handlung erzählt der Roman vom Umherirren der beiden zentralen Figuren, dem Geschwisterpaar Janna-Berta und ihrem kleinen Bruder Uli, die sich nur langsam aus der Gefahrenzone entfernen können und auf ihrem Weg alle Schrecknisse einer postapokalyptischen Welt mitansehen müssen. Schockierend ist der Roman nicht nur, weil er die Unvorstellbarkeit der atomaren Katastrophe in düsteren Bildern ausmalt, sondern auch weil er sie in das vertraute Setting der Bundesrepublik verlegt und im Fremd-Werden des Heimischen eine drastische Narrationsform für die Unheimlichkeit der Atomenergie findet (s. Kap. III. A.3).

Intensiviert wird das emotionale Angst-Arrangement des Textes durch zwei historisch-intertextuelle Überblendungsverfahren: Zum einen verknüpft auch *Die Wolke* das Ereignis eines atomaren GAUs mit Bezügen zur Geschichte Deutschlands während des Zweiten Weltkriegs, insofern das Lager und die Deportationspraxis des NS-Staats (Pausewang 1997, 131) als Bildreservoir zur atmosphärischen Beschreibung der atomaren Verwüstung und ihrer sozialen Folgen herangezogen werden. Pausewang evoziert die traumatische Erfahrung, die für viele Deutsche mit dem Ende des Zweiten Weltkriegs verbunden war, um im Medium emotionaler Mobilisierung gegen die apokalyptische Gefahr der friedlichen Kernnutzung anzuschreiben.

Zum anderen ruft der Tod des kleinen Uli einen Verweisungszusammenhang auf, der *Die Wolke* mit epochalem Deutungsanspruch auflädt. Dadurch, dass Uli auf der Flucht vor der Wolke bei einem Verkehrsunfall verstirbt, wird zunächst signalisiert, dass die Technik dem Menschen immer gefährlich werden kann und ein ›realer‹ Atom-Unfall das Ende der Generationsfolge und damit der Zukunft bedeuten würde. Darüber hinaus verstärkt Pausewang den emotionalen Eindruck ihrer atomaren Schreckensvision, indem sie die weitere Handlung anhand der Blaupause der antiken Tragödie der *Antigone* verlaufen lässt. So findet die verzweifelte Janna-Berta den Namen ihres Bruders, den sie im Schock zurück gelassen hatte, auf einer behördlichen Totenliste. Sie sagt: »Er ist noch nicht begraben« (ebd. 150). Sie fühlt sich, als habe sie den Bruder im Stich gelassen und fürchtet, die Leiche ihres Bruders könnte von Ratten angefressen werden (ebd. 206, 208). Uli liegt auf einem Feld in der Sperrzone 3, die nicht betreten werden darf. Um den Bruder trotzdem zu beerdigen, schleicht sich Janna mit einem kleinen Klappsparten heimlich in die Sperrzone. Auf dem Feld findet sie den Leichnam, begräbt ihn und legt einen Sonnenblumenstrauß auf den Grabhügel (ebd. 207).

Unschwer zu erkennen ist die Parallelisierung der Handlung mit der sophokleischen *Antigone* (442 v. Chr.). Auch Antigone darf ihren Bruder Polyneikes nicht bestatten: »Von Polyneikes' Leibe sagen sie, man hab/ Es in der Stadt verkündet, daß man ihn/ Mit keinem Grabe berg und nicht betraure./ Man soll ihn lassen unbeweint und grablos,/ Süß Mahl den Vögeln, die auf Fraßes Lust sehn« (Sophokles 1982, V. 31f). Das Verbot hatte der tyrannische König Kreon von Theben ausgesprochen. Aber Antigone setzt sich darüber hinweg, verrichtet die Bestattungsrituale und ermöglicht den Eingang ihres Bruders in das Schattenreich der Toten. Der metaphorische Übertragungsvorgang liegt auf der Hand: Janna-Berta ist Antigone und Uli Polyneikes. Das Sicherheitspersonal, das den Zugang zur Zone 3 verhindern soll, entspricht den Häschern Kreons, und dieser selbst fungiert als Symbol einer verbrecherischen Atompolitik. So wird das Reaktorunglück von Grafenrheinfeld/Tschernobyl mit der Wucht der antiken Tragödie amalgamiert.

Zusammenfassung, oder: »Ene dene dimpedil,/ Wer hat Angst vor Tschernobyl?/ Millirem und Becquerel,/ Kleine Kinder sterben schnell!«

»Wer hat Angst vor Tschernobyl« (ebd., 105)? Nur ein Narr, so ist zu antworten, wäre ohne Angst vor radioaktiver Strahlung oder havarierten Kernkraftwerken. Atomangst ist eine besondere Angst (s. Kap. IV. A. 3). Dies lässt sich an folgendem Vergleich, der die Differenz von Eintrittswahrscheinlichkeit und Schadensfolge vor Augen führt, noch einmal zeigen: Von 1953 bis 2008 gab es nach Angaben des Statistischen Bundesamts in Deutschland 658.206 Verkehrstote. Diese Zahl entspricht etwa der heutigen Einwohnerschaft von Frankfurt am Main. Direkte Todesopfer durch Exkursionen in bundesdeutschen Kernkraftwerken: Null. Latente Todesopfer durch karzinogene Emissionen bundesdeutscher Kernkraftwerke: ungewiss. Latente Todesopfer durch karzinogene Emissionen von LKW und PKW in der Bundesrepublik; ungewiss. Trotz der mehr als 650.000 Verkehrstoten sind die Gefahren des Automobilismus, wenngleich immer wieder hervorgehoben, niemals semantisch so überfrachtet worden wie die Kernenergie. Niemand hat die LKWs auf unseren Autobahnen mit den ›Gaswagen‹ assoziiert, die am Beginn der Vergasungsverbrechen der Nationalsozialisten standen. Dagegen stoßen wir bei der politisierten Atomangst auf eine Phantasmagorie des Schreckens, die eine emotionalisierte Dramatisierung an die Stelle einer rationalen Abwägung von Risiko-Konstellationen zu setzen droht und damit der Komplexität der Sachlage nicht gerecht wird.

Atomangst ist eine besondere Angst, die zur apokalyptischen Vorstellung tendiert und politische Gegenrede, wenn nicht gar gegenkulturellen Widerstand provoziert. Aus einer solchen Gemengelage angstbestimmter Gegenwehr sind die ›Grünen‹ hervorgegangen, die neben Einflüssen aus der Frauenrechts- und Friedensbewegung einen Großteil ihrer politischen Energie aus der Anti-Atom-Bewegung bezogen. Nachdem ökologische Gruppierungen bei den verschiedenen Landtagswahlen der späten 1970er Jahre immer wieder an der 5%-Hürde gescheitert waren, gelang nach der Gründung der Bundespartei Die Grünen im Jahre 1980 bei den Wahlen 1983 der Einzug in den Bundestag. Dieser Wahlerfolg war eine Reaktion auf die unbestreitbare Evidenz der angstauslösenden Gefahren von Kernspaltung in Bomben und Reaktoren. Auf der emotionalen Grundlage der Atomangst, der sich im Laufe der

Jahre weitere Angst-Anlässe hinzufügten – etwa das Waldsterben, die Gentechnik, das Ozonloch – hat sich eine soziale und politische Bewegung institutionalisiert, die heute – 2013 – den baden-württembergischen Ministerpräsidenten stellt und als drittgrößte politische Kraft der Bundesrepublik anzusehen ist.

Literatur

Anders, Günther: *Hiroshima ist überall. Tagebuch aus Hiroshima und Nagasaki. Briefwechsel mit dem Hiroshima-Piloten Claude Eatherly. Rede über die drei Weltkriege* [1961]. München 1982.

auf dem Kampe, Jörg/Bischoff, Jürgen: Wohin damit? In: *GEO* 3 (2012), 90–106.

Blackett, Patrick M.S.: *Militärische und politische Folgen der Atomenergie.* Berlin 1949.

Bloch, Ernst: *Das Prinzip Hoffnung, Vierter Teil: Grundrisse einer besseren Welt.* Frankfurt a. M. 1959.

Bundesarchiv Koblenz: B 138–255, B 3288, Koblenz o. J.

Deutsche Forschungsgemeinschaft (Hg.): *Jahresbericht 2011*, http://www.dfg.de/dfg_profil/jahresbericht [15.08.2012].

Eichhorn, Martin: Das im All kreisende Bücherregal. Können Bibliotheken atomare Gefahren abwehren? Überlegungen zur Situation nach Fukushima. In: *BuB/Forum Bibliothek und Information*, 63/5 (2011), 322–326.

Feinendegen, Ludwig E.: Mensch und Strahlung. In: Heinz Maier-Leibnitz (Hg.): *Zeugen des Wissens.* Mainz ²1986, 555–609.

Filhol, Elisabeth: *Der Reaktor.* Hamburg 2011(franz. 2010).

Fraenkel, Ernst: *Der Doppelstaat. Recht und Justiz im ›Dritten Reich‹.* Frankfurt a. M. 1974 (amerik. 1941).

Grunwald, Armin: Vergangene Zukünfte. Vom Veralten wissenschaftlicher Zukunftsbilder. In: *Gegenworte – Zeitschrift der Berlin-Brandenburgischen Akademie der Wissenschaften* 25 (2011), 40–42.

Häfele, Wolf: Abschiedsrede. In: Forschungszentrum Jülich (Hg.): *Festreden zum Wechsel im Vorstandsvorsitz des Forschungszentrums Jülich GmbH (KFA) am 26. April 1990.* Jülich 1990, 43–49.

Hannsmann, Margarete: Das Beispiel Wyhl. In: Bernd Nössler u. a. (Hg.): *Wyhl. Kein Kernkraftwerk in Wyhl und auch sonst nirgends. Betroffene Bürger berichten.* Freiburg 1976, 10.

Heidegger, Martin: Gelassenheit (30. Oktober 1955). In: Ders.: *Gesamtausgabe* Bd. 16, 1. Abteilung, Veröffentlichte Schriften 1910–1976. Reden und andere Zeugnisse. Hg. von Hermann Heidegger. Frankfurt a. M. 2000, 517- 529.

Jaspers, Karl: *Die Atombombe und die Zukunft des Menschen. Politisches Bewusstsein in unserer Zeit.* München 1960.

Jaspers, Karl: Die Atombombe und die Zukunft des Menschen. Rundfunkvortrag, Oktober 1956. In: Ders.: *Hoffnung und Sorge. Schriften zu deutschen Politik 1945–1965.* München 1965, 153–172.

Jünger, Friedrich Georg: *Die Perfektion der Technik.* Frankfurt a. M. 1953.

Jungk, Robert: *Der Atomstaat. Vom Fortschritt in die Unmenschlichkeit.* München 1977.

Kogon, Eugen: *Der SS-Staat. Das System der deutschen Konzentrationslager.* München 1946.

Kotthoff, Karl/Erven Ulf: Stand der Analysen des Tschernobyl-Unfalls. In: *atomwirtschaft/atomtechnik* (1987) 32–37.

Löwenthal, Gerhard/Hausen, Josef: *Wir werden durch Atome leben.* Mit einem Geleitwort von Otto Hahn und einer Einleitung von Atomminister Franz Josef Strauß. Berlin 1956.

Mayer, Axel: ›Viele unserer alten Wyhler Plakate hatten einen Bezug zum Bauernkrieg am Oberrhein.‹ 30 Jahre – Kein AKW in Whyl: Ein Redebeitrag. In: *BUND.* Regionalverband Südlicher Oberrhein, 14.02.2005, http://vor ort.bund.net/suedlicher-oberrhein/30-jahre-kein-akw-in-wyhl.html [12.07.2012].

Mittermaier, Bernhard/Rusinek Bernd-A. (Hg.): *Leo Brandt (1908 – 1971) – Ingenieur – Wissenschaftsförderer – Visionär. Wissenschaftliche Konferenz zum 100. Geburtstag des nordrhein-westfälischen Forschungspolitikers und Gründers des Forschungszentrums Jülich.* Jülich 2009.

Odenwald, Michael: Das Rätsel der fehlenden Teilchen. In: Focus-Online, 03.06.2011, http://www.focus.de/wissen/technik/tid-22540/physik-das-raetsel-der-fehlenden-teilchen_aid_633246.html [15.08.2012].

Pausewang, Gudrun: *Die Wolke. Jetzt werden wir nicht mehr sagen können, wir hätten von nichts gewusst* [1987]. Ravensburg 1997.

Roulet, Daniel de: *Fukushima mon amour. Brief an eine japanische Freundin.* Hamburg 2011.

Rusinek, Bernd-A.: *Das Forschungszentrum. Eine Geschichte der Kernforschungsanlage Jülich von ihren Anfängen bis 1980.* Frankfurt a. M./New York 1996.

Rusinek, Bernd-A.: Whyl. In: François, Etienne/Schulze, Hagen (Hg.): *Deutsche Erinnerungsorte.* Bd. II. München 2003, 652–666.

Rusinek, Bernd-A.: Farm Hall. 3. Juli 1945 – 3. Januar 1946. In: Ders.: *Mr. DFG – Biographie des Physikers und DFG-Vizepräsidenten Walther Gerlach.* Aachen 2013 (in Vorbereitung).

Schuh, Hans: Stress und Strahlung. Ein halbes Jahr nach der Reaktorkatastrophe von Fukushima können psychosoziale Belastungen mehr Opfer fordern als die Radioaktivität. Eine aktuelle Risikoanalyse. In: *Die Zeit*, 08.09.2011, http://www.zeit.de/2011/37/Fukushima-Psychologische-Belastung [15.08.2012].

Sophokles: *Antigone* [circa 442 v. Chr.]. Übersetzt von Friedrich Hölderlin, bearbeitet von Martin Walser und Edgar Selge. Frankfurt a. M. 1989.

Wolf, Christa: *Störfall. Nachrichten eines Tages* [1987]. Frankfurt a. M. 2009.

Wolf, Fritz: *Das lustige Atom. Wie man's gebar, wie sich's bewegte, und wie man es in Trümmer legte.* Essen 1959.

Bernd-A. Rusinek

8. Terrorismus

Terrorismus bringt Menschen aus der Fassung. Er tut dies mit Absicht. Darauf legt er es an, und deshalb nimmt er in den ersten Jahren des 21. Jahrhunderts einen so großen Teil unserer Aufmerksamkeit ein. Unsicherheit kann viele Formen annehmen, aber nichts nutzt so rigoros unser Gefühl der Verwundbarkeit aus (Townshend 2005, 7).

Wenn der Historiker Charles Townshend Terrorismus derart beschreibt, bewegt er sich ein Jahr nach den Anschlägen des 11. September 2001 im *Common sense* dessen, was man vor und nach den Anschlägen über Terrorismus zu wissen meinte. Terrorismus schafft Unsicherheit, Bedrohung, führt Staaten, Regierungen und Individuen ihre Verwundbarkeit vor Augen. Terroristen produzieren also Angst. Und das wiederum mit Kalkül. Zugleich ist moderner Terrorismus ohne Massenmedien wohl noch denkbar, aber nicht mehr praktizierbar. Zum Kalkül des terroristischen Akts der Verunsicherung zählt immer auch dessen massenmediale Verbreitung. Nur so kann sich die terroristische Botschaft der Angsterzeugung vollends entfalten.

An den Beispielen des linksradikalen Terrorismus der Rote Armee Fraktion, der seinen Höhe- und Wendepunkt im ›Deutschen Herbst‹ des Jahres 1977 fand (Winkler 2010, 351 ff.), und dem sogenannten fundamentalistischen Terrorismus des 11. Septembers 2001 soll vor diesem Hintergrund zum einen der Frage nach der Mediatisierung der durch den Terrorismus erzeugten Angst nachgegangen werden, zum anderen der Frage nach den terroristischen Absichten der Angsterzeugung und zum dritten der Frage nach den institutionellen Reaktionen und kollektiven Dynamiken, die aus der terroristischen Verunsicherung resultieren. Dabei spannen die beiden Beispiele das Feld dessen, was modernen Terrorismus deskriptiv greifbar oder gerade nicht greifbar macht, in ihren Gemeinsamkeiten *und* Differenzen auf.

Geheime Komplizen: Psychodynamik der Angst

Als die französische Tageszeitung *Le Monde* achtzig Tage nach den Anschlägen des 11. Septembers 2001 einen Beitrag des Soziologen und Medienphilosophen Jean Baudrillard veröffentlichte, verursachte der mit »L'esprit du terrorisme« betitelte Artikel (nachfolgend zitiert in den Übersetzungen Baudril-

lards 2002; 2003) eine internationale Entrüstung. Dabei wies Baudrillard zunächst einmal nur auf das Offensichtliche hin. Seine erste These, dass »[d]ie terroristische Gewalt nicht ›real‹«, sondern »symbolisch« sei (2003, 31), wird bereits in ihrer Begründung ebenso verständlich wie nachvollziehbar: »Let us be clear about this: the two towers are both a physical, architectural object and a symbolic object [...]. The architectural object was destroyed, but it was the symbolic object which was targeted« (2002, 47). Die Anschläge galten also weniger real als symbolisch und medial den Vereinigten Staaten in ihren zentralen Institutionen, namentlich dem Pentagon, dem Weißen Haus und dem World Trade Center. Die Wirkung und Reichweite der Anschläge resultierte aus dem synekdochischen Wert der Ziele: Ein Teil wurde für das Ganze attackiert, das Pentagon für die militärische Führung, die USA für den Westen und das World Trade Center für einen globalisierten Kapitalismus. Was Baudrillard hier behauptet, war somit alles andere als neu oder provokativ. Schließlich wurden die Anschläge genau so auch in den westlichen Massenmedien rezipiert.

In Baudrillards zweiter These steckt schon mehr Provokationspotential, wenn es da heißt: »Unzählige Katastrophenfilme zeugen von diesem Phantasma, das sie natürlich mit Hilfe des Bildes bannen [...]. Doch die allgemeine Anziehungskraft«, die die Bilder von ›9/11‹ ausüben, »zeigt, dass das Ausagieren immer naheliegt – wobei der Ansatz zur Verneinung jeglichen Systems um so stärker ist, je perfekter oder allmächtiger dieses ist« (2003, 14). Baudrillard war aber auch mit dieser These nicht allein. Autoren wie Paul Virilio (2002, 37 ff.), Slavoj Žižek (2002, 16 ff.) oder in Deutschland Markus Metz und Georg Seeßlen (2002, 30) stellen beinahe zeitgleich fast identische Überlegungen an: »Es ist erstaunlich, wie offensichtlich uns [...] die Ähnlichkeit der in Endlosschleifen repitierten Bilder des Attentats auf das World Trade Center und die Kino-Bilder des Katastrophenfilms erscheint« (ebd.). Nicht nur die Beobachtungen stimmten überein, sondern auch deren Begründungen: »All diese Kino-Bilder der Katastrophenphantasie erzählen von nichts anderem als davon, daß Systeme umso verwundbarer werden, je mehr technisch und organisatorisch avanciert sie sind, und je mehr sie sich auf ihre Unverwundbarkeit einbilden« (ebd.). Es ist also die unartikulierte Lust, der Zerstörung dessen beizuwohnen, was übermächtig erscheint, die sich ebenso im Phantasma des Katastrophenfilms wie in der Faszination der Bilder von 9/11 manifestiert: »Es ist vollkommen logisch und unausweichlich, dass die stete Machtzunahme einer Macht auch den Wunsch verstärkt, sie zu zerstören« (Baudrillard 2003, 13; s. auch Kap. III.A.8). Und genau in diesem Sinne konnten die Terroristen auf eine »tiefgreifende Komplizenschaft« des Publikums zählen, ohne dass diese »jemals eingestanden werden« konnte und musste (ebd.).

Der psychische Mechanismus, der einer solchen Komplizenschaft zugrunde liegt, findet sich an anderer Stelle modelliert. In der Zeitschrift *Psyche* erklärt der klinische Psychologe Michael Günter, wie es zu einer solchen geheimen Komplizenschaft zwischen Terroristen und Publikum kommen kann, wie Zuschauer qua Medien zu geheimen Mittätern werden. Laut Günter bieten Mediendarstellungen »beides: Die sozial sanktionierte Möglichkeit zur Identifikation mit destruktiven Phantasien und ihre gleichzeitige Abwehr durch Neutralisierung der Affekte, etwa im Rahmen der ›objektiven‹ Berichterstattung«. Es greife dabei ein Mechanismus der »identifikatorischen Projektion« (Günter 2006, 231). Während bei der bloßen Projektion der Impuls im Vordergrund stehe, »Eigenes loswerden zu wollen und bei anderen zu lokalisieren«, beschreibe die identifikatorische Projektion die »bei bestimmten Projektionsvorgängen zu beobachtende Dynamik, daß aggressive oder libidinöse Impulse projiziert werden, um sich […] wieder mit ihnen identifizieren zu können« (ebd., 231 f.). Die heimliche Identifikation mit der Gewalt der Terroristen erklärt also die Faszination der 9/11-Bilder, in denen das Publikum seine eigene Aggression gegen das System ersatzweise leben kann, ohne sich jemals dafür rechtfertigen zu müssen. Schließlich sind es ja die Anderen, die die Gewalt tatsächlich ausüben. Und so führt Günter weiter aus:

Bei der identifikatorischen Projektion aggressiv-destruktiver Impulse werden außerdem häufig die sonst unvermeidlich auftretenden Schuld- und Schamgefühle dadurch vermieden, daß zugleich eine bewußte Identifikation mit strafenden Überich-Instanzen in Form der Polizei, strenger gesetzlicher Maßnahmen, der Bestrafung der Täter etc. stattfindet. Darin eröffnet sich auch eine weitere Möglichkeit sadistisch destruktiver Identifikationen, die nicht als solche bewußt werden, sondern in gesellschaftlich sanktionierter Form des Gegensteuerns gegen Gewalt und Destruktivität maskiert werden können (ebd., 232).

In dem Ruf nach Bestrafung der Täter kann somit abermals die eigene Gewalt identifikatorisch und projektiv ausagiert werden, ohne dass jemals ein Rechtfertigungsdruck entsteht. Damit scheint die komplette Ökonomie der Gewalt nicht nur des 11. Septembers, sondern auch des ›War on Terror‹ modelliert; eine durchaus perfide Ökonomie, die stets nur die Gewalt des Anderen erkennen will.

Wie steht es aber mit einer Ökonomie der Angst? Lässt man die definitorischen Abgrenzungsprobleme, etwa des terroristischen Selbstmordattentats gegenüber dem Amoklauf auf der einen Seite (Harz/ Petersen 2008) und eines sich vom Terror zum Freiheitskampf legitimierenden Guerilla- oder Partisanenkampfes auf der anderen Seite (Townshend 2005, 11 ff.), außer Acht, dann scheint die terroristische Gewalt stets aus einer Ohnmacht der Attentäter zu resultieren. Im terroristischen Gewaltakt kehrt sich diese Ohnmacht zur Macht, alle oder zumindest viele in Unsicherheit und Angst zu versetzen. Zugleich und vor allem wird damit aber die Fähigkeit des Staates in Frage gestellt, für die Sicherheit des Einzelnen Sorge tragen zu können. Resultiert doch bereits für Thomas Hobbes (1651) die Legitimation des Staates, sein institutionalisierter Terror (vgl. Derrida 2006, 137), aus einem Vertrag aller Staatsbürger, die ihr individuelles Selbstbestimmungsrecht nur deshalb auf eine ihnen übergeordnete Instanz übertragen, damit eben diese Instanz die Sicherheit und den Schutz aller (durchaus auch mit Mitteln der Angsterzeugung) gewährleistet (s. Kap. II.7). Dieses Sicherheitsversprechen des modernen Staates stellen Terrorakte, die Anschläge der RAF genauso wie die Attentate des 11. Septembers, grundsätzlich in Frage. Die terroristische Gewalt kann zwar auf eine heimliche und unbewusste identifikatorische Projektion, bei einigen sogar auf eine bewusste Identifikation und Nachahmung hoffen. Man denke etwa an die Generationenfolge einer ersten, zweiten und »dritte[n] Generation« der RAF (Elter 2008, 206). Jedoch liegt der Kern der terroristischen Gewalt in der Verbreitung einer das staatliche System destabilisierenden Unsicherheit und Angst.

Diese Angst zwingt den Staat zur Reaktion, muss er doch, wie schon Hobbes weiß, auf einer elementaren Ebene der Selbstlegitimation die Sicherheit seiner Bürger gewährleisten. Dabei liegt sogar diese staatliche Reaktion noch im Kalkül der Terroristen. So meinte etwa der *Stern* 1972, unmittelbar nach den Bombenanschlägen der RAF auf das Springer-Hochhaus, zu erkennen: »Die Terroristen mit der Bombe argumentieren nicht mehr, sie […] wollen mit ihrer These, daß dies ein faschistischer Staat sei, recht behalten. Um recht zu behalten, greifen sie zum Mittel des Terrors, um faschistische Tendenzen künstlich hervorzurufen« (zit. n. ebd., 126).

In der Folge des 11. Septembers 2001 argumentiert Jacques Derrida entsprechend, gleichwohl differenzierter, indem er vor einer Tendenz der staatlichen Autoimmunisierung warnt, namentlich vor »jene[r] perverse[n] Wirkung des Autoimmunitären selbst. Verdrängung im psychoanalytischen und im politisch-polizeilichen, politisch-militärischen, politökonomischen Sinn, so wissen wir jetzt, schafft, reproduziert und regeneriert genau das, was sie zu entwaffnen versucht« (Derrida 2006, 134). So resultiert das Trauma, das die Anschläge geschaffen haben, für Derrida weniger aus den Schrecken des 11. Septembers in der Vergangenheit oder der Gegenwart des ›War on Terror‹, sondern aus der Angst vor einem Zukünftigen, das sich in seiner Monstrosität jeder Antizipation entzieht und gerade deswegen so monströs erscheint, weil es nicht antizipierbar ist. Es kann immer nur schrecklicher werden als das, was bisher geschah: »Es handelt sich um ein Trauma [...], dessen Temporalität weder vom gegenwärtigen Jetzt noch von der gegenwärtigen Vergangenheit ausgeht, sondern von einem Un-Darstellbaren, das noch kommen wird« (ebd., 130 f.). Die staatliche »Prävention [...] setzt vor diesem Hintergrund einen enormen, nie abschließbaren Aktionismus frei« und produziert so eine »Gesellschaft im permanenten Alarmzustand, die sich in der Auslegung von Ereignissen und sozialen Prozessen immer mehr von Zweifelsfällen umstellt sieht, die eine spezifische Handlungslogik implizieren« (Koch 2011, 96); eine Handlungslogik, die, selbst wenn sie so erscheinen will, eines nicht ist: kognitiv, rational und damit logisch. Es wird vielmehr eine traumatische Psychodynamik der Angst wirksam, die das auslöscht, was sie zu verteidigen meint, nämlich die Möglichkeit freiheitlicher und demokratischer Gesellschaft, und das reproduziert, wogegen sie sich zu schützen glaubt, also Terror und Angst. Wenn man diese Tendenz staatlicher Autoimmunisierung als zwangsläufige Reaktion des Staates wiederum in den Bereich des terroristischen Kalküls rückt, scheint das weder den Attentätern der 1970er Jahre noch denen des beginnenden 21. Jahrhunderts zu viel unterstellt.

Einseitige Gaben: Typik des Widerstands

Rückblickend auf Baudrillard findet man jedoch noch weitreichendere Unterstellungen, was die Gründe für die Terroranschläge angeht. So wurde der eigentliche Widerstand, der Baudrillards Artikel entgegenschlug, durch eine dritte These entfacht. Baudrillard versuchte, die Selbstmordattentate des 11. Septembers als eine »symbolische Gabe« zu fassen (Baudrillard 2003, 11). Ein Ansatz, der auch aus einer weniger ideologisch verengten Perspektive als in der Zeit direkt nach den Anschlägen, auch im Kontext einer bereits zum Allgemeinplatz gewordenen Kritik am ›War on Terror‹ nicht ohne weiteres nachvollziehbar erscheint. Dabei ist das, was Baudrillard in seinem Artikel zum Selbstmord als symbolische Gabe schreibt, nicht neu. Vielmehr entwickelt er den Theorieapparat, den er 2001 wieder zur Anwendung bringt, bereits 25 Jahre zuvor. Baudrillards Theorien zum Selbstmordattentat lassen sich bis in *Der symbolische Tausch und der Tod* aus dem Jahr 1976 zurückverfolgen. Bereits dort beschreibt er bezogen auf den zeitgenössischen linksradikalen Terrorismus das Selbstmordattentat, die Geiselnahme und den terroristischen »Opfertod« als ultimative Kritik am westlich-kapitalistischen System und zugleich als »einzige Möglichkeit, die Macht abzuschaffen« (Baudrillard 2005, 70 f.). So liest man nicht erst 2001: »Das System durch eine Gabe herausfordern, die es nicht erwidern kann, es sei denn durch seinen eigenen Tod und Zusammenbruch« (Baudrillard 2003, 22), sondern konnte 1976 bereits dasselbe lesen:

In der Erwiderung auf die vielfache Herausforderung des Todes und des Selbstmordes [der Terroristen] muß sich das System selbst umbringen. [...] Denn jeder Tod paßt unschwer ins Kalkül des Systems, selbst die Kriegsschlächtereien, nur nicht der Tod als Herausforderung, der symbolische Tod, denn dieser hat kein kalkulierbares Äquivalent mehr – er führt zu einer Überbietung, die nicht anders sühnbar ist als durch einen entsprechenden Tod. Für den Tod steht nur der Tod ein. Und das ereignet sich in diesem Fall: das System wird dazu getrieben, sich seinerseits umzubringen (Baudrillard 2005, 66 f.).

Baudrillards These, dass das System auf die Selbstmordattentate mit seiner eigenen Zerstörung reagieren muss, basiert wiederum auf der kaum von der Hand zu weisenden Annahme, dass der Kapitalismus westlicher Prägung durch eine Universalität des Tauschprinzips bestimmt ist. So sind die Terrorakte des 11. Septembers gerade insofern ›terroristisch‹, als sie das kapitalistische Prinzip des universellen Tausches eskalieren und an seine Grenzen führen. Zunächst durch die »Gabe« der knapp 4000 Todesopfer der Anschläge, die die US-Regierung zu einer ebenso destruktiven Gegengabe der »Überbietung« (Baudrillard 2003, 22) der Opfer im ›War on Terror‹ um das Zehn- bis Hundertfache herausforderte (die geschätzten Opferzahlen schwanken dramatisch). Damit sei es den Terroristen gelungen, »ihren eigenen Tod zu einer absoluten Waffe gegen ein System zu machen, das von der Ausschließung des Todes lebt, dessen Ideal die Parole ›Null Tote‹ ist« (ebd., 21). Gerade die Überbietung entlarve das System in seiner Grausamkeit, indem sie eine Ideologie des modernen technisch-sauberen Krieges ad absurdum führt. Das relationale Verhältnis von Gabe und Gegengabe destruieren die Terroristen aber nicht – und das ist der Kern der Baudrillardschen These – durch die Ermordung der 4000 Zivilisten. Die Morde sollen ›nur‹ die Gewalt symbolisch wie real eskalieren. Erst der Einsatz »des eigenen Todes« macht den Terrorakt des 11. Septembers zu einer »absoluten Waffe« gegen das kapitalistische System. Einzig die Gabe des eigenen Todes produziert Baudrillard zufolge ein »absolutes und unwiderrufliches Ereignis« (ebd., 21), indem sie dem relationalen Prinzip eines scheinbar omnipräsenten Tausches als eine unreduzierbare, weil nicht konvertible »Singularität« entgegensteht (ebd., 31): Der Selbstmord der Attentäter stellt insofern eine fundamentale Kritik am kapitalistischen Tauschprinzip dar, als das System sich selbst zerstören müsste, um systemkonform zu handeln, um die Gabe des Selbstmordes durch eine adäquate Gegengabe zu erwidern. Genau darin besteht für Baudrillard »der wahre Sieg des Terrorismus« (ebd., 33).

Das ist soweit sauber argumentiert, akzeptiert man die Baudrillardsche Prämisse, dass der westliche Kapitalismus alles und jeden ›systematisch‹ auf seinen Tauschwert reduziert und sich der Selbstwert der Akteure – mit Marx und über Marx hinaus – nicht bloß im Warenfetischismus, sondern in der Überbietung zu bestätigen sucht – am Ende übrigens fast immer vergeblich, das heißt, vergeblich für das Subjekt und damit umso erfolgreicher für das System. Trotzdem bleiben aber Zweifel an Baudrillards Argumentation: Zunächst differieren der linksextreme Terrorismus der 1970er Jahre und der des 11. Septembers in ihren Praktiken doch zu deutlich. Dann scheinen bereits die Unterstellungen, die Baudrillard hinsichtlich der Motive und »Hypothese[n] der Terroristen« des 11. Septembers macht (ebd., 22), viel zu weit zu gehen. So wurde von einigen Kritikern der durchaus berechtigte Einwand erhoben, dass sich die Absichten der Attentäter des 11. Septembers per se Baudrillards Analyse entziehen müssen. Damit würde seine Theorie des Attentats als symbolischer Tausch von vornherein resistent gegen jede empirische Überprüfung (Arnswald/Kertscher 2004, 7). Denn tatsächlich scheint sich Baudrillards Hypothese vom Selbstmord als unmöglicher Tausch gegen eine Überprüfung insofern zu sperren, als man weder die Attentäter selbst noch ihr Umfeld

nach ihren ›wahren‹ Motiven fragen kann, und selbst wenn man diese befragen könnte, wohl aufgrund fundamentaler kultureller Differenzen die Motive nicht verstehen wollen oder können würde. Die Kritiker behalten also Recht, wenn sie westliche Spekulationen über die terroristischen Intentionen verwerfen, konsequenterweise jede Spekulation, nicht nur die Baudrillards, sondern auch die »aller anderen Analysten« (ebd.).

Daraus wäre wiederum zu folgern, dass uns als westlichen Beobachtern nichts anderes übrig bleibt, als zu diesem Thema zu schweigen. Es sei denn, es wäre doch noch eine andere Art der Analyse möglich. Diese könnte man als ›kritischen Ethnozentrismus‹ bezeichnen; dergestalt, dass wir die Selbstmordattentate daraufhin befragen, wie *wir*, die Mitglieder des westlich-kapitalistischen Systems, sie verstehen und was diese Art des Verstehens über *uns* und über die Dispositive unseres Eigen- und Fremdverstehens aussagt. So gelesen erscheinen Baudrillards Überlegungen plötzlich nicht mehr nur spekulativ, sondern durchaus plausibel; nämlich nicht mehr als Hypothesen zur Erklärung terroristischen Verhaltens, sondern nun als kritisch-reflexive Beschreibungen eines sich globalisierenden Kapitalismus, mit all dem, was dieser an Gewalt, auch terroristischer, verursacht.

Weniger einen globalisierten Kapitalismus als spezieller die in ihren Augen gleichermaßen faschistischen wie imperialistischen Regime – zuvorderst der BRD, dann der westlich-kapitalistischen Staaten unter Führung der USA – adressierte der bewaffnete Widerstand der RAF, wie man deren vielfältigen öffentlichen Erklärungen entnehmen kann (vgl. ID-Verlag 1997). Die Liste der terroristischen Taten, die sich gegen eine derart beschuldigte BRD allein im Jahr 1977 richtet, ist lang. Sie beginnt mit der Erschießung des Generalbundesanwalts Siegfried Buback (April) und einem gescheiterten Raketenwerferanschlag auf das Gebäude der Generalbundesanwaltschaft (August), beides als Vergeltungsanschläge für die vermeintliche »Ermordung von Holger Meins, Siegfried Hausner und Ulrike Meinhof« (ebd., 267). Tatsächlich stirbt Ersterer an den Folgen eines Hungerstreiks in der JVA Stammheim, Siegfried Hausner während der Besetzung der Deutschen Botschaft in Stockholm an den Folgen einer Bombenexplosion (ebd., 182), während Letztere sich in ihrer Zelle in Stammheim erhängt. Noch vor dem Raketenwerferangriff ermordet ein RAF-Kommando Jürgen Ponto (Juli), den Sprecher der Dresdner Bank, beim Versuch, ihn als Geisel zu nehmen

(Winkler 2010, 304 f.). Das Jahr 1977 gipfelt schließlich in der Entführung des Arbeitgeberpräsidenten Hans Martin Schleyer sowie der Lufthansamaschine Landshut durch das palästinensische ›Kommando Martyr Halimeh‹ (September/Oktober). Mittels der Geiselnahmen sollten neben zwei palästinensischen Terroristen vor allem die in Stammheim inhaftierten Mitglieder der ersten Generation der RAF freigepresst werden. Als die Bundesregierung sich weigert, die inhaftierten RAF-Terroristen im Austausch für die Geiseln freizulassen, und die Landshut stürmen lässt, begehen Andreas Baader, Gudrun Ensslin und Jan-Carl Raspe in ihren Zellen in Stammheim Selbstmord. Hans Martin Schleyer wird wenig später von der RAF ermordet aufgefunden.

Wie sich zeigt, richtet sich die terroristische Gewalt der RAF vorrangig gegen Repräsentanten des Staates, insbesondere der Judikative (Buback), sowie gegen Vertreter der Finanzwelt (Ponto) und der Industrie (Schleyer). Unbeteiligte Opfer werden zunächst nur billigend in Kauf genommen (etwa Bubacks Chauffeur). Jedoch weitet sich die Gewalt spätestens mit der Entführung der Landshut durch die verbündeten palästinensischen Terroristen auf beliebige Opfer aus. Trotzdem aber unterscheiden sich die Anschläge signifikant von denen des 11. Septembers, die sich neben Regierung und Pentagon ganz gezielt gegen die Zivilbevölkerung richten, gegen die Amerikaner und den Westen, dessen Regierungs- und Wirtschaftssystem, aber nicht vorrangig gegen Funktionsträger desselben. Deutliche Differenzen finden sich auch auf Seiten der eigenen Opfer: Die Terroristen der zweiten Generation der RAF setzen bei ihren Befreiungsaktionen zwar ebenfalls ihr Leben aufs Spiel, entsprechend auch die inhaftierten Mitglieder der ersten Generation in den immer wieder durchgeführten Hungerstreiks. Zudem tötet sich 1977 beinahe die komplette erste Generation der RAF selbst. Jedoch unterscheidet sich auch hier die Vorgehensweise deutlich von den von vornherein als solchen geplanten Selbstmordattentaten des 11. Septembers. Einerseits bemüht sich die RAF im Gegensatz zu den Attentätern des 11. Septembers zwischen Zivilisten und Repräsentanten des Staates (bis heute) zu differenzieren, auch wenn das spätestens mit der Entführung der Landshut in der Praxis nicht mehr gelingt. So schreibt das ehemalige RAF-Mitglied Astrid Proll in ihren Erinnerungen: »Gegen die Kommandos, die die Jets in das World Trade Center in New York steuerten, waren wir von moralischen Skrupeln geplagte Amateure« (Proll 2004, 7). Die Moral soll sich gerade darin manifestieren,

dass man unbeteiligte, zivile Opfer wenigstens zu vermeiden sucht. Andererseits wird der Selbstmord im Gegensatz zu den Attentätern des 11. Septembers nicht von vornherein als ›Gabe ans System‹ oder zumindest an das höhere Ziel des Widerstands begriffen, sondern als *Ultima Ratio* des Widerstandskampfes. Das zeigt sich insbesondere darin, dass die Mitglieder der ersten Generation, Meins und Meinhof, anderer Mittel beraubt, sich erst in der Haft für den Hungerstreik/Selbstmord entscheiden; Baader, Ensslin und Raspe schließlich erst nachdem ihre Freipressung gescheitert ist. Dabei bemüht sich Andreas Baader noch (so der heutige Kenntnisstand entgegen aller Verschwörungstheorien), seinen Selbstmord als eine Hinrichtung zu inszenieren (Winkler 2010, 333). Der Staat soll offensichtlich in der ihm unterstellten Tyrannei angeklagt werden, während man selbst stets als Opfer dieses brutalen faschistischen und imperialistischen Staates verstanden werden will.

Die ›Gabe des eigenen Lebens‹, die Baudrillard nicht nur für den 11. September, sondern auch für den linken Terrorismus der 1970er Jahre postuliert, wird damit mehr als fragwürdig, scheint die RAF doch mit dem Staat in einen ganz anderen Diskurs einzutreten; in den Diskurs einer Legitimation der eigenen Gewalt als notwendige und damit moralisch höherwertige, die sich gegen die vermeintlich faschistische und imperialistische Gewalt des Gegners zur Wehr setzen *muss*. Das Opfer des eigenen Lebens kann im Zuge dessen zwar notwendig werden, Ziel ist jedoch nicht das Opfer selbst, sondern Kampf und Widerstand gegen das System, genauer die Funktionsträger desselben. Allerdings argumentiert Baudrillard 1976 differenzierter, nämlich genau gegen ein Missverständnis des herrschenden Systems als etwas, das primär nimmt – die Freiheit seiner Bürger, die Lebensgrundlage der Unterprivilegierten und schließlich das Leben der Machtlosen und Opponierenden: »Die politische Ökonomie hat das Mirakel fertiggebracht, die wirkliche Machtstruktur dadurch zu verschleiern, daß sie die Termini ihrer Definitionen verkehrt hat. Während die Macht darin besteht, einseitig zu geben […], hat man erfolgreich die umgekehrte Einsicht verbreitet: daß die Macht darin bestünde, einseitig zu nehmen« (Baudrillard 2005, 74). Die tatsächliche Machtstruktur, die sich ganz offensichtlich auch den Mitgliedern der RAF nicht offenbarte, manifestiert sich laut Baudrillard also in der Fähigkeit »einseitig zu geben«, zuallererst »das Leben« selbst (ebd.). Was Baudrillard damit meint, wird deutlicher, wenn man sich ein Konzept der Gabe vor Augen führt, wie es der Ethnologe Marcel Mauss bereits im Jahr 1925 prägt.

Für Mauss ist die Gabe stets in einen sozialen Prozess eingebunden. Gaben als Geschenke produzieren ein System der gegenseitigen Verpflichtung. Eine Praxis der Gabe und Gegengabe, ein omnipräsentes Tauschprinzip, macht für Mauss den ›sozialen Kitt‹ einer jeden Gesellschaft, archaischer wie moderner, aus (Mauss 1990, 165 ff.). Etwas, das Mauss geradezu emphatisch feiert, scheinen ihm doch Krieg, Gewalt und der Kampf aller gegen alle als einzige Alternativen zu einer sozialisierenden Tauschökonomie:

Die Gesellschaften haben in dem Maße Fortschritte gemacht, wie sie selbst […] und ihre Individuen fähig wurden, ihre Beziehungen zu festigen, zu geben, zu nehmen und zu erwidern. Zuerst mußten die Menschen es fertig bringen, die Speere niederzulegen. Dann konnte es ihnen gelingen, Güter […] auszutauschen, und zwar nicht nur zwischen Clans, sondern zwischen Stämmen und Nationen und vor allem Individuen. Und erst dann konnten sich die Leute Interessen schaffen, sich gegenseitig befriedigen und sie verteidigen, ohne zu den Waffen zu greifen. Auf diese Weise haben es die Clans, Stämme und Völker gelernt […] einander gegenüberzutreten, ohne sich gegenseitig umzubringen, und zu geben, ohne sich anderen zu opfern. […] Es gibt keine andere Moral, keine andere Wirtschaft, keine andere gesellschaftliche Praxis als diese (ebd., 181 f.).

So ist für Mauss das Netz einer allgegenwärtigen Tauschökonomie »Geheimnis« und »Weisheit« einer innergesellschaftlichen »Solidarität« (ebd., 182). Zugleich stellt Mauss heraus, dass selbst dem Aufbruch eines Äquivalenzverhältnisses, selbst der scheinbaren Verschwendung eine sozial verpflichtende Funktion innewohnt. Die »reine Zerstörung von Reichtum entspricht nicht jener vollständigen Entsagung, die man darin zu finden meint. Auch Akte des Großmuts sind nicht frei von Eigennutz« (ebd., 170). Im Gegenteil: »Geben heißt Überlegenheit beweisen, zeigen, daß man mehr ist und höher steht, *magister* ist: annehmen, ohne zu erwidern oder mehr zurückzugeben, heißt sich unterzuordnen, Gefolge und Knecht werden, tiefer sinken, *minister* werden« (ebd., 170 f.).

Exakt in diesem Sinne sind für Baudrillard die Bürger dem Staat, die Arbeiter dem System untergeordnet:

Die Genealogie des Sklaven macht es deutlich. Zuerst wird der Kriegsgefangene ganz einfach getötet (es ist eine Ehre, die man ihm erweist). Dann wird er als Beute und Prestigegut ›aufgespart‹ und aufbewahrt (›konserviert‹, von lat. *servus*): er wird zum Sklaven und gehört zum Luxushaushalt. Erst sehr viel später wird er zum Arbeitssklaven. Doch ist er damit noch kein ›Arbeiter‹, denn die Arbeit tritt erst in Erscheinung in der Periode des Leibeigenen oder des emanzipierten Sklaven, der endlich von der Hypothek der Tötung befreit ist, und befreit wofür? eben für die Arbeit (Baudrillard 2005, 70).

›Arbeit‹ wird für Baudrillard zu einer Form des aufgeschobenen Todes: »Arbeit ist ein langsamer Tod« (ebd., 69). Sie ist der Versuch, dem System das zurückzugeben, was es vorgeschossen hat, nämlich das eigene Leben. Dabei kann es sich das System sogar leisten »die symbolische Vergeltung« der Arbeit »zu neutralisieren, indem es sie […] durch Lohn« kompensiert, durch einen Lohn, der »aus dem Arbeiter einen Abnehmer von Gütern« macht (ebd., 72 f.) und ihn damit in einem schuldhaften Zirkel von Gabe und Gegengabe hält. So erschöpft sich im Konsum die Arbeit als langsamer Tod und bestätigt die Macht des Systems, dessen ursprüngliche Gabe des Lebens (zumindest im Leben) niemals erwidert werden kann.

Auch wenn Baudrillard damit die gesamte politische Ökonomie – von Smith bis Marx – auf den Kopf stellt, werden die Überlegungen doch dann plausibel, wenn man neben Mauss' Konzept der Gabe an Hobbes' Leviathan zurückdenkt. In dem Moment, in dem sich das Volk dem Herrscher, dem Leviathan, um die Gabe der Sicherheit unterwirft, gehört das Leben des Einzelnen ihm, und der Leviathan gewährt es dem Einzelnen gleichermaßen als Gabe und Kredit. Der Zustand vor der Entscheidung, sich dem Herrscher zu unterwerfen, mag in Hobbes Genealogie des Staates noch existieren, für Baudrillard heute jedoch nicht mehr. Der Zustand kann höchstens von Neuem hergestellt werden. Und genau darum geht es Baudrillard. Er entwickelt in *Der Tod und der symbolische Tausch* weniger eine Diagnose des damaligen linksradikalen Terrorismus als eine Typik des Widerstands gegen das kapitalistische System. Selbst wenn die Terroristen (aus Baudrillards Perspektive) nicht wissen, was sie tun, weil sie das System noch mit einem marxistischen Maß messen, ist ihr Widerstand, sind die Geiselnahme, der Hungerstreik und der Selbstmord doch trotzdem genau das, was Baudrillard als einzige Formen des Widerstands ausmacht.

Am Anfang stehen Arbeitsverweigerung und Lohnverzicht: »Die Arbeit zu verweigern, den Lohn zurückzuweisen, heißt […], den Prozeß der Gabe, der Kompensation und des ökonomischen Ausgleichs in Frage zu stellen und den grundlegenden symbolischen Prozeß offenzulegen« (Baudrillard 2005, 73). In der Geiselnahme wird die Geisel unter Baudrillards Feder dann vom Pfand zum »Alter ego des Terroristen – ihr Tod steht für den Tod des Terroristen« (ebd., 66). Ins Zentrum rückt hier die ersatzweise wie symbolische Opferhandlung, nicht etwa das Tauschszenario. Das wird daran nachvollziehbar gemacht, dass sich die Verhandlungen mit dem wachsenden Widerstand des Staates zusehends ›verunmöglichen‹ (man denke etwa an die Schleyer-Entführung) und damit zusehends bloß zu einer subversiven Simulation von Austausch und Handel werden, die letztlich nicht im Tausch, sondern im Opfer endet (ebd., 68). Wie in der Geiselnahme noch mittelbar und symbolisch das System herausgefordert wird, geschieht dies im Selbstmordattentat wie im Hungerstreik schließlich unmittelbar, gleichwohl wieder auf symbolischer Ebene: »Wenn die Macht aufgeschobener Tod ist«, kann sie nur »abgeschafft werden […] in einem nichtaufgeschobenen Tod […]. Sich weigern, nicht getötet zu werden, sich weigern das Leben zu schulden« (ebd., 71) und mit dem selbst gewählten Tod eine Gabe produzieren, die das System nach seiner eigenen Logik der Überbietung nicht mehr erwidern kann, »es sei denn durch den eigenen Tod und Zusammenbruch« (ebd., 66). Baudrillard verweist in diesem Zusammenhang auf die Analogie zwischen dem Terroristen im Hungerstreik und dem Asketen:

[D]er geheime Traum des Asketen ist der, an einen solchen Punkt der Abtötung zu gelangen, daß sogar Gott die Herausforderung nicht mehr annehmen kann und seine Schuld tilgen kann. Er wird dann über Gott selbst triumphiert haben […]. Deshalb ist das Asket nie weit von der Häresie und dem Sakrileg entfernt und wird als solcher von der Kirche verdammt, die nur dazu da ist, Gott vor diesem symbolischen Auge in Auge zu bewahren, vor dieser tödlichen Herausforderung, in der Gott genötigt wird, zu sterben, sich zu opfern, um die Herausforderung des Sichabtötenden anzunehmen (ebd., 67).

Auch hier drängt sich wieder der Verdacht auf, dass Baudrillard nur spekuliert. Diesmal sogar gegen das publizierte Selbstverständnis der Terroristen. Jedoch lassen sich Baudrillards Thesen der 1970er Jahre wiederum als ein Versuch der kulturellen Selbstbeschreibung lesen, die radikal mit den Dispositiven der politischen Ökonomie brechen und damit auch mit den Dispositiven, die die Gewalt der RAF erst ermöglichen. Zugleich eröffnet Baudrillard damit eine neue Möglichkeit, die Terrorakte rational zugänglich zu machen. Das hat allein schon deshalb einen Wert, weil so – unabhängig von den Motiven und Strategien der Attentäter – unreflektierten Angstreaktionen, Mechanismen der staatlichen und gesellschaftlichen Autoimmunisierung entgegengewirkt wird, Angst so kognitiv eingehegt werden kann.

Ungewollte Gaben: Mediatisierung der Angst

Bevor man jedoch Baudrillards Ausführungen für den Königsweg der Selbstreflexion über die Bedeutung des Terrors für die westlichen Industriestaaten hält, seien dessen Überlegungen nochmals der kritischen Reflexion unterzogen. Dort nämlich, wo Baudrillard auf die Mediatisierung der Anschläge des 11. Septembers eingeht, stellt er fest:

Among other weapons of the system, which they turned around against it, the terrorists exploited the ›real time‹ of images, their instantaneous worldwide transmission […]. The role of images is highly ambiguous. For, at the same time as they exalt the event, they also take it hostage. They serve to multiply it to infinity, and at the same time, they are a diversion and neutralization […]. The image consumes the event, in the sense that it absorbs it and offers it for consumption (2002, 27).

Baudrillard weist damit auf *den* Effekt der ›Medienpräsenz‹ des 11. Septembers hin, ohne allerdings dessen Konsequenzen in Gänze abzusehen: Die massenmediale Inflation der Bilder entwertet den Terror im gleichen Maße, in dem sie ihn verbreitet. In dem Moment, in dem der Terror des Todes Tausender massenmedial eskaliert wird, wird er auch schon wieder deeskaliert, werden die Anschläge im Mediatisierungsprozess ihres Bedrohungs- oder Beunruhigungspotentials und damit ihrer eigentlichen Botschaft beraubt. So war trotz der knapp 4000 Todesopfer das Entscheidende für die Medienwirkung der Anschläge des 11. Septembers nicht etwa die hohe Zahl der Toten, sondern dass es sich vorrangig um Zivilisten und zufällige Opfer handelte. Indem sich die Gewalt nicht auf Soldaten oder die Mitglieder der US-Regierung beschränkte, wurde der Kreis der potentiellen Opfer totalisiert, verkündeten die Anschläge des 11. Septembers dort, wo die Attentäter der RAF nur auf eine Verunsicherung des Staates und seiner Repräsentanten zielten, eine radikale Eskalation der terroristischen Gewalt, weit über die Anschläge selbst und ihre konkreten Opfer hinaus: Es konnte jeden treffen, an jedem Ort, zu jeder Zeit. Genau darin beschreibt sich das Angstpotential des 11. Septembers, seine Eskalation der Gewalt, die bereitwillig von den Massenmedien kolportiert wurde. Erst in den Massenmedien also konnte sich die terroristische Botschaft, die Angst, gänzlich entfalten und allen potentiellen Opfern ihre Verwundbarkeit vor Augen führen. Zugleich sorgten die Massenmedien aber auch für eine Inflation der Angst. Mit der Eskalation des Schreckens trugen sie simultan schon zur Entwertung und Deeskalation der Angst und des Schreckens bei. Dieser Prozess steigerte sich sukzessive in der massenmedialen Verbreitung des Terrors, die vor allem auch eine Vermarktung des Terrors war und an dessen vorläufigem Höhepunkt die mediale Auferstehung von 9/11 in Hollywood stand. In kommerziellen, das heißt von vornherein auf einen ökonomischen Erfolg hin konzipierten Filmen wie Oliver Stones *World Trade Center* (USA 2006) oder Paul Greengrass' *United 93* (USA 2006) fanden die Anschläge des 11. Septembers, endlich jeder realen Bedrohung beraubt, ihre neue Existenz im konsumierbaren Spektakel des Katastrophenfilms (vgl. Koch 2012).

Auch den Attentaten der RAF war kein anderes Schicksal beschieden. Sie führten ihr massenmediales wie kommerzielles Nachleben in – vorrangig deutschen – Produktionen, wie *Baader* (D 2002) oder *Der Baader Meinhof Komplex* (D 2008). Darum mussten im Prozess der massenmedialen Vermarktung nicht nur der Anschlag und die Geiselnahme, sondern auch das Opfer und der Selbstmord schließlich ihren ›terroristischen Wert‹ verlieren. Der vermeintliche Terror der Gabe des eigenen Lebens wurde auf lange Sicht zu einer ungewollten Gabe ans System, an ein System, das Terror und Angst wieder konvertibel macht, indem es sie zum Spektakel transformiert und als solches konsumiert. Was die Terroristen dabei gewannen, war eine weltweite Aufmerksamkeit, was sie verloren, war ihre Botschaft. Indem sich die Attentäter mit den Anschlägen in die Massenmedien einschrieben, gingen sie dem System von Gabe und Gegengabe letztlich in die Falle: Wie die Anschläge in ihrer Mediatisierung zu einem Spektakel werden, das selbst den Tod zu einem konsumierbaren Medienevent macht, so fordert auch der Selbstmord der Attentäter das kapitalistische System letztlich nicht heraus. 9/11 wie der RAF-Terror bieten dem kapitalistischen und medialen System bloß wieder neues Material für seinen endlosen Austausch von Waren und Informationen als Waren. Der Sieg des Terrorismus, den Baudrillard konstatiert, wird so – nach der Logik Baudrillards – zu einem Pyrrhussieg, zu einer Niederlage. Und die Anschläge erscheinen gerade deswegen so sinnlos, weil die Attentäter des 11. Septembers 2001 wie die Terroristen der 1970er Jahre eine Botschaft der Verweigerung gegenüber dem (globalisierten) Kapitalismus, wenn überhaupt, nur im Verzicht auf Austausch und Kommunikation hätten manifestieren können, nicht aber im konsumierbaren Spektakel des massenmedial inszenierten Mordens ihrer selbst und anderer.

Hier zeigt sich der blinde Fleck in Baudrillards Analyse ebenso wie in der Strategie der Attentäter, ihrer Strategie der Angst und Verunsicherung. Letztlich unterschätzen sie die Komplexität einer Tauschökonomie, die längst schon den Mediatisierungsprozess erfasst hat, und damit auch die Widerstandsfähigkeit der Massenmedien gegen jeglichen symbolischen Akt des Terrors. Alles was bleibt, ist die reale Gewalt, die sich an den Selbstmordattentätern und den unmittelbaren Opfern ihrer Anschläge in ihrer ganzen Sinnlosigkeit entlädt. Damit stellt die letzte Möglichkeit des Widerstands, nach der Baudrillard gemeinsam mit den Terroristen sucht, genau das Gegenteil zu einer Strategie der Angst dar. Dieser Widerstand kann nicht mehr auf eine (massenmediale) Verbreitung von Terror und Angst, auf Mechanismen provozierter Autoimmunisierung setzen, sondern besteht in einer radikalen Verweigerung des Konsums und damit in letzter Konsequenz auch des eigenen Lebens; einer Verweigerung des Lebens jedoch jenseits des massenmedial inszenierten Opfertodes, der wie der der RAF-Häftlinge zur Propaganda werden soll und auf Zustimmung, Beifall und wieder neue Gewalt und Angst hofft. Die letzte Möglichkeit des Widerstands scheint damit, wenn auch nicht in dem von Baudrillard fehlgedeuteten »Traum des Asketen«, so doch in der Askese selbst zu bestehen, einer Askese, die zwar die Angst vorm eigenen Tod überwindet, aber nicht die moralische Furcht vor dem Töten Anderer.

Literatur

Arnswald, Ulrich/Kertscher, Jens: Rezension zu Jean Baudrillard »Der Geist des Terrorismus«. In: *IABILIS. Jahrbuch für politische Prozesse* (2004), http://www.iabilis.de/iabilis_t/2004/arsnwaldkertsherr04.html (23.11.2006).

Baudrillard, Jean: The spirit of terrorism. In: Ders.: *The Sprit of Terrorism and Requiem for the Twin Towers*. London 2002, 3–34.

Baudrillard, Jean: Der Geist des Terrorismus. Herausforderung des Systems durch die symbolische Gabe des Todes. In: Ders.: *Der Geist des Terrorismus*. Wien 2003, 11–35.

Baudrillard, Jean: *Der symbolische Tausch und der Tod*. Berlin ²2005 (franz. 1976).

Derrida, Jacques: Autoimmunisierung, wirkliche und symbolische Selbstmorde. Ein Gespräch mit Jacques Derrida. In: Jürgen Habermas/Ders.: *Philosophie in Zeiten des Terrors*. Hamburg 2006, 117–178, 241–251.

Elter, Andreas: *Propaganda der Tat. Die RAF und die Medien*. Frankfurt a. M. 2008.

Günter, Michael: Un-Heimliche Gewalt. Angstlust, Inszenierung und identifikatorische Projektion destruktiver Phantasien. In: *Psyche* 3 (2006), 215–235.

Harz, Mario/Petersen, Christer: *Terrorist oder Freiheits-kämpfer? Eine relationslogische Begriffsbestimmung jenseits des ›War on Terror‹-Diskurses*. In: Christer Petersen/Jeanne Riou (Hg.): *Zeichen des Krieges in Literatur, Film und den Medien/Signs of War in Literature, Film and Media*. Band/Volume 3: Terror. Kiel 2008, 15–42.

Hobbes, Thomas: *Leviathan or The Matter. Forme and Power of a Common Wealth Ecclesiasticall and Civil* [1651]. London 2012.

ID-Verlag (Hg.): *Rote Armee Fraktion. Texte und Materialien zur Geschichte der RAF*. Berlin 1997.

Koch, Lars: *Re-Figurationen der Angst. Typologien des terroristischen Monsters im Gegenwartskino*. In: *Limbus. Australisches Jahrbuch für germanistische Literatur- und Kulturwissenschaft* 4 (2011): Terror und Form, 81–99.

Koch, Lars: *Angst im Post-9/11-Cinema. Zur filmischen Bearbeitung eines Erwartungsaffekts*. In: Søren Fauth/Kasper Green Krejberg/Jan Süselbeck (Hg.): *Repräsenta-tionen des Krieges: Emotionalisierungsstrategien in der Literatur und den audiovisuellen Medien vom 18. bis zum 21. Jahrhundert*. Göttingen 2012, 73–86.

Mauss, Marcel: *Die Gabe. Form und Funktion des Austauschs in archaischen Gesellschaften*. Frankfurt a. M. 1990 (franz. 1925).

Metz, Markus/Seeßlen, Georg: *Krieg der Bilder – Bilder des Krieges*. Berlin 2002.

Proll, Astrid: *Hans und Grete. Bilder der RAF 1967–1977*. Berlin 2004.

Townshend, Charles: *Terrorismus. Eine kurze Einführung*. Stuttgart ²2005 (engl. 2002).

Virilio, Paul: *Ground Zero*. London/New York 2002.

Winkler, Willi: *Die Geschichte der RAF*. Reinbek bei Hamburg ³2010.

Žižek, Slavoj: *Welcome to the Desert of the Real. Five Essays on September 11 and Related Dates*. London/New York 2002.

Christer Petersen

B. Aktuelle Szenarien

1. Migration und Demographie[*]

*Solange die Angst diffus bleibt, verschmilzt sie
mit dem Sicherheitsgefühl, das die Industriekultur
trotz allem ausstrahlt, zu der Normalformel:
es wird schon alles auch weiterhin gut gehen,
jedenfalls wird es so schlimm nicht werden.
Die seltsamste Verbindung aber gehen die beiden
Elemente ein, wenn die Gefährdung eine bestimmte
Gestalt annimmt [...]. Dann wird die Angst, paradox
gesagt, ihrer selbst sicher* (Freyer 1965, 290).

Kartierung des Themenfeldes

Der Komplex ›Migration und Demographie‹ integriert eine Vielzahl kleiner medialer Angstthemen zu
einer mittleren Geschichte. Dieser Komplex umfasst
Narrative der ökonomischen und ökologischen Denormalisierung (steigende Lebenserwartung, niedrige Geburtenrate, umgedrehte Alterspyramide, Fachkräftemangel bzw. Überbevölkerung, Ressourcen-
übernutzung etc.), allgemeine biographische Ängste
(Altersarmut, Pflegenotstand, Demenz, Alzheimer
etc.), traditionelle Ethno- und Nationenfelder (Überfremdung, kulturelle Enteignung, Absinken des
Landes in eine niedrige Normalitätsklasse etc.). Wer
die Stichwortkombination ›Demographie-Migra-
tion-Angst‹ googelt, der gerät zuerst in ein»Dialog-
forum« der Münchener Rück Stiftung, einer PR-Ein-
richtung des größten deutschen Rückversicherers.
Dort erfährt er, dass 2050 jeder dritte Deutsche älter
als 60 Jahre sein wird, dass die deutsche Bevölkerung
altert und schrumpft, dass entvölkerte Geisterregio-
nen sich hierzulande ausbreiten. Zugleich, so wird
der Leser durch den Versicherer belehrt, gilt international der entgegengesetzte Trend: Bevölkerungswachstum, riesige Jugendkohorten voller Mobilität
und Vitalität. Gewalt Krieg und Armut sorgten für
enormen Migrationsdruck auf der Südhalbkugel,
aber auch bei den hoch Qualifizierten (100.000 IT-

Experten verlassen jährlich Indien!). Die rhetorische
Frage lautet dann, ob Gesellschaft und Politik in
Deutschland auf all das eigentlich vorbereitet seien.
So gesehen bereitet die strategisch mobilisierte Angst
vor den Folgen von Demographie und Migration
den Boden für die Landnahme der privaten Finanz-
industrie auf den Feldern der öffentlichen Daseinsvorsorge.

Seit Malthus und Galton bildet die Demographie
als quantitativ und qualitativ verdatete Bevölkerung
eine Quelle alarmistischer (Re-)Normalisierungsver-
suche (Link 2006). Auch sie betreffen direkt die Ökonomie (exponentielles Bevölkerungswachstum vs.
lineares Wachstum der Nahrungsproduktion) oder
tangieren sie indirekt durch die Zusammensetzung
der Bevölkerung (stärkere Reproduktion von ›Minderwertigen‹ bis zu den heutigen ›Kopftuchmädchen‹ Sarrazins, den ›kinderlosen Akademikerin-
nen‹ etc.).

Migration kommt neuerdings vor allem in demographischen Themenfeldern zum Einsatz: Als ›ungesteuerte‹ trägt sie zu mannigfachen Denormalisie-
rungsängsten bei (Asylanten, Einwanderung in die
Sozialsysteme, ruinöse Konkurrenz auf dem Arbeitsmarkt, Lohndrückerei, Parallelgesellschaften,
Verdrängung der deutschen Bevölkerung), als politisch ›gesteuerte‹ und ›erwünschte‹ Migration wird
sie zunehmend kompensatorisch gegen eben diese
Ängste in Stellung gebracht (gegen Überalterung
der ›deutschen‹ Bevölkerung, gegen Pflegenotstand,
Fachkräftemangel etc.). In jüngster Zeit avanciert
der so umrissene Themenkomplex zu einem *Mega-
Issue* mit zunehmenden propagandistischen und
strategischen Interventionen aus Staat und Wirtschaft auf der Grundlage hoch performativer, pro-
gnostischer Daten und Statistiken. Die einschlägigen
Denormalisierungsängste des Publikums können
für den Verkauf privater Altersvorsorge, für die Be-
werbung von prestigeträchtigen Privatschulen für
den Nachwuchs oder für die Organisation politischer Zustimmung zur Absenkung sozial-ökonomi-
scher Standards verwendet werden. Dabei ist in
jüngster Zeit die Umkodierung diffuser Ängste auf
das Muster ›Chancen und Risiken‹ unverkennbar.
Zu zeigen ist jedoch, dass die medienöffentliche
Umkodierung von ›Risiken‹ auf ›Chancen‹ von Mi-

[*] Für Rat und Hilfe danke ich Ani Dießelmann und Jürgen Link.

gration und demographischer Entwicklung kaum weniger Denormalisierungsangst mobilisiert als die ursprünglich reinen Angstnarrative. Sie ist vielmehr ein Symptom für die moderne Kopplung von Demographie und Migration zu *einem* normalistischen Regulativ.

Angst

Nachdem theologisch angefachte Jenseits-Ängste ihren Schrecken weitgehend verloren haben (s. Kap. II.1), und nachdem Knappheit und Mangel wenigstens in den medial adressierten Mittelschichten der Normalität eines weitgehend befriedeten Massenkonsums gewichen sind, nistet sich die Angst in den von Denormalisierung bedrohten Nischen des diesseitig-›normalen‹ Lebens ein und wird dort von mehr oder weniger professionellen Meinungs- und Stimmungsmachern massenmedial verwaltet. Die Angst, die durch Demographie und Migration medial mobilisiert werden kann, ist das Gegenstück des massendemokratischen Sicherheitsversprechens, sie ist in der Hauptsache Angst vor Status- und Sicherheitsverlusten.

David Riesman kennzeichnet die Befindlichkeit des seinerzeit neu aufkommenden, durch Massenmedien und Massenkonsum geprägten *außengeleiteten* Sozialcharakters als »diffuse Angst« (Riesman 1958, 41). Diese Angst selbst gilt als tief verinnerlicht, ohne eigentlichen Anlass, aber durch äußere, insbesondere massenmediale Signale leicht zu aktivieren und zu lenken. Die innere »Radaranlage« macht den Außengeleiteten hoch empfindlich für neu aufkommende (oder strategisch platzierte) Angstthemen. An diesen kann die diffuse innere Angst andocken, kognitiv fasslich und bebildert werden. Von den Gewissensängsten des *Innengeleiteten* unterscheidet sie sich ebenso markant wie von der Furcht der *Traditionsgeleiteten*, von Familie oder Sippe verstoßen zu werden.

Die drei idealtypischen Sozialcharaktere Riesmans sind selbst an eine demographische Rahmengeschichte gebunden. Den Typus der *Traditionsleitung* verbindet er mit Gesellschaften von hohem »Bevölkerungsumsatz« (hohe Geburten- und Sterberate, rasche Generationenfolge, geringes Bevölkerungswachstum). Den Typus der *Innenleitung*, verkörpert etwa durch protestantische Ethik, Gewissendominanz, starke normative Orientierungen, verbindet er mit den rasch wachsenden Gesellschaften der kapitalistischen Industrialisierung. Der *Au-*

ßengeleitete hingegen gehört in die späte Phase der schrumpfenden Gesellschaft, der Konsumorientierung, mit neuem Mittelstand, vielen Alten, wenigen Jungen und Massenmediendominanz (vgl. ebd., 23–40). Motivgeschichtlich zehrt diese Konstruktion sichtlich von zyklischen Kulturkreistheorien des Typs Spengler/Toynbee.

Demographie und Migration gehören zu den Themen, an denen diffuse Ängste des *außengeleiteten* Typs leicht festzumachen sind. Dafür gibt es zwei Gründe: Zum einen, weil gegen ihre ›Folgen‹ individuelle Prävention (vgl. Bröckling 2008) nur sehr begrenzt greift. Zum anderen ist offenbar demographische Normalität auf Dauer im neuzeitlichen Erfahrungsraum nicht zu haben. Vielmehr scheint die demographische Entwicklung ein permanenter Bedrohungsraum. Zwischen globaler Überbevölkerung (Bevölkerungsexplosion mit Hunger- und Umweltkatastrophen) auf der einen, Überalterungs- und Entvölkerungsphantasmen auf der anderen Seite, scheint es eine stabile Mitte gar nicht zu geben. Der Diskurs schlingert von einem Extrem in das andere, und selbst die Gleichzeitigkeit beider Denormalisierungen scheint nicht undenkbar. Heute beunruhigt die 7. Milliarde der Weltbevölkerung und morgen der entvölkerte Osten. Diesbezüglich scheinen Demographie und Migration die gleiche interdiskursive Anatomie und Logik zu haben. Sie prädestiniert für alarmbereite und prekäre, stets panisch-rückfallgefährdete Formen der normalistischen Angstregulation.

Evolutionsbiologisch kodiert wären die einschlägigen Ängste womöglich primitiv und dauerhaft. Für jede Art sind ›zu große‹ und ›zu kleine‹ regionale Populationen gleichermaßen bedrohlich. Zu geringe Fortpflanzungschancen und zu hohe Ressourcenkonkurrenz sind komplementäre Gefahren in jeder ›Nische‹. Der Mensch der modernen Evolutionsbiologie teilt ohnehin die meisten seiner Züge mit dem klassischen *homo oeconomicus*. In der populären Massenkultur fehlt es auch nicht an einschlägigen anschlussfähigen Schablonen vom ›letzten Menschen‹ *und* vom Kollaps unangepasst-überbevölkerter Kulturen (Diamond 2005). Man darf also vermuten, dass die demographische Erzählung mit all ihren Varianten, Vernetzungen und Anschlussmöglichkeiten der ›ideoplastischen‹ Ausgestaltung und Regulation von Angstbereitschaften dient, die im Inneren der Rezipienten gar nicht erst geweckt werden müssen, weil sie dort bereits vorhanden (und nur noch nicht gerichtet und bebildert) sind. Alarmistische Nachrichten über die ›alternde

Gesellschaft‹ betreffen jeden, sei es, weil er schon alt ist, sei es, weil er es noch zu werden gedenkt. Ihr ›Neuigkeitswert‹ liegt darin, dass sie den Konnotationsraum des Alters verschieben und die Normalerwartung mit ihren Bestandteilen Angst und Zuversicht neu abmischen.

Komplementärgespenster oder: Narrative Repertoireelemente und ihre (überraschenden) angstpolitischen Äquivalenzen

Beginnen wir mit der medienöffentlichen Umkodierung des Themenparks *Demographie/Alter*: Aufdringlich im Vordergrund der populären Massenkultur steht der Jugendkult in Technik, Sport, Werbung und Unterhaltung. Nur die Jungen haben Anschluss an den jeweils neuesten Stand der Technik, der hegemonialen Kultur, des Prestigekonsums, dessen Ikonen sie bebildern. Während aber Jugend in der symbolischen Kultur geradezu kultisch hofiert wird (mit dem Effekt, dass die Alten schon darum »alt aussehen«), bleibt sie in den sozialökonomisch praktischen Fragen von Beruf, Aufstieg, Erfolg immer öfter abgehängt, prekarisiert und von materieller und statusmäßiger Deklassierung bedroht – wenn sie nicht, z. B. als Migrantenjugend, von vornherein stigmatisiert ist. Heute laufen die fitten und konsumstarken Rentner Marathon und vergnügen sich auf Kreuzfahrten, während ihre Enkel in unbezahlten ›Praktika‹ schuften und den Eltern auf der Tasche liegen. Auch vom latent schlechten Gewissen über diese Kluft zwischen zirkulierenden Jugend-Images von coolem Prestige und Wohlstand und den ernüchternden ökonomischen Realitäten lebt der Diskurs vom Alter und vom Generationenkonflikt. Frank Schirrmacher, neben Sarrazin der derzeit wohl diskurspolitisch einflussreichste »Apokalyptiker einer deutschen Bevölkerungskrise« (Koch 2009, 50) hat in seinem Bestseller *Das Methusalem-Komplott* (2004) die wesentlichen Repertoireelemente, auch die, welche den Unmut einer chancenlosen und abgehängten Jugend gegen die weich gebetteten und vermögenden »jungen Alten« bebildern, zu einem polemischen, um nicht zu sagen ressentimentgeladenen Essay verdichtet. Zum demographischen Repertoire gehören demnach die pseudooptimistischen Geschichten von der rapide steigenden Lebenserwartung, von den »fitten Alten«, vom Geburtenrückgang und der numerischen Verschiebung zwischen Rentnern und Berufstätigen ebenso wie die

Demenz- und Pflegenotstandsgeschichten. Ebenso aber auch die zwischen Bedrohung und Verheißung changierenden Stories von der unentbehrlichen Erfahrung der Alten und von der unaufhaltsamen Verschiebung der beruflichen Altersgrenzen nach oben (vgl. Schirrmacher 2004). Das boulevardeske i-Tüpfelchen auf diesem Muster sind die hochfrequenten Extremmeldungen des Typs ›Hundertjähriger Marathonläufer‹ (der dem Reporter mitteilt, erst wenn er nicht mehr laufe, werde er sterben) oder die Reportage über die 87-jährigen Doris Day, die ›noch einmal richtig durchstarten‹ möchte – von ›Jopi‹ Heesters natürlich ganz zu schweigen. Dieser narrative Strang handelt von den ›jungen Alten‹ und begründet und bestärkt die Furcht, der neoliberale Zwang zur lebenslangen Selbstoptimierung auf dem Fitness-Laufband habe nach den Kinderkrippen jetzt auch die Altersheime im Sturm erobert. Die völlige Aufhebung und »Flexibilisierung« aller Altersgrenzen wird vielfach medial gefordert und unterstreicht das Drohpotential dieser Geschichten. Wer noch kein Alzheimer hat und auch nicht sonst wie pflegebedürftig ist, muss weiter strampeln, so lautet die implizite Botschaft, die alle medial vorkommenden Formen des Alterns jedenfalls scharf absetzt gegen den »wohlverdienten Ruhestand« und die »Muße« (Metz/Seeßlen 2011, 545 ff.).

Das demographische Angstszenario umfasst freilich nicht nur die strikt individuellen Befürchtungen, sondern auch eine soziale Drohkulisse, bestehend aus sinkendem Lebensstandard, höheren Sozialabgaben, medizinischer Unterversorgung und allgemeinem Pflegenotstand, die vor allem die jüngeren Generationen adressiert. Bei individueller und staatlicher Untätigkeit droht dem ganzen Land (resp. Standort) der Verlust der höchsten Normalitätsklasse. Enggeführt werden individuelle und soziale Drohszenarios in der immer wieder aufflackernden Sterbehilfedebatte.

Schirrmacher überkodiert zudem die ›sanften‹ Geschichten vom Erfahrungsfonds der Alten, der nicht vergeudet werden dürfe, mit den dezidiert ›harten‹ Geschichten von der evolutionsbiologischen Nutzlosigkeit der Alten, die »ihren biologischen Zweck erfüllt« (Schirrmacher 2004, 10) haben – im Verhältnis zu den Jungen, die als »Botschafter des Fortpflanzungsauftrags« (ebd., 161) auf die Erzählbühne gestellt werden. Kinderlose sind Menschen, »die ihr biologisches Programm nicht erfüllt« haben (ebd., 64), und vor diesem Hintergrund wirkt die Überzahl der Alten entschieden naturwidrig. Die Ankündigung: »Die Jugend von morgen wird den Darwinismus entdecken« (ebd., 131), ist deskriptiv ein Witz, weil es neben dem Neoevolutionismus längst kein anderes Megadeutungsmuster mit Schlüsselattitüde mehr gibt, weil die Gesellschaft, Alte wie Junge, den Darwinismus also schon längst *entdeckt hat*. Performativ ist der Wink mit dem Darwinismus eine unverhohlene Drohung. Denn die Natur, so heißt es bei Schirrmacher (ebd., 111), sieht nicht vor, dass ein Lebewesen zusätzlich zu seinen Nachkommen auch noch seine Vorgänger versorgen müsse. Das wiederum lässt das Umlagesystem der Rentenversicherung, in dem es ›natürlich‹ stets die arbeitende Generation ist, die die nicht mehr arbeitende versorgt, widernatürlich aussehen. In den zugespitzten Gegenfiguren erscheinen dann vor allem die kinderlosen Alten als Parasiten und Trittbrettfahrer derer, die ihren Reproduktionsauftrag erfüllt haben. »Von Kindern profitiert, wer keine hat« – so zitiert Priddat (2005, 38) den prominenten Populärdemographen Herwig Birg. Und der IFO-Chef Hans-Werner Sinn wird landauf landab mit dem Satz zitiert, die Rentenversicherung habe den Menschen die Verantwortung für ihr Einkommen im Alter genommen und damit die Kinderlosigkeit der Deutschen maßgeblich mit verursacht (Priddat 2005). Schirrmacher inszeniert seinen Text als eine Art *Empowerment* für die Altersängstlichen, legt aber beständig neue Scheite auf das apokalyptische Feuerchen (z. B. Schirrmacher 2004, 56 f., 63 f. etc.), so dass die Ängste weiter angeheizt werden. Dass selbst in den wachsenden Gesellschaften des 19. Jahrhunderts das Zahlenverhältnis zwischen Arbeitenden und Ernährten kaum besser war, als es in der Gegenwart ist (wegen der großen Zahl der Kinder und Jugendlichen, die das Erwachsenenalter nicht erreichten) erwähnt niemand.

Motivgeschichtlich erbt der moderne Demographiediskurs *nolens volens* die Traditionen der malthusianischen Überbevölkerungs- und der völkischen Schrumpfungsszenarios (vgl. Bryant 2011): Alter, Schrumpfung und dramatisierter ›Volkstod‹ stehen unvermittelt neben der drohend weiter laufenden Überbevölkerung (anderswo). Es ist leicht zu ermitteln, dass die Klage über den Geburtenrückgang und das aussterbende Volk wenigstens 100 Jahre alt ist. Schuld waren vor 100 Jahren allerdings noch andere: Namentlich Frauenemanzipation und Sexualreform. In der Weimarer Republik sprach Friedrich Burgdörfer, der damalige Sarrazin, in seinem populären Buch *Volk ohne Jugend* (1932) von Schrumpfung, Überalterung und ›biologischer Selbstvernichtung‹. Die rasche Vermehrung der ›rassisch

Minderwertigen‹ befeuerte diesen Motivkomplex während der völkischen Phase. Aber auch nach dem Zweiten Weltkrieg lieferte die »Überalterung« der Deutschen den Anlass zur Gründung des Familienministeriums 1953 (Bryant 2011, 42). Und – so kurz ist das öffentliche Gedächtnis! – noch im Jahr 2003 begründete Franz Müntefering den ›Umbau‹ der Sozialsysteme nebst Hartz IV mit demographischen Narrativen von deutscher Überalterung – so dass bereits das passende *bonmot* zirkuliert: »wir sterben immer wieder aus« (Bryant 2011, 46). Die gleichwohl andauernde Evidenz dieser Narrative hat eine banale Seite: Jedes Individuum macht für sich die Erfahrungen des Alterns. Wir werden alle jeden Tag älter, und die vertraute Lebenswelt wird von unvertrauten Neuerungen geflutet. Mit dem eigenen Altern altert auch »unsere« Welt, und sie geht auch ganz natürlich mit uns unter. Es ist dies ein Motiv, mit welchem jedes Individuum an der ›Masse‹ partizipiert. Georg Simmels klassische soziologische These, wonach Macht in hoch individualisierten Massengesellschaften überwiegend mittels derartiger Motive ausgeübt (und damit – gegen jede Anfangsplausibilität – entscheidend vereinfacht) werden würde (Simmel 1992, 183 ff.), wird durch den Demographie-Hype jedenfalls glänzend bestätigt.

Weniger banal, aber ebenso breit plausibilisierend für das Angstpotential der hoch ambivalenten Altersgeschichten wirkt der Umstand, dass die medial dominant adressierten Mittelschichten besonders zukunftsunsicher reagieren. Eingeklemmt zwischen den Mediengeschichten über die ausgebeutete und stets bedrohte Mitte einerseits, und über die satte und überversorgte Mitte andererseits (Kreft 2001), erzeugt hier auch das optimistische Narrativ über die ›fitten Alten‹ womöglich eher Angst vor dem lebenslangen Fortdauern von Selbstoptimierungszwang und Ausbeutung bzw. Selbstausbeutung. Man weiß nie, ob man zur Verlierer- oder Gewinnerseite gehört (Metz/Seeßlen 2011, 549), Statusängste dominieren, und selbst Ratgeberliteratur über »erfolgreiches« und »produktives« Altern – als ob das einfach erlernt werden könnte! – scheint sich gut zu verkaufen (Priddat 2005, 26), was ein untrüglicher Indikator dafür ist, dass Angst und Verunsicherung das Thema dominieren.

Die »Demographisierung« (Barlösius/Schieck 2007) der Gesellschaft ist selbst eine sozial-kulturelle Strategie, die, qua Verdatung und Naturalisierung, neue Konfliktlinien und die dazu gehörigen Identitäten aufbaut. Sie bringt die Generationen gegeneinander in Stellung (alt/jung), die Kinderlosen gegen die Eltern, Einheimische gegen Migranten. Diese Konstellationen werden dann in den Medien narrativ bebildert. Beliebt ist u. a. der Motivkreis der *angry young men*: Junge Politiker, die auffordern, endlich eine private Renten- und Pflegeversicherungspflicht einzuführen, weil die Jungen zwar ewig zahlen müssten, aber später nichts mehr von der dann längst überforderten öffentlichen Kasse hätten. Die populistische Variante davon ist die öffentliche Aufforderung an die Alten, endlich den Löffel abzugeben, die einen Jungliberalen einstweilen das Amt gekostet hat. Auch Staatsverschuldung und Ökologie docken an diesem Motivkreis an, sofern sie stets davon handeln, was die ›Alten‹ den ›Jungen‹ zurücklassen respektive übergeben. Performativ erscheinen die demographischen ›Tatsachen‹ als bedrohlich aufziehende soziale Konflikte und als Imperative, sich in deren Feld aktiv zu positionieren. *Zwischen* Individuum und Gesellschaft gibt es im demographischen Weltbild bestenfalls die Familie. Von Klassen, Schichten, Ständen und sonstigen sozialen Formationen mit gemeinsamen Interessen ist nicht mehr die Rede. Tocquevilles prophetische Vision von der massendemokratischen US-Gesellschaft, in der jeder genaueste Aufmerksamkeit für sich selbst mit höchst unbestimmten Vorstellungen über »alle anderen« zu versöhnen hat (Tocqueville 1987), werden im Demographiediskurs wahr. Für alles, was den engen Familienkreis überschreitet, wird die medienöffentliche Meinung zur einzigen Leit- und Steuerinstanz. Die Demographie präsentiert das Individuum als Atom in einer numerisch genauestens spezifizierten Population und lenkt damit die Aufmerksamkeit des einzelnen gebieterisch auf diejenigen Merkmale, die ihn eben zu einem solchen Atom machen.

Auf diesen Themenpark trifft nun der ebenfalls semantisch umgebaute Motivkreis der Geschichten über *Migration/Fachkräftemangel*: Hier haben die mit Überflutungs- und Überfremdungsbildern aufgeputzten Angstszenarios von gestern längst begonnen, mediale Aufmerksamkeit mit ihrem Gegenpart zu teilen: Erwünschte Einwanderung der ›Besten‹, der angeblich fehlenden Fachkräfte, Ingenieure, IT-Spezialisten. Erklärtes Ziel: Kompensation der Demographiefolgen, nebst den dazu gehörigen Warngeschichten des Typs »Deutschland, ein Auswanderungsland« (*SZ* vom 14.04.2011), denen zufolge das eigentliche Problem längst darin liegt, dass die Zahl der Auswanderer (darunter besonders viele hoch qualifizierte Einheimische und Ex-Einwanderer) die der Einwanderer neuerdings übersteigt. Dann fällt regelmäßig das Stichwort ›Willkommenskultur‹, und

es erklingt die Klage von der Unattraktivität Deutschlands für qualifizierte oder ›erwünschte‹ Einwanderung. Am Horizont winkt die Denormalisierung durch *brain drain*, durch Abwanderung der ›Besten‹, durch sinkende IQ- und Innovationskraft, und damit der Verlust der Konkurrenzfähigkeit des ›Standorts‹ im internationalen Wettbewerb.

Isoliert betrachtet wäre das eine kleine, in Anbetracht der langjährigen Exportweltmeisterschaft Deutschlands kaum beunruhigende *story line*. Allerdings gibt es auch die flankierenden Langzeit-Geschichten über den zur Auswanderung in attraktivere (angelsächsische) Länder neigenden wissenschaftlichen Nachwuchs. Aber ihre eigentliche Diskursmacht erhält diese Geschichte durch die fortdauernde Virulenz der ›klassischen‹ Gegenerzählung über die drohende hungrige Arbeitsmigration aus Osteuropa, Nahost und Nordafrika. Durch die mehr oder weniger friedliche interdiskursive Koexistenz beider Stories entsteht die von Sarrazin besiedelte Nische zwischen ›zu viel‹ und ›zu wenig‹ Einwanderung (vgl. Sarrazin 2010). In ihr etablieren sich flexible und von Fall zu Fall feinjustierbare Subkategorien ›guter‹ und ›schlechter‹ Einwanderung. Angstbesetzt für den einzelnen sind fortan die bedrohlichen Folgen, die eintreten, wenn die Migration nach der einen oder nach der anderen Seite aus der Normalitätskurve (Link 2006) getragen wird. Damit ist Migration tendenziell eingegliedert in ein flexibel normalistisches Regulationssystem. Sie erscheint nicht mehr per se als ›gut‹ oder ›schlecht‹, sondern als fallweise flexibel und dosierungsbedürftig, damit die Normalität in Deutschland nicht ›aus dem Ruder läuft‹. Am Horizont winken bereits strikt normalistische Einwanderungsregeln wie etwa die Kanadas. Dort gibt es ein (demographisch fallweise feinregulierbares) Punktesystem, das erwünschte Eigenschaften definiert – einwandern darf, wer einen kritischen Mindestpunktwert erreicht. Der Bestseller-Erfolg von Sarrazin zeigt allerdings auch, dass die krude Angst vor kultureller Überfremdung dann noch funktioniert, wenn der als »fremdkulturell« kodierte äußere Feind (Islam/Terrorismus) als innere Bedrohung rekonfiguriert wird (z. B. Sarrazin 2010, 277).

Zur Chronologie und Anatomie der Angstregulation

Die Medienkonjunktur demographischer Themen hat kampagnenartige Züge. In den Jahren von 2003 bis 2005 liegt ein massiver Schwerpunkt der medialen Thematisierung von Demographie. Barlösius und Schieck (2007, 15) zählen für das Jahr 2003 nicht weniger als 866 einschlägige Artikel in den überregionalen Meinungsblättern (gegen lediglich 36 Beiträge im Jahr 1999 und ca. 600 jährlich nach 2005). Im zeitlichen Umkreis des Schirrmacher-Essays (2004) finden wir nicht nur die *Enquetekommission* des Bundestags zum demographischen Wandel, deren Bericht über die Bevölkerungsentwicklung mit sozialpolitischen Handlungsempfehlungen schließt, sondern auch massive Vorstöße der *ZEIT* und der Bertelsmannstiftung auf dem demographischen Feld. *SPIEGEL*-online bringt 2006 eine Serie über Landflucht und Verödung im Osten mit kalauernden Titeln wie »Keine Zukunft für die Kuhzunft«. Man hat den Eindruck, dass in der Mitte des letzten Jahrzehnts das Potential der Demographie zur Erzeugung von Angst und zur Legitimierung sozialpolitischer ›Sachzwänge‹ entdeckt worden ist. Es fehlt auch nicht an wissenschaftlichen Versuchen, das Thema für Wirtschaft und Massenmedien aufzubereiten und zugleich Forschungsressourcen zu mobilisieren. Ins Auge sticht z. B. der im Arbeitskontext der privaten Zeppelin University herausgegebene Band von Jansen, Priddat und Stehr (2005). Ungefähr zeitgleich (und auch dafür kann Schirrmachers *Methusalem-Komplex* stehen) finden wir auch erstmals die Tendenzen zur medienöffentlichen Umkodierung der aufziehenden demographischen Denormalisierung als ›Chance‹. Dafür stehen Aufmacher wie ›Wir schrumpfen uns gesund‹ oder ›Toll – endlich Platz‹. Im Jahr 2009 beschließt die Bundesregierung auf Schloss Meseberg die Entwicklung einer »Demographiestrategie«. In deren Rahmen sollen Familien-, Frauen- und Migrationspolitik neu konfiguriert werden. Das Strategiepapier liegt seit 2011 vor und trägt den wunderbar mehrdeutigen Titel »Jedes Alter zählt« – fragt sich nur, was?

›Denormalisierung und Krise‹ kann man provisorisch als strategischen Operationsmodus eines normalistischen Systems zur Verschiebung der ›normalen‹ Grundlinien verstehen. Wenn öffentlich erfolgreich auf ›demographische Denormalisierung‹ erkannt wird, dann erscheinen auch radikale ›Einschnitte‹ ohne demokratische Legitimation angemessen und gerechtfertigt. Jede anerkannte Krise senkt die Anforderungen an den demokratischen Willensbildungsprozess. Und Demographie kodiert Zukunft um von ›offen‹ auf ›bereits bekannt‹ und ›nicht mehr zu verändern‹. Sie taugt daher dazu, das

Mitte-Publikum an sinkende Normalitätsstandards zu gewöhnen – und an den fatalistischen und entpolitisierenden Glauben daran, dass ohnehin nichts zu machen ist, weil die Alterung unweigerlich fortschreitet, die Weichen für den demographischen Wandel bereits unwiderruflich gestellt sind. Bezogen auf fachliche Zuständigkeiten greift Demographie über auf ehedem soziologisches Terrain. Während aber soziale Institutionen grundsätzlich ›gemacht‹ und änderbar sind (und somit demokratisch konnotieren), haben Populationen (nicht zufällig ein Ausdruck aus der Evolutionsbiologie) natürliche numerische Optima (was sich in Programmformeln wie ›resilientes Wachstum‹ niederschlägt) und sind, einmal entgleist, nicht mehr demokratisch rückholbar.

Fazit

Während Bestseller wie die von Schirrmacher und Sarrazin das alarmistische Potential von demographischer Alterung und Denormalisierung durch Migration fortschreiben, fehlt es zugleich auch nicht an Versuchen zur diskursiven Renormalisierung dieser Themenkomplexe und zur Angstdämpfung. So ist zu beobachten, dass im medialen Feld der ›kleinen Meldungen‹ zusehends populärdemographische Artikel des Inhalts auftauchen, dass Migranten aus Maghreb, Türkei, Nahost binnen einer Generation ihr generatives Verhalten den Normalitäten des Einwanderungslandes anpassen. Demzufolge – so der Tenor der Berichterstattung – taugt die Migration weder für Überfremdungsängste noch aber auch für die Hoffnung, die Folgen der deutschen Überalterung seien einfach durch gesteuerte Migration zu beherrschen: Die ›Kopftuchmädchen‹ der zweiten Generation haben im Schnitt nicht mehr Kinder als die Alteingesessenen. Und was die demographisch befeuerte Furcht vor dem ›Fachkräftemangel‹ der nahen Zukunft betrifft, so gibt es längste den Verdacht, diese Kampagne habe zuerst das Ziel, von eigener Untätigkeit in Sachen Fachausbildung abzulenken. Offenbar setzt die Industrie analog zum US-Modell darauf, mit solchen Kampagnen ausländische Fachkräfte anzulocken, deren Ausbildungskosten anderswo anfallen. Zudem erlaubt es die Internationalisierung des Arbeitsmarktes für Fachkräfte, deren Löhne und Arbeitsbedingungen abzusenken. Und: Gäbe es wirklich zu wenig Fachkräfte, müsste sich deren Position auf den Arbeitsmärkten dramatisch verbessern. Und was sehen wir? Praktikanten und arbeitslose Akademiker ohne Ende. Ärztemangel in den Krankenhäusern und auf dem Land – und gleichzeitig einen *Numerus Clausus* für Medizin von 1,0. Und selbst bei den angeblich hofierten Ingenieuren steigen die Gehälter nicht oder kaum. Die Wirtschaftsblätter begleiten freilich die Verhältnisse unverzagt mit der Forderung nach erleichterter Einwanderung für Fachkräfte – die sei demographisch und ökonomisch nötig für Wohlfahrt und Wachstum am Standort. Und dabei sammelt man Punkte für Toleranz und Weltoffenheit – beim Senken der Lohn- und Sozialstandards.

Die Ängste, die mit Hilfe von Demographie und Migration bebildert und gelenkt werden können, sind offenbar in das strategisch bewirtschaftete Repertoire normalistischer Machtpraktiken vorgedrungen. Ist der (mediale) Erwartungshorizont einmal blickdicht mit Angstszenarios verstellt, dann fehlt programmatischen Erwartungen und Überschüssen die Entfaltungsmöglichkeit. Jede Art von ›Utopie‹ wirkt dann lächerlich, wenn es stets und an allen Fronten nur darum geht, ›das Schlimmste zu verhindern‹. Allerdings dürfen die Angstszenarios auch nicht so lähmend ausfallen, dass das adressierte Publikum lethargisch und fatalistisch wird. Es soll ja weiterhin individuell fürs Alter vorsorgen, private Renten und Lebensversicherungen kaufen, in den Statuserhalt der Kinder (durch Bildungsabschlüsse) investieren, ›erwünschte‹ Migration hinnehmen etc.

Dass Migration und Demographie gewissermaßen ›gegenseitig‹ ihr alarmistisches Potential dämpfen, wenn sie zu *einer* Geschichte vereint werden, trägt dazu bei, den einschlägigen Themenkomplex in die globalisierungsbedingten ökonomischen Sachzwänge einzufügen. Demographie normalisiert Migration und *vice versa*. Der Schwerpunkt verschiebt sich von selbst auf die ›richtigen‹ Zahlenverhältnisse, die dann bei Bedarf nach- und feinreguliert werden können. Wer sich noch erinnert, dass Migration vor wenigen Jahren thematisch eng mit (politischem) ›Asyl‹ verkoppelt und als Thema hoch moralisiert und normativ besetzt war, der wird nicht bestreiten können, dass sich die Position des Themas im regulatorischen Gefüge der Macht erheblich verschoben hat. Das gilt für die Demographie nicht minder, bei welcher der Schlachtenlärm um Sarrazins völkische Obsession übertönt, dass auch da modernste neoliberale Machttechnik implementiert wird. Es geht jetzt allenthalben um numerische Korridore und um ›gute‹ bzw. ›erwünschte‹ Einwanderung. Die ›kreative‹ Verkopplung zweier Angstthemen erzeugt so eine flexibel normalistische Szene. Und in dieser Szene wird es für den einzelnen plausibel, dass mit

Blick auf das ja unweigerlich bevorstehende eigene Alter billige Pflegekräfte aus Osteuropa ebenso ein Segen sind wie die ›besten‹ Ärzte aus aller Welt, die natürlich nach Deutschland gelockt werden müssen. Damit treten Demographie und Migration ein in das Umfeld strategischer Prävention. Dessen Anziehungskraft für staatliches Handeln beruht darauf, dass Prävention Denormalisierungsangst »zugleich mobilisiert und zu bewältigen verspricht« (Bröckling 2008, 44).

Es gibt offenbar eine Themenlogik des flexibel normalistischen Dispositivs. Als beispielhaft könnte auf dem Feld der Körperpolitik die Gewichtsregulation gelten. Auf der einen Seite gibt es das Drama der Übergewichtigen mit ihren radikal verminderten Lebenschancen, ihrem Unterschichten-Image, ihrer mangelnden Attraktivität, ihrer gefährdeten Gesundheit etc. Auf der anderen Seite gibt es das Drama der Untergewichtigen, der Anorektiker, der Opfer des Schlankheitswahns, der schwer Magersüchtigen. Beide Narrative zusammen markieren für die zu erreichende Selbstregulierung der Adressaten Skylla und Charybdis, zwischen denen man sich lebenslang hindurch zu manövrieren hat. Dass es Menschen geben soll, die erst nach der einen, dann nach der anderen Seite aus der Normalität herausfallen, unterstreicht die Allgegenwart der Bedrohung. Das Leben ist wie eine stets prekäre Schneise zwischen zwei komplementären Denormalisierungsgefahren. Die Nachricht ist immer: Halte dich in der Mitte. Man möchte meinen, ein solches Muster tauge nur für körperpolitische Regulierungen, es erweist sich aber, weil höchst abstrakt, als beinahe überall sinngemäß implementierbar. Selbstverständlich bekommt niemand etwas vorgeschrieben, allen wird lediglich vor Augen gehalten, wohin es führen kann, wenn sie sich nicht permanent selbst normalisieren und auf Mittelkurs halten.

Das demographische Drama wird, im zirkulierenden Repertoire seiner Narrationen, gerade durch den Umstand voran getrieben, dass den ›entwickelten‹ Ländern mit ihrer steten Unterreproduktion, ihren zur bedrohlichen ›Urne‹ mutierten Alterspyramiden, ihren kollabierenden Sozialsystemen, die (dritte) Welt der unentwickelten Länder gegenübersteht, in der alles genau spiegelsymmetrisch ist: Ein riesiger Überschuss von jungen Leuten, die zu Hause keine Berufs- und Lebenschancen haben, aber den Drang, ihr Leben zu verbessern, Vitalität etc. Sie stehen für das Bild der Flut, der Welle, der drohenden Überschwemmung. Und ihre Bevölkerungsstruktur ist infografisch tatsächlich eine Pyramide, keine

Urne. Für die ›gebärmüden‹ Europäerinnen sind es die Türkei, der Maghreb und überhaupt Afrika, die für diesen (maximal angstbesetzten) Teil der Erzählung stehen. Dieser Komplex bildet indes auch das höchst bewegliche Scharnier zwischen Demographie und Migration. Alsbald schon erzählt man den (künftigen) Alten, dass sie ihren Lebensstandard nur werden halten können, wenn sie sich mit (natürlich gesteuerter, erwünschter) Migration abfinden. Wer soll sonst ihre Renten finanzieren? Aber natürlich nährt die Aussicht auf zahllose ›fremde‹ Junge, die den zahllosen ›heimischen‹ Alten gegenüberstehen, erst recht die Denormalisierungsängste. Und den Jungen erzählt man, dass sie wohl oder übel die Konkurrenz der Einwanderer in allen Sektionen des Arbeitsmarktes hinnehmen (und mit ihnen konkurrieren) müssen, denn wer wird später einmal für ihre Renten zahlen? Die performativ-narrativen Ressourcen dieses Musters sind nur zu offenkundig. Und offenkundig ist auch, dass dieser Erzählkomplex ein probates, erfolgversprechendes Feindbild für die neue völkische Rechte abgibt, die auf ›arteigenen‹ Nachwuchs drängt und den drohenden ›Volkstod‹ beschwört. Für den lässt sich dann mühelos die Allianz aus internationalem/globalem Kapital und wirtschaftshörig-volksfeindlichen Regierungen verantwortlich machen. Die ›wahren‹ Ungarn, Finnen, Flamen etc. lassen grüßen.

In jedem Falle gibt es jetzt in Migration und Demographie das Erzählmodell der *beidseitig* drohenden Denormalisierung, der Doppelkatastrophe, die zu beiden Seiten des ›normalen‹ Weges lauert. Sie zwingt den Berufsanfänger, gleichzeitig an seine Reproduktion und an seine Rente zu denken, und zwar mit gleicher Sorge. Die Folgen sind paradox: Der triste Büroalltag wird im Angesicht der drohenden Katastrophen ebenso zum Garant der Normalität wie das unbezahlte Praktikum. Je weniger wirkliche Denormalisierung im Erfahrungshorizont vorkommt, desto drohender erscheinen allenthalben ihre Schatten. Und desto lockender sogar schon die Schatten der Normalität, wie sie ein Praktikum zu bieten hat. Ein bisschen kontrollierte Denormalisierung gönnt man sich dann am Wochenende.

Literatur

Barlösius, Eva/Schieck, Daniela (Hg.): *Demographisierung des Gesellschaftlichen*. Wiesbaden 2007.
Bartz, Christina/Krause, Marcus (Hg.): *Spektakel der Normalisierung*. München 2007.
Bröckling, Ulrich: Vorbeugen ist besser … Zur Soziologie der Prävention. In: *Behemoth. A Journal on Civilization* 1 (2008), 38–48.
Bryant, Thomas: Alterungsangst und Todesgefahr – der deutsche Demographiediskurs. In: Bundeszentrale für Politische Bildung (Hg.): *Aus Politik und Zeitgeschehen*. Themenheft »Demographie« 10/11 (2011), 40–46.
Diamond, Jared: *Kollaps. Warum Gesellschaften überleben oder untergehen*. Frankfurt a. M. 2005 (engl. 2005).
Freyer, Hans: *Schwelle der Zeiten. Beiträge zur Soziologie der Kultur*. Stuttgart 1965.
Jansen, Stephan A./Priddat, Birger P./Stehr, Nico (Hg.): *Demographie. Bewegungen einer Gesellschaft im Ruhestand*. Wiesbaden 2005.
Koch, Lars: Nach 9/11: Die postsäkulare Gesellschaft und ihre neokonservativen Widersacher. In: Sandra Poppe/Thorsten Schüller/Sascha Seiler (Hg.): *9/11 als kulturelle Zäsur*. Bielefeld 2009, 39–60.
Kreft, Ursula: Tiefe Risse, bedrohliche Verwerfungen. Soziale Ordnung und soziale Krise in deutschen Printmedien. In: Ute Gerhard/Jürgen Link/Ernst Schulte-Holtey (Hg.): *Infografiken, Medien, Normalisierung. Zur Kartografie politisch-sozialer Landschaften*. Heidelberg 2001, 127–148.
Link, Jürgen: *Versuch über den Normalismus. Wie Normalität produziert wird*. Göttingen ³2006.
Metz, Markus/Seeßlen, Georg: *Blödmaschinen. Die Fabrikation der Stupidität*. Berlin 2011.
Priddat, Birger P.: Alt/Jung. Sich verschärfende Unterscheidungen. In: Stephan A. Jansen/Birger P. Priddat/Nico Stehr (Hg.): *Demographie. Bewegungen einer Gesellschaft im Ruhestand*. Wiesbaden 2005, 15–50.
Riesman, David: *Die einsame Masse*. Hamburg 1958 (amerik. 1950).
Sarrazin, Thilo: *Deutschland schafft sich ab. Wie wir unser Land aufs Spiel setzen*. München 2010.
Schirrmacher, Frank: *Das Methusalem-Komplott*. München 2004.
Simmel, Georg: *Soziologie. Untersuchungen über die Formen der Vergesellschaftung* [1908]. In: *Gesamtausgabe*. Bd. 11. Hg. von Otthein Rammstedt. Frankfurt a. M. 1992.
Tocqueville, Alexis de: *Über die Demokratie in Amerika*, zweiter Teil. Zürich 1987 (franz. 1835 ff.).

Clemens Knobloch

2. Arbeitslosigkeit

Arbeit aus Angst

Das Reden über Arbeitslosigkeit und die ihr assoziierten Bilder scheint in der westlichen Welt untrennbar mit affektiven und emotionalen Manifestationen von Angst verkoppelt. Dabei handelt es sich um ein genuin modernes, also ein relativ junges Phänomen. Traditionell ist der Angst in der westlichen Tradition nämlich die menschliche Arbeit assoziiert, nicht ihre Abwesenheit. Die Notwendigkeit des permanenten Arbeitens antwortet demnach auf die permanente Bedrohung der menschlichen Existenz durch die Unwirtlichkeit der Natur mit Mangel und Tod (vgl. Arendt 2002, 111–114). Diese Angst vor der Natur in ihrer Übermacht oder ihrer Kargheit lässt sich nicht als ein Affekt oder eine Emotion unter verschiedenen fassen. Sondern Angst stellt eine »Grundbefindlichkeit« (Heidegger 1986, 184) dar, von welcher eine Erschließung der Welt durch Bearbeitung überhaupt erst ihren Ausgang nimmt und die diese Erschließung insgesamt durchzieht: Indem die Arbeit sich um die Aufrechterhaltung der Existenz ›sorgt‹, reproduziert sie ein Leben, dass sich weiter um seine Existenz sorgen und diese ›Angst‹ weiter mit Arbeit zu bewältigen suchen kann. Und so fort.

Einer gängigen Fehllektüre der Genesis zufolge besteht Gottes Fluch in der Arbeit selbst und nicht bloß in der ihr eigenen Mühsal (vgl. Arendt 2002, 443). Eine solche Arbeit erinnert die Arbeitenden beständig an ihre gerechtfertigte Angst vor der strafenden Autorität, auch und gerade wo Arbeit von der Angst befreien soll: In der anthropologischen Sicht auf Hegels Philosophie verspricht die Arbeit zwar eine Erlösung von der Todesangst, die der Knecht gleichermaßen vor seinem Herren wie vor der Destruktivkraft der Natur empfindet. Diese ihn im Innersten seines Wesens erschütternde Angst wird zum Antriebsmoment jener Arbeit, mittels derer er sich von seinem Herrn emanzipieren und sich selbst zum Herren über die Natur aufschwingen kann (vgl. Hegel 1986, 145–155). Die aus dieser Dramaturgie hervorgehende Erzählung von der Selbstbefreiung des Arbeiters hat unauslöschbare Spuren im kulturellen Imaginären nicht nur der westlichen Welt des 19. und 20. Jahrhunderts hinterlassen. Unentscheidbar bleibt jedoch, ob diese Selbstbefreiung durch Arbeit den Arbeiter auch von der Angst befreit oder ganz im Gegenteil: ob sie die Angst als

›Grundstimmung‹ allgegenwärtig werden lässt (vgl. Kojève 1975, 217–268) und so eine Kultur stiftet, deren durchgreifende Angst sich in Phobien und Ressentiments aller Art manifestiert (vgl. Nietzsche 1988, 130, 142 f.).

Der uralte Traum von der Befreiung von der Arbeit, also der Traum von Arbeitslosigkeit, ersehnt immer auch die Befreiung von der Angst. Und damit ist meist, wie z. B. im Märchen vom Schlaraffenland, die grundlegende Angst um den Lebenserhalt gemeint. Bis ins 21. Jahrhundert hinein findet dieser Traum immer wieder Neuauflagen. Sei es im Versprechen der *4-Stunden-Woche: mehr Zeit, mehr Geld, mehr Leben* (vgl. Ferris 2011) oder in der inneren Emigration aus dem eigenen Angestelltendasein in eine Arbeitsverweigerung bei vollem Gehalt (vgl. Maier 2005). Doch, bevor sie von der Arbeit befreien wollen, stellen solche Manifeste stets sicher, dass ein Lebenserhalt durch Geldeinkünfte anderweitig gegeben ist. Derart täuschen sie darüber hinweg, dass sich in der Moderne eine langsame Umwertung der Semantik des Verhältnisses zwischen Angst und Arbeit vollzogen hat: Angst ist in zahlreichen Diskursen und Bildordnungen nicht mehr mit Arbeit, sondern mit ihrer Abwesenheit konstitutiv verkoppelt: mit Arbeitslosigkeit.

Angst vor Arbeitslosigkeit

Vom 17. bis zum 19. Jahrhundert formiert sich die westliche Welt zu einer ›Arbeitsgesellschaft‹ um. Anerkennung in und Teilhabe an der nach kapitalistischen Maßstäben funktionierenden Gesellschaft wird denen versprochen, die einer gesellschaftlich akzeptierten, durch Lohn vergüteten Tätigkeit nachgehen. Nicht mehr seine Sprache soll den Menschen von den Tieren unterscheiden, sondern die Kultivierung der Welt durch eine Arbeit, welche mehr Güter hervorbringt als für seine Existenzsicherung notwendig. Als Überproduktion avanciert die Arbeit gleichsam zu einem immateriellen Medium der Menschwerdung (vgl. Helmstetter 2002). Durch dieses Versprechen entwickelt die Arbeiterbewegung des 19. Jahrhunderts weit über das Milieu der Fabrikarbeiter hinaus Anziehungskraft. Gleichzeitig ist Arbeit nicht gleich Arbeit. Der unmittelbaren Aufrechterhaltung des biologischen Lebens durch weibliche Hausarbeit etwa wird diese Anerkennung versagt. Weibliche Hausarbeit bleibt auf männliche Lohnarbeit angewiesen, um die Güter zur Aufrechterhaltung des Lebens erwerben zu können. Aufgelöst findet sich damit die

traditionelle Verkoppelung der Angst um den Lebenserhalt mit der diese Angst bewältigenden wie re-
produzierenden Arbeit: Arbeitslos zu werden bedeutet in der Arbeitsgesellschaft, zum Zyklus zwischen
Angst und Arbeit keinen Zugang mehr zu erhalten.
Die Angst vor Arbeitslosigkeit ängstigt sich vor der
Abwesenheit einer produktiven, sich selbst durch Arbeit wiederholenden Angst. Die Arbeitslosen drohen, aus der durch das Doppel von Angst und Arbeit
kultivierten Welt zu fallen: Sie verlieren mit der Arbeit ihre Anerkennung als vollwertige Menschen.
Jahrelang kämpft die Arbeiterbewegung um ein
›Recht auf Arbeit‹ als ein Recht nicht nur zur Aufrechterhaltung der eigenen Existenz, sondern auch
als Schlüssel zur Menschenwürde. 1848 wird das
›Recht auf Arbeit‹ in Frankreich bürgerliches Recht
und 1948 in die Erklärung der Menschenrechte aufgenommen. In diesem Recht schwingt aber auch eine
Drohung mit: Von seinem Menschenrecht keinen
Gebrauch zu machen, kann auch heißen, nicht als
vollwertiger Mensch anerkannt zu werden. Die Angst
vor Arbeitslosigkeit mag eine äußerst konkrete
Furcht sein; in diesem Sinne schlägt sie aber stets in
die unbestimmte Angst um, aus der Welt insgesamt
zu fallen (vgl. Virno 2005, 39). Die Aberkennung der
Menschenwürde wiederum kann sehr konkret dazu
führen, das Recht auf Existenzsicherung zu verwir-
ken. In der Stalin-Version der sowjetischen Verfassung von 1936 findet sich, dem ›Recht auf Arbeit‹
entsprechend, das biblische ›Wer nicht arbeitet, soll
auch nicht essen‹ zur Seite gestellt (vgl. Benz 1974,
109–111). Die Arbeitsgesellschaft, die in der Selbstwerdung des Menschen durch Arbeit nicht zuletzt
die Befreiung von seiner Urangst vor der übermächtigen Natur verspricht, potenziert in der Angst vor
Arbeitslosigkeit den biblischen Fluch (s. Kap. II.1).

Die Angst vor Arbeitslosigkeit wird zu einer ef-
fektiven Maßgabe, um menschliche Körper zu einer
Arbeit anzuhalten, deren Notwendigkeit im Zeitalter einer technologisch ermöglichten Überproduktion von Gütern keine unmittelbare Evidenz mehr
zukommt. Ab Mitte des 18. Jahrhunderts vervielfäl-
tigen sich Redeweisen und Bildproduktionen, deren
Sorge nicht mehr der Arbeit gilt, sondern der Verhinderung oder Regulierung von gesellschaftlicher
Arbeitslosigkeit. Aus der je individuellen Angst vor
der je individuellen Desintegration in der Natur, also
einer Angst vor dem Tod und vor dem ›Nichts‹, wird
die systemimmanente gesellschaftliche Angst vor einer Instabilität ihres eigenen Systems, die durch Auflösung stabiler Arbeitsverhältnisse herbeigeführt werden könnte.

Als Beweggrund für die Sorge um gesellschaftliche Arbeitslosigkeit wird zum einen oft die Wohltä-
tigkeit als Mitleid mit dem materiellen Leiden oder
der seelischen Verelendung der jeweils Einzelnen
angeführt. Säkularisiert findet sich eine von Max
Weber beschriebene protestantische Arbeitsethik,
die aus dem disziplinierten Vollzug berufsgebunde-
ner Arbeit eine sich selbst erfüllende Prophezeiung
individueller Gnadenwahl ableiten will. Individuelle
»Arbeitsunlust« erscheint dabei als »Symptom fehlenden Gnadenstandes« (Weber 2000, 128). In Ab-
wandlung eines mittelalterlichen Sprichworts gilt
Müßiggang als aller Laster Anfang. – Und damit
wohl nicht nur als Beginn aller höllischen Strafen,
die im Leben nach dem Tode folgen sollen, sondern
als Verwahrlosung der noch zu lebenden irdischen
Existenz. Die Angst vor gesellschaftlicher Arbeitslosigkeit reagiert mit einer Verankerung der Angst vor
dem Nichtarbeiten in der je individuellen Psyche.

Zum zweiten behauptet die Angst vor gesellschaftlicher Arbeitslosigkeit ihre Sorge um die Stabilität eines Gemeinwesens, welches sich größere un-
eingegliederte und damit potentiell störende Gruppen nicht leisten mag. Mit der diskursiven Erhebung
der Arbeit zum Zwang kann das Gemeinwesen den
einzelnen Körper auch abseits expliziter Einschlie-
ßungs- und Disziplinierungsmilieus in den Abläu-
fen des Gemeinwesens verorten. Die seit dem 18.
Jahrhundert zu beobachtende Unterbringung von so
heterogenen Gruppen wie Streunern, Weisenkin-
dern oder Kriminellen in Arbeitshäusern dient nicht
nur dazu diese Körper der »Disziplinartechnologie
der Arbeit« (Foucault 1999, 285) zu unterwerfen. In
den Arbeitshäusern manifestiert sich auch die Angst
des Gemeinwesens vor einer Arbeitslosigkeit, durch
welche seine Selbstorganisation von innen zersetzt
werden könnte.

Die Zersetzungsangst ist nicht nur dem Staat eigen, sondern auch seinen Gegnern: Unbedingt will
etwa Karl Marx das nicht in den neuen Lohnarbeits-
strukturen verortete »Lumpenproletariat« (Marx/
Engels 1964, 472) fern von den revolutionären Bestrebungen der Arbeiterklasse halten. Das zwischen
Untätigkeit und Gelegenheitsjobs fluktuierende
Lumpenproletariat ist noch nicht einmal im strengen Sinne arbeitslos. Seine Unverortbarkeit bedroht
die Reinheit der anvisierten Revolution der Arbeiterklasse gerade, indem es sich nicht auf der Gegenseite der Arbeit fixieren lässt. Im Ausschluss des
Lumpenproletariats von den arbeitenden und arbeitslosen Proletariern manifestiert sich die Angst
vor jener Instabilität, die eine Infragestellung der am

zentralen Wert der Arbeit orientierten Ordnung mit sich brächte.

Automationsangst

Die Befreiung der Arbeit vom nie enden wollenden biblischen, angstbesetzten *labor* am Lebenserhalt und ihre Verherrlichung als Werke, *opera*, d. h. Kultur schaffenden Kraft, wird durch neue Formen der Arbeitsteilung und die Transformation der technologischen Produktivkräfte in der Moderne möglich. Erst diese befreien die menschliche Arbeit in weiten Ausmaßen von den Naturzwängen und damit der Angst vor der Natur. Mit der Transformation der technologischen Produktivkräfte erschafft die menschliche Arbeit aber auch ein neues Schreckgespenst. Gerade zum immateriellen Medium der Menschwerdung ausgerufen, bedroht nun das sich ausbreitende »Maschinenwesen« (Goethe 1998, 337) diese Menschwerdung, indem es die anliegende Arbeitsleistung schneller und effektiver vollbringen kann. Eine Kehrseite der Feier der Arbeit, nicht nur durch die Arbeiterbewegung, liegt in Arbeitslosigkeit als Folge der Industrialisierung. Bei der Angst vor dem Maschinenwesen handelt es sich gleichzeitig um eine Neuauflage der Angst vor der destruktiven Übermacht der Natur und um eine Konkurrenzangst: Die Maschine scheint die bessere Arbeiterin. Reaktionen auf diese Angst sind Flucht und Kampf. Zum einen imaginieren Auswanderungsphantasien das gelobte Land Amerika als unberührten, auch nicht vom Maschinenwesen kontaminierten Raum, in dem sich ein vormodernes, am Handwerk orientiertes Gemeinwesen verwirklichen lasse (vgl. Goethe 1998). Zum anderen provoziert die Angst vor den Maschinen Hass und Gewalt. Das Zeitalter der Industrialisierung ist auch das Zeitalter luddistischer Strömungen und ihres Maschinensturms (vgl. Sale 1996). Die Arbeiterbewegung des 19. Jahrhunderts hofft, die zunehmende Verzweiflung der Arbeiterklasse in ihren revolutionären Kampf umleiten zu können. An die Stelle der maschinellen Verdrängung und der gegenseitigen Konkurrenz soll die Inbesitznahme der Maschinen durch das solidarische Kollektiv treten. Die Maschinen sollen letztlich von der Arbeit als Mühsal befreien und einer dem Menschen eigenen schöpferischen Produktivität ihren Lauf lassen. Die wissenschaftliche Grundierung der Arbeiterbewegung im Marxismus liefert nur den Auftakt einer langen Reihe von Diskussionen darüber, welches nun die ›rationale‹, im Angesicht der

Arbeitslosigkeit gerechtfertigte Angst sei und welches die angemessene Reaktion auf die Angst.

Offensichtlich erscheinen im Zeichen der industriellen Arbeitslosigkeit die der Angst eigenen Umlenkungsmechanismen: Die aus der strukturellen Massenarbeitslosigkeit des 20. Jahrhunderts bekannten Phobien, Ressentiments und Gewaltakte zielen oft auf als ›anders‹ wahrgenommene Menschen: auf die Fremden, nicht nur weil sie ›uns‹ die Arbeit ›stehlen‹ und so das Elend der Arbeitslosen erzeugen und vermehren, sondern manchmal, ohne dass Arbeitslosigkeit weiter thematisiert würde: einfach nur, weil sie ›fremd‹ sind und ›hier‹ nichts zu suchen haben. Die Erzählungen von Arbeitslosigkeit berichten nicht nur von der durch Verelendung, Statusverlust und sich wiederholenden Demütigungen erzeugten Angst. Sie handeln auch von einer Auflösung sozialer Bindungen hin zu einer Vereinzelung, in der wie vormals die Natur nunmehr die Konkurrenz der anderen für die Bedrohung mit Gewalt steht (vgl. z. B. Kessel 2001; Fallada 2002). Sie berichten auch von der Zusammenrottung sich abschottender und gegenseitig bedrohender Groß- und Kleingruppen (vgl. z. B. Steinbeck 1993). Die Angst vor Arbeitslosigkeit wird zu einem Rohstoff, mittels dessen die Gesellschaft sich in Einzelteile zerlegen und zerfasern oder in anderen Formen wieder zusammensetzen kann: nun nicht mehr an einer Logik der Angst oder der Arbeitslosigkeit orientiert, sondern an der inneren Dynamik von Phobien und Ressentiments.

Nach dem Zweiten Weltkrieg setzt die Diskussion um Automation neu ein. Der Wirtschaftsaufschwung sorgt zwar in vielen kapitalistischen Ländern für Arbeitsmangel. Die Diskussion um die seit den 1950er Jahren popularisierte Kybernetik, der Wissenschaft von der Selbststeuerung von Maschinen, Organismen und sozialen Organisationen, beflügelt aber die Imagination von einem kurz bevor stehenden ›Ende der Arbeit‹. Als Schreckgespenster fungieren weiterhin der Statusverlust und die Verelendung der Massen. Hinzu kommt nun die befürchtete Sinnentleerung einer Arbeitsgesellschaft, welcher nach Verlernen aller ›höheren‹ Tätigkeiten auch noch die Arbeit ausgehe (vgl. Arendt 2002, 150–160). Zur äußeren tritt die ›innere‹ Arbeitslosigkeit hinzu. Ihr Modell ist der entlassene Fabrikarbeiter, der nach jahrelanger einseitiger Betätigung mit seiner massenhaft freien Zeit nichts anzufangen weiß (vgl. z. B. Jirgl 2008, 357–362). Da der westeuropäische Wohlfahrtsstaat zumindest das materielle Elend der in den 1970er Jahren in breiten Bevölkerungsschichten einsetzenden strukturellen Arbeitslosigkeit lindert, kann dieser freigesetzte Arbeiter sich zumindest von Zeit zu Zeit im stupiden Kaufrausch betäuben (vgl. Baudrillard 2005). Während in vormodernen Diskursen die Arbeit auf die Angst vor dem Tod antwortet (s. Einleitung Kap. II), avanciert nun eine Arbeitslosigkeit zum Albtraum, die die Betroffen nicht tötet, sondern ihr Leben jeglichen Gehalts beraubt hat. Und weil das Arbeitslosengeld sich durch das Steueraufkommen der Lohnarbeitenden finanziert, verdichtet das Bild vom Arbeitslosen als Zombie sich passend mit dem protestantischen Bild vom Arbeitslosen als faulem Schmarotzer, der den von der Allgemeinheit erarbeiteten Reichtum verprasst und diese so von innen aushöhlt.

Flexibilisierungsangst

Die zunehmende Automation von Arbeitsabläufen seit den 1950er Jahren führt nicht zum Ende der Arbeit mit ihren befürchteten sozialen Folgen. Seit den 1970er Jahren konstatiert die Soziologie einen Übergang zur postindustriellen ›Dienstleistungsgesellschaft‹, von der sie sich auf lange Sicht die Wiedereingliederung der Arbeitslosen in den Arbeitsmarkt verspricht (vgl. Bell 1975): Statt in Fabriken die Maschinen zur Herstellung von Gütern zu bedienen, bieten die im Dienstleistungssektor Beschäftigten ihr Wissen und ihre Zeit an, um die Leistungen und die Fähigkeiten ihrer Auftraggeber zu optimieren. Dienstleistende können Informationen verkaufen, aber ebenso Erfahrungen, Ratschläge oder (durchaus auch emotionale) Aufmerksamkeit. Ihre Tätigkeit lässt sich nicht auf Maschinen und Automaten übertragen und wird deswegen auch ›immaterielle Arbeit‹ genannt. Zur Retterin der Arbeitsgesellschaft lässt sich die Dienstleistung wegen ihrer Personalintensität ausrufen. Die Zirkulation automatisch hergestellter Güter wird durch die Zirkulation der Dienstleistungen flankiert. Der Arbeiter, bzw. in den affektiven Branchen (d. h. beim Herstellen und Unterhalten zwischenmenschlicher Kontakte und Interaktionen) nunmehr immer offensichtlicher natürlich nicht zuletzt die Arbeiterin, verkauft nicht mehr seine oder ihre Arbeitszeit, deren Ausfüllung vom Arbeitgeber dann vorgegeben werden kann. Die Arbeitenden verkaufen die eigene Persönlichkeit oder sollten zumindest simulieren, dass sie dies tun.

Indem die Arbeitswelt die Arbeitenden in Gänze aufsaugt, verschiebt sich auch der Ort der Angst: Hatte man vorher Angst vor der Arbeitswelt oder da-

vor, durch Arbeitslosigkeit von ihr ausgeschlossen zu werden, entsteht die Angst nunmehr innerhalb der Arbeitswelt. Denn diese lässt sich nicht mehr verlassen. Die Arbeitenden nehmen sie nach Hause mit. So verschwimmen auch die Grenzen zwischen Arbeit und Nichtarbeit: Von Arbeit im strengen Sinne lässt sich erst mit dem Beginn des Ackerbaus sprechen. Jagen und Sammeln ist hingegen auf die Gelegenheit angewiesen und obliegt den Launen der Natur. Die Agrarwirtschaft trennt ein Stück Kultur von der Natur ab. Die Zeit der Aufrechterhaltung dieser Grenze und der Kultivierung des von ihr abgesteckten Bezirks ist die vom übrigen Tag ihrerseits abgeschiedene Arbeitszeit. Diese Aufteilung hat lange Zeit Bestand: Noch der Fabrikarbeiter kann die Zeit nach der Arbeit, seine Freizeit, für seine persönlichen Vorlieben nutzen. Für die postindustriell Arbeitenden gehört die Ausbildung ihrer Persönlichkeit mit zu ihrer Arbeit. Egal ob für diese Ausbildung bezahlt wird oder nicht. Egal ob die Arbeitenden vielleicht noch selbst für eine Weiterbildung bezahlen müssen. Feste Arbeitsverhältnisse werden weniger. An ihre Stelle tritt die flexible Arbeit in wechselnden Projekten in den personell wechselnden, zeitlich begrenzten Gruppenzusammenhängen flexibler Unternehmen. Zeiten der Arbeitslosigkeit sind entsprechend vorgesehen und gelten nicht als Zeiten der Abwesenheit von Arbeit. Arbeitslosigkeit bedroht zwar nach wie vor mit materiellem Elend. Sie dient aber der Arbeit an einem Selbst, welches dann in den Zeiten der Arbeit umso gewinnbringender verkauft werden soll. Paolo Virno pointiert: »Die Arbeitslosigkeit ist unbezahlte Arbeit; die Arbeit ist dann ihrerseits bezahlte Arbeitslosigkeit« (Virno 2005, 145). Denn hier wird der ehemals der Freizeit zugerechnete Modus der permanenten Arbeit an und mit dem eigenen Selbst weitergeführt, durch den auch die postindustrielle Arbeitslosigkeit sich auszeichnet.

Die Angst hat in der flexiblen Dienstleistungsgesellschaft ihren Ort nirgends und überall. Sie bezieht sich nicht mehr auf Arbeit und Arbeitslosigkeit im strengen Sinne, sondern auf entlohnte und nichtentlohnte Zeit. Und sie bezieht sich auf die Persönlichkeit im Ganzen: auf die Angst, ob meine Arbeit am Selbst wohl der (genügenden) Entlohnung für wert befunden werde oder nicht. Angst vor langfristiger Lohnarbeitslosigkeit ängstigt sich nicht mehr wie noch der Fabrikarbeiter vor dem Ausschluss aus der Arbeitswelt. Sie ängstigt sich vor der gänzlichen Aberkennung des eigenen Selbst und ist daher mit Haut und Haaren von dieser Angst betroffen (vgl. ebd., 35–42). Diese Angst wird zum Antriebsmoment in unbezahlten Zeiten der Arbeitslosigkeit. Als industrielle ängstigt sich die Arbeitsgesellschaft vor Arbeitslosigkeit wegen der von ihr erzeugten Instabilität. Die postindustrielle Gesellschaft macht die Instabilität zur konstitutiven Vorgabe des Arbeitslebens. Die Angst erhält den Status einer Produktivkraft. Die vormals von der Arbeitswelt abgetrennte Persönlichkeit der neuen flexiblen postindustriellen Dienstleistenden bildet sich nunmehr im Zeichen der Angst – und den von ihr erzeugten Phobien und Ressentiments (vgl. Massumi 1993, s. auch Kap. II.9). Die mit dem Flexibilisierungszwang auftretenden Ängste richten sich oft nicht primär gegen die Arbeitswelt und ihre neuen Anforderungen, sondern äußern sich in Bemühungen, das als privat Verstandene abzuschotten: Scheinbar ›antimoderne‹ Phantasien von Gemeinschaft und Religion kompensieren die von der ›postmodernen‹ Arbeitswelt produzierte Angst (vgl. Sennett 1998). Insbesondere in den ehemaligen Mittelklassen äußert sich in diesen Phantasien, Phobien und Ressentiments die Angst vor dem sozialen Abstieg oder gar Absturz (vgl. Ehrenreich 1989).

Angstfreier Müßiggang

Nicht zuletzt gegen die Angst und ihre Ressentiments richten sich im 21. Jahrhundert zahlreiche Manifeste, welche die neuformierte Arbeitswelt als Befreiung von den Ketten der Fabrik feiern. Die Besetzung der Arbeitswelt mit Angst, so der Tenor dieser Literatur, sei an den Gefängnischarakter der industriellen Arbeit gebunden: an die innere Disziplinierung durch die Anforderungen der Maschinen und an den spiegelverkehrten Ausschluss durch Arbeitslosigkeit. Der Auszug aus der Fabrik beende demnach den Zirkel der Angst. Es liege an den Menschen, ihre an die Angst gewöhnte Psyche für die neue Situation zu öffnen und das Ende der Angst einzuläuten. Ihren Vorläufer findet diese Programmatik bereits in den 1880er Jahren in Paul Lafargues satirischem Manifest *Das Recht auf Faulheit*: Dieses mokiert sich über die Forderung nach dem ›Recht auf Arbeit‹ als Überbleibsel einer protestantischen Angstkultur, der es eine exzessive mittelalterliche Festkultur entgegenzusetzen gelte. Deren Hang zu Prasserei und Verschwendung, so suggeriert es Lafargues Subtext, ist grundsätzlich frei von Todesangst. Statt als Mühsal angesichts der Todesbedrohung vollzieht Arbeit sich demnach in ihrer reinen Form als eine durch keinen Mangel beeinträchtigte

freie Produktivität, in der die Menschen ihre eigene Menschlichkeit schöpfen und feiern. Lafargues ›Recht auf Faulheit‹ unterminiert die Korruption dieser Produktivität durch kapitalistische Ausbeutung: Die selbstgewählte Arbeitslosigkeit lässt die Maschinen stillstehen. Die von den falschen Bedürfnissen des Kapitalismus geprägte Industrie und Luxuskultur bricht zusammen. Die Maschineninfrastruktur lässt sich nunmehr dazu brauchen die wenigen ›wirklichen‹ Bedürfnisse der Menschheit zu befriedigen. Die Arbeitszeit verringert sich, wie dies auch Marx am Ende von *Das Kapital* imaginiert, um ein Vielfaches. In der freien Zeit geben die Menschen sich der Feier ihrer eigenen Menschlichkeit hin: nicht zuletzt in Wissenschaft und Kunst (vgl. Lafargue 1991). Bei Angst handelt es sich in diesem Kontext letztlich um ein unmenschliches Phänomen, von dem eine wahrhaft menschliche Kultur sich ebenso zu befreien habe wie von der Arbeit.

Lafargues Nachfolger feiern entsprechend den Müßiggang als die eigentliche und jeglicher Lohnarbeit überlegene schöpferische Produktivität. Zugang zu dieser steht allen offen, deren Psyche sich von den Neurosen der kapitalistischen Arbeitswelt befreien kann (Hodgkinson 2004). Die ihres Lebensinhalts beraubten und in ihrer Menschenwürde herabgesetzten Arbeitslosen transformieren sich in ›glückliche Arbeitslose‹ (Paoli 2002). Doch nie darf dieser Müßiggang tatsächlich arbeitslos, d. h. untätig, sein. Stets unterliegt er der Vorgabe, dass seine Tätigkeit schöpferischer, lustvoller und schlicht besser sein soll. Im ›Recht auf Faulheit‹ kündigt sich ein anderer Arbeitszwang an. Die in Lafargues exzessiver Feier ignorierte Angst vor dem Nichts des Todes kehrt wieder als Angst vor dem Nichtstun: Strukturparallel zur protestantischen Arbeitsethik fungiert die ›schlechte‹ Untätigkeit (›leerer‹ Konsum, Phlegma, Passivität) auch für die neuen Müßiggänger als Schreckgespenst, von dem es sich ebenso dringlich zu befreien gilt wie von der Lohnarbeit.

Für die Apologeten der Dienstleistungsgesellschaft ist die postindustrielle Arbeit kaum von Lafargues produktiver Faulheit zu unterscheiden: Die neuen Selbständigen etwa der ›digitalen Boheme‹ proklamieren so zu arbeiten, wie sie leben wollen, und vice versa. Das Internet macht sie ortsunabhängig. Sie verfolgen gleichzeitig mehrere Projekte in verschieden konstellierten Netzwerken. Aus Hobbies können dabei ›cash cows‹ werden. Aber dieser Lebensstil ist nur für die wenigen bestimmt, welche ihre »German Angst« (Friebe/Lobo 2006, 46) vor der Freiheit abstreifen können.

Weiter gefasst ist der postoperaistische, vor allem von Antonio Negri und Michael Hardt propagierte Begriff der globalen ›Multitude‹, der an Stelle der ›Arbeiterklasse‹ tritt: Die weltweite Vorherrschaft der immateriellen Arbeit und ihrer technologischen Infrastruktur (Internet etc.) führen dazu, dass sämtliche Lebensbereiche nach Maßgabe der immateriellen Arbeit umstrukturiert werden. Auch die in Agrar- und Fabrikarbeit Beschäftigten oder die in diesen Sektoren Arbeitslosen leben demnach im 21. Jahrhundert in derart flexibilisierten Verhältnissen, dass sich ihre Alltagsorganisation denen der in immaterieller Arbeit Beschäftigten angleicht. Zwar organisiert sich das kapitalistische ›Empire‹ nicht zuletzt über die Angst vor Armut, Gewalt und, mit beiden zusammenhängend, Arbeitslosigkeit. Aber in der globalen Umorganisation soll diese Angst sich gegen sich selbst wenden: Sie hat eine vernetzte Infrastruktur und flexible Menschen hervorgebracht, die diese Infrastruktur nicht gegen, sondern mit den anderen nutzen können. Aus dem gewalttätigen Umsturz durch die Arbeiterklasse wird ein Bewusstseinsumschlag: Vom postindustriellen Kapitalismus geprägte Menschen übernehmen die vom postindustriellen Kapitalismus geprägten Strukturen der gleichzeitig kollaborativen wie selbstbestimmtschöpferischen Arbeit: nachdem und indem sie erkennen, dass die Bedingungen für einen globalen ›Kommunismus‹ bereits bestehen. Verändert wird nicht mehr die Gesellschaft, sondern die psychische Disposition. Der Angst müsste demnach ein hoher Stellenwert als Rohstoff und Hauptantriebsmoment der Flexibilisierung zukommen; der Bewusstseinsumschlag müsste in erster Linie eine Befreiung von der Angst darstellen. Diese findet jedoch keine Erwähnung mehr. Die »*nicht zu unterdrückende Leichtigkeit und das Glück, Kommunist zu sein*« (Hardt/ Negri 2002, 420) erscheinen als der menschliche Ur- wie Zielzustand, die Angst hingegen wie bei Lafargue als ein rückgängig zu machender Sündenfall. Sie bleibt so abwesend wie eine Arbeitslosigkeit, die in der naturgegebenen Kreativität und Produktivität der ›Multitude‹ keinen Platz haben darf. Auch die Beschreibungen des kommenden Kommunismus liefern in Nachfolge Lafargues eher Symptome einer Angst vor Arbeitslosigkeit als analytische Einsätze.

Deregulierungsangst

Mit dem Zusammenbruch des ›real existierenden Sozialismus‹ zeigen sich seit den 1990er Jahren Tendenzen einer globalen ›neoliberalen‹ Deregulierung. Dabei entpuppen sich die seit den 1970er Jahren entstehenden Erzählungen von den flexibilisierten Menschen der Dienstleistungsgesellschaft nur allzu häufig als Phantasiegebilde. Die real existierende Dienstleistungsgesellschaft bringt flexible Menschen, die als ›Unternehmer ihrer selbst‹ ihr Leben kreativ und flexibel nach unternehmerischen Maßstäben organisieren, in erster Linie auf dem Papier hervor. Allerdings nicht nur auf dem der Soziologen: Diese Phantasie dominiert eine Managerliteratur, die jetzt eben nicht mehr nur Manager anspricht, sondern sich als generelle Lebensberatung versteht (vgl. Bröckling 2007). Das flexible Selbstunternehmertum verwirklicht sich in der Dienstleistungswelt in der Zunahme prekärer Beschäftigungsverhältnisse. Seit den 1990er Jahren steigt auch in den westlichen Industrienationen die Zahl der ›Working Poor‹, die sich und ihre Familien häufig mit mehreren Jobs gleichzeitig über Wasser halten müssen (vgl. Ehrenreich 2001). Die Angst vor Arbeitslosigkeit regrediert wieder zur Sorge um den Erhalt des nackten Lebens. Nur ist die Willkür der kargen Natur, welcher durch mühselige Arbeit ein Lebenserhalt abgerungen werden muss, nun der Launenhaftigkeit eines deregulierten Arbeitsmarkts gewichen. Von Stress und Verarmung sind nicht zuletzt die Kreativarbeiter, durch die Apologeten der immateriellen Arbeit noch zum neuen Paradigma ausgerufen, betroffen (vgl. Kullmann 2011). Die flexiblen und kreativen Dienstleistenden entpuppen sich als dauererschöpft und depressiv (vgl. Ehrenberg 2004). Der oft konstatierte Zusammenbruch der Grenze zwischen den Sphären der Arbeit und Nichtarbeit manifestiert sich darin, dass Arbeitende und Arbeitslose unterschiedslos von Angstzuständen und Depression betroffen sind. Wo die Programmatik des flexiblen Selbstunternehmertums die real existieren Menschen (noch) nicht erreicht haben mag, sorgt – zumindest in Deutschland – doch die Agentur für Arbeit dafür, dass die Arbeitslosen zu eben solchen flexiblen Selbstunternehmern gemacht werden: Arbeitslosigkeit ist am Anfang des 21. Jahrhunderts einer der verbliebenen Vollzeitjobs. Das ›Arbeitsamt‹ ist zur ›Agentur für Arbeit‹ umbenannt. In einer kaum enden wollenden Routine von einander nachfolgenden Maßnahmen bilden die Betroffenen sich weiter und lernen Strategien für die flexible Selbstpräsentation (vgl. Bröckling 2007). Programmatik und Realität des Selbstunternehmertums wären fast in Übereinstimmung gebracht, ließe die Ausbildung der Persönlichkeit sich durch Zwang verordnen: Die

Eigenständigkeit, welche die Arbeit an der Arbeitslosigkeit im Inneren der Menschen verankern will, soll durch traditionelle Disziplinierungstechniken bewirkt werden, die eigentlich mehr den Einschließungsmilieus der Fabrik und der Arbeitshäuser zuzuordnen sind: der Schule mit ihren Straf- und Demütigungstechniken etc. (vgl. z. B. Zelter 2006).

Bei der Agentur für Arbeit darf der erschöpfte Mensch der Dienstleistungsgesellschaft, der zwischen Arbeit und Arbeitslosigkeit ebenso wenig unterscheiden kann wie zwischen Angst und Depression, noch einmal die traditionelle Angst vor der Arbeitslosigkeit erleben. Auch und gerade, wo die entsprechenden Maßnahmen eher auf Verwaltung der aus dem ökonomischen System Gefallenen als auf ihre Eingliederung in den Arbeitsmarkt zielen. Die Debatte, ob die Gängelung mittels eines garantierten Grundeinkommens durch Indifferenz abgelöst werden sollte, ist auch eine darüber, ob eine Gesellschaft zur Selbstorganisation der in ihr anfallenden Tätigkeiten auf die Angst verzichten soll und kann (vgl. Brütting 2011).

Diese Angst entwickelte sich parallel zur Entstehung der Arbeitsgesellschaft. Mit deren Transformationen ändern sich auch der Zugriffsbereich dieser Angst sowie ihre Ausprägungen, ebenso die Ausprägungen der mit ihr einhergehenden Phobien und Ressentiments. Schlussendlich ist inzwischen die Angst selbst überall zum Topos geworden, wo kulturelle Diskurs- und Bildproduktionen sich der Arbeitslosigkeit widmen. Gemeinsam mit der Sorge darum, mit seinem Tun keine (oder zuwenig) Teilhabe an den gesellschaftlichen Gütern zu erlangen ist auch die Angst vor der Angst und ihren Folgen tief ins gesellschaftliche Imaginäre eingedrungen.

Literatur

Arendt, Hannah: *Vita activa oder Vom tätigen Leben.* München 2002 (engl. 1958).

Baudrillard, Jean: *Der symbolische Tausch und der Tod.* Berlin 2005 (franz. 1976).

Bell, Daniel: *Die nachindustrielle Gesellschaft.* Frankfurt a. M. 1975 (engl. 1973).

Benz, Ernst: *Das Recht auf Faulheit oder Die friedliche Beendigung des Klassenkampfs. Lafargue Studien.* Stuttgart 1974.

Bröckling, Ulrich: *Das unternehmerische Selbst. Soziologie einer Subjektivierungsform.* Frankfurt a. M. 2007.

Brütting, Christian: *Workfare als Mindestsicherung. Von der Sozialhilfe zu Hartz IV. Deutsche Sozialpolitik 1962–2005.* Bielefeld 2011.

Ehrenberg, Alain: *Das erschöpfte Selbst. Depression und Gesellschaft in der Gegenwart.* Frankfurt a. M. 2004 (franz. 1998).

Ehrenreich, Barbara: *Angst vor dem Absturz. Das Dilemma der Mittelklasse.* München 1992 (engl. 1989).

Ehrenreich, Barbara: *Arbeit poor. Unterwegs in der Dienstleistungsgesellschaft.* München 2001 (engl. 2001).

Fallada, Hans: *Kleiner Mann – was nun?* [1932]. Reinbek bei Hamburg 2002.

Ferris, Timothy: *Die 4-Stunden-Woche: Mehr Zeit, mehr Geld, mehr Leben.* Frankfurt a. M. 2011 (engl. 2007).

Friebe, Holm/Lobo, Sascha: *Wir nennen es Arbeit. Die digitale Bohème oder Intelligentes Leben jenseits der Festanstellung.* München 2006.

Foucault, Michel: *In Verteidigung der Gesellschaft. Vorlesungen am Collège de France (1975–76).* Frankfurt a. M. 1999 (franz. 1996).

Goethe, Johann Wolfgang v.: *Wilhelm Meisters Wanderjahre oder Die Entsagenden* [1829]. In: *Goethes Werke.* Hamburger Ausgabe in 14 Bänden, Band VIII. Hg. von Erich Trunz. München 1981; Sonderausgabe München 1998.

Hardt, Michael/Negri, Antonio: *Empire. Die neue Weltordnung.* Frankfurt a. M. 2002 (engl. 2000).

Hegel, Georg Wilhelm Friedrich: *Phänomenologie des Geistes* [1807]. Frankfurt a. M. 1986.

Heidegger, Martin: *Sein und Zeit* [1927]. Tübingen [16]1986.

Helmstetter, Rudolf: Austreibung der Faulheit. Regulierung des Müßiggangs. Arbeit und Freizeit seit der Industrialisierung. In: Ulrich Bröckling/Eva Horn (Hg.): *Anthropologie der Arbeit.* Tübingen 2002, 259–279.

Hodgkinson, Tom: *Anleitung zum Müßiggang.* Berlin 2004 (engl. 2004).

Jirgl, Reinhard: *Abtrünnig. Roman aus der nervösen Zeit.* München/Wien 2008.

Kessel, Martin: *Herrn Brechers Fiasko* [1932]. Frankfurt a. M. 2001.

Kojève, Alexandre: *Hegel. Eine Vergegenwärtigung seines Denkens. Kommentar zur Phänomenologie des Geistes.* Frankfurt a. M. 1975 (franz. 1947).

Kullmann, Katja: *Echtleben. Warum es heute so kompliziert ist, eine Haltung zu haben.* Frankfurt a. M. 2011.

Lafargue, Paul: *Das Recht auf Faulheit und andere Satiren.* Berlin 1991 (franz. 1883).

Maier, Corinne: *Die Entdeckung der Faulheit. Von der Kunst bei der Arbeit möglichst wenig zu tun.* München 2005 (franz. 2004).

Marx, Karl/Engels, Friedrich: Manifest der Kommunistischen Partei [1847/48]. In: Dies.: *Werke.* Bd. 4. Hg. vom Institut für Marxismus-Leninismus beim ZK der SED. Berlin 1964, 459–493.

Massumi, Brian: Everywhere you want to be. Introduction to fear. In: Ders. (Hg.): *The Politics of Everyday Fear.* Minneapolis 1993, 3–38.

Nietzsche, Friedrich: *Götzen-Dämmerung* [1889]. In: Ders.: *Sämtliche Werke. Kritische Studienausgabe.* Bd. 6. Hg. von Giorgio Colli/Mazzino Montinari. München 1988, 55–161.

Paoli, Guillaume (Hg.): *Mehr Zuckerbrot, weniger Peitsche. Aufrufe, Manifeste und Faulheitspapiere der Glücklichen Arbeitslosen.* Berlin 2002.

Sale, Kirkpatrick: *Rebels against the Future. The Luddites and Their War on the Industrial Revolution.* London 1996.

Sennett, Richard: *Der flexible Mensch. Die Kultur des neuen Kapitalismus*. Berlin 1998 (engl. 1998).

Steinbeck, John: *Früchte des Zorns*. Wien 1993 (engl. 1939).

Virno, Paolo: *Grammatik der Multitude. Öffentlichkeit, Intellekt und Arbeit als Lebensformen. Mit einem Anhang: Die Engel und der General Intellect. Individuation bei Duns Scotus und Gilbert Simondon*. Wien 2005 (ital. 2003).

Weber, Max: *Die protestantische Ethik und der »Geist« des Kapitalismus* [1904/5]. Weinheim ³2000.

Zelter, Joachim: *Schule der Arbeitslosen*. Tübingen 2006.

Martin Jörg Schäfer

3. Klimawandel

Zur Unwiderlegbarkeit der Angst

Die Angst vor einem dramatischen Wandel des Weltklimas, der zu Überschwemmungen oder Austrocknung ganzer Regionen, zum Abschmelzen der Polkappen und Überflutung von Insel- und Küstenstaaten, zu globalen Flucht- und Wanderungsbewegungen, Wasserknappheit und Hunger führt, ist noch recht neu. Noch vor weniger als 50 Jahren drohte im Falle des Übergangs des ›kalten‹ Krieges in eine ›heiße‹ Phase der Atomtod für Millionen, wenn nicht das Aussterben der Menschheit (s. Kap. IV. A.6). Günther Anders, der die Warnung vor der Bombe zu seinem Lebensthema machte, mahnte schon 1956 seine Zeitgenossen, die atomare Explosion sei zu unserer »unentrinnbaren Begleiterin« geworden, die über uns, »unseren Söhnen« und noch »deren Söhnen« hänge wie das Damoklesschwert. Die Apokalypse werde niemals »vermieden«, sondern »immer nur verschoben« (Anders 1981, 307). Fünfundzwanzig Jahre später musste er eingestehen, dass die von ihm inspirierte »Kampf dem Atomtod«-Bewegung in Deutschland und anderswo »beinahe eingegangen« sei, und zwar nicht deshalb, weil es keine nuklearen Arsenale mehr gegeben hätte, sondern aufgrund von Verschiebungen in der massenmedialen Aufmerksamkeitsökonomie und in der apokalyptischen Semantik. Die Warnung vor dem Weltuntergang im Atomkrieg errege nunmehr »Langeweile«; und offenbar sei die Angst vor der Bombe vom »täglichen Anwachsen der Angst vor der vielfältigen und gleichfalls apokalyptische Ausmaße annehmenden Umweltverseuchung« verdrängt und abgelöst worden (Anders 1972, XII). Betrübt musste Anders feststellen, dass »in den Augen von Millionen die absolute Bedrohung, die die Atomwaffen darstellen, zu einer relativen Bedrohung geworden« sei – »zu einer Bedrohung unter anderen Bedrohungen«. Sein apokalyptischer Reiter galoppiert in einer Kavallerie von ranggleichen anderen daher, und er liegt nicht einmal mehr vorn. Verärgert über all diejenigen, die sich vor der Verschmutzung der Umwelt und der Vernichtung der Ressourcen ängstigen, ventiliert er den dunklen Verdacht, dass »die Überdeckung der Atomangst durch andere Ängste gewissen politischen und militärischen Kreisen willkommen ist; wenn nicht sogar, daß diese Kreise bestimmte Ängste hochgespielt haben und auch heute manipulieren, um die Atombewegung zu entkräften« (ebd., XIII).

Angst ist ein widerlegungsresistentes Gefühl. Sie lässt sich nicht wegkommunizieren. Wenn sie da ist, ist sie da. Sie jemandem zu bestreiten, löst die Angst nicht etwa auf, sondern bestärkt sie. »Man kann Angst weder wegbefehlen noch wegregulieren, weder abkaufen, noch widerlegen«, schreibt Niklas Luhmann (1995, 103). Die Bekundung von Angst entfaltet mithin insbesondere seit den 1970er Jahren (vgl. Koch 2011, 56 f.) eine wirkungsmächtige rhetorische Kraft, denn »in der Kommunikation nimmt der Rekurs auf Angst die Funktionsstelle des Aprioris ein. Wer bekennt, er habe (für sich selbst und für andere) Angst, befindet sich auf unwiderlegbaren Grundlagen und zugleich außerhalb aller Kommunikationsmedien« wie Wahrheit, Geld oder Recht. Diese Eigenschaft einer »kommunikativen Unwiderlegbarkeit« (Luhmann 1995, 103) teilt die Rhetorik der Angst mit der Semantik der Apokalypsen, betreffen sie nun den Atomtod oder den Öko-, Umwelt- und Klimakollaps (s. Kap. IV. A.3).

Apokalypsen sind Prognosen, die die Kritik an ihrer Negation einschließen. Aus der Sicht des Apokalyptikers ist jeder Widerlegungsversuch ein Komplott, das das Ende der Welt näher rücken lässt. Ihn zu ignorieren, hat er in die strenge Konstruktion seiner Prophezeiung eingebaut, als Bedingung der Möglichkeit ihres Eintreffens. Wenn aber die Apokalypsen derart hermetisch sind, wenn sie weder Kritik noch Widerlegung zulassen, können sie nur überwunden werden: durch neue Apokalypsen. Nicht das Ausbleiben der Katastrophe macht eine Apokalypse zum Irrtum, sondern ihre Nachfolgerin. Im Lichte einer neuen Angst verliert die alte ihre Absolutheit und vergeht. Es gibt keinen Grund anzunehmen, der weltvernichtende Druck auf den Knopf unterbliebe, nur weil er in den Szenarien der ›Klimakrise‹ keine Rolle mehr spielt. Warum die einst so fesselnde atomare Apokalypse außer Kurs geriet und sich die Menschheitsangst unter dem neuen Leitstern der ökologischen Katastrophe sammelt, ist mit einem Vergleich der Realitätsgehalte kaum zu erklären, wohl aber mit einer Neuverteilung der Anschlussfähigkeit bestimmter Großthemen apokalyptischer Kommunikation.

Seit dem alttestamentarischen Propheten Daniel erwarten Apokalyptiker das Ende der bekannten Welt und den Anbruch einer neuen Zeit. Eine »dualistische Äonenlehre« (Kraus 1971) schlägt den Takt der Apokalypse. Auf die zertrümmerte Weltgeschichte des Diesseits folgt das völlig Andere des Jenseits. Auf die Zeit folgt die Ewigkeit. Die Verdammnis droht und das Paradies lockt. Ihre biblischen Verkünder begnügen sich nun keineswegs damit, ihren Endzeitvisionen allein mit dem Hinweis auf den gewöhnlich guten Draht der Propheten zu Gott Überzeugung zu verleihen. Vielmehr benutzen sie stets protowissenschaftliche Hilfsargumente und – die erfolgreichen unter ihnen – ein überzeugendes Medium (wie z. B. Dürre, Krieg, Pest). In die Apokalyptik fließt seit je ein »umfangreiches naturkundliches, medizinisches, astronomisches und geschichtliches Wissen« ein, das den Spekulationen gelehrten, extrareligiösen Halt gibt. »Der Zeitpunkt der großen Wende wird errechnet« (ebd.) – dann folgen die düsteren Weissagungen finsterer Auguren. Etwa so, wie sich die desaströsen Prognosen der Umweltkatastrophe auf wissenschaftliche Studien wie den »Global 2000« stützen: »Wissenschaft« als Fundament apokalyptischer Visionen. Damit sollen die »Offenbarungen« seherischer »Extasen« oder endzeitlicher »Traumvisionen« (Kratz 1998, 590) nicht auf die selbe Ebene mit den empiriegetränkten, computergestützten Vorhersagen etwa des Club of Rome gestellt werden – zumindest nicht was die Akzeptanzweite ihrer Wissenschaftlichkeit betrifft.

Die sprachliche Form der aktuellen Katastrophenkommunikation legt jedoch nahe, die Rede von der ökologischen Selbstvernichtung in die Tradition der Apokalypsensemantik zu stellen. Apokalypsen werden gewöhnlich in esoterischen Kreisen entwickelt und bleiben der Öffentlichkeit solange verborgen, bis die selbstgewählten Auserwählten ihr Geheimnis offenbaren und – ignoriert werden. Sie gelten als »Rufer in der Wüste« – ohne Publikum, wie die Ökopaxe noch vor 20 Jahren auch. Die Radikalität erzeugt Anschlussfähigkeit erst in allgemein erfahrenen »Krisensituationen« (Apokalypsen 1993, 808). Komplizierte Errechnungen des drohenden Endes können breitenwirksam dann überzeugen, wenn eine semantische Formel gefunden wird, um diesen Untergang griffig zu thematisieren. Dann aber werden katastrophische Orakel in gängige Wahrheiten umgemünzt, und aus Exoten werden kanonisierte Propheten oder – Politiker und Erfolgsautoren.

Evidenz und Kommunikation

Die visuelle Formel, die die Semantik der Klimakatastrophe gefunden hat, um der Bedrohung Evidenz zu verleihen, ist ein Diagramm der Angst, dessen steigende Kurve – im Gegensatz zu Börsenkursen – das Ende der Welt oder *Das Ende der Welt, wie wir sie kannten* (Leggewie/Welzer 2009) indiziert. Das Diagramm hat als Symbol des Untergangs reüssiert und wird metaphorisch als Hockeyschläger bezeichnet: Es handelt sich um eine Welttemperaturkurve der letzten 1000 Jahre auf der Basis von Messdaten von Wetterstationen ab dem 19. Jahrhundert sowie diversen indirekten Daten, sogenannten Proxies, aus Sedimenten, Bohrkern-Untersuchungen des Polar-Eises sowie Borstenkiefer-Chronologien etc. Die Kurve zeigt über einen langen Zeitraum einen relativ gleichmäßigen Temperaturverlauf und verzeichnet ab dem 20. Jahrhundert einen rapiden Anstieg. Sie bildet die Form eines Hockeyschlägers. Erstmals von einer Forschergruppe um Michael E. Mann erarbeitet (Mann/Bradley/Hughes 1999) und 2001 in den »Dritten Sachstandsbericht« des IPCC (Intergovernmental Panel on Climate Change) aufgenommen, wurde der ›Hockeyschläger‹ von den einen als Beweis für die künftige Klimakatastrophe und die menschliche Einwirkung auf das Weltklima betrachtet, das sich durch die Erhöhung der Kohlendioxidkonzentration im 20. Jahrhundert dramatisch erwärmt. Von den anderen wurde dagegen die Validität der Daten, die dem Diagramm zugrunde liegen, und/oder die Funktionalität der Algorithmen, mittels derer diese verarbeitet wurden, bezweifelt. Unter den Zweiflern finden sich solche, die speziell dieses Diagramm kritisieren oder aber anthropogene Gründe für die Klimaerwärmung bestreiten, nicht aber die drohende Katastrophe selbst, sowie wenige, die das Schreckensszenario für gänzlich irreal halten. Ihnen werden von den Anhängern des ›Hockeyschlägers‹ einschlägige egoistische ökonomische Interessen unterstellt. Zur Angst vor der klimatischen Apokalypse gehören typischerweise, wie an Anders vorgeführt, Verschwörungstheorien aller Art, die so oder so neue Gelegenheit zur Angst schaffen, sei es vor einer Beschleunigung des Endes durch eine rücksichtslose Industrie, sei es vor künftigen, von warnenden Klimaforschern auf den Weg gebrachten ›Öko-Diktaturen‹, die mit totalitären Mitteln ehrgeizigste Klimaziele durchsetzen. Wann immer das Thema Weltklima von Interesse ist, geht es offenbar nicht ohne Angst, und ausnahmsweise scheint es korrekt, wenn die mit dem Thema näher Befassten darauf insistieren, dass *jeder* betroffen sein wird – und sich entsprechend zu sorgen oder ängstigen habe, sich auf jeden Fall nicht indifferent verhalten können werde.

Verfolgt man nun die Diskussionen um den Klimawandel und die dabei zur Debatte stehenden Angst-Szenarien, zeigen sich über Jahre und Jahrzehnte zyklische Zuspitzungen. Eine Grafik der Kommunikationsdynamik um das Phänomen nähme einen völlig anderen Verlauf als die angenommene steigende Klimakurve. Was in den letzten Jahren wieder in besonderem Maß zu konstatieren war, beobachtet Niklas Luhmann bereits 1986 in seiner *Ökologischen Kommunikation*: Er zitiert die öffentliche Wahrnehmung einer sich noch anbahnenden, aber schon von der Eskalation bedrohten Krise: *Noch nicht* völlig aussichtslos seien ökologische Umstellungen, jedoch dränge die Zeit, und es sei *gerade noch möglich*, jene anzuvisieren (Luhmann 1988, 112 f.). Die Zyklen zeigen, dass das Schlagwort ›Klimawandel‹ weniger parallel zu wirklichen oder vermeintlichen Veränderungen des Phänomens auftaucht, das im vorliegenden Kontext weder bezweifelt wird noch direkt zur Debatte steht, sondern dass das Thema immer dann aktualisiert wird, wenn allgemeine Krisen-Stimmung herrscht, kulturelle (Neu-)Ordnungen in Frage stehen und diffuse Ängste zirkulieren, die sich um das Stichwort kristallisieren können. Was auch immer zur Sache zu sagen wäre, Angst entsteht auf jeden Fall erst in, mit und durch Kommunikation. Sie entsteht aber nicht zwingend, sobald das Thema ›Klimawandel‹ aufkommt, sondern ist an bestimmte rhetorische und kommunikative Mechanismen gebunden. Der Klimawandel kann als Krise wahrgenommen werden, die Sorgen auslöst, die sich positiv und produktiv als kulturelle Vorsorgehandlungen niederschlagen, oder er steht als unfassbare Apokalypse im Raum und generiert oder katalysiert Ängste, von denen unklar bleibt, wie sie sich bewältigen lassen und die kaum fruchtbare Rückwirkungen auf das auslösende Phänomen mit sich bringen.

Krise und Sorge

Dass das Thema ›Klimawandel‹ prinzipiell instrumentalisierbar ist, liegt auf der Hand. So verhalten sich ganze Industriezweige je nach Abhängigkeit von oder Interesse an Atomenergie oder kohlenstoffbasierter Energie höchst unterschiedlich zu dem Phänomen, und mit ihnen je nach Blattlinie, Finanzierung und ideologischem Hintergrund Massenmedien, Wissenschaft und Politik. Soweit es um Instrumentalisierung geht, erscheint der Umgang mit dem Klimawandel zwar nicht immer integer, sachorientiert oder ehrenvoll, aber doch rational, auf eine eigene Weise begründet und zielgerichtet. Es finden – miteinander einhergehend – Handhabungen und Reduktionen der Thematik statt, die auch

Ängste verringern. Ähnlich kann die Krise auch positiv und produktiv im Sinne kultureller Vorsorgehandlungen angegangen werden. Zunächst muss jedoch betont werden, dass die Differenzen im Umgang mit dem Umweltphänomen weitaus fundamentaler und komplexer sind, als dass sie lediglich im Bejahen oder Verneinen derselben Frage bestünden. Es handelt sich bei der gesamten Klimadebatte nicht nur um den Konflikt zwischen Klimawarnern und Klimaskeptikern mit ihren jeweiligen axiologisch aufgeladenen Hintergründen, sondern um nahezu inkommensurable Zugangsweisen verschiedener gesellschaftlicher Systeme zu einem in irgendeiner Weise als Krise wahrgenommenen Phänomen.

Dabei stehen das unbegrenzte Ausmaß des Phänomens und die begrenzten Aktionsradien und Funktionsweisen der verschiedenen Bereiche in Spannung zueinander: Die räumliche und personale Nichtlokalisierbarkeit des Klimawandels bringt eine Diffusität mit sich, die das Komplexitätsniveau der Gesellschaft und ihrer Teilsysteme weitgehend überfordert und deren Selbstbeschreibungsformeln überlastet. Systemtheoretisch gesprochen, verfährt jedes System innerhalb einer funktional differenzierten Gesellschaft nach Maßgabe seines eigenen Codes. Um den Klimawandel zu handhaben, müsste ein System entlang des Codes umweltfreundlich/umweltfeindlich operieren. Letztlich kann sich der Code umweltfreundlich/umweltfeindlich jedoch in den handlungsrelevanten Systemen nicht unmittelbar durchsetzen, weil diese bereits auf Basis eigener Codes funktionieren und somit je eigene Werte und Zielsetzungen an das Problem herantragen. Ohnehin ist die Gesellschaft als Kommunikationssystem durch die ökologische Katastrophe keineswegs direkt bedroht, denn ihre Funktionssysteme reproduzieren sich durch ihre jeweiligen Spezialcodes, Zahlung folgt auf Zahlung, Entscheidung auf Entscheidung, These auf These, die mit dem ›ökologischen Code‹ der Differenz von umweltfreundlich/umweltfeindlich nicht ohne weiteres harmonieren. Im Gegenteil: Mit dem kommunikativen Ereignis der Umweltzerstörung lassen sich im Zeichen des ›Hockeyschlägers‹ Wahlen gewinnen, Produkte verkaufen, Forschungsgelder einsammeln, Gläubige ermahnen. All dies dient primär der Selbstproduktion der Systeme, nicht der Rettung der Natur, der Polkappen oder der Seychellen. Die Funktionssysteme der Gesellschaft könnten sich des Phänomens also nur dann annehmen, wenn sie kommunikativ so adressiert werden, dass es ihren Handlungskompetenzen bzw. ihren Funktionscodes entspricht.

Bei derartigen, produktiven Lösungsstrategien ist interessanterweise wenig Angst im Spiel, und anhand zweier für die Kulturwissenschaften einschlägiger Beispiele lässt sich zeigen, dass die Wende von Angst zu Sorge mit Komplexitätsreduktion einher geht, dass Starre und Emotionalität mit der Überkomplexität des Phänomens zusammenhängen und rationales Handeln aufgrund von Spezifizierung – um nicht zu sagen Spezialisierung – des Problems erfolgen kann. Claus Leggewie und Harald Welzer haben in ihrer Buchpublikation vor der Kopenhagener UN-Klima-Konferenz 2009 zwar die allgemeine ›Gerade noch jetzt‹-Rhetorik herauf beschworen (z. B. Leggewie/Welzer 2009, 10), jedoch betonen die Autoren, dass es sich beim Klimawandel nicht um ein natürliches, sondern ein soziales und ökonomisches Problem handelt, dem auch bewusst auf dieser Ebene begegnet werden muss. Damit wird es in seiner Komplexität – oder Unheimlichkeit – reduziert.

Indem nun die »demokratischen Agenten des Wandels« (ebd., 149) fokussiert werden, erhält die Semantik des Wandels eine völlig neue Richtung: Wandel ist nun nicht mehr die negative Entwicklung des natürlichen Weltklimas – mit allen sozialen, gesellschaftlichen und kulturellen Folgen –, sondern der positive Prozess einer gesellschaftlichen Umstrukturierung hin zu mehr Demokratie und Mitbestimmung, die – das zeige das Klimaproblem – einmal mehr nötig geworden ist, weil Politik und Wirtschaft es nicht mehr richten. Der Klimawandel erfordert nicht nur die Notwendigkeit zu handeln, sondern bietet auch die Chance dazu, und zwar jenseits der institutionalisierten Praktiken.

Zusammen mit Dirk Messner nimmt Claus Leggewie nach dem gescheiterten Klimagipfel erneut zwei folgenreiche Umbauten in der Semantik der Klimakrise vor (Leggewie/Messner 2009): Erstens lösen Leggewie und Messner die Argumentation vom Blick auf die Ursachen und wenden sich dem Management der Folgen zu. Zweitens, und dadurch erst ermöglicht, wird das Problem der Erderwärmung aus moralischen, alarmistischen und ideologischen Schemata, aber auch klimawissenschaftlichen Forschungsstreitigkeiten, herausgelöst und umcodiert zu einem wirtschafts- und entwicklungspolitischen Problem, dessen Lösung wiederum erhebliche Chancen eröffnet. Zunächst kann das Scheitern des Gipfels von Kopenhagen als ›erfolgreich‹ bezeichnet werden, weil man eben sieht, wie es nicht geht: Mit einer Politik, die auf Verursacher zurechnet – China, die USA –, einer Politik, die durch das Stellen der Schuldfrage Unschuld produziert – die ›Entwicklungsländer‹ – und mit Nationalstaaten, die ihre Industrien protegieren.

Das ›planetarische Problem‹ des Klimawandels wurde in Kopenhagen aus der Perspektive nationalstaatlicher Interessenpolitik angegangen, und dies sei, so Leggewie und Messner, »unzeitgemäß«. Der alte Nationalstaat würde auf die Probleme mit Verboten reagieren, also mit Normen (Gesetze) und Sanktionen (Strafen). Umweltsünder kommen vor Gericht. Da es eine globale Strafverfolgungsbehörde für Umweltdelikte nun aber nicht gibt, erscheint es erfolgversprechender, von Strafen auf Anreize und von Normen auf Interessen umzusatteln. Im Sinne einer *global governance* könnte der »Handel mit Emissionen« zum Ziel führen. Ein globaler Handel mit Emissionszertifikaten würde »die Komplexität der festgefahrenen Klimaverhandlungen deutlich reduzieren« und gleichzeitig in der Sache zum Ziel führen (ebd., vgl. auch Luhmann 1988, 19–30).

Hinzuzufügen wäre den beiden Beispielen, dass sie auch dann positive Folgen haben können oder zumindest keinesfalls schaden würden, wenn man nicht von einer anthropogenen Erderwärmung ausgeht. Klimaschutz durch Bürgerbewegung und Entwicklungspolitik statt Angst und Schrecken vor der Klimakatastrophe können auf der Handlungsebene nur vorgeschlagen werden, wenn schon die Kulturwissenschaftler auf der Beobachtungsebene das Problem als kulturwissenschaftliches betrachten und sich nicht unmittelbar auf die Klimawissenschaften einlassen. Jedes System und jedes Individuum beobachtet und handelt so und nicht anders, wie es dies jeweils sinnvoll kann; was im negativen Sinn als Instrumentalisierung verstanden werden kann, kann positiv als problemreduzierende Umcodierung bezeichnet werden, die als Sorge auftritt und Ängste bannt. Aus der Apokalypse wird ein Risiko.

Apokalypse und Angst

Die mangelnde Wahrnehmbarkeit oder Fühlbarkeit des Klimawandels bedingt, dass er zum gegenwärtigen Zeitpunkt relativ leicht geleugnet werden kann. Betrachtet man aber lediglich die Möglichkeit, dass sich das Weltklima wandelt und dass dies tatsächlich schädliche Folgen haben wird, fällt im Kontext der Untersuchung von Angst auf, dass gerade der sinnliche Entzug des Phänomens besonders unheimlich und bedrohlich wirkt. Schleichend vollziehen sich Veränderungen, die sich nur sehr abstrakt nachweisen lassen: Innerhalb eines Menschenlebens können

die Bewegungen individuell nicht erfasst werden, und ein simples wissenschaftliches Fieberthermometer der Erde gibt es auch nicht, weil noch nicht einmal klar ist, was wann wo zu messen ist, um ›die globale Erwärmung‹ zu erfassen. Es müssen indirekte Parameter herhalten, die so komplex verknüpft sind, dass sich nicht nur die Experten streiten, sondern dass die Vorstellung versagt. Ellenlange Zahlenreihen und deren Verknüpfung und Gewichtung entziehen sich einer sinnlichen Konkretisierung. Wir haben es also mit einem unsichtbaren Gegner zu tun, der permanent um uns agiert, ohne dass wir es merken, und gleichzeitig gehen wir davon aus, dass der Schaden dieses ›Klima-Teufels‹ für uns alle erheblich sein wird. Kein Wunder, dass dieses Chaos als Apokalypse semantisiert wird, also als globale, alle Systeme tangierende Bedrohung ausgewiesen und in der allgemeinen Zauberformel einer Universalgeschichte von Ende, Aufbruch und Umkehr geordnet wird.

Das ist allerdings auch strategisch von den meisten gewollt, die vor der drohenden Katastrophe warnen wollen. Apokalyptische Untergangsszenarien sollen Ängste alarmieren und mobilisieren. Auf Angst wird also von den meisten Klimawarnern mit besten Absichten gesetzt. So negiert Michael Le Page im *Newscientist* die Notwendigkeit von wissenschaftlichen Beweisen für den vom Menschen gemachten Klimawandel und suggeriert die Evidenz des alljährlichen, persönlichen Empfindens. Nicht irgendwann und irgendwo, sondern hier und jetzt geschehe etwas. Er schlägt vor, man möge im kommenden Frühjahr in den Garten gehen und selbst beobachten, dass sich Blätter früher entfalten, Blumen früher blühen und Zugvögel früher wiederkehren (Le Page 2009). Um Zugang zu einem konkret kaum fühlbaren Phänomen zu erlangen, werden sinnlich wahrnehmbare Beispiele gewählt und mit einer deutlichen Ästhetisierung unterlegt. Sich öffnende Blätter und ankommende Zugvögel sind bekannte literarische Topoi, um Frühlingsgefühle zu erwecken, deren Bedrohlichkeit jedoch mit dem Verweis auf das zu frühe Eintreten präsent ist. Insgesamt zitiert das Beispiel die berühmte ›Ruhe vor dem Sturm‹, die aus Katastrophen- und Horrorfilmen bekannt ist. Le Page bedient sich des Bildes der bedrohten Idylle, um aufzuzeigen, dass die Gefahr anwesend ist, auch wenn wir sie nur vage und bei erhöhter Aufmerksamkeit wahrnehmen können. Er schärft den Sinn für die Gefahr, indem er rhetorisch den besagten Kontrast aufwirft.

Weniger subtil sind die anderen Entwürfe globaler Klimaszenarien, die allerorts kursieren: Vorstellungen von Dürre- und Überflutungskatastrophen und untergehenden Zivilisationen werden hauptsächlich in Bildern von Böden, die von Rissen durchfurcht sind, und Inseln, die im Wasser untergehen, inszeniert. Elemente und Plot werden aus fiktionalen literarischen und filmischen Vorlagen bezogen. Zu Ende erzählt bzw. visualisiert sind diese Bilder schon in der Bibel sowie diversen Katastrophenfilmen, die nicht cineastisch verortet sind, sondern massenhaft als Fernsehfilmproduktionen die Wohnzimmer erreichen. Auch wenn die Folgen in unserer hochtechnisierten Welt vermutlich vor allem sozialer Art sind und nicht so sehr direkt unser natürliches Leben bedrohen, zielen die Schreckensszenarien doch auf diesen elementaren Aspekt. Zur Debatte stehen bei untergehenden Inselstaaten die aufgrund von Umsiedlungen notwendigen nationalpolitischen, asylrechtlichen, gesellschaftlichen und kulturellen Re-Strukturierungen. Die Bilder suggerieren aber, dass Menschen in den Wassermassen ertrinken. Umsiedelungen können mit Entschädigungen und Umschulungsmaßnahmen verbunden werden. Aufnahmen von zerrissenen Böden befördern aber die Vorstellung, Menschen würde in den Rissen verschwinden, also von Erdspalten verschluckt.

Gerade weil die Bilder von Umweltproblemen, so real sie auch sein mögen und so sehr sie auch zu Sorge führen sollen, – unfreiwillig oder gewollt – narrativ-fiktionale Szenen anzitieren, entsteht Angst auf irrationale Weise, indem irreale Text- und Filmszenen zu Ende gedacht werden, sobald ein Symptom der Erderwärmung narrativ oder bildlich vorliegt. Die massenmediale Inszenierung des Klimawandels, die notwendig eine eigendynamische Inszenierung sein muss, weil der Klimawandel sonst nicht darstellbar ist, beruht auf intertextuellen und intermedialen Narrativierungs- und Verbildlichungsprozessen, um vorstellbar zu machen, was zunächst nicht sinnlich wahrnehmbar ist. Die Visualisierungen von Michael Le Page machen auch einsichtig, wie zum Zweck der Aufmerksamkeitsgenerierung Ereignisketten konstruiert werden, die von der Sache her in ihrer Verkettungslogik so nicht zu erkennen sind. Die Geschichte, derer er sich mit seinen Schlagworten bedient, ist die, dass Menschen morgens gutgelaunt den Garten betreten, den Frühling in allen Facetten genießen und noch nicht bemerken, wie sich die Wolken hinter der alltäglichen Vorgartenidylle zusammenbrauen, dass etwas falsch an dem Szenario ist, und ein weiteres Ereignis schon im Gange ist und wirksam werden wird, ohne dass es direkt bemerkt wird. Der Lesende hört förmlich die melodramatische Untermauerung der Szenerie mit entsprechender Filmmusik. Und dies verweist auf den weiteren Aspekt, dass die Fiktion der Wirklichkeit schon lange zuvor gekommen ist und Angst-Szenarien zur Verfügung stellt, Angst also beim Rezipienten schon präformiert wurde, so dass dieses Register bereits anhand weniger Schlagworte abzurufen ist.

Dieser Prozess der Narrativierung und Verbildlichung setzt nicht erst auf der Ebene der massenmedialen Konstruktion ein, sondern betrifft die Naturwissenschaften selbst (Binczek 2002, 122). Im Kontext der Klimadebatte sind es die Meteorologen, Geowissenschaftler und Physiker, die narrative Szenarien entwerfen, wie sich die Erdoberfläche durch die globale Erwärmung, das Abschmelzen von Polar-Eis und Gletschern und den Anstieg des Meeresspiegels verändern wird. Dynamische Computersimulationen untermauern die Darstellungen der sukzessiven Ereignisse, die nicht nur in Kausalketten aufeinander folgen, sondern in Begründungszusammenhängen auseinander hervorgehen, also erzählerisch motiviert werden, und mit der Vorstellung, menschliche Eingriffe würden diesen Prozess steuern, einen personalen, intelligiblen Handlungsträger haben. Dies wird mit bewertenden Überschüssen versehen und entspricht – selbstverständlich – keiner neutralen Beschreibung des natürlichen Phänomens. Man muss der Debatte zugestehen, was für fiktionale Texte gilt: Lügen ist nicht möglich (Aristoteles 2001, 85–89), auch wenn die Eigengesetze der Erzählung die Entsprechung mit der ›Sache‹ mindestens überlagern, wenn nicht deren ontischen Status generieren.

Klimaskeptiker hinterfragen diese Erzählungen zwar durchaus in naturwissenschaftlichen Kategorien; sie kritisieren Datenlage, -bearbeitung und -auswertung. Allerdings operieren auch sie häufiger auf der Ebene der Erzählung, indem sie die jeweiligen Erzähler der anthropogenen globalen Erderwärmung als unzuverlässig hinstellen, den Plot als zu dramatisch kritisieren oder einzelne Umbruchstellen als unzureichend motiviert bewerten. Ein Vorstoß zum Klima ist in der Debatte kaum beobachtbar, sondern es lässt sich nachvollziehen, dass naturwissenschaftliche Ergebnisse nur narrativ, metaphorisch, symbolisch und bildhaft vermittelt werden können, wenn deren Erkenntnisse nicht ohnehin *apriori* von erzählerischen Mustern geleitet sind. Dem entsprechend hat die Angst vor der Apokalypse letztlich wenig mit dem Phänomen selbst zu tun. Die Angst entsteht, indem der Gegner zwischen der tatsächlichen Unsichtbarkeit und der medialisierten Übergröße changiert. In beiden Fällen gibt es kaum Handlungsspielraum oder konkrete Handlungsmöglichkeiten für die Alarmierten. Dass dies prinzipiell ein Mechanismus der Angst ist, zeigt sich an der Klimadebatte lediglich einmal mehr. Wenn dagegen gerade Handlungsmöglichkeiten zeitnah abgewogen werden können, handelt es sich um Risiken, nicht um Ängste. Anders als Ängste lassen sich Risiken durchaus regulieren oder kaufen bzw. verkaufen (vgl. Luhmann 1995, 103; Luhmann 1993).

Um Geheimnisse und Unsichtbarkeit rankt sich aber auch die Angst derjenigen, die den Klimawandel als Vorwand betrachten, wobei letztlich, aber auch dies ist ein Zeichen der Angst, nicht konkretisiert werden kann, für was der vermeintliche Vorwand stehen soll. In jedem Fall seien Verschwörungen am Werk, d. h. Ängste entstehen ganz klar auf der Basis des Nicht-Wissens, auf der Vermutung, das etwas hinter dem Rücken der Öffentlichkeit stattfindet, man aber nicht greifen kann, was es ist.

Die Ängste der Klimaskeptiker weisen die gleiche Struktur auf, wie die der Klimawarner. Was 2009 beispielsweise Aufsehen erregt hat, war die Veröffentlichung von illegal gehackten Mails von Forschern der East Anglia Universität auf einem russischen Server. Was daran Anstoß erregt hat, war eine vermeintliche Manipulation von Daten, aufgrund derer Klimawissenschaftler der Öffentlichkeit einen nicht stattfindenden anthropogenen Klimawandel vortäuschen wollten. Bei Durchsicht der Mails erweist sich die angebliche Datenfälschung als Bemühen um Vermittlung. Spezialisierte Wissenschaftler suchen Anschlüsse an externe Systeme, die sie als »ignorant masses« (Briffa 1996) wahrnehmen, indem sie neben der Wahl des richtigen Zeitpunktes für Publikationen, der Planung von PR-Aktionen und der Beobachtung der Mediendarstellung um Verständlichkeit bemüht sind. Systemtheoretisch gesprochen, muss man letztlich den Code bedienen, der den inkommensurablen externen Systemen, die als solche prinzipiell ignorant sind, zu eigen ist. Zunächst genügt aber eine durch einen narrativen Transformationsprozess der ellenlangen Zahlenreihen zu erreichende, alle verbindende, interdiskursive Sprache bzw. Erzählung. Während also Gesellschaft, Politik und Wirtschaft den Klimawandel in seiner Komplexität reduzieren müssen, um sinnvoll handeln zu können, müssen die Klimawissenschaften als beobachtende und kommunizierende Systeme ihre eigenen Codes, ihre eigen Art der Komplexitätsreduktion überwinden, um die handelnden

Systeme kommunikativ zu erreichen. Dass mit den entsprechenden Narrativierungen, Verbildlichungen, Pointierungen und vielleicht auch Dramatisierungen auch Angst entsteht, die zunächst einmal als solche wenig produktiv ist, sondern lähmt, blind macht oder zu Abwehrreaktionen führt, muss erst einmal bewusst werden, um dann diese blinde Angst wieder in Sorge zu transformieren. Dass auf diesem Weg aber auch den Klimaskeptikern mit ihren eigenen Angst-Szenarien der Boden bereitet wird, ist eine unkalkulierbare Nebenwirkung der Differenz von hochspezialisierter Beobachtung und möglichst breiter Kommunikation. Letztlich zeigen die Mails lediglich, was der informierten Öffentlichkeit schon bekannt war. Bestimmte Aspekte des berühmten Klimadiagramms überzeugen nicht alle Wissenschaftler, und auch unter dessen Kritikern befinden sich nicht nur Klimaskeptiker.

Das Hacker-Szenario selbst war neu, interessant und berichtenswert, weil zu einem als brisant und einzigartig empfundenen Zeitpunkt, bei dem die Zukunft der Welt auf dem Spiel zu stehen schien, auf beiden Seiten im Geheimen und Dunklen agierende Akteure erahnbar wurden, über deren Motivationen gerätselt werden konnte. Wieder einmal ist es vor allem der Plot eines Agentenszenarios, der aufgrund vorheriger massenmedialer Verbreitung vorstellbarer und greifbarer erscheint als das zugrundeliegende Phänomen. Zunächst einmal ist nur ein geringer naturwissenschaftlicher Input nötig. Auch die Relevanz der Thematik muss nicht von der Sache her begründet werden, sondern erscheint aufgrund ihres narrativen, rhetorischen, symbolischen und bildhaften Modus unmittelbar evident bzw. wird durch diesen konstruiert. Scheinbar selbständig entfaltet sich ein Diskurs rund um den Angstauslöser ›Klima‹, der sich aus ästhetischen Mustern speist und durchaus ohne substanzielle Referenz in Gang gehalten werden kann. Je breiter die Kommunikation, je beeindruckender das Narrativ, umso mehr Angst wird generiert, katalysiert oder aktualisiert.

Normalisierung/Desensibilisierung

Will man aber, wie zuvor beschrieben, nun Angst wieder zu Sorge reduzieren oder transformieren, bleibt ein Problem bestehen, das weiterhin Anlass zu Angst gibt: Die These einer funktionsdifferenzierten Gesellschaft, die sich nur nach ihren eigenen Maßgaben auf ihre Gefährdung einstellen kann, ist selbst kontingent. Ein Risiko, das sich aus der oben skizzierten Übersetzung ökologischer Risiken in ökonomische Chancen ergibt, liegt aus der von Michel Foucault auf den Weg gebrachten und von Jürgen Link operationalisierten normalismustheoretischen Sicht (Foucault 2004a; 2004b; Link 1997) in ihrer semantischen Organisation: Krisen werden in »gouvernementalen« Gesellschaften mit großer Wahrscheinlichkeit »normalisiert« (Link 2009). Krisen folgen einem narrativen, medialen und visuellen Schema, das Extreme letztlich ausbalanciert und in ›normale‹ Fahrwasser leitet. In einem zum Thema »Gefahrensinn« publizierten Text über die Normalisierung apokalyptischer Szenarien zeigt Jürgen Link, dass der »strukturelle Kern normalistischer Ver-Sicherung und ›Stabilität‹ im Vertrauen auf Kontinuität liegt«. Es endet nie. »Dass es so weitergeht, ist normalistische Gewissheit« (ebd., 18).

Dies sieht man auf einen Blick an den Kurvenlandschaften der Börse oder, so würden wir ergänzen, des Klimawandels, die ja selbst nach ›Crashs‹ und ›Katastrophen‹ nie aufhören, sondern immer stetig weiterführen. *Curva non facit saltus.* Alles bleibt immer anschlussfähig. Wenn Links Beobachtungen zutreffen – und eine Reihe von Kultur- und Medienwissenschaftlern folgen ihm hier (Bohn 2003; Bartz/Krause 2007) –, dann wird die Ebene der massenmedialen Semantisierung des Wissens von einem hegemonialen Trend dominiert, selbst im Falle von ›Crashs‹ und ›Katastrophen‹ auf ›Bodenbildungen‹, ›Wege aus der Krise‹, ›Licht am Ende des Tunnels‹ oder ›Anzeichen der Erholung‹ umzuschalten. »Solange es stets Aussicht auf Normalisierung gibt, werden alle alarmistischen Narrative als ›zweckpessimistisch übertrieben‹ rezipiert. Das Motto lautet: Die Welt wird davon nicht untergehen. Die gecrashten Kurven werden sich normalisieren, weil sonst ja der Systemkollaps käme, der aber undenkbar ist« (Link 2009, 19). Eine Konsequenz dieses ›mediopolitischen‹ Normalismus wäre es also, dass Diskontinuitäten und Anormalität wenig Chancen auf Beachtung haben. Diese normalistische Blindheit trübt den Gefahrensinn der Gesellschaft und steht der These Luhmanns und letztlich auch Leggewies und Messners entgegen, dass die Gesellschaft sich mit ihren Bordmitteln auf ökologische Gefährdungen einstellen kann. Die Gesellschaft, trotz und aufgrund aller Prognosen, könnte enden. Sich davor zu ängstigen, bleibt ohne Einfluss auf die Wahrscheinlichkeit dieses möglichen Endes.

Literatur

Anders, Günther: *Endzeit und Zeitenende. Gedanken über die atomare Situation.* München 1972.

Anders, Günther: *Die Antiquiertheit des Menschen* [1956]. München 1981.

Apokalypsen. In: *Lexikon für Theologie und Kirche*, Bd. 1. A bis Barcelona. Hg. von Walter Kasper/Konrad Baumgartner/Horst Bürkle/Klaus Ganzer/Karl Kertelge/Wilhelm Korff/Peter Walter. Freiburg 1993, 807–814.

Aristoteles: *Poetik.* Griechisch/deutsch. Übers. und hg. von Manfred Fuhrmann. Stuttgart 2001 (griech. um 335 v. Chr.).

Bartz, Christina/Krause, Marcus (Hg.): *Spektakel der Normalisierung.* München 2007.

Binczek, Natalie: ›Von der Unsterblichkeit‹ und andere ›große Erzählungen‹. In: Dies./Nicola Glaubitz/Klaus Vondung (Hg): *Anfang offen. Literarische Übergänge ins 21. Jahrhundert.* Heidelberg 2002, 120–135.

Bohn, Cornelia: Mediatisierte Normalität. Normalität und Abweichung systemtheoretisch betrachtet. In: Jürgen Link/Thomas Loer/Hartmut Neuendorff (Hg.): ›*Normalität‹ im Diskursnetz soziologischer Begriffe.* Heidelberg 2003, 39–50.

Briffa, Keith: Mail an Gary Funkhouser (1996), http//:www.eastangliaemails.com/emails.php?eid=10&filename=842992948.txt (15.08.2012).

Foucault, Michel: *Geschichte der Gouvernementalität I. Sicherheit, Territorium, Bevölkerung. Vorlesungen am Collège de France 1977–1978.* Frankfurt a. M. 2004a (franz. 2004).

Foucault, Michel: *Geschichte der Gouvernementalität II. Die Geburt der Biopolitik. Vorlesungen am Collège de France 1977–1978.* Frankfurt a. M. 2004b (franz. 2004).

Koch, Lars: Angst in der verwalteten Welt. Emotive Kulturkritik bei Jünger, Gehlen und Adorno. In: *Zeitschrift für Literaturwissenschaft und Linguistik* 41/161 (2011), 41–58.

Kratz, Reinhard G.: Apokalyptik. In: *Religion in Geschichte und Gegenwart. Handwörterbuch für Theologie und Religionswissenschaft.* Bd. 1, A-B. Hg. von Hans Dieter Betz/Don S. Browning/Bernd Janowski/Eberhard Jüngel. Tübingen [4]1998, 590–599.

Kraus, Hans Joachim: Apokalyptik. In: Joachim Ritter (Hg.): *Historisches Wörterbuch der Philosophie.* Bd. 1. Darmstadt 1971, 439.

Leggewie, Claus/Messner, Dirk: Erfolgreich gescheitert. In: *Frankfurter Allgemeine Zeitung*, 22.12.2009.

Leggewie, Claus/Welzer, Harald: *Das Ende der Welt, wie wir sie kannten. Klima, Zukunft und die Chancen der Demokratie.* Frankfurt a. M. 2009.

Le Page, Michael: Why there's no sign of a climate conspiracy in hacked emails (2009), http//:www.newscientist.com/article/dn18238-why-theres-no-sign-of-a-climate-conspiracy-in-hacked-emails.html (15.08.2012).

Link, Jürgen: *Versuch über den Normalismus. Wie Normalität produziert wird.* Opladen 1997.

Link, Jürgen: Über die normalisierende Funktion apokalyptischer Visionen. Normalismustheoretische Überlegungen. In: *Archiv für Mediengeschichte* 9 (2009), 11–22.

Luhmann, Niklas: *Ökologische Kommunikation. Kann die*

moderne Gesellschaft sich auf ökologische Gefährdungen einstellen [1986]? Opladen ²1988.

Luhmann, Niklas: *Risk. A Sociological Theory.* Berlin/New York 1993.

Luhmann, Niklas: Die Autopoiesis des Bewusstsein. In: Ders.: *Soziologische Aufklärung 6: Die Soziologie und der Mensch.* Opladen 1995, 55–112.

Mann, Michael E./Bradley, Raymond S./Hughes, Malcolm K.: Northern hemispheric temperatures during the past millennium. Inferences, uncertainties, and limitations. In: *Geophysical Research Letters* 26/6 (1999), 759–762.

Maren Lickhardt/Niels Werber

4. Digitalisierung

Die Computertechnologie als innovationsbedingtes, relativ junges Angstszenario

Seit den von der Zeitgeschichtsschreibung so genannten »langen 1970er Jahren« (Jarausch 2006, 3) stehen die europäischen Staaten vor der Herausforderung der Schaffung gesamtgesellschaftlicher Innovationskulturen. Damit einher geht die Aufgabe der Begleitung und Kontrolle der neu gewonnenen wissenschaftlich-technischen Erkenntnisse durch die Politik (vgl. Arendes 2010). In diesem Rahmen werden bestimmte Technologien und deren Folgen von der Gesellschaft abgelehnt, andere akzeptiert. Insbesondere die auf der Digitalität (elektronisches »On-Off-Prinzip«) beruhende Computertechnologie wird seit Beginn ihrer Anwendung mit ambivalenten Gefühlen betrachtet, wenngleich sie in Umfragen Ende der 1970er und zu Beginn der 1980er Jahre im Vergleich etwa zur ebenfalls mit Ängsten der Bevölkerung verbundenen Atomkraft deutlich höhere Zustimmungswerte erhielt (s. Kap. IV.A.7), und mittlerweile trotz zahlreicher angstinduzierter Einwände nicht mehr aus der Alltagspraxis weggedacht werden kann. Um die Problematik der digitalisierungsbedingt zunehmenden Datenmenge politisch und juristisch zu regulieren und gesetzgeberisch auf die Besorgnis der Bevölkerung angesichts der neuen Technologien zu reagieren, wurde 1970 im Bundesland Hessen das weltweit erste Datenschutzgesetz erlassen.

Im Rahmen des gesellschaftspolitischen Diskurses waren somit gleich zu Beginn der Digitalisierung (d. h. der gesellschaftlichen Durchsetzung der auf dem Digitalitätsprinzip basierenden Innovationen), zu Beginn der »digitalen Revolution« (Zysman/Newman 2006) oder des »digitalen Zeitalters« (Rammert 1997) neben zukunftsutopischen Visionen kritische Stimmen bis hin zu massiv mit Zukunftsängsten argumentierende Ablehnungen zu vernehmen, so etwa seitens der Gewerkschaftsbewegung, die eine massive Zunahme der Erwerbslosigkeit durch die massenhafte Computerisierung und Robotisierung des Arbeitslebens befürchtete (s. Kap. IV.B.2). Auch durch die erstmalige flächendeckende Anwendung der Computertechnik im Zusammenhang mit der ›Rasterfahndung‹ zur Ermittlung von Terroristen wurde das negative Potenzial der neuen Technologie evident. In Fortführung der Debatte um die politische Ausgestaltung der ›freiheitlich demokratischen Grundordnung‹, die im Rahmen der Diskussion um die ›Notstandsgesetzgebung‹ Ende der 1960er Jahre aufgekommen war, wurden angesichts der medial dauerpräsenten Terrorgefahr und der staatlichen Reaktionen hierauf (s. Kap. IV. A.8) neue digitalisierungsgestützte Gefährdungspotenziale und Angstszenarien reflektiert.

Gegen Ende des von ansteigendem Misstrauen und zunehmender Verunsicherung gegenüber staatlichen Institutionen geprägten Dezenniums stellte die Enquete-Kommission des Bundestages zum Thema ›Neue Informations- und Kommunikationstechniken‹ (1981 bis 1983) eine Plattform zur politischen Abwägung und Integration negativer Befürchtungen im Zusammenhang mit der einsetzenden Digitalisierung der Gesellschaft bereit. Die mit Experten und Parlamentariern besetzte Kommission erörterte Probleme der neuen Techniken unter rechtlichen, insbesondere verfassungsrechtlichen, datenschutzrechtlichen, gesellschafts- und familienpolitischen, volkswirtschaftlichen, finanziellen, technischen und organisatorischen Aspekten. In einem Zwischenbericht der nach dem Regierungswechsel von 1982 zeitnah eingestellten Kommission wurde in Bezug auf die Auswirkungen der neuen Informations- und Kommunikationstechniken deren ungewisser Charakter betont: »Die relative Unsicherheit über die Tatsachenbasis sowie der Streit um die Bewertungskriterien überlagern und verschränken sich im Bereich der Kommunikationstechniken und der durch sie ermöglichten Information und Kommunikation in besonders auffälligem Maße« (Enquete-Kommission 1983, 8). Und: »Von gesteigerter Unsicherheit sind die Sachverhaltsaufnahmen und Prognosen in den Bereichen ›Wirtschaft‹ und ›soziale Auswirkungen‹« (ebd., 9). Implizit geht die Kommission also auf ein erhöhtes Verunsicherungs- und damit auch Angstpotenzial ein, das der Digitalisierung infolge ihres Charakters als Medienumbruch – wie technischer Innovation insgesamt – eignet.

Der ›Personal Computer‹ und die Angst vor dem ›gläsernen Bürger/Menschen/ Verbraucher/User‹ seit den 1980er Jahren

Mit dem Übergang von der Ära der Großcomputer und der industriellen Robotisierung in das Zeitalter des ›Personal Computer‹ (PC) weitete sich seit den 1980er Jahren der Blick von der ursprünglich fokussierten Datenverarbeitungs-, Rechen- und Arbeitsfunktion der Geräte auf den allgemeinen daten-

schutzrechtlichen Aspekt der Nutzer und die spezifische Problematik künstlicher Intelligenz (vgl. Arendes 2010). Kristallisiert in der Debatte um die Volkszählung trat für den Bereich der Digitalität die – insbesondere in der gegenwartsaktuellen Diskussion wieder aufgegriffene – Sphärendifferenzierung in ›Öffentlichkeit‹ und ›Privatheit‹ und das damit verbundene Konzept der ›informationellen Selbstbestimmung‹ in den Vordergrund. Der intensive Streit um die Volkszählung des Jahres 1983 bzw. 1987 und die darin geborgene Konfrontation von öffentlichem Interesse und privatem Dateneigentum, im zeithistorischen Diskurs verstärkt durch das Jahr 1984, in dem umfangreich an George Orwells gleichnamige Zukunftsdystopie erinnert wurde, sensibilisierte die erstmals nicht mehr ausschließlich im Rahmen von Großtechnologie, sondern nun auch durch Personal- und Homecomputer mit Chancen und Risiken der Digitalisierung konfrontierten Bundesbürger. Im Vorfeld der Erarbeitung des 1990 in Kraft getretenen Bundesdatenschutzgesetzes (BDSG) und der im Umfang gestiegenen staatlichen Datenverarbeitung, die in kritisch-ablehnender Auseinandersetzung als ›staatliche Datensammelwut‹ bezeichnet wurde, entstand die negativ belegte und mit Kritik an der ›Veröffentlichung des Privaten‹ argumentierende Vorstellung vom sogenannten ›gläsernen Bürger‹, kommunikativ wirksam etwa in der Diskussion um die Einführung einer personalisierten Gesundheits(chip)karte, der Kritik am bundesgesetzlich vorbereiteten, aber inzwischen aus datenschutzrechtlichen Gründen wieder verworfenen ›elektronische Entgeldnachweis-Verfahren‹ (ELENA) und – wenngleich weniger vehement noch als 1983 – in der Kritik am Zensus des Jahres 2011.

Eine neue Prägung erhielt diese in den 1980er Jahren initiierte Debatte, die sich zunächst lediglich abwehrend gegen staatlich verordnete Datensammlung wendete, durch die zunehmende privatwirtschaftliche Nutzung von Kundendaten ab den 1990er Jahren, die auf vertraglich-freiwilliger Preisgabe persönlicher Daten beruht, aktuell etwa im Rahmen der Gruppendynamik sozialer Netzwerke oder durch geldwerte Vergünstigungen bei Angabe von Kauf- und Verbraucherinformationen über Kunden- und Bonuskarten (Kurz/Rieger 2011). Diese Perspektivenverschiebung zeigt sich auch im Wandel der zunächst eher antiobrigkeitlichen Rede vom ›gläsernen Bürger‹ hin zur Rede vom ›gläsernen Menschen‹, ›gläsernen Verbraucher‹ oder ›gläsernen User‹, in der die Angst vor ›Durchleuchtung‹ des Privaten zunächst durch staatliche, seit spätestens der Jahrtausendwende vermehrt auch durch privatwirtschaftliche Akteure geborgen ist. Komplementär hierzu zeichnet sich eine vor allen Dingen generationenspezifisch motivierte – und sich mittlerweile auch im Wahlverhalten niederschlagende – Segmentierung der Gesellschaft (*digital division*) in digitalnative Anhänger des Transparenz- und nicht digitalnative Anhänger des Diskretionsprinzips ab, wobei beide Richtungen mit Ängsten, entweder vor der »totalen Entblößung« oder vor der »Exklusivität des Geheimen«, argumentieren (vgl. Weiß 2008).

Die kollektive Angst vor der gesamtgesellschaftlichen Innovationslücke und vor der digitalen Nullstellung um die Jahrtausendwende

Die industrie- und technologiefreundlich gesinnte christlich-liberalen Regierung, die 1982 infolge eines Koalitionswechsels der FDP ins Amt gelangte, konstatierte im Rahmen ihres wirtschaftsliberalen Programms eine nationale wie gesamteuropäische ›Innovationslücke‹ zu den auf dem Gebiet der Computerisierung führenden Industrienationen USA und Japan. Um diese ›Lücke‹ (*computational gap*), die mit der Befürchtung einherging, den Anschluss an die globalisierte weltwirtschaftliche Entwicklung auf dem Feld der Computertechnologie zu verlieren, zu schließen, wurden massive Förderprogramme aufgelegt, die dabei helfen sollten, den technologischen Rückstand aufzuarbeiten. Diese Anstrengungen wurden späterhin in europäische Wettbewerbsstärkungs- und Innovationsförderprogramme überführt und dadurch im Mitteleinsatz nochmals intensiviert. Wirtschaftsstrategisch kondensierte sich das Bemühen um Anschluss an die Entwicklung der IT-Vorreiternationen auch in der Übertragung der als wirtschaftlicher Erfolgsfaktor identifizierten Vernetzungs- und Cluster-Ideen auf ausgewählte Innovationsregionen. Besonders prominent im Ostteil des wiedervereinten Deutschland wurden mittels staatlicher Strukturförderungsmaßnahmen Innovationsregionen (z. B. ›Saxony Valley‹ bzw. ›Silicon Saxony‹) nach dem us-amerikanischen Vorbild des Silicon Valley aufgebaut, mit dem Ziel, durch diese sogenannten ›Leuchtturmprojekte‹ Vorbildwirkung für andere Regionen und ein ›Lückenschluss‹ zur globalen Entwicklung zu erreichen.

In diesen strukturpolitischen Kontext sind auch die auf eine Stärkung der IT-Industrie zielenden Maßnahmen der rot-grünen Nachfolgeregierung einzuordnen, die in den Jahren 2000 bis 2004 mit einer neuerlich am Vorbild USA orientierten ›Deutschland Greencard‹ Fachkräfte im IT-Bereich anwerben sollten und sich später in der Privilegierung von IT-Spezialisten im novellierten Zuwanderungsgesetz niederschlugen. Offiziell firmierte die Aktion unter der Bezeichnung »Sofortprogramm zur Deckung des IT-Fachkräftebedarfs« und verwies, wie auch die IT-Vernetzungs- und Clusterinitiativen, auf die gesamtwirtschaftliche Sorge um die »Zukunftsfähigkeit des Innovationsstandortes Deutschland«. Gekoppelt war dieser Diskurs an allgemeine demographische Angst-Szenarien (s. Kap. IV.B.1), die, u. a. auch verknüpft mit der Neuverteilung von politischen Zuständigkeiten im Prozess der Europäischen Integration, seitens der politischen Klasse die Frage nach dem (biologischen und staatsrechtlich-politischen) Fortbestand des Nationalstaates thematisierten und, bezogen auf erstere Komponente, in der heftig umstrittene Parole »Kinder statt Inder« des damaligen CDU-Ministerpräsidenten in NRW, Jürgen Rüttgers, gipfelten.

Im unmittelbaren Zeitraum vor der Jahrtausendwende rückte allerdings die zunächst eher auf dem Feld der National- oder Volkswirtschaft angesiedelte digitalisierungsbedingte gesamtgesellschaftliche Zukunftsangst in den Hintergrund, stattdessen trat im Zusammenhang mit dem Jahreswechsel von 1999 auf 2000 die von globalen Annihilations-Befürchtungen geprägte Auseinandersetzung mit der Computertechnik in den Vordergrund, die anhand des sogenannten ›Millennium-Bugs‹ (auch ›Jahr-2000-Problem‹) verhandelt wurde. Die Problematik ist auf den binär-logischen Charakter der Computertechnologie und die auf Datensparsamkeit beruhende, auf die letzten beiden Ziffern reduzierte Jahreszahlangabe in den zeitgenössischen PCs zurückzuführen. Folglich konnte von den Rechnern nicht zwischen den Jahren 1900 und 2000 unterschieden werden. Auch hatte die Konvention, ungültige Datensätze mit der Kombination ›00‹ zu markieren, das im Fachjargon als ›Y2K-Problem‹ (= Year-2-Kilo) bekannte Phänomen verstärkt und die Angst eines weltweiten Totalausfalls der Computersysteme heraufbeschworen. Die aus den computertechnischen Gegebenheiten abgeleitete Nullstellung erhielt über ihre wirtschaftliche Bedeutung im Bereich der computerbasierten Ökonomie hinaus eine symbolische Aufladung. In seinem Angstpotenzial kann der Diskurs um den ›Millennium-Bug‹ in die kulturelle Tradition der milleniaristischen Apokalyptik eingeordnet werden (s. Kap. IV.A.3). Technisch ist er überdies auf den binären ›On-Off-Charakter‹ von Digitalsystemen zurückzuführen, die in ihrer grundlegenden Logik keine nicht-disparaten Aussagen zulassen, sondern erst durch massenhaft durchgeführte Kumulation von singulären Rechenoperationen die Fiktion von Kongruenz erzeugen. Erstmals wurden in diesem globalen Rahmen der internationale Charakter der digitalen Vernetzung sowie die Konsequenzen der Technikabhängigkeit moderner Dienstleistungsökonomien anhand eines traditionell mit vielen Zukunfterwartungen und Zukunftsängsten verknüpften Datums einer breiteren Öffentlichkeit präsent. Vielfach wurde, den umwälzenden Charakter der Digitalisierung betonend, in jenem Kontext von der ›digitalen Revolution‹ und vom Start in ein ›digitales Jahrhundert bzw. Jahrtausend‹ gesprochen.

Kollektive Ängste im Kontext von Internet, Web 2.0, internationalem Terror und einer sich neu ordnenden Wissensökonomie

Durch die im ›Millennium-Bug‹ erstmals in ihrem globalen Ausmaß deutlich gewordene Vernetzung, zunächst über Datenfernübertragung (DFÜ), später über das Internet und das WorldWideWeb, die nach kurzen Vorlaufphasen von ihren ursprünglichen militärischen oder wissenschaftlich-universitären Nutzungsvorbehalten freigegeben wurden, eröffneten sich neue Kommunikationsmöglichkeiten auf dem Weg zur fluiden Gesellschaft der Netzwerke (Castells 2002). So wurde 1984 an der Universität Karlsruhe die erste E-Mail empfangen; 1997 waren bereits 6 Millionen PCs im Internet miteinander verbunden und ein Jahr später ging eine Internetsuchmaschine namens Google online. Infolge stets erhöhter Speicherkapazitäten und Rechnergeschwindigkeiten erlangte die Computertechnologie Allgegenwärtigkeit im professionellen und privaten Kontext, so dass inzwischen von mehr als einer Milliarde regelmäßigen Internetnutzern ausgegangen werden kann. Nicht mehr nur der Nützlichkeits- und der Datenverarbeitungsfaktor sondern auch der Informations- und Unterhaltungsaspekt spielten fortan eine wesentliche Rolle, verstärkt noch einmal durch den Übergang von der stationären PC-Technologie auf mobile Geräte wie Laptop oder neuerdings Smartphone, Handheld- und Tablet-PCs. Dieser neuerliche Digitalisierungsschub wird insbesondere von Teilen der älteren, weniger oder gar nicht digital-affinen Bevölkerung als eine weitere Stufe der technischen Inkorporierung in eine als befremdend und althergebrachte soziale Konventionen durchbrechend wahrgenommene Technologie aufgefasst (vgl. Schmidt 2009). Neue gesellschaftliche Angst-Szenarien, die hieraus resultieren, rekurrieren auf einen ›Verlust der Konventionen im öffentlichen Raum‹, auf einen ›Verlust der Privatheit‹, auf eine »allgemeine Verdummung« (Gaschke 2009) oder auf eine »digitale Demenz« (Spitzer 2012).

Mit der Aufnahme des Datenschutzes in den Katalog der Europäischen Grundrechtecharta im Jahr 2001 schien dem gewachsenen Stellenwert der Reflexion über den digitalisierungsbedingten Umgang mit Daten in Netzwerkökonomien in einem weiteren Schritt Rechnung getragen. Doch erlitt die Daten- und Privatheitsschutzbewegung (*privacy-movement*) durch die staatlichen Reaktionen auf die Anschläge des 11. Septembers 2001 in den Vereinigten Staaten und, für den Prozess der europäischen Gesetzgebung ebenso entscheidend, des 11. März 2004 in Madrid, einen Rückschlag. Seit diesen terroristischen Akten ist eine Wende im Umgang mit der Datenspeicherung, weg vom Aspekt der individuellen Bürger- und Dateneigentumsrechte und der Idee der möglichen Datensparsamkeit hin zu mehr staatlichen Kontroll- und Datenerhebungsrechten zu konstatieren. Beobachter der ›digitalen Revolution‹ sprechen gar vom Eintritt in ein »Post-Privacy-Zeitalter« (Heller 2011). So entstand im direkten Gefolge der Terroranschläge von New York und Madrid die EU-Richtlinie 2006/24EG, die umgesetzt in der nationalstaatlichen Gesetzgebung den staatlichen Umgang mit Daten gelockert hat, um die Sicherheitsbehörden in der Aufklärung von Terroranschlägen, aber auch in ihrer präventiven Suche nach Terrorgefährdungen mittels bevorratender Datenspeicherung zu unterstützen. Datenschützer haben in diesem Zusammenhang von einer generellen Verdächtigungsfiktion der Staaten gegenüber ihren Bürgern gesprochen. Im Rahmen der juristischen Diskussion um das Telekommunikationsüberwachungsgesetz, das 2007 als nationalstaatliche Umsetzung der EU-Richtlinie in der Bundesrepublik implementiert wurde, hat das Bundesverfassungsgericht mit Verweis auf die Problematik von Online-Durchsuchungen und Vorratsdatenspeicherung erklärt, dass diese nur in strikt gesetzten Grenzen als Eingriffe in das Grundrecht des Persönlichkeitsschutzes (Art. 2 Abs. 1 GG) zulässig sind und die anlasslose staatliche Speicherung von Daten »ein diffus bedrohliches Gefühl des Beobachtetseins« hervorrufe und somit nicht als verfassungskonform erklärt werden könne (vgl. BVerfG: 1BvR 256/08, 263/08, 586/08).

Die mit der Umsetzung der Datenschutz-Richtlinie verquickte Thematik der Vorratsdatenspeicherung (Schaar 2009) kann als ein genuin digitales Angst-Szenario gesehen werden, da erst durch die Computerisierung der Kommunikationswege, von der Telefonvermittlung bis zur Mobilfunk-, E-Mail- und Internettechnologie, servergespeicherte Daten massenhaft zum Abruf vorliegen, die über gesetzliche Bestimmungen für staatliche Zwecke eingesetzt werden können. Ein bereits angedeutetes, verschärfend hinzutretendes Szenario für die angstgeleitete Auseinandersetzung mit neuen Netzwerktechnologien und dem durch sie verursachten sozialen Wandel ist die mit zumeist stillschweigendem Einverständnis der Nutzer vorgenommene privatwirtschaftliche Nutzung und freiwillige Preisgabe von Daten.

Mit der Weiterentwicklung der technischen Hardwarevoraussetzungen (Prozessorengeschwindigkeit, Speicherkapazität) ging diejenige der Software und Benutzeroberflächen einher. Insbesondere durch das auf diesen Fortschritten beruhende, sogenannte ›Web 2.0‹, das aufgrund der zahlreichen Netzwerk- und Gruppenanwendungen den interaktiv-kommunikativen Aspekt des Mediums Internet gefördert hat, konstituierten sich zahlreiche neue Möglichkeiten der Zusammenarbeit und der Wissensgenerierung, wie etwa die 2001 gegründete Kollaborationsplattform Wikipedia, die einen Umschwung der Wissensproduktion vom Expertenstatus in den der interessierten Laien/Nonprofessionals signalisiert und zu zahlreichen Befürchtungen bei professionellen Vertretern der Wissensökonomie, z. B. im Journalismus, bis hin zum Wiederaufleben der 1962 von McLuhan reklamierten These vom »Ende der Gutenberg-Galaxis« geführt hat (McLuhan 1962). Ein hierbei oftmals anzutreffendes Argument ist dasjenige der nicht mehr individuell zuordenbaren Verantwortung bzw. Autorschaft, das im Kontext der ursprünglich von ›Nicknames‹ entstandenen Internetkultur eine wesentliche, auch juristisch relevante und politisch kontrovers diskutierte Thematik darstellt.

Ein weiterer Schritt im Prozess des sozialen Wandels durch technologische Innovationen ist mit der Einführung von Sozialen Netzwerken, wie etwa als prominentes Beispiel Facebook, markiert, welche aus kommerziellen Gründen auf die Anmeldung ihrer Kunden mit möglichst vielen vermarktungsrelevanten Daten bedacht sind. Facebook startete seinen Betrieb im Jahr 2004 und erlangte binnen nicht einmal eines Dezenniums – ähnlich wie die Suchmaschine Google – eine quasi monopolartige Stellung

in der Internetökonomie. Doch erst in jüngerer Zeit wurde das Phänomen medial beachtet, wie zunehmend negative Bewertungen und kritische Reflexionen der sozialen Plattformen belegen, nachvollziehbar anhand der Berichterstattung der selbst von den gewandelten Kommunikationsstrukturen betroffenen Leitmedien, die vermehrt den Fokus auf die Gefahren unbedarfter Datenpreisgabe im Internet richten. Meldungen über Massenpartys, Flashmobs etc., die auf den »anarchisch-bedrohlichen Charakter« der Internetkommunikation und die gewandelten Kommunikationswege der jüngeren Generation rekurrieren, weisen auf die Gefahren einer sogenannten »Facebook-Falle« (Adamek 2011) hin und schüren diffuse Ängste und gegenwartskulturelles Unbehagen v. a. bei nicht internetaffinen Bevölkerungsteilen.

Kulturelle Repräsentationen einer angstgeleiteten Reflexion der Digitalisierung

Nicht nur auf politisch-gesellschaftlicher Ebene, sondern auch auf kulturellem Gebiet, etwa in Literatur und Film, sind seit den 1970er Jahren angstbesetzte Auseinandersetzungen mit der Digitalisierung, Computerisierung und deren das gesellschaftliche Zusammenleben und die Freiheit des Individuums bedrohenden Potenzialen zu verzeichnen (vgl. Arendes 2010): So zum Beispiel Rainer Werner Fassbinders *Welt am Draht* (BRD 1973), über die Vermengung von Simulation und Realität im Computerprojekt *Simulacron*, Steven Lisbergers *TRON* (USA 1982), über einen Hacker, der in den Computer eingezogen wird, oder John Badhams zusätzlich mit der Angst-Gemengelage des Kalten Krieges (s. Kap. IV.A.6) vermischter Film *Wargames* (USA 1982), in dem der Protagonist Zugriff auf einen Militärcomputer hat, was zu einer vom Protagonisten nicht intendierten Überblendung von Computerspiel und Realität führt. Aktueller noch und bereits mit Verweisen auf die Angst-Potenziale der internetbasierten Netzwerktechnologien und des *ubiquitous computing* durchzogen sind Produktionen wie etwa Irwin Winklers *The Net* (USA 1995); Peter Weirs *The Truman Show* (USA 1998) oder *The Matrix* der Gebrüder Wachowsky (USA 1999), die alle die Amalgamierung von Realität und Virtualität thematisieren und Ängste vor der Herrschaft der Technik über den Menschen mit filmischen Mitteln reflektieren.

Für den deutschsprachigen Raum sind in jüngerer Zeit einige seitens des medialen Diskurses mit besonderer Beachtung versehene, essayistisch-literarisierende Auseinandersetzungen mit der Digitalisierungsthematik zu verzeichnen, wie beispielsweise Miriam Meckels *Next. Erinnerungen an eine Zukunft ohne uns* (2011), Frank Schirrmachers *Payback. Warum wir im Informationszeitalter gezwungen sind zu tun, was wir nicht tun wollen, und wie wir die Kontrolle über unser Denken zurückgewinnen* (2009) oder Juli Zehs *Corpus Delicti. Ein Prozess* (2009) und deren begleitende eher sachbuchartigen Ausführungen (Trojanow/Zeh 2009), die allesamt das dystopische Potenzial der Digitalisierung und den Verlust von Privatheit beschreiben. Die Werke thematisieren das Phänomen des durch die neuen technischen Möglichkeiten der Mensch-Maschine-Interaktion verursachten sozialen Wandels. In teilweise überzeichneter Bildlichkeit berichten sie aus der Zukunftsperspektive vom radikalen Verlust herkömmlicher Gewohnheiten und skizzieren die den Menschen normierenden Kontrollmöglichkeiten des ›digitalen Zeitalters‹. Meistenfalls arbeiten die Bücher mit dem erzählerischen Stilmittel des Zeitsprungs, um dadurch die Fortschreibung und Radikalisierung der Entwicklungen im Bereich der Digitalisierung durch den Abgleich mit der Gegenwart kontrastreicher und im Sinne retrospektiv vergleichender Kulturkritik evidenter gestalten zu können.

Angst als Auslöser von digitalisierungsbezogener Kultur-, Technik- und Religionskritik

Kulturrevolutionen sind überwiegend technischer Natur (Eisenstein 1979). Insbesondere im Rahmen eines prädigital konstituierten Elitendiskurses, der auf dem Selbstverständnis und dem fortgesetzten Wunsch nach kommunikativer Beherrschung der Weltdeutung beruht, aber angesichts erodierender Deutungsmonopole und weiterer systemdestabilisierender Verunsicherungen durch die ›Durchdigitalisierung der Gesellschaft‹ von kulturkritischen Invektiven gegenüber den technischen Neuerungen gekennzeichnet ist, wird eine von konservativen Vorstellungsmustern geprägte Diskussion um die Frage nach den Auswirkungen der Digitaltechnik auf das Individuum und das Kollektiv evident. Zentral ist hierbei die mithilfe hierarchisierter Kommunikation dargelegte, mit Verlust- und Veränderungsängsten besetzte These der (neuroplastisch-kognitiven/computertechnischen) Umformung/Auslagerung des menschlichen Denkens/Gedächtnisses durch technische Gegebenheiten (›digitale Demenz‹)

(vgl. Carr 2010; Schirrmacher 2009; Spitzer 2012). Insofern ist der kulturkritische Diskurs also zugleich ein technikkritischer, der in Teilen religionskritische Anmutungen aufweist, die in einzelnen Fällen von kritisch-reflexiven Pionieren der Digitalisierung an ihrem genuinen Kontext vorgebracht werden. In diesem Kontext wird sozialer Wandel als negatives Angst-Szenario beschrieben.

Insbesondere seitens der herkömmlich-medialen Statusgruppen der Wissensproduktion (Journalisten, Redakteure, Autoren, Verleger etc.) wird der Verlust des Wissensmonopols und der Deutungshoheit (z. B. semantisiert in der Rede vom ›Zeitungssterben‹) als Entwertung gefasst, und mit aus dem Geniediskurs des 18. Jahrhunderts sowie der Self-ownership-Debatte des klassischen Liberalismus stammenden Individualkategorien wie ›Autor‹ oder ›Urheber‹ gegen eine ›schwarmintelligente Tyrannei des Kollektivs‹ bzw. der ›dauerpräsenten Publizität‹ und gegen die ›Piraterie des (individualgeistigen) Eigentums‹ verteidigt.

Insbesondere wird, um den Gang solcher kulturkritischer Argumentation raffend zu skizzieren, in paternalistischer Weise ein Informationsfetischismus der neuen Digitalmedien gebrandmarkt, der Information nicht als entfremdete und zu wertende Erfahrung, sondern als gelebte Erfahrung und *summum bonum* betrachtet. Dem im Kontext der Internetbewegung verfochtenen Transparenzprinzip wird aus kulturkritischer Perspektive ebenso eine Absage erteilt, wie die durch die Gratiskultur und Schenk-Ökonomie bedrohte Wertschätzung individueller kultureller Leistung als Unbehagen an der technisierten Kultur beklagt wird. Die Freiheit der Meinungsäußerung werde von innen her durch Beliebigkeit, Aufmerksamkeitsdistraktion, Fragmentierung der Öffentlichkeit in Teilforen – im Sinne nicht miteinander kommunizierender Röhren –, Mediokritäts- und Nivellierungstendenzen sowie durch eine allgemeine Orientierungslosigkeit infolge eines Informationsüberflusses ausgehöhlt, was letztlich die Trennung von privater und öffentlicher Sphäre aufhebe und die Grundlagen demokratischen und überhaupt zivilen Umgangs miteinander zerstöre und in einem Szenario der computergestützten Vorherberechenbarkeit und konsumistischen Gedankenkontrolle der Menschen münden könne (Schirrmacher 2009). Die Vieldeutigkeit des flexiblen, wilden Denkens werde dadurch geschliffen, genauso seien Ideen, die nicht in das digitale Darstellungsschema passten, von vornherein eliminiert, wie Jaron Lanier am Beispiel des Organisationsprinzips

»Dateiordner« bzw. von Formatierungen wie dem »MIDI-Standard«, die infolge technischer Setzungen Faktizitäten per se ausblendeten, erläutert (Lanier 2010, 21).

Manche Digitalisierungskritiker wenden sich, etwa in Absetzung vom ehemaligen Google-CEO Erik Schmidt, der das ›Prinzip Offenheit‹ zur ›Religion‹ erklärt habe, gegen das sakrale Potenzial der »heiligen Kirche Google« (Carr 2010, 234–277) und sehen in der »Orakel-Illusion« der Wikipedia, die in ihrem Anspruch und ihrer Praxis oftmals einem »heiligen Text« nahekomme und infolge der Nutzung kollaborativer Schwarmintelligenz gar übermenschliche Gültigkeit als Buch der Inspiration und des Trostes beanspruche, Anlass für religionskritische Äußerungen (Lanier 2010, 49).

An diese Kritik am sakralen Charakter der ›digitalen Revolution‹ und der ihr eigenen Perfektibilitätsidee schließt die These vom »kybernetischen Totalitarismus« oder »digitalen Maoismus« (ebd., 30) an, in deren Kontext der Digitalisierung eine Tendenz zu antihumanen Denkweisen unterstellt und ihren Protagonisten der Glaube an die Singularität der Technologie zugeschrieben wird. In der Idee, Computer seien als Lebensformen größer als ihre Schöpfer, die in ihrem Zusammenwirken als ›Schwarm‹ präsentiert werden, wird der historische Mensch-Maschine-Diskurs und die Kritik an künstlicher Intelligenz fortgeführt. In eschatologisch gefärbten Dystopien warnen die Kritiker vor dem entemotionalisierten Totalitarismus einer digitalen Maschinenwelt, um somit Emotion, Empathie und Fehlbarkeit als menschliche Eigenschaften gegen das auf Rationalität und Unfehlbarkeit von algorythmischen Rechenoperationen beruhende Digitalitätsprinzip der Computer in Stellung zu bringen.

Kommunikative Besonderheiten des angstbehafteten Digitalisierungsdiskurses

In Analyse des angstbezogenen Digitalisierungsdiskurses fallen einige sprachliche und argumentative Besonderheiten auf, die hier abschließend dargestellt werden sollen. Bei der Kommunikation von Ängsten im Rahmen des digitalen Zusammenhangs wird häufig auf das Mittel der Dichotomisierung im Sinne eines Vergleichs der prädigitalen mit der digitalen Welt zurückgegriffen. Diese binäre Ausschließlichkeit, die interessanterweise die der Digitalität zum Vorwurf gemachte Disparatheit implizit zur argumentativen Abwehr aufgreift, blendet bewusst die positiven Aspekte der Digitalisierung aus. Argumentiert wird beispielsweise bezogen auf den Bereich der Informationsvermittlung mit der Qualität der gewichteten Informationsaufbereitung gegen die Quantität der Informationswidergabe und mit dem Kontextualisierungsvermögen gegen die Binarität von disparaten Informationen, was als Ausdruck einer Angst vor Unübersichtlichkeit und Unordnung gedeutet werden kann. Hieraus leiten sich die mit dem Element der Statusangst besetzte Dichotomie von Priorisierung (Ordnung) vs. Gleichgewichtung (Verflachung) ab. Mit Verlustangst besetzt ist die Ablehnung der Neutralitätsfiktion, insofern dieser häufig die Machtargumentation – und somit die implizite Angst vor deren Verlust – gegenübergestellt wird. Der Transparenz und Dauerpräsenz wird die Vertraulichkeit bzw. das Geheimnis und die Abstinenz, dem Öffentlichen das Private entgegengestellt. Argumentiert wird hier also vorrangig mit der Angst vor dem Unheimlichen auf der einen Seite bzw. vor Kontrollverlusten auf der anderen. Im Bereich der Nutzer-Anbieter-Interaktion wird die Marktmacht der Anbieter den Kompetenzdefiziten der Nutzer entgegengestellt, sowie die Idee des universellen, ganzheitlichen Interesses gegen das partielle ›special interest‹ aufgeboten wird. Insofern wird argumentativ eine ideosynkratische Abschottung von konfliktuösen Meinungen behauptet und geistige Autonomie gegen mathematisch-algorithmisierte Fremdsteuerung positioniert, gleichsam eine Urangst der Technologiekritik. In diese Richtung geht auch die Vereinnahmung des Kreativitätsbegriffs gegen die Formatierungstendenzen des Digitalen.

Aus den mit Ängsten behafteten Argumentationsmustern, die sich, wie dargestellt, auf digitalisierungsbedingte Veränderungsprozesse beziehen, wird erklärlich, dass die Sprachbildlichkeit in diesem konservativ-kulturkritischen Bereich organisch-biologische Analogisierungen bevorzugt. Die Sprachlichkeit der Digitalisierung und angstbesetzter Computerterminologie wiederum hat diese naturalistische Semantik ihrerseits übernommen und weist selbst ähnliche Tendenzen auf, etwa die Benennung von schädlicher Software als ›Virus‹ aus dem Bereich der Medizin oder ›Würmer‹ und ›Datenhaie‹ aus dem Bereich des Tierreichs.

Insgesamt, dies abschließend als Ermutigung zu weiteren Arbeiten auf dem Feld der kulturwissenschaftlichen Begleitforschung der Digitalisierung, ist die Untersuchung (angst-)kommunikativer Aspekte des Medienwandels auch aufgrund ihrer immensen Innovationsgeschwindigkeit und des in ihr geborgenen sozialen Veränderungspotenzials ein immenses wissenschaftliches Desiderat, mit dessen Behebung sich wohl noch Generationen von Forschern beschäftigen dürften.

Literatur

Adamek, Sascha: *Die facebook-Falle. Wie das soziale Netzwerk unser Leben verkauft.* München 2011.

Arendes, Cord: »Öffentlichkeit« und »Privatheit« in gesellschaftlichen und politischen Diskursen um die Akzeptanz der Computertechnologie in den 1970er und 1980er Jahren. In: Ulrike Ackermann/Cord Arendes/ Hans Jörg Schmidt/Edgar Wolfrum: *Projektskizze Öffentlichkeit und Privatheit in gesellschaftlichen Innovationsprozessen. Segmentations-, Integrations- und Entgrenzungsdynamiken.* Heidelberg 2010.

Carr, Nicholas: *Wer bin ich, wenn ich online bin … Und was macht mein Gehirn so lange? Wie das Internet unser Denken verändert.* München 2010.

Castells, Manuel: *Das Informationszeitalter I. Der Aufstieg der Netzwerkgesellschaft.* Opladen 2002 (amerik. 1996).

Eisenstein, Elisabeth: *The Printing Press as an Agent of Change. Communications and Cultural Transformations in Early-Modern Europe.* Cambridge 1979.

Enquete-Kommission: *Zwischenbericht »Neue Informations- und Kommunikationstechniken« gemäß Beschluss des Deutschen Bundestages vom 9. April 1981 – Drucksachen 9/245, 9/314.* Bonn 1983.

Gaschke, Susanne: *Klick. Strategien gegen die digitale Verdummung.* Freiburg i. Br. 2009.

Heller, Christian: *Post-Privacy. Prima leben ohne Privatsphäre.* München 2011.

Jarausch, Konrad H.: Krise oder Aufbruch? Historische Annäherungen an die 1970er-Jahre. In: *Zeithistorische Forschungen/Studies in Contemporary History, Online Ausgabe* 3 (2006), http://www.zeithistorische-forschungen.de/16126041-Jarausch-3-2006 (07.10.2011).

Kurz, Constanze/Rieger, Frank: *Die Datenfresser. Wie Internetfirmen und Staat sich unsere persönlichen Daten einverleiben und wie wir die Kontrolle darüber zurückerlangen.* Frankfurt a. M. 2011.

Lanier, Jaron: *Gadget. Warum die Zukunft uns noch braucht.* Aus dem Amerikanischen von Michael Bischoff. Berlin 2010 (amerik. 2010).

McLuhan, Marshall: *The Gutenberg Galaxy. The Making of Typographic Man.* Toronto 1962.

Meckel, Miriam: *Next. Erinnerungen an eine Zukunft ohne uns.* Reinbek bei Hamburg 2011.

Rammert, Werner: Innovationen im Netz. Neue Zeiten für technische Innovationen: heterogen verteilt und interaktiv vernetzt. In: *Soziale Welt* 48 (1997), 397–416.

Schaar, Peter: *Das Ende der Privatsphäre. Der Weg in die Überwachungsgesellschaft.* München 2009.

Schirrmacher, Frank: *Payback. Warum wir im Informationszeitalter gezwungen sind zu tun, was wir nicht tun wollten, und wie wir die Kontrolle über unser Denken zurückgewinnen.* München 2009.

Schmidt, Hans Jörg: Privatheit und individuelle Freiheit im digitalen Zeitalter. In: Ulrike Ackermann (Hg.): *Freiheit in der Krise? Der Wert der wirtschaftlichen, politischen und individuellen Freiheit,* Frankfurt a. M. 2009, 127–136.

Spitzer, Manfred: *Digitale Demenz. Wie wir uns und unsere Kinder um den Verstand bringen.* München 2012.

Trojanow, Ilja/Zeh, Juli: *Angriff auf die Freiheit. Sicherheitswahn, Überwachungsstaat und der Abbau bürgerlicher Rechte.* München 2009.

Weiß, Ralph: Das medial entblößte Ich – verlorene Privatheit? In: Karin Jurczyk/Mechthild Oechsle (Hg.): *Das Private neu denken. Erosionen, Ambivalenzen, Leistungen.* Münster 2008, 174–191.

Zeh, Juli: *Corpus Delicti. Ein Prozess.* Frankfurt a. M. 2009.

Zysman, John/Newman, Abraham (Hg.): *How Revolutionary was the Digital Revolution? National Responses, Market Transitions, and Global Technology.* Stanford 2006.

Hans Jörg Schmidt

V. Anhang

1. Die Autorinnen und Autoren

Jörn Ahrens, geb. 1967, Professor für Kultursoziologie an der Justus-Liebig-Universität Gießen. Arbeitsschwerpunkte u. a. in der Kulturwissenschaft und Kultursoziologie. Veröffentlichungen u. a.: *Frühembryonale Menschen? Anthropologische und ethische Effekte der Biowissenschaften* (2008); *Comics and the City: Urban Space in Print, Picture, and Sequence* (Mithg. 2010); *Wie aus Wildnis Gesellschaft wird. Kulturelle Selbstverständigung und populäre Kultur am Beispiel von John Fords Film »The Man Who Shot Liberty Valance«* (2012).

Thomas Anz, geb. 1948, Professor für Neuere deutsche Literatur an der Phillips-Universität Marburg. Arbeitsschwerpunkte u. a. in der Literaturtheorie und Literaturkritik und der Literaturvermittlung in den Medien. Veröffentlichungen u. a.: *Psychoanalyse in der literarischen Moderne* (Hg. 2006); *Handbuch Literaturwissenschaft. Gegenstände – Konzepte – Institutionen* (Hg. 2007); *Literatur und Emotion* (Mithg. 2007); *Literatur des Expressionismus* (²2010).

Sabiene Autsch, geb. 1963, Professorin für Kunst, Kunstgeschichte und ihre Didaktik an der Universität Paderborn. Arbeitsschwerpunkte u. a. in der Kunstgeschichte und Kunsttheorie vom 19. bis 21. Jahrhundert und in den Strategien der Gegenwartskunst. Veröffentlichungen u. a.: *Polke für Alle. Künstlerische Strategien im Werk von Sigmar Polke. Ein studentisches Projekt* (2010); *Die Kunst und der Raum – Räume für die Kunst* (Mithg. 2010); *Impulse II. Documenta 13* (Mithg. 2012).

Andreas Bähr, geb. 1968, Privatdozent für Neuere Geschichte an der Freien Universität Berlin. Arbeitsschwerpunkte u. a. in der Kulturgeschichte der Neuzeit (Schwerpunkt Frühe Neuzeit). Veröffentlichungen u. a.: *Der Richter im Ich. Die Semantik der Selbsttötung in der Aufklärung* (2002); *Gefürchtete Geschichte* (Hg. 2008); *Furcht und Furchtlosigkeit. Göttliche Gewalt und Selbstkonstitution im 17. Jahrhundert* (2013).

Friedrich Balke, geb. 1961, Professor für Medienwissenschaft unter besonderer Berücksichtigung der Theorie, Geschichte und Ästhetik bilddokumentarischer Formen an der Ruhr-Universität Bochum. Arbeitsschwerpunkte u. a. zu Fragen der souveränen Macht und ihren Medien, zur Theorie und Geschichte des Dokumentarischen sowie zum Verhältnis Medien und Mimesis. Veröffentlichungen u. a.: *Für alle und keinen. Lektüre, Schrift und Leben bei Nietzsche und Kafka* (Mithg. 2009); *Figuren der Souveränität* (2009); *Die Wiederkehr der Dinge* (Mithg. 2011).

Hartmut Böhme, geb. 1944, Professor em. für Kulturtheorie und Mentalitätsgeschichte an der Humboldt-Universität zu Berlin; Veröffentlichungen u. a.: *Transformation: Ein Konzept zur Erforschung kulturellen Wandels* (Hg. 2011); *Der anatomische Akt. Zur Bildgeschichte und Psychohistorie der frühneuzeitlichen Anatomie* (2012); *Das Orale. Die Mundhöhle in Kulturgeschichte und Zahnmedizin* (Mithg. 2013).

Michael Bongardt, geb. 1959, Professor für Vergleichende Ethik an der Freien Universität Berlin. Arbeitsschwerpunkte u. a. in der Religions- und Kulturphilosophie und zu Fragen der Interkulturalität und Interreligiosität. Veröffentlichungen u. a.: *Die Fraglichkeit der Offenbarung. Ernst Cassirers Philosophie als Orientierung im Dialog der Religionen* (2000); *Einführung in die Theologie der Offenbarung* (2005); *Humor – Leichtsinn der Schwermut. Zugänge zum Werk von Elazar Benyoëtz* (Hg. 2010).

Olaf Briese, geb. 1963, Privatdozent am Institut für Kulturwissenschaft der Humboldt-Universität zu Berlin. Arbeitsschwerpunkte u. a.: zum Krisen- und Katastrophendiskurs seit der Aufklärung, zur Begriffsgeschichte als Kulturgeschichte und zum Vormärz/Biedermeier in kulturgeschichtlicher Perspektive. Veröffentlichungen u. a.: *Adolf Glaßbrenner: Rindviecher, Bauchredner und Großherzöge. Berichte aus der Residenz Neustrelitz 1840–1848/49* (Hg. 2010); *Steinzeit. Mauern in Berlin* (2011); *Eckensteherliteratur. Eine humoristische Textgattung in Biedermeier und Vormärz* (Hg. 2013, im Erscheinen).

Elisabeth Bronfen, geb. 1958, Professorin für englische und amerikanische Literatur an der Universität Zürich. Arbeitsschwerpunkte u. a. in der Anglo-Amerikanischen Literatur des 19. und

20. Jahrhunderts. Veröffentlichungen u. a.: *Tiefer als der Tag gedacht. Eine Kulturgeschichte der Nacht* (2008); *Crossmappings. Essays zur visuellen Kultur* (2009); *Stanley Cavell zur Einführung* (2009).

Christoph Demmerling, geb. 1963, Professor für Philosophie an der Phillips-Universität Marburg. Arbeitsschwerpunkte u. a. in der Sprachphilosophie, Hermeneutik, Anthropologie, Kultur- und Wissenschaftsphilosophie und Praktischen Philosophie. Veröffentlichungen u. a.: *Sinn, Bedeutung, Verstehen* (2002); *Philosophie der Gefühle* (gemeinsam mit Hilge Landweer 2007).

Karl Eibl, geb. 1940, Professor em. für Neuere deutsche Literaturwissenschaft an der Ludwig-Maximilians-Universität München. Arbeitsschwerpunkte in der Literatur der Goethezeit und der klassischen Moderne und in der theoretischen Orientierung an Positionen der Evolutionären Psychologie und der Sozialgeschichte. Veröffentlichungen u. a.: *Das monumentale Ich. Wege zu Goethes »Faust«* (2000); *Animal poeta. Bausteine zur biologischen Kultur- und Literaturtheorie* (2004); *Kultur als Zwischenwelt. Eine evolutionsbiologische Perspektive* (2009).

Thomas Fuchs, geb. 1958, Karl-Jaspers-Professor für Philosophische Grundlagen der Psychiatrie, Zentrum für psychosoziale Medizin, Ruprecht-Karls-Universität Heidelberg. Arbeitsschwerpunkte u. a. in der Phänomenologischen Anthropologie und Psychopathologie und der Theorie der Neurowissenschaften. Veröffentlichungen u. a.: *Psychopathologie von Leib und Raum* (2000); *Zeit-Diagnosen* (2002); *Leib und Lebenswelt* (2008); *Das Gehirn – ein Beziehungsorgan. Eine phänomenologisch-ökologische Konzeption* (2008).

Reinhold Görling, geb. 1952, Professor für Medienwissenschaft in kulturwissenschaftlicher Orientierung an der Heinrich-Heine-Universität Düsseldorf. Arbeitsschwerpunkte u. a.: Zu Bildlichkeit und Gewalt und zu Fragen der Psychoanalyse und Traumaforschung. Veröffentlichungen u. a.: *Kulturelle Topografien* (Mithg. 2004); *Geste – Bewegungen zwischen Film und Tanz* (Mithg. 2009); *Die Verletzbarkeit des Menschen. Folter und die Politik der Affekte* (Hg. 2011).

Erich Hörl, geb. 1967, Professor für Medientechnik und Medienphilosophie an der Ruhr-Universität Bochum. Arbeitsschwerpunkte u. a. in der Allgemeinen Ökologie der Techniken und Medien und in der Techniktheorie. Veröffentlichungen u. a.: *Die heiligen Kanäle. Über die archaische Illusion der Kommunikation* (2005); *Die Transformation des Humanen. Beiträge zur Kulturgeschichte der Kybernetik* (Mithg. 2008); *Die technologische Bedingung. Beiträge zur Beschreibung der technischen Welt* (Hg. 2011).

Christine Kanz, geb. 1965, Professorin für Neuere deutsche Literatur an der Universität Gent, Belgien. Arbeitsschwerpunkte u. a. in der Literatur-, Kultur- und Wissensgeschichte des 18. bis 21. Jahrhunderts, in der Affektpoetik und in der Differenzforschung. Veröffentlichungen u. a.: *Angst und Geschlechterdifferenzen. Ingeborg Bachmanns Todesarten-Projekt in Kontexten der Gegenwartsliteratur* (1999); *Maternale Moderne. Männliche Gebärphantasien zwischen Kultur und Wissenschaft, 1890–1933* (2009); *Schriftstellerinnen und das Wissen um das Unbewusste* (Hg. 2011).

Andreas Käuser, geb. 1954, Professor für Neuere deutsche Literatur-, Kultur- und Medienwissenschaften an der Universität Siegen. Arbeitsschwerpunkte u. a. zur Medien- und Musikanthropologie, Medienkultur um 1800, Körperdiskurse, Medienumbrüche und Diskursformationen. Veröffentlichungen u. a.: *Akira Kurosawa und seine Zeit* (Mithg. 2005).

Clemens Knobloch, geb. 1951, Professor für Sprachpsychologie, sprachliche Kommunikation, Geschichte der Sprachwissenschaft an der Universität Siegen. Arbeitsschwerpunkte u. a. in der Politischen Kommunikation und der Geschichte der Sprachwissenschaft. Veröffentlichungen u. a.: *Inszenierte Konflikte – Inszenierte Einigkeit: Konflikt- und Einigkeitskommunikation in Printmedien und in Organisationen* (Mithg. 2007); *Sprachauffassungen. Studien zur Ideengeschichte der Sprachwissenschaft* (2011); *Wir sind doch nicht blöd! Die unternehmerische Hochschule* (2012).

Lars Koch, geb. 1973, Principal Investigator der ERC Starting-Grant-Forschergruppe »The Principle of Disruption. A Figure Reflecting Complex Societies« an der Universität Siegen. Arbeitsschwerpunkte in der Literatur des 19.-21. Jahrhunderts, in der Medien- und Kulturtheorie und der Emotionsforschung. Veröffentlichungen u. a.: *Der Erste Weltkrieg als Medium der Gegenmoderne. Zu den Werken von Walter Flex und Ernst Jünger* (2005); *Krisenkino. Filmanalyse als Kulturanalyse: Zur Konstruktion von Normalität und Abweichung im Spielfilm* (Mithg. 2010); *Zeitschrift für Kulturwissenschaften. 2/2011: Störfälle* (Mithg. 2011).

Julia Barbara Köhne, geb. 1974, Privatdozentin am Institut für Zeitgeschichte an der Historisch-Kulturwissenschaftlichen Fakultät der Universität

Wien. Arbeitsschwerpunkte u. a. zur Visuellen Zeit- und Kulturgeschichte und zur Wissens- und Wissenschaftsgeschichte des 20. und 21. Jahrhunderts. Veröffentlichungen u. a.: *Kriegshysteriker. Strategische Bilder und mediale Techniken militärpsychiatrischen Wissens, 1914–1920* (2009); *Trauma und Film. Inszenierungen eines Nicht-Repräsentierbaren* (Hg. 2013); *Zooming IN and OUT. Produktionen des Politischen im neueren deutschsprachigen Dokumentarfilm* (Mithg. 2013).

Dirk Kretzschmar, geb. 1961, Vertretungsprofessor für Vergleichende Literaturwissenschaft an der Friedrich-Alexander-Universität Erlangen-Nürnberg. Arbeitsschwerpunkte u. a. zu Literatur- und Kulturtheorie und Literatur und Medienwandel. Veröffentlichungen u. a.: *Identität statt Differenz. Zum Verhältnis von Kunsttheorie und Gesellschaftsstruktur in Russland im 18. und 19. Jahrhundert* (2002).

Maren Lickhardt, Wissenschaftliche Mitarbeiterin für Neuere deutsche Literaturwissenschaft an der Universität Siegen. Arbeitsschwerpunkte u. a. zu Gattungstheorie, Erzähltheorie, Klassische Moderne und Literatur und Kultur der Weimarer Republik. Veröffentlichungen u. a.: *Irmgard Keuns Romane der Weimarer Republik als moderne Diskursromane* (2009); *Irrwege – Zu Ästhetik und Hermeneutik des Fehlgehens* (Mithg. 2010).

Stefano Micali, geb. 1974, Wissenschaftlicher Mitarbeiter an der Klinik für Allgemeine Psychiatrie der Ruprecht-Karls-Universität Heidelberg sowie im Arbeitsbereich Theologie und Naturwissenschaft bei der Forschungsstätte der Evangelischen Studiengemeinschaft Heidelberg. Arbeitsschwerpunkte u. a.: Phänomenologie, Psychopathologie, Religionsphilosophie und Anthropologie. Veröffentlichungen u. a.: *Überschüsse der Erfahrung. Grenzdimensionen des Ich nach Husserl* (2008); *Esperienze temporali* (2008).

Yana Milev, geb. 1964, Kulturphilosophin. Arbeitsschwerpunkte u. a. zur Theorie des Politischen und Ästhetischen sowie zur Kultursoziologie und -anthropologie des Designs. Veröffentlichungen u. a.: *Emergency Design. Designstrategien im Arbeitsfeld der Krise* (Mithg. 2008); *Emergency Empire – Souveränität. Transformation des Ausnahmezustands* (2009); *Emergency Design – Anthropotechniken des Über/Lebens* (2011); *Design Kulturen – Der erweiterte Designbegriff im Entwurfsfeld der Kulturwissenschaft* (Hg. 2013); *D. A. – A Transdisciplinary Handbook of Design Anthropology* (Hg. 2013).

Marcus M. Payk, geb. 1973, Wissenschaftlicher Mitarbeiter und Dilthey-Fellow der Volkswagen-Stiftung an der Humboldt-Universität zu Berlin. Arbeitsschwerpunkte u. a. zur Geschichte der Bundesrepublik und des Kalten Krieges. Veröffentlichungen u. a.: *Demokratiewunder. Transatlantische Mittler und die kulturelle Öffnung Westdeutschlands von 1945 bis 1970* (Mithg. 2005); *Der Geist der Demokratie. Intellektuelle Orientierungsversuche im Feuilleton der frühen Bundesrepublik: Karl Korn und Peter de Mendelssohn* (2008); *Cold War Cultures. Perspectives on Eastern and Western European Societies* (Mithg. 2011).

Christer Petersen, geb. 1971, Professor für Angewandte Medienwissenschaften an der Brandenburgischen Technischen Universität Cottbus. Arbeitsschwerpunkte u. a. auf den Gebieten der Medialisierungsprozesse in Technik und Politik, in Kunst und Populärkultur. Veröffentlichungen u. a.: *Der postmoderne Text* (2003); *Peter Greenaways Spielfilme* (2009); *Terror und Propaganda* (2014, im Erscheinen).

Ulrich Pfarr, geb. 1967, freiberuflicher Kunsthistoriker und Lehrbeauftragter an der Leuphana Universität Lüneburg. Arbeitsschwerpunkte u. a. in der historischen Emotionsforschung und den Verbindungen zwischen Psychoanalyse und Kunstgeschichte. Veröffentlichungen u. a.: *Franz Xaver Messerschmidt. Menschenbild und Selbstwahrnehmung* (2006); *Handbuch psychoanalytischer Begriffe für die Kunstwissenschaft* (Mithg. 2009); *Expeditionen in die Grenzgebiete des Affektiven* (Mithg., in Vorbereitung).

Martin Ramstedt, geb. 1962, Wissenschaftlicher Mitarbeiter (senior researcher) am Max Planck-Institut für ethnologische Forschung in Halle a/d Saale. Arbeitsschwerpunkt u. a. zu rechts- und religionsethnologischen Fragestellungen. Veröffentlichungen u. a.: *Hinduism in Modern Indonesia – a Minority Religion between Local, National, and Global Interests* (2004); *Decentralization and Regional Autonomy in Indonesia: Implementation and Challenges* (Hg. 2009); *Kegalauan Identitas: Agama, Etnisitas, dan Kewarganegaraan pada Masa Pasca-Ordre Baru (Anxiety of Identity: Religion, Ethnicity and Citizenship in Post-New Order Indonesia)* (Hg. 2011).

Bernd A. Rusinek, geb. 1954, Leiter der Stabsstelle Archiv im Forschungszentrum Jülich und Professor am Institut für Geschichtswissenschaften an der Heinrich-Heine-Universität Düsseldorf. Veröffentlichungen u. a.: *Das Forschungszentrum.*

Eine Geschichte der Kernforschungsanlage Jülich (1996); »*Wald und Baum in der arisch-germanischen Geistes- und Kulturgeschichte*«. *Ein Forschungsprojekt des* »*Ahnenerbe*« *der SS* (2000); *Kriegsende 1945. Verbrechen, Katastrophen, Befreiungen in nationaler und internationaler Perspektive* (2004); »*Bildung*« *als Kampfplatz. Zur Auseinandersetzung zwischen Geistes- und Naturwissenschaften im 19. Jahrhundert* (2005); *Leo Brandt – Ingenieur, Wissenschaftsförderer, Visionär* (Mithg. 2009).

Martin Jörg Schäfer, geb. 1971, Fellow im Heisenbergprogramm der Deutschen Forschungsgemeinschaft und Privatdozent für Allgemeine, Vergleichende und Neuere deutsche Literaturwissenschaft an der Universität Erfurt. Arbeitsschwerpunkte u. a.: Theatralität, Arbeit und Ästhetik, Krisennarrative und Traditionsbrüche, Literatur und Philosophie, Übersetzbarkeit. Veröffentlichungen u. a.: *Szenischer Materialismus. Dionysische Theatralität zwischen Hölderlin und Hegel* (2003); ›*Schmerz*‹ *zum* ›*Mitsein*‹. *Zur Relektüre Celans und Heideggers durch Philippe Lacoue-Labarthe und Jean-Luc Nancy* (2003); *Die Gewalt der Muße. Wechselverhältnisse von Arbeit, Nichtarbeit, Ästhetik* (2013).

Hans Jörg Schmidt, geb. 1977, Geschäftsführer des John Stuart Mill Instituts für Freiheitsforschung an der SRH Hochschule Heidelberg. Arbeitsschwerpunkte u. a. in der Freiheits- und Liberalismusforschung und zu den sozialen und kulturellen Implikationen medialer Umbrüche. Veröffentlichungen u. a.: *Die Deutsche Freiheit. Geschichte eines kollektiven semantischen Sonderbewusstseins* (2010); *Kulturgeschichte des Marktes* (2011); *Ausgewählte Werke John Stuart Mills* (Mithg. 2012–2015).

Falko Schmieder, geb. 1970, Persönlicher Referent der Direktorin des Zentrums für Literatur- und Kulturforschung Berlin und Leiter des Forschungsprojekts »Übertragungswissen – Wissensübertragungen. Zur Geschichte und Aktualität des Transfers zwischen Lebens- und Geisteswissenschaften (1930/1970/2010)«. Arbeitsschwerpunkte u. a. in der Begriffsgeschichte und historischen Semantik sowie der Theorie der Moderne. Veröffentlichungen u. a.: *Begriffsgeschichte der Naturwissenschaften. Zur historischen und kulturellen Dimension naturwissenschaftlicher Konzepte* (Mithg. 2008); *Der sich selbst entfremdete und wiedergefundene Marx* (Mithg. 2010); *Die Krise der Nachhaltigkeit. Zur Kritik der politischen*

Ökologie (Hg. 2010); *Überleben. Historische und aktuelle Konstellationen* (Hg. 2011).

Sascha Seiler, geb. 1972, Akademischer Rat im Institut für Allgemeine und Vergleichende Literaturwissenschaft an der Johannes Gutenberg-Universität Mainz. Arbeitsschwerpunkte u. a. in der Popmusikforschung und der nord- und südamerikanischen Literatur. Veröffentlichungen u. a.: *Handbuch der literarischen Gattungen* (Mithg. 2009); *Von Zäsuren und Ereignissen* (Hg. 2010); *Hidden Tracks – Das Verborgene, Verschwundene und Vergessene in der Popmusik* (Hg. 2012).

Urs Stäheli, geb. 1966, Professor für Allgemeine Soziologie an der Universität Hamburg. Arbeitsschwerpunkte u. a. in der poststrukturalistischen Soziologie, im Neomaterialismus und zu den Kulturen des Ökonomischen. Veröffentlichungen u. a.: *Sinnzusammenbrüche. Eine dekonstruktive Lektüre von Niklas Luhmanns Systemtheorie* (2000); *Poststrukturalistische Soziologie* (2000); *Spektakuläre Spekulation. Das Populäre der Ökonomie* (2007); *Soziologie der Nachahmung und des Begehrens. Materialien zu Gabriel Tarde* (Mithg. 2009).

Marcus Stiglegger, geb. 1971, Akademischer Oberrat für Film- und Bildanalyse an der Universität Siegen. Arbeitsschwerpunkte u. a. in der Filmgeschichte, -ästhetik und -theorie. Veröffentlichungen u. a.: *Terrorkino. Angst/Lust und Körperhorror* (2010); *Nazi Chic & Nazi Trash. Faschistische Ästhetik in der Populärkultur* (2011); *Global Bodies. Mediale Repräsentationen des Körpers* (Mithg. 2011).

Petra Tallafuss-Koch, geb. 1977, Leiterin der Stabsgruppe Internationale Netzwerkuniversität an der Freien Universität Berlin, Mitglied im DFG-Nachwuchswissenschaftlernetzwerk »Spielformen der Angst« (2009–2012). Arbeitsschwerpunkte in der Literaturrezeption und der kultur- und religionswissenschaftlichen Rezeptionsästhetik. Veröffentlichungen u. a.: *Totalitarismus und Literatur. Deutsche Literatur im 20. Jahrhundert – Literarische Öffentlichkeit im Spannungsfeld totalitärer Meinungsbildung* (Mithg. 2007).

Anna Tuschling, geb. 1973, Juniorprofessorin für Medien und anthropologisches Wissen an der Ruhr-Universität Bochum. Arbeitsschwerpunkte zu den Theorien der Medialität und den Kulturen der Angst. Veröffentlichungen u. a.: *Klatsch im Chat. Freuds Theorie des Dritten im Zeitalter elektronischer Kommunikation* (2009); *medias in res. Medienkulturwissenschaftliche Positionen* (Mithg. 2011).

Niels Werber, geb. 1965, Professor für Neuere deutsche Literaturwissenschaft an der Universität Siegen. Arbeitsschwerpunkte u. a.: Soziale Insekten, Selbstbeschreibungsformeln der Gesellschaft und Literatur und ihre Medien. Veröffentlichungen u. a.: *Systemtheoretische Literaturwissenschaft, Begriffe – Methoden – Anwendungen* (Hg. 2011); *Deconstructing Thomas Mann* (Mithg. 2012); *Ameisengesellschaften. Eine Faszinationsgeschichte* (2013, im Erscheinen).

Burkhardt Wolf, geb. 1969, Wissenschaftlicher Mitarbeiter an der Bauhaus-Universität Weimar und am Institut für Deutsche Literatur der Humboldt-Universität zu Berlin, dort z. Z. Vertretungsprofessur für Neuere deutsche Literatur/Literatur und Kulturwissenschaft/Medien. Arbeitsschwerpunkte u. a. in den Poetologien des Wissens, besonders Poetiken der politischen Repräsentationen und Sozialtechnologien. Veröffentlichungen u. a.: *Von der Kunst kleiner Ereignisse. Zur Theorie einer ›minoritären Literatur‹: Alexander Kluge und Gilles Deleuze* (1998); *Die Sorge des Souveräns. Eine Diskursgeschichte des Opfers* (2004); *Fortuna di mare. Literatur und Seefahrt* (2013, im Erscheinen).

2. Personenregister